제5판

법학전문대학원

판례교재 행정법

김용섭 · 신봉기 · 김광수 · 이희정 공저

法 文 社

"이 교재는 2008년도 정부재정에 의한 대학교육과정개발(법학전문대학원 교재개발)지원사업으로 한국연구재단의 지원을 받아 연구되었음(KRF-2008-B00005)."
"This work was supported by the Korea Research Foundation Grant funded by the Korean Government (KRF-2008-B00005)."

제5판 서문

새로운 법조양성 시스템인 법학전문대학원이 출범에 맞추어 「법학전문대학원 판례교재 행정법」 초판을 낸 것이 엊그제 같은데 세월이 유수(流水)처럼 빠르게 지나고 있다는 것을 실감하게 된다. 2018년에 판례교재 행정법 제4판이 발간된 이래 약 6년의 기간이 지나갔다. 시간의 경과에 따라 법학전문대학원 교육도 초창기의 어렴풋하던 실체가 조금 더 명확히 드러났다. 올해 실시한 변호사시험에는 1,745명의 합격자가 배출되었다. 전체 수험자 가운데 그 비율을 따져보면 52% 정도의 합격률인 셈이다. 법학전문대학원의 교육과정은 이론교육과 실무교육이 혼재되어 함께 진행된다. 그러다보니 원생들은 학업과 시험의 압박감에 시달린다. 최근에는 법학전문대학원 교육체계의 변화를 바라는 목소리가 여기저기서 나오고 있다. 법학전문대학원의 수업이나 변호사시험에서 판례의 비중이 나날이 높아지고 있다. 그동안 행정법과 헌법의 공법 분야에서도 대법원과 헌법재판소의 새로운 판례들이 많이 나왔다.

이번에 간행된 판례교재 행정법 제5판에서는 그간의 새로운 판례들을 대폭 반영하였다. 그 가운데 중요한 판례를 반영하여 리딩케이스에도 일부 변화가 있었다. 국가배상법 분야에서는 대법원 2022. 8. 30. 선고 2018다212610 전원합의체 판결을 리딩케이스에 추가하였다. 이 사안에서는 과거 긴급조치 피해자들에게 국가배상 책임을 인정하면서 긴급조치의 발령부터 적용·집행에 이르는 일련의 국가작용이 객관적 정당성을 상실하여 위법하다고 평가하였다. 행정쟁송법 분야에서는 집행정지의 종기와 관련된 대법원 2022. 2. 11. 선고 2021두40720 판결을 리딩케이스로 추가하였다. 이 사안에서 대법원은 효력기간이 정해져 있는 제재적 행정처분에 대한 취소소송에서 법원이 본안소송의 판결 선고시까지 집행정지 결정을 하면, 처분에서 정해둔 효력기간은 판결 선고시까지 진행되지 않다가 판결이 선고되면 그때 집행정지결정의 효력이 소멸함과 동시에 처분의 효력이 당연히 부활하여 처분에서 정한 효력기간이 다시 진행한다고 판시하였다. 그리고 이의신청(제13장)을 새롭게 추가하여 대법원 2021. 1. 14. 선고 2020두50324 판결을 리딩케이스로 다루었다. 이 사안에서는 이의신청 기각의 거부처분 해당여부와 관련하여, 관계 법령이나 행정청이 사전에 공표한 처분기준에 신청기간을 제한하는 특별한 규정이 없는 이상 재신청을 불허할 법적 근거가 없으며, 설령 신청기간을 제한하는 특별한 규정이 있더라도 재신청이 신청기간을 도과하였는지는 본안에서 재신청에 대한 거부처분이 적법한가를 판단하는 단계에서 고려할 요소이지, 소송요건 심사단계에서 고려할 요소가 아니라고 판시하였다. 리딩케이스에 대한 상세한 설명은 본서 해당 페이지의 내용을 참고하기 바란다. 리딩케이스 외에 '관련판례' 부분에서도 각 쟁점별로 최근 나온 의미있는 판례들을 다수 추가하여 다양한 유형의 사실관계 및 세부 법리에 접할 수 있도록 하였다.

또한 이번의 개정판에서는 참고조문의 내용을 현행 법령을 기준으로 업데이트하였다. 그동안 행정법령의 변화 가운데 행정기본법의 제정이 가장 주목을 요한다. 그리고 이와 함께 행정절차법도 부분 개정이 있었다. 지방자치법의 전면 개정 및 국가경찰과 자치경찰의 조직과 운영에 관한 법률의 제정도 중요한 법령의 변화이다. 그리고 디지털 사회의 진전에 따른 개인정보 보호법의 개정도 행정법의 변화상을 나타내고 있다. 이 밖에 행정에 관한 여러 법률이 매년 개정되었는데 그 구체적 내용은 생략하기로 한다. 개정판에 변화된 입법 내용은 소개하되 처분 당시의 법령을 토대로 판례를 이해하기 위하여 필요한 경우에 구 법령을 그대로 두었다. 그리고 참고문헌은 그간 발간된 최신의 연구성과를 반영하고자 하였다.

아무쪼록 법학전문대학원에 소속된 행정법 교수의 역할 분담하에 집필된 4인공저 형태의 본 판례교재가 최신의 중요 행정법판례의 흐름을 반영하여 법학전문대학원의 행정법 수업과 연구자들의 행정법 연구에 도움이 될 수 있다면 망외(望外)의 기쁨이 아닐 수 없다.

이 책의 출간을 위하여 남다른 열정으로 편집에 심혈을 기울여 주시고 전폭적인 지원을 아끼지 아니한 법문사 배효선 대표님, 김제원 이사님, 권혁기 차장님 그리고 김용석 차장님께 감사드린다. 이 책을 읽는 모든 행정법 수험자와 연구자들에게 행운이 함께 하기를 기원한다.

2024년 8월

공저자 씀

제4판 서문

제3판을 발간한 지 3년 반이 흐른 시점에서 판례교재 행정법 개정 제4판을 발간하게 되었다. 지난 2009년 8월 초판을 발간한 지 8년 반 만의 일이다. 흐르는 물처럼 세월이 빠르다는 것을 실감하게 된다. 법학전문대학원 교육의 시작과 함께 선을 보인 이 교재가 그간 행정법학의 연구와 교육 그리고 변호사시험을 준비하는 로스쿨생들에게 적지 않은 도움이 되었을 것으로 자부한다.

올 2018년 1월 초에는 제7회 변호사시험이 실시되었다. 행정법은 헌법과 함께 공법과목에 속한다. 로스쿨에 재학하는 학생은 변호사시험에서 기록형, 사례형 그리고 선택형 시험을 동시에 치러야 하기 때문에 이를 효율적으로 대비하지 않으면 안 된다. 과거 사법시험에 의한 법조양성 시스템하에서의 법학교육과 비교하여 볼 때 법학전문대학원 교육에는 적지 않은 변화가 있었다. 종래 법과대학이 그 교육목표를 법학의 전반에 대한 소양과 지식을 가르치는 데 중점을 두었다면 법학전문대학원에서는 법학의 기초 및 심화교육만이 아니라, 실무과목, 특성화과목 그리고 원어 수업 등 다양한 교육과정을 학생들에게 제공하고 있다. 로스쿨생들은 재학기간 3년 동안에 다양한 과목들을 이수해야 하며 과정을 마치자마자 바로 변호사시험을 치러야 한다. 그래서 로스쿨생들은 로스쿨생들 나름대로, 교수자는 또 나름대로 시험부담과 수업부담에 눌리고 있다. 그러다 보니 법학전문대학원의 교육 과정은 긴장의 연속이다. 로스쿨의 교육과정을 성공적으로 마치고 변호사시험에 합격하여 법조 실무인력으로 사회에 진출하는 훌륭한 제자들을 양성한다는 보람으로 공저자를 비롯한 로스쿨의 교육자들은 힘든 시간을 보내고 있다.

이번 제4판에 반영된 수정사항을 소개하여 이 교재의 활용에 도움이 되도록 한다. 첫째로 전반적인 면에서는 어법을 바로잡고, 오자를 수정하였다. 특히 제1편 법률유보원칙에 관한 1-2-1의 방송 수신료 부과사건에 관하여 해설을 대폭 수정하였다. 둘째로 제5편에서 개발제한구역 설정과 손실보상에 관한 리딩케이스를 5-2-2 항목으로 추가하였다. 이 판례는 헌법이 보장하는 재산권의 구조에 관한 중요한 내용을 담고 있기 때문에 관련판례보다는 리딩케이스로 다루는 것이 더 적절하다고 판단하였다. 그리고 이주대책에 관한 리딩케이스를 5-2-3으로 변경하면서 대상판례를 대법원 2011. 6. 23. 선고 2007다63089로 교체하였다. 이전의 리딩케이스가 전원합의체 판례로 교체되었기 때문에 이를 반영한 결과이다. 셋째로 제6편 취소소송의 대상에 관하여 6-2-1에서 대법원 2015. 11. 19. 선고 2015두295 전원합의체 판결을 리딩케이스로 하여 추가하였다. 이 판결의 요지는 “기존의 행정처분을 변경하는 내용의 행정처분이 뒤따르는 경우, 후속처분이 종전처분을 완전히 대체하는 것이거나 주요 부분을 실질적으로 변경하는 내용인 경우에는 특별한 사정이 없는 한 종전처분은 효력을 상실하고 후속처분만이 항고소송의 대상이 되지만, 후속처분의 내용이 종전처분의 유효를 전제로 내용 중 일부만을 추가·철회·변경하는 것이고 추가·철회·변경된 부분이 내용과 성질상 나머지 부분과 불가분적인 것이 아닌 경우에는, 후속처분에도 불구하고 종전처분이 여전히 항고소송의 대상이 된다."는 것이다. 그리고 6-6-2에서 대법원 2014. 9. 26. 선고 2013두2518 판결을 대통령의 피고적격에 관한 리딩케이스로 추가하였다. 이 판결의 요지는 "서훈취소 처분을 행한 행정청(대통령)이 아니라 국가보훈처장을 상대로 제기한 소는 피고를 잘못 지정한 경우에 해당하므로, 법원으로서는 석명권을 행사하여 정당한 피고로 경정하게 하여 소송을 진행해야" 한다는 것이다. 넷째로 제7편의 지방자치법과 관련하여 7-2-5에서 대법원 2013. 1. 16. 선고 2012추84 판결을 리딩케이스로 추가하였다. 이 판결에서는 "조례안의 일부 조항이 법령에 위반되어 위법한 경우에는 그 조례안에 대한 재의결은 그 전체의 효력을 부인할 수밖에 없는바"라고 설시하고 있는데 이는 조례안의 일부무효 사유가 있으면 다투어진 조례안 전부를 무효로 선언하여야 한다는 법리이다.

이번 개정판에서는 변화된 입법내용을 반영하기 위하여 노력하였다. 그간 행정심판법, 국가배상법 등 주요 법률들의 일부가 개정되었고 정부조직법과 개인정보 보호법 등도 중요 부분이 개정되는 변화가 있었다.

법학전문대학원 체제가 도입된 이래 가장 큰 변화는 무엇보다 2017년을 끝으로 사법시험이 폐지된 부분일 것이다. 앞으로는 법조인이 법학전문대학원의 교육을 통해서만 양성된다는 의미인데, 이로써 법학전문대학원 교육에 종사하는 공저자들은 더욱 큰 사명감과 책임감을 갖게 되었다. 향후 변호사 시험 출제에도 약간의 변화가 예상되니 로스쿨생들은 더욱 수업에 집중하기 바란다.

이번 개정판을 내면서 어려운 출판사정 아래서 개정작업을 허락해 준 법문사 사장님을 비롯한 임원진께 감사드린다. 그리고 중간에서 연락의 수고를 아끼지 않은 권혁기 선생과 편집부의 김용석 선생께도 심심한 감사의 말씀을 올린다. 법학전문대학원의 행정법학 교육에 이 책이 도움이 되기를 바라며 변호사시험을 준비하는 로스쿨 재학생들이 시간을 내어 정독하기를 권한다. 그리고 책의 내용에 관해서 독자들의 아낌없는 가르침을 기대한다.

2018년 2월

공저자 일동 씀

제3판 서문

이 교재는 법학전문대학원의 출범에 맞추어 행정법의 판례교육의 중요성에 부응하기 위하여 출간된 후, 해를 거듭할수록 독자들의 관심과 호평을 받아오고 있다. 이번에 그동안 선고된 대법원전원합의체 판결 등 중요 행정법 판례를 추가하여 제3판을 발간하게 되었다.

새로운 법조양성시스템의 체제하에서 어느덧 제1회부터 제3회까지 3차례 변호사시험이 실시되었으며, 내년 1월에 제4회 변호사시험을 목전에 두고 있다. 변호사시험법 제2조에서 "변호사시험은 「법학전문대학원 설치 · 운영에 관한 법률」에 따른 법학전문대학원의 교육과정과 유기적으로 연계하여 시행되어야 한다"고 규정하고 있어 변호사시험의 출제는 법학전문대학원의 교육내용과 밀접한 연관 속에서 출제되고 있다. 이 교재는 행정법에 대한 기본개념을 숙지하고 판례를 중심소재로 하여 실증적 이해를 도울 뿐만 아니라 행정법에 관한 이론과 실무의 조화 속에 실무적 처리능력을 높일 수 있어 변호사시험의 수험적합도가 높을 뿐만 아니라 변호사시험합격 이후 행정소송 실무에도 도움이 되는 교재라고 할 것이다.

행정법의 세계는 법학의 기본적 지식이 없는 초심자가 정복하기가 쉽지 않은 알프스산맥과 같다. 행정관련 법령이 많을 뿐만 아니라 자주 개정되고, 행정판례만 하더라도 행정법의 전 영역에 걸쳐 매년 새로운 판례가 나오고 있으며, 행정법의 이론 역시 매우 복잡하게 전개되고 있어 행정법이 다른 법분야보다 어렵다는 인식이 팽배한 것도 사실이다. 따라서 이 교재는 복잡한 미로에서 방황하지 않고, 중요핵심 판례인 리딩케이스를 사실관계의 분석하에 제대로 이해하여 행정법령, 행정판례 및 행정법이론을 용의주도하게 터득할 수 있는 행정법의 길라잡이가 되기를 기대하고 희망한다.

법학전문대학원에서의 행정법의 교육방법은 판례의 단순한 암기방식에 의하여 하나의 정답을 추구하는 것이 아니라 이론을 실제문제에 접목하면서 문제해결에 필요한 논리개발과 이론전개를 연마하는 데 역점을 둘 필요가 있다. 법학전문대학원은 기본적으로 변호사를 양성하는 교육 및 양성기관이기 때문에 실제사회에서 발생하는 분쟁에 대하여 다양한 관점에서 해결을 모색하는 법적 분석능력, 법적 추론능력 및 창조적 문제해결능력의 배양을 도모해 나가야 한다.

이번에 발간된 이 교재는 제2판을 발간한 지 3년의 기간이 경과하여 그동안 대법원에서 선고된 중요 행정판례를 반영할 수 없던 차에 이번에 상당부분의 판례가 보완됨으로 인해 새로운 면모로 탈바꿈하게 되었다. 이와 더불어 수험생의 편의를 위하여 제6편 행정쟁송법을 중심으로 변호사시험 공법사례형으로 출제된 부분을 간략히 표기하였다.

제3판을 출간하면서 종전에 비하여 새롭게 반영된 사항은, 제1편 및 제2편에서는 항목별로 최근 판례 중에서 기존의 법리를 변경·발전시키거나 새로운 유형의 사안에 해당하는 내용을 새롭게 추가하였다. 제1편에서는 공법관계와 사법관계의 구별기준, 법률유보의 원칙, 특별권력관계에 관한 부분에서 관련판례를 보완하였으며, 특히 제3장 행정법관계에서 국가기관의 항고소송의 원고적격을 인정하는 부분과 관련하여 행정법관계의 당사자라는 목차에서 리딩케이스를 별도의 항목으로 다루었다. 제2편 인가와 기본행위의 설명부분에서 도시 및 주거환경정비법에 관한 판례를 대폭 추가하였으며, 행정계약의 해석에 관한 판례, 계획재량과 관련하여 형량의 위법성을 판단한 판례, 권력적 사실행위의 처분성과 관련된 판례 등을 새롭게 반영하였다.

제3편에서는 의견청취절차 등에 관한 최신 판례를 추가하였고, 아울러 정보사회의 도래에 따라 정보공개와 관련한 최신 판례를 상당부분 보완하였으며 법령도 새롭게 개정된 내용으로 수정하였다. 제4편에서는 이행강제금과 관련한 판례와 법령을 새롭게 추가하였다. 제5편에서는 공동불법행위와 국가배상책임에 관한 리딩케이스를 새롭게 작성하여 설명을 하였다.

제6편에서는 법무부의 행정소송법 개정안이 아직 국회에 제출되지 않아 종래의 기존 골격을 유지하였다. 특히 피고적격, 항고소송에 있어서의 입증책임, 집행정지, 일부취소판결의 허용성, 행정심판 재결에 대한 항고소송, 재결의 기속력의 범위에 관하여 최신판례를 반영하여 판례해설을 하였다. 이와 더불어 변호사시험의 출제가능성이 높은 분야인 처분사유의 추가·변경에 관한 판례를 비교적 충실히 보완하였다.

제7편에서는 전 영역에 걸쳐 최근의 판례를 관련판례에 추가하였다. 특히 지방자치법 영역에서 새로운 유형의 사안이나 법리를 선언한 판례가 적지 않게 나온 점에 주목할 필요가 있다.

끝으로 4인의 공저자는 행정법학의 발전을 위한 사명과 열정을 견지하면서 이 교재가 법학전문대학원의 표준적인 행정법 교재로서 기능할 수 있도록 배전의 노력을 다하려고 한다. 이번의 제3판 개정작업을 위해 더운 여름날 편집과 교정 등의 수고를 아끼지 아니한 법문사의 김용석 과장님을 비롯한 관계자 여러분께 깊이 감사드린다.

2014년 8월

공저자 씀

제2판 서문

21세기형 문제해결능력을 갖춘 법률가의 양성을 목표로 하여 출범한 법학전문대학원은 우리의 법학교육에 있어 새로운 지평을 열었으며, 어느덧 법학전문대학원이 개원한 지 2년 반이 지나 제1기의 법학전문대학원의 졸업생의 배출과 제1회 변호사시험을 통한 새로운 법률가의 탄생을 앞두고 있다. 아울러 법학전문대학원을 성공적으로 정착시켜야 한다는 데 국민적 공감대가 형성되어 법학전문대학원의 교육과정도 초기단계의 시행착오와 우여곡절을 극복하고 상당부분 안정되어 가는 추세에 있다.

법학전문대학원의 출범기에 행정법에 관한 마땅한 교재가 없는 상황에서 한국연구재단의 후원으로 저술된 이 판례교재 행정법이 법학전문대학원 행정법의 교육발전에 일정부분 기여했다고 자부한다. 그 이유는 종래의 전형적인 교과서와는 달리 이 교재는 리딩케이스가 되는 판례를 중심으로 판례해설을 하고 관련판례를 소개하고 있으며, 행정법의 중요판례와 이론을 접목하고 있어 정독하는 가운데 행정판례를 분석하는 능력과 안목을 기르고, 나아가 행정법의 정수를 체득할 수 있기 때문이다.

행정법의 교과과정의 상당부분 선택과목으로 구성되고, 제한된 강의시간 내에서 행정법의 이론과 실무적 지식을 압축하여 동시에 전달하고 습득하는 일은 쉽지 않다. 더욱이 법학전문대학원의 학생들은 행정법만이 아니라 다른 기본과목들과 특성화과목의 공부에도 적지 않은 시간을 할애해야 하므로 방대한 행정법의 수험서를 통한 공부에만 전념할 수 없는 실정이다. 그렇기 때문에 이 판례교재는 중요한 행정법이론과 판례를 소개하고 있어 행정법 공부에 재미를 느끼고 행정법의 중요한 핵심문제를 놓치지 않으면서 행정법의 실력이 늘게 된다면 더할 나위가 없다는 것이 공저자들의 일치된 마음이다.

초판의 이 판례교재가 출간된 이후에 법학전문대학원의 행정법 교수와 학생들로부터 적지 않은 호응과 반향이 있었다. 다만, 초판의 판례교재의 내용의 설명에 있어 통일성이 부족하고 난해한 부분이 적지 않다는 지적도 있어 이를 겸허히 수용하여 개정판을 내기에 이르렀다.

이번에 개정판을 내면서 공저자들은 다음과 같은 부분에 역점을 두고 개정작업에 착수하였다. 첫째로, 초판 이후에 나온 행정판례 중에 중요한 부분을 반영하기로 하였으며, 가급적 기존틀을 유지하면서 최근의 중요한 판례를 보완한다. 둘째로, 난해하면서 가독성이 떨어지는 행정법의 이론부분의 설명을 학부단계에서 법학전공을 하지 않은 법학전문대학원생도 쉽게 이해할 수 있도록 한다. 셋째로, 질문 및 토의과제의 질문의 수를 축소하는 대신 최신의 행정법이론과 법령을 반영한다.

그러나 이와 같은 당초 설정한 기준과는 달리 이번 개정판에서는 행정법 일반이론의 기술 부분에 주안점을 두고 보완이 이루어졌다. 특히 이번에 보완된 내용은 다음과 같다. 먼저 행정법 관계 항목에 사인의 공법행위로서의 신고에 관한 내용을 추가하였다. 다음으로 행정입법 부분에 구체적 규범통제, 항고소송, 헌법소원 등 행정입법의 사법적 통제에 관한 내용을 추가하였다. 나아가 행정행위와 관련해서는 불확정개념과 판단여지를 새로운 항목으로 추가하여 설명하였다. 국제법규의 효력, 위헌법률에 근거한 처분의 효력, 인가와 기본행위 등에서 최신판례와 설명을 추가하였으며, 부작위위법확인소송에 관하여도 최신판례를 반영하여 일부내용을 보완하였다. 아울러 초판의 내용상 및 조판상의 오류를 상당부분 바로 잡았으며, 교재의 디자인의 색상도 새롭게 하였다. 어렵사리 개정작업을 마쳤으나, 공저자들이 당초 의도하였던 개정작업의 목표에는 상당부분 못 미치는 결과가 되었지만, 이번 기회에 반영되지 못한 부분은 다음의 개정작업의 기회에 보완할 수 있도록 하겠다.

끝으로, 최근의 어려운 출판 사정에도 물구하고 흔쾌히 개정판을 내도록 허락해 준 법문사의 배효선 사장님께 감사드리고, 바쁜 가운데 교정 등의 작업에 있어 노고를 아끼지 아니한 이선욱 님과 김용석 님께도 감사의 말씀을 전한다.

2011년 8월

공저자 씀

서　　문

이 교재는 2009년 3월 출범한 법학전문대학원의 행정법 판례교재로 활용하기 위하여 마련되었다. 법학전문대학원은 종래 학부에서 이루어지던 법과대학 교육을 대체하기 위한 목적으로 설립된 새로운 교육제도이다. 종전의 법과대학에서는 학부생들에게 교양과 함께 법학에 관한 기초지식과 심화지식을 전수하기 위한 교과과정을 운영하여 왔다. 그동안 법치주의가 발전하고 법학이 개화하는 데는 법과대학에서의 법학교육이 큰 공헌을 하였다. 그럼에도 불구하고 현행 사법시험제도와의 관계에서 법과대학의 교육은 파행을 거듭하였다. 사법시험은 법학을 35학점 이상을 이수한 자에게 시험응시 기회를 부여하고 있는데, 법학교육의 질적인 측면과 관계없이 시험을 통하여 법조인을 양성하기 때문에 양질의 법조인을 양성하지 못하는 한계를 노정하고 있다. 반면에 법학전문대학원 시스템은 시험이 아닌 교육을 통하여, 21세기 다양한 형태의 법률적 수요를 충족시킬 수 있는 경쟁력이 있는 법조인을 양성하려는 데 그 목표를 두고 있다.

그러므로 법학전문대학원에서의 행정법 교육은 종래 법과대학에서의 행정법 교육에 대한 반성에서 출발한다. 종래의 법과대학에서의 행정법의 교육이 외국의 학설을 중심으로 실제문제와 무관한 비교법적인 논의에 초점을 맞추거나 이론교육에 지나치게 치중하였다면 새로운 행정법의 교육은 우리 행정입법과 행정실무 및 행정판례를 소재로 하여 행정소송실무에서 제기된 문제를 정리하고 나아가 실제적인 문제해결을 위한 이론과 실마리를 모색하는 방향으로 발전하여야 할 것이다.

4인의 공저자는 이와 같은 문제의식을 바탕으로 각각 집필분야를 나누어 각 분야에서 활용도가 높고 이론적으로 의미가 있는 판례를 리딩케이스로 추출하여 사실관계를 밝혔으며, 관련판례에 대하여도 소개하고 있다. 실무지향의 로스쿨 교육에서 판례는 소중한 교육재료이다. 판례를 다룸에 있어서도 판결요지에 국한하여 이해하는 단편적인 학습보다는 사실관계와 판결요지뿐만 아니라 관련판례의 동향에 대한 지식을 통하여 종합적인 문제해결을 지향하고자 하였다. 그러면서도 행정법의 기본적 이론과의 연관성을 염두에 두면서 이해하고자 노력하였다. 따라서 핵심적 개요를 각 장의 앞에 기술하고 리딩케이스의 이해를 위한 기본적 법이론과 아울러 리딩케이스에 관한 판례해설을 실어 판례를 읽는 안목을 키울 수 있도록 하였다. 아울러 질문을 개방형으로 하여 리딩케이스와 관련한 쟁점이 무엇인지를 사고할 수 있도록 내용을 구성하였다.

공저자 상호간의 합의에 따라 제1편 행정법 서론 및 제2편 행정작용유형론은 이희정 교수가, 제3편 행정절차 · 행정정보공개 · 개인정보보호, 제4편 행정상 의무이행확보수단 그리고 제5편 행정상 손해전보는 김광수 교수가, 제6편 행정쟁송법은 김용섭

교수가, 제7편 개별행정법 분야는 신봉기 교수가 각각 나누어서 집필하였다. 각 분야는 전적으로 해당 교수의 책임하에 집필되었다. 각 집필자는 각 분야에서 정평 있는 참고문헌 등을 소재로 하여 핵심적 개요와 기본적 법이론 및 판례해설을 가급적 이해하기 쉽게 작성하였다. 다만 지면의 제약상 각주는 최소한으로 줄이고 인용한 자료를 참고문헌으로 소개하기로 하였다.

법학전문대학원의 운영 및 이와 관련된 변호사시험의 출제방향 등 전반적인 법학전문대학원의 운영체계가 확립되지 않았고, 법학전문대학원의 교육이 어떤 방향으로 나아가야 할 것인지에 대한 공감대가 아직 형성되지 않은 상황에서 법학전문대학원의 행정법 교육에 부응하는 교재를 개발한다는 일 자체가 그리 쉬운 일이 아니다. 그럼에도 불구하고 이 교재는 4인의 공저자의 오랜 행정법 연구 및 실무와 교육경험 그리고 각종 판례의 분석을 바탕으로 하고 프랑스, 독일 및 영미와 일본 등 행정법학 선진국가의 성과를 보태어 이를 우리의 제도에 맞게 정리하고 수용한 결과물이다.

금번 <법학전문대학원 판례교재 행정법>의 출간에 즈음하여, 교재개발의 계기를 마련해 준 법학전문대학원 협의회와 한국연구재단에 감사드린다. 아울러, 어려운 출판 여건에도 불구하고 흔쾌히 출판을 허락한 법문사에 감사의 말씀을 드린다. 4인의 공저자는 변함없는 열정으로 행정법에 대한 교육과 연구를 지속하면서 독자들의 비판을 겸허히 수용하고, 앞으로 계속하여 이 교재의 미비점을 더욱 보완·발전시켜 법학전문대학원의 행정법 교육에 기여할 수 있는 판례교재가 될 수 있도록 합심·협력하고자 한다.

2009년 8월

공저자 씀

차 례

제1편 행정법 서론

제 2 편 행정작용유형론

제 3 편 행정절차 · 행정정보공개 · 개인정보보호

제 4 편 행정상의 의무이행확보수단

제 5 편 행정상 손해전보

제 6 편 행정쟁송법

제 7 편 개별행정법

인용방법

김용섭 · 신봉기 · 김광수 · 이희정, 법학전문대학원 판례교재 행정법, 법문사, 2024, ○○면

제 1 편 행정법 서론

제 1 장
행정 · 행정법

1-1-1. 공법관계와 사법관계의 구별기준

I 개요

공법과 사법, 나아가 공법관계와 사법관계의 구별은 이론적으로는 공법으로서의 행정법(학)의 대상영역을 획정하는 기준이 되고, 실질적으로는 대상 사안에 적용될 실체법(법규정과 법원리)과 절차법(행정절차, 재판관할, 소송의 종류 등)을 결정하는 기준이 된다. 양자의 구별은 통상 관련법규정과 법률관계의 성질을 기준으로 이루어진다. 관련법규정이 행정상 명령이나 강제집행 등 행정의 권력적 행위를 규정하거나 관련 분쟁을 행정상 쟁송으로 해결하도록 규정하고 있는 경우 이는 공법관계임을 확인하는 기준이 된다. 법률관계의 성질에 관한 기준으로는 ① 법률관계의 일방 당사자가 행정주체인가, 사인 상호간의 법률관계인가 여부(구주체설), ② 법이 규율하는 목적이 공익의 보호만을 목적으로 하는가, 사익 상호간의 이익 조정을 목적으로 하는가 여부(이익설), ③ 당사자 간의 관계가 불평등한 권력적 지배복종관계인가 대등한 관계인가 여부(종속설), ④ 공권력의 담당자의 지위를 갖는 자에게 권리 · 의무를 귀속시키는 법인가, 누구에게나 권리 · 의무를 귀속시키는 법인가 여부(신주체설) 등 독일에서 발전된 논의들이 소개되고 있다. 그러나 이들이 항상 명확한 기준으로 작용하는 것은 아니며, 현대 행정의 목표와 방식이 침익행정에서 급부행정, 다시 보장행정으로, 권력행정에서 비권력행정으로, 자유주의적(방어적) 법치주의에서 협력적 법치주의로 강조점이 변화되고 사법적(私法的) 형식의 행정활동이 증가하면서 공법관계와 사법관계의 구별은 새로운 의미를 부여받는 동시에 더 난해해지고 있다. 이러한 상황에서 공·사법의 구별은 관련 법령의 내용과 다양한 요소들 −행위의 목적, 행위의 주체, 당해 법률관계를 성립시킨 행위의 유형, 관련되는 이익, 당사자간 관계의 양상 등− 을 종합적으로 고려하여 판단하여야 한다. 또한 하나의 사건에서 복수의 법률관계가 창출되는 경우 그 각각을 달리 평가해야 할 수 있고, 실체법적·절차법적 측면에서 공법 또는 사법 중 어느 것으로 규율함이 문제의 본질 및 합목적적 해결에 더 적합한가 하는 목적론적 접근이 필요할 수도 있다. 여기에서는 특히 행정소송(항고소송 또는 당사자소송)과 민사소송간의 선택 문제를 통해 공·사법관계의 구별 문제를 보기로 한다.

II 리딩케이스

1. 사건번호: 대법원 1983. 12. 27. 선고 81누366 판결【입찰참가자격정지처분취소】

2. 사실관계

피고 을(조달청장)이 충북 북선 음성~충주 통신케이블 신설공사의 공사입찰공고를 하자, 전기통신공사업 허가업자인 원고 갑(합자회사통양전화통신공사)은 입찰에 참가하고자 시장조사를 한 후, 정부통신부문품셈에 의거 당해 공사비를 추정 산출한 금 69,870,000원의 87%에 상당하는 금 60,780,000원을 입찰금액으로 정하고, 그 10/100 이상의 금 7,000,000원을 입찰보증금으로 납부한 후 갑의 무한책임사원인 병을 입찰에 참가시켰다. 그런데 병은 순간적인 착오로 입찰금액을 금 6,078,000원으로 기재하여 입찰하였고, 을의 계약담당공무원이 갑을 예정가격 이하의 최저입찰자로서 낙찰자로 선언하였다. 계약담당공무원이 위 금액을 낙찰금으로 선언하자 병은 그때서야 입찰서에 기재한 중요부분인 입찰금액기재가 금 60,780,000원의 착오임을 깨닫고 현장에서 즉시 착오에 인한 것임을 이유로 입찰취소의 의사표시를 하였으나, 계약담당공무원은 이를 인정하기를 거부하였다. 을은 이후 낙찰자인 갑을 공사계약상대로 취급하면서, 두 차례에 걸쳐 시한을 정하여 본건 공사계약체결 서류의 제출 및 예산회계법시행령 제77조 소정의 계약보증금과 같은령 제102조 소정의 차액보증금을 지급할 것을 통고하여 왔다. 갑이 이에 불응하자, 을은 갑이 낙찰자로서 정당한 이유없이 계약체결에 불응한다 하여 갑을 부정당업자로 보고 예산회계법 제70조의18, 그 시행령 제89조 제1항 제5호에 따라 6개월간 입찰참가자격을 제한하고, 같은법 제70조의5 제3항, 그 시행령 제97조에 따라 입찰보증금을 국고에 귀속시킨다는 내용의 각 제재통보를 하였다.

3. 판결요지

[1] 예산회계법에 따라 체결되는 계약은 사법상의 계약이라고 할 것이고 동법 제70조의5의 입찰보증금은 낙찰자의 계약체결의무이행의 확보를 목적으로 하여 그 불이행시에 이를 국고에 귀속시켜 국가의 손해를 전보하는 사법상의 손해배상 예정으로서의 성질을 갖는 것이라고 할 것이므로 입찰보증금의 국고귀속조치는 국가가 사법상의 재산권의 주체로서 행위하는 것이지 공권력을 행사하는 것이거나 공권력작용과 일체성을 가진 것이 아니라 할 것이므로 이에 관한 분쟁은 행정소송이 아닌 민사소송의 대상이 될 수밖에 없다고 할 것이다.

[2] 원고의 대리인이 입찰금액을 60,780,000원으로 기재한다는 것이 착오로 금 6,078,000원으로 잘못 기재한 것은 시설공사 입찰유의서(재무부회계예규 1201, 04-101) 제10조 제10호 소정의 입찰서에 기재한 중요부분의 착오가 있는 경우에 해당되어 이를 이유로 즉시 입찰취소의 의사표시를 한 이상 피고(조달청장)는 본건 입찰을 무효로 선언함이 마땅하므로 원고가 이 사건 공사계약체결에 불응하였음에는 정당한 이유가 있다고 할 것이니 원고를 부정당업자로서 6월간 입찰참가자격을 정지한 피고의 처분은 재량권을 일탈하여 위법하다.

4. 판례해설

위 법률관계의 성질에 따른 공 · 사법의 구별기준들은 공법과 사법이라는 범주가 형성되게 된 (또는 법을 이러한 두 가지 범주로 달리 취급하고자 하는) 여러 계기들 – 즉, 역사적으로 公行政의 주된 모습이 어떤 특징을 가지고 있었는가, 어떤 종류의 국가활동이 특별한 통제를 필요로 한다고 여겨졌는가 등 –을 반영한다. 예컨대, 구주체설과 신주체설을 비교해 보면, 신주체설의 경우 행정주체의 형식적 신분보다는 문제된 권리·의무의 보편성과 특수성에 초점을 맞추고 있으며, 이렇게 형식적 신분이라는 기준을 포기하는 것은 형식적 신분을 갖지 않은 자가 공권력의 담당자의 지위를 갖는 경우가 증가함으로써 이에 대한 공법적 통제가 필요하게 된 때문이라고 추측할 수 있다. 한편, '공익의 보호'라는 관점을 고려할 때에는 공법으로 인정되는 범위가 더 넓어질 수 있다.

이러한 요소들을 고려함에 있어서는 공·사법 구별을 통해 만들어내고자 하는 법적 규율의 차이가 무엇인가가 지도원리가 되어야 한다. 일반적으로 공법과 사법이라는 범주는 각각 국가와 시장, 일반이익과 개인적 이익, 공역무와 이윤추구, 공·사익 형량과 사익 상호간의 형량 중 어느 편에 중점을 두느냐에 차이가 있다. 또한 공법적 규율은 포괄적 규율에 의한 균질성 내지 평등성 확보, 공공복리지향성, 결과의 예측가능성, 결정의 강제력 내지 관철력을 장점으로 하고 획일성, 비탄력성, 비적응성을 단점으로 하는 데 비해, 사법적 규율은 개별 상황에 적합한 세부적 조종이 가능하다는 점이 장점이고 (이러한 세부적 조정은 규율수단으로서 의무와 인센티브의 적절한 선택, 채무불이행과 불법행위 책임에 관한 과실상계를 통하여 가능하다) 단점은 그 규율이 특정한 내용과 결과를 지향하지 않고 이를 시장과 사적 자치에 맡김으로써 결과를 예측하기 어렵다는 점이다. 또한 절차를 비교해 보면, 민사소송에서는 대등한 당사자인 국가와 원고의 권리의 존부가 소송물이 되고, 이는 법규에의 합치 여부와 사익 상호간의 형량을 통해 판단되며, 그 절차는 당사자주의가 지배한다. 이에 비해, 항고소송에서는 권력기관으로서의 행정청(조달청장)의 법집행행위의 위법성이 소송물이 되고, 법규 외에 재량권의 일탈·남용을 판단할 수 있는 법원리 및 공·사익의 형량이 그 판단기준이 되며 제한적이나마 직권주의가 지배한다. 따라서 공·사법관계의 구별은 문제된 법률관계에 대한 법적 규율을 통해 어떤 가치가 지향되어야 하는지, 그리고 그 가치는 어떠한 제도를 통해 가장 효과적으로 실현될 수 있는지를 고려하여 이루어져야 한다.

이 판결은 어떤 법률관계가 공법관계 또는 사법관계에 해당되는가에 따라 그 분쟁해결을 위한 재판관할과 절차가 결정됨을 보여주고 있다. 피고 조달청장이 원고의 공사계약체결 불응행위에 대해 가한 2가지 유형의 제재 중, 입찰보증금의 국고귀속조치는 국가가 사법(私法)상의 재산권의 주체로서 상대방의 계약이행을 확보하기 위한 장치로서 손해배상예정을 해 둔 것을 집행한 것이며, 따라서 이 조치로 인한 원·피고간의 법률관계는 사법에 의해 규율되어야 하고 민사소송의 대상이 된다. 이에 비해 6개월간의 입찰참가자격정지조치는 공법에 의해 규율되어야 하는 행정처분으로서 항고소송의 대상이 된다. 국가를 당사자로 하는 계약에 관한 법률 제27조에 의하면, 일정한 중앙관서의 장은 경쟁의 공정한 집행 또는 계약의 적정한 이행을 해칠 염려가 있거나 기타 입찰에 참가시키는 것이 부적합하다고 인정되는 자에 대하여서 2년 이내의 범위에서 입찰참가자격을 제한할 수 있고, 그 경우 당해 중앙관서 외에 다른 모든 중앙관서의 장들도 해당자의 입찰참가자격을 제한하여야 한다. 즉, 입찰참가자격정지조치는 그 요건과 효과의 양 측면에서 문제된 특정 계약과 관련된 사항을 넘는 공익적 요소들과 관계되고 이러한 점이 공법적 성격을 인정해야 할 실질적 이유가 될 것이다.

공·사법 구별의 문제는 흔히 행정청의 어떤 행위가 '행정처분'에 해당하는가 여부의 문제로 제기된다. 판례의 태도를 보면, 공유재산 중 행정재산과 보존재산에 대해 그 관리청이 행하는 사용·수익에 대한 허가 및 사용료 부과행위(대법원 1996. 2. 13. 선고 95누11023 판결), 잡종재산을 포함한 국·공유재산의 무단점유에 대한 국가·지방자치단체의 변상금부과행위(대법원 1988. 2. 23. 선고 87누1046, 1047 판결), 국가나 지방자치단체에 근무하는 청원경찰에 대한 징계행위(대법원 1993. 7. 13. 선고 92다47564 판결), 행정청의 인가를 받은 재개발·재건축사업 상의 관리처분계획(대법원 2002. 12. 10. 선고 2001두6333 판결), 리딩케이스에서 본 국가·지방자치단체의 입찰참가자격제한조치 등은 행정소송법상 항고소송의 대상이 되는 '행정처분'으로 보아 그로 인한 법률관계는 공법관계로 인정한다. 한편 국·공유 잡종재산의 양여신청에 대한 거부(대법원 1983. 9. 27. 선고 83누292 판결)나 대부계약 및 대부계약에서 정한 사용료(대부료)를 부과하는 행정청의 납부고지(대법원 1993. 12. 7. 선고 91누11612 판결), 한국수출보호공사의 보험료미지급행위(대법원 1993. 11. 23. 선고 93누1664 판결), 조폐공사, 한국은행, 의료보험관리공단, 지하철공사 등과 소속 직원간의 관계에서의 행위(대법원 1978. 4. 25. 선고 78다414 판결; 1987. 12. 8. 선고 87누884 판결; 1989. 9. 12. 선고 89누2103 판결; 1993. 11. 23. 선고 93누15212 판결), 정부투자기관의 입찰참가자격제한조치(대법원 1999. 11. 26. 자 99부3 결정) 등은 사법상 행위로 보아 그로 인한 법률관계는 사법관계로 본다. 또한 행정상 손실보상금의 청구소송과 행정처분의 위법을 이유로 하는 국가배상청구소송의 경우에도 판례는 민사소송으로 다루고 있으나, 그 법률관계의 성질에 대해서 논란의 여지가 많다. 위의 판례들에서는 그 판단시 논거를 명확히 하는 경우도 있으나, 별다른 논거의 제시 없이 그 성질을 단정하고 있는 경우도 있다.

오늘날 종래의 질서유지행정, 재무행정뿐만 아니라 급부행정의 등장 등 행정영역 및 행위형식의 다양화, 공적 부문과 사적 부문의 융화현상의 증대로 인한 경계의 불분명, 전통적 행정기관이외의 행정수행주체의 증대, 행정영역에의 사법의 침투현상, 사인의 역할에 공익성이 인정되는 경우의 증가 등의 현상으로 공법관계와 사법관계의 구별이 문제되는 새로운 사안들이 계속 등장하고 있고, 기존의 구별에 대해서도 그 의의가 재평가되면서 판례의 태도가 변경되는 경우도 있다. 리딩케이스에서도 예산회계법에 따라 국가와 사인간에 체결되는 계약을 사법상계약으로 보는 태도는 재산의 주체인 국고를 사법상 법인으로 설정하고 국가의 재산권관계를 국고에 귀속시키는 전통적인 국고이론에 근거하는 것으로 보인다. 그러나 오늘날 국민과의 관계에서 국가권력을 통제함에 있어 정부조달계약을 포함하여 국가·그 밖의 공공단체의 재정문제는 전통적인 경찰권력 행사에 못지 않게 주요한 대상이 되며, 행정개혁, 민영화, 제3섹터의 등장, 공기업을 포함한 공공부문의 개혁 등이 주요 쟁점으로 되고 있으므로, 이를 사법관계로 파악하는 국고이론의 유효성에 대해 재고되어야 한다는 견해도 있다. 또한 민영화 등으로 확장되고 있는 경제행정 영역에서는 공법의 특수성을 유지하면서도 시장, 경쟁, 효율이라는 사법적 요소들을 도입하기 위해서 공법과 사법을 이분법적으로 구별할 것이 아니라, 이에 대한 그 규율방식상의 장·단점을 고려하여 양자가 상호보완관계를 이루도록 실정법제를 설계해야 한다는 견해도 있다.

Ⅲ 관련판례

1. 대법원 1995. 2. 28. 자 94두36 결정 【부정당업자제재처분효력정지】

[1] 행정소송의 대상이 되는 행정처분이라 함은 행정청 또는 그 소속기관이나 법령에 의하여 행정권한의 위임 또는 위탁을 받은 공공단체가 국민의 권리의무에 관계되는 사항에 관하여 직접효력을 미치는 공권력의 발동으로서 하는 공법상의 행위를 말하며, 그것이 상대방의 권리를 제한하는 행위라 하더라도 행정청 또는 그 소속기관이나 권한을 위임받은 공공단체의 행위가 아닌 한 이를 행정처분이라고 할 수 없는 것이다.

[2] 한국토지개발공사법의 규정에 의하여 설립된 자본금 전액 정부투자법인일 뿐인 한국토지개발공사가 행정소송법 소정의 행정청 또는 그 소속기관이거나 이로부터 일정기간 입찰참가자격을 제한하는 내용의 부정당업자제재처분의 권한을 위임받았다고 볼 만한 아무런 법적 근거가 없으므로, 한국토지개발공사가 한 그 제재처분은 행정소송의 대상이 되는 행정처분이 아니라 단지 상대방을 그 공사가 시행하는 입찰에 참가시키지 않겠다는 뜻의 사법상의 효력을 가지는 통지행위에 불과하고, 또한 그 공사의 이와 같은 통지행위가 있다고 하여 상대방에게 예산회계법 제95조 제2항, 지방재정법 제62조 제2항에 의한 국가 또는 지방자치단체에서 시행하는 모든 입찰에의 참가자격을 제한하는 효력이 발생한다고 볼 수도 없으므로 그 상대방이 한국토지개발공사를 상대로 하여 제기한 부정당업자제재처분 효력정지신청의 본안소송은 부적법하다는 이유로, 원심결정을 파기하여 그 효력정지신청을 각하한다.

2. 대법원 2013. 9. 12. 선고 2011두10584 판결 【부정당업자제재처분취소】

그런데 다 같이 입찰참가자격 제한에 관하여 규정한 국가를 당사자로 하는 계약에 관한 법률(이하 '국가계약법'이라 한다)과 공공기관법을 대비해 보면, 그 규정 내용이나 규정 방식에 상당한 차이가 있다. 우선 국가계약법은 그 목적을 계약입무의 원활한 수행만을 들고 있는 것과 달리 공공기관법은 공공기관의 사경제 주체성에도 주목하여 공공기관의 경영합리화와 대국민서비스 증진을 목적으로 하고 있다(각 제1조). 입찰참가자격 제한의 요건 등과 관련해서도, 국가계약법은 경쟁의 공정한 집행 또는 계약의 적정한 이행에 대한 침해의 '염려'나 입찰에 참가시키는 것이 '부적합'하다고 인정되는 경우 등 그 대상을 폭넓게 규정하면서도, 그 요건에 해당하면 입찰참가자격을 제한하여야 한다고 하여 기속규정의 형식을 취하고 있는 반면(제27조 제1항), 공공기관법은 공정한 경쟁이나 계약의 적정한 이행을 해칠 것이 '명백'한 경우로 요건은 더 제한적으로 규정하면서도 제한 여부에 대해서는 '제한할 수 있다'고 하여 처분 재량을 인정하고 있다. 따라서 행위 태양이 동일하더라도 국가계약법이 적용될 경우에는 입찰참가자격이 제한되지만 공공기관법이 적용될 경우에는 제한되지 않는 경우를 법률이 이미 예정하고 있다고 할 수 있다.

3. 대법원 1983. 9. 27. 선고 83누292 판결【대부국유임야양여거부처분취소】

[1] 산림청장이 산림법이나 구 산림법 또는 구 산림령 등의 정하는 바에 따라 국유임야를 대부하거나 매각 또는 양여하는 행위는 사경제 주체로서 하는 사법상의 행위이고 행정청이 공권력을 행사하는 주체로서 행하는 행정처분이라고 볼 수 없으므로 산림청장의 국유임야 무상양여거부처분도 단순한 사법상의 행위일 뿐이며 따라서 위 거부처분은 행정소송의 대상이 되지 아니한다.

[2] 법률상 행정소송의 대상이 되지 아니하는 소송에 대하여 법원이 본안재판을 거부하였다 하여 이를 헌법상의 법률에 의한 재판을 받을 권리를 박탈한 것이라 할 수 없다.

4. 대법원 2006. 3. 9. 선고 2004다31074 판결【채무부존재확인】

[1] 국유재산 등의 관리청이 하는 행정재산의 사용·수익에 대한 허가는 순전히 사경제주체로서 행하는 사법상의 행위가 아니라 관리청이 공권력을 가진 우월적 지위에서 행하는 행정처분으로서 특정인에게 행정재산을 사용할 수 있

는 권리를 설정하여 주는 강학상 특허에 해당한다.

[2] 국유재산 등의 관리청이 하는 행정재산의 사용 · 수익 허가에 따른 사용료에 대하여는 국유재산법 제25조 제3항의 규정에 의하여 국세징수법 제21조, 제22조가 규정한 가산금과 중가산금을 징수할 수 있다 할 것이고, 위 가산금과 중가산금은 위 사용료가 납부기한까지 납부되지 않은 경우 미납분에 관한 지연이자의 의미로 부과되는 부대세의 일종이다.

[3] 국립의료원 부설 주차장에 관한 위탁관리용역운영계약의 실질은 행정재산에 대한 국유재산법 제24조 제1항의 사용 · 수익 허가임을 이유로, 민사소송으로 제기된 위 계약에 따른 가산금지급채무의 부존재확인청구에 관하여 본안판단을 한 원심판결을 파기하고, 소를 각하한 사례

5. 대법원 2008. 5. 15. 선고 2005두11463 판결 【변상금추가부과고지처분취소】

국유의 잡종재산은 국유의 행정재산이나 보존재산(이하, '행정재산 등'이라고 한다)과 달리 공적 목적에 직접 제공된 것은 아니라고 하더라도, 그 경제적 가치를 통하여 국가 재정에 기여한다는 점에서 여전히 국유재산으로서 보호할 필요가 있고, 현재의 상태에서는 당장 공적 목적에 사용되지 않는다고 하더라도 행정 목적상 필요한 경우에는 언제든지 행정재산 등으로 전환될 수 있으므로, 그 유지 · 보호 및 운용의 적정이라는 공익상의 목적과 기능을 수행하기 위하여 필요한 경우에는 공법적 규율이 가능하다고 보아야 할 것이다.

국유재산법(이하 '법'이라고만 한다)이 누구든지 국유재산을 정당한 사유 없이 사용 또는 수익하는 것을 금지하고(법 제5조 제1항), 잡종재산에 관한 대부료 및 연체료의 징수를 행정재산 등의 사용료를 체납한 경우와 마찬가지로 국세징수법상 체납처분의 예에 의하도록 하고 있으며(법 제38조 제3항), 국유재산의 종류를 불문하고 정당한 사유 없이 국유재산을 점유하거나 이에 시설물을 설치한 때에는 행정대집행법에 따른 철거 등의 조치를 할 수 있도록(법 제52조) 한 것도 바로 이러한 공법적 규율의 필요성이 있기 때문인 것이다.

국가가 잡종재산의 대부 · 매각 등의 법률관계에 관하여 사경제 주체로서 사

인과 대등한 지위에서 법률행위를 하고 이에 관하여 사법의 적용을 받는다고 하여 그 유지·보존 및 운용에 관한 모든 법적 규율이 획일적으로 사법의 영역이 되어야 한다고 볼 수는 없다. 특히, 국유의 잡종재산은 그 종류가 다양하고 그 위치도 전국적으로 광범위하게 분포되어 있는 반면에 관리청의 인적·물적 자원은 제한될 수밖에 없는 실정이므로, 관리청이 일상적으로 잡종재산의 현황과 무단 점유 여부 등을 점검하여 국유재산법 위반행위를 발견한 경우에는 반드시 민사법에 따른 권리구제수단으로 그 위반상태를 바로 잡아야 한다면 이는 행정목적 달성을 위한 효율적 수단이라고 보기 어려울 것이다.

그렇다면 이 사건 법률조항인 법 제51조 제1항이 대부계약 등을 맺지 아니하고 국유 잡종재산을 무단 점유한 자에 대하여 통상의 대부료에 20%를 할증한 변상금을 부과·징수하도록 하고 있는 데에는 국유재산의 효율적인 보존·관리라는 합리적인 이유가 있다고 할 것이므로 헌법 제11조 제1항의 평등원칙에 반한다고 볼 수 없고, 이 사건 법률조항으로 인하여 잃게 되는 무단 점유자의 재산권이라는 사익보다 그로 인하여 얻게 되는 국유재산의 효율적인 관리·보존이라는 공익이 크다고 할 것이므로 헌법 제23조 제1항 및 제37조 제2항에 위반하여 재산권을 과도하게 침해하였다고 볼 수도 없다.

6. 대법원 2017. 11. 9. 선고 2015다215526 판결【정산금청구】

[1] 국책사업인 '한국형 헬기 개발사업'(Korean Helicopter Program, 이하 'KHP사업'이라 한다)에 개발주관사업자 중 하나로 참여하여 국가 산하 중앙행정기관인 방위사업청과 '한국형헬기 민군겸용 핵심구성품 개발협약'을 체결한 갑 주식회사가 협약을 이행하는 과정에서 환율변동 및 물가상승 등 외부적 요인 때문에 협약금액을 초과하는 비용이 발생하였다고 주장하면서 국가를 상대로 초과비용의 지급을 구하는 민사소송을 제기한 사안에서, 과학기술기본법 제11조, 구 국가연구개발사업의 관리 등에 관한 규정(2010. 8. 11. 대통령령 제22328호로 전부 개정되기 전의 것, 이하 '국가연구개발사업규정'이라 한다) 제2조 제1호, 제7호, 제7조 제1항, 제10조, 제15조, 제20조, 항공우주산업개발 촉진법 제4조 제1항 제2호, 제2항, 제3항 등의 입법 취지와 규정 내용, 위 협약에서 국가는

갑 회사에 '대가'를 지급한다고 규정하고 있으나 이는 국가연구개발사업규정에 근거하여 국가가 갑 회사에 연구경비로 지급하는 출연금을 지칭하는 데 다름 아닌 점, 위 협약에 정한 협약금액은 정부의 연구개발비 출연금과 참여기업의 투자금 등으로 구성되는데 위 협약 특수조건에 의하여 참여기업이 물가상승 등을 이유로 국가에 협약금액의 증액을 내용으로 하는 협약변경을 구하는 것은 실질적으로는 KHP사업에 대한 정부출연금의 증액을 요구하는 것으로 이에 대하여는 국가의 승인을 얻도록 되어 있는 점, 위 협약은 정부와 민간이 공동으로 한국형헬기 민 · 군 겸용 핵심구성품을 개발하여 기술에 대한 권리는 방위사업이라는 점을 감안하여 국가에 귀속시키되 장차 기술사용권을 갑 회사에 이전하여 군용 헬기를 제작 · 납품하게 하거나 또는 민간 헬기의 독자적 생산기반을 확보하려는 데 있는 점, KHP사업의 참여기업인 갑 회사로서도 민 · 군 겸용 핵심구성품 개발사업에 참여하여 기술력을 확보함으로써 향후 군용 헬기 양산 또는 민간 헬기 생산에서 유리한 지위를 확보할 수 있게 된다는 점 등을 종합하면, 국가연구개발사업규정에 근거하여 국가 산하 중앙행정기관의 장과 참여기업인 갑 회사가 체결한 위 협약의 법률관계는 공법관계에 해당하므로 이에 관한 분쟁은 행정소송으로 제기하여야 한다고 한 사례.

7. 대법원 2021. 2. 4. 선고 2019다277133 판결 【학교시설사업비】

공법상 당사자소송이란 행정청의 처분 등을 원인으로 하는 법률관계에 관한 소송 그 밖에 공법상의 법률관계에 관한 소송으로서 그 법률관계의 한쪽 당사자를 피고로 하는 소송을 말한다(행정소송법 제3조 제2호). 공법상 계약이란 공법적 효과의 발생을 목적으로 하여 대등한 당사자 사이의 의사표시의 합치로 성립하는 공법행위를 말한다. 공법상 계약의 한쪽 당사자가 다른 당사자를 상대로 그 효력을 다투거나 그 이행을 청구하는 소송은 공법상의 법률관계에 관한 분쟁이므로 분쟁의 실질이 공법상 권리 · 의무의 존부 · 범위에 관한 다툼이 아니라 손해배상액의 구체적인 산정방법 · 금액에 국한되는 등의 특별한 사정이 없는 한 공법상 당사자소송으로 제기하여야 한다(대법원 2017. 11. 9. 선고 2015다215526 판결; 2019. 4. 10. 자 2017마6337 결정 등 참조).

이 사건 협약은 공법인인 원고가 보금자리주택지구 개발사업 시행이라는 공행정활동을 수행하는 과정에서 구 학교용지법 제4조의2에 따른 '학교시설 무상공급 의무'의 이행과 관련하여 관할 교육감과 구체적인 이행 방법, 시기, 비용분담 등을 약정한 것이므로 공법상 계약에 해당하고, 그에 따른 계약상 의무의 존부·범위에 관한 분쟁은 공법상 당사자소송의 대상이라고 보아야 한다.

Ⅳ 질문 및 토의과제

1. 정부조달계약 및 그 계약상 손해배상예정의 집행행위를 사법상 계약으로 본 실질적 동기는 무엇일까? 국가가 조달계약을 체결함에 있어서는 공권력의 주체로서의 지위를 인정해 주지 않고 사인과 대등한 시장의 참여자로서의 지위만 인정하는 것이 공권력의 남용을 막고 시장질서를 왜곡하지 않을 것이기 때문일 것이다. 그러나 만약 국가의 조달계약규모가 단일 경제주체의 경제활동규모로서는 다른 시장주체와 비교할 수 없을 정도로 큰 규모에 이르게 된다면, 국가가 사인과 마찬가지로 시장에서 자유롭게 의사결정을 하도록 내버려두는 것 자체가 사실상의 권력남용과 시장질서의 왜곡을 방치하는 것이 되지 않을까? 그러한 경우, 국가의 시장에서의 사실상의 권력을 통제하기 위해서는 대기업에 대한 경제법적 규제와 같은 방식으로 규제를 하는 것이 적합할까, 아니면 이 또한 국가의 공권력의 일종으로 보고 공법적 규율을 적용하는 것이 적합할까? 위 관련판례들에서 공법관계와 사법관계 여부를 구별하기 위하여 고려한 요소 또는 기능적 관점들은 무엇이라고 보는가?

2. 리딩케이스에서와 같이 원고의 입장에서는 단일한 생활관계로 보이는 상황에서 제기되는 복수의 법적 쟁점에 대해 각각 민사소송과 행정소송을 제기해야 한다면, 소송상의 부담이 가중되면서 사법제도가 매우 비효율적이라고 여겨질 것이다. 공·사법의 구별을 유지하면서도 이러한 문제를 해결할 수 있는 소송절차상의 기법이 있을까? 또한 대법원까지 가서 이러한 소송절차 선택의 문제로 각하되는 상황을 피하기 위해, 구별이 모호할 수 있는 사안에 대해서는 법률에 그 관할법원과 소송유형에 대해 사전에 명시적으로 규정하는 방법은 현실적으로 가능한지 검토해 보라.

3. 위법한 행정처분으로 인해 사인에게 손해가 발생한 경우 이에 대한 국가배상청구를 민사법원에서 민사소송절차에 따라 심사하는 경우와 행정법원에서 행정소송절차에 따라 심사하는 경우의 차이점은 무엇이라고 생각하는가? 한편, 동일한 법원에서 동일한 소송절차에 따라 소송을 하더라도 특정 사안이 공법관계인가 사법관계인가에 따라 다른 법리를 적용하는 등 차이를 낼 수 있다고 생각하는가?

4. 관련판례 1과 2를 구주체설 또는 신주체설의 입장에서 해석해 보시오. 관련판례 1과 같은 종래 정부투자기관의 입찰참가자격제한조치에 관한 대법원판례는 그 조치가 정부투자기관 관리기본법상으로는 그 근거규정이 없고 동법 제20조에 근거하여 제정된 구정부투자기관 회계규정(1999. 10. 21 폐지) 제245조 제1항을 근거로 하여 이루어진 경우였다. 이후 입찰참가자격제한조치의 정당성 내지 그 구속력을 확보하고자 1999. 2. 5 동법을 개정하여 제20조 제2항 및 제3항에서 정부투자기관에 대하여 입찰참가자격제한의 권한을 직접 부여하는 근거규정 및 정부투자기관회계규칙의 제정근거를 마련하였다. 2007. 1. 19 동법이 폐지되고 현재는 신설된 공공기관의 운영에 관한 법률 제39조에서 이 규정이 존재한다. 이 법에 근거한 입찰참가자격제한처분은 관련판례 2에서와같이 항고소송으로 다투어지게 되었다. 동법의 대상이 되는 공공기관은 행정서비스를 효율적으로 생산 · 전달하기 위해 민간기업의 조직 · 운영방식을 채택하고 있는 경우가 많으며, 또한 행정서비스의 이용자와의 관계도 사법적 관계로 규율되는 경우가 많다. 그러나 이렇게 거래상대방에 대해 법률을 근거로 입찰참가자격제한을 하는 경우 공법으로 규율할 필요가 있고, 그 권한 행사는 행정소송으로 다투어지게 된다. 그러나 국가를 당사자로 하는 계약과 사기업의 조직 · 운영방식을 채택한 공공기관을 당사자로 하는 계약에 대한 공법적 규율의 필요성은 그 정도에 있어 차별화가 요구되는 것으로 보인다. 따라서 관련판례 2에서 설시한 바와 같이 두 법률에 있어 입찰참가자격제한의 요건과 효과가 달리 규정되어 있다. 공법관계와 사법관계로 이분하는 것을 넘어 규율대상의 성질에 맞게 공법적 규율과 사법적 규율의 정도도 다양한 수준을 가질 수 있음을 보여준다.

5. 관련판례 3과 관련판례 4는 국유재산에 대해 그 재산의 유형에 따라 법적 규율을 달리 하고 있다. 이러한 차별적 취급은 어떠한 논거에 의해 정당화될 수 있는가? 관련판례 5를 이익설의 관점에서 분석하여 보시오. 한편, 위 조달계약에 관해 본 바와 같이, 관련판례 5는 국유재산법 상 행정재산과 일반재산에 대해서도 각 유형에 관련된 모든 법률관계가 공법 또는 사법으로 이분되어 규율되는 것이 아니라 그 이용과 처분, 관리 등 문제되는 측면에 따라 때로는 공법, 때로는 사법관계로 규율될 수 있음을 보여준다. 그러나 이는 어떤 규율대상에 대해 때로는 공법, 때로는 사법적인 규율이 편의적, 자의적으로 선별, 조합되어도 좋다는 의미는 아니다. 특정 규율대상이 갖는 여러 법률관계들은 상호 연관되고 영향을 주고받으므로 그에 대한 규율이 내적으로 정합되지 않으면 특정 제도 자체가 제 기능을 발휘하지 못할 수도 있기 때문이다. 민간기업의 장점을 취하기 위해 조직과 운영에 있어 사법적 방식을 채택한 공공기관에 지나치게 공법적인 규율을 적용하는 경우를 생각해 보자. 중요한 것은 일관된 규율의 중심을 세우되, 합리적인 차별이 필요한 곳에 적절히 대응하는 공법과 사법의 적정한 조합을 찾는 것이다.

6. 관련판례 6과 7이 계약관계를 공법관계로 인정하는데 고려한 요소들은 무엇인가? 분쟁을 민사소송으로 해결하는 경우와 행정소송법상 당사자소송으로 해결하는 경우의 차이점을 생각해 보시오. 개별 사건에서의 차이를 넘어, 공법관계를 지속적으로 민사소송이 아닌 당사자소송으로 처리할 경우 공법관계에 특유한 법리 형성에 도움이 될 것으로 볼 수 있는가?

V 참고문헌

김재형, 공법과 사법의 대화, 민사법학 105호, 한국사법행정학회, 2024

김대인, 공법관계에 대한 사법규정의 유추적용: 공법상 계약을 중심으로, 법조(통권 761호), 2023

박정훈, 요청조달계약과 입찰참가자격제한처분 권한 요청조달계약의 성질, 사법적 관점과 공법적 관점, 행정판례연구 24－2집, 2019

성중탁, 행정소송으로서 당사자소송 활성화 방안: 항고소송, 민사소송과의 구별을 중심으로, 행정법학 제22호, 2014

안철상, 행정소송과 민사소송의 관계, 법조 57권 1호(통권 616호), 2008. 1, 법조협회

VI 관련법령

행정기본법

제1조 (목적) 이 법은 행정의 원칙과 기본사항을 규정하여 행정의 민주성과 적법성을 확보하고 적정성과 효율성을 향상시킴으로써 국민의 권익 보호에 이바지함을 목적으로 한다.

국가를 당사자로 하는 계약에 관한 법률(제8852호 2008. 2. 29)

제9조 (입찰보증금) ① 각 중앙관서의 장 또는 계약담당공무원은 경쟁입찰에 참가하고자 하는 자로 하여금 입찰보증금을 납부하게 하여야 한다. 다만, 대통령령

이 정하는 경우에는 입찰보증금의 전부 또는 일부의 납부를 면제할 수 있다.

② 제1항의 규정에 의한 입찰보증금의 금액 · 납부방법 기타 필요한 사항은 대통령령으로 정한다.

③ 각 중앙관서의 장 또는 계약담당공무원은 낙찰자가 계약을 체결하지 아니한 때에는 당해 입찰보증금을 국고에 귀속시켜야 한다. 이 경우 제1항 단서의 규정에 의하여 입찰보증금의 전부 또는 일부의 납부를 면제한 경우에는 대통령령이 정하는 바에 의하여 입찰보증금에 해당하는 금액을 국고에 귀속시켜야 한다.

第27條 (부정당업자의 입찰참가자격 제한) ① 각 중앙관서의 장은 경쟁의 공정한 집행 또는 계약의 적정한 이행을 해칠 염려가 있거나 기타 입찰에 참가시키는 것이 부적합하다고 인정되는 자에 대하여서는 2년 이내의 범위에서 대통령령이 정하는 바에 따라 입찰참가자격을 제한하여야 하며, 이를 즉시 다른 중앙관서의 장에게 통보하여야 한다. 이 경우 통보를 받은 다른 중앙관서의 장은 대통령령이 정하는 바에 의하여 해당자의 입찰참가자격을 제한하여야 한다.

② 삭제 <1997. 12. 13>

③ 각 중앙관서의 장 또는 계약담당공무원은 제1항의 규정에 따라 입찰참가자격을 제한받은 자와 수의계약을 체결하여서는 아니된다. 다만, 제1항의 규정에 따라 입찰참가자격을 제한받은 자 외에는 적합한 시공자 · 제조자가 존재하지 아니하는 등 부득이한 사유가 있는 경우에는 그러하지 아니하다.

공공기관의 운영에 관한 법률(제9345호 2009. 1. 30 일부개정)

第39條 (회계원칙 등) ① 공기업 · 준정부기관의 회계는 경영성과와 재산의 증감 및 변동 상태를 명백히 표시하기 위하여 그 발생 사실에 따라 처리한다.

② 공기업 · 준정부기관은 공정한 경쟁이나 계약의 적정한 이행을 해칠 것이 명백하다고 판단되는 사람 · 법인 또는 단체 등에 대하여 2년의 범위 내에서 일정기간 입찰참가자격을 제한할 수 있다.

③ 제1항과 제2항의 규정에 따른 회계처리의 원칙과 입찰참가자격의 제한기준 등에 관하여 필요한 사항은 기획재정부령으로 정한다.

1-1-2. 통치행위

Ⅰ 개요

'통치행위'란 고도의 정치적 성격을 띤 정부의 행위로서 법에 의해 규율되기에 적절치 않고 따라서 사법심사의 배제가 고려되는 행위를 말한다. 헌법상 재판받을 권리가 보장되고 행정소송제도가 개괄주의를 취하는 법치국가에서는 사법심사가 배제되는 통치행위의 존재는 부정되어야 한다는 견해도 있지만, 고도의 정치적 고려가 포함된 의사결정에 대해서 민주적 정당성이 없는 사법부가 판단을 내리는 것이 권력분립적 견지에서 사법권의 내재적 한계를 넘는 것이라거나(권력분립설), 이러한 사안에 대해 사법부가 개입하는 경우 오히려 사법부의 독립성과 전문성을 해칠 수도 있으므로 사법부의 자제가 필요하다든가(사법자제설), 국가최고기관의 정치적 재량행위는 합법성 통제의 대상이 될 수 없다는(재량행위설) 등의 논거로 이를 긍정하는 견해도 있다. 판례는 통치행위의 관념 자체는 긍정하되, 사법심사가 적절치 않은 범위를 보다 세부적으로 획정하여 그 범위를 줄여나감으로써 사법심사의 범위를 확대해 가는 방식을 취하고 있다.

Ⅱ 리딩케이스

1. 사건번호: 헌재 1996. 2. 29. 93헌마186 결정 【긴급재정명령등위헌확인】

2. 사실관계

1993. 8. 12. 김영삼 대통령은 금융실명거래및비밀보장에관한긴급재정경제명령(대통령 긴급재정경제명령 제16호, 이하 "이 사건 긴급명령"이라고 한다)을 발하여 같은 날 20:00부터 이 사건 긴급명령이 시행되었고 같은 달 19. 국회의 승인을 받았다. 그 주된 내용은 다음과 같다. ① 이 사건 긴급명령의 시행시부터 모든

금융거래시 실명 사용을 의무화하고(제2조, 제3조 제1항) ② 기존의 비실명예금에 대하여는 2개월간의 실명전환의무기간을 설정하여(제5조) ③ 비실명에 의한 자금의 인출을 금지하며(제3조 제3항) ④ 일정금액 이상의 실명전환된 비실명금융자산의 인출시 금융기관이 국세청에 대하여 거래내용을 통보하도록 하고(제6조, 제10조) ⑤ 실명전환의무기간 경과 후에는 이자, 배당소득 등에 대하여 고율의 소득세율을 적용하며, 최고 원금의 60%에 달하는 과징금을 부과하고(제7조, 제9조) ⑥ 금융거래의 비밀보장을 강화하며(제4조) ⑦ 이에 위반하는 자에 대하여는 형사처벌을 한다(제12조).

이에 대하여 청구인은 대통령은 헌법 제76조 제1항에 규정한 요건을 갖추지 못하였음에도 이 사건 긴급명령을 발하였고, 국회는 위헌적인 이 사건 긴급명령을 발한 대통령에 대하여 헌법 제65조의 탄핵소추를 의결하여야 함에도 이를 하지 아니함으로써 청구인의 알권리와 청원권 및 재산권을 침해하였다고 주장하며 1993. 8. 16. 이 사건 헌법소원심판을 청구하였다.

3. 결정요지

[1] 통치행위란 고도의 정치적 결단에 의한 국가행위로서 사법적 심사의 대상으로 삼기에 적절하지 못한 행위라고 일반적으로 정의되고 있는바, 이 사건 긴급명령이 통치행위로서 헌법재판소의 심사 대상에서 제외되는지에 관하여 살피건대, 고도의 정치적 결단에 의한 행위로서 그 결단을 존중하여야 할 필요성이 있는 행위라는 의미에서 이른바 통치행위의 개념을 인정할 수 있고, 대통령의 긴급재정경제명령은 중대한 재정 경제상의 위기에 처하여 국회의 집회를 기다릴 여유가 없을 때에 국가의 안전보장 또는 공공의 안녕질서를 유지하기 위하여 필요한 경우에 발동되는 일종의 국가긴급권으로서 대통령의 고도의 정치적 결단을 요하고 가급적 그 결단이 존중되어야 할 것임은 법무부장관의 의견과 같다. 그러나 이른바 통치행위를 포함하여 모든 국가작용은 국민의 기본권적 가치를 실현하기 위한 수단이라는 한계를 반드시 지켜야 하는 것이고, 헌법재판소는 헌법의 수호와 국민의 기본권 보장을 사명으로 하는 국가기관이므로 비록 고도의 정치적 결단에 의하여 행해지는 국가작용이라고 할지라도 그것이 국민

의 기본권 침해와 직접 관련되는 경우에는 당연히 헌법재판소의 심판대상이 될 수 있는 것일 뿐만 아니라, 긴급재정경제명령은 법률의 효력을 갖는 것이므로 마땅히 헌법에 기속되어야 할 것이다. 따라서 이 사건 긴급명령이 통치행위이므로 헌법재판의 대상이 될 수 없다는 법무부장관의 주장은 받아들일 수 없다.

[2] 따라서 긴급재정경제명령은 정상적인 재정운용·경제운용이 불가능한 중대한 재정·경제상의 위기가 현실적으로 발생하여(그러므로 위기가 발생할 우려가 있다는 이유로 사전적·예방적으로 발할 수는 없다) 긴급한 조치가 필요함에도 국회의 폐회 등으로 국회가 현실적으로 집회될 수 없고 국회의 집회를 기다려서는 그 목적을 달할 수 없는 경우에 이를 사후적으로 수습함으로써 기존질서를 유지·회복하기 위하여(그러므로 공공복리의 증진과 같은 적극적 목적을 위하여는 발할 수 없다) 위기의 직접적 원인의 제거에 필수불가결한 최소의 한도 내에서 헌법이 정한 절차에 따라 행사되어야 한다. 그리고 긴급재정경제명령은 평상시의 헌법 질서에 따른 권력행사방법으로서는 대처할 수 없는 중대한 위기상황에 대비하여 헌법이 인정한 비상수단으로서 의회주의 및 권력분립의 원칙에 대한 중대한 침해가 되므로 위 요건은 엄격히 해석되어야 할 것이다.

[3] 긴급재정경제명령을 발할 수 있는 중대한 재정·경제상의 위기 상황의 유무에 관한 제1차적 판단은 대통령의 재량에 속한다. 그러나 그렇다고 하더라도 그것이 자유재량이라거나 객관적으로 긴급한 상황이 아닌 경우라도 주관적 확신만으로 좋다는 의미는 아니므로 객관적으로 대통령의 판단을 정당화할 수 있을 정도의 위기상황이 존재하여야 한다. …, 대통령의 그와 같은 판단이 현저히 비합리적이고 자의적인 것이라고는 인정되지 않으므로 이는 존중되어야 할 것이며, 당시 국회는 폐회중이었을 뿐 아니라 이러한 상황에서 국회를 소집하여 그 논의를 거쳐 기존의 금융실명법을 이 사건 긴급명령과 같은 내용으로 개정한 후 시행하는 경우에는 검은 돈이 금융시장을 이탈하여 부동산시장으로 이동함으로써 한편으로는 금융경색을 초래하여 기업의 자금조달을 어렵게 하여 경기침체를 심화시키고, 다른 한편으로는 부동산투기를 재연시키거나 자금이 해외로 도피할 위험성이 있으며, 특히 사채시장 의존도가 높은 중소기업의 일시적 자금 부족이 우려되고 비실명화율이 높은 증권시장에 혼란이 일어나는 등 큰 부작용이 있을 것임은 충분히 예상할 수 있고, 그렇다고 금융실명제의 실시를

지체하기에는 우리나라의 재정 · 경제상의 위기상황이 매우 심각하였음은 앞서 본 바와 같다. 그렇다면 이 사건 긴급명령의 발포와 관련하여 "긴급한 조치가 필요함에도 국회의 집회를 기다릴 여유가 없을 때"라는 요건도 충족되었다고 볼 것이다.

4. 판례해설

헌법재판소는 이 결정에서 "고도의 정치적 결단에 의한 행위로서 그 결단을 존중하여야 할 필요성이 있는 행위라는 의미에서" 통치행위의 개념을 인정하고, 문제된 대통령의 긴급재정경제명령은 "일종의 국가긴급권으로서 대통령의 고도의 정치적 결단을 요하고 가급적 그 결단이 존중되어야" 함은 인정하면서도, "비록 고도의 정치적 결단에 의하여 행해지는 국가작용이라고 할지라도 그것이 국민의 기본권 침해와 직접 관련되는 경우에는" 헌법에 기속되고 헌법재판소의 심판대상이 될 수 있다고 하여, 헌법재판소의 사법심사대상이 될 수 없다는 법무부장관의 주장을 배척하고 있다.

위 결정을 보면, '통치행위'의 관념을 긍정 또는 부정한다는 것이 반드시 그 행위에 대한 사법심사의 배제를 인정 또는 부정한다는 것과 직결되는 것은 아니라고 할 수 있다. 현재의 법치행정 이념 하에서 '통치행위'의 관념은 사법심사가 배제되는 영역을 확인하기 위해서라기보다는, 국가 권력기관의 결정에 대한 다층적인 통제방식들 중 적절한 통제의 방식을 선택하기 위해 사용되어야 할 것이다. 즉, 그 결정의 내용과 성격에 따라 가장 효과적이고 효율적이며 정당성이 확보될 수 있는 방식을 선택해야 한다. 고도의 정치적 결정에 대해 민주적 정당성과는 거리가 있는 사법부가 평가규범이 부족한 사안에 대해 규범적 판단을 하는 것이 그 효과나 정당성에서 최선의 통제방식이 되지 못하고 오히려 주권자인 국민의 의사를 왜곡할 위험이 있다면 사법심사가 배제 또는 제한됨이 적절할 수도 있다.

그러나 이 판례를 보면, 사법심사가 배제되기 위해서는 그 행위가 고도의 정치적 결정으로서의 성격을 갖는다는 점만으로는 부족하고 여러 요건을 충족해야 함을 알 수 있다. 첫째, 통치행위도 국민의 기본권 침해와 직접 관련되는 경우에는 사법권의 내재적 한계가 인정되지 않는다(이 경우 사법자제의 대상이 될 수 있는지는 불명확하다). 둘째, 사법심사의 척도의 존재가 사법심사의 중요한 전제요건이 될 것이다. 당해 명령이 헌법에 기속된다는 점이 시사하는 기술적 측면은 당해 결정에 대한 평가규범으로서 법적 기준이 존재한다는 점이다. 하나의 행위라 하여도 그 전체에 대하여 사법심사를 배제하기보다는 그 행위가 가지는 다양한 실체적 · 절차적 측면 중 적정한 평가규범이 존재하는 부분에 대해서는 사법심사를 하고, 그러한 규범이 존재하지 않는 부분에 대해서는 사법심사 대상에서 배제하는 방식으로 사법심사의 대상을 세부적으로 획정하는 것도 생각해 볼 수 있다.

나아가, 사법심사의 강도도 중요하다. 궁극적으로 통치행위관념은 사법부가 다른 국가기관의 고도의 정치적 결정들을 얼마나 존중해 주어야 하는가의 문제를 다루기 위한 것이므로, 사법부가 굳이 심사를 배제하지 않고도 그 심사 강도를 잘 조절하면 사법부가 이를 적절한 정도로 존중할 수 있다. 이 판결에서는 긴급한 조치가 필요하였는가 여부에 대한 대통령의 결정이 "현저히 비합리적이고 자의적인 것이라고는 인정되지 않으므로 이는 존중되어야 할 것"이라 하여, 비합리적이고 자의적이지 않으면 이를 존중한다는 기준을 적용하고 있다.

민주화와 법치주의가 심화될수록 시민들은 이전에는 사법심사를 요청할 생각을 하지 못했던 영역에 대해서까지 법적 포럼에서 법적 기준에 의한 평가가 이루어질 것을 요구한다. 관련판례 1, 2는 이미 이러한 경향을 보여주고 있다. 이러한 상황에서 통치행위이론은 이전과는 달리 단순히 사법심사 배제 여부를 결정하기 위한 이론이 아니라, 국가행위의 유형별 스펙트럼에 걸맞는 통제수단의 선택을 돕는 새로운 기능을 가질 수 있다. 이를 위해서는 최근 판례들의 논증에서 보여주는 바와 같이 문제된 행위 내지 의사결정에 대해 정교한 접근으로 심사가 적절한 부분과 적절하지 않은 부분을 선별해 내고, 정치적 행위의 의사결정과정에 적용할 수 있는 절차법적 규범 등을 정립하며, 사법심사 외의 다른 효과적인 통제수단들을 고안해 낼 필요가 있다.

Ⅲ 관련판례

1. 대법원 2004. 3. 26. 선고 2003도7878 판결【외국환거래법위반 · 남북교류협력에관한법률위반 · 특정경제범죄가중처벌등에관한법률위반(배임)】

[1] 입헌적 법치주의국가의 기본원칙은 어떠한 국가행위나 국가작용도 헌법과 법률에 근거하여 그 테두리 안에서 합헌적 · 합법적으로 행하여질 것을 요구하며, 이러한 합헌성과 합법성의 판단은 본질적으로 사법의 권능에 속하는 것이고, 다만 국가행위 중에는 고도의 정치성을 띤 것이 있고, 그러한 고도의 정치행위에 대하여 정치적 책임을 지지 않는 법원이 정치의 합목적성이나 정당성을 도외시한 채 합법성의 심사를 감행함으로써 정책결정이 좌우되는 일은 결코 바람직한 일이 아니며, 법원이 정치문제에 개입되어 그 중립성과 독립성을 침해당할 위험성도 부인할 수 없으므로, 고도의 정치성을 띤 국가행위에 대하여는 이른바 통치행위라 하여 법원 스스로 사법심사권의 행사를 억제하여 그 심사대상에서 제외하는 영역이 있으나, 이와 같이 통치행위의 개념을 인정한다고 하더라도 과도한 사법심사의 자제가 기본권을 보장하고 법치주의 이념을 구현하여야 할 법원의 책무를 태만히 하거나 포기하는 것이 되지 않도록 그 인정을 지극히 신중하게 하여야 하며, 그 판단은 오로지 사법부만에 의하여 이루어져야 한다.

[2] 남북정상회담의 개최는 고도의 정치적 성격을 지니고 있는 행위라 할 것이므로 특별한 사정이 없는 한 그 당부를 심판하는 것은 사법권의 내재적 · 본질적 한계를 넘어서는 것이 되어 적절하지 못하지만, 남북정상회담의 개최과정에서 재정경제부장관에게 신고하지 아니하거나 통일부장관의 협력사업 승인을 얻지 아니한 채 북한측에 사업권의 대가 명목으로 송금한 행위 자체는 헌법상 법치국가의 원리와 법 앞에 평등원칙 등에 비추어 볼 때 사법심사의 대상이 된다고 판단한 원심판결을 수긍한 사례.

2. 헌재 2004. 4. 29. 2003헌마814 전원재판부 결정【일반사병 이라크 파병 위헌확인】

[1] 외국에의 국군의 파견결정은 파견군인의 생명과 신체의 안전뿐만 아니라 국제사회에서의 우리나라의 지위와 역할, 동맹국과의 관계, 국가안보문제 등 궁극적으로 국민 내지 국익에 영향을 미치는 복잡하고도 중요한 문제로서 국내 및 국제정치관계 등 제반상황을 고려하여 미래를 예측하고 목표를 설정하는 등 고도의 정치적 결단이 요구되는 사안이다. 따라서 그와 같은 결정은 그 문제에 대해 정치적 책임을 질 수 있는 국민의 대의기관이 관계분야의 전문가들과 광범위하고 심도 있는 논의를 거쳐 신중히 결정하는 것이 바람직하며 우리 헌법도 그 권한을 국민으로부터 직접 선출되고 국민에게 직접 책임을 지는 대통령에게 부여하고 그 권한행사에 신중을 기하도록 하기 위해 국회로 하여금 파병에 대한 동의여부를 결정할 수 있도록 하고 있는바, 현행 헌법이 채택하고 있는 대의민주제 통치구조 하에서 대의기관인 대통령과 국회의 그와 같은 고도의 정치적 결단은 가급적 존중되어야 한다.

[2] 이 사건 파견결정이 헌법에 위반되는지의 여부 즉 국가안보에 보탬이 됨으로써 궁극적으로는 국민과 국익에 이로운 것이 될 것인지 여부 및 이른바 이라크전쟁이 국제규범에 어긋나는 침략전쟁인지 여부 등에 대한 판단은 대의기관인 대통령과 국회의 몫이고, 성질상 한정된 자료만을 가지고 있는 우리 재판소가 판단하는 것은 바람직하지 않다고 할 것이며, 우리 재판소의 판단이 대통령과 국회의 그것보다 더 옳다거나 정확하다고 단정짓기 어려움은 물론 재판결과에 대하여 국민들의 신뢰를 확보하기도 어렵다고 하지 않을 수 없다.

[3] 이 사건 파병결정은 대통령이 파병의 정당성뿐만 아니라 북한 핵 사태의 원만한 해결을 위한 동맹국과의 관계, 우리나라의 안보문제, 국·내외 정치관계 등 국익과 관련한 여러 가지 사정을 고려하여 파병부대의 성격과 규모, 파병기간을 국가안전보장회의의 자문을 거쳐 결정한 것으로, 그 후 국무회의 심의·의결을 거쳐 국회의 동의를 얻음으로써 헌법과 법률에 따른 절차적 정당성을 확보했음을 알 수 있다. 그렇다면 이 사건 파견결정은 그 성격상 국방 및 외교에 관련된 고도의 정치적 결단을 요하는 문제로서, 헌법과 법률이 정한 절차를

지켜 이루어진 것임이 명백하므로, 대통령과 국회의 판단은 존중되어야 하고 헌법재판소가 사법적 기준만으로 이를 심판하는 것은 자제되어야 한다. 이에 대하여는 설혹 사법적 심사의 회피로 자의적 결정이 방치될 수도 있다는 우려가 있을 수 있으나 그러한 대통령과 국회의 판단은 궁극적으로는 선거를 통해 국민에 의한 평가와 심판을 받게 될 것이다.

3. 대법원 2015. 4. 23. 선고 2012두26920 판결【독립유공자서훈취소처분의취소】

구 상훈법 제8조는 서훈취소의 요건을 구체적으로 명시하고 있고 그 절차에 관하여 상세하게 규정하고 있다. 그리고 서훈취소는 서훈수여의 경우와는 달리 이미 발생된 서훈대상자 등의 권리 등에 영향을 미치는 행위로서 관련 당사자에게 미치는 불이익의 내용과 그 정도 등을 고려하면 사법심사의 필요성이 크다. 따라서 기본권의 보장 및 법치주의의 이념에 비추어 보면, 비록 서훈취소가 대통령이 국가원수로서 행하는 행위라고 하더라도 법원이 사법심사를 자제하여야 할 고도의 정치성을 띤 행위라고 볼 수는 없다(대법원 2010. 12. 16. 선고 2010도5986 전원합의체 판결 등 참조).

그럼에도 이와 달리 원심은, 원고가 피고 대통령에 대하여 이 사건 서훈취소결정의 취소를 구하는 것이라고 선해하더라도, 이 사건 서훈취소결정은 통치행위에 해당하므로 이를 다투는 이 부분 소는 부적법하다고 판단하고 말았으니, 이러한 원심의 판단에는 통치행위에 관한 법리를 오해한 위법이 있다.

4. 대법원 2022. 8. 30. 선고 2018다212610 전원합의체 판결【손해배상(기)】

〈긴급조치 제9호위반 혐의로 수사 및 유죄판결을 받은 사람들 또는 그 유족들이 대통령과 수사기관, 법원의 불법행위를 이유로 국가배상을 청구한 사안〉

대법원 2015. 3. 26. 선고 2012다48824 판결은, 긴급조치 제9호가 사후적으로 법원에서 위헌 · 무효로 선언되었다고 하더라도, 유신헌법에 근거한 대통령의 긴급조치권 행사는 고도의 정치성을 띤 국가행위로서 대통령은 국가긴급권의 행사에 관하여 원칙적으로 국민 전체에 대한 관계에서 정치적 책임을 질 뿐 국민 개개인의 권리에 대응하여 법적 의무를 지는 것은 아니므로, 대통령의 이러한 권력행사가 국민 개개인에 대한 관계에서 민사상 불법행위를 구성한다고는 볼 수 없다고 하였다.

나. 긴급조치 제9호의 발령 및 적용 · 집행행위로 인한 국가배상책임의 성립

보통 일반의 공무원을 표준으로 공무원이 직무를 집행하면서 객관적 주의의무를 소홀히 하고 그로 말미암아 그 직무행위가 객관적 정당성을 잃었다고 볼 수 있는 때에 국가배상법 제2조가 정한 국가배상책임이 성립할 수 있다. 공무원의 직무행위가 객관적 정당성을 잃었는지는 행위의 양태와 목적, 피해자의 관여 여부와 정도, 침해된 이익의 종류와 손해의 정도 등 여러 사정을 종합하여 판단하되, 손해의 선보책임을 국가가 부담할 만한 실질적 이유가 있는지도 살펴보아야 한다(대법원 2000. 5. 12. 선고 99다70600 판결; 2004. 12. 9. 선고 2003다50184 판결; 2021. 6. 30. 선고 2017다249219 판결 등 참조).

긴급조치 제9호는 위헌 · 무효임이 명백하고 긴급조치 제9호 발령으로 인한 국민의 기본권 침해는 그에 따른 강제수사와 공소제기, 유죄판결의 선고를 통하여 현실화되었다. 이러한 경우 긴급조치 제9호의 발령부터 적용 · 집행에 이르는 일련의 국가작용은, 전체적으로 보아 공무원이 직무를 집행하면서 객관적 주의의무를 소홀히 하여 그 직무행위가 객관적 정당성을 상실한 것으로서 위법하다고 평가되고, 긴급조치 제9호의 적용 · 집행으로 강제수사를 받거나 유죄판결을 선고받고 복역함으로써 개별 국민이 입은 손해에 대해서는 국가배상책임이 인정될 수 있다. 구체적인 이유는 다음과 같다.

1) 긴급조치 제9호의 위헌 · 무효와 그 발령행위

긴급조치 제9호는 유신헌법상 발령 요건을 갖추지 못하였다. 유신헌법은 제53조 제1항, 제2항에서 긴급조치권 행사에 관하여 '천재 · 지변 또는 중대한 재정 · 경제상의 위기에 처하거나 국가의 안전보장 또는 공공의 안녕질서가 중대한 위협을 받거나 받을 우려가 있어 신속한 조치를 할 필요'가 있을 때 그 극복을 위한 것으로 한정하고 있다. 긴급조치 제9호가 발령될 당시의 국내외 정치

상황 및 사회상황이 긴급조치권 발령의 대상이 되는 비상사태로서 국가의 중대한 위기상황 내지 국가적 안위에 직접 영향을 주는 중대한 위협을 받을 우려가 있는 상황에 해당한다고 할 수 없다(대법원 2013. 4. 18. 자 2011초기689 전원합의체 결정 참조).

긴급조치 제9호는 국민의 자유와 권리를 지나치게 제한하여 헌법상 보장된 국민의 기본권을 침해하였다. 긴급조치 제9호는 ① 제1, 2, 7항에서 유언비어 날조 · 유포 및 사실왜곡 · 전파 행위, 집회 · 시위 또는 표현물 등에 의하여 대한민국헌법을 부정 · 비방하거나 개정 · 폐지를 청원 · 선동하는 행위, 학교 당국의 감독이나 학교장의 사전 허가를 받은 경우를 제외한 학생들의 집회 · 시위 · 정치관여 행위 등을 금지하고, 위반 시 형사처벌 하도록 정하여 표현의 자유와 청원권 등을 제한하고, ② 제8항에서 영장주의를 전면 배제함으로써 법치국가 원리를 부정하고 신체의 자유와 주거의 자유를 제한하며, ③ 제5항에서 주무부장관은 이 조치 위반자 · 범행 당시 소속 학교 등 또는 그 대표자에 대하여 해임 또는 제적, 휴업 · 휴교 · 정간 · 폐간 · 해산 또는 폐쇄의 조치 등을 할 수 있도록 정하여 학문의 자유를 제한하였다. 나아가 이러한 긴급조치 제9호의 내용은 유신헌법에 대한 논의 자체를 전면 금지하는 것으로, 유신체제에 대한 국민적 저항을 탄압하기 위한 것임이 분명하여 긴급조치권의 목적상의 한계를 벗어난 것이다(위 대법원 2011초기689 전원합의체 결정 참조).

위와 같이 긴급조치 제9호가 위헌 · 무효이고 그 위헌성이 중대하고 명백한 이상 대통령의 긴급조치 제9호 발령행위는 객관적 정당성을 상실하였다고 보기 충분하다. 다만 긴급조치 제9호 발령행위만으로는 개별 국민에게 손해가 현실적으로 발생하였다고 보기는 어렵고, 긴급조치 제9호를 그대로 적용 · 집행하는 추가적인 직무집행을 통하여 그 손해가 현실화될 수 있다.

Ⅳ 질문 및 토의과제

1. 리딩케이스에서 청구인이 주장한 다른 쟁점은 국회가 위헌적 행위를 한 대통령에 대해 탄핵소추의결을 하지 아니한 부작위가 위헌적인 공권력의 불행사라는 것이었다. 이에 대해 헌법재판소는 청구인에게 국회의 탄핵소추의결을 청구할 권리를 인정할 수 없으므로 이는

부작위위헌확인소원의 대상이 되는 공권력의 불행사에 해당되지 않는다는 이유로 부적법 각하하였다. 국회의 탄핵소추의결은 통치행위에는 해당되지 않을까? 통치행위이론과 특정한 행위를 청구할 권리·의무의 불성립 등은 어떤 순서로 적용될 수 있을까?

2. 관련판례 1에 따르면, 사법부가 통치행위에 대해 심사를 자제할지 여부는 사법부만이 판단할 수 있다고 하는데, 이는 어떻게 정당화될 수 있는가? 이것이 권력분립의 내재적 한계라면, 그 한계를 사법부 자신만이 확인할 수 있다는 것이 정당한가?

3. 관련판례 1, 2에서 제시되는 통치행위에 대한 사법심사 배제의 논거를 정리하여 보아라. 민주화와 법치주의가 상당히 진전되고 있는 최근 새삼 통치행위에 관한 의미있는 판례들이 나오고 있는 이유는 무엇일까? 사법부가 통치행위에 대해 보이는 태도가 시민들이 이러한 행위에 대한 소송을 제기하는 행태에 어떤 영향을 미칠 것으로 보는가? 사법부에 대한 신뢰에는 어떤 영향을 미칠 것으로 보는가?

4. 관련판례 1에서 남북정상회담의 개최가 고도의 정치적 성격을 지니고 있는 행위라서 사법부의 판단이 배제된다고 할 때, 그 개최를 성사시키기 위해서는 대북송금행위를 비밀로 진행할 수밖에 없었다고 한다면, 이 두 행위에 대한 규범적 평가를 분리해서 하는 것이 타당하다고 생각하는가? 연관되어 있는 일련의 행위 중 '통치행위'의 범위를 어떻게 인정할 것인가?

5. 관련판례 3의 논거를 고려할 때, 서훈취소결정이 아니라 서훈수여거부결정은 통치행위로 인정될지 여부, 또는 사법심사의 대상이 될지 여부에 대해 검토해보시오.

6. 유신헌법 하에서 긴급조치 제9호의 발령행위, 적용행위, 집행행위의 위법성 심사에 대해 관련판례 4와 이를 통해 변경된 대법원 2015. 3. 26. 선고 2012다48824 판결의 결론과 논증방식을 비교하시오.

V 참고문헌

이민영, 통치행위에 대한 사법심사의 행정법학적 재론, 미국헌법연구 제29권 제3호, 2018

한상희, 통치행위와 긴급조치: 그 사법심사의 문제, 민주법학 제59권, 2015

김선화, 통치행위의 인정여부와 판단기준 소고, 공법연구 33집 1호, 2004

제 2 장
법치행정 · 법원

1-2-1. 법률유보의 원칙

Ⅰ 개요

국민주권과 대의민주제 하에서 법치행정을 실현하기 위한 기본적인 방식은 국회의 입법권을 통해 행정을 통제하는 것이다. 구체적으로는 ① 국민의 권리 · 의무에 관한 사항을 정하는 것은 원칙적으로 법률을 통해서만 하도록 하고(법률의 법규창조력), ② 어떠한 행정작용도 법률을 위반할 수 없도록 하고(법률의 우위), ③ 일정한 범위의 행정작용은 반드시 법률에서 그 근거를 둔 경우에만 할 수 있도록 함(법률유보)을 통해서이다. 이러한 측면들은 정치체제의 민주적 정당성이 강화되고, 국가의 역할과 기능이 확대되면서 형식적 의미의 '법률' 외에 그 위임을 받아 행정권에서 제정하는 행정입법에 의해서도 보완될 수 있는 것으로 완화되었다. 특히 법률상의 근거를 요하는 행정작용의 범위는 국가의 역할이 변화함에 따라 침해행정유보, 급부행정유보, 전부유보, 중요사항유보 등으로 다양하게 제시되어 왔다. 또한 단순히 법률상의 근거가 존재하는가 여부를 넘어서 법률의 규율밀도에 있어서도 행정입법이 아니라 대의기관인 의회가 직접 결정해야 하는 사항이 어디까지인가의 문제가 중요한 쟁점이 되고 있다.

II 리딩케이스

1. 사건번호: 헌재 1999. 5. 27. 98헌바70 결정【한국방송공사법제35조등위헌소원】

2. 사실관계

피고 을(한국전력공사)은 1998. 2. 2. 원고 갑(청구인)에 대하여 1998년 2월분 텔레비전방송수신료(이하 "수신료"라 한다) 금 2,500원의 부과처분을 하였다. 원고 갑은 1998. 4. 21. 서울행정법원에 피고 을을 상대로 위 부과처분의 취소를 구하는 행정소송을 제기하고(98구4473), 위 소송계속중에 부과처분의 근거가 된 한국방송공사법 제35조, 제36조 제1항이 헌법상의 조세법률주의에 위반된다고 주장하며 위헌심판제청신청을 하였으나(98아310), 1998. 8. 20. 부과처분 취소청구와 함께 위 신청이 기각되고 1998. 8. 25. 그 결정을 송달받자, 1998. 9. 8. 헌법재판소법 제68조 제2항에 따라 이 사건 헌법소원심판을 청구하였다.

3. 결정요지

[1] 수신료는 공영방송사업이라는 특정한 공익사업의 소요경비를 충당하기 위한 것으로서 일반 재정수입을 목적으로 하는 조세와 다르다. 또, 텔레비전방송을 수신하기 위하여 수상기를 소지한 자에게만 부과되어 공영방송의 시청가능성이 있는 이해관계인에게만 부과된다는 점에서도 일반 국민 주민을 대상으로 하는 조세와 차이가 있다. 그리고 '공사의 텔레비전방송을 수신하는 자'가 아니라 '텔레비전방송을 수신하기 위하여 수상기를 소지한 자'가 부과대상이므로 실제 방송시청 여부와 관계없이 부과된다는 점, 그 금액이 공사의 텔레비전방송의 수신정도와 관계없이 정액으로 정해져 있는 점 등을 감안할 때 이를 공사의 서비스에 대한 대가나 수익자부담금으로 보기도 어렵다. 따라서 수신료는 공영방송사업이라는 특정한 공익사업의 경비조달에 충당하기 위하여 수상기를 소지한 특정집단에 대하여 부과되는 특별부담금에 해당한다고 할 것이다.

[2] 헌법은 법치주의를 그 기본원리의 하나로 하고 있으며, 법치주의는 행정

작용에 국회가 제정한 형식적 법률의 근거가 요청된다는 법률유보를 그 핵심적 내용의 하나로 하고 있다. 그런데 오늘날 법률유보원칙은 단순히 행정작용이 법률에 근거를 두기만 하면 충분한 것이 아니라, 국가공동체와 그 구성원에게 기본적이고도 중요한 의미를 갖는 영역, 특히 국민의 기본권실현에 관련된 영역에 있어서는 행정에 맡길 것이 아니라 국민의 대표자인 입법자 스스로 그 본질적 사항에 대하여 결정하여야 한다는 요구까지 내포하는 것으로 이해하여야 한다(이른바 의회유보원칙). 그리고 행정작용이 미치는 범위가 광범위하게 확산되고 있으며, 그 내용도 복잡·다양하게 전개되는 것이 현대행정의 양상임을 고려할 때, 형식상 법률상의 근거를 갖출 것을 요구하는 것만으로는 국가작용과 국민생활의 기본적이고도 중요한 요소마저 행정에 의하여 결정되는 결과를 초래하게 될 것인바, 이러한 결과는 국가의사의 근본적 결정권한이 국민의 대표기관인 의회에 있다고 하는 의회민주주의의 원리에 배치되는 것이라 할 것이다.

[3] 입법자가 형식적 법률로 스스로 규율하여야 하는 그러한 사항이 어떤 것인가는 일률적으로 획정할 수 없고, 구체적 사례에서 관련된 이익 내지 가치의 중요성, 규제 내지 침해의 정도와 방법 등을 고려하여 개별적으로 결정할 수 있을 뿐이나, 적어도 헌법상 보장된 국민의 자유나 권리를 제한할 때에는 그 제한의 본질적인 사항에 관한 한 입법자가 법률로써 스스로 규율하여야 할 것이다.

[4] 수신료는 국민의 재산권보장의 측면에서나 공사에게 보장된 방송자유의 측면에서나 국민의 기본권실현에 관련된 영역에 속하는 것이고, 수신료금액의 결정은 납부의무자의 범위, 징수절차 등과 함께 수신료에 관한 본질적이고도 중요한 사항이므로, 수신료금액의 결정은 입법자인 국회가 스스로 행하여야 할 것이다.

4. 판례해설

'법률유보'란 행정기관이 활동을 할 때 법률상 당해 기관의 소관 사무를 정하는 조직법적 근거 외에 어떤 행정기관이 누구에 대하여 어떤 요건 하에 어떤 행위를 할 수 있는가를 정하는 작용법적 근거가 필요함을 의미한다. 행정의 모든 활동에 이러한 개별적 근거를 요구할 수는 없으므로, 어떤 범위의 활동에 개별적인 작용법적 근거를 요구할 것인가가 중요한데, 이는 특히 국가의 기능변화를 배경으로 이해되어야 한다. 침해유보설은 조세와 징병 등 국가의 침해로부터 방어적 지위에 있는 국민을 상정한 자유주의적 법치국가를 출발점으로 하며, 현대복지국가의 급부행정 확대와 복효적 행정작용의 비중증가는 급부행정에 대해서도 근거규범이 필요하다는 급부행정유보설을 대두시켰다.

현재는 1970년대 이후 독일연방헌법재판소가 확립하여 독일의 통설이 되어 있는 중요사항유보설이 우리나라에서도 수긍을 얻고 있는 바, 리딩케이스에서 헌법재판소가 그러한 입장을 취하는 것으로 소개하는 견해도 있다. 종전의 견해들이 행정작용이 상대방에게 미치는 효과를 기준으로 하는 유형적 범주(침익·수익 등)를 기준으로 삼은 데 비해, 중요사항유보설은 이러한 범주적 구분을 포기하고 개별 사안별로 제반 요소들을 고려하여 그 사항적 중요성을 판단하는 형량적 접근을 한다는 점에 근본적 차이가 있다. 현대 행정국가에서는 행정작용이 그 상대방 외에 제3자에게 미치는 영향까지 중요하게 봄으로써 복효적 행정과 그로 인한 3면적 관계라는 관점이 중요해지고 있음을 고려할 때, 법률유보의 범위를 침익행정이나 수익행정의 개념을 기준으로 획정하는 데는 한계가 있다. 중요사항유보설의 개별적·형량적 접근은 이러한 한계를 극복하는 접근방식이 될 수 있다. 중요사항유보설의 또 하나의 특징은 기존의 관점들이 주로 법률상 근거의 존부만을 문제 삼은 데 비해, 법률상 규율밀도에 대해서도 관심을 가졌다는 점이다. 즉, 중요사항들을 행정기관에 위임하지 않고 의회가 직접 결정하여야 한다는 의회유보까지도 논의한다는 점이 다르다. 법률유보를 통해 법령에 근거가 있는가 여부만을 문제 삼을 경우에는 의회의 행정입법에 대한 위임의 제한원리인 포괄위임금지의 원칙과 법률유보의 원칙은 별개의 내용으로 보이지만, 법률유보가 의회유보의 내용까지 포함하는 경우에는 포괄위임금지의 원칙과 법률유보의 내용은 일부 중첩된다. 즉, 본질적 사항을 법률로 정해야 한다는 것은 곧 본질적 사항에 대한 위임을 금지하는 것과 같은 내용이 되기 때문이다. 따라서 법률유보가 문제되는 판례들에서 흔히 포괄위임금지의 원칙의 문제도 함께 나타난다(리딩케이스의 경우에도 마찬가지이다).

리딩케이스에서는 법률유보의 헌법적 근거를 헌법 제37조 제2항으로 보고, 동 규정에서 "… 법률로써 제한할 수 있다"라고 한 것을 "국민의 자유나 권리를 제한하는 행정작용의 경우 적어도 그 제한의 본질적인 사항에 관한 한 국회가 제정하는 법률에 근거를 두는 것만으로 충분한 것이 아니라 국회가 직접 결정함으로써 실질에 있어서도 법률에 의한 규율이 되도록 요구하고 있는 것으로 이해하여야 한다"고 해석하고 있다. 이 판결을 문리적으로 이해하면, 침해행정에 관한 본질적 사항의 의회유보를 인정하고 있다고 할 수 있다. 그렇다면, 다음 문제는 어떤 사항이 무엇에 대해 본질적인 사항인가를 판단하는 것이다. 동 판결은 수신료의 금액은 수신료 납부의무자의 범위, 수신료의 징수절차와 함께 수신료 부과 징수에 있어서 본질적인 요소라는 점, 다른 한편 한국방송공사가 그 방송프로그램에 관한 자유를 누리고 국가나 정치적 영향력, 특정 사회세력으로부터 자유롭기 위하여는 적정한 재정적 토대를 확립해야 하는데, 수신료가 그 원칙적인 재원이므로 수신료에 관한 사항은 공사가 방송의 자유를 실현함에 있어서 본질적이고도 중요한 사항이라는 점을 들고, 이를 근거로 수신료 금액은 의회 자신에게 그 규율이 유보된 사항이라고 판단한다. 그리고 이러한 기준에 비추어 한국방송공사가 수신료를 전적으로 결정하는 방식이나, 공보처장관의 승인절차는 국회의 결정 내지 관여가 배제되었다는 점에서 의회유보에 반하는 것으로 평가하고 있다. 수신료보다 훨씬 금액이 큰 부담금이나 과징금도 그 구체적인 산정기준을 법률로 정하지 않는 경우가 더 많다는 점, 방송의 '자유'라는 측면만을 고려한다면 수신료 결정에 국회가 개입하는 것보다 한국방송공사의 결정권을 보장해주는 것이 더 효과적일 수도 있다는 점 등을 생각해보면, 이 사안에서 국민의 재산권이나 한국방송공사의 방송자유권보다 의회유보적 관점에서 중요성이 인정되어야 할 문제는 중립적이고 정확한 공영방송을 통해 정보를 제공받을 국민의 권리와 민주주의의 실현을 위해 필수적인 언론 기능을 정립하기 위해 수신료 결정 권한을 누구에게 어떻게 분배할 것인가로 봄이 더 타당하다고 생각된다. 재산권이나 자유권과 같은 전형적인 기본권 외에 국가가 제공해야 할 급부나 통치구조에 관한 문제 역시 의회유보를 위한 중요성 판단의 대상이 될 수 있다. 공영방송의 재원을 한국방송공사의 이사회와 공보처 장관에게 맡길 경우 공영방송에 대한 대통령과 행정부의 독점적 영향력이 예견되며, 대의기관인 국회의 영향력을 확보하는 것이 중요하며 이는 국회 스스로 입법을 통해 실현할 수 있을 것이다.

또한 이 사건 판결은 의회가 입법권을 행사함에 있어서 수신료의 금액을 직접 정하는 방식 외에도 여러 가지가 있음을 제시하고 있다. 텔레비전방송수신료는 조세가 아닌 특별부담금이므로 이에는 '조세법률주의'와 같은 엄격한 법률유보가 아니라 헌법 제37조 제2항의 법률유보로 족하다고 전제한 후, 수신료를 본질적 사항으로 입법자가 직접 정해야 할 사항이지만 그 방식에 있어서 "국회가 수신료금액을 법률로써 직접 규정하는 것에 어려움이 있다면 적어도 그 상한선만이라도 정하고서 공사에 위임할 수도 있고, 공사의 예산을 국회에서 승인토록 하는 절차규정을 둘 수도 있을 것이며, 또 수신료금액의 1차적인 결정권한을 전문성과 중립성을 갖춘 독립된 위원회에 부여하고서 국회가 이를 확정하는 방안도 있을 수 있다"고 하고 있다. 이는 법률유보에 있어서 규율의 구체화의 요청이 완화되는 것으로 볼 수도 있지만, 다른 한편으로는 위에서 본 공영방송제도와 수신료의 기능상 최종 금액이 얼마인지보다는 수신료에 대한 의사결정의 조직과 구조의 문제가 더 핵심적인 입법사항임을 보여준다고 할 수 있다.

III 관련판례

1. 헌재 1997. 12. 24. 95헌마390 결정【의료보험법제31조제2항위헌확인】

[1] 위임입법에 있어서 위임의 구체성·명확성의 요구 정도는 규제대상의 종류와 성격에 따라서 달라진다. 즉 급부행정 영역에서는 기본권침해 영역보다는 구체성의 요구가 다소 약화되어도 무방하다고 해석되며, 다양한 사실관계를 규율하거나 사실관계가 수시로 변화될 것이 예상될 때에는 위임의 명확성의 요건이 완화된다. 뿐만 아니라 위임조항에서 위임의 구체적 범위를 명확히 규정하고 있지 않다고 하더라도 당해 법률의 전반적 체계와 관련규정에 비추어 위임조항의 내재적인 위임의 범위나 한계를 객관적으로 분명히 확정할 수 있다면 이를 일반적이고 포괄적인 백지위임에 해당하는 것으로 볼 수 없다.

[2] 피보험자인 국민이 납부하는 보험료라는 기여금과 국고부담을 전제로 이루어지는 의료보험제도에서 한정된 재원으로 최적의 의료보험급여를 하기 위해서는 국민의 부담수준, 국가의 재정수준이라는 한계하에서 여러 가지 측면을 고

려하여 보험급여의 우선순위를 정하게 되고, 사회적·경제적 여건에 따라 적절히 대처할 필요성이 있기 때문에 요양급여 및 분만급여의 방법·절차·범위·상한기준 등을 미리 법률에 상세하게 규정하는 것은 입법기술상 매우 어렵다. 그리고 의료보험법 제31조 제1항에서 분만급여를 실시할 것을 규정한 이상 그 범위·상한기준까지 반드시 법률로써 정하여야 하는 사항은 아니며, 의료보험법의 전반적 체계를 종합해 보면 내재적인 위임의 범위나 한계를 예측할 수 있으므로 이 사건 법률조항이 분만급여의 범위나 상한기준을 더 구체적으로 정하지 아니하였다고 하여 포괄위임에 해당한다고 할 수는 없다.

2. 헌재 2006. 3. 30. 2005헌바31 결정【국가유공자등단체설립에관한법률제11조위헌소원】

[1] 헌법 제75조, 제95조의 문리해석상 및 법리해석상 포괄적인 위임입법의 금지는 법규적 효력을 가지는 행정입법의 제정을 그 주된 대상으로 하고 있다. 위임입법을 엄격한 헌법적 한계 내에 두는 이유는 무엇보다도 권력분립의 원칙에 따라 국민의 자유와 권리에 관계되는 사항은 국민의 대표기관이 정하는 것이 원칙이라는 법리에 기인한 것이다. 즉, 행정부에 의한 법규사항의 제정은 입법부의 권한 내지 의무를 침해하고 자의적인 시행령 제정으로 국민들의 자유와 권리를 침해할 수 있기 때문에 엄격한 헌법적 기속을 받게 하는 것이다. 그런데 법률이 행정부가 아니거나 행정부에 속하지 않는 공법적 기관의 정관에 특정 사항을 정할 수 있다고 위임하는 경우에는 그러한 권력분립의 원칙을 훼손할 여지가 없다. 이는 자치입법에 해당되는 영역이므로 자치적으로 정하는 것이 바람직하다. 따라서 법률이 정관에 자치법적 사항을 위임한 경우에는 헌법 제75조, 제95조가 정하는 포괄적인 위임입법의 금지는 원칙적으로 적용되지 않는다고 봄이 상당하다.

[2] 법률이 자치적인 사항을 정관에 위임할 경우 원칙적으로 헌법상의 포괄위임입법금지원칙이 적용되지 않는다 하더라도, 그 사항이 국민의 권리·의무에 관련되는 것일 경우에는, 적어도 국민의 권리와 의무의 형성에 관한 사항을 비롯하여 국가의 통치조직과 작용에 관한 기본적이고 본질적인 사항은 반드시

국회가 정하여야 할 것인바, 각 국가유공자 단체의 대의원의 선출에 관한 사항은 각 단체의 구성과 운영에 관한 것으로서, 국민의 권리와 의무의 형성에 관한 사항이나 국가의 통치조직과 작용에 관한 기본적이고 본질적인 사항이라고 볼 수 없으므로, 법률유보 내지 의회유보의 원칙이 지켜져야 할 영역이라고 할 수 없다. 따라서 각 단체의 대의원의 정수 및 선임방법 등은 정관으로 정하도록 규정하고 있는 국가유공자등단체설립에관한법률 제11조가 법률유보 혹은 의회유보의 원칙에 위배되어 청구인의 기본권을 침해한다고 할 수 없다.

3. 대법원 2007. 10. 12. 선고 2006두14476 판결 【주택재개발사업시행인가처분취소】

[1] 법률이 공법적 단체 등의 정관에 자치법적 사항을 위임한 경우에는 헌법 제75조가 정하는 포괄적인 위임입법의 금지는 원칙적으로 적용되지 않는다고 봄이 상당하고, 그렇다 하더라도 그 사항이 국민의 권리·의무에 관련되는 것일 경우에는 적어도 국민의 권리·의무에 관한 기본적이고 본질적인 사항은 국회가 정하여야 한다.

[2] 구 도시 및 주거환경정비법(2005. 3. 18. 법률 제7392호로 개정되기 전의 것)상 사업시행자에게 사업시행계획의 작성권이 있고 행정청은 단지 이에 대한 인가권만을 가지고 있으므로 사업시행자인 조합의 사업시행계획 작성은 자치법적 요소를 가지고 있는 사항이라 할 것이고, 이와 같이 사업시행계획의 작성이 자치법적 요소를 가지고 있는 이상, 조합의 사업시행인가 신청시의 토지 등 소유자의 동의요건 역시 자치법적 사항이라 할 것이며, 따라서 2005. 3. 18. 법률 제7392호로 개정된 도시 및 주거환경정비법 제28조 제4항 본문이 사업시행인가 신청시의 동의요건을 조합의 정관에 포괄적으로 위임하고 있다고 하더라도 헌법 제75조가 정하는 포괄위임입법금지의 원칙이 적용되지 아니하므로 이에 위배된다고 할 수 없다. 그리고 조합의 사업시행인가 신청시의 토지 등 소유자의 동의요건이 비록 토지 등 소유자의 재산상 권리·의무에 영향을 미치는 사업시행계획에 관한 것이라고 하더라도, 그 동의요건은 사업시행인가 신청에 대한 토지 등 소유자의 사전 통제를 위한 절차적 요건에 불과하고 토지 등 소유자의

재산상 권리 · 의무에 관한 기본적이고 본질적인 사항이라고 볼 수 없으므로 법률유보 내지 의회유보의 원칙이 반드시 지켜져야 하는 영역이라고 할 수 없고, 따라서 개정된 도시 및 주거환경정비법 제28조 제4항 본문이 법률유보 내지 의회유보의 원칙에 위배된다고 할 수 없다.

4. 대법원 2014. 1. 29. 선고 2013다25927, 25934 판결 【부당이득금반환 · 시설분담금】

피고 한국지역난방공사(이하 '피고 난방공사'라고 한다)의 열공급규정은 "사업자는 지식경제부령으로 정하는 바에 따라 요금이나 그 밖의 공급조건에 관한 공급규정을 정하여 지식경제부장관에게 신고하여야 하며, 이를 변경하려는 경우에도 또한 같다."고 규정한 집단에너지사업법(2013. 3. 23. 법률 제11690호로 개정되기 전의 것, 이하 같다) 제17조 제1항을 근거로 하여 작성된 것으로 집단에너지사업법 시행규칙 제19조 제5호에 기하여 같은 법 제18조 제1항의 공급시설 건설비용의 부담금(이하 이를 '공사비부담금'이라 한다)에 관한 사항도 규정하고 있는데, 집단에너지사업법 제18조 제1항은 사업자의 사용자에 대한 공사비부담금 부과에 관한 근거 규정이고, 같은 조 제2항은 그 산정기준, 부과 · 징수방법 등에 관하여 필요한 사항을 대통령령에 위임하고 있으며 같은 법 시행령 제13조의2에서는 "법 제18조 제1항에 따른 부담금은 용도별 부과 대상 단위에 단위당 기준단가를 곱한 금액으로 산정한다."고 규정하여 부담금의 산정기준을 정하고 있다. 비록 집단에너지사업법의 공사비부담금 조항이 국민의 재산권을 제한하는 측면이 있다고 하더라도 공사비부담금에 관한 모든 세부 사항을 시행령으로 정해야만 한다고 볼 수는 없고, 공사비부담금 또한 기본적으로 열공급에 관련된 사항으로서 구체적인 액수 및 이를 정하는 단가나 기준 등이 필요하다고 하지 않을 수 없으며, 따라서 이 같은 공사비부담금에 관한 세부사항도 집단에너지사업법 제17조 제1항에 근거하여 공급규정에서 정할 수 있다고 볼 것이다.

그리고 피고 난방공사의 열공급규정에 관하여 지식경제부 등 주무관청에 신고하는 과정에서 공사비부담금 액수의 적정성 심사가 이루어지는 점, 공사비부담금 액수는 경제 상황이나 주택건설의 규모 및 여건 등에 따른 변동가능성에 탄력적으로 대처하면서 정할 필요성이 생길 수 있는 점 등의 사정을 고려할 때, 집단에너지사업법 시행령 규정에서 공사비부담금 산정기준을 구체화한 후 보다 세부적인 사항을 위 열공급규정서 정한다고 하더라도 이는 충분히 예측가능한 것으로서, 집단에너지사업법의 전반적인 체계와 취지·목적, 당해 위임조항의 내용, 관련 법규의 유기적 관계 등에 비추어 보더라도 이를 들어 위임입법의 범위를 일탈한 것으로 볼 수는 없다.

또한 "부담금 부과의 근거가 되는 법률에는 부담금의 부과 및 징수주체, 설치목적, 부과요건, 산정기준, 산정방법, 부과요율 등이 구체적이고 명확하게 규정되어야 한다. 다만 부과요건 등의 세부적인 내용은 해당 법률에서 구체적으로 범위를 정하여 위임한 바에 따라 대통령령·총리령·부령 또는 조례·규칙으로 정할 수 있다."는 부담금관리 기본법 제4조는 부담금관리 등에 관한 일반법으로서 역할을 하기 위한 법률유보원칙에 관한 선언적 의미를 갖는 규정이라 할 것이므로, 집단에너지사업법 제18조 제2항이 구체적으로 범위를 정하지 아니하고 공사비부담금의 산정기준 및 부과·징수방법에 관하여 필요한 사항을 대통령령으로 정하도록 함으로써 부담금관리 기본법 제4조에서 정한 바와 달리 위임되었다는 이유만으로 피고 난방공사의 열공급규정을 위임입법의 한계를 넘어선 것으로 무효라고 할 수도 없다.

5. 대법원 2020. 9. 3. 선고 2016두32992 전원합의체 판결【법외노조통보처분취소】

[1] 헌법 제37조 제2항은 "국민의 모든 자유와 권리는 국가안전보장·질서유지 또는 공공복리를 위하여 필요한 경우에 한하여 법률로써 제한할 수 있으며, 제한하는 경우에도 자유와 권리의 본질적인 내용을 침해할 수 없다."라고 규정하고 있다. 헌법상 법치주의는 법률유보원칙, 즉 행정작용에는 국회가 제정한 형식적 법률의 근거가 요청된다는 원칙을 핵심적 내용으로 한다. 나아가 오늘날의 법률유보원칙은 단순히 행정작용이 법률에 근거를 두기만 하면 충분한 것이 아니라, 국가공동체와 그 구성원에게 기본적이고도 중요한 의미를 갖는 영역, 특히 국민의 기본권 실현에 관련된 영역에 있어서는 행정에 맡길 것이 아니고

국민의 대표자인 입법자 스스로 그 본질적 사항에 대하여 결정하여야 한다는 요구, 즉 의회유보원칙까지 내포하는 것으로 이해되고 있다. 여기서 어떠한 사안이 국회가 형식적 법률로 스스로 규정하여야 하는 본질적 사항에 해당되는지는, 구체적 사례에서 관련된 이익 내지 가치의 중요성, 규제 또는 침해의 정도와 방법 등을 고려하여 개별적으로 결정하여야 하지만, 규율대상이 국민의 기본권과 관련한 중요성을 가질수록 그리고 그에 관한 공개적 토론의 필요성 또는 상충하는 이익 사이의 조정 필요성이 클수록, 그것이 국회의 법률에 의하여 직접 규율될 필요성은 더 증대된다. 따라서 국민의 권리 · 의무에 관한 기본적이고 본질적인 사항은 국회가 정하여야 하고, 헌법상 보장된 국민의 자유나 권리를 제한할 때에는 적어도 그 제한의 본질적인 사항에 관하여 국회가 법률로써 스스로 규율하여야 한다.

[2] 헌법 제75조는 "대통령은 법률에서 구체적으로 범위를 정하여 위임받은 사항과 법률을 집행하기 위하여 필요한 사항에 관하여 대통령령을 발할 수 있다."라고 규정하고 있다. 따라서 대통령은 법률에서 구체적으로 범위를 정하여 위임받은 사항과 법률을 집행하기 위하여 필요한 사항에 관하여만 대통령령을 발할 수 있으므로, 법률의 시행령은 모법인 법률에 의하여 위임받은 사항이나 법률이 규정한 범위 내에서 법률을 현실적으로 집행하는 데 필요한 세부적인 사항만을 규정할 수 있을 뿐, 법률에 의한 위임이 없는 한 법률이 규정한 개인의 권리 · 의무에 관한 내용을 변경 · 보충하거나 법률에 규정되지 아니한 새로운 내용을 규정할 수는 없다.

[3] [다수의견] 법외노조 통보는 적법하게 설립된 노동조합의 법적 지위를 박탈하는 중대한 침익적 처분으로서 원칙적으로 국민의 대표자인 입법자가 스스로 형식적 법률로써 규정하여야 할 사항이고, 행정입법으로 이를 규정하기 위하여는 반드시 법률의 명시적이고 구체적인 위임이 있어야 한다. 그런데 노동조합 및 노동관계조정법 시행령(이하 '노동조합법 시행령'이라 한다) 제9조 제2항은 법률의 위임 없이 법률이 정하지 아니한 법외노조 통보에 관하여 규정함으로써 헌법상 노동3권을 본질적으로 제한하고 있으므로 그 자체로 무효이다. 구체적인 이유는 아래와 같다.

법외노조 통보는 이미 법률에 의하여 법외노조가 된 것을 사후적으로 고지하거나 확인하는 행위가 아니라 그 통보로써 비로소 법외노조가 되도록 하는 형성적 행정처분이다. 이러한 법외노조 통보는 단순히 노동조합에 대한 법률상 보호만을 제거하는 것에 그치지 않고 헌법상 노동3권을 실질적으로 제약한다. 그런데 노동조합 및 노동관계조정법(이하 '노동조합법'이라 한다)은 법상 설립요건을 갖추지 못한 단체의 노동조합 설립신고서를 반려하도록 규정하면서도, 그보다 더 침익적인 설립 후 활동 중인 노동조합에 대한 법외노조 통보에 관하여는 아무런 규정을 두고 있지 않고, 이를 시행령에 위임하는 명문의 규정도 두고 있지 않다. 더욱이 법외노조 통보 제도는 입법자가 반성적 고려에서 폐지한 노동조합 해산명령 제도와 실질적으로 다를 바 없다. 결국 노동조합법 시행령 제9조 제2항은 법률이 정하고 있지 아니한 사항에 관하여, 법률의 구체적이고 명시적인 위임도 없이 헌법이 보장하는 노동3권에 대한 본질적인 제한을 규정한 것으로서 법률유보원칙에 반한다.

Ⅳ 질문 및 토의과제

1. 법치행정을 실현하기 위한 법률유보원칙은 반드시 헌법 제37조 2항을 근거로 하여서만 인정될 수 있는가? 기본권을 제한하는 데 이르지 않는 침익행정도 있을 수 있는가? 이러한 경우 법률유보의 근거는 무엇이고, 헌법 제37조 제2항에 근거한 법률유보와 비교하여 그 요구되는 정도의 차이가 있는가?

2. 관련판례 1에서 법률유보의 요청은 다소 완화되고 있는 것으로 보인다. 의료보험의 요양급여의 범위와 상한의 결정이 공영방송의 수신료 금액 결정에 비하여 국회가 스스로 행할 필요성이란 측면에서 중요성이 덜한 사항인가? 판례에서는 이를 정당화하기 위해 어떤 요소를 고려하고 있는 것으로 보이는가?

3. 관련판례 2, 3은 자치적인 사항을 정관에 위임할 경우 포괄위임입법금지원칙은 적용되지 않고 법률유보원칙만이 적용된다고 한다. 법률유보의 기능은 국민을 국가권력으로부터 보호하는 것으로 한정되는가? 아니면 각종 부분사회, 특히 법률이 어떤 중요성을 인정하여 그에 관하여 규율하고 있는 부분사회 내에서의 '권력'남용으로부터의 보호도 그 기능으로 하는가? 규제완화를 위해 종래 행정청이 하던 기능을 이러한 자치단체에 맡기는 경우가 증가한다면 어떠한가? 관련판례 2, 3으로부터 절차적 권리에 대한 보호는 국민의 권리와

의무에 관한 기본적이고 본질적인 사항이라고 볼 수 없다는 해석도 가능한가? 이러한 해석이 가능하다면 이는 타당한가?

4. 관련판례 4에서는 법률과 대통령령, 그리고 급부행정에 종사하는 공공기관(한국지역난방공사)이 제정하는 '열공급규정' 간에 규율 제정 권한(역할)을 어떻게 분담함이 법치행정의 원칙에 부합하는가 하는 문제가 다루어지고 있다. 리딩케이스의 텔레비전방송수신료와 관련판례 4의 '시설분담금'의 법적 성질을 비교해 보시오.

5. 관련판례 5에서 제시한 '어떠한 사안이 국회가 형식적 법률로 스스로 규정하여야 하는 본질적 사항에 해당되는지를 판단하기 위한 기준'으로부터 의회유보의 기능적 장점에 대해 생각해보시오. 즉 공동체의 법규범이 행정영역에서 시행령 형식으로 결정될 경우에 비해 국회에서 입법과정을 통해 결정되는 것이 규범의 정당성을 제고하여 수범자들이 이를 기꺼이 받아들이도록 하는 데 도움이 되는지, 내용적으로 이해당사자들의 타협을 반영하도록 함으로써 더 합리적인 규범을 만드는 데 도움이 되는지 생각해보시오.

V 참고문헌

김지영, 법률유보의 비교법적 고찰, 한양법학 제34권 제1집(통권 제81집), 2023

송시강, 경찰작용과 법률유보: 일반수권조항에 관한 논의의 재론, 홍익법학 제18권 제1호, 2017

김환학, 법률유보 – 중요성설은 보장행정에도 타당한가 –, 행정법연구 40호, 2014

김용섭, 보조금교부결정취소를 둘러싼 법적 문제, Jurist 408호, 2004. 9

VI 관련법령

행정기본법

제8조 (법치행정의 원칙) 행정작용은 법률에 위반되어서는 아니 되며, 국민의 권리를 제한하거나 의무를 부과하는 경우와 그 밖에 국민생활에 중요한 영향을 미치는 경우에는 법률에 근거하여야 한다.

구 한국방송공사법[법률 제5529호, 1998.2.28.]

제35조 (텔레비전수상기의 등록과 수신료 납부의무) 텔레비전방송을 수신하기 위하여 텔레비전수상기(이하 "수상기"라 한다)를 소지한 자는 대통령령이 정하는 바에 따라 공사에 그 수상기를 등록하고 텔레비전방송수신료(이하 "수신료"라 한다)를 납부하여야 한다. 다만, 대통령령이 정하는 수상기에 대하여는 그 등록을 면제하거나 수신료의 전부 또는 일부를 감면할 수 있다.

제36조 (수신료의 결정) ① 수신료의 금액은 이사회가 심의·결정하고, 공사가 공보처장관의 승인을 얻어 이를 부과·징수한다.

방송법[법률 제14839호, 2017.7.26.]

제65조 (수신료의 결정) 수신료의 금액은 이사회가 심의·의결한 후 방송통신위원회를 거쳐 국회의 승인을 얻어 확정되고, 공사가 이를 부과·징수한다.

제66조 (수신료등의 징수) ① 공사는 제65조의 규정에 의하여 수신료를 징수함에 있어서 수신료를 납부하여야 할 자가 그 납부기간내에 이를 납부하지 아니할 때에는 그 수신료의 100분의 5의 범위안에서 대통령령이 정하는 비율에 상당하는 금액을 가산금으로 징수한다.

② 공사는 제64조의 규정에 의한 등록을 하지 아니한 수상기의 소지자에 대하여 1년분의 수신료에 해당하는 추징금을 부과·징수할 수 있다.

③ 공사는 제65조의 수신료와 제1항 및 제2항의 가산금 또는 추징금을 징수함에 있어서 체납이 있는 경우에는 방송통신위원회의 승인을 얻어 국세체납처분의 예에 의하여 이를 징수할 수 있다.

의료보험법

제29조 (요양급여) ③ 제1항의 규정에 의한 요양급여의 방법·절차·범위·상한기준 등 요양급여의 기준은 보건복지부장관이 정한다.

제31조 (분만급여) ① 피보험자 또는 피부양자가 요양기관에서 분만하는 때에는 분만급여를 실시한다.

요양급여기준및분만급여기준개정(1982. 5. 25. 보건사회부고시 제82－26호)

Ⅱ－7, 라. 분만급여 대상은 2자녀에 한한다(시행일 1983. 1. 1.).

1-2-2. 국제법규의 국내법상 효력

I 개요

헌법 제6조 제1항에 근거하여 국제법규가 국내행정에 관한 사항을 정하고 있는 경우 이는 행정법의 법원(法源)의 하나로서의 지위를 가진다. 그러나 "국내법과 같은 효력을 가진다"는 헌법상 규정은 국제법규의 실제적인 적용에 있어서는 다양한 의미로 해석될 수 있다. 행정법의 법원으로서 국제법규를 어떻게 취급해야할 것인가는 헌법상 국제법존중의 원칙과 더불어 행정에 대한 법치주의와 민주주의의 요청이 국제법규와 관련해서도 관철되어야 함을 기준으로 판단되어야 할 것이다. 세계화와 국제질서의 법화(法化)현상이 진행되면서, 국제법규들이 국내의 공적 의사결정구조에 직접 영향을 미치는 경우들이 증가하고 있으므로 행정법의 제도와 집행에 있어 그러한 요청의 적극적 수용은 더욱 필요성이 커지고 있다.

II 리딩케이스

1. 사건번호: 대법원 2005. 9. 9. 선고 2004추10 판결 【전라북도학교급식조례재의결무효확인】

2. 사실관계

이 사건 조례안은 먼저 전라북도에서 생산되는 우수 농수축산물과 이를 재료로 사용하는 가공식품을 '우수농산물'이라고 정의한 다음(제3조 제2항), 전라북도의 초 · 중 · 고등학교에서 실시하는 학교급식에 우수농산물을 사용하도록 지도 · 지원함으로써 급식의 안정성과 질을 높여 성장기 학생의 건전한 심신의 발달을 도모함은 물론 전통 식문화에 대한 이해의 증진과 식생활 개선 및 전라북도 지역 농산물의 소비촉진과 안정된 수급조절에 이바지함을 그 목적으로 하고

(제1조), 이를 위하여 교육감은 안전하고 질 높은 학교급식을 위해 우선적으로 우수농산물을 사용하도록 하되(제6조 제1항), 도지사와 교육감은 학교급식에 우수농산물을 사용하는 지원대상자에게 식재료의 일부를 현물로 지급하거나 식재료 구입비의 일부를 지원하도록 하며(제4조 제2항, 제6조 제2, 3항), 지원금을 교부받은 지원대상자는 지원금을 지원교부결정 내용에 따라 우수농산물 구입에 사용하여야 하고(제9조), 교육감은 지원대상자가 지원금을 지원목적 외에 사용한 경우 즉시 그에 상응하는 조치를 취하는 등 지도·감독의무를 이행하도록 하는 것(제11조)을 주요 내용으로 하고 있다.

원고 갑(전라북도교육감)은 이 조례안이 1994년 관세 및 무역에 관한 일반협정(이하 GATT) 제3조 제1·4항(상품무역에 관한 내국민대우원칙), 제24조 제12항(지방정부의 협정준수의무) 등에 위반된다는 이유로 피고 을(전라북도의회)에 재의를 요구하였으나 피고 을은 조례안을 원안대로 재의결하였고, 이에 원고는 대법원에 급식조례재의결의 무효확인소송을 제기하였다. 참고로 이 소송은 지방자치단체의 감독권한을 가지는 행정자치부가 전북교육감에게 지방자치법 제98조에 따라 대법원에 소를 제기하도록 요청한 데 따라 이루어졌다.

3. 판결요지

[1] '1994년 관세 및 무역에 관한 일반협정'(General Agreement on Tariffs and Trade 1994, 이하 'GATT'라 한다)은 1994. 12. 16. 국회의 동의를 얻어 같은 달 23. 대통령의 비준을 거쳐 같은 달 30. 공포되고 1995. 1. 1. 시행된 조약인 '세계무역기구(WTO) 설립을 위한 마라케쉬협정'(Agreement Establishing the WTO)(조약 제1265호)의 부속 협정(다자간 무역협정)이고, '정부조달에 관한 협정'(Agreement on Government Procurement, 이하 'AGP'라 한다)은 1994. 12. 16. 국회의 동의를 얻어 1997. 1. 3. 공포시행된 조약(조약 제1363호, 복수국가간 무역협정)으로서 각 헌법 제6조 제1항에 의하여 국내법령과 동일한 효력을 가지므로 지방자치단체가 제정한 조례가 GATT나 AGP에 위반되는 경우에는 그 효력이 없다.

[2] 특정 지방자치단체의 초·중·고등학교에서 실시하는 학교급식을 위해

위 지방자치단체에서 생산되는 우수 농수축산물과 이를 재료로 사용하는 가공식품(이하 '우수농산물'이라고 한다)을 우선적으로 사용하도록 하고 그러한 우수농산물을 사용하는 자를 선별하여 식재료나 식재료 구입비의 일부를 지원하며 지원을 받은 학교는 지원금을 반드시 우수농산물을 구입하는 데 사용하도록 하는 것을 내용으로 하는 위 지방자치단체의 조례안이 내국민대우원칙을 규정한 '1994년 관세 및 무역에 관한 일반협정(General Agreement on Tariffs and Trade 1994)'에 위반되어 그 효력이 없다.

4. 판례해설

이 판결에서 대법원은 헌법 제6조 제1항에 근거하여 국제조약으로서 WTO협정이 국내법과 동일한 효력을 가진다고 보고, 이에 위반된 지방의회의 조례를 무효화하고 있다. 판례상 '국내법과 동일한 효력'의 의미가 무엇인지 명확히 논증하고 있지 않지만, 그러한 판결에 이르려면 WTO 협정이 국내법령과 같이 법원이 당해 사안에 이를 직접 적용하여 조례의 위법여부를 판단할 수 있는 효력을 가짐을 의미한다. 그러나 WTO 협정에 이러한 효력을 인정하는 것이 타당하고 적절한지에 대해서는 의문이 제기되고 있다.

국제법인 조약이 국내법적 효력을 가지기 위해서는 그 조약당사국이 조약을 자국법제로 편입(incorporation)하는 작업이 필요하다. 이에 관하여 국제법과 국내법의 관계를 통일적인 법체계로 파악하는 일원론적 관점에서는 조약을 국내법으로 전환하는 별도의 법률을 제정할 필요 없이 국내법으로 수용될 수 있다고 보지만, 국제법과 국내법 각각의 법체계의 자율성을 인정하는 전제에서 출발하는 이원론적 관점에서는 조약체결 후 이의 국내법으로의 전환에 동의하는 법률을 제정하는 전환절차(transformation)를 거쳐야 국내법체계에 편입된다. 이 중 어떤 입장을 취하는가는 주권국가의 선택사항으로서, 헌법 제6조 제1항은 통상 일원주의를 취하고 있다고 해석된다. 이에 따르면, WTO협정도 별도의 전환법령의 제정 없이 국내법체계의 일부로 편입됨을 인정할 수 있다.

그러나 오늘날 일원론과 이원론은 상대화되었다거나, 국내법질서의 일부로 편입됨과 당해 조약이 자기집행력 또는 직접효력을 가진다는 것은 구별되어야 한다고 보는 견해가 있다. 이에 따르면 조약이 국내법체제에 편입되어 국내법적 지위를 갖게 되었다는 것과, 조약이 구체적인 사건에서 국가나 이해관계인에게 직접적인 권리나 의무를 부여하여 그 조약이 국내법원에서 재판절차를 통하여 직접 원용될 수 있는 것은 별개의 개념으로서, 모든 조약이 소위 자기집행적 조약(self-executing treaty), 또는 직접 효력(direct effect) 내지는 제소적격(invocability)을 가진 것은 아니라고 한다. 조약의 국내법 체계로의 편입방식(일원론 또는 이원론)이나 조약의 직접효력 여부는 소송이 제기된 국가의 법원이 '조약의 해석'과 관련 국내법 제도 및 절차를 고려하여 구체적 사건에서 판단할 문제라고 한다. 이때 고려될 사항은 동 조약이 적법한 절차를 거쳐 체결된 헌법 제6조 제1항 상의 조약이고, 국제법적 구속력을 인정할 수 있는지, 조약 체결당시 조약체결국이 이를 직접 적용할 것을 의도하였는지, 조약이 집행적 성격을 갖는 것인가 하는 조약 자체의 성질, 구체화의 정도, 국가에 의한 법률유보의 명시여부 등을 종합적으로 판단해야 한다. 이러한 요소들과 WTO협정의 당사국인 미국, 일본, EU 등이 자국 법원에서의 WTO의 직접 효력을 인정하지 않고 있음을 고려할 때, 이 판결은 (일부 견해는 WTO협정의 직접 효력을 인정하여 사인이 이를 근거로 정부의 행위에 대해 소송을 제기하는 것으로 해석되는 경우에만) 타당하지 않다고 비판되고 있다.

한편, WTO협정이 다른 조약과 다른 특징의 하나는 자족적 분쟁해결제도를 마련하고 있다는 점으로서, 이 절차는 특히 국내 사법절차와 달리 문제된 조치에 관하여 당사국간에 합의가 되면, 제3국이 이를 다시 다툴지는 별론으로 하고, 반드시 그 조치의 WTO위반 요소를 제거할 필요 없이 분쟁이 종료되고, 그 조치는 그 당사국들 사이에서는 그대로 유지될 수 있다는 점이다. 또한 분쟁해결절차에 따른 판정이 내려진 경우에도 문제된 조치를 철회하여 그 조치를 완전히 제거하는 방법 외에 임시적 수단이지만 보상을 통해 해결하거나, 분쟁당사국들이 양자간 협상을 통하여 당해 문제된 조치를 그대로 유지한 채 다른 분야에서의 양허조정을 통하여 분쟁을 해결하고 분쟁해결기구의 결정을 집행하지 않는 쪽으로 외교적 합의를 할 수도 있다. 따라서 만약 국내 사법절차에서 사인이 소송을 제기하여 그 문제된 조치의 효력을 다투는 것을 허용하면 이러한 국가간 자발적 분쟁해결가능성을 심각하게 손상시킬 소지가 있다는 점도 우리 법원이 WTO협정에 대해 직접 효력을 인정하는 것의 문제점으로 지적된다. 또한 국내법상 법원의 판결과 이후 동일한 문제가 WTO분쟁해결절차에 회부되어 나온 결정이 상이할 경우에도 여러 가지 문제점이 제기된다.

다만, 이 판결은 사인이 국내 소송에서 WTO 협정을 직접 원용하는 경우와는 달리, 지방자치단체의 장과 의회 사이의 기관소송이었므로 WTO협정의 직접효력을 인정하는 문제도 사인에 의한 소송과는 달리 보아야 한다는 견해도 있다. 즉, 정부기관에 의한 이러한 소송은 WTO 회원국들이 자국의 법 · 규정 그리고 행정절차를 부속협정에 규정된 자국의 의무에 합치되도록 할 의무를 이행하는 합리적 조치로서, WTO협정은 직접효력을 갖지 않더라도 다만, '국내법'으로 편입된 것만으로도 지방자치법 제22조의 조례의 한계로서 '법령'에 해당된다고 하는 해석이다. 그러나 이러한 견해는 WTO협정의 직접적용에 원칙적으로 반대하면서도 기왕에 내려진 대상판결의 취지를 존중하여 그 의미를 축소적용하려는 시도로서 의미가 있으나, 추상적 규범통제에 대해 직접적용가능성을 인정할 논거가 충분치 않다는 지적도 있다. 대법원은 2009년 관련판례 4를 통해 WTO 회원국 정부의 반덤핑부과처분이 WTO 협정 위반이라는 이유만으로 사인이 직접 국내 법원에 그 처분의 취소를 구하는 소를 제기하거나 협정 위반을 처분의 독립된 취소사유로 주장할 수는 없음을 명확히 하였다.

III 관련판례

1. 대법원 1993. 2. 9. 선고 92도2685 판결【특정범죄가중처벌등에관한법률위반,관세법위반】

대외무역법 제19조 제2항 및 같은법시행령 제35조 제5호에 의하여 마련된 수입선다변화품목공고는 무역역조폭이 가장 큰 나라로부터 수입선다변화품목으로 분류된 물품을 수입하고자 하는 자가 수입승인 신청을 할 때 한국무역대리점협회장이 확인한 물품매도확약서나 계약서를 첨부하도록 하여 수입승인절차를 보다 까다롭게 함으로써 그 나라로부터의 수입을 사실상 제한하고 다른 나라로부터 수입하도록 유도하여 국가별로 수출입의 균형을 유지하려는 조치일 뿐 수입선다변화품목으로 분류된 물품의 수입자체를 금지하거나 제한하려는 조치는 아니므로 이를 들어 "관세와무역에관한일반협정" 소정의 수입제한철폐의 원칙에 위배된다고 할 수 없으며 한편 수입선다변화품목공고에 의하면 수입선다변화품목으로 분류된 물품의 수입이 사실상 제한되는 나라는 구체적으로 특정되어 있는 것이 아니라 전년도 말을 기준으로 하여 과거 5년간의 수출입액을 비교하여 무역역조폭이 가장 큰 이른바 "심한 입초국"이라고 추상적으로 규정되어 있을 뿐이어서 위 일반협정의 체약국은 어느 나라나 "심한 입초국"에 해당할 수 있다는 점에서 보면 위 일반협정 소정의 무차별대우의 원칙에 위배된다고 할 수 없다.

2. 헌재 2005. 10. 27. 2003헌바50 결정【지방공무원법 제58조 제1항 등 위헌소원(제2항, 제82조)】

국제인권규약들은 권리의 본질을 침해하지 아니하는 한 국내의 민주적인 대의절차에 따라 필요한 범위 안에서 근로기본권에 대한 법률에 의한 제한은 용인하고 있으므로 공무원의 근로3권을 제한하는 법 제58조 제1항과 정면으로 배치되는 것은 아니고, 그 밖에 청구인들이 거론하는 근로기본권에 관한 국제법상의 선언, 협약 및 권고 등은 우리나라가 비준한 바 없거나 권고적 효력만을 가지고 있어 위 법률조항에 대한 위헌성 심사의 척도가 될 수 없다.

3. 서울행정법원 2005. 9. 1. 선고 2004구7합5911 판결: 확정【덤핑방지관세부과처분취소】

[1] 관세법 제53조, 제54조는 조사대상공급자에게 덤핑방지관세의 부과 절차상 잠정조치의 대상 또는 협상 상대방으로서의 법적 지위를 부여하고 있는 점 및 관세법 제50조 제1항 소정의 관세율표에 의한 기본세율 및 잠정세율과는 달리 덤핑방지관세는 덤핑으로 인하여 국내 산업에 실질적인 피해가 있다고 인정되는 경우에 그 물품과 공급자 또는 공급국을 지정하여 당해 물품에 대하여 부과되는 것이기 때문에 그 물품의 우리나라에 대한 수출에 직접적인 영향을 미친다는 점 등을 종합하여 보면, 재정경제부령 제330호 '관세법 제51조의 규정에

의한 인도네시아 · 중국산 정보용지 및 백상지에 대한 덤핑방지관세 부과에 관한 규칙'은 항고소송의 대상이 되는 행정처분에 해당한다.

[2] 우리나라에 정보용지 및 백상지를 수출하는 인도네시아의 회사들이 동일한 그룹에 속하는 자회사들로서 모두 한 회사의 지배하에 놓여 있는 점, 위 회사들의 경영진 가운데 상당수가 상호 임원 또는 관리자의 지위를 겸직하고 있는 점, 위 회사들 상호간 교차판매가 이루어지고 있는 점, 위 회사들이 조사대상물품을 대부분 동일한 관계회사를 통하여 판매하고 있고 그 판매가격을 통제할 수 있는 지위에 있는 점 및 위 회사들과 같이 조사대상업체들이 특수관계에 있는 경우 각 회사의 덤핑률을 가중평균한 단일 덤핑률을 산정하여 덤핑방지관세를 부과하지 않는다면 덤핑판정을 받지 않거나 덤핑률이 낮게 부과된 수출업체를 통하여 우회수출을 할 때에 덤핑방지관세 부과의 실효를 거두지 못할 것이라는 점 등을 종합하여, 재정경제부장관이 독립된 법인격을 가진 복수의 공급자들인 위 회사들을 단일한 경제적 실체로 인정하여 단일 덤핑방지관세율을 결정할 정당한 사유가 있다고 한 사례

[3] 무역위원회가 덤핑방지관세의 부과를 위한 덤핑사실의 조사, 덤핑으로 인한 산업피해의 조사 · 판정, 덤핑방지조치의 건의 등의 업무를 수행함에 있어 관세법 시행령 및 '1994년 관세 및 무역에 관한 일반협정(General Agreement on Tariffs and Trade, GATT 1994) 제6조의 이행에 관한 협정'의 관련 규정을 준수하여 이용가능한 자료를 사용하였고 조사대상공급자들에 대하여도 관련 절차를 충분히 이행하였다고 본 사례

4. 대법원 2009. 1. 30. 선고 2008두17936 판결【반덤핑관세부과처분취소】

원고들의 상고이유 중에는, 우리나라가 1994. 12. 16. 국회의 비준동의를 얻어 1995. 1. 1. 발효된 '1994년 국제무역기구 설립을 위한 마라케쉬협정'(Marrakesh Agreement Establishing the World Trade Organization, WTO 협정)의 일부인 '1994년 관세 및 무역에 관한 일반협정(General Agreement on Tariffs and Trade, GATT 1994) 제6조의 이행에 관한 협정' 중 그 판시 덤핑규제 관련 규정

을 근거로 이 사건 규칙의 적법 여부를 다투는 주장도 포함되어 있으나, 위 협정은 국가와 국가 사이의 권리·의무관계를 설정하는 국제협정으로, 그 내용 및 성질에 비추어 이와 관련한 법적 분쟁은 위 WTO 분쟁해결기구에서 해결하는 것이 원칙이고, 사인(사인)에 대하여는 위 협정의 직접 효력이 미치지 아니한다고 보아야 할 것이므로, 위 협정에 따른 회원국 정부의 반덤핑부과처분이 WTO 협정위반이라는 이유만으로 사인이 직접 국내 법원에 회원국 정부를 상대로 그 처분의 취소를 구하는 소를 제기하거나 위 협정위반을 처분의 독립된 취소사유로 주장할 수는 없다 할 것이어서, 이 점에 관한 상고이유의 주장도 부적법하여 이유 없다.

5. 서울행정법원 2022. 8. 18. 선고 2021구합78282 판결【강제퇴거및보호명령취소청구】

제반 사정 및 난민법 제3조 등의 해석에 따르면, 지방출입국·외국인관서의 장은 난민법 제3조에서 규정한 강제송환금지원칙상 일반적인 외국인이나 난민신청자와 달리 난민인정자에 대하여는 강제퇴거명령 조사 및 심사 단계에서 송환이 가능한 국가를 확인하고, 강제퇴거명령을 하는 경우에는 이를 반영하여 강제퇴거명령서에 송환국을 기재하거나, 적어도 난민인정자가 송환될 경우 박해 또는 고문을 받을 염려가 있는 국가를 소극적으로 제외하는 방식으로 가능한 한 송환국을 특정해야 하며, 이를 전혀 특정하지 않았거나, 박해 또는 고문당할 우려가 있는 국가를 포함하여 송환국을 특정하였다면 난민법 제3조에 위반된다고 보아야 하는데, 지방출입국·외국인관서의 장은 강제퇴거명령을 발령하기 전 조사 및 심사 단계에서 난민인정자인 갑에 대한 송환국을 조사하여 그 나라로 갑을 송환하는 것이 난민법 제3조에 위배되는지를 심사하지 않은 채 출입국관리법 제46조 제1항에서 정한 강제퇴거 사유에 대한 심사를 거쳐 강제퇴거 사유가 존재한다는 이유만으로 강제퇴거명령을 하였고, 강제퇴거명령서에 갑을 송환할 국가를 전혀 특정하지 않은 점, 갑의 경우 출입국관리법 제64조 제1항 및 제2항 제1호 내지 제3호에 따라 송환국이 정해질 수 없고 제64조 제2항 제4호에 따라 갑이 희망하는 국가로 송환되어야 하는데 지방출입국·외국인관서의 장이 갑에게 송환국을 확인한 사실이 없는 점, 갑이 우간다로 송환될 경우 고문당할 위험이 존재한다고 믿을 만한 상당한 근거가 존재하므로 난민법 제3조 및 '고문 및 그 밖의 잔혹한, 비인도적인 또는 굴욕적인 대우나 처벌의 방지에 관한 협약' 제3조 제1항에 따라 우간다로는 강제송환될 수 없으나 지방출입국·외국인관서의 장은 갑에게 교부한 강제퇴거명령서의 '송환국'란에 우간다가 제외된다는 취지를 기재하지 않았던 점을 종합하면, 위 강제퇴거명령은 난민법 제3조의 강제송환금지원칙에 위반되어 위법하고 강제퇴거명령이 위법한 이상 보호명령 역시 위법하다고 한 사례이다.

Ⅳ 질문 및 토의과제

1. 이 조례를 WTO 협정이 아니라 다른 국내법령에 비추어 심사하였다면 결론이 어떻게 달라졌을까? 당시 학교급식법 제6조 제2항은 학교급식의 관리 및 운영원칙으로 "급식의 내용이 학생의 발육과 건강에 필요한 영양을 충족할 수 있는 식품으로 구성되어야 하며, 급식관리에 있어서는 위생과 안전에 철저를 기하여야 한다"고 규정하고 시행령 제7조 제5항은 "학교 급식에 품질이 우수한 농산물이 사용될 수 있도록 식품비를 지원"할 수 있도록 하였다. 또는 WTO협정의 국내법적 효력을 WTO협정을 국내법령과 같이 직접 적용하는 방식이 아니라 행정청의 재량심사의 척도로서 이용하는 방식으로 인정할 수 있겠는가?

2. 이 판결의 조례는 전국적으로 진행된 학교급식조례제정운동의 맥락에서 전국 최초로 주민발의를 통해 전남도의회에서 통과된 조례였다. 통과 과정에서부터 WTO 협정 및 지방자치법상 자치권의 대상인가 여부에 대해 논란이 있었으나, 이 판결에 의해 무효화되었다. 이 무렵 다른 지방자치단체에서도 유사한 급식조례를 제정하여 대법원에 소송이 제기되었다. 이는 소위 'Glocalization(세계화 + 지방분권화)'을 구성하는 양 흐름이 충돌되는 사안이기도 하고, 식품에 대한 주민들의 민주적 의사결정이 경제질서를 형성하는 국제법규에 의해 무효화된 사안으로 볼 수도 있다. 이러한 환경에서 실질적인 법치주의와 민주주의를 심화시키기 위해 국제법규에 대한 법리구성은 어떻게 해야 할 것인가?

3. 관련판례 3에 따르면 무역위원회의 덤핑조사 시에는 'GATT 제6조의 이행에 관한 협정'에 규정된 절차를 이행하여야 할 의무가 인정된다. 이러한 규정과 국내법상 행정절차법, 행정조사기본법 등은 어떤 관계를 가진다고 보아야 하는가? 관련판례 4에 따르면 어떠한가?

4. 관련판례 5에서와 같이 국제조약(국제난민협약)과 함께 국내법(난민법)이 제정된 경우 그 해

석 · 적용에 있어 동 국제조약을 집행하는 기구(UNHCR)의 국제협약의 해석이 국내법원에 의한 국내법의 해석에 어떤 영향을 미치는 것이 적절한가?

V 참고문헌

장지원, 국제법과 국내법 간의 관계에 대한 한국 및 해외 헌법의 비교법적 연구, 서강법률논총 제9권 제1호, 2019

김대인, 재정행정법과 국제경제법의 상관관계에서 본 정부조달계약, 행정법연구 17호(2007 상반기), 행정법이론실무학회

김태호, 경제행정의 세계화－행정의 통제규범으로서 WTO협정? 법학 46권 4호(137호), 2005. 12, 시울대학교 법학연구소

장승화, WTO협정에 위반된 지방의회조례의 효력, 민사판례연구 제28권, 박영사, 2006

VI 관련법령

헌법

제6조 ① 헌법에 의하여 체결 · 공포된 조약과 일반적으로 승인된 국제법규는 국내법과 같은 효력을 가진다.

1-2-3. 평등원칙과 행정의 자기구속

I 개요

행정법의 불문법원으로서 행정법의 일반원리 중 하나인 평등원칙은 헌법 제11조 제1항의 평등권 조항에서 그 법적 근거를 찾을 수 있다. 객관적 법규범으로서의 '평등원칙'은 합리적인 차별의 이유가 없는 한 국가는 국민들을 차별대

우해서는 안 된다는 것을 의미한다. 그러나 '법적 규율'로서의 국가작용은 항상 그 규율대상인 국민을 그 밖의 국민들과 차별대우하는 결과가 되기 때문에, 평등원칙은 결국 그러한 법적 규율의 '정당한 사유'의 입증책임을 국가에게 부여하는 것이 된다.

평등원칙은 '행정의 자기구속'의 법리로 구체화되어, 행정규칙에 대해 결과적으로 일종의 구속성을 부여하는 근거가 되기도 한다. 즉, 행정규칙 자체로는 법적 구속력이 인정되지 않으나, 지금까지 당해 행정규칙을 준수한 행정작용이 반복되어 왔거나 앞으로 그 행정규칙을 준수한 행정작용이 계속 행해질 것으로 예상되는 경우에는(예기관행) 합리적 사유없이 그 행정규칙에 반하는 행정작용은 평등원칙을 위반한 위법한 것이 된다. 이와 같이 행정이 스스로 정립한 행정규칙 내지 사무처리기준에 묶이게 된다는 의미에서 '자기구속'이라고 하지만, 그 실질적 근거는 평등원칙에 있다고 보인다.

II 리딩케이스

1. 사건번호: 대법원 1993. 6. 29. 선고 93누5635 판결【대중음식점업 영업정지처분취소】

2. 사실관계

피고 을(서울시 강남구청장)은 원고 갑이 1992. 2. 11. 02:10경까지 지정된 영업시간을 초과하여 시간외 영업을 하였고 3개의 밀실과 가라오케를 설치하여 식품위생법 제21조, 제31조를 위반하였다고 하여 같은 해 4. 1. 원고에 대하여 같은 법 제57조, 제58조에 의하여 시설개수명령과 함께 같은 해 4. 5.부터 6. 19.까지 위 대중음식점업의 영업정지를 명하였다. 그런데 이 영업정지사유는 같은법 시행규칙 제53조에 따른 별표 15의 행정처분기준에 의하면 1월의 영업정지사유에 해당하는데, 을은 이와는 다르게 2월 15일의 영업정지처분을 하였다.

3. 판결요지

[1] 식품위생법시행규칙 제53조에서 별표 15로 같은 법 제58조에 따른 행정처분의 기준을 정하였다 하더라도, 이는 형식은 부령으로 되어 있으나 성질은 행정기관 내부의 사무처리준칙을 규정한 것에 불과한 것으로서 보건사회부장관이 관계행정기관 및 직원에 대하여 직무권한행사의 지침을 정하여 주기 위하여 발한 행정명령의 성질을 가지는 것이지 같은 법 제58조 제1항의 규정에 의하여 보장된 재량권을 기속하는 것이라고 할 수 없고, 대외적으로 국민이나 법원을 기속하는 힘이 있는 것은 아니다.

[2] 행정청이 수익적 행정처분을 취소하거나 중지시키는 경우에는 이미 부여된 국민의 기득권을 침해하는 것이 되므로 비록 취소 등의 사유가 있더라도 취소권 등의 행사는 기득권의 침해를 정당화할 만한 중대한 공익상 필요 또는 제3자의 이익보호의 필요가 있는 때에 한하여 상대방이 받는 불이익과 비교교량하여 결정하여야 하고 그 처분으로 인하여 공익상 필요보다 상대방이 받게 되는 불이익 등이 막대한 경우에는 재량권의 한계를 일탈한 것으로서 그 자체가 위법임을 면치 못한다.

[3] 같은법시행규칙 제53조에 따른 별표 15의 행정처분기준은 행정기관 내부의 사무처리준칙을 규정한 것에 불과하기는 하지만 규칙 제53조 단서의 식품등의 수급정책 및 국민보건에 중대한 영향을 미치는 특별한 사유가 없는 한 행정청은 당해 위반사항에 대하여 위 처분기준에 따라 행정처분을 함이 보통이라 할 것이므로, 행정청이 이러한 처분기준을 따르지 아니하고 특정한 개인에 대하여만 위 처분기준을 과도하게 초과하는 처분을 한 경우에는 재량권의 한계를 일탈하였다고 볼 만한 여지가 충분하다.

[4] 영업허가 이전 1개월 이상 무허가 영업을 하였고 영업시간위반이 2시간 이상이라 하더라도 위 행정처분기준에 의하면 1월의 영업정지사유에 해당하는데도 2월 15일의 영업정지처분을 한 것은 재량권일탈 또는 남용에 해당한다.

4. 판례해설

이 판례는 평등원칙 및 행정의 자기구속 법리를 명시적으로 언급하고 있지는 않지만, 다음과 같은 의미에서 그 법리가 적용된 예로 해석되고 있다. 행정제재처분의 기준을 정한 부령인 시행규칙에 대해서는 엄격한 법적 구속력을 인정하지 않아 온 것이 현재까지의 우리 법원의 일관된 판례이다. 이러한 법원의 태도가 타당한가에 대해서는 행정입법에 관한 부분에서 별도로 논의하기로 하고, 시행규칙이 법적 구속력이 없음을 전제로 하면, 이와 관련하여 사인의 이익에 상반된 영향을 미치는 2가지 상황을 상정할 수 있다. 하나는 행정청이 시행규칙상의 기준에 따라 제재처분을 하였으나 처분의 상대방이 이 처분이 과도한 것임을 주장할 경우이고, 다른 하나는 행정청이 시행규칙상의 기준과 다른 제재처분을 하자 처분의 상대방이 이 처분이 과도한 것임을 주장하는 경우이다. 두 가지 경우 모두 비례원칙의 준수를 주장할 수 있겠으나, 행정청이 사전에 공표한 기준에 관해서는 각각 다른 주장을 해야 한다. 즉, 행정청이 시행규칙에 부합하는 처분을 한 경우에는 시행규칙의 성질상 법적 구속력을 부인하거나 그 기준 자체의 위법성을 주장함으로써 법원이 당해 시행규칙에 구속되지 않고 그 사안에 적정한 정도의 제재처분이 무엇이었는가를 판단할 여지를 주어야 한다. 반면 행정청이 시행규칙에 어긋나는 처분을 한 경우에는 당해 시행규칙에 따른 처분을 하였어야 한다고 주장하여 법원이 당해 시행규칙을 준거로 판단하도록 하여야 한다. 논리적 일관성을 위해서는 후자의 경우에도 시행규칙의 법적 구속력을 인정하지 않아야 하므로, 당해 시행규칙에 따라 제재처분을 하였어야 할 다른 근거가 필요하다. 대법원은 행정청이 행정규칙에 따라 처분을 하게 됨으로써 행정관행이 성립될 가능성을 전제로 이 기준과 '과도한' 괴리가 있는 처분을 재량권의 일탈 · 남용으로 인정함으로써, 평등원칙과 자기구속원리를 재량권의 통제사유로 이용하고 있다.

이러한 메커니즘을 통해 행정규칙이 준법규로서의 효력을 인정받는다고 설명되기도 한다. 그러나, 이 판결의 논증과정을 보면, 원심판결에서 동 처분의 근거사실 중 하나인 허가업종을 위반한 영업행위는 인정할 수 없다고 하였고, 그 밖에도 영업정지처분을 받게 된 경우, 위반정도, 위 업소의 규모 등을 판단요소로 고려하였으며, 처분기준과의 격차도 '과도한' 경우를 상정하고 있다. 따라서 평등원칙 및 행정의 자기구속법리의 적용은 재량권 일탈 · 남용을 판단하기 위한 여러 기준 중 하나로서 당해 사안을 구성하는 다양한 구체적 요소들과 함께 판단되는 것이므로 그 제재처분의 기준에 법적 구속력이 인정되는 경우와는 그 적용과정에 상당한 차이가 있을 것이다. 즉, 시행규칙의 기준과 다른 처분이 행해지면 자동적으로 재량권의 일탈남용에 해당되는 것이 아니고, 재량권의 일탈남용에 해당될 가능성이 높아지는 것이라 하겠다. 만약 이러한 효력을 '준법규적 효력'이라고 칭하는 것이라면, '법규적 효력'과는 내용상 차이가 있다. 어쨌든 이 판례는 시행규칙상의 처분기준이 확립된 판례에 따라 그 자체로 법적 구속력이 없다 하더라도, 그 처분기준을 위반한 행정작용이 재량권남용으로서 위법하다고 판시한 점에서 의의가 있다.

한편, 평등원칙 및 자기구속의 법리를 적용함에 있어 기준이 되는 행정규칙 또는 행정선례가 위법한 것일 경우에는 '불법에 있어서의 평등'은 부정되어야 한다는 것이 일반적인 입장이다(관련판례 1 참조). 다만, 그러한 행정규칙 또는 행정선례에 대해 국민의 신뢰가 형성되어 있고, 그 신뢰에 기해 어떠한 재산상, 생활상의 조치가 이루어진 경우라면 신뢰보호원칙에 의거한 구제를 검토해 볼 수 있다.

Ⅲ 관련판례

1. 서울고등법원 1989. 2. 15. 선고 88구10178 제3특별부 판결: 확정 【건축허가처분취소】

위 공관보안구역이라는 것은 군사시설보호법이 정하는 군사시설보호구역에 해당하지 아니하여 아무런 법률상의 근거가 없는 것이므로 피고가 위 공관보안구역이라는 이유로 위 공관의 인접대지 소유자들에 대하여 건축허가를 하지 아니하거나 건축법규가 정하는 규제 이외에 다른 조건을 붙여 건축을 허가한 것은 위법하다고 할 것이고 따라서 위법한 행정처분이 수차례에 걸쳐 반복적으로 행하여졌다 하더라도 그것이 위법인 이상 행정관례 내지 행정준칙으로서 피고에 대하여 구속력을 갖는 것이라고 할 수는 없으므로 피고가 종전과 달리 공관보안구역통제에 따른 조건을 붙이지 아니하고 다음에서 보는 바와 같이 건축법규에 적합하다 하여 이 사건 건축허가처분을 한 것은 적법하다고 할 것이어서 원고의 위 주장은 그 이유 없다.

2. 대법원 2008. 11. 20. 선고 2007두8287 전원합의체 판결【폐기물부담금부과처분취소】

구 자원의 절약과 재활용촉진에 관한 법률 시행령(2007. 3. 27. 대통령령 제19971호로 개정되기 전의 것) 제11조 [별표 2] 제7호에서 플라스틱제품의 수입업자가 부담하는 폐기물부담금의 산출기준을 아무런 제한 없이 그 수입가만을 기준으로 한 것은, 합성수지 투입량을 기준으로 한 제조업자에 비하여 과도하게 차등을 둔 것으로서 합리적 이유 없는 차별에 해당하므로, 위 조항 중 '수입의 경우 수입가의 0.7%' 부분은 헌법상 평등원칙을 위반한 입법으로서 무효이다.

3. 대법원 2010. 5. 27. 선고 2009추190 판결【조례안재의결무효확인】

[원고의 주장]

이 사건 조례안에서는 상이정도 4급에서 7급의 전상군경, 공상군경에 대해서만 보훈명예수당과 사망위로금을 지급하도록 하여 전상군경, 공상군경 이외의 다른 국가유공자들을 불합리하게 차별하고 있을 뿐만 아니라, 같은 전상군경, 공상군경 내에서도 다른 상이등급자들, 예컨대 1급에서 3급의 상이등급자들을 불합리하게 차별하고 있으며, 나아가 위 4급에서 7급까지의 전상군경, 공상군경에 대해서는 이 사건 조례안 부칙 제2조 단서를 통해 중복지원도 가능하도록 함으로써 중복지원이 금지된 다른 경우와 불합리하게 차별하고 있다.

헌법 제11조 제1항에서 말하는 평등의 원칙은 일체의 차별적 대우를 부정하는 절대적 평등을 의미하는 것이 아니라, 입법과 법의 적용에 있어서 합리적인 근거가 없는 차별을 하여서는 아니된다는 상대적 평등을 뜻하고, 따라서 합리적인 근거가 있는 차별 또는 불평등은 평등의 원칙에 반하는 것이 아니다(대법원 2008. 11. 20. 선고 2007두8287 전원합의체 판결 등 참조).

… 그런데 이 사건 조례안에서 지원 대상으로 하고 있는 전상군경이나 공상군경은 모두 일정한 상이등급에 해당하는 신체적 장애를 입은 사람들로(국가유공자법 제4조 제1항 제4호, 제6호), 이미 사망하였거나 아니면 신체적 장애를 입

지 않은 다른 국가유공자와는 달리 그 취업 등에 제한을 받는다는 점에서 달리 취급할 필요가 있다. 따라서 이들에 대해서만 생활대책 등을 이유로 이 사건 조례안과 같은 지원을 하도록 하였다고 하더라도 그 자체로 평등원칙을 위반하였다고 볼 수는 없다.

다만 국가유공자법 제4조 제1항이 정한 국가유공자 중 4·19혁명부상자, 공상공무원, 국가사회발전 특별공로상이자 등도 신체적 장애를 가진 자들인데, 이 사건 조례안은 이들도 지원대상에서 제외하고 있어 차별 논란을 일으킬 수 있으나, 국가나 지방자치단체가 국민이나 주민을 수혜 대상자로 하여 재정적 지원을 하는 정책을 실행하는 경우 그 정책은 재정 상태에 따라 영향을 받을 수밖에 없다고 할 것인바, 국가나 지방자치단체가 합리적인 기준에 따라 능력이 허용하는 범위 내에서 법적 가치의 상향적 구현을 위한 제도의 단계적인 개선을 추진할 수 있는 길을 선택할 수 없다면, 모든 사항과 계층을 대상으로 하여 동시에 제도의 개선을 추진하는 예외적인 경우를 제외하고는 어떠한 제도의 개선도 그 시행이 불가능하다는 결과에 이르게 되어 불합리할 뿐만 아니라 평등의 원칙이 실현하고자 하는 가치에도 어긋나게 되므로(대법원 2009. 10. 15. 선고 2008추32 판결 참조) 한정된 재원을 가진 중랑구가 국가유공자의 생활안정의 필요성과 그 재정의 허용 한도를 감안하여 전상군경, 공상군경에 대해서만 우선 보훈명예수당과 사망위로금을 지원하도록 한 것이 평등원칙을 위반하고 있다고 보기는 어렵다.

… 국가유공자에 대한 보상은 그 희생과 공헌의 정도에 상응하여 국가유공자와 그 유족의 영예로운 생활이 유지·보장되도록 실질적인 보상이 이루어져야 하는 것이 원칙이다(국가유공자법 제2조). 그런데 국가유공자에 대한 보상이 희생과 공헌에 상응하는 것인지 여부는 보상의 각 항목만을 단순 비교하여 판단해서는 안 되고 이들에 대해 이루어지는 전체적인 보상의 액수나 지원 내용들을 종합하여 판단하여야 할 것이다.

4. 대법원 2021. 9. 9. 선고 2019두53464 전원합의체 판결 【조정반지정취소처분취소청구】

법인세법 제60조 제9항과 소득세법 제70조 제6항(이하 '모법 조항'이라 한다)의 문언, 규정 체계 및 취지, 다른 규정과의 관계, 관련 법리를 종합하여 보면, 법인세법 시행령 제97조의3 제1항, 소득세법 시행령 제131조의3 제1항(이하 '각 시행령 조항'이라 한다)은 모법인 법인세법 제60조 제9항과 소득세법 제70조 제6항의 위임범위를 벗어나고, 세무사 등록을 한 변호사 또는 이들이 소속된 법무법인의 직업수행의 자유를 부당하게 침해하며 헌법상의 평등원칙에 위배되어 무효이다.

세무조정계산서 작성의 정확성을 확보하기에 적합한 전문성과 규모를 가진 조정반에 소속된 세무사 등에 한하여 세무조정 업무를 수행하도록 하는 위 각 시행령 조항의 입법 목적은 정당하다. 그러나 세무사 자격을 부여받아 세무조정 업무를 수행할 수 있는 변호사는 외부세무조정 업무를 수행할 수 있는 다른 전문 직역과 비교하더라도 세무조정 업무를 수행하기에 충분한 전문성과 능력을 가지고 있다. 또한 법무법인에 세무사 자격이 없는 변호사가 구성원이거나 소속되어 있을 가능성이 있다고 하더라도 그중 세무사법상 세무대리 업무를 수행할 수 있는 변호사만이 세무조정 업무에 관여할 수 있다. 따라서 세무조정 업무를 수행할 수 있는 변호사가 구성원으로 되어 있거나 소속된 법무법인을 조정반 지정 대상에서 제외하는 것은 '세무조정 업무의 정확성 확보'라는 목적을 달성하는 데 적합한 수단이라고 할 수 없다.

따라서 위 각 시행령 조항은 비례의 원칙에 위반되어 세무사법, 법인세법과 소득세법에 따라 세무조정 업무를 수행할 수 있도록 허용된 변호사와 이들이 구성원이거나 소속된 법무법인의 직업수행의 자유를 침해한다.

(다) 위 각 시행령 조항은 세무사 자격이 부여된 변호사와 세무사 또는 공인회계사, 법무법인의 구성원이거나 소속 변호사로서 세무조정 업무를 수행할 수 있는 변호사와 법무법인에 소속되지 않은 변호사, 법무법인과 세무법인, 회계법인을 각각 합리적 이유 없이 차별하여 평등원칙에도 위반된다.

Ⅳ 질문 및 토의과제

1. 평등원칙에 의해 구체적인 사안에 대한 행정처분을 통제할 경우(관련판례 1)와 행정입법의

내용을 통제할 경우(관련판례 3, 4)의 차이에 관해 생각해 보라. 또는 사인 상호간의 평등이 쟁점이 된 경우와 집단 상호간의 평등이 쟁점이 된 경우 그 판단기준에 차이가 있는지 생각해 보라.

2. 다수의 판례에서 평등원칙과 신뢰보호원칙이 동시에 주장되어 심리된 것을 볼 수 있다. 평등원칙에 근거한 행정의 자기구속 법리와 행정청의 선행행위에 대한 신뢰보호 원칙 사이의 기능과 요건, 효과, 그리고 문제되는 상황의 차이는 무엇인가? 또는 어떠한 상황에서 평등원칙을 주장하는 것이 더 적합하고 어떠한 상황에서 신뢰보호 원칙을 주장하는 것이 더 적합하겠는가?

3. 관련판례 2와 3을 볼 때, 침익적 행위인가 수익적 행위인가에 따라 평등원칙의 판단기준이나 그 엄격성에 있어서 차이가 있다고 할 수 있겠는가? 그렇다면 그 근거는 무엇이고, 이는 타당한가?

4. 관련판례 4에서 법무법인을 조정반 지정에서 제외한 것이 각 직역에 종사하는 인원을 서비스의 수요에 따라 적정수준으로 유지하고자 한 것이라면, 이는 합리적 차별에 해당한다고 할 수 있을까?

Ⅴ 참고문헌

강현호, 행정청의 행위기준으로서의 재량준칙에 대한 법적 고찰, 행정판례연구 22－2집, 2017
박균성, 획일규제에서 형평규제로의 변화 모색, 공법연구 43집 4호, 2015
박정훈, 행정법의 법원, 행정법연구 4호, 1999

Ⅵ 관련법령

행정기본법

제9조 (평등의 원칙) 행정청은 합리적 이유 없이 국민을 차별하여서는 아니 된다.

식품위생법 시행규칙 [별표15] 〈개정 2008. 6. 20〉 **행정처분기준**(제53조 관련)

Ⅰ. 일반기준

1. 2이상의 위반행위가 적발된 경우로서
   가. 그 위반행위가 영업정지에만 해당하거나, 한 품목 또는 품목류(식품 등의 기준 및 규격 중 동일한 기준 및 규격을 적용받아 제조 · 가공되는 모든 품목을 말한다. 이하 같다)에 대하여 품목 또는 품목류제조정지에만 해당하는 때에는 가장 중한 정지처분기간에 나머지 각각의 정지처분기간의 2분의 1을 더하여 처분한다.
   나. 그 위반행위가 1 이상의 영업정지와 1 이상의 품목 또는 품목류제조정지에 해당하는 때에는 각각의 영업정지 · 품목 또는 품목류제조정지처분기간을 가목에 따라 산정한 후, 그 영업정지기간이 품목 또는 품목류제조정지기간보다 길거나 같으면 그 영업정지처분만을 하고, 그 영업정지기간이 품목 또는 품목류제조정지기간보다 짧으면 그 영업정지처분과 그 초과기간에 대한 품목 또는 품목류제조정지처분을 병과하며, 그 위반행위가 1 이상의 품목류제조정지와 1 이상의 품목제조정지에 해당하는 때에는 이를 준용하여 처분한다.
2. 식품접객영업자의 위반행위에 대하여 그 행정처분을 하기 위한 절차가 진행되는 기간 중에 반복하여 동일사항을 위반하는 때에는 그 위반횟수마다 행정처분기준의 2분의 1씩 더하여 처분한다.

1-2-4. 신뢰보호원칙

Ⅰ 개요

법치행정의 주요 덕목인 법적 안정성을 위해서는 행정청의 결정 또는 활동에 대한 사인의 예측가능성이 확보되어야 한다. 그러나 행정의 개입 영역이 확대되고 행정에 부여되는 재량권이 확대됨에 따라 행정활동에 대한 근거규범만으로는 예측가능성이 충분히 담보되지 않게 되었다. 이에 사인들은 행정과정에서 이루어지는 행정청의 의사표현으로부터 행정청의 결정을 예측하고자 하는데, 신뢰보호원칙은 이러한 예측을 보호해줌으로써 결과적으로 법치행정을 실질적으로 실현시키는 기능을 한다. 판례상 신뢰보호원칙은 행정기관의 일정한 말이나 행동에 대해 국민의 보호가치있는 신뢰가 형성되고 그 신뢰에 기해 어떤 재산상·생활상의 조치가 이루어진 경우 그 신뢰를 보호해 주고자 하는 것이다. 그러나 이러한 요건에 부합하더라도 신뢰보호로 인해 증진되는 사익과 행정의 적법성 또는 탄력성이라는 공익의 형량 결과 공익이 우세한 경우 당해 신뢰는 보호될 수 없다. 신뢰보호의 방식으로 3가지가 있는데, 사후의 모순되는 행정작용을 금지하고 사전의 행정작용이 관철되도록 하는 '존속보호', 사전의 행정작용의 시정 또는 변경을 허용하되 국민의 신뢰손실을 보상하는 '보상보호', 나아가 신뢰에 반하는 결정을 하게 될 경우 신뢰를 가진 자를 참여시키는 '절차적 보호'가 그것이다.

II 리딩케이스

1. 사건번호: 대법원 2005. 11. 25. 선고 2004두6822,6839,6846 판결 【건축허가신청반려처분취소】

2. 사실관계

피고 을(천안시장)은 천안시 북부 제2지구 지구단위계획을 수립하면서 이 사건 원고들의 신청지가 포함된 H지구의 권장용도를 판매·위락·숙박시설로 결정하여, 이를 고시하고 관계서류와 도면을 천안시청에 비치하여 이해관계인이 열람할 수 있도록 하였다. 천안시 북부 제2지구는 일반상업지역으로 동서남북이 모두 제2종 일반주거지역으로 둘러싸여 있는데 이 사건 각 신청지로부터 1km 내지 1.5km 거리 안에 9개의 초·중·고등학교(학생 수 합계 5,300여 명)와 25개의 아파트단지(총 14,903세대)와 연립주택 등이 밀집되어 있고, 북부 제2지구 내에도 공원과 대형 마트, 청소년복지회관 등이 이미 들어서 있으며, 피고는 이 사건 처분 이전에 이미 위 북부 제2지구 내에서 30건의 숙박시설 건축을 허가한 바 있다. 당시 주민들은 집단적으로 속칭 러브호텔 건축허가 반대운동을 전개하고 있었다. 원고들은 위 H지구에 속하는 토지를 각 매입하여 그 지상에 지상 7~8층 규모의 숙박시설을 건축하기 위한 각 건축허가신청을 하였으나 피고는 2002. 11. 27. 건축법 제8조 제5항의 규정에 의한 건축위원회 심의결과 부결되었다는 이유로 위 각 신청을 모두 반려하였다. 원고들은 이 건축허가신청반려처분에 대해 취소소송을 제기하였다.

3. 판결요지

[1] 일반적으로 행정상의 법률관계에 있어서 행정청의 행위에 대하여 신뢰보호의 원칙이 적용되기 위하여는, 첫째 행정청이 개인에 대하여 신뢰의 대상이 되는 공적인 견해표명을 하여야 하고, 둘째 행정청의 견해표명이 정당하다고 신뢰한 데에 대하여 그 개인에게 귀책사유가 없어야 하며, 셋째 그 개인이 그 견해표명을 신뢰하고 이에 기해 어떠한 행위를 하였어야 하고, 넷째 행정청이 위 견해표명에 반하는 처분을 함으로써 그 견해표명을 신뢰한 개인의 이익이 침해되는 결과가 초래되는 등의 요건을 필요로 하고, 어떠한 행정처분이 이러한 요건을 충족할 때에는, 공익 또는 제3자의 정당한 이익을 해할 우려가 있는 경우가 아닌 한, 신뢰보호의 원칙에 반하는 행위로서 위법하게 된다고 할 것이므로, 행정처분이 이러한 요건을 충족하는 경우라고 하더라도 행정청이 앞서 표명한 공적인 견해에 반하는 행정처분을 함으로써 달성하려는 공익이 행정청의 공적 견해표명을 신뢰한 개인이 그 행정처분으로 인하여 입게 되는 이익의 침해를 정당화할 수 있을 정도로 강한 경우에는 신뢰보호의 원칙을 들어 그 행정처분이 위법하다고는 할 수 없다(대법원 1998. 11. 13. 선고 98두7343 판결 참조).

[2] 나아가 무분별한 유흥업소 및 숙박시설 등 청소년유해업소의 난립이나 주택가로의 유입 및 이에 따른 향락문화의 확산과 범죄의 증가 등 날로 심각해지고 있는 교육환경과 주거환경의 저하를 막고 주민 대다수가 보다 쾌적한 환경에서 생활할 수 있게 하는 것은, 국가나 지방자치단체의 의무인 동시에 모든 국민의 당연한 권리이자 의무로서 이와 같은 사회적 환경의 보호는 자연환경의

보호 못지않게 중요한 가치이며, 일단 대규모 숙박업소가 집단적으로 형성되어 향락단지화된다면 그 허가를 함부로 취소할 수도 없고 인근의 다른 숙박업소의 허가신청도 거부하기 어려워 그 영업이 장기간 계속될 것이 예상되므로, 이로 인한 교육환경과 주거환경의 침해는 인근 주민과 학생들의 수인한도를 넘게 될 것으로 보일 뿐 아니라 일단 침해된 사회적 환경은 그 회복이 사실상 불가능하다는 점 등에 비추어 보면, 이 사건 처분에 의하여 피고가 달성하려는 학생들의 교육환경과 인근 주민들의 주거환경 보호라는 공익은 이 사건 처분으로 인하여 원고들이 입게 되는 불이익을 정당화할 만큼 강한 경우에 해당한다고 할 것이므로, 같은 취지에서 원고들의 각 숙박시설 건축허가신청을 반려한 이 사건 처분이 신뢰보호의 원칙에 위배되지 않는다고 한 원심의 판단도 앞서 본 법리에 따른 것으로 정당하다고 넉넉히 수긍할 수 있으며, 거기에 원고들이 상고이유로 주장하는 바와 같이 채증법칙을 위배하여 사실을 오인하였거나 신뢰보호의 원칙의 적용에 관한 법리를 오해한 잘못이 있다고 할 수 없다.

[3] 위 H지구의 권장용도로는 숙박시설 외에 판매·위락시설도 지정되어 있고, 피고가 고시한 지구단위계획 지침서 제4조 제1항 제4호에는 권장용도라 함은 건축물의 전면부(주된 이용 출입구를 설치한 면) 1개층 이상에 필요한 용도를 권장하는 것에 불과함을 밝히고 있을 뿐 아니라, 이 사건 처분 당시 시행되던 구 건축법(2001. 1. 16. 법률 제6370호로 개정되어 2001. 7. 17.부터 시행된 것) 제8조 제5항에는 숙박시설의 건축을 허가하는 경우에는 주거환경 또는 교육환경 등 주변 환경을 감안할 때 부적합하다고 인정하는 경우에는 건축위원회의 심의를 거쳐 건축허가를 하지 아니할 수 있다는 규정이 신설되어 있으며, 위 규정 신설 이전에도 숙박시설의 건축허가에 대하여는 중대한 공익상의 필요성이 인정되는 경우에는 관계 법령에서 정하는 제한 사유 이외의 사유를 들어 그 허가신청을 거부하는 것이 허용되었음(대법원 2002. 12. 10. 선고 2002두7043 판결 참조)에 비추어 보면, 이 사건에서 피고가 위와 같은 계획을 수립하여 고시하고 관련도서를 비치하여 열람하게 한 행위로서 표명한 공적 견해는 숙박시설의 건축허가를 불허하여야 할 중대한 공익상의 필요가 없음을 전제로 숙박시설 건축허가도 가능하다는 것이지, 이를 H지구 내에서는 공익과 무관하게 언제든지 숙박시설에 대한 건축허가가 가능하리라는 취지의 공적 견해를 표명한 것이라고

평가할 수는 없을 것이고, 만일 원고들이 위 고시를 보고 H지구 내에서는 숙박시설 건축허가를 받아 줄 것으로 신뢰하였다면 원고들의 그러한 신뢰에 과실이 있다고 하지 않을 수 없다.

4. 판례해설

법원리로서 신뢰보호는 수익적 행정행위의 취소권과 철회권의 제한, 확약, 실권, 행정계획의 변경, 처분사유의 추가 · 금지원칙, 행정입법의 소급적 변경 금지, 행정행위의 무효와 취소의 구별기준으로서 흠의 중대성 외에 명백성을 요구하는 것, 조세행정에 있어서 소급과세금지원칙 등의 법리로 구체화된다. 이러한 법리들에 있어서 신뢰보호라는 가치는 때로는 '행정의 법률적합성 내지 법률엄격집행'의 가치와 대립하고, 때로는 '사정변경에 대한 행정의 적응성 내지 탄력성'의 가치와 대립한다. 이러한 경우 유념할 것은 행정작용은 공익실현을 목적으로 하므로 그 보호법익은 단순히 행정작용의 특정 상대방의 것만이 아니고 일반공중의 법익이라는 점이다. 따라서 신뢰보호원칙의 적용으로 당해 행정작용의 상대방과의 분쟁해결이나 이해조절에는 적절한 결과가 나올 수 있다 하더라도, 그로 인해 당해 행정작용의 보호법익이 귀속되는 제3자에게는 본래 법률이 허용하지 않는 침해를 인정하게 될 수도 있다. 따라서 신뢰보호원칙의 적용시 최종적인 결정기준으로 공 · 사익의 형량이 이용되고, 판례상 원고에 의해 신뢰보호원칙이 주장되는 경우는 매우 많으나, 그 적용으로 원고의 신뢰보호주장이 받아들여지는 경우는 매우 제한적이게 된다.

신뢰보호에 있어 중요한 형량요소는 '신뢰에 기한 재산상, 생활상의 조치'라는 견해도 있으나, 실제 신뢰보호에 관한 판례에서는 '공적 견해표명'과 '귀책사유'의 존부 및 공 · 사익의 형량이 빈번히 쟁점이 된다. 귀책사유는 주로 사인측에 증뢰(贈賂), 허위신청, 착오 등의 사유가 있었는가의 문제로 나타난다. 무엇이 공적 견해표명인가는 이론적으로는 그 형식이나 표명의 방식에 거의 제약이 없다고 하지만, 어떠한 정황에서 어떠한 권한을 가진 자가 표명한 것인지, 그리고 통상 신뢰보호를 주장하는 자가 주장하는 만큼 구체적이고 확정적인 내용이 표명된 것인지가 중요한 쟁점이 되고 있다.

이 판결에서도 (1) 피고가 문제된 토지가 포함된 H지구의 지구단위계획을 수립하면서 그 권장용도를 판매·위락·숙박시설로 결정하여, 이를 고시하고 관계서류와 도면을 천안시청에 비치하여 이해관계인이 열람할 수 있도록 한 행위가 '공적 견해' 표명의 방식으로 인정될 수 있는지, (2) 또한 공적 견해표명으로 인정된다 하더라도 그 표명된 내용이 과연 공익과 무관하게 언제든지 숙박시설에 대한 건축허가가 가능하리라는 취지였는지가 쟁점이 되었다. 원심판결은 이는 "숙박시설 건축허가를 받을 수 있을 것이라는 공적 견해"를 표명한 것으로 볼 수 있다고 판단하였으나, 대법원은 이를 "건축허가를 불허하여야 할 중대한 공익상의 필요가 없음을 전제로 숙박시설 건축허가도 가능하다"는 취지이지 "언제든지 숙박시설에 대한 건축허가가 가능하다"는 취지는 아닌 것으로 판단하고 있다. 그리고 그러한 판단의 논거로는 처분 당시 시행된 건축법상의 규정(주거환경 또는 교육환경 등 주변 환경을 감안할 때 부적합하다고 인정하는 경우에는 건축위원회의 심의를 거쳐 건축허가를 하지 않을 수 있다는 법률상 근거) 및 그 건축법상의 규정이 신설되기 이전의 판례(위 규정 신설 이전에도 숙박시설의 건축허가에 대하여는 중대한 공익상 필요가 인정되는 경우에는 관계 법령에서 정하는 제한 사유 이외의 사유를 들어 그 허가신청을 거부하는 것이 허용된다는 판례)(대법원 2002. 12. 10. 선고 2002두7043 판결)를 들고 있다. 이로부터 신뢰보호원칙상 '공적 견해의 표명'인가 여부를 결정하기 위해서는 관계법령 및 판례의 내용까지도 참조할 필요가 있음을 알 수 있다.

또한 신뢰보호의 요건들 상호간의 관계도 음미해 볼 필요가 있다. 예컨대, 이 판결에서는 그러한 내용의 공적 견해표명으로 인정할 수 없음에도 불구하고 원고가 이를 신뢰하였으므로 "원고의 신뢰에 과실이 있다고 하지 않을 수 없다"고 하고 있다. 그러나 '공적 견해표명'의 유무와 '귀책사유'의 유무가 이렇게 직결된다면, 양자가 별도의 판단기준으로 존재할 의의가 지나치게 축소되는 감이 있다. 참고로 우리 판례는 행정기관의 선행조치의 하자가 상대방 등 관계자의 사실은폐나 기타 사위의 방법에 의한 신청행위 등 부정행위에 기인한 것이거나 그러한 부정행위가 없더라도 하자가 있음을 알았거나 중대한 과실로 알지 못한 경우에 상대방은 신뢰이익을 원용할 수 없다고 판시하고 있다.

한편 공·사익형량은 신뢰보호의 요건의 하나로 분류되기도 하고 신뢰보호의 한계로 분류되기도 한다. 이를 신뢰보호의 요건의 하나로 볼 경우에는 형량의 결과 공익이 우월한 경우 아예 신뢰보호가 성립되지 않지만, 이를 신뢰보호의 한계로 본다면 신뢰보호의 필요성은 인정되나 공익상의 이유로 이를 구제해 줄 수 없는 경우에 해당되므로 예컨대 존속보호는 인정되지 않지만 보상보호 등은 고려될 수 있을 것이다. 신뢰보호원칙을 적용하는 판례들의 논증을 보면 신뢰보호의 요건이 다 충족되는 경우에만 공 · 사익 형량을 하는 것은 아니다. 즉, 요건에 대한 판단이 순차적으로 이루어진다면, 일단 '공적 견해 표명'에 해당하지 않는다고 판단하면 공 · 사익 형량은 더 이상 필요하지 않을 것인데, 판례 중에는 그럼에도 불구하고 양자를 동시에 행하는 것이 있다. 따라서 신뢰보호의 요건들은 어느 정도 종합적 판단의 대상이 되고 있는 것으로 보인다.

Ⅲ 관련판례

1. 대법원 1998. 11. 13. 선고 98두7343 판결【토석채취불허가처분취소】

한려해상국립공원지구 인근의 자연녹지지역에서의 토석채취허가가 법적으로 가능할 것이라는 행정청의 언동을 신뢰한 개인이 많은 비용과 노력을 투자하였다가 불허가처분으로 상당한 불이익을 입게 된 경우, 위 불허가처분에 의하여 행정청이 달성하려는 주변의 환경 · 풍치 · 미관 등의 공익이 그로 인하여 개인이 입게 되는 불이익을 정당화할 만큼 강하다는 이유로 불허가처분이 재량권의 남용 또는 신뢰보호의 원칙에 반하여 위법하다고 할 수 없다.

2. 대법원 1997. 9. 12. 선고 96누18380 판결【토지형질변경행위불허가처분취소】

비록 지방자치단체장이 당해 토지형질변경허가를 하였다가 이를 취소 · 철회하는 것은 아니라 하더라도 지방자치단체장이 토지형질변경이 가능하다는 공적견해표명을 함으로써 이를 신뢰하게 된 당해 종교법인에 대하여는 그 신뢰를 보호하여야 한다는 점에서 형질변경허가 후 이를 취소 · 철회하는 경우를 유추 · 준용하여 그 형질변경허가의 취소 · 철회에 상당하는 당해 처분으로써 지방자치단체장이 달성하려는 공익 즉, 당해 토지에 대하여 그 형질변경을 불허하고 이를 우량농지로 보전하려는 공익과 위 형질변경이 가능하리라고 믿은 종교법인이 입게 될 불이익을 상호 비교·교량하여 만약 전자가 후자보다 더 큰 것이 아니라면 당해 처분은 비례의 원칙에 위반되는 것으로 재량권을 남용한 위법한 처분이라고 봄이 상당하다.

3. 대법원 2006. 11. 16. 선고 2003두12899 전원합의체 판결【불합격처분취소】

(1) 다수의견

[1] 법령의 개정에 있어서 구 법령의 존속에 대한 당사자의 신뢰가 합리적이고도 정당하며, 법령의 개정으로 야기되는 당사자의 손해가 극심하여 새로운 법령으로 달성하고자 하는 공익적 목적이 그러한 신뢰의 파괴를 정당화할 수 없다면, 입법자는 경과규정을 두는 등 당사자의 신뢰를 보호할 적절한 조치를 하여야 하며, 이와 같은 적절한 조치 없이 새 법령을 그대로 시행하거나 적용하는 것은 허용될 수 없는바, 이는 헌법의 기본원리인 법치주의 원리에서 도출되는 신뢰보호의 원칙에 위배되기 때문이다. 이러한 신뢰보호 원칙의 위배 여부를 판단하기 위하여는 한편으로는 침해받은 이익의 보호가치, 침해의 중한 정도, 신뢰가 손상된 정도, 신뢰침해의 방법 등과 다른 한편으로는 새 법령을 통해 실현하고자 하는 공익적 목적을 종합적으로 비교·형량하여야 한다.

[2] 규제개혁위원회의 방침에 따라 변리사 등 전문자격사의 인원을 확대하기 위한 일환으로 변리사 제1, 2차 시험을 종전의 '상대평가제'에서 '절대평가제'로 전환하는 내용의 2002. 3. 25. 개정 전 구 변리사법 시행령(2002. 3. 25. 대통령령 제17551호로 개정되기 전의 것, 이하 '개정 전 시행령'이라 한다)이 절대평가제를 도입한 목적과 그 경위, 이전 수년간 상대평가제에 의하여 시행된 제1차 시험의 합격점수, 개정 전 시행령의 공포 후 유예기간, 그 후 제1차 시험을 '절대평가제'에서 '상대평가제'로 환원하는 내용의 2002. 3. 25. 대통령령 제17551호로 개정된 변리사법 시행령(이하 '개정 시행령'이라 한다)의 입법예고와 개정·공포 및 그에 따른 시험공고 등에 관한 일련의 사실관계에 비추어 보면, 합리적이고

정당한 신뢰에 기하여 절대평가제가 요구하는 합격기준에 맞추어 시험준비를 한 수험생들은 제1차 시험 실시를 불과 2개월밖에 남겨놓지 않은 시점에서 개정 시행령의 즉시 시행으로 합격기준이 변경됨으로 인하여 시험준비에 막대한 차질을 입게 되어 위 신뢰가 크게 손상되었고, 특히 절대평가제에 의한 합격기준인 매 과목 40점 및 전과목 평균 60점 이상을 득점하고도 불합격처분을 받은 수험생들의 신뢰이익은 그 침해된 정도가 극심하며, 그 반면 개정 시행령에 의하여 상대평가제를 도입함으로써 거둘 수 있는 공익적 목적은 개정 시행령을 즉시 시행하여 바로 임박해 있는 2002년의 변리사 제1차 시험에 적용하면서까지 이를 실현하여야 할 합리적인 이유가 있다고 보기 어려우므로, 결국 개정 시행령의 즉시 시행으로 인한 수험생들의 신뢰이익 침해는 개정 시행령의 즉시 시행에 의하여 달성하려는 공익적 목적을 고려하더라도 정당화될 수 없을 정도로 과도하다. 나아가 개정 시행령에 따른 시험준비 방법과 기간의 조정이 2002년의 변리사 제1차 시험에 응한 수험생들에게 일률적으로 적용되었다는 이유로 위와 같은 수험생들의 신뢰이익의 침해를 정당화할 수 없으며, 또한 수험생들이 개정 시행령의 내용에 따라 공고된 2002년의 제1차 시험에 응하였다고 하더라도 사회통념상 그것만으로는 개정 전 시행령의 존속에 대한 일체의 신뢰이익을 포기한 것이라고 볼 수도 없다. 따라서 변리사 제1차 시험의 상대평가제를 규정한 개정 시행령 제4조 제1항을 2002년의 제1차 시험에 시행하는 것은 헌법상 신뢰보호의 원칙에 비추어 허용될 수 없으므로, 개정 시행령 부칙 중 제4조 제1항을 즉시 2002년의 변리사 제1차 시험에 대하여 시행하도록 그 시행시기를 정한 부분은 헌법에 위반되어 무효이다.

[3] 새로운 법령에 의한 신뢰이익의 침해는 새로운 법령이 과거의 사실 또는 법률관계에 소급적용되는 경우에 한하여 문제되는 것은 아니고, 과거에 발생하였지만 완성되지 않고 진행 중인 사실 또는 법률관계 등을 새로운 법령이 규율함으로써 종전에 시행되던 법령의 존속에 대한 신뢰이익을 침해하게 되는 경우에도 신뢰보호의 원칙이 적용될 수 있다.

[대법관 김용담, 김황식, 안대희의 반대의견]

[1] 규제개혁위원회의 방침에 따라 제1차 시험의 상대평가제를 절대평가제로 변경하였다고 하더라도, 적어도 법적 · 제도적 관점에서 보면 그와 같은 변경으

로 인하여 합격자 수가 반드시 증가한다고 볼 수 없을 뿐 아니라 또한 그 변경이 합격자 수의 증가를 법적으로 보장해 주는 것도 아니다. 변리사 등과 같은 전문자격사의 인원 확대라는 개정 전 시행령의 입법 취지는 궁극적으로 변리사 제2차 시험 합격자 수를 증가시킴으로써 달성할 수 있는 것이고 제1차 시험은 제2차 시험을 치를 자격을 부여하는 전 단계의 시험에 불과한 만큼, 제2차 시험에 응시할 수 있는 합리적인 숫자의 제1차 시험 합격자를 배출시키는 틀이 유지되고 합리적으로 운영되는 한 제1차 시험 합격자의 결정방법은 특허청장의 권한에 속하는 사항으로 보아야 한다. 그렇다면 수험생들에게 개정 전 시행령에 따라 절대평가제로 2002년의 변리사 제1차 시험이 실시되고 시험난이도 수준도 종전의 수준으로 유지되리라는 기대 내지 신뢰가 형성되어 있었다고 하더라도 이는 수험생들의 주관적인 이해관계에 따른 사실상의 것에 불과할 뿐 법적 정당성을 지닌 합리적인 것으로서 특허청장이 반드시 이를 보호하여야 할 성질의 것은 아니다.

[2] 변리사와 같은 전문자격사를 선발하기 위한 시험의 합격기준 및 합격자 결정방법은 입법정책의 변화에 따라 언제든지 변경될 수 있는 것이고, 실제로 변리사시험은 절대평가제에서 상대평가제로 전환되었다가 개정 전 시행령에 의하여 다시 절대평가제로 전환되는 등 여러 차례에 걸쳐 변화를 거쳐 온 점에 비추어 보면 2002년의 변리사 제1차 시험이 개정 전 시행령에 따라 절대평가제로 실시되리라는 수험생들의 기대와 신뢰는 상대적이고 가변적인 것에 지나지 않으며, 개정 시행령의 즉시 시행으로 인한 수험생들의 신뢰이익의 침해가 개정 시행령의 즉시 시행이 가지는, 시험운영관리의 적정성과 일정 수준 이상의 제1차 시험 합격자 선발이라는 공익적 목적을 정당화할 수 없을 정도로 과도하다고 보기는 어렵다.

[반대의견에 대한 대법관 김용담의 보충의견]

[1] 헌법재판소가 위헌재판을 함에 있어 모든 법률문제를 헌법문제로 귀착시켜 한 없이 헌법재판권을 넓혀가서는 안 되는 것은 물론, 대법원으로서도 명령, 규칙의 위헌·위법심사를 함에 있어서 그 명령, 규칙의 위헌성이 문제되는 헌법재판인지, 위법성을 문제 삼는 사법권의 행사인지를 명확히 구별하지 않으면 안 된다. 만연히 법단계설에 서서 모든 법률문제는 결국 헌법문제로 치환될 수

있다는 사고를 한다면 이는 적어도 우리 헌법과는 들어맞지 않으며, 결국 사법권의 독립을 부정하는 위험한 사고라고 할 수밖에 없다. 어떤 제도의 창설이나 유지 · 변경 또는 폐지 그 자체에 대한 기대 또는 신뢰가 헌법상의 기대 또는 신뢰로서 보호되려면, 그 제도의 창설이나 유지 · 변경 또는 폐지가 헌법으로부터 직접적으로 기대되고 신뢰되어야 하고, 헌법 이외의 법령에 의하여 비로소 마련된 제도라면 그 제도의 창설이나 유지 · 변경 또는 폐지에 대한 기대와 신뢰의 문제도 원칙적으로 그 법령상의 문제이다. 따라서 법률에 의하여 마련된 제도에 관하여 법률에 의하여 그 시행을 위임받은 명령 · 규칙 · 조례가 그 시행방법을 변경하는 것은 우선적으로 법률의 문제로 다루어야 하고 헌법의 문제로 다룰 것은 아니다. 개정 시행령 부칙의 효력 여부는 법령 등 공포에 관한 법률의 범위 내에서 다루어야 할 문제로서 헌법문제가 아니라 법률문제이다.

[2] 개정법령의 시행시점을 정하는 권한은 법령개정권자에게 있다. 개정법령의 시행시점을 정하는 법령개정권자의 권한은 개정법령의 범위와 내용을 정하는 권한과 표리를 이루는 것이며 입법권(헌법 제40조)과 명령 · 규칙제정권(헌법 제75조, 제95조)의 당연한 내용이다. 입법예고(국회법 제82조의2), 행정예고(행정절차법 제46조) 등의 절차를 거친 법령의 시행시기를 정하는 것은 국회나 행정부의 재량에 맡겨진 사항으로서, 법령의 시행시점에 관한 사법심사가 배제되는 것은 아니지만, 법령의 시행시기와 관련한 사법권 간섭의 여지는 그만큼 축소되어 있다고 보지 않으면 안 되며 법령개정권의 한계를 명백히 일탈한 경우에만 사법심사가 정당화될 수 있다.

4. 서울고등법원 1998. 9. 24. 선고 97구12015 판결: 상고기각 【주택건설사업계획승인거부처분취소】

[1] 구 주택건설촉진법(1997. 12. 13. 법률 제5451호로 개정되기 전의 것) 제32조의4 제4항에 의하면, “건설교통부장관은 제33조 제1항의 규정에 의하여 주택건설사업계획을 승인함에 있어서 제2항의 규정에 의한 사전결정을 한 경우에는 그 결정에 따라야 한다”고 규정하고, 같은법시행령 제31조의4 제3항에 의하면, “건설교통부장관은 같은 법 제33조의 규정에 의한 주택건설사업계획승인을 함

에 있어 사전결정 외의 다른 심의 등의 규제를 하여서는 아니 된다"고 규정하고 있으나, 사전결정 제도는 사업승인의 전에 주택건설입지로서의 타당성을 검토하여 불필요한 토지취득이나 설계비용 등의 낭비를 방지하고 도시계획, 환경, 상하수도 등 여러 측면을 사전에 심의하여 조화 있는 도시개발을 유도하고, 층고조정, 일조권 및 시계제한 등에 관하여 사전에 심의하여 주변 주택의 민원을 방지하며, 사업계획 승인에 관련된 소관 부서간에 사전에 협의하도록 하여 사업시행자의 부담을 덜어주고 사업승인기간을 단축시킬 것을 목적으로 하는 제도로서, 사전결정을 한 경우 사업계획 승인을 할 때 그 사전결정에 따라야 한다는 취지는, 사업계획의 승인이 행정청의 재량행위에 속한다고 하더라도 일단 사전결정을 거친 이상은 특별한 사정이 없는 한 사전결정을 존중하여 사업계획을 승인함으로써 이미 상당부분 진행된 사업계획을 원활하게 수행할 수 있도록 신중하게 처분하도록 요구하는 취지에 불과하다고 생각되고, 일단 사전결정이 이루어지면 사업승인 단계에서 행정청이 어떠한 경우에도 그 사전결정에 기속되어 이에 반하는 처분을 할 수 없고 반드시 주택건설사업계획을 승인하여야 할 의무를 부담한다는 취지로 해석할 수는 없다고 할 것이고, 따라서 위 규정의 취지를 일단 사전결정이 이루어지면 행정청의 재량행위에 속하던 사업계획승인이 기속행위로 변한다는 취지로 해석할 수는 없으며, 예컨대 사전결정 자체가 잘못되었거나 사전결정 당시에는 미처 고려하지 못한 공공의 이익에 관련된 사항이 발견되었음에도 불구하고 이를 무시하고 사업계획을 승인하는 경우 중대한 공익을 침해하는 결과가 될 때는 사전결정에 기속되지 아니하고 사업승인 여부를 결정하는 단계에서 거듭 사익과 공익을 비교형량하여 그 승인 여부를 결정할 수 있다고 할 것이다.

[2] 주택건설사업계획에 대해 사전결정을 해주었다는 사실만으로 장차 사업계획승인신청이 있으면 이를 승인하겠다는 확약 내지 공적인 의사표시를 한 것으로 볼 수는 없다.

5. 대법원 1987. 4. 14. 선고 86누459 판결【임용행위취소처분취소】

국가가 공무원임용결격사유가 있는 자에 대하여 결격사유가 있는 것을 알지 못하고 공무원으로 임용하였다가 사후에 결격사유가 있는 자임을 발견하고 공무원 임용행위를 취소하는 것은 당사자에게 원래의 임용행위가 당초부터 당연무효이었음을 통지하여 확인시켜 주는 행위에 지나지 아니하는 것이므로, 그러한 의미에서 당초의 임용처분을 취소함에 있어서는 신의칙 내지 신뢰의 원칙을 적용할 수 없고 또 그러한 의미의 취소권은 시효로 소멸하는 것도 아니다.

6. 대법원 2020. 4. 9. 선고 2019두51499 판결【폐쇄명령처분취소청구의소】

준농림지역(이후 자연녹지지역으로 변경)에서 레미콘 공장을 설립하여 운영하던 甲 주식회사가 아스콘 공장을 추가로 설립하기 위하여 관할 시장으로부터 공장설립 변경승인을 받고 아스콘 공장 증설에 따른 대기오염물질 배출시설 설치 변경신고를 마친 다음 아스콘 공장을 운영하였는데, 위 공장에 대하여 실시한 배출검사에서 대기환경보전법상 특정대기유해물질에 해당하는 포름알데히드 등이 검출되자 시장이 자연녹지지역 안에서 허가받지 않은 특정대기유해물질 배출시설을 설치·운영하였다는 사유로 대기환경보전법 제38조 단서에 따라 위 공장의 대기오염물질 배출시설 및 방지시설을 폐쇄하라는 명령을 한 사안에서, 위 공장 설립 당시의 관계 법령에 따르면 준농림지역 안에서 특정대기유해물질이 발생하는 위 공장의 설치가 금지되어 있었고, 위 공장은 국토의 계획 및 이용에 관한 법률 시행령 제71조 제1항 제16호 [별표 17] 제2호 (차)목에 따라 처분 당시 변경된 자연녹지지역에 설치가 금지된 경우에 해당하므로 대기환경보전법 제38조 단서에 따른 폐쇄명령의 대상이며, 공장설립 당시에 甲 회사가 위 공장에서 특정대기유해물질은 배출되지 않고 토석의 저장·혼합 및 연료 사용에 따라 먼지와 배기가스만 배출될 것이라는 전제에서 허위이거나 부실한 배출시설 및 방지시설 설치 계획서를 제출하였으므로 시장이 만연히 甲 회사의 계획서를 그대로 믿은 데에 과실이 있더라도, 시장의 착오는 甲 회사가 유발한 것이므로, 위 공장에 대하여 특정대기유해물질 관련 규제가 적용되지 않으리라는 甲 회사의 기대는 보호가치가 없다는 등의 이유로, 위 처분이 신뢰보호원칙, 행정의 자기구속법리, 실효의 원칙에 위배되지 않는다고 본 원심판단을 수긍한 사례.

7. 대법원 2020. 4. 29. 선고 2019두52799 판결 【교육환경평가승인반려처분취소청구의소】

甲 주식회사가 교육환경보호구역에 해당하는 사업부지에 콘도미니엄을 신축하기 위하여 교육환경평가승인신청을 한 데 대하여, 관할 교육지원청 교육장이 甲 회사에 '관광진흥법 제3조 제1항 제2호 (나)목에 따른 휴양 콘도미니엄업이 교육환경 보호에 관한 법률에 따른 금지행위 및 시설로 규정되어 있지는 않으나 성매매 등에 대한 우려를 제기하는 민원에 대한 구체적인 예방대책을 제시하시기 바람'이라고 기재된 보완요청서를 보낸 후 교육감으로부터 '콘도미니엄업에 관하여 교육환경보호구역에서 금지되는 행위 및 시설에 관한 교육환경 보호에 관한 법률(이하 '교육환경법'이라 한다) 제9조 제27호를 적용하라'는 취지의 행정시침을 통보받고 甲 회사에 교육환경평가승인신청을 반려하는 처분을 한 사안에서, 교육장이 보완요청서에서 '휴양 콘도미니엄업이 교육환경법 제9조 제27호에 따른 금지행위 및 시설로 규정되어 있지 않다'는 의견을 밝힌 바 있으나, 이는 교육장이 최종적으로 교육환경평가를 승인해 주겠다는 취지의 공적 견해를 표명한 것이라고 볼 수 없고 오히려 수차례에 걸쳐 甲 회사에 보낸 보완요청서에 의하면 현 상태로는 교육환경평가승인이 어렵다는 취지의 견해를 밝힌 것에 해당하는 점, 甲 회사는 사업 준비 단계에서 휴양 콘도미니엄업을 계획하고 교육장의 보완요청에 따른 추가 검토를 진행한 정도에 불과하여 위 처분으로 침해받는 甲의 이익이 그다지 크다고 보기 어려운 반면 교육환경보호구역에서 휴양 콘도미니엄이 신축될 경우 학생들의 학습권과 교육환경에 미치는 부정적 영향이 매우 큰 점 등에 비추어, 위 처분은 신뢰의 대상이 되는 교육장의 공적 견해표명이 있었다고 보기 어렵고, 교육장의 교육환경평가승인이 공익 또는 제3자의 정당한 이익을 현저히 해할 우려가 있는 경우에 해당하므로 신뢰보호원칙에 반하지 않는다고 한 사례.

Ⅳ 질문 및 토의과제

1. 관련 판례 1, 2는 모두 토지의 이용허가에 대한 사안으로서 신뢰보호원칙을 적용한 결과가

다르게 나타난 사례이다. 판례의 본문을 참조하여, 어떠한 요소가 두 사례의 결론을 달리 하게 한 것으로 보이는지 비교하여 보시오.

2. 위 관련판례 3에서 다수의견과 반대의견은 어떤 쟁점에 관해 의견을 달리 하는가? 그러한 의견의 차이는 어떠한 관점의 차이에서 오는 것으로 보이는가?

3. 관련판례 4에서와 같이 최종적인 행정결정에 앞서 사전결정제도를 두는 경우가 증가하고 있다. 이러한 제도의 취지는 무엇인가? 사전결정에 대해 법적 구속력을 인정할 경우, 그리고 신뢰보호를 폭넓게 인정할 경우의 차이와 문제점은 무엇인가?

4. 신뢰보호를 인정할 것인가 여부를 결정함에 있어서 공적견해표명, 신뢰의 보호가치와 공·사익형량의 요건들을 판단하는 논리적 순서는 어떠한가? 실제 관련판례들의 논증을 볼 때 이러한 논리적 순서가 잘 적용되고 있는가?

5. 관련판례 5에 의하면, 당연무효인 행정처분에 대한 신뢰는 보호되지 않는다. 그 이유는 무엇으로 볼 수 있는가? 처분의 위법성이 중대명백하면 처분의 법률적합성이 압도적인 우위를 가지므로 신뢰보호원칙이 적용되지 않는 것인가? 그렇지 않으면 신뢰보호원칙이 적용되지만, 공·사익 형량에서 공익의 우위가 인정되는 것인가?

6. '불법의 평등'은 인정될 수 없는 데 비해 '불법에 대한 신뢰'는 보호될 수 있는 이유는 무엇인가? 평등과 신뢰보호가 기여하는 법이념이 달라서인가? 또는 신뢰보호의 경우 평등의 경우보다 보호되는 자의 범위가 제한되기 때문인가?

7. 관련판례 6, 7에서는 행정청이 개발행위에 대한 규제권한을 행사하는 일련의 과정에서 행정청과 개발주체, 이해관계자 간에 이루어지는 커뮤니케이션을 통해 보호가치 있는 신뢰가 형성되었다고 평가할 수 있는지가 쟁점이 되고 있다. 개발주체의 변호인이라면 인허가를 받는 과정에서 행정청과 어떤 방식으로 커뮤니케이션하도록 조언할 것인가?

V 참고문헌

안동인, 법령개정과 신뢰보호원칙 – 신뢰보호원칙의 적극적 활용에 대한 관견–, 행정판례연구 16–1집, 2011

김병기, 법령개정과 신뢰보호원칙, 행정판례연구 14집, 2009

최계영, 신뢰보호 원칙의 적용요건: 공적 견해표명의 의미를 중심으로, 사법 38호, 2016

Ⅵ 관련법령

행정기본법

제12조 (신뢰보호의 원칙) ① 행정청은 공익 또는 제3자의 이익을 현저히 해칠 우려가 있는 경우를 제외하고는 행정에 대한 국민의 정당하고 합리적인 신뢰를 보호하여야 한다.

② 행정청은 권한 행사의 기회가 있음에도 불구하고 장기간 권한을 행사하지 아니하여 국민이 그 권한이 행사되지 아니할 것으로 믿을 만한 정당한 사유가 있는 경우에는 그 권한을 행사해서는 아니 된다. 다만, 공익 또는 제3자의 이익을 현저히 해칠 우려가 있는 경우는 예외로 한다.

행정절차법

제4조 (신의성실 및 신뢰보호) ① 행정청은 직무를 수행함에 있어서 신의에 따라 성실히 하여야 한다.

② 행정청은 법령등의 해석 또는 행정청의 관행이 일반적으로 국민들에게 받아들여진 때에는 공익 또는 제3자의 정당한 이익을 현저히 해할 우려가 있는 경우를 제외하고는 새로운 해석 또는 관행에 의하여 소급하여 불리하게 처리하여서는 아니된다.

1-2-5. 비례원칙

Ⅰ 개요

비례원칙이란 광의로는 행정작용을 행함에 있어서 목적과 목적 실현을 위한 수단 사이에 합리적인 비례관계가 유지되어야 한다는 원칙을 말하며, 협의로는 공익상 필요와 권리·자유 침해 사이에 적정한 비례가 유지되어야 한다는 원칙을 말한다. 비례원칙은 19세기 후반의 독일에서 경찰법상의 일반원칙으로 성립하였으나, 현재는 규제행정, 급부행정에도 적용되고 있다. 비례원칙은 법규범의 형성(입법) 또는 그 적용(행정작용)에 있어 수단의 선택의 여지가 있을 경우에는 모두 적용될 수 있다. 그 근거는 헌법상 법치국가원리 및 헌법 제37조 제2항에서 도출될 수 있고, 개별법에서 이를 명문화하고 있는 경우도 있다. 비례원칙은 구체적으로는 선택한 수단이 목적달성에 적합해야 한다는 적합성 원칙, 목적달성을 위해 선택가능한 여러 수단 중에서도 관계자에게 가장 적은 부담을 주는 수단을 선택해야 한다는 필요성 원칙, 목적달성을 위하여 필요한 수단이라 하더라도 그 수단의 사용이 그것보다 더 큰 불이익을 초래하여서는 안 된다는 상당성 원칙(협의의 비례원칙)을 그 내용으로 한다.

II 리딩케이스

1. 사건번호: 대법원 1996. 10. 11. 선고 96누10812 판결【자동차운전면허취소처분취소】

2. 사실관계

원고 갑은 1985.경 제2종 보통 자동차운전면허를 취득한 자로서 1995. 11. 24. 23:18경 소나타 승용차를 운전하고 대구 남구 대명동 소재 남부경찰서 앞길을 진행하다가 음주운전단속반에 적발되어 경찰관으로부터 음주측정을 받은 결과 혈중 알코올농도 0.11%의 주취상태에 있었음이 밝혀져 위 주취운전행위가 도로교통법 제78조 제1항 제8호, 제41조 제1항, 같은법시행규칙 제53조 제1항 소정의 운전면허취소사유에 해당한다는 이유로 위 자동차운전면허취소처분(이하 '이 사건 처분'이라 한다)을 받았다.

3. 판결요지

[1] 원심판결

원고의 주취정도가 그다지 무겁지 아니한 0.11% 정도에 불과할 뿐만 아니라 원고는 대구대학교 교수로 재직 중에 있는데 타학교 및 연구소의 강의, 방문 등을 위하여 자동차운전이 필수적이며, 이 사건 당시 사촌동생의 생일에 참석하였다가 부득이 맥주 3잔 정도를 마시고 귀가하기 위하여 약 2.5㎞ 가량을 진행하던 중 주취운전으로 단속되었을 뿐 이로 인하여 어떠한 교통사고도 일으키지 아니하였으며, 과거 교통사고 또는 교통법규 위반의 전력이 전혀 없는 사실을 인정한 후, 이러한 주취운전의 경위와 주취정도, 전력, 가정형편과 직업 등 여러 사정에다가 법 제78조가 주취운전의 경우에 운전면허취소처분과 1년 이내의 운전면허효력정지처분을 선택적으로 규정하고 있는 점까지 종합적으로 고려할 때 운전면허취소처분을 한 것은 그로써 달성하려는 공익목적의 실현이라는 면보다는 그로 인하여 원고가 입게 되는 불이익이 너무 커서 이익교량의 원칙에 위배되므로 이 사건 처분은 재량권의 한계를 일탈하였거나 남용한 것으로서 위법하다는 이유로 이 사건 처분의 취소를 구하는 원고의 청구를 인용하고 있다.

[2] 대법원의 판결

오늘날 자동차가 급증하고 자동차운전면허도 대량으로 발급되어 교통상황이 날로 혼잡하여 감에 따라 교통법규를 엄격히 지켜야 할 필요성은 더욱 커지고, 주취운전으로 인한 교통사고 역시 빈번하고 그 결과가 참혹한 경우가 많아 주취운전을 엄격하게 단속하여야 할 필요가 절실하다는 점에 비추어 볼 때, 이 사건 면허취소처분으로 원고가 입게 되는 불이익보다는 공익목적의 실현이라는 필요가 더욱 크다고 하지 않을 수 없을 뿐만 아니라, 원고는 사회지도층에 있는 대학교수의 신분으로서 누구보다도 법규를 성실하게 준수하여야 할 위치에 있다는 사정을 감안할 때(기록에 의하면 원고는 이 사건 자동차운전면허취소처분 후에 적법한 절차에 의하여 취소처분의 효력이 정지되지 않은 상태에서 다시 운전을 하다가 적발되어 도로교통법 위반으로 입건된 일까지 있다), 원심판결이 들고 있는 사정만으로는 이 사건 처분이 재량권의 한계를 일탈하였거나 남용한 위법한 처분이라고 할 수 없다. 그럼에도 불구하고 원심판결이 그 판시와 같은 이유만으로 이 사건 처분이 위법하다고 한 것은 재량권 남용에 관한 법리를 오해한 잘못이 있다.

4. 판례해설

비례원칙은 행정이 재량을 행사함에 있어서 국민이 기대하는 이상적인 결정에 이르게 하는 행위규범이 될 수 있는 동시에 사후적으로 그 재량행사의 결과를 통제함에 있어서도 효과적인 재판규범이 될 수 있다. 그러나 동시에 비례원칙은 이를 적용하는 방법론의 특징상 이를 적용하는 자의 주관성이나 남용가능성을 통제해야 할 새로운 필요성을 제기한다. 비례원칙을 적용하여 어떤 법적 판단을 내림에 있어서는 사전에 법률요건으로 명시된 요소들만 고려하여 결정하는 것이 아니라, 개별 사안을 구성하는 다양한 요소들을 고려하여 목적과 수단의 관계를 형량(衡量, balancing)한다. 이러한 방식은 특정 사안에 있어서 목적과 수단의 미세조정을 통해 최적의 수단을 찾거나 개별적 정의 내지 구체적 타당성을 기할 수 있다는 점에서는 장점이 있는 반면 판단자에 따라 각 사안에서 고려되는 요소나 각 요소에 부여되는 비중 등이 다를 수 있으므로 결정의 객관성 또는 일관성 확보가 어렵다는 단점이 있다. 따라서 형량의 요소를 그 법적 결정에 관련성 있는 것으로 제한하도록 기준을 제시하거나, 형량요소가 될 사실관계의 조사를 정확하고 충분하게 하도록 하는 등으로 비례원칙의 적용과정에 내재한 재량을 구조화할 필요가 있다.

이 판결에서도 동일한 사실관계에 대해 원심판결과 대법원이 비례원칙을 적용한 결과 상반되는 결론을 내리고 있다. 그 차이를 분석해 보면 비례원칙의 적용방식을 알 수 있는 동시에 위와 같은 특징이 잘 드러난다. 무엇보다 대법원은 원심법원에 비해 '주취운전의 억지'라는 공익의 중요성을 훨씬 더 크게 평가하고 있는 것으로 보인다. 공익에 대한 그러한 시각차가 사익의 형량요소 즉, 주취운전의 경위와 주취정도, 전력, 가정형편과 직업을 고려함에 있어서도 차이를 가져오는 것으로 보인다. 예컨대 대법원은 원고의 직업이 '교수'라는 점에 대하여 "사회지도층에 있는 대학교수의 신분으로서 누구보다도 법규를 성실하게 준수하여야 할 위치에 있다"고 평가하여 제재처분이 비례원칙에 부합됨을 뒷받침하도록 하는 데 비해, 원심판결은 "대학교 교수로 재직 중에 있는데 타학교 및 연구소의 강의, 방문 등을 위하여 자동차운전이 필수적"이라고 함으로써 오히려 제재처분의 위법성을 뒷받침하는 논거로 들고 있다. 원심판결과 대법원판결의 이러한 관점의 차이를 객관적으로 설명할 수 있는 방식이 무엇인가가 비례원칙의 정당성을 확보하는 관건이 될 것이다. 하나의 설명은 대법원이 이러한 공익에 대한 동시대의 사회적 합의를 최종적으로 대변할 유권적 지위에 있다고 보는 것이다.

III 관련판례

1. 대법원 1991. 6. 11. 선고 91누2083 판결【자동차운전면허취소처분취소】

[1] 도로교통법 제78조의 규정에 의하여 마련된 같은법시행규칙 제53조 제1항 소정의 별표 16의 운전면허 행정처분기준은 그 규정의 성질과 내용이 운전면허의 취소처분 등에 관한 행정청 내부의 사무처리준칙을 규정한 것에 지나지 아니하여 대외적으로 법원이나 국민을 기속하는 효력은 없다.

[2] 무사고운전경력이 인정되어 개인택시 및 개인택시운송사업면허를 대금 25,500.000원에 양수하여 개인택시운송사업을 하는 원고가 비번날 친구와 함께 소주 2홉들이 1병을 나누어 마시고 여동생의 승용차를 운전 중 적발된 경우, 개인택시운송사업이 원고의 유일한 생계수단이며 원고의 운전면허가 취소되면 개인택시운송사업면허까지 취소되게 되어 위 투자금액을 회수할 수 없게 되는 점 등의 여러 사정들을 참작하여 음주운전을 이유로 도로교통법상 가장 무거운 운전면허취소처분을 하는 것은 도로교통법에 의하여 달하려는 공익적 목적의 실현보다는 원고가 입게 될 불이익이 너무 커서 이익교량의 원칙에 위배되므로 재량권을 일탈하여 위법하다.

2. 헌재 2000. 4. 27. 98헌가16, 98헌마429(병합) 전원재판부[위헌] 결정【학원의설립·운영에관한법률 제22조 제1항 제1호 등 위헌제청, 학원의설립·운영에관한법률 제3조 등 위헌 확인】

[다수의견]

[1] 과외교습을 금지하는 법 제3조에 의하여 제기되는 헌법적 문제는 교육의 영역에서의 자녀의 인격발현권·부모의 교육권과 국가의 교육책임의 경계설정에 관한 문제이고, 이로써 국가가 사적인 교육영역에서 자녀의 인격발현권·부모의 자녀교육권을 어느 정도로 제한할 수 있는가에 관한 것이다. 학교교육에 관한 한, 국가는 교육제도의 형성에 관한 폭넓은 권한을 가지고 있지만, 과외교습과 같은 사적으로 이루어지는 교육을 제한하는 경우에는 특히 자녀인격의 자

유로운 발현권과 부모의 교육권을 존중해야 한다는 것에 국가에 의한 규율의 한계가 있으므로, 법치국가적 요청인 비례의 원칙을 준수하여야 한다.

[2] 가. 사교육의 영역에 관한 한, 우리 사회가 불행하게도 이미 자정능력이나 자기조절능력을 현저히 상실했고, 이로 말미암아 국가가 부득이 개입하지 않을 수 없는 실정이므로, 위와 같이 사회가 자율성을 상실한 예외적인 상황에서는 고액과외교습을 방지하여 사교육에서의 과열경쟁으로 인한 학부모의 경제적 부담을 덜어주고 나아가 국민이 되도록 균등한 정도의 사교육을 받도록 하려는 법 제3조의 입법목적은 입법자가 '잠정적으로' 추구할 수 있는 정당한 공익이라고 하겠다.

나. 수단의 적합성의 관점에서 보더라도 법 제3조가 학원 · 교습소 · 대학(원)생에 의한 과외교습을 허용하면서 그 밖에 고액과외교습의 가능성이 있는 개인적인 과외교습을 광범위하게 금지하는 규제수단을 택하였고, 이러한 수단이 위 입법목적의 달성에 어느 정도 기여한다는 점은 의문의 여지가 없다. 따라서 수단으로서의 적합성도 인정된다 하겠다.

[3] 법 제3조는 원칙적으로 허용되고 기본권적으로 보장되는 행위에 대하여 원칙적으로 금지하고 예외적으로 허용하는 방식의 '원칙과 예외'가 전도된 규율형식을 취한데다가, 그 내용상으로도 규제의 편의성만을 강조하여 입법목적달성의 측면에서 보더라도 금지범위에 포함시킬 불가피성이 없는 행위의 유형을 광범위하게 포함시키고 있다는 점에서, 입법자가 선택한 규제수단은 입법목적의 달성을 위한 최소한의 불가피한 수단이라고 볼 수 없다.

[4] 법 제3조와 같은 형태의 사교육에 대한 규율은, 사적인 교육의 영역에서 부모와 자녀의 기본권에 대한 중대한 침해라는 개인적인 차원을 넘어서 국가를 문화적으로 빈곤하게 만들며, 국가 간의 경쟁에서 살아남기 힘든 오늘날의 무한경쟁시대에서 문화의 빈곤은 궁극적으로는 사회적 · 경제적인 후진성으로 이어질 수밖에 없다. 따라서 법 제3조가 실현하려는 입법목적의 실현효과에 대하여 의문의 여지가 있고, 반면에 법 제3조에 의하여 발생하는 기본권제한의 효과 및 문화국가실현에 대한 불리한 효과가 현저하므로, 법 제3조는 제한을 통하여 얻는 공익적 성과와 제한이 초래하는 효과가 합리적인 비례관계를 현저하게 일탈하여 법익의 균형성을 갖추지 못하고 있다.

[재판관 이영모의 반대의견]

과외교습은 학교교육에 종속된 보충교육으로서 학교교육의 공공성을 침해하는 경우 국가는 학교교육의 정상화를 위하여 재량적으로 이를 규제할 수 있고, 그 규제입법의 위헌심사기준은 입법형성의 합리성이다. 다수의견이 이를 금지함으로써 비례성원칙에 반한다고 지적하고 있는 친척이나 이웃집 가정주부의 교습, 뛰어난 예술인의 개인 과외교습 등은 이를 허용할 경우 교습행위의 은밀성으로 인하여 입법목적 달성에 어려움이 있고, 그러한 개인교습이 학교교육의 공공성을 해하지 않는다는 보장도 없다. 과외교습 금지로 인한 공익을 고려할 때 이들이 개인 과외교습을 못함으로써 불이익을 받는다 하더라도 법익간에 균형을 잃는 것도 아니다. 초등학생의 학교 교과목에 대한 과외교습 금지는 그것이 초등학생에게 신체적·정서적·교육적으로 바람직하지 않은 영향을 미칠 수 있기 때문이다. 결국, 이 사건 법률조항은 국가와 학부모의 공동과제인 자녀의 학교교육과 학부모가 결정하는 사교육의 한 부분인 과외교습과의 조화를 꾀하기 위한 입법으로서 합리성을 벗어난 것으로 인정되지 아니한다. 이 사건 법률조항이 원칙적인 금지와 예외적인 허용이라는 규율형식을 취하고 있으나, 실질적으로 이 법에서 허용되는 과외교습은 학습이 부진한 학생들로 하여금 이를 보충하는 데 모자람이 없는 한편, 사회적 폐해의 소지가 현저하고 부작용이 보다 높은 개인의 과외교습에 한하여 금지되고 있을 뿐이다. 따라서, 이 사건 법률조항은 입법목적의 정당성 및 수단의 합리성을 갖춘 입법으로서 괴외교습자와 학부모, 학습자의 기본권의 본질적인 내용을 침해하는 것이 아니므로 합헌이다.

Ⅳ 질문 및 토의과제

1. 비례원칙의 적용에 있어서 판단자의 주관성이 개입될 수 있음이 문제이다. 비례원칙 적용에 있어서 객관성을 증진할 수 있는 방안으로는 어떤 것이 있을까? 예측가능성을 증진할 수 있는 방안으로는 어떤 것이 있을까? 객관성과 예측가능성의 증진방안이 비례원칙의 본질과 충돌되는 측면이 있는가?

2. 행정청이 다량의 동종 사건을 처리하는 경우 행위규범으로 요구되는 비례원칙의 적용과 법

원이 소송을 제기한 당사자의 사건에 대해 집중하여 심리할 때 재판규범으로 이용되는 비례원칙의 적용은 동일할 수 없을 것이다. 행정청이 비례원칙을 적용할 경우에는 개별 사안을 하나하나 조사 · 심리할 행정자원이 부족하여 법원에서와 같은 심리가 이루어질 수 없다는 점, 다수의 행정공무원이 각자 비례원칙을 적용할 경우 남용가능성이 커지고 예측가능성이 떨어지게 되는 점 등을 고려해 보면, 행정청에서 비례원칙을 적용하는 것은 법원에서 비례원칙을 적용하는 것보다 더 제한된 틀 내에서 이루어질 필요성이 있을 것이다. 그러한 관점에서 보면, 법원이 행정청의 재량적 결정을 비례원칙을 평가규범으로 하여 통제하는 것은 행정청의 병리적 잘못을 교정한다는 의미보다는 행정청이 대량결정을 하는 과정에서 불가피하게 나오는 불량한 결정을 당사자의 문제제기를 계기로 하여 심도있게 심리하는 것으로 볼 수도 있지 않을까? 이 문제를 재량준칙의 법적 효력과 관련하여 생각해 보라.

3. 행정청의 재량처분에 대해 법원이 비례원칙을 기준으로 심사한다는 것이 통치구조에 있어서 행정과 법원 상호간의 관계에서는 어떠한 함의를 가진다고 보는가? 참고로 관련판례2는 법률로 나타난 국회의 입법재량에 대해 비례원칙으로 통제한 것이다. 사법부가 입법부와 행정부의 재량을 비례원칙으로 통제한다는 것이 갖는 긍정적 측면과 부정적 측면, 그리고 부정적 측면을 축소하기 위해 비례원칙의 적용시 갖추어야 할 요소들에 대해 생각해 보라.

4. 행정작용의 특징에 따라 그 재량행사에 대한 비례원칙의 적용도 달라지는가? 개별적인 행정처분과 행정입법 그리고 행정계획에 있어 행정청의 재량의 특징과 비례원칙의 적용에 대해 비교해 보시오.

5. 수범자의 예측가능성을 제고하기 위해서는 사인의 규제(법)위반행위에 대한 제재처분의 기준을 사전에 제시하여야 할 필요가 있다. 통상 이는 시행규칙(부령)의 형태로 제시되는데, 우리 판례는 일관되게 이러한 제재처분의 기준을 정한 부령은 법원에서 재판규범으로 구속력을 갖지 않는다고 하고 있다. 이러한 판례의 태도가 제재처분에 대한 비례원칙의 적용과 어떤 관련성을 갖는다고 보는가?

V 참고문헌

정은영, 행정법상 비례원칙에 관한 연구, 행정법연구 63호, 2020
김태호, 행정법상 비례의 원칙－대법원 판례를 중심으로－, 공법연구 47권 4호, 2009

안동인, 비례원칙과 사법판단권의 범위: 행정재량권의 통제원리로서의 비례원칙을 중심으로, 행정법연구 제34호, 2012
최정일, 독일과 한국에서의 비례원칙에 의한 행정작용의 통제, 공법연구 37집 4호, 2009

Ⅵ 관련법령

헌법

제37조 ② 국민의 모든 자유와 권리는 국가안전보장·질서유지 또는 공공복리를 위하여 필요한 경우에 한하여 법률로써 제한할 수 있으며, 제한하는 경우에도 자유와 권리의 본질적인 내용을 침해할 수 없다.

행정기본법

제10조 (비례의 원칙) 행정작용은 다음 각 호의 원칙에 따라야 한다.

1. 행정목적을 달성하는 데 유효하고 적절할 것
2. 행정목적을 달성하는 데 필요한 최소한도에 그칠 것
3. 행정작용으로 인한 국민의 이익 침해가 그 행정작용이 의도하는 공익보다 크지 아니할 것

행정조사기본법

제4조 (행정조사의 기본원칙) ① 행정조사는 조사목적을 달성하는 데 필요한 최소한의 범위 안에서 실시하여야 하며, 다른 목적 등을 위하여 조사권을 남용하여서는 아니 된다.

② 행정기관은 조사목적에 적합하도록 조사대상자를 선정하여 행정조사를 실시하여야 한다.

③ 행정기관은 유사하거나 동일한 사안에 대하여는 공동조사 등을 실시함으로써 행정조사가 중복되지 아니하도록 하여야 한다.

1-2-6. 부당결부금지의 원칙

I 개요

부당결부금지원칙은 행정법의 일반원리 중 하나로서, 행정작용에 있어 그와 실질적 관련이 없는 반대급부를 결부시켜서는 안 된다는 원칙을 말한다. 이 원칙의 근거는 헌법상의 법치국가원리와 과잉금지원칙에서 도출된다고 함이 일반적이다. 이 원칙은 구체적으로 다음과 같은 경우에 적용된다. 첫째, 공법상 계약을 체결하면서 행정청이 계약당사자에게 반대급부의 의무를 지우는 경우 그 반대급부와 행정청의 계약상의 급부와의 실질적인 관련성을 요함을 통해, 둘째, 행정청이 행정행위를 하면서 상대방에게 불이익한 의무를 과하는 부관을 붙이는 경우에는 근거법령 및 당해 행정행위의 목적 실현과 관련성을 요함을 통해, 셋째, 행정법상의 의무자가 의무를 이행하지 않음으로써 그 의무이행을 확보하기 위하여 제재적 · 강제적 수단을 사용하는 경우에는 행정법상의 의무와 제재적 · 강제적 수단간에 사물적 관련성을 요함을 통해서이다(공급거부, 관허사업의 제한 등). 판례상 부당결부금지원칙의 주된 적용영역은 부관의 한계에 관한 문제이다.

II 리딩케이스

1. 사건번호: 대법원 1997. 3. 11. 선고 96다49650 판결 【소유권이전등기말소】

2. 사실관계

주택건설업에 종사하는 원고 갑은 피고 을(인천광역시시장)에게 인천 계양구 작전동 580의1 외 10필지 상에 아파트 5동 840세대를 건설하기 위한 주택건설사업계획승인 및 건축허가를 신청하여 을로부터 진입로로 사용하는 도시계획도로는 준공시 전까지 관할구청과 협의하여 개설·포장 후 공용화 조치할 것 등 31개의 승인조건과 함께 주택건설사업계획승인 및 건축허가를 받았다. 이후 갑은 을에게 같은 동 580의1외 40필지 상에 아파트 904세대를 추가하여 아파트 10동 1,744세대를 건설하는 내용의 사업계획변경승인신청을 하였다. 이에 을은 아파트 단지 진입로를 개설·포장하는 외에도 단지 북측 광1류6호선에 편입된 갑 소유의 이 사건 토지를 기부채납할 것(이하 '이 사건 부관'이라 한다) 등의 추가조건과 함께 사업계획변경승인을 하였다.

이에 갑은 을에게 주택건설촉진법 등에 의하여 사업주체가 100호 이상의 집단으로 주택을 건설하는 경우에는 간선시설 중 도로는 주택단지의 기간이 되는 도로로부터 동 단지경계선(단지의 주된 출입구를 말한다)까지의 길이가 200m를 초과하는 경우 그 초과부분은 지방자치단체가 이를 설치하여야 함에도 불구하고 단지 진입로를 개설·포장하는 외에 다시 이 사건 부관을 붙인 것은 위법하다는 이유로 이 사건 부관을 취소하여 줄 것을 요구하였다. 을이 이를 거부하자, 갑은 이 사건 부관이 무효임을 확인하는 행정소송을 제기하였다. 법원은 이 사건 부관이 위 사업계획변경승처분과는 별도로 그 자체가 직접 공법적 의무를 발생시키는 독립적인 행정처분이라고 볼 수 없고, 위 주택건설이 완료된 후 관할관청에서 이 사건 부관의 내용이 이행되지 아니하였음을 사유로 사용검사를 거부하는 경우에 원고가 그 거부처분을 다툴 수 있고, 그 불복절차 내에서 이 사건 부관의 유, 무효 여부 등이 심사될 수 있어 즉시 확정할 법률상의 이익이 없다는 이유로 위 행정소송을 각하하였고 이 판결은 확정되었다.

한편 갑은 위 아파트 단지 진입로로 총 길이 620m, 폭 15m의 도로 2개를 자신의 비용으로 부지를 매수하여 개설·포장 후 기부채납하였으나, 위 광1류6호선 도로예정지와 위 아파트단지 북측 사이의 위 단지에 인접한 폭 10m의 도로에 포함된 원고 소유의 토지에 대하여는 위 단지 북측이 옹벽으로 되어 있고 위 도로가 아파트의 진입로와는 전혀 관계가 없어서 을로부터 현금으로 손실보상을 받았다. 이후 을은 갑에게 이 사건 토지를 포함한 작전동 565 잡종지 4,494㎡가 계산택지개발사업지구 내에 편입되었으므로 이를 금 1,999,830,000원에 손실보상하기로 하였다는 내용의 손실보상 협의 요청서를 보냈다. 갑은 같은 해 12.경 위 아파트 신축공사를 마치고 을(인천직할시 북구에서 인천광역시 계양구로 행정구역이 변경되었다)에게 사용검사신청을 하였으나, 피고 소속 공무원은 위 광1류6호선 도로에 편입된 이 사건 토지를 기부채납하지 않으면 사용검사필증을 교부하지 않겠다면서 그 신청서의 접수마저 거부하면서 위 기부채납을 지연하면 원고의 손해만 확대되니 조속히 기부채납 절차를 이행하라고 촉구하였다.

위와 같은 사유로 위 아파트에 대한 사용검사가 지연되어 갑으로부터 위 아파트를 분양 받아 입주한 사람들에 대한 소유권이전등기절차의 이행이 늦어지게 되자, 갑은 빨리 위 아파트에 대한 사용검사를 받기 위해 을과 이 사건 토지를 관한 증여계약을 체결하였고, 그 후 을은 갑에게 사용검사필증을 교부하였다. 이후 인천시 공영개발사업단장은 갑에게 위 작전동 565 토지에 관하여 기부채납 대상여부를 협의 중에 보상협의를 보류한다는 통지를 보내고, 이 사건 토지가 을에게 증여되었으므로 위 작전동 565 토지 중 나머지 원고 지분인 4,494분의 1,703지분에 대하여 당초의 보상가격에서 금 1,241,995,000원을 감액하여 금 757,835,000원으로 보상가격을 변경한다는 내용의 통보를 보냈다. 이에 갑은 을을 상대로 소유권이전등기말소를 구하는 민사소송을 제기하였다.

3. 판결요지

[1] 민법 제104조가 규정하는 현저히 공정을 잃은 법률행위라 함은 자기의 급부에 비하여 현저하게 균형을 잃은 반대급부를 하게 하여 부당한 재산적 이익을 얻는 행위를 의미하는 것이므로, 기부행위와 같이 아무런 대가관계 없이 당사자 일방이 상대방에게 일방적인 급부를 하는 법률행위는 그 공정성 여부를 논의할 수 있는 성질의 법률행위가 아니다.

[2] 수익적 행정행위에 있어서는 법령에 특별한 근거규정이 없다고 하더라도 그 부관으로서 부담을 붙일 수 있으나, 그러한 부담은 비례의 원칙, 부당결부금지의 원칙에 위반되지 않아야만 적법하다. 기록에 의하면, 원고의 이 사건 토지 중 2,791㎡는 자동차전용도로로 도시계획시설결정이 된 광1류6호선에 편입된 토지이므로, 그 위에 도로개설을 하기 위하여는 소유자인 원고에게 보상금을 지급하고 소유권을 취득하여야 할 것임에도 불구하고, 소외 인천시장은 원고에게

주택사업계획승인을 하게 됨을 기화로 그 주택사업과는 아무런 관련이 없는 토지인 위 2,791㎡를 기부채납하도록 하는 부관을 위 주택사업계획승인에 붙인 사실이 인정되므로, 위 부관은 부당결부금지의 원칙에 위반되어 위법하다고 할 것이다.

[3] 지방자치단체장이 사업자에게 주택사업계획승인을 하면서 그 주택사업과는 아무런 관련이 없는 토지를 기부채납하도록 하는 부관을 주택사업계획승인에 붙인 경우, 그 부관은 부당결부금지의 원칙에 위반되어 위법하지만, 지방자치단체장이 승인한 사업자의 주택사업계획은 상당히 큰 규모의 사업임에 반하여, 사업자가 기부채납한 토지 가액은 그 100분의 1 상당의 금액에 불과한데다가, 사업자가 그동안 그 부관에 대하여 아무런 이의를 제기하지 아니하다가 지방자치단체장이 업무착오로 기부채납한 토지에 대하여 보상협조요청서를 보내자 그때서야 비로소 부관의 하자를 들고 나온 사정에 비추어 볼 때 부관의 하자가 중대하고 명백하여 당연무효라고는 볼 수 없다.

4. 판례해설

이 판결은 행정행위(원처분)의 부관으로서 부담은 비례의 원칙, 부당결부금지 원칙에 위반되지 않아야 적법함을 명시하고 있다. 부당결부금지의 원칙은 부담이 원처분과 내적으로 적합한 관련성이 있어야 함을 의미하고, 이는 부관의 '사항적 한계'에 해당한다. 그렇다면, 이 사안에서 문제된 부담이 주택건설사업계획승인 및 건축허가와 적합한 실체적 관련성이 있는지 여부는 어떤 기준으로 결정하여야 하는가? 이론상으로는 '원인적 관련성'(그 행정행위의 발령이 부담을 부과하게 되는 계기가 될 뿐 아니라 그 부담의 부과가 필요하게 되는 원인이 되는 관계)과 '목적적 관련성'(그 행정행위를 할 권한이 부여된 목적의 범위 내에서 반대급부가 부과되어야 함)이 제시되고 있다. 이 판결에서 원고에 대한 주택건설사업의 허가로 인해 광1류6호선 도로의 설치가 필요하게 된 것은 아니라고 보이므로 그 허가와 부담 간의 원인적 관련성은 인정하기 어렵고, 지방자치단체장에게 주택건설사업의 허가권한을 부여하는 목적에는 자동차전용도로의 설치는 포함되지 않으므로 목적적 관련성도 인정될 수 없다고 보인다.

이 판결의 문면으로 보면, 대법원이 사용한 '실체적 관련성'의 판단기준은 2가지로서, 첫째, 지방지단체장이 자동차전용도로로 편입된 토지에 도로개설을 하기 위해서는 소유자인 원고에게 보상금을 지급하고 취득하여야 할 것임에도 불구하고 기부채납방식으로 조달하고자 하였다는 점과 둘째, 원고에게 주택사업계획승인을 하게 됨을 기화로 그 주택사업과는 아무런 관련이 없는 토지를 기부채납하도록 하였다는 점이다. 둘째 요소는 곧 원인적 관련성과 목적적 관련성의 결여를 의미하는 것이나, 첫째 요소, 즉 지방자치단체장이 법령상 도로의 개설의무를 지고 있다는 점은 그 부지의 기부채납부관이 부당결부금지의 원칙에 반하는지 여부에 어떤 영향을 미치는가?

이를 무조건 부당결부금지원칙에 반하는 것으로 볼 경우, 부관의 형성가능성은 상당히 제한되겠으나, 우리 판례는 "부가한 부관의 내용이 이러한 법령의 규정에 반한다면 특별한 사정이 없는 한 그 부관은 위법하다고 할 것이지만 … 이 사건 부관의 법령 위반의 하자가 중대하고 명백하여 당연무효라고까지는 할 수 없다"고 하고 있다(관련판례 1).

한편, 부당결부금지원칙을 충족하기 위한 '내적 관련성'의 기준이 성문법령으로 명확히 제시되는 경우도 있다. 현행 국토의 계획 및 이용에 관한 법률 제57조(개발행위허가의 절차) 제4항에 따르면 특별시장 · 광역시장 · 시장 또는 군수는 개발행위허가를 하는 경우에는 대통령령으로 정하는 바에 따라 그 개발행위에 따른 기반시설의 설치 또는 그에 필요한 용지의 확보, 위해 방지, 환경오염 방지, 경관, 조경 등에 관한 조치를 할 것을 조건으로 개발행위허가를 할 수 있다. 그러므로 이 법령의 규정에 의한 부관은 '개발행위'와의 일정한 관련성을 가져야 하는데, 그러한 관련성이 인정될 수 있는 예로는 관계 법령에서 공공시설의 확보를 규정하고 있는 경우, 개발행위로 인하여 공공시설의 설치가 필요한 경우 등을 들 수 있다(관련판례 2).

그러나 동시에 이 판결의 사실관계의 진행은 사업자와 행정청의 계속적인 관계 속에서 부당결부금지 원칙의 실효성 있는 집행이 쉽지 않음을 보여주고 있다. 원고는 당초에 문제된 부관의 무효를 주장하는 항고소송을 제기하였으나 각하판결을 받았다. 그 각하사유를 검토해 보면, 이 판결은 불복의 여지가 있는 판결임에도 불구하고, 원고가 항소하지 않아서 이 판결은 확정되고 말았다. 이

후 원고는 피고가 사용검사를 거부하므로 어쩔 수 없이 기부채납계약을 하게 되었다. 이를 보면 특정 행정청과 인허가 후 사용검사를 받아야 하는 등 자신의 이해관계에 영향을 미칠 계속적인 관계를 맺게 되는 사업자는 그 부관이 부당결부금지원칙에 반하는 위법한 것임을 알면서도 이행을 거부하기 어렵게 됨을 알 수 있다. 그 관계가 종료한 후 소송을 제기할 때는 이미 제소기간이 만료되어 그 위법성이 중대·명백한 하자로 인정되지 않는 한 구제를 받기 어려운 상황에 놓이게 된다. 이 경우 명백성 요건에 대해서도 재고가 필요할 것이다.

또한 이 판례는 일단 원고가 소유권이전등기를 이전한 이후 민사소송은 원고에게 효과적인 구제수단이 되기 어렵다는 점도 보여준다. 민사법적 관점에서는 기부채납의 동기와 관계없이 기부채납을 일방적인 급부행위로 파악하여 그 공정성을 논할 성질의 것이 아니라고 하고, 부관의 중대·명백성을 입증하여 이를 무효로 하기도 어렵고, 행정과정에서의 행위를 민법상의 불공정행위에 해당하는 것으로 인정받기도 어렵기 때문이다.

III 관련판례

1. 대법원 2003. 5. 30. 선고 2003다9339 판결【부당이득금반환】

주택건설촉진법 제36조 제1항 제1호, 제3항, 제4항, 같은법시행령 제35조 제1항, 제4항 [별표 6] 제2호 등 관계규정을 종합하면, 사업주체가 100호 이상 집단으로 주택을 건설하는 경우에 있어 간선시설인 상수도시설 중 주택단지 밖의 기간이 되는 상수도시설로부터 동 단지경계선(단지의 주된 출입구)까지의 시설로서 그 길이가 200m를 초과하는 경우 그 초과 부분은 지방자치단체가 그의 비용으로 설치하도록 규정하고 있으므로, 행정청이 주택건설사업계획승인을 함에 있어 부가한 부관의 내용이 이러한 법령의 규정에 반한다면 특별한 사정이 없는 한 그 부관은 위법하다고 할 것이지만, 기록에 의하여 알 수 있는 다음과 같은 사정, 즉 ① 이 사건 주택건설사업은 그 사업비가 무려 222억 7,500만여 원에 이를 정도로 막대한 수익사업임에 비하여 이 사건 부관에 의하여 추가되는 상수도 설치비는 8,200여 만 원에 불과한 점, ② 이 사건 주택건설사업계획

승인을 얻기 위하여 관계부서와 협의하는 과정에서 이 사건 부관을 붙이는 것에 관하여 이미 논의가 되었고, 원고 스스로 이를 용인하고 사업에 착수한 것으로 보이는 점, ③ 전라북도지사의 이 사건 주택건설사업계획승인은 이 사건 부관을 붙이는 것을 전제로 한 것이어서 이 사건 부관이 없었더라면 위 사업계획승인 자체를 하지 않았을 것으로 보이는 점 등에 비추어 보면, 이 사건 부관의 법령 위반의 하자가 중대하고 명백하여 당연무효라고까지는 할 수 없다 할 것이다.

2. 대법원 2005. 6. 24. 선고 2003두9367 판결

[1] 구 도시계획법(2002. 2. 4. 법률 제6655호 국토의계획및이용에관한법률 부칙 제2조로 폐지) 제47조 제2항에 의하면, 행정청은 개발행위허가를 함에 있어서 필요하다고 인정되는 경우에는 대통령령이 정하는 바에 따라 '당해 개발행위에 따른' 공공시설의 설치 · 위해방지 · 환경오염방지 · 조경 등의 조치를 할 것을 조건으로 개발행위허가를 할 수 있다고 규정하고 있으므로, 행정청이 도시계획시설(도로)로 예정된 토지의 기부채납을 당사자가 신청한 형질변경허가의 조건으로 하기 위하여는 기부채납의 대상이 된 토지에 공공시설을 설치할 필요가 있고 그 기부채납의 정도가 공익상 불가피한 범위와 형질변경의 이익범위 내에서 이루어져야 한다는 점 외에도 그러한 공공시설 설치의 필요성이 당해 토지에 대한 형질변경에 따른 것이어야 한다.

[2] 형질변경허가 신청토지가 이미 도로와 접하고 있어서 인접토지에 도로를 설치하여 진입로를 확보할 필요가 없고, 인접토지에 도로가 설치되는 것만으로는 신청토지의 효율적인 이용에 이바지할 것으로 기대하기 어려우며, 신청토지에 대한 형질변경 후의 건축으로 곧바로 도로 설치 또는 확충의 필요가 생긴다고 보기도 어려운 사정에 비추어, 인접토지에 대한 도로 설치의 필요성이 신청토지에 대한 형질변경에 따라 생기는 것이라고 보기 어렵다.

Ⅳ 질문 및 토의과제

1. 위 관련판례 2의 경우 원심과 대법원은 당해 토지형질변경행위와 기부채납 간의 관련성에 관하여 아래와 같이 달리 판단하였다. 두 판결의 논증에 어떠한 차이가 있는지 비교해 보라.

[원심판결]

신청토지와 인접토지는 원래 1필지의 토지였던 점, 그 중 인접토지는 온수역에서 철로변을 따라 경인로까지 연계된 총 연장 1,262m 도로 중 일부로서 온수역사 및 철로와 신청토지 부분을 구분하는 역할을 하는 등 도로를 설치하기에 적절한 위치일 뿐 아니라 그 규모 또한 적정한 점, 인접토지에 도로가 개설되면 온수역사 이용자들에게 편의를 제공하는 외에도 도로 인근에 위치한 주민들이 온수역을 쉽게 이용할 수 있게 되어 역세권의 상권이 활성화됨에 따라 신청토지의 이용에도 이바지할 것으로 보이는 점, 신청토지 주변은 지하철 1, 7호선의 환승역인 온수역의 역세권 지역으로 상권이 형성되고 있으므로 인접토지를 기부채납하는 비용보다 신청토지의 형질변경을 통하여 원고가 얻는 개발이익이 더 클 것으로 보이는 점, 신청토지에 인접한 같은 동 51－2 토지의 기부채납 사례에 비추어 이 사건 기부채납 조건이 특별히 형평에 반한다고도 할 수 없는 점 등에 비추어 보면, 이 사건 기부채납 조건은 인접토지에 도로를 설치할 구체적이고 객관적인 필요가 있고, 그 정도가 공익상 불가피한 범위와 형질변경의 이익범위 내에서 이루어진 것이므로, 원고가 위 기부채납 조건을 거부하였음을 이유로 이 사건 신청을 불허한 이 사건 처분은 적법하다.

[대법원판결]

신청토지는 이미 남쪽에 노폭 30m의 도로와 접하고 있어서 이와 별도로 인접토지에 도로를 설치하여 진입로를 확보할 필요가 있다고 보기는 어려운 점, 인접토지에 도로가 설치되는 것만으로는 온수역사의 이용객들이 이전보다 더 편리하게 신청토지를 이용할 수 있게 된다거나, 그 도로 인근의 주민들이 온수역을 편리하게 이용할 수 있어 역세권의 상권이 활성화됨으로써 신청토지의 효율적인 이용에 이바지할 것이라고 기대하기 어렵고, 조만간 인접토지를 포함한 온수역에서 경인로까지의 도시계획도로 전체를 개설할 구체적인 계획이 마련되어 있지도 아니한 점, 원고가 형질변경 후 신청토지에 건축하고자 하는 건물은 근린생활시설 2층 연면적 1,071㎡(1층 일용품 소매점, 2층 당구장)로서 이러한 건물의 건축으로 곧바로 교통체증에 따른 도로 설치 또는 확충의 필요가 생긴다고 보기도 어려운 점 등을 알 수 있는바, 위와 같이 인접토지에 도로를 설치하여 신청토지의 진입로를 확보할 필요가 없고,

인접토지에 도로가 설치되는 것만으로는 신청토지의 효율적인 이용에 이바지할 것으로 기대하기 어려우며, 신청토지에 대한 형질변경 후의 건축으로 곧바로 도로 설치 또는 확충의 필요가 생긴다고 보기도 어려운 사정에 비추어 보면, 인접토지에 대한 도로 설치의 필요성이 신청토지에 대한 형질변경에 따라 생기는 것이라고 보기 어렵고, 달리 그와 같이 볼 만한 자료도 없다.

2. 본체인 행정행위와 부관의 '실체적 관련성'을 검토할 때 다음과 같은 경우들을 고려해 보라. ① 예컨대 수도권의 외곽에 신도시 개발이 이루어지고 그로 인해 유발되는 교통수요에 대응하기 위해 자동차전용도로의 신설이 필요한 경우에, 당해 신도시 내의 일부 구역에서 주택개발사업을 하고자 하는 자에게 서울부터 신도시 외곽까지 가는 자동차전용도로 부지 중 일부의 기부채납을 부관으로 부과하는 경우 (약한 정도의 '원인적 관련성'이 인정되는 경우), ② 당해 개발행위와 관계없이 일반적인 공익을 위해 도로 등 공공시설을 설치하기 위해 그 부지에 대한 기부채납의무를 부관으로 부과하였으나, 당해 공공시설이 결과적으로는 부관을 부과받은 당사자의 사업 또는 토지이용에도 유익을 줄 경우

3. 본체인 행정행위로 인하여 사인이 얻는 이익과 부관의 부과로 인하여 얻는 손실의 크기의 차이는 부당결부금지 원칙의 판단에 있어서 어떠한 기능을 하는가? 개발사업허가시 기부채납을 통해 그 개발사업으로 인한 이익을 환수한다는 점도 본체인 행정행위와 부관의 내적 관련성의 인정근거가 될 수 있겠는가? ("형질변경허가를 특혜적 조치로 이해하여 그로 인한 이익을 환수한다는 측면에서 기부채납부관을 붙임으로써 발생할 수 있는 재산권 침해적인 요소는 줄어드는 반면…") 아니면, 그 이익과 손해의 차가 큰가 작은가에 따라 당해 위법성이 중대한가 그렇지 않은가의 문제만이 결정되는 것인가?

4. "이 사건 부관이 없었더라면 위 사업계획승인 자체를 하지 않았을 것으로 보이는 점"에서 볼 수 있는 행정재량 행사에 있어서 '부관'의 기능은 무엇인가? 이러한 부관의 기능을 고려할 때 법원이 행정청의 판단을 얼마나 존중해야 할 것인가?

V 참고문헌

김영수, 행정법 일반원칙으로서 부당결부금지원칙에 관한 소고 －독일 행정법에서의 역사적 전개 및 적용영역을 중심으로－, 공법연구 51(1), 2022

정연부, 부당결부금지원칙의 독자성 및 적용 등에 관한 소고 －운전면허 일괄취소 판례에 기초하여－, 법학연구(경상대) 28집 2호, 2020

강현호, 건축변경허가와 부관, 행정판례연구 V, 한국행정판례연구회, 2000. 10

Ⅵ 관련법령

행정기본법

제13조 (부당결부금지의 원칙) 행정청은 행정작용을 할 때 상대방에게 해당 행정작용과 실질적인 관련이 없는 의무를 부과해서는 아니 된다.

국토의 계획 및 이용에 관한 법률

제2조 (용어의 정의) 6. "기반시설"이란 다음 각 목의 시설로서 대통령령으로 정하는 시설을 말한다.

가. 도로 · 철도 · 항만 · 공항 · 주차장 등 교통시설

나. 광장 · 공원 · 녹지 등 공간시설

다. 유통업무설비, 수도 · 전기 · 가스공급설비, 방송 · 통신시설, 공동구 등 유통 · 공급시설

라. 학교 · 운동장 · 공공청사 · 문화시설 · 체육시설 등 공공 · 문화체육시설

마. 하천 · 유수지 · 방화설비 등 방재시설

바. 화장시설 · 공동묘지 · 봉안시설 등 보건위생시설

사. 하수도 · 폐기물처리시설 등 환경기초시설

제57조 (개발행위허가의 절차) ① 개발행위를 하려는 자는 그 개발행위에 따른 기반시설의 설치나 그에 필요한 용지의 확보, 위해 방지, 환경오염 방지, 경관, 조경 등에 관한 계획서를 첨부한 신청서를 개발행위허가권자에게 제출하여야 한다. 이 경우 개발밀도관리구역 안에서는 기반시설의 설치나 그에 필요한 용지의 확보에 관한 계획서를 제출하지 아니한다.

④ 특별시장 · 광역시장 · 시장 또는 군수는 개발행위허가를 하는 경우에는 대통령령으로 정하는 바에 따라 그 개발행위에 따른 기반시설의 설치 또는 그에 필요한 용지의 확보, 위해 방지, 환경오염 방지, 경관, 조경 등에 관한 조치를 할 것을 조건으로 개발행위허가를 할 수 있다.

1-2-7. 소급적용금지의 원칙

I 개요

행정법령의 소급적용금지의 원칙이란 법령은 원칙적으로 그 효력이 발생한 시점 이후에 발생한 사실에 대해서만 적용된다는 원칙이다. 그 이론적 근거는 법적 안정성에 있으며, 실정법상으로는 형벌불소급의 원칙과 소급입법에 의한 참정권의 제한 및 재산권의 박탈을 금지하고 있는 헌법 제13조 제1, 2항에서 찾을 수 있다. 통상 이러한 헌법의 취지가 행정에 관한 법령에도 널리 적용되어야 한다고 해석된다.

행정법령의 소급적용은 법령의 시행일 이전에 이미 종결된 사실관계 또는 법률관계에만 적용되는 진정소급적용과 법령의 시행일 이전에 발생하여 그 이후까지 종결되지 않고 계속되는 사실관계 또는 법률관계에 적용되는 부진정소급적용의 경우가 있다. 진정소급적용은 원칙적으로 금지되지만 예외적으로 허용되기도 하고, 부진정소급적용은 원칙적으로 허용되지만 예외적으로 금지되는 경우도 있다. 한편 법령을 이미 종결된 사실관계 또는 법률관계에 적용하는 것으로 입법하는 것을 금지하는 소급입법금지의 원칙도 유사한 내용을 가진다. 현실의 행정수요에 능동적으로 대처해야 하는 행정법의 특징상 행정법령의 개정은 매우 빈번한 편이어서 그 소급적용의 문제 역시 자주 제기된다.

II 리딩케이스

1. 사건번호: 대법원 2000. 3. 10. 선고 97누13818 판결【광업권존속기간연장허가거부처분등취소】

2. 사실관계

광업법 제111조 및 동법시행령 제92조 제2항 제1호에 따라 통상산업부장관의 권한을 위임받은 피고 을(산업자원부 광업등록사무소장)은 원고 갑에게 1989. 2. 2. 이곡규사광산에 대한 광업권의 존속기간을 1989. 5. 1.부터 1996. 4. 30. 까지로 허가하였다. 갑은 광업법 제111조, 동법시행령 제92조 제1항 제1호에 따라 통상산업부장관의 권한을 위임받은 충청남도지사로부터 1990. 5. 10. 인근 토지를 수용하여 그 지상에 선광장 및 채광장 등을 설치하여 사업이 경제성을 가질 때까지 채광을 휴지하겠다는 이유로 1990. 5. 10.부터 1993. 5. 9. 기간 중에 채광휴지인가를 받았다. 그 후 갑은 다시 같은 이유로 1993. 5. 10.부터 1996. 4. 30. 기간 중의 채광휴지인가를 신청하여 받았다. 갑은 1996. 1. 30. 피고에게 이 사건 광업권의 존속기간 연장신청을 하였는데 피고는 1995. 10. 31. 원고가 광업법시행령(1994. 12. 8. 대통령령 제14424호로 개정되어 1995. 6. 8.부터 시행된 것, 이하 '개정 시행령'이라 한다) 제3조 제1항 제1호에 규정한 생산실적을 올리지 못하였고, 같은 호 단서에 규정한 투자실적 등이 없으며, 1996. 2. 1. 개정 시행령의 시행으로 휴지인가를 받은 광산은 광업권의 존속기간 연장허가 요건에 해당되지 않는다는 이유 등으로 갑의 위 신청을 거부하는 처분을 하였다. 피고는 1996. 4. 30. 이 사건 광업권의 존속기간이 만료되었음을 이유로 광업원부상에 이 사건 광업권의 소멸등록을 하고 1996. 7. 2. 그 사실을 원고에게 통지하였다.

3. 판결요지

[1] 구 광업법(1997. 12. 13. 법률 제5454호로 개정되기 전의 것) 제14조 제2항의 위임에 따라 광업권 존속기간 연장허가의 요건과 절차를 규정하고 있는 같은법시행령{1994. 12. 8. 대통령령 제14424호로 개정된 시행령, 부칙(1994. 12. 8.) 제1항에 의하여 1995. 6. 8.부터 시행} 제3조는 그 제1항 제1호 본문에서 '광업권 존속기간의 연장허가 신청일로부터 소급한 3년간의 생산실적이 제34조의 규정에 의한 생산실적에 미달하는 때 또는 법 제99조의 규정에 의한 광물생산보고가 없을 때'에는 원칙적으로 광업권 존속기간 연장허가를 하여서는 아니되는 것으로 규정하는 한편, 그 단서에서 위와 같은 생산실적의 미달 또는 광물생산보고 미필의 사유가 있더라도 연장허가가 가능한 예외사유를 규정하면서,

개정 전 시행령에서 탐광계획의 신고, 탐광실적의 인정, 탐광기간의 연장허가 및 광업권 존속기간 만료 1년 전까지의 사업개시 유예인가와 사업휴지인가라는 5가지 사유를 규정하고 있었던 것과는 달리, 탐광실적의 인정과 채광시설 · 선광시설에 대한 투자 등 소정의 투자실적이 있는 때만을 예외사유로 규정하고 있는바, 개정 시행령 규정에서 이처럼 종전의 예외사유를 대부분 삭제한 것은 광업권의 사후관리제도를 실제로 광업을 영위하고자 하는 자 위주로 개선하고 뚜렷한 생산활동 없이 명목상으로만 광업권을 장기간 보유하는 것을 억제함으로써 광물자원의 합리적 개발을 촉진하고자 함에 그 취지가 있다.

[2] 행정처분은 그 근거 법령이 개정된 경우에도 경과 규정에서 달리 정함이 없는 한 처분 당시 시행되는 개정 법령과 그에서 정한 기준에 의하는 것이 원칙이고, 그 개정 법령이 기존의 사실 또는 법률관계를 적용대상으로 하면서 국민의 재산권과 관련하여 종전보다 불리한 법률효과를 규정하고 있는 경우에도 그러한 사실 또는 법률관계가 개정 법률이 시행되기 이전에 이미 완성 또는 종결된 것이 아니라면 이를 헌법상 금지되는 소급입법에 의한 재산권 침해라고 할 수는 없으며, 그러한 개정 법률의 적용과 관련하여서는 개정 전 법령의 존속에 대한 국민의 신뢰가 개정 법령의 적용에 관한 공익상의 요구보다 더 보호가치가 있다고 인정되는 경우에 그러한 국민의 신뢰보호를 보호하기 위하여 그 적용이 제한될 수 있는 여지가 있을 따름이다.

[3] 광업권자가 광업권을 취득하고 그에 대한 사업휴지인가를 받은 것은 모두 개정 광업법시행령{1994. 12. 8. 대통령령 제14424호로 개정된 시행령, 부칙(1994. 12. 8.) 제1항에 의하여 1995. 6. 8.부터 시행}이 시행되기 이전이기는 하나 그 존속기간의 만료는 개정 시행령 시행 이후인 1996. 4. 30.이고, 그 존속기간의 연장신청 역시 그 시행 이후인 1996. 1. 30.자로 이루어졌음이 분명하여 광업권의 존속기간 연장에 대하여 개정 시행령 규정을 적용하는 것이 이미 완성되거나 종결된 사실 또는 법률관계에 대하여 개정 시행령을 소급 적용하는 것이라고 할 수 없고, 광업권 취득과 사업휴지인가시 광업권자가 사업휴지인가를 광업권 존속기간 연장 불허의 예외사유로 규정한 개정 전 시행령 규정의 존속에 대하여 신뢰를 가졌다고 하더라도 그것이 국가에 의하여 유도된 것이라고 할 수 없을 뿐만 아니라 개정 전 시행령 규정에서 정한 예외사유는 광업권자에

대하여 예외적으로 유리한 효과를 부여하는 것이었던 점 등에 비추어 보면, 그러한 광업권자의 신뢰가 개정 시행령 규정의 적용에 관한 공익상의 요구와 비교·형량하더라도 더 보호가치가 있는 것이라고 할 수 없으므로, 개정 시행령이나 1995. 6. 3.자 광업업무처리지침(통상산업부고시 제1995-51호)의 부칙 규정에서 그 각 시행일 이후에 연장허가 신청이 이루어진 경우에 대하여도 개정 전 시행령 규정을 적용한다는 경과규정을 두고 있지 아니한 것이 명백한 이상, 위 광업권자의 광업권 존속기간 연장허가 신청에 대하여는 개정 시행령 규정이 적용된다.

4. 판례해설

이 판결에서 행정처분에 대한 법령의 적용시점에 관한 원칙은 다음과 같이 3단계로 제시되고 있다.

(1) 그 근거법령이 개정된 경우에도 경과규정에서 달리 정함이 없는 한 처분 당시 시행되는 개정 법령과 그에서 정한 기준에 의한다.

(2) 그 개정 법령이 기존의 사실 또는 법률관계를 적용대상으로 하면서 국민이 재산권과 관련하여 종전보다 불리한 법률효과를 규정하고 있는 경우 그러한 사실 또는 법률관계가 완성 또는 종결된 것이라면 이는 헌법상 금지되는 소급입법에 의한 재산권침해가 된다.

(3) 기존의 사실 또는 법률관계가 완성 또는 종결된 것이 아니라면 원칙적으로 이는 소급입법에 의한 재산권침해라 할 수 없으며, 개정 전 법령의 존속에 대한 국민의 신뢰가 개정 법령의 적용에 관한 공익상 요구보다 더 보호가치가 있다고 인정되는 경우에 그러한 국민의 신뢰를 보호하기 위하여 그 적용이 제한될 수 있는 여지가 있다.

이 3가지 원칙 중에서 (2)는 진정소급효가 인정되는 경우이고, (3)은 부진정소급효가 인정되는 경우이다. 법령의 시행일 이전에 이미 종결된 사실에 대하여 법령이 적용되는 경우를 진정소급효라 한다. 진정소급효는 원칙적으로 금지되지만, 예외적으로 국민이 소급입법을 예상할 수 있었거나 법적 상태가 불확실하고 혼란스러워 보호할 만한 신뢰이익이 적은 경우와 소급입법에 의한 당사자의 손실이 없거나 아주 경미한 경우 그리고 신뢰보호의 요청에 우선하는 심히 중대한 공익상의 사유가 소급입법을 정당화하는 경우 등에는 진정소급입법도 허용된다. 한편, 시행일 이전부터 이후까지 계속되는 사실에 대하여 법령이 적용되는 경우를 부진정소급효라 한다. 부진정소급효는 원칙적으로 허용되며, 다만 판례상 구법에 대한 신뢰가 개정법 적용에 대한 공익보다 더 보호가치가 있다고 인정된다면 예외적으로 신법적용이 제한될 수 있다고 한다.

이러한 법리의 적용에 있어서 첫 번째 관건은 법령이 적용되는 사실관계가 시행 전에 완성된 것인가 계속되고 있는 것인가를 판단하여 이것이 진정소급효의 문제인지, 부진정소급효의 문제인지를 구별하는 것이다. 이를 위해서는 일단 법령의 요건에 해당되는 모든 사실관계가 완성되었는가 여부를 보아야하는 것인지, 아니면 특정한(중요한 실질적 요건 등) 요건사실의 완성 여부만을 보면 되는 것인지가 문제된다. 이 판례에서도 원고 갑은 광업권의 취득과 채광휴지인가를 받은 것이 모두 개정된 시행령의 발효 이전이었음을 주장하면서 구 시행령이 적용되어야 한다고 주장하는 데 비해, 대법원 판례는 광업권의 존속기간의 만료와 광업권연장허가신청이 개정 시행령의 발효 이후에 이루어졌음을 근거로 이는 최소한 진정소급효의 문제는 아니라고 보고 있다. 따라서 최소한 법령의 요건사실 중 일부가 개정 시행령의 발효이전에 완성된 것만으로는 진정소급효를 주장할 수 없다 하겠다.

이 판결은 이어서 부진정소급효의 문제인 경우, 개정 전 시행령 규정의 존속에 대한 신뢰보호를 위해 개정 후 시행령의 적용을 제한할 수 있는가라는 문제를 검토한다. "개정 전 시행령의 존속에 대한 신뢰가 국가에 의해 유도된 것이라고 할 수 없다" 함은 시행령의 존재 자체가 그 시행령이 계속 존속할 것이라는 '공적 견해의 표명'이 될 수 없다는 의미로서, 이 점은 다른 판례에 의해서도 확인되어 왔던 바이다. 다음으로 공 · 사익의 형량을 하고 있는데, 개정 전 시행령에서 인정하고 있었으나 개정 후 삭제된 예외사유는 광업권자에게 일반적으로 보장되는 이익이 아니라 예외적으로 유리한 효과를 부여하였던 것이라는 점에서 그러한 특별히 인정되던 이익의 침해는 공익과의 비교형량에서 낮은 비중을 부여하고 있다. 이로부터 공 · 사익 형량에 있어서 하나의 기준으로서 사익이 특별한 법령에 의한 창설이 없이도 헌법상 일반적으로 인정되는 이익인 경우와 득별한 법령에 의해, 더구나 예외적으로 인정되는 이익인 경우 전자가 후자에 비해 형량에 있어 더 높은 가치를 부여받는다는 기준을 도출할 수 있겠다.

Ⅲ 관련판례

1. 대법원 2007. 10. 11. 선고 2005두5390 판결【재외국민2세지정취소처분취소】

[1] 소급입법은 새로운 입법으로 이미 종료된 사실관계 또는 법률관계에 적용케 하는 진정소급입법과 현재 진행 중인 사실관계 또는 법률관계에 적용케 하는 부진정소급입법으로 나눌 수 있는바, 이 중에서 기존의 법에 의하여 이미 형성된 개인의 법적 지위를 사후입법을 통하여 박탈하는 것을 내용으로 하는 진정소급입법은 개인의 신뢰보호와 법적 안정성을 내용으로 하는 법치국가 원리에 의하여 허용되지 아니하는 것이 원칙인 데 반하여, 부진정소급입법은 원칙적으로 허용되지만 소급효를 요구하는 공익상의 사유와 신뢰보호를 요구하는 개인보호의 사유 사이의 교량과정에서 그 범위에 제한이 가하여지는 것이다. 또한, 법률불소급의 원칙은 그 법률의 효력발생 전에 완성된 요건사실에 대하여 당해 법률을 적용할 수 없다는 의미일 뿐, 계속 중인 사실이나 그 이후에 발생한 요건사실에 대한 법률적용까지를 제한하는 것은 아니라고 할 것이다(대법원 1994. 2. 25. 선고 93누20726 판결; 2001. 11. 13. 선고 2001두5705 판결 등 참조).

[2] 먼저, 구 병역법(1993. 12. 31. 법률 제4685호로 전문 개정되기 전의 것) 제56조 제1항 제2호 및 구 병역법(2004. 12. 31. 법률 제7272호로 개정되기 전의 것) 제64조 제1항 제2호의 위헌 여부에 관하여 보건대, 원고의 초등학교 입학 당시 시행되던 구 병역법(1983. 12. 31. 법률 제3696호로 전문 개정되기 전의 것) 제24조 제2항에서는 일본국 등 국외에서 대한민국 국적으로 전 가족이 영주권을 얻은 사람에 대하여 당연히 병역이 면제되는 것으로 하였으나(대법원 1996. 8. 23. 선고 95누18185 판결 등 참조), 위헌이라고 주장되는 위 법률조항들에서는 국외에서 가족과 같이 영주권을 얻은 사람 등에 대하여 원에 의하여 지방병무청장

이 징병검사 없이 병역을 면제할 수 있다고 함으로써 국외에서 영주권을 얻은 사람의 병역면제에 대하여 불이익한 방향으로 개정이 이루어진 것으로 볼 여지가 있다.

그러나 이와 같은 병역법의 개정은 제1국민역에 편입되는 18세 당시 적용되던 병역법에 의하여 병역의무가 완전히 면제되었던 사람에게 다시 병역의무를 부과하는 취지로 개정이 이루어진 것이 아니고, 위 법률조항의 개정 후 18세가 되는 자를 그 적용대상으로 하여 개정이 이루어진 것이므로, 이와 같은 병역법의 개정은 진정소급입법에 해당하지 아니한다. 또한, 원고와 같이 국외에서 영주권을 얻은 사람이 구 병역법(1983. 12. 31. 법률 제3696호로 전문 개정되기 전의 것)에 의하여 장차 그 병역이 면제되리라는 기대를 갖게 되었다 하더라도 이러한 기대는 주관적인 이해관계에 따른 사실상의 기대에 불과할 뿐만 아니라, 개방화 과정에서 국외 영주권이 쉽게 취득될 수 있는 실정에 비추어 국외에서 영주권을 얻은 사람에 대한 병역면제를 엄격하게 하여 병역의무 부과의 형평을 기하고자 하는 공익상 요구가 더 우위에 있다고 할 것이다. 따라서 이와 같은 병역법의 개정은 소급입법 금지의 원칙, 신뢰보호의 원칙, 비례의 원칙 등에 위배되어 헌법에 반하는 것이라고 할 수는 없다.

2. 대법원 2007. 7. 26. 선고 2005두2612 판결【원인자부담금부과처분취소】

[1] 조세나 부담금의 부과요건과 징수절차를 법률로 규정하였다고 하더라도 그 규정 내용이 지나치게 추상적이고 불명확하면 부과관청의 자의적인 해석과 집행을 초래할 염려가 있으므로 법률 또는 그 위임에 따른 명령 · 규칙의 규정은 일의적이고 명확해야 할 것이나, 법률규정은 일반성, 추상성을 가지는 것이어서 법관의 법보충작용으로서의 해석을 통하여 그 의미가 구체화, 명확화될 수 있으므로, 조세나 부담금에 관한 규정이 관련 법령의 입법 취지와 전체적 체계 및 내용 등에 비추어 그 의미가 분명해질 수 있다면 이러한 경우에도 명확성을 결여하였다고 하여 위헌이라고 할 수는 없다.

[2] 조세나 부담금에 관한 법령의 불소급의 원칙은 그 법령의 효력발생 전에

완성된 요선사실에 대하여는 특별한 사정이 없는 한 당해 법령을 적용할 수 없다는 의미일 뿐 계속된 사실이나 그 이후에 발생한 요건사실에 대한 법령적용까지를 제한하는 것은 아니다.

[3] 구 하수도법(2006. 9. 27. 법률 제8014호로 전문 개정되기 전의 것) 제32조 제2항에서 정한 원인자부담금은 타공사 또는 타행위로 인하여 필요하게 된 공공하수도에 관한 공사비용의 전부 또는 일부를 당해 타공사의 시행자 또는 타행위자에게 부담시키기 위해 부과하는 것으로서, 그 공공하수도에 관한 공사비용은 당해 사업으로 인한 하수발생량을 기준으로 하여 부과함이 상당하고, 그 하수발생량은 당해 사업의 완공시까지는 사업계획의 변경 등에 의하여 변경될 수 있는 점에 비추어 당해 사업의 완공시까지 원인자부담금을 부과할 수 있다고 할 것이므로, 당해 사업을 개시할 당시에 구 하수도법 제32조 제2항이 시행되고 있었고 그 사업의 완공 이전에 같은 조 제5항에 의하여 같은 조 제2항의 원인자부담금에 관하여 필요한 사항의 규정을 위임받은 지방자치단체의 조례가 제정된 경우 당해 사업에 그 조례를 적용하는 것이 소급입법금지의 원칙에 위배된다고 할 수 없다.

3. 헌재 1999. 7. 22. 97헌바76, 98헌바50 · 51 · 52 · 54 · 55(병합) 전원재판부 결정【구수산업법제2조제7호등위헌소원】

소급입법은 새로운 입법으로 이미 종료된 사실관계 또는 법률관계에 작용케 하는 진정소급입법과 현재 진행 중인 사실관계 또는 법률관계에 작용케 하는 부진정소급입법으로 나눌 수 있는바, 부진정소급입법은 원칙적으로 허용되지만 소급효를 요구하는 공익상의 사유와 신뢰보호의 요청 사이의 교량과정에서 신뢰보호의 관점이 입법자의 형성권에 제한을 가하게 되는데 반하여, 기존의 법에 의하여 형성되어 이미 굳어진 개인의 법적 지위를 사후입법을 통하여 박탈하는 것 등을 내용으로 하는 진정소급입법은 개인의 신뢰보호와 법적 안정성을 내용으로 하는 법치국가원리에 의하여 특단의 사정이 없는 한 헌법적으로 허용되지 아니하는 것이 원칙이고, 다만 일반적으로 국민이 소급입법을 예상할 수 있었거나 법적 상태가 불확실하고 혼란스러워 보호할 만한 신뢰이익이 적은 경우와 소급입법에 의한 당사자의 손실이 없거나 아주 경미한 경우 그리고 신뢰보호의 요청에 우선하는 심히 중대한 공익상의 사유가 소급입법을 정당화하는 경우 등에는 예외적으로 진정소급입법이 허용된다.

4. 대법원 1989. 7. 11. 선고 87누1123 판결【제적처분】

원고가 위 학기의 수강신청을 한 1986. 9. 14. 당시에 시행되던 학칙과 시험규정에 의하면, 학기말 정기시험에서 10학점 이상을 취득한 학생은 재시험을 칠 수 있고 재시험까지 16학점을 취득한 학생은 재재시험을 칠 수 있게 되어 있었던 사실, 피고가 위 수강신청 후인 1986. 10. 11.부터 개정 시행된 학칙을 적용하여 원고에게 재재시험의 기회를 부여하지 아니하고 제적처분을 한 사실 등을 인정하면서 수강신청 후에 개정된 학칙을 적용한 사실만으로는 위 개정학칙이 소급하여 잘못 적용된 것이라고 할 수 없고, 오히려 시험의 실시 및 그 성적불량에 따른 학사처분에 관한 학칙은 수강신청이 아닌 시험일을 기준으로 적용되는 것이라 할 것이고 이 사건 시험이 위 개정학칙의 시행개시일 후인 1986.말경에 실시되었으므로 피고가 제적처분시에 위 개정학칙을 적용한 조치를 위법이라 할 수 없다고 판단하였다.

대학이 성적불량을 이유로 학생에 대하여 징계처분을 하는 경우에 있어서 수강신청이 있은 후 징계요건을 완화하는 학칙개정이 이루어지고 이어 당해 시험이 실시되어 그 개정학칙에 따라 징계처분을 한 경우라면 이는 이른바 부진정소급효에 관한 것으로서 구 학칙의 존속에 관한 학생의 신뢰보호가 대학당국의 학칙개정의 목적달성보다 더 중요하다고 인정되는 특별한 사정이 없는 한 위법하다고 할 수 없다 할 것이다.

Ⅳ 질문 및 토의과제

1. 자유민주주의하에서 법률의 구속력은 대의제를 통한 국민주권의 실현이라는 점에 의해 정당화될 수 있다. 법률이 개정되어, 특정인이 구 법률의 존속에 대한 신뢰를 주장하는 경우 그의 국민의 한 사람으로서의 지위와 신뢰보호를 주장하는 개인으로서의 지위는 어떻게 조

하롭게 설명할 수 있을까?

2. 헌법상 형벌불소급의 원칙과 행정법령의 소급적용금지의 원칙은 그 법원리적 근거와 적용에 있어서 동일한 것으로 취급되어야 하는가, 차별화되어야 하는가? 국가의 형벌권에 대한 죄형법정주의 원칙에서 도출되는 형벌불소급의 원칙과 재산권침해에 관한 조세법령의 불소급의 원칙, 그리고 사인의 행위에 대한 공익목적의 행정규제에 있어서의 법령불소급의 원칙을 본질상 같은 것으로 파악하여도 좋은가? 또한 그 적용강도에 있어 어떤 차별화가 필요한가? 행정법령의 소급적용금지 원칙은 흔히 신뢰보호원칙의 구체적 적용례로 제시되고 있는데, 그렇다면 형벌불소급의 원칙도 신뢰보호를 근거로 하는 것인가?
이에 대해 죄형법정주의 원칙은 시민의 자유보장, 법의 실정성·일반성 보장을 통한 객관성 보장을 그 기능으로 하며, 이를 통해 보호되는 신뢰는 "형법을 믿었던 개인의 주관적인 신뢰가 아니라, 국가가 원칙이나 도덕, 관습 등을 이유로 형벌을 부과하지 않으리라는 것과, 사법기관이 법률에 의해 평등하게 판단한다는 것에 대한 신뢰"로 해석된다는 관점이 있다. 민약 행정법령불소급원칙을 형벌불소급 원칙과 같은 맥락에서 파악한다면 이는 행위 당시의 일반·추상적 법령에 근거하여 행정처분을 하도록 확보하고자 하는 것이지만, 신뢰보호원칙은 법령 외에도 다양한 공적 견해표명행위로 인해 형성된 개별·구체적 신뢰를 존중하고자 하는 것으로서 때로는 그 신뢰의 내용이 당시의 법령의 취지나 공식적 해석과는 다른 내용일 경우에도 일정한 조건이 충족되면 이를 존중하고자 하는 것으로서, 그 맥락이 다소 차이가 있다고 생각된다. 따라서 그 구체적인 적용에 있어서도 신뢰보호원칙은 개별 사안에서 개인의 신뢰형성 여부라는 주관적 요소를 요건으로 하는 데 비해, 법령불소급 원칙의 적용은 당시 객관적으로 존재하는 법률상태와 당해 법률이 적용되는 사실관계가 법령의 효력발생시 이미 종료된 것인가 하는 상대적으로 객관적인 요건에 의해 좌우된다는 점에서 차이가 있다.

3. 관련판례 1과 2에서 병역법과 하수도법에 근거한 조례의 적용이 진정소급효의 문제가 아니라 부진정소급효의 문제로 판단되는 근거는 어떻게 제시되고 있는가? 이로부터 그 판단시 고려하여야 할 사실 또는 법률관계의 범위에 관한 기준을 도출할 수 있는가?

4. 관련판례 3을 보면, 진정소급효의 경우에도 예외적으로 중대한 공익상의 사유가 있을 경우 신뢰보호의 요청이 후퇴할 수 있음을 인정하고 있다. 진정소급효와 부진정소급효의 차이는 범주적 또는 질적 차이가 아니라 사실의 기성화 내지 확정의 정도 차이의 문제로 볼 수 있는가?

5. 행정법령 불소급 원칙의 적용에 있어서 부칙상의 경과규정의 기능은 무엇인가?

6. 행정법령 불소급 원칙은 개정 법령이 특정인에게 불리한가 유리한가 여부에 따라 달리 적

용될 수 있는가?

Ⅴ 참고문헌

하명호, 개선입법의 소급효와 진정 소급입법 과세금지와의 관계, 법조 통권 638호, 2009

한수웅, 법률개정과 신뢰보호: 불진정소급효에 관한 헌법재판소 판례평석을 겸하여, 인권과 정의 250호, 1997. 6

Ⅵ 관련법령

헌법

제13조 ① 모든 국민은 행위시의 법률에 의하여 범죄를 구성하지 아니하는 행위로 소추되지 아니하며, 동일한 범죄에 대하여 거듭 처벌받지 아니한다.

② 모든 국민은 소급입법에 의하여 참정권의 제한을 받거나 재산권을 박탈당하지 아니한다.

행정기본법

제14조 (법 적용의 기준) ① 새로운 법령등은 법령등에 특별한 규정이 있는 경우를 제외하고는 그 법령등의 효력 발생 전에 완성되거나 종결된 사실관계 또는 법률관계에 대해서는 적용되지 아니한다.

② 당사자의 신청에 따른 처분은 법령등에 특별한 규정이 있거나 처분 당시의 법령등을 적용하기 곤란한 특별한 사정이 있는 경우를 제외하고는 처분 당시의 법령등에 따른다.

③ 법령등을 위반한 행위의 성립과 이에 대한 제재처분은 법령등에 특별한 규정이 있는 경우를 제외하고는 법령등을 위반한 행위 당시의 법령등에 따른다. 다만, 법령등을 위반한 행위 후 법령등의 변경에 의하여 그 행위가 법령등을 위반한 행위에 해당하지 아니하거나 제재처분 기준이 가벼워진 경우로서 해당 법령등에 특별한 규정이 없는 경우에는 변경된 법령등을 적용한다.

국세기본법

제18조 (세법해석의 기준, 소급과세의 금지) ① 세법의 해석·적용에 있어서는 과세의 형평과 당해 조항의 합목적성에 비추어 납세자의 재산권이 부당히 침해되지 아니하도록 하여야 한다.

② 국세를 납부할 의무(세법에 징수의무자가 따로 규정되어 있는 국세의 경우에는 이를 징수하여 납부할 의무. 이하 같다)가 성립한 소득·수익·재산·행위 또는 거래에 대하여는 그 성립후의 새로운 세법에 의하여 소급하여 과세하지 아니한다.

③ 세법의 해석 또는 국세행정의 관행이 일반적으로 납세자에게 받아들여진 후에는 그 해석 또는 관행에 의한 행위 또는 계산은 정당한 것으로 보며, 새로운 해석 또는 관행에 의하여 소급하여 과세되지 아니한다.

1-2-8. 위헌법률에 근거한 처분의 효력

I 개요

위헌인 법률에 근거한 처분의 효력은 원칙적으로 행정행위의 하자의 효과에 대한 일반론에 의해 해결되고 있다. 그 일반론에 따르면, 행정처분의 위법성의 정도 및 태양에 따라 중대·명백한 하자로 인정될 경우 당해 처분은 당연무효로 되고, 그렇지 않은 경우에는 당해 처분은 제소기간 내에 취소소송을 제기하여 법원이 취소할 수 있는 처분이 된다. 통상 처분의 근거법률이 위헌이라는 점은 그 처분의 중대한 하자로 인정되지만, 그에 대한 헌법재판소의 유권적 선언이 있기 전까지는 명백한 것은 아니라고 인정된다. 따라서 헌법재판소의 위헌결정을 기준으로 하여 그 이후에 발하여진 처분은 당연무효로 인정되는 데 비해, 그 이전에 발하여진 처분에 대해서는 취소사유에 해당하는 위법만이 인정된다. 따라서 그 이전에 발하여진 처분에 대해서는 제소기간 내에 항고소송을 제기하는 경우에는 취소판결을 받을 수 있지만, 제소기간이 도과한 후에는 다툴 수 없게 된다. 한편 이와는 별도로 헌법재판소의 위헌법률판결 이전에 발하여진 처분이라도 그 처분의 집행절차가 아직 남아있는 경우에는 그 집행절차상의 처분은 계속할 수 없다. 다만, 그 근거가 무엇인지에 대해서는 논란의 여지가 있다.

II 리딩케이스

1. 사건번호 대법원 1994. 10. 28. 선고 92누9463 판결 【압류처분등무효확인】

2. 사실관계

소외 한국광반도체주식회사는 1989. 5. 17. 소외 한국외환은행으로부터 대출을 받음에 있어 그 담보로서 이 사건 기계류를 양도담보로 제공하였는데, 피고 세무서장이 1990. 4. 3. 위 회사에 대한 부가가치세, 법인세 및 방위세의 징수를 위하여 개정전 국세기본법(1990.12.31. 법률 제4277호로 개정되기 전의 것) 제42조 제1항의 규정에 근거하여 이 사건 기계류를 압류하였다. 원고는 위 한국외환은행에 대하여 위 회사의 채무를 변제하고 위 기계류에 대한 권리를 이전받았다. 이후 원고는 위 국세의 납부기한으로부터 1년 전에 담보의 목적이 된 양도담보재산에 대하여만 압류할 수 없다는 취지의 위 조항 단서(정확히는 위 단서 중 '1년 전'이라는 부분)는 위헌이므로 위 압류처분이 무효라고 주장하면서 압류처분무효확인의 소를 제기하였다.

3. 판결요지

[1] 법률에 근거하여 행정처분이 발하여진 후에 헌법재판소가 그 행정처분의 근거가 된 법률을 위헌으로 결정하였다면 결과적으로 행정처분은 법률의 근거가 없이 행하여진 것과 마찬가지가 되어 하자가 있는 것이 되나, 하자 있는 행정처분이 당연무효가 되기 위하여는 그 하자가 중대할 뿐만 아니라 명백한 것이어야 하는데, 일반적으로 법률이 헌법에 위반된다는 사정이 헌법재판소의 위헌결정이 있기 전에는 객관적으로 명백한 것이라고 할 수는 없으므로 헌법재판

소의 위헌결정 전에 행정처분의 근거되는 당해 법률이 헌법에 위반된다는 사유는 특별한 사정이 없는 한 그 행정처분의 취소소송의 전제가 될 수 있을 뿐 당연무효사유는 아니라고 봄이 상당하다.

[2] 위헌인 법률에 근거한 행정처분이 당연무효인지의 여부는 위헌결정의 소급효와는 별개의 문제로서, 위헌결정의 소급효가 인정된다고 하여 위헌인 법률에 근거한 행정처분이 당연무효가 된다고는 할 수 없고, 오히려 이미 취소소송의 제기기간을 경과하여 확정력이 발생한 행정처분에는 위헌결정의 소급효가 미치지 않는다고 보아야 한다.

[3] 어느 행정처분에 대하여 그 행정처분의 근거가 된 법률이 위헌이라는 이유로 무효확인청구의 소가 제기된 경우에는 다른 특별한 사정이 없는 한 법원으로서는 그 법률이 위헌인지 여부에 대하여는 판단할 필요 없이 그 무효확인청구를 기각하여야 한다.

4. 판례해설

처분의 근거법률이 위헌이라는 사실이 처분의 효력에 어떤 영향을 미치는가를 보려면, 먼저 위헌인 법률의 효력을 어떻게 보아야 하는가가 검토되어야 할 것이다. 위헌법률의 효력에 대해서도 이론적으로 여러 관점이 존재할 수 있다. 법률의 위헌결정을 법률이 위헌이라는 점을 확인하는 데 불과하다고 보면 위헌결정이 언제 내려지는가에 관계없이 당해 법률은 제정 시부터 무효인 것으로 취급되어야 한다고 보는 관점이 있는 반면, 법률은 위헌결정이 있을 때 비로소 그 위헌결정의 효력으로 무효화된다고 보는 관점도 존재한다. 이는 법의 효력과 위헌법률심사제도에 관한 중요한 이념적 차이에 기인한다고 할 수 있다.

그러나 실제 문제상황의 해결에 있어서 핵심은 행정의 합헌성의 회복과 행정처분에 기초한 법률관계의 지속을 요청하는 법적 안정성이라는 상충되는 가치 상호간에 균형점을 찾는 것이라고 보인다. 법률의 위헌결정이 있으면 당해 법률은 장래를 향하여 효력을 상실하므로 설령 위헌 결정이 내려진 후에 당해 법률에 의해 처분이 이루어진다 하더라도 그 처분은 의심의 여지없이 당연무효이다. 문제는 법률의 위헌결정이 있기 전에 당해 법률에 근거하여 내려진 처분의 효력이다. 대법원은 위헌결정이 내려지기 전에도 근거법률이 위헌이라는 점은 당해 처분을 위법하게 만든다는 것을 전제로, 이를 행정행위의 하자의 일반론 즉 위법성의 무효사유와 취소사유의 구분 및 중대·명백한 위법성을 무효사유로 보는 법리에 따라 해결하고 있다.

판결요지 [1]을 두 부분으로 나누어 검토해 볼 필요가 있다.

첫째, "법률에 근거하여 행정처분이 발하여진 후에 헌법재판소가 그 행정처분의 근거가 된 법률을 위헌으로 결정하였다면 결과적으로 행정처분은 법률의 근거가 없이 행하여진 것과 마찬가지가 되어 하자가 있는 것이 된다." 헌법재판소법 제47조에 의하면 "위헌으로 결정된 법률 또는 법률의 조항은 그 결정이 있는 날로부터 효력을 상실"한다는 점을 상기해 보면, 판결요지의 이 부분은 헌법재판소법 제47조의 규정과는 달리 위헌인 법률은 헌법재판소의 위헌결정의 효력에 의해 비로소 장래를 향하여 무효가 되는 것이 아니라, 위헌결정에 의해 유권적으로 확인된 '법률의 위헌성' 자체에 의해 무효가 된다고 전제하고 있음을 알 수 있다. 관련판례 1에서 "따로 위헌제청신청은 아니하였지만 당해 법률 또는 법률의 조항이 재판의 전제가 되어 법원에 계속 중인 사건뿐만 아니라 위헌결정 이후에 위와 같은 이유로 제소된 일반사건에도 미친다"고 하는 판시는 위헌법률의 효력에 대한 이와 같은 관점 즉, (위헌결정의 효력이 아닌) '법률의 위헌성' 자체에 의해 법률이 무효라고 인정될 수 있다는 관점을 전제로 한 것이라 보인다.

판결요지 [1]의 둘째 부분은 위와 같은 관점에 의해 당해 행정처분이 위법함은 인정되지만, 이에 중대명백설에 의한 취소사유와 무효사유의 구분 법리를 적용한 후, "일반적으로 법률이 헌법에 위반된다는 사정이 헌법재판소의 위헌결정이 있기 전에는 객관적으로 명백한 것이라고 할 수는 없으므로" 헌법재판소의 위헌결정 전에 행정처분의 근거되는 당해 법률이 헌법에 위반된다는 사유는 특별한 사정이 없는 한 그 행정처분의 취소소송의 전제가 될 수 있을 뿐 당연무효사유는 아니라고 판단하고 있다. 위헌결정으로 명백성이 인정되기 전까지는 위헌법률에 근거하였다는 점이 당해 처분의 당연무효사유가 아니고 취소사유에 불과하다면, 당해 처분이 불가쟁력이 발생한 이후에는 당해 처분에 대한 무효확인소송은 인용될 수 없게 된다. 따라서 판결요지 [3]에서 설시하는 바와 같이 행정처분의 근거법률이 위헌이라는 이유로 무효확인청구의 소가 제기된 경우에는 다른 특별한 사정이 없는 한 법원으로서는 그 법률이 위헌인지 여부에 대하여 판단할 필요 없이 그 무효확인청구를 기각하여야 한다는 결론에 이르게 된다. 판결요지 [2]는 '위헌인 법률에 근거한 행정처분이 당연무효인지의 여부'와 '위헌결정의 소급효'를 별개의 문제로 구분함으로써, 위와 같은 위헌법률의 효력에 관한 법리의 적용에 대해 헌법재판소의 위헌결정의 효력 특히 소급효가 영향을 미치지 못함을 확인하고 있다.

대법원이 이렇게 중대명백설을 적용하여 위헌법률에 근거한 처분의 하자를 취소사유에 불과하다고 보는 것은 논리적인 결함이 있을 뿐만 아니라 실질적으로 명백한 위헌적 법률에 근거한 행정처분에 의해 권리침해를 받은 경우에도 권리구제의 기회가 박탈되는 문제가 있다는 비판이 있다. 또한 관련판례 2에서 보는 바와 같이 헌법재판소도 대법원과 유사하게 원칙적으로 위헌결정이 없는 경우 근거법률의 위헌을 이유로 하는 행정처분의 무효주장은 성립될 수 없으므로 재판의 전제성을 결여한다고 봄으로써 결국 위헌법률을 근거로 하는 처분의 무효주장은 거의 불가능하게 될 수밖에 없다는 것이다. 이를 해결하기 위해 헌법재판소의 위헌결정이 있기 전에도 예컨대 하자의 정도가 중대하고 그 위헌성이 쉽게 추단될 수 있을 때에는, 위헌결정이 없으므로 하자의 명백성이 없어서 무효가 될 수 없다는 전제하에 재판의 전제성을 부인할 것이 아니라, 처분이 무효인지 여부에 대한 최종적인 판단을 위하여 근거법률이 위헌인지를 판단해 주어야 한다는 주장이 있다.

한편, 법령의 위헌·위법이 선언된 경우 그 이전에 내려진 처분의 집행력에는 어떤 영향을 미치는가. 판례는 위헌법률에 기한 행정처분의 집행이나 집행력을 유지하기 위한 행위는 위헌결정의 기속력에 위반되어 허용되지 않는다고 하고(대법원 2002. 8. 23. 선고 2001두2959 판결), 위헌결정 이후에는 국민의 권리구제의 측면에서 위헌법률의 적용상태를 그대로 방치하거나 위헌법률의 종국적인 실현을 위한 국가의 추가적인 행위를 용납하여서는 안 된다는 취지에서(대법원 2003. 9. 2. 선고 2003다14348 판결) 예컨대, 부담금의 물납을 위한 소유권이전등기촉탁, 매각처분·분배처분 등 후속 체납처분절차, 경매절차에서의 배당 등도 허용되지 않는다고 하고 있다(관련판례 4, 5).

III 관련판례

1. 대법원 1994. 10. 25. 선고 93다42740 판결【부당이득금】

헌법재판소의 위헌결정의 효력은 위헌제청을 한 당해사건, 위헌결정이 있기 전에 이와 동종의 위헌여부에 관하여 헌법재판소에 위헌여부심판제청을 하였거나 법원에 위헌여부심판제청신청을 한 경우의 당해사건과 따로 위헌제청신청은 아니하였지만 당해 법률 또는 법률의 조항이 재판의 전제가 되어 법원에 계속 중인 사건 뿐만 아니라 위헌결정 이후에 위와 같은 이유로 제소된 일반사건에도 미친다고 할 것이나(당원 1993. 1. 15. 선고 92다12377 판결; 같은 날짜 선고 91누5747 판결; 1993. 7. 16. 선고 93다3783 판결 등), 그 미치는 범위가 무한정일 수는 없고 법원이 위헌으로 결정된 법률 또는 법률의 조항을 적용하지는 않더라도 다른 법리에 의하여 그 소급효를 제한하는 것까지 부정되는 것은 아니라 할 것이며, 법적 안정성의 유지나 당사자의 신뢰보호를 위하여 불가피한 경우에 위헌결정의 소급효를 제한하는 것은 오히려 법치주의의 원칙상 요청되는 바라 할 것이다.

2. 헌재 1994. 6. 30. 92헌바23 결정

가. 재판의 전제성에 대한 판단

[1] 이 사건은 헌법재판소법 제68조 제2항에 의한 것으로서 이른바 위헌제청형 헌법소원이므로 그 적법요건으로 헌법소원의 대상이 된 법률이 헌법에 위반되는 여부가 재판의 전제가 되어 있을 것이 필요하다. …

그런데 재판의 전제성이 있다고 하려면 우선 그 법률이 당해 사건에 적용될 법률이어야 하는데 그 법률이 위헌일 때에는 합헌일 때와 다른 판단을 할 수밖에 없는 경우라야 하는 것이며 그것은 재판의 주문이 달라질 경우만에 한정되는 것은 아니고 문제된 법률의 위헌 여부가 재판의 주문에는 영향을 주지 않는다 하더라도 적어도 재판의 내용과 효력에 관한 법률적 의미를 달리하는 경우도 포함되는 것이다(헌법재판소 1989. 7. 14. 선고 88헌가5,8, 89헌가44 결정 및 1992. 12. 24. 선고 92헌가8 결정 참조). …

행정처분의 근거가 된 법규가 헌법재판소에서 위헌이라고 선고되더라도 원칙적으로 비형벌법규에 대한 위헌결정의 장래효원칙에 따라 소급하여 무효가 되는 것은 아니라 할 것이다. 따라서 그러한 법규에 근거하여 내려진 행정처분이 당연무효라고 할 수는 없고 단순한 취소사유에 지나지 않는다면, 위 법원의 위헌제청신청기각 이유에서 볼 수 있는 바와 같이 청구인이 제기한 무효확인소송은 (대법원까지 가더라도) 기각될 이치이므로 이 사건 심판대상규정의 위헌 여부는 재판의 전제가 되지 않는다고 할 수 있겠으나 다만 행정처분의 근거법규가 추후 헌법재판소에 의하여 위헌으로 선고된 경우 그 행정처분도 무효로 볼 여지가 있는 경우라면 재판의 전제성이 인정될 수 있을 것이다. 그러므로 행정처분의 근거법규가 위헌인 경우 그 하자가 행정처분의 당연무효사유인가 취소사유임에 불과한 것인가에 대하여서는 별도로 살펴보아야 할 것이다.

[2] … 행정처분에 대한 쟁송기간 내에 그 취소를 구하는 소를 제기한 경우는 별론으로 하고 쟁송기간이 경과한 후에는 처분의 근거법규가 위헌임을 이유로 무효확인소송 등을 제기하더라도 행정처분의 효력에 영향이 없음이 원칙이라고 할 것이다.

판례나 통설은 행정처분이 당연무효인가의 여부는 그 행정처분의 하자가 중대하고 명백한가의 여부에 따라 결정된다고 보고 있지만 행정처분의 근거가 되는 법규범이 상위법 규범에 위반되어 무효인가 하는 점은 그것이 헌법재판소 또는 대법원에 의하여 유권적으로 확정되기 전에는 어느 누구에게도 명백한 것이라고 할 수 없기 때문에 원칙적으로 당연무효사유에는 해당할 수 없게 되는 것이다. 그러나 행정처분 자체의 효력이 쟁송기간 경과 후에도 존속 중인 경우, 특히 그 처분이 위헌법률에 근거하여 내려진 것이고 그 행정처분의 목적달성을 위하여서는 후행(後行) 행정처분이 필요한데 후행행정처분은 아직 이루어지지 않은 경우, 그 행정처분을 무효로 하더라도 법적 안정성을 크게 해치지 않는 반면에 그 하자가 중대하여 그 구제가 필요한 경우에 대하여서는 그 예외를 인정하여 이를 당연무효사유로 보아서 쟁송기간 경과 후에라도 무효확인을 구할 수 있는 것이라고 봐야 할 것이다. 학설상으로도 중대명백설 외에 중대한 하자가 있기만 하면 그것이 명백하지 않더라도 무효라고 하는 중대설도 주장되고 있고, 대법원의 판례로도 반드시 하자가 중대명백한 경우에만 행정처분의 무효가 인정된다고는 속단할 수 없기 때문이다.

위와 같은 예외를 인정한다면 행정처분이 근거 법규의 위헌의 정도가 심각하여 그 하자가 중대하다고 보여지는 경우, 그리고 그 때문에 국민의 기본권 구제의 필요성이 큰 반면에 법적 안정성의 요구는 비교적 적은 경우에까지 그 구제를 외면하게 되는 불합리를 제거할 수 있게 될 것이다. 위헌법률에 근거한 행정처분이라 할지라도 그것이 당연무효는 아니라고 보는 가장 기본적인 논리는 그 하자가 명백한가의 여부를 제쳐놓더라도 이 경우를 무효라고 본다면 법적 안정성을 해칠 우려가 크다는 데 있는 것이므로 그 우려가 적은 경우에까지 확장하는 것은 온당하지 못하다고 할 것이며 그 경우에는 마땅히 그 예외가 인정되어야 할 것이다.

3. 헌재 2000. 8. 31. 2000헌바6 결정【헌법재판소법제47조제2항위헌소원】

[1] 헌법재판소에 의하여 위헌으로 선고된 법률 또는 법률의 조항이 제정 당시로 소급하여 효력을 상실하는가, 아니면 장래에 향하여 효력을 상실하는가의 문제는 특단의 사정이 없는 한 헌법적합성의 문제라기보다는 입법자가 법적 안정성과 개인의 권리구제 등 제반이익을 비교형량하여 가면서 결정할 입법정책의 문제인 것으로 보인다. 우리의 입법자는 법 제47조 제2항 본문의 규정을 통하여 형벌법규를 제외하고는 법적 안정성을 더 높이 평가하는 방안을 선택하였는바, 이에 의하여 구체적 타당성이나 평등의 원칙이 완벽하게 실현되지 않는다고 하더라도 헌법상 법치주의의 원칙의 파생인 법적 안정성 내지 신뢰보호의 원칙에 의하여 정당화된다 할 것이고, 특단의 사정이 없는 한 이로써 헌법이 침해되는 것은 아니라 할 것이다.

[2] 그렇지만 효력이 다양할 수밖에 없는 위헌결정의 특수성 때문에 예외적으로 부분적인 소급효의 인정을 부인해서는 안 될 것이다. 첫째, 구체적 규범통

제의 실효성의 보장의 견지에서 법원의 제청·헌법소원의 청구 등을 통하여 헌법재판소에 법률의 위헌결정을 위한 계기를 부여한 당해 사건, 위헌결정이 있기 전에 이와 동종의 위헌여부에 관하여 헌법재판소에 위헌제청을 하였거나 법원에 위헌제청신청을 한 경우의 당해 사건, 그리고 따로 위헌제청신청을 아니하였지만 당해 법률 또는 법률의 조항이 재판의 전제가 되어 법원에 계속 중인 사건에 대하여는 소급효를 인정하여야 할 것이다. 둘째, 당사자의 권리구제를 위한 구체적 타당성의 요청이 현저한 반면에 소급효를 인정하여도 법적 안정성을 침해할 우려가 없고, 나아가 구법에 의하여 형성된 기득권자의 이득이 해쳐질 사안이 아닌 경우로서 소급효의 부인이 오히려 정의와 형평 등 헌법적 이념에 심히 배치되는 때에도 소급효를 인정할 수 있다. 어떤 사안이 후자와 같은 테두리에 들어가는가에 관하여는 본래적으로 규범통제를 담당하는 헌법재판소가 위헌선언을 하면서 직접 그 결정주문에서 밝혀야 할 것이나, 직접 밝힌 바 없으면, 그와 같은 경우에 해당하는가의 여부는 일반법원이 구체적 사건에서 해당 법률의 연혁·성질·보호법익 등을 검토하고 제반이익을 형량해서 합리적·합목적적으로 정하여 대처할 수밖에 없을 것으로 본다.

4. 대법원 2002. 7. 12. 선고 2002두3317 판결【압류해제신청거부처분취소】

구 택지소유상한에관한법률(1998. 9. 19. 법률 제5571호로 폐지) 제30조는 "부담금의 납부의무자가 독촉장을 받고 지정된 기한까지 부담금 및 가산금 등을 완납하지 아니한 때에는 건설교통부장관은 국세체납처분의 예에 의하여 이를 징수할 수 있다"고 규정함으로써 국세징수법 제3장의 체납처분규정에 의하여 체납 택지초과소유부담금(이하 '부담금'이라 한다)을 강제징수할 수 있었으나, 1999. 4. 29. 같은 법 전부에 대한 위헌결정으로 위 제30조 규정 역시 그 날로부터 효력을 상실하게 되었고, 위 규정 이외에는 체납 부담금을 강제로 징수할 수 있는 다른 법률적 근거가 없으므로, 위 위헌결정 이전에 이미 부담금 부과처분과 압류처분 및 이에 기한 압류등기가 이루어지고 위 각 처분이 확정되었다고 하여도 위헌결정 이후에는 별도의 행정처분인 매각처분, 분배처분 등 후속 체납처분 절차를 진행할 수 없는 것은 물론이고, 기존의 압류등기나 교부청구만으로는 다른 사람에 의하여 개시된 경매절차에서 배당을 받을 수도 없다.

5. 대법원 2003. 9. 2. 선고 2003다14348 판결【부당이득금】

구 택지소유상한에관한법률(1998. 9. 19. 법률 제5571호로 폐지)에 대한 위헌결정 이전에 부담금 등에 대한 수납 및 징수가 완료된 경우에는 법적 안정성의 측면에서 부득이 과거의 상태를 그대로 유지시켜 그 반환청구를 허용할 수 없다고 하더라도, 위헌결정 이후에는 국민의 권리구제의 측면에서 위헌법률의 적용상태를 그대로 방치하거나 위헌법률의 종국적인 실현을 위한 국가의 추가적인 행위를 용납하여서는 아니 되므로, 위헌결정 이전에 이미 부담금 부과처분과 그 징수를 위한 압류처분이 확정되었다고 하더라도, 위헌결정 이후에는 부담금 등의 납부의무가 없음을 알면서도 압류해제거부로 인한 사실상의 손해를 피하기 위하여 부득이 부담금 등을 납부하게 된 경우 등 그 납부가 자기의 자유로운 의사에 반하여 이루어진 것으로 볼 수 있는 사정이 있는 때에는 납부자가 그 반환청구권을 상실하지 않는다.

6. 대법원 2020. 1. 30. 선고 2018두49154 판결【세무대리업무등록취소처분취소등】

[1] 비형벌조항에 대해 잠정적용 헌법불합치결정이 선고되었으나 위헌성이 제거된 개선입법이 이루어지지 않은 채 개정시한이 지남으로써 그 법률조항의 효력이 상실되었다고 하더라도 그 효과는 장래에 향해서만 미칠 뿐이고, 당해사건이라고 하여 이와 달리 취급할 이유는 없다. 한편 비형벌조항에 대한 적용중지 헌법불합치결정이 선고되었으나 위헌성이 제거된 개선입법이 이루어지지 않은 채 개정시한이 지난 때에는 헌법불합치결정 시점과 법률조항의 효력이 상실되는 시점 사이에 아무런 규율도 존재하지 않는 법적 공백을 방지할 필요가 있으므로, 그 법률조항은 헌법불합치결정이 있었던 때로 소급하여 효력을 상실한다. 비형벌조항에 대해 잠정적용 헌법불합치결정이 선고된 경우라도 해당 법률조항의 잠정적용을 명한 부분의 효력이 미치는 사안이 아니라 적용중지 상태

에 있는 부분의 효력이 미치는 사안이라면, 그 법률조항 중 적용중지상태에 있는 부분은 헌법불합치결정이 있었던 때로 소급하여 효력을 상실한다고 보아야 한다.

[2] 세무사 자격을 보유하고 있는 변호사 甲이 국세청장에게 세무대리업무등록 갱신을 신청하였으나 국세청장이 세무사법 제6조 제1항, 제20조 제1항에 따라 甲의 신청을 반려하는 처분을 하자, 甲이 처분의 취소를 구하는 소송 계속 중 위 법률조항에 대하여 위헌법률심판제청을 신청하였고 원심법원이 위헌법률심판제청을 하였는데, 헌법재판소가 위 법률조항이 세무사 자격 보유 변호사의 직업선택 자유를 침해한다며 위 법률조항에 대한 헌법불합치를 선언하면서 2019. 12. 31.을 시한으로 입법자가 개정할 때까지 위 법률조항의 계속 적용을 결정하였으나 국회가 개정시한까지 위 법률조항을 개정하지 않은 사안에서, 헌법재판소가 헌법불합치결정에서 위 법률조항의 계속 적용을 명한 부분의 효력은 일반 세무사의 세무사등록을 계속 허용하는 근거 규정이라는 점에 미치고 이와 달리 위 법률조항 가운데 세무사 자격 보유 변호사의 세무대리를 전면적·일률적으로 금지한 부분은 여전히 적용이 중지되고 개정시한이 지남으로써 헌법불합치결정이 있었던 때로 소급하여 효력을 상실하였으므로 헌법불합치결정을 하게 된 해당 사건에 대해서는 위 법률조항이 그대로 적용될 수 없다는 이유로, 위 법률조항이 적용됨을 전제로 甲의 세무대리업무등록 갱신 신청을 반려한 국세청장의 처분이 위법하다고 한 사례.

Ⅳ 질문 및 토의과제

1. 일반사건에서도 예외적으로 소급효가 인정될 경우가 있다면 법률의 위헌 여부나 그 사안의 특징에 대해 판단해 보지 않고 바로 '무효확인청구를 기각'하는 결정은 국민의 재판청구권을 침해하는 것이라 볼 수 있는가?

2. 위헌법률에 근거한 행정처분의 하자에 대해 중대명백설을 적용하고 헌법재판소의 위헌결정이 있어야만 그 하자의 명백성을 인정할 수 있다고 할 경우 어떤 논리적 문제가 있는지 생각해 보시오.

3. 헌법재판소 2005. 3. 31. 2003헌가20 결정은 학교용지확보를 위하여 공동주택 수분양자들에게 학교용지부담금을 부과할 수 있도록 하고 있는 구 학교용지확보에관한특례법의 조문이 헌법상 의무교육의 무상원칙 및 평등원칙에 반하여 위헌이라고 결정하였다. 이후 헌법재판소의 위헌결정 이전에 학교용지부담금을 납부한 자로서 적법한 기간 내에 부담금 부과처분의 취소를 구하는 행정소송 등을 제기하지 아니한 자는 부담금 부과처분에 확정력이 발생한 이상 더 이상 부담금 부과처분의 취소를 구할 수 없고, 위헌결정의 소급효도 미치지 않는다는 이유로, 부담금 납부자들은 이미 납부한 부담금을 부당이득으로 반환을 구할 수 없다는 하급심 판결이 있었다. (인천지법 2006. 11. 2. 선고 2006가합3895 판결: 항소[손해배상]) 이후 2008년 '학교용지부담금 환급 등에 관한 특별법'이 제정되어 기 납부액을 환급해 줄 수 있는 법률상 근거가 마련되었다. 위헌법률에 근거한 처분의 효력론 일반의 적용을 특별법의 제정으로 회피하는 경우, 그 순기능과 역기능에 대해 검토하시오. 그리고, 민주주의와 합헌적 법치주의의 관계에 대해서 생각해 보시오. 이러한 일련의 상황 속에서 나타나는 국회와 헌법재판소, 법원, 국회, 시민의 상호관계에 대해 생각해 보시오.

4. 관련판례 6에서 헌법불합치결정이 있은 후 입법자가 시한까지 개선입법을 하지 않은 경우 그 법률의 효력에 대한 설명을 하고 있다. 입법자가 시한까지 개선입법을 한 경우와 어떻게 차이가 있는지 설명하시오.

V 참고문헌

이영무, 위헌법률에 근거한 행정처분의 집행력, 법학논총 제37집 제1호, 전남대학교 법학연구소, 2017

권은민, 압류취소소송에서 부과처분 근거법령의 위헌주장이 허용되는지 여부, 인권과 정의 337호, 2004. 9

박해식, 일반 사건에 대한 위헌결정의 소급효, 대법원판례해설 58호(2005 하반기), 2006. 7

김유환, 위헌법률에 근거한 행정처분의 효력 – 판례이론의 중대명백설 이해에 대한 비판과 대안 –, 행정판례연구 5집, 2000. 10

Ⅵ 관련법령

헌법재판소법

제47조 (위헌결정의 효력) ① 법률의 위헌결정은 법원 기타 국가기관 및 지방자치단체를 기속한다.
② 위헌으로 결정된 법률 또는 법률의 조항은 그 결정이 있는 날로부터 효력을 상실한다. 다만, 형벌에 관한 법률 또는 법률의 조항은 소급하여 그 효력을 상실한다.
③ 제2항 단서의 경우에 위헌으로 결정된 법률 또는 법률의 조항에 근거한 유죄의 확정판결에 대하여는 재심을 청구할 수 있다.

학교용지부담금 환급 등에 관한 특별법

제1조 (목적) 이 법은 「학교용지 확보에 관한 특례법」(법률 제6219호 · 제6744호로 개정되어 법률 제7397호로 개정되기 전의 것을 말한다. 이하 "특례법"이라 한다)에 따라 학교용지부담금(이하 "부담금"이라 한다)을 납부한 자에 대하여는 그 납부액을 환급하고 납부하지 아니한 자에 대하여는 그 납부의무를 면제하는 것을 목적으로 한다.

제2조 (부담금 부과처분의 취소 등) 특별시장 · 광역시장 또는 도지사(이하 "시 · 도지사"라 한다)는 특례법에 따라 부담금을 부과한 처분을 취소하고, 부담금의 납부자에게 부담금의 환급내용 및 방법 등을 기재한 환급통지서를 송부하여야 한다.

제3조 (환급신청 및 환급 등) ① 특례법에 따라 부담금을 납부한 자, 부담금을 납부한 자의 「민법」에 따른 상속인 또는 대통령령으로 정하는 대리인은 시 · 도지사에게 납부한 부담금의 환급신청을 할 수 있다.
② 시 · 도지사는 제1항에 따라 환급신청을 받은 경우 부담금의 납부자 및 납부금액 등을 확인하고 신청받은 날부터 6개월 이내에 신청인에게 납부한 부담금을 환급하여야 한다. 이 경우 국가는 시 · 도지사에게 환급에 소요되는 예산을 국가의 별도재원으로 지원하여야 한다. 다만, 시 · 도지사가 특례법에 따라 납부한 것임을 알고 있는 부담금 납부자에 대하여는 신청이 없는 경우에도 환

급하여야 한다.

③ 국가는 제2항의 환급에 소요되는 예산에 따른 대책을 마련하여 이 법 시행일로부터 1개월 이내에 국회에 보고하여야 한다.

제 3 장
행정법관계

1-3-1. 행정법관계의 당사자

Ⅰ 개요

법률관계란 법주체 상호간의 권리의무관계를 말하는데, 통상 행정주체와 행정객체 간의 관계로 나타난다. 행정주체에는 국가, 지방자치단체, 공공조합, 영조물법인, 공법상 재단, 공무수탁사인이 있고, 행정의 상대방이라 할 행정객체에는 사인, 공공단체와 지방자치단체가 있다. 행정주체와 그를 구성하는 행정기관(행정청 포함)의 관계에 관한 법리는 행정조직법에서 다루어진다. 행정객체는 원칙적으로 사인인 법주체이나, 최근 다른 맥락에서는 행정기관이나 행정주체에 해당하는 자가 행정객체로서 다른 행정주체와의 사이에 행정법 관계가 성립하고, 법적 분쟁의 당사자가 되는 경우가 종종 나타난다. 이에 대해 기관소송이나 권한쟁의심판 등 적절한 분쟁해결수단이 입법적으로 마련되지 않은 경우에는 일반적인 행정소송으로서 항고소송이 이용될 수 있는지 등이 쟁점이 되고 있다. 이러한 문제들은 지방자치 등을 포함한 다양한 분권적 거버넌스가 지향되는 경향에 따라 증가할 것이 예상된다. 이는 국가 권력의 내부적 구조를 어떻게 볼 것인가 또는 각 기관이나 주체의 관계를 어떻게 구성할 것인가 하는 법리적 문제와 함께, 효율적인 분쟁해결기제의 흠결로 장기간 교착상태에 빠지는 경우가 많은 현실에 대응하여 그러한 기제를 제도화하는 실천적 과제를 제기한다.

II 리딩케이스

1. 사건번호: 대법원 2013. 7. 25. 선고 2011두1214 판결【손해배상(기)】

2. 사실관계

주민소환 대상인 A시장이 A시 선거관리위원회(이하 '선관위')를 상대로 주민소환투표청구 수리처분등 무효확인의 소를 제기한 결과, 법원은 2007. 9. 13. 청구사유가 기재되지 아니한 주민소환투표 청구인 서명부에 한 서명은 주민소환에 관한 법률 제27조 제1항, 주민투표법 제12조 제2항 제7호에 따라 무효라는 이유를 들어 A선관위원장의 주민소환투표청구 수리처분을 취소하고 동 투표안 공고의 효력을 정지하였으며, 이에 따라 진행 중이던 주민소환투표절차는 모두 중단되었다. 이에 A시가 소속된 도 선관위는 이에 대한 책임을 묻고 주민소환투표 재청구에 대비하기 위해 2007. 9. 21 위 주민소환투표 관련 직원에 대한 문책성 전보인사를 단행하였는데, 위 주민투표 관련 팀장 중 1인이었던 甲은 B시 선관위로 전보조치를 받았다.

甲은 2008. 3. 31 피고(국민권익위원회)에 A시 선관위가 주민투표법을 위반하여 서명부를 제대로 심사하지 아니한 결과 주민소환투표의 관리경비를 부담한 하남시에게 2억여원의 재산상 손해가 발생하였다며 '부패방지 및 국민권익위원회의 설치와 운영에 관한 법률(이하 '국민권익위원회법'이라 한다)'에 따라 부패행위 신고를 하는 한편, 자신에 대한 전보명령은 자신이 중앙선관위 사무총장에게 A시 주민투표과정에서 A시 선관위 소속 직원들이 저지른 위법행위를 제보한 데 따른 보복차원에서 행해진 것이라며 국민권익위원회법 제62조에 따라 이 전보명령의 취소와 관련자의 처벌을 구하는 신분보장조치를 요구하였다. 그 후 甲이 방송인터뷰에 응하여 선관위의 입장에 반하여 허위로 진술하고 감사를 거부한다는 이유로 도 선관위가 甲에 대한 중징계의결을 자체징계위원회에 요구하자 甲은 피고에게 위 징계요구의 취소 및 향후 예상되는 신분상 불이익의 예방을 구하는 신분보장조치를 요구하였다.

이에 피고 위원회는 이 신고가 국민권익위원회법 제2조 제4호(나)목에 규정된 부패행위에 해당함을 전제로, 甲이 이 신고와 관련하여 불이익을 당한 것으로 추정된다는 이유로 2008. 9. 26 도 선관위원장에 대해 국민권익위원회법 제62조 제7항에 기하여 위 징계요구를 취소하고 향후 신고로 인한 신분상 불이익 처분 및 근무조건상의 차별을 하지 말 것을 요구하기로 의결하였고, 그에 따라 피고의 위원장이 피고를 대표하여 원고(도 선관위 위원장)에게 위 의결 내용을 통지하였다. 그 이후 도 선관위는 甲을 파면에 처하였다. 이에 甲이 다시 신분보장조치를 요구하자, 피고 위원회는 원고에게 파면 징계의 취소를 요구하고, 아울러 甲의 신분보장조치 요구와 관련한 국민권익위원회의 조사에 불응한 원고 및 경기도 선거관리위원회 직원에 대해 동법 제91조 제1항 제2호에 따라 과태료 부과 절차를 진행하기로 의결하였다.

3. 판결요지

이 사건과 같이 국가기관 사이에 어느 일방(피고 위원회)이 상대방(원고)에 대하여 일정한 의무를 부과하는 내용의 조치요구를 한 사안에서 그 조치요구의 상대방인 국가기관이 이를 다투고자 할 경우, 이는 국가기관 내부의 권한 행사에 관한 것이어서 기관소송의 대상으로 하는 것이 적절해 보이나, 행정소송법은 제45조에서 '기관소송은 법률이 정한 경우에 법률에 정한 자에 한하여 제기할 수 있다'고 규정하여 이른바 기관소송 법정주의를 채택하고 있고, 조치요구에 관하여는 국민권익위원회법 등 법률에서 원고에게 기관소송을 허용하는 규정을 두고 있지 아니하므로, 이 사건 조치요구를 이행할 의무를 부담하고 있는 원고로서는 기관소송으로 이 사건 조치요구를 다툴 수는 없다.

또한 이 사건 조치요구는 법률에 근거하여 설립된 행정부 소속의 국무총리 산하 기관인 피고 위원회가 헌법상의 독립기관인 중앙선거관리위원회 산하기관인 원고에 대하여 한 것으로서 정부 조직 내에서 그 처분의 당부에 대한 심사·조정을 할 수 있는 다른 방도가 없을 뿐만 아니라, 피고 위원회는 헌법 제111조 제1항 제4호 소정의 '헌법에 의하여 설치된 국가기관'이라고 할 수 없으므로(헌법재판소 2010. 10. 28. 선고 2009헌라6 전원재판부 결정 참조), 원고와 피고 위원회 사이에 헌법 제111조 및 헌법재판소법 제62조 제1항에서 정한 권한쟁의

심판이 가능해 보이지도 아니한다.

결국 앞서 본 바와 같이 국민권익위원회법이 원고에게 피고 위원회의 조치요구에 따라야 할 의무를 부담시키는 외에 별도로 그 의무를 이행하지 아니할 경우 과태료나 형사처벌의 제재까지 규정하고 있는데, 이와 같이 국가기관 일방의 조치요구에 불응한 상대방 국가기관에게 그와 같은 중대한 불이익을 직접적으로 규정한 다른 법령의 사례를 찾기 어려운 점, 그럼에도 원고가 피고 위원회의 조치요구를 다툴 별다른 방법이 없는 점 등에 비추어 보면, 피고 위원회의 이 사건 조치요구의 처분성이 인정되는 이 사건에서 이에 불복하고자 하는 원고로서는 이 사건 조치요구의 취소를 구하는 항고소송을 제기하는 것이 유효·적절한 수단이라고 할 것이므로, 비록 원고가 국가기관에 불과하더라도 이 사건에서는 당사자능력 및 원고적격을 가진다고 봄이 상당하다.

4. 판례해설

국민권익위원회법 상 부패행위 신고자 보호제도에 의하여 국민권익위원회와 신고자의 소속 국가기관 사이에는 다음과 같은 방식으로 행정법관계가 성립된다. 국민권익위원회법 제62조는, 누구든지 이 법에 따른 신고 등을 한 이유로 소속기관·단체·기업 등으로부터 징계조치 등 어떠한 신분상 불이익이나 근무조건상의 차별을 받지 아니하고(제1항), 그 신고를 한 이유로 신분상 불이익이나 근무조건상의 차별을 당하였거나 당할 것으로 예상되는 때에는 국민권익위원회에 해당 불이익처분의 원상회복·전직·징계의 보류 등 신분보장조치와 그 밖에 필요한 조치(신분보장조치)를 요구할 수 있으며(제2항), 그 요구가 있는 경우 피고 위원회는 조사에 착수하여야 하고(제4항), 조사 결과 요구된 내용이 타당하다고 인정한 때에는 요구자의 소속기관의 장, 관계 기관의 장 또는 요구자가 소속한 단체·기업 등의 장에게 적절한 조치를 요구할 수 있으며, 이 경우 피고 위원회로부터 요구를 받은 '소속기관 등의 장'은 정당한 사유가 없는 한 이에 따라야 한다(제7항)고 규정하고 있다. 또한 국민권익위원회법은 정당한 사유 없이 피고 위원회의 조치요구를 이행하지 아니한 자를 1천만 원 이하의 과태료에 처하고(제91조 제1항 제3호), 제62조 제1항에 따른 신분상 불이익이나 근무조건상의 차별을 한 자가 피고 위원회의 조치요구를 이행하지 아니한 때에는 1년 이하의 징역 또는 1천만 원 이하의 벌금에 처하도록(제90조) 규정하고 있다.

동 판결은 국민권익위원회의 조치요구를 받은 국가기관이 이를 다툴 수 있는 절차로서 먼저 기관소송과 권한쟁의심판을 검토하지만, 기관소송 법정주의 하에서 그러한 소송이 명문화되지 않은 점, 국민권익위원회는 헌법 규정 상 권한쟁의심판이 적용되는 헌법에 의해 설치된 기관이 아니라는 점을 근거로 현행법하에서 그러한 절차가 이용될 수 없음을 확인한다. 그럼에도 불구하고, 그 조치요구가 의무를 부과하는 것이고, 그 실효성 확보수단으로 과태료와 형사처벌이 예정되어 있다는 점을 고려할 때 무언가 이를 다툴 수 있는 절차가 필요하다는 판단을 한 후, 그 수단으로서 동 조치요구가 '처분'이라고 볼 수 있으므로 이에 대해 항고소송이 유효·적절한 수단이 될 수 있다고 본다. 그리고(항고소송이 가능하도록) 비록 원고가 국가기관이더라도 당사자능력 및 원고적격을 가진다고 봄이 타당하다고 하고 있다.

판례의 이러한 논지로부터 첫째 항고소송의 대상적격과 당사자적격 등의 판단에 있어서 실질적 접근을 하고 있다는 점, 둘째 항고소송은 이러한 실질적 접근에 의해 그 요건이 충족된 경우에는 보충적인 분쟁해결절차로도 이용될 수 있다는 점을 알 수 있다. 실질적 접근을 하는 경우 판단해야 할 궁극적인 문제는 "과연 원고에게나 사법절차를 운영하는 국가에게나 그 사안을 재판절차에서 다툴 소익이 있는가?"일 것이다. 그러나 원고에게 소송을 통해 보호될 실질적 이익이 있다 하더라도, '항고소송'이라는 형식의 소송이 허용되기 위해서는 추가적인 요소가 있어야 한다. 원심판결(관련판례 1)은 이러한 요소로서 ① 일반국민에 대한 행정처분 등과 동등하다고 평가할 수 있을 정도로 권리의무에 직접적이고 구체적인 영향을 미칠 것, ② 그 조치의 위법성을 제거할 다른 법적 수단이 없을 것이라는 2가지를 제시하고 있다. 이를 달리 표현하면 그 행위로 인해 발생하는 법관계가 실질적 관점에서 일방이 우월한 공권력을 행사하는 구조로 볼 수 있어야 하고, 그 권력의 적법성을 통제할 다른 적절한 수단이 제공되지 않고 있어야 한다는 것이다.

법률상 근거의 유무와 별도로 과연 이러한 유형의 사건에 항고소송과 기관소송 중 어떠한 절차가 더 적절한 것인지를 생각해 볼 필요가 있다. 국민권익위원회의 신고자 신분보장조치요구는 신고자가 소속된 기관이라면 국가기관뿐만 아니라 모든 민간기관, 단체, 기업 등을 대상으로 하여 그 기관이 가진 소속원에 대한 인사권 등 내부의 권한행사에 개입하는 권력적 법집행행위에 해당한다. 이러한 공권력 행사에 대해 신고자의 소속기관이 국가기관인가 민간단체인가에 따라 소송절차가 반드시 달라져야 할 이유가 있을까? 이 법의 적용에 있어서 대상이 되는 국가기관은 국민권익위원회와 어떤 규율 대상에 대한 법적 권한을 분점하는 기관으로서가 아니고, 다른 사적 단체나 기관과 마찬가지로 부패행위에 대한 자정작용 내지 이를 노출시키는 신고행위의 유인을 좌절시키는 특정 행위를 하지 못하도록 규제 받는 자의 지위를 가진다. 또한 그 법집행의 실효성 확보수단으로 소속기관의 장등에 대해 예정되어 있는 행정벌은 국민권익위원회의 조치요구에 응하여 권한을 행사할 수 있었던 자에게 부과되는 것이지만, 그렇다 하더라도 결국 궁극적으로 행정벌을 받을 자는 그 행위를 한 개인이지 국가기관 자체는 아닐 것이다. 예컨대, 신고자의 소속기관의 장이 신고자에게 차별을 하고 국민권익위원회의 조치요구를 이행하지 않은 후 그 장의 직에서 퇴임하게 되었다면, 처벌의 대상은 후임 소속기관의 장이 될 것인가 아니면 퇴임한 자가 될 것인가를 생각해 보면 퇴임한 개인이 되어야 하지 않을까? 조치요구처분의 상대방은 국가기관이라 하더라도 행정벌의 대상은 개인이라는 점을 전제하면, 조치요구처분의 취소는 국가기관의 권한에 대한 침해를 배제하려는 것인 동시에 그 직에 있던 개인으로서는 그 의무를 취소시킴으로써 형벌의 구성요건이 충족되는 것을 피하고자 하는 2중적 성격을 갖는다. 이 중 전자의 측면은 기관소송이 더 적절한 분쟁일 수 있지만, 후자의 경우는 항고소송이 적합한 분쟁일 수 있다. 그러나 다른 한편으로는 여전히 권력분립 등의 관점에서 이러한 분쟁들이 법원에 의해 해결되는 것이 적절한지, 국가기관과 민간기관의 내부 권한 행사에 개입한다는 것이 어떤 차이를 가지는지에 대해 논의가 계속될 필요가 있다.

Ⅲ 관련판례

1. 서울고등법원 2010. 12. 9. 선고 2009누38963 판결: 상고 【불이익처분원상회복등요구처분취소】

행정소송법상 항고소송은 행정청의 '처분 등'이나 부작위에 대하여 제기하는 소송이고(행정소송법 제3조), 대표적인 항고소송은 '처분 등'의 취소를 구하는 취소소송이다. 행정소송에 대해서는 행정소송법 제8조 제2항에 따라 법원조직법과 민사소송법의 규정이 준용되므로 항고소송을 제기하기 위해서는 민사소송과 마찬가지로 자연인과 법인 등 소송의 주체가 될 수 있는 일반적 능력인 당사자능력이 있어야 하고, 특정한 소송사건에서 소를 제기하여 본안판결을 받기에 적합한 자격인 원고적격을 갖추어야 하므로, 국가의 행정조직에 불과한 국가기관이 직접 당사자가 되어 소를 제기할 수는 없는 것이 원칙이다. 그러나 사법권은 법관으로 구성된 법원에 속하고(헌법 제101조 제1항), 법원은 헌법에 특별한 규정이 있는 경우를 제외한 일체의 법률상의 쟁송을 심판할 권한을 가지므로(법원조직법 제2조 제1항), 권리의무의 존부에 대하여 다툼이 있는 경우에는 그 권리의무의 주체는 최종적으로 법원의 심판을 받을 헌법상의 권리가 있고 법원도 그 심판청구를 받아들일 책무가 있다. 따라서 국가기관이 다른 국가기관에 대하여 한 조치라도 그것이 일반국민에 대한 행정처분 등과 동등하다고 평가할 수 있을 정도로 권리의무에 직접적이고 구체적인 영향을 미치고 그 조치의 위법성을 제거할 다른 법적 수단이 없는 경우에는, 국가기관의 지위에서 그 조치를 한 상대방 국가기관을 상대로 법원에 소를 제기하여 다툴 수 있는 당사자능력과 당사자적격이 있다고 봄이 상당하다. 다만 국가기관이 항고소송을 제기할 수 있다고 보기 위해서는 다른 국가기관이 행한 조치 및 그 조치에 불응한 경우에 부과될 수 있는 불이익처분의 근거 법령과 그 내용, 침해되는 국가기관의 권리침해 내지 불이익의 내용과 정도, 우월적 지위에서 고권적인 권한행사로 볼 수 있는지 여부, 정부조직 내에서 가능한 해결조정 수단이 행정조직법 기타 법령상 존재하는지 여부, 권한쟁의에 관한 심판, 기관소송 등 다른 권리구제 수단으로 분쟁을 해결할 수 있는지 여부 등을 종합적으로 검토하여야 한다.

2. 대법원 2014. 2. 27. 선고 2012두22980 판결【건축협의취소처분취소】

구 건축법(2011. 5. 30. 법률 제10755호로 개정되어 2011. 12. 1. 시행되기 전의 것, 이하 같다) 제29조 제1항, 제2항, 제11조 제1항 등의 규정 내용에 의하면, 건축협의의 실질은 지방자치단체 등에 대한 건축허가와 다르지 아니하므로, 지방자치단체 등이 건축물을 건축하려는 경우 등에는 미리 건축물의 소재지를 관할하는 허가권자인 지방자치단체의 장과 건축협의를 하지 아니하면, 지방자치단체라 하더라도 건축물을 건축할 수 없다. 그리고 구 지방자치법 등 관련 법령을 살펴보아도 지방자치단체의 장이 다른 지방자치단체를 상대로 한 건축협의 취소에 관하여 다툼이 있는 경우에 그 법적 분쟁을 실효적으로 해결할 구제수단을 찾기도 어렵다. 따라서 이 사건 건축협의 취소는 비록 그 상대방이 다른 지방자치단체 등 행정주체라 하더라도 '행정청이 행하는 구체적 사실에 관한 법집행으로서의 공권력 행사'(행정소송법 제2조 제1항 제1호)로서 처분에 해당한다고 볼 수 있고, 지방자치단체인 원고가 이를 다툴 실효적 해결 수단이 없는 이상, 원고는 피고를 상대로 항고소송을 통해 이 사건 건축협의 취소의 취소를 구할 수 있다고 봄이 타당하다.

3. 대법원 2014. 3. 13. 선고 2013두15934 판결【건축협의불가처분취소】

국가가 허가권자와 건축에 관한 협의를 마치면 구 건축법 제29조 제1항에 의하여 건축허가가 의제되는 법률효과가 발생된다. 그리고 앞에서 본 것과 같이 건축허가 및 건축협의 사무는 지방자치사무로서, 구 건축법상 국가라 하더라도 미리 건축물의 소재지를 관할하는 허가권자인 지방자치단체의 장과 건축협의를 하지 아니하면 건축물을 건축할 수 없다. 따라서 허가권자인 지방자치단체의 장이 국가에 대하여 건축협의를 거부하는 것은 해당 건축물을 건축하지 못하도록 권한을 행사하여 건축허가 의제의 법률효과 발생을 거부하는 것이며, 한편 구 건축법이나 구 지방자치법 등 관련 법령에서는 국가가 허가권자의 거부행위를 다투어 법적 분쟁을 직접적·실효적으로 해결할 수 있는 구제수단을 찾기 어렵다.

이러한 사정들에 비추어 보면, 허가권자인 지방자치단체의 장이 한 건축협의의 거부행위는 비록 그 상대방이 국가 등 행정주체라 하더라도, 행정청이 행하는 구체적 사실에 관한 법집행으로서의 공권력 행사의 거부 내지 이에 준하는 행정작용으로서 행정소송법 제2조 제1항 제1호에서 정한 처분에 해당한다고 볼 수 있고, 이에 대한 법적 분쟁을 해결할 실효적인 다른 법적 수단이 없는 이상 국가 등은 허가권자를 상대로 항고소송을 통해 그 거부처분의 취소를 구할 수 있다고 해석된다. … 거기에 상고이유의 주장과 같이 항고소송의 대상이 되는 행정처분 및 권력분립에 관한 법리를 오해하고 기관소송에 관한 법률을 위반하는 등의 위법이 없다.

4. 대법원 2018. 8. 1. 선고 2014두35379 판결【징계처분등】

[1] 국가기관 등 행정기관(이하 '행정기관 등'이라 한다) 사이에 권한의 존부와 범위에 관하여 다툼이 있는 경우에 이는 통상 내부적 분쟁이라는 성격을 띠고 있어 상급 관청의 결정에 따라 해결되거나 법령이 정하는 바에 따라 '기관소송'이나 '권한쟁의심판'으로 다루어진다.

그런데 법령이 특정한 행정기관 등으로 하여금 다른 행정기관을 상대로 제재적 조치를 취할 수 있도록 하면서, 그에 따르지 않으면 그 행정기관에 대하여 과태료를 부과하거나 형사처벌을 할 수 있도록 정하는 경우가 있다. 이러한 경우에는 단순히 국가기관이나 행정기관의 내부적 문제라거나 권한 분장에 관한 분쟁으로만 볼 수 없다. 행정기관의 제재적 조치의 내용에 따라 '구체적 사실에 대한 법집행으로서 공권력의 행사'에 해당할 수 있고, 그러한 조치의 상대방인 행정기관이 입게 될 불이익도 명확하다. 그런데도 그러한 제재적 조치를 기관소송이나 권한쟁의심판을 통하여 다툴 수 없다면, 제재적 조치는 그 성격상 단순히 행정기관 등 내부의 권한 행사에 머무는 것이 아니라 상대방에 대한 공권력 행사로서 항고소송을 통한 주관적 구제대상이 될 수 있다고 보아야 한다. 기관소송 법정주의를 취하면서 제한적으로만 이를 인정하고 있는 현행 법령의 체계에 비추어 보면, 이 경우 항고소송을 통한 구제의 길을 열어주는 것이 법치국가 원리에도 부합한다. 따라서 이러한 권리구제나 권리보호의 필요성이 인정된다면 예외적으로 그 제재적 조치의 상대방인 행정기관 등에게 항고소송 원고로서의 당사자능력과 원고적격을 인정할 수 있다.

[2] 국민권익위원회가 소방청장에게 인사와 관련하여 부당한 지시를 한 사실이 인정된다며 이를 취소할 것을 요구하기로 의결하고 그 내용을 통지하자 소방청장이 국민권익위원회 조치요구의 취소를 구하는 소송을 제기한 사안에서, 행정기관인 국민권익위원회가 행정기관의 장에게 일정한 의무를 부과하는 내용의 조치요구를 한 것에 대하여 그 조치요구의 상대방인 행정기관의 장이 다투고자 할 경우에 법률에서 행정기관 사이의 기관소송을 허용하는 규정을 두고 있지 않으므로 이러한 조치요구를 이행할 의무를 부담하는 행정기관의 장으로서는 기관소송으로 조치요구를 다툴 수 없고, 위 조치요구에 관하여 정부 조직 내에서 그 처분의 당부에 대한 심사·조정을 할 수 있는 다른 방도도 없으며, 국민권익위원회는 헌법 제111조 제1항 제4호에서 정한 '헌법에 의하여 설치된 국가기관'이라고 할 수 없으므로 그에 관한 권한쟁의심판도 할 수 없고, 별도의 법인격이 인정되는 국가기관이 아닌 소방청장은 질서위반행위규제법에 따른 구제를 받을 수도 없는 점, 부패방지 및 국민권익위원회의 설치와 운영에 관한법률은 소방청장에게 국민권익위원회의 조치요구에 따라야 할 의무를 부담시키는 외에 별도로 그 의무를 이행하지 않을 경우 과태료나 형사처벌까지 정하고 있으므로 위와 같은 조치요구에 불복하고자 하는 '소속기관 등의 장'에게는 조치요구를 다툴 수 있는 소송상의 지위를 인정할 필요가 있는 점에 비추어, 처분성이 인정되는 국민권익위원회의 조치요구에 불복하고자 하는 소방청장으로서는 조치요구의 취소를 구하는 항고소송을 제기하는 것이 유효·적절한 수단으로 볼 수 있으므로 소방청장은 예외적으로 당사자능력과 원고적격을 가진다고 한 사례.

Ⅳ 질문 및 토의과제

1. 관련판례 2는 강원도 양양군이 서울특별시가 추진 중인 장애인의 숙박과 휴양을 위한 시설 건립에 대해 건축협의를 완료한 이후 이를 취소하고 착공신고를 거부한 사례이다. 서울특별시는 이를 숙박시설로 신청하였으나, 주민들의 반대에 부딪친 양양군은 이를 숙박시설이 아닌 사회복지시설로 보아 이를 근거로 협의를 취소하였다. 관련판례 3은 법무부가 안양교도소의 재건축을 추진하며 건축협의를 신청하자 그간 교도소를 이전해 줄 것을 주장하던

안양시가 건축협의가 불가능하다며 이를 거부한 경우이다. 지방자치단체와 지방자치단체 간, 국가기관(또는 국가)과 지방자치단체 간의 이러한 분쟁에 대해 항고소송이 분쟁해결제도로서 갖는 장점과 단점은 무엇인가? 또한 법원의 이러한 역할이 법치주의와 민주주의에 대해 어떤 의미를 갖는가?

2. 리딩케이스(관련판례 1, 4 포함)의 신고자 신분보호조치요구를 둘러싸고 형성되는 국가기관 간의 행정법관계와 관련판례 2, 3에서 건축협의를 둘러싸고 형성되는 지방자치단체 상호 간 또는 지방자치단체와 국가기관 간의 행정법관계는 규범적으로 유형화할 수 있는 차이점이 있는지 검토해 보시오.

3. 제도가 제기능을 발휘하기 위한 조건의 완비라는 관점에서 이러한 분쟁이 법원에 의해 적절히 해결되려면 갖추어야 할 조건은 무엇인가? 예컨대, 법원이 재판을 통해 분쟁을 해결하기 위해서는 그 사안에 적용될 법규범이 선재하고 있어야 하는데 권익위원회법 외에 행정조직법등의 관점에서 국가기관 상호간의 관계에 대해서는 어떤 규범이 있는가? 지방자치단체의 구역내 토지이용계획에 대한 권한과 국가가 전국적인 공익을 위해 국토를 이용할 수 있는 권한 사이에는 어떠한 우선순위나 조정의 원칙이 존재하는가?

V 참고문헌

이영무, 위헌법률에 근거한 행정처분의 집행력, 법학논총 제37집 제1호, 전남대학교 법학연구소, 2017

권은민, 압류취소소송에서 부과처분 근거법령의 위헌주장이 허용되는지 여부, 인권과 정의 337호, 2004. 9

박해식, 일반 사건에 대한 위헌결정의 소급효, 대법원판례해설 58호(2005 하반기), 2006. 7

1-3-2. 사인의 공법행위: 특히 신고

I 개요

사인도 행정법관계에서 공법상의 효과를 발생시키는 행위의 주체가 된다. 사인의 행위가 행정주체와의 관계에서 어떤 의미를 지니는가에 따라 이를 '자체완성적 신고'와 '행정행위 요건적 행위'로 나눌 수 있다. 자체완성적 혹은 자기완결적 행위는 사인의 행위 그 자체로 공법적인 효과를 발생시키므로 이에 대하여 별도로 행정청의 행위를 요하지 않는다. 그러나 행정행위 요건적 행위는 사인의 행위에 의해서 직접적인 법적 효과는 발생하지 않으며, 사인의 행위에 대응하는 행정청의 행위에 의해서 비로소 효과가 발생하며, 신청, 수리를 요하는 신고 등이 이에 해당한다.

행정절차법에 의한 신고는 자체완성적 신고를 전제로 하고 있다. 그러므로 사인이 요건을 갖추어 적법한 신고를 하면 법이 정하고 있는 효과가 발생하며, 행정청에 의한 별도의 법률행위를 요하지 않는다. 그러나 각종 법령에 '신고'의 형식으로 규정하고 있으나 그 실질은 행정청의 심사를 요하는 경우가 많으며, 강학상으로는 이를 '수리를 요하는 신고'로 부르고 있다. 자체완성적 신고에서의 접수나 신고필증의 교부는 그 자체로는 법적인 의미를 가지지 않지만, 수리를 요하는 신고에서의 수리는 법적인 의미를 가지게 된다.

근래 과거의 허가제 행위가 등록제나 신고제로 변화하고 있는데 이는 행정규제 완화 경향에 따라서 사경제 활동에 대한 행정청의 개입을 최소화하려는 의미로 해석할 수 있다. 따라서 법령의 규정상 행정청의 심사권이 명확하게 규정되지 않은 경우에는 이를 자체완성적 신고라고 보아야 하며, 이를 허가제나 등록제에 가까운 것으로 운용하게 되면 입법취지와 맞지 않게 된다. 반면 법률상 신고제가 채택된 경우라도, 공익적 관점에서 사전규제가 필요한 사항이 적법한 신고의 요건으로 명문화되어 있는 경우에는 '수리를 요하는 신고'로 해석하여 그 실질적 심사권을 인정하여야만 제도의 운영에 합리성이 담보될 수 있다.

II 리딩케이스

1. 사건번호: 대법원 2010. 4. 29. 선고 2009다97925 판결 【손해배상(기)】

2. 사실관계

공군 복지근무지원단(이하 '복지단'이라 한다)이 2003. 5. 30. 소외인이 운영하는 (주)한라에게 국유재산으로서 군사시설 안에 있는 계룡시 남선면 남선리 1000－1 토지 51.28㎡ 및 건물 51.28㎡(이하 '이 사건 국유재산'이라 한다)에 대한 사용·수익 허가를 하였다가 2005. 7. 31. 사용료 체납을 이유로 그 사용·수익허가를 취소한 후 2005. 9. 12. 이 사건 국유재산에 대한 경쟁입찰을 실시하자, 원고 갑은 이에 참여하여 2005. 12. 15. 사용료 금 23,200,000원, 사용기간 2006. 1. 1.부터 2008. 12. 31.까지로 한 국유재산사용·수익허가를 받고, 같은 달 30. 복지단과 사용·수익허가시설 운영에 관한 협약을 체결하였다. 원고 갑은 복지단으로부터 이 사건 국유재산을 인도받은 후 정육점 영업 준비를 하던 중 2006. 1. 16. 피고시 담당공무원에게 영업신고에 관해 문의하였는데, 담당공무원은 이 사건 국유재산에 관해 영업신고를 한 소외인이 영업을 중단한 후에도 휴업신고만 하고 폐업신고를 하지 않은 상태이기 때문에 같은 장소에 원고의 영업신고를 수리할 수 없다는 통보를 하였다. 복지단은 2006. 1. 19. 피고시청을 방문하여 소외인이 이 사건 국유재산에 대한 사용·수익권을 상실하여 정육점 영업재개가 불가능하고 원고 갑이 신규 사용·수익권자로서 정육점의 영업을 개시하려 한다는 사정 등을 소명할 수 있는 자료를 제출하며 직권폐업 조치 등 원고 갑이 정육점 영업을 할 수 있도록 행정적인 협조를 해달라고 요청하였으나, 피고시 담당공무원은 원고에게 설명한 것과 같은 사유를 들어 이를 받아들이지 아니하였다. 원고는 영업신고를 마치지 못한 채 영업 준비를 계속하여 2006. 1. 21. 이 사건 국유재산에서 정육점 영업을 개시하였으나, 피고시 담당공무원으로부터 미신고 영업으로 고발할 수 있다는 통지를 받고 2006. 1. 25. 정육점 영업을 중단하였다. 원고 갑은 위 피고시 담당공무원의 직무집행행위가 위법함을 이유로 국가에 대해 국가배상청구소송을 제기하였다.

3. 판결요지

[1] 구 축산물가공처리법(2005. 3. 31. 법률 제7428호로 개정되기 전의 것) 제22조에 의하면 도축업·집유업 또는 축산물가공업을 하고자 하는 자는 시·도지사의 허가를 받아야 하고 식육포장처리업 또는 축산물보관업을 하고자 하는 자는 시장·군수·구청장의 허가를 받아야 하며, 시·도지사 또는 시장·군수·구청장은 일정한 경우 허가를 할 수 없도록 규정하는 반면, 같은 법 제21조 제1항 제6호, 제24조 제1항에 의하면, 축산물판매업을 하고자 하는 자는 농림부령이 정하는 기준에 적합한 시설을 갖추고 시장·군수·구청장에게 신고하여야 한다고만 규정하고 있는바, 이러한 법령에 비추어 볼 때 행정관청으로서는 위 법령에서 규정하는 시설기준을 갖추어 축산물판매업 신고를 하는 경우 당연히 그 신고를 수리하여야 하고, 적법한 요건을 갖춘 신고의 경우에는 행정관청의 수리처분 등 별단의 조치를 기다릴 필요 없이 그 접수시에 신고로서의 효력이 발생하는 것이므로 그 수리가 거부되었다고 하여 미신고 영업이 되는 것은 아니라고 할 것이다(대법원 1985. 4. 23. 선고 84도2953 판결; 1998. 4. 24. 선고 97도3121 판결 등 참조). 따라서 피고시 담당공무원이 위 법령상의 시설기준이 아닌 사유로 축산물판매업 신고 수리를 할 수 없다는 통보를 하고 미신고 영업으로 고발할 수 있다는 통지를 한 것은 위법한 직무집행이라고 할 것이다.

[2] 일반적으로 공무원이 직무를 집행함에 있어서 관계 법규를 알지 못하거나 필요한 지식을 갖추지 못하여 법규의 해석을 그르쳐 잘못된 행정처분을 하였다면 그가 법률전문가가 아닌 행정직 공무원이라고 하여 과실이 없다고 할 수 없으나, 법령에 대한 해석이 그 문언 자체만으로는 명백하지 아니하여 여러 견해가 있을 수 있는 데다가 이에 대한 선례나 학설, 판례 등도 귀일된 바 없어 의의(의의)가 없을 수 없는 경우에 관계 공무원이 그 나름대로 신중을 다하여 합리적인 근거를 찾아 그 중 어느 한 견해를 따라 내린 해석이 후에 대법원이 내린 입장과 같지 않아 결과적으로 잘못된 해석에 돌아가고, 이에 따른 처리가 역시 결과적으로 위법하게 되어 그 법령의 부당집행이라는 결과를 가져오게 되었다고 하더라도 그와 같은 처리방법 이상의 것을 성실한 평균적 공무원에게 기대하기는 어려웠다 할 것이므로 피고시 담당공무원의 위와 같은 위법한 직무

집행이 있었다고 하여 곧바로 담당공무원의 과실을 인정할 수는 없다.

4. 판례해설

(1) 자기충족적 신고의 기능과 요건

사인의 '신고' 행위 자체에 초점을 맞추어 보면 사인의 공법행위로서 행정법관계를 형성하는 요소가 되지만, 국가가 사인의 영업활동에 대해 규율하는 '신고제도'라는 차원에 초점을 맞추어 보면 이는 등록 · 허가 · 예외적 승인 · 특허 등과 함께 다양한 규제방식 중 하나에 해당한다. 그렇다면 이러한 영업규제에 있어서 신고란 국가가 사인의 행위에 대해 어떠한 방식으로 규제하고자 하는 것인가? 행정절차법 상 신고와 같이 자체완성적 신고의 경우, 가장 기본적인 기능은 국가에 대한 정보제공이라 할 수 있다. 다시 말해 국가는 사인이 그 행위를 개시하기 전에 어떠한 행위를 개시하는지에 대해 정보를 수집해 두는 것만으로 충분한 규제가 될 수 있다고 보는 경우이다. 이러한 정보는 국가의 일반적 통치의 기초정보를 구성할 뿐 아니라, 특히 당해 영역의 영업법 등에 의해 부과되는 다양한 행위의무의 준수 여부를 모니터링할 필요가 있는 경우 등에는 사후규제를 용이하게 하는 기능을 하기도 한다.

그러나 어떠한 내용을 신고하도록 요구하는가에 따라서는 신고제도는 정보수집기능 외에 해당 영업활동을 하기 위해서는 일정한 요건을 갖추도록 강제하는 기능을 할 수도 있다. 예컨대, 적법한 신고가 되기 위해서는 일정한 면적의 영업장의 소재지가 신고사항에 포함되어 있어야 한다면, 적법한 영업개시를 위해서는 이러한 면적의 영업장을 확보하도록 강제되는 결과가 되기 때문이다. 다만, 이러한 신고사항이 각종 공적장부사본의 확인 등 형식적 심사로 확인될 수 있는 사항이라면 행정청은 이를 확인하는 외에 그 밖의 요소-특히 실질적 심사를 요하는 요소-를 고려하여 달리 판단할 권한을 갖지 않는다(따라서 규제의 강도는 상대적으로 약화된다).

리딩케이스에서는 구 축산물가공처리법 제21, 24조에 근거하여 축산물판매업자는 "농림부령이 정하는 기준에 적합한 시설을 갖추고 시장 · 군수 · 구청장에게 신고하여야 한다"는 규정을 "행정관청으로서는 위 법령에서 규정하는 시설기준을 갖추어 축산물판매업 신고를 하는 경우 당연히 그 신고를 수리하여야 하고, 적법한 요건을 갖춘 신고의 경우에는 행정관청의 수리처분 등 별단의 조처를 기다릴 필요없이 그 접수 시에 신고로서의 효력이 발생하는 것"이라고 해석함으로써 이를 자기충족적 신고로 보고 있다.

구 축산물가공처리법 시행규칙 상 축산물판매업의 "시설기준"을 보면, 이는 공통시설기준과 세부업종별 개별시설기준으로 구성되는데, '영업장'에 관해서는 "건물은 독립된 건물이거나 다른 용도로 사용되는 시설과 분리 또는 구획되어야 한다", "화장실은 작업장 및 판매장에 영향을 미치지 아니하는 곳에 설치하여야 한다"는 등의 기준이 포함되고, 설비에 관한 기준으로서 "영업장에는 전기냉동시설 · 전기냉장시설 · 진열상자 및 저울을 설치하여야 한다"는 기준 등이 포함되어 있다. 법령상 이러한 시설기준을 규정한 의도는 이러한 시설기준이 갖추어진 사업자에 한해 축산물판매업을 허용하고자 하는 것일 것이다. 행정청은 어떤 방식으로 그 준수를 확보할 것인가? 구 축산물가공처리법은 '신고제도'라는 진입규제제도를 통해 행정청이 사전적으로 그 준수를 확보하도록 한다. 구 축산물가공처리법 시행규칙 제35조는 축산물판매업의 신고를 하고자 하는 자는 별지 제23호서식의신고서에 첨부하여 "영업장의 시설내역 및 배치도"를 제출하도록 하고 있다. 이를 보면, 신고자가 신고서와 함께 제출한 시설내역과 배치도를 토대로 위 각호의 시설기준이 준수되었는지를 확인함으로써 그 준수를 확보하고 있는 것으로 짐작할 수 있다.

그렇다면, 판례에서 본 자기충족적 신고의 실제는 다음과 같이 부연될 수 있다. 즉, 행정청의 수리행위없이 법적 효과를 발생하는 자기충족적 신고는 '적법한 요건을 갖춘 신고'로 한정되고, 이 경우 행정청은 신청인이 낸 증빙서류를 통한 형식적 심사를 통해 당해 시설요건에 부합되는가 여부만을 확인하여 접수하면 되고, 행정관청의 수리처분 등 별단의 조처를 기다릴 필요없이 신고접수 시에 신고로서의 효력이 발생한다. 이로부터 신고제도에 관해 다음과 같은 특징을 도출해 볼 수 있다.

① 신고사항은 사전에 확정되어 있어야 한다.

② 신고사항은 형식적 심사로 확인가능한 것이어야 한다.

③ 신고사항 이외의 사항은 당해 영업을 허용하는가 여부를 결정하는데 고려되어서는 안 된다(관련판례 2,3에서도 이 점이 강조되고 있다).

판례는 위와 같은 해석에 따른 귀결로 피고시 담당공무원이 "위 법령상의 시설기준이 아닌 사유로 축산물판매업 신고 수리를 할 수 없다는 통보를 하고 미신고영업으로 고발할 수 있다는 통지를 한 것은 위법한 직무집행"이라고 보았다. 다만 판례는 위 사실관계에서 보는 바와 같이 상급행정청의 확인을 받아 이러한 판단을 한 경우에는 국가배상책임의 요건으로서 과실이 반드시 인정되는 것은 아니라고 보았다.

(2) 자기충족적 신고의 반려

리딩케이스는 물론 대상 사안에서의 신고를 자기충족적 신고라고 인정한 관련판례 2, 3, 4에서 공통점은 첫째, 신고를 받은 행정청은 그것이 신고대상사안인지 여부, 소정의 시설등 신고요건을 갖춘 적법한 신고인지 여부는 심사하여야 한다는 점, 둘째, 그러나 신고요건 이외의 요소를 심사하여 이를 이유로 신고를 반려할 권한은 없다는 점이다. 그렇다면, 행정청은 시설기준을 다 갖추지 못한 신고에 대해서는 어떤 권한을 갖는가? 또한 신고인의 법적 지위는 어떻게 보아야 하는가? 예컨대, 축산물판매업에 대한 신고서에 첨부된 배치도에 따르면 작업장에 영향을 미칠 것이 확실한 장소에 화장실이 설치되어 있다면? 첫째, 이 경우는 적법한 신고가 아니므로 당해 신고는 효력을 발생하지 않는다고 보아야 한다. 둘째, 이 경우 행정청은 적법한 신고에 대해 별도의 '수리'권한을 갖고 있지 않음에도 불구하고 위법한 신고에 대해서는 반려 또는 접수를 거부할 권한을 갖는가? 만약 그렇다면 그 반려행위 또는 접수거부행위의 법적 성질은 무엇인가? 반려 또는 접수를 거부할 권한이 없다면, 어떻게 대응해야 하는가? 최소한 행정청은 당해 신고인이 그 신고가 적법한 신고로서 효력이 발생되었다고 오해하고 돌아가서 미신고행위를 하는 것은 막아야 한다. 이는 공익을 위해서는 물론이고 사인이 미신고행위로 제재를 당하지 않도록 하기 위해서도 필요하다.

이러한 '자기충족적 신고'에 대한 반려 또는 접수거부행위에 대해 종전의 대법원 판례는 주로 건축법상 신고 반려에 대해 "상대방 또는 기타 관계자들의 법률상 지위에 직접적인 법률적 변동을 일으키지 아니하는 행위"에 해당되어 행정처분에 해당하지 않는다고 판단해 왔다. 그러나 최근 대법원은 이러한 종전의 판례들을 변경하면서, 관련판례 5에서 "건축신고로써 건축허가가 의제되는 건축물의 경우에도 그 신고 없이 건축이 개시될 경우 건축주 등에 대하여 공사중지·철거·사용금지 등의 시정명령을 할 수 있고, 그 시정명령을 받고 이행하지 아니한 건축물에 대하여는" 관허사업의 제한이나 이행강제금 부과, 벌금 등이 부과될 수 있으므로 이러한 건축주의 불안정한 지위로 인한 법적 불안을 해소할 수 있도록 건축신고반려행위를 항고소송의 대상이 되는 처분으로 보는 것이 옳다고 판결하였다.

신고제도의 운용에 있어서 행정청의 수리행위 없이도 사인의 신고행위만으로 당해 행위를 할 적법한 권한을 발생시킴으로써 사경제활동에 대한 행정의 규제적 개입가능성을 감소시키고 개입의 강도를 완화하고자 한 취지는 유지되어야 할 것이다. 그러나 신고제도 하에서도 일정한 요건을 갖출 것이 요구되는 경우에는 그 요건의 충족 여부에 대해 행정청과 사인의 해석 또는 판단이 일치하지 않을 수 있고, 이러한 경우에는 그에 대한 법적 판단이 조기에 이루어지는 것이 공·사익 모두를 위해 바람직할 것이다. 행정규제는 궁극적으로 행정과 사인간의 커뮤니케이션으로 이루어지는 것이라는 점, 신고는 자율규제와는 차이가 있다는 점, 신고대상행위를 적법하게 할 수 있는 지위인가 아닌가에 대한 행정청과 사인간의 이견이 있는 상황에서 그 판단의 리스크를 전적으로 사인이 부담할 수밖에 없도록 신고제의 법리를 해석하는 것은 결과적으로 신고제도의 목적과도 반하게 될 것이라는 점이 이러한 판례의 태도변경을 타당성을 뒷받침해준다.

(3) 인·허가의제와 수리를 요하는 신고

종래 판례는 해당 개별법에 신고 수리를 요하는지 여부에 관한 명문의 규정이 있거나 관련 규정의 해석상 신고에 대한 실질적 심사가 허용되는 경우 등에 한하여 수리를 요하는 신고로 보았다. 그런데 최근 나온 대법원 판례인 관련판례 7에서는 건축법상 인·허가의제 효과를 수반하는 건축신고는 일반적인 건축신고와는 달리, 특별한 사정이 없는 한, 행정청이 그 실체적 요건에 관한 심사를 한 후 수리하여야 하는 이른바 '수리를 요하는 신고'로 보아야 한다고 판시하였다.

그 논거는 인·허가의제 제도의 취지는 창구단일화와 절차간소화로 비용과 시간을 절감하기 위한 것이지, 인·허가의제사항 관련 법률에 따른 각각의 인·허가 요건에 관한 일체의 심사를 배제하려는 것이 아니므로, 행정청은 인·허가의제효과를 수반하는 건축신고에 대해서는 그 실체적 요건을 심사한 후 수리하여야 하므로 '수리를 요하는 신고'로 봄이 타당하다는 것이다. 이 판결에서는 건축신고에 수반하여 국토의 계획 및 이용에 관한 법률 제56조에 따른 개발행위허가가 의제되는 경우로서, 그 실질적 심사의 대상이 될 개발행위허가의 기준은 주변지역의 토지이용실태 또는 토지이용계획, 건축물의 높이, 토지의 경사도, 수목의 상태, 물의 배수 등 주변환경이나 경관과 조화를 이루어야 한다는 것이었다.

관련판례 5와 6은 신고제도에 관해 기존의 형식적 접근에서 나아가 실질적 관점에서 접근하고 있다. 행정청이 신고를 반려하는 경우 신고자의 법적 지위가 아니라 현실적 지위, 인·허가 의제가 이루어지는 경우 심사를 해야 하는 행정청의 현실적인 지위 등을 고려한 것으로 보인다. 다만, 관련판례6의 반대의견에서 다양한 우려사항들이 지적되고 있는 것처럼 이러한 새로운 접근방식의 타당성과 적용범위에 대해서는 향후 계속적인 논의가 필요하다. 위와 같은 규제의 현실적 문제들을 해결하는 동시에 규제를 완화할 수 있는 제도를 고안해 내고, 그 제도의 취지와 작동방식에 대해 보다 명확하고 일관된 설명을 제시하는 것이 그 논의의 주요한 대상이다.

III 관련판례

1. 대법원 1985. 4. 23. 선고 84도2953 판결【의료법위반】

의료법에 의하면, 종합병원, 병원, 치과병원 또는 한방병원의 개설은 행정관청의 허가사항으로 규정(법 제30조 제4항)하고 있으면서 의원, 치과의원, 한의원 또는 조산소의 개설은 단순한 신고사항으로만 규정(법 제30조 제3항)하고 있고 또 그 신고의 수리여부를 심사, 결정할 수 있게 하는 별다른 규정도 두고 있지 아니하므로 이러한 규정의 내용에 비추어 보면 의원의 개설신고를 받은 행정관청으로서는 별다른 심사, 결정없이 그 신고를 당연히 수리하여야 하는 것이며, (당원 1984. 12. 11. 선고 84도2108 판결 참조) 소론과 같이 의원의 개설이 행정관청의 허가사항에 해당하는 것이라고 해석되지 않는다. 의료법시행규칙 제22조 제3항에 의하여 의원개설신고서를 수리한 행정관청이 소정의 신고필증을 교부하도록 되어 있음은 소론과 같으나 이는 신고사실의 확인행위로서 신고필증을 교부하도록 규정한 것에 불과한 것이므로 그와 같은 신고필증의 교부가 없다 하여 개설신고의 효력을 부정할 수 없다 할 것이니 위 규정도 의료법이 정하는 의원의 개설을 행정관청의 허가사항으로 해석할 근거가 될 수 없다.

2. 대법원 1998. 4. 24. 선고 97도3121 판결【체육시설의설치·이용에 관한법률위반】

체육시설의 설치·이용에 관한 법률 제10조, 제11조, 제22조, 같은법 시행규칙 제8조 및 제25조의 각 규정에 의하면, 체육시설업은 등록체육시설업과 신고체육시설업으로 나누어지고, 당구장업과 같은 신고체육시설업을 하고자 하는 자는 체육시설업의 종류별로 같은법시행규칙이 정하는 해당 시설을 갖추어 소정의 양식에 따라 신고서를 제출하는 방식으로 시·도지사에 신고하도록 규정하고 있으므로, 소정의 시설을 갖추지 못한 체육시설업의 신고는 부적법한 것으로 그 수리가 거부될 수밖에 없고 그러한 상태에서 신고체육시설업의 영업행위를 계속하는 것은 무신고 영업행위에 해당할 것이지만, 이에 반하여 적법한 요건을 갖춘 신고의 경우에는 행정청의 수리처분 등 별단의 조처를 기다릴 필요 없이 그 접수시에 신고로서의 효력이 발생하는 것이므로 그 수리가 거부되었다고 하여 무신고 영업이 되는 것은 아니다.

3. 대법원 1999. 4. 27. 선고 97누6780 판결【건축물철거대집행계고처분취소】

주택건설촉진법 제38조 제2항 단서, 공동주택관리령 제6조 제1항 및 제2항,

공동주택관리규칙 제4조 및 제4조의2의 각 규정들에 의하면, 공동주택 및 부대시설·복리시설의 소유자·입주자·사용자 및 관리주체가 건설부령이 정하는 경미한 사항으로서 신고대상인 건축물의 건축행위를 하고자 할 경우에는 그 관계 법령에 정해진 적법한 요건을 갖춘 신고만을 하면 그와 같은 건축행위를 할 수 있고, 행정청의 수리처분 등 별단의 조처를 기다릴 필요가 없다고 할 것이며, 또한 이와 같은 신고를 받은 행정청으로서는 그 신고가 같은 법 및 그 시행령 등 관계 법령에 신고만으로 건축할 수 있는 경우에 해당하는 여부 및 그 구비서류 등이 갖추어져 있는지 여부 등을 심사하여 그것이 법규정에 부합하는 이상 이를 수리하여야 하고, 같은 법 규정에 정하지 아니한 사유을 심사하여 이를 이유로 신고수리를 거부할 수는 없다.

4. 대법원 1993. 9. 14. 선고 93누6959 판결【농지전용신고서반려처분취소】

농어촌발전특별조치법 제47조 제1항은 농가가 대통령령으로 정하는 규모 이하의 농가주택과 농업용 시설의 설치 등을 목적으로 하는 경우 농지의 보전 및 이용에 관한 법률 제4조 제1항 등의 규정을 배제하고 자유로이 신고만으로 농지를 전용할 수 있도록 한 취지이므로 위 제47조 제1항의 규정에 의한 농지전용신고를 받은 행정청으로서는 당해 전용신고가 위 법과 같은 법 시행령 제57조에 규정된, 신고에 의하여 전용할 수 있는 경우에 해당하는지 여부 및 위 법 규정에 의한 농지관리위원회의 확인 절차를 거쳤는지 여부 등을 심사하여 그것이 법규정에 부합하는 이상 이를 수리하여야 하고, 위 법규정에 정하지 아니한 농지의 보전가치 등을 심사하여 이를 이유로 신고 수리를 거부할 수 없다.

5. 대법원 2010. 11. 18. 선고 2008두167 전원합의체 판결【건축신고불허(또는반려)처분취소】

[1] 행정청의 어떤 행위가 항고소송의 대상이 될 수 있는지의 문제는 추상적·일반적으로 결정할 수 없고, 구체적인 경우 행정처분은 행정청이 공권력의 주체로서 행하는 구체적 사실에 관한 법집행으로서 국민의 권리의무에 직접적

으로 영향을 미치는 행위라는 점을 염두에 두고, 관련 법령의 내용과 취지, 그 행위의 주체 · 내용 · 형식 · 절차, 그 행위와 상대방 등 이해관계인이 입는 불이익과의 실질적 견련성, 그리고 법치행정의 원리와 당해 행위에 관련한 행정청 및 이해관계인의 태도 등을 참작하여 개별적으로 결정하여야 한다.

[2] 구 건축법(2008. 3. 21. 법률 제8974호로 전부 개정되기 전의 것) 관련 규정의 내용 및 취지에 의하면, 행정청은 건축신고로써 건축허가가 의제되는 건축물의 경우에도 그 신고 없이 건축이 개시될 경우 건축주 등에 대하여 공사 중지 · 철거 · 사용금지 등의 시정명령을 할 수 있고(제69조 제1항), 그 시정명령을 받고 이행하지 않은 건축물에 대하여는 당해 건축물을 사용하여 행할 다른 법령에 의한 영업 기타 행위의 허가를 하지 않도록 요청할 수 있으며(제69조 제2항), 그 요청을 받은 자는 특별한 이유가 없는 한 이에 응하여야 하고(제69조 제3항), 나아가 행정청은 그 시정명령의 이행을 하지 아니한 건축주 등에 대하여는 이행강제금을 부과할 수 있으며(제69조의2 제1항 제1호), 또한 건축신고를 하지 않은 자는 200만 원 이하의 벌금에 처해질 수 있다(제80조 제1호, 제9조). 이와 같이 건축주 등은 신고제하에서도 건축신고가 반려될 경우 당해 건축물의 건축을 개시하면 시정명령, 이행강제금, 벌금의 대상이 되거나 당해 건축물을 사용하여 행할 행위의 허가가 거부될 우려가 있어 불안정한 지위에 놓이게 된다. 따라서 건축신고 반려행위가 이루어진 단계에서 당사자로 하여금 반려행위의 적법성을 다투어 그 법적 불안을 해소한 다음 건축행위에 나아가도록 함으로써 장차 있을지도 모르는 위험에서 미리 벗어날 수 있도록 길을 열어 주고, 위법한 건축물의 양산과 그 철거를 둘러싼 분쟁을 조기에 근본적으로 해결할 수 있게 하는 것이 법치행정의 원리에 부합한다. 그러므로 건축신고 반려행위는 항고소송의 대상이 된다고 보는 것이 옳다.

6. 대법원 2011. 1. 20. 선고 2010두14954 전원합의체 판결【건축(신축)신고불가취소】

[1] [다수의견] 건축법에서 인 · 허가의제 제도를 둔 취지는, 인 · 허가의제사항과 관련하여 건축허가 또는 건축신고의 관할 행정청으로 그 창구를 단일화하

고 절차를 간소화하며 비용과 시간을 절감함으로써 국민의 권익을 보호하려는 것이지, 인·허가의제사항 관련 법률에 따른 각각의 인·허가 요건에 관한 일체의 심사를 배제하려는 것으로 보기는 어렵다. 왜냐하면, 건축법과 인·허가의제사항 관련 법률은 각기 고유한 목적이 있고, 건축신고와 인·허가의제사항도 각각 별개의 제도적 취지가 있으며 그 요건 또한 달리하기 때문이다. 나아가 인·허가의제사항 관련 법률에 규정된 요건 중 상당수는 공익에 관한 것으로서 행정청의 전문적이고 종합적인 심사가 요구되는데, 만약 건축신고만으로 인·허가의제사항에 관한 일체의 요건 심사가 배제된다고 한다면, 중대한 공익상의 침해나 이해관계인의 피해를 야기하고 관련 법률에서 인·허가 제도를 통하여 사인의 행위를 사전에 감독하고자 하는 규율체계 전반을 무너뜨릴 우려가 있다. 또한 무엇보다도 건축신고를 하려는 자는 인·허가의제사항 관련 법령에서 제출하도록 의무화하고 있는 신청서와 구비서류를 제출하여야 하는데, 이는 건축신고를 수리하는 행정청으로 하여금 인·허가의제사항 관련 법률에 규정된 요건에 관하여도 심사를 하도록 하기 위한 것으로 볼 수밖에 없다. 따라서 인·허가의제 효과를 수반하는 건축신고는 일반적인 건축신고와는 달리, 특별한 사정이 없는 한 행정청이 그 실체적 요건에 관한 심사를 한 후 수리하여야 하는 이른바 '수리를 요하는 신고'로 보는 것이 옳다.

[대법관 박시환, 대법관 이홍훈의 반대의견] 다수의견과 같은 해석론을 택할 경우 헌법상 기본권 중 하나인 국민의 자유권 보장에 문제는 없는지, 구체적으로 어떠한 경우에 수리가 있어야만 적법한 신고가 되는지 여부에 관한 예측 가능성 등이 충분히 담보될 수 있는지, 형사처벌의 대상이 불필요하게 확대됨에 따른 죄형법정주의 등의 훼손 가능성은 없는지, 국민의 자유와 권리를 제한하거나 의무를 부과하려고 하는 때에는 법률에 의하여야 한다는 법치행정의 원칙에 비추어 그 원칙이 손상되는 문제는 없는지, 신고제의 본질과 취지에 어긋나는 해석론을 통하여 여러 개별법에 산재한 각종 신고 제도에 관한 행정법 이론 구성에 난맥상을 초래할 우려는 없는지의 측면 등에서 심도 있는 검토가 필요한 문제로 보인다. 그런데 다수의견의 입장을 따르기에는 그와 관련하여 해소하기 어려운 여러 근본적인 의문이 제기된다. 여러 기본적인 법원칙의 근간 및 신고제의 본질과 취지를 훼손하지 아니하는 한도 내에서 건축법 제14조 제2항에 의하

여 인·허가가 의제되는 건축신고의 범위 등을 합리적인 내용으로 개정하는 입법적 해결책을 통하여 현행 건축법에 규정된 건축신고 제도의 문제점 및 부작용을 해소하는 것은 별론으로 하더라도, '건축법상 신고사항에 관하여 건축을 하고자 하는 자가 적법한 요건을 갖춘 신고만 하면 건축을 할 수 있고, 행정청의 수리 등 별단의 조처를 기다릴 필요는 없다'는 대법원의 종래 견해(대법원 1968. 4. 30. 선고 68누12 판결; 1990. 6. 12. 선고 90누2468 판결; 1999. 4. 27. 선고 97누6780 판결; 2004. 9. 3. 선고 2004도3908 판결 등 참조)를 인·허가가 의제되는 건축신고의 경우에도 그대로 유지하는 편이 보다 합리적인 선택이라고 여겨진다.

[2] **[다수의견]** 일정한 건축물에 관한 건축신고는 건축법 제14조 제2항, 제11조 제5항 제3호에 의하여 국토의 계획 및 이용에 관한 법률 제56조에 따른 개발행위허가를 받은 것으로 의제되는데, 국토의 계획 및 이용에 관한 법률 제58조 제1항 제4호에서는 개발행위허가의 기준으로 주변 지역의 토지이용실태 또는 토지이용계획, 건축물의 높이, 토지의 경사도, 수목의 상태, 물의 배수, 하천·호소·습지의 배수 등 주변 환경이나 경관과 조화를 이룰 것을 규정하고 있으므로, 국토의 계획 및 이용에 관한 법률상의 개발행위허가로 의제되는 건축신고가 위와 같은 기준을 갖추지 못한 경우 행정청으로서는 이를 이유로 그 수리를 거부할 수 있다고 보아야 한다.

[대법관 박시환, 대법관 이홍훈의 반대의견] 수리란 타인의 행위를 유효한 행위로 받아들이는 수동적 의사행위를 말하는 것이고, 이는 허가와 명확히 구별되는 것이다. 그런데 다수의견에 의하면, 행정청이 인·허가의제조항에 따른 국토의 계획 및 이용에 관한 법률상 개발행위허가 요건 등을 갖추었는지 여부에 관하여 심사를 한 다음, 그 허가 요건을 갖추지 못하였음을 이유로 들어 형식상으로만 수리거부를 하는 것이 되고, 사실상으로는 허가와 아무런 차이가 없게 된다는 비판을 피할 수 없다. 이러한 결과에 따르면 인·허가의제조항을 특별히 규정하고 있는 입법 취지가 몰각됨은 물론, 신고와 허가의 본질에 기초하여 건축신고와 건축허가 제도를 따로 규정하고 있는 제도적 의미 및 신고제와 허가제 전반에 관한 이론적 틀이 형해화될 가능성이 있다.

7. 대법원 2014. 4. 10. 선고 2011두6998 판결【노동조합설립신고반려처분취소】

1. 노동조합 및 노동관계조정법 제12조 제3항 제1호가 위헌이라는 주장에 대하여 노동조합 및 노동관계조정법 (이하 '노동조합법'이라고 한다) 제10조 제1항, 제12조 제1항, 제3항 제1호에 의하면, 노동조합을 설립하고자 하는 자는 설립신고서에 규약을 첨부하여 행정관청에 제출하여야 하고, 행정관청은 보완사유나 반려사유가 있는 경우를 제외하고는 설립신고서를 접수받은 때로부터 3일 이내에 신고증을 교부하여야 하나, 설립신고를 한 노동조합이 같은 법 제2조 제4호 각 목에서 정한 노동조합의 소극적 요건에 해당하는 경우에는 설립신고서를 반려하여야 한다.

노동조합법이 노동조합의 설립에 관하여 위와 같은 신고주의를 택한 취지는 노동조합의 조직체계에 대한 행정관청의 효율적인 정비・관리를 통하여 노동조합이 자주성과 민주성을 갖춘 조직으로 존속할 수 있도록 보호・육성하려는 데에 있다(대법원 1997. 10. 14. 선고 96누9829 판결 등 참조).

그런데 설립신고를 한 단체가 노동조합법 제2조 제4호 각 목에 해당하여 노동조합의 개념에 반하거나 노동조합으로서의 자주성 또는 민주성을 갖추지 못한 것으로 인정되는 경우에도 그 설립신고를 무조건 수리하여야 하고 자주성 등의 요건에 대해서는 사후적으로 시정을 요구할 수 있을 뿐이라고 본다면, 노동조합으로서의 실질적 요건조차 갖추지 못한 노동조합의 난립을 방지할 수 없어 오히려 노동조합이 가져야 할 자주성과 민주성이 침해될 우려가 있고, 이는 앞서 본 신고제도의 취지에도 부합하지 않는다.

따라서 노동조합법 제12조 제3항 제1호가 설립신고서를 제출한 단체에 대하여 같은 법제2조 제4호 각 목에 해당하는지를 심사하여 이에 해당하는 경우 그 설립신고를 반려하도록 한 것은 노동조합의 본질적 요소인 자주성 등을 확보하도록 하기 위한 부득이한 조치로서, 심사 결과 해당 사항이 없으면 의무적으로 설립신고서를 수리하여야 한다는 점에서 단체의 설립 여부 자체를 사전에 심사하여 특정한 경우에 한해서만 그 설립을 허용하는 허가와는 달라 헌법 제21조 제2항 후단에서 금지하는 결사에 대한 허가제라고 볼 수 없고, 과잉금지의 원칙을 위반하여 근로자의 단결권을 침해한다고 볼 수도 없다(헌법재판소 2012. 3. 29. 선고 2011헌바53 결정 참조).

그러므로 노동조합법 제12조 제3항 제1호가 헌법 제21조 제2항, 제37조 제2항에 반하여 위헌이라는 상고이유 주장은 이유 없다.

2. 해직 공무원의 가입 여부 심사와 관련한 주장에 대하여

가. (1) 위와 같이 노동조합법이 행정관청으로 하여금 설립신고를 한 단체에 대하여 같은 법 제2조 제4호 각 목에 해당하는지를 심사하도록 한 취지가 노동조합으로서의 실질적 요건을 갖추지 못한 노동조합의 난립을 방지함으로써 근로자의 자주적이고 민주적인 단결권행사를 보장하려는 데 있는 점을 고려하면, 행정관청은 해당 단체가 노동조합법 제2조 제4호 각 목에 해당하는지 여부를 실질적으로 심사할 수 있다고 할 것이다. 다만 행정관청에 광범위한 심사권한을 인정할 경우 행정관청의 심사가 자의적으로 이루어져 신고제가 사실상 허가제로 변질될 우려가 있는 점, 노동조합법은 설립신고 당시 제출하여야 할 서류로 설립신고서와 규약만을 정하고 있고(제10조 제1항), 행정관청으로 하여금 보완사유나 반려사유가 있는 경우를 제외하고는 설립신고서를 접수받은 때로부터 3일 이내에 신고증을 교부하도록 정한 점(제12조 제1항) 등을 고려하면, 행정관청은 일단 제출된 설립신고서와 규약의 내용을 기준으로 노동조합법 제2조 제4호 각 목의 해당 여부를 심사하되, 설립신고서를 접수할 당시 그 해당 여부가 문제된다고 볼 만한 객관적인 사정이 있는 경우에 한하여 설립신고서와 규약 내용 외의 사항에 대하여 실질적인 심사를 거쳐 반려 여부를 결정할 수 있다고 보아야 한다.

8. 대법원 2018. 10. 25. 선고 2018두44302 판결 【의료기관개설신고불수리처분취소】

의료법은 의료기관의 개설 주체가 의원 · 치과의원 · 한의원 또는 조산원을 개설하려고 하는 경우에는 시장 · 군수 · 구청장에게 신고하도록 규정하고 있지만(제33조 제3항), 종합병원 · 병원 · 치과병원 · 한방병원 또는 요양병원을 개설하려고 하는 경우에는 시 · 도지사의 허가를 받도록 규정하고 있다(제33조 제4

항). 이와 같이 의료법이 의료기관의 종류에 따라 허가제와 신고제를 구분하여 규정하고 있는 취지는, 신고 대상인 의원급 의료기관 개설의 경우 행정청이 법령에서 정하고 있는 요건 이외의 사유를 들어 신고 수리를 반려하는 것을 원칙적으로 배제함으로써 개설 주체가 신속하게 해당 의료기관을 개설할 수 있도록 하기 위함이다.

앞서 본 관련 법령의 내용과 이러한 신고제의 취지를 종합하면, 정신과의원을 개설하려는 자가 법령에 규정되어 있는 요건을 갖추어 개설신고를 한 때에, 행정청은 원칙적으로 이를 수리하여 신고필증을 교부하여야 하고, 법령에서 정한 요건 이외의 사유를 들어 의원급 의료기관 개설신고의 수리를 거부할 수는 없다.

Ⅳ 질문 및 토의과제

1. 신고제, 수리를 요하는 신고제, 등록제, 허가제의 차이를 설명하라.

2. 행정절차법상의 신고의 의미와 그 요건에 관하여 설명하라.

3. 관련판례 1과 2, 3은 모두 문제된 신고를 '자기충족적 신고'로 본 판례이지만, 관련판례1은 의원개설신고를 받은 행정청은 별다른 심사, 결정없이 그 결정을 당연히 수리해야한다고 표현하는데 비해, 관련판례 2, 3은 구비서류 또는 시설을 갖추었는지 여부 등은 심사한다고 표현하고 있다. 이러한 형식적 요건을 심사할 권한을 인정할 수 있다면, 이를 갖추지 못하였다고 판단되는 경우에 신고의 접수거부, 반려는 일종의 권리·의무에 영향을 미치는 권한의 행사라고 볼 수 있지 않을까?

4. 허가와 수리를 요하는 신고는 어떠한 차이를 갖는가? 아니면 양자는 구별할 필요성이 없는가? 또한 자체완성적 신고와 수리를 요하는 신고를 법률로 명확히 구별하여 규정하지 않고 해석상으로 구분하는 경우 문제점은 무엇인가? 규제를 완화하는 효과를 가져오면서 동시에 필요한 규제를 할 수 있는, '허가'와 구별되는 규제방식은 어떻게 고안할 수 있겠는가?

5. 관련판례 7에서 행정청이 일정한 경우 반려권한을 갖는 '신고제'도 '허가제'와 달리 차별화하고 있다. 이를 '수리를 요하는 신고', '자족적 신고'와 비교해 보시오. 관련판례 8의 신고에 관한 행정청의 권한은 어떠한가?

Ⅴ 참고문헌

이효진, 행정기본법의 '수리를 요하는 신고'에 대한 고찰: 인허가의제를 수반하는 건축신고를 중심으로, 법제 제699호, 2022

홍강훈, 소위 자체완성적 신고와 수리를 요하는 신고의 구분가능성 및 신고제의 행정법 Dogmatik을 통한 해결론, 공법연구 45집 4호, 2017

홍준형, 사인의 공법행위로서 신고에 대한 고찰: 자기완결적 신고와 수리를 요하는 신고에 관한 대법원판례를 중심으로, 공법연구 40집 4호, 한국공법학회, 2012

Ⅵ 관련법령 및 연결학습

행정기본법

제34조 (수리 여부에 따른 신고의 효력) 법령등으로 정하는 바에 따라 행정청에 일정한 사항을 통지하여야 하는 신고로서 법률에 신고의 수리가 필요하다고 명시되어 있는 경우(행정기관의 내부 업무 처리 절차로서 수리를 규정한 경우는 제외한다)에는 행정청이 수리하여야 효력이 발생한다.

행정절차법

제40조 (신고) ① 법령등에서 행정청에 대하여 일정한 사항을 통지함으로써 의무가 끝나는 신고를 규정하고 있는 경우 신고를 관장하는 행정청은 신고에 필요한 구비서류와 접수기관 기타 법령등에 의한 신고에 필요한 사항을 게시(인터넷 등을 통한 게시를 포함한다)하거나 이에 대한 편람을 비치하여 누구나 열람할 수 있도록 하여야 한다.

② 제1항의 규정에 의한 신고가 다음 각호의 요건을 갖춘 경우에는 신고서가 접수기관에 도달된 때에 신고의 의무가 이행된 것으로 본다.

1. 신고서의 기재사항에 흠이 없을 것
2. 필요한 구비서류가 첨부되어 있을 것
3. 기타 법령등에 규정된 형식상의 요건에 적합할 것

③ 행정청은 제2항 각호의 요건을 갖추지 못한 신고서가 제출된 경우 지체없이 상당한 기간을 정하여 신고인에게 보완을 요구하여야 한다.

④ 행정청은 신고인이 제3항의 규정에 의한 기간내에 보완을 하지 아니한 때에는 그 이유를 명시하여 당해 신고서를 되돌려 보내야 한다.

축산물가공처리법

제21조 (영업의 종류 및 시설기준) ① 다음 각호의 1에 해당하는 영업을 하고자 하는 자는 농림부령이 정하는 기준에 적합한 시설을 갖추어야 한다.<개정 2004.1.29>

(……)

6. 축산물판매업

제24조 (영업의 신고) ① 제21조제1항제5호 내지 제8호의 규정에 의한 영업을 하고자 하는 자는 농림부령이 정하는 바에 의하여 제21조제1항의 규정에 의한 시설을 갖추고 시장 · 군수 · 구청장에게 신고하여야 한다.<개정 2001.12.31>

② 제1항의 규정에 의하여 신고를 한 자가 그 영업을 휴업 · 재개업 또는 폐업하거나 신고한 내용을 변경하고자 하는 경우에는 농림부령이 정하는 바에 의하여 시장 · 군수 · 구청장에게 신고하여야 한다.

축산물가공처리법시행규칙[제1478호 2004.8.4]

제35조 (영업의 신고등) ① 법 제24조제1항의 규정에 의하여 축산물운반업 또는 축산물판매업의 신고를 하고자 하는 자는 별지 제23호서식의신고서에 다음 각호의 서류를 첨부하여 신고관청에 제출하여야 한다. <개정 2000.12.11>

1. 영업장의 시설내역 및 배치도
2. 삭제<2000.12.11>
3. 시설사용계약서(축산물운반업에 있어서 차고 또는 세차장을 임대하는 경우에 한한다)

② 제1항의 규정에 의한 영업의 신고를 함에 있어서 법 제21조제6호의 축산물판매업의 경우 동일인이 같은 시설안에서 식육판매업 · 식육부산물전문판매업 및 축산물수입판매업중 2이상의 영업을 하고자 하는 경우에도 영업별로 각각 영업의 신고를 하여야 한다. 다만, 식육판매업의 영업자가 같은 시설안에서

식육부산물을 판매하는 때에는 그러하지 아니하다.

③ 신고관청은 제1항의 규정에 의한 신고를 받은 때에는 신고인에게 별지 제24호서식의신고필증을 교부하여야 한다. 이 경우 신고관청은 별지 제25호서식의영업신고관리대장을 작성·보관하거나 동 서식에 의한 전산망에 입력하여 관리하여야 한다.

④ 영업자가 신고필증을 잃어버리거나 헐어 못쓰게 되어 신고필증의 재교부를 받고자 하는 때에는 별지 제26호서식의재교부신청서에 다음 각호의 해당서류를 첨부하여 신고관청에 제출하여야 한다.

1. 신고필증을 잃어버린 때에는 그 사유서
2. 신고필증이 헐어 못쓰게 된 때에는 못쓰게 된 신고필증

[별표 10 시설기준 중 일부 발췌]

6. 축산물판매업

가. 공통시설기준

(1) 영업장(축산물수입판매업을 제외한다)

(가) 건물은 독립된 건물이거나 다른 용도로 사용되는 시설과 분리 또는 구획되어야 한다.

(나) 식육판매업의 작업실은 제3호 가목(2)의 규정을 준용한다.

(2) 급수시설(우유류판매업·축산물수입판매업등 물을 사용하지 아니하는 영업장을 제외한다) 수돗물이나 먹는물관리법의 관련규정에 의한 먹는물 수질검사기준에 적합한 지하수 등을 공급할 수 있는 시설을 갖추어야 한다.

(3) 다음의 기준에 적합한 화장실을 설치하여야 한다.

(가) 화장실은 작업장 및 판매장에 영향을 미치지 아니하는 곳에 설치하여야 한다.

(나) 정화조를 갖춘 수세식 화장실을 설치하여야 한다. 다만, 상·하수도가 설치되지 아니한 지역에서는 수세식이 아닌 화장실을 설치할 수 있다.

나. 개별시설기준

(1) 식육판매업

(가) 영업장의 면적은 26.4㎡이상을 권장한다.

(나) 영업장에는 전기냉동시설 · 전기냉장시설 · 진열상자 및 저울을 설치하여야 한다. 다만, 식육을 전문적으로 다른 업소 등에 납품만 하는 경우로서 소비자에게 직접 진열 · 판매하지 아니하는 때에는 진열상자를 설치하지 아니할 수 있다.

건축법

제14조 (건축신고) ① 제11조에 해당하는 허가 대상 건축물이라 하더라도 다음 각 호의 어느 하나에 해당하는 경우에는 미리 특별자치도지사 또는 시장 · 군수 · 구청장에게 국토해양부령으로 정하는 바에 따라 신고를 하면 건축허가를 받은 것으로 본다.

1. 바닥면적의 합계가 85제곱미터 이내의 증축 · 개축 또는 재축
2. 「국토의 계획 및 이용에 관한 법률」에 따른 관리지역, 농림지역 또는 자연환경보전지역에서 연면적이 200제곱미터 미만이고 3층 미만인 건축물의 건축. 다만, 제2종 지구단위계획구역에서의 건축은 제외한다.
3. 대수선(연면적이 200제곱미터 미만이고 3층 미만인 건축물만 해당된다)
4. 그 밖에 소규모 건축물로서 대통령령으로 정하는 건축물의 건축

체육시설의 설치 · 이용에 관한 법률

제10조 (체육시설업의 구분 · 종류) ① 체육시설업은 다음과 같이 구분한다.

1. 등록 체육시설업: 골프장업, 스키장업, 자동차 경주장업
2. 신고 체육시설업: 요트장업, 조정장업, 카누장업, 빙상장업, 승마장업, 종합 체육시설업, 수영장업, 체육도장업, 골프 연습장업, 체력단련장업, 당구장업, 썰매장업, 무도학원업, 무도장업

수산업법

제46조 (신고어업) ① 제8조 · 제43조 또는 제44조에 따른 어업 외의 어업으로서 대통령령으로 정하는 어업을 하려면 어선 · 어구 또는 시설마다 시장 · 군수 · 구청장에게 농림수산식품부령으로 정하는 바에 따라 신고하여야 한다.

노인복지법

제33조 (노인주거복지시설의 설치) ① 국가 또는 지방자치단체는 노인주거복지시

설을 설치할 수 있다.

② 국가 또는 지방자치단체외의 자가 노인주거복지시설을 설치하고자 하는 경우에는 특별자치도지사 · 시장 · 군수 · 구청장(이하 “시장 · 군수 · 구청장”이라 한다)에게 신고하여야 한다.

1-3-3. 행정재량과 공권의 확대

I 개요

행정청의 행정작용으로 인해 형성되는 국가와 국민의 관계를 법적 권리 · 의무로 규율되는 ‘(행정상) 법률관계’로 상정하게 된 것은 법치주의가 가져온 인류 역사의 중요한 진보이다. ‘공권’이란 공법상 권리의무관계에서 직접 자기를 위하여 상대방에게 일정한 이익을 주장하여 관철시킬 수 있는 법적 힘을 말하고, 이 중 특히 ‘개인적(주관적) 공권’이란 개인이 직접 자기의 이익을 위하여 행정주체에게 일정한 행위를 할 것을 요구할 수 있는 공법에 의해 주어진 법적 힘을 말한다. 이에 비하여 국가(행정주체)가 가지는 ‘공권’은 권한의 성격이 강하며, ‘공의무’란 이에 대응하여 의무자의 의사에 가하여진 공법상의 구속을 말한다.

개인이 국가에 대하여 주장(또는 기대)하는 모든 이익들에 대해 ‘공권’으로서의 지위가 부여되는 것은 아니다. ‘공권’의 지위를 부여받을 수 있으려면, 첫째, 개인이 국가에게 바라는 행위가 강행법규에 의해 국가의 의무로 인정되어야 하고, 둘째, 그 법규가 공익의 보호와 함께 (당해 개인이 주장하는 종류의) 사익도 보호도 그 목적으로 하고 있다고 해석되어야 하며, 셋째, 재판을 통해 그 이익의 실현을 청구할 수 있는 권능이 부여되어 있어야 한다.

행정법규가 행정청으로 하여금 일정한 요건이 충족되면 일정한 효과를 부여하도록 기속적 의무를 부여하고 있는 경우에는 위의 공권의 요건들이 비교적 용이하게 충족되는 데 비해, 행정법규가 행정청에게 재량권을 부여하고 있는 경우에는 전통적인 권리개념과 잘 부합되지 않기 때문에 추가적인 검토가 필요하다. 행정청에게 부여된 의무의 내용이 특정된 것이 아니더라도 개인에 대한 어떤 의무를 인정할 수 있을 것인지, 개인이 주장하는 사익도 보호한다고 볼 수 있는 것인지, 그 이익의 실현을 청구할 수 있는 권능이 부여되었다고 볼 수 있는지 모호한 점이 있다. 현대 행정국가에서 행정청의 재량권이 확대되면서 이 문제는 더욱 중요성을 띠게 되었다. 이에 행정청에게 특정한 행위를 할 의무 외에 재량권을 하자없이 행사할 의무가 있는 경우에도 그에 대응하는 공권을 관념하게 되었는데, 이를 '무하자재량행사청구권'이라 칭한다. 또한 문제된 사익도 법이 재량권 행사시에 고려하도록 한 요소에 포함되어 있으면 사익보호성이 인정된다. 또한 법원이 판결로 특정한 행위를 명할 수는 없지만 재량권 일탈남용을 이유로 행정처분의 취소판결을 내림으로써 새로운 행정처분을 하도록 하는 것만으로도 이익실현을 위한 청구권능이 있다고 인정된다. 나아가, 상황에 따라서는 행정청이 재량권을 행사함에 있어서 선택의 여지없이 특정한 내용의 처분을 할 의무가 인정될 수 있는데(재량권의 0으로의 수축), 이 경우에는 특정 행정행위의 발급청구권이나 행정개입청구권이 공권의 내용으로 인정되기도 한다.

II 리딩케이스

1. 사건번호: 대법원 1991. 2. 12. 선고 90누5825 판결【검사임용거부처분취소】

2. 사실관계

원고 갑은 제27회 사법시험에 합격하여 사법연수원 제18기로 그 수습과정을 수료하고 피고 법무부장관에게 다른 지원자들과 함께 검사임용신청을 하였다가 성적순위미달로 임용거부처분을 받았다. 원고는 이 처분이 헌법과 병역법에 위배될 뿐아니라 재량권을 남용한 위법한 처분이라고 주장하며 취소소송을 제기하였다.

3. 판결요지

[1] 검사 지원자 중 한정된 수의 임용대상자에 대한 임용 결정은 한편으로는

그 임용대상에서 제외한 자에 대한 임용거부결정이라는 양면성을 지니는 것이므로 임용대상자에 대한 임용의 의사표시는 동시에 임용대상에서 제외한 자에 대한 임용거부의 의사표시를 포함한 것으로 볼 수 있고, 이러한 임용 거부의 의사 표시는 본인에게 직접 고지되지 않았다고 하여도 본인이 이를 알았거나 알 수 있었을 때에 그 효력이 발생한 것으로 보아야 한다.

[2] 행정청이 국민의 신청을 거부하는 처분은 국민이 행정청에 대하여 그 신청에 따른 행정행위를 해줄 것을 요구할 권리가 있는 때에 한하여 항고소송의 대상이 된다는 것이 당원의 견해임은 원심판시와 같은 바, 검사의 임용여부는 임용권자가 합목적성과 공익적합성의 기준에 따라 판단할 자유재량에 속하는 사항으로서 원고의 임용요구에 기속을 받아 원고를 임용하여야 할 의무는 없는 것이고 원고로서도 자신의 임용을 요구할 권리가 있다고 할 수 없는 것이다. 그러나 이 사건과 같이 임용권자가 동일한 검사신규임용의 기회에 원고를 비롯한 다수의 검사지원자들로부터 임용신청을 받아 전형을 거쳐 자체에서 정한 임용기준에 따라 이들 중 일부만을 선정하여 검사로 임용하는 경우에 있어서, 법령상 검사임용신청 및 그 처리의 제도에 관한 명문규정이 없다고 하여도 조리상 임용권자는 임용신청자들에게 전형의 결과에 대한 응답, 즉 임용여부의 응답을 해줄 의무가 있다고 보아야 하고 원고로서는 그 임용신청에 대하여 임용여부의 응답을 받을 권리가 있다고 할 것이며, 응답할 것인지의 여부조차도 임용권자의 편의재량사항이라고는 할 수 없다(그러므로 아무런 응답이 없을 때에는 그 부작위의 위법확인을 소구할 수 있을 것이다).

[3] 검사의 임용에 있어서 임용권자가 임용여부에 관하여 어떠한 내용의 응답을 할 것인지는 임용권자의 자유재량에 속하므로 일단 임용거부라는 응답을 한 이상 설사 그 응답내용이 부당하다고 하여도 사법심사의 대상으로 삼을 수 없는 것이 원칙이나, 적어도 재량권의 한계 일탈이나 남용이 없는 위법하지 않은 응답을 할 의무가 임용권자에게 있고 이에 대응하여 임용신청자로서도 재량권의 한계 일탈이나 남용이 없는 적법한 응답을 요구할 권리가 있다고 할 것이며, 이러한 응답신청권에 기하여 재량권 남용의 위법한 거부처분에 대하여는 항고소송으로서 그 취소를 구할 수 있다고 보아야 하므로 임용신청자가 임용거부처분이 재량권을 남용한 위법한 처분이라고 주장하면서 그 취소를 구하는 경우

에는 법원은 재량권남용 여부를 심리하여 본안에 관한 판단으로서 청구의 인용 여부를 가려야 한다.

4. 판례해설

이 판례의 핵심은 사인의 신청에 대한 행정청의 거부가 항고소송의 대상이 되는 '거부처분'으로 인정되기 위해서는 그 사인에게 법규상 또는 조리상 신청권이 있다고 인정되어야 하는데, 당해 행위가 재량행위라서 사인이 특정한 행위를 요구할 권리는 없는 경우라도 행정청이 재량권을 하자없이 행사하여 그 가부를 응답해 줄 것을 요구할 수 있는 권리가 인정되면 그러한 '신청권'이 인정된다는 것이다. 즉, 이는 항고소송의 대상적격 – 행정소송법상의 '거부처분'에 해당하는가? –에 관한 판례인데, 이를 위해 무하자재량행사청구권과 유사한 내용의 응답신청권을 인정하고 있다.

이 판례의 원심판결은 국민의 신청에 대한 거부처분이 항고소송의 대상이 되려면 국민이 행정청에 대하여 그 신청에 따른 행정행위를 해줄 것을 요구할 수 있는 법규상 또는 조리상의 권리가 있어야 할 것인데(당원 1984. 10. 23. 선고 84누227 판결 참조) 원고에게 임용권자에 대하여 검사임용이라는 행정행위를 해줄 것을 요구할 수 있는 법규상 또는 조리상의 권리가 있다고 할 수 없다는 이유로 이 소를 부적법각하하였다. 이러한 원심의 태도처럼 거부처분의 요건으로서의 '신청권'이 '검사임용'이라는 특정한 행위를 해 줄 것을 요구할 수 있는 '법규상 또는 조리상의 권리(공권)'를 내용으로 한다고 본다면 행정청에게 신청에 대한 수락 여부의 재량권이 부여된 경우 그 거부결정을 행정소송법상의 '거부처분'으로 다툴 수 있는 가능성은 매우 제한될 것이다. 이에 대법원은 특정한 행위를 할 행정청의 의무나 그에 대응하는 사인의 공권을 인정할 수는 없더라도, 경원자(競願者)들에 대해 "(자체에서 정한) 임용기준"에 따라 일부만을 선정하는 경우 "조리상" "임용여부의 응답을 해줄 의무" 및 그에 대응되는 권리를 인정할 수 있고, 그러한 "의무"의 내용은 나아가 "재량권의 한계일탈이나 남용이 없는 위법하지 않은 응답을 할 의무"이고 이에 대응되는 권리가 인정된다고 함으로써, 재량행위로서의 거부처분에 대한 사법심사의 기회를 확대하고 있다.

이러한 점에서 이 판결은 개인적 공권 확대의 한 측면을 보여준다. 국민은 개인적 공권을 인정받음으로써 행정주체에 대하여 독자적인 지위에서 자신의 권익의 보장을 요구할 수 있게 되고 최소한 그의 권익에 관하여 행정주체에게 법의 준수를 요구할 수 있게 된다. 따라서 종래 반사적 이익으로 인정되던 것이 공권으로 인정되고, 헌법상 기본권에 직접 근거하여 공권을 인정하는 등의 방식으로 공권이 확대되어 왔고, 이 판례에서 보는 바와 같이 행정의 재량권이 인정되는 경우에도 일정한 내용의 공권 개념을 정립하게 된 것이다. (이 판결의 첫 번째 쟁점은 임용탈락자에 대해 명시적으로 임용거부의 의사표시가 없었어도 유효한 임용거부가 있었다고 볼 수 있는가 하는 거부처분의 '형식적 요건'에 관한 것이지만, 이는 공권의 문제와 직접 관련이 없으므로 다루지 않는다.)

이 판결에서 보듯이 행정청이 재량권을 하자없이 행사해 줄 것을 요구할 공권은 항고소송과 관련하여서는 주로 소의 적법요건으로서 '소익'과 관련되어 문제된다. 이는 항고소송의 본안에서는 (異見이 있지만) 주로 행정처분의 위법성을 심리하고 원고의 공권은 주로 원고적격이나 대상적격의 단계에서 검토되기 때문이다. 이 판결에서 문제된 "법규상 또는 조리상 신청권"의 개념도 원고적격의 문제로 다루어져야 한다는 지적도 있다. 그러나 다른 한편으로는 원고적격, 대상적격, 협의의 소익 모두 '광의의 소익'의 일부이고, 그 개념들 상호간에 경계선을 명확히 그을 수 없는 부분이 있으므로, 넓게는 당해 소송에 대해 사법자원을 투하하여 심리할 만한 가치가 있는가를 원고 개인의 관점에서 바라본 주관적 이익과 사법제도의 관점에서 바라본 객관적 이익의 양 측면에서 평가하는 것으로 통합하여 볼 수도 있다. 재량행위에 대해서는 원고 개인의 권익구제 뿐만 아니라 사법적인 재량통제의 계기를 확대할 필요에서도 공권의 확대가 이루어지는 것으로 볼 수 있다. 법치주의의 심화라는 관점에서 보면, 이미 확정된 기득권이 침해된 경우에만 행정소송을 통한 회복이 허용되는 단계에서 행정청이 법 아래에서 구체적인 권리·의무를 분배하는 의사결정과정에 사법부가 개입하여 그 결정의 질을 높이도록, 그래서 더 공정한 분배가 이루어지도록 촉구할 수 있게 되었다는 점에서 법치주의가 좀 더 사전적이고 개방적으로 이루어지게 되었다고 할 수 있다.

같은 맥락에서 '공권'의 법적 효과도 내용상의 확대가 이루어진다고 볼 수 있다. 즉, '권리'의 효력을 '사인이 주장하는 특정 이익 또는 행위 그 자체를 실현할 수 있는 법적 힘'만이 아니라, '그 이익 또는 행위를 거부하는 행정처분을 법원이 취소함으로써 재처분을 통해 이를 실현할 수 있는 기회를 다시 부여받을 수 있는 법적 힘' 또는 관련판례 2에서 보는 바와 같이 '재량권의 0으로의 수축'이 인정되어 그로부터 요구되는 특정 행위를 하지 않은 경우 국가배상을 받을 수 있는 법적 힘' 등으로 그 법적 효과도 다양하게 파악할 수 있다.

Ⅲ 관련판례

1. 대법원 2004. 4. 22. 선고 2000두7735 전원합의체 판결【교수재임용거부처분취소】

구 교육공무원법(1999. 1. 29. 법률 제5717호로 개정되기 전의 것) 제11조 제3항, 구 교육공무원임용령(2001. 12. 31. 대통령령 제17470호로 개정되기 전의 것) 제5조의2 제2항이 국·공립대학에 근무하는 조교수는 4년 이내의 기간을 정하여 임용하도록 규정함으로써 원칙적으로 정년이 보장되는 교수 등의 경우와 차이를 두고 있는 것은, 임용기간이 만료되었을 때 교원으로서의 자질과 능력을 다시 검증하여 임용할 수 있게 함으로써 정년제의 폐단을 보완하고자 하는 데 그 취지가 있으므로, 기간을 정하여 임용된 조교수는 그 임용기간의 만료로 대학교원으로서의 신분관계가 종료된다고 할 것이다.

그러나 대학의 자율성 및 교원지위법정주의에 관한 헌법규정과 그 정신에 비추어 학문 연구의 주체인 대학교원의 신분은 기간제로 임용된 교원의 경우에도 일정한 범위 내에서 보장되어야 할 필요가 있고, 비록 관계 법령에 임용기간이 만료된 교원에 대한 재임용의 의무나 그 절차 및 요건 등에 관하여 아무런 규정을 두지 않았다고 하더라도, 1981년도 이래 교육부장관은 기간제로 임용된 교원의 재임용 심사방법, 연구실적물의 범위와 인정기준, 심사위원 선정방법 등을 상세히 규정한 인사관리지침을 각 대학에 시달함으로써 재임용 심사에 관하여 일정한 기준을 제시하여 왔고, 대학들도 자체 규정에 의하여 재임용 심사에 관한 기준을 마련하고 있어, 이에 따라 임용기간이 만료된 교원들은 위 인사관리지침과 각 대학의 규정에 따른 심사기준에 의하여 재임용되어 왔으며, 그 밖에 기간제로 임용된 교원의 재임용에 관한 실태 및 사회적 인식 등 기록에 나타난 여러 사정들을 종합하면, 기간제로 임용되어 임용기간이 만료된 국·공립대학의 조교수는 교원으로서의 능력과 자질에 관하여 합리적인 기준에 의한 공정한 심사를 받아 위 기준에 부합되면 특별한 사정이 없는 한 재임용되리라는 기대를 가지고 재임용 여부에 관하여 합리적인 기준에 의한 공정한 심사를 요구할 법규상 또는 조리상 신청권을 가진다고 할 것이니, 임용권자가 임용기간이 만료된 조교수에 대하여 재임용을 거부하는 취지로 한 임용기간만료의 통지는 위와 같은 대학교원의 법률관계에 영향을 주는 것으로서 행정소송의 대상이 되는 처분에 해당한다고 할 것이다.

이와 달리, 기간을 정하여 임용된 대학교원이 그 임용기간의 만료에 따른 재임용의 기대권을 가진다고 할 수 없고, 임용권자가 인사위원회의 심의결정에 따라 교원을 재임용하지 않기로 하는 결정을 하고 이를 통지하였다고 하더라도 이를 행정소송의 대상이 되는 행정처분이라고 할 수 없다고 판시한 대법원 1997. 6. 27. 선고 96누4305 판결은 이와 저촉되는 범위 내에서 변경하기로 한다.

2. 대법원 2004. 9. 23. 선고 2003다49009 판결【손해배상(기)등】

[1] 경찰은 범죄의 예방, 진압 및 수사와 함께 국민의 생명, 신체 및 재산의 보호 등과 기타 공공의 안녕과 질서유지도 직무로 하고 있고, 그 직무의 원활한 수행을 위하여 경찰관직무집행법, 형사소송법 등 관계 법령에 의하여 여러 가지 권한이 부여되어 있으므로, 구체적인 직무를 수행하는 경찰관으로서는 제반 상황에 대응하여 자신에게 부여된 여러 가지 권한을 적절하게 행사하여 필요한 조치를 취할 수 있는 것이고, 그러한 권한은 일반적으로 경찰관의 전문적 판단에 기한 합리적인 재량에 위임되어 있는 것이나, 경찰관에게 권한을 부여한 취지와 목적에 비추어 볼 때 구체적인 사정에 따라 경찰관이 그 권한을 행사하여 필요한 조치를 취하지 아니하는 것이 현저하게 불합리하다고 인정되는 경우에는 그러한 권한의 불행사는 직무상의 의무를 위반한 것이 되어 위법하게 된다.

[2] 윤락녀들이 윤락업소에 감금된 채로 윤락을 강요받으면서 생활하고 있음

을 쉽게 알 수 있는 상황이었음에도, 경찰관이 이러한 감금 및 윤락강요행위를 제지하거나 윤락업주들을 체포·수사하는 등 필요한 조치를 취하지 아니하고 오히려 업주들로부터 뇌물을 수수하며 그와 같은 행위를 방치한 것은 경찰관의 직무상 의무에 위반하여 위법하므로 국가는 이로 인한 정신적 고통에 대하여 위자료를 지급할 의무가 있다고 한 사례

3. 대법원 2005. 7. 8. 선고 2002두8640 판결【부당해고구제재심판정취소】

계약기간을 정하여 임용된 근로자의 경우 그 기간이 만료됨으로써 근로자로서의 신분관계는 당연히 종료되고 재임용계약을 체결하지 못하면 재임용거부결정 등 특별한 절차를 거치지 않아도 당연퇴직되는 것이며, 근로자가 부당해고구제신청을 하여 해고의 효력을 다투던 중 계약기간의 만료로 근로관계가 종료되었다면 더 이상 구제절차를 유지할 필요가 없게 되어 구제이익이 소멸하는 것이 원칙이기는 하나, 임용의 근거가 된 법령 등의 규정이나 계약 등에서 임용권자에게 임용기간이 만료된 근로자를 재임용할 의무를 지우거나 재임용절차 및 요건 등에 관한 근거규정을 두고 있어 근로자에게 소정의 절차에 따라 재임용될 수 있으리라는 정당한 기대권이 인정되는 경우에는 사용자가 그 절차에 위반하여 부당하게 근로자를 재임용에서 제외하는 것은 실질적으로 부당해고와 동일시할 수 있는 것이므로 근로자로서는 임용기간이 만료된 후에도 재임용에서 제외한 조치의 유효 여부를 다툴 법률상 이익을 가진다.

4. 대법원 2018. 3. 27. 선고 2015두47492 판결【교장임용거부처분무효확인의소】

교육공무원법 제29조의2 제1항, 제13조, 제14조 제1항, 제2항, 교육공무원승진규정 제1조, 제2조 제1항 제1호, 제40조 제1항, 교육공무원임용령 제14조 제1항, 제16조 제1항에 따르면 임용권자는 3배수의 범위 안에 들어간 후보자들을 대상으로 승진임용 여부를 심사하여야 하고, 이에 따라 승진후보자 명부에 포함된 후보자는 임용권자로부터 정당한 심사를 받게 될 것에 관한 절차적 기

대를 하게 된다. 그런데 임용권자 등이 자의적인 이유로 승진후보자 명부에 포함된 후보자를 승진임용에서 제외하는 처분을 한 경우에, 이러한 승진임용제외처분을 항고소송의 대상이 되는 처분으로 보지 않는다면, 달리 이에 대하여는 불복하여 침해된 권리 또는 법률상 이익을 구제받을 방법이 없다. 따라서 교육공무원법상 승진후보자 명부에 의한 승진심사 방식으로 행해지는 승진임용에서 승진후보자 명부에 포함되어 있던 후보자를 승진임용인사발령에서 제외하는 행위는 불이익처분으로서 항고소송의 대상인 처분에 해당한다고 보아야 한다.

다만 교육부장관은 승진후보자 명부에 포함된 후보자들에 대하여 일정한 심사를 진행하여 임용제청 여부를 결정할 수 있고 승진후보자 명부에 포함된 특정 후보자를 반드시 임용제청을 하여야 하는 것은 아니며, 또한 교육부장관이 임용제청을 한 후보자라고 하더라도 임용권자인 대통령이 반드시 승진임용을 하여야 하는 것도 아니다. 이처럼 공무원 승진임용에 관해서는 임용권자에게 일반 국민에 대한 행정처분이나 공무원에 대한 징계처분에서와는 비교할 수 없을 정도의 광범위한 재량이 부여되어 있다. 따라서 승진후보자 명부에 포함된 후보자를 승진임용에서 제외하는 결정이 공무원의 자격을 정한 관련 법령 규정에 위반되지 아니하고 사회통념상 합리성을 갖춘 사유에 따른 것이라는 주장·증명이 있다면 쉽사리 위법하다고 판단하여서는 아니 된다.

Ⅳ 질문 및 토의과제

1. 리딩케이스와 관련판례 1은 모두 "법령상 검사임용신청 및 그 처리의 제도에 관한 명문규정이 없다고 하여도", "관계 법령에 임용기간이 만료된 교원에 대한 재임용의 의무나 그 절차 및 요건 등에 관하여 아무런 규정을 두지 않았다고 하더라도," "재량권의 한계일탈이나 남용이 없는 적법한 응답"이나 "합리적인 기준에 의한 공정한 심사를 요구할" 법규상 또는 조리상 신청권이 인정된다고 하고 있다. 이러한 의미의 법규상·조리상 신청권은 행정청이 행하는 모든 경쟁절차 또는 신청에 대한 심사절차에 임하는 누구나에게 적용될 수 있는 것인가? 아니면 사법제도의 일부로서의 "검사"나 대학교육제도의 일부로서의 "교수"가 가지는 특별한 사회적 기능이 고려된 것으로 보아야 하는가?

2. 관련판례 1은 교수재임용거부의 '처분성'에 관한 기존의 대법원 판례를 변경하는 판례이다.

변경전 판례와 현재 판례를 '공권의 확대'라는 관점에서 비교해 보시오.

3. 관련판례 2는 경찰재량의 행사에 있어서 재량권이 수축되어 국가배상청구권의 요건이 되는 위법성이 인정된 경우이다. 손해배상청구소송에 있어서 무하자재량행사청구권의 개념과 행정개입청구권의 개념의 역할을 항고소송에 있어서 그러한 개념의 역할과 비교해 보시오.

4. 관련판례 3은 사법상 근로관계에 있어서 "임용의 근거가 된 법령 등의 규정이나 계약 등에서 임용권자에게 임용기간이 만료된 근로자를 재임용할 의무를 지우거나 재임용절차 및 요건 등에 관한 근거규정을 두고 있어 근로자에게 소정의 절차에 따라 재임용될 수 있으리라는 정당한 기대권이 인정되는 경우에는" 재임용제외행위가 부당해고에 해당한다고 보는 판례이다. 이를 관련판례 1과 비교해 보시오.

5. 관련판례 4의 '승진임용처분'은 통상 재량권이 매우 광범한 처분이다. 이에 대해 거부처분으로 인정하여 적법성 심사를 해야 한다고 판단한 요소로서 '절차적 기대'가 언급되었는데, 이러한 절차적 기대가 형성되었다고 볼 수 없는 유형의 재량행위도 상정할 수 있는가?

V 참고문헌

정혜진, 거부처분과 신청권에 대한 고찰, 법과 정책 제27집 제2호, 2021

이상덕, 거부처분의 처분성 인정요건으로서의 '신청권' 이론에 관한 비판적 고찰, 사법 55호, 2020

최우용, 거부처분과 신청권: '신청권 법리'의 근본적 재고를 요구하며, Dong-A law school journal 제1권 2호, 2011

이선희, 기간제로 임용된 국립대학교 교원에 대한 재임용거부행위의 처분성, 대법원판례해설 50호(2004 상반기), 2004. 12

이홍훈, 검사임용거부처분의 행정처분성 및 무하자재량행사청구권, 재판실무연구, 1999. 1, 광주지방법원

1-3-4. 특별권력관계

Ⅰ 개요

행정법상 일반권력관계가 국가와 국민간의 관계라면 특별권력관계는 특별한 권력주체와 객체 간의 관계를 의미한다. 특별권력관계는 공무원의 근무관계, 공법상의 영조물 이용관계, 국가와 공공단체의 관계, 공공조합과 그 구성원의 관계 등에서 그 예를 찾아볼 수 있다. 전통적 특별권력관계에 관한 이론에 의하면 이 관계 내에서는 법치주의가 전면적으로 적용되지 않으며 또한 사법심사가 제한된다고 보았다. 또한 이 관계 내부에서는 국민의 기본권도 일부 배제될 수 있는 것으로 보았다. 오늘날 민주적 법치주의 시대에서 이러한 발상은 더 이상 타당하지 않는 것으로 보는 견해가 확산되고 있다. 우선 그 용어부터 특별행정법관계 혹은 특별신분관계로 부르고 있으며, 종래의 특별권력관계를 부정하거나 수정하려는 이론적인 시도도 많이 있다. 오늘날에도 학교, 군, 교정시설 등과 같은 일정한 공익적 목적을 가진 국가적 제도가 원활히 작동하기 위해 비례원칙상 필요성을 인정할 수 있는 범위 내에서 일반 국민에 대한 것과 차별화할 수 있는 가능성을 '특별행정법 관계' 등으로 포착할 필요는 인정될 여지도 있다. 그러나 이러한 접근을 하기 위해서는 과거와 같이 법치주의의 적용을 부정하거나 사법심사가 배제되는 영역을 유형적·포괄적으로 분리해 내는 방식이 아니라 사법심사의 대상으로 하되 심사의 척도나 강도에 있어서 그 제도의 특수성 등을 감안하는 섬세한 접근이 필요할 것이다.

Ⅱ 리딩케이스

1. 사건번호: 대법원 1992. 7. 14. 선고 91누4737 판결【퇴학처분취소】

2. 사실관계

고등학생인 원고 갑은 교칙을 위반하였다는 이유로 학생 선도위원회에 징계회부되었다. 징계에 관한 규정은 이 학교 시행세칙에 규정되어 있다. 관련 학생선도규정에서 선도위원회의 구성에 관한 사항과 무기정학 이상의 학생징계에 선도위원회에서 위원 2/3 이상의 출석과 출석위원 2/3 이상으로 심의 결정하여 학교장에게 상신하고 결재를 받아 집행한다고 되어 있었다. 다만 학교장은 필요에 따라 재심을 명하거나 선도위원회 결정사항을 직원회에 회부하여 심의케 할 수 있도록 규정하고 있었다. 원고에 대한 이 사건 징계심의결과는 출석위원 13명 중 퇴학의견이 7명, 무기정학의견이 5명, 기권 1명으로서 퇴학처분에 필요한 2/3 이상의 찬성표에 미달하였다. 그러나 피고 을 학교장은 재심이나 직원회의 심의에 회부함이 없이 원고에 대하여 이 사건 퇴학처분을 하였다. 이에 대하여 원고는 이 징계결과가 학칙 및 시행세칙을 위반하였다고 하여 소를 제기하였다.

3. 판결요지

학칙시행상 필요한 세칙은 학교장이 정한다고 규정한 학칙의 부칙에 따라 학교장이 학생징계에 관하여 규정한 선도규정이, 무기정학 이상의 중징계에 관하여 그 절차와 사유를 특히 엄격하게 정함으로써 신중과 공정을 기하고 학생의 신분을 보장할 목적으로 마련된 것이고 학생이나 교직원들은 위 절차에 의하여 징계가 이루어질 것으로 신뢰하고 있다 할 것이므로 징계권자인 학교장도 이 절차에 기속되어 이를 어기고 한 징계처분은 위법하다.

4. 판례해설

이 판례는 종래 특별권력관계라고 설명되는 국공립학교 학생의 재학관계에서 발생하는 법적용의 문제를 잘 보여준다. 이 사안에서 학생의 퇴학처분과 관련하여 학칙과 시행세칙에 의한 절차를 준수하여야 하며, 이를 위반한 경우에는 관련 처분이 위법하여 취소의 대상이 된다고 보았다. 그러니까 학칙 및 시행세칙은 학교 내부에만 적용되는 조직 및 절차규정이 아니라 학교 구성원으로서의 학생과 법원에 대하여 유효한 외부법으로서의 성질도 아울러 가지는 것이다.

이 판례는 원고적격과의 관련에서도 자주 인용된다. 법원은 "고등학교졸업이 대학입학자격이나 학력인정으로서의 의미밖에 없다고 할 수 없으므로 고등학교 졸업 학력검정고시에 합격하였다 하여 고등학교 학생으로서의 신분과 명예가 회복될 수 없는 것이니 퇴학처분을 받은 자로서는 퇴학처분의 위법을 주장하여 그 취소를 구할 소송상의 이익이 있다"고 하였다. 즉, 원고가 퇴학처분을 받은 후에 이를 법원에서 다투면서 그간 검정고시를 준비하여 합격하였다고 하여도 고등학교 퇴학처분을 다툴 법률상 이익은 여전히 존재한다.

종래 국립학교 재학관계는 특별권력관계, 즉 영조물이용관계로 파악하였으나 이를 계약에 의한 재학관계로 재구성하려는 시도가 있다. 계약관계로 구성하려는 시도는 특별관계의 개별적 부정설과 맥락을 같이한다. 이는 종래 특별권력관계의 근거가 되는 법률관계의 내용과 기능을 분석하여 이를 재구성하려는 시도로 볼 수 있다.

특별권력관계를 제한적으로 인정하는 경우에 사법심사의 범위에 대해서는 어느 정도로 정리되어 있다. 다수설은 일반권력관계와 마찬가지로 광범한 사법심사의 가능성을 인정하고 있다. 그러나 특별권력관계를 기본관계와 경영수행관계로 나누고, 기본관계에 대해서 사법심사가 가능하다는 입장도 유력하다. 여기서 기본관계는 특별권력관계의 성립, 변경 및 종료를 규율하는 관계이다. 학생의 재학관계를 예로 들자면 입학, 진학, 제적 혹은 졸업이 기본관계에 해당할 것이다. 그런데 학생의 학내 생활 통제라든지 수업, 성적부여는 기본관계에 영향을 미치지 않는 이상 경영수행관계로서 제소의 대상이 되지 못한다. 이에 대해서는 취소소송 중심의 사고라는 비판이 있으며, 일반적인 이행소송을 인정하면 경영수행관계라고 하여도 다툼의 가능성은 열려 있다고 본다.

Ⅲ 관련판례

1. 대법원 1998. 10. 9. 선고 97누1198 판결【파면처분취소】

농지개량조합의 직원에 대한 징계처분을 함에 있어서 어떠한 징계처분을 할 것인가는 원칙적으로 징계권자의 재량에 맡기어져 있지만, 징계권자가 한 징계처분이 사회통념상 현저하게 타당성을 잃은 경우에는 재량권을 남용한 것으로 인정될 수 있고, 이와 같은 재량권의 남용 여부를 판단함에 있어서는 내부적으로 정한 징계양정의 기준을 참작하여야 할 것이지만 그것만에 의할 것이 아니라 그 징계의 원인이 된 비위사실의 내용과 성질, 징계에 의하여 달성하려고 하는 직무규율상의 목적 등 구체적인 사안에서 나타난 제반 사정을 모두 참작하여야만 한다.

2. 헌재 2004. 12. 16. 2002헌마478 결정【접견불허처분등위헌확인】

수형자의 기본권 제한에 대한 구체적인 한계는 헌법 제37조 제2항에 따라 법률에 의하여, 구체적인 자유·권리의 내용과 성질, 그 제한의 태양과 정도 등을 교량하여 설정하게 되며, 수용 시설 내의 안전과 질서를 유지하기 위하여 이들 기본권의 일부 제한이 불가피하다 하더라도 그 본질적인 내용을 침해하거나, 목적의 정당성, 방법의 적정성, 피해의 최소성 및 법익의 균형성 등을 의미하는 과잉금지의 원칙에 위배되어서는 안 된다.

3. 헌재 2005. 2. 24. 2003헌마289 결정【행형법시행령제145조제2항등위헌확인】

[1] 행형법상 징벌의 일종인 금치처분을 받은 자에 대하여 금치기간 중 집필을 전면 금지한 행형법시행령 제145조 제2항 본문 부분(이하 '이 사건 시행령조항'이라 한다)은, 금치대상자의 자유와 권리에 관한 사항을 규율하는 것이므로 모법의 근거 및 위임이 필요하다. 행형법 제46조 제2항 제5호는 징벌의 일종으로 "2월 이내의 금치"를 규정하고 있으나, 금치의 개념 자체로부터는 그 사전적 의미가 제시하는 징벌실 수용이라는 특수한 구금형태만을 추단할 수 있을 뿐이고 거기에 집필의 전면적 금지와 같은 일정한 처우의 제한 내지 박탈이라는 금치의 효과 내지 집행방법까지 포함되어 있다거나 동 조항으로부터 곧바로 제한되는 처우의 내용이 확정된다고 볼 수 없고, 행형법 제46조 제4항은 징벌을 부과함에 있어 필요한 기준을 법무부장관이 정하도록 규정하고 있으나, 그 위임사항이 "징벌의 부과 기준"이지 "징벌의 효과나 대상자의 처우"가 아님은 문언상 명백하므로, 모두 이 사건 시행령조항의 법률적 근거가 된다고 할 수 없다. 다만 행형법 제33조의3 제1항은 수용자에 대하여 원칙적으로 집필을 금지

하고 있다고 볼 수 있으나, 이 사건 시행령조항은 같은 조항에서 규정하고 있는 접견이나 서신수발 등과 달리 교도소장이 예외적으로라도 이를 허용할 가능성마저 봉쇄하고 있고, 위 행형법 제33조의3 제1항보다 가중된 제한을, 그것도 모법과 상이한 사유를 원인으로 집필의 자유를 박탈하고 있으므로 이 역시 이 사건 시행령조항의 법률적 근거가 된다고 할 수 없어 이 사건 시행령조항은 금치처분을 받은 수형자의 집필에 관한 권리를 법률의 근거나 위임 없이 제한하는 것으로서 법률유보의 원칙에 위반된다.

[2] 이 사건 시행령조항은 규율 위반자에 대해 불이익을 가한다는 면만을 강조하여 금치처분을 받은 자에 대하여 집필의 목적과 내용 등을 묻지 않고, 또 대상자에 대한 교화 또는 처우상 필요한 경우까지도 예외 없이 일체의 집필행위를 금지하고 있음은 입법목적 달성을 위한 필요최소한의 제한이라는 한계를 벗어난 것으로서 과잉금지의 원칙에 위반된다.

4. 헌재 2003. 10. 30. 2002헌마684, 2002헌마735 · 763(병합) 전원재판부 결정【국가공무원법 제33조 제1항 제5호 등 위헌확인, 국가공무원법 제69조 위헌확인】

산업사회를 거쳐 정보화사회로 이행되어 가는 오늘날의 사회구조는 공직사회 및 민간기업조직에 많은 변화를 가져왔다. 즉, 민간기업사회에도 공직사회와 같은 대규모의 관리조직이 생겨나게 된 한편, 국가조직도 능률성, 효율성의 개념을 중시하면서 민간기업의 관리 경영기법이 도입되고, 그 인적구성에 있어서도 전문적인 지식 · 경험 · 기술로 무장된 관료집단을 필요로 하여 공무원과 일반의 근로자간, 공직과 사직간의 유사성의 증대, 신분적 특성의 동질화를 가져왔고, 이러한 현상은 점점 더 심화되리라고 보인다. 이와 같은 사회구조의 변화는 일반인의 공직에 대한 인식에도 변화를 가져오게 되었는바, 사회구조의 변화에 따른 사회국가적 행정임무의 증대와 이에 따른 공무원 수의 대폭적인 증가현상은 자연히 공무원의 질과 사회적 지위에 영향을 미치게 되었고, 결과적으로 공무원이 종래 누렸던 엘리트적인 면모가 손상을 입게 되었다. 물론 오늘날 공직의 구조 및 공직에 대한 인식의 변화에도 불구하고 공무원은 국민에 대한 봉사자로서의 지위를 지니는 것이고 공정한 공직수행을 위한 직무상의 높은 수준의 염결성은 여전히 강조되는 것이다. 다만, 엘리트적 면모와 사회적 명예직으로서의 공직 인식은 더 이상 유효하지 않다고 할 것이며, 따라서, '모든 범죄로부터 순결한 공직자 집단'이라는 신뢰를 요구하는 것은 오히려 국민의 공직에 대한 신뢰를 과장하여 해석하는 것이라고 아니할 수 없다.

다른 한편, 현대민주주의 국가에 이르러서는 사회국가원리에 입각한 공직제도의 중요성이 특히 강조되고 있는바, 이는 사회적 법치국가이념을 추구하는 자유민주국가에서 공직제도란 사회국가의 실현수단일 뿐 아니라, 그 자체가 사회국가의 대상이며 과제라는 점을 이념적인 기초로 한다. 이는 모든 공무원들에게 보호가치 있는 이익과 권리를 인정해 주고, 공무원에게 자유의 영역이 확대될 수 있도록 공직자의 직무의무를 가능한 선까지 완화하며, 공직자들의 직무환경을 최대한으로 개선해 주고, 공직수행에 상응하는 생활부양을 해 주고, 퇴직 후나 재난, 질병에 대처한 사회보장의 혜택을 마련하는 것 등을 그 내용으로 한다. 그런데, 공무원의 생활보장의 가장 일차적이며 기본적인 수단은 '그 일자리의 보장'이라는 점에서 오늘날 사회국가원리에 입각한 공직제도에서 개개 공무원의 공무담임권 보장의 중요성은 더욱 큰 의미를 가지고 있다고 할 것이다. 이와 같은 공익과 사익의 현대적인 상황 속에서 단지 금고 이상의 선고유예의 판결을 받았다는 이유만으로 예외 없이 그 직으로부터 퇴직 당하는 것으로 정하고 있는 이 사건 법률조항은 지나치게 공익만을 강조한 입법이라고 아니할 수 없다.

5. 서울행정법원 2013. 12. 24. 선고 2013구합59613 판결【출석정지처분 등 취소청구의 소】

행정절차법 제3조 제2항, 같은 법 시행령 제2조 제8호는 '학교, 연수원 등에서 교육, 훈련의 목적을 달성하기 위해 학생, 연수생 등을 대상으로 행하는 사항'에 대하여는 행정절차법 적용이 제외된다고 규정하고 있으나, 이는 그 성질상 행정절차를 거치기 곤란하거나 불필요하다고 인정되는 처분 등의 경우에만 행정절차법 적용이 배제된다는 취지로 보아야 한다. 따라서 학교폭력 가해학생에게 출석 정지 등을 명한 이 사건 처분의 경우 처분의 이유제시 등을 규정한 행정절차법 제23조 제1항의 적용이 배제된다고 볼 수 없다. 왜냐하면 이 사건 처분서, 즉 '학교폭력대책자치위원회 회의 결과 통보서'에는 원고가 어떠한 학교폭력행위를 하였는지 전혀 기재되어 있지 않기 때문이다. 또한 학교폭력대책자치위원회 회의 중 원고가 행한 학교폭력 행위가 기재된 '학생사안보고서'를 구두로 읽어 준 것만으로는 원고가 향후 행정절차에서 다툴 수 있을 정도로 그 내용을 숙지하였다고 볼 수 없고, 그 밖에는 원고에게 처분 사유가 기재된 문서를 교부한 바도 없다. 그렇다면 피고는 이 사건 처분을 하면서 이유 제시를 하지 아니하였고, 원고와 법정대리인은 그로 인하여 학교폭력을 구성하는 원고의 각각의 행위를 명확하게 알지 못하여 이 사건 처분에 불복하여 행정구제절차로 나아가는 데에 지장이 있었다고 판단되므로 이 사건 처분은 행정절차법 제23조 제1항을 위반한 것으로서 위법하다.

6. 대법원 2014. 2. 13. 선고 2013두20899 판결【행정처분취소】

「형의 집행 및 수용자의 처우에 관한 법률」(이하 '법') 제41조에 의하면, 수용자는 원칙적으로 외부의 사람과 접견을 할 수 있되(제1항), 교정시설의 장은 '범죄의 증거를 인멸하거나 형사 법령에 저촉되는 행위를 할 우려가 있는 때(제2항 제1호), 수형자의 교화 또는 건전한 사회복귀를 위하여 필요한 때(제2항 제2호), 시설의 안전과 질서유지를 위하여 필요한 때(제2항 제3호)'에 해당하는 사유가 있으면 교도관으로 하여금 수용자의 접견내용을 청취・기록・녹음 또는 녹화하게 할 수 있다. … 피고는 원고가 천안교도소에 수감된 무렵, 원고를 '접견내용 녹음・녹화 및 접견 시 교도관 참여대상자'로 지정한 사실, 이에 따라 원고의 첫 접견이 있었던 2011. 7. 16.부터 피고의 별도 지시 없이도 원고의 접견 시에 항상 교도관이 참여하여 그 접견내용을 청취・기록하고, 녹음・녹화한 사실 등을 인정하였다. …그런데 피고는 이 사건 처분을 함에 있어 원고에게 법 제41조 제1호(범죄의 증거를 인멸하거나 형사 법령에 저촉되는 행위를 할 우려가 있는 때) 또는 제2호(수형자의 교화 또는 건전한 사회복귀를 위하여 필요한 때)의 사유가 있다는 사정에 대해서는 아무런 주장・증명을 하지 못하였고, 원심이 적절히 판단한 바와 같이 피고가 원심에서 주장한 사정만으로는 위 제3호(시설의 안전과 질서유지를 위하여 필요한 때)의 사유가 있었다고 보기도 어렵다. 따라서 이 사건 처분은 법률에서 정한 요건을 갖추지 못한 위법한 처분이라고 할 수밖에 없다.

Ⅳ 질문 및 토의과제

1. 특별권력관계를 재검토하는 이른바 제한적 긍정론 내지 특별권력관계 수정이론에 관하여 설명하라.
2. 특별권력관계를 전혀 인정하지 않는 경우에는 어떤 법적인 문제가 발생할 것으로 보는가?
3. 위 관련판례들에서 문제되고 있는 사안들을 기본관계에 관한 문제와 경영수행관계에 관한 문제로 구분하여 보고, 이 기준의 유용성에 대해 평가해 보시오.
4. 관련판례 4에서 설시하고 있는 '공무원상'의 변화가 공무원의 근무관계를 둘러싼 특별행정법관계의 논의에 영향을 미칠 수 있다고 생각하는가?

Ⅴ 참고문헌

정하중, 민주적 법치국가에서의 특별권력관계, 행정법의 이론과 실제, 법문사, 2012

김향기, 공무원에 대한 불이익처분과 그 불복방법, 토지공법연구 19집, 2003. 9

고 전, 학교법규상 기본적 인권 보장제도와 과제, 교육법학연구 11호, 1999. 12

김철용, 공법상 특별권력관계와 기본적 인권, 1963. 8

Ⅵ 관련법령

초중등교육법

제8조 (학교규칙) ① 학교의 장(학교를 설립하는 경우에는 당해 학교를 설립하고자 하는 자를 말한다)은 법령의 범위 안에서 지도·감독기관(국립학교인 경우에는 교육과학기술부장관, 공·사립학교인 경우에는 교육감을 말한다. 이하 "관할청"이라 한다)의 인가를 받아 학교규칙(이하 "학칙"이라 한다)을 제정할 수 있다.

② 학칙의 기재사항 및 제정절차등에 관하여 필요한 사항은 대통령령으로 정한다.

초중등교육법 시행령

제9조 (학교규칙의 기재사항) ① 법 제8조의 규정에 의한 학교의 학교규칙(이하 "학칙"이라 한다)에는 다음 각호의 사항을 기재하여야 한다.

1. 수업연한·학년·학기 및 휴업일
2. 학급편제 및 학생정원
3. 교과·수업일수 및 고사와 과정수료의 인정
4. 입학·재입학·편입학·전학·휴학·퇴학·수료 및 졸업
5. 조기진급 및 조기졸업
6. 수업료·입학금 기타의 비용징수
7. 학생포상 및 학생징계
8. 학생자치활동의 조직 및 운영
9. 학칙개정절차
10. 기타 법령에서 정하는 사항

초중등교육법

제18조 (학생의 징계) ① 학교의 장은 교육상 필요한 때에는 법령 및 학칙이 정하는 바에 의하여 학생을 징계하거나 기타의 방법으로 지도할 수 있다. 다만, 의무교육과정에 있는 학생을 퇴학시킬 수 없다.

② 학교의 장은 학생을 징계하고자 하는 경우 해당 학생 또는 학부모에게 의견진술의 기회를 부여하는 등 적정한 절차를 거쳐야 한다.

제 2 편 행정작용유형론

제 1 장 행정입법
제 2 장 행정행위
제 3 장 행정계약
제 4 장 행정계획
제 5 장 행정상 사실행위
제 6 장 행정지도

제1장 행정입법

2-1-1. 행정입법의 사법적 통제

Ⅰ 개 요

행정입법(헌법상 명령·규칙)의 위헌·위법에 대한 사법통제를 담당한 기관 및 절차를 보면, 우선 헌법에서 명시하고 있는 것은 헌법 제107조 제2항의 명령·규칙위헌·위법심사절차이다. 이에 따르면, 명령 또는 규칙이 헌법이나 법률에 위반되는 여부가 재판의 전제가 된 경우에는 대법원은 이를 최종적으로 심사할 권한을 가진다. 이는 헌법 제107조 제1항에서 법률에 대한 구체적 위헌심사권을 헌법재판소에 귀속시키고 있는 것과 대비된다. 이러한 구체적 규범통제절차에서 법원이 명령·규칙을 위헌·위법이라고 결정한 경우 그 효력은 그 명령·규칙을 무효화하는 것이 아니라 당해 사건에서 명령·규칙의 적용을 배제하는 제한된 효력만을 갖는다는 것이 일반적 견해이다. 또한 예외적인 경우, 형식상 명령·규칙에 해당한다 하더라도 그 내용이 구체적이어서 다른 집행행위의 매개없이 그 자체로서 직접 국민의 구체적인 권리의무나 법률관계를 규율하는 성격을 가질 때에는 행정처분으로 인정되어 항고소송의 대상이 될 수 있다. 또한 명령·규칙이 별도의 집행행위를 기다리지 않고 직접 기본권을 침해하는 것일 때에는 공권력의 행사로서 명령·규칙을 대상으로 헌법소원을 청구할 수 있다.

행정입법의 위헌・위법성이 인정되는 실체법적 기준은 그 규율대상이나 내용이 위임법령의 위임범위를 벗어나는 경우, 상위법령을 위반한 경우, 행정법의 일반원칙을 위반한 경우 등으로 구분해 볼 수 있다. 다만 법률이 법률유보의 원칙, 달리 말하면 포괄위임금지의 원칙을 위반하여 하위 행정입법에 이를 위임한 경우에는 헌법재판소에 당해 법률에 대한 위헌심사를 청구하여 위헌결정을 받음으로써 그에 근거한 행정입법도 무효로 인정하는 방식으로 사법통제가 이루어진다.

II 리딩케이스

1. 사건번호: 대법원 2000. 10. 19. 선고 98두6265 전원합의체 판결 【농지전용불허처분취소】

2. 사실관계

농지법(다음부터는 '법'이 라고 한다) 제36조 제1항은 농지의 전용에는 원칙적으로 관할 관청의 허가가 필요한 것으로 규정하면서 그 제3호에서 농지전용신고로써 전용이 가능한 경우를 예외로 규정하고, 이어 제37조는 제1항에서 그 소정 시설의 부지로 농지를 전용하고자 할 경우에는 농지전용신고로써 전용이 가능한 것으로 규정하면서 그 시설로서 농업용시설, 농수산물유통・가공시설, 농업인의 공동생활 편익시설, 농수산관련 연구시설, 어업용 시설과 아울러 '농업인 주택'을 규정한 다음, 제2항에서 위와 같은 '신고대상시설의 범위・규모 또는 설치자의 범위 등에 관한 사항'은 대통령령으로 정하도록 위임하고 있는데, 이에 기한 법 시행령(1996. 12. 31. 대통령령 제15229호로 개정된 것, 다음부터는 '영'이라고 한다) 제41조 [별표 1]은 그 제1호(다음부터는 '이 사건 문제 규정'이라고 한다)에서 농업인 주택을 '농업진흥지역 밖에 설치하는 영 제34조 제4항의 규정에 해당하는 농업인 주택'으로 규정하고 있는 상태였다.

원고 갑이 농업인 주택을 설치하기 위하여 농지전용에 관한 신청을 하였다. 피고 시장은 위 농지법 시행령 제41조 별표 1의 규정을 근거로 갑이 전용을 신청한 농지는 농업진흥지역에 속하므로 신고대상시설에 해당되지 않아 허가사항에 해당한다고 보고, 불허가처분을 하였다.

3. 판결요지

[1] 헌법 제75조의 규정상 대통령령으로 정할 사항에 관한 법률의 위임은 구체적으로 범위를 정하여 이루어져야 하고, 이 때 구체적으로 범위를 정한다고 함은 위임의 목적·내용·범위와 그 위임에 따른 행정입법에서 준수하여야 할 목표·기준 등의 요소가 미리 규정되어 있는 것을 가리키고, 이러한 위임이 있는지 여부를 판단함에 있어서는 직접적인 위임 규정의 형식과 내용 외에 당해 법률의 전반적인 체계와 취지·목적 등도 아울러 고려하여야 하고, 규율 대상의 종류와 성격에 따라서는 요구되는 구체성의 정도 또한 달라질 수 있으나, 국민의 기본권을 제한하거나 침해할 소지가 있는 사항에 관한 위임에 있어서는 위와 같은 구체성 내지 명확성이 보다 엄격하게 요구된다.

[2] 농지의 전용에 관한 규제는 국민의 재산권 행사에 대한 제약으로서 그에 관하여 시행령에서 정할 사항의 위임은 보다 구체적이고 명확할 것이 요구되는 것인바, 농업인 주택과 같은 시설의 '설치지역'이란 그 문언적 의미에서 보더라도 시설의 범위나 규모 혹은 설치자의 범위에는 속할 수 없는 사항일 뿐만 아니라, 농지 전용의 허부와 관련하여 위와 같은 요소들과는 독립된 별도의 주요 기준에 해당하는 점에 비추어 보면, 농지법 제37조 제2항에서 위임사항으로 규정하고 있는 '신고대상 시설의 범위·규모 또는 설치자의 범위 등에 관한 사항'에는 농업인 주택과 같은 시설의 '설치지역'에 관한 사항은 포함되지 아니하는 것으로 풀이된다 할 것이어서, 같은 법 제37조 제2항에 근거한 구 농지법시행령(1996. 12. 31. 대통령령 제15229호로 개정되기 전의 것) 제41조 [별표 1] 제1호에서 농지전용신고의 대상이 되는 농업인 주택을 '농업진흥지역 밖에' 설치하는 농업인 주택으로 규정함으로써, 결과적으로 농업진흥지역 내에 설치되는 농업인 주택에 대하여는 같은 법 제39조와 구 같은법시행령 제37조 및 제38조의 규정에 따라 농지로서의 보전가치와 농업경영 및 농어촌 생활환경의 유지라는 측면에서 보다 엄격한 심사가 이루어지는 허가를 받도록 한 것은, 결국 법률의 위임

없이 국민의 재산권 행사를 보다 제한한 것이 되어 효력을 가질 수 없다.

4. 판례해설

(1) 리딩케이스: 구체적 규범통제 (취소소송) 및 위임범위의 일탈

우선 절차적 측면에서 보면, 이 판례는 행정처분에 대한 항고소송에서 그 재판의 전제로서 헌법 제107조 제2항의 명령·규칙의 위헌·위법심사가 이루어진 경우에 해당된다. 농지법 및 동법 시행령의 관계규정에 근거하여 이루어진 농지전용불허가처분에 대해 취소소송을 제기하면서, 그 재판의 전제로서 당해 처분의 근거가 된 농지법 시행령 규정의 위법성을 다투었다. 당해 농지법 시행령 규정은 농지법의 위임범위에 포함되지 않은 재산권침해적 사항을 정한 것으로서 위헌·위법이라고 판단되어 무효(판례상 표현으로는 '효력을 가질 수 없다')라고 선언되었고, 그 논리적 귀결로 이에 근거한 처분도 법령상 근거없이 한 것으로 위법성이 인정되었다. 헌법재판소의 법률에 대한 위헌결정과 달리 시행령 규정의 무효선언이 있었어도 당해 규정이 장래를 향하여 일반적으로 효력을 상실하는 것은 아니며, 당해 사안에 대해서만 적용이 배제된다. 이는 명령·규칙의 위헌·위법심사가 일반·추상적 규범을 구체적 사안과 관련된 맥락 속에서 통제한다는 구체적 규범통제의 본질을 더욱 엄격하게 가지고 있음을 의미한다. 다만 이러한 법원의 결정이 있은 후 향후 이 농지법 시행령 규정에 근거한 또다른 처분이 이루어지는 경우 당해 처분의 위법성은 (중대)명백성이 인정되어 무효사유가 될 수 있다.

실체법적 측면을 보면, 먼저 시행령이 위임법률인 농지법의 위임범위를 벗어났는가를 판단하기에 앞서 규제의 대상영역이나 성질에 기초하여 그 심사의 강도를 먼저 정하고 있는 것을 볼 수 있다. 즉 농지전용에 관한 규제는 "국민의 재산권 행사에 대한 제약"이기 때문에 위임의 구체성과 명확성이 보다 높게 요구된다고 전제하고 있다. 수임법령의 내용이 위임법령의 위임 범위를 벗어났는가를 판단하기 위해서는 양 법령의 의미를 해석하는 작업이 필수적이다. 위 심사의 강도는 곧 법령해석의 지침으로 작용하게 된다. 농지법상 위임규정의 '신고대상시설의 범위, 규모 또는 설치자의 범위 등에 관한 사항' 속에 '농업진흥지역 밖'이라는 설치장소에 관한 사항이 포함될 수 있겠는가를 판단해야 하는데, 양자의 의미를 문언적으로 해석할 경우 포함관계가 성립하기 어렵다는 것이 판례의 결론이다. (다만, 신고대상시설의 '범위'라는 용어는 좁게 해석하면 '시설의 유형이나 종류'로 해석되겠지만, 좀 더 넓게 해석하여 '지리적 장소'도 포함하는 것으로 해석하는 것도 가능하다고 본다면, 이 때 위임의 구체성과 명확성이 보다 높게 요구된다는 심사의 원칙이 작용하였다고 볼 수도 있다.) 따라서 재산권을 제한하는 새로운 침해사항을 위임없이 규정한 시행령은 무효가 되고, 그 시행령에 근거하여 내려진 이 사안의 처분은 위법하게 된다.

(2) 관련판례 1: 구체적 규범통제(처분무효확인소송)과 근거법령의 위헌성

관련판례 1에서 '청소년유해매체물결정 및 고시'는 "일반 불특정 다수인을 상대방으로 하여 일률적으로 표시의무, 포장의무, 청소년에 대한 판매·대여 등의 금지의무 등 각종 의무를 발생시키는 행정처분"이라는 다소 특이한 유형의 처분이다. 원고는 이러한 유해매체물결정의 기준을 정하고 있는 행정입법(시행령)이 위헌임을 이유로 당해 처분의 무효확인을 구하고 있다. 즉, 청소년보호법의 위임에 따라 동법 시행령 [별표 1]에서 '동성애를 조장하는 것'을 청소년유해매체물 개별 심의기준의 하나로 규정하고 있는데, 이 규정이 성적 소수자인 동성애자들의 헌법상 인격권·행복추구권에 속하는 성적 자기결정권 및 알 권리, 표현의 자유, 평등권 등 헌법상 기본권을 침해할 수 있어 위헌으로 효력이 없음을 전제로 이에 근거한 행정처분인 유해매체물결정·고시의 무효확인을 구하고 있다.

이 판례도 위헌법률에 근거한 처분의 효력에 대한 판례와 마찬가지로, 행정행위의 하자에 관한 일반론을 적용하여 해결하고 있다. 즉, "행정청이 위헌이거나 위법하여 무효인 시행령을 적용하여 한 행정처분이 당연무효로 되려면 그 규정이 행정처분의 중요한 부분에 관한 것이어서 결과적으로 그에 따른 행정처분의 중요한 부분에 하자가 있는 것으로 귀착되고, 또한 그 규정의 위헌성 또는 위법성이 객관적으로 명백하여 그에 따른 행정처분의 하자가 객관적으로 명백한 것으로 귀착되어야 하는데, 일반적으로 시행령이 헌법이나 법률에 위반된다는 사정은 그 시행령의 규정을 위헌 또는 위법하여 무효라고 선언한 대법원의 판결이 선고되지 아니한 상태에서는 그 시행령 규정의 위헌 내지 위법 여부가 해석상 다툼의 여지가 없을 정도로 명백하였다고 인정되지 아니하는 이상 객관적으로 명백한 것이라 할 수 없으므로, 이러한 시행령에 근거한 행정처분의 하자는 취소사유에 해당할 뿐 무효사유가 되지 아니한다."는 법리를 적용한다. 이러한 법리를 적용하면 당해 시행령에 대해서는 해석상 다툼의 여지가 없을 정도로 명백한 위헌·위법이 있는가를 심사한 후 이것이 인정되지 않으면 무효확인소송은 기각될 것이다. 이 판결에서는 시행령의 위헌성에 대해, 동성애에 관하여 동성애자의 헌법상 기본권을 보호할 필요성과 함께 청소년의 인격형성에 부정적 영향을 미칠 우려도 존재하는 등 다양한 평가가 존재하므로 "시행령의 규정이 헌법이나 모법에 위반되는 것인지 여부가 해석상 다툼의 여지가 없을 정도로 객관적으로 명백하였다고 단정할 수 없고, 따라서 위 시행령의 규정에 따른 위 처분의 하자가 객관적으로 명백하다고 볼 수 없다"고 판단하였다.

(3) 관련판례 2: 행정입법형식의 처분에 대한 항고소송

이 판례에서는 보건복지부 고시인 '약제급여·비급여 목록 및 급여 상한금액표' 중 특정 제약회사의 특정 의약품의 처방기준에 대해 정하는 부분에 대해 다른 집행행위의 매개 없이 그 자체로서 제약회사, 요양기관, 환자 및 국민건강보험공단 사이의 법률관계를 직접 규율하는 성격을 가지므로 항고소송의 대상이 되는 행정처분으로서의 성격을 갖는다고 인정하였다. 국민건강보험법 제5조에 의해 국내에 거주하는 전 국민이 건강보험 가입자가 되고 제42조에 의해 의료법에 따라 개설된 모든 의료기관이 동법상 요양기관으로 편입되는 사회보험제도 하에서 일반 요양기관들이 보건복지부 고시에 의한 기준을 따르지 않으면 국민건강보험공단에 대하여 그 약제비용을 보험급여로 청구할 수 없고 환자 본인에 대하여만 청구할 수 있게 하는 것은 그 자체로서 원고의 특정 의약품 공급 가격에 미치는 영향이 확정적이 됨을 의미한다. 이를 관련판례 1의 유해매체물결정 및 고시와 비교해 보면, 그 고시로서 원고의 법적 지위에 미치는 영향이 확정적이라는 점은 유사하지만, 유해매체물결정 및 고시의 경우는 원고에게 특정한 행위를 하거나 하지 말아야 할 법적 의무를 확정적으로 발생시키는 데 비해 보건복지부 고시의 경우는 그러한 영향이 현실화되는 것은 건강보험과 관

련된 여러 주체들의 행위를 거친 후라는 점은 차이가 있다. 다만, 이를 직접성의 차이로 볼 것인지, 아니면 규범의 직접성을 평가하는 데는 관련이 없는 요소로 볼 것인지는 좀 더 생각해 볼 문제이다.

관련판례 2가 이러한 고시를 처분으로 인정하여 항고소송의 제기를 허용하는 것의 의의에 대해서는 예외적으로 행정입법의 처분성을 인정한 것으로 보는 관점이 있는 반면, '고시'는 원래 고유한 행정입법의 형식으로 볼 수 없고 그 내용에 따라 어떤 행정작용유형에 해당되는가가 결정되는 것이므로, 이 판례에서와 같이 매우 특정적인 내용을 담고 있는 경우에는 이는 행정입법을 처분으로 인정한 것이라기보다는 애초부터 처분(행정행위)인 것을 확인하는 데 불과하다고 보는 견해도 있다.

항고소송에서 당해 고시를 취소하는 경우 법적 효력은 어떠한가? 당해 고시는 취소판결의 일반적 효력의 적용을 받게 되겠지만, 전형적인 행정행위의 경우와는 달리 당해 고시에 근거하여 다수의 법률관계가 성립되어 있다면 고시의 취소판결에 소급효를 인정할 것인가 등의 어려운 문제가 제기될 수 있다. 이를 위헌법률이나 위헌·위법한 명령·규칙의 효력에 준하여 볼 때 고시의 취소판결의 경우 소급효가 제한된다고 보는 관점, 당해 고시의 취소판결 이전에 당해 고시에 근거하여 성립된 법률관계는 위법이기는 하나 무효사유는 아니라고 보는 관점, 또는 당해 고시의 취소판결은 명령·규칙에 대한 규범통제의 경우처럼 당해 사건에서만 적용배제의 효력을 가진다고 보는 관점 등이 가능할 것이나 이에 대해 아직 명시적으로 합의된 견해는 없는 것으로 보인다.

(4) 관련판례 3: 헌법재판소에 의한 법령소원

헌법재판소는 헌법 제107조 제2항을 해석하기를 명령·규칙에 대한 대법원의 최종심사권이란 구체적인 소송사건에서 명령·규칙의 위헌여부가 재판의 전제가 되었을 경우 법률의 경우와는 달리 헌법재판소에 제청할 것 없이 대법원이 최종적으로 심사할 수 있다는 의미이며, 명령·규칙 그 자체에 의하여 직접 기본권이 침해되었음을 이유로 하여 헌법소원심판을 청구하는 것은 위 헌법규정에서 규율하고 있는 것이 아니라고 하였다. 따라서 입법부·행정부·사법부에서 제정한 규칙이 별도의 집행행위를 기다리지 않고 직접 기본권을 침해하는 것일 때에는 모두 헌법소원심판의 대상이 될 수 있다고 보고 있다. 헌법소원의 보충성의 원칙에 관해서는 법령 자체에 의한 직접적인 기본권침해 여부가 문제되었을 경우 그 법령의 효력을 직접 다투는 것을 소송물로 하여 일반 법원에 구제를 구할 수 있는 절차는 존재하지 않으므로 문제가 없다는 해석이다.

III 관련판례

1. 대법원 2007. 6. 14. 선고 2004두619 판결【청소년유해매체물결정및고시처분무효확인】

[1] 구 청소년보호법(2001. 5. 24. 법률 제6479호로 개정되기 전의 것)에 따른 청소년유해매체물 결정 및 고시처분은 당해 유해매체물의 소유자 등 특정인만을 대상으로 한 행정처분이 아니라 일반 불특정 다수인을 상대방으로 하여 일률적으로 표시의무, 포장의무, 청소년에 대한 판매·대여 등의 금지의무 등 각종 의무를 발생시키는 행정처분으로서, 정보통신윤리위원회가 특정 인터넷 웹사이트를 청소년유해매체물로 결정하고 청소년보호위원회가 효력발생시기를 명시하여 고시함으로써 그 명시된 시점에 효력이 발생하였다고 봄이 상당하고, 정보통신윤리위원회와 청소년보호위원회가 위 처분이 있었음을 위 웹사이트 운영자에게 제대로 통지하지 아니하였다고 하여 그 효력 자체가 발생하지 아니한 것으로 볼 수는 없다.

[2] 하자 있는 행정처분이 당연무효로 되려면 그 하자가 법규의 중요한 부분을 위반한 중대한 것이어야 할 뿐 아니라 객관적으로 명백한 것이어야 하고, 행정청이 위헌이거나 위법하여 무효인 시행령을 적용하여 한 행정처분이 당연무효로 되려면 그 규정이 행정처분의 중요한 부분에 관한 것이어서 결과적으로 그에 따른 행정처분의 중요한 부분에 하자가 있는 것으로 귀착되고, 또한 그 규정의 위헌성 또는 위법성이 객관적으로 명백하여 그에 따른 행정처분의 하자가 객관적으로 명백한 것으로 귀착되어야 하는바, 일반적으로 시행령이 헌법이나 법률에 위반된다는 사정은 그 시행령의 규정을 위헌 또는 위법하여 무효라고 선언한 대법원의 판결이 선고되지 아니한 상태에서는 그 시행령 규정의 위헌

내지 위법 여부가 해석상 다툼의 여지가 없을 정도로 명백하였다고 인정되지 아니하는 이상 객관적으로 명백한 것이라 할 수 없으므로, 이러한 시행령에 근거한 행정처분의 하자는 취소사유에 해당할 뿐 무효사유가 되지 아니한다.

[3] 구 청소년보호법(2001. 5. 24. 법률 제6479호로 개정되기 전의 것) 제10조 제3항의 위임에 따라 같은 법 시행령(2001. 8. 25. 대통령령 제17344호로 개정되기 전의 것) 제7조와 [별표 1]의 제2호 (다)목은 '동성애를 조장하는 것'을 청소년유해매체물 개별 심의기준의 하나로 규정하고 있는바, 현재까지 위 시행령 규정에 관하여 이를 위헌이거나 위법하여 무효라고 선언한 대법원의 판결이 선고된 바는 없는 점, 한편 동성애에 관하여는 이를 이성애와 같은 정상적인 성적 지향의 하나로 보아야 한다는 주장이 있는 반면 이성간의 성적 결합과 이를 기초로 한 혼인 및 가족생활을 정상적인 것으로 간주하는 전통적인 성에 대한 관념 및 시각에 비추어 이를 사회통념상 허용되지 않는 것으로 보는 견해도 있는 점, 동성애를 유해한 것으로 취급하여 그에 관한 정보의 생산과 유포를 규제하는 경우 성적 소수자인 동성애자들의 인격권·행복추구권에 속하는 성적 자기결정권 및 알 권리, 표현의 자유, 평등권 등 헌법상 기본권을 제한할 우려가 있다는 견해도 있으나, 또한 동성애자가 아닌 다수의 청소년들에 있어서는 동성애에 관한 정보의 제공이 성적 자기정체성에 대한 진지한 성찰의 계기를 제공하는 것이 아니라 성적 상상이나 호기심을 불필요하게 부추기거나 조장하는 부작용을 야기하여 인격형성에 지장을 초래할 우려 역시 부정할 수 없다 할 것인 점 등에 비추어 보면, 이 사건 청소년유해매체물 결정 및 고시처분 당시 위 시행령의 규정이 헌법이나 모법에 위반되는 것인지 여부가 해석상 다툼의 여지가 없을 정도로 객관적으로 명백하였다고 단정할 수 없고, 따라서 위 시행령의 규정에 따른 위 처분의 하자가 객관적으로 명백하다고 볼 수 없다.

[4] 통상 고시 또는 공고에 의하여 행정처분을 하는 경우에는 그 처분의 상대방이 불특정 다수인이고 그 처분의 효력이 불특정 다수인에게 일률적으로 적용되는 것이므로, 그 행정처분에 이해관계를 갖는 자가 고시 또는 공고가 있었다는 사실을 현실적으로 알았는지 여부에 관계없이 고시가 효력을 발생하는 날 행정처분이 있음을 알았다고 보아야 한다.

[5] 인터넷 웹사이트에 대하여 구 청소년보호법에 따른 청소년유해매체물 결

정 및 고시처분을 한 사안에서, 위 결정은 이해관계인이 고시가 있었음을 알았는지 여부에 관계없이 관보에 고시됨으로써 효력이 발생하고, 그가 위 결정을 통지받지 못하였다는 것이 제소기간을 준수하지 못한 것에 대한 정당한 사유가 될 수 없다.

2. 대법원 2003. 10. 9. 자 2003무23 결정 【집행정지】

어떠한 고시가 일반적·추상적 성격을 가질 때에는 법규명령 또는 행정규칙에 해당할 것이지만, 다른 집행행위의 매개 없이 그 자체로서 직접 국민의 구체적인 권리의무나 법률관계를 규율하는 성격을 가질 때에는 행정처분에 해당한다고 할 것이다.

원심은 채용 증거들을 종합하여 판시와 같은 사실을 인정한 다음, 그 판시의 고시(이하 '이 사건 고시'라 한다)가 불특정의 항정신병 치료제 일반을 대상으로 한 것이 아니라 특정 제약회사의 특정 의약품을 규율 대상으로 하는 점 및 의사에 대하여 특정 의약품을 처방함에 있어서 지켜야 할 기준을 제시하면서 만일 그와 같은 처방기준에 따르지 않은 경우에는 국민건강보험공단에 대하여 그 약제비용을 보험급여로 청구할 수 없고 환자 본인에 대하여만 청구할 수 있게 한 점 등에 비추어 볼 때, 이 사건 고시는 다른 집행행위의 매개 없이 그 자체로서 제약회사, 요양기관, 환자 및 국민건강보험공단 사이의 법률관계를 직접 규율하는 성격을 가진다고 할 것이므로, 이는 항고소송의 대상이 되는 행정처분으로서의 성격을 갖는다고 판단하였다.

3. 헌재 1990. 10. 15. 89헌마178 결정 【법무사법시행규칙에 대한 헌법소원】

[1] 가. 헌법 제107조 제2항이 규정한 명령·규칙에 대한 대법원의 최종심사권이란 구체적인 소송사건에서 명령·규칙의 위헌여부가 재판의 전제가 되었을 경우 법률의 경우와는 달리 헌법재판소에 제청할 것 없이 대법원이 최종적으로 심사할 수 있다는 의미이며, 명령·규칙 그 자체에 의하여 직접 기본권이 침해되었음을 이유로 하여 헌법소원심판을 청구하는 것은 위 헌법규정과는 아무런

상관이 없는 문제이다.

나. 따라서 입법부·행정부·사법부에서 제정한 규칙이 별도의 집행행위를 기다리지 않고 직접 기본권을 침해하는 것일 때에는 모두 헌법소원심판의 대상이 될 수 있는 것이다.

[2] 가. 이 사건에서 심판청구의 대상으로 하는 것은 법원행정처장의 법무사시험 불실시 즉 공권력의 불행사가 아니라 법원행정처장으로 하여금 그 재량에 따라 법무사시험을 실시하지 아니해도 괜찮다고 규정한 법무사법시행규칙 제3조 제1항이다.

나. 법령 자체에 의한 직접적인 기본권침해 여부가 문제되었을 경우 그 법령의 효력을 직접 다투는 것을 소송물로 하여 일반 법원에 구제를 구할 수 있는 절차는 존재하지 아니하므로 이 사건에서는 다른 구제절차를 거칠 것 없이 바로 헌법소원심판을 청구할 수 있는 것이다.

[3] 법무사법시행규칙 제3조 제1항은 법원행정처장이 법무사를 보충할 필요가 없다고 인정하면 법무사시험을 실시하지 아니해도 된다는 것으로서 상위법인 법무사법 제4조 제1항에 의하여 모든 국민에게 부여된 법무사 자격취득의 기회를 하위법인 시행규칙으로 박탈한 것이어서 평등권과 직업선택의 자유를 침해한 것이다.

4. 대법원 2013. 3. 28. 선고 2012도16383 판결【수산업법위반·수산자원관리법위반】

가. 사회현상의 복잡다기화와 국회의 전문적·기술적 능력의 한계 및 시간적 적응능력의 한계로 인하여 형사처벌에 관련된 모든 법규를 예외 없이 형식적 의미의 법률에 의하여 규정한다는 것은 사실상 불가능할 뿐만 아니라 실제에 적합하지도 아니하기 때문에, 특히 긴급한 필요가 있거나 미리 법률로써 자세히 정할 수 없는 부득이한 사정이 있는 경우에 한하여 위임법률이 구성요건의 점에서는 처벌대상인 행위가 어떠한 것인지 이를 예측할 수 있을 정도로 구체적으로 정하고, 형벌의 점에서는 형벌의 종류 및 그 상한과 폭을 명확히 규정하는 것을 전제로 위임입법이 허용되며, 이러한 위임입법은 죄형법정주의에 반하지

않는다(대법원 2002. 11. 26. 선고 2002도2998 판결 참조).

위임명령은 법률이나 상위명령에서 구체적으로 범위를 정한 개별적인 위임이 있을 때에 가능하고, 여기에서 구체적인 위임의 범위는 규제하고자 하는 대상의 종류와 성격에 따라 달라지는 것이어서 일률적 기준을 정할 수는 없지만, 적어도 위임명령에 규정될 내용 및 범위의 기본사항이 구체적으로 규정되어 있어서 누구라도 당해 법률이나 상위명령으로부터 위임명령에 규정될 내용의 대강을 예측할 수 있어야 하나, 이 경우 그 예측가능성의 유무는 당해 위임조항 하나만을 가지고 판단할 것이 아니라 그 위임조항이 속한 법률이나 상위명령의 전반적인 체계와 취지·목적, 당해 위임조항의 규정형식과 내용 및 관련 법규를 유기적·체계적으로 종합 판단하여야 하고, 나아가 각 규제대상의 성질에 따라 구체적·개별적으로 검토함을 요한다(대법원 2002. 8. 23. 선고 2001두5651 판결; 2004. 7. 22. 선고 2003두7606 판결 등 참조).

또한 법률에서 위임받은 사항을 전혀 규정하지 않고 재위임하는 것은 백지재위임금지의 법리에 반할 뿐 아니라 수권법의 내용변경을 초래하는 것이 되므로 허용되지 아니한다 할 것이나, 위임받은 사항에 관하여 대강을 정하고 그 중의 특정사항을 범위를 정하여 하위법령에 다시 위임하는 경우에는 재위임이 허용된다 할 것이다(대법원 2006. 4. 14. 선고 2004두14793 판결 등 참조).

그리고 상급행정기관이 하급행정기관에 대하여 업무처리지침이나 법령의 해석적용에 관한 기준을 정하여서 발하는 이른바 행정규칙은 일반적으로 행정조직 내부에서만 효력을 가질 뿐 대외적인 구속력을 갖는 것은 아니지만, 법령의 규정이 특정행정기관에 그 법령 내용의 구체적 사항을 정할 수 있는 권한을 부여하면서 그 권한행사의 절차나 방법을 특정하고 있지 아니한 관계로 수임행정기관이 행정규칙의 형식으로 그 법령의 내용이 될 사항을 구체적으로 정하고 있다면 그와 같은 행정규칙, 규정은 행정규칙이 갖는 일반적 효력으로서가 아니라, 행정기관에 법령의 구체적 내용을 보충할 권한을 부여한 법령규정의 효력에 의하여 그 내용을 보충하는 기능을 갖게 된다 할 것이므로 이와 같은 행정규칙, 규정은 당해 법령의 위임한계를 벗어나지 아니하는 한 그것들과 결합하여 대외적인 구속력이 있는 법규명령으로서의 효력을 갖게 된다(대법원 1987. 9. 29. 선고 86누484 판결 등 참조).

나. (1) 원심은, 피고인들이 공모하여 어민들로부터 수산업법을 위반하여 포획한 돌고래들을 매수하여 소지·보관하였다는 이 사건 공소사실에 대하여 종전 수산업법(2009. 4. 22. 법률 제9626호로 전부 개정되기 전의 것, 이하 '종전 수산업법'이라 한다) 제98조 제1항, 제95조 제8호, 제73조 및 구 수산자원관리법(2010. 4. 15. 법률 제10272호로 개정되기 전의 것, 이하 같다) 제69조, 제64조 제1호, 제17조 등을 적용하여 이를 모두 유죄로 인정하였다.

(2) 이 부분 상고이유의 요지는 이 사건 처벌조항은 해당 법률에서 처벌대상인 행위의 구체적인 내용을 직접 규정하지 아니하고 대통령령 등에 위임 및 재위임한 것으로서 이는 포괄위임입법금지 원칙 내지 죄형법정주의에 위반된다는 취지이므로, 이 점에 관하여 살펴본다. … 그런데 종전 수산업법 제53조 제1항 제8호와 구 수산업법 제61조 제1항 제5호는 그 위임의 목적이 '어업단속·위생관리·유통질서 기타 어업조정'에 있음을 분명히 하고 있고, 그 위임의 내용과 범위를 구체적으로 확정하고 있으며, 여기에 그 주된 피적용자가 조업구역, 포획·채취할 수 있는 수산동식물에 관한 제한을 대체적으로 예측할 수 있는 어업인들이라는 점, 끊임없이 변화하는 해양생태계를 규율대상으로 하는 수산업법은 다른 법률에 비하여 보다 탄력성을 요구하며, 또한 고도로 전문적이고 기술적이며 국제 해양질서의 변화에 따라 가변적이어서 수산자원보호, 어업조정이라는 입법 목적을 효율적으로 달성하기 위하여 탄력성 있는 행정입법을 활용할 필요가 크다는 점, 이에 따라 구 수산자원보호령(2010. 4. 20. 대통령령 제22128호로 폐지되기 전의 것, 이하 같다) 제29조는 종전 수산업법 제53조 제1항 제8호에서 규정한 내용 중 일부를, 구 수산업법 시행령(2010. 4. 20. 대통령령 제22127호로 전부 개정된 것, 이하 같다) 제41조는 구 수산업법 제61조 제1항 제5호에서 규정한 내용 중 일부를 좀 더 세부적으로 규정하면서 위임받은 사항에 관하여 대강을 정하고 그 중의 특정사항을 범위를 정해 농림수산식품부장관에게 재위임하여 고래포획금지에 관한 고시(2008. 8. 1. 농림수산식품부 고시 제2008-46호 및 2009. 9. 10. 농림수산식품부 고시 제2009-311호)가 발령된 점, 그 밖에 종전 수산업법, 구 수산업법, 구 수산자원보호령, 구 수산업법 시행령의 입법 목적, 적용범위, 전반적인 규정체계 및 규정 내용 등을 종합해 보면, 종전 수산업법 제53조 제1항 제8호, 구 수산업법 제61조 제1항 제5호는 위임사항의 내용과 범

위를 구체적으로 특정하였다고 할 것이고, 이로부터 대통령령 등 하위법령에 규정될 사항이 어떤 것일지 대체적으로 예측할 수 있었다고 보아야 할 것이다. 따라서 이 사건 처벌조항은 포괄위임입법금지 원칙 내지 죄형법정주의에 위반되지 아니한다고 할 것이므로, 이와 다른 전제에 선 이 부분 상고이유는 받아들일 수 없다.

5. 대법원 2013. 4. 26. 선고 2012두8038 판결【과징금부과처분취소 · 요양급여비용환수처분취소】

가. 구 국민건강보험법 제39조 제2항은 "요양급여의 방법 · 절차 · 범위 · 상한 등 요양급여의 기준은 보건복지부령으로 정한다"고 정하고 있다. 이에 따라 구 국민건강보험법 시행규칙(2012. 8. 31. 보건복지부령 157호로 전부 개정되기 전의 것) 제10조는 [별표 5]에서 요양급여비용의 본인부담항목을 상세히 규정하고 있으며, 제12조는 요양급여비용의 청구방법 및 절차 등을 자세히 정하고 있다.

구 국민건강보험법은 국민의 질병 · 부상에 대한 예방 · 진단 · 치료 · 재활과 출산 · 사망 및 건강증진에 대하여 보험급여를 실시함으로써 국민보건을 향상시키고 사회보장을 증진하는 데 목적이 있고(제1조), 이러한 입법 목적을 달성하기 위해서는 국민보건과 사회보장에 영향을 미치는 다양한 요소를 종합적으로 고려하여야 하고 그 과정에서 전문적 · 기술적 능력과 정책적 고려가 요구되므로, 국회가 건강보험 관련 업무에 관한 세부적 사항을 일일이 법률로 규정하기는 어렵고 법률에 비하여 탄력적인 행정입법에 위임할 필요가 인정된다. 또한, 구 국민건강보험법 제39조 제2항은 요양급여의 방법 · 절차 · 범위 · 상한 등 요양급여의 기준이라고 하여 위임의 범위를 구체적으로 정하고 있을 뿐 아니라, 구 국민건강보험법의 입법 목적과 관련 조항의 내용을 종합적으로 고려하면 위 위임규정이 포괄위임입법 금지 원칙에 반하는 위헌규정이라고 할 수 없다.

나. 아울러 피고들의 이 사건 각 처분의 근거가 된 고시인 '약제 및 치료재료의 구입금액에 대한 산정기준(2003. 9. 1. 보건복지부 고시 제2003-48호)', '요양급여의 적용기준 및 방법에 관한 세부사항(2006. 1. 27. 보건복지부 고시 제2006-9호)' 및 '건강보험 요양급여 행위 및 그 상대가치점수(2006. 12. 22. 보건

복지부 고시 제2006-113호)'는, 구 국민건강보험법 제39조 제2항, 구 국민건강보험법 시행령(2010. 6. 8. 대통령령 제22190호로 일부 개정되기 전의 것) 제24조 제3항 및 구 국민건강보험 요양급여의 기준에 관한 규칙(2010. 12. 23. 보건복지부령 제30호로 일부 개정되기 전의 것) 제5조 제2항, 제8조 제2항 및 제4항에 그 위임의 근거를 가진 것으로서 법률적 근거가 있음이 명백하므로 헌법 제37조 제2항에서 요구하는 '법률에 의한 기본권 제한의 원칙'에 위배되지 아니한다. 그리고 위 각 고시는 국민의 보건향상과 사회보장의 증진을 위한 공공의 복리를 위하여 요양급여비용을 합리적으로 산정하여 한정된 건강보험 재정을 효율적으로 사용함으로써 국민에게 원활한 건강보험의 요양급여를 보장하기 위한 것으로 그 목적에 있어서 정당성이 있고, 요양급여의 인정대상 및 수기료, 약제비, 치료재료 등을 세부적으로 규정한 것은 이러한 입법 목적을 달성하는 데 적합하고 효과적인 수단이나 방법으로서 그 적정성 또는 상당성이 인정된다. 한편 원고들이 침해되었다고 주장하는 직업수행의 자유는 최선의 의료서비스 제공을 위하여 치료재료 및 장비를 사용한 경우라도 원칙적으로 그 비용에 대한 요양급여가 인정되지 않음으로 인하여 진료행위에 일부 제한을 받는다는 것임에 반하여, 위 각 고시는 한정된 재원으로 최적의 의료서비스를 제공하고, 보험재정의 낭비를 막아 국민건강보험공단의 재정 건전성을 확보하며, 의약품의 과·남용을 억제하여 국민건강을 증진시키기 위한 것으로서 원고들이 입게 되는 불이익에 비하여 그 공익이 훨씬 크므로 법익균형성의 원칙에도 위배되지 아니한다(헌법재판소 2010. 9. 30. 선고 2008헌마758 전원재판부 결정 등 참조).

따라서 위 각 고시가 헌법이 규정한 시장경제의 원리에 반하거나, 의사들의 직업행사의 자유 및 재산권과 환자들의 보건권을 과도하게 제한하는 것으로서 헌법 제37조 제2항이 정한 과잉금지의 원칙에 위반된다고 볼 수도 없다.

6. 대법원 2019. 6. 13. 선고 2017두33985 판결【급수공사비등부과처분취소청구의소】

[1] 1. 가. 원칙적으로 수도사업자가 수도시설 설치비용을 부담하되, 지방자치단체가 수도사업자인 경우 수도시설 중 급수설비에 관한 공사의 비용(이하 '급

수공사비'라 한다) 부담에 관하여 조례로 정할 수 있다(수도법 제70조, 제38조 제1항 단서).

그 위임에 따라 「울산광역시 수도급수 조례」(이하 '이 사건 조례'라 한다) 제13조 제1항은 급수공사 신청인이 급수공사비를 부담한다고 정하고, 제12조는 급수공사비는 자재비, 시공비, 도로굴착복구비, 설계수수료, 시공자재검사수수료, 준공검사수수료, 방수 및 검침기의 합계액으로 하되(제1항), 정액제로 하며, 그 금액은 시장이 별도로 고시하는 것으로 정하고 있다(제3항).

나. 이러한 관련 규정의 내용·취지와 함께 다음과 같은 사정을 고려하면, 이 사건 조례가 정액제를 도입한 것 자체가 법령의 취지에 반하거나 위임범위를 벗어난 것이라고 볼 수는 없다. 따라서 수도사업자가 실제 공사비용이 아니라 합리적인 기준에 따라 고시가 정하는 정액공사비를 부과하는 것 역시 허용된다고 보아야 한다.

① 정액제를 채택할 경우 매번 급수공사를 할 때마다 공사비를 산정할 필요가 없고, 수요가(需要家)별로 별개의 수도관을 부설함으로써 시설을 중복하여 비효율적으로 설치하는 문제를 해결할 수 있는 등 행정의 효율성을 제고할 수 있다.

② 급수공사비를 정액으로 함으로써 일반주택과 공동주택 사이 및 농어촌 지역과 도시 지역 사이의 급수공사비 부담에 관한 형평을 도모할 수 있고, 나아가 과다한 급수공사비 때문에 농어촌 지역 거주자 등이 급수공사 신청 자체를 할 수 없는 상황도 어느 정도 피할 수 있다. 이는 국가, 지방자치단체와 수도사업자가 모든 국민에 대한 수돗물의 보편적 공급에 기여해야 한다는 수도법 제2조 제6항의 취지에 부합한다.

③ 실공사비는 급수설비를 설치하고자 하는 지역이 기존의 배수관으로부터 얼마나 떨어져 있는지에 따라 큰 영향을 받는다. 급수공사비를 실비로 정할 경우 주택의 규모, 세대수 등이 비슷해도 위와 같은 우연한 사정에 따라 신청인이 부담할 공사비가 크게 달라지는 결과가 나올 수 있는데, 정액제를 채택하면 이러한 결과를 방지할 수 있다.

[2] 수도시설 중 급수설비에 관한 공사의 비용(이하 '급수공사비'라 한다) 부담에 관하여 정액제를 채택하는 경우 그에 따라 산정한 급수공사비가 실제 공사

비와 편차가 발생하는 것은 불가피하다. 지방자치단체의 조례로 정액제를 도입하면 주민들은 그러한 편차를 원칙적으로 받아들여야 한다. 다만 정액 급수공사비 제도에서도 비용부담의 원칙에 부합하도록 가급적 관계 법령에서 정하고 있는 산정요소를 정확하게 반영하여 편차가 지나치게 크지 않도록 해야 한다. 따라서 시장이 정한 정액 급수공사비 고시가 개별 산정요소를 제대로 반영하지 않은 채 일률적으로 급수공사비를 정하여 비용부담의 원칙을 중대하게 침해하는 결과를 야기하는 경우 그러한 고시는 조례의 위임 취지에 반할 뿐 아니라 비례의 원칙에도 반하여 위법하다.

[3] 법원이 법률 하위의 법규명령, 규칙, 조례, 행정규칙 등(이하 '규정'이라 한다)이 위헌·위법인지를 심사하려면 그것이 '재판의 전제'가 되어야 한다. 여기에서 '재판의 전제'란 구체적 사건이 법원에 계속 중이어야 하고, 위헌·위법인지가 문제된 경우에는 규정의 특정 조항이 해당 소송사건의 재판에 적용되는 것이어야 하며, 그 조항이 위헌·위법인지에 따라 그 사건을 담당하는 법원이 다른 판단을 하게 되는 경우를 말한다. 따라서 법원이 구체적 규범통제를 통해 위헌·위법으로 선언할 심판대상은, 해당 규정의 전부가 불가분적으로 결합되어 있어 일부를 무효로 하는 경우 나머지 부분이 유지될 수 없는 결과를 가져오는 특별한 사정이 없는 한, 원칙적으로 해당 규정 중 재판의 전제성이 인정되는 조항에 한정된다.

7. 대법원 2020. 5. 28. 선고 2017두66541 판결【공급자등록취소무효확인등청구】

(1) 행정기관이 소속 공무원이나 하급행정기관에 대하여 세부적인 업무처리 절차나 법령의 해석·적용 기준을 정해 주는 '행정규칙'은 상위법령의 구체적 위임이 있지 않는 한 그 조직 내부에서만 효력을 가질 뿐 대외적으로 국민이나 법원을 구속하는 효력이 없다. 행정규칙이 이를 정한 행정기관의 재량에 속하는 사항에 관한 것인 때에는 그 규정 내용이 객관적 합리성을 결여하였다는 등의 특별한 사정이 없는 한 법원은 이를 존중하는 것이 바람직하다. 그러나 행정규칙의 내용이 상위법령이나 법의 일반원칙에 반하는 것이라면 법치국가원리에서

파생되는 법질서의 통일성과 모순금지 원칙에 따라 그것은 법질서상 당연무효이고, 행정내부적 효력도 인정될 수 없다. 이러한 경우 법원은 해당 행정규칙이 법질서상 부존재하는 것으로 취급하여 행정기관이 한 조치의 당부를 상위법령의 규정과 입법 목적 등에 따라서 판단하여야 한다(대법원 2019. 10. 31. 선고 2013두20011 판결 등 참조). …

공공기관운영법이나 그 하위법령은 공기업이 거래상대방 업체에 대하여 공공기관운영법 제39조 제2항 및 「공기업·준정부기관 계약사무규칙」 제15조에서 정한 범위를 뛰어넘어 추가적인 제재조치를 취할 수 있도록 위임한 바 없다. 따라서 피고의 공급자관리지침 중 등록취소 및 그에 따른 일정 기간의 거래제한 조치에 관한 규정들은 공공기관으로서 행정청에 해당하는 피고가 상위법령의 구체적 위임 없이 정한 것이어서 대외적 구속력이 없는 행정규칙이라고 보아야 한다.

8. 대법원 2021. 7. 29. 선고 2020두39655 판결【법인세경정거부처분취소】

[1] 법규명령이 법률의 위임 범위를 벗어났는지는 직접적인 위임 법률조항의 형식과 내용뿐만 아니라 법률의 전반적인 체계와 목적 등도 아울러 고려하여 법률의 위임 범위나 한계를 객관적으로 확정한 다음 법규명령의 내용과 비교해서 판단해야 한다. 법규명령의 내용이 위와 같이 확정된 법률의 위임 범위 내에 있다고 인정되거나 법률이 예정하고 있는 바를 구체적으로 명확하게 한 것으로 인정되면 법규명령은 무효로 되지 않는다. 나아가 어느 시행령 규정이 모법의 위임 범위를 벗어난 것인지를 판단할 때 중요한 기준 중 하나는 예측 가능성이다. 이는 해당 시행령의 내용이 이미 모법에서 구체적으로 위임되어 있는 사항을 규정한 것으로서 누구라도 모법 자체로부터 위임된 내용의 대강을 예측할 수 있는 범위에 속한다는 것을 뜻한다. 이러한 예측 가능성의 유무는 해당 조항 하나만을 가지고 판단할 것은 아니고 법률의 입법 취지 등을 고려하여 관련 법조항 전체를 유기적·체계적으로 종합하여 판단하여야 한다.

[2] 구 법인세법 시행령(2019. 2. 12. 대통령령 제29529호로 개정되기 전의 것)

제11조 제9호의2 (가)목이 구 법인세법(2018. 12. 24. 법률 제16008호로 개정되기 전의 것) 제15조 제3항의 위임 범위를 벗어난 것인지 문제 된 사안에서, 구 법인세법 제15조 제3항이 대통령령으로 정할 것을 위임한 사항에는 제1항이 정한 익금뿐만 아니라 '소득처분을 위한 조세정책상 이유 등으로 익금으로 보는 것'도 포함된다고 봄이 타당한 점, 법인이 정당한 사유 없이 특수관계가 소멸되는 날까지 회수하지 않은 업무무관가지급금 등은 구 법인세법 제15조 제1항이 정한 익금에는 해당하지 않지만 소득처분을 위한 조세정책상 이유로 익금으로 보는 것으로서 구 법인세법 제15조 제3항의 위임 범위에 포함되므로, 위 시행령 조항은 구 법인세법 제15조 제3항의 위임 범위에서 그 위임 취지를 구체적으로 명확하게 한 것으로 볼 수 있는 점에 비추어, 위 시행령 조항이 모법인 구 법인세법 제15조 제3항의 위임 범위를 벗어남으로써 조세법률주의에 위배된다고 평가하기 어렵다고 한 사례.

Ⅳ 질문 및 토의과제

1. 행정행위의 적법성 통제와 행정입법의 적법성 통제는 어떠한 공통점과 차이점을 갖고 있는가? 일반 · 추상적인 규범을 개별 · 구체적인 사안에 적용한 결과의 적법타당성을 검토할 때와 일반 · 추상적인 규범 자체의 적법타당성을 검토할 경우 어떤 차이가 있을까? 여기에서 고려하여야 할 일반 · 추상적인 규범의 특징은 이것이 다수의 사안에 적용될 것을 예정한 것이라는 점, 그러나 동시에 적용가능성이 있는 모든 사안을 예정해서 규범을 만들 수는 없다는 점이다. 따라서 일반 · 추상적인 규범의 적법 · 타당성을 판단할 때는 그 규범을 구성하는 명제만 놓고 상위규범과 비교하면서 판단할 수 있는 경우도 있지만, 때로는 특정한 유형의 사안에 적용해 보면서 그때그때의 적용결과를 보고 달리 판단해야 할 경우도 있을 것이다. 따라서 그러한 판단들의 결과 다음과 같은 유형들이 있을 것임을 짐작해 볼 수 있다.
   ① 당해 명령 · 규칙이 99%의 구체적 사안에 적용되었을 때는 위헌 또는 위법이 아니지만, 매우 예외적인 1%의 사안에 적용되었을 때 위헌, 위법인 결과를 낳는 경우
   ② 당해 명령 · 규칙이 일정한 방식으로 해석되었을 경우 위헌, 위법인 경우
   ③ 당해 명령 · 규칙의 적용이 어떠한 경우에도 (또는 대부분의 경우)에 위헌, 위법인 결과를 낳는 경우
   ④ ③에 해당한다 하더라도, 규범의 공백이 허용될 수 없는 영역이어서 개정 시까지 위법한 법령이라도 효력을 유지해야 할 경우

이는 위헌법률심사에 있어서 다양한 변형결정이 인정되는 것과 같은 맥락이다. 규범의 문제점이 위의 어느 유형에 해당될지 모른다는 것이 이상적인 규범통제절차를 만들고자 할 때 부딪치는 어려움 중 하나일 것이다. 또한, 사법부가 행정부의 개별 결정에 대한 위법 여부를 판단하는 것은 대심적 구조 하에서 그 당사자의 입장을 충분히 청취함으로써 그 결정의 합리성이나 절차적 정당성을 확보할 수 있지만, (행정)입법과정에서 이루어진 훨씬 다양한 이해관계들의 균형점을 반영하는 일반추상적 규범에 대한 심사는 그 중 일부의 이해관계를 대변하는 데 불과할 당해 소송의 당사자들의 의견만을 청취하여 판단해서는 그 합리성이나 절차적 정당성의 확보가 충분하지 않을 수 있다. 이 점 역시 이상적인 행정입법통제절차를 만들고자 할 때 부딪칠 현실적 난점일 것이다.

2. 행정입법 중 적법성통제(위헌·위법심사)의 대상이 되는 것은 원칙적으로 법적 구속력이 인정되는 법규명령에 한한다. 그러나 실제로 엄격한 의미의 법적 구속력이 인정되지 않는 재량준칙 등에 근거하여 처분이 이루어지고 있는 경우 당해 재량준칙에 대한 심사 역시 필요하다. 예컨대, 부령의 형식으로 규정된 제재적 행정처분의 기준의 경우 법적 구속력은 인정되지 않지만, 아래 판례에서 보는 바와 같이 법원은 그 기준을 존중하여야 하는데, 그 이전에 그 부령의 기준에 대해 헌법, 법률합치성이나 부당성이 없는지 심사하여 판단하여야 한다.

대법원 2007. 9. 20. 선고 2007두6946 판결【과징금부과처분취소】

제재적 행정처분의 기준이 부령의 형식으로 규정되어 있더라도 그것은 행정청 내부의 사무처리준칙을 정한 것에 지나지 아니하여 대외적으로 국민이나 법원을 기속하는 효력이 없고, 당해 처분의 적법 여부는 위 처분기준만이 아니라 관계 법령의 규정 내용과 취지에 따라 판단되어야 하므로, 위 처분기준에 적합하다 하여 곧바로 당해 처분이 적법한 것이라고 할 수는 없지만, 위 처분기준이 그 자체로 헌법 또는 법률에 합치되지 아니하거나 위 처분기준에 따른 제재적 행정처분이 그 처분사유가 된 위반행위의 내용 및 관계 법령의 규정 내용과 취지에 비추어 현저히 부당하다고 인정할 만한 합리적인 이유가 없는 한 섣불리 그 처분이 재량권의 범위를 일탈하였거나 재량권을 남용한 것이라고 판단해서는 안 된다.

또한 오늘날 행정청은 '지침', '가이드라인' 등 엄격한 법적 구속력은 없으나, 이를 준수하지 않을 시 일종의 불이익이 예상되는 (위법성 판단에 고려요소로 반영된다거나 하는) 유형의 일반추상적 규범을 종종 발한다. 이러한 경우 그 지침이 엄격한 법적 구속력이 없다는 이유로 국민이 이에 대해 사법통제를 청구할 수 없다면 법치주의의 요구에 미흡한 부분이 될 수 있다. 이 문제에 대처하는 방법으로는 어떤 것이 있을까?
아래 헌법재판소의 결정들을 참조해 보시오.

헌재 2004. 1. 29. 2003헌마261 전원재판부 결정

경기도교육위원회가 마련하여 시행한 '합숙형태 학원 운영실태 및 개선방안'의 위헌성을 다투는 취지라고 본다면, 그 개선방안은 문교부 지침에 따라 기숙학원의 시설 등 기준을 정하여 기숙학원에 대한 지도감독을 강화하고 기존 기숙형태 학원을 양성화하기 위하여 마련된 방안으로서 행정조직 내부에서만 효력을 갖는 행정상의 운영지침 내지 업무처리지침에 불과하여 대외적 구속력이 없는 행정규칙에 해당하므로 이 역시 헌법소원의 대상이 되지 않는다.

헌재 2005. 5. 26. 2004헌마49 전원재판부 결정

계호근무준칙(2000. 3. 29. 법무부 훈령 제422호로 개정된 것) 제298조 제1호·제2호(이하 '이 사건 준칙조항'이라 한다)은 행정규칙이기는 하나 검사 조사실에서의 계구사용에 관한 재량권 행사의 준칙으로서 오랫동안 반복적으로 시행되어 그 내용이 관행으로 확립되었다 할 수 있는 것으로, 이 사건 준칙조항을 따라야 하는 검사 조사실 계호근무자로서는 검사 조사실에서 수용자가 조사를 받는 동안에는 그 때 그 때 개별적으로 상관에게 요청하여 그 지시를 받아 계구사용의 해제 여부를 결정할 여유가 사실상 없기 때문에 일단은 재량의 여지없이 원칙적, 일률적으로 계구를 사용하여 수용자를 결박한 상태에서 계호해야 한다. 그렇다면 이 사건 준칙조항은 이와 같은 재량 없는 집행행위를 통하여 계호대상이 되는 수용자에게 직접적으로 계구사용으로 인한 기본권제한의 효력을 미치게 된다고 볼 수 있다.

3. 위임명령이 상위 법령의 위임의 범위를 벗어난 사항을 규정하였으나, 규정한 사항이 사인의 권리에 대해 침익적 내용이 아니라 수익적인 내용 또는 수익적이지도 침익적이지도 않은 내용을 포함하고 있다면, 이 경우에도 이는 위법인가?

4. 개별 행정법령에서는 법률의 앞부분에서 행위를 규제하기 위해 각종 의무를 부과하고 말미에서 그 의무를 이행하지 않거나 위반한 경우 행정벌을 규정해 두는 경우가 흔히 있다. 이 경우 행위의무를 부과하는 규정은 곧 형벌이 부과되는 구성요건을 이룬다. 이러한 경우 행위의무를 정하는 법령의 체계는 포괄위임입법금지의 원칙뿐만 아니라 형법의 기본원칙인 죄형법정주의의 관점에서도 평가된다. 관련판례 4를 보고, 죄형법정주의 원칙이 형사범에 대해 적용될 때와 행정범에 대해 적용될 때 어떤 차이가 있는지 비교해 보시오.(대법원 2018. 7. 12. 선고 2017두51365 판결 [시정명령취소]에서는 '고의' 요건을 통해 행정제재처

분과 형사처빌의 적용을 차별화하고 있다. 이를 참고하시오).

5. 관련판례 5에서 그 위헌성이 평가되고 있는 각종 "보건복지부 고시"들은 그 자체가 '처분'으로 위법성 판단의 대상이 된 관련판례 2에서와는 달리 과징금부과처분과 요양급여비용 환수처분의 근거법령으로서 위법성 검토의 대상이 되고 있다. 이 경우 보건복지부 고시의 본질은 행정행위인가, 행정입법인가? 이러한 작용유형의 구분은 어떤 의미가 있는가?

6. 행정입법의 위헌·위법성을 판단할 때, 법률의 구체적 위임의 존부, 위임 범위 내에서 규정하였는지 여부, 그 규범의 내용 자체가 헌법 또는 법률을 위반하였는지 여부를 판단하게 되는데, 이 쟁점들을 어떤 순서로 판단하는 것이 논리적일까? 법률의 위임 범위 내에서 규정하고 있는지의 문제와 그 내용이 법률에 위반하는지의 문제는 원칙적으로 별개의 문제이지만, 때로는 양자가 중첩적으로 판단될 때도 있다.

7. 관련판례 6에서는 위임입법의 형태로 '조례'가 제정된 경우이고, 조례에 대한 실체적 적법성 통제의 기준으로 위임의 범위 및 비례원칙 준수가 적용되었다. 또한 행정입법(조례)에 대한 구체적 규범통제의 대상은 원칙적으로 해당 소송사건의 재판에 적용되는 특정 조항으로서, 그 조항이 위헌·위법인지에 따라 법원이 다른 판단을 하게 되는 경우를 의미한다고 보았다.

8. 관련판례 7에서 특히 주목할 내용으로 "행정규칙의 내용이 상위법령이나 법의 일반원칙에 반하는 것이라면 법치국가원리에서 파생되는 법질서의 통일성과 모순금지 원칙에 따라 그것은 법질서상 당연무효이고, 행정내부적 효력도 인정될 수 없다."는 점이다. 판례에 따르면, 법원은 이러한 경우 해당 행정규칙이 법질서상 부존재하는 것으로 취급하여 행정기관이 한 조치의 당부를 상위법령의 규정과 입법 목적 등에 따라서 판단하여야 한다. 이를 통해 장래 동일 내용의 행정규칙에 근거하여 처분이 이루어지는 것을 방지할 수 있는가?

V 참고문헌

우미형, 행정입법절차의 민주적 정당성 강화를 위한 논의, 공법연구 51집 3호, 2023

윤강욱, 입법예고의 하자와 그 효과 —행정입법에 관한 입법예고절차를 중심으로—, 법제연구 제59호, 2020

김현준, 행정입법에 대한 행정소송, 공법연구 46집 2호, 2018

정호경, 항고소송과 헌법소원의 관계: 보충성원칙과 명령규칙에 대한 심사권을 중심으로, 사법 36호, 2016

권영호, 행정입법에 대한 의회통제와 추상적 규범통제, 법과 정책 제22집 제3호, 2016

이원우, 행정입법에 대한 사법적 통제방식의 쟁점, 행정법연구 25호, 2010. 12

Ⅵ 관련법령

헌법

제107조 ① 법률이 헌법에 위반되는 여부가 재판의 전제가 된 경우에는 법원은 헌법재판소에 제청하여 그 심판에 의하여 재판한다.

② 명령·규칙 또는 처분이 헌법이나 법률에 위반되는 여부가 재판의 전제가 된 경우에는 대법원은 이를 최종적으로 심사할 권한을 가진다.

행정기본법

제2조 (정의) 이 법에서 사용하는 용어의 뜻은 다음과 같다.

1. "법령등"이란 다음 각 목의 것을 말한다.
   가. 법령: 다음의 어느 하나에 해당하는 것
      1) 법률 및 대통령령·총리령·부령
      2) 국회규칙·대법원규칙·헌법재판소규칙·중앙선거관리위원회규칙 및 감사원규칙
      3) 1) 또는 2)의 위임을 받아 중앙행정기관(「정부조직법」 및 그 밖의 법률에 따라 설치된 중앙행정기관을 말한다. 이하 같다)의 장이 정한 훈령·예규 및 고시 등 행정규칙
   나. 자치법규: 지방자치단체의 조례 및 규칙

제38조 (행정의 입법활동) ① 국가나 지방자치단체가 법령등을 제정·개정·폐지하고자 하거나 그와 관련된 활동(법률안의 국회 제출과 조례안의 지방의회 제출을 포함하며, 이하 이 장에서 "행정의 입법활동"이라 한다)을 할 때에는 헌법과 상위 법령을 위반해서는 아니 되며, 헌법과 법령등에서 정한 절차를 준수하여

야 한다.

② 행정의 입법활동은 다음 각 호의 기준에 따라야 한다.

1. 일반 국민 및 이해관계자로부터 의견을 수렴하고 관계 기관과 충분한 협의를 거쳐 책임 있게 추진되어야 한다.
2. 법령등의 내용과 규정은 다른 법령등과 조화를 이루어야 하고, 법령등 상호 간에 중복되거나 상충되지 아니하여야 한다.
3. 법령등은 일반 국민이 그 내용을 쉽고 명확하게 이해할 수 있도록 알기 쉽게 만들어져야 한다.

③ 정부는 매년 해당 연도에 추진할 법령안 입법계획(이하 "정부입법계획"이라 한다)을 수립하여야 한다.

④ 행정의 입법활동의 절차 및 정부입법계획의 수립에 관하여 필요한 사항은 정부의 법제업무에 관한 사항을 규율하는 대통령령으로 정한다.

제39조 (행정법제의 개선) ① 정부는 권한 있는 기관에 의하여 위헌으로 결정되어 법령이 헌법에 위반되거나 법률에 위반되는 것이 명백한 경우 등 대통령령으로 정하는 경우에는 해당 법령을 개선하여야 한다.

② 정부는 행정 분야의 법제도 개선 및 일관된 법 적용 기준 마련 등을 위하여 필요한 경우 대통령령으로 정하는 바에 따라 관계 기관 협의 및 관계 전문가 의견 수렴을 거쳐 개선조치를 할 수 있으며, 이를 위하여 현행 법령에 관한 분석을 실시할 수 있다.

법원조직법

제7조 (심판권의 행사) ① 대법원의 심판권은 대법관전원의 3분의 2이상의 합의체에서 이를 행하며 대법원장이 재판장이 된다. 다만, 대법관 3인이상으로 구성된 부에서 먼저 사건을 심리하여 의견이 일치한 때에 한하여 다음의 경우를 제외하고 그 부에서 재판할 수 있다.

1. 명령 또는 규칙이 헌법에 위반함을 인정하는 경우
2. 명령 또는 규칙이 법률에 위반함을 인정하는 경우
3. 종전에 대법원에서 판시한 헌법·법률·명령 또는 규칙의 해석적용에 관한 의견을 변경할 필요가 있음을 인정하는 경우

행정소송법

제6조 (명령 · 규칙의 위헌판결등 공고) ① 행정소송에 대한 대법원판결에 의하여 명령 · 규칙이 헌법 또는 법률에 위반된다는 것이 확정된 경우에는 대법원은 지체없이 그 사유를 총무처장관에게 통보하여야 한다.

② 제1항의 규정에 의한 통보를 받은 총무처장관은 지체없이 이를 관보에 게재하여야 한다.

행정심판법

제59조 (불합리한 법령 등의 개선) ① 중앙행정심판위원회는 심판청구를 심리 · 재결할 때에 처분 또는 부작위의 근거가 되는 명령 등(대통령령 · 총리령 · 부령 · 훈령 · 예규 · 고시 · 조례 · 규칙 등을 말한다. 이하 같다)이 법령에 근거가 없거나 상위 법령에 위배되거나 국민에게 과도한 부담을 주는 등 크게 불합리하면 관계 행정기관에 그 명령 등의 개정 · 폐지 등 적절한 시정조치를 요청할 수 있다.

② 제1항에 따른 요청을 받은 관계 행정기관은 정당한 사유가 없으면 이에 따라야 한다.

청소년보호법

제10조 (청소년유해매체물의 심의기준) ① 청소년보호위원회와 각 심의기관은 제8조의 규정에 의한 심의를 함에 있어서 당해 매체물이 다음 각호의 1에 해당하는 경우에는 청소년유해매체물로 결정하여야 한다.

1. 청소년에게 성적인 욕구를 자극하는 선정적인 것이거나 음란한 것
2. 청소년에게 포악성이나 범죄의 충동을 일으킬 수 있는 것
3. 성폭력을 포함한 각종 형태의 폭력행사와 약물의 남용을 자극하거나 미화하는 것
4. 청소년의 건전한 인격과 시민의식의 형성을 저해하는 반사회적 · 비윤리적인 것
5. 기타 청소년의 정신적 · 신체적 건강에 명백히 해를 끼칠 우려가 있는 것

② 제1항의 규정에 의한 기준을 구체적으로 적용함에 있어서는 현재 국내사회에서의 일반적인 통념에 따르며 그 매체물이 가지고 있는 문학적 · 예술적 · 교

육적・의학적・과학적 측면과 그 매체물의 특성을 동시에 고려하여야 한다.
③ 청소년유해여부에 관한 구체적인 심의기준과 그 적용에 관하여 필요한 사항은 대통령령으로 정한다.

2-1-2. 제재처분기준의 법적 성질

I 개요

행정입법은 전통적으로 법규명령과 행정규칙의 2가지 유형으로 구분되어 왔다. 법규명령과 행정규칙의 이념형에 대한 정의(定義)는 통상 그 규율대상(국민의 권리・의무에 관련이 있는 사항인지 여부), 형식(헌법상 예정되어 있는 행정입법형식인지 아닌지 여부), 효력(국민과 법원에 대한 대외적 구속력이 있는지 여부)의 3가지 측면을 중심으로 이루어진다. 전통적 의미의 법규명령은 “헌법상 국회가 독점한 입법권의 예외로 명시적으로 규정된 행정입법형식에 의해 국민의 권리・의무에 관한 사항을 규정하는 법적 구속력 있는 규범”을 말하며, 행정규칙은 “헌법상 예정된 형식 이외의 형식으로 행정조직내부에서 적용될 행정의 사무처리기준을 제정한 일반・추상적 규범으로 행정조직 내부에서만 효력을 갖는 것”이다. 어떤 행정입법이 법규명령인지 행정규칙인지를 구별하는 기준은 형식설(규범의 형식), 실질설(규범의 실질), 수권여부기준설(상위법의 위임여부) 등이 있으나, 현재 그 기준들 중 어느 것도 단독으로 결정적 기준이라고 할 수는 없다.

그러한 가운데 우리 판례는 특히 제재처분의 기준을 정하고 있는 재량준칙으로서의 부령에 대해서는 그 형식의 헌법상 근거에도 불구하고 이를 행정내부의 사무처리기준을 정하는 행정규칙으로서 대외적 구속력을 부인해 오고 있다. 이에 비해 대통령령에 대해서는 법규명령으로서의 효력을 인정하고 있으나, 그 내용상 리딩케이스에서 보는 바와 같이 규정상 명시적 표현이 없음에도 불구하고 최고한도를 정한 것으로 해석함으로써 그 구속력의 기속성을 완화하고 있다. 판례의 이러한 태도는 행정입법의 유형에 대한 새로운 체계적 관점을 근거로 한다기보다는, 개별구체적 사안에서의 사인의 권익구제, 행정입법에 대한 통제,

권력분립원칙 등 다양한 필요성과 고려요소들에 대응하는 과정에서 쟁점별로 개별적으로 형성된 것으로 보인다.

II 리딩케이스

1. 사건번호: 대법원 2001. 3. 9. 선고 99두5207 판결【과징금부과처분 취소】

2. 사실관계

원고 갑은 청소년 2명을 각각 서로 다른 시점에 유해업소인 주점에 고용하였다가 적발되었다. 이 위반행위에 대해 식품위생법을 근거로 15일간의 영업정지 처분을 부과 받은 후, 다시 피고 청소년보호위원회로부터 청소년보호법 제24조 위반으로 1,600만원의 과징금을 부과 받았다. 동 과징금의 부과는 청소년보호법 제49조에 근거한 것으로, 동조 제2항은 과징금의 금액 기타 필요한 사항을 대통령령으로 정하도록 위임하고 있으며, 이에 따라 발하여진 대통령령인 청소년보호법 시행령 별표 6은 동법 제24조의 "청소년고용금지의무를 위반한 때: 800만원"이라고 규정하고 있다. 피고는 갑이 청소년 2명을 고용하였으므로, 동 시행령 별표6의 기준을 2배로 산정하여 과징금을 부과한 것이다.

3. 판결요지

[1] 구 청소년보호법(1999. 2. 5. 법률 제5817호로 개정되기 전의 것) 제49조 제1항, 제2항에 따른 같은법시행령(1999. 6. 30. 대통령령 제16461호로 개정되기 전의 것) 제40조 [별표 6]의 위반행위의종별에따른과징금처분기준은 법규명령이기는 하나 모법의 위임규정의 내용과 취지 및 헌법상의 과잉금지의 원칙과 평등의 원칙 등에 비추어 같은 유형의 위반행위라 하더라도 그 규모나 기간·사회적 비난 정도·위반행위로 인하여 다른 법률에 의하여 처벌받은 다른 사정·행위자의 개인적 사정 및 위반행위로 얻은 불법이익의 규모 등 여러 요소를 종합적으로 고려하여 사안에 따라 적정한 과징금의 액수를 정하여야 할 것이므로

그 수액은 정액이 아니라 최고한도액이다.

[2] 제재적 행정처분이 사회통념상 재량권의 범위를 일탈하였거나 남용하였는지 여부는 처분사유로 된 위반행위의 내용과 당해 처분행위에 의하여 달성하려는 공익목적 및 이에 따르는 제반 사정 등을 객관적으로 심리하여 공익침해의 정도와 그 처분으로 인하여 개인이 입게 될 불이익을 비교 교량하여 판단하여야 한다.

4. 판례해설

대법원이 제재처분의 기준을 정한 부령을 법규적 효력이 인정되는 법규명령이 아니라 행정 내부의 사무처리준칙에 해당하는 행정규칙으로 보는 입장을 일관되게 견지해 오고 있다. 대법원이 이러한 입장을 취하게 된 동기에 대해서는 최근 대법원 2006. 6. 22. 선고 2003두1684 전원합의체 판결【영업정지처분취소】의(관련판례 6) 이강국 대법관의 별개의견에서 매우 의미있는 설명이 제시되고 있다. 특히 종래의 제재처분기준이 대개 명료하지 않거나 획일적으로 규정되어 있어 여기에 법규성을 부여하게 되면 법원도 그에 기속될 수밖에 없게 되어 국민의 권익보호가 어려워지기 때문에 법규성을 부정해야 하는 실제적 필요성이 있었다는 설명을 보면, 종래 부령으로 정한 제재처분기준의 성질에 대한 판례의 입장은 행정입법의 성질(또는 유형론)에 관한 것이라기보다는 법원에 대한 행정입법의 구속력을 부인하고자 행정입법을 통제하기 위한 것으로 보는 편이 더 실질에 가까운 것일 수도 있다. 그러나 그에 대한 법원의 논증이 논리적인 측면에서도 정책적인 측면에서도 명확히 제시되지 않았기 때문에 행정입법에 관한 이해에 혼란을 초래한 것이라 할 수 있다. 그러나 다른 한편으로는 부령을 행정내부의 사무처리준칙으로 보게 되면, 당해 규범이 행정조직 내부에서는 행정결정을 하는 과정에서 행위규범으로서 구속력을 가지고, 사인들과 법원에 대해서는 효력을 갖지 않으므로 상위 법령에 근거하여 사후적 사법심사를 좀 더 자유롭게 할 수 있다. 상대적으로 제한된 자원으로 대량의 사안을 처리해야 하는 행정청으로서는 효율성이나 권한남용방지의 차원에서 좀 더 기속적인 방식으로 재량이 행사되고, 이 중 더 탄력적인 재량행사가 필요한 개별 사안에 대해서는 당사자의 소 제기로 법원에서 집중적으로 심의하여 적정한 재량행사가 이루어질 수 있도록 하는 기능분담모델도 생각해 볼 수 있다. 다만, 이렇게 보게 되면, 모든 행정결정이 그 발령 시점에서 적법·타당하여야 하며, 사법심사는 그 중 있어서는 안 될 병리적인 현상을 교정하는 것이므로 행정과 사법이 대립되는 위치에 있다는 시각이 타협되어, 행정과 사법이 본질적으로 최적의 행정결정을 확보하기 위한 과정에 기여하는 기관이라는 점에서 동질적이며 그 개입의 시점과 방식과 초점이 다른 기관이라고 보게 되는데, 이러한 관점이 전통적인 권력분립모델과 조화될 수 있는 것인지에 대해 의문이 제기될 수 있다.

다음으로 그렇다면 과연 제재처분의 기준을 정한 대통령령의 효력은 어떻게 볼 것인가라는 문제가 제기될 수 있는데, 리딩케이스는 이에 관한 법원의 관점을 시사해 주는 판결이다. 이 판결의 결론은 대통령령으로 발한 제재처분의 기준은 일단 법적 구속력이 인정되지만, 그 법적 구속력의 내용은 과징금의 액수를 '800만원' 정액제로 한 것이 아니라 과징금의 구속적 상한(최고한도)을 정한 것이라는 것이다. 이 판결은 우리 판례가 대통령령에 대해서는 부령과 달리 (대외적, 즉, 국민과 법원에 대한) 법적 구속력을 인정함을 보여주는 예로 인용되기도 한다(관련판례 1 참조). 똑같이 제재처분의 기준을 정하는 대통령령과 부령을 각각 법규와 비법규로 보는 대법원의 태도는 타당한가? 또는 어떻게 정당화될 수 있는가? 양자는 모두 헌법상 명문의 근거가 있는 행정입법의 유형이고, 대통령령과 부령의 제정절차는 국무회의에서의 심의절차 유무 등에서 차이가 있으나 그것이 그 법규성을 가를 만큼 중요한 기능을 하는 것으로 보이지는 않는다. 이 점 역시 위 이강국 대법관의 별개의견에서 지적되는 바이다.

한편, 제재처분의 기준을 정하는 부령이 아닌 허가기준 등을 정하는 부령에 대해서는 이를 행정규칙으로 명시하는 판례는 발견되지 않고 오히려 법적 효력을 인정하는 판례가 보인다. 그렇다면, 이를 달리 취급하는 것은 정당한가, 그 이유는 무엇인가 역시 명백하지 않다. 제재처분의 양형은 전통적인 사법기능과 유사한 데 비하여 허가 등 수익처분은 행정의 고유한 기능이므로 법원이 특히 전문성을 가지는 제재처분에 관한 심사권한을 확보하기 위해 특히 제재처분의 기준에 대해서만 법적 구속력을 부인하는 것으로 볼 수도 있고, 모든 부령이 하나의 범주로서 법규명령 또는 행정규칙으로 분류될 수 있는 것이 아니라 그 규율대상과 내용 등을 고려하여 법적 구속력도 개별적 또는 영역별로 정해야 한다는 관점에 서 있는 것으로 볼 수도 있다.

위의 쟁점은 '법규명령 형식의 행정규칙'의 문제로 설명되고 있는데, '행정규칙 형식의 법규명령'의 문제와 함께 행정입법의 이론체계에 전통적인 법규명령과 행정규칙의 개념체계로는 명료하게 설명될 수 없는 문제를 던지고 있다. 이러한 판례의 태도를 일관된 논리로 설명하고, 나아가 현재 행정법학의 최우선과제 중 하나인 행정입법의 효과적 통제원리와 제도를 정비하기 위해서는 현실의 필요성에 대응하여 발전된, 그러나 기존의 이론체계에 부합되지 않는 행정입법 관련 현상들을 아우를 수 있는 행정입법이론에 대한 새로운 접근이 요구된다고 하겠다. 이러한 가운데 법규명령과 행정규칙의 구분, 법규와 비법규의 구분에 대한 근본적인 재검토가 필요하다는 견해도 있다.

다른 한편, 이 판결의 내용을 구체적으로 살펴보면 그 효력의 내용은 '최고한도'에 불과한 것으로 상당히 제한적으로 해석하고 있어서, 과연 단순히 '법적 구속력을 인정하였다'라는 기술이 타당한 것인지 의문이 제기될 수 있다. 즉, 과징금의 최고한도액으로서 이를 초과할 수 없다는 점에서는 법적 구속력을 발생하지만, 그 이하의 금액범위에 대해서는 행정청이 재량권을 행사하여야 한다고 간주되고, 동시에 그 재량권 행사를 심사하는 법원도 그 최고한도액을 넘었는가 여부는 물론 최고한도액 이하의 과징금에 대해서도 행정청의 재량권일탈남용이 있는지를 심사할 수 있게 된다는 점에서는 그 법적 구속력을 완화시켰다고 볼 수 있다. 법원이 행정청의 제재처분의 재량권 행사를 통제할 권한을 확보하기 위해 기속적 기준을 정한 대통령령에 대해서도 부령과 마찬가지로 구속력을 부인할 필요가 있었으나, 권력분립의 관점 등에서 구속력을 부인하는 데 이르지 않고 최고한도액으로서의 효력만 부여한 것은 아닐까? 한편, 판결에서 대통령령상의 정액 기준을 왜 최고한도액으로 해석하였는지에 대한 이유로 추정해 볼 수 있는 것은 문제된 청소년보호법상 과징금의 성격이다. 대법원판결에서는 잘 나타나 있지 않지만, 원심판결(서울고등법원 1999. 3. 24. 선고 98누13647 판결)을 보면 동법상 과징금의 성격에 대해 논의하고 있다. 즉, 문제된 위반행위에 대해 식품위생법에 근거한 영업정지처분을 할 수 있고 이에 더하여 청소년보호법상의 과징금을 부과하므로, 이때 과징금의 성격은 '영업정지'와 같은 순수한 제재적 기능을 갖는 것이 아니라 '영업정지'로는 달성할 수 없는 별개의 목적, 즉 의무위반행위로 인한 불법적 이익을 박탈하기 위한 것으로 해석된다. 즉, 이러한 측면에서 영업정지에 갈음하는 변형과징금과는 달리 위법행위로 인한 이익의 환수라는 과징금 본래의 기능을 한다는 점이다. 과징금의 성격을 이렇게 이해하면, 자연히 모든 사안에 동일하게 적용되는 정액 기준은 정당화될 수 없고(사안마다 얻은 이익의 규모가 다를 것이기 때문이다) 각 사안별로 실현된 불법적 이익의 정도에 비례하여 결정되어야 하는 것으로 이해된다. 원심판결에서 "위 청소년 2인을 고용한 시점이 달라서 이를 하나의 행위라고 보기는 어려우나 위 청소년들의 고용기간이 7일에 불구하여 비교적 짧고 이로 인하여 얻은 실제이익은 그리 많지 않다"는 점은 불법이익 환수라는 과징금의 기능 때문에 고려되는 것으로 볼 수 있다.

Ⅲ 관련판례

1. 대법원 1997. 12. 26. 선고 97누15418 판결【주택건설사업영업정지처분취소】

원심은, … 이 사건 처분의 근거가 된 법 제7조 및 같은법시행령(이하 '시행령'이라 한다) 제10조의3 제1항 [별표 1]의 제2호 (타)목 (1)의 규정이 행정처분의 기준을 정하였다 하더라도, 이는 형식상으로는 대통령령으로 되어 있으나 그 성질은 행정기관 내부의 사무처리준칙을 정한 것에 불과한 것으로서 관계 행정기관 및 직원에 대하여 그 직무권한 행사의 지침을 정하여 주기 위하여 발한 행정명령의 성질을 가지는 것이지 법 제7조 제1항의 규정에 의하여 보장된 재량권을 기속하거나 대외적으로 국민이나 법원을 기속하는 힘이 있는 것은 아니라고 보고, 이 사건 처분이 재량행위임을 전제로 이 사건 변론에 나타난 제반 사정에 비추어 볼 때 이 사건 처분이 재량권의 범위를 일탈하였다거나 재량권을 남용한 위법이 있다고 볼 수 없다고 판단하였다.

이 사건 처분의 기준이 된 시행령 제10조의3 제1항 [별표 1]은 법 제7조 제2항의 위임규정에 터잡은 규정형식상 대통령령이므로 그 성질이 부령인 시행규칙이나 또는 지방자치단체의 규칙과 같이 통상적으로 행정조직 내부에 있어서의 행정명령에 지나지 않는 것이 아니라 대외적으로 국민이나 법원을 구속하는 힘이 있는 법규명령에 해당한다고 할 것이다.

2. 대법원 1991. 6. 23. 선고 90누6545 판결 【숙박영업허가취소처분취소】

공중위생법 제23조 제1항은 처분권자에게 영업자가 법에 위반하는 종류와 정도의 경중에 따라 제반사정을 참작하여 위 법에 규정된 것 중 적절한 종류를 선택하여 합리적인 범위 내의 행정처분을 할 수 있는 재량권을 부여한 것이고, 이를 시행하기 위하여 동 제4항에 의하여 마련된 공중위생법시행규칙 제41조 별표 7에서 위 행정처분의 기준을 정하고 있더라도 위 시행규칙은 형식은 부령으로 되어 있으나 그 성질은 행정기관 내부의 사무처리준칙을 규정한 것에 불과한 것으로서 보건사회부장관이 관계 행정기관 및 직원에 대하여 그 직무권한 행사의 지침을 정하여 주기 위하여 발한 행정명령의 성질을 가지는 것이지, 위 법 제23조 제1항에 의하여 보장된 재량권을 기속하거나 대외적으로 국민을 기속하는 것은 아니다.

3. 대법원 2006. 6. 27. 선고 2003두4355 판결 【시외버스운송사업계획변경인가처분취소】

구 여객자동차 운수사업법(2000. 1. 28. 법률 제6240호로 개정되기 전의 것, 이하 '법'이라 한다) 제11조 제1항은 여객자동차운송사업의 면허를 받은 자가 사업계획을 변경하고자 하는 때에는 건설교통부장관의 인가를 받아야 한다고 규정하고, 같은 조 제4항은 사업계획변경의 절차 · 기준 기타 필요한 사항은 건설교통부령으로 정한다고 규정하며, … 법 시행규칙 제31조 제2항 제1호, 제2호, 제6호(이하 '이 사건 각 규정'이라 한다)는 법 제11조 제4항의 위임에 따라 시외버스운송사업의 사업계획변경에 관한 절차, 인가기준 등을 구체적으로 규정한 것으로서, 대외적인 구속력이 있는 법규명령이라고 할 것이고(대법원 1996. 6. 14. 선고 95누17823 판결; 1997. 5. 16. 선고 97누2313 판결 참조), 그것을 행정청 내부의 사무처리준칙을 규정한 행정규칙에 불과하다고 할 수는 없는 것이다. 따라서 원심이 인정하는 바와 같이 피고가 이 사건 시외버스운송사업계획변경인가처분(이하 '이 사건 처분'이라 한다)을 함에 있어서 이 사건 각 규정에서 정한 절차나 인가기준 등을 위배하였다면, 이 사건 처분은 위법함을 면하지 못한다고 할 것이다(원심이 들고 있는 대법원 1995. 10. 17. 선고 94누14148 전원합의체 판결은 제재적 행정처분의 기준에 관한 것으로서 이 사건과는 사안을 달리하여 원용하기에 적절하지 아니함을 지적해 둔다). 그럼에도 불구하고, 이 사건 각 규정이 행정규칙에 불과하므로, 이 사건 처분이 위 각 규정에 위배되었다고 하더라도 위법의 문제는 생기지 아니한다고 한 원심의 판단에는 이 사건 각 규정의 법규성에 관한 법리를 오해하여 판결에 영향을 미친 위법이 있다고 할 것이다.

4. 대법원 2007. 5. 10. 선고 2005도591 판결【식품위생법위반】

행정규칙인 부령이나 고시가 법령의 수권에 의하여 법령을 보충하는 사항을 정하는 경우에는 그 근거 법령규정과 결합하여 대외적으로 구속력이 있는 법규명령으로서의 성질과 효력을 가진다 할 것인데, 보충규범인 행정규칙의 내용에 해당되는 행위가 공소사실이나 범죄사실로 기재되어 있고, 법률의 적용란에 근거 법령규정이 명시되어 있다면 보충규범이 법률의 적용란에 따로 명시되어 있지 않다고 하더라도 이를 들어 판결에 영향을 미친 위법이 있다고는 할 수 없다. 식품위생법(2005. 12. 23. 법률 제7735호로 개정되기 전의 것, 이하 같다) 제7조 제4항은 같은 조 제1항의 규정에 의하여 식품의약품안전청장이 정하여 고시한 기준과 규격에 맞지 아니하는 식품 또는 식품첨가물은 판매하거나 판매의 목적으로 제조·수입·가공 등을 하지 못하도록 규정하고 있고, 같은 법 제75조 제1호는 위 제7조 제4항의 규정에 위반한 자를 처벌하고 있는바, 이 경우 식품의약품안전청장의 고시는 식품위생법 제7조 제1항과 결합하여 같은 법 제75조 제1호, 제7조 제1항 위반죄의 실질적 구성요건을 이루는 보충규범으로 작용하는 것이다. 또한, 식품위생법 제11조 제1항은 식품 등의 명칭·제조방법 및 품질 등에 관하여는 허위표시 또는 과대광고를 하지 못하도록 규정하는 한편, 그 제2항에서 위 허위표시·과대광고 등의 범위 기타 필요한 사항은 보건복지부령으로 정하도록 규정하고 있고, 같은 법 제77조 제1호는 위 제11조 제1항의 규정을 위반한 자를 처벌하고 있는바, 이 경우 관련 보건복지부령 역시 식품위생법 제11조 제2항과 결합하여 같은 법 제77조 제1호, 제11조 제1항 위반죄의 실질적 구성요건을 이루는 보충규범으로 작용하고 있는 것이다.

5. 대법원 2006. 6. 22. 선고 2003두1684 전원합의체 판결【영업정지처분취소】(대법관 이강국의 별개의견)

[1] 다수의견은, 제재적 행정처분(이하 '제재적 처분'이라고 한다)의 기준을 정한 부령인 시행규칙의 법적 성질에 대하여는 구체적인 논급을 하지 않은 채, 시행규칙에서 선행처분을 받은 것을 가중사유나 전제요건으로 하여 장래 후행처분을 하도록 규정하고 있는 경우, 선행처분의 상대방이 그 처분의 존재로 인하여 장래에 받을 불이익은 구체적이고 현실적이라는 이유로, 선행처분에서 정한 제재기간이 경과한 후에도 그 처분의 취소를 구할 법률상 이익이 있다고 보고 있는바, 다수의견이 위와 같은 경우 선행처분의 취소를 구할 법률상 이익을 긍정하는 결론에는 찬성하지만, 그 이유에 있어서는 다음과 같이 부령인 제재적 처분기준의 법규성을 인정하는 이론적 기초 위에서 그 법률상 이익을 긍정하는 것이 법리적으로는 더욱 합당하다고 생각한다.

[2] 종래 법규명령과 행정규칙의 구별기준에 관하여는 형식설, 실질설 등의 견해의 대립이 계속되어 왔으나 이 사건에서는 부령에서 규정한 제재적 처분기준의 법적 성질부터 검토되어야 할 것이다.

대법원 1997. 12. 26. 선고 97누15418 판결 등 종래 대법원판례는 제재적 처분기준에 관하여 그 규정형식이 대통령령으로 규정되어 있으면 법규성을 인정하였으나(대법원 1998. 12. 8. 선고 98두14174 판결; 2001. 3. 9. 선고 99두5207 판결 등), 그 규정형식이 부령으로 규정된 경우에는, 그 처분기준은 행정청 내부의 사무처리준칙을 규정한 것에 불과하므로 대외적 구속력이 없어 재판규범이 되지 못하고 법원은 이에 구속될 필요가 없다는 입장을 확고히 견지하고 있다(대법원 1990. 1. 25. 선고 89누3564 판결; 1997. 5. 30. 선고 96누5773 판결; 1998. 3. 27. 선고 97누20236 판결 등). 그러나 부령의 형식으로 규정된 제재적 처분기준에 관하여 법규성을 부정한 종전 판례의 입장은 다음과 같은 이유로 합당하지 아니하다.

첫째, 종래의 판례는 일정한 사항은 본질적으로 행정규칙의 고유한 규율대상이라는 점을 전제로 하고 있으나, 제재적 처분기준을 법규명령의 형식으로 제정할 것인지 또는 행정규칙으로 제정할 것인지는 입법정책의 문제일 뿐이다.

둘째, 대통령령과 부령은 모두 헌법 제75조와 제95조에서 정하고 있는 위임명령이고, 다만 대통령령은 그 제정절차에 있어서 국무회의의 심의를 거친다는 점에서 차이가 있을 뿐인데 이 점을 가지고 그 법적 효력을 달리 볼 만한 근거로 삼기는 부족하다. 따라서 대통령령 형식의 제재적 처분기준을 법규명령으로 본다면 부령으로 정한 처분기준도 법규명령으로 보는 것이 논리적 일관성이 있을 것이다.

셋째, 제재적 처분기준은 국민의 권리·의무에 직접 영향을 미치는 것이기 때문에 이를 단순히 행정청 내부의 사무처리 기준에 불과하다고 볼 수는 없다.

넷째, 종래의 제재적 처분기준은 대개 명료하지 않거나 획일적으로 규정되어 있어 구체적 타당성이 부족하였고 따라서 거기에 법규성을 부여하게 되면 법원도 그에 기속될 수밖에 없게 되어 국민의 권익보호가 어려워지기 때문에 법규성을 부정해야 하는 실제적 필요성이 있었으나, 현재 대부분의 제재적 처분기준은 구체적 타당성을 확보하기 위하여 위반행위의 유형 및 정도를 구체적으로 세분하고 있고 더욱이 감경규정까지 두고 있어 구체적 타당성 있는 제재가 가능하게 되었다는 점도 주목할 필요가 있다.

다섯째, 법원이 구체적 사건에서 부령인 제재적 처분기준의 법규성을 부정한다고 하더라도 그로써 부령이 바로 무효가 되는 것도 아니고 관계 행정공무원은 판결에도 불구하고, 법령준수의무에 따라 당해 부령상의 기준에 의하여 종전과 똑같은 처분을 계속할 수밖에 없게 될 것이며, 이에 대하여 법원은 부령이 행정규칙에 불과함을 거듭 확인한 뒤 행정처분을 취소하게 될 것인바, 이는 결국 법적 안정성과 예측가능성을 크게 손상시키게 될 것이다. 그러므로 부령인 제재적 처분기준에 대하여 헌법합치적이거나 법률합치적인 해석에 의하여도 구체적이고 타당한 처분기준이 도출될 수 없는 경우에는 위임의 범위나 과잉 입법 등을 이유로 무효를 선언하여 그 효력을 배제하는 것이 오히려 더욱 바람직할 것이다.

결국, 이러한 점들을 종합하여 보면, 상위법령의 위임에 따라 제재적 처분기준을 정한 부령인 시행규칙은 헌법 제95조에서 규정하고 있는 위임명령에 해당하고, 그 내용도 실질적으로 국민의 권리·의무에 직접 영향을 미치는 사항에 관한 것이므로, 단순히 행정기관 내부의 사무처리준칙에 지나지 않는 것이 아니라 대외적으로 국민이나 법원을 구속하는 법규명령에 해당한다고 보아야 할 것이다.

6. 대법원 2020. 1. 9. 선고 2018두47561 판결【영업정지처분취소】

[1] 건설산업기본법(이하 '법'이라 한다)이 건설업자가 갖추어야 할 등록기준을 정하고, 그 등록기준에 미달하는 경우 건설업자에 대하여 등록말소 또는 1년 이내의 영업정지라는 중대한 제재처분을 하도록 규정한 것은, 건설업자들로 하여금 일정한 등록기준을 갖추도록 강제하고 등록기준을 갖추지 못한 건설업자가 건설시장에서 활동하지 못하도록 함으로써 건설공사의 적정한 시공과 건설산업의 건전한 발전을 도모하려는 데에 입법 취지가 있다(법 제1조, 제3조 참조).

나아가 법 제83조 제3호 본문이 건설업자가 건설업 등록기준에 미달한 경우를 건설업자에 대한 등록말소 또는 1년 이내의 영업정지 사유로 규정하면서도, 제83조 제3호 단서가 '일시적으로 등록기준에 미달하는 등 대통령령으로 정하는 경우는 예외로 한다'고 규정한 것은, 법 제83조에 의한 등록말소 또는 1년 이내의 영업정지가 위 법이 규정한 여러 종류의 제재처분들 중에서도 가장 강도가 높은 제재수단에 해당하는 점을 고려하여, 건설업 등록기준에 일시적으로 경미하게 미달한 건설업자에 대해서는 법 제83조에 의한 제재처분을 하지 않도록 함으로써 헌법상 비례의 원칙을 구현하기 위한 것이라고 볼 수 있다.

[2] 헌법상 비례의 원칙의 구현이라는 측면에서 건설산업기본법령 관련 규정들의 내용과 체계, 입법 취지 등을 종합하면, 구 건설산업기본법 시행령(2016. 8. 4. 대통령령 제27440호로 개정되기 전의 것) 제79조의2 각호는 건설산업기본법(이하 '법'이라 한다) 제83조 제3호 단서의 위임 취지에 따라 법 제83조 제3호 본문에 의한 제재처분의 대상이 되지 않는 경우를 구체화하여 예시적으로 규정한 것이라고 봄이 타당하다.

[3] 구 건설산업기본법 시행령(2016. 8. 4. 대통령령 제27440호로 개정되기 전의 것, 이하 '시행령'이라 한다) 제79조의2 각호는 건설산업기본법(이하 '법'이라 한다) 제83조 제3호 단서의 위임 취지에 따라 법 제83조 제3호 본문에 의한 제재처분의 대상이 되지 않는 경우를 구체화하여 예시적으로 규정한 것이므로, 시행령 제79조의2 각호에 해당하지 않더라도 건설업자가 건설업 등록기준에 일시적으로 경미하게 미달한 것으로 볼 수 있는 경우에는 법 제83조 제3호 단서에 따라 등록말소 또는 1년 이내의 영업정지라는 제재처분의 대상에서 제외된다고 해석함이 정당하다. 이로써 하위법령은 최대한 헌법과 모법에 합치되도록 해석하여야 한다는 법령해석의 원칙에도 부합하게 된다.

Ⅳ 질문 및 토의과제

1. 리딩케이스에서 만약 문제된 대통령령 별표의 기준이 불법이익의 환수가 아니라 순수한 제재적 의미의 금전급부명령(과태료 등)에 관한 기준이었다면, 이 역시 정액제가 아니라 최고한도를 정한 것으로 해석될 수 있었을까?

2. 관련판례 1에서 원심판결이 대통령령도 행정기관내부의 사무처리준칙에 불과하다고 판단한 이유는 무엇이었을까? 행정입법의 법적 효력을 결정하는 기준으로서 그 제정주체, 절차, 기능 등을 검토해 보시오.

3. 대법원이 제재처분의 기준을 정한 부령의 효력을 일관되게 부인해 오고 있는 까닭은 무엇이라고 생각하는가?(관련판례 2 참조) 입법자가 행정청에게 개별구체적인 사안에 적정한 제재처분의 정도를 정하도록 재량권을 부여하고 있는 경우, 이 재량권은 권한으로서의 의미뿐만 아니라 당해 사안의 관련 요소들을 형량하여 비례원칙에 부합되는 제재처분을 찾아내라는 고도의 형량의무를 부과한 것으로도 볼 수 있다. 이때 비례원칙에 부합하는 제재처분의 수준을 찾아내기 위해 필요한 조건은 무엇인가? 행정청의 일선 공무원들에게 이러한 형량을 하도록 전권을 부여할 경우 문제점은? 행정청의 처분에 대한 사후심사를 하는 법원이 직접 이러한 형량을 하여 이를 기준으로 행정처분의 위법성 여부를 판단할 경우 문제점은 무엇인가?

4. 관련판례 3은 판례에서 명시적으로 '제재적 행정처분의 기준을 정한 부령'과 '특허의 기준을 정한 부령'의 법적 성질이 다른 것으로 구별하고 있다. 이로부터 어떠한 기준을 도출할

수 있겠는가?

5. 최근 판례인 관련판례 4를 보면, 아예 부령을 '행정규칙'으로 분류한 후 법령을 보충하는 사항을 정할 때에는 당해 법령과 결합하여 대외적 구속력이 인정된다고 하고 있다. 그렇다면 위 제재처분의 기준을 정하는 행정규칙도 법령보충규칙으로서 당해 법령과 결합하여 대외적 구속력이 인정될 수 있겠는가? 관련판례 3의 보충규범은 행정범의 구성요건을 구체화하는 규정이다. 구성요건 내지 행위규범을 구체화하는 규정과 제재처분의 기준을 정하는 재량준칙과의 차이가 이들 각각을 규정하는 부령의 법적 성질에 어떤 영향을 미칠 것으로 보는가?

6. 관련판례 6은 제재처분의 예외사유를 정한 시행령 규정을 예시규정으로 해석하는 것이 '헌법과 모법에 합치되도록 해석하여야 한다'는 '법령해석의 원칙'에 부합한다고 보았다. 이를 리딩케이스의 시행령 효력에 대한 해석과 비교해보시오.

Ⅴ 참고문헌

문상덕, 법령 위임으로 제재적 행정처분의 기준을 정한 행정입법의 법적 성격, 법학연구(부산대) 64권 1호, 2023

김현준, 행정입법의 법규성과 규범통제 – 행정입법 변종 대응의 도그마틱 –, 공법연구 47집 2호, 2019

박재윤, 재량을 구속하는 행정입법의 성질과 처분의 하자, 특별법연구 15권, 2018

Ⅵ 관련법령

행정기본법

제2조 (정의) 이 법에서 사용하는 용어의 뜻은 다음과 같다.

5. "제재처분"이란 법령등에 따른 의무를 위반하거나 이행하지 아니하였음을 이유로 당사자에게 의무를 부과하거나 권익을 제한하는 처분을 말한다. 다만, 제30조제1항 각 호에 따른 행정상 강제는 제외한다.

제22조 (제재처분의 기준) ① 제재처분의 근거가 되는 법률에는 제재처분의 주체, 사유, 유형 및 상한을 명확하게 규정하여야 한다. 이 경우 제재처분의 유형 및 상한을 정할 때에는 해당 위반행위의 특수성 및 유사한 위반행위와의 형평성 등을 종합적으로 고려하여야 한다.

② 행정청은 재량이 있는 제재처분을 할 때에는 다음 각 호의 사항을 고려하여야 한다.

1. 위반행위의 동기, 목적 및 방법
2. 위반행위의 결과
3. 위반행위의 횟수
4. 그 밖에 제1호부터 제3호까지에 준하는 사항으로서 대통령령으로 정하는 사항

청소년보호법 시행령

제40조 (과징금의 산정기준) 법 제49조제2항의 규정에 의한 과징금을 부과하는 위반행위의 종별에 따른 과징금의 금액은 별표 6과 같다.

[별표6] 위반행위의 종별에 따른 과징금 처분기준(제40조관련)

위반행위	과징금액
1. 법 제14조의 규정에 의한 유해표시의무를 위반한 때	700만원
2. 법 제15조의 규정에 의한 유해물의 포장의무를 위반한 때	500만원
8. 법 제24조제1항의 규정에 의한 청소년고용금지의무를 위반한 때	800만원

2-1-3. 법령보충적 행정규칙

I 개요

법령보충적 행정규칙이란, 법령의 위임에 의하여 법령을 보충하는 사항을 형식적 기준으로는 행정규칙으로 분류되는 규범형태(고시, 훈령, 판례상 행정규칙으로 분류되는 부령도 포함될 수 있음)로 제정하는 것을 말한다. 판례는 이러한 행

정규칙을 수권법령과 결합하여 대외적인 구속력이 있는 법규명령으로서의 효력을 갖는다고 본다. 판례의 이러한 접근은 오늘날 행정은 광범위한 위임입법에 의존하고 있으며, 특히 전문적·기술적인 사항들과 상황의 변화에 따라 탄력적으로 규율해야 할 사항들에 대한 행정입법은 그 제·개정절차가 단순하고 신속하게 이루어질 수 있어야 한다는 점, 전문성과 독립성 등을 확보하기 위해 헌법상 각 부에 포함되지 않는 새로운 형태의 규제기관들이 신설되는 등 행정조직상의 변화가 일어난 점 등에 대응하기 위한 것이라 할 수 있다. 법령보충적 행정규칙에 대한 판례의 이러한 태도는 제재처분의 기준을 정한 부령의 대외적 효력을 부인하는 태도와 함께 전통적인 법규명령과 행정규칙의 유형체계 및 그 통제원리에 대한 도전을 제공하고 있다.

II 리딩케이스

1. 사건번호: 대법원 1987. 9. 29. 선고 86누484 판결【양도소득세부과처분취소】

2. 사실관계

원고 갑이 1983. 3. 31 기준시가에 의한 양도차익예정신고를 하였으나, 피고 을(마포세무서장)은 그 내용을 인정하지 아니하고 소득세법 제23조 제1항 단서, 제45조 제1항 단서, 같은법시행령 제170조 제4항 제2호 및 국세청훈령인 재산제세사무처리규정 제72조 제3항 제5호를 적용하여 이 사건 부동산의 취득 및 양도당시의 실지거래가액에 의한 양도차익을 계산한 다음 이를 바탕으로 이 사건 양도소득세 및 방위세부과처분을 하였다. 이에 원고 갑은 동 과세처분의 취소를 구하는 소송을 제기하였다.

3. 판결요지

[1] 상급행정기관이 하급행정기관에 대하여 업무처리지침이나 법령의 해석적용에 관한 기준을 정하여서 발하는 이른바 행정규칙은 일반적으로 행정조직 내

부에서만 효력을 가질 뿐 대외적인 구속력을 갖는 것은 아니지만, 법령의 규정이 특정행정기관에게 그 법령내용의 구체적 사항을 정할 수 있는 권한을 부여하면서 그 권한행사의 절차나 방법을 특정하고 있지 아니한 관계로 수임행정기관이 행정규칙의 형식으로 그 법령의 내용이 될 사항을 구체적으로 정하고 있다면 그와 같은 행정규칙, 규정은 행정규칙이 갖는 일반적 효력으로서가 아니라, 행정기관에 법령의 구체적 내용을 보충할 권한을 부여한 법령규정의 효력에 의하여 그 내용을 보충하는 기능을 갖게 된다 할 것이므로 이와 같은 행정규칙, 규정은 당해 법령의 위임한계를 벗어나지 아니하는 한 그것들과 결합하여 대외적인 구속력이 있는 법규명령으로서의 효력을 갖게 된다.

[2] 소득세법(1982. 12. 21. 법률 제3576호로 개정된 것) 제23조 제4항, 제45조 제1항 제1호에서 양도소득세의 양도차익을 계산함에 있어 실지거래가액이 적용될 경우를 대통령령에 위임함으로써 동법시행령(1982. 12. 31. 대통령령 제10977호로 개정된 것) 제170조 제4항 제2호가 위 위임규정에 따라 양도소득세의 실지거래가액이 적용될 경우의 하나로서 국세청장으로 하여금 양도소득세의 실지거래가액이 적용될 부동산투기억제를 위하여 필요하다고 인정되는 거래를 지정하게 하면서 그 지정의 절차나 방법에 관하여 아무런 제한을 두고 있지 아니하고 있어 이에 따라 국세청장이 재산제세사무처리규정 제72조 제3항에서 양도소득세의 실지거래가액이 적용될 부동산투기억제를 위하여 필요하다고 인정되는 거래의 유형을 열거하고 있으므로, 이는 비록 위 재산제세사무처리규정이 국세청장의 훈령형식으로 되어 있다 하더라도 이에 의한 거래지정은 소득세법시행령의 위임에 따라 그 규정의 내용을 보충하는 기능을 가지면서 그와 결합하여 대외적 효력을 발생하게 된다 할 것이므로 그 보충규정의 내용이 위 법령의 위임한계를 벗어났다는 등 특별한 사정이 없는 한 양도소득세의 실지거래가액에 의한 과세의 법령상의 근거가 된다.

4. 판례해설

이 판결의 원심판결은 위 과세의 근거로 삼고 있는 위 재산제세사무처리규정 조항이 그 성질상 하급행정기관에 대한 조세행정의 운용방침 또는 법령의 해석

적용에 관련된 명령(행정규칙)에 불과하여 행정조직 내부에서만 구속력이 있을 뿐 납세의무자인 국민이나 법원을 기속하는 것이 아닌데다가 위 시행령 제170조 제4항 제2호만으로는 양도소득세의 실지거래가액에 의한 과세요건을 확실하게 규정하고 있다고 볼 수 없으므로 결국 이 사건 과세처분은 아무런 법령상의 근거가 없는 것이라고 판시하여 그 취소를 명하였다. 이에 대해 대법원은 위 판결요지와 같은 근거로 법령보충행정규칙이 대외적 효력을 갖는다고 보아 이를 파기하였다. 그 논거로는 첫째, 법령이 특정 행정기관에게 법령내용의 구체적 사항을 정할 수 있는 권한을 위임하였다는 점, 둘째, 그 권한행사의 절차나 방법을 특정하고 있지 아니하므로 행정청이 반드시 (형식적 기준의) 법규명령으로 이를 정하도록 요구되지는 않으며, 행정청이 행정규칙 형태를 선택할 재량을 가지고 있음을 들고 있다.

그런데 법령보충적 행정규칙의 법적 효력을 인정하기 위한 보다 일반적인 기준을 도출해내자면, 관련판례 1에서 헌법재판소가 제시한 논거를 함께 볼 필요가 있다. 관련판례 1에서는 금융산업의 구조개선에 관한 법률상 부실금융기관의 결정 기준 및 적기시정조치의 기준과 내용 등을 금융감독위원회가 '고시'하도록 명문으로 위임하고 있고, 이에 근거하여 제정된 고시에 법적 구속력을 인정하고 있다. 그 논거를 분석해 보면 먼저 일반적 · 소극적 조건으로서 헌법에서 명시한 행정입법의 형태가 아닌 '고시'로 국민의 권리의무에 관한 구체적 사항을 규정하는 것이 헌법상 입법권은 국회에 귀속된다는 원칙과 헌법에서 인정한 그에 대한 예외로서 행정의 위임입법에 관한 원칙에 위반되지 않아야 한다. 이에 관해 관련판례1의 경우에는 첫째, 그 고시는 법률이 위임사항만을 규율할 수 있기 때문에 국회입법의 원칙과 상치되지 않으며, 둘째, 헌법 제40조, 제75조, 제95조상의 행정입법의 형식은 예시적인 것이므로 입법자가 헌법상의 행정입법의 형식이 아닌 '고시'로 정하도록 이를 위임하여도 입법자의 '위임입법 형식 선택의 재량'을 위반한 것이 아니어서 행정입법에 관한 원칙을 위반한 것도 아니라고 하고 있다. 다만 헌법재판소는 이러한 '위임입법 형식 선택의 재량'을 행사함에 있어서 입법자가 법률을 통해 규율할 수 있는 밀도와 규율영역의 특성에 따라 일정한 한계를 제시하고 있다. 그런데 리딩케이스의 경우 관련판례1과 달리 법률에서 '구체적 사항을 정할 권한'을 위임하면서 그 권한행사의 절차나 방법을 특정하지 않고 있으므로, 입법자의 위임입법형식 선택의 재량뿐만 아니라 입법자가 '형식'에 대해 침묵하고 있는 경우에 행정청이 이러한 형식을 선택할 재량도 인정되어야 한다. 행정청의 재량의 내용은 입법자의 '침묵'을 어떻게 해석할 것인가에 의해 결정될 것이다. 입법자가 명시적으로 행정규칙 형식을 선택하지 않은 경우에는 원칙적으로 헌법상 법규명령의 형식으로 정해야 하는 것으로 해석하는 방안과, 행정청에게 광범한 형식선택의 재량을 준 것으로 해석하는 방안을 생각해 볼 수 있는데, 리딩케이스는 이 중 후자를 전제로 한 것으로 보인다.

그렇다면, 위 관련판례 1에서 제시된 입법자의 형식선택 재량행사에 대한 통제기준이 행정청이 위임입법의 형식을 선택할 재량에 대해서도 마찬가지로 적용된다고 보아야 하지 않을까? 만약 행정청이 위임입법을 제정할 때 형식선택의 재량권 행사를 부적절하게 한 경우에는 그것이 법적 효력에 미치는 영향은 어떻게 볼 것이며, 어떠한 방식의 통제가 가능할 것인가? 위임사항을 부령이 아니라 고시로 정한 경우 그 위임입법을 위헌 또는 위법으로 보고 법원의 구체적 규범통제의 사유로 삼을 수 있는 것인지, 아니면, 그러한 고시는 '행정입법의 성질론'에 따라 법규가 아니라 행정규칙이라고 하면서 그 법적 구속력을 배제해 버리는 방식을 취해야 하는지 등을 생각해 볼 수 있다. 후자의 방식의 문제는 법원은 문제된 사안에서 그 고시의 효력을 배제할 수 있지만, 그것이 행정청이 그 '행정규칙'인 고시의 규율에 따라 행정작용을 수행하는 것을 효과적으로 막을 수 있는지는 의심스럽다는 점이다. (행정규칙 형식의 규범들이 행정을 실질적으로 규율하는 현실에서 법원이 그 법적 구속력을 부인하는 경우 오히려 그 규범이나 그 규범에 따른 처분을 사법통제의 대상에서 벗어나도록 해 주는 결과가 될 수도 있다.) 위임입법의 한계를 벗어난 것으로 행정입법을 통제하는 판례들은 주로 내용상 한계에 근거한 것이고, 형식상 한계를 이유로 한 것은 찾아보기 어렵다.

여기에서 중요한 점은 이러한 위임입법의 '형식'이 가지는 실질적 의미 내지 기능이 무엇인가 하는 점이다. 이것이 단지 헌법상 명문으로 규정되었는지 여부의 문제라면 이를 예시적 규정으로 해석하는 것만으로 위헌의 문제는 쉽게 해결될 수 있지만, 그 '형식'이 다른 실질적 기능을 가지는 것이라면 그러한 해석만으로 '형식선택의 재량'이 정당화될 수는 없기 때문이다. 관련판례1에서 지적되는 바와 같이 "법규명령과 같은 엄격한 제정 및 개정절차"가 그러한 형식이 수행하는 중요한 기능이다. 따라서 행정청이 위임사항을 '대통령령'이나 '부령'이 아닌 '고시'나 '훈령'으로 규정하는 것을 허용할 때는 전자의 제·개정절차를 거치지 않고 후자의 제·개정절차를 거치는 것만으로 충분하다는 규범적 판단이 수반되어야 한다. 그 밖에도 행정입법의 '형식'의 실질적 함의에는 당해 행정입법에 대해 최종 책임의 주체가 누구인지, 그 제정과정에서 어떤 주체들이 참여하여 책임을 분담하게 되는지, 공포절차는 어떠한지 등이 포함된다. 따라서 '형식선택의 재량'에 대해서는 그것이 표상하는 실질적 기능의 관점에서 통제가 필요하다고 할 수 있다.

다만, 현재 행정입법절차의 발전상황과 관련하여 다음과 같은 두 가지 정도의 가설을 생각해 볼 수 있다. 첫째, 과거에는 행정입법절차의 기능이 많이 강조되지 못했다는 점이다. 이는 '법률'을 중심으로 한 법치행정의 확립기간이 필요했고, 행정과정에 대한 국민참여가 박약했다는 점 등이 원인일 것이다. 따라서 헌법상 명시된 위임입법 형식과 그 밖의 행정입법 형식(행정규칙) 간에 제·개정절차에서 실질적 차이가 많지 않다면 이러한 형식 상호간의 대체가 너그럽게 허용될 수 있다는 점이다. 둘째, 현재에는 행정현실에서 광범하게 사용되는 '고시등' 형식의 위임입법에 대해 그 절차 등 측면에서 헌법상 명시된 형식의 위임입법과 통합적으로 규율하는 예가 생기고 있다. 행정규제기본법이 그 대표적인 예이다. 이로써 다른 의미에서 두 형식간의 실질적 기능의 차이가 약해지면 양자 간의 대체는 더욱 촉진될 수 있다. 실효성 있는 법치행정의 실현을 위해서 이러한 상황에서는 어떠한 관점의 접근이 필요한가? 전통적인 행정입법의 유형체계가 가졌던 기능들을 회복하고자 노력할 것인가, 아니면 이미 그러한 범주적 체계화가 가진 통제기능이 무력해졌다고 보고 고시등에 대한 새로운 절차적 규율의 추가나 행정입법의 형식에 관한 사법적 통제를 위한 법리의 개발 등 통합적이고 적극적인 대처를 할 것인가? 이것이 법령보충적 행정규칙의 향후 방향에 있어 중요한 문제이다. 그러나 만약 법령보충적 행정규칙에 대한 위임이 제·개정절차의 지연 등을 피하기 위한 것이라면 법령보충적 행정규칙에 대한 절차적 규율을 강화하는 경우 또 다른 절차적 요건이 완화된 형태로의 도피를 낳을 가능성도 있다. 따라서 이러한 점을 고려하여 다양한 행정입법이 국민에게 미치는 영향에 걸맞는 다양한 단계의 행정입법 절차와 형식을 개발하는 것이 필요하다.

III 관련판례

1. 헌재 2004. 10. 28. 99헌바91 전원재판부 결정 【금융산업의구조개선에관한법률 제2조 제3호 가목 등 위헌소원】

(1) 다수의견

[1] 오늘날 의회의 입법독점주의에서 입법중심주의로 전환하여 일정한 범위 내에서 행정입법을 허용하게 된 동기가 사회적 변화에 대응한 입법수요의 급증과 종래의 형식적 권력분립주의로는 현대사회에 대응할 수 없다는 기능적 권력분립론에 있다는 점 등을 감안하여 헌법 제40조와 헌법 제75조, 제95조의 의미를 살펴보면, 국회입법에 의한 수권이 입법기관이 아닌 행정기관에게 법률 등으로 구체적인 범위를 정하여 위임한 사항에 관하여는 당해 행정기관에게 법정립의 권한을 갖게 되고, 입법자가 규율의 형식도 선택할 수도 있다 할 것이므로, 헌법이 인정하고 있는 위임입법의 형식은 예시적인 것으로 보아야 할 것이고, 그것은 법률이 행정규칙에 위임하더라도 그 행정규칙은 위임된 사항만을 규율할 수 있으므로, 국회입법의 원칙과 상치되지도 않는다. 다만, 형식의 선택에 있어서 규율의 밀도와 규율영역의 특성이 개별적으로 고찰되어야 할 것이고, 그에 따라 입법자에게 상세한 규율이 불가능한 것으로 보이는 영역이라면 행정부에게 필요한 보충을 할 책임이 인정되고 극히 전문적인 식견에 좌우되는 영역에서는 행정기관에 의한 구체화의 우위가 불가피하게 있을 수 있다. 그러한 영역에서 행정규칙에 대한 위임입법이 제한적으로 인정될 수 있다.

[2] 행정규칙은 법규명령과 같은 엄격한 제정 및 개정절차를 요하지 아니하므로, 재산권 등과 같은 기본권을 제한하는 작용을 하는 법률이 입법위임을 할 때에는 "대통령령," "총리령," "부령" 등 법규명령에 위임함이 바람직하고, 금융감독위원회의 고시와 같은 형식으로 입법위임을 할 때에는 적어도 행정규제기본법 제4조 제2항 단서에서 정한 바와 같이 법령이 전문적·기술적 사항이나

경미한 사항으로서 업무의 성질상 위임이 불가피한 사항에 한정된다 할 것이고, 그러한 사항이라 하더라도 포괄위임금지의 원칙상 법률의 위임은 반드시 구체적·개별적으로 한정된 사항에 대하여 행하여져야 한다.

[3] 금융산업의구조개선에관한법률 제2조 제3호 가목은 부실금융기관을 결정할 때 '부채와 자산의 평가 및 산정'의 기준에 관하여, 위 법률 제10조 제1항·제2항은 적기시정조치의 기준과 내용에 관하여 금융감독위원회의 고시에 위임하고 있는바, 위와 같이 입법위임된 사항은 전문적·기술적인 것으로 업무의 성질상 금융감독위원회의 고시로 위임함이 불가피한 사항일 뿐만 아니고, 위 각 법률규정 자체에서 금융감독위원회의 고시로 규제될 내용 및 범위의 기본사항이 구체적으로 규정되어 있어 누구라도 위 규정으로부터 금융감독위원회의 고시에 규정될 내용의 대강을 예측할 수 있다 할 것이어서, 포괄위임입법금지를 선언한 헌법 제75조에 위반되지 아니한다.

(2) 반대의견

우리 헌법은 제40조에서 국회입법의 원칙을 천명하면서 예외적으로 법규명령으로 대통령령, 총리령과 부령, 대법원규칙, 헌법재판소규칙, 중앙선거관리위원회규칙을 한정적으로 열거하고 있는 한편 우리 헌법은 그것에 저촉되는 법률을 포함한 일체의 국가의사가 유효하게 존립될 수 없는 경성헌법이므로, 법률 또는 그 이하의 입법형식으로써 헌법상 원칙에 대한 예외를 인정하여 고시와 같은 행정규칙에 입법사항을 위임할 수는 없다. 우리 헌법을 이렇게 해석한다면 위임에 따른 행정규칙은 법률의 위임 없이도 제정될 수 있는 집행명령(헌법 제75조 후단)에 의하여 규정할 수 있는 사항 또는 법률의 의미를 구체화하는 내용만을 규정할 수 있다고 보아야 하는 것이고 새로운 입법사항을 규정하거나 국민의 새로운 권리·의무를 규정할 수는 없다. 그렇다면 금융산업의구조개선에관한법률 제2조 제3호 가목은 '부채와 자산의 평가 및 산정'을 '금융감독위원회가 미리 정하는 기준'에, 이 사건 법률 제10조 제1항 제2호, 제2항은 '적기시정조치의 기준과 내용'을 '금융감독위원회의 고시'에 각 위임하고 있는바, 이는 법규적 사항을 헌법에서 한정적으로 열거한 위임입법의 형식을 따르지 아니하고 법률에서 임의로 위임입법의 형식을 창조한 것으로 헌법에 위반된다고 하지 않을 수 없다.

2. 대법원 2006. 4. 28. 자 2003마715 결정【과태료처분결정에대한재항고】

[1] 행정 각부의 장이 정하는 고시가 비록 법령에 근거를 둔 것이라고 하더라도 그 규정 내용이 법령의 위임 범위를 벗어난 것일 경우에는 법규명령으로서의 대외적 구속력을 인정할 여지는 없다.

[2] 구 농수산물품질관리법령의 관련 규정에 따라 국내 가공품의 원산지표시에 관한 세부적인 사항을 정하고 있는 구 농수산물품질관리법 시행규칙(2001. 6. 30. 농림부령 제1389호로 개정되기 전의 것) 제24조 제6항은 “가공품의 원산지표시에 있어서 그 표시의 위치, 글자의 크기・색도 등 표시방법에 관하여 필요한 사항은 농림부장관 또는 해양수산부장관이 정하여 고시한다”고 정하고 있는바, 이는 원산지표시의 위치, 글자의 크기・색도 등과 같은 표시방법에 관한 기술적이고 세부적인 사항만을 정하도록 위임한 것일 뿐, 원산지표시 방법에 관한 기술적인 사항이 아닌 원산지표시를 하여야 할 대상을 정하도록 위임한 것은 아니라고 해석되고, 그렇다면 농산물원산지 표시요령(1999. 12. 9. 농림부고시 제1999-82호) 제4조 제2항이 “가공품의 원료로 가공품이 사용될 경우 원산지표시는 원료로 사용된 가공품의 원료 농산물의 원산지를 표시하여야 한다”고 규정하고 있더라도 이는 원산지표시 방법에 관한 기술적인 사항이 아닌 원산지표시를 하여야 할 대상에 관한 것이어서 구 농수산물품질관리법 시행규칙에 의해 고시로써 정하도록 위임된 사항에 해당한다고 할 수 없어 법규명령으로서의 대외적 구속력을 가질 수 없고, 따라서 법원이 구 농산물품질관리법 시행령(2001. 9. 1. 대통령령 제17352호로 개정되기 전의 것)을 해석함에 있어서 농산물원산지 표시요령 제4조 제2항을 따라야 하는 것은 아니다.

3. 대법원 1993. 11. 23. 선고 93도662 판결【관세법위반】

골프채를 수입선다변화품목으로 공고한 1991. 5. 13. 자 상공부 고시 제91-21호는 외관상 행정규칙의 모습을 가지고 있으나, 실질적으로 법의 내용을 보충함으로써 개인에게 직접 영향을 미치는 법규명령으로서 적법하게 국민에게 공표되어 국민이 그 내용을 알 수 있어야 비로소 그 효력을 가지는 것이고, 대외무역법의 입법목적 · 수출입공고의 필요성 · 별도공고에 의한 수입선다변화품목 지정의 취지 · 위 고시의 법규명령성에 비추어 보면, 위 고시 부칙 제2조가 '이 고시의 시행일 현재 수입승인이 유효기간 중에 있더라도 이 고시에 의하여 신규로 수입이 제한되는 물품에 대하여는 이 고시의 시행일 이전에 물품의 수입, 신용장 개설 또는 수입대금의 지급을 하지 아니한 경우에는 대외무역법시행령 제36조 제2항의 규정에 의하여 이 고시의 시행일에 수입승인의 유효기간이 만료된 것으로 본다'고 규정한 취지는 그 고시가 발효되기 전에 수입신용장이 개설되어야 이미 얻은 수입승인의 효력이 유효하게 존속한다고 해석됨을 전제로 위 상공부 고시는 대외무역관리규정에 따라 관보게재에 갈음하여 사단법인 무역협회가 발행하는 1991. 5. 13. 자 '일간무역' 석간지에 전문이 게재되었고, 그 신문이 각 무역회사 등에 도달되어 일반국민이 그 내용을 알 수 있는 상태에 놓인 1991. 5. 13. 16:30부터 효력을 발생한 반면, 수입신용장은 같은 날 18:00 내지 18:30에 개설되었으므로 1991. 5. 11. 자 수입승인의 효력은 위 고시 발효 전까지 수입신용장을 개설하지 못하여 위 수입신용장 개설 당시 이미 종료되었다 할 것이다.

4. 헌재 2009. 7. 30.자 2008헌마367 결정【2007년 정부포상업무지침 2. 나. 6) 다) 위헌확인】

한편, 상훈법 및 같은 법 시행령은 서훈추천에 있어 공적심사위원회의 공적심사를 거치도록 요구할 뿐, 구체적인 추천의 기준에 대해서는 전적으로 추천권자에게 위임하고 있다. 그런데 여러 중앙행정기관에서 서훈을 추천함에 있어 각기 다른 기준을 적용할 경우 상훈 업무에 혼란을 가져오고 국가 영전 수여의 영예성이 손상될 우려가 있어, 상훈에 관한 사무를 관장하는 행정안전부(정부조직법 제29조 제1항)가 행정부 전체에 통일적으로 적용되는 지침을 마련하여 행정안전부 상훈포털사이트에 게시하고, 각 부에 통보하는바, 이것이 바로 정부포상업무지침이다. 행정안전부는 매년 제도 · 운영상의 개선방안을 반영하여 정부포상업무지침 개정안을 마련하며, 각 중앙행정기관의 장 및 각급기관의 장이 행하는 표창은 정부포상업무지침에 준하여 각 기관의 실정과 표창의 취지에 맞게 따로 정하여 운영할 수 있다.

(2) 이 사건 정부포상업무지침의 공권력 행사성 여부

이 사건 정부포상업무지침은 상훈법및 같은 법 시행령에 의한 훈장 및 포장 등 개인이나 단체에 대하여 행하는 정부포상의 운용준칙을 정한 것으로서(이 사건 정보포상업무지침의 i. 목적), 행정안전부가 훈장수여대상자의 추천이라는 업무처리 지침으로서 마련한 내부기준이다.

그런데 정부포상업무지침은 통보의 형식으로 각 부처에 전달되어 행정조직 내부에서만 효력이 있을 뿐이며, 공포나 고시를 통하여 일반 국민에게 발표되지 않는다. 또한, 이 사건 정부포상업무지침은 상훈법등 상위법령의 직접적인 위임 없이 제정된 것으로서 법령의 규정에 의하여 행정관청에 법령의 구체적 내용을 보충할 권한을 부여한 경우라고 할 수 없으므로, 예외적으로 대외적인 구속력이 인정되는 경우로 보기도 어렵다.

한편, 행정안전부가 매년 제도·운영상의 개선방안을 반영한 새로운 정부포상업무지침을 게시하고 통보한다는 점 및 각 부에 통보할 때에도 정부포상업무지침을 '참고'하여 포상의 영예성 제고 및 운영의 적정을 기할 것을 주문할 뿐, 서훈추천권자로 하여금 이를 준수할 명시적인 의무를 부과하는 것으로 보기 어렵다는 점에서, 서훈추천권자가 평등 및 신뢰의 원칙상 행정관행을 반복할 수밖에 없는 사정이 있다고 보기 어렵다.

더구나 이 사건 정부포상업무지침은 다음에서 보는 바와 같이 청구인(서훈을 받고자 하는 국민)의 기본권 기타 법률상 지위를 변동시키거나 청구인의 법적 지위에 영향을 주는 것으로 볼 수 없다.

헌법 제80조 및 상훈법령에 따른 서훈은 대통령의 권한으로서, 이 사건 정부포상업무지침의 적용을 받는 각부 장관은 서훈에 관한 추천의 권한만을 가질 뿐이다(상훈법 제5조). 나아가 영전의 수여는 기본적으로 대통령이 국가원수의 지위에서 행하는 고도의 정치성을 지닌 국가작용이며, 서훈 여부는 대통령이 그 재량에 의하여 국무회의의 심의를 거쳐 독자적으로 결정하는 것이다. 따라서 관련 법령에서 정한 자격기준이나 정부포상업무지침이 정한 자격요건에 해당한다는 이유로 개인 혹은 단체에게 훈장을 요구할 수 있는 법규상 또는 조리상 권리가 있는 것으로 볼 수 없다. 달리 헌법은 국민에게 영전을 수여할 것을 요구할 권리를 부여하고 있지 않다(헌재 2005. 6. 30. 2004헌마859 참조).

따라서 이 사건 정부포상업무지침은 행정기관 내부의 업무처리지침 내지 사무처리준칙에 해당할 뿐, 국민이나 법원을 구속하는 법규적 효력을 가진 것이 아니다(헌재 2000. 6. 29. 2000헌마325; 헌재 2006. 3. 30. 2003헌마806 참조).

그렇다면, 이 사건 정부포상업무지침은 국민의 권리·의무에 직접 영향을 미치는 것이 아니므로 헌법소원의 대상이 되는 '공권력의 행사'에 해당하지 아니한다고 할 것이다.

5. 대법원 2019. 7. 11. 선고 2017두38874 판결【사증발급거부처분취소】

(2) 상급행정기관이 소속 공무원이나 하급행정기관에 대하여 업무처리지침이나 법령의 해석·적용 기준을 정해 주는 '행정규칙'은 일반적으로 행정조직 내부에서만 효력을 가질 뿐 대외적으로 국민이나 법원을 구속하는 효력이 없다. 처분이 행정규칙을 위반하였다고 해서 그러한 사정만으로 곧바로 위법하게 되는 것은 아니고(대법원 2009. 12. 24. 선고 2009두7967 판결 참조), 처분이 행정규칙을 따른 것이라고 해서 적법성이 보장되는 것도 아니다. 처분이 적법한지는 행정규칙에 적합한지 여부가 아니라 상위법령의 규정과 입법 목적 등에 적합한지 여부에 따라 판단해야 한다(대법원 2013. 9. 12. 선고 2011두10584 판결 참조).

상급행정기관이 소속 공무원이나 하급행정기관에 하는 개별·구체적인 지시도 마찬가지이다. 상급행정기관의 지시는 일반적으로 행정조직 내부에서만 효력을 가질 뿐 대외적으로 국민이나 법원을 구속하는 효력이 없다. 대외적으로 처분권한이 있는 처분청이 상급행정기관의 지시를 위반하는 처분을 하였다고 해서 그러한 사정만으로 처분이 곧바로 위법하게 되는 것은 아니고, 처분이 상급행정기관의 지시를 따른 것이라고 해서 적법성이 보장되는 것도 아니다. 처분이 적법한지는 상급행정기관의 지시를 따른 것인지 여부가 아니라, 헌법과 법률, 대외적으로 구속력 있는 법령의 규정과 입법 목적, 비례·평등원칙과 같은 법의 일반원칙에 적합한지 여부에 따라 판단해야 한다.

(3) 이 사건 입국금지결정은 위 가.에서 본 바와 같이 항고소송의 대상인 '처분'에 해당하지 않지만, 행정기관 내부에서 사증발급이나 입국허가에 대한 지시로서의 성격이 있다. 즉, 법무부장관이 사증발급권한을 위임받은 재외공관장 또는 출입국항에서 외국인에 대한 입국심사 업무를 수행하는 출입국관리공무원(이하 '재외공관장 등'이라 한다)에 대하여 '원고가 출입국관리법 제11조 제1항 각호에서 정한 입국금지대상자에 해당하므로 대한민국 입국을 위한 사증발급이나 입국허가결정을 하지 말라.'는 지시를 한 것으로 볼 수 있다.

그러나 이 사건 사증발급 거부처분이 재외공관장 등에 대한 법무부장관의 지시에 해당하는 입국금지결정을 그대로 따른 것이라고 해서 적법성이 보장되는 것이 아니다. 그 적법 여부는 헌법과 법률, 대외적으로 구속력 있는 법령의 규정과 입법 목적, 비례·평등원칙과 같은 법의 일반원칙에 적합한지 여부에 따라 판단해야 한다.

Ⅳ 질문 및 토의과제

1. 법령보충적 행정규칙이 대외적 구속력을 갖는다면 수범자에게 먼저 이를 공포하는 절차가 필수적일 것이다. 위 관련판례 3에 의하면, 그러한 절차는 "그 자체가 법령은 아니고 행정규칙에 지나지 않으므로 적당한 방법으로 이를 일반인 또는 관계인에게 표시 또는 통보"하는 방식으로 이루어질 수 있다. 행정규칙에도 훈령, 예규 등 다양한 형식이 있음에도 판례상 주로 문제된 형태는 '고시'였다. '고시'란 일반적 의미로는 국민에게 무엇인가를 알리는 것을 의미한다. '고시'가 법령보충적 행정규칙의 주된 수단이 된 것은 이러한 점에서 법령의 공포와 유사한 측면이 있기 때문이 아니었을까? 이러한 법령보충적 행정규칙의 공표 또는 공포절차에 대해 일반 규정을 입법하는 방안에 대해 장단점을 검토하라.

2. 관련판례 1에 의하면, "행정규칙은 법규명령과 같은 엄격한 제정 및 개정절차를 요하지 아니하므로, 재산권 등과 같은 기본권을 제한하는 작용을 하는 법률이 입법위임을 할 때에는 "대통령령," "총리령," "부령" 등 법규명령에 위임함이 바람직하다"고 한다. 그렇다면 행정입법의 사항의 중요성에 따라 절차적으로 부적합한 행정입법 형식을 선택하였음을 이유로 당해 행정규칙에 대한 사법통제가 가능할 것인가? 이를 '대외적 구속력이 없는 행정규칙'으로 취급하는 것만으로 충분히 통제된다고 할 수 있는가? 대외적 구속력이 없는 경우에

도 행정청은 여전히 이 행정규칙을 적용할 수 있는데, 그렇다면 이로써 법치행정이 구현되고 있다고 말할 수 있는가?

3. 관련판례 4에서 행정안전부가 마련하여 각 부처에 통보하는 '정보포상업무지침'이 헌법소원의 대상이 되는 '공권력의 행사'에 해당하지 않는 이유를 정리해 보시오.

4. 관련판례 5에서는 상급행정기관이 소속 공무원이나 하급행정기관에 하는 개별 · 구체적인 '지시'에 대해서도 행정규칙과 같은 법리를 적용하고 있다. 행위형태로서 '지시'와 '행정규칙'의 차이는 없는가?

Ⅴ 참고문헌

정연부, 사법적 통제를 위한 법령보충적 행정규칙의 성격에 대한 논의 체계 검토 법규성과 처분성에 대한 검토 체계를 중심으로, 공법연구 48집 1호, 2019

정남철, 명령·규칙 등의 부진정행정입법부작위에 대한 법원의 규범통제 – 특히 독일의 규범보충소송을 중심으로–, 행정판례연구 22–2집, 2017

김용섭, 택지개발업무처리지침 위반과 영업소 폐쇄명령의 적법성: 행정규칙의 대외적 구속력을 중심으로, 행정판례연구 14집, 2016

김중권, 조문형식을 띤 고시의 처분성 인정에 따른 문제점에 관한 소고, 저스티스 98호, 2007. 6

Ⅵ 관련법령

행정규제기본법

제2조 (정의) ① 이 법에서 사용하는 용어의 정의는 다음과 같다.

1. "행정규제"(이하 "규제"라 한다)라 함은 국가 또는 지방자치단체가 특정한 행정목적을 실현하기 위하여 국민(국내법을 적용받는 외국인을 포함한다)의 권리를 제한하거나 의무를 부과하는 것으로서 법령등 또는 조례 · 규칙에 규정되는 사항을 말한다.

2. “법령등”이라 함은 법률·대통령령·총리령·부령과 그 위임에 의하여 정하여진 고시등을 말한다.

제4조 (규제법정주의) 규제는 법률에 직접 규정하되, 규제의 세부적인 내용은 법률 또는 상위법령이 구체적으로 범위를 정하여 위임한 바에 따라 대통령령·총리령·부령 또는 조례·규칙으로 정할 수 있다. 다만, 법령이 전문적·기술적 사항이나 경미한 사항으로서 업무의 성질상 위임이 불가피한 사항에 관하여 구체적으로 범위를 정하여 위임한 경우에는 고시 등으로 정할 수 있다.

금융산업의구조개선에관한법률(1998. 9. 14. 법률 제5549호로 개정되고 2000. 1. 21. 법률 제6178호로 개정되기 전의 것)

제10조 (적기시정조치) ② 금융감독위원회는 제1항의 규정에 의한 조치(이하 “적기시정조치”라 한다)를 하고자 하는 경우에는 미리 그 기준과 내용을 정하여 고시하여야 한다.

제 2 장
행정행위

2-2-1. 기속행위와 재량행위

Ⅰ 개요

행정청이 행정에 관한 법적 결정 또는 행위를 할 때 사전에 정하여 둔 법규범에 얼마나 기속되는 방식으로 하는가의 문제가 행정의 기속(羈束, rule-basedness)과 재량(裁量, discretion)의 문제이다. 오늘날 시민들이 원하는 형태의 법치행정을 이루기 위해서는 행정작용을 얼마나 기속적 또는 재량적으로 이루어지도록 할 것인가, 기속할 경우 어떤 형태의 규범으로 기속할 것인가, 행정에게 재량을 부여할 경우 어떻게 이를 통제할 것인가 등이 핵심과제이고 따라서 이는 행정법(학) 전체의 핵심테마라 할 수 있다.

기속과 재량의 문제는 행정행위와 관련하여서는 '기속행위'와 '재량행위' 및 '기속재량행위'라는 범주적 개념으로 검토되어 왔다. 어떤 행정행위가 기속행위에 해당되는지 재량행위에 해당되는지의 판단은 1차적으로 그 근거 규정의 분석을 기준으로 하며, 그 밖에 행정행위의 유형과 개별적 성질 등도 보충적 기준으로 고려된다. 전통적인 행정법 법리에서는 기속행위와 재량행위의 범주적 구분과 부관의 허용성, 사법심사의 (허용성과) 밀도, 사인이 행정청에 대해 갖는 공권의 내용 등을 연결시키고 있다. 그러나 이론적 개념으로서 기속과 재량은 대립적인 범주로 설정될 수 있지만, 현실에서 기속과 재량은 규범(성문규범과 불문규범을 모두 포함)에 의한 기속성의 '정도(스펙트럼)'의 문제로 환원될 수도 있다. 따라서 기속과 재량에 대한 고찰이 실질적이고 세부적인 단계로 나아감에 따라 기속행위에 대한 부관의 허용성 등 기속과 재량을 단순 양분하여 전개되는 법리는 수정을 요구받고 있다.

현대 국가에서 행정의 재량은 그 억제나 최소화가 지향되어야 할 것이 아니라, 그 부여 및 행사의 적정화가 지향되어야 한다. 국가의 침해로부터 사인의 권리를 방어하는 데 초점을 맞추었던 자유주의적 법치주의 하에서는 과세 등의 침익행정이 국민의 대표로 구성된 의회가 사전에 정하여 둔 규범에 기속되는 방식으로 이루어질 필요가 강조되었다. 그러나 이후 급부행정과 이해조절행정의 비중이 커지면서, 입법자가 행정에게 일정한 재량권을 부여하고, 행정이 개별 구체적 사안의 차이와 다양한 공·사익적 요소들을 고려하여 최종결정을 내리도록 하는 방식의 중요성이 커지게 되었다. 따라서 행정법학의 과제는 행정재량의 단순한 통제가 아니라, 그 긍정적 기능의 극대화와 동시에 확대된 재량의 남용가능성을 통제함으로써 재량행사를 적정화한다는 더욱 복잡한 것이 되었다.

한편, 행정의 재량은 입법자나 행정청이 재량권 부여를 의도한 한도에서만 존재하는 것이 아니고, 의도하지 않은 경우에도 존재한다. 규범에 사용된 언어가 규범을 제정하는 자가 예상치 않은 사안까지 포함하는 것으로 해석되거나(over-inclusion), 또는 포함되길 기대한 경우를 포함하지 못하는 것으로 해석되는 경우(under-inclusion)가 그 예이다. 입법자의 명시적 의도에 의하지 않은 재량의 통제도 행정법학의 과제에 포함된다.

II 리딩케이스

1. 사건번호: 대법원 2001. 2. 9. 선고 98두17593 판결【건축물용도변경신청거부처분취소】

2. 사실관계

원고 갑은 개발제한구역에 속한 이 사건 토지상에 1996. 7. 18. 광주광역시

남구청장으로부터 이축허가를 받고 주택을 신축하였다. 갑은 1997. 11. 24. 남구청장에게 이 신축한 주택의 용도를 취사용 가스판매장으로 변경하기 위한 용도변경 허가 신청을 하였다. 남구청장은 1997. 12. 3. 그와 같은 용도변경은 당시 추진하고 있던 '엘피지(LPG) 판매업소 외곽이전 공동화사업'의 취지와 목적에 적합하지 아니하고 또 당초 이 사건 주택에 대한 이축허가는 농업 종사와 농촌소득증대를 목적으로 한 것이어서 이를 취사용 가스판매장으로 용도를 변경하는 것은 당초 이축허가의 목적상 적합하지 아니하다는 이유를 들어 갑의 용도변경 허가신청에 대한 거부처분을 하였다. 갑은 이 거부처분에 대한 취소소송을 제기하였다.

원심(광주고등법원 1998. 10. 2. 선고 98누99 판결)은 이 사건 주택을 취사용 가스판매장으로 용도변경할 경우 인근 주민들에게 신속한 가스배달이 가능하게 되어 그 편익이 증대되는 반면, 사고위험의 증가나 외지인 투기와 같은 부작용은 그다지 크지 아니하거나 억제할 수 있는 것이어서 그 용도변경을 불허할 공익상의 이유가 없음에도 불구하고, 개발제한구역의 지정·관리와는 관계가 없고 가스판매장의 신설을 전혀 불허하는 취지도 아닐 뿐만 아니라 피고측의 행정지도 방침에 불과한 위 공동화사업과 당초 이축허가의 목적을 들어 다른 구역의 경우 허가된 예가 있는 그 용도변경을 원고에 대하여만 불허하는 이 사건 처분을 한 것은 재량권을 일탈한 것이라고 판단한 끝에 그 취소를 구하는 원고의 청구를 인용하였다.

3. 판결요지

[1] 행정행위가 그 재량성의 유무 및 범위와 관련하여 이른바 기속행위 내지 기속재량행위와 재량행위 내지 자유재량행위로 구분된다고 할 때, 그 구분은 당해 행위의 근거가 된 법규의 체재·형식과 그 문언, 당해 행위가 속하는 행정분야의 주된 목적과 특성, 당해 행위 자체의 개별적 성질과 유형 등을 모두 고려하여 판단하여야 하고, 이렇게 구분되는 양자에 대한 사법심사는, 전자의 경우 그 법규에 대한 원칙적인 기속성으로 인하여 법원이 사실인정과 관련 법규의 해석·적용을 통하여 일정한 결론을 도출한 후 그 결론에 비추어 행정청이

한 판단의 적법 여부를 독자의 입장에서 판정하는 방식에 의하게 되나, 후자의 경우 행정청의 재량에 기한 공익판단의 여지를 감안하여 법원은 독자의 결론을 도출함이 없이 당해 행위에 재량권의 일탈·남용이 있는지 여부만을 심사하게 되고, 이러한 재량권의 일탈·남용 여부에 대한 심사는 사실오인, 비례·평등의 원칙 위배, 당해 행위의 목적 위반이나 동기의 부정 유무 등을 그 판단 대상으로 한다.

[2] 구 도시계획법(2000. 1. 18. 법률 제6243호로 전문 개정되기 전의 것) 제21조와 같은법시행령(1998. 5. 19. 대통령령 제15799호로 개정되기 전의 것) 제20조 제1, 2항 및 같은법시행규칙(1998. 5. 19. 건설교통부령 제133호로 개정되기 전의 것) 제7조 제1항 제6호 (다)목 등의 규정을 살펴보면, 도시의 무질서한 확산을 방지하고 도시주변의 자연환경을 보전하여 도시민의 건전한 생활환경을 확보하기 위하여 지정되는 개발제한구역 내에서는 구역 지정의 목적상 건축물의 건축이나 그 용도변경은 원칙적으로 금지되고, 다만 구체적인 경우에 위와 같은 구역 지정의 목적에 위배되지 아니할 경우 예외적으로 허가에 의하여 그러한 행위를 할 수 있게 되어 있음이 위와 같은 관련 규정의 체제와 문언상 분명한 한편, 이러한 건축물의 용도변경에 대한 예외적인 허가는 그 상대방에게 수익적인 것에 틀림이 없으므로, 이는 그 법률적 성질이 재량행위 내지 자유재량행위에 속하는 것이라고 할 것이고, 따라서 그 위법 여부에 대한 심사는 재량권 일탈·남용의 유무를 그 대상으로 한다.

[3] 구 도시계획법(2000. 1. 18. 법률 제6243호로 전문 개정되기 전의 것)상의 개발제한구역 내에서의 건축물 용도변경에 대한 허가가 가지는 예외적인 허가로서의 성격과 그 재량행위로서의 성격에 비추어 보면, 그 용도변경의 허가는 개발제한구역에 속한다는 것 이외에 다른 공익상의 사유가 있어야만 거부할 수가 있고 그렇지 아니하면 반드시 허가를 하여야만 하는 것이 아니라 그 용도변경이 개발제한구역의 지정 목적과 그 관리에 위배되지 아니한다는 등의 사정이 특별히 인정될 경우에 한하여 그 허가가 가능한 것이고, 또 그에 관한 행정청의 판단이 사실오인, 비례·평등의 원칙 위배, 목적위반 등에 해당하지 아니하면 이를 재량권의 일탈·남용이라고 하여 위법하다고 할 수가 없다.

4. 판례해설

(1) 기속행위와 재량행위의 구별기준

이 판례는 기속행위와 재량행위의 구별기준에 대해 "당해 행위의 근거가 된 법규의 체제·형식과 그 문언"외에 "당해 행위가 속하는 행정 분야의 주된 목적과 특성, 당해 행위 자체의 개별적 성질과 유형" 등을 고려요소로 제시하고 있다. 그 이전 판례 중에는 "당해 처분의 근거가 된 규정의 형식이나 체제 또는 문언에 따라 개별적으로 판단하여야 한다(대법원 1998. 4. 28 선고 97누21086 판결)"고 하여 행정분야의 특성이나 행위의 유형에 대해서는 언급하지 않는 판례도 있고, "본래 자동차운수사업법에 의한 자동차운송사업의 면허는 특정인에게 권리를 설정하는 행위로서 법령에 특별히 정한 바가 없으면 행정청의 재량에 속하는 것(대법원 1989. 3. 28. 선고 88누12257 판결)"이라 하여 당해 행위의 성질을 주요 기준으로 제시한 경우들도 있다. 이들 판례를 종합해 보면, 당해 행위를 규율하는 법령이 1차적 기준이 되며, 당해 법령이 그 자체로서 명시적인 경우가 아니면, 당해 법령의 해석과정이나 법령에 대한 보충적 기준으로서 당해 행정분야의 특성이나 성질이 기준이 된다고 할 수 있다.

행위의 성질과 관련해서는 '수익적 행위', '침익적 행위'의 구별을 기준으로 하거나, '특허("권리설정행위")', '예외적 허가(이 판례에서 문제된 개발제한구역 내 행위허가)', '허가("건축법상 일반적 건축허가")'의 구별을 기준으로 하기도 한다. 이 판례에서는 첫째, 관련규정의 체재와 문언을 분석하여 개발제한구역 내에서는 구역 지정의 목적상 건축물의 건축이나 그 용도변경은 '원칙적 금지-예외적 허가'의 형태로 규제되고 있다고 판단한 후, 둘째 이에 더하여 건축물의 용도변경허가가 상대방에게 수익적 행위라는 사실을 추가적 근거로 하여 그 행위의 법률적 성질이 재량행위 내지 자유재량행위에 속한다고 판단하고 있다.

법령의 분석에 있어서는 규범의 내용과 구속력이 모두 중요한 요소이다. 규범의 내용이 아무리 기속적인 형태로 구성되어 있다 하더라도 그 규범에 법적 구속력이 부여되어 있지 않으면 법적 기속이 이루어지지 않는다. 예컨대 제재처분에 관해 기속적 기준을 정한 부령이 '행정규칙'의 효력을 가지는 경우 그 제재처분은 궁극적으로 '기속행위'가 아니고 '재량행위'에 해당된다. 마찬가지로 규범에 법적 구속력이 인정된다 하더라도 규범의 내용이 기속적이지 못한 경우 또한 그에 의해 규율되는 행위는 '재량행위'가 될 것이다. 또한 리딩케이스에서 보는 바와 같이 '재량행위' 안에서도 건축의 '허용'을 원칙으로 한다고 볼지, '금지'를 원칙으로 한다고 볼 것인지에 따라 '재량'의 내용과 범위는 달라지므로, 단지 '재량행위'라는 분류를 넘어 입법자가 부여하고 있는 '재량권'의 구체적인 내용이 무엇인지 밝히는 접근이 필요하다.

이와 관련하여 추가로 고려해 볼 사항은, 어떤 행정행위가 기속행위인가 재량행위인가 여부가 행정청과 법원에 대해 달라질 수 있지 않을까 하는 점이다. 이는 달리 말하면, 그 행정행위에 대한 법령의 규율이 행위규범일 경우와 재판규범일 경우에 각각 그 기속의 정도를 달리 볼 수 있다는 점이다. 예컨대, 제재처분의 기준을 정하는 부령이 법원의 해석처럼 '행정의 내부적인 사무처리지침을 정하는 행정규칙'이라고 한다면 이는 행정조직 내에서만 구속력을 가지므로, 만약 그 내용이 기속적인 경우, 행정청에 대해서는 기속적 기준이 되지만, 법원에 대해서는 구속력이 없는 재량적 기준이 될 뿐이기 때문이다. 행정과 사법작용의 특징을 고려해 볼 때, 각 단계별로 그 행위에 대한 규율을 달리 파악하는 것은 최종적인 행정작용의 질을 제고하는 데 일정한 기능을 할 수도 있다. 다만, 이렇게 행정과 사법과정에서 그 규율을 달리 파악할 경우, 사법심사의 특징 등은 사법과정에서의 규율의 성질을 기준으로 판단하게 될 것이다.

행정행위의 상대방에 대한 효과 즉, 침익적 또는 수익적 행위인가 여부의 경우, 현대 행정에서 이러한 기준의 의의는 재고될 필요성도 있다. 제재처분의 기준처럼 침익적 작용도 개별구체적인 경우의 다양한 요소들을 고려할 수 있도록 재량적일 것이 요구되는 경우도 있고, 수익적 행위라 하더라도 공정성을 위해 엄격한 기속적 기준이 필요할 경우도 있으며, 현대 행정의 특징을 잘 보여주는 복효적 행정작용의 경우 행정행위의 상대방에 대한 효과만으로 그 행위의 성질을 판단하는 것이 적절치 않을 수도 있기 때문이다. 따라서 입법자 또는 입법자의 적법한 위임을 받은 행정청은 행정작용에 대한 규범을 정함에 있어서 최대한 그 의사를 명확히 표현함으로써 행정행위의 성질 등의 요소가 작용할 여지를 감소시키는 것이 바람직하지 않을까 한다.

(2) 기속행위와 재량행위의 사법심사방식의 차이

이 판결에서 대조하고 있는 사법심사 방식의 차이는 기속행위의 경우 법원이 독자적으로 "사실인정과 관련 법규의 해석 · 적용을 통하여" 일정한 결론을 도출한 후 그 결론에 비추어 행정청이 한 판단의 적법 여부를 판정하는 방식을 취하나, 재량행위의 경우 "법원은 독자의 결론을 도출함이 없이 당해 행위에 재량권의 일탈 · 남용이 있는지 여부"만을 심사하고, 이러한 재량권의 일탈 · 남용 여부에 대한 심사는 사실오인, 비례 · 평등의 원칙 위배, 당해 행위의 목적 위반이나 동기의 부정 유무 등이 그 대상이 된다. 달리 말하면, 기속행위의 경우 법원은 행정청의 자리에 앉아 자신의 판단을 행정청의 판단에 대체시킬 수 있으나, 재량행위의 경우 법원은 행정청의 결정에 대해서 거리를 둔 위치에서 행정청의 판단을 존중할 것인지 여부를 결정해야 함을 의미한다.

이 판결은 원심판결과 행정청의 재량적 판단을 존중함에 있어서 각각 다른 결론에 이르고 있는데, 그 논증과정을 비교해 보면 다음과 같다.

대법원이 인용한 원심의 논증을 보면, 원심은 건축물 용도변경이 허용되어야 하는 것이 원칙이고 이를 불허하는 것이 정당화되려면 공익상의 특별한 사유가 있어야 한다고 전제한 후 당해 사안에서는 이러한 정당화사유가 존재하지 않으므로 그 거부가 정당화될 수 없다고 하고 있다. 첫째 원심은 용도변경을 불허할 공익상 이유가 있는지 검토하고 있다. 갑이 주택을 취사용 가스판매장으로 용도변경할 경우 예상되는 편익(이는 갑 개인에 대한 편익이 아니라 '인근주민들'에게 신속한 가스배달이 가능하게 되는 편익이므로, 공익의 일종이라 할 수 있다)과 위험 · 부작용(사고위험 또는 외지인의 투기가능성)을 종합하여 검토한 후, 용도변경을 불허할 공익상 이유가 없다고 하고 있다. 다음으로 원심은 허가권을 가진 지방자치단체가 추진하고 있던 정책지침으로서 '엘피지(LPG) 판매업소 외곽이전 공동화사업'이 지방자치단체장의 이러한 허가거부를 의무화하는 것인지를 그 취지와 법적 구속력의 측면에서 검토하고 있다. 그 결과 이는 가스판매장의 신설을 전혀 불허하는 취지(이는 기속적 의미를 가지는 규범인가를 판단하는 것이다)가 아니고, '행정지도방침'에 불과하므로 법적 구속력도 없으므로 이는 허가거부를 적법한 것으로 만들 근거가 되지 못한다고 하고 있다. 다음으로 선행 행정행위인 이축허가의 당초 목적 역시 허가거부를 적법한 것으로 하지 못한다고 하고 있다. 마지막으로 다른 구역의 경우 허가된 예가 있음을 들고 있는데, 이를 위 공동화사업이 기속적 구속력이 없음을 보여주는 또 하나의 증거로 든 것인지, 아니면 평등원칙의 적용근거로 든 것인지는 명확하지 않다.

대법원은 위 원심의 관점을 거부하면서, "개발제한구역 내에 용도변경의 허가는 개발제한구역에 속한다는 것 이외에 다른 공익상의 사유가 있어야만 거부할 수 있고 그렇지 아니하면 반드시 허가를 하여야만 하는 것이 아니라 그 용도변경이 개발제한구역의 지정 목적과 그 관리에 위배되지 아니하는 등의 사정이 특별히 인정될 경우에 한하여 그 허가가 가능한 것"이라고 달리 전제하고 있다. 따라서 이는 재량행위에 해당하고 그에 대한 사법심사는 재량권의 일탈・남용의 유무로 심사하는 것이며, 재량권의 일탈・남용의 유형에 해당하는 "행정청의 판단이 사실오인, 비례・평등의 원칙 위배, 목적위반 등에 해당하지 아니하면" 이를 위법하다고 할 수 없다고 한다. 대법원은 구체적으로 피고 행정청이 "공동화사업과 이 사건 주택에 대한 당초의 이축허가 목적에 적합하지 아니하다"는 사유를 들어 한 불허가처분이 사실오인, 목적위반, 비례・평등의 원칙 위반으로 인정되기 어려워서 그 어느 면에서도 재량권 일탈・남용의 위법한 처분으로 단정하기가 어렵다고 하고 있다.

원심과 대법원이 각각 전제한 개발제한구역 내의 용도변경허가에 관한 규범구조(정당화사유가 존재하지 않으면 허가해야 적법 – 원칙적 금지와 예외적 허가)를 보면, 양자 모두 구체적 사안에 적용할 기준이 사전에 확정되어 있지 않다는 점에서 행정청의 재량이 존재한다고 본다. 원심과 대법원판결의 차이는 무엇이 규범적으로 원칙적인 상태인가에 있다. 원심에 따르면 용도변경의 허용이 원칙이고 행정청은 이를 불허할 사유를 발견하면 불허할 수 있는 재량권을 가지며, 대법원에 따르면 용도변경의 금지가 원칙이고 행정청은 이를 허용할 사유를 발견하면 허용할 수 있는 재량권을 가진다. 그 차이에 따라 법원 심사의 초점이 달라진다. 전자의 경우 행정청이 제시한 불허사유가 정당성을 확보하기에 충분한 것인가를 심사하는 것이고, 후자의 경우 허용의 사유가 충분하지 못하다는 행정청의 판단이 적법한지를 심사하게 될 것이다. 전자의 경우 규범상 원칙의 예외를 인정하는 것이 되므로 법원의 심사강도는 강화되고, 후자의 경우 규범상 원칙을 유지하는 것이 되므로 법원의 심사강도는 약화된다. 이러한 관점에서 보면, 사법심사의 방식 또는 밀도는 기속행위인가 재량행위인가에 따라서만 달라지는 것이 아니고, 재량행위 중에도 어떠한 내용의 재량인가에 따라서도 달라진다고 할 수 있다.

행정에 있어서 기속과 재량의 문제는 '기속행위'와 '재량행위'라는 대립되는 범주로 구분하여 보는 것만으로는 충분하지 않고, 다양한 기속의 정도 또는 재량의 정도를 설정할 수 있는 스펙트럼의 문제로 보는 것이 행정의 현실에 더 부합하고, 세부적인 심사기준을 발전시키는 데 더 유용하다. 우리 판례상 일반적인 건축법상 건축허가가 기속행위임을 설시하는 예를 보면, "심사 결과 그 신청이 법정요건에 합치하는 경우에는 특별한 사정이 없는 한 이를 허가하여야 하며, 공익상 필요가 없음에도 불구하고 요건을 갖춘 자에 대한 허가를 관계법령에서 정하는 제한사유 이외의 사유를 들어 거부할 수는 없다(대법원 1995. 6. 13. 선고 94다56883 판결)"고 하고 있다. 이에 따르면, 기속행위로 보아야 하는 경우라도 "특별한 사정"이 있거나 "공익상 필요"가 있는 경우에는 관계법령에서 정하는 제한사유 이외의 사유를 들어 건축허가를 거부할 수 있음을 의미한다. 기속행위라도 일종의 재량권이 발휘될 소지가 0인 것은 아니며, 다만 그 경우가 매우 예외적이므로 재량권도 매우 적은 범위에서 인정된다고 할 수 있다. 또한 기속행위와 (자유)재량행위의 중간에 기속재량행위 개념이 존재한다는 것도 재량이 정도의 문제임을 반영한다. 따라서 기속행위와 재량행위 간의 사법심사의 방식의 차이뿐만 아니라 재량행위 내에서도 그 행정의 분야나 재량의 정도나 구조화에 대한 입법자의 구체적 의도 등에 따라 사법심사방식의 차이는 더욱 세분되어야 할 것이다.

Ⅲ 관련판례

1. 대법원 1995. 6. 13. 선고 94다56883 판결【소유권이전등기말소】

그러나. 일반적으로 기속행위나 기속적 재량행위에는 부관을 붙일 수 없고 가사 부관을 붙였다 하더라도 무효이며(대법원 1988. 4. 27. 선고 87누1106 판결;

1990. 10. 10. 선고 89누4673 판결; 1993. 7. 27. 선고 92누13998 판결 등 참조), 건축법 소정의 건축허가권자는 건축허가신청이 건축법, 도시계획법 등 관계법규에서 정하는 어떠한 제한에 배치되지 않는 이상 당연히 같은 법조 소정의 건축허가를 하여야 하므로, 법률상의 근거없이 그 신청이 관계법규에서 정한 제한에 배치되는지의 여부에 대한 심사를 거부할 수 없고, 심사결과 그 신청이 법정요건에 합치하는 경우에는 특별한 사정이 없는 한 이를 허가하여야 하며, 공익상 필요가 없음에도 불구하고 요건을 갖춘 자에 대한 허가를 관계법령에서 정하는 제한사유 이외의 사유를 들어 거부할 수는 없다(대법원 1989. 6. 27. 선고 88누7767 판결; 1992. 12. 11. 선고 92누3038 판결 등 참조)고 하는 것이 이 법원의 확립된 견해인바, 이 사건 허가조건 제20항은 부관을 붙일 수 없는 기속행위 내지 기속적 재량행위인 건축허가에 붙인 부담이거나 또는 법령상 아무런 근거가 없는 부관이어서 무효라고 할 것이고, 따라서 원심이 그 판시이유에서 위 허가조건이 무효가 아니라고 판단한 데에는 건축허가의 성질 및 부관의 가능성에 관한 법리를 오해한 위법이 있다고 할 것이다. 그리고 토지구획정리사업법에 의한 청산금의 징수, 교부는 권리면적과 현실적인 환지면적과의 과부족으로 인하여 생기는 토지소유자 사이의 경제적 이익의 불균형을 공평하게 조절하기 위한 것이므로 청산금 징수, 교부의 대상은 원칙적으로 환지처분공고 당시의 등기부상의 토지소유자라고 할 것인바(대법원 1989. 11. 10. 선고 88누9923 판결 등 참조), 원심이 이와 달리 피고가 건축허가를 받은 위 소외인들로부터 청산금 상당액을 교부받으려는 목적으로 위 허가조건을 붙인 것이 오직 시간적 선행성의 문제일 뿐이라고 판단한 데에는 논지가 지적하는 바와 같은 법리오해의 위법이 있다고 할 것이다.

그러나 한편, 이 사건 허가조건이 무효라고 하더라도 그 부관 및 본체인 건축허가 자체의 효력이 문제됨은 별론으로 하고, 원고가 그 소유인 이 사건 토지지분을 피고에게 기부채납함에 있어 위 허가조건은 증여의사표시를 하게 된 하나의 동기 내지 연유에 불과한 것이고, 기록에 의하면, 원고는 이 사건 건축허가를 받은 토지의 일부를 반드시 허가관청에 기부채납하여야 한다는 법령상의 근거규정이 없음에도 불구하고 위 허가조건 제20항의 내용에 따라 이 사건 토지지분을 기부채납하여야만 위 소외인들이 시공한 건축물의 준공검사가 나오는 것으로 믿고 이 사건 증여계약을 체결하여 피고 시 앞으로 이 사건 토지지분에 관하여 소유권이전등기를 경료하여 주었다는 것이므로 이는 일종의 동기의 착오라고 할 것이고, 그 허가조건상의 하자가 원고의 증여의사표시 자체에 직접 영향을 미치는 것은 아니라 할 것이므로, 따라서 이를 이유로 하여 피고 명의의 소유권이전등기의 말소를 청구할 수는 없다고 할 것이다.

그렇다면, 이 사건 허가조건에 따른 원고의 증여계약 역시 당연무효임을 전제로 한 원고의 주장은 결국 그 이유 없음에 돌아가고…

2. 대법원 2007. 7. 12. 선고 2007두6663 판결【사업시행인가처분일부취소】

주택재건축사업시행의 인가는 상대방에게 권리나 이익을 부여하는 효과를 가진 이른바 수익적 행정처분으로서 법령에 행정처분의 요건에 관하여 일의적으로 규정되어 있지 아니한 이상 행정청의 재량행위에 속하므로, 처분청으로서는 법령상의 제한에 근거한 것이 아니라 하더라도 공익상 필요 등에 의하여 필요한 범위 내에서 여러 조건(부담)을 부과할 수 있다.

3. 대법원 2008. 5. 29. 선고 2007두18321 판결【합격결정취소및응시자격제한처분】

어느 행정행위가 기속행위인지 재량행위인지 나아가 재량행위라고 할지라도 기속재량행위인지 또는 자유재량에 속하는 것인지의 여부는 이를 일률적으로 규정지을 수는 없는 것이고, 당해 처분의 근거가 된 규정의 형식이나 체재 또는 문언에 따라 개별적으로 판단하여야 한다(대법원 1997. 12. 26. 선고 97누15418 판결 참조). 위 법리와 기록에 비추어 보면, 경찰공무원임용령 제46조 제1항의 수권형식과 내용에 비추어 이는 행정청 내부의 사무처리기준을 규정한 재량준칙이 아니라 일반 국민이나 법원을 구속하는 법규명령에 해당하고 따라서 위 규정에 의한 처분은 재량행위가 아닌 기속행위라 할 것이므로, 위 규정이 재량준칙임을 전제로 한 원고의 이 사건 응시자격제한처분의 재량권 일탈·남용 주장을 배척한 원심의 판단은 옳은 것으로 수긍이 가고 거기에 재량권 일탈·남용에 대한 법리오해의 위법이 없다.

4. 대법원 2013. 5. 9. 선고 2012두22799 판결【대기배출시설설치불허가처분등취소】

(1) 원고의 상고이유에 대하여

구 수도권 대기환경개선에 관한 특별법(2013. 3. 23. 법률 제11690호로 개정되기 전의 것, 이하 '구 수도권대기환경특별법'이라 한다)은 대기오염이 심각한 수도권 지역의 대기오염원을 체계적으로 관리함으로써 지역주민의 건강을 보호하고 쾌적한 생활환경을 조성하는 것 등을 목적으로 하여 제정된 법으로서, 그 제2조 제2호, 제8조 제2항 제8호, 제14조 제1항과 같은 법 시행령(2011. 12. 30. 대통령령 23465호로 개정되기 전의 것) 제2조, 제17조, [별표 1], [별표 2], 같은 법 시행규칙 제8조 등은 서울특별시 · 인천광역시 및 경기도 지역을 말하는 수도권 지역 중 대기오염이 심각하다고 인정되는 지역 등을 대기관리권역으로 정의하고, 대기관리권역에서 총량관리대상 오염물질인 질소산화물이나 황산화물을 연간 각 4t을 초과하여 배출하거나 먼지를 0.2t을 초과하여 배출하는 사업장을 설치하려는 자 또는 허가받은 사항을 변경하려는 자 등은 환경부장관으로부터 대기오염물질 총량관리사업장 설치의 허가 또는 변경허가를 받아야 한다고 규정하고 있다.

또한 구 수도권대기환경특별법 제15조, 제16조, 제19조 제1항에 의하면, 환경부장관은 대기오염물질 총량관리사업장 설치의 허가 또는 변경허가 신청을 받은 경우 그 사업장의 설치 또는 변경으로 인하여 지역배출허용총량의 범위를 초과하지 아니한 경우에 한하여 이를 허가할 수 있는데, 그 허가 후에도 대기오염물질 총량관리사업장 설치의 허가 또는 변경허가를 받은 자 등에게 배출허용총량의 할당 기준에 따라 5년마다 연도별로 구분하여 총량관리대상 오염물질의 배출허용총량을 할당하고, 일정한 절차를 거쳐 에너지나 전력수급을 이유로 배출허용총량을 할당받은 사업자의 해당 연도의 배출허용총량을 조정할 수 있다.

위와 같은 대기오염물질 총량관리사업장 설치의 허가 또는 변경허가에 관한 규정들의 문언 및 그 체제 · 형식과 함께 구 수도권대기환경특별법의 입법 목적, 규율대상, 허가의 방법, 허가 후 조치권한 등을 종합적으로 고려할 때, 구 수도권대기환경특별법 제14조 제1항에서 정한 대기오염물질 총량관리사업장 설치의 허가 또는 변경허가는 특정인에게 인구가 밀집되고 대기오염이 심각하다고 인정되는 수도권 대기관리권역에서 총량관리대상 오염물질을 일정량을 초과하여 배출할 수 있는 특정한 권리를 설정하여 주는 행위로서 그 처분의 여부 및 내용의 결정은 행정청의 재량에 속한다고 할 것이다.

원심이 인용한 제1심판결 이유에 의하면, 원심은 구 수도권대기환경특별법 제14조 제1항에서 정한 대기오염물질 총량관리사업장 설치변경허가가 재량행위임을 전제로, 이 사건 발전소 주변에 이미 제1종지구단위계획 등이 수립되어 있어 가까운 장래에 이 사건 시설 반경 1km 안의 상주인구가 2만 명 이상이 될 것으로 예상되고, 인근 주민의 건강을 보호하고 쾌적한 생활환경을 조성한다는 구 수도권대기환경특별법의 목적 등에 비추어 허가 당시 상주인구의 건강 및 생활환경뿐만 아니라 이 사건 시설을 정상가동할 때까지 사이에 증가가 예상되는 상주인구의 건강 및 생활환경도 보호되어야 한다는 등의 사정을 감안하여 대기오염물질 총량관리사업장 설치변경허가 신청을 거부한 피고의 이 사건 처분에 재량권을 일탈하거나 남용한 잘못이 없다는 취지로 판단하였다.

앞서 본 법리와 기록에 비추어 살펴보면, 원심의 이러한 판단은 정당하고 …

(2) 피고의 상고이유에 대하여

구 대기환경보전법(2011. 7. 21. 법률 제10893호로 개정되기 전의 것, 이하 같다) 제2조 제9호, 제23조 제1항, 제5항, 같은 법 시행령(2010. 12. 31. 대통령령 제22601호로 개정되기 전의 것, 이하 같다) 제11조 제1항 제1호, 같은 법 시행규칙 제4조, [별표 2]에 의하면, 염화수소, 다이옥신 등 특정대기유해물질이 발생되는 배출시설(이하 '배출시설'이라 한다)을 설치하려는 자는 환경부장관 또는 그로부터 허가에 관한 권한을 위임받은 시·도지사(이하 '환경부장관'이라고만 한다)의 허가를 받아야 하고, 그 허가의 기준으로는 ① 배출시설에서 배출되는 오염물질을 배출허용 기준 이하로 처리할 수 있을 것과 ② 다른 법률에 따른 배출시설 설치제한에 관한 규정을 위반하지 아니할 것을 규정하고 있다.

한편 구 대기환경보전법 제23조 제6항은 "환경부장관은 배출시설로부터 나오는 특정대기유해물질로 인하여 환경 기준의 유지가 곤란하거나 주민의 건강·재산, 동식물의 생육에 심각한 위해를 끼칠 우려가 있다고 인정되면 대통령령으로 정하는 바에 따라 특정대기유해물질을 배출하는 배출시설의 설치를 제한할 수 있다."고 규정하고 있고, 그 위임에 따라 같은 법 시행령 제12조는 환경부장관이 배출시설의 설치를 제한할 수 있는 경우로 배출시설 설치 지점으로부터 반경 1km 안의 상주인구가 2만 명 이상인 지역으로서 특정대기유해물질 중 한 가지 종류의 물질을 연간 10t 이상 배출하거나 두 가지 이상의 물질을 연간 25t 이상 배출하는 시설을 설치하는 경우와 대기오염물질(먼지·황산화물 및 질소산화물만 해당한다)의 발생량 합계가 연간 10t 이상인 배출시설을 특별대책지역에 설치하는 경우를 규정하고 있다.

이와 같은 배출시설 설치허가와 설치제한에 관한 규정들의 문언과 그 체제·형식에 따르면 환경부장관은 배출시설 설치허가 신청이 구 대기환경보전법 제23조 제5항에서 정한 허가 기준에 부합하고 구 대기환경보전법 제23조 제6항, 같은 법 시행령 제12조에서 정한 허가제한사유에 해당하지 아니하는 한 원칙적으로 허가를 하여야 할 것이다. 다만 배출시설의 설치는 국민건강이나 환경의 보전에 직접적으로 영향을 미치는 행위라는 점과 대기오염으로 인한 국민건강이나 환경에 관한 위해를 예방하고 대기환경을 적정하고 지속가능하게 관리·보전하여 모든 국민이 건강하고 쾌적한 환경에서 생활할 수 있게 하려는 구 대기환경보전법의 목적(제1조) 등을 고려하면, 환경부장관은 구 대기환경보전법 시행령 제12조 각 호에서 정한 사유에 준하는 사유로서 환경 기준의 유지가 곤란하거나 주민의 건강·재산, 동식물의 생육에 심각한 위해를 끼칠 우려가 있다고 인정되는 등 중대한 공익상의 필요가 있을 때에는 허가를 거부할 수 있다고 보는 것이 타당하다.

원심판결 이유 및 원심이 적법하게 채택하여 조사한 증거 등에 의하면, 이 사건 발전소 반경 1㎞ 이내에는 학교와 아파트 단지가 위치하고, 그 인근에는 이미 제1종 지구단위계획이 수립되어 있으며 부발역사 및 가좌지구에 대한 개발이 예정되어 있어 장래 이 사건 시설 반경 1㎞ 안의 상주인구가 2만 명 이상이 될 것으로 예상되며, 이 사건 발전소에서 불과 300m 떨어진 곳에 이천시민에게 먹는 물을 공급하는 상수도사업소가 위치한 사정 등을 알 수 있고, 이러한 사정은 이 사건 배출시설의 설치로 구 대기환경보전법 시행령 제12조 제1호에서 정한 사유에 준하는 정도로 주민의 건강 등에 심각한 위해를 끼칠 우려가 있는 경우에 해당한다고 볼 수 있다.

그럼에도 원심은 배출시설 설치허가가 기속행위에 해당한다는 전제 아래 이 사건 배출시설의 설치허가 신청이 구 대기환경보전법 제23조 제6항, 구 대기환경보전법 시행령 제12조가 규정한 제한사유에 해당하지 아니한다는 사정만을 들어 그 설치허가 신청을 거부한 이 사건 처분이 위법하다고 판단하였으니, 원심판결에는 배출시설 설치허가에 관한 규정의 해석·적용에 관한 법리를 오해하여 판결 결과에 영향을 미친 위법이 있다 할 것이다.

5. 대법원 2020. 10. 15. 선고 2019두45739 판결【교육환경평가심의결과(불승인)통보취소】

행정행위가 재량성의 유무 및 범위와 관련하여 이른바 기속행위와 재량행위로 구분된다고 할 때, 그 구분은 해당 행위의 근거가 된 법규의 체재·형식과 문언, 해당 행위가 속하는 행정 분야의 주된 목적과 특성, 해당 행위 자체의 개별적 성질과 유형 등을 모두 고려하여 판단하여야 한다. 이렇게 구분되는 양자에 대한 사법심사는, 전자의 경우 그 법규에 대한 원칙적인 기속성으로 인하여 법원이 사실인정과 관련 법규의 해석·적용을 통하여 일정한 결론을 도출한 후 그 결론에 비추어 행정청이 한 판단의 적법 여부를 독자의 입장에서 판정하는 방식에 의하게 되나, 후자의 경우 행정청의 재량에 기한 공익판단의 여지를 고려하여 법원은 독자의 결론을 도출함이 없이 해당 행위에 재량권의 일탈·남용이 있는지만을 심사하게 된다.

이러한 법리를 전제로 하여 교육환경 보호에 관한 법령 관련 규정들의 체계와 내용, 교육환경평가서 승인제도의 입법 연혁과 취지, 특성 등을 종합하여 볼 때, 교육환경보호구역에서 건축법 제11조 제1항 단서, 건축법 시행령 제8조 제1항에 따른 건축물(층수가 21층 이상이거나 연면적의 합계가 10만㎡ 이상인 경우)을 건축하려는 자가 제출한 교육환경평가서를 심사한 결과 그 내용 중 교육환경영향평가 결과와 교육환경 보호를 위한 조치 계획이 교육환경 보호에 관한 법률 시행규칙 제2조 [별표 1]에서 정한 '평가대상별 평가 기준'에 부합하거나 그 이상이 되도록 할 수 있는 구체적인 방안과 대책 등이 포함되어 있다면, 교육감은 원칙적으로 제출된 교육환경평가서를 승인하여야 하고, 다만 교육환경 보호를 위하여 추가로 필요한 사항을 사업계획에 반영할 수 있도록 사업시행자에게 권고하는 한편 사업시행으로 인한 교육환경의 피해를 방지하기 위하여 교육환경평가서의 승인 내용과 권고사항의 이행 여부를 계속적으로 관리·감독할 권한과 의무가 있을 뿐이라고 보아야 한다.

Ⅳ 질문 및 토의과제

1. 어떤 행정행위를 기속행위로 규율할 경우와 재량행위로 규율할 경우 각각의 장점과 단점은 무엇이겠는가? 이를 토대로 할 때 행정행위가 이루어지는 행정의 분야 또는 그 밖의 행정행위가 이루어지는 조건에 따라 어떤 경우에는 기속행위로 하는 것이 더 적합하고, 어떤 경우에는 재량행위로 하는 것이 더 적합하겠는가? 또는 어느 정도의 기속, 어느 정도의 재량이 적합할 것인가? 기속과 재량의 정도를 달리 하는 데는 리딩케이스에서 나온 원칙과 예외를 달리 설정하는 방식 외에 어떠한 방식이 있겠는가?

2. 리딩케이스에서 본 기속행위와 재량행위에 대한 사법심사의 방식의 차이를 감안할 때 행정부와 사법부의 관계에서 기속행위에 대한 사법심사의 강도가 재량행위에 대한 사법심사의 강도보다 항상 더 높다고 말할 수 있는가? (만약 그렇다면 법원은 왜 제재처분에 관한 기준을 정한 부령의 구속력을 부인함으로써 이를 재량행위로 규정하고 있는 것일까?) 재량행위에 대해 비례원칙 위반을 심사할 때 법원은 목적에 대한 수단선택의 적절성을 적합성, 필요성, 협의의 비례원칙 등 다양한 각도에서 심사할 수 있다. 이 경우 재량행위에 대한 사법심사의 강도는 실질적으로는 매우 높아질 수도 있지 않을까? 실질적 법치주의가 구현된다면, 입법부와 행정부·사법부의 관계에서 볼 때 행정에 대한 재량권의 부여는 결국 사법부의 재량의 확대로도 이어질 수 있는가?

3. 재량행위에 대한 사법심사는 행정행위가 대량으로 이루어진다는 점을 생각할 때 매우 소수의 행정행위에 대한 통제일 뿐이다. 재량행위에 대한 통제는 행정청의 재량이 행사되는 의사결정과정에 구속적이지는 않지만 지침이 될 수 있는 기준을 제시하거나 의사결정의 전문성을 제고할 수 있는 조직적·절차적 구조를 설계하는 등의 방법에 의해 더 효과적으로 이루어질 수 있다. 재량권을 행사하는 의사결정 구조를 개선하는 것은 이후 사법심사의 척도

를 제공해 준다는 점에서 사법심사도 강화시킬 수 있다. 개발제한구역 내 용도변경허가에 대한 재량을 구조화할 수 있는 다양한 방식을 생각해 보라.

4. 관련판례 1, 2와 같이 행정청이 법령의 명시적 근거 없이 부관을 붙일 수 없는 경우와 있는 경우 각각 그 규율은 어떠한 특징을 갖게 되는가? 부관의 허용성이 제한될수록 기본권 제한에 대한 예측가능성과 법률유보의 엄격성 등이 더 잘 관철됨으로써 행정의 상대방의 권리보호에 기여하는가?

5. 입법자가 제정한 법률에 의해 행정행위의 기속이 이루어지는 경우와 관련판례 3에서와 같이 법률의 위임을 받아 제정된 행정입법에 의해 행정행위의 기속이 이루어지는 경우는 사법심사에 있어서 어떤 차이가 인정되어야 하는가? 즉 법률에 의한 기속은 행정입법에 의한 기속보다 더 존중되어야 하는가? 아니면 일단 법적 구속력이 인정된다면 어떤 규범에 의해 기속되든 마찬가지로 보아야 하는가?

6. 관련판례 4에서는 (1) 수도권대기환경개선에 관한 특별법 상 대기관리권역 내 대기오염물질 총량관리사업장 설치 허가와 (2) 대기환경보전법 상 특정대기유해물질배출시설 설치 허가의 법적 성질을 각각 재량행위와 기속행위로 보고 있다. 해당 법조문과 그 행위의 성질 등으로부터 그러한 판단의 구체적 근거를 도출해 보시오. (2)의 경우 '관계 법률과 시행령에서 정한 허가제한사유에 해당하지 않는 한 원칙적으로 허가를 하여야 한다'는 명제와 '시행령에서 정한 사유에 준하는 사유로서 법률상 기준인 환경 기준의 유지가 곤란하거나 주민의 건강 · 재산 · 동식물의 생육에 심각한 위해를 끼칠 우려가 있다고 인정되는 등 중대한 공익상 필요가 있을 때에는 허가를 거부할 수 있다'는 명제를 조화롭게 설명해 보시오. 법률상 기준을 시행령에서 구체화하고 있는 경우 어떠한 경우 이를 한정적 열거가 아니라 예시적인 것으로 볼 수 있는 것인지? 법률에서는 기속행위로 정하고 있어도 기속행위의 요건의 구체화에 있어서 행정청의 판단여지가 인정되는 경우 최종적인 법적용에 있어서 행정청이 행사하는 권한의 내용은 재량행위일 경우와 어떻게 다른가?

7. 관련판례 5에서는 교육환경평가서의 승인 여부를 결정할 권한의 내용을 '평가대상별 평가기준에 부합하거나 그 이상이 되도록 할 구체적인 방안과 대책 등이 포함되어 있다면 원칙적으로 승인하여야 한다'는 것으로 묘사하고 있다. 이를 토대로 그 승인시 고려해야 할 사항들과 그 심사강도에 대해 알 수 있는 바를 설명해보시오.

Ⅴ 참고문헌

이상덕, 체납자 출국금지처분의 요건과 재량통제, 행정판례연구 19-1집, 2014

홍강훈, 기속행위와 재량행위 구별의 새로운 기준, 공법연구 40집 4호, 2012

문중흠, 징계처분과 재량통제에 관한 연구: 재판례를 통한 구체적 판단 기준을 중심으로, 사법논집 제54집, 2012

Ⅵ 관련법령

행정기본법

제4조 (행정의 적극적 추진) ① 행정은 공공의 이익을 위하여 적극적으로 추진되어야 한다.

② 국가와 지방자치단체는 소속 공무원이 공공의 이익을 위하여 적극적으로 직무를 수행할 수 있도록 제반 여건을 조성하고, 이와 관련된 시책 및 조치를 추진하여야 한다.

③ 제1항 및 제2항에 따른 행정의 적극적 추진 및 적극행정 활성화를 위한 시책의 구체적인 사항 등은 대통령령으로 정한다.

제21조 (재량행사의 기준) 행정청은 재량이 있는 처분을 할 때에는 관련 이익을 정당하게 형량하여야 하며, 그 재량권의 범위를 넘어서는 아니 된다.

구 도시계획법

제21조 (개발제한구역의 지정) ① 건설부장관은 도시의 무질서한 확산을 방지하고 도시주변의 자연환경을 보전하여 도시민의 건전한 생활환경을 확보하기 위하여 또는 국방부장관의 요청이 있어 보안상 도시의 개발을 제한할 필요가 있다고 인정되는 때에는 도시개발을 제한할 구역(이하 "개발제한구역"이라 한다)의 지정을 도시계획으로 결정할 수 있다.

② 제1항의 규정에 의하여 지정된 개발제한구역안에서는 그 구역 지정의 목적

에 위배되는 건축물의 건축, 공작물의 설치, 토지의 형질변경, 토지면적의 분할 또는 도시계획사업의 시행을 할 수 없다. 다만, 개발제한구역 지정 당시 이미 관계법령의 규정에 의하여 건축물의 건축·공작물의 설치 또는 토지의 형질변경에 관하여 허가를 받아(관계법령에 의하여 허가를 받을 필요가 없는 경우를 포함한다) 공사 또는 사업에 착수한 자는 대통령령이 정하는 바에 의하여 이를 계속 시행할 수 있다.

③ 제2항의 규정에 의하여 제한될 행위의 범위 기타 개발제한에 관하여 필요한 사항은 대통령령으로 정하는 범위 안에서 건설부령으로 정한다

구 도시계획법 시행령

제20조 (개발제한구역안에서의 행위제한) ① 법 제21조 제3항의 규정에 의하여 시장·군수는 개발제한구역안에서 다음 각호의 1에 해당하는 경우에 한하여 이를 허가할 수 있다. 다만, 건설교통부령이 정하는 경미한 행위에 대하여는 시장·군수에게 신고하여 이를 행할 수 있다.

1. 다음에 해당하는 건축물의 건축과 공작물의 설치로서 개발제한구역의 지정목적에 지장이 없다고 인정되는 것
   가. 공익상 필요한 건축물의 건축과 공작물의 설치
   나. 그 용도로 보아 인구밀집지역안에 둠이 부적당하고 개발제한구역 안에 둠이 적당하다고 인정되는 건축물의 건축과 공작물의 설치
   다. 농림수산업등 개발제한구역의 지정목적에 지장이 없는 사업의 관리에 필요하다고 인정되는 건축물의 건축
   라. 개발제한구역의 지정당시 이미 있던 주택용 건축물의 증축·개축 또는 재축
   마. 비주택용 건축물과 공작물의 개축 또는 재축
   바. 개발제한구역안에서 건설교통부령이 정하는 부락공동시설·공익시설·공용시설 및 공공시설등의 설치로 인하여 철거된 건축물 또는 공작물의 철거후 2년이내의 이축
   사. 개발제한구역안에 거주하는 주민의 생활환경개선에 필요한 건설교통부령이 정하는 건축물의 건축 및 공작물의 설치

경찰공무원임용령

제46조 (부정행위자에 대한 조치) ① 경찰공무원의 채용시험 또는 경찰간부후보생 공개경쟁선발시험에서 부정행위를 한 응시자에 대하여는 당해 시험을 정지 또는 무효로 하고, 그로부터 5년간 이 영에 의한 시험에 응시할 수 없게 한다.
② 다른 법령에 의한 국가공무원 또는 지방공무원의 임용시험에서 부정행위를 하여 당해 시험에의 응시자격이 정지중에 있는 자는 그 기간중 이 영에 의한 시험에 응시할 수 없다.

2-2-2. 불확정개념과 판단여지

I 개요

'불확정개념'이란 법령의 요건부분에 사용된 추상적이거나 다의적 또는 불명확한 개념을 말한다. 입법자가 법령으로 규율하고자 하는 상황을 포괄적으로 포착하고자 의도적으로 불확정개념을 사용한 경우부터, 의도하지는 않았으나 언어의 의미영역 중 불확정한 부분이 있어 다양한 유형의 사실관계들과 정합되지 않는 경우까지 거의 대부분의 요건상 개념들이 특정 사실관계의 포섭 여부를 판단함에 있어 어느 정도의 불확정성은 가지고 있으므로 정도의 차이는 있지만 모두 불확정개념이라고 할 수도 있다. 행정청이 불확정개념을 포함한 법령을 적용하여 행위하는 경우 입법자가 사전에 정하여둔 특정한 답이 기계적으로 제시되지 않는다는 점에서 선택의 여지를 갖게 된다(행위규범으로서의 불확정개념). 이러한 행정청의 법적용으로 인한 결정 또는 행위에 대해서 법원이 사후에 규범적 평가를 할 경우 그 기준이 되는 불확정개념을 어떠한 방식으로 적용할 것인가(재판규범으로서의 불확정개념)가 문제된다. 이러한 경우 사법부는 불확정개념의 해석 · 적용에 관한 행정청의 결정을 어느 정도 존중해야 한다는 점에 대해서는 이견이 없으나, 그 존중의 방식과 정도에 대해서는 다양한 견해가 있다. 독일에서 논의된 학설로서 사실관계의 요건에의 포섭과정에 대해서는 행정청의 재량을 인정하지 않는 효과재량설의 입장에서 불확정개념의 적용에 관해서도 행정청의 재량은 인정하지 않지만 사법부가 존중해야 할 행정청의 '판단여지'는 존재한다는 점이 "불확정개념과 판단여지"의 문제로 논의되고 있다. 그러나 우리 판례는 효과의 선택 외에 요건에의 포섭과정에 대해서도 효과의 선택결정과 마찬가지로 행정청의 재량으로 일원적으로 파악하고 있다.

II 리딩케이스

1. 사건번호 대법원 2005. 7. 14. 선고 2004두6181 판결【건축허가신청반려처분취소】

2. 사실관계

원고 갑이 소유한 광주광역시 동구 소재 이 사건 부지는 무등산도립공원으로 올라가는 편도 1차로인 중로 3-18호선에 연접한 지적 9,981㎡, 형질변경허가신청면적 8,108㎡의 일반주거지역 60%, 보전녹지지역 40%인 잡초가 무성한 지역으로 일반주거지역과 보전녹지지역의 완충지대에 위치하고 있다. 갑은 이 부지 위에 지하 2층, 지상 4층, 연면적 1,887㎡의 근린생활시설(의원) 1동 및 지하 2층, 지상 7층, 연면적 13,708㎡의 52세대 규모의 업무시설(오피스텔) 1동을 건축하기 위해 건축허가를 신청하였다. 이 사건 부지의 표고가 98-104m이므로 그에 대한 토지형질변경은 동구도시계획위원회의 심의대상이므로, 위 위원회의 심의 결과 대체도로의 보완이 불충분하다고 보았고, 피고 광주광역시 동구청장은 이를 이유로 갑의 건축허가신청을 거부하였다. 원고가 제기한 건축허가신청반려처분취소소송에서 원심은 당해 거부처분이 위법하다는 이유로 취소하였으나, 대법원은 원심판결을 파기환송하였다. 한편 이 사건 처분 직후인 2003. 7. 28. 개정된 광주광역시도시계획조례 등에 의하여 이 사건 부지 일대가 저층주택을 중심으로 편리한 주거환경을 조성하기 위하여 필요한 지역인 제1종일반주거지역으로 지정되어 용적률이 150% 이하여서 4층 이하의 건축물만을 건축할 수 있도록 되었다.

3. 판결요지

[1] 국토의계획및이용에관한법률에서 정한 도시지역 안에서 토지의 형질변경행위를 수반하는 건축허가는 건축법 제8조 제1항의 규정에 의한 건축허가와 국토의계획및이용에관한법률 제56조 제1항 제2호의 규정에 의한 토지의 형질변경허가의 성질을 아울러 갖는 것으로 보아야 할 것이고, 같은 법 제58조 제1항 제4호, 제3항, 같은법시행령 제56조 제1항 [별표 1] 제1호 (가)목 (3), (라)목 (1), (마)목 (1)의 각 규정을 종합하면, 같은 법 제56조 제1항 제2호의 규정에 의한 토지의 형질변경허가는 그 금지요건이 불확정개념으로 규정되어 있어 그 금지요건에 해당하는지 여부를 판단함에 있어서 행정청에게 재량권이 부여되어 있다고 할 것이므로, 같은 법에 의하여 지정된 도시지역 안에서 토지의 형질변경행위를 수반하는 건축허가는 결국 재량행위에 속한다.

[2] 행정행위를 기속행위와 재량행위로 구분하는 경우 양자에 대한 사법심사는, 전자의 경우 그 법규에 대한 원칙적인 기속성으로 인하여 법원이 사실인정과 관련 법규의 해석·적용을 통하여 일정한 결론을 도출한 후 그 결론에 비추어 행정청이 한 판단의 적법 여부를 독자의 입장에서 판정하는 방식에 의하게 되나, 후자의 경우 행정청의 재량에 기한 공익판단의 여지를 감안하여 법원은 독자의 결론을 도출함이 없이 당해 행위에 재량권의 일탈·남용이 있는지 여부만을 심사하게 되고, 이러한 재량권의 일탈·남용 여부에 대한 심사는 사실오인, 비례·평등의 원칙 위배 등을 그 판단 대상으로 한다.

4. 판례해설

전통적인 법적용방식인 삼단논법에 따라 보면, 행정청이 구체적인 사실관계에 불확정개념을 포함한 법령을 적용하여 행정처분을 내리는 과정은 ① 불확정개념을 해석하여 법령의 요건내용을 파악하고 ② 사실관계를 확정한 다음 ③ 그 사실관계가 위 법령의 요건내용을 충족하는지 여부를 판단하여(포섭) ④ 요건을 충족하는 경우에는 그 법령이 규정하고 있는 효과에 관해 결정한다. 물론 효과를 결정하는 과정에서 법령이 선택 또는 결정재량을 부여하고 있으면 재량권을 행사하게 될 것이다.

'재량'의 개념에 관한 효과재량설은 불확정개념의 해석·적용은 단 하나의 올바른 판단을 찾는 법의 인식작용으로서 법의 인식이 잘못되어 위법한 결정인가 여부는 최종적인 법판단권을 부여받은 법원의 권한에 속하는 것이므로, 불확정개념의 해석·적용에 대해서는 전면적인 사법심사가 이루어질 수 있다고 본다. 이에 대해 항상 유일한 올바른 답이 있는 것은 아니라는 법인식의 실제적 한계, 행정의 전문성을 존중할 필요성, 입법자가 불확정개념을 사용한 것은 행정청에게 그에 관한 판단권한을 부여한 것이므로 이러한 권력분립 내지 권한분배를 존중하여야 한다는 점 등의 문제가 제기된다. 이러한 문제점에 대응하기 위해 사법부는 일정한 범위에서는 행정청의 판단을 존중하여야 하는 것으로 보고, 그 범위를 행정청의 판단여지라 한다. 그러나 행정청의 '재량행위'에 대하여도 사법심사가 당연히 인정되고, 다만 기속행위와의 관계에서 사법심사의 강도만이 차별화되는 현재의 상황에서는 불확정개념의 해석·적용에 대해 원칙적으로 사법부의 전면심사를 인정하고 예외적으로 판단여지를 존중하는 방식이('판단여지' 이론의 접근) 이를 행정청의 재량으로 인정하고 재량권의 일탈·남용이 있는지를 심사하는 방식에 비해 더 효과적인 사법통제의 수단인지는 향후 좀더 논의가 될 필요가 있다. 우리 판례가 효과의 결정뿐 아니라 불확정개념의 해석·적용에 관해서도 '재량'으로 표현하는 것은 이러한 맥락에서 이해할 수 있다.

그러나 우리 판례가 실제로 불확정개념의 해석·적용에 관해 어떤 방식으로 심사하고 있는지는 좀 더 상세히 보아야 한다. 리딩케이스에서 문제된 토지형질변경의 허가의 요건은 대법원판결이 지적한 것처럼 불확정개념으로 구성되어 있다(관련법령 참조). "개발행위로 건축 또는 설치하는 건축물 또는 공작물이 주변의 자연경관 및 미관을 훼손하지 아니하고, 그 높이·형태 및 색채가 주변건축물과 조화를 이루어야 하며, 도시계획으로 경관계획이 수립되어 있는 경우에는 그에 적합할 것" 또는 "주변의 교통소통에 지장을 초래하지 아니할 것"의 요건에서, '훼손'이나 '조화', '지장'은 물론이고 '자연경관,' '미관,' '주변', '교통소통'이라는 개념들도 그 정도나 시간에 있어 어떤 범위를 의미하는지가 명확하지 않거나, 이를 판단할 때 고려될 요소들이나 각 요소별 비중이 판단자의 주관적인 관점에 따라 달라질 가능성이 있다.

원심판결(광주고등법원 2004. 5. 20. 선고 2003누2044 판결)은 이러한 불확정개념을 적용하여 그 부지에 대해 토지형질변경허가를 거부할 만한 사유가 있는지를 스스로 판단하고 있다. ① 부지의 보전 필요성("그 과반수 이상의 면적이 일반주거지역이고 나머지는 보전녹지지역이나 현재 모두 잡초만 무성한 나대지 상태이어서 그 보전의 필요성이 많아 보이지 않고"), ② 경관을 저해할 가능성("북쪽에 있는 아파트와는 다소 떨어져 있어 주변지역의 자연환경과 경관 및 조망권을 저해할 우려가 크지 않은 점"), ③ 출입구의 설치 가능성 및 필요성("이 사건 부지의 남쪽에는 경사도가 심한 임야가 있고, 북쪽에는 단독주택 및 아파트 등이 있으며, 서쪽에는 편도 3차로의 자동차전용도로인 제2순환도로가 있고, 동쪽에는 유일하게 중로 3-18호선이 약 160m 정도 접하고 있어 위 도로 쪽으로 출입구를 설치하는 것이 가능할 뿐만 아니라, 그 필요성이 절실한 한편"), ④ 교통소통에 지장을 초래할 우려("위 도로는 평소 차량의 통행이 다소 빈번하지만 정체현상을 보일 정도는 아니고, 이 사건 건축물의 규모, 위 도로의 통행량 등으로 보아 이 사건 건축으로 인하여 현저한 통행량의 증가나 교통체증을 유발할 것으로 보이지 않는 점") 등을 직접 평가하여 "달리 건축법, 국토의계획및이용에관한법률 등 관계 법령상 토지형질변경이나 건축을 불허할 사유가 있음을 인정할 증거가" 없다고 판단하고, 행정청의 거부결정에 대해 "이 사건에 있어서, 비록 이 사건 부지의 표고가 98-104m로 그에 대한 토지 형질변경은 동구도시계획위원회의 심의대상이고, 위 위원회의 심의 결과 대체도로의 보완이 불충분하다고 보았다고 하더라도 그 사유만으로 원고의 이 사건 건축허가신청을 반려한 이 사건 처분은 위법하다"고 판단하였다. 이를 보면 원심법원은 스스로 행정청의 입장이 되어 당해 사실관계에 대해 불확정개념을 적용하여 판단을 한 후 행정청의 결정에 이를 대체하고 있다는 인상이 강하다. 이는 행정청의 불확정개념 적용에 관한 사법부의 전면적 심사가 이루어진 것으로 볼 수 있겠다.

이에 비해 대법원은 적용 법령을 검토한 후, 문제된 토지의 형질변경허가는 그 금지요건이 불확정개념으로 규정되어 있어 그 금지요건에 해당하는지 여부를 판단함에 있어서 행정청에게 재량권이 부여됨으로써 재량행위에 속한다고 판단한 후, 기속행위와 재량행위에 대한 사법심사 방식의 차이를 적시한다. 이에 따르면 대법원은 행정청의 불확정개념의 적용에 대하여 행정청의 재량에 기한 공익판단의 여지를 감안하여 법원은 독자의 결론을 도출함이 없이 당해 행위에 재량권의 일탈·남용이 있는지 여부만을 심사할 것이다. 이후 대법원이 심사한 내용을 보면, ① 건축허가를 허용하면 개발행위가 확산될 것이라는 예측, ② 출입구 설치 필요성과 교통체증과 교통사고 위험의 예측, ③ 건축허가시 주변환경과 조화를 이룬다고 할 수 없다는 점 등을 들어 건축허가신청을 거부한 처분이 사실오인이나 비례·평등의 원칙 위배 등 재량권의 범위를 일탈·남용한 위법이 있다고 볼 수는 없다고 판단한 후, 원심판결은 채증법칙을 위배하여 사실을 오인하거나 형질변경허가제한 등에 관한 법리를 오해하여 판결에 영향을 미친 위법이 있다고 파기환송하고 있다. 대법원의 심사가 재량행위의 사법심사를 함에 있어서 원심과는 다른 태도를 취한 것인지는 위와 같은 판단들이 행정청이 제시한 거부사유에 포함된 것으로서 대법원이 그 재량권 일탈·남용이 없다는 점만 확인한 것인지, 아니면 대법원이 그 부지에 대해 위와 같은 요소들을 스스로 평가한 것인지에 따라 달리 볼 수 있다. 전자의 경우라면 대법원이 명시한 재량행위에 대한 사법심사 방식에 따른 것이지만, 후자의 경우라면 원심과 마찬가지로 불확정개념의 적용에 대한 전면심사를 하되 평가만을 달리한 것에 해당되기 때문이다.

III 관련판례

1. 대법원 1992. 4. 24. 선고 91누6634 판결【중학교2종교과서검정처분취소】

교과서검정이 고도의 학술상, 교육상의 전문적인 판단을 요한다는 특성에 비추어 보면, 교과용 도서를 검정함에 있어서 법령과 심사기준에 따라서 심사위원회의 심사를 거치고, 또 검정상 판단이 사실적 기초가 없다거나 사회통념상 현저히 부당하다는 등 현저히 재량권의 범위를 일탈한 것이 아닌 이상 그 검정을 위법하다고 할 수 없다.

2. 대법원 1994. 9. 23. 선고 94누6352 판결【종합소득세등부과처분취소】

[1] 부가가치세법시행규칙 제1조 제1항과 소득세법기본통칙 2-4-8-20 제1항 제1호는 구 소득세법(1990.12.31. 법률 제4281호로 개정되기 전의 것) 제20조 제1항 제8호, 같은법시행령 제36조 제3호 소정의 부동산매매업으로 볼 수 있는 경우를 예시적으로 규정한 것에 불과하고, 어느 부동산의 매매로 인한 소득이 소득세법상의 사업소득에 속하는 것인가 또는 양도소득세의 과세대상이 될 뿐인가의 여부는 그 매매가 수익을 목적으로 하고 있는지와 그 매매의 규모, 횟수, 태양 등에 비추어 사업활동으로 볼 수 있을 정도의 계속성, 반복성이 있는지 등을 고려하여 사회통념에 따라 가려야 한다.

[2] 조세법률주의란 납세의무자, 과세물건, 과세표준, 세율과 같은 과세요건은 법률로 정하여야 한다는 원칙을 말하는 것으로서, 그 과세요건 자체는 법률로 정하여야 한다는 것이지 이를 규정한 조세법의 적용단계에 있어서 사회통념이나 법의 일반원칙에 따라 합리적으로 해석, 적용하는 것을 금지하는 것이 아니다. 이와 반대의 입장에 서서 원심의 판단이 조세법률주의에 위배된다거나 사회통념이라는 불확정개념을 사용하여 세무관서의 자의적인 법해석을 허용함으로써 납세의무자인 국민의 평등권을 참해하였다는 원고의 주장은 독자적인 견해에 불과한 것으로서 채택할 것이 못된다.

3. 대법원 1998. 7. 24. 선고 97누17339 판결【한약조제자격시험불합격처분취소】

[1] 약사법 부칙 제4조 제1항, 위 법 시행령 부칙 제2조 제1항, 제4항, 제7항의 규정에 의하면 당해 한약조제시험의 실시기관인 국립보건원장은 시험평가요건과 방법에 관하여 수험번호 기재요령을 포함하여 응시자들이 준수할 답안작성 요령을 결정하여 응시자들에게 고지하여야 할 것이고 일단 고지된 후에는 시험의 특성상 특별한 사정이 있는 경우를 제외하고는 응시자들에게 균등한 기회를 부여하고 평가의 객관성과 공정성을 확보하기 위하여 당해 시험에서는 자신이 정한 평가요건과 방법에 기속되고 재량에 의하여 특정한 응시자에 대하여 자신이 정한 것과 다른 요건이나 방법으로 평가할 수 없다.

[2] 고도의 주의력과 정확성이 요구되는 당해 한약조제시험에서 수험번호를 예시된 작성요령에 따라 기재하지 않은 것이 시험의 특성상 평가의 기준이 되지 않는다고 볼 수도 없다.

[3] 피고는 이 사건 한약조제자격시험을 실시함에 있어서 OMR용 수험번호를 표기하지 않은 답안카드는 이를 결시처리한다는 채점기준을 결정하였고 그러한 채점기준이 원고들에게 충분히 고지된 이상 피고가 원고들의 답안지를 수작업에 의하여 채점하지 아니한 채 결시한 것으로 처리하였다고 하여 이를 위법하다고 할 수 없고, 시험감독관으로서는 적극적으로 응시자에게 OMR용 수험번호를 기재하도록 유도하거나 스스로 이를 보충하는 등으로 조력할 의무가 없으며, 시험감독관이 OMR용 수험번호가 기재되지 아니한 답안카드에 대하여 수작업으로 채점될 것이라고 하였다고 인정할 아무런 증거 없고, 가사 이를 인정할 수 있다고 하더라도 시험감독관으로서는 채점기준의 설정에 아무런 권한이 없으므로 채점기준에 따라 결시처리한 피고의 조치가 신의칙에 반한다고 할 수 없다고 판단하여, 원고들에 대하여 한 피고의 한약조제시험불합격처분의 취소를 구하는 원고들의 이 사건 청구를 기각하였다.

4. 대법원 2012. 1. 19. 선고 2008두8499 전원합의체 판결【취득세등부과처분취소】

구 국세기본법(2007. 12. 31. 법률 제8830호로 개정되기 전의 것, 이하 같다) 제14조 제1항은 '과세의 대상이 되는 소득 · 수익 · 재산 · 행위 또는 거래의 귀속이 명의일 뿐이고 사실상 귀속되는 자가 따로 있는 때에는 사실상 귀속되는 자를 납세의무자로 하여 세법을 적용한다'고 규정하고, 제2항은 '세법 중 과세표준의 계산에 관한 규정은 소득 · 수익 · 재산 · 행위 또는 거래의 명칭이나 형식에 불구하고 그 실질내용에 따라 적용한다'고 규정하고 있다.

위 규정이 천명하고 있는 실질과세의 원칙은 헌법상의 기본이념인 평등의 원칙을 조세법률관계에 구현하기 위한 실천적 원리로서, 조세의 부담을 회피할 목적으로 과세요건사실에 관하여 실질과 괴리되는 비합리적인 형식이나 외관을 취하는 경우에 그 형식이나 외관에 불구하고 실질에 따라 담세력이 있는 곳에 과세함으로써 부당한 조세회피행위를 규제하고 과세의 형평을 제고하여 조세정의를 실현하고자 하는 데 주된 목적이 있다. 이는 조세법의 기본원리인 조세법률주의와 대립관계에 있는 것이 아니라 조세법규를 다양하게 변화하는 경제생활관계에 적용함에 있어 예측가능성과 법적 안정성이 훼손되지 않는 범위 내에서 합목적적이고 탄력적으로 해석함으로써 조세법률주의의 형해화를 막고 실효성을 확보한다는 점에서 조세법률주의와 상호보완적이고 불가분적인 관계에 있다고 할 것이다.

이러한 실질과세의 원칙 중 구 국세기본법 제14조 제1항이 규정하고 있는 실질귀속자 과세의 원칙은 소득이나 수익, 재산, 거래 등의 과세대상에 관하여 그 귀속 명의와 달리 실질적으로 귀속되는 자가 따로 있는 경우에는 형식이나 외관을 이유로 그 귀속 명의자를 납세의무자로 삼을 것이 아니라 실질적으로 귀속되는 자를 납세의무자로 삼겠다는 것이고, 이러한 원칙은 구 지방세법 제82조에 의하여 지방세에 관한 법률관계에도 준용된다. 따라서 구 지방세법 제105조 제6항을 적용함에 있어서도, 당해 주식이나 지분의 귀속 명의자는 이를 지배·관리할 능력이 없고 그 명의자에 대한 지배권 등을 통하여 실질적으로 이를 지배·관리하는 자가 따로 있으며, 그와 같은 명의와 실질의 괴리가 위 규정의 적용을 회피할 목적에서 비롯된 경우에는, 당해 주식이나 지분은 실질적으로 이를 지배·관리하는 자에게 귀속된 것으로 보아 그를 납세의무자로 삼아야 할 것이다. 그리고 그 경우에 해당하는지는 당해 주식이나 지분의 취득 경위와 목적, 취득자금의 출처, 그 관리와 처분과정, 귀속명의자의 능력과 그에 대한 지배관계 등 제반 사정을 종합적으로 고려하여 판단하여야 할 것이다.

[대법관 전수안, 대법관 이상훈의 반대의견]

가. 실질과세의 원칙은 조세공평의 원칙을 실현하기 위한 조세법의 기본원리로서 과세권의 행사가 실질적인 사실관계에 반하여 이루어지는 경우 이를 배제함으로써 납세자의 권리를 보호하는 긍정적인 측면이 있지만, 반대로 과세권의 남용을 정당화하는 도구가 되어 납세자의 재산권을 침해함으로써 과세요건 법정주의와 명확주의를 핵심으로 하는 조세법률주의와 충돌할 염려가 있다.

이러한 염려 때문에 그동안 대법원은, 납세의무자가 경제활동을 함에 있어서 동일한 경제적 목적을 달성하기 위하여서도 여러 가지 법률관계 중 하나를 선택할 수 있으므로 그것이 가장행위에 해당한다고 볼 특별한 사정이 없는 이상 과세관청으로서는 납세의무자가 선택한 법률관계를 존중하여야 하며, 실질과세의 원칙에 의하여 납세의무자의 거래행위를 그 형식에도 불구하고 조세회피행위라고 하여 그 효력을 부인하려면 조세법률주의 원칙상 법률에 개별적이고 구체적인 부인규정이 마련되어 있어야 한다는 견해를 거듭 밝혀 왔고, 모회사가 지배권을 행사하고 있는 자회사를 거래에 개입시킨 경우에도 그 예외를 인정하지 아니하였다(대법원 1991. 5. 14. 선고 90누3027 판결; 2000. 9. 29. 선고 97누18462 판결; 2005. 1. 27. 선고 2004두2332 판결; 2009. 4. 9. 선고 2007두26629 판결 등 참조). 이러한 법리는 법적 안정성과 예측가능성을 확보하고 이를 통해 납세자의 권리를 보호하며 과세권의 자의적 확장을 막고자 하는 조세법률주의의 권리보장적 기능에서 도출되는 당연한 이치이다.

납세의무자로서는 조세법률주의의 토대 위에서 조세의 부담을 제거하거나 완화하는 거래방법을 선택할 수 있으며, 그것이 가장행위나 위법한 거래로 평가되지 않는 한 납세의무자의 권리로서 존중되어야 한다. 그럼에도 본질적으로 불확정개념인 실질과세의 원칙을 내세워 납세의무자가 선택한 거래형식을 함부로 부인하고 법 문언에 표현된 과세요건의 일반적 의미를 일탈하여 그 적용범위를 넓히게 되면 조세법률주의가 형해화되어 이를 통해 실현하고자 하는 법적 안정성과 예측가능성이 무너지게 된다. 나아가 조세포탈죄 등의 구성요건해당성이 과세관청의 자의에 의하여 좌우될 수 있어 죄형법정주의의 근간이 흔들릴 수도 있다.

이러한 견지에서 대법원은 부동산 취득세에 관하여, 부동산 소유권의 이전이라는 외형 자체를 포착하여 거기에 담세력을 인정하고 부과하는 유통세일 뿐 부동산의 취득자가 이를 사용·수익·처분함으로써 얻는 이익을 포착하여 부과하는 것이 아닌 점을 고려하여, 부동산 취득자가 실질적으로 완전한 내용의 소유권을 취득하는지와 관계없이 소유권 이전의 형식에 의한 부동산 취득의 경우를 그 과세대상으로 삼는 것으로 해석함으로써 소유권 이전의 형식을 중시하여 왔으므로(대법원 2007. 4. 12. 선고 2005두9491 판결; 2010. 4. 29. 선고 2009두18325 판결 등 참조), 이러한 부동산 취득세에 의제적 성격까지 보태어 그 납세의무자의 범위를 넓힌 구 지방세법 제105조 제6항의 부동산 등 간주취득세에 관하여는 더욱 당사자가 신택하여 취한 거래형식을 존중하여야 하며, 실질과세의 원칙을 이유로 함부로 납세의무자의 범위를 확장하거나 그 거래형식을 부인할 일이 아니다.

5. 대법원 2018. 7. 12. 선고 2017두51365 판결【시정명령취소】

[2] 부당한 고객유인 행위와 관련하여 독점규제 및 공정거래에 관한 법률(이하 '공정거래법'이라 한다)은 형사처벌 조항도 함께 두고 있으므로, 행정 제재처분의 취소를 구하는 소송에서 그 부당성 내지 공정거래저해성을 판단할 때에도 엄격해석의 원칙을 관철할 필요성이 있기는 하다. 공정거래법령이 '공정거래저해성'이라는 '불확정개념'을 사용하여 그 의미가 다소 명확하지 않기 때문에 수범자가 그 의미를 명확하게 알기 어려울 수 있고, 경우에 따라 복잡한 법률적 또는 경제적 분석과 평가가 필요한 경우도 있게 된다. 반면, 자유롭고 공정한 거래질서를 확립하려는 공정거래법의 입법 목적을 달성하기 위하여 다양한 행위 유형에 대하여 실효적인 행정 제재처분을 하기 위해서는 불가피하게 일정한 불확정개념을 사용할 필요성 역시 인정된다. 그런데 불공정거래행위에서의 '공정거래저해성' 역시 형벌의 객관적 구성요건에 해당하므로 행위자가 인식해야 할 대상으로서 '고의'의 내용을 구성한다. 따라서 불공정거래행위의 유형 중, 제반 사정의 형량과 분석을 거쳐 경쟁에 미치는 효과에 관한 판단까지도 요구되는 경우나 사용된 수단의 성격과 실질이 가격할인과 유사한 측면이 있어 경쟁질서 내지 거래질서 전반에 미치는 파급효과까지 종합적으로 고려해야 하는 경우 등 복잡한 규범적·경제적 분석과 판단이 필요한 경우에는, 행위자에게 범죄의 구성요건인 '공정거래저해성'에 관한 '고의'를 인정하는 데 신중해야 한다. 이처럼 고의의 증명이 제대로 되었는지 여부를 명확하게 심사함으로써 형사절차에서 수범자가 예측하기 어려운 처벌을 받을 우려를 제거할 수 있다. 그러나 형사처벌과 달리 제재적 처분의 경우에는 원칙적으로 행위자에게 그 임무 해태를 정당화할 사정이 없는 이상 그 처분이 가능하다. 따라서 불공정거래행위를 원인으로 한 제재처분을 다투는 행정소송에서는 거래질서 전반에 미치는 영향 등 다양한 사정을 종합적으로 고려하여 부당성 내지 공정거래저해성을 판단할

수 있고, 이를 제재적 처분에 관한 엄격해석 원칙, 책임주의 원칙이나 죄형법정주의에 어긋난다고 볼 수는 없다.

6. 대법원 2020. 7. 23. 선고 2020두36007 판결【폐기물처리사업계획 부적합통보처분취소】

폐기물관리법 제25조 제2항 제4호가 인용하고 있는 환경정책기본법 제12조 제1항은 국가에 대하여 '생태계 또는 인간의 건강에 미치는 영향 등'을 고려하여 환경기준을 설정할 의무를 부과하고 환경 여건의 변화에 따라 그 적정성이 유지되도록 할 의무가 있음을 명확히 선언하고 있다. …

위와 같은 관련 규정들의 내용과 체계, 입법 취지에 비추어 보면, 행정청은 사람의 건강이나 주변 환경에 영향을 미치는지 여부 등 생활환경과 자연환경에 미치는 영향을 두루 검토하여 폐기물처리사업계획서의 적합 여부를 판단할 수 있으며, 이에 관해서는 행정청에 광범위한 재량권이 인정된다(대법원 2017. 10. 31. 선고 2017두46783 판결 참조).

따라서 법원이 적합 여부 결정과 관련한 행정청의 재량권 일탈·남용 여부를 심사할 때에는 해당 지역의 자연환경, 주민들의 생활환경 등 구체적 지역 상황, 상반되는 이익을 가진 이해관계자들 사이의 권익 균형과 환경권의 보호에 관한 각종 규정의 입법 취지 등을 종합하여 신중하게 판단하여야 한다. '자연환경·생활환경에 미치는 영향'과 같이 장래에 발생할 불확실한 상황과 파급효과에 대한 예측이 필요한 요건에 관한 행정청의 재량적 판단은 그 내용이 현저히 합리적이지 않다거나 상반되는 이익이나 가치를 대비해 볼 때 형평이나 비례의 원칙에 뚜렷하게 배치되는 등의 사정이 없는 한 폭넓게 존중하여야 한다. 그리고 이 경우 행정청의 당초 예측이나 평가와 일부 다른 내용의 감정의견이 제시되었다는 등의 사정만으로 쉽게 행정청의 판단이 위법하다고 단정할 것은 아니다(대법원 2017. 3. 15. 선고 2016두55490 판결 등 참조). 또한 이때 제출된 폐기물처리사업계획 그 자체가 독자적으로 생활환경과 자연환경에 미칠 수 있는 영향을 분리하여 심사대상으로 삼을 것이 아니라, 기존의 주변 생활환경과 자연환경 상태를 기반으로 그에 더하여 제출된 폐기물처리사업계획까지 실현될 경우 주변 환경에 총량적 · 누적적으로 어떠한 악영향을 초래할 우려가 있는지를 심사대상으로 삼아야 한다.

나. 처분이 재량권을 일탈 · 남용하였다는 사정은 그 처분의 효력을 다투는 자가 주장 · 증명하여야 한다(대법원 2016. 10. 27. 선고 2015두41579 판결 등 참조). 행정청이 폐기물처리사업계획서 부적합 통보를 하면서 그 처분서에 불확정개념으로 규정된 법령상의 허가기준 등을 충족하지 못하였다는 취지만을 간략히 기재하였다면, 부적합 통보에 대한 취소소송절차에서 행정청은 그 처분을 하게 된 판단 근거나 자료 등을 제시하여 구체적 불허가사유를 분명히 하여야 한다. 이러한 경우 재량행위인 폐기물처리사업계획서 부적합 통보의 효력을 다투는 원고로서는 행정청이 제시한 구체적인 불허가사유에 관한 판단과 근거에 재량권 일탈 · 남용의 위법이 있음을 밝히기 위하여 소송절차에서 추가적인 주장을 하고 자료를 제출할 필요가 있다(대법원 2018. 12. 27. 선고 2018두49796 판결 참조).

Ⅳ 질문 및 토의과제

1. 효과재량설에 대한 다음 서술에 따르면, 리딩케이스의 원심과 대법원의 판단과정에 대해서는 어떻게 보아야 할까? 법원이 비례원칙이나 신뢰보호원칙등을 적용하여 재량권의 일탈남용에 대해서만 심사할 때도 관계이익과 가치들의 형량과정을 피할 수 없다. 그렇다면, 법원이 행정청의 불확정개념의 적용을 전면심사할 경우와 재량권의 일탈남용만을 심사할 경우 어떤 방식으로 차이를 낼 수 있겠는지 토의해 보라.

" … (효과재량설의) 결정적인 논거는 법의 '인식'문제인 요건판단과 '의지'의 문제인 효과결정은 서로 논리적 구조를 달리한다는 데 있다. 이는 인식(Erkenntnis)과 의지(Wille)의 이원론을 체계화한 근대독일의 관념철학에 기초한 것이라고 할 수 있으나, 인간의 판단작용에는 인식적 요소와 의지적 요소가 혼재되어 있다는 것은 현대 인식론과 해석학의 일반적 경향이다. 특히 법적 판단에 있어 사실관계를 법규에 포섭하여 결론을 도출하는 삼단논법은 법의 이념인 법적 안정성, 나아가 평등원칙을 지향하고 논증과정에 대한 비판가능성을 제공한다는 점에서 방법론적 의미를 보유하고 있지만, 법적 판단의 실제는 한편으로 관계 이익과 가치들의 형량, 다른 한편으로 법규와 결론 사이의 '해석론적 순환(hermeneutishcer Zirkel)을 통해 이루어지는 법의 구체화작업으로서, 여기에 인식적 요소만이 아니라 평가적 요소와 의지적 요소가 함께 작용한다는 것은 오늘날 – 심지어 독일에서조차도 – 법학방법론의 기본적 통찰에 속한다. 반대로 효과결정에 관해서는 특히 비례원칙·신뢰보호원칙 등의 제한 때문에 규범적 구속이 전혀 없는 완전한 의지의 자유(순수한 의미에서의 '자유재량')가 인정될 수 없고, 의지적 요소와 함께 (규범)인식적 요소와 평가적 요소가 작용하지 않으면 아니 된다. 이와 같이 요건판단과 효과결정에 관해 공히 인식적·의지적·평가적 요소가 – 물론 그 비중의 차이가 있겠지만 – 함께 작용한다면, 양자를 인식의 문제와 의지의 문제로서 일도양단할 수는 없을 것이다. 오히려 요건판단과 효과결정은 법의 구체화작업이라는 점에서 일원적 내지 연속적 구조를 갖고, 다만 그 구체화작업을 위한 작용요소들의 상대적 비중이 다를 뿐인 것으로 이해하는 것이 타당할 것이다. 이러한 견해는 말하자면, 판단여지와 재량의 '構造的 一元論'으로서, 단순히 양자를 구별할 실익이 없다는 것에서 한걸음 더 나아가 양자의 구조적 동일성을 제시하는 것이라고 할 수 있다." (박정훈, 아래 참고문헌, 266–267면)

2. 한편, 위의 같은 글에서는 현재 행정청의 불확정개념의 해석·적용에 관한 사법심사에 있어서 법원의 태도에 대해 아래와 같이 분석하고 있다. 이를 읽고, 법원이 판결의 논증에서 행정청의 결정을 존중한다고 밝히는 방식과 스스로 이를 판단한 것으로 제시하는 방식이 행정청 또는 판결의 수명자에게 미치는 영향은 어떻게 다를 것인지 토의해 보시오.

"현재 우리 행정소송 판결문에서 일반적으로 법원이 직접 증거들을 종합하여 사실을 인정한 다음 스스로 그 사실에 대한 법적 평가를 행하여 법규의 요건충족 여부를 판단하고, 이를 행정청의 결정과 비교하여 그 위법여부를 결정하는 방식을 취하고 있다. 다시 말해 법규의 요건부분에 관해서는 전면적으로 사법심사를 행하고 있는 것이다. 그러나 실제로는 법관의 인력부족, 감정을 위한 비용의 문제 등으로 인해 행정청의 법적 판단을 사후적으로 평가하여 그것이 일정한 합리성의 테두리를 벗어나지 않는 한 적법한 결정으로 받아들이는 것임에도 불구하고, 요건부분에는 전면적 심사를 해야 한다는 고정관념 때문에 판결문상으로는 법원의 독자적 판단인 양 설시하고 있는 경우도 많다." (박정훈, 아래 참고문헌, 269면)

3. 리딩케이스에서 토지형질변경행위를 수반하는 건축허가의 성질이 이를 수반하지 않는 건축법상 건축허가와 다른 이유를 설명해 보시오. 국토의 계획 및 이용에 관한 법률 제56조는 개발행위의 허가에 관한 규정으로 토지형질변경행위는 개발행위의 한 유형이다. 건축물

을 건축함에 있이서 안전의 확보를 주된 목적으로 하는 건축법과 토지의 합리적 이용을 도모하고자 하는 국토계획법의 목적 하에서 어떤 건축행위가 개발되지 않은 곳을 개발하는 의미를 가질 때 행정청이 이를 규율하는 권한을 어떻게 구성함이 적절한가? 개발행위 허가의 요건이 불확정개념으로 구성되었다는 점 외에도 그 규율대상의 성질상 재량권이 부여될 필요가 있지 않은가? 만약 그렇다면 요건이 불확정개념으로 구성된 경우에도 그 규율대상의 성질이 기속행위로 규율되기에 적합한가 아니면 재량행위로 규율되기에 적합한가에 따라 판단여지의 인정 여부 또는 인정 범위가 달라져야 하지 않을지 검토해 보시오.

4. 관련판례 2와 같은 조세행정영역에서 과세요건은 행정영역중에서도 법령의 명확성의 요청이 매우 높은 사항이다. 불확정개념이 포함되지 않은 규정도 이를 예시적인 것으로 해석하게 되면 법문상 불확정한 영역이 생기게 된다. 그렇다면 어떤 개념이 '불확정'개념인지 여부도 해석방법론에 따라 달라질 수 있지 않은가? 이러한 경우에는 어떤 기준에 따라 해석방법론을 선택하여야 할까? 조세행정에 있어 '사회통념'은 인식의 문제인가? 평가의 문제인가?

5. 관련판례 1과 3의 경우, 교과서 검정이나 시험채점 등의 경우 관계법령 외에 권한있는 기관이 정한 검정기준이나 채점기준이 이를 규율하는 규범의 불확정성과 관련하여 어떤 영향을 미치는가? 검정기준이나 채점기준이 명확하면 관계법령의 불확정성은 상당히 제거되는가? 불확정법개념의 적용을 통제하는 방식으로서 사후적 사법심사 외에 효과적인 사전적 수단으로는 어떤 것이 있는지 토의해 보시오.

6. 관련판례4에서는 법률에서 불확정개념을 사용하여 '실질과세의 원칙'을 선언하고 있는데, 대법원의 다수의견과 반대의견은 그 적용이 조세법률주의와의 관계에서 용인될 수 있는 범위에 대해 대립되는 의견을 보여준다.

7. 법률에 의한 규제의무의 위반에 대해 행정제재처분과 형사처벌이 모두 규정되어 있는 경우, 그 의무를 구성하는 불확정개념을 해석함에 있어 형벌규정의 엄격해석의 원칙과 다양한 행위유형에 대한 실효적 행정제재를 위해 복잡한 법률적, 경제적 분석과 평가를 할 수 있어야 한다는 요청이 긴장관계에 놓일 수 있다. 관련판례 5에서는 형사처벌의 경우에는 행정제재처분에서는 요구되지 않는 '고의'가 인정되므로, 해석상의 불명확성을 '고의'의 인정단계에서 보완하는 방안을 통해 결과적으로 형사처벌과 행정제재처분의 적용을 차별화함으로써 이 긴장관계를 해결하고 있다. 이로써 충분한가? 형사처벌과 행정제재처분의 적용 시 그 요건을 구성하는 불확정개념의 해석을 달리 하는 것은 허용되기 어려운가?

8. 관련판례 6에서 환경정책기본법 상 불확정개념에 해당 여부를 판단할 때 '장래에 발생할 불확실한 상황과 파급효과에 대한 예측'에 해당하는 행정청의 재량적 판단은 폭넓게 존중

되어야 하며, 생활환경과 자연환경에 대한 영향은 그 행위로 인한 영향에 그치지 않고 기존의 상태를 기반으로 그 영향이 더해지는 총량적 · 누적적 영향을 심사해야 한다고 해석하고 있다. 그 논거는 무엇일지 생각해보시오.

Ⅴ 참고문헌

이비안, 이익형량의 입장에서 바라본 행정법: 불확정개념, 법학논고(경북대) 38집, 2012

임성훈, 불확정법개념의 해석 · 적용에 대한 사법심사에 관한 연구: 한국 · 미국 · 독일법의 비교를 중심으로, 서울대학교, 2012

최선웅, 불확정법개념과 판단여지, 행정법연구 28호, 2010

박정훈, 불확정개념과 판단여지, 행정작용법, 박영사, 2005

Ⅵ 관련법령

국토의 계획 및 이용에 관한 법률

제58조 (개발행위허가의 기준) ① 특별시장 · 광역시장 · 시장 또는 군수는 개발행위허가의 신청 내용이 다음 각 호의 기준에 맞는 경우에만 개발행위허가를 하여야 한다.

1. 용도지역별 특성을 고려하여 대통령령으로 정하는 개발행위의 규모에 적합할 것
2. 도시관리계획의 내용에 어긋나지 아니할 것
3. 도시계획사업의 시행에 지장이 없을 것
4. 주변지역의 토지이용실태 또는 토지이용계획, 건축물의 높이, 토지의 경사도, 수목의 상태, 물의 배수, 하천 · 호소 · 습지의 배수 등 주변환경이나 경관과 조화를 이룰 것
5. 해당 개발행위에 따른 기반시설의 설치나 그에 필요한 용지의 확보계획이 적절할 것

② 특별시장 · 광역시장 · 시장 또는 군수는 개발행위허가를 하려면 그 개발행

위가 도시계획사업의 시행에 지장을 주는지에 관하여 해당 지역에서 시행되는 도시계획사업의 시행자의 의견을 들어야 한다.

③ 개발행위허가의 기준 등에 관하여 필요한 세부 사항은 대통령령으로 정한다.

제56조 (개발행위허가의 기준) ① 법 제58조제3항의 규정에 의한 개발행위허가의 기준은 별표 1과 같다.

② 국토해양부장관은 제1항의 개발행위허가기준에 대한 세부적인 검토기준을 정할 수 있다.

[별표 1의2] 〈개정 2009.7.7〉

개발행위허가기준(제56조관련)

1. 분야별 검토사항

검토분야	허가기준
가. 공통분야	(3) 토지의 형질변경 또는 토석채취의 경우에는 표고·경사도·임상 및 인근 도로의 높이, 배수 등을 참작하여 도시계획조례(특별시·광역시·시 또는 군의 도시계획조례를 말한다. 이하 이 표에서 같다)가 정하는 기준에 적합할 것
라. 주변 지역과의 관계	(1) 개발행위로 건축 또는 설치하는 건축물 또는 공작물이 주변의 자연경관 및 미관을 훼손하지 아니하고, 그 높이·형태 및 색채가 주변건축물과 조화를 이루어야 하며, 도시계획으로 경관계획이 수립되어 있는 경우에는 그에 적합할 것
마. 기반기설	(1) 주변의 교통소통에 지장을 초래하지 아니할 것

2-2-3. 허가와 특허

I 개요

행정작용유형론상 법률행위적 행정행위는 그 법률효과의 내용에 따라 인간이 본래 가지는 자연적 자유를 규율하는 명령적 행위와 상대방에게 권리나 능력을 새롭게 창설하는 형성적 행위로 구분된다. 각각의 유형에 속하는 대표적인 하위

유형으로서 허가와 특허가 있다. 허가나 특허는 학문상의 개념으로서 실정법상의 표현으로 그 성질이 결정되는 것이 아니고, 그 실질적인 규율내용을 분석해서 결정하여야 한다. '허가'는 인간의 본래 자유로운 활동에 대하여 공공질서의 유지를 위해 필요한 일정 범주에 대해서는 일단 금지를 해 두고 일정한 요건을 갖추면 신청에 따라 이를 허용해 주는 것이고, '특허'는 상대방에게 직접 권리, 능력, 법적 지위, 포괄적 법률관계를 설정하는 행위를 말한다. 전통적으로 '허가'는 허가요건을 충족하였는데도 허가를 거부하는 것은 정당한 사유 없이 헌법상 자유권을 제한하는 것이 되므로 허용되지 않아 '기속행위'인 반면, '특허'는 여러 공익목적의 효과적 달성을 고려하여야 하므로 '재량행위'라고 보았다. 또한 경업자소송에서 허가로 인하여 허가의 상대방이 받은 이익 중 금지되었던 행위가 허용된다는 부분 외에 선발사업자로서 경쟁에서의 우위에 놓이게 되었던 이익은 항고소송에서 법률상 이익으로 인정되지 않는 반면, 특허의 경우에는 유사한 이익이 법률상 이익으로 인정된다. 그러나 최근에는 허가 역시 적법하게 일정한 행위를 할 수 있는 법적 지위를 부여한다는 점에서 형성적 행위로 볼 수 있고, 또한 일반적으로 행정행위가 기속행위인가 재량행위인가 여부는 기본적으로 입법자에 의해 결정되는 것이며, 허가로 인한 경쟁상 이익도 법률상 이익으로 해석되는 경우가 늘고 있으므로 허가와 특허의 구분은 상대화되고 있다.

II 리딩케이스

1. 사건번호: 대법원 1995. 12. 12. 선고 95누9051 판결【건축허가신청반려처분취소】

2. 사실관계

원고 갑은 숙박시설의 건축허가를 신청하였으나, 피고 을(양주군수)은 자연경관 훼손 및 주변환경의 오염과 농촌지역의 주변정서에 부정적인 영향을 끼치고 농촌지역에 퇴폐분위기를 조성할 우려가 있다는 사유를 들어 건축허가를 거부하였다.

3. 판결요지

[1] 건축허가권자는 건축허가신청이 건축법, 도시계획법 등 관계 법규에서 정하는 어떠한 제한에 배치되지 않는 이상 당연히 같은 법조에서 정하는 건축허가를 하여야 하고 위 관계 법규에서 정하는 제한사유 이외의 사유를 들어 거부할 수는 없다(당원 1989. 3. 28. 선고 88누10541 판결; 1989. 6. 27. 선고 88누7767 판결; 1992. 6. 9. 선고 91누11766 판결 등 참조)

[2] 원고의 이 사건 건축허가신청이 건축법, 도시계획법 등 관계 법규에서 정하는 건축허가 제한 사유에 해당하지 않는 이상 피고가 자연경관 훼손 및 주변 환경의 오염과 농촌지역의 주변정서에 부정적인 영향을 끼치고 농촌지역에 퇴폐분위기를 조성할 우려가 있다는 등의 사유를 들어 원고의 이 사건 숙박시설 건축을 불허할 수는 없다.

4. 판례해설

먼저 허가와 특허가 각각 기속행위와 재량행위에 해당된다는 전통적 명제가 최근 어떻게 변화하고 있는지, 이를 통해 허가와 특허가 그 기속과 재량 측면에서 어떻게 상대화되고 있는지를 리딩케이스를 포함한 건축허가에 관한 판결을 통해 살펴보고자 한다. 전통적으로 건축허가는 명령적 행위 중 허가의 전형적인 예로서 기속행위로 파악되었다. 판례에 따르면, 이때 '기속행위'라 함은 "관계 법규에서 정하는 어떠한 제한에 배치되지 않는 이상 당연히 같은 법조에서 정하는 건축허가를 하여야 하고 위 관계 법규에서 정하는 제한사유 이외의 사유를 들어 거부할 수는 없음"을 의미한다. 즉, 건축허가 여부를 고려할 때 행정청은 건축법 등 관계 법규에서 정한 사유에 해당하는가 여부만을 고려하여 결정하고 다른 요소들은 고려해서는 안 된다는 의미이다. 이는 건축은 본래 인간의 자연적 자유에 속하며 재산권 행사와 관련이 있으므로, 사전에 정해둔 기계적 적용이 가능한 법적 기준을 적용함으로써 행정청의 재량권을 최소화시킨다는 취지이며, 자유주의적 법치주의의 관점에서 토지재산권자의 이익을 보호해 주기 위한 방식이라 할 수 있다.

그러나 환경적 이익이나 교육환경에 대한 관심이 크게 증가되고, 민주화와 지방자치의 활성화와 함께 인근 주민들이 건축관련 집단민원을 제기하는 등 정치적 영향력을 행사하는 것이 활성화되면서, 토지재산권자에 대한 법치주의적 보호가 지역공동체의 이익이나 지방분권 내지 민주주의와 충돌을 일으키는 경우가 증가하였다. 이러한 분쟁이 소송으로 제기되었을 때 법원에서는 '(건축)허가는 기속행위'라는 기존의 틀로 인해 새로운 사회적 요청을 수용할 수 없었다. 예컨대, 행정청이 법령의 근거 없이 인근주민의 동의를 건축허가의 신청요건으로 한 후 이를 얻지 못하였다는 이유로 건축허가거부처분을 한 경우, 법원은 건축허가가 기속행위임을 근거로 관계법령의 근거가 없는 요건을 이유로 한 거부처분은 위법하다고 판단하였다. 그리하여 이러한 변화에 대한 법적 대응은 입법적으로 이루어졌다. 2001. 1. 16. 건축법 제8조 제5항이 신설되어 "허가권자는 위락시설 또는 숙박시설에 해당하는 건축물의 건축을 허가하는 경우 당해 대지에 건축하고자 하는 건축물의 용도·규모 또는 형태가 주거환경 또는 교육환경 등 주변 환경을 감안할 때 부적합하다고 인정하는 경우에는 이 법 또는 다른 법률의 규정에 불구하고 건축위원회의 심의를 거쳐 건축허가를 하지 아니할 수 있다"는 재량적 권한을 부여하였다. 따라서 동조가 적용되는 범위 내에서 건축허가는 '허가'이지만 재량이 인정되게 되었다.

또한 건축허가를 기속행위로 보는 판결 중에도 "심사결과 그 신청이 법정요건에 합치하는 경우에는 특별한 사정이 없는 한 이를 허가하여야 하며, 공익상 필요가 없음에도 불구하고 요건을 갖춘 자에 대한 허가를 관계법령에서 정하는 제한사유 이외의 사유를 들어 거부할 수는 없다"고 하는데(대법원 1995. 6. 13. 선고 94다56883 판결), 이는 역으로는 특별한 사정이 있거나, 공익상 필요가 있으면 그 신청이 법정요건에 합치하는 경우에도 건축허가를 거부할 수 있음을 의미한다. 이러한 범위에서 허가의 기속성은 완화되고, 나아가 이를 특허의 재량성과 비교해 보면 허가와 특허는 '공익과 사익의 형량에 있어서 공익을 얼마나 적극적으로 고려할 수 있는가?'의 정도의 차이로 환원된다고도 볼 수 있다. 한편, 특허는 공익목적의 효과적인 달성을 고려하며 상대방에게 권리, 능력, 법적 지위, 포괄적 법률관계 등을 설정하여 주는 것으로 통상 재량행위로 구성되지만, 법령에 의해 기속행위로 규정될 수도 있다.

다음으로, 허가와 특허에 의해 형성되는 법적 지위에 관해 보면, 허가나 특허의 상대방이 이를 통해 얻는 이익들의 세부적인 내용에 따라 달리 보아야 한다. 첫째, 허가나 특허로 어떤 활동이 허용된다는 점 자체는 법률상 이익이므로 허가거부처분이나 특허거부처분으로 이를 침해당한 경우 상대방은 당연히 항고소송의 원고적격이 인정된다. 둘째, 허가나 특허는 특히 시장에 대한 진입규제수단으로 많이 활용되며, 허가나 특허를 받아 시장에 먼저 진입한 선발진입자의 관점에서는 법령상 허가나 특허의 조건들이 후발진입자에 대한 일종의 진입장벽으로서의 역할을 한다. 즉, 선발진입자는 법령에 의한 진입장벽으로 인해 일종의 경쟁적 우위를 가지게 된다. 그러한 경쟁상 우위 또는 그로부터 기대되는 이익이 법률상 이익으로 인정되는가에 따라, 선발진입자가 후발진입자에 대한 허가나 특허에 대해 항고소송을 제기할 원고적격이 인정되는가 여부가 결정된다. 종래 이러한 진입규제가 '허가'인 경우에는 선발진입자가 갖는 경쟁상이익은 반사적 이익에 불과한 것으로, '특허'인 경우에는 '법률상 이익'으로 인정되었다. 허가는 누구나 갖는 자연적 자유를 대상으로 하므로 선발진입자가 경쟁상 우위를 유지하기 위해 개입하는 것이 정당화될 수 없는 데 비해, 특허의 경우에는 자연자원의 개발 사용, 시장실패가 발생하는 공공재의 생산공급, 사회적 해악성을 가지는 활동을 제한적으로만 허용하는 경우 등 공익상 이유로 독점적 지위를 확보해 주는 것을 목적으로 하므로 선발진입자가 이러한 독점적 지위를 유지하기 위해 후발진입자에 대한 행정에 이의를 제기하는 것이 정당화될 수도 있다. 나아가 특허사업자는 독점적 지위에 걸맞는 특별한 규제의 대상이 된다는 점도 정당성 확보의 한 논거가 될 수 있다. 다만, 위와 같은 관점에서는 항고소송의 기능 중 소송당사자의 권익구제에 대해서 초점을 맞추어 그 당사자가 과연 구제해 줄 가치가 있는 권익을 가지고 있는가를 묻고 있는 셈이다. 그러나 허가와 같은 수익적 행위의 경우 그 허가가 아무리 위법하게 발급되었다 하더라도 허가를 받은 자가 이를 다툴 유인이 존재하지 않으므로 사법통제에 있어 일종의 사각지대를 이룬다. 따라서 제3자에 의한 항고소송이 허가행정의 적법성 통제를 위한 유일한 사법적 수단이라는 점을 고려할 때, 허가를 둘러싼 제3자의 법적 지위의 설정에 있어서는 그가 주장하는 이익이 법적으로 보호되어야 할 정당한 이익인가 하는 측면뿐만 아니라 그 밖에 달리 허가처분의 적법성 확보에 관심을 가지고 행정소송을 제기할 자가 있는가 하는 측면도 고려되어야 하지 않을까 한다. 이러한 관점에서 보면 최소한 항고소송의 원고적격에 관한 한 허가와 특허의 구별은 결정적인 차이를 가져오지 않을 수도 있다.

오늘날 허가와 특허의 구별은 상대화되고 있고, 양자는 상호 접근하는 경향이 있다. 이는 전통적인 행정행위 분류에서 제시하는 허가·특허 등의 유형만으로는 현대 행정이 요구하는 다양하고 정교한 규제수단을 제공할 수 없는 현실을 반영하여 새로운 중간적인 형태의 규제수단들이 등장하고 있기 때문이다. 때로 허가·특허의 이론은 이론적 유형화에 필연적으로 수반되는 경직성 때문에 사안별 맞춤형 규제를 설계하는 데 장애가 될 수도 있다. 그렇다면 이러한 규제수단의 이론적 유형화는 포기하는 편이 낫지 않을까 하는 의문이 제기될 수 있다. 즉, 개별법령에서 입법자가 규율하고자 하는 목적과 대상의 특징에 따라 기준과 권한을 세부적으로 규정함으로써 맞춤형 규제수단을 만들어 내면 되는 것이지, 허가, 특허 등으로 사전에 유형화된 개념틀에 맞출 필요가 있을까 하는 의문이다. 그러나 규제수단의 이론적 유형화는 입법부와 행정부의 규제 권한 남용을 효율적으로 막을 수 있는 수단으로써, 실질적 법치주의를 위해 중요한 의의를 갖는다. 정부의 규제 권한을 표준화함으로써 규제권한이 국민의 권리·의무에 미치는 영향 및 권한의 한계 등을 효율적으로 관념하고 소통할 수 있기 때문이다. 개별법령에서 정부의 권한을 맞춤형으로 정하는 것은 바람직한 일이다. 그러나 지나치게 다양한 권한의 조합이 임의적으로 입법화되다 보면, 우리의 인식의 한계 등으로 인해 권한의 헌법적 한계가 어디까지인지, 특정 법령에 따른 규제권한이 그 한계 내인지 등을 확인하기가 어려워질 수 있다. 또한 입법이 아무리 상세하게 이루어진다 하더라도 적용과정에서 규범의 공백이 전혀 없을 수는 없다는 점, 그리고 현재의 입법은 필요한 수준의 상세화도 이루지 못하는 경우가 많다는 점을 생각해 보면, 입법 이후 이를 해석하고, 입법과정에서 생긴 규범의 공백을 효과적으로 메우기 위해서는 규제권한의 표준형이 이론적으로 정립될 필요가 여전히 크다. 다만 이러한 규제권한의 유형화는 현재보다 더 세분화될 필요가 있고, 실제 법령의 해석에 있어서는 유형적 표준과 사안별 특성에 따른 개별화를 적절히 조화시킬 필요가 있다.

Ⅲ 관련판례

1. 대법원 1999. 8. 19. 선고 98두1857 전원합의체 판결【건축허가신청서반려처분취소】

[다수의견] 구 건축법(1997. 12. 13. 법률 제5454호로 개정되기 전의 것) 제8조 제1항, 제3항, 구 국토이용관리법(1997. 12. 13. 법률 제5454호로 개정되기 전의 것) 제15조 제1항 제4호, 같은법시행령(1997. 9. 11. 대통령령 제15480호로 개정되기 전의 것) 제14조 제1항의 각 규정에 의하면, 준농림지역 안으로서 지방자치단체의 조례가 정하는 지역에서 식품위생법 소정의 식품접객업, 공중위생법 소정의 숙박업 등을 영위하기 위한 시설 중 지방자치단체의 조례가 정하는 시설의 건축을 제한할 수 있는바, 이러한 관계 법령의 규정을 종합하여 보면, 지방자체단체의 조례의 의하여 준농림지역 내의 건축제한지역이라는 구체적인 취지의 지정 · 고시가 행하여지지 아니하였다 하더라도, 조례에서 정하는 기준에 맞는 지역에 해당하는 경우에는 숙박시설의 건축을 제한할 수 있다고 할 것이고, 그러한 기준에 해당함에도 불구하고 무조건 숙박시설 등의 건축허가를 하여야 하는 것은 아니라고 할 것이며, 조례에서 정한 요건에 저촉되지 아니하는 경우에 비로소 건축허가를 할 수 있는 것으로 보아야 할 것이다. 부연하면, 그러한 구체적인 지역의 지정 · 고시 여부는 숙박시설 등 건축허가 여부를 결정하는 요건이 된다고 볼 수 없다고 할 것이다.

[보충의견] 구 국토이용관리법(1997. 12. 13. 법률 제5454호로 개정되기 전의 것) 제15조 제1항 제4호가 용도지역으로 지정된 지역 내에서의 행위제한에 관하여 규정하면서, 준농림지역의 경우 "환경오염의 우려가 있거나 부지가 일정규모 이상인 공장 · 건축물 · 공작물 기타의 시설의 설치 등 대통령령이 정하는 토지이용행위는 이를 할 수 없다"고 규정하고, 같은법시행령(1997. 9. 11. 대통령령 제15480호로 개정되기 전의 것) 제14조 제1항 제4호가 제한대상이 되는 '대통령령이 정하는 토지이용행위'의 하나로 '지방자치단체의 조례가 정하는 지역에서의 공중위생법의 규정에 의한 숙박업 등의 시설 중 지방자치단체의 조례가 정하는 시설의 설치행위'를 규정한 것을 가지고, "지방자치단체가 조례에 의하여 행위

제한구역과 제한대상행위의 범위를 구체적으로 특정하여 지정하지 아니하면 환경오염의 우려가 있는 숙박업 등의 시설 설치행위라 하더라도 제한 없이 허용하여야 한다"는 취지로 해석할 수는 없다. 위 규정은 어디까지나 "환경오염의 우려가 있는 숙박업 등의 시설 설치행위에 관한 한 이를 원칙적으로 허용되지 아니하되, 다만, 지방자치단체가 조례로 행위제한구역과 제한대상행위의 범위를 정한 경우 그 범위에 포함되지 아니하는 행위는 예외적으로 허용한다"는 취지에 불과하다. 즉 환경오염의 우려가 있는 숙박업 등의 시설 설치행위를 원칙적으로 제한하되, 지방자치단체에 대하여 그 원칙의 예외를 설정할 수 있는 권한을 부여한다는 취지에 지나지 않는 것이다. 지방자치단체가 환경오염의 우려가 있는 행위를 제한하는 지역을 조례로 구체적으로 지정하지 않고 있다는 사유만으로 환경오염의 우려가 있는 행위가 무제한적으로 허용된다고 보는 것은, 환경권을 재산권이나 영업의 자유보다 우위에 있는 기본권으로 보장하면서, 환경보전을 국가나 지방자치단체의 의무인 동시에 그에 의하여 자유와 권리가 제한되는 국민 자신의 의무이기도 한 것으로 규정하고 있는 헌법과 환경관련 법률의 이념에 어긋나는 해석이다.

[반대의견 1] 준농림지역이라는 용도지역의 지정과 그 지역 내에서의 행위제한에 관하여 국토이용관리법과 그 시행령은 단지 그 일반적 기준과 유형만을 규정하고, 구체적인 준농림지역의 지정은 건설교통부장관의 결정고시라는 행정처분에 의하도록 규정함과 아울러 그와 같이 지정된 준농림지역에서의 행위제한도 각각의 지역이 토지와 하천 등의 자연적 환경이나 주민의 주업 등 산업현황을 달리하는 점을 감안하여 그러한 지역적 특성을 상세하게 파악하고 있는 지방자치단체로 하여금 당해 지역 내에서의 환경보전과 산업발전에 관한 전체적인 계획과의 연계아래 구체적인 행위제한구역과 제한대상행위를 자치법규로써 정하도록 위임한 것이라고 할 것이어서, 구 건축법(1997. 12. 13. 법률 제5454호로 개정되기 전의 것) 제8조 제3항이 건축허가와 관련하여 인용하고 있는 구 국토이용관리법(1997. 12. 13. 법률 제5454호로 개정되기 전의 것) 제15조에 따른 준농림지역에서의 행위제한도 결국은 지방자치단체의 조례라는 자치법규가 정한 바에 따라 그 구체적 내용이 정하여진다고 할 것인데, 지방자치단체의 조례 자체에서는 일반적인 기준만을 제시한 채 구체적인 제한지역과 제한대상시설의

범위 등은 다시 시장의 지정 · 고시에 의하여 정하도록 규정하고 있는 경우, 이러한 시장의 지정 · 고시에 의하여 구체적인 제한지역과 제한대상시설의 범위가 정하여지지 아니하였다면 비록 조례가 적용되는 준농림지역이라고 하더라도 구체적인 행위제한의 법적 효력이 아직 발생하지 아니하였다고 할 것이어서, 이 상태에서는 조례나 그 근거가 된 구 국토이용관리법 제15조 제1항 제4호 및 같은법시행령 제14조 제1항 제4호의 규정을 들어 건축법상의 건축허가를 거부할 수는 없다고 봄이 타당하다.

[반대의견 2] 건축법 소정의 건축허가권자는 건축허가신청이 국토이용관리법 등의 관계 법규에서 정한 제한에 배치되지 않는 이상 당연히 건축허가를 하여야 하는바, 구 국토이용관리법(1997. 12. 13. 법률 제5454호로 개정되기 전의 것) 제15조 제1항 제4호 및 같은법시행령(1997. 9. 11. 대통령령 제15480호로 개정되기 전의 것) 제14조 제1항 제4호의 규정의 위임에 의한 지방자치단체의 조례가 적용되는 준농림지역이라고 하더라도 조례의 규정에 따라 구체적인 제한지역과 제한대상시설의 범위가 정하여지지 않는 한 조례에 규정한 제한지역 지정 · 고시에 관한 일반적인 기준만을 들어 건축법상의 건축허가를 거부할 수는 없다고 할 것이다. 그러나 원심의 인정 사실에 비추어 건축허가거부처분이 위법하다고 하여 이를 취소하는 것은 현저히 공공복리에 적합하지 아니하다고 보이므로 행정소송법 제28조 제1항에 의하여 사정판결을 할 사유가 있다고 인정된다.

2. 대법원 2002. 7. 26. 선고 2000두9762 판결【건축허가신청반려처분취소】

원심은, 그 내세운 증거에 의하여 그 판시와 같은 사실을 인정한 다음, 원고가 장례식장을 건축하려는 그 판시의 토지(이하 '이 사건 토지'라 한다)는 지목이 밭으로 되어 있으나 이미 3년 전부터 휴경지가 되어 잡목이 무성하여 우량농지로서 보전가치가 있다고 보기 어려운 점, 이 사건 토지는 굴곡을 이루고 있는 산등성이에 위치하고 주위에 나무들이 자라고 있어 인근 마을이나 주거밀집지가 보이지 않으며, 백사중학교와는 포장도로 및 언덕을 사이에 두고 직선거리로 약 350여m 가량 떨어져 있어 이 사건 토지에 장례식장이 건축된다고 하더라도 주민들의 생활환경이나 학생들의 교육환경에 직접적인 방해가 생긴다고 보기 어려울 뿐 아니라 그로 인하여 백사중학교가 폐교될 것이라고 단정할 수는 없는 점, 이 사건 토지에 장례식장이 건축될 경우 장례식장을 이용하는 조문객들에 의하여 어느 정도의 오수배출과 주변의 교통량 증가가 예상되기는 하지만 관련 법규에 따라 오수처리시설이 갖추어질 것이고 이 사건 토지에 접한 도로가 확·포장될 계획인 점, 기타 이 사건 토지의 위치 및 현황과 주변상황, 인근 건축물의 분포 및 이 사건 토지에 건축될 장례식장의 규모와 이 사건 변론에 나타난 제반 사정, 특히 이 사건 토지가 위치하는 지역의 장례문화가 아직까지는 주로 가정에서 이루어지는 재래의 방법에 따르고 있기는 하나 앞으로는 점차 가정보다는 장례식장에서 이루어지게 될 것으로 예측할 수 있는 점 등을 감안해 볼 때, 이 사건 토지에 장례식장을 건축하는 것이 구 건축법(1999. 2. 8. 법률 제5895호로 개정되기 전의 것) 제8조 제4항, 구 건축법시행령(1999. 4. 30. 대통령령 제16284호로 개정되기 전의 것) 제8조 제6항 제3호 소정의 인근 토지나 주변 건축물의 이용현황에 비추어 현저히 부적합한 용도의 건축물을 건축하는 경우에 해당하는 것으로 볼 수 없음에도, 건축허가신청을 불허할 사유가 되지 않는 인근 주민들의 민원이 있다는 사정만으로 이 사건 건축허가신청을 반려한 이 사건 처분은 법령의 근거 없이 이루어진 것으로 위법하다고 판단하였다.

3. 대법원 2006. 3. 9. 선고 2004다31074 판결 【채무부존재확인】

[1] 국유재산 등의 관리청이 하는 행정재산의 사용·수익에 대한 허가는 순전히 사경제주체로서 행하는 사법상의 행위가 아니라 관리청이 공권력을 가진 우월적 지위에서 행하는 행정처분으로서 특정인에게 행정재산을 사용할 수 있는 권리를 설정하여 주는 강학상 특허에 해당한다.

[2] 국유재산 등의 관리청이 하는 행정재산의 사용·수익 허가에 따른 사용료에 대하여는 국유재산법 제25조 제3항의 규정에 의하여 국세징수법 제21조, 제22조가 규정한 가산금과 중가산금을 징수할 수 있다 할 것이고, 위 가산금과 중가산금은 위 사용료가 납부기한까지 납부되지 않은 경우 미납분에 관한 지연이자의 의미로 부과되는 부대세의 일종이다.

[3] 국립의료원 부설 주차장에 관한 위탁관리용역운영계약의 실질은 행정재산에 대한 국유재산법 제24조 제1항의 사 용·수익 허가임을 이유로, 민사소송으로 제기된 위 계약에 따른 가산금지급채무의 부존재확인청구에 관하여 본안판단을 한 원심판결을 파기하고, 소를 각하한다.

4. 대법원 2001. 1. 19. 선고 99두3812 판결【자동차운송사업한정면허처분취소】

구 자동차운수사업법(1997. 12. 13. 법률 제5448호 여객자동차운수사업법으로 전문 개정되기 전의 것) 제4조 제1항, 제3항, 같은법시행규칙(1998. 8. 20. 건설교통부령 제147호 여객자동차운수사업법시행규칙으로 전문 개정되기 전의 것) 제14조의2 등의 관련 규정에 의하면 마을버스운송사업면허의 허용 여부는 사업구역의 교통수요, 노선결정, 운송업체의 수송능력, 공급능력 등에 관하여 기술적·전문적인 판단을 요하는 분야로서 이에 관한 행정처분은 운수행정을 통한 공익실현과 아울러 합목적성을 추구하기 위하여 보다 구체적 타당성에 적합한 기준에 의하여야 할 것이므로 그 범위 내에서는 법령이 특별히 규정한 바가 없으면 행정청의 재량에 속하는 것이라고 보아야 할 것이고, 또한 마을버스 한정면허시 확정되는 마을버스 노선을 정함에 있어서도 기존 일반노선버스의 노선과의 중복 허용 정도에 대한 판단도 행정청의 재량에 속한다.

5. 대법원 2017. 10. 12. 선고 2017두48956 판결【건축허가신청불허가처분취소】

국토의 계획 및 이용에 관한 법률(이하 '국토계획법'이라고 한다) 제56조에 따른 개발행위허가와 농지법 제34조에 따른 농지전용허가·협의는 금지요건·허가기준 등이 불확정개념으로 규정된 부분이 많아 그 요건·기준에 부합하는지의 판단에 관하여 행정청에 재량권이 부여되어 있으므로, 그 요건에 해당하는지 여부는 행정청의 재량판단의 영역에 속한다. 나아가 국토계획법이 정한 용도지역 안에서 토지의 형질변경행위·농지전용행위를 수반하는 건축허가는 건축법 제11조 제1항에 의한 건축허가와 위와 같은 개발행위허가 및 농지전용허가의 성질을 아울러 갖게 되므로 이 역시 재량행위에 해당하고, 그에 대한 사법심사는 행정청의 공익판단에 관한 재량의 여지를 감안하여 원칙적으로 재량권의 일탈이나 남용이 있는지 여부만을 대상으로 하는데, 판단 기준은 사실오인과 비례·평등의 원칙 위반 여부 등이 된다. 이러한 재량권 일탈·남용에 관하여는 행정행위의 효력을 다투는 사람이 주장·증명책임을 부담한다.

Ⅳ 질문 및 토의과제

1. 관련판례 1에서 다수의견과 반대의견 각각의 입장은 건축허가를 기속행위로 보는 관점과 어떻게 관련된다고 보는가? 건축행위를 기속행위로 본다 함은 건축허가신청 시 갖추어야 할 적극적 요건뿐만 아니라 소극적 요건도 (어느 지역 또는 어느 시설에 해당되어서는 안 된다는 요건) 기계적 적용이 가능한 형태로 규정되어야 한다고 보는 것인가? 이 판례의 다수의견과 반대의견의 대립에서 나타나는 가치의 충돌은 무엇이라고 생각하는가?

2. 관련판례 2에서 법원은 구 건축법(1999. 2. 8. 법률 제5895호로 개정되기 전의 것) 제8조 제4항, 구 건축법시행령(1999. 4. 30. 대통령령 제16284호로 개정되기 전의 것) 제8조 제6항 제3호 소정의 "인근 토지나 주변 건축물의 이용현황에 비추어 현저히 부적합한 용도의 건축물을 건축하는 경우"에 해당하는지 여부를 판단하고 있다. 이는 불확정개념에 해당하며, 행정청은 사법심사에 있어서 법원의 존중을 받는 판단여지를 가진다. 그러한 관점에서 원심판결의 법원은 행정청의 결정에 대해 그 판단여지를 어느 정도로 존중하고 있는가?

3. 아래 관련법령에 있는 건축법 제11조 제2항의 도지사의 승인은 재량적 권한으로 보아야 할 것인가 기속적 권한으로 보아야 할 것인가?

4. 허가에 해당하는가, 특허에 해당하는가를 판단함에 있어서 고려하여야 할 중요한 요소는 규율의 목적과 대상의 특징 상 행정청에게 어떤 권한을 부여하는 것이 적절한가 하는 점이다. 예컨대 허가는 해당 영업을 통해 공급되는 재화 또는 용역이 사인들의 자유시장에 맡겨도 큰 문제없이 공급되고 소비될 수 있는 것이어서 그러한 사인의 자유와 재산권을 엄격히 보호할 필요가 있고 공익상 문제가 없는 경우(오히려 더 기여하는 경우)라 할 수 있다. 이에 비해, 특허는 그 재화 또는 용역의 수급이 다양한 이유에서 국가의 종합적인 통제가 필요한 경우라 할 수 있다.

5. 관련판례 5에서 건축허가가 '재량행위에 해당한다'는 것은 곧 대상 토지에 건축을 하기 위

해서는 건축법뿐만 아니라 국토계획법, 농지법 상의 규제 요건을 모두 충족해야 하는 상황이므로, 행정청이 건축허가 여부를 결정할 때 그 요건 중 일부로 재량을 행사하여 판단할 사항이 포함됨을 의미한다.

V 참고문헌

김용섭, 국토계획법상 실시계획인가의 법적 성질 및 사법통제의 방법과 한계, 행정판례연구 25-1집, 2020

하명호, 헌법재판과 행정법이론: 진입규제의 수단으로서 허가 · 특허를 글감으로, 공법연구 45집 2호, 2016

송시강, 행정행위 유형론에 대한 재검토: 허가와 특허, 인가 개념을 중심으로, 홍익법학 12권 1호, 2011

이원우, 허가 · 특허 · 예외적 승인의 법적 성질 및 구별, 행정작용법, 박영사, 2005

김종보, 건축허가에 존재하는 재량문제, 행정법연구 3호, 1998

VI 관련법령

건축법

제11조 (건축허가) ① 건축물을 건축하거나 대수선하려는 자는 특별자치도지사 또는 시장 · 군수 · 구청장의 허가를 받아야 한다. 다만, 21층 이상의 건축물 등 대통령령으로 정하는 용도 및 규모의 건축물을 특별시나 광역시에 건축하려면 특별시장이나 광역시장의 허가를 받아야 한다.

② 시장 · 군수는 제1항에 따라 다음 각 호의 어느 하나에 해당하는 건축물의 건축을 허가하려면 미리 건축계획서와 국토해양부령으로 정하는 건축물의 용도, 규모 및 형태가 표시된 기본설계도서를 첨부하여 도지사의 승인을 받아야 한다.

1. 제1항 단서에 해당하는 건축물
2. 자연환경이나 수질을 보호하기 위하여 도지사가 지정 · 공고한 구역에 건

축하는 3층 이상 또는 연면적의 합계가 1천제곱미터 이상인 건축물로서 위락시설과 숙박시설 등 대통령령으로 정하는 용도에 해당하는 건축물

3. 주거환경이나 교육환경 등 주변 환경을 보호하기 위하여 필요하다고 인정하여 도지사가 지정·공고한 구역에 건축하는 위락시설 및 숙박시설에 해당하는 건축물

③ 제1항에 따라 허가를 받으려는 자는 허가신청서에 국토해양부령으로 정하는 설계도서를 첨부하여 허가권자에게 제출하여야 한다.

④ 허가권자는 위락시설이나 숙박시설에 해당하는 건축물의 건축을 허가하는 경우 해당 대지에 건축하려는 건축물의 용도·규모 또는 형태가 주거환경이나 교육환경 등 주변 환경을 고려할 때 부적합하다고 인정하면 이 법이나 다른 법률에도 불구하고 건축위원회의 심의를 거쳐 건축허가를 하지 아니할 수 있다.

2-2-4. 인가와 기본행위

I 개요

'인가(認可)'는 통상 私的 당사자들간의 법률행위에 대해 행정청이 일정한 공익적 측면을 감독하기 위해 그 효력발생을 위해서는 행정청의 승인을 얻도록 하는 제도이다. 이를 통해 사인의 법률행위의 자유를 보장하면서도, 법률이 규정한 일정한 공익적 요건에 비추어 이에 저촉되면 행정청이 인가를 거부함으로써 당해 법률행위의 효력발생을 저지할 수 있도록 한 규제의 방식이다. 판례상 강학상 인가에 해당하는 것으로 구 외자도입법 제19조에 따른 기술도입계약에 대한 인가, 사립학교법에 따른 학교법인의 임원에 대한 감독청의 취임승인, 토지거래허가, 구 도시재개발법 시행 당시 관리처분계획에 대한 행정청의 인가 등이 있다.

행정청의 심사범위는 인가 대상 법률행위의 모든 측면이 아니라 당해 법률행위와 관련된 일정한 공익상 측면으로 제한되므로, 이를 기속행위에 가까운 것으

로 보아 법령상 인가사유가 규정되어 있을 경우 그 밖의 사유로는 인가를 거부할 수 없다고 하였다. 그러나 최근 계속적 성질의 법률행위에 대한 인가에서는 규정된 사유 이외의 사유로도 거부할 수 있는 재량권이 인정된다는 판례도 있으며, 부관의 허용성에 대해서도 재고가 필요하다는 논의가 있다. 인가의 대상이 되는 법률행위가 '기본행위'가 되고, '인가'는 '보충행위'가 된다. 이러한 기본행위는 계약 또는 합동행위에 해당될 수 있고, 사법행위 또는 공법행위에 해당될 수도 있다. 이로부터 인가를 받기 전 기본행위의 효력, 인가의 효력(소급효 인정 여부), 인가가 기본행위의 하자를 치유할 수 있는지(판례는 否認) 등의 쟁점이 제기되나, 이는 인가대상행위의 유형에 따라 달리 볼 필요가 지적되고 있다.

인가 대상 기본행위에 관해 분쟁이 발생한 경우 이를 기본행위에 관한 분쟁으로 해결할 것인지, 인가에 관한 분쟁으로 해결할 것인지의 문제가 발생한다. 판례는 기본행위에 흠이 있는 경우에는 그 흠을 이유로 인가처분에 대한 항고소송을 제기할 경우 소익이 인정될 수 없다고 보고, 기본행위가 취소되거나 효력을 상실하게 되면 인가도 효력이 소멸하게 된다고 본다. 다른 한편, 기본행위가 적법·유효한 경우에도 인가 자체에 흠이 있을 경우에는 그 인가처분에 대한 항고소송을 제기할 수 있다고 보며, 인가가 취소 또는 무효로 확인되면 기본행위는 무인가행위가 되어 인가와 관련된 범위 내에서 효력을 상실한다.

II 리딩케이스

1. 사건번호: 대법원 1995. 12. 12. 선고 95누7338 판결【재건축조합장등명의변경신청거부처분취소】

2. 사실관계

원고 갑은 000 아파트 20개동 610세대 소유자들에 의하여 설립된 000 아파트 재건축조합(피고 보조참가인, 이하 참가인 조합이라고 한다)의 조합장이었다. 그런데, 조합원이던 병 등이 지방법원으로부터 참가인 조합의 임시총회 소집허가를 받고 1992. 12. 5. 임시총회 및 대의원회를 소집하여, 대의원회에서는 조합장이던 갑을 불신임하고(1차 불신임) 위 병을 새로운 조합장으로 선출하는 결의를 하고, 임시총회에서는 위 대의원회의 조합장에 대한 불신임 결의를 인준하는 결의를 한 후, 1993. 1. 12. 피고 구청장으로부터 새로 선출된 위 병으로의 조합장 명의변경 인가를 받았다.

갑은 지방법원에 위 임시총회 및 대의원회결의의 무효확인청구의 소송을 제기하여 1993. 11. 11. 전부 승소판결을 선고받아 그 무렵 확정되었다. 이에 갑은 1994. 1. 25. 피고 구청장에게 위 판결문을 첨부하여 조합장 명의변경의 인가신청을 하였다. 피고 구청장은 1994. 2. 14. 갑이 위 임시총회 및 대의원회의 결의와는 별도로 참가인 조합의 정관 제14조 제5항에 따라 해당 동 조합원들로부터 대의원 불신임(2차 불신임)을 당함으로써, 정관 제10조 제2항 소정의 조합장 선출의 전제요건인 대의원자격을 상실하였으므로, 위 조합장 불신임 및 신임 조합장 선출이 무효라고 하더라도 갑을 조합장으로 하는 명의변경은 불가하다는 사유로 이 사건 거부처분을 하였다.

갑은 이에 대하여 조합장 선출의 전제요건인 대의원자격은 해당 동 조합원들로부터의 불신임 결의 외에 별도의 대의원회의 결의(인준)가 있어야 상실되는데도 갑에 대하여는 그러한 대의원회의 결의가 없었고, 또한 일단 조합장으로 선출되면 그 후 대의원자격이 상실되더라도 조합장의 자격이 자동적으로 소멸되는 것은 아니므로, 갑이 여전히 참가인 조합의 조합장의 지위에 있다고 주장하면서 이 사건 거부처분의 취소소송을 제기하였다.

3. 판결요지

주택조합의 조합장 명의변경에 대한 시장, 군수 또는 자치구 구청장의 인가처분은 종전의 조합장이 그 지위에서 물러나고 새로운 조합장이 그 지위에 취임함을 내용으로 하는 주택조합의 조합장 명의변경 행위를 보충하여 그 법률상의 효력을 완성시키는 보충적 행정행위로서 성질상 기본행위인 주택조합의 조합장 명의변경 행위를 떠나 인가처분 자체만으로는 법률상 아무런 효력도 발생할 수 없는 것이므로, 인가처분 자체에 하자가 있다고 다투는 것이 아니라 기본행위에 하자가 있다 하여 그 기본행위의 효력에 관하여 다투는 경우에는 민사쟁송으로서 따로 그 기본행위의 취소 또는 무효확인 등을 구하는 것은 별론으로 하고 기본행위의 불성립 또는 무효를 내세워 바로 그에 대한 감독청의 인가처분의 취소를 구하는 것은 특단의 사정이 없는 한 소구할 법률상의 이익이 있다고 할 수 없다(당원 1987. 8. 18. 선고 86누152 판결; 1991. 6. 14. 선고 90누1557 판결; 1993. 4. 23. 선고 92누15482 판결; 1994. 10. 14. 선고 93누22753 판결 등 참조).

원고 갑이 이 사건 소로써 구하는 내용은 갑로부터 위 병으로 변경된 참가인 조합의 조합장 명의를 당초의 명의인 원고로 환원시키려는 것, 즉 피고가 부인하고 있는 참가인 조합에서의 원고의 조합장으로서의 지위를 다투는 것이라고 할 것이므로, 결국 이 사건 소는 인가처분 자체의 하자가 아닌 기본행위의 효력에 관하여 다투면서도 이에 관하여 민사소송 등의 방법을 취하지 아니한 채 바로 그에 대한 피고의 이 사건 거부처분의 취소를 구하는 것으로서, 이는 앞서 본 법리에 비추어 볼 때 소구할 법률상의 이익이 없는 부적법한 것이라고 하지 아니할 수 없다.

4. 판례해설

원심은 이 사건의 본안에 대해 심리하여 원고의 청구를 기각하였다. 이에 대해 대법원은 이 사건 소의 본질은 원고의 조합장으로서의 지위를 다투는 것이므로 이는 인가처분 자체의 하자가 아닌 기본행위의 효력에 관하여 다투는 것이고, 그렇다면 원고가 이에 관하여 민사소송 등의 방법을 취하지 않고 바로 조합장명의변경인가거부처분의 취소를 구하는 행정소송을 제기한 것은 법률상의 이익(소익)이 없음을 이유로 각하해야 한다고 판단하였다.

기본행위의 하자에 대한 판례의 태도는 다음 두 가지 맥락에서 이해될 수 있다.

첫째, 인가제도에 있어서 행정청의 심사범위의 측면이다. 행정청의 인가권한은 대상행위에 대해 법률상 심사임무를 부여받은 특정한 공익적 측면만을 제한적으로 검토하여 동의 여부를 결정하는 것으로 이해된다. 그러한 공익적 관점에 저촉되지 않으면 인가를 발급해야 한다는 차원에서 행정청의 재량의 폭도 좁게 인정되어 기속행위에 가까운 것으로 이해되어 왔다. 만약 문제되는 기본행위의 하자가 행정청의 심사권한 밖의 쟁점이라면 이를 인가취소소송으로 다투게 하는 것은 행정청이 심사도 하지 않은 쟁점에 대해 방어를 해야 하므로 적절치 않다.

그렇다면 만약 기본행위의 하자가 행정청의 심사권한에 속하는 쟁점이라면 이는 인가의 하자로 다툴 수 있을 것인가? 리딩케이스에서 행정청은 인가권한의 심사범위에 속하는 쟁점을 심사하였고 이에 근거하여 인가거부처분을 하였다. 그럼에도 대법원은 이를 "기본행위에 하자가 있다 하여 그 기본행위의 효력에 관하여 다투는 경우"라 하여 민사쟁송으로 다투도록 하고 있다. 따라서 기본행위의 하자가 행정청의 심사권한에 속하는 쟁점이라 하더라도 인가에 대한 행정소송을 배제하고 있다. 그렇다면 이는 어떤 이유라고 설명될 수 있을까?

이를 인가와 기본행위의 법적 효력의 측면에서 검토해 보면 다음과 같다. 인가는 기본행위의 효력을 보충적으로 완성시켜주는 효력을 갖는 것이지, 기본행위의 효력의 유일한 원천은 아니다. 이는 같은 형성적 행위로 분류되는 특허와 구별되는 점이다. 예컨대 특허사업자로서의 법적 지위는 오로지 행정청의 특허처분에 의해 창설되는 것이지만, 학교법인의 이사로서의 법적 지위나 재건축조합 내지 그 조합장으로서의 법적 지위는 인가처분만에 의해서 창설되는 것이 아니고, 이사선임행위나 조합설립행위 또는 조합장선임행위에 의해 내용적으로 창설되고 행정청은 최종적인 감독권한의 행사로 이를 법적으로 완성시켜줄 뿐이다. 대법원은 다른 판례에서 "그 기본되는 조합설립행위에 하자가 있을 때에는 그에 대한 인가가 있다 하더라도 기본행위인 조합설립이 유효한 것으로 될 수 없고, 따라서 … 기본행위인 조합설립에 하자가 있는 경우에는 …기본행위의 불성립 또는 무효를 내세워 바로 그에 대한 감독청의 인가처분의 취소 또는 무효확인을 소구할 법률상 이익이 있다고 할 수 없고(대법원 2000. 9. 5. 선고 99두1854 판결; 2005. 10. 4. 선고 2005두1046 판결)"라 하고 있다. 그러나 기본행위에 하자가 있을 경우 인가가 있다고 이것이 유효한 행위가 되는 것은 아니지만, 인가가 없다면 기본행위가 무효로 될 수 있다면 인가취소소송의 소익은 인정될 수도 있다. 인가처분의 효력이 보충적인 것에 불과하다 하더라도 인가는 기본행위의 유효요건이므로 인가가 취소 또는 무효확인된 경우 기본행위가 무인가행위로서 무효가 된다는 것이 인가의 법리이다. 당사자로서는 인가취소로 기본행위의 최종적인 효력발생을 저지할 수 있다면 구제의 측면에서만 본다면 소익을 인정할 수도 있을 것이다.

그러나 만약 인가와 별도로 기본행위 자체가 가진 법적 효력이 있어서 인가가 취소되어 무인가행위가 되어도 그 기본행위의 효력은 남아 있다면, 이 경우 또다시 민사소송등을 통해 기본행위의 효력을 제거해야 하므로 분쟁의 1회적 해결이라는 측면에서 항고소송의 소익을 인정하기 어렵다 할 것이다. 이와 관련하여 판례는 "조합설립인가행위는 그 대상이 되는 기본행위를 보충하여 법률상 효력을 완성시키는 보충행위로서, 이러한 인가의 유무에 따라 기본행위의 효력이 문제되는 것은 구 주택건설촉진법과 관련한 공법상 관계에서이지 주택조합과 조합원, 또는 조합원들 사이의 내부적인 사법관계에까지 영향을 미치는 것은 아니다"라고 하고 있다(관련판례 4, 대법원 2005. 4. 29. 선고 2004다7002 판결). 따라서 내부적 사법관계의 법률행위의 효력은 별도의 절차로 다툴 필요가 인정된다고 하겠다. 또한 적법절차 원칙 및 소송의 효율성이라는 관점에서 소송을 수행하기에 적절한 자가 당사자가 되어야 한다는 관점에서 보면, 사법상 법률행위의 당사자들 상호간에 주장과 입증을 통해 밝혀야 할 쟁점을 행정청이 그 규제권한을 계기로 하여 일방 당사자로 주장, 입증해야 한다는 것은 합리적이지 않다.

종합하면, 판례가 인가(거부)처분에 대한 항고소송에서 기본행위의 하자를 다투지 못하도록 하는 것은 사적 자치에 대한 행정청의 제한된 규제 개입을 의미하는 인가제도의 기능을 유지하고, 분쟁의 본질에 맞는 효율적인 분쟁해결절차를 선택하도록 하며, 하나의 실체적 분쟁에 대해 행정소송과 민사소송이 모두 제기되어 법원의 부담이 가중되고 모순된 판결이 나올 가능성을 차단하는 등의 이유가 있는 것으로 보인다.

이상은 리딩케이스를 중심으로 인가와 기본행위의 관계 일반에 관한 원칙을 본 것이다. 그러나 리딩케이스는 재건축사업이 '주택건설촉진법'에 근거하여 이루어지던 시기의 판결이고, 2003. 7. 도시 및 주거환경정비법(이하 '도시정비법'이라 한다)이 시행되면서, 종전에 구 도시재개발법에 따라 시행되던 재개발사업과 구 주택건설촉진법에 및 집합건물의 소유 및 관리에 관한 법률 이 규율하던 주택재건축사업은 모두 도시정비법이 공통절차로 통합, 규율하게 되었다. 그 이전에 주택재건축사업은 주택재개발사업과 달리 조합설립인가처분을 제외하고는 행정청이 원칙적으로 관여하지 않고 사적 자치에 맡겨 왔고 따라서 민사법에 의해 규율되었으나, 여러 문제가 발생하자 행정청의 관리감독을 강화하기 위해 도시정비법으로 통합 규율하게 된 것이다. 도시정비법 제정 직후에는 이러한 입법상황의 변화에도 불구하고 종래 민사법에 따라 규율하던 재건축조합에 관한 법리를 그대로 적용한 판례도 일부 있었으나, 대법원은 2009. 9. 17 선고 2007다2428 전원합의체 판결(관련판례 5)을 통해 재개발사업과 재건축사업을 포함한 도시정비사업의 법적 구조와 성격에 관해 종래 입장을 근본적으로 변경하였다. 즉, 관리처분계획에 대한 인가・고시가 있기 전에는 총회결의무효확인 소송을 민사소송이 아닌 행정소송법상 당사자소송으로 제기하도록 하고, 인가・고시가 있은 후에는 총회결의의 하자를 이유로 하여 행정처분의 효력을 다투는 항고소송의 방법으로 관리처분계획의 취소 또는 무효확인을 구하여야 하고 그와 별도로 총회결의의 효력 유무를 다투는 확인의 소를 제기하는 것은 허용되지 않는다고 하였다. 이러한 변경의 의미는 그 법적 규율이나 분쟁해결의 장에서 행정법적 관점이 강화되었다는 점과 더불어 세부적으로는 이 영역에서 행정청의 인가가 더 이상 표준적인 '강학상 인가'가 아니라 행정청의 보다 포괄적인 권한과 책임을 요하는 행위로 그 성질을 달리하게 되었다는 것이다. 대법원은 그 후 이러한 변경된 입장을 기초로 하여 도시정비사업과 관련하여 제기되는 여러 쟁점을 정리해 나가고 있다. (도시정비사업 관련 판례의 흐름에 대한 종합적인 설명은 서울행정법원 실무연구회, 행정소송의 이론과 실무, 제4장 도시정비사업 관련 소송 참조)

Ⅲ 관련판례

1. 대법원 1979. 2. 13. 선고 78누428 전원합의체 판결【운송사업등인가처분무효확인】

기본행위인 양수도계약이 사해행위라 하여 확정판결로서 취소되었다면 피고로서는 그 보충행위인 위의 인가처분도 시정하여야 마땅할 것이다. 원고가 이러한 확정판결에 의하여 위의 인가처분의 시정을 요구하였음에도 불구하고 피고가 이것에 응하지 아니하였다면 원고로서는 피고를 상대로 이 사건의 청구취지와 같이 위의 인가처분의 무효확인을 구할 이익이 있다 할 것이다(당원 1977. 8.

23 선고 77누38 판결 참조).

2. 대법원 1983. 12. 27. 선고 82누491 판결【비누및지방산금속염제조기술도입인가취소처분취소】

원래 외자도입법 제19조에 따른 기술도입계약에 대한 인가(법 제49조 및 동시행령 제29조 제1항 제7호에 의하여 주무부장관인 피고에게 위임됨)는 기본행위인 기술도입계약을 보충하여 그 법률상 효력을 완성시키는 보충적 행정행위에 지나지 아니하므로 기본행위인 위 기술도입계약이 해지로 인하여 소멸되었다면 위 인가처분은 무효선언이나 그 취소처분이 없어도 당연히 실효된다고 해석되므로 피고가 위 인가처분기관으로서 원고와 위 유니레버사간의 이 사건 기술도입계약이 해지되었다는 이유로 위 기술계약에 대한 인가처분이 실효되었음을 단정하고 그 실효를 확인하는 뜻에서 위 인가처분을 취소하였음을 위법이라 할 수 없다 할 것이니 이런 취지에서 한 원심의 판단은 정당하고 피고의 이 사건 처분을 취소권한에 의한 취소처분임을 전제로 한 논지는 채용할 수 없다.

그러나 원고는 위 유니레버사의 위 기술도입계약의 해지통고는 무효이고 따라서 그 유효임을 전제로 한 피고의 이 사건 처분으로 인하여 그 이익이 침해되었음을 이유로 이 사건 처분의 취소를 구하는 터이므로 이를 구할 법률상 이익이 있다고 할 것인데도 불구하고 그 이익이 없다고 한 원심의 판단은 잘못이라 할 것이나 앞에서 본 바와 같이 이 사건 청구가 이유없는 바에야 원고만의 불복 상고한 이 사건에 있어 원심의 소 각하 판결을 파기하여 청구를 기각함은 원고에게 불이익한 결과가 되므로 원심판결을 유지하기로 한다.

3. 대법원 1991. 12. 24. 선고 90다12243 전원합의체 판결【토지소유권이전등기】

가. 국토이용관리법상의 규제구역 내의 '토지등의 거래계약'허가에 관한 관계규정의 내용과 그 입법취지에 비추어 볼 때 토지의 소유권 등 권리를 이전 또는 설정하는 내용의 거래계약은 관할 관청의 허가를 받아야만 그 효력이 발생하고 허가를 받기 전에는 물권적 효력은 물론 채권적 효력도 발생하지 아니하

여 무효라고 보아야 할 것인바, 다만 허가를 받기 전의 거래계약이 처음부터 허가를 배제하거나 잠탈하는 내용의 계약일 경우에는 확정적으로 무효로서 유효화될 여지가 없으나 이와 달리 허가받을 것을 전제로 한 거래계약(허가를 배제하거나 잠탈하는 내용의 계약이 아닌 계약은 여기에 해당하는 것으로 본다)일 경우에는 허가를 받을 때까지는 법률상 미완성의 법률행위로서 소유권 등 권리의 이전 또는 설정에 관한 거래의 효력이 전혀 발생하지 않음은 위의 확정적 무효의 경우와 다를 바 없지만, 일단 허가를 받으면 그 계약은 소급하여 유효한 계약이 되고 이와 달리 불허가가 된 때에는 무효로 확정되므로 허가를 받기까지는 유동적 무효의 상태에 있다고 보는 것이 타당하므로 허가받을 것을 전제로 한 거래계약은 허가받기 전의 상태에서는 거래계약의 채권적 효력도 전혀 발생하지 않으므로 권리의 이전 또는 설정에 관한 어떠한 내용의 이행청구도 할 수 없으나 일단 허가를 받으면 그 계약은 소급해서 유효화되므로 허가 후에 새로이 거래계약을 체결할 필요는 없다.

나. 같은 법 제31조의2 소정의 벌칙적용대상인 “허가 없이 ‘토지등의 거래계약’을 체결하는 행위”라 함은 처음부터 허가를 배제하거나 잠탈하는 내용의 계약을 체결하는 행위를 가리키고 허가받을 것을 전제로 한 거래계약을 체결하는 것은 이에 해당하지 않는다.

다. 같은 법 제21조의3 제1항 소정의 허가가 규제지역 내의 모든 국민에게 전반적으로 토지거래의 자유를 금지하고 일정한 요건을 갖춘 경우에만 금지를 해제하여 계약체결의 자유를 회복시켜 주는 성질의 것이라고 보는 것은 위 법의 입법취지를 넘어선 지나친 해석이라고 할 것이고, 규제지역 내에서도 토지거래의 자유가 인정되나 다만 위 허가를 허가 전의 유동적 무효 상태에 있는 법률행위의 효력을 완성시켜 주는 인가적 성질을 띤 것이라고 보는 것이 타당하다.

라. 규제지역 내의 토지에 대하여 거래계약이 체결된 경우에 계약을 체결한 당사자 사이에 있어서는 그 계약이 효력 있는 것으로 완성될 수 있도록 서로 협력할 의무가 있음이 당연하므로, 계약의 쌍방 당사자는 공동으로 관할 관청의 허가를 신청할 의무가 있고, 이러한 의무에 위배하여 허가신청절차에 협력하지 않는 당사자에 대하여 상대방은 협력의무의 이행을 소송으로써 구할 이익이 있다.

마. 규제지역 내에 있는 토지에 대하여 체결된 매매계약이 처음부터 허가를 배제하거나 잠탈하는 내용의 계약이 아니라 허가를 전제로 한 계약이라고 보여지므로 원심이 원고의 청구 중 피고에 대하여 토지거래허가신청절차의 이행을 구하는 부분을 인용한 것은 정당하지만, 허가가 있을 것을 조건으로 하여 소유권이전등기절차의 이행을 구하는 부분에 있어서는 위 “가”항의 법리와 같이 허가받기 전의 상태에서는 아무런 효력이 없어 권리의 이전 또는 설정에 관한 어떠한 이행청구도 할 수 없는 것이므로 원심이 이 부분 청구까지도 인용한 것은 같은 법상의 토지거래허가와 거래계약의 효력에 관한 법리를 오해하여 판결에 영향을 미친 위법을 저지른 것이라 하여 이를 파기한 사례.

바. 위 “마”항의 매매계약을 체결한 경우에 있어 관할 관청으로부터 토지거래허가를 받기까지는 매매계약이 그 계약내용대로의 효력이 있을 수 없는 것이어서 매수인으로서도 그 계약내용에 따른 대금지급의무가 있다고 할 수 없으며, 설사 계약상 매수인의 대금지급의무가 매도인의 소유권이전등기의무에 선행하여 이행하기로 약정되어 있었다고 하더라도, 매수인에게 그 대금지급의무가 없음은 마찬가지여서 매도인으로서는 그 대금지급이 없었음을 이유로 계약을 해제할 수 없다.

4. 대법원 1996. 5. 16. 선고 95누4810 전원합의체 판결【법인정관변경허가처분무효확인】

민법 제45조는 제1항에서 재단법인의 정관은 그 변경방법을 정관에 정한 때에 한하여 변경할 수 있다. 제2항에서 재단법인의 목적달성 또는 그 재산의 보전을 위하여 적당한 때에는 전 항의 규정에 불구하고 명칭 또는 사무소의 소재지를 변경할 수 있다. 제3항에서 제42조 제2항(정관의 변경은 주무관청의 허가를 얻지 아니하면 그 효력이 없다)의 규정은 전 2항의 경우에 준용한다고 규정하고, 같은 법 제46조는 재단법인의 목적을 달성할 수 없는 때에는 설립자나 이사는 주무관청의 허가를 얻어 설립의 취지를 참작하여 그 목적 기타 정관의 규정을 변경할 수 있다고 규정하고 있는바, 여기서 말하는 재단법인의 정관변경 “허가”는 법률상의 표현이 허가로 되어 있기는 하나, 그 성질에 있어 법률행위의 효력을 보충해 주는 것이지 일반적 금지를 해제하는 것이 아니므로, 그 법적 성격은 인가라고 보아야 할 것이다.

이러한 견해와 저촉되는 종전의 대법원 1979. 12. 26. 선고 79누248 판결과 1985. 8. 20. 선고 84누509 판결 등은 이를 폐기하기로 한다.

한편 인가는 기본행위인 재단법인의 정관변경에 대한 법률상의 효력을 완성시키는 보충행위로서, 그 기본이 되는 정관변경 결의에 하자가 있을 때에는 그에 대한 인가가 있었다 하여도 기본행위인 정관변경 결의가 유효한 것으로 될 수 없으므로 기본행위인 정관변경 결의가 적법 유효하고 보충행위인 인가처분 자체에만 하자가 있다면 그 인가처분의 무효나 취소를 주장할 수 있지만, 인가처분에 하자가 없다면 기본행위에 하자가 있다 하더라도 따로 그 기본행위의 하자를 다투는 것은 별론으로 하고 기본행위의 무효를 내세워 바로 그에 대한 행정청의 인가처분의 취소 또는 무효확인을 소구할 법률상의 이익이 없다 할 것인바(대법원 1993. 4. 23. 선고 92누15482 판결; 1994. 10. 14. 선고 93누22753 판결 등 참조), 피고의 이 사건 정관변경 허가가 민법 제45조 제2항 및 제46조의 규정을 어긴 위법한 처분이라는 주장은 결국 그 기본행위인 정관변경 결의 자체의 하자를 주장하는 것에 다름 아니므로, 원심이 원고가 기본행위인 재단법인 이사회의 정관변경 결의의 무효를 내세워 피고의 이 사건 허가(인가)처분의 무효확인을 구하는 이 사건 소는 소의 이익이 없다고 판시한 것은 위 법리에 비추어 정당하고.

5. 대법원 2009. 9. 17. 선고 2007다2428 전원합의체 판결【총회결의 무효확인】

1. 도시 및 주거환경정비법(이하 '도시정비법'이라고 한다)에 따른 주택재건축정비사업조합(이하 '재건축조합'이라고 한다)은 관할 행정청의 감독 아래 도시정비법상의 주택재건축사업을 시행하는 공법인(도시정비법 제18조)으로서, 그 목적 범위 내에서 법령이 정하는 바에 따라 일정한 행정작용을 행하는 행정주체의 지위를 갖는다. 그리고 재건축조합이 행정주체의 지위에서 도시정비법 제48조에 따라 수립하는 관리처분계획은 정비사업의 시행 결과 조성되는 대지 또는 건축

물의 권리귀속에 관한 사항과 조합원의 비용 분담에 관한 사항 등을 정함으로써 조합원의 재산상 권리 · 의무 등에 구체적이고 직접적인 영향을 미치게 되므로, 이는 구속적 행정계획으로서 재건축조합이 행하는 독립된 행정처분에 해당한다(대법원 1996. 2. 15. 선고 94다31235 전원합의체 판결; 2007. 9. 6. 선고 2005두11951 판결 등 참조).

그런데 관리처분계획은 재건축조합이 조합원의 분양신청 현황을 기초로 관리처분계획안을 마련하여 그에 대한 조합 총회결의와 토지 등 소유자의 공람절차를 거친 후 관할 행정청의 인가 · 고시를 통해 비로소 그 효력이 발생하게 되므로(도시정비법 제24조 제3항 제10호, 제48조 제1항, 제49조), 관리처분계획안에 대한 조합 총회결의는 관리처분계획이라는 행정처분에 이르는 절차적 요건 중 하나로, 그것이 위법하여 효력이 없다면 관리처분계획은 하자가 있는 것으로 된다.

따라서 행정주체인 재건축조합을 상대로 관리처분계획안에 대한 조합 총회결의의 효력 등을 다투는 소송은 행정처분에 이르는 절차적 요건의 존부나 효력 유무에 관한 소송으로서 그 소송결과에 따라 행정처분의 위법 여부에 직접 영향을 미치는 공법상 법률관계에 관한 것이므로, 이는 행정소송법상의 당사자소송에 해당한다.

그리고 이러한 소송은, 관리처분계획이 인가 · 고시되기 전이라면 위법한 총회결의에 대해 무효확인 판결을 받아 이를 관할 행정청에 자료로 제출하거나 재건축조합으로 하여금 새로이 적법한 관리처분계획안을 마련하여 다시 총회결의를 거치도록 함으로써 하자 있는 관리처분계획이 인가 · 고시되어 행정처분으로서 효력이 발생하는 단계에까지 나아가지 못하도록 저지할 수 있고, 또 총회결의에 대한 무효확인판결에도 불구하고 관리처분계획이 인가 · 고시되는 경우에도 관리처분계획의 효력을 다투는 항고소송에서 총회결의 무효확인소송의 판결과 증거들을 소송자료로 활용함으로써 신속하게 분쟁을 해결할 수 있으므로, 관리처분계획에 대한 인가 · 고시가 있기 전에는 허용할 필요가 있다.

그러나 나아가 관리처분계획에 대한 관할 행정청의 인가 · 고시까지 있게 되면 관리처분계획은 행정처분으로서 효력이 발생하게 되므로, 총회결의의 하자를 이유로 하여 행정처분의 효력을 다투는 항고소송의 방법으로 관리처분계획의 취소 또는 무효확인을 구하여야 하고, 그와 별도로 행정처분에 이르는 절차적 요건 중

하나에 불과한 총회결의 부분만을 따로 떼어내어 효력 유무를 다투는 확인의 소를 제기하는 것은 특별한 사정이 없는 한 허용되지 않는다고 보아야 한다.

이와 달리 도시재개발법(2002. 12. 30. 법률 제6852호 도시 및 주거환경정비법 부칙 제2조로 폐지)상 재개발조합의 관리처분계획안에 대한 총회결의 무효확인소송을 민사소송으로 보고 또 관리처분계획에 대한 인가·고시가 있은 후에도 여전히 소로써 총회결의의 무효확인을 구할 수 있다는 취지로 판시한 대법원 2004. 7. 22. 선고 2004다13694 판결과 이와 같은 취지의 대법원 판결들은 이 판결의 견해에 배치되는 범위 내에서 이를 모두 변경하기로 한다.

2. 원심판결 이유와 기록에 의하면, 이 사건 소는 도시정비법상의 재건축조합인 피고를 상대로 관리처분계획안에 대한 총회결의의 무효확인을 구하는 소로서 관리처분계획에 대한 인가·고시 전인 2005. 3. 11. 제기되었음을 알 수 있으므로, 위에서 본 바와 같이 이는 행정소송법상의 당사자소송에 해당하고, 따라서 이 사건의 제1심 전속관할법원은 서울행정법원이라 할 것이다. 그럼에도 제1심과 원심은 이 사건 소가 서울중앙지방법원에 제기됨으로써 전속관할을 위반하였음을 간과한 채 본안판단으로 나아갔으니, 이러한 제1심과 원심의 판단에는 행정소송법상 당사자소송에 관한 법리를 오해하여 전속관할에 관한 규정을 위반한 위법이 있다.

한편, 이 사건 관리처분계획에 대하여 이 사건 소 제기 후인 2005. 3. 18. 관할 행정청의 인가·고시가 있었던 이상 따로 총회결의의 무효확인만을 구할 수는 없게 되었다고 하겠으나, 이송 후 행정법원의 허가를 얻어 관리처분계획에 대한 취소소송 등으로 변경될 수 있음을 고려하면, 그와 같은 사정만으로 이송 후 이 사건 소가 부적법하게 되어 각하될 것이 명백한 경우에 해당한다고 보기는 어려우므로, 이 사건은 관할법원으로 이송함이 상당하다(대법원 1997. 5. 30. 선고 95다28960 판결; 2008. 7. 24. 선고 2007다25261 판결 등 참조).

6. 대법원 2009. 11. 2. 자 2009마596 결정 【가처분이의】

도시정비법에 따른 주택재건축정비사업조합은 관할 행정청의 감독 아래 도시정비법상 주택재건축사업을 시행하는 공법인으로서, 그 목적 범위 내에서 법령이 정하는 바에 따라 일정한 행정작용을 행하는 행정주체의 지위를 가진다 할 것인데, 채무자 조합이 이러한 행정주체의 지위에서 도시정비법에 기초하여 수립한 이 사건 사업시행계획은 인가·고시를 통해 확정되면 이해관계인에 대한 구속적 행정계획으로서 독립된 행정처분에 해당하고, 이와 같은 사업시행계획안에 대한 조합 총회결의는 그 행정처분에 이르는 절차적 요건 중 하나에 불과한 것으로서, 그 계획이 확정된 후에는 항고소송의 방법으로 계획의 취소 또는 무효확인을 구할 수 있을 뿐, 절차적 요건에 불과한 총회결의 부분만을 대상으로 그 효력 유무를 다투는 확인의 소를 제기하는 것은 허용되지 아니하고(대법원 2008. 1. 10. 선고 2007두16691 판결; 2009. 9. 17. 선고 2007다2428 전원합의체 판결 등 참조), 한편 이러한 항고소송의 대상이 되는 행정처분의 효력이나 집행 혹은 절차속행 등의 정지를 구하는 신청은 행정소송법상 집행정지신청의 방법으로서만 가능할 뿐 민사소송법상 가처분의 방법으로는 허용될 수 없다(대법원 1992. 7. 6. 자 92마54 결정 등 참조).

7. 대법원 2010. 2. 25. 선고 2007다73598 판결【창립총회결의무효확인】

가. 재건축결의 무효확인 청구 부분

도시 및 주거환경정비법(이하 '도시정비법'이라 한다)상의 주택재건축정비사업조합(이하 '재건축조합'이라 한다)은 정비구역 안에 있는 토지와 건축물의 소유자 등으로부터 조합설립의 동의(이하 '조합설립결의'라 한다)를 받는 등 관계 법령에서 정한 요건과 절차를 갖추어 관할 행정청으로부터 조합설립인가를 받은 후 등기함으로써 법인으로 성립한다(도시정비법 제16조 제2항, 제5항, 제18조). 그리고 이러한 절차를 거쳐 설립된 재건축조합은 관할 행정청의 감독 아래 정비구역 안에서 도시정비법상의 '주택재건축사업'을 시행하는 목적 범위 내에서 법령이 정하는 바에 따라 일정한 행정작용을 행하는 행정주체로서의 지위를 갖는다.

따라서 행정청이 도시정비법 등 관련 법령에 근거하여 행하는 조합설립 인가처분은 단순히 사인들의 조합설립행위에 대한 보충행위로서의 성질을 갖는 것에 그치는 것이 아니라, 재건축조합에 대하여 도시정비법상 주택재건축사업을 시행할 수 있는 권한을 갖는 행정주체(공법인)로서의 지위를 부여하는 일종의 설권적 처분의 성격을 갖는다고 보아야 한다.

그리고 이와 같이 보는 이상, 일단 조합설립 인가처분이 행하여진 경우 조합설립결의는 위 인가처분이라는 행정처분을 하는 데 필요한 요건 중 하나에 불과한 것이어서, 조합설립 인가처분이 행하여진 후에는 조합설립결의의 하자를 이유로 조합설립의 무효를 주장하려면 행정청을 상대로 조합설립 인가처분의 취소 또는 무효확인을 구하는 항고소송의 방법에 의하여야 하고, 이와는 별도로 재건축조합을 상대로 조합설립결의의 효력을 다투는 확인의 소를 제기하는 것은 확인의 이익이 없어 허용되지 아니한다.

8. 대법원 2010. 12. 9. 선고 2009두4913 판결【대흥1구역주택재개발사업시행인가처분취소등】

도시 및 주거환경정비법(이하 '도시정비법'이라 한다)에 기초하여 주택재개발정비사업조합이 수립한 사업시행계획은 그것이 인가·고시를 통해 확정되면 이해관계인에 대한 구속적 행정계획으로서 독립된 행정처분에 해당하므로(대법원 2009. 11. 2. 자 2009마596 결정 참조), 사업시행계획을 인가하는 행정청의 행위는 주택재개발정비사업조합의 사업시행계획에 대한 법률상의 효력을 완성시키는 보충행위에 해당한다(대법원 2008. 1. 10. 선고 2007두16691 판결 참조).

따라서 기본행위가 적법·유효하고 보충행위인 인가처분 자체에만 흠이 있다면 그 인가처분의 무효나 취소를 주장할 수 있다고 할 것이지만, 인가처분에 흠이 없다면 기본행위에 흠이 있다 하더라도 따로 그 기본행위의 흠을 다투는 것은 별론으로 하고 기본행위의 무효를 내세워 바로 그에 대한 인가처분의 무효확인 또는 취소를 구할 수 없다(대법원 2001. 12. 11. 선고 2001두7541 판결 참조).

Ⅳ 질문 및 토의과제

1. 행정의 감독수단으로서 인가제도와 허가, 특허 등을 비교해 보라. 허가는 대상이 되는 법률행위 또는 사실행위를 금지하여 두고 허가를 그 행위의 적법요건으로 하는 행정감독방식인

데 비해, 인가는 대상 법률행위를 금지하지 않고 사인의 자율적 형성에 맡기되 인가를 대상 법률행위의 효력요건으로 하는 행정감독방식이다. 행정청의 인가를 얻어야 당해 법률행위의 효력이 완성된다는 점에서 인가는 '특허'와 유사한 형성적 행위로 분류되지만, 특허는 독자적으로 법적 효력을 발생시키는 처분인데 비해 인가는 보충적 행위로서의 기능만 가진다. 이러한 행정감독수단은 각각 규율대상 내지 영역이 어떤 특징을 가질 때 적합한 수단이 되겠는지 기준을 제시하여 보라.

2. 인가, 허가, 특허와 같은 수단들은 독일에서 '사권(私權)형성적 행정행위'로 분류된다고 한다. 전통적으로 공권력이 사권의 형성에 개입하는 것은 사법작용 즉 민사소송을 통해 이루어져왔다. 사회가 복잡해지고 행정의 개입영역이 확장되면서, 행정이 이러한 기능을 일부 수행하게 되었다고 볼 수 있다. 이러한 관점에서 인가제도는 공법과 사법이 접점을 이루는 영역이고, 인가와 기본행위에 관한 분쟁이 행정소송과 민사소송의 관계로 나타나는 것도 이러한 측면을 반영하는 것이다. 인가를 통한 사권형성적 행정에 있어서 현행 판례에서와 같은 행정소송과 민사소송의 기능분담은 바람직하다고 생각하는가? 또한 인가에 관한 이러한 법리는 행정청이 담당하는 규제의 책임에 어떤 영향을 준다고 생각하는가?

3. 관련판례 1과 2에서 원고가 인가에 대해 소송을 제기함으로써 얻고자 하는 이익은 무엇이라고 보는가?

4. 관련판례 3은 강학상 인가로서의 성질을 갖는 토지거래허가제에 관한 경우로서, 인가의 대상행위가 무엇인가, 인가를 받기 이전의 기본행위의 효력은 어떠한가의 쟁점에 대해 그간의 학설의 불일치를 정리하며 내려진 판결이다. 토지거래허가를 받기 전의 거래계약을 '유동적 무효'라 본 이 판례는 공익보호를 위해 법률행위에 대한 행정개입가능성을 보장하면서도 인가를 받음으로써 무효이던 법률행위가 효력을 발생하도록 할 필요성과 가능성을 뒷받침하는 기능을 한다고 평가된다. 관련판례 3을 참조해 볼 때, 법률행위가 확정적으로 무효인 경우와 유동적 무효인 경우 법률행위의 당사자들 사이에 어떤 차이가 있는가? 토지거래계약과 같은 일시적 성질의 법률행위와 조합설립행위와 같은 계속적 성질의 법률행위에 대한 인가에 대해서는 각각의 성질에 맞는 법리를 달리 발전시켜야 한다는 지적이 있다. 법리의 차이가 필요하다고 생각되는 쟁점으로 어떠한 것이 있는가?

5. 관련판례 4는 인가의 제한적 기능을 보여준다. 이러한 제한적 기능을 가진 인가를 통해 사적 자치와 행정에 의한 공익 달성의 균형을 이루는 데 기여할 수 있다고 보는가?

6. 관련판례 5, 6, 7은 2003년 새로이 제정된 도시정비법 하에서 재건축사업에 대한 규율이 어떠한 변화를 겪고 있는지 보여준다. 도시정비사업의 추진단계별로 보면, 관련판례 7은 조합설립인가처분, 관련판례 6은 사업시행계획, 관련판례 5는 관리처분계획을 대상으로 한

다. 이러한 변화를 통해 종전에 민사소송이 허용될 경우와 비교하여 제소기간과 판결의 기속력, 본안심사의 기준 등과 관련하여 어떤 차이가 발생하는지 생각해 보라. 그리고 그러한 차이가 재건축사업의 원활한 추진, 토지소유자의 권리 보호 등에는 어떠한 영향을 미칠 것인지 생각해 보라.

7. 관련판례 8은 (행정주체인) 주택재개발정비사업조합이 수립한 사업시행계획에 대한 인가의 법적 성질을 보충행위인 강학상 인가에 해당한다고 본다. 그 이유는 무엇일까?

Ⅴ 참고문헌

심용재, 강학상 인가와 소의 이익, 원광법학 제35권 제3호, 2019

박현정, 재건축·재개발정비사업조합의 설립동의 또는 총회결의에 관한 소송유형의 검토: 2009. 9. 17. 및 2009. 9. 24.의 대법원 판결·결정을 중심으로, 행정법연구 26호, 2010. 4

박해식, 기본행위의 무효와 법률상 이익, 대법원판례해설 58호(2005 하반기)

김종보, 강학상 인가와 정비조합 설립인가, 행정법연구 10호(2003 하반기)

Ⅵ 관련법령

사립학교법

제20조 (임원의 선임과 임기) ① 임원은 정관이 정하는 바에 의하여 이사회에서 선임한다.

② 임원은 관할청의 승인을 얻어 취임한다. 이 경우 교육과학기술부장관이 정하는 바에 따라 인적사항을 공개하여야 한다.

③ 이사장·이사 및 감사의 임기는 정관으로 정하되, 이사는 5년을 초과할 수 없고 중임할 수 있으며, 감사는 3년을 초과할 수 없고 1회에 한하여 중임할 수 있다.

도시 및 주거환경정비법

제16조 (조합의 설립인가 등) ① 주택재개발사업 및 도시환경정비사업의 추진위

원회가 조합을 설립하고자 하는 때에는 토지등소유자의 4분의 3 이상 및 토지면적의 2분의 1 이상의 토지소유자의 동의를 얻어 정관 및 국토해양부령이 정하는 서류를 첨부하여 시장 · 군수의 인가를 받아야 한다. 인가받은 사항을 변경하고자 하는 때에도 또한 같다. 다만, 대통령령이 정하는 경미한 사항을 변경하고자 하는 때에는 조합원의 동의없이 시장 · 군수에게 신고하고 변경할 수 있다.

국토의 계획 및 이용에 관한 법률

제118조 (토지거래계약에 관한 허가) ① 허가구역에 있는 토지에 관한 소유권 · 지상권(소유권 · 지상권의 취득을 목적으로 하는 권리를 포함한다)을 이전하거나 설정(대가를 받고 이전하거나 설정하는 경우만 해당한다)하는 계약(예약을 포함한다. 이하 "토지거래계약"이라 한다)을 체결하려는 당사자는 공동으로 대통령령으로 정하는 바에 따라 시장 · 군수 또는 구청장의 허가를 받아야 한다. 허가받은 사항을 변경하려는 경우에도 또한 같다.

② 경제 및 지가의 동향과 거래단위면적 등을 종합적으로 고려하여 대통령령으로 정하는 용도별 면적 이하의 토지에 대한 토지거래계약에 관하여는 제1항에 따른 허가가 필요하지 아니하다.

③ 제1항에 따른 허가를 받으려는 자는 그 허가신청서에 계약내용과 그 토지의 이용계획, 취득자금 조달계획 등을 적어 시장 · 군수 또는 구청장에게 제출하여야 한다. 이 경우 토지이용계획, 취득자금 조달계획 등에 포함되어야 할 사항은 국토해양부령으로 정한다. 다만, 시장 · 군수 또는 구청장에게 제출한 취득자금 조달계획이 변경된 경우에는 취득토지에 대한 등기일까지 시장 · 군수 또는 구청장에게 그 변경 사항을 제출할 수 있다.

④ 시장 · 군수 또는 구청장은 제3항에 따른 허가신청서를 받으면 「민원사무처리에 관한 법률」에 따른 처리기간에 허가 또는 불허가의 처분을 하고, 그 신청인에게 허가증을 발급하거나 불허가처분 사유를 서면으로 알려야 한다. 다만, 제122조에 따라 선매협의 절차가 진행 중인 경우에는 위의 기간 내에 그 사실을 신청인에게 알려야 한다.

⑤ 제4항에 따른 기간에 허가증의 발급 또는 불허가처분 사유의 통지가 없거나 선매협의 사실의 통지가 없는 경우에는 그 기간이 끝난 날의 다음날에 제1항에 따른 허가가 있는 것으로 본다. 이 경우 시장 · 군수 또는 구청장은 지체

없이 신청인에게 허가증을 발급하여야 한다.

⑥ 제1항에 따른 허가를 받지 아니하고 체결한 토지거래계약은 그 효력이 발생하지 아니한다.

2-2-5. 위법한 부관의 효력 및 쟁송수단

I 개요

행정행위의 부관은 행정청에 의해 주된 행정행위에 부가된 종된 규율로 정의된다. 이는 학문상 개념으로서, 조건, 기한, 부담, 철회권의 유보 등의 유형이 포함된다. 부관은 행정의 탄력성 보장, 법의 불비 보충 및 행정에 있어 형평성의 보장 내지 이해관계의 조절에 기여하는 등 순기능이 있지만, 그 남용의 여지를 통제해야 할 필요가 있다. 그 통제를 위한 실체적 법리로서, 부관의 허용성(전통적으로 기속행위와 준법률행위적 행정행위에는 부관이 허용되지 않음), 부관의 내용상 한계(비례원칙, 부당결부금지원칙 준수 등) 가 존재한다. 이를 위반한 위법한 부관은 행정행위의 하자이론에 따라 무효 또는 취소할 수 있는 부관이 된다. 무효인 부관이 붙은 주된 행정행위는 그 부관이 본질적인 부분인 경우 무효가 된다. 취소할 수 있는 부관이 붙은 주된 행정행위는 취소소송을 통해 부관이 주된 행정행위와 분리될 수 있고 그 본질적 부분이 아닌 경우에는 부관만이 취소될 수 있고 그 밖의 경우에는 부관부행정행위 전체가 취소되어야 한다. 위법한 부관에 대한 행정쟁송에서 위법한 부관만의 취소를 구하는 행정쟁송의 제기가 가능한지에 대해, 판례는 부담 이외의 부관은 독립하여 행정쟁송의 대상이 될 수 없으므로 전체 부담부행정행위의 취소를 구하도록 하고 있다. 위법한 부관만의 취소 또는 무효확인이 가능한가의 문제에 대해서 판례는 역시 부담만에 대해 이를 인정하고 있다. 학설상으로는 주된 행정행위가 기속행위인가 재량행위인가에 따라서 독립취소가능성의 인정 여부가 달라진다고 보고 있다.

II 리딩케이스

1. 사건번호: 대법원 1995. 6. 13. 선고 94다56883 판결【소유권이전등기말소】

2. 사실관계

시흥시 신천동 109의 40 답 174㎡는 피고 을(시흥시)이 1990. 5. 10.경 입안, 확정한 토지구획정리사업지구 내에 있는 토지이다. 소외 조덕환, 오창율이 을에게 같은 해 6.경 위 토지상에 지하 1층, 지상 3층의 다세대주택 1동의 건축허가를 신청하자, 을은 위 다세대주택의 건축허가를 하면서 그 토지가 위 입안, 확정된 토지구획정리사업지구내에 위치하고 있어서 장차 을이 토지구획정리사업을 시행할 경우 위 토지에 대한 환지가 위 토지면적보다 적게 되어 다세대주택 소유자들이 적어도 그 소유토지의 30% 정도 상당금액을 환지청산금으로 사업시행자에게 납부하여야 하는 결과를 초래할 것이 예상되므로 위 소외인들과 다세대주택 피분양자들 사이의 이해관계를 조정할 목적으로 허가조건 제20항에 위 소외인들이 위 다세대주택의 준공시까지 위 토지의 30% 상당 부분에 관하여 을 시장 명의의 소유권이전등기를 마쳐 위 청산금에 상당한 토지를 선납하고 준공신고서 제출 시 위 소유권이전등기가 마쳐진 등기부등본을 소요서류로 첨부하여야 한다는 내용의 부담을 붙였다. 위 소외인들은 위 허가를 받은 날 허가조건을 엄수하겠다는 각서를 제출하였고 그 후 위 다세대주택을 신축, 완공한 다음, 1991. 4.경 위 건축허가에 따른 부담부분은 법령에 전혀 근거가 없는 위법한 행정처분이라는 이유로 이를 이행하지 아니하고 을에게 준공신고를 하였다. 을은 위 소외인들이 위 부담을 이행하지 아니하였다 하여 준공신고를 수리하지 않았다. 이에 위 소외인들은 1991. 10. 30. 을에게 위 다세대주택의 부지인 위 답 174㎡의 30% 시가 상당인, 위 소외인들의 위 건축허가 신청절차를 대행한 소외 한부성이 대표이사로 있는 원고 회사 소유의 시흥시 신천동 112의 1 도로 504㎡에 대한 610.45분의 179.5 지분 중 106지분을 기부채납하기로 하고 위 도로지분에 관하여 같은 해 10. 31. 증여를 원인으로 한 을 명의의 소유권이전등기를 마쳐 주었고, 그 후 을은 같은 해 11. 1. 위 다세대주택의 준공신고를 수리하고 같은 달 4. 위 소외인들에게 준공검사필증을 교부하였다. 그 무렵 위 소외인들은 위 다세대주택을 모두 다른 소외인들에게 분양하여 그 소유권이전등기까지 경료하여 주었는데 그 분양계약에는 분양자는 다세대주택의 건물 및 대지 분양면적에 관하여 재산권의 보전을 책임진다는 내용이 포함되어 있다. 한편 위 다세대주택의 토지를 포함한 시흥시 신천동 일대 526,743㎡에 대한 토지구획정리사업은 반월도시계획과 병행하여 1990. 10. 12. 건설부고시 제658호로 결정, 고시되었다가 1992. 3. 26. 경기도지사에 의하여 그 사업시행계획이 인가된 후 착공되어 사업이 진행되고 있는 중으로서 1993.경 환지계획인가신청이 되었는데 위 환지계획에 의한 위 토지구획정리사업지구 내의 평균감보율은 41.2% 가량이었다.

3. 판결요지

[1] 일반적으로 기속행위나 기속적 재량행위에는 부관을 붙일 수 없고 가사 부관을 붙였다 하더라도 무효이다.

[2] 건축법 소정의 건축허가권자는 건축허가신청이 건축법, 도시계획법등 관계 법규에서 정하는 어떠한 제한에 배치되지 않는 이상 당연히 같은 법조 소정의 건축허가를 하여야 하므로, 법률상의 근거 없이 그 신청이 관계 법규에서 정한 제한에 배치되는지의 여부에 대한 심사를 거부할 수 없고, 심사 결과 그 신청이 법정요건에 합치하는 경우에는 특별한 사정이 없는 한 이를 허가하여야 하며, 공익상 필요가 없음에도 불구하고 요건을 갖춘 자에 대한 허가를 관계 법령에서 정하는 제한사유 이외의 사유를 들어 거부할 수 없다.

[3] 건축허가를 하면서 일정 토지를 기부채납하도록 하는 내용의 허가조건은 부관을 붙일 수 없는 기속행위 내지 기속적 재량행위인 건축허가에 붙인 부담이거나 또는 법령상 아무런 근거가 없는 부관이어서 무효이다.

[4] "다"항의 허가조건이 무효라고 하더라도 그 부관 및 본체인 건축허가 자체의 효력이 문제됨은 별론으로 하고, 허가신청대행자가 그 소유인 토지를 허가관청에게 기부채납함에 있어 위 허가조건은 증여의사표시를 하게 된 하나의 동

기 내지 연유에 불과한 것이고, 위 허가신청대행자가 건축허가를 받은 토지의 일부를 반드시 허가관청에 기부채납하여야 한다는 법령상의 근거규정이 없음에도 불구하고 위 허가조건의 내용에 따라 위 토지를 기부채납하여야만 허가신청인들이 시공한 건축물의 준공검사가 나오는 것으로 믿고 증여계약을 체결하여 허가관청인 시 앞으로 위 토지에 관하여 소유권이전등기를 경료하여 주었다면 이는 일종의 동기의 착오로서 그 허가조건상의 하자가 허가신청대행자의 증여의사표시 자체에 직접 영향을 미치는 것은 아니므로, 이를 이유로 하여 위 시 명의의 소유권이전등기의 말소를 청구할 수는 없다.

4. 판례해설

이 판결에서 원고들은 다세주주택을 건축하여 분양하는 사업자로서 1990. 6 위법한 부담부 건축허가를 얻고, 1991. 10 이에 따른 기부채납의무를 이행한 후, 1994.에야 이 소송을 제기하여 부담의 당연무효를 주장하며 이 무효인 부관에 기하여 증여된 부동산을 부당이득으로 반환하여 달라는 민사소송을 제기하였다. 이러한 소송형태를 선택하게 된 현실적 이유는 부담부 건축허가처분에 대해서는 취소소송을 제기하기에는 이미 제소기간을 도과한 상태이고, 무효등확인판결만으로는 궁극적인 구제를 얻을 수 없으므로 민사소송을 통해 바로 부당이득반환을 청구한 것으로 보인다.

이 판결에서 원심은 이 부담부 건축허가를 대법원의 판결과는 다른 관점에서 보고 있는데, 이것이 부관의 기능적 측면을 잘 보여준다. 즉, 원심은 "위 건축허가는 청산금을 부과하더라도 건축을 하여 분양함으로써 이익을 남기게 되는 원고 다세대주택건축사업자들의 경제적인 이익추구의 동기와 대지의 효용증진, 공공시설의 정비, 도시의 건전한 발전이라는 행정목적이 공통분모를 갖는 상태에서 이루어진 것이고, 부담 자체만으로 보면 상호간의 사경제적 약정에 지나지 않는 성질을 가지고 있는 점을 간취할 수 있어서 위 부관의 하자는 오직 시간적 선행성이 문제일 뿐 나머지 점에서는 법적 근거가 없다거나 지나치게 행정목적만을 추구한 나머지 지나친 부담을 주었다고 볼 수 없으므로" 그 하자가 중대하고 명백하다고 할 수 없다고 하고 있다. 즉, 부관은 행정의 탄력성, 합목적성을 위해 사전에 법령에 정하여둔 그대로 행정청이 일방적 처분을 하는 것과 행정청과 사인이 각각 추구하는 공익목적과 사익을 모두 수용할 수 있는 계약적 합의를 하는 것의 중간에 해당하는 방식이다. 부관부 행정행위 역시 외형상 행정청의 단독행위이지만, 내용적으로 법령에서 개별화하고 있지 않은 내용을 처분에 포함하며 상대방의 동의 내지 사전적 교감을 전제로 한다는 점에서 부관이 없는 건축허가와는 다르다. 이에 원심은 이 부관부 건축허가를 그 이후의 전개상황까지 포함하는 포괄적 맥락에서 실질적으로 어떤 기능을 하고 있는가의 관점에서 파악하여 당연무효사유인 위법은 인정하지 않고 있다.

이에 비해 대법원은 당해 '건축허가처분'에 대해서만 초점을 맞추고 기속행위와 부관의 도그마틱을 적용한 결과 이 부관은 무효라고 판단하고 있다. 재산권보장을 위한 자유주의적 법치주의의 이념 하에 건축허가는 사전에 법령에 정해둔 요건만을 고려하여 판단하여야 하고 개별구체적 상황에서의 적극적이고 탄력적인 이해관계조정의 계기로 이용되는 것은 허용되지 않음을 의미한다. 대법원에 의하면 청산금의 징수·교부는 환지처분공고 당시의 등기부상 토지소유자를 대상으로 하여야 한다고 한다. 그런데 이 사안에서 피고시는 다세대주택의 건축사업자와 피분양인이 달라진 시점에서 청산금의 징수·교부가 이루어질 경우 이들 간의 분쟁이 예상되자 건축사업자로 하여금 기부채납을 통해 이를 선납하도록 한 것이다. 결국 행정청의 이러한 적극적인 이해조절작용은 현재와 같은 법치행정의 틀에서는 허용되기 어렵다 하겠다.

Ⅲ 관련판례

1. 대법원 1990. 4. 27. 선고 89누6808 판결【어업허가사항변경신청불허가처분취소】

수산업법 제15조에 의하여 어업의 면허 또는 허가에 붙이는 부관은 그 성질상 허가된 어업의 본질적 효력을 해하지 않는 한도의 것이어야 하고 허가된 어업의 내용 또는 효력 등에 대하여는 행정청이 임의로 제한 또는 조건을 붙일 수 없다고 보아야 할 것이며 수산업법시행령 제14조의4 제3항의 규정내용은 기선선망어업에는 그 어선규모의 대소를 가리지 않고 등선과 운반선을 갖출 수 있고, 또 갖추어야 하는 것이라고 해석되므로 기선선망어업의 허가를 하면서 운반선, 등선 등 부속선을 사용할 수 없도록 제한한 부관은 그 어업허가의 목적달성을 사실상 어렵게 하여 그 본질적 효력을 해하는 것일 뿐만 아니라 위 시행령의 규정에도 어긋나는 것이며, 더우기 어업조정이나 기타 공익상 필요하다고 인정되는 사정이 없는 이상 위법한 것이다.

2. 대법원 1992. 1. 21. 선고 91누1264 판결【수토대금부과처분취소】

행정행위의 부관은 행정행위의 일반적인 효력이나 효과를 제한하기 위하여 의사표시의 주된 내용에 부가되는 종된 의사표시이지 그 자체로서 직접 법적 효과를 발생하는 독립된 처분이 아니므로 현행 행정쟁송제도 아래서는 부관 그 자체만을 독립된 쟁송의 대상으로 할 수 없는 것이 원칙이나 행정행위의 부관 중에서도 행정행위에 부수하여 그 행정행위의 상대방에게 일정한 의무를 부과하는 행정청의 의사표시인 부담의 경우에는 다른 부관과는 달리 행정행위의 불가분적인 요소가 아니고 그 존속이 본체인 행정행위의 존재를 전제로 하는 것일 뿐이므로 부담 그 자체로서 행정쟁송의 대상이 될 수 있다.

3. 대법원 1997. 5. 30. 선고 97누2627 판결【토지굴착등허가처분중부담무효확인】

본체인 행정처분에 이미 부담이 부가되어 있는 상태에서 그 의무의 범위 또는 내용 등을 변경하는 부관의 사후변경은, 법률에 명문의 규정이 있거나 그 변경이 미리 유보되어 있는 경우 또는 상대방의 동의가 있는 경우에 한하여 허용되는 것이 원칙이지만, 사정변경으로 인하여 당초에 부담을 부가한 목적을 달성할 수 없게 된 경우에도 그 목적달성에 필요한 범위 내에서 예외적으로 허용된다고 볼 것이다.

기록에 의하면, 부산광역시장은 1986. 5. 9. 피고에게 법 제5조 제1항 소정의 굴착허가처분을 함에 있어서, 온천의 적절한 보호와 효율적인 이용개발을 도모하기 위하여 주기적으로 온천수의 온도 · 성분 · 용출량 및 이용상황 등을 검사하고 온천공 지하 수백미터에 설치된 수중모터를 인양하여 청소하는 등의 관리를 실시하는 한편 개발자가 이용하고 남은 온천수를 공동급수할 수 있는 송수관을 설치하여 이들 시설을 주변 토지의 소유권변동과 무관하게 유지·보전할 목적으로 '동력장치 및 이용시설허가 이전에 온천공 및 동력장치 시설물 일체와 이 사건 토지 중 탕원중심(3m×3m) 및 관로주변(1.5m×1.5m)'을 기부채납하도록 부담을 부가한 사실, 위 관로주변 토지에 관한 기부채납의 범위를 위와 같이 1.5m×1.5m로 한 것은 온천공이 공로와 인접하여 굴착될 것을 전제로 한 것인데, 그 후 부산광역시 급수과 소속 온천담당 공무원의 현지조사 결과 원고가 굴착된 온천공이 공로로부터 떨어져 있어 탕원으로부터 공공관로까지 송수관을 연결시키기 위하여는 관로의 길이를 20m로 연장시킬 수밖에 없게 되자 부산광역시장은 1986. 8. 5. 기부채납할 토지 중 관로 부분의 길이를 20m로 변경하는 조치를 피고를 통하여 원고에게 통보한 사실을 인정할 수 있는바, 사실관계가 이와 같다면, 부산광역시장이 행한 위 부담의 변경은, 온천공이 예상과는 달리 공로에서 멀리 떨어진 자리에 굴착되는 바람에 이 사건 굴착허가처분에 부가된 부담의 목적을 달성하기 위하여 어쩔 수 없이 필요한 범위 내에서 취하여진 적법한 조치라고 할 것이므로, 이러한 부담의 사후변경이 소론과 같이 무효이거나 존재하지 않다고 볼 수 없을 뿐더러, 이는 원심에서 제출한 바 없었던 새로운 주장으로서 적법한 상고이유가 될 수 없는 것이다.

제3점에 대하여

원심이, 거시 증거에 의하여 인정되는 사실 및 변론에 나타난 제반 사정을 종합하여, 이 사건 토지굴착허가처분 및 동력장치설치허가처분을 하면서 온천공 및 동력장치 시설물 일체와 이 사건 토지 중 앞서 본 탕원 및 관로주변의 토지 부분을 기부채납하도록 한 부담의 내용은 그 자체가 법령에 위반되거나 그 이행이 불가능한 것이라고 볼 수 없고, 다른 온천지구에서는 온천공 주변의 토지를 기부채납받은 전례가 없고 원고가 기부채납할 경우 남는 토지의 형상이 비정상적으로 되며 그 면적이 39㎡에 이른다고 할지라도 이 사건 토지가 속하는 해운대온천지구의 경우 현재 사용중인 온천의 동력장치 또는 온천공 주변 토지가 전부 부산광역시나 해운대구에 기부채납되어 있는 점과 앞서 본 기부채납의 목적에 비추어 상당한 이유가 있고 원고로서도 이에 동의하여 허가를 받았을 뿐더러 그 허가로 인하여 상당한 이익을 얻을 것으로 보여지는 점 등을 종합하여 볼 때 이 사건 부담이 비례의 원칙 및 평등의 원칙에 반하거나 행정처분의 본질적 효력을 해하여 그 하자가 중대하고 명백하여 무효로 볼 수 없다고 판단한 것은 정당하고, 거기에 소론과 같은 비례의 원칙 및 과잉금지의 원칙 등에 대한 법리오해의 위법이 있다고 할 수 없다.

4. 대법원 2000. 2. 11. 선고 98누7527 판결【건축허가부관취소】

[1] 구 건축법(1999. 2. 8. 법률 제5895호로 개정되기 전의 것) 제72조, 같은법 시행령(1999. 4. 30. 대통령령 제16284호로 개정되기 전의 것) 제118조 등 관련 규정에 의하면 건축주가 2m 이상의 담장을 설치하고자 하는 경우에는 이를 신고하여야 한다고 규정하고 있을 뿐 건축 관계 법령은 건축물 건축시 반드시 담장을 설치하여야 한다는 취지의 규정은 두지 아니하고 있으므로, 행정청이 건축변경허가를 함에 있어 건축주에게 새 담장을 설치하라는 부관을 붙인 것은 법령상 근거 없는 부담을 부가한 것으로 위법하다.

[2] 행정행위의 부관은 부담의 경우를 제외하고는 독립하여 행정소송의 대상이 될 수 없다 할 것인바(대법원 1991. 12. 13. 선고 90누8503 판결; 1993. 10. 8. 선고 93누2032 판결 등 참조), 원심판결 이유에 의하면 원심은 위에서 본 바와 같이 이 사건 부관 중 '건축사용승인 신청시까지 단지 내 침범된 인근 건축물의 담장 부분을 철거한 후 사용승인신청을 하여야 한다'는 부분에 관하여도 이를 건축변경허가와는 독립적으로 그 자체로서 직접 법적 효과를 발생하는 이른바 부담이라고 보고 그에 관하여 독립쟁송가능성을 인정하고 나아가 본안에 관하여 당부를 판단하였다.

그러나 건축법 제1조, 제3조 등에 의하면 건축법에 의한 건축물은 특별히 예외적인 규정이 없는 한 원칙적으로 건축법규의 관련 규정을 준수하여야 하고 건축법시행령 제9조 제1항, 건축법시행규칙 제6조 제1항은 건축허가신청시 첨부서류로 건축할 대지의 범위와 그 대지의 소유 또는 사용에 관한 권리를 증명하는 서류를 제출하도록 규정하고 있고, 건축허가를 받아 그 허가받은 내용대로 건축한 경우에는 특별한 사정이 없는 한 사용승인까지 하여 주어야 하는 점 등에 비추어 보면 위 담장 철거 부관이 건축허가와는 별개의 독립한 이행의무를 부과하는 이른바 부담이라고 단정하기 어려운 면도 엿보이고, 또 기록에 의하면 피고가 위 부관 부가시 그 불이행의 경우에는 건축허가를 취소할 수 있다는 의사표시를 한 것으로 볼 수 있는 여지도 있어서 위 부관의 필요성, 부관 부가시 행정청인 피고의 의사나 위와 같은 내용의 부관 불이행시 행정청이 취하여 온 행정관행 등이 어떠한 것인지 등을 더 심리하여 보기 전에는 위 부관의 법적 성격이 단순한 부담인지, 해제조건이나 철회권의 유보인지도 분명치 아니할 뿐더러 만일 부담이라고 본다면 건축행위의 성격과 관련하여 그 근거는 무엇인지를 밝혀 그 당부를 가려내야 할 것이다.

5. 대법원 2009. 2. 12. 선고 2005다65500 판결【약정금】

(1) 수익적 행정처분에 있어서는 법령에 특별한 근거규정이 없다고 하더라도 그 부관으로서 부담을 붙일 수 있고(대법원 1997. 3. 11. 선고 96다49650 판결; 2004. 3. 25. 선고 2003두12837 판결; 2007. 7. 12. 선고 2007두6663 판결 등 참조), 그와 같은 부담은 행정청이 행정처분을 하면서 일방적으로 부가할 수도 있지만 부담을 부가하기 이전에 상대방과 협의하여 부담의 내용을 협약의 형식으로 미리 정한 다음 행정처분을 하면서 이를 부가할 수도 있다.

한편, 행정청이 재량행위인 수익적 행정처분을 하면서 처분의 상대방에게 일정한 의무를 부과하는 부담을 부가하였다면 이러한 부담은 독립하여 행정소송의 대상이 되는 행정처분이 된다 할 것인데, 행정처분의 위법 여부는 행정처분이 있을 때의 법령과 사실상태를 기준으로 하여 판단하여야 하고, 처분 후 법령의 개폐나 사실상태의 변동에 의하여 영향을 받지 않으므로(대법원 1995. 11. 10. 선고 95누8461 판결; 2007. 5. 11. 선고 2007두1811 판결 등 참조), 행정청이 수익적 행정처분을 하면서 부가한 부담 역시 처분 당시 법령을 기준으로 위법 여부를 판단하여야 하고, 부담이 처분 당시 법령을 기준으로 적법하다면 처분 후 부담의 전제가 된 주된 행정처분의 근거 법령이 개정됨으로써 행정청이 더 이상 부관을 붙일 수 없게 되었다 하더라도 곧바로 위법하게 되거나 그 효력이 소멸하게 되는 것은 아니라고 할 것이다.

따라서 행정처분의 상대방이 수익적 행정처분을 얻기 위하여 행정청과 사이에 행정처분에 부가할 부담에 관한 협약을 체결하고 행정청이 수익적 행정처분을 하면서 협약상의 의무를 부담으로 부가하였으나 부담의 전제가 된 주된 행정처분의 근거 법령이 개정됨으로써 행정청이 더 이상 부관을 붙일 수 없게 된 경우에도 곧바로 협약의 효력이 소멸하는 것은 아니다.

(2) 부당결부금지의 원칙이란 행정주체가 행정작용을 함에 있어서 이와 실질적인 관련이 없는 상대방의 의무를 부과하거나 그 이행을 강제하여서는 아니 된다는 원칙을 말한다.

기록에 의하면, 이 사건 협약에서, 고속국도의 유지관리 및 도로확장 등의 사유로 접도구역에 매설한 송유시설의 이설이 불가피할 경우 그 이설비용을 피고가 부담하도록 한 것은, 원고가 접도구역의 송유관 매설에 대한 허가를 할 것을 전제로 한 것으로, 피고는 송유관이설이라는 부대공사와 관련하여 공작물설치자로서 특별한 관계가 있다고 볼 수 있고, 피고로서는 접도구역 부지 소유자와 사이에 별도로 이용계약을 체결하고 그 부지점용에 따른 사용료를 지급하게 되나, 관리청인 원고로부터 접도구역의 송유관 매설에 관한 허가를 얻게 됨으로써 접도구역이 아닌 사유지를 이용하여 매설하는 경우에 비하여는 공사절차 등의 면에서 이익을 얻는다고 할 수 있으며, 피고의 사업이 공익성을 갖는다고 하더라도 비영리사업이라고 볼 수는 없고, 피고로서는 처음부터 이러한 경제적 이해관계를 고려하여 이 사건 협약을 체결한 것이라고 할 것이므로, 이 사건 협약 중 접도구역에 매설된 송유관 이설비용을 피고가 부담하도록 한 부분이 부당결부금지원칙에 위반된 것이라고 할 수는 없다

6. 대법원 2014. 2. 21. 선고 2011두20871 판결【주택재개발정비사업시행인가일부취소】

1. 「도시 및 주거환경정비법」(이하 '도시정비법'이라 한다)에 의한 사업시행자(시장·군수 또는 한국토지주택공사나 지방공사는 제외)가 정비사업의 시행으로 새로이 설치한 정비기반시설(이하 '신규 기반시설'이라 한다)은 그 시설을 관리할 국가 또는 지방자치단체(이하 '국가 등'이라 한다)에 무상으로 귀속되고, 그 사업 시

행으로 인하여 용도가 폐지되는 국가 등 소유의 정비기반시설(이하 '종전 기반시설'이라 한다)은 신규 기반시설의 설치비용에 상당하는 범위 안에서 사업시행자에게 무상으로 양도된다[구 도시정비법(2008. 3. 28. 법률 제9045호로 개정되기 전의 것, 이하 같다) 제65조 제2항 참조]. 따라서 신규 기반시설의 설치비용이 용도폐지되는 종전 기반시설의 가액을 초과하는 경우에는 종전 기반시설은 그 전부가 사업시행자에게 무상양도되어야 하므로, 사업시행 인가관청이 사업시행인가처분 등을 통하여 그중 일부를 무상양도 대상에서 제외하는 것은 특별한 사정이 없는 한 위법하다.

한편 사업시행자가 사업시행 인가신청을 할 때는 정비사업의 시행으로 용도폐지되는 정비기반시설의 조서·도면과 가액에 관한 감정평가서, 새로이 설치되는 정비기반시설의 설치비용계산서 등을 제출하여야 하는 점 등에 비추어[구 도시정비법 시행령(2009. 8. 11. 대통령령 제21679호로 개정되기 전의 것) 제41조 제2항 제11호 참조], 무상양도 대상인 종전 기반시설의 대상과 범위는 보통은 인가관청이 사업시행계획서 등을 심사하여 사업시행인가처분을 하면서 무상양도 대상인 종전 기반시설을 결정하고 그에 해당하지 아니하는 종전 기반시설은 유상매수하도록 하는 부관(부담)을 부가하는 데 따라 결정될 것이지만, 사업시행인가처분 이후 따로 결정할 것을 유보한 경우에는 나중에 사후부담의 부관을 부가하거나 변경처분을 함으로써 달리 정할 수 있다고 할 것이다.

여기서 사업시행자가 사업시행인가처분 및 그 후속의 사후부담 부가처분 또는 변경처분에서 특정한 정비기반시설을 무상양도 대상에서 제외한 부분의 취소를 구하는 소를 제기하는 경우, 그 제소기간은 무상양도 대상에 관한 행정청의 확정적인 제외 의사가 담긴 처분이 있은 때를 기준으로 할 것이다. 그리고 이는 당해 처분서의 이유 기재 등 문언을 통하여 행정청의 의사가 처분의 상대방에게 명확하게 표명되었는지, 그 결과 처분의 상대방이 처분서에 따라 불복의 대상과 범위를 특정할 수 있는지 등 제반 사정을 종합적으로 고려하여 판단하여야 한다.

7. 대법원 2010. 1. 28. 선고 2007도9331 판결【특정경제범죄가중처벌등에관한법률위반(사기)】

가. 민법 제103조에 의하여 무효로 되는 반사회질서 행위는 법률행위의 목적인 권리의무의 내용이 선량한 풍속 기타 사회질서에 위반되는 경우뿐만 아니라, 그 내용 자체는 반사회질서적인 것이 아니라고 하여도 법률적으로 이를 강제하거나 법률행위에 반사회질서적인 조건 또는 금전적인 대가가 결부됨으로써 반사회질서적 성질을 띠게 되는 경우 및 표시되거나 상대방에게 알려진 법률행위의 동기가 반사회질서적인 경우를 포함한다(대법원 2000. 2. 11. 선고 99다56833 판결; 2009. 9. 10. 선고 2009다37251 판결 등 참조).

나. 원심 판시에 의하더라도, 공소외 1 주식회사는 충청남도에 지역발전협력금 25억 원을 납부하기로 하고(이하 '이 사건 증여'라 한다) 골프장사업승인을 받았다는 것이고, 기록에 의하면, 그 무렵 충청남도 지사로부터 골프장사업승인을 받은 7개 업체(공소외 1 주식회사 포함)가 일률적으로 충청남도에 거액의 협력기금을 증여하기로 약정하였으며(충청남도는 위 업체들 중 나중에 사업승인이 취소된 3개 업체에 대하여는 증여약정의 이행을 청구하지 않고 있다), 한편 내무부장관은 1994. 2. 21. 인·허가를 조건으로 한 기부금은 기부자의 자발적인 의사가 아니므로 체육시설업 인·허가시 기부금 모집을 금지할 것을 지방자치단체에 시달하였음을 알 수 있다. 사정이 위와 같다면, 이 사건 증여와 증여자가 신청한 골프장사업계획승인과 사이에 대가관계에 있음을 부인하기 어려우므로, 결국 이 사건 증여는 공소외 1 주식회사가 충청남도 지사로부터 골프장사업승인을 받는 대가로 충청남도에 이를 하기로 계약한 것이라고 볼 수밖에 없다.

… 뿐만 아니라, 공무원이 인·허가 등 수익적 행정처분을 하면서 상대방에게 그 처분과 관련하여 이른바 부관으로서 부담을 붙일 수 있다 하더라도, 그러한 부담은 법치주의와 사유재산 존중, 조세법률주의 등 헌법의 기본원리에 비추어 비례의 원칙이나 부당결부금지의 원칙에 위배되지 않아야만 적법한 것인바(대법원 1997. 3. 11. 선고 96다49650 판결 참조), 행정처분과 부관 사이에 실제적 관련성이 있다고 볼 수 없는 경우 공무원이 위와 같은 공법상의 제한을 회피할 목적으로 행정처분의 상대방과 사이에 사법상 계약을 체결하는 형식을 취하였

다면 이는 법치행정의 원리에 반하는 것으로서 위법하다고 보지 않을 수 없다.

라. 위와 같은 모든 점을 종합할 때, 이 사건 증여는 공무수행과 결부된 금전적 대가로서 그 조건이나 동기가 사회질서에 반하는 것이어서 민법 제103조에 의해 무효라고 할 것이고, 이 사건 사업계획승인 자체는 위법·부당한 것이 아니었고 또 그 기부금을 충청남도가 수행하는 공익적 사업에 사용할 목적이었으며 사용 방법과 절차를 미리 충청남도의 내부 규정으로 정해 놓았다거나, 당시 공소외 1 주식회사의 대표이사가 골프장 개발에 따른 막대한 이익을 기대하고 이 사건 증여를 하였다는 등의 사정들을 감안한다 하더라도 달리 볼 수는 없다 할 것이다. 그렇다면, 위와 같은 경위로 인하여 이 사건 증여가 무효인 이상 충청남도로서는 그 이행을 위해 공소외 1 주식회사로부터 발행·교부받은 이 사건 어음금의 지급을 공소외 1 주식회사에 청구할 수 없다고 할 것이다.

8. 대법원 2013. 9. 12. 선고 2012도15453 판결【사회복지사업법위반】

구 사회복지사업법(2011. 8. 4. 법률 제10997호로 개정되기 전의 것, 이하 같다) 제53조 제1호는 '같은 법 제23조 제3항의 규정에 위반한 자는 5년 이하의 징역 또는 1,500만 원 이하의 벌금에 처한다'라고 규정하고 있다. 구 사회복지사업법 제23조 제3항은 '법인은 기본재산에 관하여 다음 각 호의 1에 해당하는 경우에는 보건복지부장관의 허가를 받아야 한다. 다만 보건복지부령으로 정하는 사항에 대하여는 그러하지 아니하다'라고 규정하면서 같은 항 제1호로 '매도·증여·교환·임대·담보제공 또는 용도변경하고자 할 때'를 허가를 받아야 하는 사항으로 거시하고 있다.

한편 구 사회복지사업법 시행규칙(2012. 8. 3. 보건복지부령 제147호로 개정되기 전의 것) 제14조 제2항은 '법 제23조 제3항 단서에서 "보건복지부령으로 정하는 사항"이란 기본재산에 관한 임대계약을 갱신하는 경우를 말한다'라고 규정하고 있다.

이러한 규정을 종합하여 보면, 사회복지법인이 기본재산에 관한 임대계약을 갱신하는 경우에는 보건복지부장관의 허가를 받을 필요가 없다고 할 것이므로, 사회복지법인이 보건복지부장관의 허가를 받지 않고 기본재산에 관한 임대계약을 갱신하였다고 하더라도 이는 구 사회복지사업법 제23조 제3항을 위반한 행위라고 할 수 없으므로 같은 법 제53조 제1호에 정한 죄에 해당한다고 볼 수 없다. 이러한 법리는 보건복지부장관이 사회복지법인의 기본재산 임대에 관한 허가를 하면서 '임대기간 만료에 따라 임대기간을 연장하는 경우 재차 기본재산 처분허가를 받는다'라는 내용의 부관을 붙였다고 하더라도 달리 볼 것은 아니다.

그렇다면 사회복지법인인 피고인 2 법인의 대표이사인 피고인 1이 이 사건 부관에도 불구하고 주무관청의 허가를 받지 않고 피고인 2 법인의 기본재산인 이 사건 건물에 관한 이 사건 임대차계약을 갱신하였다고 하더라도, 이러한 행위는 구 사회복지사업법 제23조 제3항을 위반한 행위라고 할 수 없다고 할 것이므로 구 사회복지사업법 제53조에 의하여 처단할 수는 없다.

9. 대법원 2021. 2. 4. 선고 2020두48772 판결【시공업체선정처분취소】

가. 재량행위에는 법령상 근거가 없더라도 그 내용이 적법하고 이행가능하며 비례의 원칙 및 평등의 원칙에 적합하고 행정처분의 본질적 효력을 해하지 아니하는 한도 내에서 부관을 붙일 수 있다(대법원 2002. 1. 25. 선고 2001두3600 판결 등 참조). 일반적으로 보조금 교부결정에 관해서는 행정청에게 광범위한 재량이 부여되어 있고, 행정청은 보조금 교부결정을 할 때 법령과 예산에서 정하는 보조금의 교부 목적을 달성하는 데에 필요한 조건을 붙일 수 있다(보조금법 제18조 제1항, 「담양군 지방보조금관리조례」 제16조 제1항 참조). 또한 행정청의 광범위한 재량과 자율적인 정책 판단에 맡겨진 사항과 관련하여 행정청이 설정한 심사기준이 상위법령에 위배된다거나 객관적으로 불합리하다고 평가할 만한 특별한 사정이 없는 이상, 법원은 이를 존중하여야 한다(대법원 2019. 1. 10. 선고 2017두43319 판결 참조).

나. 앞서 본 사실관계를 이러한 법리와 관련 규정에 비추어 살펴보면, 피고는 이 사건 사업을 시행하는 과정에서 사업대상자(농가)에 대한 보조금 교부결정을 하면서 '피고가 미리 선정한 업체들 중 하나와 시공계약을 체결하여 시공할 것'이라는 조건을 붙이기 위한 준비조치로서 공모공고 및 심사 등의 절차에 시공

업체를 선정하여 둔 것이고, 보조금 교부결정을 받은 사업대상자(농가)는 피고가 미리 선정해 놓은 여러 시공업체들 중에서 상대방을 선택하여 시공계약을 체결한 후 피고로부터 실제 보조금을 지급받을 수 있게 된다. 피고가 미리 이와 같은 보조금 교부조건을 설정한 것은, 보통의 사업대상자(농가)는 시공업체의 자격, 능력, 시공실적 등에 관한 정보나 이를 평가할 능력이 부족하여 우수하고 건실한 시공업체를 선택하여 시공계약을 체결하는 데 어려움이 있기 때문에, 피고가 사업대상자(농가)를 보호・지원하는 공행정활동을 하는 행정청으로서 사업대상자(농가)가 안심하고 거래할 수 있는 시공업체 명단을 제공함으로써 사업대상자(농가)의 거래상대방 선택에 관한 어려움을 줄여주고 부적격 업체에 의한 부실시공 등의 피해를 방지하며, 이를 통해 공적 예산이 효과적으로 사용되고 사업대상자(농가)에게 실질적인 농업시설 설치지원의 혜택이 제공되도록 하기 위함이다.

따라서 피고가 이 사건 사업을 시행하는 과정에서 위와 같은 보조금 교부조건을 설정하고 일정한 심사기준에 따라 시공업체를 선정하는 것은 보조금 교부와 관련하여 행정청에게 주어진 재량을 정당하게 행사하는 행정활동이라고 보아야 한다. 이때 피고가 적용한 심사기준이 객관적으로 불합리하다는 등의 특별한 사정이 없는 이상 그에 따른 선정결정 또는 선정제외결정이 위법하다고 보기는 어렵다.

Ⅳ 질문 및 토의과제

1. 통상 부관부 행정행위와 행정계약이 유사한 기능을 수행할 수 있다고 본다. 위 리딩케이스에서 피고 시흥시는 건축사업자와 위와 같은 내용의 행정계약을 체결할 수 있었다고 보는가? 같은 목적을 달성하기 위해서 행정계약을 체결하는 경우와 부담부행정행위를 이용하는 경우 장단점은 무엇이라고 생각하는가? 부관은 형식상 행정청이 일방적으로 부과하는 것이지만, 행정계약은 행정청과 상대방의 합의가 있어야 성립된다. 이 경우 상대방의 동의를 얻었다는 점이 정당성을 강화시켜 부관에 비해 행정계약으로 정할 수 있는 내용의 범위가 더 넓어질 수 있는 가능성이 있는가? 즉, 부관에 의해 부과하면 부당결부금지의 원칙 등에 반하여 위법한 내용을 행정계약을 통해서는 적법하게 체결할 수 있겠는가?

2. 관련판례 3에 따르면 부관의 사후변경이 예외적으로 허용될 수 있는 사유로 어떤 것이 있는가? 특히 사정변경으로 인하여 당초에 부담을 부가한 목적을 달성할 수 없게 된 경우에 그 목적달성에 필요한 범위 내에서 허용되는 예외와 관련하여 아래의 판례는 관련판례 3과는 달리 사정변경이 인정되지 않았다. 두 사안은 어떤 차이가 있다고 보는가?

대법원 2007. 12. 28. 선고 2005다72300 판결【부당이득금반환】

당초 이 사건 승인조건은 경전철 분담금의 부과만을 유보하고 있었을 뿐인데, 그 후에 이루어진 이 사건 분담금 부과는 그 외에도 광역전철 및 도로기반시설 분담금까지 포함하고 있으므로, 이는 행정처분이 발하여진 후 새로운 부담을 부가하거나 이미 부가되어 있는 부담의 범위 또는 내용 등을 변경하는 것으로서 사후부담에 해당하는바, 이를 허용하는 법률의 규정도 없고 이 사건 승인조건에서 이를 유보하고 있지도 않음은 명백하고 또한 이에 대한 원고의 동의도 없었으므로, 이 사건 분담금 부과 중 경전철 분담금을 제외한 나머지 부분은 위법하고, 이 사건 분담금 부과 당시의 제반 사정에 비추어 볼 때 그러한 하자는 중대하고 명백한 것이어서 당연무효라고 판단하여, 피고로 하여금 그 나머지 부분에 대한 부당이득의 반환을 명하였는바, 앞서 본 법리와 기록에 비추어 살펴보면, 원심의 이와 같은 판단은 정당하고, 거기에 상고이유로 주장하는 바와 같은 사후부담의 적법요건 및 당연무효 요건에 관한 법리오해 등의 위법이 없다. 피고는 상고이유로, 이 사건 분담금 부과시 경전철 분담금 외에 광역전철 및 도로기반시설 분담금까지 부과하지 않고서는 당초 이 사건 승인조건을 부가하였던 목적을 달성할 수 없는 사정변경이 있었다는 주장도 하고 있으나, 이러한 주장은 상고심에 이르러 비로소 주장된 것으로 적법한 상고이유가 될 수 없을 뿐만 아니라, 기록에 비추어 보아도 그와 같은 사정변경이 있다고 볼 수도 없어 이 부분 주장은 이유 없음이 명백하다.

대법원 2007. 9. 21. 선고 2006두7973 판결【고양시재활용자원화시설민간위탁대상자선정취소처분취소】

피고가 원고를 재활용자원화시설의 민간위탁대상자로 선정할 당시와 그 선정 후 사업장 대상 부지를 지영동에서 사리현동으로 이전할 당시에는 '민원이 없을 것'만을 조건으로 내세웠다가 새로이 '주민동의서를 제출할 것'을 요구한 것은 부관의 사후변경에 해당한다고 할 것인데, 관계 법령에 주민동의서의 제출을 요하는 명문의 규정이 존재하지 아니할 뿐 아니라 그 위탁대상자 선정처분에 주민동의서 제출의무가 미리 유보되어 있었다거나 원고의 명시적 또는 묵시적 동의가 있었다고 볼 수도 없으므로, 위와 같은 부관의 사후변경은 위법하고, 따라서 이러한 위법한 부관에 위반하였음을 사유로 원고에 대한 위탁대상자 선정을 취소한 이 사건 처분 역시 위법하다고 판단하였다. 나아가 원심은, 위탁대상자 선정 당시 '토지사용에 있어 관계 법령상의 제한이 없을 것'이란 조건을 내세웠는데 사리현동 부지에 관하여 위 조건이 충족되지 못하였기 때문에 이를 사유로 한 이 사건 처분은 적법하다는 피고의 주장에 대하여, 그 판시와 같은 이유로 피고 주장의 위 사유는 이 사건 처분 당시의 처분사유에 포함되었다고 보기 어려울 뿐 아니라 주민동의서를 제출하지 못하였다는 당초의 처분사유와 그 기본적인 사실관계에 있어 동일성이 인정된다고 보기도 어렵다고 하여 위 주장을 배척한 다음, 이 사건 처분의 취소를 구하는 원고의 청구를 인용하였다.

3. 부담과 그 밖의 부관의 유형들과의 내용상 차이점은 무엇인가? 관련판례 4에서 부관이 부담, 해제조건, 철회권의 유보 중 어느 것에 해당하는지를 분간하기 위해서는 어떤 요소가 고려되어야 하는가?

4. 관련판례 5는 부관의 위법 판단에 있어 처분시의 법령과 사실상태를 기준으로 해야 함을, 관련판례 6은 강행규정에 위반한 부관의 위법성을, 마지막으로 관련판례 7, 8은 부관의 불이행에 대해 행정벌을 부과함에 있어 부관의 위법성이 미치는 영향을 설시하고 있다. 이들 부관을 통해 행정청의 권한남용이나 법령의 적용을 회피하는 행위가 이루어질 가능성에 대해 생각해 보시오.

5. 관련판례 9에서는 농가에 대한 보조금교부결정에 부관을 붙이면서, 그 실행을 위해 시공업체 선정 결정을 하였는데, 이것이 시공업체에 대한 별도의 처분이 되고, 그 처분의 적법 여부를 보조금교부결정에 부관을 붙일 재량권에 기초하여 판단하고 있다. 부관이 제3자의 시장참여 규제의 근거가 되어도 문제없는가?

V 참고문헌

김철우, 부관에 대한 행정소송의 형식과 문제점, 법제 제698호, 2022

김용섭, 위법한 부관에 대한 행정소송, 특별법연구 10권, 2012

전극수, 행정행위의 부관중 기한과 부담, 그리고 갱신기간에 관한 고찰, 법학논총(숭실대) 20집, 2008

정하중, 부관에 대한 행정소송, 저스티스, 2001. 4

신봉기, 부관에 대한 사법심사, 토지공법연구 9집, 2000

2-2-6. 무효와 취소의 구별기준

I 개요

행정행위의 위법성의 정도와 양태에 따라 그 위법성이 행정행위의 효력에 미치는 영향을 달리 취급하고 있다. 즉, 위법성을 당연무효사유가 되는 위법성과 취소사유에 불과한 위법사유로 나누고, 취소사유인 위법성을 가진 행정행위에 대해서는 행정소송법상의 제소기간 내에 취소소송을 제기하여 법원의 취소판결을 받지 않으면 더 이상 그 효력을 다툴 수 없도록 하여 유효한 것으로 확정하고, 당연무효사유가 되는 위법성을 가진 행정행위에 대해서는 기간의 제한 없이 (최소한 관념적으로는) 누구나(법원, 국민 개인 포함) 그 효력을 부인할 수 있도록 함으로써 그 효력을 부인할 수 있는 길을 훨씬 널리 열어놓았다. 이는 법치행정의 주요한 2가지 덕목, 즉, 행정행위로 인한 법률관계가 신속히 안정되어야 한다는 법적 안정성의 요청과 행정행위가 법에 적합하게 이루어져야 한다는 법적합성의 요청을 타협·조화시키고자 하는 것이다. 이러한 타협점의 기준으로 판례는 중대성과 명백성을 동시에 요구하고 있다. 어떤 행정행위의 위법성이 모든 사람에게 명백하다는 것은 곧 누구나 이를 부인할 수 있다는 무효의 특징으로 직결된다. 그러나 복잡다기한 행정법령의 적용과 관련하여 그 위법성이 일반인에게 명백하여야 한다는 요건은 충족되기가 쉽지 않다. 따라서 명백성 요건은 중대한 위법이 있는 경우에도 이를 취소사유에 불과한 것으로 인정하게 하여 제소기간 도과 후 이에 대한 구제를 받을 수 없게 하는 요인으로 작용한다. 법령의 위헌·위법 판결 이전에 당해 법령에 근거한 처분의 위법성이 취소사유에 불과하다고 인정되는 것이 그 대표적인 예이다. 이에 대해 명백성 요건의 비중을 중대성과 대등하게 보기보다는 보조적 요건으로 하는 것이 타당하다는 견해, 관계 공무원의 관점에서 보는 것으로 명백성 요건을 완화하고자 하는 견해, 다양한 양상의 이해관계 낳는 행정행위에 대해 취소사유와 무효사유를 구분하는 일률적 기준을 정립하기 보다는 구체적 사안마다 권리구제, 행정의 법적 안정성, 제3자의 이익 등을 개별구체적으로 이익형량하여 그 취급을 결정하자는 견해 등이 제시되고 있다.

II 리딩케이스

1. 사건번호: 대법원 2002. 2. 8. 선고 2000두4057 판결【직권면직무효확인】

2. 사실관계

피고 을(제주시장)이 행정자치부의 지방조직 개편지침에 따라 제주시에 소속된 청원경찰의 인원을 30% 이상 감축하기로 하고 그 대상자를 선정하기 위하여 청원경찰들의 의견을 들어보았으나 그 감축방법에 대한 적절하고 합리적인 안이 도출되지 않자 시험을 실시하여 그 시험성적 80%와 일정한 자격에 대한 가점 10%, 훈·표창 가점 5%, 징계·문책 감점 5%를 합산한 평점이 낮은 순으로, 동점자일 경우에는 고연령 순으로 그 대상자를 선정하기로 하였다. 시험문제 출제수준이 중학교 학력 수준임을 감안하여 면직처분 대상 후보자들을 초등학교 졸업 이하 학력소지자 집단과 중학교 중퇴 이상 학력소지자 집단으로 나누어 초등학교 졸업 이하 학력소지자 집단에 속하는 8명 중 2명, 중학교 중퇴 이상 학력소지자 집단에 속하는 109명 중 29명 등 합계 31명을 감축대상자로 선정하기로 하였다. 시험을 실시한 결과 원고 갑은 54점을 얻었고, 여기에 도지사 표창 1점을 가산하여 총 점수 55점으로 총 117명 중 85등을 하였으나, 고등학교 중퇴의 학력을 소지하고 있어 중학교 중퇴 이상 학력소지자 집단에 속하게 되었는데 그 중에서는 84등이어서 감축대상(중학교 중퇴 이상 학력소지자 집단에서는 80등까지는 감축대상에서 제외)이 되었다. 제주시장은 1999. 1. 30. 갑을 포함한 감축대상자들을 청원경찰법시행령 제16조 제1항에 의하여 직권면직하는 이 사건 처분을 하였다.

3. 판결요지

[1] 청원경찰법 제5조 제1항, 제3항, 제11조, 구 청원경찰법시행령(1999. 9.

30. 대통령령 제16562호로 개정되기 전의 것) 제16조 제1항 등의 규정을 종합하면, 청원주는 청원경찰이 인원의 감축으로 과원이 되었을 때에는 직권으로 면직시킬 수 있는바, 지방자치단체의 장이 청원주인 경우 그 면직처분은 재량행위라 할 것이므로, 지방자치단체의 장이 합리적이고 공정한 기준에 의하여 면직대상자를 선정하고 그에 따라 면직처분을 하였다면 일응 적법한 재량행사라 할 것이나, 그 기준이 평등의 원칙에 위배되는 등 비합리적이고 불공정하다면 그에 따른 면직처분은 재량권의 일탈·남용으로서 위법하다.

[2] 하자 있는 행정처분이 당연무효가 되기 위하여는 그 하자가 법규의 중요한 부분을 위반한 중대한 것으로서 객관적으로 명백한 것이어야 하고, 하자가 중대하고 명백한 것인지 여부를 판별함에 있어서는 그 법규의 목적, 의미, 기능 등을 목적론적으로 고찰함과 동시에 구체적 사안 자체의 특수성에 관하여도 합리적으로 고찰함을 요한다.

[3] 행정자치부의 지방조직 개편지침의 일환으로 청원경찰의 인원감축을 위한 면직처분대상자를 선정함에 있어서 초등학교 졸업 이하 학력소지자 집단과 중학교 중퇴 이상 학력소지자 집단으로 나누어 각 집단별로 같은 감원비율 상당의 인원을 선정한 것은 합리성과 공정성을 결여하고, 평등의 원칙에 위배하여 그 하자가 중대하다 할 것이나, 그렇게 한 이유가 시험문제 출제 수준이 중학교 학력 수준이어서 초등학교 졸업 이하 학력소지자에게 상대적으로 불리할 것이라는 판단 아래 이를 보완하기 위한 것이었으므로 그 하자가 객관적으로 명백하다고 보기는 어렵다.

4. 판례해설

무효와 취소를 구별할 소송법상 필요성은 현행 행정심판법이나 행정소송법이 양자에 대해 무효등확인쟁송과 취소쟁송이라는 각각 다른 항고쟁송의 방식을 두고 있으며, 이에 따라 규율을 달리 하고 있다는 점에 있다. 즉, 취소쟁송은 단기의 제소기간의 적용을 받고, 개별법상의 행정심판전치주의가 적용될 수 있으며, 사정재결, 사정판결이 인정되는 데 반해 무효등확인소송에는 이러한 것들이 적용되지 않는다. 또한 취소사유인 위법이 인정되는 행정행위에 대해서는 당사자소송이나 민사소송에서 선결문제로서 그 효력을 부인할 수 없지만, 무효인 행정행위는 민사소송에서 그 선결문제로 무효를 확인받을 수 있다. 이론적으로는 취소사유인 위법이 있는 행정행위에 대해서는 공정력, 불가쟁력이 인정되나, 무효사유인 위법이 있는 행정행위는 처음부터 효력을 발생하지 않은 것으로 취급된다. 또한 전통적으로 하자의 치유는 취소할 수 있는 행정행위에 대해서만 인정되고, 하자의 전환은 무효인 행정행위에 대해서만 인정된다고 하였다.

무효와 취소의 구별기준에 관해 대법원은 그 위법의 중대성과 명백성이 모두 인정될 경우를 무효로 보고, 그렇지 않은 경우 취소사유로 보아오고 있다. 하자의 중대성은 ① 위반된 행정법규의 종류·목적·성질·기능을 고려하여 위반된 법률요건의 중요성을 판단하고, ② 그 위반의 정도 및 ③ 국민의 권리의 침해의 정도를 고려하여 결정된다. 하자의 명백성은 통설 및 판례에 따르면 일반인의 인식능력을 기준으로 할 때 외관상 일견 명백해야 함을 기준으로 한다. 리딩케이스에서 '평등원칙'의 위반 등은 외형상 명백하다고 할 수 있다. 그럼에도 위법의 '명백성'이 부인된 것은 "그렇게 한 이유가 시험문제 출제 수준이 중학교 학력 수준이어서 초등학교 졸업 이하 학력소지자에게 상대적으로 불리할 것이라는 판단 아래 이를 보완하기 위한 것"이었다는 사실이 이러한 평등원칙 위반을 정당화해 줄 수 있는 '합리적 차별'의 사유일 가능성이 있었기 때문이다. 이로부터 위법의 명백성은 법의 적용에 있어서 그것이 적법이라고 판단될 가능성이 있는가, 달리 말해 적법인지 위법인지가 명확한가, 다툼의 가능성이 없는가의 문제라고 할 수 있다. 관련판례 1에서도 기관위임사무에 대해 조례를 제정할 수 없다는 점은 비교적 다툼이 없는 법리임에도 불구하고 "조례가 보다 상위규범이라고 할 수 있고, 또한 헌법 제107조 제2항의 "규칙"에는 지방자치단체의 조례와 규칙이 모두 포함되는 등 이른바 규칙의 개념이 경우에 따라 상이하게 해석되는 점" 등을 들어 서울특별시행정권한위임조례의 하자의 명백성을 부인하고 있다. 또한 관련판례2에서는 ① 어떤 법률관계나 사실관계에 대해 법률 규정을 적용할 수 있는지 여부가 "법리가 명백히 밝혀져 그 해석에 다툼의 여지가 없는" 경우에는 명백하나, 해석에 다툼의 여지가 있는 때에는 행정청이 이를 "잘못 해석하여" "처분 요건사실을 오인"하여도 이는 명백한 위법이라 할 수 없고, 또한 ② "처분의 대상이 되는 것으로 오인할 만한 객관적 사정이 있는 경우로서" "그것이 처분대상이 되는지의 여부가 그 사실관계를 정확히 조사하여야 비로소 밝혀질 수 있는 때"에도 그 위법의 명백성이 부인되었다. ①의 경우는 법률의 해석문제에 관한 불명확이 있는 경우이고, ②의 경우는 사실관계의 불명확이 있는 경우로 구분할 수 있다. 이렇게 법적 쟁점이나 사실관계의 조사에 대해 불명확성이 있는 경우에 그 위법성의 '명백성'을 부인한다면, 소송까지 제기되는 사안들은 많은 경우에 이러한 불명확성이 있기 때문일 것이므로 명백성을 인정하기가 매우 어려울 것이다. 또한 이러한 불명확성을 '일반인의 인식능력'을 기준으로 판단한다는 점도 재고해 볼 필요가 있다. 일반인에게는 불명확한 것으로 보이는 법적·사실적 쟁점도 이에 대한 전문성을 가지고 대량의 사안을 처리하고 있는 행정청에게는 어느 정도 명확성을 가질 수 있기 때문이다. '법치행정'의 원칙하에서는 입법자나 행정청이 법적 기준을 명확히 할 책무나 사실조사를 충분히 하여 법을 적용할 책무를 소홀히 한 결과를 행정행위의 상대방의 불이익으로 돌리는 것이 쉽게 정당화되어서는 안 된다는 점에서 '명확성의 부인'은 좀 더 엄격하게 이루어질 필요가 있다. 이러한 관점에서 '명확성'은 법리의 일반적이고 객관적인 명확성보다는 당해 처분에 대해 법을 적용한 행정청, 당해 처분의 상대방, 이 처분에 대해 이해관계있는 제3자 등 당해 사안에 관련된 자들 각각의 관점에서의 명확성에 초점을 맞추어 좀 더 구체적인 분석을 통해 판단되어야 하지 않을까 한다.

나아가, 이러한 맥락에서 명백성 요건에 대해 중대성과 같은 비중이 아니라 보조적인 비중만을 부여하도록 하자는 견해도 제기되고 있다. 관련판례 1의 반대의견은 이러한 입장을 보여준다. 동 의견에 따르면, 명백성 요건은 당해 사안의 성질상 "행정처분의 법적 안정성 확보를 통하여 행정의 원활한 수행을 도모하는 한편 그 행정처분을 유효한 것으로 믿은 제3자나 공공의 신뢰를 보호하여야 할 필요가 있는 경우"에 그 기능이 있는 것으로 이러한 필요가 없거나 형량의 결과 그 필요보다 위법의 중대성으로 인해 처분상대방의 권익을 구제하고 위법한 결과를 시정할 필요가 더 큰 경우에는 명백성을 요구하지 말아야 한다고 주장한다. 이러한 경우 법원은 개별 사안에서 신뢰보호의 필요성과 비중에 대해 더 구체적이고 심도있는 심리를 통해 형량하여야 하므로 법원의 부담과 더불어 권한이 커질 것이다.

Ⅲ 관련판례

1. 대법원 1995. 7. 11. 선고 94누4615 전원합의체 판결 【건설업영업정지처분무효확인】

[1] [다수의견] 하자 있는 행정처분이 당연무효가 되기 위하여는 그 하자가 법규의 중요한 부분을 위반한 중대한 것으로서 객관적으로 명백한 것이어야 하며 하자가 중대하고 명백한 것인지 여부를 판별함에 있어서는 그 법규의 목적, 의미, 기능 등을 목적론적으로 고찰함과 동시에 구체적 사안 자체의 특수성에 관하여도 합리적으로 고찰함을 요한다.

[반대의견] 행정행위의 무효사유를 판단하는 기준으로서의 명백성은 행정처분의 법적 안정성 확보를 통하여 행정의 원활한 수행을 도모하는 한편 그 행정처분을 유효한 것으로 믿은 제3자나 공공의 신뢰를 보호하여야 할 필요가 있는 경우에 보충적으로 요구되는 것으로서, 그와 같은 필요가 없거나 하자가 워낙 중대하여 그와 같은 필요에 비하여 처분 상대방의 권익을 구제하고 위법한 결과를 시정할 필요가 훨씬 더 큰 경우라면 그 하자가 명백하지 않더라도 그와 같이 중대한 하자를 가진 행정처분은 당연무효라고 보아야 한다.

[2] [다수의견] 조례 제정권의 범위를 벗어나 국가사무를 대상으로 한 무효인 서울특별시행정권한위임조례의 규정에 근거하여 구청장이 건설업영업정지처분을 한 경우, 그 처분은 결과적으로 적법한 위임 없이 권한 없는 자에 의하여 행하여진 것과 마찬가지가 되어 그 하자가 중대하나, 지방자치단체의 사무에 관한 조례와 규칙은 조례가 보다 상위규범이라고 할 수 있고, 또한 헌법 제107조 제2항의 "규칙"에는 지방자치단체의 조례와 규칙이 모두 포함되는 등 이른바 규칙의 개념이 경우에 따라 상이하게 해석되는 점 등에 비추어 보면 위 처분의 위임 과정의 하자가 객관적으로 명백한 것이라고 할 수 없으므로 이로 인한 하자는 결국 당연무효사유는 아니라고 봄이 상당하다.

[반대의견] 구청장의 건설업영업정지처분은 그 상대방으로 하여금 적극적으로 어떠한 행위를 할 수 있도록 금지를 해제하거나 권능을 부여하는 것이 아니라 소극적으로 허가된 행위를 할 수 없도록 금지 내지 정지함에 그치고 있어 그

처분의 존재를 신뢰하는 제3자의 보호나 행정법 질서에 대한 공공의 신뢰를 고려할 필요가 크지 않다는 점, 처분권한의 위임에 관한 조례가 무효이어서 결국 처분청에게 권한이 없다는 것은 극히 중대한 하자에 해당하는 것으로 보아야 할 것이라는 점, 그리고 다수의견에 의하면 위 영업정지처분과 유사하게 규칙으로 정하여야 할 것을 조례로 정하였거나 상위규범에 위반하여 무효인 법령에 기하여 행정처분이 행하여진 경우에 그 처분이 무효로 판단될 가능성은 거의 없게 되는데, 지방자치의 전면적인 실시와 행정권한의 하향분산화 추세에 따라 앞으로 위와 같은 성격의 하자를 가지는 행정처분이 늘어날 것으로 예상되는 상황에서 이에 대한 법원의 태도를 엄정하게 유지함으로써 행정의 법 적합성과 국민의 권리구제 실현을 도모하여야 할 현실적인 필요성도 적지 않다는 점 등을 종합적으로 고려할 때, 위 영업정지처분은 그 처분의 성질이나 하자의 중대성에 비추어 그 하자가 외관상 명백하지 않더라도 당연무효라고 보아야 한다.

2. 대법원 2004. 10. 15. 선고 2002다68485 판결 【부당이득금】

[1] 하자 있는 행정처분이 당연무효가 되기 위하여는 그 하자가 법규의 중요한 부분을 위반한 중대한 것으로서 객관적으로 명백한 것이어야 하며, 하자가 중대하고 명백한지 여부를 판별함에 있어서는 그 법규의 목적, 의미, 기능 등을 목적론적으로 고찰함과 동시에 구체적 사안 자체의 특수성에 관하여도 합리적으로 고찰함을 요하는바, 행정청이 어느 법률관계나 사실관계에 대하여 어느 법률의 규정을 적용하여 행정처분을 한 경우에 그 법률관계나 사실관계에 대하여는 그 법률의 규정을 적용할 수 없다는 법리가 명백히 밝혀져 그 해석에 다툼의 여지가 없음에도 불구하고 행정청이 위 규정을 적용하여 처분을 한 때에는 그 하자가 중대하고도 명백하다고 할 것이나, 그 법률관계나 사실관계에 대하여 그 법률의 규정을 적용할 수 없다는 법리가 명백히 밝혀지지 아니하여 그 해석에 다툼의 여지가 있는 때에는 행정관청이 이를 잘못 해석하여 행정처분을 하였더라도 이는 그 처분 요건사실을 오인한 것에 불과하여 그 하자가 명백하다고 할 수 없는 것이고, 또한 행정처분의 대상이 되는 법률관계나 사실관계가 전혀 없는 사람에게 행정처분을 한 때에는 그 하자가 중대하고도 명백하다 할 것

이나, 행정처분의 대상이 되지 아니하는 어떤 법률관계나 사실관계에 대하여 이를 처분의 대상이 되는 것으로 오인할 만한 객관적인 사정이 있는 경우로서 그것이 처분대상이 되는지의 여부가 그 사실관계를 정확히 조사하여야 비로소 밝혀질 수 있는 때에는 비록 이를 오인한 하자가 중대하다고 할지라도 외관상 명백하다고 할 수는 없다.

[2] 복개도로의 관리청이 그 도로의 상공에 연결통로를 개설하여 도로를 점용하는 자에게 도로점용허가를 해 주고도 공유수면 또는 하천의 점용에 따른 점용료 부과처분을 한 것은 그 하자가 중대하고 명백하여 무효이다.

3. 대법원 2007. 3. 16. 선고 2006다83802 판결【부당이득금반환】

[1] 원심은 대도시권 광역교통관리에 관한 특별법 및 그 시행령과 주택건설기준 등에 관한 규정, 도시계획시설기준에 관한 규칙 등의 규정에 의하면 대도시권에서 구 주택건설촉진법에 의한 주택건설사업을 시행하는 자는 광역교통시설부담금을 납부하여야 하는데 사업이 시행되는 지구·구역 또는 사업지역 밖에서 위 특별법 시행령 제16조의2 제3항 제2호 본문 각 목에 해당하는 도로를 설치하거나 그 비용의 전부 또는 일부를 부담하는 경우에는 그 금액을 위 광역교통시설부담금에서 공제하되, 주택건설기준 등에 관한 규정 제25조의 규정에 의한 '진입도로'의 설치비용은 공제대상에서 제외하도록 되어 있는바, 원고가 확·포장공사비를 부담한 위 농어촌도로 102호선 중 위 360m 부분은 위 '진입도로'에 해당하지 아니하므로 그 확·포장공사비는 이 사건 광역교통시설부담금에서 공제되어야 할 것임에도 불구하고 경기도지사의 위임을 받은 화성시장 또는 화성시 담당공무원이 관련 법령에 관한 필요한 지식을 갖추지 못하여 그 해석을 그르치고 사실관계를 오인하여 위 확·포장공사비를 공제하지 아니한 채 원고에게 이 사건 광역교통시설부담금의 납부에 관한 독촉장을 발부하고 원고가 그에 따른 납부를 하였으므로 이는 그 하자가 중대하고 명백하여 당연무효라고 판단하였다.

[2] 그러나 사정이 위와 같다면, 앞에서 실시한 법리에 비추어 볼 때, 위 농어촌도로 102호선 중 위 360m 부분이 진입도로에 해당하지 아니하여 그 확·

포장공사비를 원고가 부담한 이상 이를 이 사건 광역교통시설부담금에서 공제하여야 할 것인데도 이를 공제하지 아니한 채 이 사건 광역교통시설부담금의 부과처분이나 납부독촉이 이루어졌다고 하더라도, 이는 광역교통시설부담금 부과대상의 법률관계나 사실관계를 오인한 것에 지나지 아니하여 그 하자가 객관적으로 명백하다고는 할 수 없고, 따라서 그 부과처분의 당연무효 사유가 된다고 할 수 없다.

4. 대법원 2009. 2. 12. 선고 2008두11716 판결【취득세부과처분무효확인】

취득세 신고행위는 납세의무자와 과세관청 사이에 이루어지는 것으로서 취득세 신고행위의 존재를 신뢰하는 제3자의 보호가 특별히 문제되지 않아 그 신고행위를 당연무효로 보더라도 법적 안정성이 크게 저해되지 않는 반면, 과세요건 등에 관한 중대한 하자가 있고 그 법적 구제수단이 국세에 비하여 상대적으로 미비함에도 위법한 결과를 시정하지 않고 납세의무자에게 그 신고행위로 인한 불이익을 감수시키는 것이 과세행정의 안정과 그 원활한 운영의 요청을 참작하더라도 납세의무자의 권익구제 등의 측면에서 현저하게 부당하다고 볼 만한 특별한 사정이 있는 때에는 예외적으로 이와 같은 하자 있는 신고행위가 당연무효라고 함이 타당하다.

… 취득세 등에 관한 이 사건 신고행위의 경우에는 그 존재를 신뢰하는 제3자의 보호가 특별히 문제되지 않아 그 신고행위를 당연무효로 보더라도 법적 안정성이 크게 저해되지 않는 것으로 보이는 점, 원고가 이 사건 부동산에 관하여 등기와 같은 소유권 취득의 형식적 요건을 갖추지 못했을 뿐만 아니라, 대금의 지급과 같은 소유권 취득의 실질적 요건도 갖추지 못함에 따라 이 사건 부동산의 취득에 기초한 이익 등을 향유한 바 없는 것으로 보이는 점, 이와 같이 지방세법에 규정된 취득이라는 과세요건이 완성되지 않는 등의 중대한 하자가 있고, 그 법적 구제수단이 국세에 비하여 상대적으로 미비함에도 불구하고, 이 사건 신고행위로 인한 불이익을 원고에게 그대로 감수시키는 것이 원고의 권익구제 등의 측면에서 현저하게 부당하다고 보이는 점, 이 사건 신고행위를 당연

무효로 보더라도 과세행정의 원활한 운영에 지장이 있다고 단정하기 어려운 점 등을 종합하면, 그 하자가 중대한 이 사건 신고행위의 경우에는 이를 당연무효라고 볼 만한 특별한 사정이 있다고 할 것이다.

5. 대법원 2014. 1. 16. 선고 2012다23382 판결【부당이득금】

등록세와 같은 신고납부방식의 조세의 경우에는 원칙적으로 납세의무자가 스스로 과세표준과 세액을 정하여 신고하는 행위에 의하여 납세의무가 구체적으로 확정된다. 따라서 그와 같이 확정된 납세의무를 이행함에 따라 지방자치단체가 납부된 세액을 보유하는 것은 납세의무자의 신고행위가 중대하고 명백한 하자로 인하여 당연무효로 되지 아니하는 한 부당이득이 된다고 할 수 없다. 이때 신고행위의 하자가 중대하고 명백하여 당연무효에 해당하는지 여부는 신고행위의 근거가 되는 법규의 목적, 의미, 기능 및 하자 있는 신고행위에 대한 법적 구제수단 등을 목적론적으로 고찰함과 동시에 신고행위에 이르게 된 구체적 사정을 개별적으로 파악하여 합리적으로 판단하여야 한다(대법원 1995. 2. 28. 선고 94다31419 판결; 2009. 4. 23. 선고 2006다81257 판결 등 참조).

한편 신고납부방식의 조세채무와 관련된 과세요건이나 조세감면 등에 관한 법령의 규정이 특정 법률관계나 사실관계에 적용되는지 여부가 법리적으로 명확하게 밝혀져 있지 아니한 상태에서 과세관청이 그중 어느 하나의 견해를 취하여 해석·운영하여 왔고 납세의무자가 그 해석에 좇아 과세표준과 세액을 신고·납부하였는데, 나중에 과세관청의 해석이 잘못된 것으로 밝혀졌더라도 그 해석에 상당한 합리적 근거가 있다고 인정되는 한 그에 따른 납세의무자의 신고·납부행위는 하자가 명백하다고 할 수 없어 이를 당연무효라고 할 것은 아니다.

① 구 지방세법 제128조는 그 제목이 "형식적인 소유권의 취득등기 등에 대한 비과세"라고 되어 있는 점 등에 비추어 실질적으로 자본이 증가하는 유상증자에 의한 등기는 위 규정 제3호가 규정한 비과세 대상인 "회사의 정리 또는 특별청산에 관하여 법원의 촉탁으로 인한 등기 또는 등록"에 포함되지 아니한다고 해석하더라도 합리적 근거가 결여된 것이라고 쉽게 단정할 수는 없다. ②

이 사건 등록세 등의 신고납부 당시 행정자치부의 유권해석과 대법원 등기예규는 회사정리절차와 관련하여 정리법원이 촉탁하는 등기에 관하여는 등록세 등을 면제하되, 정리계획의 수행에 따른 자본증가의 등기, 회사의 합병에 따른 설립등기 등은 면제 대상에서 제외되는 것으로 보고 있었고, 그에 따른 실무례도 별 이의 없이 받아들여지고 있었다. ③ 원고도 이 사건 신고행위에 대하여 이의신청 등의 불복절차를 밟지 않다가 그 신고일부터 3년 8개월가량이 지난 시점에서 행정안전부가 유권해석을 변경하자 비로소 납부한 세액의 환급을 구하면서 신고행위가 당연무효라고 주장하기 시작하였다.

위와 같은 여러 사정을 종합하여 앞서 본 법리에 비추어 살펴보면, 이 사건 신고납부행위는 법 해석에 합리적인 다툼의 여지가 있는 부분에 관하여 납세의무가 있는 것으로 오인하여 등록세 등을 자진 납부한 것에 불과하여 당시에 그 하자가 명백하였다고는 볼 수 없다. 따라서 비록 원고의 신고납부행위와 관련하여 원심이 든 것과 같은 사정이 있다고 하더라도 그것만으로 이 사건 신고행위가 당연무효라고 할 수는 없다. 그리고 원심이 들고 있는 대법원 2009. 2. 12. 선고 2008두11716 판결은 사안이 달라 이 사건에 원용하기에는 적절하지 아니하다.

6. 대법원 2009. 10. 29. 선고 2007두26285 판결【공법상부당이득금반환청구】

하자 있는 행정처분이 당연무효로 되려면 그 하자가 법규의 중요한 부분을 위반한 중대한 것이어야 할 뿐 아니라 객관적으로 명백한 것이어야 하므로, 행정청이 위법하여 무효인 조례를 적용하여 한 행정처분이 당연무효로 되려면 그 규정이 행정처분의 중요한 부분에 관한 것이어서 결과적으로 그에 따른 행정처분의 중요한 부분에 하자가 있는 것으로 귀착되고, 또한 그 규정의 위법성이 객관적으로 명백하여 그에 따른 행정처분의 하자가 객관적으로 명백한 것으로 귀착되어야 하는바, 일반적으로 조례가 법률 등 상위법령에 위반된다는 사정은 그 조례의 규정을 위법하여 무효라고 선언한 대법원의 판결이 선고되지 아니한 상태에서는 그 조례 규정의 위법 여부가 해석상 다툼의 여지가 없을 정도로 명백하였다고 인정되지 아니하는 이상 객관적으로 명백한 것이라 할 수 없으므로, 이러한 조례에 근거한 행정처분의 하자는 취소사유에 해당할 뿐 무효사유가 된다고 볼 수는 없다(대법원 2007. 6. 14. 선고 2004두619 판결 참조).

그런데 원심이 인용한 제1심 판결과 기록에 의하면, 2001. 9. 14.까지의 원고에 대한 변상금연체료 부과처분은 각 그 당시 시행되던 서울특별시 공유재산 관리 조례의 관련 규정(이하 '이 사건 조례규정'이라 한다)에 근거하여 부과된 것임을 알 수 있는바, 지방자치단체가 주민의 권리제한 또는 의무부과에 관한 사항이나 벌칙을 정할 때에는 법률의 위임이 있어야 하는 것이나, 법률이 주민의 권리의무에 관한 사항에 관하여 구체적으로 아무런 범위도 정하지 아니한 채 조례로 정하도록 포괄적으로 위임하였다고 하더라도, 행정관청의 명령과는 달라, 조례도 주민의 대표기관인 지방의회의 의결로 제정되는 지방자치단체의 자주법인 만큼 지방자치단체가 법령에 위반되지 않는 범위 내에서 주민의 권리의무에 관한 사항을 조례로 제정할 수 있을 뿐더러(대법원 1991. 8. 27. 선고 90누6613 판결; 2006. 9. 8. 선고 2004두947 판결 등 참조), 당시 시행되던 지방재정법 등 관련 법령에서는 변상금을 대부료 또는 사용료의 100분의 120으로 산정하도록 하면서 그 대부료 등을 지방자치단체의 조례로 정할 수 있다고 규정하고 있는 점에 비추어 보더라도 변상금의 연체료에 대해 조례로 정할 수 있다고 위임하고 있다고 볼 여지가 있어 이 사건 처분 당시 이 사건 조례규정이 상위법령의 위임이 없어 효력이 없는지 여부가 해석상 다툼의 여지가 없을 정도로 객관적으로 명백하였다고 할 수 없으므로, 이로 인한 이 사건 처분의 하자는 결국 당연무효 사유가 아니라고 할 것이어서 이 사건 처분이 당연무효임을 전제로 한 원고의 이 사건 부당이득반환청구는 배척되어야 함이 마땅하다.

7. 대법원 2013. 1. 24. 선고 2010두27998 판결【압류처분무효확인의소】

[1] 구 신탁법(2011. 7. 25. 법률 제10924호로 전부 개정되기 전의 것, 이하 '신탁법'이라 한다) 제1조 제2항의 취지에 의하면 신탁법에 의한 신탁재산은 대내외적으로 소유권이 수탁자에게 완전히 귀속되고 위탁자와의 내부관계에 있어서 그 소유권이 위탁자에게 유보되어 있는 것이 아닌 점, 신탁법 제21조 제1항은 신

탁의 목적을 원활하게 달성하기 위하여 신탁재산의 독립성을 보장하는 데 그 입법 취지가 있는 점 등을 종합적으로 고려하면, 신탁법 제21조 제1항 단서에서 예외적으로 신탁재산에 대하여 강제집행 또는 경매를 할 수 있다고 규정한 '신탁사무의 처리상 발생한 권리'에는 수탁자를 채무자로 하는 것만 포함되며, 위탁자를 채무자로 하는 것은 포함되지 않는다.

[2] 체납처분으로서 압류의 요건을 규정한 구 지방세법(2010. 3. 31. 법률 제10221호로 전부 개정되기 전의 것) 제28조를 보면 어느 경우에나 압류의 대상을 납세의무자 또는 특별징수의무자의 재산에 국한하고 있으므로, 납세의무자 또는 특별징수의무자가 아닌 제3자의 재산을 대상으로 한 압류처분은 그 처분의 내용이 법률상 실현될 수 없는 것이어서 당연무효이다.

8. 대법원 2023. 6. 29. 선고 2020두46073 판결【조세부과처분무효확인청구】

민사소송법이 준용되는 행정소송에서 증명책임은 원칙적으로 민사소송의 일반원칙에 따라 당사자 간에 분배되고, 항고소송은 그 특성에 따라 해당 처분의 적법성을 주장하는 피고에게 적법사유에 대한 증명책임이 있으나, 예외적으로 행정처분의 당연무효를 주장하여 무효 확인을 구하는 행정소송에서는 원고에게 행정처분이 무효인 사유를 주장·증명할 책임이 있고, 이는 무효 확인을 구하는 뜻에서 행정처분의 취소를 구하는 소송에 있어서도 마찬가지이다.

한편 행정처분의 무효 확인을 구하는 소에는 특단의 사정이 없는 한 취소를 구하는 취지도 포함되어 있다고 보아야 하므로, 해당 행정처분의 취소를 구할 수 있는 경우라면 무효사유가 증명되지 아니한 때에 법원으로서는 취소사유에 해당하는 위법이 있는지 여부까지 심리하여야 한다. 나아가 과세처분에 대한 취소소송과 무효확인소송은 모두 소송물이 객관적인 조세채무의 존부확인으로 동일하다. 결국 과세처분의 위법을 다투는 조세행정소송의 형식이 취소소송인지 아니면 무효확인소송인지에 따라 증명책임이 달리 분배되는 것이라기보다는 위법사유로 취소사유와 무효사유 중 무엇을 주장하는지 또는 무효사유의 주장에 취소사유를 주장하는 취지가 포함되어 있는지 여부에 따라 증명책임이 분배된다.

Ⅳ 질문 및 토의과제

1. 국민의 권익구제만을 중심으로 생각해 보면, 행정행위의 위법성이 명백한 경우에는 누구나 이를 인식하고 불복할 수 있는 가능성을 가지므로 단기의 제소기간이 적용되어도 권익구제 등에 문제가 없지만, 오히려 위법성이 명백하지 않은 경우 이를 단기에 발견하여 제소하도록 요구하는 것이 가혹하여 제소기간의 제한이 없어야 하는 것이 아닌지?

2. 중대성과 명백성은 각각 별개로 판단되어야 하는 요소인가? 아니면 위법성이 매우 중대하면 일반인에게 그 위법성이 명백하게 된다든가 하는 상호연관성이 인정되는 개념인가?

3. 명백성 요건을 사안의 성질에 따라 보충적 요건으로 하는 경우, 또는 취소·무효 여부를 법관의 구체적 가치형량에 맡길 경우, 그 판단의 객관성을 증진할 수 있는 장치로는 어떤 것이 있을까?

4. 관련판례 2, 3을 비교해 보면, 그 명백성 판단에 대한 어느 정도 객관적인 기준을 도출할 수 있는가?

5. 현실적으로 행정청과 계속적 관계에 있는 사업자등은 위법행위에 대해 즉시 소송을 제기하기가 어려운 지위에 있으므로 불복의 기회를 주기 위해서는 명백성 요건을 완화하여 무효확인소송을 이용할 수 있는 기회를 늘려야 한다는 지적도 있다. 판례에서는 종종 당사자가 제소기간 내에 소송을 제기하지 않았다는 점을 그 처분의 위법성이 명백하지 않았음을 보여주는 한 요소로 설시하고 있다. 행정청과 계속적 관계에 있는 사업자의 경우에 이러한 사실을 명백성의 추정요소로 삼는 것은 행정청과 사업자간의 사실적인 권력관계에서 사업자에게 기대하기 어려운 것을 요구한다는 점에서 정당하지 않은 것은 아닌가? 또는 법치국가의 시민으로서 이러한 명백한 위법이 있는 경우에는 당장의 불이익이 예상되더라도 소송등을 통해 문제를 제기함으로써 행정의 적법성 통제에 기여할 것이 요구되고, 이것이 장기적으로 법치주의의 심화에 기여한다고 할 수 있겠는가?

6. 관련판례 4 는 사인의 공법행위에 해당되는 취득세 신고행위의 하자에 관한 것이다. 이 판례에서는 사인의 공법행위에 존재하는 위법에 대해서도 취소사유와 당연무효사유를 구별하면서 중대·명백의 기준을 적용하고 있으나, '명백성'요건에 대해서는 행정행위의 하자에 대한 기존의 판례와 달리 적용하고 있는 것으로 보인다. 사인의 공법행위의 위법성에 대해서도 행정행위의 위법성과 마찬가지로 당연무효사유인 위법과 단순위법을 분리하는 것이 타당한가? 행정청의 행위가 아닌 사인의 행위에 대해서도 당연무효를 인정하기 위해 위법의 명백성을 요구하는 것은 어떤 목적인가? 행정청이 사인의 신고를 신뢰하는 데 기초한

법적 안정성도 그 목적에 포함될 수 있는가? 이 판결에서 명백성 요건이 완화된 데에는 이 행위가 사인의 공법행위였다는 점도 작용하였을 것으로 보는가? “제3자의 보호가 특별히 문제되지 않아 … 당연무효로 보더라도 법적 안정성이 크게 저해되지 않는” 경우에 해당하는지 여부를 판단할 때는 어떠한 요소를 고려하여야 하는가? 관련판례 5는 관련판례 4와 같은 위법한 사인의 신고행위가 대상이지만, 명백성 요건이 충족되지 않아 당연무효로 인정하지 않은 경우이다. 관련판례 4와 5를 비교해서 결론이 다르게 나온 이유를 분석해 보시오.

7. 관련판례 8에서는 항고소송에서 위법사유로 취소사유를 주장하는가, 무효사유를 주장하는가에 따라 원고와 피고 사이의 증명책임 분배의 차이가 있음을 지적하고 있다. 무효사유란 위법성과 그 위법성이 중대 · 명백하다는 점으로 구성되어 있다고 본다면, 위법성에 대해서는 취소사유로서 피고 행정청이 증명책임을 지되, 그 위법성이 중대 · 명백하다는 점에 대해서 원고가 증명책임을 지는 것으로 보면 되는 것인가?

V 참고문헌

성재열, 지위승계 신고 수리를 중심으로 본 행정처분 무효·취소 구별기준으로서 중대명백설의 한계, 동북아법연구 제17권 제2호, 2023

정광현, 행정처분 무효확인소송에서 법률의 위헌 주장과 재판의 전제성, 헌법논총 23집, 2012

전현철, 과세처분 무효확인소송에 있어서 소의 이익, 동아법학 44, 2009

VI 관련법령

행정기본법

제15조 (처분의 효력) 처분은 권한이 있는 기관이 취소 또는 철회하거나 기간의 경과 등으로 소멸되기 전까지는 유효한 것으로 통용된다. 다만, 무효인 처분은 처음부터 그 효력이 발생하지 아니한다.

행정소송법

제20조 (제소기간) ① 취소소송은 처분등이 있음을 안 날부터 90일이내에 제기하여야 한다. 다만, 제18조제1항 단서에 규정한 경우와 그 밖에 행정심판청구를 할 수 있는 경우 또는 행정청이 행정심판청구를 할 수 있다고 잘못 알린 경우에 행정심판청구가 있은 때의 기간은 재결서의 정본을 송달받은 날부터 기산한다.

② 취소소송은 처분등이 있은 날부터 1년(제1항 단서의 경우는 재결이 있은 날부터 1년)을 경과하면 이를 제기하지 못한다. 다만, 정당한 사유가 있는 때에는 그러하지 아니하다.

③ 제1항의 규정에 의한 기간은 불변기간으로 한다.

2-2-7. 하자의 승계

Ⅰ 개요

행정행위의 위법성 및 그 효력은 각각의 행위별로 판단되고, 선행 행정행위의 위법을 후행 행정행위를 다투면서 주장할 수 없는 것이 원칙이다. 그러나 선행 행정행위와 후행 행정행위가 현실적으로 밀접한 관계를 가지며 하나의 법적 효과의 발생을 목적으로 하거나 동일한 목적을 지향하는 경우에는 행정행위의 상대방은 선행 행정행위가 자신의 이익에 미치는 영향을 정확히 판단하지 못하거나, 어느 단계의 행위가 소송의 대상이 되기에 적합한지 판단하지 못하거나, 자신의 권리를 보다 직접적으로 침해하는 후행 행정행위를 다투면 된다는 생각 등으로 인해 선행 행정행위를 제소기간 내에 다투지 않는 경우가 있다. 이 경우 법적 안정성과 행정의 실효성 확보를 위해서는 선행행위의 위법 주장을 차단해야 하나, 국민의 권익 보호와 재판받을 권리의 보장을 위해서는 선행행위의 위법을 주장할 수 있도록 해야 한다. 이렇게 다른 면에서 적법한 후행 행정행위를 선행 행정행위의 위법으로 인해 위법하다고 주장하도록 허용되는 경우, 하자의 승계가 일어난다고 말한다.

II 리딩케이스

1. 사건번호: 대법원 1991. 4. 23. 선고 90누8756 판결【액화석유가스판매업신고반려처분취소】

2. 사실관계

원고 갑은 1988. 3. 19. 피고 을(관악구청장)에게 액화석유가스의안전및사업관리법 제3조 제2항에 의한 액화석유가스판매사업허가신청을 하였다. 을 구청장은 신청지 반경 25미터 이내 가옥 소유자의 동의를 얻어 사업의 개시 전 위 동의서를 제출한 후 저장창고 방호벽공사를 할 것 등의 7가지 조건을 붙여 그 허가를 하였다. 그 후 갑이 다른 조건은 전부 구비하였으나 위 동의서만 받지 못한 상태에서 1989. 5.경 을에게 법 제6조에 따른 사업개시신고를 하자 을은 같은 해 6. 15. 위 동의서를 첨부하지 아니하였다는 이유로 그 사업개시신고를 반려하는 처분(이하 이 사건 반려처분이라고 한다)을 하였다.

동법 제3조 제2항, 제4항은 액화석유가스판매사업을 하고자 하는 자는 시장, 군수 또는 구청장의 허가를 받아야 하되 그 허가의 기준 및 대상범위는 대통령령으로 정한다고 규정하고 있고, 동법시행령 제3조는 이에 근거하여 허가의 기준을 정하면서 그 기준의 하나로 그 제1항 제2호에서 "공공의 안전과 이익을 저해하지 아니할 것"을 들고 있다. 한편 서울특별시장은 가스사업 등으로 인한 위해를 방지하고 공공의 안전을 도모할 목적으로 서울특별시고시 제791호로서 '가스사업 등의 허가처리지침'을 만들어 시행하고 있는데 위 고시에서는 액화석유가스는 안전성이 최대한 확보된 가정취사용 연료로서 가스공급을 원활히 하여 이용시민의 편익을 증진시키기 위하여 그 판매사업은 주택가 내에서도 허가하도록 규정하고 있을 뿐 그 판매사업을 허가함에 있어 인근 가옥주의 동의를 요하도록 규정하고 있지 아니하다. 을은 1988. 3. 23. 소외 박교석에게 사업소 소재지를 주택지역 내인 서울 관악구 봉천6동 100의 431로 하여 액화석유가스판매사업허가를 하면서 그 사업개시신고 이전에 사업소 소재지 반경 25미터 이내 가옥주의 동의서를 첨부하도록 조건을 붙였는데 그 후 관계기관으로부터 위 조건은 정당성이 결여된 것이라는 지시에 따라 위 조건을 취소하고 사업개시신고를 수리한 바 있다. 을이 갑에게 인근주민들의 동의를 받도록 요구한 근거로 들고 있는 서울특별시고시 제424호인 '엘피지자동차충전소허가기준 및 절차에 관한 고시'는 고압가스안전관리법의 적용을 받는 고압가스제조(엘피지자동차충전소)에 관하여 그 허가기준 및 절차를 규정한 것으로서 이 사건과 같은 액화석유가스판매사업은 그 적용대상이 아니다.

3. 판결요지

[1] 행정행위는 공정력과 불가쟁력의 효력이 있어 설혹 행정행위에 하자가 있는 경우에도 그 하자가 중대하고 명백하여 당연 무효로 보아야 할 사유가 있는 경우 이외에는 그 행정행위가 행정소송이나 다른 행정행위에 의하여 적법히 취소될 때까지는 단순히 취소할 수 있는 사유가 있는 것만으로는 누구나 그 효력을 부인할 수는 없고 법령에 의한 불복기간이 경과한 경우에는 당사자는 그 행정처분의 효력을 다툴 수 없다.

[2] 허가관청이 액화석유가스판매사업허가를 하면서 붙인 사업소 소재지 반경 25미터 이내 가옥주의 동의를 받아 사업개시 전에 그 동의서를 제출하도록 한 조건이 액화석유가스의안전및사업관리법 제3조 제2항, 제4항 및 같은법시행령 제3조 제1항에 위배되어 액화석유가스판매사업허가처분에 하자가 있다고 하더라도 위 하자는 그 처분 자체를 무효라고 볼 정도로 중대하고 명백한 하자라고 볼 수 없으므로 그와 같은 하자가 취소사유가 되는 위법한 것이라도 그 처분이 취소될 때까지는 누구도 그 효력을 부인할 수 없을 뿐 아니라, 이는 선행처분인 액화석유가스판매사업허가 단계에서 다투었어야 할 것이고 그 쟁송기간이 이미 경과된 후인 사업개시신고 단계에 있어서는 그 효력을 다툴 수 없고, 또 선행처분인 사업허가처분에 위와 같은 하자가 있다고 하여 후행처분인 사업개시신고반려처분도 당연히 위법한 것은 아니다.

4. 판례해설

위 리딩케이스에서 보는 바와 같이 우리 판례는 선행행위와 후행행위가 결합하여 하나의 법적 효과를 달성시키는가 아니면 서로 독립하여 별개의 법적 효과를 발생시키는가에 따라 전자의 경우에만 하자의 승계를 인정한다. 이러한 기준을 적용하여 하자의 승계가 인정되는 경우를 보면, 계고처분과 대집행영장발부통보처분(대법원 95누2507), 계고처분과 대집행비용납부명령(대법원 93누14271), 개별공시지가와 과세처분(대법원 93누8542), 선행 한지의사시험자격인정과 후행 한지의사면허처분(대법원 75누123), 선행 안경사국가시험합격무효처분과 안경사면허취소처분(대법원 92누4567), 표준공시지가결정과 수용재결(보상금 산정)(대법원 2007두13845) 등이 있다. 하자의 승계가 부인된 예로는 선행 과세처분과 후행 체납처분(대법원 4292행상73), 건물철거명령과 대집행(계고처분)(대법원 97누20502), 선행 직위해제처분과 후행 직권면직처분(대법원 71누96), 선행 사업인정과 후행 수용재결(대법원 91누2342), 토지구획정리사업 시행인가처분과 환지청산금부과처분(대법원 2002두424) 등이 있다.

그런데 관련판례 2와 3에서 보는 바와 같이 이러한 전통적 기준에 대해 다소 수정된 기준이 판례에 의해 제시되어 왔다. 즉, 선행행위와 후행행위가 서로 독립하여 별개의 효과를 목적으로 하는 경우에도 선행행위의 불가쟁력이나 구속력이 그로 인해 불이익을 입게 되는 자에게 수인한도를 넘는 가혹함을 가져오며, 그 결과가 당사자에게 예측가능한 것이 아닌 경우에는 국민의 재산권과 재판을 받을 권리를 보장하고 있는 헌법의 이념에 비추어 선행행위의 위법을 후행행위에 대한 취소소송에서 독립된 취소사유로 주장할 수 있다고 본다.

하자의 승계문제를 선행 행정행위의 후행 행정행위에 대한 구속력의 문제로 설명하는 견해도 있고, 개별공시지가 결정과 과세처분이 결합하여 하나의 법적 효과를 발생시키는 경우에 해당한다고 볼 수 있으며 이 경우 하자의 승계가 인정되는 것으로 보면 되지 선행행위의 후행행위에 대한 구속력의 한계이론에 근거할 필요는 없다고 보는 견해도 있다.

Ⅲ 관련판례

1. 대법원 1995. 11. 10. 선고 93누16468 판결【토지초과이득세부과처분취소】

이와 같은 표준지로 선정된 토지의 공시지가에 대하여 불복하기 위하여는 지가공시법 제8조 제1항 소정의 이의절차를 거쳐 처분청인 건설부장관을 상대로 그 공시지가결정의 취소를 구하는 행정소송을 제기하여야 하는 것이지(당원 1994. 3. 8. 선고 93누10828 판결; 1994. 12. 13. 선고 94누5083 판결; 1995. 3. 28. 선고 94누12920 판결 각 참조), 그러한 절차를 밟지 아니한 채 조세소송에서 그 표준지 공시지가의 위법성을 다툴 수는 없으므로, 위 제4기재 토지에 대한 토지초과이득세 부과처분의 취소를 구하는 이 사건 소송에서는 그 공시지가의 위법성을 다툴 수 없다고 할 것이다.

2. 대법원 2008. 8. 21. 선고 2007두13845 판결【토지보상금】

표준지공시지가결정은 이를 기초로 한 수용재결 등과는 별개의 독립된 처분으로서 서로 독립하여 별개의 법률효과를 목적으로 하지만, 표준지공시지가는 이를 인근 토지의 소유자나 기타 이해관계인에게 개별적으로 고지하도록 되어 있는 것이 아니어서 인근 토지의 소유자 등이 표준지공시지가결정 내용을 알고 있었다고 전제하기가 곤란할 뿐만 아니라, 결정된 표준지공시지가가 공시될 당시 보상금 산정의 기준이 되는 표준지의 인근 토지를 함께 공시하는 것이 아니어서 인근 토지 소유자는 보상금 산정의 기준이 되는 표준지가 어느 토지인지를 알 수 없으므로, 인근 토지 소유자가 표준지의 공시지가가 확정되기 전에 이를 다투는 것은 불가능하다. 더욱이 장차 어떠한 수용재결 등 구체적인 불이익이 현실적으로 나타나게 되었을 경우에 비로소 권리구제의 길을 찾는 것이 우리 국민의 권리의식임을 감안하여 볼 때, 인근 토지소유자 등으로 하여금 결정된 표준지공시지가를 기초로 하여 장차 토지보상 등이 이루어질 것에 대비하여 항상 토지의 가격을 주시하고 표준지공시지가결정이 잘못된 경우 정해진 시정절차를 통하여 이를 시정하도록 요구하는 것은 부당하게 높은 주의의무를 지우는 것이고, 위법한 표준지공시지가결정에 대하여 그 정해진 시정절차를 통하여 시정하도록 요구하지 않았다는 이유로 위법한 표준지공시지가를 기초로 한 수용재결 등 후행 행정처분에서 표준지공시지가결정의 위법을 주장할 수 없도록 하는 것은 수인한도를 넘는 불이익을 강요하는 것으로서 국민의 재산권과 재판받을 권리를 보장한 헌법의 이념에도 부합하는 것이 아니다. 따라서 표준지공시지가결정이 위법한 경우에는 그 자체를 행정소송의 대상이 되는 행정처분으로 보아 그 위법 여부를 다툴 수 있음은 물론, 수용보상금의 증액을 구하는 소송에서도 선행처분으로서 그 수용대상 토지 가격 산정의 기초가 된 비교표준지공시지가결정의 위법을 독립한 사유로 주장할 수 있다.

3. 대법원 1994. 1. 25. 선고 93누8542 판결【양도소득세등부과처분취소】

[1] 두 개 이상의 행정처분이 연속적으로 행하여지는 경우 선행처분과 후행처분이 서로 결합하여 1개의 법률효과를 완성하는 때에는 선행처분에 하자가 있으면 그 하자는 후행처분에 승계되므로 선행처분에 불가쟁력이 생겨 그 효력을 다툴 수 없게 된 경우에도 선행처분의 하자를 이유로 후행처분의 효력을 다툴 수 있는 반면 선행처분과 후행처분이 서로 독립하여 별개의 법률효과를 목적으로 하는 때에는 선행처분에 불가쟁력이 생겨 그 효력을 다툴 수 없게 된 경우에는 선행처분의 하자가 중대하고 명백하여 당연무효인 경우를 제외하고는 선행처분의 하자를 이유로 후행처분의 효력을 다툴 수 없는 것이 원칙이나 선행처분과 후행처분이 서로 독립하여 별개의 효과를 목적으로 하는 경우에도 선행처분의 불가쟁력이나 구속력이 그로 인하여 불이익을 입게 되는 자에게 수인한도를 넘는 가혹함을 가져오며, 그 결과가 당사자에게 예측가능한 것이 아닌 경우에는 국민의 재판받을 권리를 보장하고 있는 헌법의 이념에 비추어 선행처분의 후행처분에 대한 구속력은 인정될 수 없다.

[2] 개별공시지가결정은 이를 기초로 한 과세처분 등과는 별개의 독립된 처분으로서 서로 독립하여 별개의 법률효과를 목적으로 하는 것이나, 개별공시지가는 이를 토지소유자나 이해관계인에게 개별적으로 고지하도록 되어 있는 것

이 아니어서 토지소유자 등이 개별공시지가결정 내용을 알고 있었다고 전제하기도 곤란할 뿐만 아니라 결정된 개별공시지가가 자신에게 유리하게 작용될 것인지 또는 불이익하게 작용될 것인지 여부를 쉽사리 예견할 수 있는 것도 아니며, 더욱이 장차 어떠한 과세처분 등 구체적인 불이익이 현실적으로 나타나게 되었을 경우에 비로소 권리구제의 길을 찾는 것이 우리 국민의 권리의식임을 감안하여 볼 때 토지소유자 등으로 하여금 결정된 개별공시지가를 기초로 하여 장차 과세처분 등이 이루어질 것에 대비하여 항상 토지의 가격을 주시하고 개별공시지가결정이 잘못된 경우 정해진 시정절차를 통하여 이를 시정하도록 요구하는 것은 부당하게 높은 주의의무를 지우는 것이라고 아니할 수 없고, 위법한 개별공시지가결정에 대하여 그 정해진 시정절차를 통하여 시정하도록 요구하지 아니하였다는 이유로 위법한 개별공시지가를 기초로 한 과세처분 등 후행 행정처분에서 개별공시지가결정의 위법을 주장할 수 없도록 하는 것은 수인한도를 넘는 불이익을 강요하는 것으로서 국민의 재산권과 재판받을 권리를 보장한 헌법의 이념에도 부합하는 것이 아니라고 할 것이므로, 개별공시지가결정에 위법이 있는 경우에는 그 자체를 행정소송의 대상이 되는 행정처분으로 보아 그 위법 여부를 다툴 수 있음은 물론 이를 기초로 한 과세처분 등 행정처분의 취소를 구하는 행정소송에서도 선행처분인 개별공시지가결정의 위법을 독립된 위법사유로 주장할 수 있다고 해석함이 타당하다.

4. 대법원 1998. 3. 13. 선고 96누6059 판결【양도소득세부과처분취소】

이와 같이 원고가 이 사건 토지를 매도한 이후에 그 양도소득세 산정의 기초가 되는 1993년도 개별공시지가 결정에 대하여 한 재조사청구에 따른 조정결정을 통지받고서도 더 이상 다투지 아니한 경우까지 선행처분인 개별공시지가 결정의 불가쟁력이나 구속력이 수인한도를 넘는 가혹한 것이거나 예측불가능하다고 볼 수 없어, 위 개별공시지가 결정의 위법을 이 사건 과세처분의 위법사유로 주장할 수 없다.

5. 대법원 2012. 2. 16. 선고 2010두10907 전원합의체 판결【압류등처분무효확인】

[1] [다수의견] 구 헌법재판소법(2011. 4. 5. 법률 제10546호로 개정되기 전의 것) 제47조 제1항은 "법률의 위헌결정은 법원 기타 국가기관 및 지방자치단체를 기속한다."고 규정하고 있는데, 이러한 위헌결정의 기속력과 헌법을 최고규범으로 하는 법질서의 체계적 요청에 비추어 국가기관 및 지방자치단체는 위헌으로 선언된 법률규정에 근거하여 새로운 행정처분을 할 수 없음은 물론이고, 위헌결정 전에 이미 형성된 법률관계에 기한 후속처분이라도 그것이 새로운 위헌적 법률관계를 생성·확대하는 경우라면 이를 허용할 수 없다. 따라서 조세 부과의 근거가 되었던 법률규정이 위헌으로 선언된 경우, 비록 그에 기한 과세처분이 위헌결정 전에 이루어졌고, 과세처분에 대한 제소기간이 이미 경과하여 조세채권이 확정되었으며, 조세채권의 집행을 위한 체납처분의 근거규정 자체에 대하여는 따로 위헌결정이 내려진 바 없다고 하더라도, 위와 같은 위헌결정 이후에 조세채권의 집행을 위한 새로운 체납처분에 착수하거나 이를 속행하는 것은 더 이상 허용되지 않고, 나아가 이러한 위헌결정의 효력에 위배하여 이루어진 체납처분은 그 사유만으로 하자가 중대하고 객관적으로 명백하여 당연무효라고 보아야 한다.

[대법관 안대희, 대법관 신영철, 대법관 김용덕의 반대의견] 행정청이 어떠한 법률의 조항에 근거하여 행정처분을 한 후 헌법재판소가 그 조항을 위헌으로 결정하였다면 행정처분은 결과적으로 법률의 근거 없이 행하여진 것과 마찬가지로 되어 후발적으로 하자가 있게 된다고 할 것이나, 일반적으로 법률이 헌법에 위반된다는 사정은 헌법재판소의 위헌결정이 있기 전에는 객관적으로 명백한 것이라고 할 수 없으므로 특별한 사정이 없는 한 그러한 하자는 행정처분의 취소사유일 뿐 당연무효 사유라고 할 수 없고, 일정한 행정목적을 위하여 독립된 행위가 단계적으로 이루어진 경우 선행처분에 당연무효 또는 부존재인 하자가 있는 때를 제외하고 선행처분의 하자가 후속처분에 당연히 승계된다고 할 수는 없다. 과세처분과 압류처분은 별개의 행정처분이므로 선행처분인 과세처분이 당연무효인 경우를 제외하고는 과세처분의 하자를 이유로 후속 체납처분인 압류

처분의 효력을 다툴 수 없다고 봄이 타당한 점, 압류처분 등 체납처분은 과세처분과는 별개의 행정처분으로서 과세처분 근거규정이 직접 적용되지 않고 체납처분 관련 규정이 적용될 뿐이므로, 과세처분 근거규정에 대한 위헌결정의 기속력은 체납처분과는 무관하고 이에 미치지 않는다고 보아야 한다는 점, 다수의견과 같이 유효한 과세처분에 대한 체납처분 절차의 진행을 금지하여 실질적으로 당해 과세처분의 효력을 부정하고 사실상 소멸시키는 데까지 위헌결정의 기속력 범위가 미친다고 새긴다면, 이는 기속력의 범위를 지나치게 확장하는 것이 되어 결과적으로 위헌결정의 소급효를 제한한 구 헌법재판소법(2011. 4. 5. 법률 제10546호로 개정되기 전의 것) 제47조 제2항 본문의 취지에 부합하지 않는다는 점 등에 비추어 보면, 선행처분에 해당하는 과세처분에 당연무효 사유가 없고, 과세처분에 따른 체납처분의 근거규정이 유효하게 존속하며, 외국의 일부 입법례와 같이 위헌법률의 집행력을 배제하는 명문의 규정이 없는 이상, 과세처분의 근거규정에 대한 헌법재판소의 위헌결정이 있었다는 이유만으로 체납처분이 위법하다고 보는 다수의견에는 찬성할 수 없다.

[2] 갑 주식회사의 체납국세에 관하여, 과세관청이 갑 회사 최대주주와 생계를 함께 하는 직계비속 을을 구 국세기본법(1998. 12. 28. 법률 제5579호로 개정되기 전의 것) 제39조 제1항 제2호 (다)목의 제2차 납세의무자로 보아 을에게 과세처분을 하고 처분이 확정되었는데, 이후 위 규정에 대해 헌법재판소의 위헌결정이 있었으나 과세관청이 조세채권의 집행을 위해 을의 예금채권에 압류처분을 한 사안에서, 위헌결정 이후에는 위헌법률의 종국적인 집행을 위한 국가기관의 추가적인 행위를 용납하여서는 안 된다는 전제하에 압류처분이 당연무효라고 본 원심판단의 결론이 정당하다고 한 사례.

6. 대법원 2017. 7. 18. 선고 2016두49938 판결【군계획시설사업분할실시계획인가처분취소】

가. 2개 이상의 행정처분이 연속적 또는 단계적으로 이루어지는 경우 선행처분과 후행처분이 서로 합하여 1개의 법률효과를 완성하는 때에는 선행처분에 하자가 있으면 그 하자는 후행처분에 승계된다. 이러한 경우에는 선행처분에 불

가쟁력이 생겨 그 효력을 다툴 수 없게 되더라도 선행처분의 하자를 이유로 후행처분의 효력을 다툴 수 있다. 그러나 선행처분과 후행처분이 서로 독립하여 별개의 법률효과를 발생시키는 경우에는 선행처분에 불가쟁력이 생겨 그 효력을 다툴 수 없게 되면 선행처분의 하자가 당연무효인 경우를 제외하고는 특별한 사정이 없는 한 선행처분의 하자를 이유로 후행처분의 효력을 다툴 수 없는 것이 원칙이다(대법원 1994. 1. 25. 선고 93누8542 판결 등 참조).

국토의 계획 및 이용에 관한 법률(이하 '국토계획법'이라 한다) 제43조 제1항에 따르면, 일정한 기반시설에 관해서는 그 종류·명칭·위치·규모 등을 미리 도시·군관리계획으로 결정해야 한다. 국토계획법 제2조 제7호, 제10호는 이와 같이 도시·군관리계획결정으로 결정된 기반시설을 '도시·군계획시설'로, 도시·군계획시설을 설치·정비 또는 개량하는 사업을 '도시·군계획시설사업'으로 지칭하고 있다.

도시·군계획시설은 도시·군관리계획결정에 따라 설치되는데, 도시·군계획시설결정은 국토계획법령에 따라 도시·군관리계획결정에 일반적으로 요구되는 기초조사, 주민과 지방의회의 의견 청취, 관계 행정기관장과의 협의나 도시계획위원회 심의 등의 절차를 밟아야 한다. 이러한 절차를 거쳐 도시·군계획시설결정이 이루어지면 도시·군계획시설의 종류에 따른 사업대상지의 위치와 면적이 확정되고, 그 사업대상지에서는 원칙적으로 도시·군계획시설이 아닌 건축물 등의 허가가 금지된다(제64조).

반면 실시계획인가는 도시·군계획시설결정에 따른 특정 사업을 구체화하여 이를 실현하는 것으로서, 시·도지사는 도시·군계획시설사업의 시행자가 작성한 실시계획이 도시·군계획시설의 결정·구조 및 설치의 기준 등에 적합하다고 인정하는 경우에는 이를 인가하여야 한다(제88조 제3항, 제43조 제2항). 이러한 실시계획인가를 통해 사업시행자에게 도시·군계획시설사업을 실시할 수 있는 권한과 사업에 필요한 토지 등을 수용할 수 있는 권한이 부여된다.

결국 도시·군계획시설결정과 실시계획인가는 도시·군계획시설사업을 위하여 이루어지는 단계적 행정절차에서 별도의 요건과 절차에 따라 별개의 법률효과를 발생시키는 독립적인 행정처분이라고 할 수 있다. 그러므로 선행처분인 도시·군계획시설결정에 하자가 있더라도 그것이 당연무효가 아닌 한 원칙적으로 후행처분인 실시계획인가에 승계되지 않는다. …

군계획시설결정 단계에서 군계획시설의 공익성 여부와 그 설치사업에 따른 공익과 사익 사이의 이익형량이 이루어진다. 군계획시설사업의 실시계획인가 여부를 결정하는 행정청은 특별한 사정이 없는 한 실시계획이 군계획시설의 결정·구조 및 설치의 기준 등에 부합하는지 여부를 판단하는 것으로 충분하고, 나아가 그 사업의 공익성 여부나 사업 수행에 따른 이익형량을 다시 할 필요는 없다. 이 사건에서 그와 같은 특별한 사정을 찾아볼 수 없다.

7. 대법원 2019. 1. 31. 선고 2017두40372 판결【중개사무소의개설등록취소처분취소】

나. 원심은, 아래와 같이 선행처분인 업무정지처분은 위법하지만 그 하자가 후행처분인 이 사건 처분에 승계되지는 않는다고 판단하였다.

(1) 피고는, 원고가 공인중개사법 제25조 제3항, 제4항의 규정을 위반하여 중개대상물 확인·설명서에 서명·날인하지 않았다는 이유로 선행처분인 업무정지처분을 하였으나, 그 처분사유가 인정되지 않는다. 다만 그와 같은 처분사유 부존재의 하자가 중대하고 명백하다고 볼 수는 없다.

(2) 이 사건은 업무정지처분의 불가쟁력이나 구속력이 그로 인하여 불이익을 입게 되는 원고에게 수인한도를 넘는 가혹함을 가져오고 그 결과가 예측가능하지 않은 경우에 해당한다고 보기 어렵다. 따라서 선행처분인 업무정지처분의 이 사건 처분에 대한 구속력이 인정된다.

다. 이 사건 선행처분인 업무정지처분은 일정 기간 중개업무를 하지 못하도록 하는 처분인 반면, 후행처분인 이 사건 처분은 위와 같은 업무정지처분에 따른 업무정지기간 중에 중개업무를 하였다는 별개의 처분사유를 근거로 중개사무소의 개설등록을 취소하는 처분이다. 비록 이 사건 처분이 업무정지처분을 전제로 하지만, 양 처분은 그 내용과 효과를 달리하는 독립된 행정처분으로서, 서로 결합하여 1개의 법률효과를 완성하는 때에 해당한다고 볼 수 없다. 따라서 원고는 선행처분이 당연무효가 아닌 이상 그 하자를 이유로 후행처분인 이 사건 처분의 효력을 다툴 수 없다. 또한 원고는 업무정지기간 중에 중개업무를 하여서는 안 된다는 것을 인식하고 있었던 점, 원고가 불복기간 내에 업무정지처분의 취소를 구하는 행정심판이나 행정소송을 제기하는 데에 특별히 어려움이 있었다고 인정할 만한 사정 또한 엿보이지 않는 점 등의 사정에 비추어 보면, 업무정지처분의 불가쟁력이나 구속력이 원고에게 수인한도를 넘는 가혹함을 가져오고 그 결과가 예측가능하지 않았던 경우에 해당한다고 볼 수도 없다.

라. 같은 취지에서, 원심이 업무정지처분의 하자가 이 사건 처분에 승계되지 않는다고 판단한 것은 정당하고, 거기에 상고이유 주장과 같이 하자의 승계에 관한 법리를 오해한 잘못이 없다.

Ⅳ 질문 및 토의과제

1. 관련판례 1과 2를 비교해 보라. 관련판례 1은 관련판례 2에 의해서 사실상 변경된 것으로 보아야 하는가?

2. 관련판례 3과 4를 비교해 보라. 양자는 모두 후행 과세처분에 대한 소송에서 선행 개별공시지가결정의 위법성을 주장하는 경우로서, 관련판례 3에서는 하자의 승계가 긍정되고 있고 관련판례 4에서는 하자의 승계가 부인되고 있다. 그 차이는 어떻게 정당화될 수 있는가? 관련판례 3은 원고가 과세처분에 대한 소송에서 개별공시지가결정에 대해 최초로 다투고 있는 경우이고, 관련판례 4는 원고가 이미 재조사청구절차를 통해 개별토지가격 결정에 대해 불복하였던 적이 있다. 그렇다면 변호사로서 고객에게 조언을 할 때 되도록 개별토지가격 결정에 대한 불복절차는 이용하지 말고, 자신에게 유·불리함이 명확해지는 과세처분 단계에서 공시지가의 위법성에 대한 주장을 하는 편이 더 합리적이라고 할 수 있겠는가? 이 경우 개별토지가격결정에 대한 고유한 불복제도의 가치는 평가 절하될 것이다. 과세처분이 이루어지기 전에 개별토지가격결정을 재심사할 경우와 일단 그에 근거한 특정 과세처분이 있은 후에 그러한 맥락에서 개별토지가격결정을 재심사할 경우 아무런 차이가 없을까?

3. ① 동일한 법률효과를 목적으로 하는가 별개의 법률효과를 목적으로 하는가라는 기준과 ② 선행처분의 불가쟁력이나 구속력이 가져오는 결과가 수인한도와 예측가능성을 넘는가라는 기준의 각각 어떠한 특징을 가지는가? 양자의 기준을 적용함에 있어서 법관이 가지는 재량권의 질적·양적 차이는 어떠할까? 각각을 판단할 때 고려되어야 할 사실관계의 범위는 어떻게 다를까? 법관의 역할의 측면에서 어떠한 경우가 더 바람직한가?

4. 관련판례 5의 다수의견과 반대의견을 비교해 보고, 어떠한 관점의 차이가 존재하는지 설명해 보시오.

5. 관련판례 6에서 도시·군계획시설결정과 실시계획인가는 “도시·군계획시설사업을 위하여 이루어지는 단계적 행정절차에서 별도의 요건과 절차에 따라 별개의 법률효과를 발생시키는 독립적인 행정처분”으로서, ‘군계획시설결정’ 단계에서는 군계획시설의 공익성 여부와 그 설치사업에 따른 공익과 사익 사이의 이익형량이 이루어지고, ‘군계획시설사업의 실시계획인가’ 단계에서는 실시계획이 군계획시설의 결정·구조 및 설치의 기준 등에 부합하는지 여부를 판단하는 것이며 그 사업의 공익성 여부나 사업 수행에 따른 이익형량을 다시 할 필요는 없다고 한다. 따라서 선행처분에 하자가 있더라도 후행처분에 승계되지 않는다는 의미는 곧 각 처분단계에서 검토하고 결정해야 할 사항이 다르고, 그에 적합한 결정의 주체, 절차 등을 마련해 두고 있으므로, 선행처분을 통해 이미 이루어진 결정을 후행처분의 단계에서 변경하거나 되돌리는 것은 선행처분이 무효로 할 만큼 잘못된 것이 아닌 한 행정작용을 위해 설계된 제도의 취지상 허용될 수 없다는 의미로 볼 수 있다.

6. 관련판례 7에서 선행처분은 업무정지처분이고 후행처분은 업무정지의무의 위반을 이유로 한 개설등록취소처분이고, 그 내용과 효과를 달리하는 독립된 행정처분으로서 선행처분이 당연무효가 아닌 이상 그 하자를 이유로 후행처분의 효력을 다툴 수 없다고 하고 있다. 시정명령 위반에 대한 처벌이 이루어지기 위해서는 시정명령이 적법해야 한다는 판례(대법원 2017. 9. 21. 선고 2017도7321 판결 [개발제한구역의지정및관리에관한특별조치법위반·폐기물관리법위반])와 관련판례 7의 경우를 비교해 보시오. 업무정지의무 위반을 이유로 처벌을 할 경우에는 업무정지가 적법해야 하지 않을까? 처벌의 경우에는 업무정지처분이 적법해야 하지만, 개설등록취소처분의 경우에는 업무정지처분이 유효한 것으로 충분하다면, 이는 처벌과 개설등록취소처분 간의 기본권 침해에 대한 차이 때문일까? 업무정지 처분과 개설등록취소처분은 모두 행정상 제재처분에 해당한다는 점, 경제활동을 하는 자에게 개설등록취소처분은 처벌에 비해 더 가볍다고 볼 수만은 없는 점 등을 고려해 보자. 유사한 맥락에서 관련판례 6과 관련판례 7의 선행처분과 후행처분의 관계에 어떤 차이점이 있는지도 생각해 보자.

V 참고문헌

홍강훈, 「하자승계 문제의 소송법적 해결론」에 따른 하자승계 관련 대법원 판례들의 문제점 분석 및 비판, 공법연구 50집 2호, 2022

최계영, 하자의 승계와 쟁송법적 처분: 대법원 2020. 4. 9. 선고 2019두61137 판결, 행정판례연구 27－1집, 2022

신만중, 세무조사와 권리구제를 둘러싼 제 문제 －세무조사의 처분성과 하자의 승계를 중심으로－, 외법논집 제41권 제4호, 2017

김세현, 소득금액변동통지와 하자의 승계, 판례변경에 따른 신뢰성 보호 문제, 행정판례연구 19－1집, 2014

Ⅵ 관련법령

부동산 가격공시 및 감정평가에 관한 법률(제9055호 2008. 3. 28)

제3조 (표준지공시지가의 조사·평가 및 공시) ① 국토해양부장관은 토지이용상황이나 주변환경 그 밖의 자연적·사회적 조건이 일반적으로 유사하다고 인정되는 일단의 토지 중에서 선정한 표준지에 대하여 매년 공시기준일 현재의 적정가격을 조사·평가하고, 제19조의 규정에 의한 중앙부동산평가위원회의 심의를 거쳐 이를 공시하여야 한다.

② 제1항의 규정에 의한 표준지의 선정·공시기준일 및 공시절차에 관하여 필요한 사항은 대통령령으로 정한다.

제8조 (표준지공시지가에 대한 이의신청) ① 표준지공시지가에 대하여 이의가 있는 자는 표준지공시지가의 공시일부터 30일 이내에 서면으로 국토해양부장관에게 이의를 신청할 수 있다.

② 국토해양부장관은 제1항의 규정에 의한 이의신청기간이 만료된 날부터 30일 이내에 이의신청을 심사하여 그 결과를 신청인에게 서면으로 통지하여야 한다. 이 경우 국토해양부장관은 이의신청의 내용이 타당하다고 인정될 때에는 제3조 및 제5조의 규정에 따라 당해 표준지공시지가를 조정하여 다시 공시하여야 한다.

③ 제1항 및 제2항에서 규정한 것 외에 이의의 신청 및 처리절차 등에 관하여 필요한 사항은 대통령령으로 정한다.

2-2-8. 공정력 · 구성요건적 효력 · 선결문제에 대한 관할권

Ⅰ 개요

공정력 등 행정행위의 특별한 효력은 행정법 이론 상 '행정행위'가 행정작용 유형 중 핵심적인 지위를 차지하고, 항고소송의 대상적격과 관련해서 특별한 지위를 가지게 하는 중요한 요소이다. 공정력 등의 핵심은 행정청이 일단 행정행위를 발급하면 행정행위가 처음부터 무효였던 것으로 취급할 정도의 위법성을 갖지 않는 한 이 행정행위의 효력이 존중되어야 한다는 점이다. 종래 '공정력' 개념은 행정행위의 효력에 대한 존중이 문제되는 여러 유형의 상황에 적용되는 포괄적인 개념이었으나, 최근 그 효력이 문제되는 상황과 관계당사자, 인정근거 등에 따라 개념이 분화되고 있다. 분화된 개념에 따르면, ① 공정력은 "행정행위가 무효가 아닌 한 상대방 또는 이해관계인은 행정행위가 권한있는 기관(처분청 · 재결청 또는 수소법원)에 의해 취소되기까지는 그의 효력을 부인할 수 없는 힘"을, ② 구성요건적 효력은 "행정행위가 무효가 아닌 한 모든 국가기관(지방자치단체기관을 포함한 행정기관 및 법원등)은 그의 존재 · 유효성 및 내용을 존중하며, 스스로의 판단의 기초 내지 구성요건으로 삼아야 하는 구속력"을 말하며, 마지막으로 ③ 민사법원과 형사법원이 각각 민사사건과 형사사건의 선결문제로서 행정행위의 적법 여부, 효력 유무를 판단할 수 있는가 하는 문제가 구성요건적 효력의 일부 또는 별도의 재판관할권의 문제로 논의된다. 전통적인 포괄적 '공정력' 개념 대신 이렇게 분화된 개념을 사용하는 것이 그 설명력과 문제해결 능력에서 더 우수한 것인지에 대해서는 견해의 차이가 있지만, 분화된 개념을 사용할 경우 그 정당성이나 효력의 내용에 있어서 개별적인 차이와 세부적인 논의를 더할 수 있다는 점에서 의의가 있다.

II 리딩케이스

1. 사건번호: 대법원 2001. 12. 11. 선고 99두1823 판결 【인사발령취소등】

2. 사실관계

피고 1(광역자치단체장)이 지방공무원법 제29조의3의 규정에 의하여 피고 제1시 소속 지방공무원인 원고 갑을 제1군으로 전입하기 위하여, 1997. 4. 22. 피고 2에게 전입동의를 요청하자, 피고2(피고 제1시 시장)는 같은 해 5월 1일 이에 동의한 다음, 같은 달 3일 갑을 제1군지방공무원으로 전출하는 명령(이하 '이 사건 전출명령'이라 한다)을 하였고, 피고 1은 같은 달 2일 갑에 대하여 제1군지방공무원으로의 전입과 동시에 제1면 근무를 명하였다. 그러나 갑이 이 사건 전출명령이 자신의 동의없이 이루어진 것으로서 위법하다고 주장하면서 제1면에 출근하지 아니하자, 피고 1은 같은 해 7월 23일 갑에게 정직 3월의 징계에 처하였고, 이에 갑이 소청한 결과 경기도지방공무원소청심사위원회에서 1997. 9. 19. 감봉 3월로 감경하는 결정(이하 감봉 3월로 감경된 처분을 '이 사건 징계처분'이라 한다)을 하였다. 갑은 이 사건 인사발령처분과 징계처분에 대한 항고소송을 제기하면서, 주위적 청구로 법 제29조의3의 규정은 당해 공무원의 동의 없이 다른 지방자치단체로 전출할 수 있게 함으로써 헌법 제7조 제2항 등에 위배되는 위헌·무효의 법률조항이므로 그에 터잡은 이 사건 전출명령 및 그 유효를 전제로 한 이 사건 징계처분은 모두 무효임이 확인되어야 함을 주장하고, 예비적 청구로 위 법규정은 당해 공무원의 동의를 전제로 한 것인데 이 사건 전출명령은 갑의 동의 없이 이루어진 것으로 위법하고 이 사건 징계처분 역시 위 전출명령이 적법함을 전제로 하는 것일 뿐만 아니라 재량권 일탈·남용의 위법이 있어 모두 취소되어야 함을 주장하였다. 원심판결(서울고등법원 1998. 12. 17. 선고 97구48939 판결)은 이에 대해 법 제29조의3의 규정이 당해 공무원의 동의를 전제로 하지 않았다 하여 헌법에 위반된다고 할 수 없고, 그런 이상 갑이 전출명령에 동의한 바 없다 하더라도 이 사건 전출명령이 위법하다고 할 수 없으며, 이 사건 징계처분에 재량권 일탈·남용의 위법도 없다는 등의 이유로 원고의 주위적 및 예비적 청구를 모두 배척하였다.

3. 판결요지

[1] 법 제29조의3은 지방자치단체의 장은 다른 지방자치단체의 장의 동의를 얻어 그 소속공무원을 전입할 수 있다고 규정하고 있는바, 위 규정에 의하여 동의를 한 지방자치단체의 장이 소속 공무원을 전출하는 것은 임명권자를 달리하는 지방자치단체로의 이동인 점에 비추어 반드시 당해 공무원 본인의 동의를 전제로 하는 것이고, 위 법규정도 본인의 동의를 배제하는 취지의 규정은 아니어서 위헌·무효의 규정은 아니므로, 원심의 이유설시는 적절하지 아니하나 위 법규정이 위헌·무효임을 전제로 한 원고의 주위적 청구를 배척한 결론은 정당하고, 거기에 법리오해 등 상고이유의 주장과 같은 위법이 없다.

[2] 그러나 위와 같이 법 제29조의3 규정에 의한 전입은 반드시 당해 공무원의 동의를 전제로 하는 것인데도 피고2의 이 사건 전출명령에는 원고의 동의가 없었음을 그 피고가 자인하고 있으므로, 이 사건 전출명령은 더 볼 것도 없이 위법하여 취소되어야 할 것이고, 이를 주장하는 원고의 상고이유 주장은 이유 있다. 그리고 위와 같이 이 사건 전출명령이 위법한 것으로서 취소되어야 할 것인 이상 이를 이유로 들어 출근을 거부하는 원고에게 이 사건 전출명령이 적법함을 전제로 하여 내려진 이 사건 징계처분은 비록 이 사건 전출명령이 공정력에 의하여 취소되기 전까지는 유효한 것으로 취급되어야 한다고 하더라도 징계양정에 있어서는 결과적으로 재량권을 일탈한 위법이 있다고 할 것이고 이를 다투는 원고의 상고이유의 주장 또한 이유 있다.

4. 판례해설

공정력의 근원은 '위법한 행정처분을 어떻게 취급할 것인가'라는 문제에 대한 해결책으로 볼 수 있다. 행정처분 역시 개별·구체적인 사안에 대한 '법의 선언'이라는 점에서(이 사안에서 법(규범)은 어느 당사자에게 권리를 부여하고 있다, 또는 어떤 행동을 하도록 요구하고 있다는 선언) 본질적으로 일반·추상적 규범을 선언하는 입법과 다르지 않다. 그러한 '법의 선언'이 잘못 된 경우에 이를 어떻게 처리할 것인가의 문제는 인류에게 '법치'라는 아이디어가 떠오른 이후로 줄곧 궁구되어 왔다. '법의 선언'이 상위규범(우주의 보편적 진리 또는 헌법)에 위반된 경우 이는 더 이상 '법'이 아니라도 볼 수도 있다. (이 경우 위법한 행정처분은 항상 당연무효로 취급될 것이다.) 그러나 올바른 법을 발견하기 어려운 경우도 있고, 법을 선언할 권한을 부여받은 자들이(행정청 또는 법원) 가지는 한계 때문에 항상 올바른 법을 발견한다는 보장이 없음을 인정한다면, '법의 선언'이 잘못된 경우마다 그것이 '법'이 아니라고 하여서는 올바른 '법의 선언'이 있을 때까지는 현실적 법질서의 공백이 생겨서 사회가 유지되기 어렵고, 그 법의 선언이 잘못된 것인지도 명확하지 않아서 저마다 달리 판단할 수도 있으므로 전문가에게 일정한 과정을 통해 밝혀보도록 하고 나머지 사람들이 그 결정에 따르도록 하는 방법이 적절하다. 따라서 실용적 관점에서 보면 행정법원에 의한 취소소송이라는 단일한 제도를 통해 행정처분의 위법성을 확인할 때까지 나머지 사람들은 그 행정처분을 존중해야 할 필요가 있고, 행정처분에게 부여되는 '존중받는 지위'가 곧 공정력이라고 할 수 있다. 그러나 '법의 선언'이 잘못되었음이 누구나 알 수 있을 정도로 명백한 경우에는 실용적 관점에서도 굳이 이를 일정한 절차를 거쳐 확인받아야 할 이유가 없으므로 중대명백한 위법을 당연무효사유로 인정하는 것이다.

현행법상 '공정력'을 명시적으로 인정하는 규정은 없고, 행정심판법이나 행정소송법 취소쟁송 제도를 두고 행정심판위원회나 취소소송의 수소법원만이 처분을 취소할 수 있도록 하고, 취소쟁송이 제기되어도 원칙적으로 처분의 효력이 정지되지 않도록 하고 있는 상태가 행정행위가 '공정력'을 가지고 있음을 반영하는 것이라고 해석되고 있다. 이로부터 '공정력'으로 인해 취소쟁송제도가 그러한 방식으로 설계되었다고 볼 것인지, 역으로 취소쟁송제도가 그러한 방식으로 설계됨으로 인해 결과적으로 초래된 상태를 '공정력'이라는 개념으로 구성했다고 볼 것인지 견해가 나뉘지만, 중요한 것은 '공정력' 이론은 취소쟁송에 관한 규정의 해석을 위해 동원될 수 있다는 점이다. 취소쟁송에 관한 규정이 어떤 경우에 행정처분을 유효하게 취급할 것인가를 결정할 수 있는 충분한 기준을 제시하지 못한다면, '공정력'이론을 통해서 그 규정의 해석시 참고할 수 있는 법원리적 기준 등을 제시할 수 있다.

행정행위의 공정력은 행정행위의 하자에 있어 취소사유와 무효사유의 구별과 직접 관련되며, 하자의 치유와 전환, 하자의 승계 등과도 관련된다. 리딩케이스는 선행 행정행위인 전출명령이 위법하였다는 점이 이후 그 전출명령 위반을 이유로 내려진 징계처분도 위법하게 한다는 의미에서 두 행정행위 간의 하자승계가 인정되는 경우라 할 수 있다. (하자승계는 별도의 항목에서 다루고 있으므로 더 이상 설명하지 않는다.) 이 판결은 우선 어떤 명령 위반을 이유로 한 징계처분이 적법하기 위해서는 전제가 된 전출명령이 유효할 뿐만 아니라 적법해야 함을 전제로 하고 있다. 이 점은 관련판례 4에서 국토의 계획및 이용에 관한 법률상 처분이나 조치명령의 위반에 대한 처벌을 받기 위해서는 그 처분이나 조치명령이 적법한 것이라야 한다고 보는 것과 유사하다. 징계처분도 규범을 위반한 행위에 대한 소급적 징벌이라는 측면에서 형벌과 유사한 원리가 적용된다고 할 수 있다. 다음으로 공정력과 관련하여, 전출명령이 공정력을 가진다 하여도, 그 효력의 내용은 "취소되기 전까지는 유효한 것으로 취급"되는 것일 뿐, 그것이 적법하게 취급되는 것은 아님을 보여주고 있다. 따라서 전출명령의 위법이 단지 취소사유에 불과하여 권한있는 기관에 의해 취소될 때까지는 유효하다 할지라도 그것이 이후의 징계처분까지 적법하게 하는 것은 아니라고 하고 있다.

이 판례는 항고소송절차에서 소송물인 행정처분(징계처분)의 위법성의 요건으로서 선행 행정처분의 유·무효와 적·위법의 문제를 분리하여 검토하는 것이므로 재판관할권 문제는 제기되지 않고 다만 실체법적 측면에서 공정력의 의미를 검토하고 있다. 이에 비해 우리 법원이 민사소송에 의하도록 하고 있는 손해배상청구권이나 부당이득청구권, 또는 형사소송절차에 의하여야 하는 행정형벌의 부과 등의 전제로서 행정처분의 유·무효나 적·위법이 문제된 경우에는 당해 소송이 계속된 민사법원이나 형사법원이 이 문제를 판단할 권한이 있는가의 문제가 제기된다. (앞서 말한 바와 같이 이 문제는 종래 '공정력' 개념으로 설명되다가, '구성요건적 효력'의 문제로 개념의 분화가 이루어졌고, 최근에는 '구성요건적 효력'으로부터도 분화되어 민사법원이나 형사법원의 '재판관할권의 범위' 문제로 분화가 시도되고 있다.) 이에 대해 판례의 태도를 보면, 민사소송의 경우 행정행위의 효력을 상실시키는 것이 선결문제가 된 경우에는 민사법원은 그러한 권한을 갖지 못한다. 관련판례 2에서 보는 바와 같이 과세처분이 유효한 한 납부한 조세가 부당이득으로 인정되지 않으므로 불복제기기간을 도과한 국민이 조세부과처분의 위법을 이유로 이미 납부한 세금의 반환을 청구하는 경우 이는 부당이득으로 인정되지 않는다. 민사소송에서 행정행위의 효력을 상실시키는 것이 아니라 행정행위의 위법성을 확인하는 것이 선결문제가 된 경우에 민사법원은 위법성을 확인할 수 있다고 한다. 관련판례 1에서 문제된 국가배상법상 공무원의 직무상 위법행위를 원인으로 한 손해배상청구소송에서 공무원의 직무집행행위로서 행정처분의 위법성이 문제된 경우가 이에 해당된다. 한편, 판례는 형사소송에서도 민사소송과 유사한 해결을 하고 있다. 즉, 관련판례 3과 같이 행정행위의 효력을 부인하는 것이 형사소송에서 선결문제가 되는 경우에는 형사법원은 이를 부인할 수 없다고 하고 있으나, 관련판례4와 같이 행정행위의 위법여부가 범죄구성요건의 문제로 되어 위법성의 확인이 선결문제인 경우에는 형사법원이 이를 확인할 수 있다고 하고 있다.

Ⅲ 관련판례

1. 사건번호: 대법원 1972. 4. 28. 선고 72다337 판결【손해배상】

(피고 행정청은 1969. 11. 10 원고가 건축한 본 건 건물의 구조 및 위치가 건축허가에 위반하였다는 이유로 본건 건축허가를 취소함과 동시에 자진철거를 명하고, 같은 날 원고에게 그 건물을 2일 이내에 자진 철거하지 않으면 대집행 하겠다는 계고처분을 하고 같은 달 12일 대집행 영장에 의하여 건물의 철거가 이루어졌다. 원고는 이에 대하여 국가배상법에 근거하여 손해배상을 청구하였다.)

공무원이 그 직무를 집행함에 당하여 고의 또는 과실로 법령에 위반하여 손해를 가하였을 때에는 국가 또는 지방자치단체에 대하여 배상청구를 할 수 있다 할 것인바, 본건 계고처분 또는 행정대집행 영장에 의한 통지와 같은 행정처분이 위법인 경우에는 그 각 처분의 무효확인 또는 취소를 소구할 수 있으나 행정대집행이 완료한 후에는 그 처분의 무효확인 또는 취소를 구할 소익이 없다 할 것이며 변론의 전 취지에 의하여 본건 계고처분 행정처분이 위법임을 이유로 배상을 청구하는 취의로 인정될 수 있는 본건에 있어 미리 그 행정처분의 취소판결이 있어야만 그 행정처분의 위법임을 이유로 피고에게 배상을 청구할 수 있는 것은 아니라고 해석함이 상당할 것임에도 불구하고 행정처분의 취소가 있어 그 효력이 상실되어야만 배상을 청구할수 있는 법리인 것 같이 판단한 원판결에는 배상청구와 행정처분 취소판결과의 관계에 관한 법리를 오해한 위법이 있다 할 것이다.

2. 대법원 1994. 11. 11. 선고 94다28000 판결【부당이득금】

가. 조세의 과오납이 부당이득이 되기 위하여는 납세 또는 조세의 징수가 실체법적으로나 절차법적으로 전혀 법률상의 근거가 없거나 과세처분의 하자가 중대하고 명백하여 당연무효이어야 하고, 과세처분의 하자가 단지 취소할 수 있는 정도에 불과할 때에는 과세관청이 이를 스스로 취소하거나 항고소송절차에 의하여 취소되지 않는 한 그로 인한 조세의 납부가 부당이득이 된다고 할 수 없다.

나. 행정처분이 아무리 위법하다고 하여도 그 하자가 중대하고 명백하여 당연무효라고 보아야 할 사유가 있는 경우를 제외하고는 아무도 그 하자를 이유로 무단히 그 효과를 부정하지 못하는 것으로, 이러한 행정행위의 공정력은 판결의 기판력과 같은 효력은 아니지만 그 공정력의 객관적 범위에 속하는 행정행위의 하자가 취소사유에 불과한 때에는 그 처분이 취소되지 않는 한 처분의 효력을 부정하여 그로 인한 이득을 법률상 원인 없는 이득이라고 말할 수 없는 것이다.

3. 대법원 1982. 6. 8. 선고 80도2646 판결【도로교통법위반】

도로교통법 제65조 제1호의 규정방식을 근거로 내세워 도로교통법 제57조 제1호에 규정한 연령미달의 결격자이던 피고인이 그의 형인 공소외 이 창규 이름으로 운전면허시험에 응시 합격하여 받은 원판시 운전면허를 당연무효로 보아야 할 것이라는 소론 주장은 채택할 바 못되는 것이고, 피고인이 위와 같은 방법에 의하여 받은 운전면허는 비록 위법하다 하더라도 도로교통법 제65조 제

3호의 허위 기타 부정한 수단으로 운전면허를 받은 경우에 해당함에 불과하여 취소되지 않는 한 그 효력이 있는 것이라 할 것이므로 같은 취지에서 피고인의 원판시 운전행위가 도로교통법 제38조의 무면허운전에 해당하지 아니한다.

4. 대법원 1992. 8. 18. 선고 90도1709 판결【도시계획법위반】

구 도시계획법 제92조 제4호(1991. 12. 14.법률 제4427호로 개정되기 전의 것)에 의하면 같은법 제78조의 규정에 의한 행정청의 처분 또는 조치명령에 위반한 자에 대하여 6월 이하의 징역 또는 300,000원 이하의 벌금에 처하도록 규정되어 있고, 같은법 제78조 제1호 에 의하면 이 법 또는 이 법에 의한 명령이나 처분에 위반한 자에 대하여 이 법에 의한 허가, 인가 또는 승인을 취소하거나 공사의 중지, 공작물 등의 개축 또는 이전 기타 필요한 처분을 하거나 조치를 명할 수 있도록 규정되어 있으며, 같은법 제4조 제1항 제1호 에 의하면 도시계획구역 안에서 토지의 형질의 변경은 시장 또는 군수의 허가없이 이를 할 수 없도록 규정되어 있는 바, 위 각 규정을 종합하면 도시계획구역 안에서 허가없이 토지의 형질을 변경한 경우 행정청은 그 토지의 형질을 변경한 자에 대하여서만 같은법 제78조 제1항에 의하여 처분이나 원상회복 등의 조치명령을 할 수 있다고 해석되고, 같은 조항에 정한 처분이나 조치명령을 받은 자가 이에 위반한 경우 이로 인하여 같은법 제92조에 정한 처벌을 받기 위하여는 그 처분이나 조치명령이 적법한 것이라야 한다고 봄이 상당하다 할 것이다.

원심이 적법하게 확정한 바에 의하면 피고인 소유인 이 사건 토지의 형질을 무단으로 변경한 자는 피고인이 아니라 피고인으로부터 이 사건 토지를 임차한 공소외 乙과 丙임에도 불구하고 그 형질을 변경한 자도 아닌 피고인에 대하여 판시 원상복구의 시정명령이 발하여진 것을 알 수 있으므로 위 원상복구의 시정명령은 위법하다 할 것이고 따라서 피고인이 위법한 위 시정명령을 따르지 않았다고 하여 피고인을 같은법 제92조 제4호에 정한 조치명령등 위반죄로 처벌할 수는 없다 할 것이며, 위 시정명령을 당연무효로 볼 수없다 하더라도 그것이 위법한 처분으로 인정되는 한 이 사건 도시계획위반죄가 성립될 수 없다 할 것이다.

5. 대법원 1999. 2. 5. 선고 98도4239 판결 【도로교통법위반】

피고인이 행정청으로부터 자동차 운전면허취소처분을 받았으나 나중에 그 행정처분 자체가 행정쟁송절차에 의하여 취소되었다면, 위 운전면허취소처분은 그 처분시에 소급하여 효력을 잃게 되고, 피고인은 위 운전면허취소처분에 복종할 의무가 원래부터 없었음이 후에 확정되었다고 봄이 타당할 것이고, 행정행위에 공정력의 효력이 인정된다고 하여 행정소송에 의하여 적법하게 취소된 운전면허취소처분이 단지 장래에 향하여서만 효력을 잃게 된다고 볼 수는 없다.

6. 대법원 1993. 8. 27. 선고 93누5437 판결 【체당보험금부지급결정취소】

가. 행정처분이나 행정심판 재결이 불복기간의 경과로 인하여 확정될 경우 그 확정력은 그 처분으로 인하여 법률상 이익을 침해받은 자가 당해 처분이나 재결의 효력을 더 이상 다툴 수 없다는 의미일 뿐, 더 나아가 판결에서 인정되는 기판력과 같은 효력이 인정되는 것은 아니어서 그 처분의 기초가 된 사실관계나 법률적 판단이 확정되고, 당사자들이나 법원이 이에 기속되어 모순되는 주장이나 판단을 할 수 없게 되는 것은 아니다.

나. 유족급여지급 거부처분이 불복기간의 도과로 확정되었다고 하더라도 유족보상금청구권이 없다는 내용의 법률관계까지 확정되는 것은 아니라 할 것이므로, 그 후 사업주가 근로기준법상의 유족보상금 청구소송을 당하여 패소함에 따라 이를 지급하였다면 이는 일응 산업재해보상보험법시행령 제35조소정의 "사업주가 산업재해보상보험법에 의한 보험급여의 사유와 동일한 사유로 민법 기타 법령에 의하여 보험급여에 상당하는 금품을 수급권자에게 미리 지급한 경우로서 당해 금품이 보험급여를 체당하여 지급한 것으로 간주될 수 있는 경우"에 해당한다.

대구고등법원 1991. 4. 24. 선고 90구1404 특별부 판결: 확정 【영업정지명령취소】

원고들에게 이 사건 소송을 유지할 법률상의 이익이 있는지에 관하여 살피건대, 행정처분에 그 효력기간이 정하여져 있는 경우에는 그 기간의 경과로 행정처분의 효력이 상실되는 것이므로 그 효력기간 경과 후에는 그 처분이 외형상 잔존함으로 인하여 어떠한 법률상의 이익이 침해되고 있다고 볼만한 특별한 사정이 없는 한 그 처분의 취소나 무효확인을 구할 법률상의 이익은 없다(대법원 1990. 1. 12. 선고 89누1032 판결 참조)고 할 것인바, 앞서 본 바와 같이 이 사건 처분은 1990. 12. 26.부터 1991. 2. 25.까지 3개월간 원고들의 영업을 정지한다는 것을 내용으로 하여 이 사건 변론종결 당시 이미 그 영업정지기간이 도과되었음이 명백하므로 효력기간의 경과로 그 효력이 상실되었다고 할 것이고, 이 사건 행정처분이 외형상 잔존함으로 인하여 원고들에게 어떠한 법률상의 이익이 침해되고 있음을 인정할 만한 아무런 자료도 없을 뿐만 아니라, 이 사건 행정처분을 취소한다고 하더라도 그 영업정지기간 동안 영업하지 못한 원고들의 불이익이 회복되는 것도 아니므로, 이 사건 소는 그 처분의 효력기간 경과로 인하여 소의 이익이 없게 되어 부적법하고, 그 흠결은 보정될 수도 없음이 명백하다.

원고들은, 이 사건 처분의 영업정지기간이 이미 지났다고 하더라도, 원고들이 피고를 상대로 하여 손해배상청구를 하기 위하여서는 그 선결문제로서 이 사건 처분의 위법확인을 받아둘 필요가 있으므로 이 사건 소를 유지할 이익이 있다고 주장하나, 행정처분의 공정력은 행정의 계속성과 안정성을 보장하기 위하여 비록 행정처분에 위법이 있다고 하더라도 그 처분청이나 감독청, 수소법원 등 권한 있는 기관에 의하여 취소되기 전까지는 유효한 것으로 본다는 절차법적 효력으로서 행정쟁송제도의 반사적 효과일 뿐 실체법적 또는 초실정법적 효력은 아니므로, 직접적으로 행정처분의 효력에 관계되지 아니하는 손해배상청구소송에서는 민사법원도 그 선결문제로 된 행정처분에 대한 취소판결이 있기 전이라도 그 위법 여부를 판단할 수 있다고 봄이 상당(대법원 1972. 4. 28. 선고 72다337 판결; 1981. 8. 25. 선고 80다1598 판결 참조)할 뿐만 아니라, 1984. 12. 15. 법률 제3754호로 전면 개정된 현행 행정소송법은 그 제2장 취소소송 제1절 재판관할 중 제11조에서 그 제1항으로 처분 등의 효력 유무 또는 존재 여부가 민사소송의 선결문제로 되어 민사소송의 수소법원이 이를 심리 판단하는 경우에는 제17조(행정청의 소송참가), 제25조(행정심판기록의 제출명령), 제26조(직권심판) 및 제33조(소송비용에 관한 재판의 효력)의 규정을 준용한다고 규정하고, 그 제2항은 제1항의 경우에 당해 수소법원은 그 처분 등을 행한 행정청에게 그 선결문제로 된 사실을 통지하여야 한다고 규정하여, 절차적으로 처분청이 민사소송에의 참가나 자료제출 등을 통하여 선결문제로 된 행정처분이 적법, 유효함을 주장, 입증할 기회를 보장하고 있는 점 및 행정처분이 당연무효인 경우에는 법원이나 국민 누구라도 그 효력을 부인할 수 있으므로, 그것이 민사소송의 선결문제로 된 경우에 민사법원이 이를 판단할 수 있음은 당연하고 이에 대하여는 강학상으로도 이론이 없으며, 현행 행정소송법 제38조가 그 제3장 취소소송 외의 항고소송에 준용되는 취소소송에 관한 조문을 규정하면서 그 가운데 위 제11조를 넣지 아니한 것도 위와 같은 취지에 근거한 것으로 보이는 점 등을 고려할 때는 더더욱 그러하므로, 손해배상청구소송의 수소법원인 민사법원에서는 그 선결문제로 된 행정처분의 위법 여부를 판단할 수 없음을 전제로 하는 원고들의 주장은 받아들일 수 없다.

7. 대법원 2017. 9. 21. 선고 2017도7321 판결【개발제한구역의지정및관리에관한특별조치법위반 · 폐기물관리법위반】

가. 개발제한구역법 제30조 제1항에 의하여 행정청으로부터 시정명령을 받은 자가 이를 위반한 경우, 그로 인하여 개발제한구역법 제32조 제2호에 정한 처벌을 하기 위하여는 시정명령이 적법한 것이라야 하고, 그 시정명령이 당연무효가 아니더라도 위법한 것으로 인정되는 한 개발제한구역법 제32조 제2호 위반죄가 성립될 수 없다.

한편 행정절차법 제21조 제1항, 제4항, 제22조에 의하면, 행정청이 당사자에게 의무를 부과하거나 권익을 제한하는 처분을 하는 경우에는 미리 처분하려는 원인이 되는 사실과 처분의 내용 및 법적 근거, 이에 대하여 의견을 제출할 수 있다는 뜻과 의견을 제출하지 아니하는 경우의 처리방법 등의 사항을 당사자 등에게 통지하여야 하고, 다른 법령 등에서 필수적으로 청문을 실시하거나 공청회를 개최하도록 규정하고 있지 아니한 경우에도 당사자 등에게 의견제출 기회를 주어야 하되, '해당 처분의 성질상 의견청취가 현저히 곤란하거나 명백히 불필요하다고 인정될 만한 상당한 이유가 있는 경우' 등에 한하여 처분의 사전통지나 의견청취를 하지 아니할 수 있다. 따라서 행정청이 침해적 행정처분을 하면서 당사자에게 위와 같은 사전통지를 하지 아니하거나 의견제출 기회를 주지 아니하였다면, 사전통지를 하지 않거나 의견제출 기회를 주지 아니하여도 되는 예외적인 경우에 해당하지 아니하는 한 그 처분은 위법하여 취소를 면할 수 없다(대법원 2013. 1. 16. 선고 2011두30687 판결 등 참조).

나. 기록에 의하면, 하남시장이 이 사건 공소사실 중 시정명령 불이행으로 인한 개발제한구역법 위반의 점에 기재된 바와 같이 피고인 1에게 고철 적치 행위 등에 대한 원상복구를 명하는 시정명령(이하 '이 사건 시정명령'이라 한다)을 하면서 위 피고인에 대하여 사전통지를 하지 아니하였을 뿐 아니라 의견제출 기회도 주지 아니하였고, 그러한 절차를 거치지 아니할 예외적인 사정도 없었음을 알 수 있다.

다. 이러한 사실관계를 앞서 본 법리에 비추어 살펴보면, 행정청인 하남시장은 침해적 행정처분인 이 사건 시정명령을 하면서 피고인 1에게 행정절차법 제21조, 제22조에 따른 적법한 사전통지를 하거나 의견제출 기회를 부여하였다고 볼 수 없고 이를 정당화할 사유도 없으므로, 이 사건 시정명령은 절차적 하자가 있어 위법하고, 이 사건 시정명령이 당연무효가 아니더라도 위법한 것으로 인정되는 이상, 피고인 1이 그 시정명령을 이행하지 아니하였다 하더라도 피고인 1에 대하여 개발제한구역법 제32조 제2호 위반죄가 성립할 수 없다. 피고인 1에 대하여 위 개발제한구역법위반죄가 성립하지 아니하므로 피고인 2 주식회사(이하 '피고인 회사'라 한다)에 대하여도 피고인 1의 시정명령 불이행으로 인한 개발제한구역법위반죄가 성립하지 아니한다.

그럼에도 원심은, 그 판시와 같은 이유만을 들어 이 사건 시정명령이 내려지기 이전에 피고인 1에게 행정절차법이 정한 사전통지나 의견제출 기회의 부여가 이루어지지 않았더라도 그러한 절차상 하자가 위 시정명령을 당연무효로 할 만큼 중대·명백하다고 단정하기 어려우므로 위 시정명령의 효력을 부정할 수 없다고 보아, 피고인들에 대한 이 사건 공소사실 중 이 사건 시정명령 불이행으로 인한 개발제한구역법위반 부분을 유죄로 인정한 제1심판결을 그대로 유지하였다. 이러한 원심의 판단에는 행정행위의 공정력과 선결문제, 개발제한구역법 제32조의 시정명령위반죄에 관한 법리를 오해하여 판결 결과에 영향을 미친 위법이 있다. 이러한 취지의 상고이유 주장은 이유 있다.

Ⅳ 질문 및 토의과제

1. 단순위법인 행정행위에 대해 권한있는 기관이 취소할 때까지 상대방과 이해관계인이 이를 존중하여야 할 필요성, 다른 국가기관이 이를 존중하여야 할 필요성, 특히 취소소송의 관할권을 갖지 않은 민사법원이나 형사법원이 그 효력을 심사할 수 없도록 할 필요성을 각각 어디에서 찾을 수 있을 것인지 생각해 보라.

2. 관련판례 5에서와 같이 사후에 행정처분이 취소되면 행정처분의 효력이 소급적으로 상실되고 이에 따라 복종의무도 소급적으로 없었던 것으로 되어 당해 행정처분을 위반한 행위에 대해서 처벌을 할 수 없게 된다. 이는 '공정력'의 효력 범위가 '잠정적'임을 보여준다. 그

런데, 이 경우 행정처분을 위반한 행위의 사회적 반가치성에 대해서는 처벌할 필요가 없는 것인가? 그러한 필요에도 불구하고 이러한 결과가 정당화될 수 있는 이유는 무엇인가? 이 문제와 관련하여 아래 판례의 다수의견과 반대의견의 관점의 차이를 분석해 보시오.

대법원 2014. 5. 22. 선고 2012도7190 전원합의체 판결【도시및주거환경정비법 위반】

[1] **[다수의견]** (가) 구 도시 및 주거환경정비법(2012. 2. 1. 법률 제11293호로 개정되기 전의 것, 이하 '구 도시정비법'이라 한다) 제8조 제1항, 제13조, 제20조 제1항 제5호, 제21조 제1항, 제85조 제5호, 제86조 제6호를 종합하여 보면, 구 도시정비법 제85조 제5호 위반죄 또는 제86조 제6호 위반죄는 각 규정에서 정한 행위자만이 주체가 될 수 있고, 여기에서 그 주체로 규정된 '조합의 임원' 또는 '조합임원'이란 구 도시정비법 제13조에 따라 정비사업을 시행하기 위하여 토지등소유자로 구성되어 설립된 조합이 구 도시정비법 제21조에 따라 둔 조합장, 이사, 감사의 지위에 있는 자이다.

(나) 구 도시정비법 제18조에 의하면 토지등소유자로 구성되어 정비사업을 시행하려는 조합은 제13조 내지 제17조를 비롯한 관계 법령에서 정한 요건과 절차를 갖추어 조합설립인가처분을 받은 후에 등기함으로써 성립하며, 그때 비로소 관할 행정청의 감독 아래 정비구역 안에서 정비사업을 시행하는 행정주체로서의 지위가 인정된다. 여기서 행정청의 조합설립인가처분은 조합에 정비사업을 시행할 수 있는 권한을 갖는 행정주체(공법인)로서의 지위를 부여하는 일종의 설권적 처분의 성격을 가진다. 따라서 토지등소유자로 구성되는 조합이 그 설립과정에서 조합설립인가처분을 받지 아니하였거나 설령 이를 받았다 하더라도 처음부터 조합설립인가처분으로서 효력이 없는 경우에는, 구 도시정비법 제13조에 의하여 정비사업을 시행할 수 있는 권한을 가지는 행정주체인 공법인으로서의 조합이 성립되었다 할 수 없고, 또한 이러한 조합의 조합장, 이사, 감사로 선임된 자 역시 구 도시정비법에서 정한 조합의 임원이라 할 수 없다.

이러한 법률 규정과 법리에 비추어 보면, 정비사업을 시행하려는 어떤 조합이 조합설립인가처분을 받았다 하더라도 그 조합설립인가처분이 무효여서 처음부터 구 도시정비법 제13조에서 정한 조합이 성립되었다고 할 수 없는 경우에, 그 성립되지 아니한 조합의 조합장, 이사 또는 감사로 선임된 자는 구 도시정비법 제85조 제5호 위반죄 또는 제86조 제6호 위반죄의 주체인 '조합의 임원' 또는 '조합임원'에 해당하지 아니한다고 해석함이 타당하며, 따라서 그러한 자의 행위에 대하여는 구 도시정비법

第85조 제5호 위반죄 또는 제86조 제6호 위반죄로 처벌할 수 없다.

[2] 주택재개발정비사업조합의 임원이었던 피고인들이 공모하여, 총회의 결의 없이 철거감리업체를 선정하거나 정비사업 시행과 관련한 자료 등을 공개하지 아니하였다고 하여 구 도시 및 주거환경정비법(2012. 2. 1. 법률 제11293호로 개정되기 전의 것, 이하 '구 도시정비법'이라 한다) 위반으로 기소된 사안에서, 위 조합에 대한 조합설립인가처분이 무효여서 처음부터 구 도시정비법 제13조에서 정한 조합이 성립되었다 할 수 없으므로, 피고인들은 구 도시정비법 제85조 제5호, 제24조 제3항 제5호 및 제86조 제6호, 제81조 제1항의 각 위반행위에 대한 주체가 될 수 없고, 피고인들이 위 각 위반행위를 하였더라도 위 각 규정 위반죄로 처벌할 수 없다고 한 사례.

[대법관 신영철, 대법관 고영한, 대법관 김창석, 대법관 김신의 반대의견] (가) 구 도시 및 주거환경정비법(2012. 2. 1. 법률 제11293호로 개정되기 전의 것) 제24조 제3항, 제81조 제1항, 제84조, 제85조 제5호, 제86조 제6호를 살펴보면, 조합원 등과 조합의 법적 이익이 정당하게 보호될 수 있기 위해서는 조합의 최종적인 운명에 관계없이 조합설립인가의 시점부터 조합이 공법상의 지위를 상실하는 확정적인 판단을 받는 시점까지, 또는 목적달성으로 그 지위가 소멸되는 시점까지 조합임원에 대한 법적 명령이나 금지가 유효하게 존재한다고 보아야 한다. 왜냐하면, 위 규정들은 조합설립인가처분에 의하여 법적 실체를 갖게 된 조합이 투명하고 공정하게 운영되도록 하기 위한 목적에서 생겨난 것이기 때문이다.

(나) 조합임원이 총회의 의결을 거쳐야 하는 사항임에도 총회의 의결을 거치지 아니하고 그에 관한 사업을 임의로 추진하였다면 그 시점에서 범죄가 성립된다. 그리고 조합임원이 정비사업 시행과 관련한 서류 및 자료를 인터넷과 그 밖의 방법을 병행하여 공개하지 아니하거나 조합원 또는 토지등소유자의 열람·등사 요청에 응하지 아니하였다면 그 시점에서 범죄가 성립된다. 또한, 조합임원이 시공자 등으로부터 금품을 수수하였다면 그 시점에서 범죄가 성립된다.

위 각 행위 시점에서 그 행위자가 객관적으로 조합임원이었고 자신이 조합임원이라는 사실을 분명하게 인식한 상태에서 조합임원에게 주어진 법적 명령이나 금지를 위반한 이상 그 행위 당시의 형벌규정에 의하여 처벌되는 것은 당연하다. 이 점은 범죄가 성립된 시점 이후에 조합설립인가처분 무효확인 또는 취소의 판결이 확정되었다 하더라도 마찬가지이다. 그리고 이러한 결과는 죄형법정주의를 위반하는 것이라고 할 수도 없다. 범죄행위가 기수에 이른 시점 이후에 생겨난 조합설립인가처분 무효 또는 취소라는 사정을 반영하여 이미 성립된 범죄를 그에 관한 재판의 시점에서 달리 평가할 수 있느냐 하는 문제는 죄형법정주의와는 차원을 달리하는 별개의 문제이기 때문이다.

3. 행정행위의 잠정적 유효성은(공정력) 제소기간의 도과 등으로 확정적 유효성(불가쟁력)으로 전환된다. 관련판례 6에서는 처분에 불가쟁력이 발생하였다는 것이 곧 그 처분의 기초가 된 사실관계나 법률적 판단이 확정되고 당사자들이나 법원이 이에 기속되어 모순되는 주장이나 판단을 할 수 없게 되는 것은 아니라는 점에서 판결의 기판력과는 다르다고 하고 있다. 불가쟁력과 구성요건적 효력간의 관계는 어떻게 보아야 하는지 생각해 보라.

4. 관련판례 7에서는 시정명령 위반행위를 처벌하기 위해서는 시정명령의 (유효성뿐만 아니라 나아가) 적법성이 요구된다고 본다. 그렇다면 개발제한구역법뿐만 아니라 '시정명령'이 규정된 다른 법률들의 경우에도 동일한 해석이 적용된다고 보면 되는가?

Ⅴ 참고문헌

홍강훈, 「독자적 행정행위 효력론」에 근거한 행정행위 효력의 새로운 재구성 －공정력, 존속력, 구속력 개념 간의 역사적·이론적 비교분석－, 공법연구 49집 1호, 2020

최 원, 과세처분의 효력으로서 공정력과 형식적 존속력의 관계, 조세연구 제15권 제1집, 2015

박균성, 행정행위의 공정력과 구성요건적 효력, 행정작용법, 2005, 박영사

Ⅵ 관련법령

지방공무원법

제29조의3 (전입) 지방자치단체의 장은 다른 지방자치단체의 장의 동의를 받아 그 소속 공무원을 전입하도록 할 수 있다.

국가배상법

제2조 (배상책임) ① 국가나 지방자치단체는 공무원이 직무를 집행하면서 고의 또는 과실로 법령을 위반하여 타인에게 손해를 입히거나, 「자동차손해배상 보

장법」에 따라 손해배상의 책임이 있을 때에는 이 법에 따라 그 손해를 배상하여야 한다.

민법

제741조 (부당이득의 내용) 법률상 원인없이 타인의 재산 또는 노무로 인하여 이익을 얻고 이로 인하여 타인에게 손해를 가한 자는 그 이익을 반환하여야 한다.

2-2-9. 행정행위의 직권 취소 · 철회의 제한

I 개요

행정행위가 성립시부터 하자(위법 또는 부당)를 가지고 있는 경우에 그 행정행위를 한 처분청은 이를 직권으로 취소할 수 있다. 그 효과는 행위시로 소급하여 처음부터 행정행위가 없었던 것으로 된다. 처분청 외에 감독청도 이러한 직권취소를 할 수 있는가에 대해서는 견해가 나뉘지만, 행정권한 법정주의의 관점에서 볼 때 감독청이 취소의 명령이 아니라 직접 취소권을 행사하는 것은 하급행정청의 처분권에 포함된 취소권을 감독청이 대행하는 결과가 된다는 점에서 법령의 규정이 있는 경우에만 허용된다고 보는 견해가 다수이다.

한편 처분청은 행정행위가 유효하게 성립한 이후에 발생한 새로운 사정을 이유로 이를 철회할 수 있다. 그 효과는 장래에 향하여서만 발생하며, 새로운 공익적 사유 등을 판단해야 한다는 점 때문에 철회권은 처분청만이 행사할 수 있다고 본다.

행정행위의 직권취소와 철회는 별개의 행정행위에 해당하지만, 행정의 법적합성의 원칙 또는 처분권에 취소 · 철회권이 포함되어 있다는 관점 등에 근거하여 행정행위의 취소와 철회는 별도의 법적 근거가 없이도 허용된다고 보는 것이 판례의 입장이다. 또한 행정행위에 불가쟁력이 발생하여 쟁송취소가 불가한 경우에도 직권취소는 원칙적으로 시간의 제약없이 허용된다고 본다(다만, 실권(失權)의 법리가 적용될 수 있음.).

침익적 행정행위의 직권취소와 철회는 별다른 제약없이 허용되지만, 수익적 행정행위의 경우 당해 행정행위로 인하여 상대방에게 일종의 기득권이 형성된 상태이므로 이를 소급적 또는 장래적으로 박탈하는 경우 상대방의 신뢰보호가 문제된다. 따라서 이 경우 수익적 행정행위를 취소 또는 철회하여야 할 공익상의 필요와 그 취소로 인하여 당사자가 입을 불이익을 비교·교량하여 공익상 필요가 이를 정당화할 만큼 강한 경우에 한하여 취소 또는 철회할 수 있다. 이를 수익적 행정행위의 취소·철회의 제한의 법리라 한다.

II 리딩케이스

1. 사건번호: 대법원 1995. 7. 28. 선고 95누4926 판결【개인택시운송사업면허취소처분취소】

2. 사실관계

원고 갑은 1980년 자동차운전면허를 취득한 이래 13여년간 각종 차량의 운전업무에 종사하여 그 운전경력이 개인택시운송사업면허의 취득기준에 부합되자 위 운송사업면허를 타인으로부터 양수하는 방법으로 취득하기로 하고 그 일을 제반 정보 및 절차를 잘 알고 있는 소외 병에게 대가를 주고 맡겼다. 갑은 병의 알선으로 위 하계윤으로부터 그의 면허와 택시 1대를 대금 29,200,000원에 양수하였는데, 갑이 위 양도·양수시 필요한 택시운전자격증을 갖고 있지 아니하여 위 소외 1은 자신의 택시운전자격증을 위조하여 갑의 자격증으로 만든 다음 위 인가신청시에 함께 제출하였다. 그 후 1993. 6. 14. 위와 같은 위조사실이 간과되어 위 양도·양수에 대한 인가와 갑에 대한 개인택시운송사업면허가 발급된 다음, 갑은 적법하게 시험에 응시, 합격하여 같은 해 9. 16. 택시운전자격증을 새로이 취득하였다. 그 후 인가신청시 제출된 갑 명의의 택시운전자격증이 위조되었음이 밝혀지자, 부산광역시는 1994. 5. 26. 갑이 허위의 서류를 제출하여 위 운송사업면허를 양수받아 양도·양수인가조건과 개인택시운송사업면허조건을 위반하였음을 처분사유로 들어 자동차운수사업법 제31조 제1항에 의하여 원고에 대한 개인택시운송사업면허를 취소하였다. 이에 원고는 동 면허취소처분의 취소를 구하는 소송을 제기하였다.

3. 판결요지

행정처분에 하자가 있음을 이유로 처분청이 이를 취소하는 경우에 그 처분이 국민에게 권리나 이익을 부여하는 이른바 수익적 행정행위인 때에는 그 처분을 취소하여야 할 공익상 필요와 그 취소로 인하여 당사자가 입게 될 불이익을 비교교량한 후 공익상 필요가 당사자가 입을 불이익을 정당화할 만큼 강한 경우에 한하여 이를 취소할 수 있으나, 그 처분의 하자가 당사자의 사실은폐나 기타 사위의 방법에 의한 신청행위에 기인한 것이라면 당사자는 그 처분에 의한 이익이 위법하게 취득되었음을 알아 그 취소가능성도 예상하고 있었으므로 그 자신이 위 처분에 관한 신뢰이익을 원용할 수 없음은 물론 행정청이 이를 고려하지 아니하였다고 하여도 재량권의 남용이 되지 아니하고, 당사자의 사실은폐나 기타 사위의 방법에 의한 신청행위가 제3자를 통하여 소극적으로 이루어졌다고 하여 이를 달리 볼 것도 아니고, 또한 사후에 새로이 위 처분에 필요한 자격요건을 갖추었다고 하여 자격미달자에 대한 행정처분의 하자가 치유된다고 볼 수도 없다.

4. 판례해설

행정의 법적합성의 원칙에 따라 위법한 행정행위는 취소되어야 하지만, 법적 안정성의 원칙 역시 법치행정의 또다른 축이므로 양자가 균형을 이루는 지점에서 직권취소권한은 제한된다. 이러한 관점에서 직권취소제한의 법리는 신뢰보호원칙이 특정 유형의 사안에서 구체화된 것이라 할 수 있다. 이때, 행정의 법적합성과 법적 안정성의 균형점을 찾기 위해 동원될 수 있는 판단기준으로 이익형량의 원칙과 신뢰보호의 원칙을 들고 있다. 그런데 이러한 법리의 적용과정에서 일반적인 신뢰보호원칙을 그대로 적용하면 되는 것인지, 아니면 직권취소제한의 법리의 경우 별도의 판단기준 내지 방식이 있는 것인지를 판례를 통해 검토해 본다.

리딩케이스의 원심판결은 ① 갑이 관계 법규에 대한 부지로 택시운전자격증의 위조를 소극적으로 인용하였을 뿐 적극적으로 나서서 하지는 아니하였고 ② 위 운송사업면허를 받은 후 곧바로 적법하게 새로이 택시운전자격증을 취득하여 이전의 위법을 사후에나마 보완, 치유하였으며 ③ 위 면허를 양수하기 위해 거액의 돈을 들였고 양수받은 면허로 가족들의 생계를 유지하고 있는 점 등을 고려하여, 피고가 원고의 택시운전자격증 위조행위에 대한 제재로서 자동차운수사업법 제31조 제1항에서 규정하고 있는 것 중 가장 무거운 면허취소처분을 택한 것은 재량권을 일탈한 위법이 있다 하여 이 사건 처분의 취소를 구하는 원고의 청구를 인용하였다. 원심은 그 위법성을 논함에 있어서 1차적으로 제재수준의 선택에 대해 비례원칙을 적용한 것으로 보인다. 원심에서는 원고가 제3자로 하여금 자신의 택시운전자격증을 위조하도록 하여 개인택시운송사업면허를 신청한 행위에 대해 그 태양(적극적이지 않았다)과 사후행위(택시운전자격증 사후취득) 등을 들면서 그 부정적인 측면의 비중을 감소시키면서 이를 형량의 한 요소로 삼았을 뿐이고, 신뢰보호의 배제사유로 판단하지 않았다. 원심의 경우 신뢰보호의 모든 요소를 동시에 형량하는 방식을 취한 것으로 보인다.

이에 비해 대법원은 당사자에게 그러한 위법한 처분을 하게 된 귀책사유가 있는 경우에는 당사자가 신뢰이익을 주장할 수 없으므로, 직권취소처분이 재량권 일탈·남용에 해당되지 않는다고 하였다. 대법원의 이러한 논증은 일반적인 신뢰보호 원칙의 적용요건 즉, 공적 견해의 표명 → 보호가치 있는 신뢰의 형성 → 신뢰를 기초로 한 사인의 적극적인 추가 조치 → 공·사익의 형량 등의 요건을 단계적으로 적용하는 데 더 가깝게 보인다. 이러한 과정에서는 원고에게 처분의 존속에 대한 신뢰를 형성하게 된 데 귀책사유가 있으면 보호가치 있는 신뢰가 형성되지 않았다고 보므로 공·사익의 형량에 더 나아갈 필요가 없을 것이다. (물론 직권취소의 제한문제가 아닌 상황에서 신뢰보호원칙이 적용될 경우에도 공적 견해의 표명이 존재하지 않는다는 판단을 한 후에도 공·사익 형량을 하고 있는 경우가 존재한다. 그러나 엄격하지는 않아도 이는 어느 정도 단계적인 논리로 구성되어 있다고 할 수 있다.)

그렇다면, 직권취소의 제한의 법리에서 이익형량이 주된 요건으로 제시되는 것은 일반적으로 수익적 행정행위가 있었다는 사실로부터 다른 요건들이 충족되기 때문이라고 할 수 있겠다. 그러나 각 요건들이 문제될 수 있는 경우들을 생각해 볼 수 있다. 통상 신뢰보호의 원칙에서 '공적 견해의 표명'이란 요건이 충족되려면, 신뢰의 대상이 된 매우 구체적인 의사의 표명이 있었다고 인정되어야 한다. 여기에서는 문제된 행정행위의 발령 자체에 그 행정행위가 계속 존속할 것이라는 의사 또는 그 행위가 적법하여 취소되거나 하지 않을 것이라는 의사의 표명이 포함되어 있다고 보아야 한다. 따라서 행정행위의 발령 시에 철회권의 유보가 부관으로 더해진 경우 이러한 존속의 의사가 표명되었다고 인정될 수 있는지가 문제될 것이다. 나아가 어떤 행정행위가 위법한 경우 직권취소될 수 있다는 일반적인 원칙의 존재가 그러한 공적 견해 표명의 성립을 방해할 수는 없을지도 생각해 볼 수 있다. 또한 신뢰를 형성한 사인의 적극적인 추가 조치에 관해서도 국가로부터 수령한 자금을 소비하였다는 점이 이에 해당될 수 있겠는가도 생각해 볼 수 있다. 사인의 귀책사유로는 리딩케이스에서와 같이 사기·강박·증뢰 등 부정한 방법을 통하여 당해 행위가 발급되게끔 야기한 경우 외에도 수익자가 행정행위의 위법성을 알았거나 중대한 과실로 알지 못한 경우, 더 나아가 위법성이 수익자의 객관적 책임영역에 귀속하는 경우로서 수익자가 행한, 본질적으로 부당한 또는 불완전한 신고에 토대하여 행정행위가 이루어진 경우 등이 문제된다. 공·사익의 형량에 앞서 이러한 신뢰보호원칙의 요건이 충족되는가를 검토하는 방식과 보다 직접적으로 공·사익의 형량을 통해 판단하는 것의 차이점은 무엇인가? 공·사익의 형량이란 매우 주관적으로 보일 수도 있고, 예측가능성이 떨어질 수도 있으므로, 가능한 한 그 전제조건들의 검토를 통해 공·사익형량만으로 논증을 하는 것을 피하고 이를 보완 내지 대체하는 편이 더 바람직할 것으로 생각된다.

III 관련판례

1. 대법원 2003. 5. 30. 선고 2003다6422 판결【소유권이전등기말소등】

민법상의 비영리(종교) 사단법인인 원고가 1995. 11. 27. 소외 자유건설 주식회사(이하 '자유건설'이라 한다)와 기본재산인 이 사건 부동산에 관하여 교환계약을 체결하고, 같은 해 12. 27. 주무관청인 문화체육부장관으로부터 기본재산전환인가를 받아 1996. 4. 25. 이 사건 부동산에 관한 소유권이전등기를 경료해 준 사실, 기본재산전환인가의 인가조건에 의하면, 원고는 이 사건 부동산을 공정한 시가에 처분하되, 처분금은 전액 취득재산 매입비 및 건축비용으로 사용할 것이며, 취득재산은 원고의 기본재산으로 편입하여 사업목적에 제공하여야 하고, 이를 이행하지 않거나 신청서상 허위가 발견될 시에는 기본재산전환인가를 취소할 수 있으며, 취득재산에 관하여 준공일로부터 4개월 이내에 소유권이전(보존)등기를 마치지 못할 시에는 기본재산전환인가의 효력이 상실되는 것으로 기재되어 있는 사실, 자유건설은 1997. 3. 7. 소외 주식회사 한국주택은행(피고 주식회사 국민은행으로 합병되었다)으로부터 자금을 차용하고 이 사건 부동산에 관하여 채권최고액 금 18억 4,000만 원의 근저당권설정등기를 경료해 주고, 같은 해 5. 12.에는 소외 주택사업공제조합(피고 대한주택보증 주식회사로 조직이 변경되었다)에게 신탁을 원인으로 한 소유권이전등기를 경료해 준 후 1998. 2.경 부도를 내고 2001. 6. 22. 파산선고를 받은 사실, 그러자 행정권한의위임및위탁에관한규정 제28조 제2항에 따라 문화체육부장관의 권한을 위임받은 부산광역시장이 2001. 8. 25. 인가조건의 불이행을 이유로 직권으로 이 사건 부동산에 관한 기본재산전환인가를 취소한 사실을 각 인정한 다음, 주무관청의 조건부인가가 인가조건 불이행을 이유로 취소되어 소급적으로 무효가 되었으므로 그 인가에 의하여 이루어진 이 사건 부동산에 관한 자유건설 명의의 소유권이전등기와 이에 터잡아 경료된 피고들 명의의 각 등기는 모두 원인무효의 등기라고 판단하였다.

2. 행정행위의 취소는 일단 유효하게 성립한 행정행위를 그 행위에 위법 또는 부당한 하자가 있음을 이유로 소급하여 그 효력을 소멸시키는 별도의 행정처분이고, 행정행위의 철회는 적법요건을 구비하여 완전히 효력을 발하고 있는 행정행위를 사후적으로 그 행위의 효력의 전부 또는 일부를 장래에 향해 소멸시키는 행정처분이다.

그러므로 행정행위의 취소사유는 행정행위의 성립 당시에 존재하였던 하자를 말하고, 철회사유는 행정행위가 성립된 이후에 새로이 발생한 것으로서 행정행위의 효력을 존속시킬 수 없는 사유를 말한다고 할 것이다.

이 사건 기본재산전환인가의 인가조건으로 되어 있는 사유들은 모두 위 인가처분의 효력이 발생하여 기본재산 처분행위가 유효하게 이루어진 이후에 비로소 이행할 수 있는 것들이고, 인가처분 당시에 그 처분에 그와 같은 흠이 존재하였던 것은 아니므로, 위 법리에 의하면, 위 사유들은 모두 인가처분의 철회사유에 해당한다고 보아야 하고, 인가처분을 함에 있어 위와 같은 철회사유를 인가조건으로 부가하면서 비록 철회권 유보라고 명시하지 아니한 채 조건불이행시 인가를 취소할 수 있다는 기재를 하였다 하더라도 위 인가조건의 전체적 의미는 인가처분에 대한 철회권을 유보한 것이라고 봄이 상당하다.

그럼에도 불구하고, 원심이 이와 다른 견해에서 부산광역시장의 위 처분이 기본재산전환인가의 취소에 해당한다는 이유로 위 인가처분이 소급하여 무효가 되었다고 판단한 것은 기본재산전환인가의 인가조건의 성격에 관한 법리를 오해함으로써 판결에 영향을 미친 위법을 범한 것이라 할 것이다.

2. 대법원 2006. 6. 30. 선고 2004두701 판결【복구준공통보등취소신청거부처분취소】

[1] 국민의 적극적 행위신청에 대한 행정청의 거부행위가 항고소송의 대상이 되는 행정처분에 해당하기 위하여는 국민이 행정청에 대하여 그 행위발동을 요구할 법규상 또는 조리상의 신청권이 있어야 한다.

[2] 산림법령에는 채석허가처분을 한 처분청이 산림을 복구한 자에 대하여 복구설계서승인 및 복구준공통보를 한 경우 그 취소신청과 관련하여 아무런 규정을 두고 있지 않고, 원래 행정처분을 한 처분청은 그 처분에 하자가 있는 경우에는 원칙적으로 별도의 법적 근거가 없더라도 스스로 이를 직권으로 취소할 수 있지만, 그와 같이 직권취소를 할 수 있다는 사정만으로 이해관계인에게 처분청에 대하여 그 취소를 요구할 신청권이 부여된 것으로 볼 수는 없으므로, 처분청이 위와 같이 법규상 또는 조리상의 신청권이 없이 한 이해관계인의 복구준공통보 등의 취소신청을 거부하더라도, 그 거부행위는 항고소송의 대상이 되는 처분에 해당하지 않는다고 한 사례.

3. 대법원 2007. 9. 20. 선고 2005두13971 판결【진급낙천처분취소】

법 제31조 제2항이 진급예정자로 공표된 자라 할지라도 진급발령 전에 '진급시킬 수 없는 사유'가 발생하였을 때에는 진급권자가 진급예정자 명단에서 삭제할 수 있도록 하고 있고 그에 터 잡은 법 시행령 제38조 제1항이 '진급시킬 수 없는 사유'에 해당하는 경우에 대하여 규정하고 있는바, 군 진급인사의 적정성 및 중요성 등에 비추어 볼 때, 비록 진급예정자 명단이 공표되었다고 하더라도 그 명단 공표 이전 내지 이후에 발생한 사정이 진급선발을 유지할 수 없게 하는 사정에 해당하거나 중대한 공익상 필요가 생긴 경우에는 그 진급선발을 취소할 수 있는 것이지 법 시행령 제38조 제1항 소정의 사유가 있어야만 이를 이유로 진급선발을 취소할 수 있는 것은 아니라 할 것이므로, 피고가 진급예정자 명단 공표 이후 법 시행령 제38조 제1항 소정의 사유가 아닌 '진급심사 전의 음주운전 사실 은폐로 부정선발'을 이유로 이 사건 대령진급 선발을 취소하는 이 사건 처분을 하였다 하여 그 자체로 위법하다고 할 수 없다.

한편, 수익적 행정처분을 취소할 때에는 이를 취소하여야 할 공익상의 필요와 그 취소로 인하여 당사자가 입게 될 기득권과 신뢰보호 및 법률생활 안정의 침해 등 불이익을 비교·교량한 후 공익상의 필요가 당사자가 입을 불이익을 정당화할 만큼 강한 경우에 한하여 취소할 수 있는바(대법원 2006. 5. 25. 선고 2003두4669 판결 등 참조), 법 및 법 시행령의 관계 규정에 따르면, 원고와 같이 진급예정자명단에 포함된 자는 진급예정자명단에서 삭제되거나 진급선발이 취소되지 않는 한 진급예정자명단 순위에 따라 진급하게 되므로 이 사건 처분은 진급예정자로서 가지는 원고의 이익을 침해하는 수익적 행정행위의 직권취소의 경우에 해당하고, 따라서 위 법리에 따라 이 사건 대령진급 선발을 취소하여야 할 공익상 필요와 그 취소로 인하여 원고가 입을 기득권과 신뢰보호 및 법률생활 안정의 침해 등 불이익을 비교·교량한 후 공익상 필요가 원고의 기득권 침해 등 불이익을 정당화할 수 있을 만큼 강한 경우라야만 이 사건 처분이 적법하다고 할 수 있을 것이다.

그런데 원고와 같이 진급예정자명단에 포함된 자는 진급예정자명단에서 삭제되거나 진급선발이 취소되지 않는 한 진급예정자명단 순위에 따라 진급되게 되므로 진급예정자명단 공표 이후의 진급선발취소는 실질적으로 중징계의 일종인 강등과 유사한 효과가 있는 점 및 기록에 의하여 나타난 다음과 같은 사정, 즉 원고가 이 사건 음주운전사실이 진급심사과정에 반영되지 않도록 부정한 방법으로 이를 은폐하였다고 보기 어려운 점, 음주운전을 하였다는 사정만으로 언제나 진급대상에서 제외된다고 할 수 없고 이 사건 음주운전사실이 진급심사 과정에 반영되었다고 하더라도 원고의 진급이 불가능하였다고 단정하기는 어려운 점, 이 사건 대령진급 선발 이후 원고는 이 사건 음주운전을 이유로 법 시행령 제38조 제1항 소정의 진급시킬 수 없는 사유에 해당하지 아니하는 약식명령 및 징계유예 결정을 받음으로써 원고에게는 자신에 대한 진급선발이 취소되지 아니하리라는 신뢰가 형성된 점 등에 비추어 보면, 군 진급인사의 적정성 등 이 사건 대령진급 선발을 취소하여야 할 공익상의 필요가 원고가 입게 될 기득권과 신뢰 및 법률생활 안정의 침해 등 불이익을 정당화할 만큼 강한 경우에 해당한다고 보기 어렵다고 할 것이므로 결국 이 사건 처분은 위법하다고 할 것이다.

4. 대법원 2008. 11. 13. 선고 2008두8628 판결【회수명령등취소】

행정행위를 한 처분청은 그 행위에 하자가 있는 경우에는 별도의 법적 근거가 없더라도 스스로 이를 취소할 수 있고, 다만 수익적 행정처분을 취소할 때에는 이를 취소하여야 할 공익상의 필요와 그 취소로 인하여 당사자가 입게 될 기득권과 신뢰보호 및 법률생활 안정의 침해 등 불이익을 비교·교량한 후 공익상의 필요가 당사자가 입을 불이익을 정당화할 만큼 강한 경우에 한하여 취소할 수 있으나, 나아가 수익적 행정처분의 하자가 당사자의 사실은폐나 기타 사위의 방법에 의한 신청행위에 기인한 것이라면 당사자는 처분에 의한 이익이 위법하게 취득되었음을 알아 취소가능성도 예상하고 있었다 할 것이므로, 그 자신이 처분에 관한 신뢰이익을 원용할 수 없음은 물론, 행정청이 이를 고려하지 아니하였다고 하여도 재량권의 남용이 되지 않고, 이 경우 당사자의 사실은폐나 기타 사위의 방법에 의한 신청행위가 제3자를 통하여 소극적으로 이루어졌다고 하여 달리 볼 것이 아니다(대법원 1995. 7. 28. 선고 95누4926 판결; 2006. 5. 25.

선고 2003두4669 판결 등 참조).

원고가 이 사건 의약품에 관하여 주식회사 랩프런티어에 의하여 조작된 시험자료를 제출하였고, 피고는 위 시험자료가 진정한 것으로 보아 이 사건 의약품에 관한 제조허가를 하였으므로, 피고가 이 사건 처분을 함에 있어 위 제조허가에 대한 원고의 신뢰이익을 고려하지 않았다고 하더라도 피고의 이 사건 처분에 어떠한 위법이 있다고 할 수 없다.

뿐만 아니라, 특히 의약품은 사람의 생명이나 건강에 직접적인 영향을 미치는 것이므로 의약품의 안전성과 유효성을 확보함으로써 국민보건의 향상을 기하기 위한 처분에 있어서는 다른 분야의 처분에 비하여 보다 엄격하고 엄정한 기준이 요구된다 할 것인데, 이 사건에서 비록 시험자료 일부분의 조작이 있었을 뿐이고 조작 전의 원본자료에 의하면 생동성 시험기준상 동등으로 판정될 것이라고 하더라도, 시험자료의 조작은 그 자체로 비윤리적인 사위의 방법에 해당하여 비난가능성이 크고, 결과적으로는 시험기준을 충족한다는 이유를 들어 선불리 조작에 눈감고 이를 용인하게 되면 사전에 그 안전성·유효성이 검증되거나 보증되지 아니한 의약품의 유통을 방치하는 셈이 되며, 이 사건 처분으로 인하여 원고가 입게 될 불이익이 상당하다고 하더라도 이와 같은 불이익은 경제적 손실로 환원될 수 있는 것에 불과하여, 생물학적 동등성이 사전에 제대로 확인되지 않은 의약품의 유통으로 인하여 국민건강이 침해받을 수 있는 위험을 예방할 공익상의 필요와는 단순 비교하기 어려운 점에 비추어 보면, 이 사건 처분에 어떠한 재량권의 일탈·남용이 있다고 할 수는 없다.

5. 대법원 1999. 12. 28. 선고 98두1895 판결【토지형질변경불허가처분취소】

1. 행정행위의 취소라 함은 일단 유효하게 성립한 행정처분이 위법 또는 부당함을 이유로 소급하여 그 효력을 소멸시키는 별도의 행정처분을 말하고, 행정청은 종전 처분과 양립할 수 없는 처분을 함으로써 묵시적으로 종전 처분을 취소할 수도 있으나, 행정행위 중 당사자의 신청에 의하여 인·허가 또는 면허 등 이익을 주거나 그 신청을 거부하는 처분을 하는 것을 내용으로 하는 이른바

신청에 의한 처분의 경우에는 신청에 대하여 일단 거부처분이 행해지면 그 거부처분이 적법한 절차에 의하여 취소되지 않는 한, 사유를 추가하여 거부처분을 반복하는 것은 존재하지도 않는 신청에 대한 거부처분으로서 당연무효이다.

6. 대법원 2018. 6. 28. 선고 2015두58195 판결【평가인증취소처분취소】

가. 행정행위의 '취소'는 일단 유효하게 성립한 행정행위를 그 행위에 위법한 하자가 있음을 이유로 소급하여 그 효력을 소멸시키는 별도의 행정처분을 의미함이 원칙이다. 반면, 행정행위의 '철회'는 적법요건을 구비하여 완전히 효력을 발하고 있는 행정행위를 사후적으로 그 효력의 전부 또는 일부를 장래에 향해 소멸시키는 별개의 행정처분이다. 그리고 행정행위의 '취소 사유'는 원칙적으로 행정행위의 성립 당시에 존재하였던 하자를 말하고, '철회 사유'는 행정행위가 성립된 이후에 새로이 발생한 것으로서 행정행위의 효력을 존속시킬 수 없는 사유를 말한다(대법원 2003. 5. 30. 선고 2003다6422 판결 등 참조).

나. 영유아보육법 제30조 제5항 제3호에 따른 평가인증의 취소는 평가인증 당시에 존재하였던 하자가 아니라 그 이후에 새로이 발생한 사유로 평가인증의 효력을 소멸시키는 경우에 해당하므로, 그 법적 성격은 평가인증의 '철회'에 해당한다. 그런데 행정청이 평가인증을 철회하면서 그 효력을 철회의 효력발생일 이전으로 소급하게 하면, 철회 이전의 기간에 평가인증을 전제로 지급한 보조금 등의 지원이 그 근거를 상실하게 되어 이를 반환하여야 하는 법적 불이익이 발생한다. 이는 장래를 향하여 효력을 소멸시키는 철회가 예정한 법적 불이익의 범위를 벗어나는 것이다. 이처럼 행정청이 평가인증이 이루어진 이후에 새로이 발생한 사유를 들어 영유아보육법 제30조 제5항에 따라 평가인증을 철회하는 처분을 하면서도, 그 평가인증의 효력을 과거로 소급하여 상실시키기 위해서는, 특별한 사정이 없는 한 영유아보육법 제30조 제5항과는 별도의 법적 근거가 필요하다고 봄이 타당하다.

7. 대법원 2018. 7. 12. 선고 2014추33 판결【자율형사립고등학교행정처분직권취소처분취소청구】

[1] 아래에서 보는 바와 같은 자율형 사립고등학교(이하 '자사고'라 한다) 제도의 성격, 자사고 지정을 취소하는 과정에서 교육감의 재량을 절차적으로 통제할 필요가 있는 점, 구 초·중등교육법 시행령(2014. 12. 9. 대통령령 제25819호로 개정되기 전의 것, 이하 같다) 제91조의3의 개정이유 등에 비추어 볼 때, 구 초·중등교육법 시행령 제91조의3 제5항에서 말하는 교육부장관과의 사전 협의는 특별한 사정이 없는 한 교육부장관의 적법한 사전 동의를 의미한다.

① 구 초·중등교육법 시행령 제91조의3 제5항에 따르면 교육감이 자사고 지정을 취소하는 경우에는 미리 교육부장관과 협의하여야 한다.

② 자사고는 헌법 제31조 제6항에 따라 법률로 정하고 있는 학교교육제도에 관한 사항 중 일부가 적용되지 않는 학교이고, 자사고 제도의 운영은 국가의 교육정책과도 긴밀하게 관련되며, 자사고의 지정 및 취소는 해당 학교에 재학 중인 학생들과 그 학교에 입학하고자 하는 학생들에게 미치는 영향도 크다. 따라서 자사고의 지정 및 취소는 국가의 교육정책과 해당 지역의 실정 등을 고려하여 신중하게 이루어져야 할 필요가 있다.

③ 초·중등교육법 시행령 제91조의3은 2010. 6. 29. 신설 당시 제4항으로 '자사고는 5년 이내로 지정·운영하되, 시·도 교육규칙으로 정하는 바에 따라 연장할 수 있다'고만 규정하였다가, 2011. 6. 7. 대통령령 제22955호로 개정되면서 제5항으로 '교육감이 자사고 지정을 취소하는 경우에는 미리 교육과학기술부장관과 협의하여야 한다'고 규정하게 되었다. 이는 종전의 지정기간 연장에 행사되는 재량을 절차적으로 통제할 수 있는 장치를 마련함으로써 자사고를 보다 안정적으로 운영하게 하려는 취지에서 비롯된 것이다.

8. 대법원 2020. 4. 29. 선고 2017두31064 판결【우선협상대상자지위배제처분취소】

[2] 공유재산 및 물품관리법(이하 '공유재산법'이라 한다) 제2조 제1호, 제7조 제1항, 제20조 제1항, 제2항 제2호의 내용과 체계에 관련 법리를 종합하면, 지

방자치단체의 상이 공유재산법에 근거하여 기부채납 및 사용 · 수익허가 방식으로 민간투자사업을 추진하는 과정에서 사업시행자를 지정하기 위한 전 단계에서 공모제안을 받아 일정한 심사를 거쳐 우선협상대상자를 선정하는 행위와 이미 선정된 우선협상대상자를 그 지위에서 배제하는 행위는 민간투자사업의 세부내용에 관한 협상을 거쳐 공유재산법에 따른 공유재산의 사용 · 수익허가를 우선적으로 부여받을 수 있는 지위를 설정하거나 또는 이미 설정한 지위를 박탈하는 조치이므로 모두 항고소송의 대상이 되는 행정처분으로 보아야 한다.

[3] 지방자치단체의 장이 공유재산 및 물품관리법에 근거하여 민간투자사업을 추진하던 중 우선협상대상자 지위를 박탈하는 처분을 하기 위하여 반드시 청문을 실시할 의무가 있다고 볼 수는 없다. 구체적인 이유는 다음과 같다.

행정절차법 제21조 제1항, 제4항, 제22조 제1항, 제3항, 제4항에 의하면, 행정청이 당사자에게 의무를 부과하거나 권익을 제한하는 처분을 하는 경우에는 미리 '처분의 제목', '처분하려는 원인이 되는 사실과 처분의 내용 및 법적 근거', '이에 대하여 의견을 제출할 수 있다는 뜻과 의견을 제출하지 아니하는 경우의 처리방법', '의견제출기관의 명칭과 주소', '의견제출기한' 등의 사항을 당사자 등에게 통지하여야 하고, 의견제출기한은 의견제출에 필요한 상당한 기간을 고려하여 정하여야 하며, 다른 법령 등에서 필수적으로 청문을 하거나 공청회를 개최하도록 규정하고 있지 아니한 경우에도 당사자 등에게 의견제출의 기회를 주어야 하며, 다만 '해당 처분의 성질상 의견청취가 현저히 곤란하거나 명백히 불필요하다고 인정될 만한 상당한 이유가 있는 경우' 등에 한하여 처분의 사전통지나 의견청취를 하지 아니할 수 있다. 따라서 행정청이 침해적 행정처분을 하면서 당사자에게 위와 같은 사전통지를 하거나 의견제출의 기회를 주지 아니하였다면, 그 사전통지나 의견제출의 예외적인 경우에 해당하지 아니하는 한, 그 처분은 위법하여 취소를 면할 수 없다.

이처럼 행정절차법이 당사자에게 의무를 부과하거나 권익을 제한하는 처분을 하는 경우에 사전통지 및 의견청취를 하도록 규정한 것은 불이익처분 상대방의 방어권 행사를 실질적으로 보장하기 위함이다.

이러한 행정절차법의 규정 내용과 체계에 의하면, 행정청이 당사자에게 의무를 부과하거나 권익을 제한하는 처분을 하는 경우에는 원칙적으로 행정절차법

제21조 제1항에 따른 사전통지를 하고, 제22조 제3항에 따른 의견제출 기회를 주는 것으로 족하며, 다른 법령 등에서 반드시 청문을 실시하도록 규정한 경우이거나 행정청이 필요하다고 인정하는 경우 등에 한하여 청문을 실시할 의무가 있다.

9. 대법원 2021. 9. 30. 선고 2021두34732 판결【민간특례사업제안수용결정취소처분등취소】

[1] 수익적 행정행위를 취소·철회하거나 중지시키는 경우에는 이미 부여된 국민의 기득권을 침해하는 것이므로, 비록 취소 등의 사유가 있다고 하더라도 취소권 등의 행사는 기득권의 침해를 정당화할 만한 중대한 공익상의 필요 또는 제3자의 이익을 보호할 필요가 있고, 이를 상대방이 받는 불이익과 비교·교량하여 볼 때 공익상의 필요 등이 상대방이 입을 불이익을 정당화할 만큼 강한 경우에 한하여 허용될 수 있다.

[2] 도시계획시설인 공원시설 부지에 도시공원을 설치하여 기부채납하되 공원부지 일부에 아파트를 건축·분양하여 설치비용을 회수하고 일정 이윤을 얻겠다는 갑 주식회사의 민간특례사업 제안을 관할 시장이 받아들였다가, 공원조성계획변경안을 심사하는 과정에서 도시계획위원회가 공원조성계획변경안을 부결함에 따라 갑 회사의 공원조성계획변경신청을 거부하고 갑 회사에 대한 민간특례사업 제안수용 결정을 취소한 사안에서, 민간공원추진자의 제안을 받아들인 다음에도 행정청은 후속 심사절차에서 드러나는 여러 공익과 사익의 요소를 형량하여 공원조성계획의 내용을 형성해야 하기 때문에 최종적으로 갑 회사의 사업계획이 좌절되었더라도 이는 제안을 받아들일 당시부터 예정되어 있던 결과의 하나로 볼 수 있어 갑 회사로서는 이러한 결과를 충분히 예상할 수 있었으므로 민간특례사업 시행에 관한 갑 회사의 신뢰가 확고하다고 할 수 없는 점, 위 제안수용 취소처분은 국토의 계획 및 이용에 관한 법률이 정한 도시계획시설결정 실효시한 안에 공원사업을 시행하기 위한 불가피한 조치로서 공익상 필요성이 크다고 볼 수 있는 점을 종합하여 갑 회사의 신뢰와 비교·형량하여 볼 때, 위 제안수용 취소처분에는 갑 회사가 입을 불이익을 정당화할 만한 충분한

공익상의 필요가 있음에도 이와 달리 본 원심판단에 법리오해의 위법이 있다고 한 사례.

Ⅳ 질문 및 토의과제

1. 관련판례 1에서 대법원은 '행정행위의 성립 당시 존재하였던 하자'를 취소사유로, '행정행위가 성립된 이후에 새로이 발생한 것으로서 행정행위의 효력을 존속시킬 수 없는 사유'를 철회사유로 구분하고 있다. 이는 전통적 기준이라 할 수 있다. 이에 따라 만약 기본재산전환인가의 취소의 본질을 '철회'로 보고, 효력이 장래를 향해서만 상실된다고 하면, 위 기본재산에 대한 부동산소유권이전등기의 효력은 어떻게 볼 수 있는가? 한편, 관련판례 6은 행정행위의 철회는 장래를 향하여 효력을 소멸시키는 행위이므로, 철회의 효력을 과거로 소급하여 상실시키기 위해서는 별도의 법적 근거가 필요하다고 지적하고 있다.

2. 관련판례 2에서 보는 바와 같이 행정청이 별도의 법령상 근거 없이도 처분의 직권취소권을 가진다는 점이 행정청에 대한 직권취소신청의 거부를 반드시 '처분'으로 만들어주지는 않는다. 그러나 경우에 따라서는 조리상 신청권이 인정되는 경우는 있지 않을까?

3. 관련판례 3, 4, 9에서 직권취소 또는 철회를 제한하는 공익과 사익의 형량에 어떤 요소가 고려되었는지 살펴보시오.

4. 관련판례 7, 8은 행정청이 철회권을 행사함에 있어 재량을 통제하기 위해 거버넌스, 절차적 수단이 쟁점이 되고 있다. 관련판례 7에서는 교육감의 자사고 지정취소권한을 실효적으로 통제할 수 있도록 교육부장관과의 '사전 협의'를 '사전 동의'로 해석하고 있다. 관련판례 8에서는 우선협상대상자지위의 취소처분에 대해 행정절차법상 불이익처분에 관한 절차가 적용되나, 관련 규정이 없으므로 청문절차는 요구되지 않는다고 판단하였다.

Ⅴ 참고문헌

김치환, 도로점용료 부과처분에 있어서의 직권취소, 행정판례연구 25-2집, 2020

조성규, 지방자치단체에 대한 감독청의 직권취소의 범위와 한계, 행정판례연구 22-2집, 2017

선정원, 행정행위 철회의 장래효원칙과 그 예외, 법조 751호, 2022
김병기, 수익적 행정행위의 법적 성질과 철회 사유, 행정판례연구 제9집, 2004. 6, 한국행정판례연구회
김용섭, 보조금교부결정취소를 둘러싼 법적 문제, Jurist 408호, 2004. 9, 청림인터랙티브

Ⅵ 관련법령

행정기본법

제18조 (위법 또는 부당한 처분의 취소) ① 행정청은 위법 또는 부당한 처분의 전부나 일부를 소급하여 취소할 수 있다. 다만, 당사자의 신뢰를 보호할 가치가 있는 등 정당한 사유가 있는 경우에는 장래를 향하여 취소할 수 있다.

② 행정청은 제1항에 따라 당사자에게 권리나 이익을 부여하는 처분을 취소하려는 경우에는 취소로 인하여 당사자가 입게 될 불이익을 취소로 달성되는 공익과 비교·형량(衡量)하여야 한다. 다만, 다음 각 호의 어느 하나에 해당하는 경우에는 그러하지 아니하다.

1. 거짓이나 그 밖의 부정한 방법으로 처분을 받은 경우
2. 당사자가 처분의 위법성을 알고 있었거나 중대한 과실로 알지 못한 경우

제19조 (적법한 처분의 철회) ① 행정청은 적법한 처분이 다음 각 호의 어느 하나에 해당하는 경우에는 그 처분의 전부 또는 일부를 장래를 향하여 철회할 수 있다.

1. 법률에서 정한 철회 사유에 해당하게 된 경우
2. 법령등의 변경이나 사정변경으로 처분을 더 이상 존속시킬 필요가 없게 된 경우
3. 중대한 공익을 위하여 필요한 경우

② 행정청은 제1항에 따라 처분을 철회하려는 경우에는 철회로 인하여 당사자가 입게 될 불이익을 철회로 달성되는 공익과 비교·형량하여야 한다.

자동차운수사업법(1994. 8. 3 개정 이전)

제31조 (사업면허등의 취소등) ① 자동차운송사업자가 다음 각호의 1에 해당할 때에는 교통부장관은 6월 이내의 기간을 정하여 사업의 정지를 명하거나 면허 또는 등록의 일부 또는 전부를 취소할 수 있다.

1. 이 법 또는 이 법에 의거한 명령이나 처분 또는 면허, 허가나 인가에 부한 조건에 위반한 때
2. 허가 또는 인가를 얻은 사항을 정당한 사유없이 실시하지 아니한 때
3. 공공복리에 반하는 행위를 한 때
4. 사업경영의 불확실 또는 자산상태의 현저한 불량 기타 사유로써 사업을 계속함에 적합하지 아니할 때
5. 중대한 교통사고 또는 빈번한 교통사고로 인하여 많은 사상자를 발생하게 한 때
6. 도시교통정비촉진법 제11조제3항의 규정에 의한 명령에 위반한 때

② 제1항의 규정에 의한 처분의 기준과 절차 기타 필요한 사항은 교통부령으로 정한다.

제 3 장
행정계약

2-3-1. 행정계약의 해지권

Ⅰ 개요

공법상 계약은 행정주체를 적어도 한쪽 당사자로 하는 양 당사자 사이의 반대방향의 의사의 합치로서 공법적 효과를 발생시키는 것으로서 공법적 규율의 대상이 된다. 법치행정을 구현하는 전통적인 방식은 행정행위 등의 일방적 행위였으나, 오늘날 행정의 민주화로 국민과 협의 또는 협상을 통해 행정을 실현하는 경우, 급부행정이나 경제규제행정 등 일방적 명령 방식이 적절하지 않은 경우, 지방자치단체의 자치권을 존중하는 방식으로 국가 또는 다른 지방자치단체가 거버넌스 구조를 설계하는 경우 등 계약의 방식이 이용되는 경우가 확대되고 있다. 정부조달계약 등 행정주체가 체결하는 사법상 계약을 포괄하여 '행정계약'이라는 개념을 상정하기도 한다. 하나의 계약에 사법상 측면과 공법상 측면이 공존하는 경우도 존재하므로 상위개념으로서 '행정계약'도 유용성이 있는 개념이다.

공법상 계약에 대한 일반법은 존재하지 않고, 그에 특수한 규율은 개별법 또는 법이론상으로 인정된다. 개별법에 특별한 규정이 없는 경우에는 「국가를 당사자로 하는 계약에 관한 법률」을 적용하고 동 법률에서도 정하지 않은 사항에 대하여는 계약에 관한 민법 규정을 유추적용할 수 있다.

II 리딩케이스

1. 사건번호: 대법원 2003. 2. 26. 선고 2002두10209 판결【계약자 지위 존재확인】

2. 사실관계

원고 갑(건설회사)이 1999. 10. 16. 피고 을(대한민국) 산하 지방해양수산청장(이하 '지방청장')에게 공유수면에 잡화부두 축조 및 야적장 조성을 목적으로 하는 비관리청 항만공사 시행 협조요청을 하였다. 위 공사를 시행하기 위해서는 먼저 항만시설의 적정성·규모·배치계획 등을 결정하여 이를 항만기본계획 및 도시계획에 반영하여야 하고, 이를 위하여 타당성 조사용역의 시행이 선행되어야 하였으므로, 지방청장은 타당성조사 용역을 시행하겠다고 희망하는 업체가 갑 외에는 없었던 관계로, 1999. 12. 3. 갑과의 사이에 약정서를 작성하여 군산항 연안화물부두 축조 타당성 조사용역계약을 체결하였다.

갑은 이 사건 계약에 따라 위 부두 축조를 위한 타당성조사 용역수행업체를 선정하고 용역비를 7,500만 원으로 하여 용역계약을 체결한 후, 지방청장에게 위 용역계약 체결을 보고하였고, 지방청장으로부터 위 용역비를 위 제4조의 규정에 의거 군산지방청장 명의의 계좌로 예탁할 것을 통보받았다. 그런데 갑은 이후 총사업비 600억 원이 소요되는 '민자화물부두공사 계획안'을 제시하면서 사업계획의 타당성 및 수익성 등에 관한 의견을 물었는데, 위 지방청장으로부터 부정적인 설명을 들었다. 이에 갑은 용역비 예탁 연기신청을 하였고, 지방청장은 갑에게 용역비의 예탁 보류는 갑과 용역사 간의 협의가 선행되어야 할 것이므로 용역사와 협의 후 결과를 회신하여 주기 바라고, 사업계획을 변경하고자 하는 경우에는 사전에 지방청장과 변경 가능 여부를 협의하여 주기 바란다는 답변을 통보하였으나, 갑으로부터 아무런 응답도 받지 못하였다.

한편, 갑은 타당성 조사 용역계약을 체결한 직후 용역수행업체를 선정하기 전에 이미 2개의 다른 건설사에게 '민자화물부두건설 참여업체 초빙'이라는 제목으로 이미 사업계획서를 제출하였으며, 타당성 조사 용역결과 적합한 것으로 판단되는 경우 위 부두 축조 사업시행자로 공동 참여해 줄 것을 요청하였고, 이후 지방청장의 승인을 받거나 협의를 하지 않은 채 갑의 명의로 일간건설신문사에 '민자화물부두축조공사 입찰공고'라는 제목으로 '지방청장과 갑의 대표이사의 약정에 따라 민자화물부두축조공사 입찰공고를 한다'는 내용의 입찰공고를 의뢰하여 위 입찰공고가 일간건설신문에 게재되도록 하였다.

이에 지방청장은 갑에 대하여 이 사건 계약의 해지통보를 하였다. 그 해지사유는 ① 원고가 이 사건 계약을 체결한 후 10일이 경과하였으나 용역수행에 필요한 용역비를 지방청장이 지정한 금융기관에 예치하지 않았고, ② 위 타당성 조사용역도 시행하지 아니한 상태에서 일간건설신문에 갑이 발주처로 된 민자화물부두축조공사계획이 게재되어 사회적 물의를 야기하였으며, ③ 갑이 작성한 '민자화물부두공사 계획안'을 미리 지방청장에게 제시하면서 사업성 등의 검토를 요구하는 것은 위 타당성 조사용역이 객관적이고 거시적으로 시행되기에 장애가 되고, ④ 위 타당성 조사용역도 시행되지 아니한 상태에서 위 부두건설에 대하여 같이 참여할 업체를 물색하는 등 제3자로부터 마치 갑이 부두건설에 대한 권리가 보장된 것으로 오해를 받게 하는 등 위 타당성 조사용역의 범위를 벗어났다는 것이었다.

3. 판결요지

계약당사자가 연안화물부두 축조 타당성 조사용역계약에 위반하여 타당성 조사용역이 시행되기도 전에 사업시행자로 선정되었음을 전제로 입찰공고 등 일련의 행위를 한 경우, 조사용역계약의 계속적 성격과 공익적 성격에 비추어 이는 계약당사자 사이의 신뢰관계를 파괴하고 그 공익성을 저해함으로써 계약관계의 계속을 현저히 곤란하게 한다는 이유로 위 조사용역계약이 지방해양수산청장의 해지통고로 적법하게 해지되었다.

4. 판례해설

공법상 계약이 사법상 계약과 다른 어떤 실체법적 특징을 갖는가에 대하여 아직 확립된 법리는 없다. 그러나 특히 공법상 계약의 집행에 있어서는 공익의 실현을 보장하기 위해 명문의 규정이 없는 경우에도 민법의 원칙이 수정되고 특수한 규율이 이루어질 수 있다고 제시되고 있다. 즉, 공법상 계약의 기초가 된 법률상 또는 사실상 상황에 중대한 변화가 있어 계약내용을 그대로 이행하는 것이 공익상 적절하지 않을 경우에는 행정청은 새로운 상황에 적응되도록 계약내용의 변경을 요구할 권한 또는 계약해지권을 갖는다. 그 논거는 행정은 공익목적을 추구하므로 행정주체로 하여금 공법상 계약을 공익목적에 적합하게 적응시킬 수 있도록 해야 하기 때문이다. 이때 행정주체의 요구에 따른 계약의 변경으로 인한 계약상대방인 국민의 부담의 증가는 행정주체의 부담으로 해야 하며, 계약의 해지로 인한 손실도 보상되어야 바람직할 것이다.

이 판결에서 명시적으로 다루고 있지는 않으나, 먼저 검토해야 할 논점은 해지된 타당성조사용역계약이 사법상 계약인가 공법상 계약인가의 문제이다. 이 판결의 참조조문은 민법 제543조의 계약의 해지에 관한 조문이나, 이것이 사법상 계약이라면 당연히 민법이 적용될것이고, 공법상 계약이라면 이 민법상의 조문이 유추적용되고 있으며 여기에 어떤 공법적 규율이 이를 수정하고 있는 것으로 해석할 수도 있을 것이다. 이 판결은 1심부터 공법상 당사자소송으로 진행된 것으로 보인다. 계약의 내용으로 보면, 비관리청의 항만공사시행은 관리청의 허가를 받아야 하는 사항이고, 원고가 제안한 위 공사시행을 위해서는 먼저 항만시설의 적정성 · 규모 · 배치계획 등을 결정하여 이를 항만기본계획 및 도시계획에 반영하여야 하고 이를 위해 타당성 조사용역의 시행이 선행되어야 했다. 따라서 이 사건에서 항만공사의 타당성 조사는 항만법 제5조와 제7조를 근거로 항만기본계획의 수립 · 변경 권한을 가지는 관리청이 계획변경시 수행하여야 할 행정절차중 하나인 것으로 보인다. 따라서 이러한 타당성조사를 원고에게 수행하도록 하는 내용의 타당성조사용역계약은 공무의 위탁계약으로 볼 수 있다. 또한 이 계약의 제8조에 따르면, 타당성조사 결과 연안화물부두 축조가 적합한 것으로 판단되는 경우에 원고는 항만법 또는 공유수면매립법에 의거 그 축조사업을 시행할 수 있다. 항만법 상 비관리청의 항만공사시행이 허가사항인 것을 고려하면, 이는 그 효력에 대해서는 여러 가지로 해석될 가능성이 있지만, 항만공사시행허가를 갈음하는 것은 아니더라도 최소한 항만공사시행허가를 계약 대상으로 하는 넓은 의미의 행정계약이라고 볼 수 있을 것이다.

이러한 맥락에서 원심판결과 대법원판결의 태도를 비교해 보면, 원심판결(광주고등법원 2002. 10. 10. 선고 2001누2187 판결)에서는 제1심 판결을 취소하면서 원고의 계약자로서의 지위를 확인하는 판결을 내렸다. 그 논거는 군산지방청장이 든 4가지의 해지사유가 원고와 대한민국간의 약정서에 정한 해지사유에 해당하지 않는다는 것이었다. 이에 반해 대법원은 원심판결을 다시 파기하면서, 그 논거로 약정서 조문의 위반 외에 이 계약의 특수한 성질, 즉, "조사용역계약의 계속적 성격과 공익적 성격에 비추어 이는 계약당사자 사이의 신뢰관계를 파괴하고 그 공익성을 저해함으로써 계약관계의 계속을 현저히 곤란하게 하는 중대한 불신행위에 해당한다"고 보면서 적법한 해지로 판단하고 있다. 이는 공법상 계약에 특유한 공익적 사유에 기초한 해지권을 인정한 것으로 볼 여지도 없지 않지만, 그렇게 적극적으로 해석하지 않더라도 계약의 해석에 있어서 공익적 측면을 고려하여야 함을 보여주는 것은 확실하다.

III 관련판례

1. 광주고등법원 2002. 10. 10. 선고 2001누2187 판결【계약자지위존재확인】

군산지방청장의 위 각 계약 해지사유가 위 약정서에 정한 적법한 계약해지사유에 해당하는지 여부에 관하여 살펴보기로 한다.

(1) 계약 해지의 첫째 사유에 관하여

위에서 본 바와 같이 원고의 2000. 3. 9. 용역비 예탁연기 신청에 대하여 군산지방청장은 용역비 예탁 기간의 마지막 날인 2000. 3. 10. 원고에게 용역비의 예탁보류는 원고와 용역사 간의 협의가 선행되어야 할 것이므로 용역사와 협의 후 결과를 회신하여주기 바란다는 답변을 통보하였는바, 위 답변은 원고와 용역사 사이의 협의결과를 지켜본 후 용역비 예탁 연기여부를 결정하겠다는 취지로 해석되고, 따라서 위 약정서에서 정한 용역비 예탁 기한은 원고가 용역사와 협의한 후 그 결과를 회신하고 군산지방청장이 기간 연장 여부를 결정하기까지는 불확정 기한으로 되었다고 봄이 상당하다.

이러한 경우 군산지방청장이 원고의 용역비 예탁의무 위반을 이유로 이 사건 계약을 해지하기 위하여서는, 원고로부터 위 결과회신을 받거나 위 결과회신을 받기에 상당한 기간이 경과한 때에 용역비 예탁 연기 여부를 결정하고, 그 결정 내용이 예탁을 연기하기로 하는 것이었다면 그 연기한 기한을, 예탁을 연기하지 아니하기로 한 것이었다면 그 취지와 예탁에 상당한 기한을 통지하여 용역비 예탁기한을 다시 확정하여야 할 것인데, 군산지방청장은 이러한 절차를 거치지 아니하고 원고가 당초 위 약정서에 정한 기한인 용역사와의 용역계약 체결일로부터 10일 내에 용역비를 예탁하지 아니하여 위 약정서 제2조를 위반하였다는 사유로 이 사건 계약을 해지한 것이므로, 위 계약 해지의 첫째 사유는 적법한 계약 해지사유에 해당하지 아니한다 할 것이다.

(2) 계약 해지의 둘째, 넷째 사유에 관하여

위에서 본 바와 같이 아직 위 타당성 조사용역도 시행되지 아니하여 원고가 위 부두 축조공사의 사업시행자로 선정되지 아니한 상태임에도 불구하고, 원고가 일간건설신문에 원고가 발주처로 된 군산항 민자화물부두축조공사계획을 게재하고, 위 부두 축조공사에 같이 참여할 업체를 물색한 사실이 인정되고, 원고의 위와 같은 행위는 원고가 사업자로 선정되는 경우를 대비하여 위 부두 축조공사 시행을 위한 사전준비 작업의 범위를 넘어 사회적 물의를 야기하거나 원고가 부두건설에 대한 권리가 보장된 것으로 오해를 받게 하는 것이라 볼 수도 있을 것이다.

그러나, 위 약정서 제8조 및 제12조는 위 타당성 조사용역 결과 위 부두축조가 적합한 것으로 판단되는 경우 원고의 사업시행을 보장하되, 군산지방청장이 다른 적격업체를 공동 참여시킬 수 있고 원고가 다른 업체를 공동 참여시키거나 다른 업체에게 사업시행권을 양도하고자 하는 경우에는 군산지방청장의 승인을 받아야 한다는 내용의 규정이라 할 것이어서, 위 타당성 조사용역 결과 위 부두축조가 적합한 것으로 판단되지 않는 경우에는 별도의 조치가 필요없이 원고는 위 부두 축조사업을 시행할 수 없게 되는 것이고, 위 타당성 조사용역 결과 위 부두축조가 적합한 것으로 판단되는 경우에는 원고가 사업시행자로 확정되기 전에 다른 업체를 공동 참여업체로 정하거나 다른 업체에게 사업 시행권을 양도하였다고 하더라도 위와 같은 행위가 군산지방청장의 승인권이나 공동 참여업체 선정권을 침해하는 것도 아니므로, 위 타당성 조사용역 결과가 나와 사업시행자가 원고로 확정된 것처럼 공사계획을 일간신문에 게재하여 사회적 물의를 야기하거나 부두건설에 대한 권리가 원고에게 보장된 것으로 오해하게 한 원고의 행위가 곧바로 위 약정서 제8조, 제12조를 위반한 것이라고 보기 어렵다.

그리고, 위 약정서 제14조는 위 약정서에 정하지 아니한 사항은 관련 법령 또는 규정과 당사자의 협의에 따르고 위 약정서의 내용에 관하여 이견이 있을 때에는 군산지방청장의 해석에 따른다는 것인데, 원고의 위와 같은 행위가 관련 법령 또는 규정이나 당사자의 협의에 위반하였다는 점에 관한 아무런 주장, 입증이 없고, 약정서 내용에 관한 해석권한이 군산지방청장에게 있다고 하더라도 합리적 이유없이 확장, 유추해석을 하는 것까지 허용하는 것은 아닐 것이므로, 위 제14조의 규정에 따라 위 제8조, 제12조를 해석한다고 하더라도 위에서 본 바와 같이 원고의 위와 같은 행위가 위 제8조, 제12조를 위반하였다고 보기는 어렵다.

따라서 위 둘째, 넷째 사유도 적법한 계약 해지 사유가 되지 아니한다 할 것이다.

(3) 계약 해지의 셋째 사유에 관하여

위에서 본 바와 같이 원고가 군산지방청장에게 '군산항 민자화물부두공사 계획안'을 제시하면서 사업계획의 타당성 등에 대한 의견을 물은 사실은 인정되나, 그와 같은 사유가 위 약정서 제8조, 제12조, 제14조를 위반한 경우에 해당한다고 보기 어렵고, 원고의 위 행위가 위 타당성 조사용역을 객관적이고 거시적으로 시행함에 장애가 된다고 단정하기도 어려우므로 위 계약 해지의 셋째 사유도 역시 적법한 계약 해지 사유가 되지 아니한다 할 것이다.

2. 서울행정법원 2005. 3. 17. 선고 2004구합3359 판결: 항소【국가연구개발사업참여제한처분취소】

[사실관계] 벤처기업인 원고는 해양수산부가 중소벤처기업의 기술개발 지원사업의 효율적 수행을 위하여 위탁관리기관으로 지정한 공법인인 한국해양수산개발원과 기술개발협약을 체결하였다. 이후 개발원은 원고의 연구인력 이동 등 과제수행여건의 변화 등을 이유로 당해 기술개발사업의 계속 지원 여부를 결정하기 위한 재평가를 한 후 그 결과를 근거로 피고 해양수산부에게 협약해약승인을 요청하여 승인을 받았다. 이후 피고 해양수산부는 이 기술개발사업이 국가연구개발사업의관리등에관한규정(대통령령) 소정의 '연구개발의 결과가 극히 불량한 경우'에 해당한다는 이유로 원고에 대해 2년간 국가연구개발사업참여를 제한하는 제재를 가하기로 결정하고 이러한 사실을 각 중앙행정기관에 통보하였다.

원고들은 국가연구개발사업참여제한처분취소소송을 제기하고, 피고가 이 사건 처분의 근거로 삼은 연구개발사업관리규정 제20조(이하 '이 사건 시행령 조항'이라고만 한다)는 모법인 과학기술기본법에서 위임하지 아니한 연구책임자, 연구기관 또는 참여기업 등에 대한 국가연구개발사업의 참여 제한을 규정하고 있으므로, 이는 무효이고 따라서 이에 근거하여 이루어진 이 사건 처분은 위법하다고 주장하였다.

[판결이유] 과학기술기본법 제11조 제3항, 제4항은 정부로 하여금 각 부처가 추진하는 국가연구개발사업을 긴밀히 연계하기 위하여 국가연구개발사업의 기획·평가 및 관리 등에 관한 원칙과 기준을 설정하도록 규정하는 한편, 그 원칙과 기준의 설정에 관하여 필요한 사항은 대통령령으로 정하도록 규정하고 있다. 이에 근거하여 연구개발사업관리규정은 국가연구개발사업의 기획(제3조), 연구개발과제의 선정(제5조), 기술개발협약의 체결·변경·해약(제7-9조), 연구개발비의 지급 및 관리(제10조), 연구개발 결과의 평가 및 이에 따른 조치(제13-14조), 연구개발에 따른 결과물의 소유(제15조) 등에 관하여 구체적으로 규정하고 있다. 그런데 이 사건 시행령 조항은 나아가 ① 중앙행정기관의 장으로 하여금 연구개발사업규정이 정한 기준을 반영한 협약에 따라 연구책임자 등에 대하여

국가연구개발사업에의 참여를 제한할 수 있도록 하고(제1항), ② 이 경우 중앙행정기관의 장은 그 제재조치를 관계 중앙행정기관 및 관련 기관에 통보하여야 하며(제2항), ③ 이를 통보받은 중앙행정기관의 장은 제재조치를 받은 자에 대하여 협약이 정하는 바에 따라 참여를 제한할 수 있도록(제3항) 규정하고 있는데, 과연 위 조항의 내용이 모법인 과학기술기본법 제11조의 위임 범위와 한계를 벗어난 것인지 여부가 문제된다.

그런데 이 사건 시행령 조항은 기술개발협약의 당사자인 중앙행정기관의 장으로 하여금 '협약에 따라' 국가연구개발사업에의 참여를 제한할 수 있다고 규정하고 제재사항을 통보받은 관계 중앙행정기관의 장 역시 '협약이 정하는 바에 따라' 그 참여를 제한할 수 있다고 규정하는 형식을 취함으로써 위 조항은 중앙행정기관의 장이 사인과 기술개발협약을 체결할 때 그 협약의 내용에 포함시킬 수 있는 사항을 열거한 데에 불과하므로 결국, 모법의 위임 범위 내에 있는 것이 아닌가 하는 의문이 든다. 이러한 입장에서는 이 사건 사업참여제한 및 관계 중앙행정기관에 대한 통보 등의 조치는 행정청이 기술개발협약의 당사자의 지위에서 그 협약에서 정한 바에 따라 행하는 것으로서 사적 자치와 계약자유의 원칙 등 사법의 원리가 그대로 적용되어 결국 위 조치들은 행정청이 구체적 사실에 관한 법집행으로서의 공권력의 행사, 그 밖에 이에 준하는 행정작용으로서의 '처분'이 아니라는 결론에 이르게 된다(대법원 2001. 12. 11. 선고 2001다33604 판결, 2002. 7. 11. 선고 2002구합10858 판결 등 참조). 그러나 행정청이 행정계약에 의하여 행정목적을 수행하는 경우에 행정청이 계약조항을 근거로 계약 상대방에 대하여 계약내용의 변경을 거부하거나 해약 등의 조치를 할 수 있음은 당연하다 하더라도, 이 사건 사업참여제한 등은 모든 중앙행정기관에 대하여 이른바 '발주차단' 내지 '발주봉쇄' 등을 행하는 결과를 가져온다는 점에서 이는 행정청의 사인에 대한 공권력의 행사에 해당하기 때문에 사법관계의 규율 대상이 아니라 이른바 '법률유보'의 원칙상 법률 또는 하위법령에 명시적인 근거를 가지지 않으면 안 된다고 보아야 할 것이다. 이 사건에서 피고는 협약의 당사자가 아닐뿐더러 이 사건 처분을 함에 있어서도 위 협약이 아니라 시행령 조항을 처분의 근거로 제시하고 있는 점 등을 보더라도 이 사건 처분은 행정소송의 대상이 되는 행정처분에 해당하고, 피고는 이 사건 시행령 조항을 근거로 처분을 하였다고 보는 것이 타당하다.

그러므로 이 사건 시행령 조항이 법률에서 위임한 범위 내에 있는지 여부에 대하여 살펴보면, 과학기술기본법 제11조는 그 문언의 내용 및 형식에 비추어 볼 때 '국가연구개발사업의 기획·평가 및 관리 등에 관한 원칙과 기준'의 설정에 대해서는 이를 대통령령에서 정하도록 위임하였으나 강학상 침익적 행정처분인 국가연구개발사업의 참여제한 등에 대해서도 그러한 위임을 하였다고 볼 수 없는 점, 이른바 '행정조달계약'의 입찰참가자격제한과 관련하여 국가를당사자로하는계약에관한법률 제27조 제1항이 "각 중앙관서의 장은 대통령령이 정하는 바에 의하여 경쟁의 공정한 집행 또는 계약의 적정한 이행을 해칠 염려가 있거나 기타 입찰에 참가시키는 것이 부적합하다고 인정되는 자에 대하여서는 일정 기간 입찰참가자격을 제한하여야 하며, 이를 다른 중앙관서의 장에게 통보하여야 한다."고 규정하여 법률에 참가자격제한 제한조치를 할 수 있는 근거를 마련하고 있는 점 및 앞서 본 판단기준 등에 비추어 볼 때, 결국 이 사건 시행령 조항은 모법의 위임범위와 한계를 벗어난 것으로서 무효라고 봄이 상당하다.

3. 대법원 2006. 3. 9. 선고 2004다31074 판결【채무부존재확인】

1. 국유재산 등의 관리청이 하는 행정재산의 사용·수익에 대한 허가는 순전히 사경제주체로서 행하는 사법상의 행위가 아니라 관리청이 공권력을 가진 우월적 지위에서 행하는 행정처분으로서 특정인에게 행정재산을 사용할 수 있는 권리를 설정하여 주는 강학상 특허에 해당하는바(대법원 1998. 2. 27. 선고 97누1105 판결 등 참조), 이러한 행정재산의 사용·수익 허가에 따른 사용료에 대하여는 국유재산법 제25조 제3항의 규정에 의하여 국세징수법 제21조, 제22조가 규정한 가산금과 중가산금을 징수할 수 있다 할 것이고, 위 가산금과 중가산금은 위 사용료가 납부기한까지 납부되지 않은 경우 미납분에 관한 지연이자의 의미로 부과되는 부대세의 일종이다(대법원 2000. 9. 22. 선고 2000두2013 판결 등 참조).

원고는 피고 산하의 국립의료원 부설주차장에 관한 이 사건 위탁관리용역운영계약에 대하여 관리청이 순전히 사경제주체로서 행한 사법상 계약임을 전제로, 가산금에 관한 별도의 약정이 없는 이상 원고에게 가산금을 지급할 의무가 없다고 주장하여 그 부존재의 확인을 구한다는 것이다. 그러나 기록에 의하면, 위 운영계약의 실질은 행정재산인 위 부설주차장에 대한 국유재산법 제24조 제1항에 의한 사용·수익 허가로서 이루어진 것임을 알 수 있으므로, 이는 위 국립의료원이 원고의 신청에 의하여 공권력을 가진 우월적 지위에서 행한 행정처분으로서 특정인에게 행정재산을 사용할 수 있는 권리를 설정하여 주는 강학상 특허에 해당한다 할 것이고 순전히 사경제주체로서 원고와 대등한 위치에서 행한 사법상의 계약으로 보기 어렵다고 할 것이다.

따라서 원고가 그 주장과 같이 이 사건 가산금 지급채무의 부존재를 주장하여 구제를 받으려면, 적절한 행정쟁송절차를 통하여 권리관계를 다투어야 할 것이지, 이 사건과 같이 피고에 대하여 민사소송으로 위 지급의무의 부존재확인을 구할 수는 없는 것이다. 그렇다면 원고의 이 사건 소는 쟁송방법을 잘못 선택한 것으로서 부적법한 것이라고 아니할 수 없다. 그럼에도 불구하고, 이와 달리 민사소송으로 제기된 이 사건 채무부존재확인청구를 적법한 것으로 보아 본안에 나아가 원고의 청구를 기각한 원심판결에는 관할에 관한 법리 등을 오해하여 판결에 영향을 미친 위법이 있다 할 것이다.

4. 대법원 2012. 12. 27. 선고 2012다15695 판결【물품대금】

가. 국가를 당사자로 하는 계약은 그 본질적인 내용이 사인 간의 계약과 다를 바가 없으므로 그 법령에 특별한 규정이 있는 경우를 제외하고는 사법의 규정 내지 법원리가 그대로 적용되고, 계약 내용이 국가계약법령의 규정을 배제하려는 것이 뚜렷하게 드러나거나 그에 모순되지 않는다면 가능한 국가계약법령이 규정하는 바를 존중하는 방향, 즉 해당 계약 조항을 관련 국가계약법령의 규정 내용을 보충 내지 구체화하는 내용으로 해석되어야 한다.

나. 그런데 구 국가를 당사자로 하는 계약에 관한 법률 시행령(2009. 5. 6. 대통령령 제21480호로 일부 개정되기 전의 것, 이하 '국가계약법 시행령'이라 한다) 제4조는 "각 중앙관서의 장 또는 그 위임·위탁을 받은 공무원(이하 "계약담당공무원"이라 한다)은 계약을 체결함에 있어서 법, 이 영 및 관계 법령에 규정된 계약

상대자의 계약상 이익을 부당하게 제한하는 특약 또는 조건을 정하여서는 아니 된다."고 규정하고 있고, 물품구매계약 일반조건 제3조 제2항은 "계약담당공무원은 「국가를 당사자로 하는 계약에 관한 법령」, 물품관련 법령 및 이 조건에 정한 계약일반사항 외에 당해 계약의 적정한 이행을 위하여 필요한 경우 물품구매계약 특수조건을 정하여 계약을 체결할 수 있다."고, 제3항은 "제2항에 따라 물품구매계약 특수조건에 「국가를 당사자로 하는 계약에 관한 법령」, 물품관련 법령 및 이 조건에 의한 계약상대자의 계약상 이익을 제한하는 내용이 있는 경우 특수조건의 동 내용은 효력이 인정되지 아니한다."고 각 규정하고 있는바, 앞서 본 법리에 비추어 보면 물품구매계약 일반조건 제3조 제3항은 국가계약법 시행령 제4조를 배제하거나 그에 모순되게 규정된 것이 아니라 국가계약법 시행령 제4조를 구체화한 내용으로 보일 뿐이므로 이를 해석함에 있어서도 국가계약법 시행령 제4조의 입법 취지에 맞게 '계약상대자의 계약상 이익을 부당하게 제한하는 경우'에 한하여 물품구매계약 특수조건의 효력이 인정되지 않는다고 보아야 할 것이다.

5. 대법원 2014. 4. 24. 선고 2013두6244 판결【임용취소처분무효확인】

행정청이 자신과 상대방 사이의 근로관계를 일방적인 의사표시로 종료시켰다고 하더라도 곧바로 그 의사표시가 행정청으로서 공권력을 행사하여 행하는 행정처분이라고 단정할 수는 없고, 관계 법령이 상대방의 근무관계에 관하여 구체적으로 어떻게 규정하고 있는지에 따라 그 의사표시가 항고소송의 대상이 되는 행정처분에 해당하는 것인지 아니면 공법상 계약관계의 일방 당사자로서 대등한 지위에서 행하는 의사표시인지 여부를 개별적으로 판단하여야 한다(대법원 1996. 5. 31. 선고 95누10617 판결; 2012. 10. 25. 선고 2010두18963 판결 등 참조). 이러한 법리는 공법상 근무관계의 형성을 목적으로 하는 채용계약의 체결 과정에서 행정청의 일방적인 의사표시로 계약이 성립하지 아니하게 된 경우에도 마찬가지이다.

이 사건 조례에 의하면 이 사건 옴부즈만은 토목분야와 건축분야 각 1인을 포함하여 5인 이내의 '지방계약직공무원'으로 구성하도록 되어 있는데(제3조 제2항), 위 조례와 이 사건 통보 당시 구 지방공무원법(2011. 5. 23. 법률 제10700호로 개정되기 전의 것) 제2조 제3항 제3호, 제3조 제1항 및 같은 법 제2조 제4항의 위임에 따른 구 지방계약직공무원 규정(2011. 8. 19. 대통령령 제23081호로 개정되기 전의 것) 제5조 등 관련 법령의 규정에 비추어 보면, 지방계약직공무원인 이 사건 옴부즈만 채용행위는 공법상 대등한 당사자 사이의 의사표시의 합치로 성립하는 공법상 계약에 해당한다. 이와 같이 이 사건 옴부즈만 채용행위가 공법상 계약에 해당하는 이상 원고의 채용계약 청약에 대응한 피고의 '승낙의 의사표시'가 대등한 당사자로서의 의사표시인 것과 마찬가지로 그 청약에 대하여 '승낙을 거절하는 의사표시' 역시 행정청이 대등한 당사자의 지위에서 하는 의사표시라고 보는 것이 타당하고, 그 채용계약에 따라 담당할 직무의 내용에 고도의 공공성이 있다거나 원고가 그 채용과정에서 최종합격자로 공고되어 채용계약 성립에 관한 강한 기대나 신뢰를 가지게 되었다는 사정만으로 이를 행정청이 우월한 지위에서 행하는 공권력의 행사로서 행정처분에 해당한다고 볼 수는 없다.

6. 대법원 2015. 8. 27. 선고 2015두41449 판결【정보화지원사업참여제한처분무효확인】

[1] 행정청이 자신과 상대방 사이의 법률관계를 일방적인 의사표시로 종료시켰다고 하더라도 곧바로 의사표시가 행정청으로서 공권력을 행사하여 행하는 행정처분이라고 단정할 수는 없고, 관계 법령이 상대방의 법률관계에 관하여 구체적으로 어떻게 규정하고 있는지에 따라 의사표시가 항고소송의 대상이 되는 행정처분에 해당하는지 아니면 공법상 계약관계의 일방 당사자로서 대등한 지위에서 행하는 의사표시인지를 개별적으로 판단하여야 한다.

[2] 중소기업기술정보진흥원장이 갑 주식회사와 중소기업 정보화지원사업 지원대상인 사업의 지원에 관한 협약을 체결하였는데, 협약이 갑 회사에 책임이 있는 사업실패로 해지되었다는 이유로 협약에서 정한 대로 지급받은 정부지원금을 반환할 것을 통보한 사안에서, 중소기업 정보화지원사업에 따른 지원금 출

연을 위하여 중소기업청장이 체결하는 협약은 공법상 대등한 당사자 사이의 의사표시의 합치로 성립하는 공법상 계약에 해당하는 점, 구 중소기업 기술혁신 촉진법(2010. 3. 31. 법률 제10220호로 개정되기 전의 것) 제32조 제1항은 제10조가 정한 기술혁신사업과 제11조가 정한 산학협력 지원사업에 관하여 출연한 사업비의 환수에 적용될 수 있을 뿐 이와 근거 규정을 달리하는 중소기업 정보화 지원사업에 관하여 출연한 지원금에 대하여는 적용될 수 없고 달리 지원금 환수에 관한 구체적인 법령상 근거가 없는 점 등을 종합하면, 협약의 해지 및 그에 따른 환수통보는 공법상 계약에 따라 행정청이 대등한 당사자의 지위에서 하는 의사표시로 보아야 하고, 이를 행정청이 우월한 지위에서 행하는 공권력의 행사로서 행정처분에 해당한다고 볼 수는 없다고 한 사례.

7. 대법원 2020. 5. 28. 선고 2017두66541 판결【공급자등록취소무효확인등청구】

3. 이 사건 거래제한조치가 행정처분에 해당하는지 여부

가. 앞서 본 사실관계를 관련 규정과 법리에 비추어 살펴보면, 피고가 자신의 '공급자관리지침'에 근거하여 등록된 공급업체에 대하여 하는 '등록취소 및 그에 따른 일정 기간의 거래제한조치'는 행정청이 행하는 구체적 사실에 관한 법집행으로서의 공권력의 행사인 '처분'에 해당한다고 보아야 한다. 그 구체적인 이유는 다음과 같다.

(1) 피고의 공급자관리지침은 피고가 공공기관이라는 우월적 지위에서 일방적으로 제정·운용하는 내부 규정으로서, 그것에 따른 거래제한조치도 피고가 등록된 공급업체의 법적 지위를 일방적으로 변경·박탈하는 고권적 조치라고 보아야 한다.

(2) 계약당사자 사이에서 계약의 적정한 이행을 위하여 일정한 계약상 의무를 위반하는 경우 계약해지, 위약벌이나 손해배상액 약정, 장래 일정 기간의 거래제한 등의 제재조치를 약정하는 것은 상위법령과 법의 일반원칙에 위배되지 않는 범위에서 허용되며, 그러한 계약에 따른 제재조치는 법령에 근거한 공권력의 행사로서의 제재처분과는 법적 성질을 달리한다(대법원 2014. 12. 24. 선고

2010다83182 판결).

그러나 공공기관의 어떤 제재조치가 계약에 따른 제재조치에 해당하려면 일정한 사유가 있을 때 그러한 제재조치를 할 수 있다는 점을 공공기관과 그 거래상대방이 미리 구체적으로 약정하였어야 한다. 공공기관이 여러 거래업체들과의 계약에 적용하기 위하여 거래업체가 일정한 계약상 의무를 위반하는 경우 장래 일정 기간의 거래제한 등의 제재조치를 할 수 있다는 내용을 계약특수조건 등의 일정한 형식으로 미리 마련하였다고 하더라도, 「약관의 규제에 관한 법률」 제3조에서 정한 바와 같이 계약상대방에게 그 중요 내용을 미리 설명하여 계약내용으로 편입하는 절차를 거치지 않았다면 계약의 내용으로 주장할 수 없다. …

(4) 나아가 살펴보더라도, 피고가 든 '청렴계약 및 공정거래 이행각서'에는 "경쟁입찰에서 담합 등 공정한 입찰질서 및 거래를 방해하는 행위를 하지 않습니다. … 위 사항을 위반할 경우에는 한수원(주)의 입찰참가자격의 취소, 낙찰취소, 계약의 해제 또는 해지 및 입찰참가자격의 제한 등의 조치를 감수할 것이며, 한수원(주)의 조치와 관련하여 손해배상을 청구, 소송 등에 의한 어떠한 이의도 제기하지 않을 것임을 확약합니다."라고 기재되어 있을 뿐, 피고의 '공급자관리지침'의 규정 내용이나 '10년의 거래제한조치'에 관한 내용이 포함되어 있지 않다. 따라서 이러한 이행각서의 기재만으로 피고가 자신의 공급자관리지침 중 등록취소 및 그에 따른 일정 기간의 거래제한조치에 관한 규정들을 설명하여 원고와의 계약내용으로 편입하는 절차를 거쳤다고 인정하기에는 부족하다. 따라서 피고의 공급자관리지침에 근거한 이 사건 거래제한조치를 계약에 따른 제재조치라고 볼 수는 없다.

8. 대법원 2023. 6. 29. 선고 2021다250025 판결 【채무부존재확인의소】

[1] 공법상 당사자소송이란 행정청의 처분 등을 원인으로 하는 법률관계에 관한 소송 그 밖에 공법상의 법률관계에 관한 소송으로서 그 법률관계의 한쪽 당사자를 피고로 하는 소송을 말한다(행정소송법 제3조 제2호). 공법상 계약이란 공법적 효과의 발생을 목적으로 하여 대등한 당사자 사이의 의사표시 합치로

성립하는 공법행위를 말한다. 어떠한 계약이 공법상 계약에 해당하는지는 계약이 공행정 활동의 수행 과정에서 체결된 것인지, 계약이 관계 법령에서 규정하고 있는 공법상 의무 등의 이행을 위해 체결된 것인지, 계약 체결에 계약 당사자의 이익만이 아니라 공공의 이익 또한 고려된 것인지 또는 계약 체결의 효과가 공공의 이익에도 미치는지, 관계 법령에서의 규정 내지 그 해석 등을 통해 공공의 이익을 이유로 한 계약의 변경이 가능한지, 계약이 당사자들에게 부여한 권리와 의무 및 그 밖의 계약 내용 등을 종합적으로 고려하여 판단하여야 한다. 공법상 계약의 한쪽 당사자가 다른 당사자를 상대로 그 이행을 청구하는 소송 또는 이행의무의 존부에 관한 확인을 구하는 소송은 공법상 법률관계에 관한 분쟁이므로 분쟁의 실질이 공법상 권리·의무의 존부·범위에 관한 다툼이 아니라 손해배상액의 구체적인 산정방법·금액에 국한되는 등의 특별한 사정이 없는 한 공법상 당사자소송으로 제기하여야 한다. …

[3] 갑 주식회사 등으로 구성된 컨소시엄과 한국에너지기술평가원은 산업기술혁신 촉진법(이하 '산업기술혁신법'이라 한다) 제11조 제4항에 따라 산업기술개발사업에 관한 협약을 체결하고, 위 협약에 따라 정부출연금이 지급되었는데, 한국에너지기술평가원이 갑 회사가 외부 인력에 대한 인건비를 위 협약에 위반하여 집행하였다며 갑 회사에 정산금 납부 통보를 하자, 갑 회사는 한국에너지기술평가원 등을 상대로 정산금 반환채무가 존재하지 아니한다는 확인을 구하는 소를 민사소송으로 제기한 사안에서, 위 협약은 산업통상자원부장관이 산업기술혁신 촉진 등을 통한 국가경쟁력강화 등의 공적 목적을 위하여 산업기술혁신법에 따라 추진하는 산업기술개발사업을 갑 회사 등 컨소시엄으로 하여금 수행하도록 하기 위하여 체결된 점, 위 협약 체결 및 이행의 효과는 공공의 이익에도 영향을 미치는 점, 산업기술혁신법 및 산업기술혁신 촉진법 시행령은 위 협약의 체결 과정부터 이행 및 종료 단계에 이르기까지 산업통상자원부장관이 이를 주도하도록 규정하고, 전담기관인 한국에너지기술평가원에는 위 협약에서 정한 권리 외에도 위 법령에 의하여 계약 상대방인 갑 회사 등 컨소시엄을 상대로 행사할 수 있는 권한 등이 인정되는바, 이렇게 관계 법령에 의한 한국에너지기술평가원의 권한 행사 등을 배제하지 않는다는 면에서 위 협약은 사법상 계약과 다른 점, 한국에너지기술평가원은 공적인 목적이나 사유가 있는 경우 갑

회사 등 컨소시엄의 귀책사유가 없어도 그 동의나 승낙 없이 위 협약의 내용을 변경하거나 해약할 수 있는 점, 위 협약에 일반 사법상 계약에서 당사자의 의무 불이행과 관련하여 사용되는 이행보증금, 하자보증금, 지체상금 규정 등이 있다는 자료는 제출되지 않은 점 등에 비추어, 위 협약은 공법상 계약에 해당하고 그에 따른 계약상 정산의무의 존부·범위에 관한 갑 회사와 한국에너지기술평가원의 분쟁은 공법상 당사자소송의 대상이라고 한 사례.

Ⅳ 질문 및 토의과제

1. 위 관련판례 1은 리딩케이스의 원심판결이다. 두 판결에서 군산지방항만청장이 제시한 해지사유가 약정서 상 해지사유에 해당하는지 여부를 판단하는 논증방식을 비교해 보고, 각각 어떤 관점과 특징을 가지고 있는지 보라.

2. 관련판례 2는 장래의 국가연구개발사업참여제한이라는 상대방에게 불이익한 권력적 조치를 '협약'의 내용에 포함시킴으로써 '침익처분의 법률유보'라는 법치행정의 원칙을 우회할 가능성이 있음을 보여준다. 관련판례 2에서의 불이익조치가 '사적 자치와 계약자유의 원칙 등 사법의 원리'가 적용되는 영역이 아니라 '행정청의 사인에 대한 공권력의 행사'에 해당한다고 평가받게 된 결정적인 근거는 무엇일까?

3. 관련판례 3의 판시에 대해 이는 국유재산의 사용·수익허가를 갈음하는 공법상 계약으로 보고 가산금지급채무의 부존재 확인은 행정소송법상 당사자소송으로 하도록 했어야 한다는 견해가 있다. 이 사안의 위탁관리용역운영계약에는 가산금에 관한 별도의 약정이 없었는데, 이를 사용·수익허가를 갈음하는 공법상 계약으로 보는 경우에도 계약에 규정되지 않은 가산금을 국유재산법에 근거하여 부과할 수 있을까? 일반적으로 확대하면, 공법상 계약과 계약의 대상을 규율하는 강행규정의 관계를 어떻게 보아야 할까? 계약을 하는 당사자들은 그 대상사안에 대해 일정범위에서는 그 계약에 의해 완결되는 별도의 규율체계를 만들고자 하는 것이 아닐까? 계약으로 관련 법령의 규정을 전혀 배제할 수 없다고 보면 계약의 효용은 매우 축소되지 않을까? 관련 법령의 규정 중에는 계약으로 배제할 수 있는 규정과 계약으로 배제할 수 없는 규정이 있어 이를 분별해야 하지 않을까?

4. 정부조달계약은 판례상 사법상 계약의 성질을 가진 것으로 인정되지만, 국가를 당사자로 하는 계약에 관한 법률 및 그에 근거한 규정들이 그 계약에 대해 강행규정으로 적용된다. 관련판례 4는 이 경우 동법과의 관계에서 계약을 어떻게 해석해야 할 것인가에 대해 한 기

준을 세시하고 있다. 이는 계약해석방법론에 있어어 일종의 '법률합치적 해석의 원칙'을 제시한 것이라고 할 수 있다. 동 판례에서 "계약 내용이 국가계약법령의 규정을 배제하려는 것이 뚜렷하게 드러나거나 그에 모순되지 않는다면 가능한 국가계약법령이 규정하는 바를 존중하는 방향, 즉 해당 계약 조항을 관련 국가계약법령의 규정 내용을 보충 내지 구체화하는 내용으로 해석되어야 한다."라는 설시는 계약으로 국가계약법령의 규정을 배제하는 것이 허용될 수 있음을 의미하는가, 아니면 단지 그 계약이 국가계약법령의 규정을 배제하는 내용으로 해석될 수 있다는 의미에 불과하고 그러한 경우 계약은 결국 위법하여 무효로 보아야 하는가?

5. 관련판례 5, 6, 7의 공통적인 쟁점은 행정청의 의사표시가 행정처분인지, 공법상 계약과 관련된 당사자의 의사표시인지를 판단하는 것이고, 관계 법령이 그 법률관계에 대해 구체적으로 어떻게 규정하고 있는지에 따라 개별적으로 판단해야 한다는 것을 주된 기준으로 제시하고 있다. 관련판례5(계약직 공무원의 채용 거부가 대등한 당사자의 지위에서 하는 의사표시인지, 처분인지 여부)에서는 관계법령상 적극적인 규율 내용이 근거로 제시된 데 비해, 관련판례6(협약의 해지 및 지원금 환수통보가 계약에 따른 의사표시인지, 처분인지 여부)에서는 법령에 의사표시에 관한 아무런 근거가 없다는 점, 즉 소극적 규율 내용이 근거로 제시되었다. 관련판례7(공급자관리지침에 따른 거래제한조치가 계약에 따른 제재조치인지, 법령에 근거한 공권력의 행사로서의 제재처분인지 여부)에서는 해당 조치가 관계법령 외에 계약의 내용에 편입되었다고 볼 수 있는지도 법적 성질의 판단의 근거로 제시된다.

6. 관련판례 8에서 어떤 계약이 '공법상 계약'에 해당하는지 판단하기 위한 기준을 다음과 같이 제시하고 있다: ① 계약이 공행정 활동의 수행 과정에서 체결된 것인지, ② 계약이 관계 법령에서 규정하고 있는 공법상 의무 등의 이행을 위해 체결된 것인지, ③ 계약 체결에 계약 당사자의 이익만이 아니라 공공의 이익 또한 고려된 것인지 또는 ④ 계약 체결의 효과가 공공의 이익에도 미치는지, ⑤ 관계 법령에서의 규정 내지 그 해석 등을 통해 공공의 이익을 이유로 한 계약의 변경이 가능한지, ⑥ 계약이 당사자들에게 부여한 권리와 의무 및 그 밖의 계약 내용 등을 종합적으로 고려하여 판단하여야 한다.

V 참고문헌

강지은, 행정계약의 이행과 예견불능상황(circonstances imprévisibles): COVID-19 팬데믹과 러시아 · 우크라이나 전쟁 이후, 프랑스 공공발주 계약의 보상과 변경 가능성을 중심으로, 공법연구 51집 3호, 2023

김판기, 행정계약법의 체계 정립을 위한 기본적 법문제, 공법연구 44집 4호, 2016
김병기, 행정절차법 개정을 통한 행정계약법 총론의 법제화 방안, 행정법학 제5호, 2013
오준근, 독일법체계상 민간투자사업과 행정계약법의 관계에 관한 연구, 공법연구 37집, 2008

Ⅵ 관련법령

행정기본법

제27조 (공법상 계약의 체결) ① 행정청은 법령등을 위반하지 아니하는 범위에서 행정목적을 달성하기 위하여 필요한 경우에는 공법상 법률관계에 관한 계약(이하 "공법상 계약"이라 한다)을 체결할 수 있다. 이 경우 계약의 목적 및 내용을 명확하게 적은 계약서를 작성하여야 한다.

② 행정청은 공법상 계약의 상대방을 선정하고 계약 내용을 정할 때 공법상 계약의 공공성과 제3자의 이해관계를 고려하여야 한다.

항만법(제6254호 2000. 1. 28 일부개정)

제9조 (항만공사의 시행자등) ① 항만시설의 신설·개축·유지·보수 및 준설등에 관한 공사(이하 "항만공사"라 한다)는 이 법 또는 다른 법률에 특별한 규정이 있는 경우를 제외하고는 지정항만은 해양수산부장관이, 지방항만은 시·도지사가 각각 시행한다.

② 관리청이 아닌 자(이하 "비관리청"이라 한다)가 항만공사를 시행하고자 하는 때에는 대통령령이 정하는 바에 의하여 항만공사의 계획을 작성하여 관리청의 허가를 받아야 한다. 다만, 제17조제1항 단서의 규정에 의하여 국가 또는 지방자치단체의 귀속대상이 되지 아니하는 항만시설의 유지·보수공사는 그러하지 아니하다.

현행 항만법

제9조 (항만공사의 시행자 등) ①~② (생략)

③ 관리청은 제2항에 따른 항만공사 시행허가를 받고자 하는 비관리청이 다음 각 호의 요건을 모두 갖춘 경우에는 이를 허가하여야 한다.

1. 비관리청의 항만공사 계획이 제5조에 따른 항만기본계획 및 「신항만건설촉진법」 제3조에 따른 신항만건설기본계획에 위반되지 아니할 것
2. 항만의 관리·운영상 항만공사의 필요성이 있을 것
3. 재원조달능력 등 국토해양부령으로 정하는 기준에 따라 항만공사를 시행할 사업수행능력이 있을 것

제 4 장
행정계획

2-4-1. 계획재량에 대한 통제

Ⅰ 개요

행정계획은 장래를 향하여 일정한 행정목표를 설정하고 그 목표달성을 위한 수단을 선택하는 것을 내용으로 하며, 계획의 특성상 장래 상황의 변화나 목표의 수정에 대처할 수 있는 탄력성이 보장되어야 하므로, 이를 법령에서 엄격하게 규율하는 것은 적절치 않아 일반 행정결정에 대한 것보다 넓은 재량권이 부여된다. 이러한 '계획재량'과 일반 행정결정에 있어서의 재량권의 차이를 질적 차이로 보는 견해와 양적 차이에 불과하다고 보는 견해가 있다. 또한 계획재량의 통제와 관련하여 행정계획에 특유한 '형량명령' 이론을 구성하는 견해와 비례원칙의 구체적 적용례로서 형량명령을 파악하는 견해가 있다. 형량명령은 행정계획결정에 있어서 관련된 이익의 형량을 흠결없이 행하여야 함을 의미하는 것으로 이를 그르친 경우 당해 행정계획결정은 위법한 것이 된다.

II 리딩케이스

1. 사건번호: 대법원 2006. 9. 8. 선고 2003두5426 판결 【울산도시계획시설(학교)결정취소】

2. 사실관계

학교법인 춘해학원(이하 '춘해학원'이라 한다) 산하 춘해대학 장기발전계획에는 공공시설입지승인된 울산 울주군 웅천면 곡천리 산 72－10 일대 합계 176,125㎡상에 2005년까지 단계적으로 24개 학과 학생정원 4,400명을 수용하는 것을 전제로 그때까지 부지 전반에 걸쳐 교육시설 등 제반 물적 시설을 건축하는 것으로 되어 있고, 그 토지매입비 및 시설설치비 등에 소요되는 재원 추산액 총 1,083억 9,800만 원은 기존 학교 매각대금, 교비, 동창회기부금, 재단전입금 등으로 충당하는 것으로 되어 있으나, 그 재원확보의 확실성이 부족한 상태였다.

춘해학원은 그 소유의 위 곡천리 산 72－10 목장용지 2,586㎡ 등 11필지 74,702㎡ 중 공공시설입지승인이 된 52,729㎡에 춘해대학이전계획에 따른 교육시설 등을 신축한 후 1999. 3.경부터 신입생을 모집하여 운영하면서, 이 사건 공공시설입지승인의 대상인 토지의 소유자들로부터 그 토지를 매수하지 못하게 되자 수용의 방법으로 토지를 취득하기 위하여 구 국토이용관리법(2002. 2. 4. 법률 제6655호로 폐지되기 전의 것, 이하 같다)상의 용도지역을 준농림지역 등에서 도시지역으로 변경하는 결정을 먼저 받은 후 그 판시의 도시계획시설결정 및 고시(이하 '이 사건 처분'이라 한다)를 받았다.

구 국토이용관리법 제20조의 규정에 의한 공공시설입지승인은 같은 법 제15조의 규정에 의한 용도지역 안에서 제한되는 행위를 예외적으로 공공시설설치에 한하여 사업시행자에게 허용하는 것인 데 반하여, 구 도시계획법(2000. 1. 28. 법률 제6243호로 전문 개정되기 전의 것, 이하 같다) 제12조에 의하여 도시계획시설결정이 고시되면 그 구역 안의 토지나 건물 소유자의 토지형질변경, 건축물의 신축, 개축 또는 증축 등 권리행사가 일정한 제한을 받게 될 뿐 아니라 사업시행자는 같은 법 제29조, 제30조에 의하여 그 구역 안의 토지, 건축물 등을 수용 또는 사용할 수 있으므로, 그 소유자는 공공시설입지승인에 비하여 현저한 불이익을 입게 된다.

3. 판결요지

[1] 행정계획이라 함은 행정에 관한 전문적·기술적 판단을 기초로 하여 도시의 건설·정비·개량 등과 같은 특정한 행정목표를 달성하기 위하여 서로 관련되는 행정수단을 종합·조정함으로써 장래의 일정한 시점에 있어서 일정한 질서를 실현하기 위한 활동기준으로 설정된 것으로서, 구 도시계획법(2000. 1. 28. 법률 제6243호로 전문 개정되기 전의 것) 등 관계 법령에는 추상적인 행정목표와 절차만이 규정되어 있을 뿐 행정계획의 내용에 관하여는 별다른 규정을 두고 있지 아니하므로 행정주체는 구체적인 행정계획을 입안·결정함에 있어서 비교적 광범위한 형성의 자유를 가지는 것이지만, 행정주체가 가지는 이와 같은 형성의 자유는 무제한적인 것이 아니라 그 행정계획에 관련되는 자들의 이익을 공익과 사익 사이에서는 물론이고 공익 상호간과 사익 상호간에도 정당하게 비교교량하여야 한다는 제한이 있으므로, 행정주체가 행정계획을 입안·결정함에 있어서 이익형량을 전혀 행하지 아니하거나 이익형량의 고려 대상에 마땅히 포함시켜야 할 사항을 누락한 경우 또는 이익형량을 하였으나 정당성과 객관성이 결여된 경우에는 위법하다.

[2] 울산지역의 인구 증가에 따른 대학교육 수요를 충족시키기 위하여 대학시설을 유치함으로써 부족한 기존의 대학시설(종합대학교 1개교, 전문대 1개교)을 확충하는 등 교육여건을 개선하고 지역을 발전시킬 필요성이 있는 점 등 피고가 주장하는 그 판시와 같은 사정들을 감안하더라도, 춘해대학의 구체적이고 타당성 있는 교육수요와 현실적인 재원확보정도를 고려한 현실성 있는 장기발전계획을 고려한다면 이 사건 공공시설입지승인만으로도 그와 같은 목적을 달성할 수 있을 것으로 보이고, 위와 같은 사정에다가 위 3.항에서 본 바와 같이 원고(선정당사자) 등을 비롯하여 이 사건 공공시설입지승인 지역 내의 토지나 건물 소유자들이 이 사건 공공시설입지승인에 추가하여 이 사건 처분이 이루어짐에 따라 입게 되는 권리행사의 제한과 수용 또는 사용의 가능성으로 인하여 현

저한 불이익을 입을 것으로 예상되는 점, 이 사건의 경우 실제로 사업을 시행하는 과정에서 토지 소유자들과 적정한 가격에 협의되지 않는다거나 재원확보가 이루어지고 사업시행에 적절한 규모로 토지를 추가확보할 필요성이 있을 경우 춘해학원이 다시 도시계획시설결정을 받을 수도 있을 것이라는 점 등을 아울러 고려하여 보면, 이 사건 처분은 공익과 사익의 이익형량이 정당성과 객관성을 결여함으로써 형량에 하자가 있어 위법하다.

4. 판례해설

형량명령의 구체적 내용은 일반적으로 다음과 같이 말한다. 행정계획결정에 있어서 관련된 이익의 형량을 하여야 하는데, 이를 위해 ① 계획청은 먼저 행정계획과 관련되는 이익을 조사하여야 한다. ② 관련된 모든 이익을 포함시켜 형량하여야 한다. 공익 상호간, 공익과 사익 상호간 및 사익 상호간의 형량을 포함한다. 법령에서 고려하도록 규정한 이익 외에 규정되지 않은 이익도 관련성이 있으면 형량에 포함시켜야 한다. ③ 형량 대상이 공익과 사익의 가치 또는 비중을 제대로 평가하여야 한다. ④ 관련 이익의 조정은 개개의 이익의 객관적 가치에 비례하여 행하여져야 하고, 목표를 달성할 있는 복수의 안 중에서 최소침해의 안을 찾아야 한다. 이상의 형량을 그르치면 ① 조사의 흠결, ② 형량의 흠결, ③ 평가의 오류, ④ 형량불비례 등의 하자가 인정된다.

그러나 이러한 형량하자의 판단에 있어 법원의 심사강도는 행정계획재량을 인정한 취지를 감안하면 완화되어야 할 것이다. 따라서 사소한 형량흠결이나 평가오류가 아닌 명백한 경우에 형량하자로 인한 위법을 인정하여야 한다.

이 판례에서는 법원은 계획재량에 있어서 특히 수단선택에 관한 재량권에 대해 이익형량이 적법하게 되었는지를 심사하고 있다. 울산광역시는 '대학시설의 유치'라는 공익을 위해, 춘해대학은 대학의 장기발전을 위한 교육시설부지확보라는 이익을 위해 이미 공공시설입지승인이 되어 있는 상태에서 추가적으로 토지수용권을 부여할 수 있는 도시계획시설결정처분을 발하게 되었다. 법원은 선택가능한 행정계획수단으로서 구 국토이용관리법상의 '공공시설입지승인'과 구 도시계획법 상의 '도시계획결정' 양자를 비교하는데, 원심판결(부산고등법원

2003. 4. 18. 선고 2001누4900 판결 울산도시계획시설(학교)결정취소)과 대법원의 판결이유를 보면 다음과 같은 요소들 – 동 대학의 장기발전계획이 향후 예상되는 교육수요, 막대한 소요재원의 확보가능 여부 등 계획의 구체적 타당성과 현실성에 대한 객관적인 검토와 분석에 기하여 이루어지지 않았다는 점, 장기발전계획에 따른다 하더라도 증원되는 학생정원에 비하여 훨씬 더 넓은 면적의 토지를 확보하고자 한 점, 토지의 세부활용계획도 교육시설 등 물적시설의 확충에 반드시 필수적이라고 볼 수 없는 부분에 상당한 면적을 할애하고 있는 점, 토지소유자들과 협의하여 필요한 부지를 취득하는 방법도 사용가능할 수 있다는 점, 원고 등도 이미 '공공시설입지승인'의 확정으로 재산권이용에 제한을 받는 상태이므로 협의취득과정에서 협상의 지위가 낮아진 점 등 –을 고려하여, 토지소유자의 재산권에 대한 제약이 상대적으로 가벼운 '공공시설입지승인'만으로도 충분히 목적을 달성할 수 있음에도 불구하고 도시계획시설결정을 한 것은 재량권의 일탈·남용에 해당한다고 판단한다. 정확하게 명시되고 있지는 않지만, 이 판결에서 지적하는 재량권 일탈·남용의 사유는 사익에 대한 침해가 적은 수단이 있었음에도 불구하고 침해의 강도가 높은 수단을 추가적으로 선택하였다는 점, 그 수단에 의해 달성될 수 있는 공익은 침해가 덜한 수단으로도 충분히 달성가능한 것이었다는 점 등에서 형량의 불비례에 해당하는 것으로 보인다.

Ⅲ 관련판례

1. 대법원 2007. 4. 12. 선고 2005두1893 판결【도시계획시설결정취소】

[1] 개발제한구역은 도시의 무질서한 확산을 방지하고 도시 주변의 자연환경을 보전하여 도시민의 건전한 생활환경을 확보하기 위하여 도시의 개발을 제한할 필요에 의하여 지정되는 것이어서 원칙적으로 개발제한구역에서의 개발행위는 제한되는 것이기는 하지만 위와 같은 개발제한구역의 지정목적에 위배되지 않는다면 허용될 수 있는 것인바, 도시계획시설인 묘지공원과 화장장 시설의 설치가 위와 같은 개발제한구역의 지정목적에 위배된다고 보이지 않으므로, 시장이 이미 개발제한구역으로 지정되어 있는 부지에 묘지공원과 화장장 시설들을

설치하기로 하는 내용의 도시계획시설결정을 하였다 하더라도 이를 두고 위법하다고 할 수 없다.

[2] 구 도시계획법(2002. 2. 4. 법률 제6655호 국토의 계획 및 이용에 관한 법률 부칙 제2조로 폐지) 제19조 제1항 및 도시계획시설결정 당시의 지방자치단체의 도시계획조례에서는, 도시계획이 도시기본계획에 부합되어야 한다고 규정하고 있으나, 도시기본계획은 도시의 장기적 개발방향과 미래상을 제시하는 도시계획 입안의 지침이 되는 장기적·종합적인 개발계획으로서 행정청에 대한 직접적인 구속력은 없다.

2. 서울고등법원 2005. 1. 26. 선고 2003누19885 판결【도시계획시설결정취소】

[1] 화장장시설 규모의 적정성 여부

서울시민의 화장 추이 및 화장장 이용현황과 서울시립 화장장(벽제승화원)의 이용현황은 별지 [별표1], [별표2]의 각 기재와 같은 사실, … 서울시정연구개발원은 서울시 장묘시설 수급계획 수립을 위한 기초연구를 하였는데, 그 연구결과에 의하면, … [별표3]의 서울시립 화장장 이용건수에 관리 및 점검용 예비화장로(화장로 10기 당 1기)와 개장유골용 예비화장로(2001~2010년: 1기, 2011~2020년: 2기) 수요를 추가하여 화장로 1기 당 처리건수 기준에 따라 2001년부터 2020년까지의 화장로 수요는 별지 [별표4] 기재와 같은 것으로 각 제시하고 있는 사실 …

돌이켜 이 사건의 경우, 피고가 행정계획의 일환으로 이 사건 도시계획시설결정을 함에 있어 위와 같은 위법 사유가 존재하는지 여부에 관하여 보건대, 위 인정사실에서 보듯이, 서울시정개발연구원과 한국행정학회의 각 연구결과 사이에, 화장장 시설 수급계획의 전제사실인 서울시민의 사망률, 화장로 1기 당 1일 평균 적정 처리건수 등에서 견해를 달리하고 있으나, 서울시민의 사망률의 차이는 이 사건 도시계획시설의 규모를 결정함에 있어 중대한 영향을 미치는 것으로는 보여지지 아니하고, 화장로 1기 당 1일 평균 적정처리건수는 장례관습, 국민복지수준 등과 관련된 문제로서 행정주체의 고도의 정책적 판단사항에 해당한다 할 것이므로, 원고들 주장과 같은 사유만으로는 피고가 이 사건 도시계획 시설결정을 함에 있어 이익형량을 전혀 행하지 아니하거나 이익형량의 고려 대상에 마땅히 포함시켜야 할 사항을 누락한 경우 또는 이익형량을 하였으나 정당성·객관성이 결여되었다고는 볼 수 없어, 원고들의 이 부분 주장도 이유 없다.

[2] 교통상 문제점

위 인정사실에 의하면, 1개 차로의 처리교통량을 고려할 경우 이 사건 추모공원의 진입도로(편도 2차로)의 처리교통량은 평일과 일요일의 교통량을 충분히 감당해 낼 수 있는 정도라고 할 것이고, 이 사건 추모공원 주변 교통개선대책이 계획대로 시행된다면 이 사건 추모공원이 조성된다고 하여 주변 교통여건이 악화되어 교통상의 문제를 야기시킬 것이라고 보기 어렵다. … 이와 같은 계획이 제대로 시행되고, 앞서 본 바와 같은 이 사건 추모공원 주변의 교통개선대책이 차질 없이 시행된다면 명절날에도 이 사건 추모공원의 진입도로 및 주변 도로의 정체현상을 상당부분 완화시킬 수 있을 것으로 예상된다. 따라서, 원고들의 위 주장 역시 이유 없다.

[3] 환경상 문제점

이 사건 추모공원의 부지의 서쪽과 남쪽에는 청계산 도시자연공원이 위치하여 있고, 동쪽에는 경부고속도로가, 북쪽에는 한국 화물터미널과 만남의 광장이 위치하고 있는 사실, 이 사건 추모공원의 부지는 대부분은 비닐하우스가 많은 농경지로 되어 있고, 그 외에는 주거지, 나지 및 인공조림지로 구성되어 있으며, 이 사건 추모공원 부지의 경계 밖 능선주위에는 신갈, 상수리 등 참나무류와 아까시아나무, 리기다소나무가 주로 서식하고 있는 사실, 이 사건 추모공원은 총 면적 51,520평(170,020㎡) 중 건축면적이 승화원 약 1,400평, 장례예식장 약 700평, 추모의 집 약 700평으로 계획되어 있고, 이를 제외한 나머지 부분은 주변의 녹지와 조화를 이루는 친환경적인 공원으로 조성할 계획인 사실, 이 사건 화장장 시설의 화장로는 저소음, 무연, 무취, 무공해의 최첨단시설로 설치할 계획이고, … 주위 자연경관을 훼손하지 않도록 주변환경과 조화를 이루는 친환경적인 디자인과 지상건축물의 최소화 등을 고려하고 있고, 기타 대기오염, 악취발생 등을 방지할 시설을 설치하고 방문객에 의한 쓰레기 발생을 최소화할 수 있도록 쓰레기 처리대책을 마련한다면 이 사건 추모공원 조성에 따른 주변 환경영향을 최소화할 수 있고 환경상 큰 문제가 없는 것으로 판단된 사실을 인정할 수 있다.

3. 대법원 2011. 4. 21. 자 2010무111 전원합의체 결정【집행정지】

한편 환경문제는 문제의 발생과 이로 인한 영향이 현실로 나타나기까지 상당한 시차가 존재하고, 어느 정도의 환경악화는 환경이 갖는 자체 정화능력에 의하여 쉽게 원상회복될 수 있지만 그 자체 정화능력을 초과하는 경우에는 환경악화가 가속화될 뿐만 아니라 심한 경우에는 원상회복이 어렵거나 불가능하게 되는 시차성, 탄력성 및 비가역성 등과 같은 특성을 가진다. 따라서 환경문제가 포함된 이 사건을 처리함에 있어서는 이러한 특성을 충분히 고려함으로써 현재의 잘못된 정책으로 인하여 이 사건 사업지역 인근에 거주하거나 한강을 상수원으로 삼는 재항고인들뿐만이 아닌 미래의 세대인 우리들 자손의 중요한 삶의 터전이 될 환경이 오염되거나 훼손되지 아니하도록 각별한 주의를 기울일 필요가 있다. 이러한 여러 사정을 염두에 두고 이 사건 하천공사시행계획 등에 대한 효력정지 신청의 당부에 관하여 본다.

(나) 상위계획과의 정합성 결여

1) 하천법 제24조 제7항은 유역종합치수계획은 수자원장기종합계획의 범위 안에서 수립되어야 하며 하천기본계획의 기본이 된다고 규정하고, 하천법 제27조 제2항은 하천공사시행계획은 하천기본계획의 범위 안에서 수립되어야 한다고 규정하고 있으므로, 하천공사는 하천기본계획은 물론 유역종합치수계획, 나아가 수자원장기종합계획의 범위 안에서 시행되어야 한다. … '4대강 살리기 마스터플랜'이 발표되던 2009. 6. 8. 한강수계 유역종합치수계획이 고시되고, 같은 해 7. 2. 한강 하천기본계획이 변경 고시되었으나, 수자원장기종합계획은 아직 변경되지 아니하고 있다. 한강수계 유역종합치수계획에도 보 설치는 치수(수해예방)가 아니라 이수(물 확보)와 관련된 것이라는 이유로 반영되지 아니하였고, 준설도 하도와 직접 관련된 것으로서 하천기본계획의 대상이라는 이유로 반영

되지 아니하였다. … 위와 같은 사정에 비추어 보면, 대규모의 보 설치 및 준설 등을 내용으로 하는 이 사건 사업은 상위계획인 수자원장기종합계획이나 유역종합치수계획의 범위를 벗어난 것이라고 볼 여지가 많다.

(다) 효율성에 대한 검토의 결여

1) 하천법 제3조 제1항은 국가는 하천에 대한 효율적인 보전·관리를 위하여 하천에 관한 종합적인 계획을 수립하고 합리적인 시책을 마련할 책무를 진다고 규정하며, 하천법 제23조 제1항은 국토해양부장관은 수자원의 안정적인 확보와 하천의 효율적인 이용·개발 및 보전을 위한 20년 단위의 수자원장기종합계획을 수립하여야 한다고 규정하고 있으므로, 하천공사의 시행에 관한 이익형량을 할 때에 효율성에 대한 검토도 빠뜨려서는 아니 된다. 기획재정부장관은 4대강 정비사업에 대한 예산을 편성할 때에 보 설치 및 준설 부분이 국가재정법 제38조 제1항, 국가재정법 시행령 제13조 제1항에 정한 규모를 초과하는데도 이에 대하여 국가재정법 시행령 제13조 제2항 제6호의 '재해예방 지원으로 시급한 추진이 필요한 사업'에 해당한다는 이유로 예비타당성조사를 실시하지 아니하였고, 달리 이 사건 사업의 계획 및 시행 과정에서 효율성에 대한 면밀한 검토가 있었다고 볼 자료도 제출되어 있지 아니하다. 그러나 '4대강 살리기 마스터플랜'에서는 보 설치를 수해예방 사업이 아니라 물 확보 사업으로 분류하고 있고, '마스터플랜'이 발표된 날 고시된 한강수계 유역종합치수계획에도 위와 같은 이유로 보 설치는 반영되지 아니하였는데, 보 설치 역시 '재해예방 지원'으로서 예비타당성조사 결과를 기다릴 수 없을 정도로 시급한 추진이 필요한 것인지 상당한 의문이 있다.

(라) 불충분한 대안검토

환경정책기본법 제3조 제7호는 '사전환경성검토'라 함은 환경에 영향을 미치는 행정계획의 수립 또는 개발사업(행정계획의 수립이 요구되지 아니하는 개발사업)의 허가 등을 할 때에 해당 행정계획 또는 개발사업에 대한 대안의 설정·분석 등 평가를 통하여 미리 환경측면의 적정성 및 입지의 타당성 등을 검토하는 것을 말한다고 규정하고 있고, 환경정책기본법 제25조의4 제2항, 환경정책기본법 시행령 제8조 제1항 제4호 (다)목 등에 근거하여 환경부장관이 고시한 사전환경성검토서 작성 등에 관한 규정에 의하면, 사전환경성검토서에는 '대안 및 그 환경영향검토 결과와 영향저감방향'이 포함되어야 한다. 여기서 '대안'이라 함은 환경적 목표와 기준의 유지를 전제로 행정계획의 목표와 방향, 추진전략과 방법, 수요와 공급, 위치와 시기, 공법 등에 대하여 여러 가지 조건을 변경한 결과를 말하는 것으로, 대안을 선정할 때에는 행정계획을 시행하지 아니하였을 경우를 포함하여 2개 이상으로 하여야 하고, 각 대안은 행정계획의 목적 달성을 위하여 실천가능하고도 현실적이어야 하며, 사전환경성검토서에서는 선정한 대안별로 계획의 적정성, 입지의 타당성 등 세부 검토항목에 대하여 검토한 결과 및 그 구체적인 내용과 근거를 기술한 다음, 대안별 환경영향검토 결과를 비교하여 최적의 대안을 선정하고 그 이유를 기술하여야 한다[위 고시 [별표 2] 제1호 (가)목, (다)목, 제2호, 제3호 (가)목, (나)목]. … 위 각 규정의 내용과 취지 등에 비추어 보면, 사전환경성검토 및 환경영향평가 과정에서 대안을 설정하고 이를 분석·평가하여야 하며, 특히 사전환경성검토 과정에서는 사업지역의 위치와 사업규모 등은 물론 사업의 시행 여부 그 자체에 관하여도 합리적이고 실행가능한 모든 대안을 구체적으로 검토하여야 한다고 할 것이다.

… 이 사건 사업에 관한 환경영향평가서(그 보완서 포함. 이하 '이 사건 환경영향평가서'라고 한다)에서는 보의 구조 및 제체 형식, 저수로의 비탈면 경사, 어도의 형식에 관하여만 대안을 검토하고 있다. 달리 상대방들이 이 사건 사업을 계획·시행하는 과정에서 보 설치와 준설 외에는 물 확보와 수해예방 등의 목적을 달성할 수 있는 타당한 대안이 없는지, 보의 개수와 보 및 준설의 위치·규모 등에 관하여도 타당한 대안이 없는지 등을 구체적으로 검토하였다고 볼 자료는 제출되어 있지 아니하다. 위와 같은 사정에 비추어 보면, 보의 개수, 보 및 준설의 위치·규모 등은 물론 이 사건 사업의 시행 여부 그 자체와 관련하여서도 수자원장기종합계획에서 볼 수 있는 바와 같이 기존 댐 재개발을 비롯한 다양한 대안이 있을 수 있는데, 이 사건 사업에 관한 사전환경성검토와 환경영향평가 과정에서 그러한 대안을 구체적으로 검토하지 아니하였다고 볼 여지가 많다.

(마) 제대로 된 현장조사 없는 사전환경성검토

기록에 의하면, 2009. 6. 10. 한강 하천기본계획 변경에 대한 사전환경성검토 협의가 완료되었으나, 위 사전환경성검토는 대규모 보 설치 및 준설이라는 새로운 사업이 계획되었는데도 새로운 현장조사 없이 무려 5년 전(2004. 2.부터 같은 해 8월까지 사이)에 실시되었던 현장조사의 결과를 기초로 하여 행하여진 것인 점을 알 수 있는바, 위 사전환경성검토는 이 점에서도 부실하다고 볼 여지가 많다.

(바) 수질 부분 환경영향평가의 부실

환경영향평가법령에서 정한 환경영향평가를 거쳐야 할 대상사업에 대하여 그러한 환경영향평가를 거쳤다면, 비록 그 환경영향평가의 내용이 다소 부실하다고 하더라도, 그 부실의 정도가 환경영향평가 제도를 둔 입법 취지를 달성할 수 없을 정도이어서 환경영향평가를 하지 아니한 것과 다를 바 없는 정도의 것이 아닌 이상, 그 부실로 인하여 당연히 해당 사업에 대한 승인 등 처분이 위법하게 되는 것은 아니지만, 그 부실의 정도가 위와 같은 정도에까지는 이르지 아니한다고 하더라도, 그 부실이 위 승인 등 처분에 재량권 일탈·남용의 위법이 있는지 여부를 판단하는 하나의 요소가 될 수는 있다(대법원 2006. 3. 16. 선고 2006두330 전원합의체 판결 등 참조).

… 일반적으로 유속이 느릴수록 재폭기 계수(산소가 물에 용해되는 속도를 나타내는 계수)가 작아져 수역의 자정능력이 감소하는 것으로 알려져 있다. 그리고 이 사건 사업에 관한 사전환경성검토 및 환경영향평가서 초안 검토 과정에서도 한강유역환경청장, 여주군수, 사단법인 환경영향평가협회 등이 물 흐름의 정체에 따른 토사 퇴적과 부영양화에 대비하여 수질관리방안을 마련하여야 한다는 의견을 제시하였다. 그뿐만 아니라 이 사건 환경영향평가서에서조차, 보를 설치할 경우 유속이 느려져 유기오염원이 관리되지 아니하면 부영양화가 초래될 우려가 있고, 수심이 깊어짐에 따른 태양광 투과율 감소는 일부 조류에만 성장 장애요인이 될 것이라고 하고 있다.

… 위와 같은 사정에 비추어 보면, 이 사건 사업의 시행으로 수질이 오염될

것이라고 우려할 만한 사유가 적지 아니한데도, 이 사건 환경영향평가서에서는 그와 같은 우려를 해소할 만한 근거를 제시하지 아니한 채 이 사건 사업의 시행으로 수질이 개선될 것이라고 예측하고 있어, 이 사건 환경영향평가서 중 수질 부분은 부실하다고 볼 여지가 많다.

4. 대법원 2020. 6. 25. 선고 2019두56135 판결【도시관리계획결정무효확인등청구의소】

취소 확정판결의 기속력의 범위에 관한 법리 및 도시관리계획의 입안·결정에 관하여 행정청에 부여된 재량을 고려하면, 주민 등의 도시관리계획 입안 제안을 거부한 처분을 이익형량에 하자가 있어 위법하다고 판단하여 취소하는 판결이 확정되었더라도 행정청에 그 입안 제안을 그대로 수용하는 내용의 도시관리계획을 수립할 의무가 있다고는 볼 수 없고, 행정청이 다시 새로운 이익형량을 하여 적극적으로 도시관리계획을 수립하였다면 취소판결의 기속력에 따른 재처분의무를 이행한 것이라고 보아야 한다. 다만 취소판결의 기속력 위배 여부와 계획재량의 한계 일탈 여부는 별개의 문제이므로, 행정청이 적극적으로 수립한 도시관리계획의 내용이 취소판결의 기속력에 위배되지는 않는다고 하더라도 계획재량의 한계를 일탈한 것인지의 여부는 별도로 심리·판단하여야 한다.

5. 대법원 2021. 7. 29. 선고 2021두33593 판결【산업단지개발계획변경신청거부처분취소청구의소】

가. 행정계획은 특정한 행정목표를 달성하기 위하여 행정에 관한 전문적·기술적 판단을 기초로 관련되는 행정수단을 종합·조정함으로써 장래의 일정한 시점에 일정한 질서를 실현하기 위하여 설정한 활동기준이나 그 설정행위를 말한다. 행정청은 구체적인 행정계획을 입안·결정할 때 비교적 광범위한 형성의 재량을 가진다. 다만 행정청의 이러한 형성의 재량이 무제한적이라고 할 수는 없고, 행정계획에서는 그에 관련되는 자들의 이익을 공익과 사익 사이에서는 물론이고 공익 사이에서나 사익 사이에서도 정당하게 비교·교량하여야 한다는 제한이 있으므로, 행정청이 행정계획을 입안·결정할 때 이익형량을 전혀 행하

지 아니하거나 이익형량의 고려 대상에 마땅히 포함시켜야 할 사항을 누락한 경우 또는 이익형량을 하였으나 정당성과 객관성이 결여된 경우에는 그 행정계획 결정은 이익형량에 하자가 있어 위법하게 될 수 있다(대법원 2015. 10. 15. 선고 2013두21748 판결; 2015. 12. 10. 선고 2015두2338 판결 등 참조). 이러한 법리는 산업입지법상 산업단지개발계획 변경권자가 산업단지 입주업체 등의 신청에 따라 산업단지개발계획을 변경할 것인지를 결정하는 경우에도 마찬가지로 적용된다.

환경의 훼손이나 오염을 발생시킬 우려가 있다는 점을 처분사유로 하는 산업단지개발계획 변경신청 거부처분과 관련하여 재량권의 일탈·남용 여부를 심사할 때에는 산업입지법의 입법 취지와 목적, 인근 주민들의 토지이용실태와 생활환경 등 구체적 지역 상황, 환경권의 보호에 관한 각종 규정의 입법 취지 및 상반되는 이익을 가진 이해관계자들 사이의 권익 균형 등을 종합하여 신중하게 판단하여야 한다. 그리고 '환경오염 발생 우려'와 같이 장래에 발생할 불확실한 상황과 파급효과에 대한 예측이 필요한 요건에 관한 행정청의 재량적 판단은 그 내용이 현저히 합리성을 결여하였다거나 상반되는 이익이나 가치를 대비해 볼 때 형평이나 비례의 원칙에 뚜렷하게 배치되는 등의 사정이 없는 한 폭넓게 존중하여야 한다. 또한 처분이 재량권을 일탈·남용하였다는 사정은 그 처분의 효력을 다투는 자가 주장·증명하여야 한다(대법원 2017. 3. 15. 선고 2016두55490 판결; 2019. 12. 24. 선고 2019두45579 판결 등 참조).

Ⅳ 질문 및 토의과제

1. 관련판례 1과 관련판례3은 행정계획에 대한 통제의 기준으로서 선재하는 상위종합계획과의 정합성이 문제될 수 있음을 보여준다. 두 판례가 각각 도시기본계획과 수자원장기종합계획이나 유역종합치수계획의 규범성에 대해 보여주는 태도를 비교해 보시오. 상위계획에 정합해야 함은 실제 행정계획을 수립하는 의사결정과정에서 합리성을 확보하는 데 어떤 역할을 하는가?

2. 관련판례 1의 원심판결인 관련판례 2에서는 형량명령에 따른 계획형량의 구체적인 사례를 보여주고 있다. 화장장의 규모, 교통상, 환경상 문제점에 대해 비교적 객관적으로 보이는

예상치 등을 근거로 하여 이익형량이 위법사유가 있는지를 검토하고 있다. 1차적 처분권한을 가진 행정청이 이러한 자료들을 근거로 형량을 하여 판단할 때와 법원이 행정청의 이러한 판단의 정당성을 평가할 때는 그 관점이나 판단의 엄격성 등에 있어 어떠한 차이가 있을까? 당사자들이 각각 자신에게 유리한 형량판단이 이루어지도록 하려면 어떠한 요소에 중점을 두어야 한다고 생각하는가? (예컨대, 환경적 피해의 우려에 대한 가능한 방지수단들을 최대한 열거하여 강조하는 방법 등)

3. 관련판례 3은 4대강 사업을 위한 하천공사시행계획의 효력정지신청사건으로 다수의견은 '회복하기 어려운 손해'가 존재함을 인정할 수 없어 이를 기각하였으나, 반대의견은 당해 계획의 형량과정에 있는 다양한 문제점을 발견함으로써 '회복하기 어려운 손해를 예방하기 위한 긴급한 필요'가 인정된다고 판단하였다. 위의 내용은 반대의견에서 설시한 형량의 하자에 해당하는 내용이다. 이를 보고 행정계획의 위법성 판단의 가능성과 난점에 대해 토의해 보시오.

4. 관련판례 3의 다수의견은 '회복하기 어려운 손해'의 해당 여부를 판단함에 있어 주로 하천구역에서 유기농업을 할 수 있는 이익에 초점을 맞추었는데 비해, 반대의견은 환경상 이익에 대해 많은 비중을 할애하고 있다. 이렇게 법원이 집행정지 요건에 대해 판단할 때와 마찬가지로 행정청이 행정계획 수립을 위해 형량할 때에도 어떤 이익을 고려하고 어떤 이익에 더 큰 비중을 할애할 것인가에 따라 최종 판단이 큰 영향을 받을 것이다. 이렇게 형량대상이 되는 이익을 선택하고 그 비중을 선택하는 것이 정책적으로 결정되는 것이라면 이에 대해 법적 판단을 하는 것이 적절한가? 또한 가능한가?

5. 관련판례 4에 따르면, 행정청이 가진 도시관리계획 수립을 위한 권한에는 광범한 재량권이 포함되므로(계획재량), 입안제안거부처분 취소판결의 효력에 따른 재처분의무는 입안 제안을 그대로 수용해야 할 의무가 아니라 행정청이 다시 새로운 이익형량을 하여 적극적으로 도시관리계획을 수립할 의무로 해석된다고 하고 있다. 그러나 새로 수립된 도시관리계획에 대해서는 재처분의무의 충족 여부와는 별도로 계획재량의 한계 일탈 여부를 심사할 수 있다. 전자의 심사와 후자의 심사가 그 척도, 강도, 효과에 있어서 어떤 차이를 갖는지 비교해보시오.

6. 관련판례 5에서 '환경오염 발생 우려'와 같이 장래에 발생할 불확실한 상황과 파급효과에 대한 예측이 필요한 요건에 관한 행정청의 재량적 판단은 그 내용이 현저히 합리성을 결여하였다거나 상반되는 이익이나 가치를 대비해 볼 때 형평이나 비례의 원칙에 뚜렷하게 배치되는 등의 사정이 없는 한 폭넓게 존중하여야 한다고 하고 있다.

Ⅴ 참고문헌

방동희, 행정계획 통제체계 개선에 관한 소고: 법형식, 적법요건, 쟁송방식을 중심으로, 공법연구 52집 2호, 2024

최승필, 행정계획에서의 형량: 형량명령에 대한 논의를 중심으로, 토지공법연구 73집 1호, 2016

김현준, 행정계획에 대한 사법심사: 도시계획소송에 대한 한·독 비교검토를 중심으로, 특별법연구 13권, 2016

황도수, 행정의 행위형식으로서의 '행정계획'개념에 대한 검토, 일감법학 26호, 2013

신봉기, 행정계획에 대한 사법적 통제, 토지공법연구 10(197－211), 2000

제 5 장
행정상 사실행위

2-5-1. 권력적 사실행위에 대한 통제수단

I 개요

사인의 법적 지위를 변동시키는 법적 효과를 발생시킴이 없이 사실상의 효과만을 발생시키는 행정기관의 행위를 행정상 '사실행위'라 한다. 이러한 사실행위는 법적 지위의 변동을 일으키지 않더라도 사인의 의사결정에 영향을 미치거나 사인이 처한 물리적 상태에 변동을 일으키므로, 행정행위나 행정입법에 못지않게 법치행정이 구현되어야 할 영역이다. 그러나 실제로 사실행위는 행정조직 내부에서의 행위와 외부에서의 행위, 정신적 사실행위와 물리적 사실행위, 법적 행위의 집행을 위한 사실행위와 독립적 사실행위, 공법적 사실행위와 사법적 사실행위, 권력적 사실행위와 비권력적 사실행위 등 매우 다양하고 이질적인 행위 유형들을 총칭하는 집합개념이므로, 법치행정의 구현방식 역시 그 유형에 따라 달라진다.

사실행위에 대한 실체법적 기준을 보면, 권력적·침해적 사실행위에 대해서는 법률의 근거를 필요로 하며(법률유보), 법률의 우위는 물론이고 일정한 재량권이 부여되어 있는 경우에는 비례원칙이 적용된다. 사실행위의 특성상 절차법적 통제는 제한적인 경우도 있지만, 성질에 따라 절차적 통제가 중요한 경우도 존재한다.

사실행위로 인한 침해에 대한 적절한 사법적 구제 역시 그 유형에 따라 다르다. 정신적 작용으로서의 사실행위의 경우 그 직접적인 법적 효과의 부재로 인해 취소소송의 대상이 되는데 장애가 있다. 이에 그간 헌법재판소의 헌법소원이 주요한 구제수단이 되어 왔다. 최근 법원은 간접적으로라도 어떤 법적 효과와 연결될 수 있는 경우 법적 불안정의 조속한 제거 등을 위해 이를 처분 즉, 항고소송의 대상으로 인정하기도 한다. 물리적 작용으로서의 사실행위의 경우는 법적 효과의 제거를 목적으로 하는 항고소송은 효과적인 구제수단이 되지 못할 경우가 대부분이므로, 행정상 손해배상 또는 손실보상을 검토해 보아야 한다.

II 리딩케이스

1. 사건번호: 헌재 2003. 12. 18. 2001헌마754 전원재판부 결정

2. 사실관계

청구인 갑은 폐기물을 가공하여 벽돌 등을 제조 · 판매하는 폐기물재활용회사로서, 1998. 5. 1. 충남 부여군 장암면 ○○필지 부동산 지상에 공장설립승인을 받아 1998. 10. 25.부터 영업을 하였으며, 폐기물재활용처리와 관련하여 관계법령이 요구하는 폐기물재활용신고, 사업장폐기물배출자신고, 대기배출시설설치신고, 소음 · 진동배출시설설치신고, 비산먼지발생사업장신고 등을 마쳤다. 갑의 폐기물의 수집, 운반, 보관 및 처리과정에서 생기는 먼지, 소음, 진동 등으로 인한 생활환경의 악화와 폐기물의 누출 및 퇴적 등으로 인한 환경오염 및 그로 인한 피해를 우려한 주변 주민들은 갑에 대한 감시 · 감독을 철저히 해 줄 것을 요구하는 민원 내지 진정을 빈번하게 제기하였다.

이에 피청구인 부여군수는 환경부 훈령인 "폐기물관련사업장지도 · 점검규정"에 따라 갑이 적법하게 폐기물을 수집 · 운반 · 보관 · 처리하였는지 및 폐기물로 인하여 환경(대기, 수질, 토양)오염 발생 여부를 확인하기 위하여 갑의 사무소 및 사업장에 대한 현장조사, 시료채취 및 서류조사 등의 감사를 수시로 시행하였고 분기 1회의 정기감사도 실시하여 과태료를 수차례 부과하였다.

이와 별도로 환경부장관(금강환경관리청 포함), 충청남도지사(도보건환경연구원 포함)도 갑에 대한 현장조사, 자료제출요구 등의 감사를 하였고, 감사원 및 국회도 각각 직무감찰, 국정감사 과정에서 갑에 대한 현장조사 내지 자료제출 등을 요구하였다. 위와 같은 다각적이고 빈번한 감사 내지 조사는 주민들의 민원이 주된 원인이었다. 위와 같이 1998. 12. 22. 부여군수가 갑에 대하여 최초 감사를 실시한 이래 이 사건 헌법소원이 제기되기까지 약 2년 10개월 동안 부여군수와 충청남도지사, 환경부장관(산하 환경관리청 포함), 감사원, 국회 등은 56차례에 걸쳐 감사를 하였다.

위와 같은 감사가 시행될 때에는 갑의 직원들 일부는 감사준비, 사무소 및 사업장 안내, 폐기물의 운반, 보관 및 처리에 대한 설명, 관련서류의 제출, 시료채취 및 시설과 장비 등에 대한 감사에 협력해야 하기 때문에 본래 업무를 할 수 없어 원료수급 및 제품출하에 차질을 빚는 등 정상적인 영업활동에 지장을 받았고, 계속되는 감사로 인하여 일부 거래회사들이 거래를 계속할 수 없다고 통보하거나 직원들이 사직서를 제출하는 등 동요하기도 하였다(청구인들은 계속되는 감사로 인하여 공장가동을 중지하고 부도직전에 까지 몰렸다고 하나 이를 입증할 만한 자료를 발견할 수 없다).

3. 결정요지

(1) 행정청이 우월적 지위에서 일방적으로 강제하는 권력적 사실행위는 헌법소원의 대상이 되는 공권력의 행사에 해당한다는 것이 우리 재판소의 판례이다. 이 사건 감사는 피청구인이 폐기물관리법 제43조 제1항에 따라 폐기물의 적정처리 여부 등을 확인하기 위한 목적으로 청구인들의 의사에 상관없이 일방적으로 행하는 사실적 업무행위이고, 청구인들이 이를 거부·방해하거나 기피하는 경우에는 과태료에 처해지는 점으로 볼 때 청구인들도 이를 수인해야 할 법적 의무가 있다. 그렇다면 이 사건 감사는 피청구인이 우월적 지위에서 일방적으로 강제하는 권력적 사실행위라 할 것이고 이는 헌법소원의 대상이 되는 헌법재판소법 제68조 제1항의 '공권력의 행사'에 해당된다.

(2) 권력적 사실행위가 행정처분의 준비단계로서 행하여지거나 행정처분과

결합된 경우(合成的 行政行爲)에는 행정처분에 흡수·통합되어 불가분의 관계에 있다 할 것이므로 행정처분만이 취소소송의 대상이 되고, 처분과 분리하여 따로 권력적 사실행위를 다툴 실익은 없다. 그러나 권력적 사실행위가 항상 행정처분의 준비행위로 행하여지거나 행정처분과 결합되는 것은 아니므로 그러한 사실행위에 대하여는 다툴 실익이 있다할 것임에도 법원의 판례에 따르면 일반쟁송 절차로는 다툴 수 없음이 분명하다. 이 사건 감사는 행정처분의 준비단계로서 행하여지거나 처분과 결합된 바 없다. 그렇다면, 이 사건 감사는 행정소송의 대상이 되는 행정행위로 볼 수 없어 법원에 의한 권리구제절차를 밟을 것을 기대하는 것이 곤란하므로 보충성의 원칙의 예외로서 소원의 제기가 가능하다.

(3) 폐기물관련사업장에 대한 행정기관의 감사의 근거인 폐기물관리법 제43조 제1항은 감사의 주체를 환경부장관, 시·도지사, 시장·군수·구청장으로 규정하고 있을 뿐, 감사의 횟수나 시기·방법 등 감사의 구체적인 내용에 대하여는 별다른 제한을 두고 있지 아니하다. 그 결과 과다감사 및 중복감사로 인하여 국민들의 영업의 자유를 침해할 소지가 있다. 그러나 위 법률조항은 폐기물의 적정한 처리를 유도·감독함으로써 환경보전과 쾌적한 생활환경 조성이라는 공익을 위한 것으로 그 입법목적이 정당하고 목적과 수단 사이에 적정한 비례관계가 유지되어 있으며 영업의 자유의 본질적 내용을 침해하는 것도 아니어서 헌법에 위반되는 규정이라고는 볼 수 없다.

(4) 합헌적이고 정당한 법령에 따른 공권력의 행사라고 할지라도 그것이 본래의 목적을 벗어나 합리적 이유 없이 자의적으로 행사되거나, 기본권 주체에게 수인한도를 넘는 과중한 부담을 부과하거나 기본권의 본질적 부분을 침해함으로써 기본권 보장이 형해화된다면, 그러한 공권력 행사는 재량권을 일탈·남용한 것으로 위법할 뿐만 아니라 위헌적인 공권력 행사이다.

(5) 국가기관의 감사는 폐기물의 적정처리를 유도하여 환경보전과 쾌적한 생활환경 유지를 위한 폐기물관리법 제43조 제1항의 입법목적에 따른 것이다. 환경오염 발생원인의 다양성, 피해의 중대성, 피해복구의 곤란성 등에 비추어 볼 때, 이윤추구를 목표로 하는 개인이나 민영기업의 자율에만 맡기거나 이들의 적

극적이고 자발적인 법령준수만을 기대하는 것으로는 위와 같은 입법목적 달성에 미흡하고, 정기적인 감사만으로도 그 실효를 거두기 어렵다고 할 것이다. 따라서 오염피해진정 등 민원이 있는 경우나 환경오염의 우려가 있는 경우에는 언제든지 수시로 감사하여야만 폐기물로 인한 환경오염을 사전에 예방하거나 오염피해의 확산을 방지할 수 있다 할 것이다. 더욱이 유해환경산업에 대한 감시·감독은 감독기관 혼자만에 의해서는 불가능하고, 상급기관의 감독 및 주민들의 감시를 비롯한 다각적인 방법에 의할 때, 비로소 그 소기의 목적을 달성할 수 있다는 점에서 주민들의 민원은 폐기물관련업소에 대한 감시체계의 중요한 일원이고 피청구인 등 국가기관으로서도 주민들의 민원이 있는 경우에는 이를 처리하고 통보해야 될 법적 의무가 있다할 것인바, 이 사건 기록을 종합하면 피청구인 등의 감사는 어디까지나 법령이 규정하는 바에 따라 ○○산업이 관계법령을 준수하는지 여부를 조사한 것임을 인정할 수 있고 달리 피청구인 등이 본래 목적을 벗어나 간편하게 민원을 해결하기 위한 방편으로 재량을 일탈·남용하였다는 증거나 자료를 발견할 수 없다.

(6) 피청구인을 비롯한 국가기관의 지속적이고 반복적인 감사로 청구인들의 정상적인 영업활동이 침해되었음은 인정된다. 그러나 그 침해가 청구인들이 수인할 수 없는 정도에 이르렀다거나 영업활동을 중단할 정도로 직업수행의 자유에 대한 본질적인 부분을 침해한 정도에 이르렀다고 보이지 않고 관련 기록 및 자료를 종합해보더라도 그와 같은 침해로 인하여 회사가 부도가 났다는 청구인들의 주장을 뒷받침할 만한 자료를 발견할 수 없다. 오히려 청구인들은 피청구인의 감사에 응해야 할 법률상 의무가 있고, 그로 인하여 ○○산업의 영업활동의 자유가 어느 정도 제한된다는 점은 환경보전이라는 중대한 공익을 위해 ○○산업이 수인해야 될 법적 부담이라 할 것이다.

(7) 재판관 권 성, 재판관 김효종, 재판관 김경일, 재판관 송인준의 위헌의견

국가의 공권력 행사는 그것이 비록 법령에 따른 것이라 할지라도 입법취지에 부합하게 공정하게 행사되어야 하고, 기본권 주체에게 가장 침해가 덜 가는 방법을 선택하여야 한다는 것이 우리 헌법의 명령이며, 이는 폐기물관리법 제43조 제1항에 따른 감사권 행사도 예외가 될 수 없다. 그런데, 피청구인 등 국가

기관은 청구인 회사가 설립되어 공장을 가동한 직후인 1998. 12.부터 이 사건 감사가 실시된 2001. 10. 18.까지 약 2년 10개월 동안 동종·유사한 내용의 감사를 무려 56차례 행하였다. 더구나 이전의 감사에서 아무런 문제점을 발견하지 않았음에도 주민들의 민원 내지 진정이 있기만 하면 민원내용의 신빙성이나 얼마나 전에 감사를 실시하였는지에 상관없이 관성적으로 감사에 착수하였다. 이는 기본권을 보호해야 할 의무가 있는 국가가 오히려 법령을 빙자하여 청구인들이 입게 될 피해와 고통을 고려하지 않고 오로지 민원해결의 방편으로 법령에 의하여 부여된 감사권한을 자의적으로 행사한 것으로 위헌적인 공권력의 행사라 아니할 수 없다. 또한 국가의 공권력이 민원에 휘둘린다면, 법령의 공정한 집행을 기대할 수 없을 뿐만 아니라 궁극적으로 중요한 국책산업이나 공익산업을 통한 공익실현도 불가능하다고 할 것이다.

환경오염피해의 중대성에 비추어 볼 때 폐기물관련사업장에 대한 감사주체를 다원화하는 것이 필요하다고 하더라도 국가기관 사이의 유기적인 정보체계를 구축하는 등으로 과다감사 내지 중복감사가 되지 않도록 하는 것이 기본권의 보호의무가 있는 국가기관이 취해야 할 감사방법이다. 국가는 종합감사시스템을 정비하는 등의 방법으로 과다감사 내지 중복감사가 되지 않도록 하여 감사권 행사의 통일성과 효율성을 제고하면서도 기본권 침해를 최소화할 수 있는 방안을 마련하여야 할 것이다.

4. 판례해설

항고소송은 처분의 효력 제거를 목적으로 한다. 따라서 항고소송이 효과적인 구제수단이 되기 위해서는 당해 처분과 그 집행행위가 분리될 수 있어서, 그 처분에 대한 취소판결로 집행행위를 막을 수 있는 경우라야 한다. 통상 권력적 사실행위는 처분과 집행행위가 분리되지 않고 동시에 행해지거나, 당해 처분이 법적 효과를 갖지 않아서 그 집행의 강제가 예정되어 있지 않은 경우이므로, 항고소송이 적절한 구제수단이 될 수 없다. 이 경우 행정상 손해배상이나 손실보상 등 사후적인 금전적 이해조절이 적절한 구제수단이 된다.

이에 비해 헌법재판소는 권력적 사실행위를 "공권력의 행사 또는 불행사로 인하여 헌법상 보장된 기본권을 침해받은 자"가 보충성의 원칙 하에서 제기할 수 있는 헌법소원의 대상으로 심사하고 있다. 헌법재판소법상 헌법소원의 대상이 되는 '공권력의 행사 또는 불행사'는 행정소송법상 '처분'개념과는 달리 특정한 작용유형에 한정되지 않는 포괄적 개념으로서 권력적 사실행위를 포함하는 것으로 해석된다. 또한 권력적 사실행위가 행정처분의 준비행위로 행하여지거나 행정처분과 결합된 것이 아닐 경우에는 독자적으로 그 위법·위헌성의 심사를 받아야 할 필요가 있으나, 법원에 의한 권리구제절차 — 행정소송 즉, 항고소송이나 당사자소송을 의미한다 —는 이를 대상으로 하지 않으므로 다른 법률에 구제절차가 없는 경우에 해당하여 보충성 원칙을 충족한다고 판단하고 있다. 이 판결은 헌법재판소의 그러한 논리를 잘 보여주는 예이다.

한편 당해 행위에 대한 헌법재판소의 실체법적 심사는 첫째 당해 감사의 근거법령에 대한 심사와 둘째 법령의 집행행위로서 '감사행위'에 대한 심사로 이루어지며, 주로 적용되는 기준은 헌법상 기본권의 본질적 침해의 금지원칙과 비례원칙이라 할 수 있다. 그 근거법령인 폐기물관리법에 관해서는 제43조 제1항에서 감사의 주체를 복수로 규정하면서도 감사의 횟수나 시기·방법 등 감사의 구체적인 내용에 대하여는 별다른 제한을 두고 있지 아니한 까닭에 과다감사 및 중복감사로 인하여 국민들의 영업의 자유를 침해할 소지가 있지만, 환경보전의 공익이라는 목적과의 관련에서 비례원칙에 위반되지 않는 것으로 인정되고 있다. 또한 그 집행행위 역시 환경오염의 발생원인의 다양성, 피해의 중대성, 피해복구의 곤란성 등에 비추어 볼 때, 이윤추구를 목표로 하는 개인이나 민영기업의 자율에만 맡기거나 적극적이고 자발적인 법령준수만을 기대하는 것으로는 충분하지 않고 다각적인 수시의 감사활동이 필요함에 비추어 기본권의 본질적 침해금지원칙과 비례원칙을 위반하지 않는 것으로 판단하고 있다.

Ⅲ 관련판례

1. 헌재 2001. 7. 19. 2000헌마546 전원재판부 결정 【유치장내 화장실 설치 및 관리행위 위헌확인】

청구인들에 대한 침해행위는 이미 종료되어 이 사건 심판대상행위에 대하여 위헌확인을 하더라도 청구인들에 대한 권리구제는 불가능한 상태이어서 주관적 권리보호의 이익은 소멸되었다고 할 것이다. 그러나 전국의 다수 유치장 화장실의 구조와 사용실태가 이 사건에서의 그것과 유사하여 청구인들에 대한 이 사건 심판대상행위와 동종의 조치로 인한 기본권침해행위는 여러 사람에 대하여, 그리고 반복하여 일어날 위험이 있다고 보여지므로, 심판청구의 이익이 인정된다. 이 사건 심판대상행위는 피청구인이 우월적 지위에서 일방적으로 강제하는 성격을 가진 것으로서 권력적 사실행위라 할 것이며, 이는 헌법소원심판청구의 대상이 되는 헌법재판소법 제68조 제1항의 공권력의 행사에 포함된다.

무죄가 추정되는 미결수용자의 자유와 권리에 대한 제한은 구금의 목적인 도망·증거인멸의 방지와 시설 내의 규율 및 안전 유지를 위한 필요최소한의 합리적인 범위를 벗어나서는 아니 된다. 또한 미결구금은 수사 및 재판 등의 절차 확보를 위해 불가피한 것이기는 하나 실질적으로 형의 집행에 유사한 자유의 제한을 초래하는 폐단이 있다는 것은 널리 인식되어 있는 사실이다. 미결수용자들은 구금으로 인해 긴장, 불안, 초조감을 느끼는 등 심리적으로 불안정한 상태에 빠지고 위축되며, 육체적으로도 건강을 해치기 쉽고, 자칫 열악하고 불리한 환경의 영향으로 형사절차에서 보장되어야 할 적정한 방어권 행사에 제약을 받거나 나아가 기본적 인권이 유린되기 쉽다. 그러므로 구금자체의 폐단을 최소화하고 필요이상으로 자유와 권리가 제한되는 것을 피하기 위해서, 그리고 이들의 형사절차상 방어권의 실질적 보장을 위해서는 규율수단의 선택에 있어 충돌되는 이익들간의 신중한 비교교량을 요하며, 통제의 효율성에만 비중이 두어져서는 아니 된다. 위와 같은 점들은 현행범으로 체포되었으나 아직 구속영장이 발부·집행되지 않은, 즉 구속여부에 관한 종국적 판단조차 받지 않은 잠정적 지위에 있는 이 사건 청구인들에게도 당연히 적용되고, 이들에 대한 기본권 제한은 구속영장이 발부·집행된 미결수용자들의 경우와는 달리 더 완화되어야 할 것이며, 이들의 권리는 가능한 한 더욱 보호됨이 바람직하다.

보통의 평범한 성인인 청구인들로서는 내밀한 신체부위가 노출될 수 있고 역겨운 냄새, 소리 등이 흘러나오는 가운데 용변을 보지 않을 수 없는 상황에 있었으므로 그때마다 수치심과 당혹감, 굴욕감을 느꼈을 것이고 나아가 생리적 욕구까지도 억제해야만 했을 것임을 어렵지 않게 알 수 있다. 이 사건 청구인들로 하여금 유치기간 동안 위와 같은 구조의 화장실을 사용하도록 강제한 피청구인의 행위는 인간으로서의 기본적 품위를 유지할 수 없도록 하는 것으로서, 수인하기 어려운 정도라고 보여지므로 전체적으로 볼 때 비인도적·굴욕적일 뿐만 아니라 동시에 비록 건강을 침해할 정도는 아니라고 할지라도 헌법 제10조의 인간의 존엄과 가치로부터 유래하는 인격권을 침해하는 정도에 이르렀다고 판단된다.

2. 대법원 2008. 4. 24. 선고 2008두3500 판결【행정처분부존재확인등】

항고소송의 대상이 되는 행정처분이라 함은 행정청의 공법상의 행위로서 특정사항에 대하여 법규에 의한 권리의 설정 또는 의무의 부담을 명하거나 기타 법률상 효과를 발생하게 하는 등 국민의 구체적인 권리의무에 직접적 변동을 초래하는 행위를 말하는 것이고, 행정권 내부에서의 행위나 알선, 권유, 사실상의 통지 등과 같이 상대방 또는 기타 관계자들의 법률상 지위에 직접적인 법률적 변동을 일으키지 아니하는 행위 등은 항고소송의 대상이 될 수 없다(대법원 1995. 11. 21. 선고 95누9099 판결; 1998. 7. 10. 선고 96누6202 판결 등 참조).

구 사회복지사업법(2007. 12. 14. 법률 제8691호로 개정되기 전의 것, 이하 '구 사회복지사업법'이라고만 한다) 제26조 제1항 제7호, 제40조 제1항 제4호, 제51조 제1항, 제54조 제7호의 각 규정을 종합하면, 시장·군수·구청장은 사회복지사업을 운영하는 자에 대하여 그 소관업무에 관한 지도·감독을 하고, 필요한 경우 그 업무에 관하여 보고 또는 관계서류의 제출을 명하거나, 소속공무원으로 하여금 법인의 사무소 또는 시설에 출입하여 검사 또는 질문하게 할 수 있으며, 그 명령을 위반한 때에는 시장·군수·구청장이 직접 사회복지시설의 개선, 사업의 정지, 시설의 장의 교체를 명하거나, 시설의 폐쇄를 명할 수 있고, 보건복지부장관이 사회복지법인에 대하여 기간을 정하여 시정명령을 하거나 설립허가를 취소할 수 있을 뿐만 아니라 그 명령에 따르지 않는 자에 대하여 형사처벌도 가능하도록 규정되어 있다.

원심이 유지한 제1심판결의 인정 사실 및 기록에 의하면, 피고는 보건복지부 및 서울특별시와 합동으로 원고가 운영하는 사회복지시설에 대한 특별감사를 실시한 후 2006. 11. 2. 원고에 대하여 112건의 특별감사결과 지적사항을 통보하면서 과다하게 집행한 사업비나 목적 외에 사용한 금원 또는 물품을 환수하도록 하는 등 지적사항에 대한 신속한 시정조치를 하고 그 결과를 관련서류를 첨부하여 2006. 11. 13.까지 보고하도록 지시하였음을 알 수 있는바, 피고로서는 사회복지사업을 운영하는 자에 대하여 그 업무에 관하여 보고 또는 관계서류의 제출을 명하거나, 소속공무원으로 하여금 법인의 사무소 또는 시설에 출입하여 검사 또는 질문하게 할 수 있을 뿐 직접 특정한 사항에 관하여 시정을 명할 수 있는 법률상 근거가 없으므로 위 시정지시는 사회복지사업을 운영하는 자에 대한 피고의 일반적인 지도·감독권한에 근거하여 이루어진 것으로 보이기는 한다.

그러나 위 인정 사실에 의하면, 피고는 원고에 대하여 위 시정지시와 아울러 그 조치 결과를 관련서류를 첨부하여 보고하도록 명령함으로써 위 시정지시의 조치결과가 구 사회복지사업법 제51조 제1항에 근거한 보고명령 및 관련서류 제출명령에 포함되어 있으므로, 이와 같은 경우 원고로서는 위 시정지시에 따른 시정조치가 선행되지 않는 이상 피고의 위 보고명령 및 관련서류 제출명령을 이행하기 어렵다고 할 것이다. 그러므로 원고로서는 위 보고명령 및 관련서류 제출명령을 이행하기 위하여 위 시정지시에 따른 시정조치의 이행이 사실상 강제되어 있다고 할 것이고, 만일 피고의 위 명령을 이행하지 않는 경우 시정명령을 받거나 법인설립허가가 취소될 수 있고, 자신이 운영하는 사회복지시설에 대한 개선 또는 사업정지 명령을 받거나 그 시설의 장의 교체 또는 시설의 폐쇄와 같은 불이익을 받을 위험이 있으며, 원심이 유지한 제1심의 인정 사실에 의하더라도 피고는, 원고가 위 시정지시를 이행하지 아니하였음을 이유로 서울특별시장에게 원고에 대한 시정명령 등의 조치를 취해달라고 요청한 바 있으므로,

이와 같은 사정에 비추어 보면, 위 시정지시는 단순한 권고적 효력만을 가지는 비권력적 사실행위에 불과하다고 볼 수는 없고, 원고에 대하여 의무의 부담을 명하거나 기타 법률상 효과를 발생하게 하는 것으로서 항고소송의 대상이 되는 행정처분에 해당한다고 해석함이 상당하다고 할 것이다.

3. 대법원 2014. 2. 13. 선고 2013두20899 판결【행정처분취소】

행정청의 어떤 행위가 항고소송의 대상이 될 수 있는지의 문제는 추상적·일반적으로 결정할 수 없고, 구체적인 경우 행정처분은 행정청이 공권력의 주체로서 행하는 구체적 사실에 관한 법집행으로서 국민의 권리의무에 직접적으로 영향을 미치는 행위라는 점을 염두에 두고, 관련 법령의 내용과 취지, 그 행위의 주체·내용·형식·절차, 그 행위와 상대방 등 이해관계인이 입는 불이익과의 실질적 견련성, 그리고 법치행정의 원리와 당해 행위에 관련한 행정청 및 이해관계인의 태도 등을 참작하여 개별적으로 결정하여야 한다(대법원 2010. 11. 18. 선고 2008두167 전원합의체 판결 등 참조).

한편 「형의 집행 및 수용자의 처우에 관한 법률」(이하 '법') 제41조에 의하면, 수용자는 원칙적으로 외부의 사람과 접견을 할 수 있되(제1항), 교정시설의 장은 '범죄의 증거를 인멸하거나 형사 법령에 저촉되는 행위를 할 우려가 있는 때(제2항 제1호), 수형자의 교화 또는 건전한 사회복귀를 위하여 필요한 때(제2항 제2호), 시설의 안전과 질서유지를 위하여 필요한 때(제2항 제3호)'에 해당하는 사유가 있으면 교도관으로 하여금 수용자의 접견내용을 청취·기록·녹음 또는 녹화하게 할 수 있다.

… 피고는 원고가 천안교도소에 수감된 무렵, 원고를 '접견내용 녹음·녹화 및 접견 시 교도관 참여대상자'로 지정한 사실, 이에 따라 원고의 첫 접견이 있었던 2011. 7. 16.부터 피고의 별도 지시 없이도 원고의 접견 시에 항상 교도관이 참여하여 그 접견내용을 청취·기록하고, 녹음·녹화한 사실 등을 인정하였다. 나아가 원심은, ① 피고가 위와 같은 지정행위를 함으로써 원고의 접견 시마다 사생활의 비밀 등 권리에 제한을 가하는 교도관의 참여, 접견내용의 청취·기록·녹음·녹화가 이루어졌으므로 이는 피고가 그 우월적 지위에서 수형

자인 원고에게 일방적으로 강제하는 성격을 가진 공권력적 사실행위의 성격을 갖고 있는 점, ② 위 지정행위는 그 효과가 일회적인 것이 아니라 이 사건 제1심판결이 선고된 이후인 2013. 2. 13.까지 오랜 기간 동안 지속되어 왔으며, 원고로 하여금 이를 수인할 것을 강제하는 성격도 아울러 가지고 있는 점, ③ 위와 같이 계속성을 갖는 공권력적 사실행위를 취소할 경우 장래에 이루어질지도 모르는 기본권의 침해로부터 수형자들의 기본적 권리를 구제할 실익이 있는 것으로 보이는 점 등을 종합하면, 위와 같은 지정행위는 수형자의 구체적 권리의무에 직접적 변동을 초래하는 행정청의 공법상 행위로서 항고소송의 대상이 되는 '처분'에 해당한다고 판단하였다.

원심은, 비록 피고가 이 사건 제1심판결 선고 이후인 2013. 2. 12. 원고를 위 '접견내용 녹음 · 녹화 및 접견 시 교도관 참여대상자'에서 해제하기는 하였지만 앞으로도 원고에게 위와 같은 지정행위(이하 '이 사건 처분')와 같은 포괄적 접견제한처분을 할 염려가 있는 것으로 예상된다는 등 그 판시와 같은 사정을 이유로, 이 사건 소는 여전히 법률상 이익이 있다고 판단하였다. 아울러 원심은, 원고가 2011. 7. 16.경 및 같은 달 18일경 이 사건 처분이 있음을 알았다고 보기 어렵다고 보아, 제소기간이 도과한 것이라는 피고의 본안전 항변도 배척하였다.

법 제41조는 원칙적으로 수용자와 외부인의 접견을 허용하면서 일정한 경우에만 교정시설의 장이 교도관으로 하여금 수용자의 접견내용을 청취 · 기록 · 녹음 또는 녹화하게 할 수 있다고 하고 있다. 그런데 피고는 이 사건 처분을 함에 있어 원고에게 법 제41조 제1호(범죄의 증거를 인멸하거나 형사 법령에 저촉되는 행위를 할 우려가 있는 때) 또는 제2호(수형자의 교화 또는 건전한 사회복귀를 위하여 필요한 때)의 사유가 있다는 사정에 대해서는 아무런 주장 · 증명을 하지 못하였고, 원심이 적절히 판단한 바와 같이 피고가 원심에서 주장한 사정만으로는 위 제3호(시설의 안전과 질서유지를 위하여 필요한 때)의 사유가 있었다고 보기도 어렵다. 따라서 이 사건 처분은 법률에서 정한 요건을 갖추지 못한 위법한 처분이라고 할 수밖에 없다.

4. 대법원 2021. 10. 14. 선고 2018도2993 판결 【공무집행방해 · 일반교통방해 · 집회및시위에관한법률위반】

공무집행방해죄는 공무원의 적법한 공무집행이 전제되어야 하고, 공무집행이 적법하기 위해서는 그 행위가 공무원의 추상적 직무 권한에 속할 뿐만 아니라 구체적으로 그 권한 내에 있어야 하며, 직무행위로서 중요한 방식을 갖추어야 한다. 추상적인 권한에 속하는 공무원의 어떠한 공무집행이 적법한지는 행위 당시의 구체적 상황에 기초를 두고 객관적 · 합리적으로 판단해야 하고, 사후적으로 순수한 객관적 기준에서 판단할 것은 아니다(대법원 1991. 5. 10. 선고 91도453 판결; 2013. 8. 23. 선고 2011도4763 판결 등 참조).

구 「경찰관 직무집행법」 제6조 제1항은 "경찰관은 범죄행위가 목전에 행하여지려고 하고 있다고 인정될 때에는 이를 예방하기 위하여 관계인에게 필요한 경고를 발하고, 그 행위로 인하여 인명 · 신체에 위해를 미치거나 재산에 중대한 손해를 끼칠 우려가 있어 긴급을 요하는 경우에는 그 행위를 제지할 수 있다."라고 정하고 있다. 위 조항 중 경찰관의 제지에 관한 부분은 범죄의 예방을 위한 경찰 행정상 즉시강제, 즉 눈앞의 급박한 경찰상 장해를 제거하여야 할 필요가 있고 의무를 명할 시간적 여유가 없거나 의무를 명하는 방법으로는 그 목적을 달성하기 어려운 상황에서 의무불이행을 전제로 하지 않고 경찰이 직접 실력을 행사하여 경찰상 필요한 상태를 실현하는 권력적 사실행위에 관한 근거 조항이다(대법원 2008. 11. 13. 선고 2007도9794 판결; 2013. 6. 13. 선고 2012도9937 판결; 2021. 9. 30. 선고 2014도17900 판결 참조). …

경찰 병력이 행정대집행 직후 ○○차 대책위가 또다시 같은 장소를 점거하고 물건을 다시 비치하는 것을 막기 위해 이 사건 장소를 미리 둘러싼 뒤 ○○차 대책위가 같은 장소에서 기자회견 명목의 집회를 개최하려는 것을 불허하면서 소극적으로 제지한 것은 구 「경찰관 직무집행법」 제6조 제1항의 범죄행위 예방을 위한 경찰 행정상 즉시강제로서 적법한 공무집행에 해당하고, 피고인 2 등 ○○차 대책위 관계자들이 이와 같이 직무집행 중인 경찰 병력을 밀치는 등 유형력을 행사한 행위는 공무집행방해죄에 해당한다고 봄이 타당하다(대법원 2021. 9. 30. 선고 2014도17900 판결 참조).

5. 대법원 2021. 10. 28. 선고 2017다219218 판결【손해배상(기)】

[1] 공무원의 행위를 원인으로 한 국가배상책임을 인정하려면 '공무원이 직무를 집행하면서 고의 또는 과실로 법령을 위반하여 타인에게 손해를 입힌 때'라고 하는 국가배상법 제2조 제1항의 요건이 충족되어야 한다. 보통 일반의 공무원을 표준으로 공무원이 객관적 주의의무를 소홀히 하고 그로 말미암아 객관적 정당성을 잃었다고 볼 수 있으면 국가배상법 제2조가 정한 국가배상책임이 성립할 수 있다. 객관적 정당성을 잃었는지는 행위의 양태와 목적, 피해자의 관여 여부와 정도, 침해된 이익의 종류와 손해의 정도 등 여러 사정을 종합하여 판단하되, 손해의 전보책임을 국가가 부담할 만한 실질적 이유가 있는지도 살펴보아야 한다.

[2] 집회 및 시위에 관한 법률 제20조 제1항 제5호, 제16조 제4항 제2호는 폭행, 협박, 손괴, 방화 등으로 질서를 유지할 수 없는 집회 또는 시위의 경우에는 해산을 명할 수 있도록 정하고 있다. 집회·시위의 경우 많은 사람이 관련되고 시위 장소 주변의 사람이나 시설에 적지 않은 영향을 줄 수 있으므로 집회 장소에서 예상치 못한 행동이 발생했을 때 경찰공무원이 집회를 허용할 것인지는 많은 시간을 두고 심사숙고하여 결정할 수 있는 것이 아니고, 현장에서 즉시 허용 여부를 결정하여 이에 따른 조치를 신속하게 취해야 할 사항이다.

[3] 구 경찰관 직무집행법(2014. 5. 20. 법률 제12600호로 개정되기 전의 것) 제6조 제1항은 "경찰관은 범죄행위가 목전에 행하여지려고 하고 있다고 인정될 때에는 이를 예방하기 위하여 관계인에게 필요한 경고를 발하고, 그 행위로 인하여 인명·신체에 위해를 미치거나 재산에 중대한 손해를 끼칠 우려가 있어 긴급을 요하는 경우에는 그 행위를 제지할 수 있다."라고 정하고 있다. 위 조항 중 경찰관의 제지에 관한 부분은 범죄의 예방을 위한 경찰 행정상 즉시강제, 즉 눈앞의 급박한 경찰상 장해를 제거해야 할 필요가 있고 의무를 명할 시간적 여유가 없거나 의무를 명하는 방법으로는 그 목적을 달성하기 어려운 상황에서 의무불이행을 전제로 하지 않고 경찰이 직접 실력을 행사하여 경찰상 필요한 상태를 실현하는 권력적 사실행위에 관한 근거조항이다.

[4] 갑 등이 그들이 속한 단체가 개최한 집회와 기자회견에서 있었던 을 등

경찰의 집회 장소 점거 행위와 을의 해산명령이 위법한 공무집행에 해당하고 이로 인해 집회의 자유가 침해되었다며 국가와 을을 상대로 손해배상을 구한 사안에서, 사건 당일 발생한 상황뿐만 아니라 위 집회 장소에서 점거와 농성이 시작된 이후 천막 등 철거의 행정대집행에 이르기까지 다수의 공무집행방해와 손괴행위가 발생하였고 장기간 불법적으로 물건이 설치되었던 일련의 과정을 고려하여 보면, 을 등 경찰의 집회 장소 점거 행위는 불법적인 사태가 반복되는 것을 막기 위한 필요 최소한도의 조치로 볼 수 있고, 경찰이 집회참가자들을 향하여 유형력을 행사하지 않고 소극적으로 자리를 지키고 서 있었을 뿐인데도 일부 집회참가자들이 경찰을 밀치는 행위를 하는 등 당시의 현장 상황에 비추어 보면, 을로서는 집회참가자들이 경찰에 대항하여 공공의 질서유지를 해치는 행위를 하는 것으로 판단할 수 있는 상황이었으므로, 당시 해산명령이 객관적 정당성을 잃은 것이라고 단정할 수 없는데도, 위 집회 장소 점거 행위와 해산명령을 법적 요건을 갖추지 못한 위법한 경찰력의 행사로 보아 국가와 을의 손해배상책임을 인정한 원심판단에는 국가배상책임의 성립 요건과 위법성 여부에 관한 법리오해 등 잘못이 있다고 사례.

Ⅳ 질문 및 토의과제

1. 리딩케이스인 헌법재판소의 결정에서 아래의 부분을 보고, 반복적, 중복적 감사행위로 인한 피해를 줄일 수 있는 대안으로 제시된 것을 검토해 보시오. 만약 이러한 감사행위에 대해 항고소송이 허용되었다면 어떤 구제수단이 가능하였을 것인지도 검토해 보시오. 항고소송에 예방적 금지소송의 유형이 신설된다면, 이러한 경우 그 유용성에 대해 검토해 보시오.

   [다수의견]

   다만, 이 기회에 한가지 첨언하여 둘 것은 법령에 따른 공권력의 행사라도 그것이 반복적, 중복적으로 행사될 때에는 본래 의도한 바와 달리 기본권 주체에 가해지는 고통은 매우 심각하고 그러한 공권력 행사는 경우에 따라 헌법적 정당성의 한계를 넘을 수도 있다는 것이다. 따라서 법령에 근거한 정당한 감사권을 행사함에 있어서도 공권력의 주체는 개별 기본권 주체가 그로 인하여 입게 될 피해가 최소화 될 수 있도록 항상 감사권 행사에 신중을 기함으로써 가능한 한 반복적, 중복적인 감사는 피할 수 있도록 노력해야 할 것이다.

[반대의견]

… 환경오염피해의 중대성에 비추어 볼 때, 사전예방의 실효성을 확보하기 위하여 폐기물관련사업장에 대한 감사주체를 다원화하는 것이 필요하다고 하더라도 국가기관 사이의 유기적인 정보체계를 구축하는 등으로 과다감사 내지 중복감사가 되지 않도록 하는 것이 기본권의 보호의무가 있는 국가기관이 취해야 할 감사방법이다. 그럼에도 불구하고 이 사건에서 보면, 단지 법령에 근거가 있다는 이유로 주무 감독기관인 피청구인 이외에도 상급기관인 충청남도지사(환경과)와 그 산하기관인 보건환경연구원, 환경부장관 및 그 산하기관인 금강환경관리청이 별도로 감사를 하였고, 기타 대검찰청(환경과), 감사원 및 국회에서까지 감사를 행하였다. 이처럼 감사주체만 바뀌는 동종·유사의 무분별한 반복감사는 감사의 목적달성여부에 상관없이 청구인들의 희생만을 강요하는 것으로 헌법적 한계를 넘는 공권력 행사일 뿐만 아니라 전시행정의 대표적인 예라 할 것이다. 살피건대, 국가는 종합감사시스템을 정비하는 등의 방법으로 과다감사 내지 중복감사가 되지 않도록 하여 감사권 행사의 통일성과 효율성을 제고하면서도 기본권 침해를 최소화할 수 있는 방안을 마련하여야할 것이다.

2. 관련판례 2의 대상행위인 시장·군수·구청장의 시정조치는 건축법 등 다른 법률 하에서는 당연히 '처분'으로 인정되는데, 사회복지사업법 하에서는 처분성의 인정에 여러 단계의 논리가 필요했던 이유는 무엇인가? 행정청의 어떤 행위가 '행정소송법상 '처분'에 해당하는지 여부를 판단함에 있어서 그 행위가 '권력적인가, 비권력적인가'라는 문제와 '법적 행위인가, 사실행위인가'라는 문제가 어떤 관계에 놓이는지 생각해 보시오. 일방(행정청)이 타방(사인)의 행위를 통제하고자 할 때 권력성이 인정되지 않으면 법적 행위가 될 수 없는가?

3. 관련판례 3에서 접견내용을 청취·기록·녹음·녹화하는 행위는 물리적 행위로서 사실행위에 해당하지만, 원고를 '접견내용 녹음·녹화 및 접견 시 교도관 참여대상자'로 지정한 행위는 원고의 법적 지위에 지속적인 영향을 미치는 행위인데 이를 행정행위로 보지 않고 사실행위로 보게 된 이유는 무엇일까?

4. 관련판례 3에서 '공권력적 사실행위'를 처분으로 인정하여 항고소송의 대상으로 삼을 때 고려한 요소들은 무엇인가? 이 판례에서 채택한 '강제성, 계속성'을 권력적 사실행위에 처분성을 인정하기 위한 기준으로 일반화시킬 수 있겠는가? 대법원의 이러한 판단기준과 관련판례 1에서 헌법재판소가 심판청구의 이익으로 인정한 것을 비교해 보시오.

5. 관련판례 4와 5는 모두 집회에 관한 경찰행정의 영역에서의 이루어진 행정상 즉시강제에 대한 형법상(공무집행방해), 민법상(손해배상) 분쟁에 관한 판결이다. 권력적 사실행위로서 행정상 즉시강제는 사전에 항고소송으로 그 실행을 막기 어려워서 민 · 형사소송의 사후적 분쟁으로 해결되어야 할 필요성이 높아진다.

V 참고문헌

석호영, 행정상 사실행위에 관한 법적 검토, 토지공법연구 87집, 2019
최승재, 게임이론을 통한 행정지도의 권력성과 부당한 공동행위의 추정의 복멸: 권력적 사실행위 도그마에 대한 비판적 검토, 경쟁법연구 12권, 2005
선정원, 항고소송의 대상: 권력적 사실행위, 특별법연구 7권, 2005

제 6 장
행정지도

2-6-1. 행정지도에 따른 사인행위의 위법성

Ⅰ 개요

행정절차법에 의하면, 행정지도는 "행정기관이 그 소관사무의 범위 안에서 일정한 행정목적을 실현하기 위하여 특정인에게 일정한 행위를 하거나 하지 아니하도록 지도·권고·조언 등을 하는 행정작용"으로 정의하고 있다. 행정지도의 본질적 특성은 비권력성, 즉 법적 효력이 없고(따라서 사실행위임) 행정지도에 따르지 않는다 하더라도 이행이 강제되거나 불이익이 주어지지 않는다는 데 있다.

그러나 현실에 있어서는 사실상 강제력을 가지는 경우가 많아서 이에 대한 통제가 필요하다. 행정지도는 법적 효력이 없으므로 항고소송의 대상인 '처분'으로 인정되지는 못하고 있으나, 행정지도에 의한 행위가 이루어진 경우 사후적으로 손해배상책임을 물을 때 행정지도의 위법성이 판단될 수 있다.

또한 '강제력'의 요소를 배제하더라도 실질적으로 사인의 의사결정에 영향을 미친 경우 행정청에게 그에 관한 책임을 물을 수 있는가가 문제된다. 행정지도에 따름으로써 위법한 행위에 이르게 된 경우, 행정지도에 따랐다는 사실이 그 행위의 위법성을 조각할 사유가 되는가 하는 문제가 그것이다. 특히 사인의 행위에 대한 규제권한을 중첩적으로 가지는 두 기관이 상호 규제의 방향이 다를 때 사인은 한 규제기관의 기준에 따르면 위법하다고 평가될 위험을 무릎쓰고 다른 규제기관의 행정지도에 따라야 하는 상황에 처하게 된다. 리딩케이스에서 원고는 자신들의 행위가 상공부의 행정지도에 따른 행위임에도 불구하고 공정거래위원회의 시정명령을 받게 된 것을 금반언의 원칙에 반하는 것이라고 주장하고 있다. 공정거래위원회의 시장일반에 대한 경쟁규제와 전문규제기관의 규제 사이에서 이와 유사한 사례가 종종 발생하고 있어서, 피규제자에 대한 규제의 일관성, 법의 단일성 등의 확보가 요청되고 있다.

II 리딩케이스

1. 사건번호: 서울고등법원 1992. 1. 29. 선고 91구2030 제3특별부 판결: 확정【독점규제및공정거래에관한법률위반에대한시정명령취소】

2. 사실관계

원고 갑(한국비철금속공업협동조합연합회)은 전국에서 비철금속 생산공장을 운영하는 중소기업자 등에 의하여 상호간의 복리증진과 협동사업 등을 목적으로 중소기업협동조합법에 의하여 조직된 5개 지역별 비철금속공업협동조합의 연합회로서, 1986년 소외 주식회사 풍산(당시는 풍산금속공업주식회사이었음, 이하 소외회사라 한다)이 대규모의 신동생산설비를 수입할 계획임을 인지하고 동 회사가 국내 신동시장을 장악할 것을 우려하여 산하 신동분과위원회 등을 수차 개최하여 위 소외회사의 설비수입을 저지키로 결의하고 이의 실현을 위하여 상공부장관에게 위 소외회사의 생산설비수입추천을 거절하여 줄 것을 진정하다가 여의치 아니하자 대책회의를 거듭하여 위 소외회사의 내수판매물량을 제한키로 결의하고 그 결의사항을 상공부에 제출하여 1986. 12. 29. 상공부의 알선 중재하에 위 소외회사와 간에 원고 연합회가 결의한 대로 (1) 위 소외회사가 신규로 도입하는 신동설비는 설치장소를 보세구역으로 하고 향후 10년 간 생산제품 전량을 수출한다. (2) 위 소외회사가 기존시설로 생산하는 제품은 1986년 국내시장 판매물량을 기준으로 하여 향후 10년간 그 이상의 물량을 국내에서 판매하지 못한다. (3) 위 소외회사는 앞으로 국내신동제품시장에서 덤핑판매를 하여 중소기업의 판매시장을 교란하지 않도록 한다는 내용의 합의를 하고 상공부로부터 이 합의사항을 위 소외회사가 지키도록 행정지도를 펴나갈 것을 확약받고는 진정을 취하하여 같은 달 30. 위 소외회사로 하여금 상공부로부터 수입추천을 받아 생산설비를 수입토록 하였다. 그 후 원고는 상공부를 통하여 위 소외회사로부터 합의사항 실시계획을 제출받거나 직접 소외회사의 생산공장을 방문하여 합의사항의 이행여부를 점검하는 한편 위 소외회사가 합의사항을 준수하지 아니한다는 이유로 상공부에 대하여 위 소외회사가 합의사항을 지키도록 행정지도를 펴 줄 것을 요청하여 그에 따라 상공부는 매년 위 소외회사로부터 생산량, 가격 등을 보고받고 있다. 이에 피고 경제기획원 공정거래위원회는 원고 연합회와 소외회사와 간의 위와 같은 합의는 구성원인 위 소외회사의 내수판매물량을 제한함으로써 국내신동시장에서의 경쟁을 실질적으로 제한하는 행위로서 독점규제및공정거래에관한법률 제26조 제1항 제1호, 제19조 제1항 제3호에 해당한다 하여 1990.11. 20. 같은 법 제27조에 의하여 원고 연합회에 대하여 아래와 같은 내용의 시정명령을 하였다.

1. 원고는 소외 주식회사 풍산과의 1986. 12. 29.자 합의사항을 파기하고, 앞으로 구성사업자의 내수판매물량을 제한하는 등 국내 신동시장에서의 경쟁을 실질적으로 제한하거나 구성사업자의 사업내용 또는 활동을 제한하는 행위를 하여서는 아니된다.

2. 원고는 이 시정명령을 받은 날부터 14일 이내에 위 1의 행위가 독점규제및공정거래에관한법률에 위반되어 공정거래위원회로부터 시정명령을 받았다는 사실을 구성사업자 모두에게 서면으로 통지하여야 한다. 단, 통지문안은 사전에 공정거래위원회의 협의를 거친 것이어야 한다.

이에 원고는 공정거래법의 적용배제 또는 적용제외를 주장하는 외에 이것이 행정지도에 따른 행위임을 주장하면서, 시정명령취소소송을 제기하였다.

3. 판결요지

행정지도는 비권력적 사실행위에 불과한 것이어서 그에 따름이 강제되는 것이 아니므로 사업자단체로서는 독자적으로 독점규제및공정거래에관한법률위반 여부를 판단하여 행동하여야 하고, 위 법의 운영은 행정부 내에서 독립된 지위를 가진 공정거래위원회의 권한으로 되어 있으므로, 사업자단체가 주무관청인 상공부의 행정지도에 따라 시정명령의 대상이 되는 행위를 하게 된 것이라 하더라도 그것만으로 위법성이 조각된다거나 또는 그 시정을 명함이 금반언의 원칙에 반한다고 할 수는 없다.

4. 판례해설

먼저 원고의 행정지도와 관련된 주장을 보면, 원고는 주무관청인 상공부의 행정지도에 따라 이 사건 시정명령의 대상인 합의를 하게 된 것인데, 같은 정부기관인 피고가 그 합의사항이 위법임을 이유로 시정을 명함은 금반언의 원칙에 반하는 것으로 허용될 수 없다고 주장한 데 대해 법원은 위 판결요지와 같이 판단하였다. 아래 관련판례 1, 1－1 역시 매매가격의 허위신고가 행정지도를 따른 것이라는 사유를 위법성조각사유로 받아들이지 아니하였다.

행정지도는 법적 구속력이 없고 이를 따를 것인가 여부는 당사자의 자발적 선택에 따른 것이므로, 이를 따르기로 선택한 사인의 결정에 대해서 행정청의 책임은 차단된다고 함은 논리적으로 타당할 수는 있으나, 행정청은 헌법상 법집행권을 부여받은 기관으로서, 일반인들은 행정청의 의사표현을 법집행의 일부로 받아들일 가능성이 높다는 점을 고려하면 이는 현실을 도외시한 지나친 형식논리라고 비판될 수 있다. 이러한 관점에서 행정지도를 신뢰한 데 대해서는 적절한 보호가 필요한 것으로 보인다. 위법한 내용의 행정지도에 대한 신뢰를 보호가치있는 것으로 인정해야 할 것인가? 신뢰보호의 대상인 공적 견해표명의 내용이 반드시 적법한 것에 한하지 않으므로 행정지도의 내용이 위법하다고 하여 바로 신뢰보호의 필요성이 부인되지는 않을 것이다. 그러나 세 판례(리딩케이스, 관련판례 1, 1－1)의 공통점은 원고가 사전에 그 행위의 위법성을 알고 있었다고 보아야 하지 않을까 하는 점이다. 리딩케이스의 행정지도는 상공부가 아니라 원고 연합회가 경쟁을 피하기 위해 주도한 것으로 보이고, 관련판례 1, 1－1의 경우에도 원고는 실제거래가격을 허위로 신고하고 있음을 인식하고 있는 것으로 보아야 한다. 따라서 행정지도에 대한 신뢰보호 법리의 적용가능성을 열어놓되, 보호가치의 인정 여부가 중요한 요소가 될 것으로 보인다.

Ⅲ 관련판례

1. 대법원 1992. 4. 24. 선고 91도1609 판결【특정범죄가중처벌등에관한법률위반(조세), 국토이용관리법위반】

행정관청이 토지거래계약신고에 관하여 공시된 기준지가를 기준으로 매매가격을 신고하도록 행정지도하여 왔고 그 기준가격 이상으로 매매가격을 신고한 경우에는 거래신고서를 접수하지 않고 반려하는 것이 관행화되어 있다 하더라도 이는 법에 어긋나는 관행이라 할 것이므로 그와 같은 위법한 관행에 따라 허위신고행위에 이르렀다고 하여 그 범법행위가 사회상규에 위배되지 않는 정당한 행위라고는 볼 수 없다.

1-1. 대법원 1994. 6. 14. 선고 93도3247 판결【조세범처벌법위반, 국토이용관리법위반】

피고인이 토지의 매매대금을 허위로 신고하고 계약을 체결하였다면 이는 계약예정금액에 대하여 허위의 신고를 하고 토지 등의 거래계약을 체결한 것으로서 구 국토이용관리법(1993. 8. 5. 법률 제4572호로 개정되기 전의 것) 제33조 제4호에 해당한다고 할 것이고, 설사 소론과 같이 행정관청이 국토이용관리법 소정의 토지거래계약신고에 관하여 공시된 기준시가를 기준으로 매매가격을 신고하도록 행정지도를 하고 피고인이 그에 따라 허위신고를 한 것이라 하더라도 이와 같은 행정지도는 법에 어긋나는 것으로서 피고인이 그와 같은 행정지도나 관행에 따라 허위신고행위에 이르렀다고 하여도 이것만 가지고서는 그 범법행위가 정당화 될 수 없다고 할 것이다(당원 1992. 4. 24. 선고 91도1609 판결 참조).

2. 대법원 1994. 10. 11. 선고 93누22326 판결【토지초과이득세부과처분취소】

토지초과이득세법 제8조 제3항 및 같은법시행령(1990. 12. 31. 대통령령 제13198호로 개정된 것, 이하 같다) 제23조 제1호 소정의 "토지의 취득 후 법령의 규정에 의하여 사용이 금지되거나 제한된 경우"라는 것은, 법령의 규정 그 자체에 의하여 직접 토지의 사용이 금지되거나 제한된 것은 아니라고 하더라도, 행정청이 법령에 규정된 권한에 의하여 행정작용의 일환으로 건축허가를 일체 하여 주지 않고 있기 때문에 토지의 사용이 금지되거나 제한된 경우도 이에 포함된다는 것이 당원이 취하고 있는 견해이다(당원 1994. 1. 11. 선고 93누1893 판결; 당원 1994. 1. 15. 선고 93누18860 판결; 당원 1994. 5. 10. 선고 93누7891 판결 등).

기록에 의하면, 이 사건 토지를 비롯한 영종도 · 용유도 일대의 토지에 대한 건축제한 및 개발행위억제조치는 인천직할시장이 도시계획법에 따라 그 관할도시계획구역안에서 시행할 도시계획을 입안하는 과정에서 행정지침이나 행정지도에 의하여 이루어진 것임을 알 수 있으므로, 특별한 다른 사정이 없는 한 이 사건 토지는 토지초과이득세법시행령 제23조 제1호 소정의 "법령의 규정에 의하여 사용이 금지되거나 제한된 경우"에 해당한다고 봄이 상당한바, 원고 및 선정자들이 이 사건 토지에 관하여 용도에 맞게 이용하기 위한 인 · 허가 신청을 한 바 없다고 하여 달리 볼 것이 아닐 뿐더러, 원심이 설시하고 있는 바와 같이 위와 같은 대책이 시행된 후에 영종도 · 용유도 일대의 토지에 관하여 인 · 허가가 되었다고 하더라도 그 인 · 허가가 된 내용을 보면 기존 주민의 농 · 축 · 수산업 관련사항이나 공유수면매립을 위한 토석채취허가 혹은 우체국 건립을 위한 임야훼손허가 등으로 한정되어 있어 그 억제기간(2년간)과 그 대상토지의 면적(70.83평방킬로미터)에 비추어 개발행위가 극도로 제한되어 사실상 전면금지된 것과 같은 결과를 초래한 것으로 보여지므로 그러한 사유가 있다하여 이 사건 토지의 사용이 금지되거나 제한된 경우에 해당하지 않는다고 단정하기는 어렵다고 할 것이다.

3. 대법원 1999. 7. 23. 선고 96다21706 판결【주식및경영권양도계약 무효확인등】-대한선주주식회사 사건

[1] 국가의 공권력이 헌법과 법률에 근거하지 아니하고 통상의 행정지도의 한계를 넘어 부실기업의 정리라는 명목하에 사기업의 매각을 지시하거나 그 해체에 개입하는 것은 허용되지 아니하나, 원래 재무부장관은 금융기관의 불건전 채권 정리에 관한 행정지도를 할 권한과 책임이 있고, 이를 위하여 중요한 사항은 대통령에게 보고하고 지시를 받을 수도 있으므로, 기업의 도산과 같이 국민경제에 심대한 영향을 미치는 중요한 사안에 대하여 재무부장관이 부실채권의 정리에 관하여 금융기관에 대하여 행정지도를 함에 있어 사전에 대통령에게 보고하여 지시를 받는다고 하여 위법하다고 할 수는 없으며, 다만 재무부장관이 대통령의 지시에 따라 정해진 정부의 방침을 행정지도라는 방법으로 금융기관에 전달함에 있어 실제에 있어서는 통상의 행정지도의 방법과는 달리 사실상 지시하는 방법으로 행한 경우에 그것이 헌법상의 법치주의 원리, 시장경제의 원리에 반하게 되는 것일 뿐이다.

[2] 회사의 주거래은행이 그 회사가 경영정상화를 통하여 갱생할 가능성이 없다고 판단하여 재무부장관과의 협의를 거쳐 그 회사를 제3자에게 인수시키는 방침을 정하는 한편, 정부도 대통령의 결재를 거쳐 제3자 인수방식으로 그 회사를 정리하기로 결정함에 따라 채권금융단의 담보 주식에 대한 담보권 실행의 방법으로 그 회사의 주식을 제3자에게 양도한 경우, 대통령이나 재무부장관이 사적인 보복이나 정치자금 수수에 대한 대가 기타 위법한 목적을 위하여 공권력을 행사한 것이 아니고, 주거래은행의 주식매각 권유의 목적이 채무 기업의 경영부진으로 도산 위기에 처하였기 때문에 이를 제3의 기업이 인수하도록 함으로써 대외적 신용 저하의 방지, 고용의 안정, 관련 기업의 보호 등 국민경제상의 공공이익을 도모하는 데 있었으며, 나아가 이러한 목적으로 행한 행정지도가 바로 채무 기업의 주주들에 대하여 행하여진 것이 아니라 채권자인 은행에 대하여 행하여졌고, 그 후 은행 스스로의 판단으로 이러한 지도를 받아들여 채권금융단들과의 협의를 거쳐 채권금융단의 담보권 실행 의사에 따라 제3자에 대한 주식 매매계약이 이루어진 점에 비추어, 위와 같은 국가 공권력의 관여 방

법 및 정도만으로 이를 통상의 행정지도의 한계를 넘어서 헌법 또는 법률에 위반된다고 하거나 위 주식 매매를 무효로 만들 사유가 된다고 할 수는 없다고 본 사례.

4. 대법원 2008. 9. 25. 선고 2006다18228 판결【손해배상(기)】

1995. 1. 3. 피고 인천광역시 강화군은 원고에게 '양식장 시설공사를 즉시 중단하도록 여러 차례 행정지도를 하였음에도 공사를 계속 진행하고 있는데, 피고군의 행정지도 이후에 시행된 공사부분은 향후 보상협의시에 보상대상에서 제외될 수 있고, 원고가 피고군의 행정지도에 따르지 아니한 채, 계속 공사를 진행할 경우에는 공공사업추진을 위하여 부득히 원고의 위 어업면허를 철회할 수 있다'는 내용의 공문을 보내면서 재차 원고에게 양식장 시설공사의 중단을 요구하였다.

(이상 서울고등법원 2006. 2. 8. 선고 2003나41434 판결【손해배상(기)】)

피고가 1995. 1. 3. 이전에 원고에 대하여 행한 행정지도는 원고의 임의적 협력을 얻어 행정목적을 달성하려고 하는 비권력적 작용으로서 강제성을 띤 것이 아니지만, 1995. 1. 3. 행한 행정지도는 그에 따를 의사가 없는 원고에게 이를 부당하게 강요하는 것으로서 행정지도의 한계를 일탈한 위법한 행정지도에 해당하여 불법행위를 구성하므로, 피고는 1995. 1. 3.부터 원고가 피고로부터 "원고의 어업권은 유효하고 향후 어장시설공사를 재개할 수 있으나 어업권 및 시설에 대한 보상은 할 수 없다"는 취지의 통보를 받은 1998. 4. 30.까지 원고가 실질적으로 어업권을 행사할 수 없게 됨에 따라 입은 손해를 배상할 책임이 있다고 판단하고, 나아가 피고는 원고의 어업면허를 취소하거나 어업면허를 제한하는 등의 처분을 하지 아니한 채 원고에게 양식장시설공사를 중단하도록 하여 어업을 하지 못하도록 함으로써 실질적으로는 어업권이 정지된 것과 같은 결과를 초래하였으므로, 결국 어업권이 정지된 경우의 보상액 관련 규정을 유추적용하여 손해배상액을 산정하여야 한다고 판단하였다.

기록에 비추어 살펴보면, 위와 같은 원심의 사실인정과 판단은 모두 옳은 것으로 수긍이 가고, 거기에 상고이유에서 주장하는 바와 같은 수산업법령에서 규정한 어업권 정지에 따른 손실보상에 관한 법리오해 또는 손해배상액 산정의 기산점 및 어업권정지기간의 산정에 관한 법리오해 등의 위법이 있다고 할 수 없다.

5. 대법원 2009. 7. 9. 선고 2007두26117 판결【시정조치등취소】

나. 어떠한 공동행위가 공정거래법 제19조 제1항이 정하고 있는 경쟁제한성을 가지는지 여부는 당해 상품의 특성, 소비자의 제품선택 기준, 당해 행위가 시장 및 사업자들의 경쟁에 미치는 영향 등 여러 사정을 고려하여, 당해 공동행위로 인하여 가격·수량·품질 기타 거래조건 등의 결정에 영향을 미치거나 미칠 우려가 있는지를 살펴, 개별적으로 판단하여야 한다. 한편, 사업자들이 공동으로 가격을 결정하거나 변경하는 행위는 그 범위 내에서 가격경쟁을 감소시킴으로써 그들의 의사에 따라 어느 정도 자유로이 가격 결정에 영향을 미치거나 미칠 우려가 있는 상태를 초래하게 되므로 원칙적으로 부당하고(대법원 2009. 3. 26. 선고 2008두21058 판결 참조), 다만 그 공동행위가 법령에 근거한 정부기관의 행정지도에 따라 적합하게 이루어진 경우라든지 또는 경제전반의 효율성 증대로 인하여 친경쟁적 효과가 매우 큰 경우와 같이 특별한 사정이 있는 경우에는 부당하다고 할 수 없다.

… 그러나 이 사건 합의 중 컨테이너 운임적용률에 관한 부분은 이 사건 기록에 의하여 알 수 있는 다음과 같은 사정들, 즉 2003. 5.경 화물연대가 전면파업에 돌입하자 정부가 이를 수습할 목적으로 2003. 5. 15. 화물연대의 주요 요구안을 수용하여 '화물운송노동자 단체와 운수업 사업자단체 간에 중앙교섭이 원만히 이루어질 수 있도록 적극 지원하고, 화주업체의 협조가 필요한 부분이 있는 경우에는 적극 참여하도록 지원한다'는 내용의 '노·정합의문'을 발표한 데 이어, 2003. 8. 22.에는 원고들 및 소외 회사 임원들로 하여금 '화물연대 관련 컨테이너운송업자 임원 대책회의'를 개최하게 하였고, 2003. 8. 25.에는 '하불료 13% 인상' 등의 후속조치를 취하도록 촉구하는 등 강력한 행정지도를 펼친 사실이 인정되는바, 그 과정에서 원고들 및 소외 회사들이 화주로부터 지급받는

컨테이너 운임의 적용률을 인상하는 내용의 이 사건 합의에 대하여도 위와 같은 정부의 행정지도가 있었다고 볼 여지가 있는 점, 화물연대의 요구사항 중의 하나인 하불료를 인상해 주기 위하여는 원고들이 화주들로부터 받는 운송료가 인상되어야하는 등 어느 정도의 수익 증가가 원고들에게 필요하다고 보이는 점, 피고는 원고들이 화주들로부터 지급받는 운임적용률을 공동으로 결정한 행위만을 문제삼고 있고, 화물차주들에게 지급할 하불료를 공동으로 결정한 행위에 대하여는 아무런 문제를 제기하고 있지 아니한 점, 원고들 및 소외 회사들이 이 사건 합의를 하게 된 경위는 위와 같이 하불료를 인상하는 데 필요한 재원 마련에 있었는데, 우리나라 육상화물 운송시장의 특성상 하불료는 지입차주들의 소득과 직결되어 있어 정부가 컨테이너 운임의 덤핑을 방치할 경우 출혈가격경쟁이 발생하여 이로 인한 전국적인 산업 분규, 물류의 차질 및 교통안전 위해 등의 문제가 발생할 수 있고, 이를 해결하기 위하여 추가되는 사회적 비용은 육상화물 운송시장에서의 가격경쟁으로 인한 소비자 후생 증대효과에 비교하여 적다고 볼 수 없는 점 등에 비추어 볼 때, 친경쟁적 효과가 매우 커 공동행위의 부당성이 인정되지 않을 여지가 있다.

Ⅳ 질문 및 토의과제

1. 관련판례 2에서는 행정지침이나 행정지도에 의한 건축행위의 억제를 "법령의 규정에 의하여 사용이 금지되거나 제한된 경우"에 해당하는 것으로 해석하고 있다. 이는 내용적으로는 행정청의 건축허가권한의 집행재량의 행사를 통한 건축행위 억제에 해당된다. 행정청은 행정처분에 해당되는 법적 효력을 발생하는 결정 외에도 행정지침이나 행정지도와 같은 방식으로도 권한을 행사할 수 있다. 이러한 방식의 권한행사에 대해서도 적절한 행정법적 접근이 필요할 것이다.

2. 관련판례 3과 4를 보면, 어떠한 요소가 있을 때 행정지도가 더 이상 비권력적인 것이 아니라 강제적인 것으로 판단할 수 있는가?

3. 관련판례 4를 보면, 위법한 행정지도가 불법행위에 해당하여 손해배상청구가 인정된 경우이다. 만약 행정지도로 인한 손해배상청구가 비교적 용이하게 인정된다면, 행정지도의 긍정적 기능과 관련하여 어떠한 문제가 예상되는가?

4. 관련판례 5에서는 리딩케이스와 같이, "그 공동행위가 법령에 근거한 정부기관의 행정지도에 따라 적합하게" 이루어졌다는 사실이 사업자들의 공동행위의 부당성을 조각하는지가 쟁점이 되고 있고, 긍정적 가능성이 인정되었다. 위 요건에는 '법령에 근거한', '정부기관', '적합하게' 등의 요건이 포함되어 있다. 관련판례 5의 사실관계들이 이 요건들을 충족하고 있는지 검토해보시오.

Ⅴ 참고문헌

최용혁, 지능정보사회와 행정지도의 재해석, 성균관법학 제31권 제2호, 2019

정하윤, 행정지도와 부당한 공동행위의 상호관계와 그 구별기준, 상사판례연구 32집 1권, 2019

강수경, 행정지도의 효과적 권리보호수단에 대한 일고찰: 일본 행정절차법 개정 내용을 중심으로, 법학논총(전남대) 제37집 제1호, 2017

이승민, 행정지도의 개념과 실제: 공정거래법상 부당한 공동행위와의 관계를 중심으로, 행정법연구 제38호, 2014

유진식, 경제규제행정법에 있어서 비권력적 행정작용, 공법연구 33집 2호, 2005. 2, 한국공법학회

Ⅵ 관련법령

행정절차법

제48조 (행정지도의 원칙) ① 행정지도는 그 목적달성에 필요한 최소한도에 그쳐야 하며, 행정지도의 상대방의 의사에 반하여 부당하게 강요하여서는 아니된다.

② 행정기관은 행정지도의 상대방이 행정지도에 따르지 아니하였다는 것을 이유로 불이익한 조치를 하여서는 아니된다.

제49조 (행정지도의 방식) ① 행정지도를 행하는 자는 그 상대방에게 당해 행정지도의 취지·내용 및 신분을 밝혀야 한다.

② 행정지도가 구술로 이루어지는 경우에 상대방이 제1항의 사항을 기재한 서

면의 교부를 요구하는 때에는 당해 행정지도를 행하는 자는 직무수행에 특별한 지장이 없는 한 이를 교부하여야 한다.

제50조 (의견제출) 행정지도의 상대방은 당해 행정지도의 방식·내용등에 관하여 행정기관에 의견제출을 할 수 있다.

제51조 (다수인을 대상으로 하는 행정지도) 행정기관이 같은 행정목적을 실현하기 위하여 많은 상대방에게 행정지도를 하고자 하는 때에는 특별한 사정이 없는 한 행정지도에 공통적인 내용이 되는 사항을 공표하여야 한다.

독점규제 및 공정거래에 관한 법률

제58조 (법령에 따른 정당한 행위) 이 법의 규정은 사업자 또는 사업자단체가 다른 법률 또는 그 법률에 의한 명령에 따라 행하는 정당한 행위에 대하여는 이를 적용하지 아니한다.

제 3 편 행정절차 · 행정정보공개 · 개인정보보호

제 1 장
행정절차

행정절차라 함은 행정청이 행정작용을 함에 있어서 거쳐야 하는 일련의 과정을 말한다. 행정절차는 행정의 민주화, 행정작용의 적정화, 사전적 권리구제 및 법원의 부담경감을 위하여 필요하다고 인정되고 있다. 행정절차는 넓은 의미로는 행정에 관한 모든 절차를 의미하며, 좁은 의미로는 행정이 어떤 결정을 하기 전에 거쳐야 하는 절차, 즉 사전절차를 의미한다. 그리고 가장 좁은 의미로는 행정절차에 관한 일반법인 「행정절차법」이 규정하는 절차를 의미한다.

행정절차에 대한 시각은 대륙법계와 영미법계 간에 다소 차이가 존재한다. 독일 등 대륙법계 국가는 실체적 사고를 중심으로 하고 있어서 행정절차는 적정한 결론을 도출하기 위한 수단으로 보는 경향이 강하다. 영국의 자연적 정의(natural justice)에서 발전한 영미의 절차중심 사고는 특히 1946년 미국의 연방행정절차법(Administrative Procedure Act)의 제정으로 확고하게 자리하게 되었다.

우리나라에서 그간 행정절차 제도의 도입을 두고 많은 논의가 있었는데 1996년 행정절차법이 제정되어 행정절차에 관한 일반법으로 이용되고 있다. 행정절차법은 제1장 총칙에서 목적, 정의 및 적용범위, 행정청의 관할 및 협조, 행정절차의 당사자, 송달에 관한 사항 등을 규정하고 있다. 제2장은 처분절차에 관한 장으로 통칙, 의견제출 및 청문, 공청회 등 절차를 두고 있다. 처분절차는 신청에 의한 절차(수익처분 절차)와 의무를 부과하거나 권익을 제한하는 절차(침익처분 절차)로 나누어진다. 신청에 의한 절차에 적용되는 사항으로 처분기준의 설정 및 공표 그리고 처리기간의 설정·공표가 있다. 침익처분 절차에는 사전통지와 의견청취 절차가 부과된다. 처분절차 이외에 행정절차법은 신고, 행정상 입법예고, 행정예고, 행정지도 등을 규정하고 있다. 행정절차법의 제정 당시 행정계획확정절차의 도입을 놓고 많은 논의가 있었는데 입법화되지 못하였고, 현재는 국토의 계획 및 이용에 관한 법률(제136조) 등 개별법에서 규율되고 있다.

3-1-1. 행정절차의 헌법적 근거

I 개요

행정절차에 관해서는 행정절차법이 일반법적인 기능을 하게 되며, 행정절차법이 규정하지 않는 영역은 개별법에 의하여 규율된다. 그런데 행정절차법이나 개별법이 행정절차에 관하여 침묵하고 있는 경우에 헌법이 행정절차의 근거법이 될 수 있는가에 관해서, 그리고 이 경우에 관련조항이 무엇인가에 관하여 논의가 있어 왔다.

II 리딩케이스

1. 사건번호: 헌재 1992. 12. 24. 92헌가8 결정

2. 사실관계

이 사건 관련 피고인들은 나머지 공동피고인들 2명과 함께 강도 상해 및 특수강도의 죄로 구속되어 1992년 3월 제청법원인 서울형사지방법원에 각 공소제기되어 있는 자들인 바, 피고인들은 위 법원의 제1회 공판기일에 위 공소사실을 모두 자백하였고 증거조사 등 공판절차를 거친 후 검사로부터 각 징역 장기 10년, 단기 7년의 형의 해당한다는 취지의 의견진술이 있었다. 제청법원은 피고인들에 대한 판결을 함에 있어서 형사소송법 제331조 단서의 규정이 헌법에 위반되는지 여부가 위 피고인들에 대한 피고사건의 재판의 전제가 되고 나

아가 위 규정은 헌법에 위반된다고 보아 직권으로 1992년 5월 헌법재판소에 위 형사소송법 제331조 단서의 위헌여부의 심판을 제청하였다. 심판대상은 형사소송법(1954. 9. 23. 제정, 법률 제341호) 제331조 "무죄, 면소, 형의 면제, 형의 선고유예, 형의 집행유예, 공소기각 또는 벌금이나 과료를 과하는 판결이 선고된 때에는 구속영장은 효력을 잃는다. 단 검사로부터 사형, 무기 또는 10년 이상의 징역이나 금고의 형에 해당한다는 취지의 의견진술이 있는 사건에 대하여는 예외로 한다"의 규정 중 단서의 규정이 헌법에 위반되는지 여부이다.

3. 결정요지

그렇다면 이 법 제331조 단서규정은 첫째 헌법의 명시된 적법절차의 원칙에 위배된다. 즉 헌법 제12조 제3항 본문에서 "체포 · 구속 · 압수 또는 수색을 할 때에는 적법한 절차에 따라 검사의 신청에 의하여 법관이 발부한 영장을 제시하여야 한다"라고 하여 인신구속에 관한 영장주의의 대원칙을 규정하고 있는데, 이는 동조 제1항의 규정과 함께 영미법계에서 발달하여 미국헌법에 명문화된 적법절차원리의 일반조항에 해당하는 것으로서, 형사절차상의 영역에 한정되지 않고 입법, 행정 등 국가의 모든 공권력 작용에는 절차상의 적법성뿐만 아니라 법률의 실체적 내용도 합리성과 정당성을 갖춘 실체적인 적법성이 있어야 한다는 적법절차의 원칙을 헌법의 기본원리로 명시하고 있는 것이므로 헌법에 명문으로 규정된 영장주의는 구속의 개시시점에 한하지 않고 구속영장의 효력을 계속 유지할 것인지 아니면 취소 또는 실효시킬 것인지의 여부도 사법권 독립의 원칙에 의하여 신분이 보장되고 있는 법관의 판단에 의하여만 결정되어야 한다는 것을 의미하고 그 밖에 검사나 다른 국가기관의 의견에 의하여 좌우되도록 하는 것은 헌법상의 적법절차의 원칙에 위배된다.

4. 판례해설

행정절차는 영국의 자연적 정의(natural justice)의 원리에 기원을 두고 있다. 자연적 정의의 요소로는 "누구도 자신의 사건에 대한 재판관이 될 수 없다"고 하는 편견배제와 "청문 없이는 불이익을 받지 아니 한다"는 변명기회 부여의

두 내용이 포함된다. 자연적 정의원칙은 미국 헌법 수정 제5조 및 제14조의 적법절차(due process of law) 조항으로 발전하였다. 우리나라 헌법 제12조 제1항은 "모든 국민은 신체의 자유를 가진다. 누구든지 법률에 의하지 아니하고는 체포 · 구속 · 압수 · 수색 또는 심문을 받지 아니하며, 법률과 적법한 절차에 의하지 아니하고는 처벌 · 보안처분 또는 강제노역을 받지 아니한다"고 규정하고 있어서 이 조항이 적법절차에 관한 헌법적 일반조항이 될 수 있는지가 논의되었다.

이 사안에서 법원은 영장주의는 적법절차의 본질적인 내용을 이루는 것으로서 인신의 구속개시 시점만이 아니라 그 유지 및 취소 등 모든 절차에서 적용되어야 함을 분명히 밝히고 있다. 나아가 이 헌재 결정은 헌법상 적법절차의 요청을 사법절차만이 아니고 입법 및 행정절차 전반까지 확대한 것으로 큰 의미를 가진다고 할 수 있다. 행정절차법이 제정되기 이전에 1970년대부터 행정절차법의 제정논의가 있었고, 1987년에는 행정절차법안이 입법예고 되기도 하였으나 현실화되지는 못하였다. 그런 상황 아래서 헌법재판소는 적법절차가 형사절차만이 아니라 입법 및 행정절차에도 적용되어야 함을 분명히 함으로써 행정절차법의 입법을 촉구한 의미도 아울러 가진다고 하겠다.

이 결정에서 헌재는 적법절차의 근거를 헌법 제12조에서 찾고 있지만 다른 논의도 있는 점을 기억할 필요성이 있다. 즉, 일부의 헌법학자들은 헌법 제37조 제2항의 기본권의 본질적인 내용의 침해금지로부터 적법절차의 근거를 찾기도 하였다. 또 다른 견해에 의하면 헌법 제12조는 신체의 자유에 관한 적법절차 조항이므로 그 폭이 좁다고 보아 일반적인 적법절차의 근거를 헌법의 기본원리인 민주주의와 법치주의에서 구하기도 한다.

이 사례는 형사절차에서 적법절차가 다투어진 사안이지만 헌재는 적법절차의 헌법상 의의를 기술하면서 행정 및 입법절차에서도 그 적용이 있는 것으로 설시한 의미가 있다. 대법원은 청문절차를 거치지 않았다고 하여서 그 때문에 당해 처분이 위법하게 되는 것은 아니라고 보고 있었는데(뒤의 관련판례 3의 93누18969 판결) 이는 헌법상의 적법절차가 행정절차에 직접 적용되지 않는 것으로 본 결과이다. 이 점은 헌재와 대법원의 적법절차의 의미에 대한 서로 다른 견해로 주목할 만하다.

III 관련판례

1. 헌재 2001. 2. 22. 99헌마613 결정: 입법절차와 적법절차

정부는 1998년 11월부터 1999년 2월까지 전 정부부처(17부 · 4위원회 · 2처 · 16청) 및 19개 민간전문기관이 참여하는 경영진단조정위원회를 구성하여 정부조직 경영진단을 실시하였다. 정부는 이 과정에서 세무대학 폐지와 관련한 이해관계인들의 의견을 수렴하였으며, 1999년 3월에는 세무대학 폐지방안을 포함한 '21세기 지식 · 정보사회에 대비한 정부운영 및 조직개편 방안'에 대한 공청회를 개최하는 등 각계의 의견을 수렴한 바 있다. 정부는 이를 토대로 1999년 3월 경영진단조정위원회와 기획예산위원회가 마련한 세무대학의 폐지 방침을 정부안으로 결정하여, 1999년 6월 행정절차법 제41조와 법제업무운영규정 제15조에 따라 입법예고를 통해 이해당사자는 물론 전 국민에게 세무대학 폐지의 의사를 미리 공표하였으며, 이 사건 폐지 법률안을 국회에 제출하기에 앞서 헌법 제89조에 따라 국무회의의 심의를 거치는 등 헌법과 법률이 정한 절차와 방법을 준수하였다.

따라서 국회가 이 사건 폐지법을 제정하는 과정에서 별도의 청문절차를 거치지 않았다고 해서 그것만으로 곧 헌법 제12조의 적법절차를 위반하였다고 볼 수는 없다.

2. 대법원 1994. 8. 9. 선고 94누3414 판결【유형문화재지정 고시처분 취소】: 훈령상의 적법절차

[1] 청문을 포함한 당사자의 의견청취절차 없이 어떤 행정처분을 한 경우에도 관계법령에서 당사자의 의견청취절차를 시행하도록 규정하지 않고 있는 경우에는 그 행정처분이 위법하게 되는 것은 아니라 할 것인바, 문화재보호법과 대구직할시 문화재보호조례에 의하면 시지정문화재는 시장이 문화재위원회의 자문을 받아 지정한다고만 규정되어 있을 뿐 그 지정에 있어서 문화재의 소유자나 기타 이해관계인의 신청이 필요하다는 규정이나 소유자 기타 이해관계인

의 의견을 들어야 한다는 행정절차의 규정은 없고, 비록 국민의권익보호를위한 행정절차에관한훈령에 따라 1990. 3. 1.부터 시행된 행정절차운영지침에 의하면 행정청이 공권력을 행사하여 국민의 구체적인 권리 또는 의무에 직접적인 변동을 초래하게 하는 행정처분을 하고자 할 때에는 미리 당사자에게 행정처분을 하고자 하는 원인이 되는 사실을 통지하여 그에 대한 의견을 청취한 다음 이유를 명시하여 행정처분을 하여야 한다고 규정되어 있으나 이는 대외적 구속력을 가지는 것이 아니므로, 시장이 건조물 소유자의 신청이 없는 상태에서 소유자의 의견을 듣지 아니하고 건조물을 문화재로 지정하였다고 하여 위법한 것이라고 할 수 없다.

3. 대법원 1994. 3. 22. 선고 93누18969 판결【주택조합설립인가취소처분취소】: 청문이 규정되어 있지 않은 경우

청문절차 없이 어떤 행정처분을 한 경우에도 관계 법령에서 청문절차를 시행하도록 규정하지 않고 있는 경우에는 그 행정처분이 위법하게 되는 것이 아니라고 할 것인바, 구 주택건설촉진법(1992.12.8. 법률 제4530호로 개정되기 전의 것) 및 같은법시행령에 의하면 주택조합설립인가처분의 취소처분을 하고자 하는 경우에 청문절차를 거치도록 규정하고 있지 아니하므로 청문절차를 거치지 아니한 것이 위법하지 아니하다.

4. 대법원 2011. 11. 10. 선고 2011도11109 판결【소방시설설치유지및안전관리에관한법률위반】

시흥소방서의 담당 소방공무원이 피고인에게 행정처분인 위 시정보완명령을 구두로 고지한 것은 행정절차법 제24조에 위반한 것으로 그 하자가 중대하고 명백하여 위 시정보완명령은 당연 무효라고 할 것이고, 무효인 위 시정보완명령에 따른 피고인의 의무위반이 생기지 아니하는 이상 피고인에게 위 시정보완명령에 위반하였음을 이유로 소방시설 설치유치 및 안전관리에 관리에 관한 법률 제48조의2 제1호에 따른 행정형벌을 부과할 수 없다.

5. 대법원 2018. 3. 13. 선고 2016두33339 판결【행정절차법의 적용이 배제되는 공무원 인사관계 법령에 의한 처분의 범위】

행정절차법 시행령 제2조 제8호는 '학교 · 연수원 등에서 교육 · 훈련의 목적을 달성하기 위하여 학생 · 연수생들을 대상으로 하는 사항'을 행정절차법의 적용이 제외되는 경우로 규정하고 있으나, 이는 교육과정과 내용의 구체적 결정, 과제의 부과, 성적의 평가, 공식적 징계에 이르지 아니한 질책 · 훈계 등과 같이 교육 · 훈련의 목적을 직접 달성하기 위하여 행하는 사항을 말하는 것으로 보아야 하고, 생도에 대한 퇴학처분과 같이 신분을 박탈하는 징계처분은 여기에 해당한다고 볼 수 없다.

Ⅳ 질문 및 토의과제

1. 적법절차 원리의 발전과정을 설명하라.
2. 우리 헌법상 적법절차의 원리를 어느 조문에서 발견할 수 있는가?
3. 적법절차의 원리의 근거를 헌법 제12조, 헌법 제37조 제2항, 민주주의원리 혹은 법치주의의 원리에서 구할 경우 그 실제적인 차이는 무엇인가?
4. 적법절차의 종류에는 어떤 것이 있는가?

Ⅴ 참고문헌

김종현, 실체적 적법절차원칙의 비판적 검토, 세계헌법연구 29(1), 2023. 4

남정아, 공법상 적법절차 원칙의 재조명, 공법연구 49(1), 2020. 10

임종훈, 한국헌법상의 적법절차원리에 대한 비판적 고찰, 한국헌법학회, 헌법학연구 제14권 제3호, 2008. 9

임지봉, 적법절차조항의 우리 헌법에의 도입과 그 운용, 한국헌법학회, 헌법학연구 제11권 제3호, 2005. 9

Ⅵ 관련법령

헌법

제12조 ① 모든 국민은 신체의 자유를 가진다. 누구든지 법률에 의하지 아니하고는 체포 · 구속 · 압수 · 수색 또는 심문을 받지 아니하며, 법률과 적법한 절차에 의하지 아니하고는 처벌 · 보안처분 또는 강제노역을 받지 아니한다.

3-1-2. 이유제시의 정도

Ⅰ 개요

행정청이 처분을 하는 때에는 당사자에게 그 근거와 이유를 제시하여야 한다. 이유제시는 행정처분의 근거와 내용을 명확하게 함으로써 상대방을 설득하고 권리보호를 쉽게 하며, 행정청이 처분을 보다 신중히 하도록 하는 긍정적인 측면을 가진다. 그런데 처분의 근거와 이유를 언제 그리고 어느 범위에서 제시하여야 하는지 명확하게 규정되어 있지 않으므로 실무상으로는 적지 않은 문제가 발생한다.

Ⅱ 리딩케이스

1. 사건번호: 대법원 2002. 5. 17. 선고 2000두8912 판결【토지형질변경불허가처분취소】

2. 사실관계

원고 갑은 1996년 11월 임야에 대한 입목벌채허가를 받아 기존의 밤나무를 베어 내고 대추나무와 호두나무를 심었다. 그런데 이 나무는 제대로 자라지 못하고 고사하였다. 1998년 12월 원고는 피고 을 군수에게 이 사건 임야에 대하여 과수재배를 할 목적으로 토지형질변경허가 신청을 하였으나 피고는 이를 거부하였다. 피고는 이 사건 임야를 1996년 입목벌채허가를 받을 당시와 같은 지형상태에서 당초의 목적대로 조림지로 이용하는 것이 개발제한구역관리 및 산림의 보호 측면에서 합리적이라고 판단하였다. 그런데 거부처분당시에는 그 이유와 법적인 근거를 분명히 제시하지는 않았다.

원고는 토지형질변경허가가 거부된 후에 이 사건 처분의 명확한 내용을 밝혀달라고 신청하였다. 이에 대하여 피고는 단순히 도시계획법에 의거하여 거부하였다는 회신을 하였다. 이에 대하여 원고는 피고의 이 사건 처분이 절차적 하자와 실체적인 하자가 있음을 이유로 위법하다고 주장하여 소송을 제기하였다. 실체적인 하자는 이 사건 불허가 처분이 재량권을 남용한 위법한 처분이라는 것이나 여기서 자세히 다루지는 않는다. 절차적인 하자는 처분당시에 충분한 이유를 제시하지 않았다는 것이며, 이후 원고가 거부를 한 이유를 요구하였는데, 이에 대하여 도시계획법이라고 답한 것으로, 피고는 이에 대하여 근거법인 도시계획법 시행령 제20조 제1항 제2호는 원고가 이를 근거로 하여 토지형질변경허가를 신청한 것이므로 따로 적시할 필요가 없다고 답변하고 있다. 원심(대전고등법원 2000. 10. 20. 선고 2000누442 판결)은 원고의 주장을 인용하지 않았기 때문에 원고가 상고하였다.

3. 판결요지

행정절차법 제23조 제1항은 행정청은 처분을 하는 때에는 당사자에게 그 근거와 이유를 제시하여야 한다고 규정하고 있는바, 일반적으로 당사자가 근거규정 등을 명시하여 신청하는 인·허가 등을 거부하는 처분을 함에 있어 당사자가 그 근거를 알 수 있을 정도로 상당한 이유를 제시한 경우에는 당해 처분의 근거 및 이유를 구체적 조항 및 내용까지 명시하지 않았더라도 그로 말미암아 그 처분이 위법한 것이 된다고 할 수 없다.

4. 판례해설

행정절차법은 행정청이 처분을 하는 때에는 당사자에게 그 근거와 이유를 제시하도록 하고 있다. 다만 1. 신청내용을 모두 그대로 인정하는 처분인 경우, 2. 단순 · 반복적인 처분 또는 경미한 처분으로서 당사자가 그 이유를 명백히 알 수 있는 경우 및 3. 긴급을 요하는 경우에는 그렇지 않다. 그런데 이유제시가 필요한 경우에도 그 범위와 내용에 관해서는 일반적인 기준이 없고 구체적인 상황에 따라서 다를 수 있다. 이 사안에서 법원은 이유제시의 정도를 "당사자가 알 수 있을 정도로 상당한 이유를 제시한 때"로 비교적 관대하게 해석하고 있다.

종래 이유제시는 관련판례 1 및 2에서 보듯이 행정절차법의 제정 이전에도 처분시 필요한 것으로 해석되고 있던 점에 유의하여야 한다. 그 근거는 "처분청으로 하여금 자의를 배제하고 신중하고도 합리적인 처분을 행하게 함으로써 조세행정의 공정성을 기함과 동시에 납세의무자에게 부과처분의 내용을 상세히 알려서 불복여부의 결정 및 그 불복신청에 편의를 주려는 취지(대법원 1983. 7. 26. 선고 82누420 판결)"로 설시한 예를 찾아볼 수 있다. 또한 허가의 취소법리에서 당연히 도출되는 것으로 보기도 하였다. 그러니까 행정절차법상의 이유제시는 종래 판례상 인정되던 불이익처분의 이유제시에 관하여 명문의 규정으로 확인한 의의를 가진다고 하겠다. 이유제시의 기능은 판례에서 나타나듯이 명확화 기능, 권리보호 기능 이외에도 상대방을 설득하는 기능과 행정청과 감독청이 처분 전에 스스로 검토하게 하는 자기통제기능을 수행한다.

이 사안의 판시 내용에 의할 때 당사자가 근거규정을 명시하여 인허가 신청을 한 경우에 이를 거부할 때에는 당사자가 그 근거를 알 수 있도록 상당한 이유를 제시하는 것으로 이유제시의 의무를 다한 것으로 해석할 수 있다. 그러나 신청에 대한 처분이 아닌 경우에는 이보다 이유제시 의무가 강화될 것으로 생각할 수 있다. 즉, 허가를 취소하거나 기타 제재처분을 하는 때에는 그 법적인 근거와 이유를 분명하게 제시해야 하는 것으로 이해하여야 한다. 이유제시의 정도는 상대방과의 관계나 행정작용의 성질과 관련해서 다양하게 나타난다. 즉, 상대방이 이미 처분의 근거와 이유를 알고 있다면 그것이 분명하게 나타나는 범위에서 이유제시의 정도가 축소될 수 있다. 그리고 불이익 처분이 상대방에 대하여 심대한 영향을 준다면 이유제시도 보다 구체적이어야 할 것이다. 그리고 특히 재량처분과 관련해서는 상대방이 재량권 행사의 본질적인 부분을 알 수 있을 정도로 그 이유를 제시해야 한다(관련판례 4 참조).

이유제시가 전혀 없거나 행정절차법에서 요구하는 이유제시 정도에 미달하는 행정처분은 위법하여 취소의 대상이 될 것이다. 다만 이에 대하여 그 중대성에 따라서 취소사유 혹은 무효사유가 된다는 학설도 존재한다.

이유제시에 하자가 있는 때에는 사후에 이를 보완 혹은 추가함으로써 치유할 수 있다. 그런데 이유제시의 하자치유가 허용되는 시기에 관하여 행정심판 전까지로 제한하는 견해, 행정소송 제기 전까지로 제한하는 견해, 행정소송 중에도 가능하다는 견해 등이 있다. 판례는 행정쟁송의 제기 전에는 이유제시의 하자가 치유될 수 있다는 입장에 서 있다(관련판례 3 참조).

III 관련판례

1. 대법원 2020. 1. 24. 선고 2018두45633 판결【중국전담여행사 지정 취소처분 취소】

행정청이 행정절차법 제20조 제1항의 처분기준 사전공표 의무를 위반하여 미리 공표하지 아니한 기준을 적용하여 처분을 하였다고 하더라도, 그러한 사정만으로 곧바로 해당 처분에 취소사유에 이를 정도의 흠이 존재한다고 볼 수는 없다. 다만 해당 처분에 적용한 기준이 상위법령의 규정이나 신뢰보호의 원칙 등과 같은 법의 일반원칙을 위반하였거나 객관적으로 합리성이 없다고 볼 수 있는 구체적인 사정이 있다면 해당 처분은 위법하다고 평가할 수 있다.

2. 대법원 1983. 7. 26. 선고 82누420 판결【법인세등부과처분취소】

[1] 과세처분시 납세고지서에 과세표준, 세율, 세액의 계산명세서 등을 첨부하여 고지하도록 한 것은 조세법률주의의 원칙에 따라 처분청으로 하여금 자의

를 배세하고 신중하고도 합리적인 처분을 행하게 함으로써 조세행정의 공정성을 기함과 동시에 납세의무자에게 부과처분의 내용을 상세히 알려서 불복여부의 결정 및 그 불복신청에 편의를 주려는 취지에서 나온 것이므로 이러한 규정은 강행규정으로서 납세고지서에 위와 같은 기재가 누락되면 과세처분 자체가 위법하여 취소대상이 된다.

[2] 과세처분시 납세고지서에 과세표준, 세율, 세액의 산출근거 등이 누락된 경우에는 늦어도 과세처분에 대한 불복여부의 결정 및 불복신청에 편의를 줄 수 있는 상당한 기간내에 보정행위를 하여야 그 하자가 치유된다 할 것이므로, 과세처분이 있은 지 4년이 지나서 그 취소소송이 제기된 때에 보정된 납세고지서를 송달하였다는 사실이나 오랜 기간(4년)의 경과로써 과세처분의 하자가 치유되었다고 볼 수는 없다.

3. 대법원 1984. 7. 10. 선고 82누551 판결【복합비료생산업허가취소처분취소】

허가의 취소처분에는 그 근거가 되는 법령과 처분을 받은 자가 어떠한 위반사실에 대하여 당해처분이 있었는지를 알 수 있을 정도의 위 법령에 해당하는 사실의 적시를 요한다고 할 것이고 이러한 사실의 적시를 흠결한 하자는 그 처분 후 적시되어도 이에 의하여 치유될 수는 없다고 할 것이다.

4. 대법원 1984. 4. 10. 선고 83누393 판결【재산세부과처분취소】

세액산출근거가 누락된 납세고지서에 의한 과세처분의 하자의 치유를 허용하려면 늦어도 과세처분에 대한 불복여부의 결정 및 불복신청에 편의를 줄 수 있는 상당한 기간내에 하여야 한다고 할 것이므로 위 과세처분에 대한 전심절차가 모두 끝나고 상고심의 계류중에 세액산출근거의 통지가 있었다고 하여 이로써 위 과세처분의 하자가 치유되었다고는 볼 수 없다.

5. 대법원 2004. 5. 28. 선고 2004두961 판결【폐기물처리사업계획서 신청서류반려처분취소】

원고의 이 사건 사업계획서가 부적합하다고 판단한 데에 대하여 보다 구체적이고 합리적인 이유를 제시하여 원고에게 통보함으로써, 폐기물처리업 허가를 받으려는 원고 등으로 하여금 그 허가를 받을 수 있을지 여부에 대한 예측가능성을 가질 수 있도록 하여야 함에도 불구하고, 피고는 그러한 객관적이고 합리적인 처리기준을 설정하거나 제시하지 아니한 채, 단지 '신규업체 유치에 따른 특혜시비를 막고 영세업체의 난립을 방지하기 위하여 신규업체 유치를 배제한다'는 막연한 추진방침을 제시하고 있는 '2001. 생활폐기물 수집 · 운반 대행구역 확대계획'이 수립되었다는 이유로 원고의 사업변경계획서를 반려하는 이 사건 처분을 한 것은 재량권을 남용하거나 그 범위를 일탈한 것으로서 위법하다고 판단하였는바, 기록과 관련 법리에 비추어 살펴보면 원심의 위와 같은 사실인정과 판단은 정당한 것으로 수긍이 가고, 거기에 상고이유의 주장과 같은 법리오해나 사실오인 등의 위법이 있다고 할 수 없다.

6. 대법원 2018. 6. 15. 선고 2016두57564 판결【임용제청거부처분취소】

부적격사유가 없는 후보자들 사이에서 어떤 후보자를 상대적으로 더욱 적합하다고 판단하여 임용제청하는 경우라면, 이는 후보자의 경력, 인격, 능력, 대학운영계획 등 여러 요소를 종합적으로 고려하여 총장 임용의 적격성을 정성적으로 평가하는 것으로 그 판단 결과를 수치화하거나 이유제시를 하기 어려울 수 있다. 이 경우에는 교육부장관이 어떤 후보자를 총장으로 임용제청하는 행위 자체에 그가 총장으로 더욱 적합하다는 정성적 평가 결과가 당연히 포함되어 있는 것으로, 이로써 행정절차법상 이유제시의무를 다한 것이라고 보아야 한다. 여기에서 나아가 교육부장관에게 개별 심사항목이나 고려요소에 대한 평가 결과를 더 자세히 밝힐 의무까지는 없다.

Ⅳ 질문 및 토의과제

1. 이유제시의 존재의미에 관하여 토론해 보라.

2. 이유제시의 하자는 치유될 수 있는가? 그 시기는 언제까지인가?

3. 이유제시를 처분사유의 추가 및 변경과 관련지어 생각해 보라.

Ⅴ 참고문헌

유진식, 행정절차법상 처분기준과 이유제시, 행정판례연구 25(1), 2020. 6
하명호, 이유제시의무와 이유제시 정도, 안암법학 제25권, 2007
정하중, 이유제시의 하자의 치유와 처분사유의 추가 · 변경, 인권과 정의, 2006. 12

Ⅵ 관련법령

행정절차법

제23조 (처분의 이유제시) ① 행정청은 처분을 하는 때에는 다음 각호의 1에 해당하는 경우를 제외하고는 당사자에게 그 근거와 이유를 제시하여야 한다.

1. 신청내용을 모두 그대로 인정하는 처분인 경우
2. 단순 · 반복적인 처분 또는 경미한 처분으로서 당사자가 그 이유를 명백히 알 수 있는 경우
3. 긴급히 처분을 할 필요가 있는 경우

② 행정청은 제1항 제2호 및 제3호의 경우에 처분 후 당사자가 요청하는 경우에는 그 근거와 이유를 제시하여야 한다.

3-1-3. 사전통지의 대상과 방식

I 개요

행정절차법이 규정하는 사전통지란 행정처분 등을 하기 전에 상대방에게 일정 사실을 통지하여 절차에 임할 수 있도록 하는 과정을 의미한다. 사전통지가 적용되는 절차는 불이익 처분절차이다. 즉, 상대방에게 의무를 부과하거나 권익을 제한하는 처분을 하는 경우에는 반드시 이를 사전에 통지하여야 하며 이를 통하여 의견청취 절차에서 자신에게 유리한 주장을 하거나 증거를 제출할 수 있는 기회를 부여하여야 한다.

행정절차의 당연한 요소로 보이는 사전통지 절차는 그 대상이 적극적 불이익 처분에 제한되는가 아니면 신청에 대한 거부처분에 대해서도 그 적용이 있는가가 논의된다. 이 사안에서는 거부처분에 대해서는 사전통지가 적용되지 않는다고 하는 견해를 취하고 있어서 주목된다.

II 리딩케이스

1. 사건번호: 대법원 2003. 11. 28. 선고 2003두674 판결【임용거부처분취소】

2. 사실관계

원고 갑 등은 사립대학의 교수였으나 대학이 시립으로 변경되면서 그 신분관계가 종료되고 1994년에 새로운 교원임용절차가 진행되었다. 원고 갑 등은 새로운 임용절차를 통과하지 못하여 임용에서 제외되었다. 원고 등은 임용권자를 상대로 임용거부처분 취소소송을 제기하였다. 1997년 대법원은 이 취소소송에서 심사위원회의 구성이 법령상의 근거가 없으며 위원들도 자격이 없는 사람들로 위촉되었다고 하여 임용거부처분이 위법하다고 판시하였다. 그러나 그 후 여러 과정을 거친 후에 1998년 새로운 임용기준과 절차에 의하여 심사한 결과에서 원고 등은 임용거부처분을 받자 이에 대하여 거부처분 취소소송을 제기한 사안이다.

이 사안에서 실체법적으로는 1994년의 심사기준과 1998년의 심사기준을 달리 적용한 것은 재량권의 한계를 벗어난 위법한 처분이라고 주장하였다. 1994년의 심사절차에서는 연구실적물에 대한 심사없이 교원임용심사위원회에서 원고 등의 이력서, 경력증명서, 성적 및 졸업증명서 그리고 연구실적 등을 기초로 하여 등급을 나누어 평가한 바 있었다. 그런데 1998년의 심사에서 실적물에 대한 평가를 엄격하게 한 것은 재량권의 남용이라고 주장하였다. 이러한 주장은 받아들여지지 않았다.

또한 절차법적으로 원고 등에게 미리 통지하여 충분한 소명이나 반박자료를 제출할 기회를 부여하지 않은 것(사전통지가 없었던 점)은 위법이라는 주장이 쟁점이 되었다. 원심판결은 원고의 주장을 기각하였다(서울고등법원 2002. 11. 14. 선고 2002누914 판결).

3. 판결요지

행정절차법 제21조 제1항은 행정청은 당사자에게 의무를 과하거나 권익을 제한하는 처분을 하는 경우에는 미리 처분의 제목, 당사자의 성명 또는 명칭과 주소, 처분하고자 하는 원인이 되는 사실과 처분의 내용 및 법적 근거, 그에 대하여 의견을 제출할 수 있다는 뜻과 의견을 제출하지 아니하는 경우의 처리방법, 의견제출 기관의 명칭과 주소, 의견제출 기한 등을 당사자 등에게 통지하도록 하고 있는바, 신청에 따른 처분이 이루어지지 아니한 경우에는 아직 당사자에게 권익이 부과되지 아니하였으므로 특별한 사정이 없는 한 신청에 대한 거부처분이라고 하더라도 직접 당사자의 권익을 제한하는 것은 아니어서 신청에 대한 거부처분을 여기에서 말하는 '당사자의 권익을 제한하는 처분'에 해당한다고 할 수 없는 것이어서 처분의 사전통지대상이 된다고 할 수 없다.

4. 판례해설

행정절차법은 행정청이 상대방에 대하여 의무를 부과하거나 권익을 제한하는 처분을 하는 경우에는 사전통지를 하도록 하고 있다. 다만 1. 공공의 안전 또는 복리를 위하여 긴급히 처분을 할 필요가 있는 경우, 2. 법령 등에서 요구된 자격이 없거나 없어지게 되면 반드시 일정한 처분을 하여야 하는 경우에 그 자격이 없거나 없어지게 된 사실이 법원의 재판 등에 의하여 객관적으로 증명된 때 그리고 3. 당해 처분의 성질상 의견청취가 현저히 곤란하거나 명백히 불필요하다고 인정될 만한 상당한 이유가 있는 경우는 예외로 한다.

사전통지는 행정청이 하는 처분의 범위와 내용을 명확히 하고, 이에 대하여 상대방에게 행정절차를 통하여 의견을 제출할 수 있는 기회와 방법을 부여하며, 의견을 제출하지 않은 경우에 이를 처리하는 방법을 알려줌으로써 대비할 수 있도록 하는 행정절차의 한 종류이다. 행정절차법에서 사전통지는 "의무를 과하거나 권익을 제한하는 처분"에 적용된다고 하였는데 여기에 신청에 대한 거부처분도 포함되는지 논란이 있다.

사전통지 대상이 되는 처분에 거부처분은 포함되지 않는다는 입장(부정설)은 첫째로 상대방은 신청시에 자기에게 유리한 자료를 제출하기 때문에 따로 사전통지 절차를 부여할 필요성이 적고, 둘째로 신청에 대한 처리결과는 행정청이 판단하므로 아직 권익이 부여되지 않은 상태에서는 사전통지의 요건이 충족되지 않는다고 본다. 여기에 대하여 거부처분시에도 사전통지를 하여야 한다는 입장(긍정설)에서는 첫째로 신청에 대한 거부는 상대방이 가지는 권익에 대한 침해를 의미하게 되고, 둘째로 당사자가 주장하지 않은 사실을 근거로 거부처분을 하게 되면 여기에 대하여 당사자는 의견진술을 할 기회를 전혀 갖지 못하게 되고, 셋째로 현대 급부행정국가에서는 신청에 대한 거부가 권익침해적인 요소가 크다는 입장에서 거부처분의 경우에도 당연히 사전통지를 거쳐야 하는 것으로 주장한다. 대상 판례는 이 가운데 부정설을 취하였다.

① 거부처분에는 국민의 자유권에 관한 사항이 포함되는 점, ② 상대방의 신청을 거부하는 처분은 직접적인 침익적 처분 못지않게 상대방에게 불리한 점을 이유로 거부처분도 사전통지의 대상으로 인정해야 한다는 설이 유력하다. 또한

신청에 따르는 처분이라고 하여 '권익을 제한하는 처분'이 아니라고 보는 부정설은 행정절차법의 구조를 오해하고 있다는 비판을 받는다.

Ⅲ 관련판례

1. 대법원 2004. 5. 28. 선고 2004두1254 판결【건축공사중지명령취소】

원고에게 처분에 대한 사전통지를 하고 의견제출의 기회를 준다면 많은 액수의 손실보상금을 기대하여 공사를 강행할 우려가 있다는 사정만으로 이 사건 처분이 "당해 처분의 성질상 의견청취가 현저히 곤란하거나 명백히 불필요하다고 인정될 만한 상당한 이유가 있는 경우"에 해당한다고 볼 수 없다.

2. 대법원 2008. 6. 12. 선고 2007두1767 판결【도로구역변경고시취소】

행정절차법 제2조 제4호가 행정절차법의 당사자를 행정청의 처분에 대하여 직접 그 상대가 되는 당사자로 규정하고, 도로법 제25조 제3항이 도로구역을 결정하거나 변경할 경우 이를 고시에 의하도록 하면서, 그 도면을 일반인이 열람할 수 있도록 한 점 등을 종합하여 보면, 도로구역을 변경한 이 사건 처분은 행정절차법 제21조 제1항의 사전통지나 제22조 제3항의 의견청취의 대상이 되는 처분은 아니라고 할 것이다.

3. 대법원 2000. 11. 14. 선고 99두5870 판결【지하수개발 이용 수리취소 및 원상복구명령 취소】

행정절차법 제21조 제1항, 제4항, 제22조 제1항 내지 제4항에 의하면, 행정청이 당사자에게 의무를 과하거나 권익을 제한하는 처분을 하는 경우에는 미리 처분하고자 하는 원인이 되는 사실과 처분의 내용 및 법적 근거, 이에 대하여 의견을 제출할 수 있다는 뜻과 의견을 제출하지 아니하는 경우의 처리방법 등의 사항을 당사자 등에게 통지하여야 하고, 다른 법령 등에서 필요적으로 청문을 실시하거나 공청회를 개최하도록 규정하고 있지 아니한 경우에도 당사자 등에게 의견제출의 기회를 주어야 하되, 당해 처분의 성질상 의견청취가 현저히 곤란하거나 명백히 불필요하다고 인정될 만한 상당한 이유가 있는 경우 등에는 처분의 사전통지나 의견청취를 하지 아니할 수 있도록 규정하고 있으므로, 행정청이 침해적 행정처분을 함에 있어서 당사자에게 위와 같은 사전통지를 하거나 의견제출의 기회를 주지 아니하였다면 사전통지를 하지 않거나 의견제출의 기회를 주지 아니하여도 되는 예외적인 경우에 해당하지 아니하는 한 그 처분은 위법하여 취소를 면할 수 없다.

4. 대법원 2020. 7. 23. 선고 2017두66602 판결 【조치명령 무효확인】

위 각 유죄판결에 따라 '갑이 폐기물을 방치하여 1차 및 2차 조치명령을 받았고 이를 불이행하였다'는 사실이 객관적으로 증명된 경우라고 볼 수는 있으나, 나아가 위 유죄판결에 따라 '3차 조치명령 당시 토지에 방치된 폐기물을 적정하게 처리하지 않고 있다'는 처분사유가 객관적으로 증명되었다고 단정하기는 어렵고, 또한 3차 조치명령의 근거 법률인 폐기물관리법 제48조의 문언과 체제에 비추어 보면 이 규정에 따른 폐기물 처리 조치명령은 재량행위에 해당하므로, 3차 조치명령은 법원의 재판 등에 따라 처분의 전제가 되는 사실이 객관적으로 증명되면 행정청이 반드시 일정한 처분을 해야 하는 경우 등 의견청취가 행정청의 처분 여부나 그 수위 결정에 영향을 미치지 못하는 경우에 해당한다고 보기 어려워, 행정절차법 시행령 제13조 제2호에서 정한 사전 통지, 의견청취의 예외사유에 해당하지 않는다.

Ⅳ 질문 및 토의과제

1. 거부처분에 대하여 사전통지를 인정하면 행정의 상대방으로서는 어떤 점에서 유리하겠는가?

2. 실체법적인 위법사유와 절차법적인 위법사유가 주장되었을 때 이를 심사하는 방법을 양자의 관계를 중심으로 논의하여 보라.

3. 행정절차법상 사전통지를 하지 않아도 되는 예외적인 경우는 무엇인가?

Ⅴ 참고문헌

정의식, 행정절차법상 사전통지와 의견청취의 예외사유, 경희법학 56. 3, 2021

원준희, 불이익 처분 시 사전통지 대상의 범위에 관한 소고, 중소기업과 법 Vol.11, 2020. 3

최계영, 거부처분의 사전통지, 행정법연구 제18호, 269면 이하, 2007. 8

김철용, 신청에 대한 거부처분과 처분의 사전통지 대상, 인권과 정의 349호, 대한변호사협회, 2005. 9

Ⅵ 관련법령

행정절차법

제21조 (처분의 사전통지) ① 행정청은 당사자에게 의무를 부과하거나 권익을 제한하는 처분을 하는 경우에는 미리 다음 각호의 사항을 당사자등에게 통지하여야 한다.

3-1-4. 불이익처분과 의견청취절차

Ⅰ 개요

행정청이 의무를 과하거나 권익을 제한하는 처분을 하는 경우 사전통지된 내용에 따라서 상대방 또는 이해관계인에게 자신의 의견을 진술하거나 유리한 자료를 제출하는 기회를 제공하는 절차를 의견청취라고 한다. 의견청취 절차에는 청문, 공청회 그리고 의견제출이 있다. 이 가운데 청문은 다른 법령 등에서 청문을 실시하도록 규정하고 있는 경우와 행정청이 필요하다고 인정하는 경우에 실시한다(행정절차법 제22조 제1항). 이 사안에서 유기장 영업허가의 취소는 공중위생법에서 청문을 실시하도록 한 경우에 해당한다. 공청회는 다른 법령등에서 공청회를 개최하도록 규정하고 있는 경우와 당해 처분의 영향이 광범위하여 널리 의견을 수렴할 필요가 있다고 행정청이 인정하는 경우에 개최한다(법 제22조 제2항). 청문 또는 공청회를 개최하지 않는 경우에는 의견제출의 기회를 주어야 한다(법 제22조 제3항).

II 리딩케이스

1. 사건번호: 대법원 2001. 4. 13. 선고 2000두3337 판결【영업허가취소처분취소】

2. 사실관계

원고 갑은 유기장업을 운영하면서 고객에게 유기기구를 이용하여 사행행위를 하게 하였다. 피고 을 구청장은 원고의 행위가 (구)공중위생법에 위반되었음을 이유로 행정처분을 하고자 하였다. 이 법 제12조는 유기장업자는 손님에게 유기시설 또는 유기기구를 이용하여 도박 기타 사행행위를 하게 하거나 이를 하도록 내버려 두어서는 아니 된다고 규정하고 있었으며, 제23조에서는 영업자등이 이 법 또는 이 법에 의한 명령에 위반한 때에는 그 영업허가의 취소 또는 폐쇄명령을 하거나 6월 이내의 기간을 정하여 영업정지를 명할 수 있다고 규정하고 있었다.

피고 을은 1998년 12월 원고 갑에 대하여 그 주소지 및 유기장업소로 두 차례에 걸쳐 청문통지서를 발송하였으나 수취인 부재 및 수취인 미거주를 이유로 청문통지서가 반송되어 오자 행정절차법의 규정에 의하여 1998년 12월 28일자로 1999년 1월 21일 11시에 청문을 실시한다는 내용의 청문통지의 공고를 하였다. 원고는 공고된 청문일시에 출석하지 아니하였으며, 피고는 청문을 실시하지 않고 1월 25일 원고의 유기장 영업허가를 취소하는 처분을 하였다. 원고는 이에 대하여 청문을 실시하지 않고 한 유기장 영업허가의 취소처분은 위법하다고 주장하였다.

3. 판결요지

이러한 청문절차에 관한 각 규정과 행정처분의 사유에 대하여 당해 영업자에게 변명과 유리한 자료를 제출할 기회를 부여함으로써 위법사유의 시정 가능성을 고려하고 처분의 신중과 적정을 기하려는 청문제도의 취지에 비추어 볼 때, 행정청이 침해적 행정처분을 함에 즈음하여 청문을 실시하지 않아도 되는 예외적인 경우에 해당하지 않는 한 반드시 청문을 실시하여야 하고, 그 절차를 결여한 처분은 위법한 처분으로서 취소 사유에 해당한다.

4. 판례해설

본 사안은 행정절차법 제정 이후에 내려진 의견청취 절차에 관한 대법원의 판결이다. 행정절차법이 실시되기 전에 건축사사무소의 등록취소에 관련된 사건에서 대법원은 청문절차를 거치지 않았다고 하여 위법이라고 판단한 바 있다(대법원 1984. 9. 11. 선고 82누166 판결). 건축사사무소 사건을 근거로 청문절차를 불문법원리에서 도출되는 것으로 해석하기도 한다. 이 사안에서 문제된 건축사사무소의 등록을 취소하고자 할 때에는 미리 당해 건축사에 대하여 청문을 하거나 필요한 경우에 참고인의 의견을 들어야 한다고 건설부 훈령(건축사사무소의 등록취소 및 폐쇄처분에 관한 규정)에서 규정하고 있었다. 그러나 이후의 사건에서는 관계법령에서 의견청취절차를 거치도록 규정하지 않은 경우에는 의견청취절차를 결한 탓으로 행정처분이 위법하게 되는 것은 아니라는 취지의 판시를 한 바 있다(대법원 1994. 8. 9. 선고 94누3414 판결). 한편 헌법재판소는 공소가 제기된 변호사에 대하여 형사상의 소추만으로 법무부장관의 일방적인 명령에 의하여 변호사업무를 정지시키는 것은 적법절차를 존중하지 않은 것으로 보아 관련 변호사법 조항을 위헌으로 선언한 바 있다(헌재 1990. 11. 19. 90헌가48).

불이익 처분을 함에 있어서 행정절차법의 규정에 의하여 최소한 의견제출의 기회를 보장해야 한다. 의견제출 이외에 정식적인 청문의 기회를 부여해야 할 것인가는 헌법의 적법절차 조항과 관련하여 논의할 필요성도 있다(3-1-1 참조).

이 사안과 같이 청문을 하도록 규정하고 있음에도 불구하고 이를 결여한 행위에 대해서는 우선 청문을 하지 않을 정당한 사유가 있는지 확인하여야 한다. 청문을 하지 않을 정당한 사유는 사전통지가 생략되는 이유와 동일하다. 즉, 1. 공공의 안전 또는 복리를 위하여 긴급히 처분을 할 필요가 있는 경우, 2. 법령등에서 요구된 자격이 없거나 없어지게 되면 반드시 일정한 처분을 하여야 하는 경우에 그 자격이 없거나 없어지게 된 사실이 법원의 재판등에 의하여 객관적으로 증명된 때 그리고 3. 당해 처분의 성질상 의견청취가 현저히 곤란하거나 명백히 불필요하다고 인정될 만한 상당한 이유가 있는 경우에는 청문을 하지 않을 수 있다. 또한 당사자가 의견진술의 기회를 포기한다는 뜻을 명백히 표시한 경우에는 의견청취를 아니할 수 있다(행정절차법 제22조 제4항 후문). 이 사안에서는 당사자에게 연락이 안 되어 청문에 참석하지 않은 것이며, 당사자가 청문 기회를 스스로 포기하지는 않았다. 법원의 판결요지에 나타나듯이 예외사유에 해당하지 않는 때에는 반드시 청문절차를 경유하여 처분을 하여야 한다.

행정절차법은 의견청취의 종류를 의견제출, 청문 그리고 공청회의 3가지로 구분하고 있다. 이 가운데 청문은 다른 법령등에서 청문을 실시하도록 규정하고 있는 경우와 행정청이 필요하다고 인정하는 경우에 실시한다. 공청회 또한 다른 법령에서 공청회를 개최하도록 규정하고 있는 경우와 당해 처분의 영향이 광범위하여 널리 의견을 수렴할 필요가 있다고 행정청이 인정하는 경우 이를 실시한다. 그리고 행정청이 당사자에게 의무를 과하거나 권익을 제한하는 처분을 함에 있어서 청문이나 공청회의 기회를 부여하지 않은 경우에는 반드시 의견제출의 기회를 주어야 한다.

불이익처분을 하면서 필요한 의견청취절차를 거치지 않았을 때 처분의 효력이 문제된다. 대법원은 청문절차를 결여한 행위는 취소의 대상이 되는 행위로 본다(다음의 관련판례 1 참조).

Ⅲ 관련판례

1. 대법원 1984. 9. 11. 선고 82누166 판결【건축사무소 등록취소처분 취소】

관계행정청이 건축사사무소의 등록취소처분을 함에 있어 당해 건축사들을 사전에 청문토록 한 취지는 위 행정처분으로 인하여 건축사사무소의 기존권리가 부당하게 침해받지 아니하도록 등록취소 사유에 대하여 당해 건축사에게 변명과 유리한 자료를 제출할 기회를 부여하여 위법 사유의 사정가능성을 감안하고 처분의 신중성과 적정성을 기하려 함에 있다 할 것이므로 설사 건축사법 제28조 소정의 등록취소 등 사유가 분명히 존재하는 경우라 하더라도 당해 건축사가 정당한 이유없이 청문에 응하지 아니한 경우가 아닌 한 청문절차를 거치지 아니하고 한 건축사사무소 등록취소 처분은 위법하다.

2. 대법원 1994. 8. 9. 선고 94누3414 판결【유형문화재 지정고시처분 취소】

청문을 포함한 당사자의 의견청취절차 없이 어떤 행정처분을 한 경우에도 관계법령에서 당사자의 의견청취절차를 시행하도록 규정하지 않고 있는 경우에는 그 행정처분이 위법하게 되는 것은 아니라 할 것인바, 문화재보호법과 대구직할시문화재보호조례에 의하면 시지정문화재는 시장이 문화재위원회의 자문을 받아 지정한다고만 규정되어 있을 뿐 그 지정에 있어서 문화재의 소유자나 기타 이해관계인의 신청이 필요하다는 규정이나 소유자 기타 이해관계인의 의견을 들어야 한다는 행정절차의 규정은 없고, 비록 국민의권익보호를위한행정절차에관한훈령에 따라 1990. 3. 1.부터 시행된 행정절차운영지침에 의하면 행정청이 공권력을 행사하여 국민의 구체적인 권리 또는 의무에 직접적인 변동을 초래하게 하는 행정처분을 하고자 할 때에는 미리 당사자에게 행정처분을 하고자 하는 원인이 되는 사실을 통지하여 그에 대한 의견을 청취한 다음 이유를 명시하여 행정처분을 하여야 한다고 규정되어 있으나 이는 대외적 구속력을 가지는 것이 아니므로, 시장이 건조물 소유자의 신청이 없는 상태에서 소유자의 의견을 듣지 아니하고 건조물을 문화재로 지정하였다고 하여 위법한 것이라고 할 수 없다.

3. 대법원 2004. 5. 28. 선고 2004두1254 판결【건축공사중지명령취소】

행정절차법 제21조 제1항, 제4항, 제22조 제1항 내지 제4항에 의하면, 행정청이 당사자에게 의무를 과하거나 권익을 제한하는 처분을 하는 경우에는 미리 처분하고자 하는 원인이 되는 사실과 처분의 내용 및 법적 근거, 이에 대하여 의견을 제출할 수 있다는 뜻과 의견을 제출하지 아니하는 경우의 처리방법 등의 사항을 당사자 등에게 통지하여야 하고, 다른 법령 등에서 필요적으로 청문을 실시하거나 공청회를 개최하도록 규정하고 있지 아니한 경우에도 당사자 등에게 의견제출의 기회를 주어야 하되, "당해 처분의 성질상 의견청취가 현저히 곤란하거나 명백히 불필요하다고 인정될 만한 상당한 이유가 있는 경우" 등에는 처분의 사전통지나 의견청취를 하지 아니할 수 있도록 규정하고 있으므로, 행정청이 침해적 행정처분을 함에 있어서 당사자에게 위와 같은 사전통지를 하거나 의견제출의 기회를 주지 아니하였다면 사전통지를 하지 않거나 의견제출의 기회를 주지 아니하여도 되는 예외적인 경우에 해당하지 아니하는 한 그 처분은 위법하여 취소를 면할 수 없다.

4. 대법원 2004. 7. 8. 선고 2002두8350 판결【유희시설조성사업협약해지및사업시행자지정 거부처분취소】

행정청이 당사자와 사이에 도시계획사업의 시행과 관련한 협약을 체결하면서 관계 법령 및 행정절차법에 규정된 청문의 실시 등 의견청취절차를 배제하는 조항을 두었다고 하더라도, 국민의 행정참여를 도모함으로써 행정의 공정성·투명성 및 신뢰성을 확보하고 국민의 권익을 보호한다는 행정절차법의 목적 및 앞서 본 청문제도의 취지 등에 비추어 볼 때, 위와 같은 협약의 체결로 청문의 실시에 관한 규정의 적용을 배제할 수 있다고 볼 만한 법령상의 규정이 없는 한, 이러한 협약이 체결되었다고 하여 청문의 실시에 관한 규정의 적용이 배제된다거나 정문을 실시하지 않아도 되는 예외적인 경우에 해당한다고 할 수 없다.

5. 대법원 2018. 11. 29. 선고 2016두38792 판결【임대주택건설사업계획 승인처분 취소】

구 주택법(2016. 1. 19. 법률 제13805호로 전부 개정되기 전의 것) 제17조 제1항에 인허가 의제 규정을 둔 입법 취지는, 주택건설사업을 시행하는 데 필요한 각종 인허가 사항과 관련하여 주택건설사업계획 승인권자로 그 창구를 단일화하고 절차를 간소화함으로써 각종 인허가에 드는 비용과 시간을 절감하여 주택의 건설·공급을 활성화하려는 데에 있다. 이러한 인허가 의제 규정의 입법 취지를 고려하면, 주택건설사업계획 승인권자가 구 주택법 제17조 제3항에 따라 도시·군관리계획 결정권자와 협의를 거쳐 관계 주택건설사업계획을 승인하면 같은 조 제1항 제5호에 따라 도시·군관리계획결정이 이루어진 것으로 의제되고, 이러한 협의 절차와 별도로 국토의 계획 및 이용에 관한 법률 제28조 등에서 정한 도시·군관리계획 입안을 위한 주민 의견청취 절차를 거칠 필요는 없다.

Ⅳ 질문 및 토의과제

1. 의견청취의 종류를 들고 각각 어떤 경우에 실시해야 하는지 설명하라.
2. 의견청취에서 제출된 주장과 의견은 어느 정도로 행정청 대하여 구속력이 있는가?

Ⅴ 참고문헌

안동인, 행정절차법의 처분절차상 주요 쟁점, 행정법연구(49), 2017. 6
오준근, 행정과정에 있어서의 절차적 정의와 인권보장, 인권과 정의 369호, 2007. 5

Ⅵ 관련법령

행정절차법

제22조 (의견청취) ① 행정청이 처분을 할 때 다음 각 호의 어느 하나에 해당하는 경우에는 청문을 한다.

1. 다른 법령등에서 청문을 하도록 규정하고 있는 경우
2. 행정청이 필요하다고 인정하는 경우
3. 다음 각 목의 처분을 하는 경우

가. 인허가 등의 취소

나. 신분·자격의 박탈

다. 법인이나 조합 등의 설립허가의 취소

② 행정청이 처분을 할 때 다음 각 호의 어느 하나에 해당하는 경우에는 공청회를 개최한다.

1. 다른 법령등에서 공청회를 개최하도록 규정하고 있는 경우
2. 해당 처분의 영향이 광범위하여 널리 의견을 수렴할 필요가 있다고 행정청이 인정하는 경우
3. 국민생활에 큰 영향을 미치는 처분으로서 대통령령으로 정하는 처분에 대하여 대통령령으로 정하는 수 이상의 당사자등이 공청회 개최를 요구하는 경우

③ 행정청이 당사자에게 의무를 부과하거나 권익을 제한하는 처분을 할 때 제1항 또는 제2항의 경우 외에는 당사자등에게 의견제출의 기회를 주어야 한다.

3-1-5. 절차상의 하자있는 행정행위의 효력

Ⅰ 개요

행정행위가 적법 유효하게 성립되어 완전한 효력을 발하기 위해서는 주체, 내용, 형식과 절차의 면에서 흠이 없어야 한다. 이 가운데 주체에 관한 흠은 무

효 사유가 되며, 내용에 관한 흠은 그 흠의 중대명백성에 따라서(통설의 입장) 흠이 단순히 위법한 경우에는 취소의 대상이 되며, 중대명백하게 위법한 경우에는 무효의 원인이 된다. 그런데 내용상으로는 흠이 없지만 절차적으로 흠이 있는 행위의 효과를 어떻게 판단할 것인가에 대해서는 서로 대립하는 견해가 존재한다.

II 리딩케이스

1. 사건번호: 대법원 1984. 5. 9. 선고 84누116 판결【물품세 부과처분 취소】

2. 사실관계

피고 을은 1977년 원고 갑에게 당해 연도 수시분 물품세 6천만원 정도를 부과하였다. 피고는 납세고지서에 세액의 산출근거를 기재하지 아니하였는데 원고는 이 처분이 국세징수법 제9조 제1항(납세의 고지)을 위반하였다고 하여 그 취소를 구하는 소송을 제기하였는데 원심은 원고의 주장을 인용하였다.

3. 판결요지

[1] 국세징수법 제9조 제1항은 단순히 세무행정상의 편의를 위한 훈시규정이 아니라 조세행정에 있어 자의를 배제하고 신중하고 합리적인 처분을 행하게 함으로써 공정을 기함과 동시에 납세의무자에게 부과처분의 내용을 상세히 알려 불복여부의 결정과 불복신청에 편의를 제공하려는 데서 나온 강행규정이므로 세액의 산출근거가 기재되지 아니한 물품세 납세고지서에 의한 부과처분은 위법한 것으로서 취소의 대상이 된다.

[2] 부과처분의 실체가 적법한 이상 납세고지서의 기재사항 누락이라는 경미한 형식상의 하자 때문에 부과처분을 취소한다면 소득이 있는데 세금을 부과하지 못하는 불공평이 생긴다거나, 다시 납세부과처분이나 보완통지를 하는 등 무용한 처분을 되풀이 한다 하더라도 이로 인하여 경제적, 시간적, 정신적인 낭비

만 초래하게 된다는 사정만으로는 과세처분을 취소하는 것이 행정소송법 제12조에서 말하는 현저히 공공복리에 적합하지 않거나 납세의무자에게 실익이 전혀 없다고 할 수 없다.

4. 판례해설

절차상 하자가 있는 행정행위를 그 절차적인 흠만을 이유로 해서 취소할 수 있겠는가에 대해서 실체적인 하자에 직접 연결되지 않는 이상 취소할 수 없다는 입장(소극설)과 실체상의 하자와 관계없이 절차상의 하자만으로 취소할 수 있다는 입장(적극설)이 대립한다. 소극설에서는 ① 행정절차의 존재이유는 실체적 판단의 적정성을 돕는 데 불과하므로 실체적으로 적정하다면 절차상의 흠은 문제되지 않는다고 본다. ② 행정절차를 거친 경우에도 이전의 결과를 반복해야 한다면 다시 절차를 거치는 실익이 없으므로 절차상의 하자는 문제되지 않는다고 본다. 적극설의 입장에서는 절차상의 하자만으로 실체법적인 적정성에 관계없이 당해 행정행위를 취소하여야 한다고 본다. 그 논거는 ① 절차규정은 실체규정의 적정성을 담보하기 위한 것으로 절차에 하자가 있으면 실체법적으로도 하자가 있는 것으로 보아야 하고, ② 실체적인 위법과 절차적인 위법 사이에는 우열이 있을 수 없으며, ③ 행정절차법과 개별법에서 절차를 마련한 이상 그 이행을 강제하기 위해서는 절차규정 위반을 이유로 하여 취소하여야 한다고 본다. 대상 판결은 위의 두 가지 입장 가운데 적극설을 취한 판례로 볼 수 있다.

사안에서 보듯이 우리 법원은 이유제시를 결한 처분은 취소의 대상이 되는 것으로 본다. 그리고 관련 판례에서 나타나듯이 법령상 요구되는 청문을 거치지 않은 처분 또한 위법하게 된다. 마찬가지로 사전통지 절차, 처분기준의 설정 및 공표와 관련된 절차도 중요한 절차라고 볼 수 있다. 절차와 조금 구별되지만 형식적인 측면에서 흠이 있는 행위도 취소 혹은 무효의 대상이 된다. 신청을 요하는 처분이 당사자의 신청이 없이 이루어졌을 때, 문서로 하도록 되어 있는 처분을 구두로 하였을 때는 무효가 된다. 그런데 절차상의 흠이 있는 처분은 대체로 무효가 아닌 취소의 대상이라는 점에 유의하여야 한다. 다시 말하면 제소기간

내에 다투지 않으면 불가쟁력이 발생한다. 하자의 치유에 대해서는 관련판례 2를 참조하기 바란다. 그리고 처분 자체의 절차는 아니지만 처분의 전제가 되는 절차 가령, 환경영향평가를 결한 처분 또한 취소 혹은 무효의 대상이 된다(관련판례 4 참조).

대상판례는 기속행위의 절차상의 흠을 이유로 처분을 취소한 경우이다. 재량행위의 경우에는 절차상 하자로 인하여 취소의 대상이 됨은 더 당연하다고 하겠다. 왜냐하면 재량행위에서는 절차를 통하여 재량행사의 대상이 되는 사실관계와 형량요소가 드러나는 측면이 있으므로 절차를 제대로 거치지 않은 처분은 재량권 행사에 있어서 그 자체로 흠이 있는 것으로 판단할 수 있기 때문이다.

Ⅲ 관련판례

1. 대법원 1991. 7. 9. 선고 91누971 판결【식품위생접객업소 영업정지명령 취소등】

식품위생법 제64조, 같은법시행령 제37조 제1항 소정의 청문절차를 전혀 거치지 아니하거나 거쳤다고 하여도 그 절차적 요건을 제대로 준수하지 아니한 경우에는 가사 영업정지사유 등 위 법 제58조 등 소정 사유가 인정된다고 하더라도 그 처분은 위법하여 취소를 면할 수 없다.

2. 대법원 1992. 10. 23. 선고 92누2844 판결【영업허가취소처분 취소】

행정청이 식품위생법상의 청문절차를 이행함에 있어 소정의 청문서 도달기간을 지키지 아니하였다면 이는 청문의 절차적 요건을 준수하지 아니한 것이므로 이를 바탕으로 한 행정처분은 일단 위법하다고 보아야 할 것이지만 이러한 청문제도의 취지는 처분으로 말미암아 (불이익을) 받게 될 영업자에게 미리 변명과 유리한 자료를 제출할 기회를 부여함으로써 부당한 권리침해를 예방하려는 데에 있는 것임을 고려하여 볼 때, 가령 행정청이 청문서 도달기간을 다소 어겼다하더라도 영업자가 이에 대하여 이의하지 아니한 채 스스로 청문일에 출석하여 그 의견을 진술하고 변명하는 등 방어의 기회를 충분히 가졌다면 청문서 도달기간을 준수하지 아니한 하자는 치유되었다고 봄이 상당하다.

3. 대법원 1983. 7. 26. 선고 82누420 판결【법인세등 부과처분 취소】

과세처분시 납세고지서에 과세표준, 세율, 세액의 산출근거 등이 누락된 경우에는 늦어도 과세처분에 대한 불복여부의 결정 및 불복신청에 편의를 줄 수 있는 상당한 기간 내에 보정행위를 하여야 그 하자가 치유된다 할 것이므로, 과세처분이 있은 지 4년이 지나서 그 취소소송이 제기된 때에 보정된 납세고지서를 송달하였다는 사실이나 오랜 기간(4년)의 경과로써 과세처분의 하자가 치유되었다고 볼 수는 없다.

4. 대법원 2006. 6. 30. 선고 2005두14363 판결【국방군사시설 사업실시계획 승인처분 무효확인】

환경영향평가를 거쳐야 할 대상사업에 대하여 환경영향평가를 거치지 아니하였음에도 불구하고 승인 등 처분이 이루어진다면, 사전에 환경영향평가를 함에 있어 평가대상지역 주민들의 의견을 수렴하고 그 결과를 토대로 하여 환경부장관과의 협의내용을 사업계획에 미리 반영시키는 것 자체가 원천적으로 봉쇄되는바, 이렇게 되면 환경파괴를 미연에 방지하고 쾌적한 환경을 유지·조성하기 위하여 환경영향평가제도를 둔 입법 취지를 달성할 수 없게 되는 결과를 초래할 뿐만 아니라 환경영향평가대상지역 안의 주민들의 직접적이고 개별적인 이익을 근본적으로 침해하게 되므로, 이러한 행정처분의 하자는 법규의 중요한 부분을 위반한 중대한 것이고 객관적으로도 명백한 것이라고 하지 않을 수 없어, 이와 같은 행정처분은 당연무효이다.

5. 대법원 2021. 7. 29. 선고 2015다221668 판결【절차적 권리 침해와 손해배상】

행정절차상 권리의 성격이나 내용 등에 비추어 볼 때, 국가나 지방자치단체가 행정절차를 진행하는 과정에서 주민들의 의견제출 등 절차적 권리를 보장하지 않은 위법이 있다고 하더라도 그 후 이를 시정하여 절차를 다시 진행한 경우, 종국적으로 행정처분 단계까지 이르지 않거나 처분을 직권으로 취소하거나 철회한 경우, 행정소송을 통하여 처분이 취소되거나 처분의 무효를 확인하는 판결이 확정된 경우 등에는 주민들이 절차적 권리의 행사를 통하여 환경권이나 재산권 등 사적 이익을 보호하려던 목적이 실질적으로 달성된 것이므로 특별한 사정이 없는 한 절차적 권리 침해로 인한 정신적 고통에 대한 배상은 인정되지 않는다. 다만 이러한 조치로도 주민들의 절차적 권리 침해로 인한 정신적 고통이 여전히 남아 있다고 볼 특별한 사정이 있는 경우에 국가나 지방자치단체는 그 정신적 고통으로 인한 손해를 배상할 책임이 있다. 이때 특별한 사정이 있다는 사실에 대한 주장 · 증명책임은 이를 청구하는 주민들에게 있고, 특별한 사정이 있는지는 주민들에게 행정절차 참여권을 보장하는 취지, 행정절차 참여권이 침해된 경위와 정도, 해당 행정절차 대상사업의 시행경과 등을 종합적으로 고려해서 판단해야 한다.

Ⅳ 질문 및 토의과제

1. 절차법상 하자와 실체법상 하자의 관계 및 효과에 관하여 설명하라.
2. 행정행위의 효력에 영향을 미치는 행정절차의 종류에는 어떤 것이 있나?
3. 기속행위와 재량행위의 경우 절차상의 흠이 미치는 효과가 서로 같은가 아니면 다른가? 그 이유는 무엇인가?

Ⅴ 참고문헌

이상학, 이유제시 하자에 대한 판례 입장의 비판적 검토 －대법원 2022. 3. 31. 선고 2021두49888 판결을 소재로 하여－, 법학연구 65(1), 2024. 2

박정훈, 처분사유의 추가 · 변경과 행정행위의 전환: 제재철회와 공익상 철회, 행정판례연구 7집, 2002. 12

김광수, 의견청취절차를 결한 행정처분의 효과, 행정법연구 제4호, 1999. 4

Ⅵ 관련법령

행정절차법

제23조 (처분의 이유제시) ① 행정청은 처분을 하는 때에는 다음 각호의 1에 해당하는 경우를 제외하고는 당사자에게 그 근거와 이유를 제시하여야 한다.

1. 신청내용을 모두 그대로 인정하는 처분인 경우
2. 단순·반복적인 처분 또는 경미한 처분으로서 당사자가 그 이유를 명백히 알 수 있는 경우
3. 긴급히 처분을 할 필요가 있는 경우

② 행정청은 제1항 제2호 및 제3호의 경우에 처분후 당사자가 요청하는 경우에는 그 근거와 이유를 제시하여야 한다.

국세징수법

제6조 (납세자에 대한 납부고지 등) ① 관할 세무서장은 납세자로부터 국세를 징수하려는 경우 국세의 과세기간, 세목, 세액, 산출 근거, 납부하여야 할 기한(납부고지를 하는 날부터 30일 이내의 범위로 정한다) 및 납부장소를 적은 납부고지서를 납세자에게 발급하여야 한다.

제 2 장
행정정보공개 및 개인정보보호 제도

현대는 정보의 시대라고 한다. 행정이 가지고 있는 정보에 대하여 국민이 공개를 청구할 수 있도록 함으로써 국민은 행정의 활동에 대하여 보다 더 깊이 이해할 수 있고, 자신의 권리구제를 위한 수단으로 활용할 수 있으며 또한 이를 통하여 행정을 통제할 수 있다. 행정정보공개제도는 스웨덴과 핀란드 등의 북구 국가에서 발달하였으며 1966년에는 미국의 정보자유법(Freedom of Information Act, FOIA)이 제정되어 우리에게 큰 영향을 주었다. 1996년에 제정된 공공기관의 정보공개에 관한 법률은 행정정보공개에 관한 일반법으로 기능한다.

개인의 사생활의 자유와 비밀의 보호 또는 프라이버시 권은 정보화 사회에서 그 중요성이 더해지고 있다. 1974년 미국의 프라이버시 법(The Privacy Act of 1974)이 개인정보보호에 관한 대표적인 입법례이다. 1993년에 제정된 공공기관의 개인정보 보호에 관한 법률은 우리나라에서 개인정보보호를 위한 중요한 조치를 담은 입법으로 평가할 수 있다. 이 법은 2007년 대폭 개정을 거쳐서 개인정보보호에 관한 일반적인 법으로 기능하고 있었다. 2013년에는 법이 전면 개정되어서 「개인정보 보호법」으로 변화하였다.

3-2-1. 행정정보공개청구권의 법적 근거

I 개요

행정정보공개청구권은 국민의 기본적인 권리인 '알 권리'로부터 나오는 것으로 본다. 그런데 공개청구권의 구체적인 내용은 법령에 의하여 규정되어야 한다. 정보공개에 관한 일반법인 공공기관의 정보공개에 관한 법률이 제정되기 이전에는 대통령령인 사무관리규정, 1994년의 국무총리훈령인 행정정보공개 운영지침 등이 제정되어 이를 근거로 정보공개가 이루어졌다.

정보공개의 연혁에 있어서 청주시의 정보공개조례 사건이 매우 큰 의미를 지닌다. 1991년 청주시의회는 정보공개조례를 제정하여 주민의 요구에 응하여 시의 정보를 공개하도록 하였다. 청주시장은 이 조례가 법률의 위임이 없이 제정되어 위법하다고 하여 지방자치법에 의하여 이 조례의 취소를 구하는 소송을 제기하였다. 대법원은 뒤의 관련판례(1)에서 보듯이 이 조례를 적법한 것으로 인정한 바 있다. 정보공개 청구권에 대한 대법원의 적극적인 태도는 대상 판례에서 헌재가 국민의 정보공개 청구권의 헌법적인 권리성을 인정한 것과 맥락을 같이하는 것이라고 할 수 있다.

II 리딩케이스

1. 사건번호: 헌재 1989. 9. 4. 88헌마22 전원재판부 결정【공권력에 의한 재산권침해에 대한 헌법소원】

2. 사실관계

청구인은 경기도 소재 임야와 전에 대한 연고권을 주장하였다. 이 임야에는 청구인의 증조부모 및 조부모의 묘와 비석·상석이 있을 뿐 아니라 묘비의 기재내용을 보면 이 임야가 청구인의 망부의 소유임을 알 수 있다고 주장한다. 그런데 국가는 망부의 사망 후에 국유로 보존등기를 하였다고 주장한다.

청구인은 자신의 권리를 주장하는 방편으로 1988년 수차례에 걸쳐서 위의 임야와 전에 대한 구임야대장, 민유임야이용구분조사서, 토지조사부, 지세명기장 등의 열람 및 복사를 신청하였으나 피청구인은 이 가운데 토지조사부와 임야조사서에 대하여 그 열람 및 복사 신청에 관한 응답을 하지 않았다. 이에 청구인은 헌법재판소에 헌법소원심판을 청구한 사건이다.

3. 결정요지

부동산 소유권의 회복을 위한 입증자료로 사용하고자 청구인이 문서의 열람 · 복사 신청을 하였으나 행정청이 이에 불응하였다 하더라도 그 불응한 행위로 인하여 청구인의 재산권이 침해당하였다고는 보기 어려우나, 청구인의 정당한 이해관계가 있는 정부보유의 정보의 개시에 대하여 행정청이 아무런 검토없이 불응한 부작위는 헌법 제21조에 규정된 표현의 자유와 자유민주주의적 기본질서를 천명하고 있는 헌법 전문, 제1조, 제4조의 해석상 국민의 정부에 대한 일반적 정보공개를 구할 권리(청구권적 기본권)로서 인정되는 "알" 권리를 침해한 것이고 위 열람 · 복사 민원의 처리는 법률의 제정이 없더라도 불가능한 것이 아니다.

4. 판례해설

행정정보공개청구권은 국민의 알 권리에서 연유한다. 알 권리의 내용에는 일반적으로 접근할 수 있는 정보원에 대한 자유로운 접근권을 침해당하지 않을 소극적인 성격의 권리와 자신이 원하는 정보의 공개를 청구할 적극적인 성격의 권리가 모두 포함된다. 그런데 알 권리의 헌법적인 근거에 관해서는 다소의 이견이 존재하고 있었다. 일설에 의하면 알 권리는 헌법 제10조의 인간의 존엄과 가치 및 행복추구권에서 나온다고 한다. 다른 견해에 의하면 헌법 제21조 제1항의 표현의 자유에서 도출된다고 한다. 또 다른 견해에 의하면 알 권리가 특정한 조항이 아니라 헌법 제1조의 국민주권의 원리, 제21조 제1항의 표현의 자유, 제34조 제1항의 인간다운 생활을 할 권리 등에서 도출된다고 한다.

헌법재판소는 이 사건 결정문에서 알 권리를 헌법 전문과 헌법 제1조 등의 국민주권의 원리와 제21조 제1항의 표현의 자유에서 찾고 있다. 또한 국민이 국가에 대하여 정보공개를 청구하기 위해서는 개별 법률의 근거가 있어야만 하는 것이 아니고, 직접 헌법조문을 근거로 청구권을 행사할 수 있다고 한 점이 이 결정의 특징이다. 즉, 알 권리의 소극적인 측면과 함께 적극적인 헌법상의 권리로서의 성격을 인정한 것이다.

Ⅲ 관련판례

1. 대법원 1992. 6. 23. 선고 92추17 판결【행정정보공개조례(안) 재의결 취소등】

지방자치단체는 그 내용이 주민의 권리의 제한 또는 의무의 부과에 관한 사항이거나 벌칙에 관한 사항이 아닌 한 법률의 위임이 없더라도 조례를 제정할 수 있다 할 것인데(당원 1970. 2. 10. 선고 69다2121 판결 참조), 이 사건 정보공개조례안은 앞에서 본 바와 같이 행정에 대한 주민의 알 권리의 실현을 그 근본내용으로 하면서도 이로 인한 개인의 권익침해 가능성을 배제하고 있으므로 이를 들어 주민의 권리를 제한하거나 의무를 부과하는 조례라고는 단정할 수 없고 따라서 그 제정에 있어서 반드시 법률의 개별적 위임이 따로 필요한 것은 아니라 할 것이다.

2. 대법원 2010. 4. 29. 선고 2008두5643 판결【정보비공개결정취소】

'한국증권업협회'는 증권회사 상호간의 업무질서를 유지하고 유가증권의 공정한 매매거래 및 투자자보호를 위하여 일정 규모 이상인 증권회사 등으로 구성된 회원조직으로서, 증권거래법 또는 그 법에 의한 명령에 대하여 특별한 규정이 있는 것을 제외하고는 민법 중 사단법인에 관한 규정을 준용 받는 점, 그 업무가 국가기관 등에 준할 정도로 공동체 전체의 이익에 중요한 역할이나 기능에 해당하는 공공성을 갖는다고 볼 수 없는 점 등에 비추어, 공공기관의 정보공개에 관한 법률 시행령 제2조 제4호의 '특별법에 의하여 설립된 특수법인'에 해당한다고 보기 어렵다.

Ⅳ 질문 및 토의과제

1. 행정정보공개청구 제도의 존재의의에 대해 생각해 보라.
2. 정보공개청구권의 헌법적인 근거와 그 내용은 무엇인가?
3. 지방자치단체의 조례로 공공기관의 정보공개에 관한 법률의 내용을 완화하는 규정을 둘 수 있겠는가?

Ⅴ 참고문헌

최철호, 한국과 일본의 정보공개법 비교 연구, 공법학연구 23(1), 2022. 2
성낙인, 정보공개법의 제정과 운용방향, 공법연구 제25집 제4호, 1997. 8
김남진, 정보공개조례안의 위법성여부 – 대판 1992. 6. 23, 92추17–, 한국사법행정학회, 사법행정 제33권 제12호, 1992. 12

Ⅵ 관련법령

공공기관의 정보공개에 관한 법률

제5조 (정보공개청구권자) ① 모든 국민은 정보의 공개를 청구할 권리를 가진다.
② 외국인의 정보공개청구에 관하여는 대통령령으로 정한다.

3-2-2. 비공개대상정보

I 개요

「공공기관의 정보공개에 관한 법률」은 공공기관이 보유·관리하는 정보에 대한 공개의무 및 국민의 공개청구권에 관하여 규정하고 있다. 여기서의 국민은 모든 국민을 의미하며 특정 정보에 대하여 이해관계 있는 국민에 한정되지 않는다. 외국인의 정보공개청구권은 대통령령으로 정하고 있는데, 국내에 일정한 주소를 두고 거주하거나 학술·연구를 위하여 일시적으로 체류하는 외국인과 국내에 사무소를 두고 있는 외국법인 또는 외국인 단체는 정보공개청구권을 가진다.

공개의무자로서의 공공기관은 국가, 지방자치단체, 공공기관 운영에 관한 법률 제2조에 따른 공공기관 그리고 「유아교육법」, 「초·중등교육법」, 「고등교육법」에 따른 각급 학교 또는 그 밖의 다른 법률에 따라 설치된 학교, 「지방공기업법」에 따른 지방공사 및 지방공단이 포함된다. 그리고 지방자치단체가 영향력을 미치는 기관으로서 조례가 정하는 법인, 특별법에 따라 설립된 특수법인, 「사회복지사업법」 제42조 제1항에 따라 국가나 지방자치단체로부터 보조금을 받는 사회복지법인과 사회복지사업을 하는 비영리법인, 「보조금 관리에 관한 법률」 제9조 또는 「지방재정법」 제17조 제1항 각 호 외의 부분 단서에 따라 국가나 지방자치단체로부터 연간 5천만원 이상의 보조금을 받는 기관 또는 단체 등이 포함된다.

공공기관이 보유·관리하는 정보는 이 법이 정하는 바에 따라 공개한다고 규정하여 정보공개가 원칙으로 되어 있다. 그러나 법에서는 또한 비공개대상정보공개를 규정하고 있는데, 그 범위가 넓고 규정이 모호하여 많은 쟁점을 낳고 있다.

II 리딩케이스

1. 사건번호: 대법원 2000. 5. 30. 선고 99추85 판결【공원조례중개정조례안무효】

2. 사실관계

이 사건의 원고인 갑은 시장이다. 원고는 피고 을 지방의회가 재의결한 도시공원개정조례안이 법령에 위반된다고 주장한다. 이 개정 조례안 가운데 시장이 도시공원위원회에 부의하는 안건에 대해서는 시의회의 의견을 듣도록 한 것(제3항)과 또한 위원회의 회의관련 자료 및 회의록은 공개하여야 한다(제4항)고 한 조항의 위법 여부가 쟁점이 되었다. 원고는 이 개정 조례에 대하여 재의결을 요청하였으며, 이 조항이 재의결되어 지방자치법에 의한 재의결된 조례의 무효소송이 제기되었다.

제3항과 관련해서는 도시계획의 결정 및 변경이 기관위임사무인지 아니면 자치사무인지의 여부가 쟁점이 된다. 만일 기관위임사무라면 시의회가 이에 대하여 관여할 수 없으며, 여기에 대하여 규율하는 경우에는 관할위반으로 무효가 된다. 대법원은 바로 이 관점에서 위임의 근거가 없는 사항에 대해 의회가 관여할 수 있도록 규정한 것은 무효라고 보았다.

제4항과 관련해서 원고는 위 개정 조례안이 현재의 정보공개법 제9조 제1항 제5호에서 규정하는 "감사 · 감독 · 검사 · 시험 · 규제 · 입찰계약 · 기술개발 · 인사관리 · 의사결정과정 또는 내부검토과정에 있는 사항 등으로서 공개될 경우 업무의 공정한 수행이나 연구 · 개발에 현저한 지장을 초래한다고 인정할 만한 상당한 이유가 있는 정보"에 해당하여 위법한 것으로 주장하였다.

3. 판결요지

지방자치단체의 도시공원에 관한 조례에서 규정된 도시공원위원회의 심의사항에 관하여 위 위원회의 심의를 거친 후 시장이나 구청장이 위 사항들에 대한 결정을 대외적으로 공표하기 전에 위 위원회의 회의관련자료 및 회의록이 공개된다면 업무의 공정한 수행에 현저한 지장을 초래한다고 할 것이므로, 위 위원회의 심의 후 그 심의사항들에 대한 시장 등의 결정의 대외적 공표행위가 있기 전까지는 위 위원회의 회의관련자료 및 회의록은 공공기관의 정보공개에 관한 법률 제7조(현행 법률상 제9조, 이하 같음) 제1항 제5호에서 규정하는 비공개대상 정보에 해당한다고 할 것이고, 다만 시장 등의 결정의 대외적 공표행위가 있은 후에는 이를 의사결정과정이나 내부검토과정에 있는 사항이라고 할 수 없고 위 위원회의 회의관련자료 및 회의록을 공개하더라도 업무의 공정한 수행에 지장을 초래할 염려가 없으므로, 시장 등의 결정의 대외적 공표행위가 있은 후에는 위 위원회의 회의관련자료 및 회의록은 같은 법 제7조 제2항에 의하여 공개대상이 된다고 할 것인바, 지방자치단체의 도시공원에 관한 조례안에서 공개시기 등에 관한 아무런 제한 규정 없이 위 위원회의 회의관련자료 및 회의록은 공개하여야 한다고 규정하였다면 이는 같은 법 제7조 제1항 제5호에 위반된다고 할 것이다.

4. 판례해설

공공기관이 보유하는 정보는 정보공개가 원칙이며 비공개가 예외이다. 그러므로 예외사유에 해당되지 않는 한 공개청구인의 요청에 의하여 공공기관의 정보를 공개하여야 한다. 정보공개법에서 드는 비공개사유는 뒤의 관련법령 정보를 참조하기 바란다.

이 판결에서는 제5호 (감사 · 감독 · 검사 · 시험 · 규제 · 입찰계약 · 기술개발 · 인사관리 · 의사결정과정 또는 내부검토과정에 있는 사항 등으로서 공개될 경우 업무의 공정한 수행이나 연구 · 개발에 현저한 지장을 초래한다고 인정할 만한 상당한 이유가 있는 정보) 위반에 해당하므로 비공개대상인 정보인데, 이를 공개하도록 조례로 규정한 것은 위법이라고 보았다. 판결문의 내용을 상세히 읽어보면 위원회의 회의록이라고 하여도 전적으로 비공개 대상인 것은 아니고, 심의사항에 대한 시장의 대외적인 공표가 있기 전까지와 있은 후를 나누어서 전자의 경우에는 공표되면 업무의 공정한 수행에 지장을 초래하겠지만 공표된 이후에는 공표하여도 무방할 것이라고 하고 있다. 그런데 조례는 이를 구분하지 않고, 공개할 수 있도록 하고 있기 때문에 정보공개법에 위반된다고 보았다.

정보공개의 대상과 비공개 대상 정보에 관해서는 많은 판례가 나오고 있다. 앞으로 더욱 다양한 사례가 나올 것으로 예상된다. 뒤에 나오는 관련판례를 읽으면서 공개와 비공개의 기준에 대하여 생각해보기 바란다.

Ⅲ 관련판례

1. 대법원 2003. 3. 14. 선고 2000두6114 판결【답안지열람 거부처분 취소】

답안지는 응시자의 시험문제에 대한 답안이 기재되어 있을 뿐 평가자의 평가 기준이나 평가 결과가 반영되어 있는 것은 아니므로 응시자가 자신의 답안지를 열람한다고 하더라도 시험문항에 대한 채점위원별 채점 결과가 열람되는 경우와 달리 평가자가 시험에 대한 평가업무를 수행함에 있어서 지장을 초래할 가능성이 적은 점, 답안지에 대한 열람이 허용된다고 하더라도 답안지를 상호 비교함으로써 생기는 부작용이 생길 가능성이 희박하고, 열람업무의 폭증이 예상된다고 볼만한 자료도 없는 점 등을 종합적으로 고려하면, 답안지의 열람으로 인하여 시험업무의 수행에 현저한 지장을 초래한다고 볼 수 없다.

2. 대법원 2003. 12. 26. 선고 2002두1342 판결【정보비공개처분취소】

법 제7조 제1항 제6호는 비공개대상정보의 하나로 '당해 정보에 포함되어 있는 이름·주민등록번호 등에 의하여 특정인을 식별할 수 있는 개인에 관한 정보'를 규정하면서, 같은 호 단서 (다)목으로 '공공기관이 작성하거나 취득한 정보로서 공개하는 것이 공익 또는 개인의 권리구제를 위하여 필요하다고 인정되는 정보'는 제외된다고 규정하고 있는데, 여기에서 '공개하는 것이 개인의 권리구제를 위하여 필요하다고 인정되는 정보'에 해당하는지 여부는 비공개에 의하여 보호되는 개인의 사생활의 비밀 등의 이익과 공개에 의하여 보호되는 개인의 권리구제 등의 이익을 비교·교량하여 구체적 사안에 따라 개별적으로 판단하여야 할 것인바, 이 사건 정보와 같은 수사기록에 들어 있는 특정인을 식별할 수 있는 개인에 관한 정보로는 통상 관련자들의 이름, 주민등록번호, 주소(주거 또는 근무처 등) · 연락처(전화번호 등), 그 외 직업 · 나이 등이 있을 것인데, 그 중 관련자들의 이름은 수사기록의 공개를 구하는 필요성이나 유용성, 즉 개인의 권리구제라는 관점에서 특별한 사정이 없는 한 원칙적으로 공개되어야 할 것이고, 관련자들의 주민등록번호는 동명이인의 경우와 같이 동일성이 문제되는 등의 특별한 사정이 있는 경우를 제외하고는 개인의 권리구제를 위하여 필요하다고 볼 수는 없으므로 원칙적으로 비공개하여야 할 것이며, 관련자들의 주소 · 연락처는 공개될 경우 악용될 가능성이나 사생활이 침해될 가능성이 높은 반면, 증거의 확보 등 개인의 권리구제라는 관점에서는 그 공개가 필요하다고 볼 수 있는 경우도 있을 것이므로 개인식별정보는 비공개라는 원칙을 염두에 두고서 구체적 사안에 따라 개인의 권리구제의 필요성과 비교 · 교량하여 개별적으로 공개 여부를 판단하여야 할 것이고, 그 외 직업, 나이 등의 인적사항은 특별한 경우를 제외하고는 개인의 권리구제를 위하여 필요하다고 볼 수는 없다고 할 것이다.

3. 대법원 2004. 8. 20. 선고 2003두8302 판결【사본공개 거부처분취소】

법인등의 상호, 단체명, 영업소명, 사업자등록번호 등에 관한 정보는 법인등의 영업상 비밀에 관한 사항으로서 공개될 경우 법인등의 정당한 이익을 현저히 해할 우려가 있다고 인정되는 정보에 해당하지 아니하지만, 법인등이 거래하는 금융기관의 계좌번호에 관한 정보는 법인등의 영업상 비밀에 관한 사항으로서 법인등의 이름과 결합하여 공개될 경우 당해 법인등의 영업상 지위가 위협받을 우려가 있다고 할 것이므로 위 정보는 법인등의 영업상 비밀에 관한 사항으로서 공개될 경우 법인등의 정당한 이익을 현저히 해할 우려가 있다고 인정되는 정보에 해당한다고 할 것이다.

4. 대법원 2004. 12. 9. 선고 2003두12707 판결【정보공개거부처분취소】

법원이 행정기관의 정보공개거부처분의 위법 여부를 심리한 결과 공개를 거부한 정보에 비공개대상 정보에 해당하는 부분과 공개가 가능한 부분이 혼합되어 있고 공개청구의 취지에 어긋나지 아니하는 범위 안에서 두 부분을 분리할 수 있음을 인정할 수 있을 때에는 청구취지의 변경이 없더라도 공개가 가능한 정보에 관한 부분만의 일부취소를 명할 수 있다 할 것이고, 공개청구의 취지에 어긋나지 아니하는 범위 안에서 비공개대상 정보에 해당하는 부분과 공개가 가능한 부분을 분리할 수 있다고 함은, 이 두 부분이 물리적으로 분리가능한 경우를 의미하는 것이 아니고 당해 정보의 공개방법 및 절차에 비추어 당해 정보에서 비공개대상 정보에 관련된 기술 등을 제외 내지 삭제하고 그 나머지 정보만을 공개하는 것이 가능하고 나머지 부분의 정보만으로도 공개의 가치가 있는 경우를 의미한다고 해석하여야 한다.

5. 대법원 2009. 12. 10. 선고 2009두12785 판결【정보공개거부처분취소】

이 사건 근무보고서는 관계 법령에 근거하여 정식으로 작성·보관하는 공문서인 이상 원칙적으로 법 제3조에 따른 공개의 대상이라고 보아야 할 뿐만 아니라 근무 중 수용자에게 발생한 사유 혹은 그 대처방안에 따르는 책임 여부나 소재 등이 문제될 경우 수용자의 권리구제 내지 교정 업무의 적법성 확보 차원에서 관련 사실관계에 관한 확인 내지 보고적 성격의 위 근무보고서 기재내용의 이해관계인에 대한 공개 및 검토의 필요성은 일반적으로 인정된다는 점, 제1심이 비공개 열람을 통해 확인한 이 사건 근무보고서(기록 202면 이하)의 실제 내용을 보더라도 원고의 1. 19.자 소란의 경위 및 상황을 담당 교도관 입장에서 객관적으로 서술한 것에 불과하여 그 공개가 교정 업무의 수행에 어떠한 현실적인 장애를 초래하는 것이라고 보기도 어려운 점, 이 사건 근무보고의 대상인 원고가 당시 교도관들의 대처방안에 문제가 있다는 이유로 소송까지 제기한 이상 법률상 직접 이해당사자인 원고에게 이를 공개한다 하여 일반적 교정 업무

수행에 지장을 초래할 우려가 있다고 보기 어렵고, 오히려 원고의 권리구제를 위해서는 그 공개가 객관적으로 필요한 것으로 보이며, 피고로서도 교정 업무의 투명성 측면에서 이를 제시 · 공개할 공익적 필요가 있다는 점 등의 사정과 앞서 본 관련 법리를 종합하면, 위 근무보고서의 기재내용을 통해 교도관들의 근무방법 등이 파악될 소지가 있다거나 교도관들의 근무 여건이 열악하고 수용자들로부터의 위협에 항시 노출되어 있다는 일반적 혹은 부수적 사정만으로 이 사건에서 이를 공개함으로써 교정 업무의 공정하고 효율적인 수행에 직접적 · 구체적이고 현저한 장애를 초래할 고도의 개연성이 있다고 보기는 어렵다 할 것이다.

6. 대법원 2003. 12. 12. 선고 2003두8050 판결【사본공개거부처분취소】

법 제2조 제2항, 제3조, 제5조, 제8조 제1항, 법시행령 제14조, 법시행규칙 제2조 [별지 제1호 서식] 등의 각 규정을 종합하면, 정보공개를 청구하는 자가 공공기관에 대해 정보의 사본 또는 출력물의 교부의 방법으로 공개방법을 선택하여 정보공개청구를 한 경우에 공개청구를 받은 공공기관으로서는 법 제8조 제2항에서 규정한 정보의 사본 또는 복제물의 교부를 제한할 수 있는 사유에 해당하지 않는 한 정보공개청구자가 선택한 공개방법에 따라 정보를 공개하여야 하므로 그 공개방법을 선택할 재량권이 없다고 해석함이 상당하다(대법원 2003. 3. 11. 선고 2002두2918 판결 참조).

7. 대법원 2010. 12. 23. 선고 2008두13101 판결【정보공개거부처분취소】

방송사의 취재활동을 통하여 확보한 결과물이나 그 과정에 관한 정보 또는 방송프로그램의 기획 · 편성 · 제작 등에 관한 정보는 경쟁관계에 있는 다른 방송사와의 관계나 시청자와의 관계, 방송프로그램의 객관성 · 형평성 · 중립성이 보호되어야 한다는 당위성 측면에서 볼 때 '타인에게 알려지지 아니함이 유리한 사업활동에 관한 일체의 정보'에 해당한다고 볼 수 있는바, 개인 또는 집단의 가치관이나 이해관계에 따라 방송프로그램에 대한 평가가 크게 다를 수밖에 없는 상황에서, 공공기관의 정보공개에 관한 법률에 의한 정보공개청구의 방법으로 방송사가 가지고 있는 방송프로그램의 기획·편성·제작 등에 관한 정보 등을 제한 없이 모두 공개하도록 강제하는 것은 방송사로 하여금 정보공개의 결과로서 야기될 수 있는 각종 비난이나 공격에 노출되게 하여 결과적으로 방송프로그램 기획 등 방송활동을 위축시킴으로써 방송사의 경영·영업상의 이익을 해하고 나아가 방송의 자유와 독립을 훼손할 우려가 있다. 따라서 방송프로그램의 기획·편성·제작 등에 관한 정보로서 방송사가 공개하지 아니한 것은, 사업활동에 의하여 발생하는 위해로부터 사람의 생명·신체 또는 건강을 보호하기 위하여 공개할 필요가 있는 정보나 위법·부당한 사업활동으로부터 국민의 재산 또는 생활을 보호하기 위하여 공개할 필요가 있는 정보를 제외하고는, 공공기관의 정보공개에 관한 법률 제9조 제1항 제7호에 정한 '법인 등의 경영·영업상 비밀에 관한 사항'에 해당할 뿐만 아니라 그 공개를 거부할 만한 정당한 이익도 있다고 보아야 한다.

8. 대법원 2008. 9. 25. 선고 2008두8680 판결 【정보공개거부처분취소】

정보공개법 제11조 제3항이 "공공기관은 공개청구 된 공개대상정보의 전부 또는 일부가 제3자와 관련이 있다고 인정되는 때에는 그 사실을 제3자에게 지체없이 통지하여야 하며, 필요한 경우에는 그의 의견을 청취할 수 있다", 제21조 제1항이 "제11조 제3항의 규정에 의하여 공개청구된 사실을 통지받은 제3자는 통지받은 날부터 3일 이내에 당해 공공기관에 대하여 자신과 관련된 정보를 공개하지 아니할 것을 요청할 수 있다"고 규정하고 있다고 하더라도, 이는 공공기관이 보유·관리하고 있는 정보가 제3자와 관련이 있는 경우 그 정보공개 여부를 결정함에 있어 공공기관이 제3자와의 관계에서 거쳐야 할 절차를 규정한 것에 불과할 뿐, 제3자의 비공개요청이 있다는 사유만으로 정보공개법상 정보의 비공개사유에 해당한다고 볼 수 없다.

9. 대법원 2003. 12. 11. 선고 2001두8827 판결【정보공개청구거부처분취소】

공공기관의정보공개에관한법률 제1조, 제3조, 제6조는 국민의 알권리를 보장하고 국정에 대한 국민의 참여와 국정운영의 투명성을 확보하기 위하여 공공기관이 보유·관리하는 정보를 모든 국민에게 원칙적으로 공개하도록 하고 있으므로, 국민으로부터 보유·관리하는 정보에 대한 공개를 요구받은 공공기관으로서는 같은 법 제7조 제1항 각 호에서 정하고 있는 비공개사유에 해당하지 않는 한 이를 공개하여야 할 것이고, 만일 이를 거부하는 경우라 할지라도 대상이 된 정보의 내용을 구체적으로 확인·검토하여 어느 부분이 어떠한 법익 또는 기본권과 충돌되어 같은 법 제7조 제1항 몇 호에서 정하고 있는 비공개사유에 해당하는지를 주장·입증하여야만 할 것이며, 그에 이르지 아니한 채 개괄적인 사유만을 들어 공개를 거부하는 것은 허용되지 아니한다.

10. 대법원 2018. 4. 12. 선고 2014두5477 판결【정보공개거부처분취소청구】

이 사건 약관 및 요금 관련 정보의 기본적인 내용은 참가인들이 피고에게 제출한 이용약관에 관한 정보로서 이를 영업상의 비밀이라고 보기 어렵다. 변경된 이용약관의 요금제, 부가서비스의 내용 및 취지 등을 설명하는 부분은 일반적인 설명만 기재하고 있으므로, 공개되더라도 참가인들의 정당한 이익을 현저히 해할 우려가 없다. 이동통신시장의 특성에 비추어 볼 때, 정보 작성 시점으로부터 이미 상당 기간이 경과한 이 사건 약관 및 요금 관련 정보가 공개되더라도 참가인들의 정당한 이익을 현저히 해할 우려가 있다고 볼 수 없다.

Ⅳ 질문 및 토의과제

1. 공개될 경우 업무에 지장을 줄 수 있는 공공기관의 정보에는 어떤 것이 있는가?

2. 공공기관장의 업무추진비는 공개대상이 되는 정보인가?

Ⅴ 참고문헌

지희정, 정보공개법상 비공개사유 및 권리남용금지원칙 적용의 필요성, 경희법학 49(4), 2014

최인호, 미국 정보공개법상 공개거부사유로서의 사생활보호, 공법연구 제36집 제4호, 2008. 6

신봉기, 한국의 행정절차와 행정정보에 대한 자유로운 접근, 공법연구, 제35집 제4호, 2007. 6

김창조, 정보공개법상 비공개사유와 공무원의 비밀엄수의무, 공법연구 제35집 제2호, 2006. 12

Ⅵ 관련법령

공공기관의 정보공개에 관한 법률

제9조 (비공개대상정보) ① 공공기관이 보유·관리하는 정보는 공개 대상이 된다. 다만, 다음 각 호의 어느 하나에 해당하는 정보는 공개하지 아니할 수 있다.

1. 다른 법률 또는 법률에서 위임한 명령(국회규칙·대법원규칙·헌법재판소규칙·중앙선거관리위원회규칙·대통령령 및 조례로 한정한다)에 따라 비밀이나 비공개 사항으로 규정된 정보
2. 국가안전보장·국방·통일·외교관계 등에 관한 사항으로서 공개될 경우 국가의 중대한 이익을 현저히 해칠 우려가 있다고 인정되는 정보
3. 공개될 경우 국민의 생명·신체 및 재산의 보호에 현저한 지장을 초래할 우려가 있다고 인정되는 정보
4. 진행 중인 재판에 관련된 정보와 범죄의 예방, 수사, 공소의 제기 및 유지, 형의 집행, 교정(矯正), 보안처분에 관한 사항으로서 공개될 경우 그 직무수행을 현저히 곤란하게 하거나 형사피고인의 공정한 재판을 받을 권리를 침해한다고 인정할 만한 상당한 이유가 있는 정보
5. 감사·감독·검사·시험·규제·입찰계약·기술개발·인사관리에 관한 사항이나 의사결정 과정 또는 내부검토 과정에 있는 사항 등으로서 공개

될 경우 업무의 공정한 수행이나 연구 · 개발에 현저한 지장을 초래한다고 인정할 만한 상당한 이유가 있는 정보. 다만, 의사결정 과정 또는 내부검토 과정을 이유로 비공개할 경우에는 의사결정 과정 및 내부검토 과정이 종료되면 제10조에 따른 청구인에게 이를 통지하여야 한다.

6. 해당 정보에 포함되어 있는 성명 · 주민등록번호 등 개인에 관한 사항으로서 공개될 경우 사생활의 비밀 또는 자유를 침해할 우려가 있다고 인정되는 정보. 다만, 다음 각 목에 열거한 개인에 관한 정보는 제외한다.
   가. 법령에서 정하는 바에 따라 열람할 수 있는 정보
   나. 공공기관이 공표를 목적으로 작성하거나 취득한 정보로서 사생활의 비밀 또는 자유를 부당하게 침해하지 아니하는 정보
   다. 공공기관이 작성하거나 취득한 정보로서 공개하는 것이 공익이나 개인의 권리 구제를 위하여 필요하다고 인정되는 정보
   라. 직무를 수행한 공무원의 성명 · 직위
   마. 공개하는 것이 공익을 위하여 필요한 경우로서 법령에 따라 국가 또는 지방자치단체가 업무의 일부를 위탁 또는 위촉한 개인의 성명 · 직업
7. 법인 · 단체 또는 개인(이하 "법인등"이라 한다)의 경영상 · 영업상 비밀에 관한 사항으로서 공개될 경우 법인등의 정당한 이익을 현저히 해칠 우려가 있다고 인정되는 정보. 다만, 다음 각 목에 열거한 정보는 제외한다.
   가. 사업활동에 의하여 발생하는 위해(危害)로부터 사람의 생명 · 신체 또는 건강을 보호하기 위하여 공개할 필요가 있는 정보
   나. 위법 · 부당한 사업활동으로부터 국민의 재산 또는 생활을 보호하기 위하여 공개할 필요가 있는 정보
8. 공개될 경우 부동산 투기, 매점매석 등으로 특정인에게 이익 또는 불이익을 줄 우려가 있다고 인정되는 정보

② 공공기관은 제1항 각 호의 어느 하나에 해당하는 정보가 기간의 경과 등으로 인하여 비공개의 필요성이 없어진 경우에는 그 정보를 공개 대상으로 하여야 한다.

③ 공공기관은 제1항 각 호의 범위에서 해당 공공기관의 업무 성격을 고려하여 비공개 대상 정보의 범위에 관한 세부 기준을 수립하고 이를 정보통신망을 활용한 정보공개시스템 등을 통하여 공개하여야 한다.

3-2-3. 개인정보보호 제도의 헌법적 근거

I 개요

개인에 관한 정보는 그 개인의 정체성에 관계될 뿐만이 아니라 개인의 자유로운 인격권의 발현과 결부되는 중요한 사항이다. 전자통신기술의 발달로 인하여 공공기관은 과거에 보지 못한 막대한 양의 정보를 수집하고 처리하는 기술을 보유하게 되었다. 공공기관이 가지는 정보에 대한 공개청구와 함께 공공기관이 처리하는 개인정보에 대한 비밀유지 및 적정성의 확보 또한 현대행정의 중요한 과제이다.

1980년 경제협력개발기구(OECD)의 개인정보의 국제유통과 프라이버시 보호에 관한 가이드라인은 개인정보보호를 위하여 수집제한의 원칙, 정보의 정확성의 원칙, 수집목적 특정의 원칙, 사용제한의 원칙, 개인참가의 원칙 및 책임소재의 원칙을 제시한 바 있다.

1994년 제정된 공공기관의 개인정보보호에 관한 법률을 통하여 공공기관의 개인정보 처리에 대한 통제의 장치가 마련되었다. 대상판결은 헌법 규정에 의하여 개인정보보호가 필요함을 잘 보여주고 있다.

II 리딩케이스

1. 사건번호: 대법원 1998. 7. 24. 선고 96다42789 판결【손해배상(기)】

2. 사실관계

피고인 대한민국 산하 군 정보기관에 근무하던 A는 1,300여 명의 민간인들을 대상으로 수집·작성된 사찰자료를 가지고 부대를 이탈하여 이를 근거로 군 정보기관이 민간인들에 대하여 사찰행위를 하고 있었던 사실을 폭로하였다. 이 자료에는 동향파악 대상자의 성명, 생년월일, 카드번호, 본적, 직책, 비고란 등이 기재된 색인카드와 인적사항, 가족사항, 학력 및 경력, 자격면허, 해외여행, 정당 및 사회활동, 교우 및 배후인물, 개인특성, 주요 동향 등이 기재되어 있는 원심판시 개인카드가 입력되어 있는 컴퓨터디스켓 및 개인카드, 동향보고, 언론기사, 사진, 용모, 가옥 형태, 주변 상황, 동거인 현황, 직장 위치, 출퇴근 수단, 보유 차량 등이 기재되어 있는 개인신상 자료철이 포함되어 있었다.

개인신상 자료철과 전산개인카드에는 공개적인 자료로부터는 파악하기 어려운 원고들의 대인 접촉 관계, 집회 또는 시위 참가 활동, 일부 원고들의 사적인 생활에 관한 정보가 상세히 수집, 기재되어 있었다. 법원은 이들 자료의 제출을 명하였으나 관계기관은 이미 폐기되었다고 하여 제출하지 않았다. 이에 법원은 피고 산하 군 정보기관이 개인신상 자료철, 전산개인카드 및 색인카드 등 3가지 정보자료를 보관·관리해 온 것으로 추정된다고 판단하였다. 이러한 이유로 원고의 피고에 대한 불법행위 책임 추궁에 대하여 대법원이 인용한 사안이다.

3. 판결요지

헌법 제10조는 "모든 국민은 인간으로서의 존엄과 가치를 가지며, 행복을 추구할 권리를 가진다. 국가는 개인이 가지는 불가침의 기본적 인권을 확인하고 이를 보장할 의무를 진다"고 규정하고, 헌법 제17조는 "모든 국민은 사생활의 비밀과 자유를 침해받지 아니한다"라고 규정하고 있는바, 이들 헌법 규정은 개인의 사생활 활동이 타인으로부터 침해되거나 사생활이 함부로 공개되지 아니할 소극적인 권리는 물론, 오늘날 고도로 정보화된 현대사회에서 자신에 대한 정보를 자율적으로 통제할 수 있는 적극적인 권리까지도 보장하려는 데에 그 취지가 있는 것으로 해석된다.

4. 판례해설

개인정보보호는 헌법상의 정보에 관한 자기결정권에 근거를 두고 있다. 정보에 관한 자기결정이라 함은 자신에 관한 정보의 존재, 정확성 및 유지에 관하여 알고 있을 뿐만이 아니라 만일 그런 정보의 존재나 형태를 원하지 않거나 하는 등 본인의 요구에 의하여 정보를 통제할 수 있는 것을 말한다. 개인정보보호의 헌법적인 근거에 관하여 다수설은 헌법 제17조의 사생활의 자유와 비밀에서 찾고 있다. 일설에 의하면 개인정보보호의 헌법적인 근거는 제17조가 아니라 제10조의 행복추구권이라고 한다.

대법원은 본 판결에서 정보상 자기결정권의 헌법적인 근거는 제10조 및 제17조라고 하였다. 굳이 말한다면 헌법 제17조가 사생활의 자유와 비밀을 침해당하지 않을 방어권적인 측면을 가지는 반면에 헌법 제10조는 정보상 자기결정권의 적극적인 행사의 근거가 된다고 하겠다. 이하의 관련판례에서 보듯이 헌법재판소 또한 대법원과 유사한 입장을 가지는 것으로 이해할 수 있다.

개인정보보호법은 개인정보보호에 관한 일반법으로 기능한다. 이 법은 컴퓨터에 의하여 처리되는 정보를 보호의 대상으로 하고 있다. 개인정보보호에 관한 특별한 법으로는 신용정보의 이용 및 보호에 관한 법률, 금융실명제 및 비밀보장에 관한 법률, 증권거래법, 전기통신사업법, 통신비밀보호법, 전자서명법, 전자거래기본법, 정보통신망이용촉진 및 정보보호 등에 관한 법률 등이 있다.

개인정보보호법에 의한 개인정보보호의 방법으로는 사전통지, 개인정보화일의 공고, 개인정보화일 대장의 작성 및 열람 등이 있다. 또한 법에서는 개인정보의 보유목적 이외의 이용 또는 제공을 제한하고 있다. 정보주체인 개인은 공공기관이 보유하고 있는 개인정보에 대한 열람을 청구할 수 있으며, 그 내용에 오류가 있다고 판단하는 때에는 서면으로 관련 정보의 정정을 청구할 수 있다. 그리고 위의 청구에 대한 행정청의 결정에 대해서는 행정심판을 제기할 수 있다.

또한 이 사안은 손해배상 사건으로서 정보누설로 인한 손해배상책임을 묻고 있다. 이와는 별개로 현행 「개인정보 보호법」에서는 개인정보처리업무의 방해, 개인정보의 누설, 권한 없는 처리, 타인의 이용에 제공, 사위 기타 부정한 방법으로 처리정보를 열람 또는 제공받은 자를 처벌하는 조항을 두고 있다.

Ⅲ 관련판례

1. 헌재 1995. 12. 28. 91헌마114 결정

공판정에서 진술을 하는 피고인·증인 등도 인간으로서의 존엄과 가치를 가지며(헌법 제10조), 사생활의 비밀과 자유를 침해받지 아니할 권리를 가지고 있으므로(헌법 제17조), 본인이 비밀로 하고자 하는 사적인 사항이 일반에 공개되지 아니하고 자신의 인격적 징표가 타인에 의하여 일방적으로 이용당하지 아니할 권리가 있다. 따라서 모든 진술인은 원칙적으로 자기의 말을 누가 녹음할 것인지와 녹음된 자기의 음성이 재생될 것인지 여부 및 누가 재생할 것인지 여부에 관하여 스스로 결정할 권리가 있다. 왜냐하면 사람의 말과 음성이 녹음되어 진술인의 동의없이 임의로 처리된다면 사람들은 자연스럽게 의사를 표현할 수 없게 될 것이며 언제나 자신의 무의식적인 발언이나 잠정적인 의견, 순간적인 감정상태에서의 언급 등이 언제나 재생가능한 상태로 보관되고 다른 기회에 자기 자신의 의사와는 무관하게 재생될 수도 있다는 점에서 진술인의 인격이 현저히 침해될 수 있는 위험이 따르기 때문이다.

2. 대법원 2016. 6. 28. 선고 2014두2638 판결【시정조치등취소】

구 정보통신망 이용촉진 및 정보보호 등에 관한 법률에 따른 정보통신서비스 제공자인 갑 주식회사가 오픈마켓 등 웹사이트의 배너 및 이벤트 광고 팝업창을 통하여 개인정보 수집 항목 및 목적, 보유기간에 대한 안내 없이 '확인'을 선택하면 동의한 것으로 간주하는 방법으로 명시적인 동의를 받지 않고 이용자 개인정보를 수집하여 보험사 등에 제공하였다는 이유로 방송통신위원회가 갑 회사에 시정조치 등을 한 사안에서, 갑 회사가 이벤트 화면을 통하여 이용자의 개인정보 수집 등을 하면서 위 법률에 따른 개인정보의 수집 · 제3자 제공에 필요한 이용자의 적법한 동의를 받지 않았다고 본 원심판단이 정당하다.

3. 헌재 2022. 7. 21. 2016헌마388 결정【통신자료 취득행위 위헌확인 등】

이 사건 법률조항(전기통신사업법)에 의한 통신자료의 취득은 수사기관이 우월적 지위에서 행하는 것으로 강제처분에 해당하므로, 이 사건 법률조항은 사실상 영장 없는 압수 · 수색을 허용하는 것이다. 또한 통신자료 취득행위는 사실상 전 국민을 대상으로 광범위하고 포괄적으로 이루어질 수 있고, 이 사건 법률조항은 수사기관 등이 통신자료 제공요청을 할 수 있는 사유를 매우 포괄적이고 모호하게 규정하고 있을 뿐만 아니라 사후적으로 전기통신사업자가 이용자들에게 수사기관 등의 요청에 따라 통신자료를 제공하였음을 통지하는 등의 절차를 전혀 마련하고 있지 아니한 바, 이 사건 법률조항은 과잉금지원칙, 명확성원칙, 영장주의 및 적법절차원칙에 위배되는 것으로 청구인들의 개인정보자기결정권을 침해한다.

Ⅳ 질문 및 토의과제

1. 개인정보보호의 헌법적 근거에 관하여 설명하라.
2. 개인의 자기정보에 관한 접근권은 어떤 방법으로 실현할 수 있는가?
3. 자신에 관한 정보의 통제방법에 관한 법령을 정보의 종류별로 설명하여 보라.

Ⅴ 참고문헌

안정민, 글로벌 디지털 통상과 개인정보보호, 공법연구 52(3), 2024. 2
정태호, 개인정보자결권의 헌법적 근거 및 구조에 대한 고찰, 헌법논총 제14집 2003. 12
정준현, 전자네트워크사회의 개인정보보호, 인터넷법연구 제2호, 2003. 4

Ⅵ 관련법령

헌법

제17조 모든 국민은 사생활의 비밀과 자유를 침해받지 아니한다.

제 4 편 행정상의 의무이행확보수단

제 1 장
행정강제

행정상의 의무를 이행하지 않은 상대방에 대하여 행정이 취할 수 있는 강제방법은 다양하다. 그 중에서 행정강제는 가장 직접적인 수단으로 행정상의 강제집행과 즉시강제가 포함된다. 강제집행에는 비금전적인 의무를 강제하는 수단인 대집행, 이행강제금 그리고 직접강제가 포함된다. 금전적인 의무를 강제하는 수단으로는 강제징수가 있다. 행정상의 즉시강제는 의무의 발령과 그 집행이 동시에 이루어지는 점이 특징이다.

행정은 공익목적에 의한 대량성과 획일성을 전제로 하는 것이지만 행정의 상대방이 의무를 이행하지 않았다고 하여 행정이 이를 강제할 수 있다는 것이 논리적으로 도출되지는 않는다. 법률유보의 원칙에 의하여 행정이 일정한 처분을 하는 경우에 그 법적인 근거가 필요하듯이 행정상의 의무를 이행하도록 강제하는 경우에도 이에 관한 법적인 근거가 필요하다. 그런데 행정상 강제에 관한 일반법은 없으며, 행정대집행법과 국세징수법 등의 관련된 강제집행에 대하여 일반적인 성격을 띠는 법률과 함께 강제집행에 관한 개별법적인 여러 규정이 행정강제의 근거가 된다.

4-1-1. 대집행의 요건

I 개요

대집행은 건축물의 철거나 물건의 운반 등 대체적인 작위의무의 불이행이 있는 경우에 이를 행정이 실력으로 강제하는 행정작용을 말한다. 대집행에는 법적인 근거가 필요하며 일반법으로 행정대집행법, 개별법으로 도로교통법 등이 있다. 도로교통법을 위반한 차량을 다른 곳으로 견인하는 경우가 행정대집행의 전형적인 경우라고 할 수 있다. 행정대집행의 요건의 하나인 작위의무의 존재에 관하여 대상 판례에서 분명하게 설시하고 있다.

II 리딩케이스

1. 사건번호: 대법원 1998. 10. 2. 선고 96누5445 판결【하천유수인용허가기간 연기신청 불허처분 취소 등】

2. 사실관계

원고 갑은 하천 유수를 계속하여 사용하도록 허가해 줄 것을 신청하였으나 피고 행정청은 직전의 하천유수인용허가 처분에서 부과한 주민 80% 이상의 동의를 받도록 한 부관을 충족하지 못했고 또한 공익상 필요를 이유로 이를 거부하였다. 나아가 행정청은 유수인용이 불허가되었음을 이유로 하여 하천유수인용행위를 중단할 것과, 중단하지 않는 경우에는 대집행 하겠다는 뜻을 계고하였다. 이에 대하여 원고는 계고처분이 위법하다고 하여 다투었다.

3. 판결요지

하천유수인용허가신청이 불허되었음을 이유로 하천유수인용행위를 중단할 것과 이를 불이행할 경우 행정대집행법에 의하여 대집행하겠다는 내용의 이 사건 계고처분은 대집행의 대상이 될 수 없는 부작위의무에 대한 것으로서 그 자체로 위법함이 명백한바, 이러한 경우 원심으로서는 마땅히 석명권을 행사하여 원고로 하여금 이 사건 계고처분의 위법사유를 밝히게 하고, 나아가 위와 같은 법리에 따라 그 취소 여부를 가려 보았어야 할 것임에도, 이에 이르지 아니한 채 구체적인 이유설시 없이 이 사건 계고처분이 적법하다고 판단하고 말았으니, 거기에는 대집행계고처분의 요건에 관한 법리오해와 석명권 불행사의 위법이 있다고 아니할 수 없다.

4. 판례해설

대체적 작위의무의 불이행에 대해서는 행정대집행법에 의하여 행정청이 스스로 행하거나 제3자로 하여금 이를 행하게 함으로써 의무의 이행을 강제로 실현시키고 그 비용을 의무자로부터 징수할 수 있다. 대집행의 절차는 계고, 대집행 영장의 통지, 실행, 비용징수의 네 단계로 이루어진다.

행정대집행법에 의한 대집행을 하기 위해서는 대체적 작위의무의 불이행, 다른 수단으로는 그 이행의 확보가 곤란할 것, 그 불이행을 방치함이 심히 공익을 해치는 것으로 인정할 것 등의 요건이 충족되어야 한다. 본 대상판결과 같이 부작위의무는 대집행의 대상이 되지 않는다. 이 세 가지의 요건이 충족되는 경우에도 대집행 여부는 행정청의 재량에 의하여 결정되며, 반드시 대집행하여야 하는 것은 아닌 점에 주의하여야 한다. 대집행 계고를 할 때에는 대집행의 요건이 충족하고 있어야 함이 원칙이다. 다만 급속한 실시를 요하는 긴급한 필요가 있는 등의 예외적인 경우에는 행정처분과 계고를 동시에 할 수 있다.

대집행의 절차는 계고, 대집행 영장의 통지, 대집행 실행 및 비용징수의 순서로 전개된다. 사안의 대집행 계고는 이행기간을 정해 놓고 그 기간까지 의무자가 이행하지 않을 때에는 행정이 대집행을 하겠다는 뜻을 문서로 알리는 행위로서 통설에 의하면 준법률행위적 행정행위로 본다. 계고를 할 때에는 이미 대집행의 요건이 충족되어 있어야 하는데, 예외적인 경우에는 행정처분과 계고를 동시에 할 수 있는 것으로 본다(관련판례 3 참조).

Ⅲ 관련판례

1. 대법원 1998. 10. 23. 선고 97누157 판결【시설물철거대집행계고처분취소】

도시공원시설인 매점의 관리청이 그 공동점유자 중의 1인에 대하여 소정의 기간 내에 위 매점으로부터 퇴거하고 이에 부수하여 그 판매 시설물 및 상품을 반출하지 아니할 때에는 이를 대집행하겠다는 내용의 계고처분은 그 주된 목적이 매점의 원형을 보존하기 위하여 점유자가 설치한 불법 시설물을 철거하고자 하는 것이 아니라, 매점에 대한 점유자의 점유를 배제하고 그 점유이전을 받는데 있다고 할 것인데, 이러한 의무는 그것을 강제적으로 실현함에 있어 직접적인 실력행사가 필요한 것이지 대체적 작위의무에 해당하는 것은 아니어서 직접강제의 방법에 의하는 것은 별론으로 하고 행정대집행법에 의한 대집행의 대상이 되는 것은 아니다.

2. 대법원 2005. 8. 19. 선고 2004다2809 판결【가처분이의】

위 각 규정에서의 '인도'에는 명도도 포함되는 것으로 보아야 하고, 이러한 명도의무는 그것을 강제적으로 실현하면서 직접적인 실력행사가 필요한 것이지 대체적 작위의무라고 볼 수 없으므로 특별한 사정이 없는 한 행정대집행법에 의한 대집행의 대상이 될 수 있는 것이 아니다(대법원 1998. 10. 23. 선고 97누157 판결 참조). 그리고 구 토지수용법 제63조의 규정에 따라 피수용자 등이 기업자에 대하여 부담하는 수용대상토지의 인도 또는 그 지장물의 명도의무 등이 비록 공법상의 법률관계라고 하더라도, 그 권리를 피보전권리로 하는 명도단행가처분은 그 권리에 끼칠 현저한 손해를 피하거나 급박한 위험을 방지하기 위하여 또는 그 밖의 필요한 이유가 있을 경우에는 허용될 수 있다고 보아야 한다.

3. 대법원 1992. 6. 12. 선고 91누13564 판결【건물철거대집행계고처분취소】

계고서라는 명칭의 1장의 문서로서 일정기간 내에 위법건축물의 자진철거를 명함과 동시에 그 소정기한 내에 자진철거를 하지 아니할 때에는 대집행할 뜻을 미리 계고한 경우라도 위 건축법에 의한 철거명령과 행정대집행법에 의한 계고처분은 독립하여 있는 것으로서 각 그 요건이 충족되었다고 볼 것(당원 1978. 12. 26. 선고 78누114 판결 참조)이고, 이 경우 철거명령에서 주어진 일정기간이 자진철거에 필요한 상당한 기간이라면 그 기간 속에는 계고시에 필요한 '상당한 이행기간'도 포함되어 있다고 보아야 할 것이다.

4. 대법원 1995. 7. 28. 선고 95누2623 판결【계고처분등취소】

계고처분에 기한 대집행의 실행이 이미 사실행위로서 완료되었다면, 계고처분이나 대집행의 실행행위 자체의 무효확인 또는 취소를 구할 법률상 이익은 없다.

5. 대법원 1966. 10. 31. 선고 66누25 판결【건물철거계고처분취소】

대집행의 계고는 다른 수단으로써 이행을 확보하기 곤란하고, 또한 그 불이행을 방치함이 심히 공익을 해하는 것으로 인정되는 경우에 행정청이 그의 우월적인 입장에서 의무자에게 대하여 상당한 이행기한을 정하고 그 기한 내에 이행을 하지 않을 경우에는 대집행을 한다는 의사를 통지하는 준법률적 행정행위라 할 것이며, 대집행의 일련의 절차의 불가결의 일부분으로 정하여진 대집행영장교부 및 대집행실행을 적법하게 하는 필요한 전제절차로서 그것이 실제적으로 명령에 의한 기존의 의무이상으로 새로운 의무를 부담시키는 것은 아니지만, 계고가 있으므로 인하여 대집행이 실행되어 상대방의 권리의무에 변동을 가져오는 것이라 할 것이므로, 상대방은 계고 절차의 단계에서 이의 취소를 소구할 법률상 이익이 있다 할 것이고 계고는 행정소송법 소정처분에 포함된다고 보아 계고처분 자체에 위법이 있는 경우에 한하여 항고소송의 대상이 될 수 있다.

6. 대법원 1994. 10. 28. 선고 94누5144 판결【건축물자진철거계고처분취소】

건물의 소유자에게 위법건축물을 일정기간까지 철거할 것을 명함과 아울러 불이행할 때에는 대집행한다는 내용의 철거대집행 계고처분을 고지한 후 이에 불응하자 다시 제2차, 제3차 계고서를 발송하여 일정기간까지의 자진철거를 촉구하고 불이행하면 대집행을 한다는 뜻을 고지하였다면 행정대집행법상의 건물철거의무는 제1차 철거명령 및 계고처분으로서 발생하였고 제2차, 제3차의 계고처분은 새로운 철거의무를 부과한 것이 아니고 다만 대집행기한의 연기통지에 불과하므로 행정처분이 아니다.

7. 대법원 1998. 9. 8. 선고 97누20502 판결【계고처분취소】

건물철거명령이 당연무효가 아닌 이상 행정심판이나 소송을 제기하여 그 위법함을 소구하는 절차를 거치지 아니하였다면 위 선행행위인 건물철거명령은 적법한 것으로 확정되었다고 할 것이므로 후행행위인 대집행계고처분에서는 그 건물이 무허가건물이 아닌 적법한 건축물이라는 주장이나 그러한 사실인정을 하지 못한다.

8. 대법원 2010. 11. 11. 선고 2009도11523 판결【특수공무집행방해】

도심광장으로서 「서울특별시 서울광장의 사용 및 관리에 관한 조례」에 의하여 관리되고 있는 '서울광장'에서, 서울시청 및 중구청 공무원들이 행정대집행법이 정한 계고 및 대집행영장에 의한 통지절차를 거치지 아니한 채 위 광장에 무단설치된 천막의 철거대집행에 착수하였고, 이에 피고인들을 비롯한 '광우병 위험 미국산 쇠고기 전면 수입을 반대하는 국민대책회의' 소속 단체 회원들이 몸싸움을 하거나 천막을 붙잡고 이를 방해한 사안에서, 위 서울광장은 비록 공부상 지목이 도로로 되어 있으나 도로법 제65조 제1항 소정의 행정대집행의 특례규정이 적용되는 도로법상 도로라고 할 수 없으므로 위 철거대집행은 구체적 직무집행에 관한 법률상 요건과 방식을 갖추지 못한 것으로서 적법성이 결여되었고 따라서 피고인들이 위 공무원들에 대항하여 폭행·협박을 가하였더라도 특수공무집행방해죄는 성립되지 않는다.

Ⅳ 질문 및 토의과제

1. 행정대집행의 대상이 되는 행정처분은 무엇인가?
2. 대집행의 의의를 설명하고 대집행의 근거가 되는 개별법의 예를 들어 보라.
3. 대집행에서 이루어지는 각 절차의 법적 성질에 대하여 논의해보라.

Ⅴ 참고문헌

김아름, 행정대집행의 실정법상·이론상 문제 및 법적 개선방안, 공법연구 45(1), 2016. 10

김용섭, 대집행에 관한 고찰, 행정법연구 제4호, 1999. 4

Ⅵ 관련법령

행정대집행법

제3조 (대집행의 절차) ① 전조의 규정에 의한 처분(이하 대집행이라 한다)을 하려 함에 있어서는 상당한 이행기한을 정하여 그 기한까지 이행되지 아니할 때에는 대집행을 한다는 뜻을 미리 문서로써 계고하여야 한다. 이 경우 행정청은 상당한 이행기간을 정함에 있어 의무의 성질·내용 등을 고려하여 사회통념상 해당 의무를 이행하는 데 필요한 기간이 확보되도록 하여야 한다.

② 의무자가 전항의 계고를 받고 지정기한까지 그 의무를 이행하지 아니할 때에는 당해 행정청은 대집행영장으로써 대집행을 할 시기, 대집행을 시키기 위하여 파견하는 집행책임자의 성명과 대집행에 요하는 비용의 개산에 의한 견적액을 의무자에게 통지하여야 한다.

③ 비상시 또는 위험이 질박한 경우에 있어서 당해 행위의 급속한 실시를 요하여 전2항에 규정한 수속을 취할 여유가 없을 때에는 그 수속을 거치지 아니하고 대집행을 할 수 있다.

4-1-2. 이행강제금

I 개요

이행강제금은 행정상의 의무불이행에 대하여 일정한 기간 내에 이를 이행하지 않는 때에는 금전적인 부담을 과할 것이라는 경고를 함으로써 상대방에게 심리적인 압박을 통하여 의무를 이행하도록 만드는 행정적인 강제수단이다.

이행강제금은 의무의 성질에 따른 제약이 없으며, 반복적인 부과가 가능하다는 점에서 행정청에게 편리할 뿐만 아니라 상대방은 불이행 상태를 계속하면서 금전적인 부담을 지는 선택을 할 수 있기도 하다.

이행강제금에 관한 일반법은 없으며, 구 건축법에서 최초로 도입하였고, 현재는 건축법을 비롯하여 대덕연구단지 관리법, 농지법, 부동산 실권리자 명의등기에 관한 법률, 다중이용업소의 안전관리에 관한 특별법, 독점규제 및 공정거래에 관한 법률, 국토의 계획 및 이용에 관한 법률, 옥외광고물 등 관리법의 개별적 법률에 그 근거를 두고 있다.

II 리딩케이스

1. 사건번호: 대법원 2000. 9. 22. 선고 2000두5722 판결【건축법위반으로 인한 과태료처분 무효확인】(이행강제금의 부과 및 불복절차)

2. 사실관계

이 사건의 원고는 건축법 위반으로 인하여 행정청으로부터 이행강제금의 부과를 명받았다. 이에 대하여 원고는 이행부과금의 근거가 된 법령이 헌법재판소에 의하여 위헌으로 선언되었기 때문에 위 이행강제금의 부과처분이 위법하여 무효 혹은 취소의 대상이라는 취지의 행정소송을 제기하였다.

3. 판결요지

건축법 제82조 제3항, 제4항, 제83조 제6항에 의하면, 법 제83조 소정의 이행강제금 부과처분에 불복하는 자는 그 처분의 고지를 받은 날로부터 30일 이내에 당해 부과권자에게 이의를 제기할 수 있고, 이의를 받은 부과권자는 지체없이 관할법원에 그 사실을 통보하여야 하며, 그 통보를 받은 관할법원은 비송사건절차법에 의한 재판을 하도록 규정되어 있다. 위 법규정에 의하면 건축법 제83조의 규정에 의하여 부과된 이행강제금 부과처분의 당부는 최종적으로 비송사건절차법에 의한 절차에 의하여만 판단되어야 한다고 보아야 할 것이므로 위와 같은 이행강제금 부과처분은 행정소송의 대상이 되는 행정처분이라고 볼 수 없다.

4. 판례해설

이행강제금은 일명 집행벌이라고도 불린다. 이는 의무불이행에 대한 제재적인 성격이 있기 때문이다. 그런데 행정벌이 과거의 의무위반에 대한 징벌적인 성격을 가지는 반면에 이행강제금은 미래의 의무불이행에 대하여 사전에 경고하는 성질을 가지는 점에서 행정벌과 구별된다.

현행법에서 이행강제금을 부과하는 절차는 두 가지로 구별된다. 그 하나는 리딩케이스와 마찬가지로 과태료 부과의 예에 의하고 있는 방식이다. 이러한 방식 아래서는 이행강제금 부과처분에 대한 이의신청은 처분의 고지를 받은 날로부터 일정기간 이내에 처분청에 제기한다. 처분청은 이의가 제기된 때에는 지체없이 관할법원에 그 사실을 통보하며, 통보를 받은 관할 법원은 비송사건절차에 따라서 재판을 한다. 만일 의무자가 이의신청을 하지 않았는데 강제금도 납부하지 않는다면 강제징수의 예에 의하여 징수할 수 있다. 다른 방식은 이행강제금의 부과에 대하여 직접 행정소송의 방식으로 다툴 수 있도록 하고 있다. 가령 부동산실권리자 명의등기에 관한 법률과 독점규제 및 공정거래에 관한 법률에서는 따로 비송사건절차에 관한 규정이 없는 결과 행정소송으로 다투게 된다. 따라서 종래 집행벌이라 불리던 이행강제금의 법적인 성격과 다투는 방법도 점차 과태료 부과방식 내지는 제재적인 성격에서 대집행적인 성격으로 전환되고 있다고 할 것이다.

또한 이행강제금의 부과가 반복적이 될 수 있다고 하나 행정청이 임의로 반복하여 부과하는 것이 아니고 법률의 규정에 따라서 1년 안에 수회 혹은 1년마다 1회씩 등의 방법으로 제한되고 있다.

Ⅲ 관련판례

1. 대법원 1993. 11. 23. 선고 93누16833 판결【과태료부과처분취소】

옥외광고물 등 관리법 제20조 제1, 3, 4항 등의 규정에 의하면 옥외광고물 등 관리법에 의하여 부과된 과태료처분의 당부는 최종적으로 비송사건절차법에 의한 절차에 의하여만 판단되어야 한다고 보아야 할 것이므로 위와 같은 과태료처분은 행정소송의 대상이 되는 행정처분이라고 볼 수 없다.

2. 헌재 2004. 2. 26. 2001헌바80 결정

[1] 전통적으로 행정대집행은 대체적 작위의무에 대한 강제집행수단으로, 이행강제금은 부작위의무나 비대체적 작위의무에 대한 강제집행수단으로 이해되어 왔으나, 이는 이행강제금제도의 본질에서 오는 제약은 아니며, 이행강제금은 대체적 작위의무의 위반에 대하여도 부과될 수 있다. 현행 건축법상 위법건축물에 대한 이행강제수단으로 대집행과 이행강제금(제83조 제1항)이 인정되고 있는데, 양 제도는 각각의 장·단점이 있으므로 행정청은 개별사건에 있어서 위반내용, 위반자의 시정의지 등을 감안하여 대집행과 이행강제금을 선택적으로 활용할 수 있으며, 이처럼 그 합리적인 재량에 의해 선택하여 활용하는 이상 중첩적인 제재에 해당한다고 볼 수 없다.

[2] 건축법 제78조에 의한 무허가 건축행위에 대한 형사처벌과 건축법 제83조 제1항에 의한 시정명령 위반에 대한 이행강제금의 부과는 그 처벌 내지 제재대상이 되는 기본적 사실관계로서의 행위를 달리하며, 또한 그 보호법익과 목적에서도 차이가 있으므로 헌법 제13조 제1항이 금지하는 이중처벌에 해당한다고 할 수 없다.

3. 대법원 2012. 3. 29. 선고 2011두27919 판결【이행강제금부과처분취소청구의소】

1991. 5. 31. 법률 제4381호로 전부 개정되어 1992. 6. 1.부터 시행된 건축법(이하 '개정 건축법'이라 하고, 개정되기 전의 것을 '구 건축법'이라 한다)에 따르면, 건축법이나 건축법에 의한 명령이나 처분을 위반한 건축물(이하 '위반 건축물'이라 한다)에 관한 시정명령 위반자에 대해 이행강제금을 부과할 수 있게 되었는데(개정 건축법 제83조), 구 건축법상으로는 과태료 부과 대상이었다. 개정 건축법 부칙 제6조는 '기존의 위반 건축물에 대한 이행강제금처분에 관한 경과조치'라는 제목으로 "이 법 시행 전에 종전의 규정을 위반한 건축물에 관한 처분에 관하여는 제83조의 규정에 불구하고 종전의 규정에 의한다."고 규정하였다. 그런데 2008. 3. 21. 법률 제8974호로 전부 개정된 건축법(이하 '현행 건축법'이라 한다)은 시정명령 위반자에 대한 이행강제금 제도를 존속하면서도 기존의 위반 건축물에 대한 아무런 경과규정을 두지 않았다. 이행강제금 제도는 위반 건축물의 방치를 막고자 행정청이 시정조치를 명하였음에도 건축주 등이 이를 이행하지 아니한 경우에 행정명령의 실효성을 확보하기 위하여 시정명령 이행 시까지 지속해서 부과함으로써 건축물의 안전과 기능, 미관을 높여 공공복리의 증진을 도모하는 데 그 입법 취지가 있고(대법원 2002. 8. 16. 자 2002마1022 결정 참조), 위반 건축물의 소유자 등이 위반행위자가 아니더라도 행정청은 그에 대하여 시정명령을 할 수 있는 점, 건축법의 전부 개정으로 개정 건축법 부칙 제6조가 실효되더라도 시정명령을 위반한 때의 건축법령에 따른 처분을 할 수 있으므로 법률상 공백상태가 발생한다고 볼 수도 없는 점 등의 제반 사정을 종합적으로 고려하면, 기존의 위반 건축물에 관한 경과규정인 개정 건축법 부칙 제6조가

실효되지 않고 계속 적용된다고 보아야 할 특별한 사정이 없어 그 경과규정은 건축법 전부 개정으로 실효되었다고 할 것이다. 따라서 위반 건축물이 개정 건축법 시행 이전에 건축된 것일지라도 행정청이 현행 건축법 시행 이후에 시정명령을 하고, 그 건축물의 소유자 등이 그 시정명령에 응하지 않은 경우에는 행정청은 현행 건축법에 따라 이행강제금을 부과할 수 있다.

Ⅳ 질문 및 토의과제

1. 이행강제금의 행정상 강제집행 수단으로서의 유효성은 어디에 있다고 보는가?
2. 이행강제금이 규정되어 있는 법령의 예를 들고 그 방식을 과태료 부과방식과 과징금 부과방식으로 나누어서 설명하여 보라.
3. 이행강제금에 대하여 다투는 방법에 대하여 설명하라.

Ⅴ 참고문헌

백옥선, 「행정기본법」 제정에 따른 이행강제금제도에 관한 재론, 법조 72(1), 2023. 1

이동신, 과태료 사건의 실체법 및 절차법상 제문제, 재판자료 제67집, 2000. 12

김중권, 공의무, 특히 제거의무 및 이행강제금 납부의무의 승계에 관한 고찰 공법연구 제23집 제2호, 1995. 5

Ⅵ 관련법령

건축법

제80조 (이행강제금) ① 허가권자는 제79조제1항에 따라 시정명령을 받은 후 시정기간 내에 시정명령을 이행하지 아니한 건축주등에 대하여는 그 시정명령의

이행에 필요한 상당한 이행기한을 정하여 그 기한까지 시정명령을 이행하지 아니하면 다음 각 호의 이행강제금을 부과한다. 다만, 연면적(공동주택의 경우에는 세대 면적을 기준으로 한다)이 60제곱미터 이하인 주거용 건축물과 제2호 중 주거용 건축물로서 대통령령으로 정하는 경우에는 다음 각 호의 어느 하나에 해당하는 금액의 2분의 1의 범위에서 해당 지방자치단체의 조례로 정하는 금액을 부과한다.

1. 건축물이 제55조와 제56조에 따른 건폐율이나 용적률을 초과하여 건축된 경우 또는 허가를 받지 아니하거나 신고를 하지 아니하고 건축된 경우에는 「지방세법」에 따라 해당 건축물에 적용되는 1제곱미터의 시가표준액의 100분의 50에 해당하는 금액에 위반면적을 곱한 금액 이하의 범위에서 위반 내용에 따라 대통령령으로 정하는 비율을 곱한 금액
2. 건축물이 제1호 외의 위반 건축물에 해당하는 경우에는 「지방세법」에 따라 그 건축물에 적용되는 시가표준액에 해당하는 금액의 100분의 10의 범위에서 위반내용에 따라 대통령령으로 정하는 금액

② 허가권자는 영리목적을 위한 위반이나 상습적 위반 등 대통령령으로 정하는 경우에 제1항에 따른 금액을 100분의 100의 범위에서 해당 지방자치단체의 조례로 정하는 바에 따라 가중하여야 한다.

③ 허가권자는 제1항 및 제2항에 따른 이행강제금을 부과하기 전에 제1항 및 제2항에 따른 이행강제금을 부과·징수한다는 뜻을 미리 문서로써 계고(戒告)하여야 한다.

④ 허가권자는 제1항 및 제2항에 따른 이행강제금을 부과하는 경우 금액, 부과 사유, 납부기한, 수납기관, 이의제기 방법 및 이의제기 기관 등을 구체적으로 밝힌 문서로 하여야 한다.

⑤ 허가권자는 최초의 시정명령이 있었던 날을 기준으로 하여 1년에 2회 이내의 범위에서 해당 지방자치단체의 조례로 정하는 횟수만큼 그 시정명령이 이행될 때까지 반복하여 제1항 및 제2항에 따른 이행강제금을 부과·징수할 수 있다.

⑥ 허가권자는 제79조제1항에 따라 시정명령을 받은 자가 이를 이행하면 새로운 이행강제금의 부과를 즉시 중지하되, 이미 부과된 이행강제금은 징수하여야 한다.

⑦ 허가권자는 제4항에 따라 이행강제금 부과처분을 받은 자가 이행강제금을 납부기한까지 내지 아니하면 「지방행정제재·부과금의 징수 등에 관한 법률」에 따라 징수한다.

4-1-3. 국세징수법상의 강제징수에 대한 불복

I 개요

행정법상의 금전급부 의무의 불이행에 대하여 행정청이 의무자의 재산에 실력을 가하여 의무를 이행된 것과 동일한 상태를 실현시키는 것을 행정상 강제징수라고 한다. 강제징수에 관한 일반법으로 국세징수법이 있다. 국세징수법상의 강제징수 절차는 독촉, 체납처분으로 이루어지는데 이 가운데 체납처분은 재산압류, 압류재산의 매각 그리고 청산의 순서로 행해진다.

II 리딩케이스

1. 사건번호: 대법원 1987. 9. 22. 선고 87누383 판결【부동산압류처분무효확인】

2. 사실관계

피고 세무서장은 1977년 11월 원고에 대하여 1974년 사업연도분 종합소득세와 1975년, 1976년 각 사업년도분 종합소득세 및 방위세로 합계 금 11,511,527원을 그 납부기한을 같은 달 20일로 하여 각 부과하였다. 이후 원고가 이를 그 납부기한까지 납부하지 아니하자 그 징수를 위하여 1978년 1월 당해 사건 부동산에 대하여 압류처분을 하였다. 원고는 위 소송에서 종합소득세 및 방위세 부과처분에 대하여 주위적으로는 그 부과처분이 위법임을 내세워 취소를 구하고, 예비적으로는 위 부과처분이 강박에 의하여 작성된 신고서나 각서를 과세자료로 하여 부과되어 당연무효라는 이유로 그 무효확인을 구하는 소송을 제기하였다. 1984년 2월 서울고등법원에서는 위의 취소를 구하는 주청구는 행정소송 제기기간이 도과된 뒤에 제기된 부적법한 소송이라 하여 각하하였고, 무효확인을 구하는 예비적 청구는 기각하였다. 1984년 11월 법원 판결(84누245)로 이에 대한 상고가 기각됨으로써 위 고등법원 판결이 확정되었다. 원고는 다시 소를 제기하여 이 건 조세부과처분의 납세고지서에 세액의 산출근거가 구체적으로 기재되지 않았으므로 무효라고 주장하고, 아울러 독촉절차 없이 압류처분을 한 것은 무효라고 주장하였다.

3. 판결요지

원고가 위 종합소득세 및 그 방위세를 납부기한까지 납부하지 아니하자 피고가 그 징수를 위하여 이 사건 압류처분에 이른 것이므로, 비록 독촉절차 없이 압류처분을 하였다 하더라도 이러한 사유만으로는 압류처분을 무효로 되게 하는 중대하고도 명백한 하자로는 되지 않는다.

4. 판례해설

조세나 보조금의 상환 등 행정상 금전급부 의무를 이행하지 않을 때 강제징수에 의하여 의무의 이행을 확보할 수 있다.

국세를 납부기한까지 완납하지 않을 때에는 납부의무자에게 이행을 최고하고, 일정한 기한 내에 이행하지 않으면 체납처분을 할 것을 알리는데 이를 독촉이라고 한다. 독촉은 준법률행위적 행정행위의 하나인 통지행위이다. 즉, 독촉에는 행정상 의무이행을 하지 않을 때에는 체납처분을 하겠다는 행정청의 의사가 포함되어 있다. 준법률행위적 행정행위의 독자성에 대하여 의문을 가지는 입장에서는 이를 명령적 행정행위로 파악하기도 한다.

압류는 독촉상이나 납부최고서에 의한 독촉을 받고도 지정된 기한까지 이행하지 않은 경우에 의무자에게 자신의 재산에 대하여 사실상 그리고 법률상의 처분을 금지시키고 재산적 가치를 확보하는 강제보전행위이다. 당해 사건에서 쟁점이 된 독촉과의 관계에서 압류는 원칙적으로 납세의무자가 독촉을 받고도 지정된 기한까지 국세와 가산금을 완납하지 않은 때 이루어진다. 그런데 이에 대한 예외로 납기전에 납부의 고지를 받고 일정기간 안에 납부하지 않은 때(국세징수법 제24조 제1항 제2호)와 납기전 징수사유가 있는 때 국세의 확정 후에는 당해 국세를 징수할 수 없다고 인정되는 때에는 국세로 추정되는 금액의 한도 내에서 의무자의 재산을 압류할 수 있다(동법 제24조 제2항). 일반적인 경우에는 납부기한이 도과하게 되면 독촉절차가 진행되며, 독촉을 받고도 이를 이행하지 않을 때 체납처분으로서의 압류가 행해진다. 당해 판례의 사안은 독촉의 예외사유에 해당하지 않으므로 압류 전에 먼저 독촉이 행해져야 하는데 그 절차를 거치지 않았으므로 위법한 압류처분에 해당한다.

그런데 여기서 위법성의 효과에 대한 측면에 주의하여 살펴보아야 한다. 처분에 위법사유가 있다고 하여 모든 처분이 무효인 것은 아니며, 단순위법의 경우에는 취소사유에 해당한다. 취소사유에 해당하는 위법성에 대해서는 제소기간 이내에 다투어야 하며, 이를 도과한 경우에는 불가쟁력이 발생하게 되어 다툴 수 없게 된다.

Ⅲ 관련판례

1. 대법원 1982. 7. 13. 선고 81누360 판결【부동산압류처분무효확인】

국세징수법 제24조에 의하여, 세무공무원의 납세자의 재산에 대한 압류는 납세자가 독촉장을 받고도 지정된 기한까지 국세와 가산세를 완납하지 아니한 경우에 할 수 있는 것이 원칙이나, 다만 예외적으로 납세의 고지(또는 독촉)를 받고 납세자가 도피할 우려가 있어 그 기한을 기다려서는 고지한 국세나 체납액을 징수할 수 없다고 인정되는 경우 등에도 납세자의 재산을 압류할 수 있는 것이고, 또 이와 같은 압류요건이 흠결한 경우의 압류처분은 위법한 처분임은 틀림없으나 그 압류처분이 당연무효인 것이라고는 할 수 없다 할 것이다.

2. 대법원 1984. 9. 25. 선고 84누201 판결【공매처분취소처분취소】

과세관청이 체납처분으로서 행하는 공매는 우월한 공권력의 행사로서 행정소송의 대상이 되는 공법상의 행정처분이며 공매에 의하여 재산을 매수한 자는 그 공매처분이 취소된 경우에 그 취소처분의 위법을 주장하여 행정소송을 제기할 법률상 이익이 있다.

3. 대법원 1997. 2. 28. 선고 96누1757 판결【공매처분취소】

성업공사가 압류재산을 공매하는 것은 세무서장의 공매권한 위임에 의한 것으로 보아야 할 것이므로, 성업공사가 한 공매처분에 대한 취소 등의 항고소송을 제기함에 있어서는 수임청으로서 실제로 공매를 행한 성업공사를 피고로 하여야 할 것이고, 위임청인 세무서장은 피고적격이 없다고 보아야 할 것이다(대법원 1989. 10. 13. 선고 89누1933 판결 등 참조).

4. 대법원 2011. 3. 24. 선고 2010두25527 판결【양도소득세부과처분취소】

체납자 등에 대한 공매통지는 국가의 강제력에 의하여 진행되는 공매에서 체납자 등의 권리 내지 재산상의 이익을 보호하기 위하여 법률로 규정한 절차적 요건이라고 보아야 하며, 공매처분을 하면서 체납자 등에게 공매통지를 하지 않았거나 공매통지를 하였더라도 그것이 적법하지 아니한 경우에는 절차상의 흠이 있어 그 공매처분이 위법하게 되는 것이지만, 공매통지 자체가 그 상대방인 체납자 등의 법적 지위나 권리·의무에 직접적인 영향을 주는 행정처분에 해당한다고 할 것은 아니므로 다른 특별한 사정이 없는 한 체납자 등은 공매통지의 결여나 위법을 들어 공매처분의 취소 등을 구할 수 있는 것이지 공매통지 자체를 항고소송의 대상으로 삼아 그 취소 등을 구할 수는 없다.

5. 대법원 2003. 8. 22. 선고 2001두3525 판결【종합토지세부과처분취소】

헌법재판소가 2001. 6. 28. 2000헌바30 결정으로 구 지방세법 제78조 제2항이 헌법에 위반된다고 선언함에 따라 동 규정은 효력을 상실하게 되었고, 앞서 본 규정들 중 구 지방세법 제78조 제2항을 제외한 나머지 규정들에 의하면, 지방세법에 의한 처분에 대하여는 이의신청 및 심사청구를 할 수 있되 다만 심사청구를 하고자 할 때에는 이의신청을 거쳐 그에 대한 결정의 통지를 받은 날부터 소정의 기간 내에 심사청구를 하여야 한다고 되어 있을 뿐이어서, 행정소송법 제18조 제1항 본문에 따라 지방세법상의 이의신청 및 심사청구를 거치지 아니하고도 바로 지방세법에 의한 처분에 대한 취소소송을 제기할 수 있게 되었다고 할 것이다(대법원 2001. 9. 18. 선고 2000두2662 판결, 대법원 2001. 10. 23. 선고 2000두1911 판결 등 참조).

Ⅳ 질문 및 토의과제

1. 독촉을 결한 강제징수 행위를 무효가 아닌 취소사유라고 본 이유는 무엇인가? 그리고, 독촉을 하지 않고 바로 압류할 수 있는 사유에는 어떤 것이 있는가?

2. 체납처분의 각 절차와 그 법적 성질에 대하여 설명하라.

Ⅴ 참고문헌

조인호, 조세행정소송사건의 현황과 쟁점, 사법연수원, 2006
성기문, 국세징수법상의 압류의 효력, 재판자료 제61집, 법원도서관, 1993

Ⅵ 관련법령

구 국세징수법

제24조 (압류의 요건) ① 세무서장은 다음 각 호의 어느 하나에 해당하는 경우에는 납세자의 재산을 압류한다.

1. 납세자가 독촉장(납부최고서를 포함한다)을 받고 지정된 기한까지 국세와 가산금을 완납하지 아니한 경우
2. 제14조 제1항의 규정에 의하여 납세자가 납기 전에 납부의 고지를 받고 지정된 기한까지 완납하지 아니한 경우

② 세무서장은 납세자에게 제14조 제1항 각 호의 어느 하나에 해당하는 사유가 있어 국세가 확정된 후에는 그 국세를 징수할 수 없다고 인정할 때에는 국세로 확정되리라고 추정되는 금액의 한도에서 납세자의 재산을 압류할 수 있다.

제 2 장
행 정 벌

행정법상의 의무위반에 대한 제재로써 국가의 일반통치권에 의하여 과하는 벌을 행정벌이라고 한다. 행정벌은 미리 행정법규의 위반에 대하여 형벌 부과를 예고함으로써 행정의무이행을 촉진하려는 행정상의 강제수단이다.

행정벌의 종류에는 행정형벌과 행정질서벌이 있다. 형법에 정해져 있는 형을 과하는 행정벌을 행정형벌이라고 한다. 행정형벌의 부과절차는 형사소송절차에 의하나 예외적으로는 즉결심판이나 통고처분절차에 의하기도 한다. 형법상의 형벌이 아닌 과태료가 과해지는 경우를 행정질서벌이라고 하는데 과태료의 부과절차는 비송사건절차에 의한다. 행정질서벌은 신고나 등록 등의 경미한 행정적 의무를 등한시 한 경우에 부과된다.

행정벌의 근거로는 의무위반에 대하여 형벌의 부과를 규정하는 개별법규를 들 수 있다. 법규명령에 처벌규정을 위임할 수 있는지의 여부는 죄형법정주의와의 관련해서 많은 논란이 있다. 위임법률에서 범죄구성요건의 구체적인 기준과 처벌의 상하한을 정하여 위임하는 것은 허용될 수 있다. 지방자치단체의 조례에 의해서도 조례위반행위에 대하여 1천만원 이하의 과태료를 정할 수 있다. 또한 사기 기타 부정한 방법으로 사용료, 수수료 또는 분담금의 부과를 면한 자에 대해서는 그 징수를 면한 액의 5배 이내의 과태료에 처하며, 공공시설을 부정사용한 자에 대해서는 50만원 이하의 과태료의 벌칙을 정할 수 있다.

4-2-1. 행정형벌의 특수성

I 개요

형법에 의한 범죄가 성립하기 위해서는 구성요건 해당성, 위법성 및 책임능력 등이 존재하여야 한다. 행정형벌의 경우에 이들 요소가 일반형법에 의한 기준과 같이 판단하여야 하는가 아니면 행정형벌에만 적용되는 특수한 측면이 있는지 고찰한다.

행정벌의 과벌에 있어서 검토의 대상이 되는 요건으로는 고의 및 과실의 필요성, 위법성의 인식, 책임능력, 법인의 책임, 타인의 행위에 대한 책임 그리고 공범 등이다.

II 리딩케이스

1. 사건번호: 대법원 1993. 9. 10. 선고 92도1136 판결【대기환경보전법위반】

2. 사실관계

피고인은 공기업의 종업원인데, 1991년 6월 모일 대전시의 대로상에서 운전 중에 경유사용 자동차의 매연 배출허용기준인 40퍼센트를 초과한 64퍼센트의 매연이 포함된 배출가스를 배출하면서 차를 운행하다가 적발되었다. 이는 대기환경보전법 제57조 제6호(1992년 법개정으로 삭제), 제36조, 제60조 위반으로 피고인들은 이 규정에 의하여 벌금형을 부과 받았다.

그런데 위 자동차는 위 피고인 공기업이 1990년 12월 그 제작자인 자동차회사로부터 직접 매수한 것으로 1991년 6월 현재 총 주행거리가 불과 4,851km밖에 안 된 상태이어서 제작자의 무상보증기간 내에 있었던 것이고, 이 사건 직후 위 자동차에 대하여 운행차 검사대행업체에 그 정비·점검을 의뢰한 결과, 인젝션 펌프의 송출량을 조정하는 수리조치에 의하여 배출가스 중의 매연농도가 64퍼센트에서 10퍼센트로 대폭 감소되었다. 이러한 사정에서 위 피고인은 특별히 위 자동차의 배출가스와 관련이 있는 장치 내지 부품 등을 임의조작하거나 손상시킨 경우 등이 아닌 한, 위 자동차의 운행 중에 매연이 허용기준을 초과하여 배출된다는 것을 인식하지 못하였기 때문에 위 법규의 처벌요건에 해당하지 않는다고 주장하였다.

3. 판결요지

법정의 배출허용기준을 초과하는 배출가스를 배출하면서 자동차를 운행하는 행위를 처벌하고자 하는 위 법 제57조 제6호의 규정은 고의범 즉, 자동차의 운행자가 그 자동차에서 배출되는 배출가스가 소정의 운행 자동차 배출허용기준을 초과한다는 점을 실제로 인식하면서 운행한 경우는 물론이고, 과실범 즉, 운행자의 과실로 인하여 그러한 내용을 인식하지 못한 경우도 함께 처벌하는 규정이라고 해석함이 상당하다 할 것이다.

4. 판례해설

형법 제13조는 “죄의 성립요소인 사실을 인식하지 못한 행위는 벌하지 아니한다”고 하여 범죄가 성립하기 위해서는 죄의 성립요소인 사실을 알고 있을 것을 요건으로 하고 있다. 정상의 주의를 태만함으로 인하여 죄의 성립요소인 사실을 인식하지 못한 행위(과실)는 법률에 특별한 규정이 있는 경우에 한하여 처벌한다. 처벌에 있어서 고의 내지는 과실을 요구하는 것은 일반범만이 아니라 행정범에 있어서도 동일하다. 다만 행정범의 특수성상 고의는 엄격하게 요구하지 않고 과실이 있는 경우에 처벌할 수 있다고 하는 견해도 있으나 일반적으로는 고의가 반드시 필요하고, 과실범에 대해서는 처벌법규에서 과실범을 처벌하도록 하고 있는 경우로 제한된다고 본다. 본 대상판결에서는 이 점을 분명하게 밝히고 있다. 즉, 관계조항은 고의범만이 아니라 과실범도 아울러 처벌하려는 취지라고 해석하였다. 도로교통법 등 행정법규는 과실범을 처벌하는 규정을 많이 두고 있다. 「질서위반행위 규제법」은 처벌의 요건으로 고의 또는 과실이 있어야 하는 것으로 규정하였다.

또한 이 법은 위의 자연인인 피고인만이 아니라 공사인 공기업까지 처벌하고 있다. 형법총칙은 법인의 범죄능력에 대해서 침묵하고 있으나 행정법규에는 종업원만이 아니라 법인까지 처벌하는 소위 양벌규정을 두고 있는 경우가 많다. 대상 판결과 같이 법인의 처벌에 관한 규정을 두고 있는 경우에는 당연히 처벌의 대상이 된다. 법인의 처벌에 관한 명문의 규정이 없는 경우에 사원만이 아니라 법인도 처벌을 할 수 있는가에 관해서 견해가 나뉜다. 일설에 의하면 종업원의 경우에는 본인만 처벌할 수 있으나 법인의 대표자의 행위에 대해서는 행위자만이 아니라 법인도 또한 처벌해야 한다고 한다. 다수설은 법인을 처벌하는 명문의 규정이 있는 경우에 한하여 법인의 책임을 인정하여야 한다고 한다.

Ⅲ 관련판례

1. 대법원 1994. 5. 27. 선고 93도3377 판결【근로기준법위반】

형법 제13조 단서에서 말하는 특별한 규정이 있는 경우라 함은 다른 형벌법규에 의하여 처벌하는 죄의 성립에 고의를 요하지 아니한다는 명문의 규정이 있거나 그 법률규정 중에 그러한 취지를 명백하게 알 수 있는 경우를 의미하므로, 이와 같은 특별한 규정이 있는 경우에 해당하는 것으로 인정되지 아니하는 근로기준법 제107조에 의하여 처벌되는 같은 법 제27조 제1항 위반죄에 있어서는 일반형벌의 원칙에 따라 고의를 필요로 한다.

2. 대법원 2005. 11. 10. 선고 2004도2657 판결【도로법위반】

헌법 제117조, 지방자치법 제3조 제1항, 제9조, 제93조, 도로법 제54조, 제83조, 제86조의 각 규정을 종합하여 보면, 국가가 본래 그의 사무의 일부를 지방자치단체의 장에게 위임하여 그 사무를 처리하게 하는 기관위임사무의 경우에는 지방자치단체는 국가기관의 일부로 볼 수 있는 것이지만, 지방자치단체가 그 고유의 자치사무를 처리하는 경우에는 지방자치단체는 국가기관의 일부가 아니라 국가기관과는 별도의 독립한 공법인이므로, 지방자치단체 소속 공무원이 지방자치단체 고유의 자치사무를 수행하던 중 도로법 제81조 내지 제85조의 규정에 의한 위반행위를 한 경우에는 지방자치단체는 도로법 제86조의 양벌규정에 따라 처벌대상이 되는 법인에 해당한다고 할 것이다.

3. 헌재 2009. 7. 30. 2008헌가10 결정

이 사건 법률조항은 영업주가 고용한 종업원 등이 그 업무와 관련하여 위반행위를 한 경우에, 그와 같은 종업원 등의 범죄행위에 대해 영업주가 비난받을 만한 행위가 있었는지 여부와는 전혀 관계없이 종업원 등의 범죄행위가 있으면 자동적으로 영업주도 처벌하도록 규정하고 있다. 한편, 이 사건 법률조항을 '영업주가 종업원 등에 대한 선임감독상의 주의의무를 위반한 과실 기타 영업주의 귀책사유가 있는 경우에만 처벌하도록 규정한 것'으로 해석할 수 있는지가 문제될 수 있으나, 합헌적 법률해석은 법률조항의 문언과 목적에 비추어 가능한 범위 안에서의 해석을 전제로 하는 것이므로 위와 같은 해석은 허용되지 않는다. 결국, 이 사건 법률조항은 아무런 비난받을 만한 행위를 한 바 없는 자에 대해서까지, 다른 사람의 범죄행위를 이유로 처벌하는 것으로서 형벌에 관한 책임주의에 반하므로 헌법에 위반된다.

Ⅳ 질문 및 토의과제

1. 일반 형사범과 행정범은 본질적으로 다른 성질을 가지는가?

2. 형법에서 과실범을 처벌하는 예를 들어보라.

Ⅴ 참고문헌

김용섭, 양벌규정의 문제점 및 개선방안, 행정법연구 제17호, 2007. 5

김홍균, 환경범죄의 형사법적규제, 법조협회 법조 558호, 2003. 3

박정훈, 협의의 행정벌과 광의의 행정벌, 서울대학교 법학 41권 4호 서울대학교 법학연구소, 2001. 2

Ⅵ 관련법령

형법

제14조 (과실) 정상의 주의를 태만함으로 인하여 죄의 성립요소인 사실을 인식하지 못한 행위는 법률에 특별한 규정이 있는 경우에 한하여 처벌한다.

질서위반행위규제법

제7조 (고의 또는 과실) 고의 또는 과실이 없는 질서위반행위는 과태료를 부과하지 아니한다.

4-2-2. 통고처분

Ⅰ 개요

행정형벌의 일반적인 과벌절차는 형사소송법에 의한 절차에 의한다. 그러나 현행법상 조세범, 관세범, 출입국사범 및 도로교통법 위반사범의 경우에는 특별한 과벌절차가 마련되어 있다. 형사소송절차에 대신하여 행정청이 벌금 또는 과료에 상당하는 금액의 납부를 과하는 행정형벌 과벌 절차를 통고처분이라고 한다.

Ⅱ 리딩케이스

1. 사건번호: 대법원 1995. 6. 29. 선고 95누4674 판결【범칙금부과처분취소】

2. 사실관계

A 경찰서장은 도로교통법에 의하여 피고인 갑이 도로교통법을 위반하였다고 하여 범칙금납부통지서에 의하여 범칙금을 납부하도록 통고하였다. 갑은 자신에 부과된 범칙금에 대하여 이를 행정소송으로 다투려고 한다.

3. 판결요지

도로교통법 제118조에서 규정하는 경찰서장의 통고처분은 행정소송의 대상이 되는 행정처분이 아니므로 그 처분의 취소를 구하는 소송은 부적법하고, 도로교통법상의 통고처분을 받은 자가 그 처분에 대하여 이의가 있는 경우에는 통고처분에 따른 범칙금의 납부를 이행하지 아니함으로써 경찰서장의 즉결심판청구에 의하여 법원의 심판을 받을 수 있게 될 뿐이다.

4. 판례해설

도로교통법 등에서 규정한 통고처분은 경찰서장의 범칙금 납부통지서 발부절차를 통하여 이루어진다. 범칙금을 발부받은 사람은 10일 이내에 지정된 금융기관에 범칙금을 납부하여야 한다. 범칙금을 기한 내에 납부하지 않으면 가산금이 부과된다.

경찰서장은 범칙금통지서의 수령을 거부하거나 납부기한 이내에 범칙금을 납부하지 않은 사람에 대하여 즉결심판을 청구하여야 한다. 즉결심판은 20만원 이하의 벌금·과료 혹은 구류에 해당하는 범법행위에 대하여 즉결심판에 관한 절차법에 의하여 경찰서장 또는 해양경찰서장의 청구에 의하여 지방법원 판사 등이 심판하는 절차이다. 즉결심판에 대하여 불복이 있으면 정식재판을 청구할 수 있다.

통고처분은 행정형벌이면서 또한 행정기관에 의하여 발해지는 제재적인 성격을 가지는 처분이므로 그 법적인 성격이 모호하다. 이 사안과 마찬가지로 상대방은 통고처분에 대하여 법원에 행정소송을 제기하여 다투려고 하기도 한다. 그러나 이 판결에서 밝히고 있듯이 통고처분은 그 자체로는 직접 상대방의 권리의무에 영향을 미치지 않으며 또한 상대방의 임의적인 승복을 통하여 발효하기 때문에 그 자체로는 통고처분의 이행을 강제하거나 하는 법적인 효력을 발생시키지도 않는다. 상대방이 통고처분을 이행하면 그것으로 과벌절차가 종료하게 되며, 불복하는 경우에는 경찰서장 등의 고발에 의하여 일반적인 형사소송 절차로 이행하게 된다. 통고처분에 대하여 불복하는 방법은 관계법과 형사소송법에 의하여 정하여져 있으므로 그 방법에 의하여 다투어야 하고, 행정소송에 의하여 다툴 수 없다고 하는 것이 본 판결의 취지이다.

현행 통고처분 절차가 헌법이 규정하는 적법절차의 원리에 합당하는지의 여부가 쟁점이 된다. 통고처분은 형벌적인 성질을 가지면서도 법원이 아닌 경찰서장이 부과하기 때문에 문제의 소지가 있다. 헌법재판소는 통고처분이 그 자체로는 직접 권리의무를 형성하는 것이 아니며 또한 정식재판을 청구할 수 있는 절차가 관계법령에 구비되어 있으므로 국민의 재판청구권이나 적법절차에 관한 권리를 침해하는 것은 아니라고 보았다(관련판례 1 참조).

Ⅲ 관련판례

1. 헌재 1998. 5. 28. 96헌바4 전원재판부 결정【관세법 제38조 제3항 제2호 위헌소원】 – 행정형벌의 과벌절차

통고처분은 상대방의 임의의 승복을 그 발효요건으로 하기 때문에 그 자체만으로는 통고이행을 강제하거나 상대방에게 아무런 권리의무를 형성하지 않으므로 행정심판이나 행정소송의 대상으로서의 처분성을 부여할 수 없고, 통고처분에 대하여 이의가 있으면 통고내용을 이행하지 않음으로써 고발되어 형사재판절차에서 통고처분의 위법·부당함을 얼마든지 다툴 수 있기 때문에 관세법 제38조 제3항 제2호가 법관에 의한 재판받을 권리를 침해한다든가 적법절차의 원칙에 저촉된다고 볼 수 없다.

2. 대법원 1976. 1. 27. 선고 75누40 판결【관세법위반추징금통고처분 취소】

관세법 제227조 소정의 통고처분을 받은 자가 그 처분에 대하여 이의가 있는 때에는 이를 이행하지 아니하므로서 관세청장 또는 세관장의 고발에 의하여 법원의 심판을 받을 수 있게 되는 것으로서 위 통고처분이 위법함을 이유로 한 행정소송은 부적법하여 각하를 면치 못한다.

Ⅳ 질문 및 토의과제

1. 통고처분의 대상이 되는 범칙행위에는 어떤 것들이 있는가?

2. 통고처분과 즉결심판의 관계에 대하여 설명하라.

Ⅴ 참고문헌

손형섭, 범칙금 통고처분·즉결심판 제도의 위헌성과 개혁방안 – 도로교통법을 중심으로 – 공법연구 51(1), 2022. 10

윤동호, 현행 통고처분절차의 유형화, 문제점, 개선점, 형사정책 제18권 2호 한국형사정책학회, 2006

이승호, 질서위반행위에 대한 제재체계의 정비를 위한 일고찰, 법조 제53권 10호(통권 577호), 2004. 10

최봉석, 행정제재로서의 범칙금통고제도에 관한 일고, 토지공법연구 제16집 1호 한국토지공법학회, 2002. 9

Ⅵ 관련법령

헌법

제12조 ① 모든 국민은 신체의 자유를 가진다. 누구든지 법률에 의하지 아니하고는 체포·구속·압수·수색 또는 심문을 받지 아니하며, 법률과 적법한 절차에 의하지 아니하고는 처벌·보안처분 또는 강제노역을 받지 아니한다.

도로교통법

제163조 (통고처분) ① 경찰서장이나 제주특별자치도지사(제주특별자치도지사의 경우에는 제6조제1항·제2항, 제61조제2항에 따라 준용되는 제15조제3항, 제39조제5항, 제60조, 제62조, 제64조부터 제66조까지, 제73조제2항제2호·제3호 및 제95조제1항의 위반행위는 제외한다)는 범칙자로 인정하는 사람에 대하여는 이유를 분명하게 밝힌 범칙금 납부통고서로 범칙금을 낼 것을 통고할 수 있다. 다만, 다음 각 호의 어느 하나에 해당하는 사람에 대하여는 그러하지 아니하다.

1. 성명이나 주소가 확실하지 아니한 사람
2. 달아날 우려가 있는 사람
3. 범칙금 납부통고서 받기를 거부한 사람

② 제주특별자치도지사가 제1항에 따라 통고처분을 한 경우에는 관할 경찰서장에게 그 사실을 통보하여야 한다[전문개정 2011.6.8], [시행일: 2011.12. 9] 제163조(이하 같음).

제164조 (범칙금의 납부) ① 제163조에 따라 범칙금 납부통고서를 받은 사람은 10일 이내에 경찰청장이 지정하는 국고은행, 지점, 대리점, 우체국 또는 제주특별자치도지사가 지정하는 금융회사 등이나 그 지점에 범칙금을 내야 한다. 다만, 천재지변이나 그 밖의 부득이한 사유로 말미암아 그 기간에 범칙금을 낼 수 없는 경우에는 부득이한 사유가 없어지게 된 날부터 5일 이내에 내야 한다.

② 제1항에 따른 납부기간에 범칙금을 내지 아니한 사람은 납부기간이 끝나는 날의 다음 날부터 20일 이내에 통고받은 범칙금에 100분의 20을 더한 금액을 내야 한다.

③ 제1항이나 제2항에 따라 범칙금을 낸 사람은 범칙행위에 대하여 다시 벌 받지 아니한다.

제165조 (통고처분 불이행자 등의 처리) ① 경찰서장은 다음 각 호의 어느 하나에 해당하는 사람에 대하여는 지체 없이 즉결심판을 청구하여야 한다. 다만, 제2호에 해당하는 사람으로서 즉결심판이 청구되기 전까지 통고받은 범칙금액에 100분의 50을 더한 금액을 납부한 사람에 대하여는 그러하지 아니하다.

1. 제163조제1항 각 호의 어느 하나에 해당하는 사람
2. 제164조제2항에 따른 납부기간에 범칙금을 납부하지 아니한 사람

② 제1항제2호에 따라 즉결심판이 청구된 피고인이 즉결심판의 선고 전까지 통고받은 범칙금액에 100분의 50을 더한 금액을 내고 납부를 증명하는 서류를 제출하면 경찰서장은 피고인에 대한 즉결심판 청구를 취소하여야 한다.

③ 제1항 각 호 외의 부분 단서 또는 제2항에 따라 범칙금을 납부한 사람은 그 범칙행위에 대하여 다시 벌 받지 아니한다.

4-2-3. 행정질서벌의 특수성

I 개요

행정벌 가운데 형법이 정하고 있는 형명에 해당하지 않는 과태료를 부과하는 경우 이를 행정질서벌이라고 한다. 행정질서벌은 신고나 등록 등의 경미한 행정법적 의무의 위반에 대한 제재로 처벌방법이나 다투는 방법이 행정형벌과 구별된다.

종래 과태료는 국가 행정에 대한 과태료와 지방자치행정에 대한 과태료로 나누어진다. 그 부과방법도 법원이 비송사건절차법에 따라서 부과징수하는 절차와 행정청이 부과한 후에 이의신청이 있으면 법원이 결정하는 절차로 나누어졌다.

행정질서벌은 행정형벌과 구별하여 형법총칙의 내용이 적용되지 않는다고 보고 있다. 이 사건에서는 행정질서벌의 성립요소로서의 고의·과실의 필요성이 문제되었는데 전통적인 입장에서 고의·과실이 필요하지 않다고 하였다. 그러

나 판례해설에서 보는 바와 같이 입법의 변화에 의하여 과태료의 운용에도 큰 변화를 보이고 있다.

II 리딩케이스

1. 사건번호: 대법원 1994. 8. 26. 선고 94누6949 판결【사용료 및 과태료 부과처분 취소】

2. 사실관계

원고는 1990년 9월부터 1992년 6월까지의 기간 동안 부정급수관을 연결하는 방법으로 합계 12,845㎥의 상수도물을 부정 사용하였다. 피고 서울시는 위의 사실을 근거로 위 부정사용한 물을 하수도에 흘려 보낸 것은 공공시설의 부정 사용이라고 판단하고 이에 대하여 과태료를 부과하는 처분을 하였다. 원고는 이에 대하여 서울시가 부정 사용한 상수도 전량을 하수도 사용량으로 인정하여 4배의 과태료를 부과한 것은 재량권의 남용이라고 주장하였다.

3. 판결요지

과태료와 같은 행정질서벌은 행정질서유지를 위하여 행정법규위반이라는 객관적 사실에 대하여 과하는 제재이므로 반드시 현실적인 행위자가 아니라도 법령상 책임자로 규정된 자에게 부과되고 또한 특별한 규정이 없는 한 원칙적으로 위반자의 고의·과실을 요하지 아니한다.

4. 판례해설

당해 사건에서 대법원은 과태료와 같은 행정질서벌의 성립에 있어서는 위반자의 고의나 과실을 요하지 아니한다고 판시하였다. 전통적으로 행정질서벌의 대상이 되는 행위는 단순한 업무해태행위로서 반윤리성이 희박하기 때문에 객관적인 법규위반이 확인되면 과벌할 수 있고 원칙적으로 행위자의 고의 혹은 과실은 요구되지 않는 것으로 설명되었다. 이 사건 판례가 이를 전형적으로 보여주고 있다.

그런데 2007년 제정되고 2011년 개정된 「질서위반행위 규제법」에서는 이와 다른 내용의 입법을 하고 있어서 주목된다. 이 법은 제5조에서 "과태료의 부과·징수, 재판 및 집행 등의 절차에 관한 다른 법률의 규정 중 이 법의 규정에 저촉되는 것은 이 법으로 정하는 바에 따른다"라고 규정함으로써 이 법이 행정질서벌에 관한 일반법임을 명시하고 있다. 새로운 법은 행정질서벌에 관하여 형법총칙의 과벌체계와 균형을 맞추려는 취지로 풀이할 수 있다. 고의과실을 요구하는 것은 물론이고 행정질서벌 법정주의, 위법성의 착오가 있는 경우 처벌 제외, 행정질서벌의 책임연령을 14세 이상으로 한 것 등이 그 예이다. 따라서 당해 판결의 태도는 이제 법률의 변경으로 인하여 변경되어야 하며, 행정질서벌의 성립에는 고의 혹은 과실의 존재가 필요하다.

새로운 법에서는 과태료의 부과절차도 보완하였다. 행정청이 과태료를 부과하려고 할 때에는 미리 당사자에게 일정 사항을 통지하고 10일 이상의 기간을 정하여 의견제출을 할 수 있는 기회를 주어야 한다. 과태료의 부과는 서면으로 하며 위반 행위가 있은 날로부터 5년 이내에만 할 수 있다. 당사자는 과태료의 부과 통지일로부터 60일 이내에 행정청에 이의를 제기할 수 있으며 이때에는 과태료 부과처분의 효력이 상실된다. 이의제기를 받은 행정청은 그 사실을 법원에 통보하고, 상대방의 소재지를 관할하는 법원이 이를 비송사건절차법에 따라서 재판하게 된다.

과태료와 행정형벌이 병과 혹은 거듭 처벌될 수 있는지의 여부 또한 중요한 쟁점이다. 「질서위반행위 규제법」에서는 이에 관하여 규정이 없으므로 종전과 같이 학설 판례에 의하여 해결될 것이다. 헌법 제13조 후문은 모든 국민은 "동일한 범죄에 대하여 거듭 처벌받지 아니한다"고 규정하고 있다. 종래 대법원은 행정질서벌은 형사벌과는 그 성격을 달리하므로 행정질서벌을 받고 난 후에 형사처벌을 받는다고 하여도 일사부재리의 원칙에 반하지 않는 것으로 보았다(관련판례 1 참조). 그런데 헌법재판소는 행정질서벌과 행정형벌이 목적이나 기능이 서로 중복되는 경우에는 이중처벌될 수 있다고 본다(관련판례 2 참조).

Ⅲ 관련판례

1. 대법원 1989. 6. 13. 선고 88도1983 판결

피고인이 거주지를 이전한 후 퇴거신고와 전입신고를 하지 아니하였다는 이유로 과태료처분을 받고 이를 납부한 일이 있다 하더라도 그 후에 형사처벌을 한다고 해서 일사부재리의 원칙에 어긋나는 것이라고 할 수 없다. 일사부재리의 효력은 확정재판이 있을 때에 발생하는 것이고 위의 과태료는 행정법상의 질서벌에 지나지 아니하기 때문이다.

2. 대법원 2012. 10. 11. 선고 2011두19369 판결【추징금등부과처분취소】

위와 같은 규정을 종합하여 보면, 수도조례 및 하수도사용조례에 기한 과태료의 부과 여부 및 그 당부는 최종적으로 질서위반행위규제법에 의한 절차에 의하여 판단되어야 한다고 할 것이므로, 그 과태료 부과처분은 행정청을 피고로 하는 행정소송의 대상이 되는 행정처분이라고 볼 수 없다.

3. 헌재 1994. 6. 30. 92헌바38 결정

헌법 제13조 제1항이 정한 "이중처벌금지의 원칙"은 동일한 범죄행위에 대하여 국가가 형벌권을 거듭 행사할 수 없도록 함으로써 국민의 기본권 특히 신체의 자유를 보장하기 위한 것이므로, 그 "처벌"은 원칙으로 범죄에 대한 국가의 형벌권 실행으로서의 과벌을 의미하는 것이고, 국가가 행하는 일체의 제재나 불이익처분을 모두 그에 포함된다고 할 수는 없다.

Ⅳ 질문 및 토의과제

1. 행정형벌과 행정질서벌의 차이점을 설명하라.

2. 행정질서벌의 과벌방법에 대하여 설명하라.

3. 행정형벌과 과태료는 병과될 수 있는가?

V 참고문헌

박종준, 행정질서벌의 체계에 관한 소고, 공법연구 46(3), 2018. 2

박재완, 지방자치단체가 양벌규정의 적용대상이 되는 법인에 해당하는지 여부에 대한 고찰: 대법원 2005. 11. 10. 선고 2004도2657 판결에 대한 평석, 법조 55권 8호(통권 599호), 2006. 8

김의환, 행정법규 위반에 대한 제재조치 부과의 요건, 대법원판례해설 47호(2003 하반기), 2004. 7

VI 관련법령

질서위반행위규제법

제6조 (질서위반행위 법정주의) 법률에 따르지 아니하고는 어떤 행위도 질서위반행위로 과태료를 부과하지 아니한다.

제7조 (고의 또는 과실) 고의 또는 과실이 없는 질서위반행위는 과태료를 부과하지 아니한다.

제8조 (위법성의 착오) 자신의 행위가 위법하지 아니한 것으로 오인하고 행한 질서위반행위는 그 오인에 정당한 이유가 있는 때에 한하여 과태료를 부과하지 아니한다.

제9조 (책임연령) 14세가 되지 아니한 자의 질서위반행위는 과태료를 부과하지 아니한다. 다만, 다른 법률에 특별한 규정이 있는 경우에는 그러하지 아니하다.

제10조 (심신장애) ① 심신장애로 인하여 행위의 옳고 그름을 판단할 능력이 없거나 그 판단에 따른 행위를 할 능력이 없는 자의 질서위반행위는 과태료를

부과하지 아니한다.

② 심신장애로 인하여 제1항에 따른 능력이 미약한 자의 질서위반행위는 과태료를 감경한다.

③ 스스로 심신장애 상태를 일으켜 질서위반행위를 한 자에 대하여는 제1항 및 제2항을 적용하지 아니한다.

제11조 (법인의 처리 등) ① 법인의 대표자, 법인 또는 개인의 대리인·사용인 및 그 밖의 종업원이 업무에 관하여 법인 또는 그 개인에게 부과된 법률상의 의무를 위반한 때에는 법인 또는 그 개인에게 과태료를 부과한다.

② 제7조부터 제10조까지의 규정은 「도로교통법」 제56조제1항에 따른 고용주 등을 같은 법 제160조제3항에 따라 과태료를 부과하는 경우에는 적용하지 아니한다.

제12조 (다수인의 질서위반행위 가담) ① 2인 이상이 질서위반행위에 가담한 때에는 각자가 질서위반행위를 한 것으로 본다.

② 신분에 의하여 성립하는 질서위반행위에 신분이 없는 자가 가담한 때에는 신분이 없는 자에 대하여도 질서위반행위가 성립한다.

③ 신분에 의하여 과태료를 감경 또는 가중하거나 과태료를 부과하지 아니하는 때에는 그 신분의 효과는 신분이 없는 자에게는 미치지 아니한다.

제 3 장
새로운 의무이행확보수단

다양한 행정의무의 이행확보를 위한 수단 또한 종래의 강제수단과 행정벌 이외에 새로운 종류를 생성하고 있다. 과징금, 가산금, 가산세, 의무위반 사실의 공표, 수익적 행정행위의 철회, 행정서비스 공급의 중단, 공공입찰 참가의 제재 등이 많이 거론되는 대표적인 수단이라고 할 것이다. 이들 수단은 제재적인 행정처분적인 성격을 띠는 동시에 의무이행 확보를 위한 수단적인 성격을 가진다고 볼 것이다.

4-3-1. 과징금

I 개요

과징금은 행정법상의 의무를 위반한 자에 대한 제재적인 수단이면서 위반행위로 인한 경제적인 이득을 사회적으로 환원하는 의미를 아울러 가진다. 최근에는 법규위반적인 행위를 용인하면서도 그에 대한 금전적인 제재수단을 부과하여 이를 중지하도록 하는 변형적인 형태의 의무이행 확보수단으로 활용되고 있다.

II 리딩케이스

1. 사건번호: 대법원 2008. 2. 15. 선고 2006두4226 판결【과징금납부명령취소청구의소】

2. 사실관계

피고 을 공정거래위원회는 원고 갑이 입찰에서 담합하였음을 이유로 하여 (구)독점규제 및 공정거래에 관한 법률 및 그 시행령에 의거하여 과징금을 부과하였다. 원고는 피고의 과징금 부과행위가 관련법에 위반했음을 이유로 이에 대한 취소를 구하였다. 원고는 이 사안에서 여러 논점을 다투고 있는데 그 가운데 중요한 부분은 먼저 과징금 산정의 방법에 관한 것이다. 피고 행정청은 (구)독점규제 및 공정거래에 관한 법률과 그 시행령 및 별표기준은 입찰담합에 있어 과징금 부과기준을 '입찰계약이 체결된 경우에는 계약금액의 5/100 이내, 입찰계약이 체결되지 아니한 경우에는 10억 원 이하'로 하도록 규정하고 있었다. 이 사안에서는 이러한 과징금 산정방법의 적정성에 대해서 다투어졌다. 법원은 이에 대하여 피고가 정한 '과징금 산정방법 및 부과지침' 중 입찰담합에 관한 부분은 법에 규정된 금액의 범위 내에서 과징금 산정기준을 정한 피고의 내부 사무처리준칙이라고 하여 구체적인 사안에서 위 기준을 적용한 결과가 비례·평등의 원칙 등에 반하지 아니하는 이상 위 기준에 따라 과징금을 산정하였다는 사유만으로 과징금 부과처분이 그 자체로 위법하다고 할 수는 없다고 하였다. 이는 과징금 부과의 방법에 관한 다툼인데 행정입법의 문제와 연결되기 때문에 여기서는 이 논점은 생략하기로 한다. 다른 논점은 과징금 부과의 법적 성질에 관련된 것으로 행정청이 과징금 부과에 있어서 보유하는 재량 및 그 행사방법에 관한 문제이다.

3. 판결요지

공정거래위원회는 법 위반행위에 대하여 과징금을 부과할 것인지 여부와 만일 과징금을 부과할 경우 법과 법 시행령이 정하고 있는 일정한 범위 안에서 과징금의 액수를 구체적으로 얼마로 정할 것인지에 관하여 재량을 가지고 있다고 할 것이므로, 공정거래위원회의 법 위반행위자에 대한 과징금 부과처분은 재량행위라 할 것이고, 다만 이러한 재량을 행사함에 있어 과징금 부과의 기초가 되는 사실을 오인하였거나, 비례·평등의 원칙에 위배하는 등의 사유가 있다면 이는 재량권의 일탈·남용으로서 위법하다고 할 것이다(대법원 2002. 9. 24. 선고 2000두1713 판결; 대법원 2006. 5. 12. 선고 2004두12315 판결 등 참조).

4. 판례해설

과징금은 행정법상의 의무를 위반하여 영업을 한 경우에 그 경제적인 이익을 박탈함으로써 의무위반의 경제적인 유인을 제거하여 의무이행을 유도하는 방법으로 도입되었다. 독점규제 및 공정거래에 관한 법률(제6조)상의 시장지배적 사업자가 남용행위를 한 경우 부과하는 과징금이 대표적인 예이다. 최근에는 과징금이 행정제재금의 성격으로 변하고 있다. 이는 다수의 사람이 이용하는 사업이나 국민경제에 영향을 주는 사업자가 행정법상의 의무를 위반하는 경우에 그 인·허가의 정지에 갈음하여 부과한다. 즉, 여객자동차운수사업과 같은 대중교통수단 혹은 도시가스사업 등과 같이 국민경제에 영향을 미치는 사업을 하는 자가 행정법규에 위반된 경우에도 그 영업 자체를 못하도록 금하는 대신에 위반행위에 대한 제재적인 방법으로 금전의 납부를 부과하는 방법을 취할 수 있는 것이다. 이를 변형된 과징금이라고도 한다.

특히 후자의 과징금은 행정벌과의 구별을 어렵게 만든다. 행정벌은 과거의 행위에 대한 처벌적인 성격을 가지는 것으로 형사소송 절차에 의하거나 혹은 별도의 불복수단이 마련되어 있는 점에서 과징금과 구별된다. 그렇지만 과징금을 부담하는 상대방의 입장에서 볼 때에는 행정벌과의 질적인 차이가 없기 때문에 이중처벌이 아닌가 하는 논란이 있다. 특히 의무위반이 있으면 경제적 이득을 취득하였을 것이라는 추정 아래에 과징금을 부과하는 경우(추정적 과징금)는 벌금이나 과태료와 질적인 차이가 없다는 지적이 있다. 이에 대해서 헌법재판소는 이중처벌이 아니라는 입장을 취하고 있다(관련판례 1 참조).

현재 과징금의 법적인 근거로는 여객자동차운수사업법, 석유사업법, 도시가스사업법, 의료법, 약사법, 대기환경보전법, 수질환경보전법, 대외무역법, 국민건강보험법, 부동산 가격공시 및 감정평가에 관한 법률 등의 개별 법률을 들 수 있다.

법원의 판결에서 볼 수 있듯이 과징금 부과는 법률 및 시행령에 근거한 행정청의 재량에 의한다. 행정청은 법령의 위임에 의한 과징금 부과기준에 근거하여 과징금을 부과할 수 있으며 법원은 이에 대하여 재량권 행사의 통제에 관한 일반적인 원칙을 적용하여 통제를 할 수 있다.

과징금은 금전적인 부담을 지우는 행정처분이므로 이에 대해서는 행정쟁송을 제기하여 다툴 수 있다. 이 경우에 재량권의 행사라고 하여도 그 일탈이나 남용이 있으면 이를 이유로 하여 취소하게 된다.

Ⅲ 관련판례

1. 헌재 2003. 7. 24. 2001헌가25 전원재판부 결정 【위헌제청】

행정권에는 행정목적 실현을 위하여 행정법규 위반자에 대한 제재의 권한도 포함되어 있으므로, '제재를 통한 억지'는 행정규제의 본원적 기능이라 볼 수 있는 것이고, 따라서 어떤 행정제재의 기능이 오로지 제재(및 이에 결부된 억지)에 있다고 하여 이를 헌법 제13조 제1항에서 말하는 국가형벌권의 행사로서의 '처벌'에 해당한다고 할 수 없는바, 구 독점규제 및 공정거래에 관한 법률 제24조의2에 의한 부당내부거래에 대한 과징금은 그 취지와 기능, 부과의 주체와 절차 등을 종합할 때 부당내부거래 억지라는 행정목적을 실현하기 위하여 그 위반행위에 대하여 제재를 가하는 행정상의 제재금으로서의 기본적 성격에 부당이득환수적 요소도 부가되어 있는 것이라 할 것이고, 이를 두고 헌법 제13조 제1항에서 금지하는 국가형벌권 행사로서의 '처벌'에 해당한다고는 할 수 없으므로, 공정거래법에서 형사처벌과 아울러 과징금의 병과를 예정하고 있더라도 이중처벌금지원칙에 위반된다고 볼 수 없으며, 이 과징금 부과처분에 대하여 공정력과 집행력을 인정한다고 하여 이를 확정판결 전의 형벌집행과 같은 것으로 보아 무죄추정의 원칙에 위반된다고도 할 수 없다.

2. 대법원 2002. 5. 28. 선고 2000두6121 판결【시정명령등취소】

과징금은 원칙적으로 행정법상의 의무를 위반한 자에 대하여 당해 위반행위로 얻게 된 경제적 이익을 박탈하기 위한 목적으로 부과하는 금전적인 제재이므로, 법이 규정한 범위 내에서 그 부과처분 당시까지 부과관청이 확인한 사실을 기초로 일의적으로 확정되어야 할 것이지, 추후에 부과금 산정기준이 되는 새로운 자료가 나왔다고 하여 새로운 부과처분을 할 수 있는 것은 아니다.

3. 대법원 2002. 9. 24. 선고 2000두1713 판결【시정명령등취소】

구 독점규제및공정거래에관한법률(1999. 2. 5. 법률 제5813호로 개정되기 전의 것) 제6조, 제17조, 제22조, 제24조의2, 제28조, 제31조의2, 제34조의2 등 각 규정을 종합하여 보면, 공정거래위원회는 같은 법 위반행위에 대하여 과징금을 부과할 것인지 여부와 만일 과징금을 부과한다면 일정한 범위 안에서 과징금의 부과액수를 얼마로 정할 것인지에 관하여 재량을 가지고 있다 할 것이므로, 공정거래위원회의 같은 법 위반행위자에 대한 과징금 부과처분은 재량행위라 할 것이다.

4. 대법원 2006. 5. 12. 선고 2004두12315 판결【시정조치등취소】

구 독점규제 및 공정거래에 관한 법률(2004. 12. 31. 법률 제7315호로 개정되기 전의 것, 이하 법이라 한다) 제6조, 제17조, 제22조, 제24조의2, 제28조, 제31조의2, 제34조의2 등 각 규정을 종합하여 보면, 공정거래위원회는 법 위반행위에 대하여 과징금을 부과할 것인지 여부와 만일 과징금을 부과할 경우 법과 시행령이 정하고 있는 일정한 범위 안에서 과징금의 액수를 구체적으로 얼마로 정할 것인지에 관하여 재량을 가지고 있다고 할 것이므로, 공정거래위원회의 법 위반행위자에 대한 과징금 부과처분은 재량행위라 할 것이고, 다만 이러한 재량을 행사함에 있어 과징금 부과의 기초가 되는 사실을 오인하였거나, 비례·평등의 원칙에 위배하는 등의 사유가 있다면 이는 재량권의 일탈·남용으로서 위법하다고 할 것이다.

Ⅳ 질문 및 토의과제

1. 원래의 과징금과 변형된 과징금의 차이점은 무엇인가?
2. 의무이행확보수단으로서의 과징금 제도가 확대되는 이유를 설명하라.
3. 과징금과 행정벌의 관계를 설명하라.

Ⅴ 참고문헌

최철호, 행정상 과징금제도에 관한 연구, 토지공법연구, 2022. 8
정남철, 세계화와 블록화에 있어서 환경보전을 위한 법적 대응, 공법연구 제36집 제4호, 2008. 6
배영길, 과징금 제도에 관한 연구, 공법학연구 제3권 제2호, 2002. 3
김남욱, 독점규제행위위반에 대한 과징금, 토지공법연구 제12집, 2001. 5

Ⅵ 관련법령

여객자동차 운수사업법

제88조 (과징금 처분) ① 국토해양부장관 또는 시·도지사는 여객자동차 운수사업자가 제49조의15제1항 또는 제85조제1항 각 호의 어느 하나에 해당하여 사업정지 처분을 하여야 하는 경우에 그 사업정지 처분이 그 여객자동차 운수사업을 이용하는 사람들에게 심한 불편을 주거나 공익을 해칠 우려가 있는 때에는 그 사업정지 처분을 갈음하여 5천만원 이하의 과징금을 부과·징수할 수 있다.

독점규제 및 공정거래에 관한 법률

제8조 (과징금) 공정거래위원회는 시장지배적사업자가 남용행위를 한 경우에는 당해 사업자에 대하여 대통령령이 정하는 매출액(대통령령이 정하는 사업자의

경우에는 영업수익을 말한다. 이하 같다)에 100분의 6을 곱한 금액을 초과하지 아니하는 범위안에서 과징금을 부과할 수 있다. 다만, 매출액이 없거나 매출액의 산정이 곤란한 경우로서 대통령령이 정하는 경우(이하 "매출액이 없는 경우등"이라 한다)에는 20억원을 초과하지 아니하는 범위안에서 과징금을 부과할 수 있다.

대기환경보전법

제37조 (과징금 처분) ① 환경부장관 또는 시·도지사는 다음 각 호의 어느 하나에 해당하는 배출시설을 설치·운영하는 사업자에 대하여 제36조제1항에 따라 조업정지를 명하여야 하는 경우로서 그 조업정지가 주민의 생활, 대외적인 신용·고용·물가 등 국민경제, 그 밖에 공익에 현저한 지장을 줄 우려가 있다고 인정되는 경우 등 그 밖에 대통령령으로 정하는 경우에는 조업정지처분을 갈음하여 매출액에 100분의 5를 곱한 금액을 초과하지 아니하는 범위에서 과징금을 부과할 수 있다. 다만, 매출액이 없거나 매출액의 산정이 곤란한 경우로서 대통령령으로 정하는 경우에는 2억원을 초과하지 아니하는 범위에서 과징금을 부과할 수 있다.

1. 「의료법」에 따른 의료기관의 배출시설
2. 사회복지시설 및 공동주택의 냉난방시설
3. 발전소의 발전 설비
4. 「집단에너지사업법」에 따른 집단에너지시설
5. 「초·중등교육법」 및 「고등교육법」에 따른 학교의 배출시설
6. 제조업의 배출시설
7. 그 밖에 대통령령으로 정하는 배출시설

② 제1항에도 불구하고 다음 각 호의 어느 하나에 해당하는 경우에는 조업정지처분을 갈음하여 과징금을 부과할 수 없다.

1. 제26조에 따라 방지시설(제29조에 따른 공동 방지시설을 포함한다)을 설치하여야 하는 자가 방지시설을 설치하지 아니하고 배출시설을 가동한 경우
2. 제31조제1항 각 호의 금지행위를 한 경우로서 30일 이상의 조업정지처분을 받아야 하는 경우
3. 제33조에 따른 개선명령을 이행하지 아니한 경우
4. 과징금 처분을 받은 날부터 2년이 경과되기 전에 제36조에 따른 조업정

지처분 대상이 되는 경우

③ 제1항에 따른 과징금을 부과하는 위반행위의 종류·정도 등에 따른 과징금의 금액과 그 밖에 필요한 사항은 대통령령으로 정하되, 그 금액의 2분의 1의 범위에서 가중(加重)하거나 감경(減輕)할 수 있다.

④ 환경부장관 또는 시·도지사는 제1항에 따른 과징금을 내야 할 자가 납부기한까지 내지 아니하면 국세 체납처분의 예 또는 「지방행정제재·부과금의 징수 등에 관한 법률」에 따라 징수한다.

4-3-2. 공급거부

I 개요

공급거부는 행정법상의 의무위반자에 대한 제재수단의 일환으로 행정이 공급하는 서비스나 재화의 공급을 거부하는 행위를 말한다. 현대 행정법에서 급부행정이 중요하듯이 그 거부는 상대방에게 상당한 불이익이 되며, 따라서 행정법상 의무를 이행하도록 하는 강력한 수단이 된다.

II 리딩케이스

1. 사건번호: 대법원 1996. 3. 22. 선고 96누433 판결【시정명령처분등 취소】

2. 사실관계

원고 갑은 피고 을 시장으로부터 건축허가를 받아 다세대건물을 건축하였다. 피고 을 시장은 원고가 인접토지를 무단침범하고, 철거하여야 할 무허가건물을 불법 용도변경하였으며, 준공검사 전에 위 다세대주택을 사전 사용하고 있다는 사유를 들어 이 사건 건물에 대한 단전 및 전화통화 단절조치를 관계 기관에 요청하면서 원고에게 이 사실을 통지하였다. 원심판결은 위 다세대주택과 관련하여 시정명령 및 원상회복조치로 한 전기공급과 전화통화를 단절시키는 제재처분의 취소를 구하는 데 대하여, 이 사건 제재처분은 건축법 등 관계 법령에 따른 것으로서 적법한 것이라고 판시하여 원고의 청구를 기각하였다. 이에 대하여 대법원은 다음과 같이 위 단전 및 전화통화 단절조치 요청행위가 행정처분이 아니라고 판시하고 있다.

3. 판결요지

건축법 제69조 제2항, 제3항의 규정에 비추어 보면, 행정청이 위법 건축물에 대한 시정명령을 하고 나서 위반자가 이를 이행하지 아니하여 전기 · 전화의 공급자에게 그 위법 건축물에 대한 전기 · 전화공급을 하지 말아 줄 것을 요청한 행위는 권고적 성격의 행위에 불과한 것으로서 전기 · 전화공급자나 특정인의 법률상 지위에 직접적인 변동을 가져오는 것은 아니므로 이를 항고소송의 대상이 되는 행정처분이라고 볼 수 없다.

4. 판례해설

공급거부에 대한 법적 근거로는 건축법, 공업배치 및 공장설립에 관한 법률, 대기환경보전법 및 수질환경보전법 등이 있었다. 현재는 이들 규정이 삭제되는 추세에 있다.

공급거부에 관한 법적인 근거가 있다고 하여도 이를 집행하는 데 있어서도 비례원칙이나 부당결부금지 원칙 등 행정법의 일반원칙에 위반되지 않아야 한다. 구 건축법에 의하면 위법사유가 있는 건축물에 대하여 시정명령을 한 후에 이를 이행하지 않는 때에는 전기, 전화, 수도의 공급자, 도시가스사업자 또는 관계 행정기관의 장에게 그 공급을 중지할 것을 요청할 수 있도록 하였다. 이는 무엇보다 당해 위법한 건축물을 실질적으로 이용할 수 없도록 함으로써 건축법이 규정하는 행정목적을 달성하기 위한 수단이라고 할 수 있다. 이에 대해서는 당해 건축물의 위법사유와 전기 가스 등의 공급이 실질적인 연관성이 없다는 비판, 즉 부당결부라고 하는 비판이 있어 왔다. 이로 인하여 관련 규정이 점점

사라지고 있음은 앞에서 본 바와 같다.

공급거부에 대해서 다투려고 하는 경우 행정소송이 적절한 수단이 될 것이다. 법원은 단수처분을 행정소송의 대상이 되는 처분이라고 한 바 있다(관련판례 1 참조). 그런데 행정청이 다른 행정기관에 대하여 하는 공급거부의 요청은 권고적인 성격을 가지는 것으로 처분성을 가지지 않는다고 보았다(관련판례 3 참조).

Ⅲ 관련판례

1. 대법원 1979. 12. 28. 선고 79누218 판결【건물철거대집행계고처분취소】

단수처분을 두고 그것이 항고소송의 대상이 되는가에 관하여 원심이 약간의 의문을 가지고 있었음이 판시이유에서 간취된다 하더라도 결론에 있어 항고소송의 대상이 되는 것으로 보고 판단하고 있으니 이 점에 관한 원심의 판단은 결국 원고들의 주장과도 일치하여 원고들 스스로 이를 탓할 수도 없으므로 논지 이유 없다.

2. 대법원 1985. 12. 24. 선고 84누598 판결【단수처분취소】

당초 허가받은 건축물의 용도를 변경하여 그 허가받은 용도 이외의 다른 용도로 사용하는 것이 건축법 제48조에서 말하는 건축물의 건축에 해당하는 이상 이는 같은 법 제42조 제1항 제1호에서 정한 이 법 또는 이 법에 의하여 발하는 명령이나 처분에 위반하여 건축물의 건축을 한 경우에 해당된다 할 것이고, 한편 같은 법 제42조 제3항의 규정에 의하면 제1항 제1호에 해당하는 건축물에 대하여는 수도를 설치하거나 공급하여서는 아니되므로, 위와 같은 요건에 해당하는 이상, 피고가 한 이 사건 단수처분은 적법하다 할 것이고, 용도변경 면적이 건물의 일부에 불과하고 토산품을 취급하지 아니하면 근린생활시설에 해당되는 사정이 있다 한들 그러한 사정을 가지고서는 피고의 단수처분이 재량권을 남용한 것이라고도 할 수 없다.

3. 대법원 1995. 11. 21. 선고 95누9099 판결【전기공급불가처분취소】

무단 용도변경을 이유로 단전조치된 건물의 소유자로부터 새로이 전기공급신청을 받은 한국전력공사가 관할 구청장에게 전기공급의 적법 여부를 조회한 데 대하여, 관할 구청장이 한국전력공사에 대하여 건축법 제69조 제2항, 제3항의 규정에 의하여 위 건물에 대한 전기공급이 불가하다는 내용의 회신을 하였다면, 그 회신은 권고적 성격의 행위에 불과한 것으로서 한국전력공사나 특정인의 법률상 지위에 직접적인 변동을 가져오는 것은 아니므로 항고소송의 대상이 되는 행정처분이라고 볼 수 없다.

Ⅳ 질문 및 토의과제

1. 공급거부의 법적인 성질과 근거에 대하여 설명하라.
2. 공급거부의 법적인 근거가 점차 사라지는 이유는 무엇인가?
3. 취소소송의 대상으로서의 행정처분에 공급거부가 포함되는지 검토하고 그 이유를 설명하라.

Ⅴ 참고문헌

석호영, 행정상 사실행위에 관한 법적 검토, 토지공법연구 87, 2019. 8

설계경, 환경침해의 권리구제에 관한 고찰, 환경법연구 28권 1호 한국환경법학회, 2006. 5

김용섭, 행정상 사실행위의 법적 문제, 인권과 정의 283호 대한변호사협회, 2000. 9

Ⅵ 관련법령

구 건축법

제69조 (위반건축물등에 대한 조치 등) ② 제1항의 규정에 의하여 허가 또는 승인이 취소된 건축물 또는 제1항의 규정에 의한 시정명령을 받고 이행하지 아니한 건축물에 대하여는 전기 · 전화 · 수도의 공급자, 도시가스사업자 또는 관계 행정기관의 장에게 전기 · 전화 · 수도 또는 도시가스공급시설의 설치 또는 공급의 중지를 요청하거나 당해 건축물을 사용하여 행할 다른 법령에 의한 영업 기타 행위의 허가를 하지 아니하도록 요청할 수 있다. 다만, 허가권자가 기간을 정하여 그 사용 또는 영업 기타 행위를 허용한 주택과 대통령령이 정하는 경우에는 그러하지 아니하다.

4-3-3. 위반사실의 공표

Ⅰ 개요

행정법상 의무위반 행위에 대하여 이를 외부에 공개 혹은 공표함으로써 명예심을 자극하거나 혹은 수치심을 불러 일으켜서 행정목적을 달성하는 방법으로 위반사실의 공표제도가 이용된다. 세금을 체납한다든지 불공정 거래행위를 한 사람의 명단공개가 대표적인 예이다. 수익적 행정행위의 정지 및 철회, 관허사업의 제한 그리고 앞에서 다룬 과징금과 공급거부와 함께 새로운 의무이행 확보수단의 대표적인 예라고 할 수 있다.

Ⅱ 리딩케이스

1. 사건번호: 대법원 1998. 5. 22. 선고 97다57689 판결 【손해배상(기)】

2. 사실관계

소비자보호 시책의 효과적인 추진을 위하여 소비자보호법에 따라 설립된 피고 소비자보호원은 1995년 7월 경기 포천군 소홀면 이동교리 소재의 광릉수목원 입구 노상에서 트럭노점상으로부터 원고 갑이 제조자로 표시되고 '이동쌀막걸리'라는 상표가 부착된 1.7ℓ들이 쌀막걸리 4병을 병당 2,000원씩에 구입하여 그 중 2병을 시료로 삼아 검사하였다. 그 결과 관련 규정상 주류에는 첨가할 수 없는 '사카린나트륨'이 그에 함유되어 있는 것으로 나타났다. 같은 해 8월 원고 갑이 제조·판매하는 쌀막걸리 제품에서 '사카린나트륨'이 검출되었다는 내용의 검사 결과를 언론에 공표하였다. 이 내용은 일간지에 그대로 보도되었다.

원고 갑은 동종업자와의 협의에 따라 포천군 중 이동면과 영북면에 대하여만 그 제품을 직접 공급하였고, 그 이외의 지역에서는 위 2개 면 내 소매점 등을 통하여 구입된 제품이 유통되기는 하였으나, 그 거래가격이 위 2개 면 내 소매점의 판매가격인 병당 2,000원 내외보다 고가인 병당 3,000원이었으며, 2년 전에 대전지역에서 4, 5명의 전문 판매업자가 외관상으로는 이를 취급하는 소매상조차도 그 진위를 쉽게 식별할 수 없을 정도의 가짜 '이동쌀막걸리'를 제조하여 유통시킨 바 있었고, 또한 이 사건 시료는 피고의 직원이 위와 같이 원고의 직접 공급구역이 아닌 소홀면 지역에서 구입한 것으로서 검사 대상으로 삼은 이 사건 시료가 원고의 제품이라고 단정할 수 없다고 주장하면서 훼손된 명예와 신용에 대하여 손해배상을 청구하였다.

그런데 원심에서는 피고가 이 사건 시료에 대한 검사를 시행하게 된 것은 국내에서 유통되는 비살균 막걸리에 유해물질이 함유되어 있는지 여부를 전체적으로 시험·검사하고자 하는 자체 계획에 따른 것으로 그 시험·검사가 의뢰에 의한 것이 아니라 자체 검사계획에 따라 하는 경우에는 일반 소비자가 구매하는 형태로 유통 과정에서 시료를 수집하는 것이 피고의 검사관행이었던 사실, 그리고 이 사건 시료는 원고의 판매구역 내 지정소매점에서 판매되는 원고의 제품과 외관상으로는 아무런 차이점도 없는 사실, 그리고 이 사건 시료를 포천군 지역에서 구입하였다는 사실등을 토대로 피고가 이 사건 시료가 원고가 생산·판매한 것이라고 믿었고 또 그렇게 믿은 데에 상당한 이유가 있다 할 것이라는 이유로 피고의 이 사건 공표에는 위법성이 없다고 판단하여, 피고의 이 사건 공표로 인하여 원고의 명예와 신용이 훼손되었음을 들어 그 손해의 배상을 구하는 원고의 청구를 배척하였다. 이에 대하여 원고는 대법원에 상고하였다.

3. 판결요지

일정한 행정목적 달성을 위하여 언론에 보도자료를 제공하는 등 이른바 행정상의 공표의 방법으로 실명을 공개함으로써 타인의 명예를 훼손한 경우, 그 대상자에 관하여 적시된 사실의 내용이 진실이라는 증명이 없더라도 그 공표의 주체가 공표 당시 이를 진실이라고 믿었고 또 그렇게 믿을 만한 상당한 이유가 있다면 위법성이 없는 것이고, 이 점은 언론을 포함한 사인에 의한 명예훼손의 경우와 다를 바가 없다 하겠으나, 그러한 상당한 이유가 있는지 여부의 판단에 있어서는 실명공표 자체가 매우 신중하게 이루어져야 한다는 요청에서 비롯되는 무거운 주의의무와 공권력을 행사하는 공표 주체의 광범한 사실조사 능력, 그리고 공표된 사실이 진실하리라는 점에 대한 국민의 강한 기대와 신뢰 등에 비추어 볼 때 사인의 행위에 의한 경우보다는 훨씬 더 엄격한 기준이 요구되므로, 그 공표사실이 의심의 여지없이 확실히 진실이라고 믿을 만한 객관적이고도 타당한 확증과 근거가 있는 경우가 아니라면 그러한 상당한 이유가 있다고 할 수 없다.

4. 판례해설

이 사례는 행정상의 공표의 법적 성질 및 그에 따르는 손해배상과 관련된 법적 판단의 예를 잘 보여주고 있다. 행정상 의무위반 사실의 공표는 직접 법적인 효과를 발생하지 않는다는 점에서 사실행위에 속한다. 그런데 그 효과는 사인의 명예나 인격권을 침해할 소지가 크다는 점에서 엄격한 법적인 근거를 요한다고 할 것이다. 현행법에서 행정상의 공표에 관한 법적인 근거를 찾아보면 독점규제 및 공정거래에 관한 법률, 공직자윤리법, 소비자기본법, 하도급거래공정화에 관한 법률 등이 있다. 특히 청소년의 성보호에 관한 법률 제32조는 청소년 성범죄로 인하여 유죄판결이 확정된 자나 열람명령이 내려진 자에 대한 신상정보를 등록하도록 하고 있다. 법원의 판결에 따라서 관련 정보가 등록되면 '등록대상자의 주소를 관할하는 시·군·구 내에 거주하는 청소년의 법정대리인'이 정보를 열람할 수 있으므로 사실상 일반에게 공표된 것과 동일한 효과를 가진다. 성범죄자의 신상공개 정보제도에 대하여 헌법재판소는 합헌판결을 한 바 있다(관련판례 1 참조).

행정상의 공표를 행정쟁송으로 다투기 위해서는 공표의 처분성이 인정되어야 한다. 이에 대해서는 공권력의 행사에 준한다고 보는 입장이 있으나 다른 견해는 공표 자체는 비권력적인 성질을 지닌 것으로서 처분에 해당하지 않는다고 주장한다. 또 하나의 문제는 이미 공표된 사실에 대해서는 취소가 불가하다는 한계가 있다. 이미 공표된 사실에 대해서는 취소소송과 함께 원상회복의 청구를 함으로써 해결할 수 있을 것이다. 그리고 공표가 있기 이전에도 예방적 부작위소송 등을 통한 사전적 권리구제 수단을 강구할 필요성이 있으나 우리 행정소송법에서는 인정되지 않는다.

이 사안에서는 위법한 공표에 대하여 손해배상이 청구되었는데, 손해배상의 일반적인 요건이 충족된 경우 가장 적합한 권리구제 수단이라고 할 수 있을 것이다. 다만 이 사안의 피고 한국소비자원은 행정기관이 아니며, 소비자원의 직원이 국가배상법상의 공무원이 아닌 관계로 국가배상 사건은 아닌 점에 주의하여야 한다. 소비자기본법은 소비자원의 직원이 형법상의 공무원 의제를 받는다고 규정하고 있지만 국가배상법상의 공무원은 아니다. 또한 소비자원은 특별법에 의하여 설립된 공법인이므로 그에 관한 손해배상은 국가배상법이 아니라 민법에 의한다. 그럼에도 판례에서 나타나듯이 이 사건 공표가 행정목적 달성을 위하여 이루어졌으며, 이 경우에 사인의 행위에 비하여 한층 엄격한 기준이 적용되어야 한다고 하였다. 다시 말하면 "의심의 여지없이 확실히 진실이라고 믿을 만한 객관적이고도 타당한 확증과 근거가 있는 경우"에 공표가 허용되며 그렇지 않은 경우에는 이 사안의 판시와 마찬가지로 공표에 의한 피해에 대하여 당사자에게 손해배상의 책임을 져야 한다고 하였다.

III 관련판례

1. 헌재 2003. 6. 26. 2002헌가14 결정

[1] 신상공개제도는 범죄자 본인을 처벌하려는 것이 아니라, 현존하는 성폭력위험으로부터 사회 공동체를 지키려는 인식을 제고함과 동시에 일반인들이 청소년 성매수 등 범죄의 충동으로부터 자신을 제어하도록 하기 위하여 도입된 것으로서, 이를 통하여 달성하고자 하는 '청소년의 성보호'라는 목적은 우리 사회에 있어서 가장 중요한 공익의 하나라고 할 것이다.

[2] 이에 비하여 청소년 성매수자의 일반적 인격권과 사생활의 비밀의 자유가 제한되는 정도를 살펴보면, 법 제20조 제2항은 "성명, 연령, 직업 등의 신상과 범죄사실의 요지"를 공개하도록 규정하고 있는바, 이는 이미 공개된 형사재판에서 유죄가 확정된 형사판결이라는 공적 기록의 내용 중 일부를 국가가 공익 목적으로 공개하는 것으로 공개된 형사재판에서 밝혀진 범죄인들의 신상과 전과를 일반인이 알게 된다고 하여 그들의 인격권 내지 사생활의 비밀을 침해하는 것이라고 단정하기는 어렵다.

2. 대법원 2019. 6. 27. 선고 2018두49130 판결【인적사항공개처분취소청구】

병무청 인터넷 홈페이지에 공개 대상자의 인적사항 등이 게시되는 경우 그의 명예가 훼손되므로, 공개 대상자는 자신에 대한 공개결정이 병역법령에서 정한 요건과 절차를 준수한 것인지를 다툴 법률상 이익이 있다. 병무청장이 인터넷 홈페이지 등에 게시하는 사실행위를 함으로써 공개 대상자의 인적사항 등이 이미 공개되었더라도, 재판에서 병무청장의 공개결정이 위법함이 확인되어 취소판결이 선고되는 경우, 병무청장은 취소판결의 기속력에 따라 위법한 결과를 제거하는 조치를 할 의무가 있으므로 공개 대상자의 실효적 권리구제를 위해 병무청장의 공개결정을 행정처분으로 인정할 필요성이 있다. 만약 병무청장의 공개결정을 항고소송의 대상이 되는 처분으로 보지 않는다면 국가배상청구 외에는 침해된 권리 또는 법률상 이익을 구제받을 적절한 방법이 없다.

Ⅳ 질문 및 토의과제

1. 행정상 의무위반 공표의 법적 성질은 무엇인가?

2. 공표에 대하여 효과적인 권리구제 수단은?

3. 공표와 명예훼손의 관계에 대하여 논하라.

Ⅴ 참고문헌

김치환, 행정상 공표에 있어서 실효성확보와 권익보호의 조화, 토지공법연구 제26집, 2005. 6

오용식, 행정상 공표와 관련한 몇 가지 검토, 법제 537호, 법제처, 2002

Ⅵ 관련법령

독점규제 및 공정거래에 관한 법률

제7조 (시정조치) ① 공정거래위원회는 남용행위가 있을 때에는 그 시장지배적사업자에게 가격의 인하, 해당 행위의 중지, 시정명령을 받은 사실의 공표 또는 그 밖에 필요한 시정조치를 명할 수 있다.

공직자윤리법

제8조의2 (심사결과의 처리) ② 제1항의 필요한 조치는 다음 각 호의 어느 하나에 해당하는 조치로 한다.

1. 경고 및 시정조치
2. 제30조에 따른 과태료 부과
3. 일간신문 광고란을 통한 허위등록사실의 공표

4. 해임 또는 징계의결 요구

소비자기본법

제17조 (시험 · 검사시설의 설치 등) ① 국가 및 지방자치단체는 물품등의 규격 · 품질 및 안전성 등에 관하여 시험 · 검사 또는 조사를 실시할 수 있는 기구와 시설을 갖추어야 한다.

② 국가 · 지방자치단체 또는 소비자나 소비자단체는 필요하다고 인정되는 때 또는 소비자의 요청이 있는 때에는 제1항의 규정에 따라 설치된 시험 · 검사기관이나 제33조의 규정에 따른 한국소비자원(이하 "한국소비자원"이라 한다)에 시험 · 검사 또는 조사를 의뢰하여 시험 등을 실시할 수 있다.

③ 국가 및 지방자치단체는 제2항의 규정에 따라 시험 등을 실시한 경우에는 그 결과를 공표하고 소비자의 권익을 위하여 필요한 조치를 취하여야 한다.

하도급거래 공정화에 관한 법률

제25조 (시정조치) ① 공정거래위원회는 제3조제1항부터 제7항까지 및 제12항, 제3조의4, 제3조의5, 제4조부터 제12조까지, 제12조의2, 제12조의3, 제13조, 제13조의2, 제13조의3, 제14조부터 제16조까지, 제16조의2제10항 및 제17조부터 제20조까지의 규정을 위반한 발주자와 원사업자에 대하여 하도급대금 등의 지급, 공시의무의 이행 또는 공시내용의 정정, 법 위반행위의 중지, 특약의 삭제나 수정, 향후 재발방지, 그 밖에 시정에 필요한 조치를 명할 수 있다.

② 삭제 <2016. 3. 29.>

③ 공정거래위원회는 제1항에 따라 시정조치를 한 경우에는 시정조치를 받은 원사업자에 대하여 시정조치를 받았다는 사실을 공표할 것을 명할 수 있다.

제 5 편 행정상 손해전보

제 1 장
국가배상

국가 또는 공공단체의 작용으로 인하여 국민이 손해를 입은 경우에 정의 및 공평의 관념에 의하여 이를 전보하여야 한다. 공행정작용에 대한 손해전보제도에는 국가배상과 손실보상이 포함된다. 국가배상은 공무원의 위법한 공행정 수행으로 인하여 손해를 입은 국민에게 이를 전보하여 주는 제도이다. 즉, 국가배상은 공무원 개인의 불법행위라고 하는 주관적 요소에 기초하고 있다. 이에 비하여 손실보상은 적법한 공권력의 행사로 인한 재산권의 수용에 대하여 이를 공평의 관점에서 국가전체의 재정으로 보상한다는 공평부담의 사상을 배경으로 발전하였다. 말하자면 공익증진을 위한 개인의 희생에 대해서는 이를 공동체가 부담해야 한다고 하는 사고가 깔려 있다. 이와 같이 국가배상과 손실보상은 그 기원이나 법적인 요건과 효과를 달리한다.

그러나 법이론적으로나 법실무적으로 양자의 관계가 그리 명확한 것은 아니며 위법·과실이 요건인 국가배상과 적법·무과실이 요건인 손실보상의 사이에는 다양한 중간적인 전보이론과 판례가 존재한다. 독일의 판례에서 발전한 수용적 침해 및 수용유사적 침해제도가 그 예이다. 국가배상의 틈새를 메우기 위한 이론으로 수용유사침해 등이 소개되고 있으나 우리 법원에서는 아직 받아들여지고 있지 않고 있는 점에 유의하여야 한다.

현대적 관점에서 보면 국가의 위법한 작용에 대하여 손해를 배상하는 것이 당연하겠지만 이 제도가 정착한 것은 비교적 최근의 일로, 과거에는 국가무오류 혹은 무책임 사상이 지배하여 국민은 국가작용으로 인한 손해를 스스로 감수할 수밖에 없는 처지에 있었다. 그러므로 국가배상제도의 완비는 법치주의의 발전에 있어서 중요한 의미를 가진다고 하겠다. 이 제도가 더욱 발전하면 모든 위험한 공권력 침해에 노출당한 개인의 피해에 대해서는 이를 공동체의 차원에서 배상해야 한다는 위험책임 이론으로 발전하게 된다.

5-1-1. 국가배상법의 법적 성격과 내용

I 개요

국가배상법 제2조는 공무원 개인의 불법행위에 대하여 국가가 이를 대신 책임지는 구조를 취하고 있으므로 그 바탕은 민법상의 불법행위 책임이라고 할 것이다. 국가배상법 제8조는 "국가나 지방자치단체의 손해배상 책임에 관하여는 이 법에 규정된 사항 외에는 「민법」에 따른다. 다만, 「민법」 외의 법률에 다른 규정이 있을 때에는 그 규정에 따른다"고 선언하고 있다. 그렇다고 하여 국가배상법이 사법이라는 결론에 이르는 것은 아니다. 국가배상법 제8조를 근거로 이 법이 사법적 성격의 법이라고 주장하는 견해도 있으나 다수의 견해에 의하면 국가배상법 제8조는 단지 입법의 흠결을 보충하기 위한 규정일 뿐, 이 조항에 의하여 국가배상법이 사법이 되는 것은 아니고 오히려 국가배상법이 민법과 상이한 점이 많고, 행정소송과의 관계에서도 국가배상청구소송의 특수성이 인정된다고 하여 국가배상법을 공법이라고 본다.

II 리딩케이스

1. 사건번호: 대법원 1970. 1. 29. 선고 69다1203 전원합의체 판결 【손해배상】 – 신체생명의 침해에 대한 별도의 배상적 산정기준의 설정

2. 사실관계

공무원의 위법한 공권력 행사로 인하여 신체상의 손해를 입은 갑은 국가배상법에 의하여 손해배상을 청구하였다. 피고 을 대한민국은 국가배상법 제3조 및 제3조의2에 의하여 국가배상책임은 이 조문과 대통령령이 정하는 한도액을 넘지 않아야 한다고 주장하였다.

3. 판결요지

구 국가배상법(1967. 3. 3. 법률 제1899호) 제3조 제1항과 제3항의 손해배상의 기준은 배상심의회의 배상금지급기준을 정함에 있어서의 하나의 기준을 정한 것에 지나지 아니하는 것이고 이로써 배상액의 상한을 제한한 것으로 볼 수 없다 할 것으로 법원이 국가배상법에 의한 손해배상액을 산정함에 있어서 배상기준에 구애되는 것이 아니라 할 것이니 이 규정은 국가 또는 공공단체에 대한 손해배상청구권을 규정한 구 헌법(1962. 12. 26. 개정헌법) 제26조에 위반된다고 볼 수 없다.

4. 판례해설

국가배상법 제3조는 국가 등 공행정 작용으로 인하여 타인의 생명을 해한 경우, 신체를 해한 경우 및 물건을 멸실 훼손한 경우를 각각 나누어 그 배상기준을 법으로 정하고 있으며 또한 취업가능기간과 장해의 등급 및 노동력상실률 등에 관한 구체적인 기준은 대통령령으로 정하도록 하고 있다. 이로 인하여 국가배상법상의 배상액 산정방법은 민법과 달라지게 된다.

헌법 제29조는 공무원의 직무상 불법행위로 인한 손해배상액에 관하여 '정당한 배상'이라고 규정하고 있다. 일반적으로 정당한 배상이란 가해행위와 상당인과관계에 있는 모든 손해를 전보하여야 함을 의미하는데, 국가배상법 제3조의 적용과의 관계에서 이 기준이 배상액의 최고한도를 의미하는지(한도액설) 아니면 법원이 참조하여야 하는 하나의 기준을 의미하는지(기준액설) 논의가 있다.

한도액설에 의하면 이 배상기준은 법원이 국가배상액의 산정에 있어서 반드시 참조하여야 하는 기준으로 이 기준에서 정하는 한도액 이상으로 배상할 수 없다고 한다. 이에 대하여 기준액설은 이는 헌법 제29조의 정당한 배상을 구체화 하는 법적인 기준으로, 구체적인 사안에서 필요에 의하여 기준액보다 더 배상할 수 있는 여지가 존재한다고 본다. 기준액설이 다수의 지지를 받고 있다. 이 사안에서도 국가배상법 및 대통령령에 의한 배상기준은 상한액을 정한 것이 아니며 법원이 배상액을 산정함에 있어서 이에 구애되지 않는다고 하였다.

관련판례 2에서는 일시적 배상액의 중간이자를 공제하는 방법에 대하여 판단하고 있다. 이 사안에서 법원은 호프만 식(단할인법)에 의하여 중간이자를 공제하는 것이 정당하다고 하면서 공제액의 산정에 관한 규정은 배상심의회를 구속하지만 법원은 이에 구속당하지 않는다고 하였다. 대통령령에서는 이 당시에 이자를 공제하는 방법으로 라이프니츠 식(복할인법)에 의한 계수를 적용하고 있었다. 이 판결 이후에도 라이프니츠 산식이 유지되다가 1998년 2월의 국가배상법 개정으로 법률에서도 호프만 산식이 채택되고 있다. 그러니까 현재는 공제액의 산출방법에 관하여 배상심의회와 법원의 계산방식에 있어 차이는 나지 않는다.

덧붙여 말하면 국가배상을 청구하는 방법과 관련하여 1967년부터 국가배상법에 의한 소송은 배상심의회를 반드시 먼저 거친 후에 제기하도록 하였으나 2000년의 법개정으로 배상심의회의 결정을 받지 않고 바로 소송을 제기할 수 있도록 하였다(배상결정의 임의적 전치주의). 배상심의회에서의 배상금 청구는 비용과 시간상 이점이 있으므로 피해자로서는 편리한 제도라고 하겠다. 배상심의회의 배상금 결정에 대하여 신청인의 동의가 있는 때에는 이를 집행하기 위한 집행문이 발부되는 등 법원의 판결과 유사한 효과가 나도록 관계법령에서 규정하고 있다.

III 관련판례

1. 대법원 1970. 2. 10. 선고 69다1729 판결 【위자료】

국가배상법 제2조 제1항 · 제3항은 배상심의회의 배상금지급에 관한 하나의 기준을 정한 것뿐으로서 그 규정들을 재판에 있어서의 배상액 인정에 관한 상한을 정한 것이었다고는 볼 수 없다는 것이 당원 판례의 견해(1970. 1. 29. 선고 69다1203 판결 참조)이니만큼 원판결이 그 판시와 같은 본 건 사고로 인한 피해자 망 소외인의 손해에 대한 피고의 배상액에 관하여 위 법조에서 정한액을 초과하는 금원을 인용하였음을 법리의 오해로 인한 위법조치었다고 논란하는 소론의 논지는 이유없다 할 것이다.

2. 대법원 1980. 12. 9. 선고 80다1820 판결 【손해배상】

국가배상법 제3조의 2의 제2항은 동법 소정의 절차에 따라 배상심의회에 그 배상을 신청할 경우에 해당하는 규정으로서 소송에 있어서 법원을 기속하는 규정이 아니라 할 것이니 같은 취지에서 원심이 위와 같이 장래 발생할 노임상실액 상당의 손해액을 호프만식 계산법에 의하여 산출한 조치는 정당하다.

Ⅳ 질문 및 토의과제

1. 국가배상법에서 국가배상에 관한 기준을 두는 이유에 관하여 생각해 보자.
2. 호프만 산식과 라이프니츠 산식의 차이는 무엇인가?

Ⅴ 참고문헌

이보환, 중간이자공제의 비현실성(하), 대한변호사협회지 128호, 1987. 4
이재성, 중간이자의 계산방식과 이율, 판례월보 105호, 1979. 6

Ⅵ 관련법령

구 국가배상법(1967년)

제3조 (신체·생명에 대한 배상액등) ① 전조제1항의 경우에 타인의 신체를 해한 때에는 피해자에게 다음 각호의 기준에 의하여 배상을 한다.

1. 필요한 요양을 행하거나 이에 갈음할 필요한 요양비
2. 전호의 요양으로 인하여 월급액이나 월실수액 또는 평균임금의 수입에 손실이 있을 때에는 그 요양기간중 그 손실액의 100분의 50의 휴업배상
3. 피해자가 완치후 신체에 장해가 있을 때에는 그 장해정도의 등급에 따라 피해를 당한 때의 월급액이나 월실수액 또는 평균임금에 별표에 정한 월수나 일수를 승한 액의 장해배상

② 전항제3호의 규정에 의한 신체장해의 등급과 종류는 대통령령으로 정한다.

③ 전조제1항의 경우에 타인의 생명을 해한 때에는 피해자의 상속인(이하 "유족"이라 한다)에 대하여 다음 각호의 기준에 의하여 배상을 한다.

1. 생명의 해를 입은 때의 월급액이나 월실수액의 12월분 내지 60월분 또는 평균임금의 360일분 내지 1,700일분의 유족배상
2. 생명의 해를 입은 때에는 대통령령으로 정하는 장례비

현행 국가배상법

제3조 (배상기준) ① 제2조제1항의 경우에 타인의 생명을 해한 때에는 피해자의 상속인(이하 "유족"이라 한다)에게 다음 각호의 기준에 의하여 배상을 한다.

1. 생명의 해를 입은 때의 월급액이나 월실수액 또는 평균임금에 장래의 취업가능기간을 승한 액의 유족배상
2. 대통령령으로 정하는 장례비

② 제2조제1항의 경우에 타인의 신체를 해한 때에는 피해자에게 다음 각호의 기준에 의하여 배상을 한다.

1. 필요한 요양을 행하거나 이에 갈음할 요양비
2. 제1호의 요양으로 인하여 월급액이나 월실수액 또는 평균임금의 수입에 손실이 있는 때에는 그 요양기간중 그 손실액의 휴업배상
3. 피해자가 완치후 신체에 장해가 있는 때에는 그 장해로 인한 노동력상실 정도에 따라 피해를 입은 때의 월급액이나 월실수액 또는 평균임금에 장래의 취업가능기간을 승한 액의 장해배상

③ 제2조제1항의 경우에 타인의 물건을 멸실·훼손한 때에는 피해자에게 다음 각호의 기준에 의하여 배상을 한다.

1. 피해를 입은 때의 그 물건의 교환가액 또는 필요한 수리를 하거나 이에 갈음할 수리비

2. 제1호의 수리로 인하여 수입에 손실이 있는 때에는 그 수리기간중 그 손실액의 휴업배상

④ 생명 · 신체에 대한 침해 및 물건의 멸실 · 훼손으로 인한 손해 이외의 손해는 불법행위와 상당인과관계가 있는 범위내에서 배상을 한다.

5-1-2. 군인 군무원의 국가배상청구권의 제한

I 개요

국가배상법은 공무원이 직무수행 중 타인에게 불법행위를 한 경우에 공무원이 소속된 국가나 지방자치단체가 배상을 하도록 하고 있다. 여기서의 타인에는 공무원의 신분을 가진 사람도 포함된다. 그런데 국가배상법 제2조 제1항의 단서는 공무원이 직무에 종사하는 가운데 다른 공무원의 불법행위로 인하여 공상을 입은 경우에는 국가등에 대하여 국가배상법과 민법에 의한 배상을 청구할 수 없도록 하고 있다. 이를 이중배상금지라고도 한다. 우리 국가배상법상 특징적인 이 조문은 해석상 여러 난점을 제기하였고, 이와 관련된 많은 판례가 산출되고 있다.

II 리딩케이스

1. 사건번호: 대법원 1971. 6. 22. 선고 70다1010 전원합의체 판결【손해배상】

2. 사실관계

1951년의 국가배상법은 제2조에서 "공무원이 그 직무를 행함에 당하여 고의 또는 과실로 법령에 위반하여 타인에게 손해를 가하였을 때에는 국가 또는 공공단체는 그 손해를 배상할 책임이 있다"고 규정하여 공무원의 불법행위에 기

한 손해배상청구를 할 수 있도록 하였다. 이 법은 1967년 폐지・재제정되면서 제2조 제1항 단서 조항이 추가되었는데 여기에는 “다만, 군인 또는 군속이 전투・훈련 기타 직무집행 중에서 발생하였거나 국군의 목적상 사용하는 진지・영내・함정・선박・항공기 기타 운반기구 안에서 발생한 전사・순직 또는 공상으로 인하여 다른 법령의 규정에 의하여 재해보상금 또는 유족일시금이나 유족연금 등을 지급받을 수 있을 때에는 이 법 및 민법의 규정에 의한 손해배상을 청구할 수 없다”고 규정하였다. 단서 조항의 추가로 인하여 불이익을 받는 원고 갑은 이 조항이 헌법에 위반된다고 주장하였다. 당시의 헌법(1969년 개정 헌법) 제102조 제1항은 “법률이 헌법에 위반되는 여부가 재판의 전제가 된 때에는 대법원은 이를 최종적으로 심사할 권한을 가진다”고 규정하고 있었다. 즉, 재판과정에서 어떤 법률을 적용할 때 그 법률의 위헌성이 문제된 경우에는 대법원에서 최종결정한다는 것으로, 위헌법률 심사권을 헌법재판소가 행사하는 현재와는 제도적인 차이점이 존재하고 있었다.

3. 판결요지

군인 또는 군속이 공무원의 직무상 불법행위의 피해자인 경우에 그 군인 또는 군속에게 이로 인한 손해배상청구권을 제한 또는 부인하는 국가배상법 제2조 제1항 단행은 헌법 제26조에서 보장된 국민의 기본권인 손해배상청구권을 헌법 제32조 제2항의 질서유지 또는 공공복리를 위하여 제한할 필요성이 없이 제한한 것이고 또 헌법 제9조의 평등의 원칙에 반하여 군인 또는 군속인 피해자에 대하여서만 그 권리를 부인함으로써 그 권리자체의 본질적 내용을 침해하였으며 기본권제한의 범주를 넘어 권리 자체를 박탈하는 규정이므로 이는 헌법 제26조, 같은 법 제8조, 같은 법 제9조 및 같은 법 제32조 제2항에 위반한다.

4. 판례해설

국가배상법 제2조는 군인 또는 군무원이 직무중에 공상을 입은 경우에 국가배상법에 의한 배상청구를 제한하고 있다. 대상 판례에서 대법원은 본 국가배상법 제2조 조항이 헌법에 위반되어 위법하다고 판단하였다. 이 결정이 내려진 당시에는 대법원이 법률의 위헌여부에 대하여 판단하는 권한을 가지고 있었다. 지금은 헌법재판소가 설치되어 있어 헌법재판소의 심판사항으로 된다.

잘 알려져 있듯이 당시에는 월남파병으로 인하여 많은 국군의 희생이 예상되던 시기였고, 국가배상청구로 인한 국가배상비용의 증대가 국가재정을 압박할 수 있다고 하는 우려로 인하여 본 조항이 국가배상법 제2조 제1항 단서에 자리하게 되었다. 대법원은 이 조항이 당시의 헌법 제26조(공무원의 직무상 불법행위 책임), 제8조(인간의 존엄과 가치, 국가의 기본권 보장의무), 제9조(법 앞의 평등) 그리고 제32조 제2항(자유와 권리의 본질적인 내용 침해금지)에 위반된다고 하였다. 그 이유는 첫째로 국가배상과 재해보상금 등은 성질이 다르고, 둘째로 재해보상금은 불법행위로 인한 손해배상과 이중으로 지급되지 않도록 규정하고 있으며, 경찰관이나 일반 공무원에게도 지급되고 있는 점, 셋째로 국고부족이 군인이나 군속의 불법행위에 대한 손해배상청구권 부인사유가 되지 못하는 점, 넷째로 특별권력관계론은 직무상 손해의 부인 근거가 될 수 없다는 점이 제시되었다.

대법원의 이 판결로 인하여 사법부와 행정부 간의 갈등이 증폭되기도 하였다. 그런데 그 후에 해당 조항이 1972년 헌법 제26조 제2항에 규정됨으로써 오히려 헌법적인 효력으로 격상되어 살아나게 된다. 현행 헌법 또한 제29조 제2항에 이와 동일한 내용을 규정하고 있다.

현행 국가배상법 제2조 제1항 단서 조항 또한 위헌심판 제청된 바 있다. 헌법재판소는 이에 대하여 당해 조항이 헌법에 근거하고 있을 뿐만이 아니라 그 내용이 실질적으로 헌법과 동위이므로 위헌이라고 할 수 없다고 하였고(관련판례 2 참조), 위의 헌법 조항에 대해서도 헌법 조항 간의 위헌판단은 할 수 없다고 하였다(관련판례 1 참조).

헌법재판소의 결정으로 인하여 군인 등은 직무행위와 관련된 공상에 대하여 국가배상을 청구할 수 없는데, 이것이 우리 국가배상법의 중요한 내용이자 특징을 이루고 있다. 즉, 이 조항으로 인하여 우리 국가배상법에 특유한 판례가 형성되어 있다고 할 수 있다. 피해공무원 개인이 가해 공무원에 대하여 직접 민사소송에 의한 배상을 청구하여야 하는 실제적인 원인이 되기도 하며(5−1−6 참조), 또한 헌법재판소는 사인이 직무집행 중인 군인과의 공동불법행위로 역시 직무집행 중인 다른 군인에게 공상을 입힌 경우에 그 사인이 피해 군인에 대하여 자기의 부담부분을 넘는 배상을 한 후에 공동불법행위자인 군인의 부담부분에 관하여 구상권을 행사할 수 없는 것으로 해석하면 헌법에 합치하지 아니한다고 하였다(관련판례 3). 이에 대하여 대법원은 이 경우에는 다른 불법행위와 달리 국가가 배상책임을 지는 부분에 대하여는 공동불법행위자가 처음부터 배상책임을 지지 않는 것으로 보아야 한다고 판시하였다. 따라서 이 경우에는 구상의 문제가 발생하지 않는다(관련판례 4)(자세히는 뒤의 5−1−3 참조).

Ⅲ 관련판례

1. 헌재 2001. 2. 22. 2000헌바38 결정

헌법 및 헌법재판소의 규정상 위헌심사의 대상이 되는 법률은 국회의 의결을 거친 이른바 형식적 의미의 법률을 의미하는 것이므로 헌법의 개별규정 자체는 헌법소원에 의한 위헌심사의 대상이 아니다. 한편, 이념적·논리적으로는 헌법규범 상호간의 우열을 인정할 수 있다 하더라도 그러한 규범 상호간의 우열이 헌법의 어느 특정규정이 다른 규정의 효력을 전면적으로 부인할 수 있을 정도의 개별적 헌법규정 상호간에 효력상의 차등을 의미하는 것이라고 볼 수 없으므로, 헌법의 개별규정에 대한 위헌심사는 허용될 수 없다.

2. 헌재 2005. 5. 26. 2005헌바28 결정

헌법재판소는 앞에서 본 사건에서 이 사건 법률조항은 헌법 제29조 제1항에 의하여 보장되는 국가배상청구권을 헌법 내재적으로 제한하는 헌법 제29조 제2항에 직접 근거하고, 실질적으로 그 내용을 같이하는 것이므로 헌법에 위반되지 아니한다고 판시하였다(헌재 1995. 12. 28. 95헌바3).

3. 헌재 1994. 12. 29. 93헌바21 결정

국가배상법 제2조 제1항 단서 중 "군인 … 이 … 직무집행과 관련하여 … 공상을 입은 경우에 본인 또는 그 유족이 다른 법령의 규정에 의하여 재해보상금 · 유족연금 · 상이연금 등의 보상을 지급받을 수 있을 때에는 이 법 및 민법의 규정에 의한 손해배상을 청구할 수 없다"는 부분은, 일반국민이 직무집행규정에 군인과의 공동불법행위로 직무집행중인 다른 군인에게 공상을 입혀 그 피해자에게 공동의 불법행위로 인한 손해를 배상한 다음 공동불법행위자인 군인의 부담부분에 관하여 국가에 대하여 구상권을 행사하는 것을 허용하지 아니한다고 해석하는 한, 헌법에 위반된다.

4. 대법원 2001. 2. 15. 선고 96다42420 전원합의체 판결 【구상금】

피해 군인 등은 위 헌법 및 국가배상법 규정에 의하여 국가 등에 대한 배상청구권을 상실한 대신에 자신의 과실 유무나 그 정도와 관계없이 무자력의 위험부담이 없는 확실한 국가보상의 혜택을 받을 수 있는 지위에 있게 되는 특별한 이익을 누리고 있음에 반하여 민간인으로서는 손해 전부를 배상할 의무를 부담하면서도 국가 등에 대한 구상권을 행사할 수 없다고 한다면 부당하게 권리침해를 당하게 되는 결과가 되는 것과 같은 각 당사자의 이해관계의 실질을 고려하여, 위와 같은 경우에는 공동불법행위자 등이 부진정연대채무자로서 각자 피해자의 손해 전부를 배상할 의무를 부담하는 공동불법행위의 일반적인 경우와 달리 예외적으로 민간인은 피해 군인 등에 대하여 그 손해 중 국가 등이 민간인에 대한 구상의무를 부담한다면 그 내부적인 관계에서 부담하여야 할 부분을 제외한 나머지 자신의 부담부분에 한하여 손해배상의무를 부담하고, 한편 국가 등에 대하여는 그 귀책부분의 구상을 청구할 수 없다고 해석함이 상당하다 할 것이고, 이러한 해석이 손해의 공평 · 타당한 부담을 그 지도원리로 하는 손해배상제도의 이상에도 맞는다 할 것이다.

5. 대법원 1991. 4. 26. 선고 90다15907 판결 【손해배상(기)】

경비교도로 근무중 공무수행과 관련하여 사망한 자에 대하여 국가기관이 그를 국가유공자예우등에관한법률 제4조 제1항 제5호 소정의 순직 군경(군인 또는 경찰공무원으로서 교육훈련 또는 직무수행중 사망한 자)에 해당한다 하여 국가유공자로 결정하고 사망급여금 등이 지급되었다 하더라도 그러한 사실 때문에 그 신분이 군인 또는 경찰공무원으로 바뀌는 것은 아니라 할 것이다.

Ⅳ 질문 및 토의과제

1. 군인 등이 직무상 입은 공상에 대하여 보상을 받은 경우에 별도로 국가배상을 받아야 한다면 그 이유는 무엇인가?

2. 이중배상금지와 관련하여 헌법 및 국가배상법의 개정방향에 대하여 논의해 보라.

Ⅴ 참고문헌

이철환, 국가배상법상의 이중배상금지 규정과 다른 법령에 의한 보상금청구, 법과정책 23(3), 2017. 12. 3

방승주, 국가배상법 제2조 제1항 단서에 대한 한정위헌결정의 기속력, 안암법학, 2002

이상철, 국가배상법 제2조 1항 단서의 위헌성, 안암법학 창간호, 안암법학회, 1993. 9

강구철, 우리나라 국가배상법의 문제점 및 그 개선방향에 관한 입법론적 고찰, 법학논총 1집, 국민대학교 출판부, 1989. 2

Ⅵ 관련법령

헌법

제29조 ① 공무원의 직무상 불법행위로 손해를 받은 국민은 법률이 정하는 바에 의하여 국가 또는 공공단체에 정당한 배상을 청구할 수 있다. 이 경우 공무원 자신의 책임은 면제되지 아니한다.

② 군인·군무원·경찰공무원 기타 법률이 정하는 자가 전투·훈련등 직무집행과 관련하여 받은 손해에 대하여는 법률이 정하는 보상외에 국가 또는 공공

단체에 공무원의 직무상 불법행위로 인한 배상은 청구할 수 없다.

국가배상법

제2조 (배상책임) ① 국가나 지방자치단체는 공무원이 직무를 집행하면서 고의 또는 과실로 법령을 위반하여 타인에게 손해를 입히거나, 「자동차손해배상 보장법」에 따라 손해배상의 책임이 있을 때에는 이 법에 따라 그 손해를 배상하여야 한다. 다만, 군인·군무원·경찰공무원 또는 향토예비군대원이 전투·훈련 등 직무 집행과 관련하여 전사·순직하거나 공상을 입은 경우에 본인이나 그 유족이 다른 법령에 따라 재해보상금·유족연금·상이연금 등의 보상을 지급받을 수 있을 때에는 이 법 및 「민법」에 따른 손해배상을 청구할 수 없다.

5-1-3. 공동불법행위와 국가배상책임

I 개요

우리 국가배상법은 군인등이 직무집행 중에 입은 공상에 대해서는 국가배상법이나 민법에 따른 손해배상을 청구할 수 없다고 규정하고 있다. 물론 국가배상법은 당해 불법행위를 한 주체로 다른 공무원을 전제로 하고 있다. 그런데 일반 국민이 다른 공무원과 공동불법행위로 공무원에게 손해를 발생시킨 경우에는 복잡한 문제가 발생한다. 손해배상 청구 주체인 공무원의 입장에서 보면 당해 손해는 공상에 해당한다. 그러나 공동불법행위자인 민간인의 입장에서 보면 자신의 행위로 타인에게 손해를 발생시켰으므로 다수설 및 판례에 의하여 피해 전부에 대한 손해배상책임을 부담한다. 즉, 일반적으로 불법행위에 의한 손해배상책임은 부진정연대책임으로서 손해에 관하여 불법행위자 각인은 전부 배상책임을 진다. 이 경우 국가배상법 제2조 제1항 단서에 의하여 국가는 어떤 범위에서 그리고 어떤 방법으로 책임을 져야 하는지 문제된다.

II 리딩케이스

1. 대법원 2001. 2. 15. 선고 96다42420 전원합의체 판결

2. 사실관계

이 사건의 원고는 보험회사로 보험차량의 사고로 인한 피해액 전부를 배상하고, 공동불법행위자인 피고 국가의 과실에 해당하는 부분의 구상을 청구하였다. 원고인 보험회사에 가입한 트럭의 운전자는 오토바이와 충돌사고를 일으켰는데, 법원은 트럭과 오토바이 운전자의 과실비율을 3 대 1로 계산하였다. 오토바이는 부산지방경찰청 부산진경찰서 부암2 파출소의 공무용이었는데, 위 파출소 소속 의무경찰대원 A가 운전하였다. 오토바이의 뒷좌석에는 의무경찰대원 B가 탑승하고 있었다. 원고는 사고로 인하여 상해를 입은 B에게 치료비 및 합의금으로 47,330,000원을 지급한 후 그 중 피고인 부담부분 상당의 상환을 구하는 이 사건에서 트럭 운전자와 오토바이 운전자의 과실비율을 기초로 11,832,500원의 구상금을 청구하였다. 이에 대하여 피고는 이 사건 피해자 B는 위 파출소 소속 의무경찰대원으로 순찰업무를 수행하던 중 상해를 입은 것으로 피고로부터 재해보상금, 유족연금, 상이연금 등의 보상을 지급받을 수 있기 때문에 국가배상법 제2조 제1항 단서에 따라 피고에 대하여 국가배상법 또는 민법에 의한 손해배상청구를 할 수 없으므로 원고의 피고에 대한 구상권도 인정할 수 없다고 주장한다.

3. 판결요지

헌법 제29조 제2항, 국가배상법 제2조 제1항 단서의 입법 취지를 관철하기 위하여는, 국가배상법 제2조 제1항 단서가 적용되는 공무원의 직무상 불법행위로 인하여 직무집행과 관련하여 피해를 입은 군인 등에 대하여 위 불법행위에 관련된 일반국민(법인을 포함한다. 이하 '민간인'이라 한다)이 공동불법행위책임, 사용자책임, 자동차운행자책임 등에 의하여 그 손해를 자신의 귀책부분을 넘어서 배상한 경우에도, 국가 등은 피해 군인 등에 대한 국가배상책임을 면할 뿐만 아니라, 나아가 민간인에 대한 국가의 귀책비율에 따른 구상의무도 부담하지 않는다고 하여야 할 것이다. 그러나 위와 같은 경우, 민간인은 여전히 공동불법행위자 등이라는 이유로 피해 군인 등의 손해 전부를 배상할 책임을 부담하도록 하면서 국가 등에 대하여는 귀책비율에 따른 구상을 청구할 수 없도록 한다면, 공무원의 직무활동으로 빚어지는 이익의 귀속주체인 국가 등과 민간인과의 관계에서 원래는 국가 등이 부담하여야 할 손해까지 민간인이 부담하는 부당한 결과가 될 것이고(가해 공무원에게 경과실이 있는 경우에는 그 공무원은 손해배상책임을 부담하지 아니하므로 민간인으로서는 자신이 손해발생에 기여한 귀책부분을 넘는 손해까지 종국적으로 부담하는 불이익을 받게 될 것이고, 가해 공무원에게 고의 또는 중과실이 있는 경우에도 그 무자력 위험을 사용관계에 있는 국가 등이 부담하는 것이 아니라 오히려 민간인이 감수하게 되는 결과가 된다), 이는 위 헌법과 국가배상법의 규정에 의하여도 정당화될 수 없다고 할 것이다. 이러한 부당한 결과를 방지하면서 위 헌법 및 국가배상법 규정의 입법 취지를 관철하기 위하여는, 피해 군인 등은 위 헌법 및 국가배상법 규정에 의하여 국가 등에 대한 배상청구권을 상실한 대신에 자신의 과실 유무나 그 정도와 관계 없이 무자력의 위험부담이 없는 확실한 국가보상의 혜택을 받을 수 있는 지위에 있게 되는 특별한 이익을 누리고 있음에 반하여 민간인으로서는 손해 전부를 배상할 의무를 부담하면서도 국가 등에 대한 구상권을 행사할 수 없다고 한다면 부당하게 권리침해를 당하게 되는 결과가 되는 것과 같은 각 당사자의 이해관계의 실질을 고려하여, 위와 같은 경우에는 공동불법행위자 등이 부진정연대채무자로서 각자 피해자의 손해 전부를 배상할 의무를 부담하는 공동불법행위의 일반적인 경우와 달리 예외적으로 민간인은 피해 군인 등에 대하여 그 손해 중 국가 등이 민간인에 대한 구상의무를 부담한다면 그 내부적인 관계에서 부담하여야 할 부분을 제외한 나머지 자신의 부담부분에 한하여 손해배상의무를 부담하고, 한편 국가 등에 대하여는 그 귀책부분의 구상을 청구할 수 없다고 해석함이 상당하다 할 것이고, 이러한 해석이 손해의 공평·타당한 부담을 그 지도원리로 하는 손해배상제도의 이상에도 맞는다 할 것이다.

4. 판례해설

국가배상법은 공무원이 전투 등의 직무수행 중에 입은 손해에 대해서 관련법이 정하는 보상 이외에 이 법과 민법에 의한 배상청구를 하지 못하도록 하고 있다. 이 국가배상법 단서 조항에 대해서는 찬반의 논의가 분분하였으나 헌법재판소는 이에 대하여 합헌으로 결정하였다. 그런데 사안과 같이 공무원과 민간인이 공동불법행위자가 되어 다른 공무원에게 손해를 끼친 경우에는 별도의 문제가 발생한다. 즉, 피해자인 공무원은 민간인의 불법행위에 대해서는 민법에 의한 배상책임을 물을 수 있기 때문이다. 이 경우에 종전 판례에 의하면 민간인은 자신의 공동불법행위로 인하여 손해 전부에 대한 책임을 지게 되는데, 그러면 내부관계에서 국가에 대한 구상권을 행사할 수 있는지가 문제된다.

리딩케이스는 전원합의체 판결로서 이 문제에 관한 종래의 판례를 변경하였다. 종전에 대법원은 관련판례 1에서 보듯이 민간인 공동불법행위자가 손해 전부를 배상한 경우에도 국가에 대하여 구상권을 행사할 수 없다는 판결을 하여 왔다. 그 논지는 국가배상법 제2조 단서 조항은 공상을 입은 공무원이 직접 국가를 상대로 국가배상법이나 민법에 의한 손해배상 청구를 할 수 없다고 규정하고 있음은 물론 사안과 같은 경우에 간접적으로도 민간인의 배상을 통하여 이를 구상권 행사의 형식으로도 청구할 수 없다는 데 있다. 그런데 이런 대법원의 판결에 대하여 헌법재판소가 헌법불합치 결정을 내렸다. 관련판례 2에서 보듯이 구상권의 행사는 헌법 제23조가 보장하는 재산권의 범위 안에 드는 것인데, 피해자에 대하여 전부를 배상한 민간인 공동불법행위자가 국가에 대하여 구상권을 행사하지 못하게 하여 이를 침해하였다고 보았다. 즉, 법률에 명확한 근거 없이 재산권 행사를 허용하지 않음으로써 재산권을 침해하였다고 보았다.

리딩케이스는 헌법재판소의 위헌결정에 대한 대응이라고 할 수 있다. 이 판결의 다수의견은 종래의 판시와 달리 민간인인 공동불법행위자는 내부관계에서 공무원인 공동불법행위자가 담당해야 하는 부분을 제외한 자신의 책임에 대해서만 피해자에게 배상할 책임이 있다고 보았다. 즉, 피해자의 손해 전체에 대한 배상책임을 지지만 국가에 대해서 구상권을 행사할 수 없는 것이 아니라, 불법행위에 대한 국가의 기여부분에 대해서는 처음부터 민간인이 배상할 책임이 없다고 보았다.

다수의견에 대한 반대의견은 종전의 판결과 헌법재판소의 결정을 모두 수용하는 듯한 의견을 제시하고 있는데 이에 따르면 민간인은 전부에 대한 책임을 지고, 내부관계에서 국가에 대하여 구상권을 행사할 수 있는 것으로 보았다.

[반대의견] 불법행위법은 피해자의 구제와 손해의 공평·타당한 부담·분배를 그 목적으로 하는바, 이러한 목적에 입각한 불법행위법의 일반원칙에 따르면 직접 불법행위를 한 자 뿐만 아니라 그 사용자, 자동차운행자 등 손해의 발생에 대하여 일정한 책임이 있는 자들로 하여금 각자 피해자의 손해 전부를 배상할 의무를 부담하게 함으로써 피해자를 두텁게 보호하고, 한편 불법행위로 인한 손해발생에 관한 복수의 책임주체 중 일방이 피해자에게 그 손해를 자신의 귀책부분을 넘어서 배상한 때에는 다른 책임주체에 대하여 그들 사이에서 손해발생에 기여한 정도 등 실질관계에 따라 정하여지는 부담부분을 구상할 수 있도록 함으로써 손해의 공평·타당한 부담·분배를 도모하게 되는 것이다. 이러한 불법행위법의 목적과 일반원칙에 비추어 볼 때, 가해 공무원의 사용자로서의 지위에서 피해 군인 등의 손해발생에 책임이 있는 국가 등의 손해배상의무가 위 헌법 및 국가배상법의 규정에 의하여 배제 또는 면제되었다고 하더라도, 피해자를 보호하기 위해서는 그 손해발생의 다른 책임주체인 민간인의 손해배상의무까지 감축된다고 할 수 없고 그 민간인은 여전히 피해 군인 등의 손해 전부를 배상할 의무가 있는 것이다. 한편, 손해의 공평·타당한 부담·배분을 위해서는 군인 등의 손해를 배상한 민간인이 국가 등에 대하여 구상권을 행사할 수 있다고 해석하여야 한다. 만약 국가 등이 군인 등의 손해 전부를 배상한 민간인에 대한 구상의무까지 부담하지 않는다면, 국가 등은 공무원의 직무행위로 빚어지는 이익의 귀속주체로서 그 손해의 발생에 책임이 있는 경우에도 그 손해 중 민간인과의 관계에서 원래는 자신이 부담함이 마땅한 부분을 민간인에게 전가시킴으로써 재산상 불이익을 주게 될 것인데, 이러한 결과는 공평과 재산권 보장의 정신에 반하고, 그것은 다수의견도 지적하는 바와 같이 위 헌법 및 국가배상법의 규정에 의하여 정당화될 수는 없기 때문이다.

보충의견에서는 혹시 민간인이 질 수 있는 부당한 손해배상에 대한 위험을 방지하기 위하여 민간인의 배상책임을 제한하는 의미가 있다고 하면서 다수의견을 옹호하고 있다.

[보충의견] 다수의견은 공동불법행위자의 책임에 관하여 피해자를 두텁게 보호하기 위하여 그동안 우리의 지배적 학설과 판례가 취하여 온, 공동불법행위자는 각자 손해 전부에 대한 배상의무를 부담한다는 원칙은 여전히 타당하다고 보지만, 법률에 의하여 보장되는 국가보상청구권제도에 의하여 피해자의 구제가 확실해 보이는 이 사건과 같은 경우에 민간인이 국가에 대하여 구상권을 행사할 수 없다고 봄으로 인하여 민간인이 부당한 손해를 입을 수 있는 위험을 방지하기 위하여 앞에서 본 바와 같은 특별한 사정을 기초로 예외적으로 공동불법행위자인 민간인의 손해배상의무를 제한하려는 것이므로, 이로 인하여 불법행위제도에 의한 피해자 보호의 취지가 특별히 훼손된다거나 불법행위로 인한 피해자의 구제에 관하여 일관성 없는 차별적 처리를 초래할 위험이 있다고 볼 수는 없으며, 민간인의 손해배상의무가 제한된다고 보는 것은 피해자가 누구로부터 먼저 배상이나 보상을 받느냐에 따라 민간인이 최종적으로 부담할 손해배상액에 차이가 생기고, 경우에 따라서는 민간인의 부담 아래 피해자가 과잉배상을 받게 되는 부당한 결과를 방지하기 위한 것으로서, 민간인은 그 손해배상의무의 제한으로 인하여 부당한 이득을 얻는 것이 아니라, 그 반대의 경우에 발생할 수 있는 부당한 손해를 입을 위험이 없게 될 뿐이므로 다수의견이 피해자보다 민간인을 부당하게 더 두텁게 보호하려는 것으로 볼 수도 없다.

III 관련판례

1. 대법원 1994. 5. 27. 선고 94다6741 판결【구상금】

국가배상법 제2조 제1항 단서에 의하면 군인, 군무원 등이 직무집행과 관련하는 행위 등으로 인하여 전사·순직 또는 공상을 입은 경우에 다른 법령의 규정에 의하여 재해보상금, 유족연금, 상이연금 등의 보상을 지급받을 수 있을 때에는 국가배상법 또는 민법의 규정에 의한 손해배상청구를 할 수 없도록 규정하고 있으므로 이들이 직접 국가에 대하여 손해배상청구권을 행사할 수 없음은 물론 국가와 공동불법행위책임이 있는 자가 그 배상채무를 이행하였음을 이유로 국가에 대하여 구상권을 행사하는 것은 허용되지 않는다.

2. 헌재 1994. 12. 29. 93헌바21 전원재판부 결정

국가배상법(國家賠償法) 제2조 제1항 단서 중 군인(軍人)에 관련되는 부분을, 일반국민이 직무집행 중인 군인과의 공동불법행위(共同不法行爲)로 직무집행 중인 다른 군인에게 공상을 입혀 그 피해자에게 공동의 불법행위로 인한 손해를 배상한 다음 공동불법행위자인 군인의 부담부분에 관하여 국가(國家)에 대하여 구상권(求償權)을 행사하는 것을 허용하지 않는다고 해석한다면, 이는 위 단서 규정의 헌법상 근거규정인 헌법(憲法) 제29조가 구상권의 행사를 배제하지 아니하는데도 이를 배제하는 것으로 해석하는 것으로서 합리적인 이유 없이 일반국민을 국가에 대하여 지나치게 차별하는 경우에 해당하므로 헌법 제11조, 제29조에 위반되며, 또한 국가에 대한 구상권은 헌법 제23조 제1항에 의하여 보장되는 재산권(財産權)이고 위와 같은 해석은 그러한 재산권의 제한에 해당하며 재산권의 제한은 헌법 제37조 제2항에 의한 기본권제한(基本權制限)의 한계 내에서만 가능한데, 위와 같은 해석은 헌법 제37조 제2항에 의하여 기본권(基本權)을 제한할 때 요구되는 비례(比例)의 원칙에 위배하여 일반국민의 재산권을 과잉제한하는 경우에 해당하여 헌법 제23조 제1항 및 제37조 제2항에도 위반된다.

3. 대법원 2011. 3. 10. 선고 2010다85942 판결

경찰공무원이 낙석사고 현장 주변 교통정리를 위하여 사고현장 부근으로 이동하던 중 대형 낙석이 순찰차를 덮쳐 사망하자, 도로를 관리하는 지방자치단체가 국가배상법 제2조 제1항 단서에 따른 면책을 주장한 사안에서, 경찰공무원 등이 '전투·훈련 등 직무집행과 관련하여' 순직 등을 한 경우 같은 법 및 민법에 의한 손해배상책임을 청구할 수 없다고 정한 국가배상법 제2조 제1항 단서의 면책조항은 구 국가배상법(2005. 7. 13. 법률 제7584호로 개정되기 전의 것) 제2조 제1항 단서의 면책조항과 마찬가지로 전투·훈련 또는 이에 준하는 직무집행뿐만 아니라 '일반 직무집행'에 관하여도 국가나 지방자치단체의 배상책임을 제한하는 것이라고 해석하여, 위 면책 주장을 받아들인 원심판단을 정당하다고 한 사례.

4. 대법원 2012. 6. 18. 선고 2010두27363 전원합의체 판결【국가유공자요건비해당결정처분】

군인이 군 복무 중 자살로 사망한 경우에도 구 국가유공자법 제4조 제1항 제5호 (가)목에서 정한 '교육훈련 또는 직무수행 중 사망'에 해당하는지는 교육훈련 또는 직무수행과 사망 사이에 상당인과관계가 있는지에 따라 판단해야 하고, 교육훈련 또는 직무수행과 사망 사이에 상당인과관계가 인정되는데도 사망이 자살로 인한 것이라는 이유만으로, 또는 자유로운 의지가 완전히 배제된 상태에서 한 자살이 아니라는 이유로 국가유공자에서 제외되어서는 안 된다.

Ⅳ 질문 및 토의과제

1. 이 사안에서 나타난 국가배상책임과 민법상 공동불법행위자의 책임의 범위에 관하여 설명하여 보라. 그 차이는 어디에서 발생하는가?
2. 헌법재판소의 위 결정과 대법원의 결정이 가지는 차이점과 공통점은 각각 무엇인가?
3. 헌법재판소의 위 결정에 불구하고 대법원은 종전의 판결대로 공동불법행위자가 손해 전부에 대한 배상책임을 지지만 국가에 대한 구상권 행사는 할 수 없다는 판결을 할 수 있겠는가?

Ⅴ 참고문헌

정하중, 국가배상을 받은 군인이 추가로 국가유공자 보상금을 받을 수 있는지 여부 – 대법원 2017. 2. 3. 선고 2014두40012 판결 – 법조 67(1), 2018. 2

임성훈, 군인에 대한 공동불법행위자의 국가에 대한 구상, 행정판례평선, 박영사, 2011

유남석, 군인등에 대한 국가배상의 배제가 공동불법행위자의 법적 지위에 미

치는 영향, 21세기사법의 전개: 송민최종영대법원장재임기념(2005. 9), 박영사, 2005
이상화, 군인 등에 대한 국가배상책임의 제한과 공동불법행위자의 책임: 면제와의 비교 · 검토, 재판과 판례 13집(2005. 1), 대구판례연구회, 2005
김남진, 민간인 · 군인의 공동불법행위와 구상권 등, 고시연구 30권 5호(350호) (2003. 5), 고시연구사, 2003

Ⅵ 관련법령

국가배상법

제2조 (배상책임) ① 국가나 지방자치단체는 공무원이 직무를 집행하면서 고의 또는 과실로 법령을 위반하여 타인에게 손해를 입히거나, 「자동차손해배상 보장법」에 따라 손해배상의 책임이 있을 때에는 이 법에 따라 그 손해를 배상하여야 한다. 다만, 군인 · 군무원 · 경찰공무원 또는 향토예비군대원이 전투 · 훈련 등 직무 집행과 관련하여 전사 · 순직하거나 공상을 입은 경우에 본인이나 그 유족이 다른 법령에 따라 재해보상금 · 유족연금 · 상이연금 등의 보상을 지급받을 수 있을 때에는 이 법 및 「민법」에 따른 손해배상을 청구할 수 없다.

5-1-4. 국가배상책임의 요건

Ⅰ 개요

국가배상법에 의하여 공무원의 불법행위로 인한 국가배상 책임이 성립하기 위해서는 국가배상법 제2조의 각 요건이 충족되어야 한다. 첫째는 공무원의 행위이어야 하며 둘째는 공무원의 직무상 행위이어야 하고 셋째는 법령위반과 고의과실 요건이 충족되어야 한다. 그리고 마지막으로는 공무원의 행위와 피해간에 인과관계가 성립하여야 한다. 여기서는 첫째와 둘째의 요건을 중심으로 설명하기로 한다.

II 리딩케이스

1. 사건번호: 대법원 1995. 4. 21. 선고 93다14240 판결【손해배상(기)】
(국가배상책임의 요건-직무행위의 판단기준)

2. 사실관계

군인 A는 전입신병인 갑에 대하여 교육을 하던 중 암기상태가 불량하다고 하여 구타를 하여 상해를 입혔다. 이에 대하여 갑은 국가배상법에 의한 손해배상을 청구하고자 한다. 국가는 구타행위는 직무상의 행위(직무를 집행하면서 한 행위)가 아니므로 국가배상의 요건이 성립하지 않는다고 주장하였다.

3. 판결요지

(구)국가배상법 제2조 제1항의 "직무를 집행함에 당하여"라 함은 직접 공무원의 직무집행행위이거나 그와 밀접한 관계에 있는 행위를 포함하고, 이를 판단함에 있어서는 행위 자체의 외관을 객관적으로 관찰하여 공무원의 직무행위로 보일 때에는 비록 그것이 실질적으로 직무행위가 아니거나 또는 행위자로서는 주관적으로 공무집행의 의사가 없었다고 하더라도 그 행위는 공무원이 "직무를 집행함에 당하여" 한 것으로 보아야 한다.

4. 판례해설

본 사례는 국가배상법상의 국가배상책임 성립요건의 하나인 "직무를 집행하면서"라는 규정의 해석에 관한 기준을 제시한다. "직무를 집행하면서"라는 말은 직무의 범위 내에 속하는 행위이거나 직무수행의 수단으로써 또는 직무수행과 밀접한 관련이 있는 경우를 말한다(관련판례 3 참조). "직무를 집행하면서"라는 규정의 판단 방법에는 주관설과 객관설이 있는데 객관설적인 입장이 본 판례에서 취하는 태도이며, 이는 행위자의 주관적인 내면의 의사와는 관계없이 행위 자체의 외관을 객관적으로 관찰하여 외부인의 입장에서 그것이 공무원의 직무상 행위라고 판단될 경우에는 직무를 집행함에 당하여 한 행위라고 보는 방법이다. 이 사안에서 교육훈련 중에 구타행위가 발생한 경우 구타행위 자체만을 두고 보면 사적인 감정에 의한 폭행행위로서 공무의 집행과는 별개이지만 그것이 교육훈련의 과정에서 발생한 점을 감안하면 직무를 집행하면서 한 행위로 볼 수 있다는 의미이다.

한편, 국가배상법상 직무의 범위에는 광의설과 최광의설이 존재하는데, 광의설에서는 국가배상법상의 직무에 국가 또는 지방자치단체의 활동 가운데 사경제작용을 제외한 일체의 작용을 포함시킨다. 이 설의 근거는 사경제작용에 대해서는 사법이 적용되어야 하며 공법인 국가배상법은 적용될 수 없다는 것과, 국가배상법은 공행정행위에 의하여 발생하는 사인의 피해구제를 전보하기 위한 목적으로 제정되었기 때문에 사경제 작용에 적용되는 법리와는 다르다고 하는 것 등이다. 뒤의 관련판례 2는 이러한 법원의 입장을 잘 나타내고 있다.

또한 국가배상법의 적용대상이 되는 공무원의 범위에 대해서는 국가공무원법이나 지방공무원법에 의한 공무원의 신분을 가지는 자는 당연히 포함되며, 공무원의 신분을 가지고 있지 않더라도 널리 공무를 위탁받아 실질적으로 공무에 종사하고 있는 일체의 자가 여기에 포함된다고 본다. 판례는 별정우체국장, 조세의 원천징수의무자, 소집중인 향토예비군, 시청소차 운전자, 임시공무원, 교통안내를 위탁받은 사인(교통 할아버지), 수출업무를 행정청으로부터 위탁받아 행하는 수산업협동조합 등을 국가배상법 제2조에 관련된 공무원의 범위에 넣고 있다. 뒤의 관련판례 1은 동장의 추천에 의하여 구청장이 위촉한 통장이 국가배상법의 규정에 의한 공무원에 해당한다고 판시하고 있다.

Ⅲ 관련판례

1. 대법원 1991. 7. 9. 선고 91다5570 판결【손해배상(기)】 – 공무원

국가배상법 제2조 소정의 "공무원"이라 함은 국가공무원법이나 지방공무원법에 의하여 공무원으로서의 신분을 가진 자에 국한하지 않고, 널리 공무를 위탁받아 실질적으로 공무에 종사하고 있는 일체의 자를 가리키는바, 서울특별시 종로구 통, 반 설치 조례에 의하면 통장은 동장의 추천에 의하여 구청장이 위촉하고 동장의 감독을 받아 주민의 거주·이동상황 파악 등의 임무를 수행하도록 규정되어 있고, 주민등록법 제14조와 같은 법 시행령 제7조의2 등에 의하면 주민등록 전입신고를 하여야 할 신고의무자가 전입신고를 할 경우에는 신고서에 관할이장(시에 있어서는 통장)의 확인인을 받아 제출하도록 규정되어 있는 점 등에 비추어 보면 통장이 전입신고서에 확인인을 찍는 행위는 공무를 위탁받아 실질적으로 공무를 수행하는 것이라고 보아야 하므로, 통장은 그 업무범위 내에서는 국가배상법 제2조 소정의 공무원에 해당한다.

2. 대법원 2004. 4. 9. 선고 2002다10691 판결【손해배상금】(국가배상책임의 요건-직무행위)

국가배상법이 정한 손해배상청구의 요건인 '공무원의 직무'에는 국가나 지방자치단체의 권력적 작용뿐만 아니라 비권력적 작용도 포함되지만 단순한 사경제의 주체로서 하는 작용은 포함되지 않는다.

3. 대법원 1994. 5. 27. 선고 94다6741 판결【구상금】

국가배상법 제2조 소정의 "공무원이 그 직무를 집행함에 당하여"라고 함은 직무의 범위 내에 속한 행위이거나 직무수행의 수단으로써 또는 직무행위에 부수하여 행하여지는 행위로서 직무와 밀접한 관련이 있는 것도 포함되는바, 육군중사가 자신의 개인소유 오토바이 뒷좌석에 같은 부대 소속 군인을 태우고 다음날부터 실시예정인 훈련에 대비하여 사전정찰차 훈련지역 일대를 살피고 귀대하던 중 교통사고가 일어났다면, 그가 비록 개인소유의 오토바이를 운전한 경우라 하더라도 실질적, 객관적으로 위 운전행위는 그에게 부여된 훈련지역의 사전정찰임무를 수행하기 위한 직무와 밀접한 관련이 있다고 보아야 한다.

4. 대법원 2010. 1. 28. 선고 2007다82950 판결【손해배상(기)·부당이득금】

한국토지공사는 구 한국토지공사법(2007. 4. 6. 법률 제8340호로 개정되기 전의 것, 이하 '토지공사법'이라 한다) 제2조, 제4조에 의하여 정부가 자본금의 전액을 출자하여 설립한 법인이고, 이 사건 택지개발사업은 같은 법 제9조 제4호에 규정된 한국토지공사의 사업으로서, 이러한 사업에 관하여는 공익사업을 위한 토지 등의 취득 및 보상에 관한 법률(이하 '공익사업법'이라 한다) 제89조 제1항, 토지공사법 제22조 제6호 및 같은 법 시행령 제40조의3 제1항의 규정에 의하여, 본래 시·도지사나 시장·군수 또는 구청장의 업무에 속하는 대집행권한을 한국토지공사에게 위탁하도록 되어 있는바, 한국토지공사는 이러한 법령의 위탁에 의하여 이 사건 대집행을 수권받은 자로서 공무인 대집행을 실시함에 따르는 권리·의무 및 책임이 귀속되는 행정주체의 지위에 있다고 볼 것이지 지방자치단체 등의 기관으로서 국가배상법 제2조 소정의 공무원에 해당한다고 볼 것은 아니다. 원심이 이 부분 판단에 관하여 원용하고 있는 판례는 이 사건과 사안을 달리 하는 것이므로 원용하기에 적절한 판례가 될 수 없다.

5. 대법원 1997. 6. 13. 선고 96다56115 판결【손해배상(기)】

국회는 다원적 의견이나 갖가지 이익을 반영시킨 토론과정을 거쳐 다수결의 원리에 따라 통일적인 국가의사를 형성하는 역할을 담당하는 국가기관으로서 그 과정에 참여한 국회의원은 입법에 관하여 원칙적으로 국민 전체에 대한 관계에서 정치적 책임을 질 뿐 국민 개개인의 권리에 대응하여 법적 의무를 지는 것은 아니므로, 국회의원의 입법행위는 그 입법 내용이 헌법의 문언에 명백히 위반됨에도 불구하고 국회가 굳이 당해 입법을 한 것과 같은 특수한 경우가 아닌 한 국가배상법 제2조 제1항 소정의 위법행위에 해당된다고 볼 수 없다.

6. 대법원 2003. 7. 11. 선고 99다24218 판결【손해배상(기)】

법관의 재판에 법령의 규정을 따르지 아니한 잘못이 있다 하더라도 이로써 바로 그 재판상 직무행위가 국가배상법 제2조 제1항에서 말하는 위법한 행위로 되어 국가의 손해배상책임이 발생하는 것은 아니고, 그 국가배상책임이 인정되려면 당해 법관이 위법 또는 부당한 목적을 가지고 재판을 하였다거나 법이 법관의 직무수행상 준수할 것을 요구하고 있는 기준을 현저하게 위반하는 등 법관이 그에게 부여된 권한의 취지에 명백히 어긋나게 이를 행사하였다고 인정할 만한 특별한 사정이 있어야 한다.

7. 대법원 2002. 2. 22. 선고 2001다23447 판결【손해배상(기)】

검사는 수사기관으로서 피의사건을 조사하여 진상을 명백히 하고, 죄를 범하였다고 의심할 만한 상당한 이유가 있는 피의자에게 증거 인멸 및 도주의 염려 등이 있을 때에는 법관으로부터 영장을 발부받아 피의자를 구속할 수 있으며, 나아가 수집·조사된 증거를 종합하여 객관적으로 볼 때, 피의자가 유죄판결을 받을 가능성이 있는 정도의 혐의를 가지게 된 데에 합리적인 이유가 있다고 판단될 때에는 피의자에 대하여 공소를 제기할 수 있으므로 그 후 형사재판 과정에서 범죄사실의 존재를 증명함에 충분한 증거가 없다는 이유로 무죄판결이 확정되었다고 하더라도 그러한 사정만으로 바로 검사의 구속 및 공소제기가 위법하다고 할 수 없고, 그 구속 및 공소제기에 관한 검사의 판단이 그 당시의 자료에 비추어 경험칙이나 논리칙상 도저히 합리성을 긍정할 수 없는 정도에 이른 경우에만 그 위법성을 인정할 수 있다.

Ⅳ 질문 및 토의과제

1. 공행정이 하는 사법작용은 국가배상법에 의한 직무의 범위에 포함되는가?
2. 국가배상법상 가해 공무원은 특정되어야 하는가? 다시 말하면, 불특정의 공무원에 의한 국가배상책임이 성립할 수 있겠는가?
3. 부작위도 국가배상법상의 직무에 포함되는가?

Ⅴ 참고문헌

박재현, 국가배상법 제2조에 대한 재검토, 비교법학 30, 2019. 2

이경춘, 지방자치단체에서 선정한 교통할아버지의 교통신호 중 수신호 잘못으로 인한 사고에 대한 자치단체의 책임, 대법원판례해설: 재판연구관 세미나 자료 2001년 상반기(통권 제36호), 법원도서관, 2001

Ⅵ 관련법령

국가배상법

제2조 (배상책임) ① 국가나 지방자치단체는 공무원이 직무를 집행하면서 고의 또는 과실로 법령을 위반하여 타인에게 손해를 입히거나, 「자동차손해배상 보장법」에 따라 손해배상의 책임이 있을 때에는 이 법에 따라 그 손해를 배상하여야 한다.

5-1-5. 국가배상책임의 요건 – 고의 · 과실

Ⅰ 개요

국가배상법은 공무원 개인의 고의·과실을 배상책임 성립의 한 요소로 하고 있다. 이는 국가책임이 공무원 개인의 행위에 기초하는 데서 비롯된다고 할 것이다. 그런데 고의·과실의 의미는 국가 책임의 성질을 어떻게 이해하는가에 따라서 달라진다. 즉, 공무원의 개인적인 책임을 국가나 지방자치단체가 대신하여 진다고 보는 대위책임설의 입장에서는 여기서의 고의·과실이 순전히 주관적인 측면에서 파악되어야 한다. 그러나 국가나 지방자치단체가 원래의 책임자이며 공무원 개인은 행정을 담당하는 기관일 뿐이라고 하는 자기책임설의 입장에서 보면 고의·과실은 주관적인 척도가 아니라 공무를 운영하는 데 있어서 필요한 주의의무를 다했는가를 객관적인 기준에 의하여 판단하게 된다.

II 리딩케이스

1. 사건번호: 대법원 1999. 9. 17. 선고 96다53413 판결【손해배상(기)】

2. 사실관계

원고 갑은 구 유선 및 도선업법(1993. 12. 27. 법률 제4610호로 전문 개정되기 전의 것) 제3조 제1항, 같은 법 시행령(1993. 12. 31. 대통령령 제14072호로 전문 개정되기 전의 것) 제3조 제2항 등에 근거하여 서귀포시장에 대하여 유선업 경영신고를 하였고, 이에 대한 서귀포시장의 1990. 3. 15. 자 유선업 경영신고 반려처분은 대법원 91누5655로 위 반려처분을 취소하는 취지의 판결에 의하여 취소가 확정되었다.

소외 A 해저관광 주식회사(이하 A 회사라 한다)가 1988년 9월 제주지방해운항만청으로부터 서귀포시 유선부두 항만공사 실시계획인가를 받아 공사에 착공하여 같은 해 12월 경 위 공사를 완료한 후 준공검사를 받았다. 동시에 같은 달 위 항만청으로부터 1988년 12월부터 1998년 12월까지 10년간의 사용기간 동안 A 회사가 스스로 건설한 항만시설에 관한 무상전용사용승인을 얻게 되었고, A 회사가 항만청에 신고하여 승인받은 타인 사용료율은 부잔교 접안요율로 총톤수 50t 미만의 선박 한 척이 1회 입항할 때마다 금 440원의 비율로 되어 있었고, 건물 사용료는 감정기관이 평가한 그 건물 및 부지의 가액의 10/100에 해당하는 금액을 매년 지급하는 것으로 정해져 있었다. 그런데 A 회사는 그 무렵 원고 등 기존업자들에 대하여 위 승인 사용료율에 의한 사용료와 A 회사가 그의 비용으로 위 항만시설에 인접한 곳에 설치한 주차장 사용료 및 항만시설에 대한 전기료, 수도료, 오물수거비 등을 모두 합하여 각 업자별로 총매출액의 10%에 달하는 사용료를 요구하였고, 원고 등은 1989년 그 요구와 같은 사용료를 지불하기로 하고 A 회사로부터 항만시설 사용 동의를 받아 위 유람선전용부

대한 판단을 행위자의 주관적인 면보다는 공평한 권리구제에 초점을 맞추는 것이 특징이다. 이에 관하여 논자에 따라서 다양한 기준이 제시되었는데, 예를 들어보면 과실을 국가작용의 흠이라고 상당히 객관화시키는 견해, 공무원의 일반적인 주의의무로 추상화시키는 견해 등이 있다. 이와 연관되어 가해공무원은 반드시 특정되지 않아도 된다는 견해(조직과실론), 위법성과 과실을 일체적으로 판단하는 견해 등이 있다. 그리고 공무원의 위법행위로 손해가 발생하면 과실은 당연히 있는 것으로 추정하는 입장도 있다(과실의 일응 추정 이론).

이 사안에서 공무원이 법령의 해석을 잘못하여 원고의 영업신고를 반려함으로써 영업을 실질적으로 하지 못하도록 한 행위는 그 기준을 어디에 두느냐에 따라서 고의·과실의 존재 여부가 달라질 수 있다. 과실을 객관화하여 생각하면 공무원은 법령에 대한 완전한 지식의 보유를 전제로 하므로 법령해석을 오인하는 것은 당연히 과실에 의한 것이라는 판단을 할 수 있다(관련판례 2 참조). 그러나 한편, 법령의 해석은 궁극적으로는 법원의 해석에 의하여 확정되므로 행정공무원에게 법관과 같은 역할까지 기대하는 것은 무리이다. 다시 말하면 법원에 의하여 취소판결이 났다고 하여 행정공무원의 법령해석에 고의·과실이 있다고 단정하는 것도 옳지 않다. 그러면 법령해석에 있어서 어느 정도의 주의의무를 요하는가가 쟁점이 된다 할 것이다.

이 판례에서 대법원은 "위의 법 시행령 제3조 제2항의 문언에 의하면, 유선업의 경영신고에 대하여 행정청이 그 타당성 여부에 대하여 실질적 검토를 할 수 있는 것처럼 규정되어 있어(관련판례 6 대법원 91누5655에서 판시한 내용이기도 하다), 법률전문가가 아닌 행정공무원에게 위 시행령이 상위 법규에 위배되는지 여부까지 사법적으로 심사하여 그 적용을 거부할 것을 기대하기는 매우 어렵다고 보아야 할 뿐만 아니라, 위에서 본 바와 같이 서귀포시장이 위 항만시설의 관리청인 항만청에 유선업의 경영에 반드시 필요한 위 항만시설의 공동 사용권자의 범위와 그 공동사용 절차 등에 관한 질의를 하여 그 회신 결과를 토대로 전용사용권자의 공동 사용 동의를 얻지 못한 유선업 경영신고를 수리하는 경우 이로 인하여 파생되는 문제점을 다각적으로 검토한 끝에 위 반려처분을 한 점 등에 비추어 보면, 비록 서귀포시장의 위 반려처분이 법원의 판단에 의하여 위법한 것으로 확정되었다 하더라도, 위 처분 당시 서귀포시장이나 피고 시 담당

공무원들에게 그와 같은 처리 방법 이상의 것을 기대하기 어려웠다 할 것이어서 그들에게 그 법령의 해석, 적용상의 주의의무를 다하지 아니한 과실이 있다고 보기는 어렵다 할 것이다"고 하고 있다. 이는 법령의 해석에 있어서 그 결과와는 관계없이 공무원에게 통상 요구되는 주의의무를 다한 경우에는 과실이 없는 것으로 보는 것으로 타당한 결정이라고 할 것이다.

그리고 다음의 관련판례 4에서는 공무원의 과실을 인정하면서도 상대방의 과실의 유무 및 정도 등을 아울러 고려하여 국가책임을 판단하고 있다. 이는 법원이 과실에 대한 판단을 단순히 공무원 개인의 주관적인 측면만이 아니라 당시의 상황이나 상대방의 기여등을 종합적으로 고려한다는 점을 잘 보여주고 있다.

Ⅲ 관련판례

1. 대법원 1987. 9. 22. 선고 87다카1164 판결【손해배상(기)】

공무원의 직무집행상의 과실이라 함은 공무원이 그 직무를 수행함에 있어 당해 직무를 담당하는 평균인이 보통(통상) 갖추어야 할 주의의무를 게을리 한 것을 말한다.

2. 대법원 2011. 9. 8. 선고 2011다34521 판결【손해배상(기)】

공무원이 직무 수행 중 불법행위로 타인에게 손해를 입힌 경우에 국가나 지방자치단체가 국가배상책임을 부담하는 외에 공무원 개인도 고의 또는 중과실이 있는 경우에는 불법행위로 인한 손해배상책임을 지고, 공무원에게 경과실이 있을 뿐인 경우에는 공무원 개인은 불법행위로 인한 손해배상책임을 부담하지 아니하는데, 여기서 공무원의 중과실이란 공무원에게 통상 요구되는 정도의 상당한 주의를 하지 않더라도 약간의 주의를 한다면 손쉽게 위법·유해한 결과를 예견할 수 있는 경우임에도 만연히 이를 간과함과 같은 거의 고의에 가까운 현저한 주의를 결여한 상태를 의미한다.

3. 대법원 2001. 2. 9. 선고 98다52988 판결【손해배상(기)】

법령에 대한 해석이 복잡, 미묘하여 워낙 어렵고, 이에 대한 학설, 판례조차 귀일되어 있지 않는 등의 특별한 사정이 없는 한 일반적으로 공무원이 관계 법규를 알지 못하거나 필요한 지식을 갖추지 못하고 법규의 해석을 그르쳐 행정처분을 하였다면 그가 법률전문가가 아닌 행정직 공무원이라고 하여 과실이 없다고는 할 수 없다.

4. 대법원 1995. 7. 14. 선고 93다16819 판결【손해배상(기)】

구 병역법 제18조 제4항 및 같은 법 시행령 제28조 제2항 제1호의 각 규정을 검토하면 확정판결에 의한 형의 집행 일수만을 현역 복무기간에 산입하지 아니한다는 것이 규정 자체에 의하여 명백하다는 점에 비추어, "가"항과 같은 내용의 병 인사관리 규정을 발령·유지시킨 육군 참모총장에게 직무상의 과실이 없다고 할 수 없으며, 나아가 피해자가 구속되어 있던 기간을 제외하고도 잔여 복무일수를 복무한 때로부터 실제로 전역명령을 받은 때까지 전역이 지연되도록 한 육군 참모총장의 행위는 전체 법질서의 관점에서 보아 위법한 것임을 면할 수 없다.

5. 대법원 2001. 10. 9. 선고 98다20929 판결【손해배상(기)】

시위자들로서도 죄수복 형태의 옷을 집단적으로 착용하고 포승으로 신체를 결박한 채 행진하려는 것은 신고의 대상이 되는 것임에도 고의로 이를 신고하지 아니한 잘못과 신고 내용과는 달리 차도 일부로 진행한 잘못이 있는 등, 시위자들과 경찰공무원의 과실의 내용과 정도, 특히 경찰공무원들의 과실이 극히 작은 것으로 보이는 점, 그 외 시위의 저지에 이르게 된 경위 등 여러 사정을 공평의 원칙에 비추어 볼 때 국가배상책임을 인정하지 않는 것이 상당하다.

6. 대법원 1995. 11. 10. 선고 95다23897 판결【손해배상(기)】

원심은 이 사건 시위의 성격, 사고의 발생 경위 및 기타 여러 사정들 등에 비추어 볼 때 그 시위에 참석하여 사망에 이르게 되기까지의 김○○의 행위도 그 사고 발생의 한 원인이 되었다는 점을 들어 이 사건 사고 발생에 있어서 김○○의 과실도 30퍼센트 정도 있는 것으로 인정하고 있는 바, 기록에 비추어 보면 원심의 위와 같은 과실비율의 평가는 적정한 것으로 보이고 거기에 소론과 같은 과실상계에 관한 법리오해의 위법이 있다 할 수 없다. 논지도 이유가 없다.

7. 대법원 1992. 5. 8. 선고 91누5655 판결【유선업신고서반려처분취소】

위 법에서 유선업경영신고에 대한 실질적 검토를 행정관청에 허용하고 있다고 볼 만한 규정을 두고 있지 아니하고 있으므로(위 시행령 제3조 제2항의 문언대로라면 유선업의 경영신고에 대하여 행정청이 그 타당성 여부의 실질적 검토를 할 수 있다는 것처럼 되지만 위 법규정을 전부 검토해보아도 유선업경영신고에 대하여 위와 같은 타당성검토의 여지를 남기거나 검토사항을 하위법규에 위임했다고 볼 근거가 없으므로 법의 규정에 어긋나는 위법한 행정입법이 되는 결과를 초래하게 되어 허용할 수 없고, 따라서 위 규정은 신고의 형식적 사항을 검토하여 하자가 없으면 경영신고필증을 교부하여야 한다는 뜻으로 새겨야 할 것이다) 유선업의 경영신고는 이른바 강학상의 사인의 공법행위로서의 신고에 해당하고 그 신고를 받은 행정청은 위 법과 시행령 소정의 형식적(절차적)요건에 하자가 없는 한 이를 수리하여야 할 것이다(당원 1988. 8. 9. 선고 86누889 판결 참조).

8. 대법원 2011. 1. 27. 선고 2008다30703 판결【손해배상(기)】

보험급여에 관한 근로복지공단의 결정에 대한 산업재해보상보험심사위원회(이하 '산재심사위원회'라고 한다)의 재심사절차는 민사재판절차와는 별개의 절차로서 민사사건 등의 판결에서 인정된 사실에 기속되는 것은 아니라 할지라도 이미 확정된 관련 민사사건에서 인정된 사실은 특별한 사정이 없는 한 유력한 판단자료가 되는 것이므로 합리적 근거 없이 이를 배척할 수 없고, 특히 분쟁의 기초가 된 사실 및 그 청구 목적이 근로복지공단의 처분과 밀접하게 관련된 민사소송에서 확정된 사실이라면 더욱 그러하다. 따라서 당해 근로자가 당사자가 되어 진행된 민사사건에서 신체장해의 존부가 다투어지고 신체감정절차를 거쳐 그러한 장해를 인정하지 않는 내용의 판결이 확정되었음에도 산재심사위원회가 특별한 합리적 근거도 없이 객관적으로 확정판결의 내용에 명백히 배치되는 사실인정을 하였다면 이러한 재결은 전문적 판단의 영역에서 행정청에게 허용되는 재량을 넘어 객관적 정당성을 상실한 것으로서 국가배상법 제2조 소정의 국가배상책임의 요건을 충족할 수 있다.

Ⅳ 질문 및 토의과제

1. 과실을 행위 공무원의 주관적인 요소만을 기준으로 국가배상책임의 성립 여부를 판단하면 어떤 문제점이 있겠는가?

2. 국가배상법상 과실의 객관화를 시도하는 다양한 견해를 설명하라.

3. 국가배상청구와 취소소송 간의 관계를 설명하라.

Ⅴ 참고문헌

최명구, 부동산등기신청에 대한 등기관의 주의의무, (월간)법무사저널 통권 154호, 2006. 1

정남철, 규범상 불법에 대한 국가책임, 공법연구 제33집 제1호, 2004. 11

박균성, 국가배상법상의 위법과 과실에 관한 이론과 판례, 행정법연구 창간호 행정법이론실무연구회, 1997. 6

5-1-6. 국가배상책임의 요건-법령위반

Ⅰ 개요

고의·과실과 함께 법령위반이 국가배상책임 성립의 요건이다. 여기서 말하는 법령에는 어떤 것이 있는가, 그리고 손해발생과 공무원의 행위와 관련하여 법령위반에 대하여 판단하는 방법은 무엇인지 설명한다.

Ⅱ 리딩케이스

1. 사건번호: 대법원 1998. 10. 13. 선고 98다18520 판결【손해배상】

2. 사실관계

1987년 3월 피고 대한민국은 에이즈 관리시책에 의하여 미군기지촌에서 특수업태부로 종사하고 있던 원고의 혈액을 채취한 다음 국립보건원에 에이즈 바이러스 항체검사를 실시하였는데 그 결과가 양성으로 나왔다. 그로부터 피고는 원고를 감염자로 분류하여 원고에 대하여 6개월마다 정기적인 면역기능검사 및 항생검사, 보건교육, 전파방지를 위한 건강관리상담 등을 시행하고 있었다.

항체결과에 의하여 양성판정을 받은 사람은 공중접객업, 특수업태부 등의 업소에 종사할 수 없음에도 원고는 그 이후 1994년 12월까지 거주지를 옮겨 다니며 다방종업원, 술집접대부, 유흥업소 종업원 등으로 종사하였다.

전남 보건환경연구원은 1991년 광주 동구 보건소의 의뢰를 받고 원고의 혈액에 대한 항체검사를 실시하여 5월 음성으로 판정하였다. 동년 7월 국립보건원은 전남 보건환경연구원의 의뢰를 받고 원고의 혈액에 대한 항체검사를 실시하여 양성판정을 하였는데 이를 옮겨 적는 과정에서 실수로 음성이라고 하여 전남 보건환경연구원에 통보하였다. 제주 환경보건연구원은 1993년 11월 제주시 보건소의 의뢰를 받고 원고의 혈액에 대한 항체 검사를 실시하여 음성으로 판정하였다. 전남 보건환경연구원, 제주 보건환경연구원, 국립보건원은 모두 항체검사 결과 음성 판정이 나온 위와 같은 사례에 있어 검사를 의뢰한 기관에 대하여만 그 결과를 통보하였고, 감염자 본인인 원고에게는 이를 알려주지 아니하였다. 원고는 1995년 4월 한국방송공사(KBS)에서 '추적 60분'이라는 프로그램을 취재하는 과정에서 비로소 자신의 혈액에 대한 항체검사에서 위와 같이 음성으로 판정된 적이 있다는 것을 알게 되었다.

원고는 1995년 4월 무렵에야 비로소 전남 보건환경연구원 등의 원고의 혈액에 대한 항체검사 중 일부 결과가 음성으로 판정된 적이 있다는 것을 알게 됨으로써 과연 1987월의 항체검사 판정이 정확한 것이었는지에 대하여 의심을 품기 시작하였으며, 그에 따라 자신이 1987년 당시 에이즈 바이러스에 실제로 감염되어 있었던 것인지, 아니면 에이즈 바이러스에 감염되지 아니하였는데도 피고의 잘못된 양성 판정 결과를 통보받고 자포자기한 상태로 특수업태부, 다방종업원, 술집 접대부 등으로 계속 종사한 탓으로 에이즈 바이러스에 감염된 것인지 여부에 대하여 계속적인 의구심을 가지게 됨으로써 적지 않은 정신적 고통을 받았음을 이유로 하여 국가배상을 청구하였다. 이에 대하여 원심에서는 피고가 원고에게 위자료를 지급하여야 한다고 판단하였는데, 이에 대하여 피고가 상고한 사건이다.

3. 판결요지

공무원의 부작위로 인한 국가배상책임을 인정하기 위하여는 공무원의 작위로 인한 국가배상책임을 인정하는 경우와 마찬가지로 "공무원이 그 직무를 집행함에 당하여 고의 또는 과실로 법령에 위반하여 타인에게 손해를 가한 때"라고 하는 국가배상법 제2조 제1항의 요건이 충족되어야 할 것이다. 여기서 '법령에 위반하여'라고 하는 것이 엄격하게 형식적 의미의 법령에 명시적으로 공무원의 작위의무가 규정되어 있는데도 이를 위반하는 경우만을 의미하는 것은 아니고, 국민의 생명, 신체, 재산 등에 대하여 절박하고 중대한 위험상태가 발생하였거나 발생할 우려가 있어서 국민의 생명, 신체, 재산 등을 보호하는 것을 본래적 사명으로 하는 국가가 초법규적, 일차적으로 그 위험 배제에 나서지 아니하면 국민의 생명, 신체, 재산 등을 보호할 수 없는 경우에는 형식적 의미의 법령에 근거가 없더라도 국가나 관련 공무원에 대하여 그러한 위험을 배제할 작위의무를 인정할 수 있을 것이지만, 그와 같은 절박하고 중대한 위험상태가 발생하였거나 발생할 우려가 있는 경우가 아니라면 원칙적으로 공무원이 관련 법령을 준수하여 직무를 수행하였다면 그와 같은 공무원의 부작위를 가지고 '고의 또는 과실로 법령에 위반'하였다고 할 수는 없을 것이다. 따라서 이 사건과 같이 공무원의 부작위로 인한 국가배상책임을 인정할 것인지 여부가 문제되는 경우에 관련 공무원에 대하여 작위의무를 명하는 법령의 규정이 없다면 공무원의 부작위로 인하여 침해된 국민의 법익 또는 국민에게 발생한 손해가 어느 정도 심각하고 절박한 것인지, 관련 공무원이 그와 같은 결과를 예견하여 그 결과를 회피하기 위한 조치를 취할 수 있는 가능성이 있는지 등을 종합적으로 고려하여 판단하여야 할 것이다.

4. 판례해설

국가배상의 한 요건으로서의 법령위반에 관한 판례이다. 이 사안에서는 국가가 특별히 관리하고 있는 전염병의 보균자에 대한 판정과 관리과정에서 어느 정도의 법령준수 의무가 필요한지에 관하여 잘 보여준다.

공무원법에 의하여, 공무원은 법령을 준수하여 성실히 복무할 의무를 지니고 있다. 법령위반을 공무원의 행위가 객관적인 정당성을 상실한 경우로 넓게 파악하는 입장도 있는 한편 실정법과 불문법만을 포함하는 것으로 좁게 보는 입장도 있다. 사안에서는 후천성면역결핍증(에이즈) 예방법과 그 시행령 그리고 전염병예방법이 정하는 의무에 대한 해석문제로 귀결된다. 동법에 의하면 국가는 보균이 의심되는 사람에 대하여 정기적인 검진을 하고, 그 결과를 내부적으로 감염자 관리명부를 작성하여 관리할 뿐만 아니라 관리 대상자에게는 에이즈 검사확인서 혹은 건강진단수첩을 발급하도록 하고 있다. 양성으로 판단된 사람은 일정 직업군에 대한 취업이 제한되며, 감염자가 주소를 이전한 경우에는 감염자 혹은 세대주가 일정사항을 신고하여야 한다고 되어 있다. 그런데 이 사안의 감염자는 신고 없이 주소를 이전하였으며 또 취업하지 못하도록 한 업종에 취업하는 등의 행위를 하였다. 그 과정에서 다른 보건기관이 한 혈청검사에서 음성반응이 나왔는데, 행정청이 그 결과를 피고에게 알려주지 않았으며, 이전의 양성반응과 관련해서 어떠한 조치도 취하지 않은 점이 문제되었다. 관련법령에서 이에 관한 명문의 규정은 없다. 즉, 위의 전남 보건환경연구원과 제주 보건환경연구원은 검사를 의뢰한 기관에 대해서만 이를 통보하고 당사자에게는 이를 통보하지 않았는데 이는 관계법령을 직접적으로 위반한 것은 아니다.

원심에서는 마땅히 그 결과에 대하여 가장 직접적인 이해관계를 가지고 있는 원고에게 즉시 그 결과를 통보하고, 원고와 상호 협력하여 재확인검사를 실시함으로써 위와 같은 상이한 결과가 나오게 된 원인을 철저히 규명하고 그 결과를 원고에게 설명하여 주어 원고로 하여금 피고측의 항체검사 결과 판정과 감염자에 대한 보호 및 관리 체계에 대하여 불신감과 의구심이 들지 않도록 할 업무상의 주의의무가 있다고 하였다.

그러나 이에 대하여 대법원은 형식적 의미의 법령에 명시적인 규정이 없는 경우에도 국가나 관련 공무원에 대하여 국민의 생명이나 재산의 위험을 배제할 작위의무를 인정할 수 있지만 이 경우에도 절박하고 중대한 위험상태가 발생할 우려가 있는 경우가 아니라면 원칙적으로 공무원이 관련 법령을 준수하여 직무를 수행한 이상 법령에 위반되었다고 할 수 없다고 하였다.

종래 불법행위의 원인이 되는 법령위반의 판단방법에는 결과위법설, 행위위법설 그리고 상관관계설이 주장되어 왔다. 행위위법설은 발생한 결과보다는 행위자의 위법한 행위를 중심으로 한 판단방법으로 공권력 행사방법에 중점을 둔다. 행위위법설은 공권력 발동요건 결여설과 직무행위기준설 등으로 발전하는데, 직무행위 기준설은 법령위반과 고의과실을 구분하지 않고 일괄적으로 파악하는 특징이 있다.

대법원은 공무원이 관련법령을 준수한 이상 원칙적으로 법령의 위반이 없다고 하였는데 이는 행위위법설에 가깝다고 볼 수 있다. 그러나 예외적으로 국민의 생명이나 재산에 중대한 영향을 미치는 경우에는 이를 방지할 법적인 의무가 발생한다고 하였는데 이는 수비범위론에 가까운 설명이다. 수비범위론은 부작위로 인한 손해발생의 경우 이에 관한 판단기준을 제시한다. 즉 어떤 경우에는 행정청이 반드시 개입하여야 할 의무가 존재하게 되어 적절한 처리를 하지 못하면 위법한 것으로 인정되게 된다. 그 기준으로는 ① 보호법익의 중대성, ② 예견가능성, ③ 회피가능성 및 ④ 기대가능성의 존재이다.

이 사안에서 대법원에 의하면 보호법익의 중대성은 인정되나 에이즈 환자가 한번 양성판정을 받으면 치유되어 음성으로 나오는 일은 극히 드물고 법령에 통보 및 기록대조와 재검의 명문 규정이 없는 한 담당 공무원에게 이를 기대하기는 어렵다고 하는 이유로 국가 및 공무원의 법령준수의무 위반을 인정할 수 없다고 하였다.

Ⅲ 관련판례

1. 대법원 2001. 4. 24. 선고 2000다57856 판결【손해배상(기)】

그와 같은 절박하고 중대한 위험상태가 발생하였거나 발생할 우려가 있는 경우가 아닌 한, 원칙적으로 공무원이 관련 법령대로만 직무를 수행하였다면 그와 같은 공무원의 부작위를 가지고 '고의 또는 과실로 법령에 위반'하였다고 할 수는 없을 것이므로, 공무원의 부작위로 인한 국가배상책임을 인정할 것인지 여부가 문제되는 경우에 관련 공무원에 대하여 작위의무를 명하는 법령의 규정이 없다면 공무원의 부작위로 인하여 침해된 국민의 법익 또는 국민에게 발생한 손해가 어느 정도 심각하고 절박한 것인지, 관련 공무원이 그와 같은 결과를 예견하여 그 결과를 회피하기 위한 조치를 취할 수 있는 가능성이 있는지 등을 종합적으로 고려하여 판단하여야 한다.

2. 대법원 1997. 7. 25. 선고 94다2480 판결【손해배상(기)】

국가배상책임은 공무원의 직무집행이 법령에 위반한 것임을 요건으로 하는 것으로서, 공무원의 직무집행이 법령이 정한 요건과 절차에 따라 이루어진 것이라면 특별한 사정이 없는 한 이는 법령에 적합한 것이고 그 과정에서 개인의 권리가 침해되는 일이 생긴다고 하여 그 법령 적합성이 곧바로 부정되는 것은 아니라고 할 것인바, 불법시위를 진압하는 경찰관들의 직무집행이 법령에 위반한 것이라고 하기 위하여는 그 시위진압이 불필요하거나 또는 불법시위의 태양 및 시위 장소의 상황 등에서 예측되는 피해 발생의 구체적 위험성의 내용에 비추어 시위진압의 계속 수행 내지 그 방법 등이 현저히 합리성을 결하여 이를 위법하다고 평가할 수 있는 경우이어야 한다.

3. 대법원 1973. 1. 30. 선고 72다2062 판결【손해배상】

국가배상법 제2조에 이른바 '법령에 위반하여'라 함은 일반적으로 위법행위를 함을 말하는 것이고, 단순한 행정적인 내부규칙에 위배하는 것을 포함하지 아니한다.

4. 대법원 2001. 5. 29. 선고 99다37047 판결【손해배상(기)】

수익적 행정처분이 신청인에 대한 관계에서 국가배상법 제2조 제1항의 위법성이 있는 것으로 평가되기 위하여는 당해 행정처분에 관한 법령의 내용, 그 성질과 법률적 효과, 그로 인하여 신청인이 무익한 비용을 지출할 개연성에 관한 구체적 사정 등을 종합적으로 고려하여 객관적으로 보아 그 행위로 인하여 신청인이 손해를 입게 될 것임이 분명하다고 할 수 있어 신청인을 위하여도 당해 행정처분을 거부할 것이 요구되는 경우이어야 할 것이다.

5. 대법원 2002. 2. 22. 선고 2001다23447 판결【손해배상(기)】

강도강간의 피해자가 제출한 팬티에 대한 국립과학수사연구소의 유전자검사 결과 그 팬티에서 범인으로 지목되어 기소된 원고나 피해자의 남편과 다른 남자의 유전자형이 검출되었다는 감정결과를 검사가 공판과정에서 입수한 경우 그 감정서는 원고의 무죄를 입증할 수 있는 결정적인 증거에 해당하는데도 검사가 그 감정서를 법원에 제출하지 아니하고 은폐하였다면 검사의 그와 같은 행위는 위법하다.

6. 대법원 2020. 7. 9. 선고 2016다268848 판결【손해배상】

원고들이 피고 금융감독원 직원들의 위법행위를 계기로 그 주장과 같은 손해를 입었다 하더라도, 금융감독위원회에 앞서 본 바와 같은 지분 취득에 대한 승인 여부를 결정하도록 하고, 피고 금융감독원에 위 승인 여부에 대한 검토를 하도록 관련 법령에서 정하고 있는 것은 공공일반의 이익을 위한 것이지 금융상품에 투자한 투자자 개인의 이익을 직접 보호하기 위한 것이라고 할 수 없다. 따라서 피고 금융감독원 직원들의 위법행위와 원고들이 입은 손해 사이에 상당인과관계가 있다고 할 수 없다.

Ⅳ 질문 및 토의과제

1. 국가배상법의 법령위반과 행정소송법상 취소소송에서의 위법성을 비교 검토하라.

2. 행정규칙을 위반한 경우 국가배상법상의 법령위반에 해당하는가?

Ⅴ 참고문헌

최인호, 국가배상법상 위법성에 관한 소고 – 제2조의 위법 · 과실요건을 중심으로 –, 법학연구 32(2), 2021. 5

최윤성, 공무원의 직무상 의무위반으로 국가가 배상책임을 부담하게 되는 경우의 직무상 의무의 내용과 상당인과관계의 판단기준, 판례연구 제16집, 2005. 2

김광수, 국가배상법 제2조의 '법령위반', 공법연구 제26집 제1호, 1995. 5

5-1-7. 긴급조치와 국가배상책임

Ⅰ 개요

1972년에 시행된 헌법(유신헌법)은 우리 헌정사에서 이례적인 내용을 담고 있다. 권력의 분립 원칙이 무시되고 권한이 대통령에게 집중되어 있었으며 국민의 기본권은 형해화되었다. 이 헌법 제76조 제1항은 "국회는 국민의 보통·평등·직접·비밀선거에 의하여 선출된 의원 및 통일주체국민회의가 선거하는 의원으로 구성한다."고 규정하고 있다. 즉 국회의원 전부를 국민이 직접 선출하는 것이 아니라 일부는 통일주체국민회의라는 기관에 의하여 간접적으로 선출하도록 하였다. 통일주체국민회의는 정수가 2,000명에서 5,000명 이하로 국민들이 선출하는데 대통령이 의장이 되도록 하였다. 통일주체국민회의의 권한으로는 대통령이 추천하는 국회의원 정수 3분의 1의 선출 이외에 대통령의 선출 권한을 가진다. 즉, 종전에 국민이 직접 선출하던 대통령을 간접 선출하도록 하였다. 대통령의 임기는 6년이며 연임에 관한 제한이 없다. 즉 사실상 종신 대통령도 가능하게 되었다. 대통령의 권한에 비하여 사법부의 위상은 위축되었다. 대법원장은 국회의 동의를 얻어서 대통령이 임명하고, 대법원장이 아닌 법관은 모두 대법원장의 제청으로 대통령이 임명하도록 하였다. 그리고 종전에 대법원의 관할이던 법률에 대한 위헌심판권이 신설된 헌법위원회로 이전되었다. 헌법위원회의 대통령이 임명하도록 하였는데 그 가운데 3인은 국회의 선출, 3인은 대법원장의 지명 절차를 거치도록 하였다.

국민의 기본권도 축소되었다. 우선 많은 기본권의 내용이 법률에 유보되었다. 신체의 자유에 해당하는 많은 부분, 거주·이전의 자유, 직업선택의 자유, 주거의 자유, 통신의 비밀, 언론·출판·집회·결사의 자유 등 내용을 법률에서 정하도록 하였다. 그리고 이 헌법 제53조는 "국민의 자유와 권리를 잠정적으로 정지하는 긴급조치를 할 수 있고, 정부나 법원의 권한에 관하여 긴급조치를 할 수 있다."고 규정하였다. 이 사안의 원고들은 1975년에 발령된 긴급조치 9호에 의하여 처벌된 사람들인데 이로 인하여 입은 손해에 대한 배상을 청구하였다.

이 헌법에서는 긴급조치가 사법적 심사의 대상이 되지 아니한다고 규정하고 있는데 이는 그로 인한 피해구제의 어려움을 이미 시사하고 있다. 원고들이 입은 피해는 이하에 제시한 리딩케이스에서 최종 구제받았는데 이러한 결론에 이르기까지 많은 우여곡절이 있었다.

II 리딩케이스

1. 사건번호: 대법원 2022. 8. 30. 선고 2018다212610 전원합의체 판결 【국가배상청구】 – 긴급조치와 국가배상책임

원심판결: 서울고등법원 2018. 1. 10. 선고 2015나2026588 판결

2. 사실관계

원고 갑은 1979. 10. 25.「국가안전과 공공질서의 수호를 위한 대통령 긴급조치」(긴급조치 제9호) 위반 혐의로 구속되었다가 1979. 11. 21. 구속취소로 석방되었다. 원고 을 등은 긴급조치 제9호 위반 혐의로 피고 소속 수사관들에 의해 체포되어 기소되었고, 유죄판결을 선고받아 그 판결이 확정되었으며, 형을 복역하다가 형 집행정지 등으로 석방되었다. 원고 을 등 본인들은 유죄 확정판결에 대한 재심청구를 하여 재심개시결정을 받았고, 이에 따라 개시된 재심절차에서 이들에게 적용된 긴급조치 제9호가 위헌·무효라는 이유로 형사소송법 제325조 전단에 의한 무죄판결이 선고되었으며, 그 판결이 그대로 확정되었다.

원고들은 대통령의 긴급조치 제9호 발령행위 또는 긴급조치 제9호에 근거한 수사 및 재판이 불법행위에 해당한다고 주장하면서 피고를 상대로 국가배상을 청구하였다. 원심은 대통령의 긴급조치 제9호 발령이 그 자체로 불법행위에 해당한다고 볼 수 없고, 긴급조치 제9호에 근거한 수사와 재판이 공무원의 고의 또는 과실에 의한 불법행위에 해당한다고 할 수 없으며, 긴급조치 제9호의 위헌·무효 등 형사소송법 제325조 전단에 의한 무죄사유가 없었더라면 형사소송법 제325조 후단에 의한 무죄사유가 있었음에 관하여 고도의 개연성 있는 증명이 이루어졌다고 보기도 어렵다는 이유로 원고들의 청구를 기각한 제1심 판결

을 유지하였다. 이 사건의 주된 쟁점은 대통령의 긴급조치 제9호 발령행위와 이를 적용・집행・판결한 수사기관이나 법관의 직무행위가 불법행위를 구성하여 국가배상책임이 인정되는지 여부이다.

3. 판결요지

[다수의견] 보통 일반의 공무원을 표준으로 공무원이 직무를 집행하면서 객관적 주의의무를 소홀히 하고 그로 말미암아 그 직무행위가 객관적 정당성을 잃었다고 볼 수 있는 때에 국가배상법 제2조가 정한 국가배상책임이 성립할 수 있다. 공무원의 직무행위가 객관적 정당성을 잃었는지는 행위의 양태와 목적, 피해자의 관여 여부와 정도, 침해된 이익의 종류와 손해의 정도 등 여러 사정을 종합하여 판단하되, 손해의 전보책임을 국가가 부담할 만한 실질적 이유가 있는지도 살펴보아야 한다.

구 국가안전과 공공질서의 수호를 위한 대통령긴급조치(긴급조치 제9호)는 위헌・무효임이 명백하고 긴급조치 제9호 발령으로 인한 국민의 기본권 침해는 그에 따른 강제수사와 공소제기, 유죄판결의 선고를 통하여 현실화되었다. 이러한 경우 긴급조치 제9호의 발령부터 적용・집행에 이르는 일련의 국가작용은, 전체적으로 보아 공무원이 직무를 집행하면서 객관적 주의의무를 소홀히 하여 그 직무행위가 객관적 정당성을 상실한 것으로서 위법하다고 평가되고, 긴급조치 제9호의 적용・집행으로 강제수사를 받거나 유죄판결을 선고받고 복역함으로써 개별 국민이 입은 손해에 대해서는 국가배상책임이 인정될 수 있다.

[대법관 김재형의 별개의견(1)] 긴급조치 제9호의 발령・적용・집행은 공무원의 고의 또는 과실에 의한 불법행위로서 국가배상법 제2조 제1항에 따른 국가배상책임이 인정되고, 대통령의 긴급조치 제9호 발령행위에 대해서 대통령이 국민에 대한 정치적 책임을 질 뿐 법적 책임을 지지 않는다는 대법원 2015. 3. 26. 선고 2012다48824 판결은 변경되어야 한다. 이때 긴급조치 제9호에 따라 수사와 재판, 그리고 그 집행으로 발생한 손해도 상당한 인과관계가 있는 손해로서 손해배상의 범위에 포함된다고 볼 수 있다. 한편 이 경우 법관의 재판작용으로 인한 국가배상책임을 독자적으로 인정할 필요는 없고, 위와 같이 재판으로

인해 발생한 손해를 배상하도록 하는 것이 법관의 재판작용으로 인한 국가배상책임을 엄격히 제한하는 판례와 모순되지 않는다.

[대법관 안철상의 별개의견(2)] 헌법 제29조의 국가배상청구권은 헌법상 보장된 기본권으로서 국가와 개인의 관계를 규율하는 공권이고, 국가가 공무원 개인의 불법행위에 대한 대위책임이 아니라 국가 자신의 불법행위에 대하여 직접 책임을 부담하는 자기책임으로 국가배상책임을 이해하는 것이 법치국가 원칙에 부합한다.

국가배상을 자기책임으로 이해하는 이상 국가배상책임의 성립 요건인 공무원의 고의·과실에는 공무원 개인의 고의·과실뿐만 아니라 공무원의 공적 직무수행상 과실, 즉 국가의 직무상 과실이 포함된다고 보는 것이 국가배상법을 헌법합치적으로 해석하는 방법이다.

[대법관 김선수, 대법관 오경미의 별개의견(3)] 긴급조치 제9호는 대통령이 국가원수로서 발령하고 행정부의 수반으로서 집행한 것이므로, 대통령의 국가긴급권 행사로서 이루어진 긴급조치 제9호의 발령과 강제수사 및 공소제기라는 불가분적인 일련의 국가작용은 대통령의 고의 또는 과실에 의한 위법한 직무행위로서 국가배상책임이 인정된다.

긴급조치 제9호에 대한 위헌성의 심사 없이 이를 적용하여 유죄판결을 선고한 법관의 재판상 직무행위는 대통령의 위법한 직무행위와 구별되는 독립적인 불법행위로서 국가배상책임을 구성하고, 이를 대통령의 국가긴급권 행사와 그 집행에 포섭된 일련의 국가작용으로 평가할 수는 없다.

4. 판례해설

이 리딩케이스는 우리 헌정사의 굴곡을 잘 보여준다. 1975년에 공포된 대통령 긴급조치 제9호는 유신헌법 체제를 지키기 위한 대통령 조치이며 그 근거는 유신헌법 제53조에 두고 있다. 긴급조치 발령과 집행 및 그로 인한 피해자의 발생은 정치적으로도 쟁점이 많은 중요한 사안이다. 그런데 리딩케이스는 긴급조치의 피해자들이 최후의 권리구제 방법으로 선택한 손해배상의 인정 여부에 관한 것으로 이 판결문을 잘 읽어보면 우리 국가배상법의 본질과 기능을 파악할 수 있다.

리딩케이스는 대법원 전원합의체 판결로 긴급조치 피해자들에게 국가배상 청구권을 인정하고 있다. 원심은 이전의 판례에 따라서 원고들에게 국가배상을 인정하지 않았다. 과거 긴급조치 피해자에게 국가배상을 인정하지 않은 논거는 "긴급조치는 유신헌법에 근거를 둔 합헌적인 조치이다라든가"(대법원 1975. 1. 28. 선고 74도3492 판결) 헌법에서 "긴급조치에 대해서는 사법심사를 할 수 없다"고 규정하고 있다라든가(대법원 1977. 5. 13. 선고 77모19 판결) 대통령의 명령은 "국민전체를 대상으로 하는 정치적인 행위이기 때문에 개개인에 대해서는 책임을 지지" 않는다라든가(뒤 관련판례 9) 다양하였다. 리딩케이스에서 이런 과거의 판례를 변경하고 피해자에게 권리구제를 받을 수 있도록 하였기 때문에 이는 획기적 판결이라고 할 수 있다.

이 사안에서 다수의견은 "긴급조치 제9호는 위헌·무효임이 명백하고 긴급조치 제9호 발령으로 인한 국민의 기본권 침해는 그에 따른 강제수사와 공소제기, 유죄판결의 선고를 통하여 현실화 되었다. 이러한 경우 긴급조치 제9호의 발령부터 적용·집행에 이르는 일련의 국가작용은, 전체적으로 보아 공무원이 직무를 집행하면서 객관적 주의의무를 소홀히 하여 그 직무행위가 객관적 정당성을 상실한 것으로서 위법하다고 평가되고, 긴급조치 제9호의 적용·집행으로 강제수사를 받거나 유죄판결을 선고받고 복역함으로써 개별 국민이 입은 손해에 대해서는 국가배상책임이 인정될 수 있다."고 설시하였다. 즉 긴급조치의 발령과 강제수사, 공소제기 그리고 유죄판결의 선고는 국가배상법 제2조가 규정하는 요건에 합치된다고 하여 원고들의 청구를 인용하였다. 원고 갑에 대하여는 뒤 관련판례에서 보듯이 헌법재판소가 원고가 다른 법에 의하여 보상을 받은 경우에도 정신적 위자료까지 재판상 화해로 인정하는 것은 위헌이라고 판시한 부분을 따라서 재산적 손해에 대한 소를 각하한 원심의 결정을 정당하다고 하였다.

국가배상책임이 성립하기 위해서는 공무원이 직무를 집행하면서 법령에 위반하여 고의 또는 과실로 타인에게 손해를 입혀야 한다. 즉 국가배상법 제2조는 공무원 개인의 위법행위를 전제로 하고 있다. 그런데 이를 너무 엄격하게 해석하면 국가배상의 인정 범위가 매우 협소해지기 때문에 이를 완화하여 왔다. 시위진압 과정에 가해 공무원의 특정을 포기한 대법원 1995. 11. 10. 선고 95다

23897 판결이 대표적이다. 이는 독일의 조직과실이나 프랑스의 공역무 과실 개념과 상응한다. 그런데 다수의견은 행정공무원의 행위를 넘어서 '긴급조치 제9호의 발령부터 적용·집행에 이르는 일련의 국가작용'에 대하여 이를 전체적으로 파악하여 객관적 정당성을 상실하였다고 설시하고 있다. 즉 일련의 행위에는 대통령의 긴급조치 발령, 수사관들의 수사, 검사의 기소 그리고 법관의 판결 및 교도관의 형집행행위가 모두 포함되어 있다. 이러한 공권력 행사의 위법성에 대한 일괄적인 해석은 긴급조치에 대한 법원의 위헌선언 이후에 2013년 서울지방법원(2013가합506704 판결, 2012가합522594 판결, 2013가합69304 판결), 2014년의 서울고등법원(2014나2000220 판결, 2013나2023516 판결)에서부터 시작되어 이 다수의견에까지 이어진 것으로 이해할 수 있다.

국가배상법은 종래 공무원 개인의 책임 성립을 전제로 하는 대위책임으로 이해되어 왔고, 최근에 자기책임으로 구성하여야 한다는 주장이 강해지고 있다. 한편 피해자의 가해공무원에 대한 직접적인 배상청구권을 인정한 판례(대법원 95다38677 판결)를 근거로 절충설을 주장하는 견해도 있다. 별개의견(2)에서는 국가배상책임을 자기책임으로 이해하는 것이 헌법합치적 해석이라고 주장한다. 헌법에서는 국가배상책임의 요건을 법률로 정하도록 하고 있기 때문에 헌법에서 바로 국가배상의 본질이 도출되는 것은 아니다. 별개의견에서 국가배상책임이 자기책임이라고 주장하는 것은 대법원이 여전히 대위책임으로 판단하고 보고 있음을 반증하는 것이며 이는 국가배상 사건을 민사소송으로 처리하고 있는 법원의 태도와도 일치한다.

한편 별개의견(3)은 대통령과 법관의 책임을 각각 독립적으로 인정하여야 한다고 주장한다. 이는 대통령과 법관이 헌법의 해석과 법령의 집행에 있어서 그 결과에 대한 책임을 져야 한다는 주장이며 국가배상법의 적용에 있어서도 예외가 아니라는 뜻이다.

Ⅲ 관련판례

1. 대법원 1977. 5. 13. 자 77모19 전원합의체 결정【위헌제청신청기각결정에대한재항고사건】 – 긴급조치 9호의 합헌성

이건 재항고는 재항고인들이 원심에 제출한 대통령긴급조치 제9호(국가안전과 공공질서의 수호를 위한 대통령긴급조치)의 위헌여부제청신청을 원심이 기각한 결정에 대하여 불복제기한 것인바, 위 대통령긴급조치는 헌법 제53조 소정의 긴급조치이며, 위 긴급조치는 사법적 심사의 대상이 되지 않는 것이니(헌법 제53조 제4항) 이건 신청을 받아드리지 아니한 원심의 결정에는 위법이 없으며, 위 긴급조치가 사법적 심사의 대상이 될 수 있음을 전제로 하는 논지는 이유없다.

2. 대법원 2001. 10. 12. 선고 2001다47290 판결【손해배상】 – 법관의 압수수색영장 발부와 국가배상

법관의 재판에 법령의 규정을 따르지 아니한 잘못이 있다 하더라도 이로써 바로 그 재판상 직무행위가 국가배상법 제2조 제1항에서 말하는 위법한 행위로 되어 국가의 손해배상책임이 발생하는 것은 아니고, 당해 법관이 위법 또는 부당한 목적을 가지고 재판을 하는 등 법관이 그에게 부여된 권한의 취지에 명백히 어긋나게 이를 행사하였다고 인정할 만한 특별한 사정이 있어야 위법한 행위가 되어 국가배상책임이 인정된다고 할 것인바, 압수수색할 물건의 기재가 누락된 압수수색영장을 발부한 법관이 위법·부당한 목적을 가지고 있었다거나 법이 직무수행상 준수할 것을 요구하고 있는 기준을 현저히 위반하였다는 등의 자료를 찾아볼 수 없다면 그와 같은 압수수색영장의 발부행위는 불법행위를 구성하지 않는다.

3. 대법원 2010. 12. 16. 선고 2010도5986 전원합의체 판결【대통령긴급조치위반·반공법위반】 – 긴급조치 1호의 위헌성

구 대한민국헌법(1980. 10. 27. 헌법 제9호로 전부 개정되기 전의 것, 이하 ‘유신헌법'이라 한다) 제53조에 근거하여 발령된 대통령 긴급조치 제1호는 그 발동 요건을 갖추지 못한 채 목적상 한계를 벗어나 국민의 자유와 권리를 지나치게 제한함으로써 헌법상 보장된 국민의 기본권을 침해한 것이므로, 긴급조치 제1호가 해제 내지 실효되기 이전부터 유신헌법에 위배되어 위헌이고, 나아가 긴급조치 제1호에 의하여 침해된 각 기본권의 보장 규정을 두고 있는 현행 헌법에 비추어 보더라도 위헌이다.

4. 대법원 2013. 4. 18. 자 2011초기689 전원합의체 결정 【형사보상】 – 긴급조치 9호의 위헌성 확인

구 대한민국헌법(1980. 10. 27. 헌법 제9호로 전부 개정되기 전의 것. 이하 '유신헌법'이라 한다) 제53조에 근거하여 발령된 '국가안전과 공공질서의 수호를 위한 대통령긴급조치'(이하 '긴급조치 제9호'라 한다)는 그 발동 요건을 갖추지 못한 채 목적상 한계를 벗어나 국민의 자유와 권리를 지나치게 제한함으로써 헌법상 보장된 국민의 기본권을 침해한 것이므로, 긴급조치 제9호가 해제 내지 실효되기 이전부터 이는 유신헌법에 위배되어 위헌・무효이고, 나아가 긴급조치 제9호에 의하여 침해된 기본권들의 보장 규정을 두고 있는 현행 헌법에 비추어 보더라도 위헌・무효이다.

5. 대법원 2013. 5. 16. 선고 2012다202819 전원합의체 판결 【손해배상】 – 과거사조사보고서의 증명력

「진실・화해를 위한 과거사정리 기본법」에 의한 '진실・화해를 위한 과거사정리위원회'(이하 '정리위원회'라 한다)의 조사보고서에서 대상 사건 및 시대상황의 전체적인 흐름과 사건의 개괄적 내용을 정리한 부분은 상당한 신빙성이 있다 할 것이지만, 국가를 상대로 민사적인 손해배상을 청구하는 사건에서는 그러한 전체 구도 속에서 개별 당사자가 해당 사건의 희생자가 맞는지에 대하여 조사보고서 중 해당 부분을 개별적으로 검토하는 등 증거에 의하여 확정하는 절차를 거쳐야 한다. 따라서 그 절차에서까지 정리위원회의 조사보고서나 처분 내용이 법률상 '사실의 추정'과 같은 효력을 가지거나 반증을 허용하지 않는 증명력을 가진다고 할 수는 없다.

6. 대법원 2013. 12. 12. 선고 2013다201844 판결【손해배상】 – 재심절차 이후의 소멸시효

국가기관이 수사과정에서 한 위법행위 등으로 수집한 증거 등에 기초하여 공소가 제기되고 유죄의 확정판결까지 받았으나 재심사유의 존재 사실이 뒤늦게 밝혀짐에 따라 재심절차에서 무죄판결이 확정된 후 국가기관의 위법행위 등을 원인으로 국가를 상대로 손해배상을 청구하는 경우, 재심절차에서 무죄판결이 확정될 때까지는 채권자가 손해배상청구를 할 것을 기대할 수 없는 사실상의 장애사유가 있었다고 볼 것이다. 따라서 이러한 경우 채무자인 국가의 소멸시효 완성의 항변은 신의성실의 원칙에 반하는 권리남용으로 허용될 수 없다. 다만 채권자는 특별한 사정이 없는 한 그러한 장애가 해소된 재심무죄판결 확정일로부터 민법상 시효정지의 경우에 준하는 6개월의 기간 내에 권리를 행사하여야 한다. 이때 그 기간 내에 권리행사가 있었는지는 원칙적으로 손해배상을 청구하는 소를 제기하였는지 여부를 기준으로 판단할 것이다.

7. 대법원 2014. 10. 27. 선고 2013다217962 판결(변경)【손해배상】 – 긴급조치 9호 피해자에 대한 국가배상 책임의 부정

긴급조치 제9호 위반의 유죄판결에 대한 재심절차에서 피고인에게 적용된 형벌에 관한 법령인 긴급조치 제9호가 위헌·무효라는 이유로 형사소송법 제325조 전단에 의한 무죄판결이 확정된 경우에는 다른 특별한 사정이 없는 한 수사과정에서 있었던 국가기관의 위법행위로 인하여 재심대상판결에서 유죄가 선고된 경우라고 볼 수 없으므로, 그와 같은 내용의 재심무죄판결이 확정되었다는 사정만으로는 유죄판결에 의한 복역 등이 곧바로 국가의 불법행위에 해당한다고 볼 수 없고, 그러한 복역 등으로 인한 손해를 수사과정에서 있었던 국가기관의 위법행위로 인한 손해라고 볼 수 없으므로 국가의 손해배상책임이 인정된다고 하기 어렵다.

8. 헌재 2018. 8. 30. 2014헌바180 전원재판부 결정 – 【민주화운동관련자명예회복및보상등에관한법률제18조제2항위헌소원등】

민주화보상법상 보상금 등에는 정신적 손해에 대한 배상이 포함되어 있지 않은바, 이처럼 정신적 손해에 대해 적절한 배상이 이루어지지 않은 상태에서 적극적·소극적 손해에 상응하는 배상이 이루어졌다는 사정만으로 정신적 손해에 대한 국가배상청구마저 금지하는 것은, 해당 손해에 대한 적절한 배상이 이루어졌음을 전제로 하여 국가배상청구권 행사를 제한하려 한 민주화보상법의 입법목적에도 부합하지 않으며, 국가의 기본권 보호의무를 규정한 헌법 제10조 제2문의 취지에도 반하는 것으로서, 국가배상청구권에 대한 지나치게 과도한 제한에 해당한다. 따라서 심판대상조항 중 정신적 손해에 관한 부분은 민주화운동관련자와 유족의 국가배상청구권을 침해한다.

9. 대법원 2015. 3. 26. 선고 2012다48824 판결(변경) 【손해배상】 – 긴급조치권의 행사에 대한 국가배상 부정

긴급조치 제9호가 사후적으로 법원에서 위헌·무효로 선언되었다고 하더라도, 유신헌법에 근거한 대통령의 긴급조치권 행사는 고도의 정치성을 띤 국가행위로서 대통령은 국가긴급권의 행사에 관하여 원칙적으로 국민 전체에 대한 관계에서 정치적 책임을 질 뿐 국민 개개인의 권리에 대응하여 법적 의무를 지는 것은 아니므로, 대통령의 이러한 권력행사가 국민 개개인에 대한 관계에서 민사상 불법행위를 구성한다고는 볼 수 없다(대법원 2008. 5. 29. 선고 2004다33469 판결 참조).

10. 대법원 2021. 6. 30. 선고 2017다249219 판결 【손해배상】 – 행정처분이 취소된 경우 국가배상책임의 판단 방법

행정처분이 나중에 항고소송에서 위법하다고 판단되어 취소되더라도 그것만으로 행정처분이 공무원의 고의나 과실로 인한 불법행위를 구성한다고 단정할 수 없다. 보통 일반의 공무원을 표준으로 하여 볼 때 위법한 행정처분의 담당

공무원이 객관적 주의의무를 소홀히 하고 그로 인해 행정처분이 객관적 정당성을 잃었다고 볼 수 있는 경우에 국가배상법 제2조가 정한 국가배상책임이 성립할 수 있다. 이때 객관적 정당성을 잃었는지는 행위의 양태와 목적, 피해자의 관여 여부와 정도, 침해된 이익의 종류와 손해의 정도 등 여러 사정을 종합하여 판단하되, 손해의 전보책임을 국가 또는 지방자치단체가 부담할 만한 실질적 이유가 있는지도 살펴보아야 한다.

Ⅳ 질문 및 토의과제

1. 전원합의체 판결인 리딩케이스가 원심판결과 어떻게 다른지 생각해보자.
2. 별개의견은 다수의견과 어떤 차이점이 있는가? 그럼에도 국가의 배상책임에 관하여 다수의견과 같이 하는 이유는 무엇이라고 생각하는가?
3. 리딩케이스는 우리 국가배상법의 해석을 근본적으로 바꾸었다고 생각하는가? 그 이유를 설명하여 보라.

Ⅴ 참고문헌

김세용, 위헌인 형벌법규와 국가의 손해배상책임: 유신헌법하의 대통령 긴급조치에 대하여, 민사판례연구 〔XXXVIII〕

문병효, 대법원의 긴급조치 및 국가배상 관련 판결들에 대한 비판적 고찰, 민주법학 제59호, 2015. 11

Ⅵ 관련법령

유신헌법

제53조 ① 대통령은 천재·지변 또는 중대한 재정·경제상의 위기에 처하거나,

국가의 안전보장 또는 공공의 안녕질서가 중대한 위협을 받거나 받을 우려가 있어, 신속한 조치를 할 필요가 있다고 판단할 때에는 내정·외교·국방·경제·재정·사법 등 국정전반에 걸쳐 필요한 긴급조치를 할 수 있다.

② 대통령은 제1항의 경우에 필요하다고 인정할 때에는 이 헌법에 규정되어 있는 국민의 자유와 권리를 잠정적으로 정지하는 긴급조치를 할 수 있고, 정부나 법원의 권한에 관하여 긴급조치를 할 수 있다.

③ 제1항과 제2항의 긴급조치를 한 때에는 대통령은 지체없이 국회에 통고하여야 한다.

④ 제1항과 제2항의 긴급조치는 사법적 심사의 대상이 되지 아니한다.

⑤ 긴급조치의 원인이 소멸한 때에는 대통령은 지체없이 이를 해제하여야 한다.

⑥ 국회는 재적의원 과반수의 찬성으로 긴급조치의 해제를 대통령에게 건의할 수 있으며, 대통령은 특별한 사유가 없는 한 이에 응하여야 한다.

대통령 긴급조치

제9호(국가안전과 공공질서의 수호를 위한 대통령 긴급조치)

1. 다음 각 호의 행위를 금한다.
   가. 유언비어를 날조, 유포하거나 사실을 왜곡하여 전파하는 행위.
   나. 집회·시위 또는 신문·방송·통신 등 공중전파수단이나 문서·도서·음반 등 표현물에 의하여 대한민국 헌법을 부정·반대·왜곡 또는 비방하거나 그 개정 또는 폐지를 주장·청원·선동 또는 선전하는 행위.
   다. 학교당국의 지도, 감독 하에 행하는 수업, 연구 또는 학교장의 사전 허가를 받았거나 기타 의례적 비정치적 활동을 제외한, 학생의 집회·시위 또는 정치 관여 행위.
   라. 이 조치를 공연히 비방하는 행위.

13. 이 조치에 의한 주무부장관의 명령이나 조치는 사법적 심판의 대상이 되지 아니한다.

부칙【대통령긴급조치 제9호, 1975.5.13】

14. 이 조치는 1975년 5월 13일 15시부터 시행한다.

5-1-8. 공무원의 배상책임 - 선택적 청구권

I 개요

국가배상법 제2조 제1항은 공무원이 직무상 법령에 위반하여 고의·과실로 타인에게 손해를 끼친 경우에는 국가나 지방자치단체가 이를 배상하도록 하고 있다. 피해자가 국가 혹은 지방자치단체를 상대로 하여 손해배상 청구를 한 때에는 국가배상법에 의하여 배상책임을 진다. 이 경우에 공무원의 고의 또는 중대한 과실이 있는 경우에는 제2항에 의하여 국가나 지방자치단체의 구상권 행사에 대한 책임을 져야 한다.

그런데 피해자가 직접 공무원 개인에게 대하여 손해배상 책임을 추궁할 수 있는가의 여부에 관해서는 논란이 있어 왔다. 학설상으로 자기책임설의 입장에서는 긍정적이었으나 대위책임설이나 중간설의 입장에서는 부정적이었다. 한편 국가배상책임의 성질론과 공무원의 책임이 직접적인 관계가 없다는 설도 있었다. 판례는 본 전원합의체 판결이 나오기 이전에는 직접적인 책임을 인정하는 입장(긍정설)과 부정하는 입장(부정설)이 나누어져 있었다.

사안에서 보듯이 국가나 지방자치단체가 국가배상법 제2조에 의한 국가배상책임을 지는 것과는 별개로 공무원 개인도 직접 피해자의 청구에 의한 배상책임을 진다. 판례에 의하면 이 경우의 책임은 고의 혹은 중대한 과실이 있는 경우로 제한된다.

II 리딩케이스

1. 사건번호: 대법원 1996. 2. 15. 선고 95다38677 전원합의체 판결【국가배상청구】 - 군차량 사고에 있어 피해자 유족에 대한 운전병의 개인책임

원심판결: 서울고등법원 1995. 7. 28. 선고 95나21817 판결

2. 사실관계

운전병 A는 부대원을 태우고 교육훈련장으로 향하고 있었다. 앞서 가던 지휘관 B의 차량은 철도건널목의 일단정지선에 정지하여 있었다. 운전병 A는 이를 발견하지 못하고 계속 진행한 관계로 지휘관 B가 탄 차량을 추돌하였고, 이로 인하여 B의 차량은 진입하던 열차와 충돌하여 지휘관 B가 사망하였다. B의 유가족은 운전병 A를 상대로 하여 손해배상청구소송을 제기하였으나 원심법원은 B의 유족이 가해 공무원 개인에 대하여 직접 손해배상을 청구하지 못한다고 판시하였다.

3. 판결요지

[다수의견] 국가배상법 제2조 제1항 본문 및 제2항의 입법 취지는 공무원의 직무상 위법행위로 타인에게 손해를 끼친 경우에는 변제자력이 충분한 국가 등에게 선임감독상 과실 여부에 불구하고 손해배상책임을 부담시켜 국민의 재산권을 보장하되, 공무원이 직무를 수행함에 있어 경과실로 타인에게 손해를 입힌 경우에는 그 직무수행상 통상 예기할 수 있는 흠이 있는 것에 불과하므로, 이러한 공무원의 행위는 여전히 국가 등의 기관의 행위로 보아 그로 인하여 발생한 손해에 대한 배상책임도 전적으로 국가 등에만 귀속시키고 공무원 개인에게는 그로 인한 책임을 부담시키지 아니하여 공무원의 공무집행의 안정성을 확보하고, 반면에 공무원의 위법행위가 고의·중과실에 기한 경우에는 비록 그 행위가 그의 직무와 관련된 것이라고 하더라도 그와 같은 행위는 그 본질에 있어서 기관행위로서의 품격을 상실하여 국가 등에게 그 책임을 귀속시킬 수 없으므로 공무원 개인에게 불법행위로 인한 손해배상책임을 부담시키되, 다만 이러한 경우에도 그 행위의 외관을 객관적으로 관찰하여 공무원의 직무집행으로 판단될 때에는 피해자인 국민을 두텁게 보호하기 위하여 국가 등이 공무원 개인과 중첩적으로 배상책임을 부담하되 국가 등이 배상책임을 지는 경우에는 공무원 개인에게 구상할 수 있도록 함으로써 궁극적으로 그 책임이 공무원 개인에게 귀속되도록 하려는 것이라고 봄이 합당하다.

[별개의견] 국가배상법 제2조 제2항의 입법취지가 공무원의 직무집행의 안정

성 내지 효율성의 확보에 있음은 의문이 없는 바이나, 위 법 조항은 어디까지나 국가 등과 공무원 사이의 대내적 구상관계만을 규정함으로써, 즉 경과실의 경우에는 공무원에 대한 구상책임을 면제하는 것만으로써 공무집행의 안정성을 확보하려는 것이고, 대외적 관계 즉 피해자(국민)와 불법행위자(공무원) 본인 사이의 책임관계를 규율하는 취지로 볼 수는 없다. 그것은 국가배상법의 목적이 그 제1조가 밝히고 있는 바와 같이 국가 등의 손해배상책임과 그 배상절차 즉 국가 등과 피해자인 국민 간의 관계를 규정함에 있고 가해자인 공무원과 피해자인 국민 간의 관계를 규정함에 있는 것이 아닌 점에 비추어 보아도 명백하다.

[반대의견] 헌법 제29조 제1항 및 국가배상법 제2조 제1항의 규정이 공무원의 직무상 불법행위에 대하여 자기의 행위에 대한 책임에서와 같이 국가 또는 공공단체의 무조건적인 배상책임을 규정한 것은, 오로지 변제자력이 충분한 국가 또는 공공단체로 하여금 배상하게 함으로써 피해자 구제에 만전을 기한다는 것에 그치는 것이 아니라, 더 나아가 국민 전체에 대한 봉사자인 공무원들로 하여금 보다 적극적이고 능동적으로 공무를 수행하게 하기 위하여 공무원 개인의 배상책임을 면제한다는 것에 초점이 있는 것으로 보아야 한다.

4. 판례해설

이 사건을 이해하기 위해서는 국가배상법의 구조에 대한 파악이 선행되어야 한다. 국가배상법은 공무원 개인의 직무상 불법행위 책임을 국가 등이 지도록 한 것인데, 이 경우에 국가나 지방자치단체의 책임 이외에 불법행위를 한 공무원 개인 책임은 어떻게 되는가에 대해서는 여러 논의가 있었다.

국가배상책임의 존재이유는 국가행위로 인한 위법성 발생의 억제, 피해자구제, 법치주의의 회복 등을 들 수 있다. 국가배상의 존재이유가 피해자 구제에만 있다면 표면적으로 피해자로서는 국가로부터 배상(보상)을 받든 혹은 개인에게 배상을 받든 관계없을 것이다. 그런데 이 경우에도 우리 국가배상법의 특수성으로 인하여 복잡한 문제가 발생한다. 즉, 국가배상법 제2조의 단서 조항에 의하여 "군인 · 군무원 · 경찰공무원 또는 향토예비군대원이 전투 · 훈련 등 직무 집행과 관련하여 전사 · 순직하거나 공상을 입은 경우에 본인이나 그 유족이 다른 법령에 따라 재해보상금·유족연금·상이연금 등의 보상을 지급받을 수 있을 때에는 이 법 및 「민법」에 따른 손해배상을 청구할 수 없다." 이 사례에서 피해자의 유족은 교육훈련 중의 군지휘관이므로 이 단서조항에 해당하여 국가에 대해서는 손해배상을 청구할 수 없고, 다만 유족연금을 청구하여야 한다. 문제는 유족연금으로 충분한 배상을 받지 못한다고 생각하는 유족들이 국가를 상대로 하는 배상청구가 법에 의하여 허용되지 않음으로 인하여 공무원 개인에게 직접 배상을 청구하려고 하는 경우이다.

종래 이 문제에 대하여 대위책임설에서는 국가배상법에 의하여 국가가 공무원 개인의 불법행위로 인한 배상책임을 인수하였기 때문에 공무원 개인은 면책된다고 보았다. 한편 자기책임설은 국가의 손해배상책임은 국가의 자기책임으로 공무원 개인의 책임과 양립할 수 있다고 하였다. 다만 어떤 경우에도 개인책임이 인정된다는 견해와 입법의 취지상 고의나 중과실의 경우에는 개인책임을 지지만 경과실의 경우에는 면책되는 것으로 보는 견해도 있었다. 종래의 중간설에 의하면 공무원의 위법행위가 경과실에 기한 것일 때에는 자기책임으로, 고의·중과실에 의한 것일 때에는 대위책임으로 본다. 이때 어느 경우든 공무원 개인의 책임은 인정되지 않는다. 한편 국가배상책임의 성질론과 공무원 개인의 피해자에 대한 직접 책임 문제는 논리적으로 귀결되는 문제가 아니라 입법정책에 의한 것이라는 학설도 존재하였다.

종래 판례는 공무원 개인의 책임을 인정한 것(대법원 1972. 10. 10. 선고 69다701 판결: 관련판례 1)과 이를 부정한 것(대법원 1994. 4. 12. 선고 93다11807 판결: 관련판례 2)이 존재하였다. 본 사례는 전원합의체 판결로 그동안의 논란에 대하여 일정한 기준을 제시한 의의가 있다. 이 판결의 취지는 경과실의 경우는 국가기관의 행위로 국가만 책임을 지지만 고의·중과실의 경우에는 원칙적으로 개인책임이나 당해 행위가 직무행위로서의 외형을 갖추고 있으면 피해자와의 관계에서 일종의 자기책임을 진다고 본다. 그러므로 피해자는 공무원의 고의·중과실에 의한 손해발생에 대해서, 국가 이외에 행위자인 공무원 개인에 대해서도 손해배상을 청구할 수 있다고 본다. 일부에서는 이를 절충설이라고 부르기도 한다. 반대의견에서는 국가만 피해자에 대한 직접적인 책임을 진다고 하여 종래의 대위책임설을 따르고 있다.

공무원의 개인적 책임을 판단하는 기준이 경과실 혹은 중과실의 존재여부가 되면서, 언제 중과실이 있는 것으로 볼 수 있는지가 중요한 쟁점이 된다. 관련 판례 3에서는 이에 대해 "공무원에게 통상 요구되는 정도의 상당한 주의를 하지 않더라도 약간의 주의를 한다면 손쉽게 위법·유해한 결과를 예견할 수 있는 경우임에도 만연히 이를 간과함과 같은 거의 고의에 가까운 현저한 주의를 결여한 상태"라고 하였다.

Ⅲ 관련판례

1. 대법원 1972. 10. 10. 선고 69다701 판결【손해배상】 - 공무원 개인책임에 대하여 긍정설에 선 판례

공무원의 직무상 불법행위로 손해를 받은 국민이 국가 또는 공공단체에 배상을 청구하는 경우 국가 또는 공공단체에 대하여 그의 불법행위를 이유로 손해배상을 구함은 국가배상법이 정한 바에 따른다 하여도 이 역시 민사상의 손해배상 책임을 특별법인 국가배상법이 정한데 불과하며 헌법 제26조 단서는 국가 또는 공공단체가 불법행위로 인한 손해배상책임을 지는 경우 공무원 자신의 책임은 면제되지 아니한다고 규정하여 공무원의 직무상 불법행위로 손해를 받은 국민이 공무원 자신에게 대하여도 직접 그의 불법행위를 이유로 손해배상을 청구할 수 있음을 규정하여 국가배상법의 공무원 자신의 책임에 관한 규정여하를 기다릴 것 없이 공무원 자신이 불법행위를 이유로 민사상의 손해배상책임을 져야 할 법리이다.

2. 대법원 1994. 4. 12. 선고 93다11807 판결【보험금】 - 공무원 개인책임에 관하여 부정설에 선 판례

공무원의 직무상 불법행위로 인하여 손해를 받은 사람은 국가 또는 공공단체를 상대로 손해배상을 청구할 수 있고, 이 경우에 공무원에게 고의 또는 중대한 과실이 있는 때에는 국가 또는 공공단체는 그 공무원에게 구상할 수 있을 뿐, 피해자가 공무원 개인을 상대로 손해배상을 청구할 수 없는 것이다.

3. 대법원 2003. 12. 26. 선고 2003다13307 판결【구상금】

헌법 제29조 제1항 본문과 단서 및 국가배상법 제2조를 그 입법취지에 조화되도록 해석하면 공무원이 직무 수행중 불법행위로 타인에게 손해를 입힌 경우에 국가나 지방자치단체가 국가배상책임을 부담하는 외에 공무원 개인도 고의 또는 중과실이 있는 경우에는 불법행위로 인한 손해배상책임을 지지만, 공무원에게 경과실이 있을 뿐인 경우에는 공무원 개인은 불법행위로 인한 손해배상책임을 부담하지 아니하고, 여기서 공무원의 중과실이라 함은 공무원에게 통상 요구되는 정도의 상당한 주의를 하지 않더라도 약간의 주의를 한다면 손쉽게 위법・유해한 결과를 예견할 수 있는 경우임에도 만연히 이를 간과함과 같은 거의 고의에 가까운 현저한 주의를 결여한 상태를 의미한다.

4. 대법원 2012. 1. 28. 선고 2019다260197 판결【손해배상】

공법인이 국가로부터 위탁받은 공행정사무를 집행하는 과정에서 공법인의 임직원이나 피용인이 고의 또는 과실로 법령을 위반하여 타인에게 손해를 입힌 경우에는, 공법인은 위탁받은 공행정사무에 관한 행정주체의 지위에서 배상책임을 부담하여야 하지만, 공법인의 임직원이나 피용인은 실질적인 의미에서 공무를 수행한 사람으로서 국가배상법 제2조에서 정한 공무원에 해당하므로 고의 또는 중과실이 있는 경우에만 배상책임을 부담하고 경과실이 있는 경우에는 배상책임을 면한다. 한편 공무원의 중과실이란 공무원에게 통상 요구되는 정도의 상당한 주의를 하지 않더라도 약간의 주의를 한다면 손쉽게 위법・유해한 결과를 예견할 수 있는 경우임에도 만연히 이를 간과한 경우와 같이, 거의 고의에 가까운 현저한 주의를 결여한 상태를 의미한다.

Ⅳ 질문 및 토의과제

1. 국가배상의 성질에 관한 여러 학설을 개관하고, 공무원 개인의 책임과의 관련성을 설명하여 보라.

2. 공무원 개인의 책임을 인정하는 경우와 그렇지 않은 경우 피해자와 당해 공무원이 입는 유불리에 관하여 검토하라.

3. 국가배상법상 이중배상금지의 정당성에 관하여 논하라. 만일 헌법과 국가배상법상의 이중배상금지 제도가 폐지된다면 공무원 개인의 책임 인정에 관한 법리는 어떤 양상으로 전개될 것으로 예상되는가?

Ⅴ 참고문헌

박정훈, 國家賠償法의 改革 – 私法的 代位責任에서 公法的 自己責任으로 –, 행정법연구 62, 2020. 8

김민호, 직무와 관련된 불법행위에 있어 공무원 개인의 책임, 행정판례연구 V, 2000. 10

정하중, 국가책임과 공무원책임, 판례월보 310호, 1996. 7

Ⅵ 관련법령

헌법

제29조 ① 공무원의 직무상 불법행위로 손해를 받은 국민은 법률이 정하는 바에 의하여 국가 또는 공공단체에 정당한 배상을 청구할 수 있다. 이 경우 공무원 자신의 책임은 면제되지 아니한다.

② 군인·군무원·경찰공무원 기타 법률이 정하는 자가 전투·훈련등 직무집행과 관련하여 받은 손해에 대하여는 법률이 정하는 보상외에 국가 또는 공공단체에 공무원의 직무상 불법행위로 인한 배상은 청구할 수 없다.

국가배상법

제2조 (배상책임) ① 국가나 지방자치단체는 공무원이 직무를 집행하면서 고의 또는 과실로 법령을 위반하여 타인에게 손해를 입히거나, 「자동차손해배상 보

장법」에 따라 손해배상의 책임이 있을 때에는 이 법에 따라 그 손해를 배상하여야 한다. 다만, 군인 · 군무원 · 경찰공무원 또는 향토예비군대원이 전투 · 훈련 등 직무 집행과 관련하여 전사 · 순직하거나 공상을 입은 경우에 본인이나 그 유족이 다른 법령에 따라 재해보상금 · 유족연금 · 상이연금 등의 보상을 지급받을 수 있을 때에는 이 법 및 「민법」에 따른 손해배상을 청구할 수 없다.
② 제1항 본문의 경우에 공무원에게 고의 또는 중대한 과실이 있으면 국가나 지방자치단체는 그 공무원에게 구상할 수 있다.

5-1-9. 공공시설의 설치관리의 하자로 인한 손해배상

I 개요

국가배상법 제5조는 공공시설의 설치 · 관리상의 하자로 인한 손해배상 책임을 규정하고 있다. 국가배상법 제2조가 공무원의 직무상의 행위로 인한 불법행위 책임인 데 반하여 제5조상의 책임은 민법 제758조의 공작물 책임에 비견된다. 제5조상의 책임이 제2조와 어떤 관계에 있는가, 제5조 책임의 요건은 무엇인가 하는 것이 이 절의 포인트이다.

II 리딩케이스

1. 사건번호: 대법원 2000. 2. 25. 선고 99다54004 판결【구상금】

2. 사실관계

이 사건의 원고 갑은 보험회사이다. 소외 A는 소외 B 소유의 승용차를 운전하다가 소외 C가 운전하는 오토바이를 들이받아 운전자에게 상해를 입혔다. 갑은 보험회사로서 자동차 사고로 인하여 발생한 B 소유의 승용차 손괴와 C가 입은 손해 모두를 자동차보험계약에 의하여 배상하였다.

원고 갑은 피고 을 국가에 대하여 이 사건 사고는 교통신호기를 설치, 관리할 책임이 있는 피고가 이 사건 사고 장소의 신호기를 고장 난 채 방치한 잘못이 한 원인이 되어 발생하였으므로, 피고는 소외 A와 함께 공동불법행위자로서 이 사건 사고로 인하여 C가 입은 손해와 위 승용차의 손괴로 인하여 B가 입은 손해의 일부를 배상할 책임이 있다고 주장하여 본 건 소송을 제기하였다.

이 당시 소외 A는 당시 신호기에 의하여 교통정리가 행하여지는 5거리 교차로인 이 사건 사고 장소를 진행방향 신호기의 정지신호(적색전구)가 단선으로 소등된 상태에서 그대로 진행하다가 때마침 다른 방향에서 진행신호에 따라 위 교차로에 진입한 소외 김○○ 운전의 오토바이를 들이받아 이 사건 사고가 발생하였다.

3. 판결요지

국가배상법 제5조 제1항 소정의 영조물의 설치 또는 관리의 하자라 함은 영조물이 그 용도에 따라 통상 갖추어야 할 안전성을 갖추지 못한 상태에 있음을 말하는 것으로서, 영조물이 완전무결한 상태에 있지 아니하고 그 기능상 어떠한 결함이 있다는 것만으로 영조물의 설치 또는 관리에 하자가 있다고 할 수 없는 것이고, 위와 같은 안전성의 구비 여부를 판단함에 있어서는 당해 영조물의 용도, 그 설치장소의 현황 및 이용 상황 등 제반 사정을 종합적으로 고려하여 설치 관리자가 그 영조물의 위험성에 비례하여 사회통념상 일반적으로 요구되는 정도의 방호조치 의무를 다하였는지 여부를 그 기준으로 삼아야 할 것이며, 객관적으로 보아 시간적·장소적으로 영조물의 기능상 결함으로 인한 손해발생의 예견가능성과 회피가능성이 없는 경우 즉 그 영조물의 결함이 영조물의 설치관리자의 관리행위가 미칠 수 없는 상황 아래에 있는 경우에는 영조물의 설치관리상의 하자를 인정할 수 없다.

4. 판례해설

국가배상법 제5조는 공공시설의 설치관리상의 하자로 인한 국가 및 지방자치단체의 책임을 규정한다. 이 조항의 입법취지는 공공시설의 설치관리에 의하여 손해가 발생한 경우 이를 관리하는 공무원의 고의·과실과 법령위반을 입증하기 어렵기 때문에 공공시설로 인한 손해의 발생에 대해서 피해자의 구제를 두텁게 하기 위한 것이라고 알려져 있다. 따라서 원칙적으로 국가배상법 제5조상의 책임은 무과실 책임이라고 볼 수 있다. 관련판례 2는 이를 잘 보여주고 있다. 관련판례 2에서 나타나듯이 여기서의 하자라고 함은 "영조물 자체가 통상 갖추어야 할 안전성을 갖추지 못한 상태"이다. 영조물은 국가 또는 지방자치단체에 의하여 특정의 공공 목적에 공여된 유체물 및 물적인 설비 일체를 말한다(관련판례 1 참조). 도로, 하천, 항만, 상수도, 하수도, 관공서청사, 철도시설물인 대합실과 승강장, 교통신호기 등을 모두 포함한다. 다만 공공시설은 완성되어 본래의 목적을 위하여 제공되어 있는 것을 가리킨다.

종래의 정설은 국가배상법 제2조 책임은 공무원의 과실을 요건으로 하는 과실책임인데 반하여 국가배상법 제5조의 책임은 무과실 책임으로부터 출발하였다고 알려져 있다. 그런데 그 이후에 나타나는 다양한 하자에 따르는 책임관계를 설명하기 위하여 관리자의 주관적인 요소가 강조되기 시작하였다. 한 견해에 의하면 국가배상법 제5조의 책임도 공무원의 과실을 전제로 하며, 그 과실은 제2조의 과실과 본질적으로 구별되지 않는다고 한다. 다른 견해에 의하면 제5조상의 하자는 영조물이 가지는 흠과 함께 관리자의 행위로 인한 의무위반까지 포함하는 것이라고 한다(관련판례 6). 그런데 이 경우에도 관리자의 주의의무를 객관적으로 파악하게 되면 주관설과 객관설과의 질적인 차이는 없어지게 된다.

대상 판례에서 대법원은 신호등이 점등되지 아니하였다는 상태 그 자체만으로는 피고에게 신호기의 설치, 보존에 어떠한 하자가 있었다고 단정할 수 없다고 하였다. 당시 서울특별시 전역에는 약 13만여 개의 신호등 전구가 설치되어 있고 그 중 하루에 약 300여 개가 고장나고, 신호등 전구의 수명은 전력 변동률이 높아 예측하기 곤란하다고 한다. 신호등 전구가 단선되더라도 현장에 나가보지 않고는 이를 파악할 수 없어 평소 교통근무자 또는 도로이용자의 신고에 의하여 단선된 신호기를 교체하여 왔으나, 이 사건 신호기의 신호등 고장신고가 이 사건 사고발생 전까지 접수되지 아니한 사실 등에 비추어 보면 피고가 신호등이 점등되지 아니하는 것을 즉시 발견할 것을 기대하기 어렵고, 달리 피고가 위 신호등이 점등되지 아니하고 있다는 신고를 받고도 교통정리원 등을 배치하여 교통정리를 하지 아니하면서 장시간 동안 이를 교체하지 아니한 채 방치하는 등과 같은 특별한 사정을 인정할 증거가 없으므로 피고에게 이로 인한 책임을 물을 수 없다고 판단하여 원고의 청구를 배척하였다. 다시 말하면 신호기의 고장 자체는 공공시설이 통상 갖추어야 하는 완전성 내지 안전성을 결여한 것으로 볼 수 있지만 이러한 고장이 평균적으로 몇 개씩 존재하는데 관리자가 이를 사전에 파악하여 조치하기는 어렵기 때문에 관리자에게 그 책임을 물을 수 없다고 한다. 이 입장은 관리의무 위반설에 가까운 것으로 파악할 수 있다.

한편 관련판례 3에서는 가변차로에서 신호기의 오작동으로 인하여 사고가 발생한 경우에는 그러한 교통시스템을 채택하여 신호기의 오작동을 방치한 것만으로 공공시설의 설치관리상의 하자가 있다고 판단하고 있는데 본 사안과 구별하여 이해하여야 한다.

한편 자연공물인 경우에는 자연재해와 인공재해 간의 구별이 쟁점이 된다. 관련판례 4에서 보듯이 관리청은 종래의 강우와 기후 등 통계자료를 근거로 재해대책을 세우는데, 그 대책이 합리적이라고 인정되는 범위에서는 주의의무를 다한 것이라는 판단을 하고 있다.

공공시설의 설치관리상의 하자의 입증책임에 대해서도 견해가 대립된다. 원고책임설에 의하면 하자의 입증책임은 원고가 진다고 한다. 그런데 공공시설의 설치관리상의 하자에 대하여 관리의무위반설에 서게 되면 원고가 공공시설로 인한 손해를 입증한 이상 피고가 주의의무를 다했음을 입증하여야 하며 만일 그러지 못한 때에는 피고가 손해배상의 책임을 진다(관련판례 5 참조).

Ⅲ 관련판례

1. 대법원 1981. 7. 7. 선고 80다2478 판결【손해배상】

국가배상법 제5조에서 말하는 공공의 영조물이란 공유나 사유임을 불문하고 행정주체에 의하여 특정 공공의 목적에 공여된 유체물 또는 물적 설비를 의미한다.

2. 대법원 1994. 11. 22. 선고 94다32924 판결【손해배상(기)】

국가배상법 제5조 소정의 영조물의 설치·관리상의 하자라 함은 영조물의 설치 및 관리에 불완전한 점이 있어 이 때문에 영조물 자체가 통상 갖추어야 할 안전성을 갖추지 못한 상태에 있는 것을 말하는 것이다.

3. 대법원 2001. 7. 27. 선고 2000다56822 판결【손해배상(자)】

가변차로에 설치된 신호등의 용도와 오작동시에 발생하는 사고의 위험성과 심각성을 감안할 때, 만일 가변차로에 설치된 두 개의 신호기에서 서로 모순되는 신호가 들어오는 고장을 예방할 방법이 없음에도 그와 같은 신호기를 설치하여 그와 같은 고장을 발생하게 한 것이라면, 그 고장이 자연재해 등 외부요인에 의한 불가항력에 기인한 것이 아닌 한 그 자체로 설치·관리자의 방호조치의무를 다하지 못한 것으로서 신호등이 그 용도에 따라 통상 갖추어야 할 안전성을 갖추지 못한 상태에 있었다고 할 것이고, 따라서 설령 적정전압보다 낮은 저전압이 원인이 되어 위와 같은 오작동이 발생하였고 그 고장은 현재의 기술수준상 부득이한 것이라고 가정하더라도 그와 같은 사정만으로 손해발생의 예견가능성이나 회피가능성이 없어 영조물의 하자를 인정할 수 없는 경우라고 단정할 수 없다.

4. 대법원 2003. 10. 23. 선고 2001다48057 판결【손해배상(기)】(영조물 설치관리의 하자로 인한 손해배상－자연공물의 설치관리의 하자)

하천의 관리청이 관계 규정에 따라 설정한 계획홍수위를 변경시켜야 할 사정이 생기는 등 특별한 사정이 없는 한, 이미 존재하는 하천의 제방이 계획홍수위를 넘고 있다면 그 하천은 용도에 따라 통상 갖추어야 할 안전성을 갖추고 있다고 보아야 하고, 그와 같은 하천이 그 후 새로운 하천시설을 설치할 때 기준으로 삼기 위하여 제정한 '하천시설기준'이 정한 여유고를 확보하지 못하고 있다는 사정만으로 바로 안전성이 결여된 하자가 있다고 볼 수는 없다.

5. 대법원 1998. 2. 10. 선고 97다32536 판결【구상금】

편도 2차선 도로의 1차선 상에 교통사고의 원인이 될 수 있는 크기의 돌멩이가 방치되어 있었고, 도로의 점유·관리자인 피고가 그것에 대한 관리 가능성이 없다는 입증을 하지 못하고 있는 이 사건에서 이는 도로 관리·보존상의 하자에 해당한다.

6. 대법원 2000. 4. 25. 선고 99다54998 판결【손해배상(자)】

도로의 설치·관리상의 하자는 도로의 위치 등 장소적인 조건, 도로의 구조, 교통량, 사고시에 있어서의 교통 사정 등 도로의 이용 상황과 본래의 이용 목적 등 제반 사정과 물적 결함의 위치, 형상 등을 종합적으로 고려하여 사회통념에 따라 구체적으로 판단하여야 하는바, 특히 강설은 기본적 환경의 하나인 자연현상으로서 그것이 도로교통의 안전을 해치는 위험성의 정도나 그 시기를 예측하기 어렵고 통상 광범위한 지역에 걸쳐 일시에 나타나고 일정한 시간을 경과하면 소멸되는 일과성을 띠는 경우가 많은 점에 비하여, 이로 인하여 발생되는 도로상의 위험에 대처하기 위한 완벽한 방법으로서 도로 자체에 융설 설비를 갖추는 것은 현대의 과학기술의 수준이나 재정사정에 비추어 사실상 불가능하고, 가능한 방법으로 인위적으로 제설작업을 하거나 제설제를 살포하는 하고, 방법을 택할 수밖에 없는데, 그러한 경우에 있어서도 적설지대에 속하는 지역의 도로라든가 최저속도의 제한이 있는 고속도로 등 특수 목적을 갖고 있는 도로가 아닌 일반 보통의 도로까지도 도로관리자에게 완전한 인적, 물적 설비를 갖추고 제설작업을 하여 도로통행상의 위험을 즉시 배제하여 그 안전성을 확보하도록 하는 관리의무를 부과하는 것은 도로의 안전성의 성질에 비추어 적당하지 않고, 오히려 그러한 경우의 도로통행의 안전성은 그와 같은 위험에 대면하여 도로를 이용하는 통행자 개개인의 책임으로 확보하여야 한다.

7. 대법원 2010. 11. 25. 선고 2007다20112 판결【손해배상(기)】

피고가 이 사건 비행장을 설치·관리함에 있어 여러 가지 소음대책을 시행하였음에도 이 사건 비행장을 전투기 비행훈련이라는 공공의 목적에 이용하면서 여기에서 발생한 소음 등의 침해가 인근 주민들에게 통상의 수인한도를 넘는 피해를 발생하게 하였다면 이 사건 비행장의 설치·관리상 하자가 있다고 보아야 할 것이라고 전제한 다음, 이 사건 항공기소음으로 인한 피해의 내용 및 정도, 이 사건 비행장 및 군용항공기 운항이 가지는 공공성과 아울러 원고 및 선정자들 거주지역이 농촌지역으로서 가지는 지역적 환경적 특성 등의 여러 사정을 종합적으로 고려하여 원고 및 선정자들 거주지역 소음피해가 적어도 소음도 80WECPNL 이상인 경우에는 사회생활상 통상의 수인한도를 넘어 위법하다고 판단한 것은 위 법리에 따른 것으로 정당하므로, 이에 관한 피고의 상고이유의 주장도 이유 없다.

Ⅳ 질문 및 토의과제

1. 국가배상법 제2조와 제5조의 같은 점과 다른 점에 관하여 설명하라.

2. 국가배상법 제5조 책임에 관한 객관설과 주관설의 차이는 무엇인가?

3. 공공시설의 하자의 존재에 관한 입증책임은 누가 부담하나?

Ⅴ 참고문헌

정다영, 영조물책임과 이용자의 보호 – 도로표지의 하자에 대한 대법원 2022. 7. 28. 선고 2022다225910 판결을 중심으로 –, 소비자법연구 9(1), 2023. 1

선병욱, 신호기 설치·관리상의 하자로 인한 손해배상, 판례연구 14집 서울지방변호사회, 2001. 1

김득환, 겨울철 강설에 의한 노면 결빙으로 인한 교통사고와 도로관리의 하자 여부, 대법원판례해설 34호, 2000. 11

Ⅵ 관련법령

국가배상법

제5조 (공공시설 등의 하자로 인한 책임) ① 도로·하천, 그 밖의 공공의 영조물의 설치나 관리에 하자가 있기 때문에 타인에게 손해를 발생하게 하였을 때에는 국가나 지방자치단체는 그 손해를 배상하여야 한다. 이 경우 제2조제1항 단서, 제3조 및 제3조의2를 준용한다.

② 제1항을 적용할 때 손해의 원인에 대하여 책임을 질 자가 따로 있으면 국가나 지방자치단체는 그 자에게 구상할 수 있다.

5-1-10. 손해배상책임-배상책임자

Ⅰ 개요

영조물의 설치관리를 맡은 자와 설치관리의 비용을 부담하는 자가 동일하지 않은 경우 비용부담자도 책임을 진다고 규정하고 있다(관련법령 참조). 이때 궁극적인 배상책임자가 누구인지가 문제된다.

Ⅱ 리딩케이스

1. 사건번호: 대법원 1998. 7. 10. 선고 96다42819 판결【구상금】

2. 사실관계

소외 A는 1992년 6월 모일 20시 50분 경 화물자동차를 운전하여 광주 북구 소재 국도 13호선을 진행하던 중 위 도로의 갓길로부터 편도 1차선인 위 도로의 진행차선 절반 정도까지에 걸쳐 쌓여져 있는 폐 아스콘 더미를 피하기 위하여 중앙선을 침범하여 진행하다가 마침 반대차선에서 마주 오던 소외 B의 자동차를 충격하여 운전자가 사망에 이르게 되었다. 이 폐 아스콘은 위 교통사고 지점 인근의 용산마을에 거주하는 소외 C의 요청으로 소외 주식회사 D가 이 사건 사고가 발생한 날 오후에 적치하여 두었던 것인데, 위 C 등 위 용산마을 주민들이 임시로 도로 갓길 쪽으로 아스콘을 쳐 올려 놓았으나 그 일부가 흘러 내려 위와 같이 한쪽 차선의 절반 정도를 차지하게 되었으며, 한편 위 교통사고 당시 위 도로 상에 위와 같은 장애물이 있음을 알리는 경고판이나 위험표지판 등은 세워져 있지 아니하였다.

위 화물자동차의 보험자인 소외 E 보험주식회사는 위 망인 B의 유족들에게 손해배상금으로 금 84,615,120원을 지급한 후 광주지방법원에 이 사건의 원고와 피고를 상대로 구상금 청구의 소를 제기하였고, 이에 위 법원은 1995년 3월 원고 광주광역시와 피고 대한민국은 각자 소외 회사에게 청구금액의 40%에 해당하는 금 33,846,048원과 이에 대한 지연손해금을 지급하라는 판결을 선고하였다. 이 판결은 그 무렵 확정되었고, 그 후 원고는 1995년 8월 위 판결문상의 인용금액으로서 지연손해금을 포함한 금 40,800,710원을 소외 회사에게 지급하였다.

한편, 피고 산하 이리 지방국토관리청은 1991년 12월 광주시 비아동−담양군 대전면 간 국도 13호선을 포장하는 공사를 완공하고, 1992년 1월 원고의 관할구역 내의 도로인 광산구 비아동에서 담양군 대전면 응용리까지의 구간을 원고에게 인계·인수요청하였는데 위 교통사고 지점도 인수대상에 포함되었다.

위와 같은 인수요청을 받은 원고는 이리 지방국토관리청에 이 사건 도로와 함께 일괄하여 인수요청을 받은 광주−장성 간 국도 1호선 도로포장공사 시설물 인계·인수와 관련한 자료의 송부를 요청하였고, 이에 따라 이리 지방국토관리청은 1992년 4월 원고에게 광주−장성 간 도로 시설물 인계·인수 자료를 송부하였으며, 원고는 1992년 12월 국도 1호선 중 광주−장성 간 부분과 이 사건 도로를 도로 시설물로 인수한다는 의사를 이리 지방국토관리청에 표시하고 인계인수서 2부를 송부함과 동시에 원고 산하의 각 구청에 위 각 도로를 인수하였음을 통보하고 유지·관리에 철저를 기하라고 통보하였고, 원고로부터 인계인수서를 송부받은 위의 이리 지방국토관리청은 1992. 12. 11. 원고에게 시설물 인계인수서 1부를 송부하였다.

원심은 이 사건 사고는 이 사건 도로의 관리상의 하자를 그 하나의 원인으로 하여 발생되었고, 한편 피고로부터 원고로의 이 사건 도로에 대한 관리이관은 인계·인수절차가 완료된 1992년 12월 경 이루어졌다 할 것인데, 도로의 관리이관이 이루어지지 아니한 상태에서는 이 사건 도로의 포장공사를 한 피고가 이 사건 도로를 계속 점유하고 있었다고 할 것이라는 이유로, 피고는 이 사건 도로의 점유자 및 관리책임자로서 관리이관이 이루어지기 전에 발생한 이 사건 사고로 인한 손해배상액 전부에 대한 구상의무를 원고에 대하여 부담한다고 판단하여, 그 중 원고가 구하는 금액 전액의 지급을 피고에게 명하였다. 이에 대하여 피고 대한민국이 상고하였다.

3. 판결요지

원래 광역시가 점유·관리하던 일반국도 중 일부 구간의 포장공사를 국가가 대행하여 광역시에 도로의 관리를 이관하기 전에 교통사고가 발생한 경우, 광역시는 그 도로의 점유자 및 관리자, 도로법 제56조, 제55조, 도로법 시행령 제30조에 의한 도로관리비용 등의 부담자로서의 책임이 있고, 국가는 그 도로의 점유자 및 관리자, 관리사무 귀속자, 포장공사비용 부담자로서의 책임이 있다고 할 것이며, 이와 같이 광역시와 국가 모두가 도로의 점유자 및 관리자, 비용부담자로서의 책임을 중첩적으로 지는 경우에는, 광역시와 국가 모두가 국가배상법 제6조 제2항 소정의 궁극적으로 손해를 배상할 책임이 있는 자라고 할 것이고, 결국 광역시와 국가의 내부적인 부담 부분은, 그 도로의 인계·인수 경위, 사고의 발생 경위, 광역시와 국가의 그 도로에 관한 분담비용 등 제반 사정을 종합하여 결정함이 상당하다.

4. 판례해설

국가배상법 제2조에 의한 공무원의 선임·감독을 맡은 자와 봉급·급여 기타의 비용을 부담하는 자가 동일하지 아니한 때에는 그 비용을 부담하는 자도 책임을 진다(동법 제6조). 이와 마찬가지로 영조물의 설치관리 책임을 맡은 자와 그 비용을 부담하는 자가 동일하지 않은 경우에 그 비용을 부담하는 자도 설치관리자와 함께 국가배상책임을 진다.

이 규정은 무엇보다 국가의 활동으로 인한 피해를 입은 국민을 보호하기 위한 것으로 이해할 수 있다. 즉, 관리자와 비용부담자는 모두 피해자에 대하여 부진정 연대책임을 지는 관계에 있으며, 피해자는 이들 가운데 누구를 피고로 할 것인가에 관하여 고민할 필요없이 한 사람에 대하여 청구를 할 수 있고, 피해배상 청구를 받은 사람은 전액을 배상하여야 한다. 그런데 내부 관계에서 누가 궁극적인 책임을 지는 자인가에 대해서는 그간 논란이 있어 왔다. 관리주체설의 입장에서는 관리책임을 지는 사람이 궁극적인 책임자가 된다고 한다. 즉, 공무원의 행위로 인한 책임은 직접 행위를 한 사람과 그 관리를 맡은 사람이 지는 것이 옳으며, 법의 규정에서도 "비용부담자도" 책임을 진다고 한 것은 원칙적으로 관리책임자가 책임을 부담하는 전제에 서 있는 것으로 본다. 그러나 이에 대하여 비용부담자설의 입장에서는 비용을 부담한다는 것은 직무행위로 인한 책임까지를 모두 부담한다는 의미이므로 궁극적인 책임은 비용부담자라고 본다. 이 가운데 관리책임자설이 다수설의 지위에 있다. 이 밖에 기여도설의 입장에서는 원칙적으로 관리책임자와 비용부담자가 각각 책임을 지나 내부관계에 있어서는 손해에 대하여 구체적으로 기여한 부분에 대하여 책임을 져야 하는 것으로 본다. 이 사안의 대상 판례는 내부적인 부담부분을 제반사정을 종합하여 판단하여야 한다고 하여 기여도설에 가까운 듯하지만 반드시 명확하지는 않다.

Ⅲ 관련판례

1. 대법원 1993. 1. 26. 선고 92다2684 판결【구상금】

시가 국도의 관리상 비용부담자로서 책임을 지는 것은 국가배상법이 정한 자신의 고유한 배상책임이므로 도로의 하자로 인한 손해에 대하여 시는 부진정 연대채무자인 공동불법행위자와의 내부관계에서 배상책임을 분담하는 관계에 있으며 국가배상법 제6조 제2항의 규정은 도로의 관리주체인 국가와 그 비용을 부담하는 경제주체인 시 상호간에 내부적으로 구상의 범위를 정하는데 적용될 뿐 이를 들어 구상권자인 공동 불법행위자에게 대항할 수 없다.

2. 대법원 1998. 9. 22. 선고 97다42502,42519 판결【구상금】

피고 대한민국은 이 사건 육교의 관리사무의 귀속주체로서, 피고 시는 이 사건 육교의 비용부담자로서 각 손해배상책임을 지는 것이고, 국가배상법 제6조 제2항의 규정은 도로의 관리주체인 국가와 그 비용부담자인 시, 구 상호간에 내부적으로 구상의 범위를 정하는 데 적용될 뿐 이를 들어 구상권자인 공동 불법행위자에게 대항할 수 없는 것이므로(대법원 1993. 1. 26. 선고 92다2684 판결 참조), 성북구에게도 이 사건 육교의 비용부담자로서의 손해배상책임이 있는지의 여부와는 관계없이 피고들은 부진정 연대채무자로서 각자 피고들 전체의 부담 부분(전체 손해액 중 원고가 부담할 부분을 제외한 전액)에 관하여 원고의 구상에 응하여야 하는 것이지 피고별로 분할채무를 지는 것이 아니며, 성북구에게도 손해배상책임이 있는지의 여부는 피고들과 성북구 사이의 내부의 구상에 영향을 미칠 뿐이다.

3. 대법원 2010. 11. 11. 선고 2008다57975 판결【손해배상(기)】

소음 등을 포함한 공해 등의 위험지역으로 이주하여 들어가 거주하는 경우와 같이 위험의 존재를 인식하거나 과실로 인식하지 못하고 이주한 경우에는 손해배상액의 산정에 있어 형평의 원칙상 과실상계에 준하여 감경 또는 면제사유로 고려하는 것이 상당하다(대법원 2005. 1. 27. 선고 2003다49566 판결 등 참조).

Ⅳ 질문 및 토의과제

1. 도로의 관리주체와 비용부담자가 서로 다른 경우의 예를 들어 설명하라.

2. 도로의 관리주체와 비용부담 주체 가운데서 누가 궁극적인 배상책임을 지는가?

Ⅴ 참고문헌

강구철, 국가배상책임자에 관한 연구, 법학논총 제18집 국민대학교 법학연구소, 2006. 2

이충상, 도로법 제27조 제1항에 의한 상급관청의 공사대행의 성격 및 위 대행공사 후 도로관리 이관 시점, 판례실무연구 Ⅱ, 1998. 11

홍준형, 도로관리책임과 국가배상법상의 배상책임, 판례월보 337호, 1998. 10

박해성, 국가배상법 제6조 소정의 비용부담자로서의 국가배상의무를 부담하는 자, 대법원판례해설 제22호, 1995

Ⅵ 관련법령

국가배상법

제6조 (비용부담자 등의 책임) ① 제2조·제3조 및 제5조에 따라 국가나 지방자치단체가 손해를 배상할 책임이 있는 경우에 공무원의 선임·감독 또는 영조물의 설치·관리를 맡은 자와 공무원의 봉급·급여, 그 밖의 비용 또는 영조물의 설치·관리 비용을 부담하는 자가 동일하지 아니하면 그 비용을 부담하는 자도 손해를 배상하여야 한다.

② 제1항의 경우에 손해를 배상한 자는 내부관계에서 그 손해를 배상할 책임이 있는 자에게 구상할 수 있다.

제 2 장 손실보상

손실보상은 적법한 공권력 작용에 의하여 발생하는 개인의 특별한 희생을 공적인 부담으로 보상해 주는 점에서 위법한 공권력 행사로 인한 불법행위 책임에 바탕을 두는 손해배상과 구별된다. 손실보상은 적법·무과실을 요건으로 하며, 손해배상은 위법·과실을 내용으로 한다. 그런데 현실적으로 개인에게 가해진 손해의 유형이 반드시 이에 부합하는 것은 아니다. 대표적으로 위법·무과실한 행위에 의하여 개인이 손해를 입는 경우가 있다. 가령 공공시설의 설치에 의하여 영업상의 피해를 입게 되면 설치행위 자체는 적법하기 때문에 손해배상에 의해서 구제될 수 있는 것은 아니다. 그리고 손실보상은 헌법의 규정에 따라 반드시 사전에 법률에 의하여 그 요건과 보상이 정하여져야 하기 때문에 법률에서 수용을 할 수 있는 근거 조항을 두면서도 이에 대한 보상을 함께 규정하지 않은 때에는 보상을 받을 수 없게 된다. 이를 해결하기 위한 이론적논의가 수용적 침해 혹은 수용유사적 침해 등으로 다양하게 나타났다.

5-2-1. 손실보상청구권의 성질

I 개요

헌법 제23조에 의하여 개인의 재산권은 보장된다. 그런데 도로의 건설, 주택단지의 조성 혹은 도시재개발 등의 공공필요에 의하여 개인의 토지를 불가피하게 수용하여야 하는 경우가 있다. 이때에는 헌법의 규정에 의하여 정당한 보상을 지급하여야 한다. 수용의 요건과 보상의 요부 그리고 정당한 보상의 내용은 학설과 판례에 의하여 상당히 정치하게 정리되어 있지만 그 내용은 구체적인 사례에 따라서 다양하게 나타난다.

II 리딩케이스

1. 사건번호: 대법원 2006. 5. 18. 선고 2004다6207 전원합의체 판결【보상청구권확인】

원심판결: 서울고등법원 2004. 1. 14. 선고 2003나35545 판결【보상청구권확인】

2. 사실관계

구 하천법 제4조는 "하천은 이를 국유로 한다"고 규정하면서, 제12조에서 "관리청은 하천의 구역을 결정하였을 때에는 건설부장관이 정하는 바에 의하여 이를 고시하고 그 도면을 일반에게 열람시켜야 한다"고 규정하여 '하천구역결정고시제도'를 취하였다. 한편 구 하천법 제62조 제1항은 "제12조, 제13조, 제34조 및 제35조의 규정에 의한 처분이나 제한으로 인하여 손실을 받은 자가 있을 때 또는 제방에 의하여 보호되었던 토지가 하천에 관한 공사로 인하여 제방 내에 들어가거나 이에 준하는 손실을 받은 자가 있을 때에는 국토건설청장이 한 처분이나 공사로 인한 것은 국고에서, 지방장관이 한 처분이나 공사로 인한 것은 당해 지방자치단체에서 그 손실을 보상하여야 한다"는 보상규정을 두고 있었다.

1971년 개정된 신 하천법(1971. 1. 20.시행)은 '하천구역 법정제도'를 채택하여 제2조 제1항 제2호에서 하천구역이라 함은, '가. 하천의 유수가 계속하여 흐르고 있는 토지 및 지형과 당해 토지에 있어서의 초목생장의 상황 기타의 상황이 하천의 유수가 미치는 부분으로서 매년 1회 이상 상당한 유속으로 흐른 형적을 나타내고 있는 토지(대홍수 기타 이상한 천연현상에 의하여 일시적으로 그 상황을 나타내고 있는 토지를 제외한다)의 구역, 나. 하천부속물의 부지인 토지의 구역, 다. 제방(하천관리청이나 그 허가 또는 위임을 받은 자가 설치한 것에 한한다)이 있는 곳에 있어서는 그 제외지(제방으로부터 하심측의 토지를 말한다) 또는 관리청이 지정하는 이와 유사한 토지의 구역'이라고 규정하면서, 제74조에서 같은 법 제2조 제1항 제2호 다목 후단에 의하여 하천구역을 지정한 경우에 대하여만 손실보상규정을 두었을 뿐, 제2조 제1항 제2호 가목, 나목, 다목 전단에 의하여 국유화된 경우에 대하여는 별도의 손실보상규정을 두고 있지 않았다.

1984년 개정된 하천법에서는 제74조 제2항에서 "토지가 제2조 제1항 제2호 가목에 해당되어 새로이 하천구역으로 된 경우에는 그 토지가 포함된 하천구역의 관리청이 보상하여야 한다"는 규정을 신설하고, 위 1971년 신 하천법에 손실보상규정이 제대로 갖추어져 있지 않은 문제를 해결하기 위하여 부칙 제2조 제1항에서 "이 법 시행 전에 토지가 제2조 제1항 제2호 가목에 해당되어 하천구역으로 되었거나, 1971. 1. 19. 공포된 하천법의 시행으로 제외지 안에 있던 토지가 국유로 된 경우에는 관리청이 그 손실을 보상하여야 한다"는 규정을 마련하였고, 제2항에서 위 손실보상청구권의 소멸시효에 관하여 같은 법 시행일(1984. 12. 31.)로부터 기산하여 예산회계법 제71조 및 지방재정법 제53조의 규정에 의하도록 규정함으로써 보상청구권의 소멸시효는 위 시행일로부터 5년이 경과하는 1989. 12. 30.에 완성되게 되었다. 그 후 1989. 12. 30. 법률 제4161호로 1984년 하천법 부칙 제2조 제2항을 개정하여 "제1항의 규정에 의한 보상청구권의 소멸시효는 1990. 12. 30.에 만료한다"고 함으로써 소멸시효 만료일을 1년간 연장하였다.

그런데, 위와 같이 소멸시효 만료일을 연장하였음에도 불구하고 1990년말로 보상청구권의 소멸시효가 완성됨에 따라 보상을 받지 못한 토지소유자가 아직도 상당수에 이르러 다수의 민원이 발생하자, 다시 1999. 12. 28. 법률 제6065호로 이 사건 특별조치법을 제정하여, 제2조에서 "다음 각 호의 1에 해당하는 경우 중 법률 제3782호 하천법 중 개정법률 부칙 제2조의 규정에 의한 소멸시효의 만료로 보상청구권이 소멸되어 보상을 받지 못한 때에는 특별시장·광역시장 또는 도지사가 그 손실을 보상하여야 한다"고 하면서 제1호에서, "법률 제2292호 하천법 개정 법률의 시행일 전에 토지가 하천법 제2조 제1항 제2호 가목에 해당되어 하천구역으로 된 경우"를, 제2호에서 "법률 제2292호 하천법 개정 법률의 시행일부터 법률 제3782호 하천법 중 개정 법률의 시행일 전에 토지가 하천법 제2조 제1항 제2호 가목에 해당되어 하천구역으로 된 경우"를, 제3호로 "법률 제2292호 하천법 개정 법률의 시행으로 제외지 안에 있던 토지가 국유로 된 경우"를 들고 있고, 제3조는 "제2조의 규정에 의한 보상청구권의 소멸시효는 2002. 12. 31.에 만료된다"고 규정하였다.

이 사건 토지는 1990년 7월 건설교통부가 변경 고시한 한강하천정비 기본계획에 따라 하천법 제2조 제1항 제2호 가목에 해당하여 하천구역으로 편입되었고, 편입 당시 소유권보존등기가 경료되지 아니한 채 미등기상태로 있었다가 1996년 7월 국가 소유로 소유권 보존등기가 이루어졌다. 원고들은 이 사건 토지가 하천법 제2조 제1항의 하천구역이 됨으로써 그 소유권을 상실하여 하천법 제74조 제2항에 의하여 손실보상청구권을 가졌다가 그 소멸시효기간을 도과하였는데, 1999년 12월 법률 제6065호 "법률 제3782호 하천법 중 개정법률 부칙 제2조의 규정에 의한 보상청구권의 소멸시효가 만료된 하천구역편입 토지보상에 관한 특별조치법"으로 그 소멸시효기간이 2002년 12월로 연장되었으므로, 피고들은 원고들에게 이 사건 토지가 하천구역이 됨에 따른 손실보상금을 지급할 의무가 있다고 주장하면서 그 손실보상청구권이 존재한다는 확인을 구하였다. 이에 대하여 피고들은 이 사건 토지는 이 사건 특별조치법에 의한 손실보상 대상 토지가 아니어서 원고들의 청구에 응할 수 없으며, 특히 피고 대한민국은 이 사건 특별조치법상의 손실보상의무자가 아니라고 답하였다.

원심법원은 "앞서 든 하천법 중 하천구역과 손실보상에 관한 관련 규정의 연혁, 1984년 개정된 하천법 부칙 제2조의 규정내용 및 입법취지, 이 사건 특별조치법의 입법취지 및 문언에 비추어 보면, 이 사건 특별조치법의 적용을 받아 손실보상 대상이 되는 토지는 “법률 제2292호로 개정된 신 하천법 시행일인 1971. 1. 20.전에 토지가 신 하천법 제2조 제1항 제2호 가목(이른바 유수지)에 해당되어 하천구역으로 된 경우, 신 하천법 시행일부터 1984년 개정 하천법 시행일 전에 위 가목에 해당되어 하천구역이 된 경우 및 신 하천법 시행일부터 개정 하천법 시행일 전에 제외지 안에 있던 토지가 국유로 된 경우”만 해당한다고 보아야 할 것이다”고 하여 원고의 청구를 기각하였다.

3. 판결요지

개정 하천법은 그 부칙 제2조 제1항에서 개정 하천법의 시행일인 1984. 12. 31. 전에 유수지에 해당되어 하천구역으로 된 토지 및 구 하천법의 시행으로 국유로 된 제외지 안의 토지에 대하여는 관리청이 그 손실을 보상하도록 규정하였고, 특별조치법 제2조는 개정 하천법 부칙 제2조 제1항에 해당하는 토지로서 개정 하천법 부칙 제2조 제2항에서 규정하고 있는 소멸시효의 만료로 보상청구권이 소멸되어 보상을 받지 못한 토지에 대하여는 시 · 도지사가 그 손실을 보상하도록 규정하고 있는바, 위 각 규정들에 의한 손실보상청구권은 모두 종전의 하천법 규정 자체에 의하여 하천구역으로 편입되어 국유로 되었으나 그에 대한 보상규정이 없었거나 보상청구권이 시효로 소멸되어 보상을 받지 못한 토지들에 대하여, 국가가 반성적 고려와 국민의 권리구제 차원에서 그 손실을 보상하기 위하여 규정한 것으로서, 그 법적 성질은 하천법 본칙이 원래부터 규정하고 있던 하천구역에의 편입에 의한 손실보상청구권과 하등 다를 바가 없는 것이어서 공법상의 권리임이 분명하므로 그에 관한 쟁송도 행정소송절차에 의하여야 할 것이다.

4. 판례해설

이 사안은 손실보상의 법적인 성질과 요건을 해설하기 위하여 선정되었다. 대법원은 전원합의체에서 하천에 관한 손실보상은 원심이 판시하는 바와 같이 민사법원에서 관할하는 것이 아니라 행정법원의 관할 아래에 있다고 하여 1심 판결을 취소하고 원심판결을 파기하였다. 이는 하천법에 의한 손실보상 청구에 관한 소송이 공법상 소송이라는 뜻을 분명히 한 것이다.

손실보상의 법적인 성질에 관하여 종래 사권설과 공권설이 대립하였다. 사권설에서는 손실보상을 당사자의 의사 또는 직접 법률에 의거한 사법상의 채권·채무관계로 파악하였다. 반면에 공권설은 손실보상이란 그 원인행위인 공권력의 침해와 일체성을 이루고, 토지수용이라는 공권력 작용의 법적 효과로 보아야 하므로 손실보상청구권은 공법상의 권리이며, 손실보상의무의 이행관계는 공법관계로 본다. 종래 사권설에 입각하여 손실보상을 민사재판으로 다루어 왔으나 행정법원이 설립되면서 공법소송에 대한 인식이 새로워지고, 이 판결에서는 하천법에 의한 손실보상을 공권으로 보면서 그 소송을 행정소송으로 제기하여야 함을 분명히 한 의의가 있다. 그리고 소송 방법은 행정소송법 제3조 제2호 소정의 당사자소송에 의하여야 한다고 하였다.

이하에서 손실보상의 요건을 관련판례를 중심으로 설명하기로 한다. 먼저, 손실보상은 헌법에 의하여 법률상 규정이 있는 경우에 할 수 있다. 현행 헌법 제23조는 재산권의 "수용·사용 또는 제한 및 그에 대한 보상은 법률로써 하되"라고 규정하고 있다. 이는 재산권의 수용에 관한 요건을 사전에 법률로써 정하라는 의미와 함께 그에 대한 보상 또한 반드시 법률로 정하도록 하는 의미를 가진다. 이를 종종 수용과 보상의 부대조항 혹은 연결조항이라고 한다. 즉, 만일 수용을 규정하면서 보상규정을 두고 있지 않는 경우에 이는 위헌의 문제를 불러일으킬 수 있게 된다. 또한 수용을 하면서 보상규정이 없는 때, 이를 민사소송이나 행정소송을 제기하여 부당이득을 청구한다든지 혹은 배상이나 보상을 요구할 수 없다는 의미이다. 이를 경계이론 및 분리이론의 구조로 설명하기도 한다. 즉, 헌법재판소가 손실보상을 분리이론의 관점에서 파악하고 있다고 한다.

종래 재산권에 대한 수인한도를 넘는 공권력의 행사 혹은 침해는 바로 수용으로 보고 손실보상을 청구할 수 있다고 설명하였다(경계이론). 그러나 이러한 재산권의 보장방법은 현행 헌법과 같은 수용과 보상의 연결조항 도입으로 인하여 설자리를 잃었다(분리이론). 현행헌법의 해석에 의하면 보상이 없는 수용은 위헌의 문제가 되며, 따라서 위헌소송을 제기하여 관련법령의 위헌성에 관한 다툼을 먼저 해결한 후에, 만일 위헌으로 선언되면 관련법에 의하여 보상청구를 할 수 있게 된다. 즉, 보상규정이 없는 경우의 해결방안으로 종래 직접효력설이나 유추적용설에 의하면 위헌문제를 가릴 것 없이 바로 관련규정에 의한 손실보상을 청구할 수 있는 것으로 생각했지만 헌법재판소의 판례에 의하면 이는 더 이상 허용되지 않는다. 따라서 손실보상의 요부에 관해서는 헌법재판소의 위헌결정에 의하여 결정된다. 그러나 헌법재판소는 해당 법률의 위헌결정만하고 보상은 입법으로 확정된다.

관련판례 2에서 헌재는 수용의 대상이 되는 재산권은 사적유용성 및 그에 대한 원칙적 처분권을 내포하는 재산가치 있는 구체적 권리이므로 권리가 아닌 단순한 이익이나 재화의 획득에 관한 기회 등은 재산권 보장의 대상이 아니라 할 것이라고 하였다. 즉, 헌법상의 재산권은 노동과 기타 합법적인 방법에 의하여 취득한 재산적 가치있는 권리를 의미한다. 단순한 이익이나 재화를 획득할 수 있는 기회는 재산권이 아니라 사실상 혹은 경제상의 이익을 의미하므로 손실보상에 의하여 보호되지 않는다.

관련판례 3은 수용에 따르는 보상의 내용에 관해 그 기준을 제시한다. 헌법은 정당한 보상을 하여야 한다고 규정하였다. 정당한 보상의 내용으로 학설에서는 완전보상설, 상당보상설 그리고 절충설이 주장되고 있다. 완전보상설에서는 수용의 대상이 되는 재산권이 가지는 시장가치를 전부 보장해야 한다고 하며, 상당보상설에서는 완전하게 보상할 필요는 없으며 재산적 가치의 상당부분만을 보상하면 된다고 한다. 완전보상설이 통설이다. 이 밖에 절충설은 완전보상을 원칙으로 하지만 예외적으로는 상당한 보상만으로 충분하다고 주장한다.

그런데 재산이 가지는 가치를 완전히 보상한다는 의미가 반드시 명확하지는 않다. 특히 현행법상 채택되어 있는 개발이익의 배제를 둘러싸고 논란이 있다. 개발이익은 개발사업에 의하여 토지의 가격이 정상적인 가격상승보다 크게 증대하여 사업자와 토지소유자가 얻는 비정상적인 이득을 말한다. 보상액의 산정방법에 있어서 공시지가를 기준으로 하되 공익사업으로 인하여 가격에 영향을 받지 않은 지역의 토지가격을 참작하도록 하는 것, 개발이익 환수제도 그리고 기반시설 부담금 등은 모두 공익과 사익의 조정이라는 목적을 가지고 있는데, 수용에 따르는 재산권 보상의 정도와 밀접한 관련이 있다. 헌법재판소는 이 제도를 헌법에 합치하는 것으로 보고 있다. 다만 결정에서 나타났듯이 그 방법에 있어서 법률유보와 그 정도에 있어서 과잉금지원칙 등을 준수하여야 한다.

Ⅲ 관련판례

1. 대법원 1976. 10. 12. 선고 76다1443 판결【부당이득】

[1] 개정헌법 제20조 제3항의 규정에 의하면 "공공 필요에 의한 재산권의 수용·사용 또는 제한 및 그 보상의 기준과 방법은 법률로 정한다"라고 명시하고 있어서 적어도 개정헌법 시행 후에 있어서는 개정 전 헌법 제20조 제3항의 경우와는 달리 손실보상을 청구하려면 그 손실보상의 기준과 방법을 정한 법률에 의하여서만 가능하다고 풀이하여야 된다. 그런데 이 사건 원고의 청구에 의하여 그중에는 개정헌법이 시행된 이후의 손실보상도 청구하고 있는 것이 명백함에도 불구하고 원심은 손실보상의 기준과 방법을 정한 법률이 없더라도 손실을 보상하여야 하고 이러한 손실보상을 민사법원이 정하는 바에 의한다는 취지로 판단하고 있는 것이다.

[2] 이러한 원심판시는 개정헌법 제20조 제3항의 규정을 잘못 적용한 위법을 면하기 어렵다.

2. 헌재 1997. 11. 27. 97헌바10 전원재판부 결정【약사법 부칙 제4조 제2항 위헌소원】(손실보상청구권의 요건－재산권의 의의)

헌법 제23조 제1항 및 제13조 제2항에 의하여 보호되는 재산권은 사적 유용성 및 그에 대한 원칙적 처분권을 내포하는 재산가치 있는 구체적 권리이므로 구체적인 권리가 아닌 단순한 이익이나 재화의 획득에 관한 기회 등은 재산권 보장의 대상이 아니라 할 것인바, 약사는 단순히 의약품의 판매뿐만 아니라 의약품의 분석, 관리 등의 업무를 다루며, 약사면허 그 자체는 양도·양수할 수 없고 상속의 대상도 되지 아니하며, 또한 약사의 한약조제권이란 그것이 타인에 의하여 침해되었을 때 방해를 배제하거나 원상회복 내지 손해배상을 청구할 수 있는 권리가 아니라 법률에 의하여 약사의 지위에서 인정되는 하나의 권능에 불과하고, 더욱이 의약품을 판매하여 얻게 되는 이익 역시 장래의 불확실한 기대 이익에 불과한 것이므로, 구 약사법상 약사에게 인정된 한약조제권은 위 헌법조항들이 말하는 재산권의 범위에 속하지 아니한다.

3. 헌재 1995. 4. 20. 93헌바20 전원재판부 결정 【구 토지수용법 제46조 제2항 등 위헌소원】(개별법상의 보상기준과 내용-토지수용에 대한 보상)

구 토지수용법 제46조 제2항 및 지가공시 및 토지 등의 평가에 관한 법률 제10조 제1항 제1호가 토지수용으로 인한 손실보상액의 산정을 공시지가를 기준으로 하되 개발이익을 배제하고, 공시기준일부터 재결시까지의 시점보정을 인근토지의 가격변동률과 도매물가상승률 등에 의하여 행하도록 규정한 것은 위 각 규정에 의한 기준지가가 대상지역 공고일 당시의 표준지의 객관적 가치를 정당하게 반영하는 것이고, 표준지와 지가산정 대상토지 사이에 가격의 유사성을 인정할 수 있도록 표준지의 선정이 적정하며, 대상지역 공고일 이후 수용시까지의 시가변동을 산출하는 시점보정의 방법이 적정한 것으로 보이므로, 헌법상의 정당보상의 원칙에 위배되는 것이 아니며, 또한 위 헌법조항의 법률유보를 넘어섰다거나 과잉금지의 원칙에 위배되었다고 볼 수 없다.

4. 대법원 2006. 5. 18. 선고 2004다6207 전원합의체 판결 【보상청구권확인】

개정 하천법은 그 부칙 제2조 제1항에서 개정 하천법의 시행일인 1984. 12. 31. 전에 유수지에 해당되어 하천구역으로 된 토지 및 구 하천법의 시행으로 국유로 된 제외지 안의 토지에 대하여는 관리청이 그 손실을 보상하도록 규정하였고, 특별조치법 제2조는 개정 하천법 부칙 제2조 제1항에 해당하는 토지로서 개정 하천법 부칙 제2조 제2항에서 규정하고 있는 소멸시효의 만료로 보상청구권이 소멸되어 보상을 받지 못한 토지에 대하여는 시·도지사가 그 손실을 보상하도록 규정하고 있는바, 위 각 규정들에 의한 손실보상청구권은 모두 종전의 하천법 규정 자체에 의하여 하천구역으로 편입되어 국유로 되었으나 그에 대한 보상규정이 없었거나 보상청구권이 시효로 소멸되어 보상을 받지 못한 토지들에 대하여, 국가가 반성적 고려와 국민의 권리구제 차원에서 그 손실을 보상하기 위하여 규정한 것으로서, 그 법적 성질은 하천법 본칙이 원래부터 규정하고 있던 하천구역에의 편입에 의한 손실보상청구권과 하등 다를 바가 없는 것이어서 공법상의 권리임이 분명하므로 그에 관한 쟁송도 행정소송절차에 의하여야 할 것이다.

5. 대법원 2007. 7. 12. 선고 2006두11507 판결【손실보상금증액청구】

한국감정평가업협회가 제정한 토지보상평가지침에서 입목본수도 등에 따른 관계 법령상의 사용제한 등을 개별요인이 아닌 기타요인에서 평가하도록 정하고 있으나, 위 토지보상평가지침은 단지 한국감정평가업협회가 내부적으로 기준을 정한 것에 불과하여 일반 국민이나 법원을 기속하는 것이 아니므로 위 지침에 반하여 위와 같은 법령상의 제한사항을 기타요인이 아닌 개별요인의 비교시에 반영하였다는 사정만으로 감정평가가 위법하게 되는 것은 아니다.

6. 대법원 2018. 12. 27. 선고 2014두11601 판결【보상금증액】

원심은 위와 같이 어업권이 취소되거나 어업면허의 유효기간 연장이 허가되지 않은 경우의 손실액 산정 방법·기준을 유추적용하여 원고의 직전 3개년간 평균 수익액을 기준으로 '물의 사용에 관한 권리'의 보상액으로 산정한 669,279,116원에서, 다음과 같은 이유로 원고가 영업손실에 대한 보상금 명목으로 이미 지급받은 160,626,000원을 공제하였다. ① 토지보상법 시행규칙 제46조 제1항, 제3항은 공익사업의 시행으로 인하여 영업을 폐지하는 경우의 보상액 산정에 관하여, 해당 영업의 최근 3년간의 영업이익의 평균 금액을 '영업이익'으로 평가한 후 2년간의 영업이익을 기준으로 보상액을 산정하도록 규정하고 있는데, 위와 같이 '물의 사용에 관한 권리'의 손실액에 대하여 평균수익액을 기준으로 산정한 보상금을 지급하면서 그와 별도로 영업손실에 대하여 평균 영업이익을 기준으로 산정한 보상금을 또다시 지급하는 것은 이중보상에 해당한다. ② 어업권에 대한 손실보상의 경우에도 어업권에 대한 보상금에 더하여 별도로 영업손실

에 대한 보상금까지 지급하지는 않고 있다.(상고기각)

Ⅳ 질문 및 토의과제

1. 보상규정이 결여된 재산권 규제의 보상 요부에 관하여 설명하라.
2. 특별한 희생의 판단기준으로 제시된 다양한 견해를 설명하라.
3. 재산권보상과 관련된 경계이론과 분리이론에 관하여 설명하라.

Ⅴ 참고문헌

김연진, 국가의 손실보상법에 관한 비교법적 고찰 – 독일과 한국의 비교를 중심으로, 유럽헌법연구 39, 2022. 8

박해식, 손실보상청구권의 법적 성질과 소송유형, 법조 56권 6호, 통권 609호, 2007. 6

Ⅵ 관련법령

헌법

제23조 ① 모든 국민의 재산권은 보장된다. 그 내용과 한계는 법률로 정한다.
② 재산권의 행사는 공공복리에 적합하도록 하여야 한다.
③ 공공필요에 의한 재산권의 수용·사용 또는 제한 및 그에 대한 보상은 법률로써 하되, 정당한 보상을 지급하여야 한다.

5-2-2. 계획제한과 손실보상

I 개요

헌법 제23조 제3항은 "공공필요에 의한 재산권의 수용·사용 또는 제한 및 그에 대한 보상은 법률로써 하되, 정당한 보상을 지급하여야 한다"고 규정하고 있다. 수용 또는 보상과는 달리 제한의 경우에 그에 따르는 보상을 하는 입법은 거의 없다. 리딩케이스의 구 도시계획법에서는 국토이용계획의 일환으로 개발제한구역을 지정하도록 하고, 지정된 구역 내에서는 토지의 이용을 일정한 용도나 방법으로 제한하였다. 그런데 이러한 제한에 따르는 보상은 별도로 규정되지 않고 있었다. 자신의 토지가 개발제한구역에 포함되면 토지소유자는 재산권 사용에 제약을 받게 된다. 헌법에는 공공필요에 의한 재산권의 제한에 대해서는 법률에 의한 보상을 하도록 규정하고 있는데, 그에 관한 규율이 없으면 보상을 받을 직접적인 방법은 없어진다. 이때 헌법소원이나 위헌법률심사가 유효한 수단이 된다.

II 리딩케이스

1. 사건번호: 헌재 1998. 12. 24. 89헌마214, 90헌바16, 97헌바78(병합) 전원재판부 결정 【도시계획법 제21조에 대한 위헌소원】

2. 사실관계

89헌마214 사건의 청구인들은 도시계획법(1971. 1. 19. 법률 제2291호로 제정되어 1972. 12. 30. 법률 제2435호로 개정된 것, 이하 "법"이라 한다) 제21조 제1항에 따라 1972. 8. 25. 건설부 고시 제385호에 의하여 개발제한구역으로 지정된 토지 위에 관할관청의 허가를 받지 아니하고 1978년경부터 1980경까지 사이에 건축물을 건축하여 소유하고 있다는 이유로 인천 서구청장으로부터 위 건축물에 대한 철거대집행계고처분 등을 받고, 서울고등법원에 위 서구청장을 상대로 위 건축물철거대집행계고처분 등의 취소를 구하는 행정소송(89구1928)을 제기하였다. 위 청구인들은 위 소송계속 중 서울고등법원에 법 제21조가 재판의 전제가 된다고 주장하면서 위헌심판제청을 신청하였으나 위 신청이 기각되자, 1989. 9. 5. 기각결정 정본을 송달받고 같은 달 19. 이 사건 헌법소원심판을 청구하였다.

90헌바16 사건의 청구인은 법 제21조에 따라 1972. 8. 25. 건설부 고시 제385호에 의하여 개발제한구역으로 지정된 토지 위에 관할관청의 허가를 받지 아니하고 1982년경부터 건축물을 건축하여 소유하고 있다는 이유로 인천 북구청장으로부터 그 건축물에 대한 철거대집행계고처분을 받고, 서울고등법원에 위 북구청장을 상대로 건물철거대집행계고처분의 취소를 구하는 행정소송(88구2894)을 제기하였으나 그 청구가 기각되었다. 위 청구인은 이에 불복하여 대법원에 상고한 후 그 소송계속 중(89누770) 법 제21조 제1항 및 제2항이 재판의 전제가 된다고 주장하면서 그 위헌심판제청을 신청하였으나 1990. 5. 8. 위 신청이 기각되자, 같은 달 21. 이 사건 헌법소원심판을 청구하였다.

97헌바78 사건의 청구인들은 도시계획법 제21조에 의하여 건설교통부장관이 1971. 7. 30.부터 같은 해 12. 4.까지 사이에 개발제한구역으로 지정한 지역 내에 위치한 토지의 소유자들이다. 위 청구인들은 그중 일부 청구인들을 선정당사자로 선정하였고, 위 선정당사자들은 국가를 상대로 서울지방법원에 청구인들(선정자들)이 위 개발제한구역의 지정에 의하여 입은 손실 중 일부로 청구인 1인당 각 금 300,000원씩을 보상하라는 내용의 소송(96가합90820)을 제기하였다. 위 선정당사자들은 위 소송계속 중 도시계획법 제21조(1972. 12. 30. 법률 제2435호로 개정된 것)가 재판의 전제가 된다고 하여 위 법원에 위헌심판제청을 신청하였으나, 위 법원은 1997. 10. 1. 위 신청을 기각하였고(97카기3279), 청구인들은 같은 달 19. 그 결정문을 송달받고 같은 달 29. 이 사건 헌법소원심판을 청구하였다.

3. 판결요지

(3) 개발제한구역 지정으로 인하여 토지를 종래의 목적으로도 사용할 수 없

거나 또는 더 이상 법적으로 허용된 토지이용의 방법이 없기 때문에 실질적으로 토지의 사용·수익의 길이 없는 경우에는 토지소유자가 수인해야 하는 사회적 제약의 한계를 넘는 것으로 보아야 한다.

(6) 도시계획법 제21조에 규정된 개발제한구역제도 그 자체는 원칙적으로 합헌적인 규정인데, 다만 개발제한구역의 지정으로 말미암아 일부 토지소유자에게 사회적 제약의 범위를 넘는 가혹한 부담이 발생하는 예외적인 경우에 대하여 보상규정을 두지 않은 것에 위헌성이 있는 것이고, 보상의 구체적 기준과 방법은 헌법재판소가 결정할 성질의 것이 아니라 광범위한 입법형성권을 가진 입법자가 입법정책적으로 정할 사항이므로, 입법자가 보상입법을 마련함으로써 위헌적인 상태를 제거할 때까지 위 조항을 형식적으로 존속케 하기 위하여 헌법불합치결정을 하는 것인바, 입법자는 되도록 빠른 시일내에 보상입법을 하여 위헌적 상태를 제거할 의무가 있고, 행정청은 보상입법이 마련되기 전에는 새로 개발제한구역을 지정하여서는 아니되며, 토지소유자는 보상입법을 기다려 그에 따른 권리행사를 할 수 있을 뿐 개발제한구역의 지정이나 그에 따른 토지재산권의 제한 그 자체의 효력을 다투거나 위 조항에 위반하여 행한 자신들의 행위의 정당성을 주장할 수는 없다.

(7) 입법자가 도시계획법 제21조를 통하여 국민의 재산권을 비례의 원칙에 부합하게 합헌적으로 제한하기 위해서는, 수인의 한계를 넘어 가혹한 부담이 발생하는 예외적인 경우에는 이를 완화하는 보상규정을 두어야 한다. 이러한 보상규정은 입법자가 헌법 제23조 제1항 및 제2항에 의하여 재산권의 내용을 구체적으로 형성하고 공공의 이익을 위하여 재산권을 제한하는 과정에서 이를 합헌적으로 규율하기 위하여 두어야 하는 규정이다. 재산권의 침해와 공익간의 비례성을 다시 회복하기 위한 방법은 헌법상 반드시 금전보상만을 해야 하는 것은 아니다. 입법자는 지정의 해제 또는 토지매수청구권 제도와 같이 금전보상에 갈음하거나 기타 손실을 완화할 수 있는 제도를 보완하는 등 여러 가지 다른 방법을 사용할 수 있다.

4. 판례해설

우리 헌법 제23조는 독일 기본법 제14조와 매우 유사한 구조이다. 주지하듯이 독일 연방헌법재판소는 소위 자갈채취 판결을 통하여 종래 연방 대법원의 재산권보장에 대한 기본적인 태도를 비판하고 재산권의 존속보장을 가치보장보다 우선시하는 헌법해석을 한 바 있다. 즉, 종래 소위 특별희생설에 의하여 '재산권의 사회적 기속을 넘는 재산권의 제한은 수용'이라고 보고, 이때에는 그에 상응하는 보상을 함으로써 위법성을 치유하여야 한다고 보았으나 연방헌법재판소는 그러한 법해석을 더 이상 용인하지 않겠다는 취지를 분명히 한 것이다. 이를 분리이론(Trennungstheorie)이라고 하고, 전자의 이론 혹은 태도는 경계이론(Schwellentheorie)이라고 한다. 위 헌법재판소 결정내용을 읽어볼 때 헌법재판소가 분리이론을 따른 것으로 해석할 수 있다.

종래 개인이 부담할 수 없는 과도한 재산권의 제약이 있음에도 그에 대한 보상이 법률에 규정되어 있지 않은 때에 이를 구제할 수 있는 방안으로 방침규정설, 직접효력설, 입법자에 대한 직접효력설(위헌무효설), 보상입법부작위위헌설 등이 주장되어 왔다. 헌법재판소의 위 판결은 재산권에 대한 과도한 침해가 있는 때에는 당해 입법이 헌법에 합치하지 않는다고 선언한 것으로 위헌무효설에 따르고 있다고 할 수 있다.

이 사안에서는 도시계획법에 의한 계획제한으로 재산권을 오랜 기간 행사하지 못하는 사람의 권리구제 방법에 대하여 그 방법을 제시하였다. 이 사건 청구인은 소위 그린벨트라고 하는 개발제한구역 내에 토지를 소유한 사람들로, 재산권에 관한 제한을 하면서 그에 대한 보상이 없는 것은 위헌이라고 주장하였다. 헌재는 이 사안에서 손실보상은 법률의 규정에 의해서만 이루어지며, 공공필요에 의한 수용에 해당하는 경우에는 반드시 손실보상을 하여야 한다는 전제 아래에서 ① 종래의 지목과 토지현황에 의한 이용방법에 따른 토지의 사용도 할 수 없거나, ② 실질적으로 사용·수익을 전혀 할 수 없는 예외적인 경우에는 재산권에 대한 사회적 제약을 넘는 특별한 희생에 해당하기 때문에 이 경우에도 아무런 보상없이 수인을 강요하는 것은 위헌이라고 판시하였다. 다만 보상방법은 법원에서 정할 수 없고 입법자의 조치를 기다려서 법률에 따라서 청구하도록 하였다.

관련판례에서는 도시계획에 의하여 10년 이상 재산권을 행사할 수 없도록 하면서도 이에 관한 보상을 두지 않는 것은 입법자의 재량을 벗어난 것으로 헌법에 합치되지 않는다고 하였다.

Ⅲ 관련판례

1. 헌재 1999. 10. 21. 97헌바26 결정【장기미집행 상태의 도시계획시설결정】

헌법재판소는 이미 도시계획법 제21조에 대한 헌법불합치결정(헌재 1998. 12. 24. 89헌마214등, 판례집 10－2, 927, 949－956)에서, '언제 토지소유자가 재산권에 대한 제한을 보상 없이 수인해야 하고, 언제 사회적 제약의 범위를 넘는 수용적 효과를 인정할 수 있는가'에 관하여 그 기본원칙을 다음과 같은 내용으로 밝힌 바 있다. 토지소유자가 개발제한구역의 지정에도 불구하고 자신의 토지를 원칙적으로 종래의 용도대로 사용할 수 있는 한, 이 사건 법률조항이 개발제한구역 내의 토지소유자에게 부과하는 현상태의 유지의무나 변경금지의무는 토지재산권의 사회적 기능 및 법규정이 실현하려는 법익의 중요성에 비추어 재산권에 내재하는 사회적 제약을 비례의 원칙에 합치하게 합헌적으로 구체화한 것이라고 할 것이다. 그러나 예외적으로 종래의 용도대로도 토지를 사용할 수 없거나 아니면 사적으로 사용할 수 있는 가능성이 완전히 배제되는 경우에도 이 사건 법률조항이 아무런 보상 없이 이를 감수하도록 규정하고 있는 한, 이러한 부담은 법규정이 실현하려는 중대한 공익으로도 정당화될 수 없는 과도한 부담으로서 비례의 원칙에 위반되어 토지소유자의 재산권을 과도하게 침해하는 위헌적인 것이다. 따라서 입법자가 이 사건 법률조항을 통하여 국민의 재산권을 비례의 원칙에 부합하게 합헌적으로 제한하기 위해서는, 수인의 한계를 넘어 가혹한 부담이 발생하는 예외적인 경우에는 이를 완화하는 보상규정을 두어야 한다. 토지재산권 제한과 관련하여 보상에 관한 이러한 기본원칙은 이 사건의 경우에도 그대로 타당하다고 하겠다. 따라서 도시계획시설의 지정으로 말미암아 당해 토지의 이용가능성이 배제되거나 또는 토지소유자가 토지를 종래 허용된 용도대로도 사용할 수 없기 때문에 이로 말미암아 현저한 재산적 손실이 발생하는 경우에는, 원칙적으로 사회적 제약의 범위를 넘는 수용적 효과를 인정하여 국가나 지방자치단체는 이에 대한 보상을 해야 한다. 이 사건 법률조항이 일부 토지소유자에 대하여 재산권의 사회적 기속성으로도 정당화될 수 없는 가혹한 부담을 부과하면서 그 부담을 완화하는 아무런 보상규정을 두지 않는다면, 이 사건 법률조항은 이러한 경우에 한하여 재산권의 내용과 한계를 규정함에 있어서 비례의 원칙에 위반되어 당해 토지소유자의 재산권을 과도하게 침해하는 규정이 된다고 하겠다.

Ⅳ 질문 및 토의과제

1. 계획제한에 의한 재산권의 과도한 침해가 있을 때 어떻게 구제받아야 하는가?

2. 재산권보장에 관한 존속보장과 가치보장의 개념을 설명하고 왜 존속보장이 가치보장에 우선되어야 하는지 설명하시오.

3. 재산권의 침해와 관련하여 당해 입법에서 보상에 관한 규정이 없을 때 이를 해결하는 방법을 입법부, 행정부 및 사법부의 입장에서 각각 생각하여 보라.

Ⅴ 참고문헌

황현구, 도시계획제한과 재산권 보장에 관한 연구, 2011

김광수, 환경보호를 위한 토지이용규제와 재산권, 환경법연구, 2006. 8

김문현, 보상규정 없는 법률에 기한 수용적 재산권제한에 대한 권리구제방법, 고시연구, 2000. 8

Ⅵ 관련법령

개발제한구역의 지정 및 관리에 관한 특별조치법

제17조 (토지매수의 청구) ① 개발제한구역의 지정에 따라 개발제한구역의 토지를 종래의 용도로 사용할 수 없어 그 효용이 현저히 감소된 토지나 그 토지의 사용 및 수익이 사실상 불가능하게 된 토지(이하 "매수대상토지"라 한다)의 소유자로서 다음 각 호의 어느 하나에 해당하는 자는 국토교통부장관에게 그 토지의 매수를 청구할 수 있다. <개정 2013.3.23.>

1. 개발제한구역으로 지정될 당시부터 계속하여 해당 토지를 소유한 자
2. 토지의 사용·수익이 사실상 불가능하게 되기 전에 해당 토지를 취득하여 계속 소유한 자
3. 제1호나 제2호에 해당하는 자로부터 해당 토지를 상속받아 계속하여 소유한 자

② 국토교통부장관은 제1항에 따라 매수청구를 받은 토지가 제3항에 따른 기준에 해당되면 그 토지를 매수하여야 한다. <개정 2013.3.23.>

국토의 계획 및 이용에 관한 법률

제47조 (도시·군계획시설 부지의 매수 청구) ① 도시·군계획시설에 대한 도시·군관리계획의 결정(이하 "도시·군계획시설결정"이라 한다)의 고시일부터 10년 이내에 그 도시·군계획시설의 설치에 관한 도시·군계획시설사업이 시행되지 아니하는 경우(제88조에 따른 실시계획의 인가나 그에 상당하는 절차가 진행된 경우는 제외한다. 이하 같다) 그 도시·군계획시설의 부지로 되어 있는 토지 중 지목(地目)이 대(垈)인 토지(그 토지에 있는 건축물 및 정착물을 포함한다. 이하 이 조에서 같다)의 소유자는 대통령령으로 정하는 바에 따라 특별시장·광역시장·특별자치시장·특별자치도지사·시장 또는 군수에게 그 토지의 매수를 청구할 수 있다. 다만, 다음 각 호의 어느 하나에 해당하는 경우에는 그에 해당하는 자(특별시장·광역시장·특별자치시장·특별자치도지사·시장 또는 군수를 포함한다. 이하 이 조에서 "매수의무자"라 한다)에게 그 토지의 매수를 청구할 수 있다. <개정 2011.4.14.>

1. 이 법에 따라 해당 도시·군계획시설사업의 시행자가 정하여진 경우에는

그 시행자

2. 이 법 또는 다른 법률에 따라 도시·군계획시설을 설치하거나 관리하여야 할 의무가 있는 자가 있으면 그 의무가 있는 자. 이 경우 도시·군계획시설을 설치하거나 관리하여야 할 의무가 있는 자가 서로 다른 경우에는 설치하여야 할 의무가 있는 자에게 매수 청구하여야 한다.

5-2-3. 개별법상의 보상기준과 내용－생활보상

I 개요

생활보상이라 함은 공익사업으로 인하여 생활과 생계의 근거가 변경되는 사람들이 종래와 같이 사회의 구성원으로 정상적인 생활을 영위할 수 있도록, 수용된 재산권에 상응하는 물질적인 보상과 지원을 하는 것을 뜻한다. 생활보상에는 두 가지의 의미가 포함되어 있다. 그 하나는 공익사업으로 인하여 박탈되는 종래의 생활이익에 대한 보상이다. 특히 대단지의 주택건설, 산업단지 건설, 다목적 댐 건설 등으로 한 지역이 모두 수몰되는 경우 그곳에 사는 동안 이루었던 생활의 기반이 한꺼번에 상실됨으로써 발생되는 '생활의 단절' 현상에 대하여 보상하는 측면이 있다. 다음으로는 새로운 생활기반의 조성과 정착이라는 측면이 있다. 생활의 터전을 상실하고 이주하게 되면 모든 것이 새로워지며, 다시 종래의 생활을 일구어야 한다. 새로운 주거가 필요하며, 사회적인 기반시설도 갖추어져야 한다. 농민이나 어민이 삶의 터전을 수용당한 경우에는 이전의 생업을 대신할 수 있는 직업훈련 혹은 대체적인 생계수단을 마련하여야 한다. 즉, 생활보상은 법률상의 용어는 아니며 수용당한 이익이 생활권적인 특징을 가지는 재산권이라는 점과 보상의 방법이 현금보상이 아닌 생활지원 대책이라는 특성을 가진다고 하겠다.

II 리딩케이스

1. 사건번호: 대법원 2011. 6. 23. 선고 2007다63089, 63906 전원합의체 판결 【채무부존재확인】

2. 사실관계

원고들(소송수계가 있은 원고 60, 75에 대하여 피수계인 사망 전의 사항에 대하여는 피수계인을 가리키고, 이하 같다)이 거주하던 고양시 일산구 풍동 3, 5통은 2000. 10. 25. 피고가 고양시 일산구 풍동 및 식사동 일대를 사업지구로 하여 시행하는 고양풍동지구택지개발사업지구에 편입되었다. 위 택지개발사업(이하 '이 사건 택지개발사업'이라 한다)은 1999. 7. 31. 건설교통부고시 제1999－242호로 택지개발예정지구로 지정되어 고시되고, 2000. 10. 25. 경기도고시 제2000－248호로 개발계획승인이 고시되어, 2001. 5. 3. 경기도고시 제2001－2032호로 택지개발실시계획승인을 받아 택지개발사업이 진행되었고, 그 후 2004. 2. 12.경 그 면적 등의 변경에 따른 개발계획 및 실시계획에 대한 변경승인이 이루어져 2006. 12. 31.경 이 사건 택지개발사업이 모두 완료될 예정으로 있었다.

피고는 이 사건 택지개발사업지구에 편입됨에 따라 그 소유 주택 또는 토지 등이 수용됨으로써 생활근거지를 잃게 된 원고들에 대한 이주대책의 일환으로 원고들에게 이 사건 택지개발사업의 시행으로 사업지구 내에 건설될 주공아파트를 일반분양조건과 동일하게 특별공급하기로 하고, 원고들에게 2003. 12. 15.부터 같은 달 17.까지 특별공급하는 아파트에 대한 분양계약을 체결하도록 하였으나 분양금액 등에 대한 원고들의 민원 제기 등으로 계약금 일부 및 중도금을 잔금으로 대체하는 등 공급조건을 일부 변경하면서 수차 계약체결기간을 연장하였고, 그 후 피고가 2004. 6. 11.경 원고들에게 최종적으로 특별공급 아파트에 대한 계약체결을 2004. 6. 14.부터 같은 달 28.까지 하지 않을 경우 미계약 세대에 대하여는 계약의사가 없는 것으로 간주하여 일반분양하겠다고 최고하였다.

이에 원고들은 2004. 6. 22.경 피고에게 특별공급 아파트에 대한 피고의 공급가격 및 조건에 승복하는 것이 아니라는 취지의 통지를 한 다음, 2004. 6. 28.경 피고와 사이에 각 특별공급 아파트에 대한 분양금액을 일반분양가와 동일한 별지4. 부당이득금액 등 계산표 ③항 기재 각 금액으로 하여 각 아파트분양계약을 체결하였다. 즉, 원고들이 분양받을 수 있는 특별공급 아파트는 110.7837㎡(33평)형과 98.9587㎡(29평)형이 있었는데, 원고 27과 원고 52만 98.9587㎡(29평)형을 분양받고, 나머지 원고들은 모두 110.7837㎡(33평)형을 분양받았다.

그 후 원고(탈퇴) 12 등 탈퇴한 원고들 18명[이하 '원고(탈퇴) 12 등 18명'이라 한다]은 2005. 7. 26.부터 2006. 9. 12. 사이에 각 원고 12 승계참가인 등 18명(이하 '승계참가인들'이라 한다)에게, 그리고 원고 20, 33, 46, 47, 53, 70, 72, 87(이하 '원고 20 등 8명'이라 한다)은 2005. 8. 19.부터 2006. 10.경까지 사이에 각 소외 1, 2, 3, 4, 5, 6, 7, 8(이하 '권리의무승계인 소외 1 등 8명'이라 한다)에게 위 각 분양계약상의 계약자의 지위를 양도하면서 피고로부터 그 양도확인을 받아 3자 사이에 권리의무승계계약을 체결하였고, 한편 소외 1 등 8명은 그 무렵 위 권리의무승계계약에도 불구하고 위 분양계약과 관련하여 피고에 대하여 가지는 부당이득반환채권을 다시 계약상 지위양도인인 원고 20 등 8명에게 각 양도하고, 피고에게 그에 따른 채권양도통지를 하였다. 한편, 피수계인 소외 9는 2005. 12. 19. 사망하여 처인 원고 60이, 피수계인 소외 10은 2004. 7. 9. 사망하여 처인 원고 75가 각 그 상속인들과의 협의에 의하여 위 피수계인들의 이 사건 분양계약에 따른 권리·의무를 단독 상속하였다.

원고들은 위 각 분양계약체결 당시 피고에게 계약금으로 각 500만 원을 지급한 것을 비롯하여 원고들과 승계참가인들 및 권리의무승계인 소외 1 등 8명은 2007. 2. 21.까지 피고에게 별지4. 부당이득금액 등 계산표 ⑤항 기재의 금액을 분양대금으로 실제 지급하였다. 피고는, 당초 원고들이 거주하던 고양시 일산구 풍동 3, 5통은 이 사건 택지개발사업지구에 포함되지 않았는데, 자체적으로 재개발사업을 추진하던 원고들이 그 사업이 어렵게 되자 이 사건 택지개발사업지구에 포함시켜 달라는 민원을 제기하여 이 사건 택지개발사업지구에 편입되었으므로 원고들은 이주대책대상자에 포함되지 아니하고, 또한 비록 원고들에 대한 분양가격이 일반 분양가와 동일하기는 하나 이는 주택법 및 주택공급에 관한 규칙 등 관련규정에 따른 것일 뿐만 아니라 원고들에게는 계약금을 축소해 주고, 중도금을 잔금으로 전환하는 한편, 일부 잔금을 무이자로 분할 상환하도록 해주었으므로 그 분양금액에는 실질적으로 생활기본시설 설치비용 상당이 공제되었으며, 나아가 원고들에 대하여 이 사건 아파트의 건설에 있어서 생활기본시설 설치비용을 공제한 택지비, 건축비 등 원가만을 분양대금으로 하여 아파트를 공급하도록 하는 것은 이 사건 택지개발사업에서 생활기본시설 설치비용 또는 이 사건 아파트 건설원가 산정의 곤란성이나 이 사건 택지개발사업지구 내에서 존치부담금을 부담하는 사람과의 형평성에 비추어 부당하다고 주장한다.

3. 판결요지

구 공익사업을 위한 토지 등의 취득 및 보상에 관한 법률(2007. 10. 17. 법률 제8665호로 개정되기 전의 것, 이하 '구 공익사업법'이라 한다) 제78조 제4항의 취지는 이주대책대상자들에게 생활 근거를 마련해 주고자 하는 데 목적이 있으므로, 위 규정의 '도로 · 급수시설 · 배수시설 그 밖의 공공시설 등 당해 지역조건에 따른 생활기본시설'은 주택법 제23조 등 관계 법령에 의하여 주택건설사업이나 대지조성사업을 시행하는 사업주체가 설치하도록 되어 있는 도로 및 상하수도시설, 전기시설 · 통신시설 · 가스시설 또는 지역난방시설 등 간선시설을 의미한다고 보아야 한다. 따라서 만일 이주대책대상자들과 사업시행자 또는 그의 알선에 의한 공급자에 의하여 체결된 택지 또는 주택에 관한 특별공급계약에서 구 공익사업법 제78조 제4항에 규정된 생활기본시설 설치비용을 분양대금에 포함시킴으로써 이주대책대상자들이 생활기본시설 설치비용까지 사업시행자 등에게 지급하게 되었다면, 사업시행자가 직접 택지 또는 주택을 특별공급한 경우에는 특별공급계약 중 분양대금에 생활기본시설 설치비용을 포함시킨 부분이 강행법규인 위 조항에 위배되어 무효이고, 사업시행자의 알선에 의하여 다른 공급자가 택지 또는 주택을 공급한 경우에는 사업시행자가 위 규정에 따라 부담하여야 할 생활기본시설 설치비용에 해당하는 금액의 지출을 면하게 되어, 결국 사업시행자는 법률상 원인 없이 생활기본시설 설치비용 상당의 이익을 얻고 그로 인하여 이주대책대상자들이 같은 금액 상당의 손해를 입게 된 것이므로, 사업시행자는 그 금액을 부당이득으로 이주대책대상자들에게 반환할 의무가 있다. 다만 구 공익사업을 위한 토지 등의 취득 및 보상에 관한 법률 제78조 제4항에 따라 사업시행자의 부담으로 이주대책대상자들에게 제공하여야 하는 것은 위 조항에서 정한 생활기본시설에 국한되므로, 이와 달리 사업시행자가 이주대책으로서 이주정착지를 제공하거나 택지 또는 주택을 특별공급하는 경우 사업시행자는 이주대책대상자들에게 택지의 소지가격 및 택지조성비 등 투입비용의 원가만을 부담시킬 수 있고 이를 초과하는 부분은 생활기본시설 설치비용에 해당하는지를 묻지 않고 그 전부를 이주대책대상자들에게 전가할 수 없다는 취지로 판시한 종래 대법원판결들은 이 판결의 견해에 배치되는 범위 안에서 모두 변경하기로 한다.

4. 판례해설

생활보상은 공공사업의 시행으로 인한 개인의 재산권침해에 대하여 그러한 침해가 없었던 것과 같은 생활상태의 재확보를 위한 보상이므로 현대 복리국가의 이념에 따른 개인의 생활권을 보장하려는 것이라 할 수 있다. 생활보상은 개인의 생활권 보장을 위한 것이며, 그것은 헌법상의 복리국가의 원리에서 우러나오는 당연한 요청이라 할 수 있다. 생활보상은 공공사업의 시행이 없었던 것과 같은 재산상태를 확보해주는 데 그치는 것이 아니라, 새로운 생활기반을 재건할 수 있게 해주는 보상이라는 점에서 원상회복적 보상의 성격도 지닌다.

따라서 생활보상은 대물적 보상금을 지급하는 것과는 별도로 공공사업의 결과로 인하여 생활의 근거를 상실하는 자가 있을 때에는 법령이나 예산의 범위 내에서 종전과 같은 생활상태의 재건을 위하여 필요한 토지나 건물의 취득알선이나 직업소개 또는 지도·융자알선 등의 생활재건조치를 필요로 한다.

넓은 의미의 생활보상이란 재산의 등가교환적 가치의 보상에 그치는 것이 아니라, 공동체적인 생활을 종전과 마찬가지 수준으로 보장해 주는 것을 말한다. 따라서 생활보상은 적어도 개발사업의 시행 또는 수용이 없었던 것과 같은 생활재건을 실현시켜 재산권의 존속을 보장하는 것으로 이해한다. 넓은 의미의 생활보상의 개념을 취하는 입장에서는 그 내용으로서 주거의 총체가치의 보상, 영업상 손실의 보상, 이전료 보상, 소수잔존자 보상 등을 든다.

좁은 의미의 생활보상이란 현재 당해 장소에서 현실적으로 누리고 있는 생활이익의 상실로서 재산권보장으로 메워지지 아니한 손실에 대한 보상을 말한다. 좁은 의미의 생활보상의 개념은 이를 생활권에 대하여 총체적으로 평가하는 보상으로 보면서 재산권보상과 생활권보상을 구별하고, 재산권보상만으로 부족한 부분에 대하여는 생활재건조치 및 사업손실(간접손실)보상을 행하여야 하는 것으로 본다. 특히 생활재건조치와 사업손실보상은 전통적인 보상이론에서 보면 보상개념의 확장을 의미한다.

종래의 대물적 보상을 중심으로 한 손실보상은 토지 등의 재산을 보상의 직접적인 대상으로 하면서 그 재산과 인과관계가 있는 통상적인 손실을 부가적으로 보상하였으나, 현대사회에 와서는 대물적 보상으로 충분하지 않는 경우가 많게 되었다. 그 이유는 ① 토지의 희소성에 따르는 대체용지 구입의 불가능성, ② 공익사업의 시행결과로 피수용자의 생활근거가 집단적으로 상실되는 경우가 많기 때문이다.

그리고 수용의 결과로서 보상금으로 피수용자가 종전과 같은 생업을 유지할 수 없게 되거나 수몰민의 경우처럼 생활재건을 하지 못하게 되는 것은 복리국가주의의 실현에 위배되는 것이다. 따라서 보상은 피수용자가 종전의 생업을 영위할 수 있게 하거나 수몰민이 수용이 없었던 것과 같은 생활상태를 보장하는 범위 내에서 행하여져야 하는 것이다.

생활보상의 이론적 근거는 평등원칙에서 찾을 수 있다. 평등원칙은 공적 부담 앞의 평등을 포함하고 있다. 즉, 공공의 필요에 의하여 개인이 입은 부담은 이를 '특별한 희생'으로 보아서 공평부담의 원리에 따라서 이를 조절적으로 전보하여 주어야 한다는 것이다.

생활보상의 법적 근거는 헌법에서 찾을 수 있다. 헌법 제23조 제3항은 "공공필요에 의한 재산권의 수용·사용 또는 제한 및 그에 대한 보상은 법률로써 하되, 정당한 보상을 지급하여야 한다"고 규정하고 있다. 또한 생활보상은 보상이론에 사회국가적 관념을 도입한 것을 의미하므로 '인간다운 생활을 할 권리'를 규정한 헌법 제34조도 그 근거가 된다. 이원적 보상법체계하에서 '구 공공용지의 취득 및 보상에 관한 특례법(공특법)'은 생활재건조치의 하나로서 이주대책의 수립 · 시행, 대체지의 알선, 개간보조나 융자, 소수잔존자보상 등 생활보상의 관념을 인정하였고(공특법 제8조), 구 토지보상법은 공특법 제8조를 준용하고 있었다(구 토지보상법 제57조의2). 그러나 공특법은 이주대책의 수립의무, 대상, 절차 등에 대한 개괄적 규정만을 두었고, 그 세부 기준이 미비하여 사업시행의 주체별로 별도의 내부규정을 두어 운영하여 왔다. 현행 토지보상법은 이주대책의 대상을 명확히 하여 종래 공특법상 '토지등'으로 규정되었던 것을 '주거용 건축물'로, 종래의 '이주자'를 '이주대책대상자'로 표현을 바꾸었다. 또 보상의 실무에서 이주대책에 갈음하여 이주정착금을 지급하는 경우도 있었기 때문에 이를 법문에 명시하였다(토지보상법 제78조 제1항).

그 외에도 개별법인 산업입지 및 개발에 관한 법률, 댐건설 및 주변지역지원 등에 관한 법률, 전원개발에 관한 특례법, 발전소 주변지역지원에 관한 법률, 폐기물 처리시설설치 촉진 및 주변지역지원 등에 관한 법률 등은 이주대책에 관하여 규정하고 있다. 이들 법률들은 이주대책의 일환으로 이주정착지원금 지급, 생활안정지원금의 지급, 주민우선고용 등을 인정하고 있다.

생활보상의 내용으로서 토지보상법은 ① 이주대책 등과 ② 기타 토지에 관한 비용보상 등을 규정하고 있다. 대표적인 생활보상의 방법인 이주대책은 공익사업의 시행으로 인하여 주거용 건축물을 제공함에 따라 생활의 근거를 상실하게 되는 자의 재정착을 지원하기 위한 생활재건조치이다. 사업시행자는 이주대책대상자를 위하여 대통령령이 정하는 바에 따라 이주대책을 수립 · 실시하거나 이주정착금을 지급하여야 한다. 사업시행자가 이주대책을 수립하고자 하는 때에는 미리 관할 지방자치단체의 장과 협의하여야 하며, 국가나 지방자치단체는 이주대책의 실시에 따른 주택지의 조성 및 주택의 건설에 대하여는 주택건설촉진법에 의한 국민주택기금을 우선적으로 지원하여야 한다. 이주대책의 내용에는 이주정착지에 대한 도로 · 급수시설 · 배수시설 그 밖의 공공시설 등 당해 지역조건에 따른 생활기본시설이 포함되어야 하며, 이에 필요한 비용은 사업시행자의 부담으로 한다. 다만, 행정청이 아닌 사업시행자가 이주대책을 수립 · 시행하는 경우에 지방자치단체는 비용의 일부를 보조할 수 있다.

소수잔존자보상 등 공공사업의 시행이 기업지 이외의 주변에 영향을 미쳐 발생한 간접손실에 대한 보상에 대하여, 토지보상법은 직접적으로 '간접손실보상'이라는 표현을 사용하지는 않으면서 간접적인 보상의 근거규정을 두어 대처하고 있다. 즉, 제76조(권리의 보상), 제77조(영업의 손실등에 관한 보상), 제78조(주거대책비용), 제79조(기타 토지에 관한 비용보상등)의 규정 속에 종래 실무상 행해지던 영업보상이나 축산보상, 이사비, 주거비, 주거대책비 및 실농, 휴직・실직에 따른 손실보상 등을 규정하고, 그 밖의 간접손실보상의 유형에 대해서는 "기타 공익사업의 시행으로 인하여 발생하는 손실보상 등에 대하여는 건설교통부령이 정하는 형에에 따라 보상한다"라고 규정하고 있다(토지보상법 제79조 제2항). 여기서 "기타 공익사업의 시행으로 인하여 발생하는 손실보상"이 간접손실보상의 근거를 마련하기 위한 것으로 평가되고 있다. 기타 생활재건조치로는 ① 이주대책의 수립・시행, ② 간척지의 알선 또는 국공유지의 알선 등과 같은 대체지의 알선, ③ 공영주택의 알선, ④ 개간비보조나 융자, ⑤ 직업훈련, ⑥ 고용 또는 고용알선, ⑦ 각종의 상담, ⑧ 보상금에 대한 조세의 감면조치 등이 있다.

리딩케이스는 사업시행자가 구 공익사업을 위한 토지 등의 취득 및 보상에 관한 법률 시행령 제40조 제2항 단서에 따라 택지개발촉진법 또는 주택법 등 관계 법령에 의하여 이주대책대상자들에게 택지 또는 주택을 공급하는 경우에도 이주정착지를 제공하는 경우와 마찬가지로 사업시행자 부담으로 구 공익사업을 위한 토지 등의 취득 및 보상에 관한 법률 제78조 제4항에서 정한 생활기본시설을 설치하여 이주대책대상자들에게 제공하여야 한다고 판시하였다. 이는 이주정착지의 제공과 택지 또는 주택의 공급을 공히 생활보상의 내용으로 본다고 하는 의미이다. 그리고 이 경우에 법령의 내용에 의하여 생활기본시설의 설치와 공급은 사업시행자의 부담으로 하여야 한다고 판시한 의미가 있다.

Ⅲ 관련판례

1. 헌재 2006. 2. 23. 2004헌마19 전원재판부 결정【공익사업을 위한 토지등의 취득 및 보상에 관한 법률 시행령 제40조 제3항 제1호 위헌확인】

이주대책은 헌법 제23조 제3항에 규정된 정당한 보상에 포함되는 것이라기보다는 이에 부가하여 이주자들에게 종전의 생활상태를 회복시키기 위한 생활보상의 일환으로서 국가의 정책적인 배려에 의하여 마련된 제도라고 볼 것이다. 따라서 이주대책의 실시 여부는 입법자의 입법정책적 재량의 영역에 속하므로 공익사업을 위한 토지 등의 취득 및 보상에 관한 법률 시행령 제40조 제3항 제3호(이하 '이 사건 조항'이라 한다)가 이주대책의 대상자에서 세입자를 제외하고 있는 것이 세입자의 재산권을 침해하는 것이라 볼 수 없다.

2. 대법원 1995. 6. 30. 선고 94다14391 판결【이주택지분양권확인】

공공용지의취득및손실보상에관한특례법에서 사업시행자에게 이주대책을 수립·실시할 의무를 부과하고 있다고 하여 그 규정 자체만에 의하여 이주자에게 사업시행자가 수립한 이주대책상의 택지분양권이나 아파트 입주권 등을 분양받을 수 있는 구체적인 권리(수분양권)가 직접 발생하는 것이라고는 볼 수 없고, 사업시행자가 이주대책에 관한 구체적인 계획을 수립하여 이를 이주자에게 통지하거나 공고한 후 이주자가 수분양권을 취득하기를 희망하여 이주대책에 정한 절차에 따라 사업시행자에게 이주대책 대상자 선정신청을 하고 사업시행자가 그 신청을 받아들여 이주대책 대상자로 확인·결정을 하여야만 비로소 구체적인 수분양권이 발생하게 된다.

3. 대법원 2008. 5. 29. 선고 2007다8129 판결【주거이전비등】

구 공익사업을 위한 토지 등의 취득 및 보상에 관한 법률(2007. 10. 17. 법률 제8665호로 개정되기 전의 것) 제2조, 제78조에 의하면, 세입자는 사업시행자가 취득 또는 사용할 토지에 관하여 임대차 등에 의한 권리를 가진 관계인으로서, 같은 법 시행규칙 제54조 제2항 본문에 해당하는 경우에는 주거이전에 필요한 비용을 보상받을 권리가 있다. 그런데 이러한 주거이전비는 당해 공익사업 시행지구 안에 거주하는 세입자들의 조기이주를 장려하여 사업추진을 원활하게 하려는 정책적인 목적과 주거이전으로 인하여 특별한 어려움을 겪게 될 세입자들을 대상으로 하는 사회보장적인 차원에서 지급되는 금원의 성격을 가지므로, 적법하게 시행된 공익사업으로 인하여 이주하게 된 주거용 건축물 세입자의 주거이전비 보상청구권은 공법상의 권리이고, 따라서 그 보상을 둘러싼 쟁송은 민사소송이 아니라 공법상의 법률관계를 대상으로 하는 행정소송에 의하여야 한다.

4. 대법원 2011. 10. 13. 선고 2008두17905 판결【상가용지공급대상자적격처분취소등】

뉴타운개발 사업시행자가 사업시행으로 생활근거 등을 상실하는 주민들을 위한 주거대책 및 생활대책을 공고함에 따라 화훼도매업을 하던 갑이 사업시행자에게 생활대책신청을 하였으나, 사업시행자가 갑은 위 주거대책 및 생활대책에서 정한 '이주대책 기준일 3개월 전부터 사업자등록을 하고 영업을 계속한 화훼영업자'에 해당하지 않는다는 이유로 화훼용지 공급대상자에서 제외한 사안에서, 갑이 이주대책 기준일 3개월 이전부터 동생 명의를 빌려 사업자등록을 하고 화원 영업을 하다가 기준일 이후에 비로소 사업자등록 명의만을 자신 명의로 바꾸어 종전과 같은 화원 영업을 계속하였더라도 '기준일 3개월 이전부터 사업자등록을 하고 계속 영업을 한 화훼영업자'에 해당한다.

5. 대법원 2011. 6. 10. 선고 2010두26216 판결【이주대책대상자및이주대책보상등의거부처분취소】

공익사업법에 의한 이주대책제도는 공익사업의 시행으로 생활근거를 상실하게 되는 자를 위하여 종전의 생활상태를 원상으로 회복시키면서 동시에 인간다운 생활을 보장하여 주기 위한 이른바 생활보상의 일환으로 국가의 적극적이고 정책적인 배려에 의하여 마련된 제도로서 건물 및 그 부속물에 대한 손실보상

외에는 별도의 보상이 이루어지지 않는 주거용 건축물의 철거에 따른 생활보상적 측면이 있다는 점을 비롯하여 위 각 규정의 문언, 내용 및 입법 취지 등을 종합하여 보면, 주거용 용도가 아닌 다른 용도로 이미 허가를 받거나 신고를 한 건축물을 소유한 자라 하더라도, 이주대책기준일 당시를 기준으로 공부상 주거용 용도가 아닌 건축물을 허가를 받거나 신고를 하는 등 적법한 절차에 의하지 않고 임의로 주거용으로 용도를 변경하여 사용하는 자는 공익사업법 시행령 제40조 제3항 제1호의 '허가를 받거나 신고를 하고 건축하여야 하는 건축물을 허가를 받지 아니하거나 신고를 하지 아니하고 건축한 건축물의 소유자'에 포함되는 것으로 해석하는 것이 타당하다 .

6. 대법원 2011. 7. 14. 선고 2011두3685 판결【주거이전비등】

공익사업법은 공익사업에 필요한 토지 등을 협의 또는 수용에 의하여 취득하거나 사용함에 따른 손실의 보상에 관한 사항을 규정함으로써 공익사업의 효율적인 수행을 통하여 공공복리의 증진과 재산권의 적정한 보호를 도모함을 목적으로 하고 있고, 위 법에 근거하여 공익사업법 시행규칙에서 규정하고 있는 세입자에 대한 주거이전비는 공익사업의 시행으로 인하여 생활의 근거를 상실하게 되는 세입자를 위하여 사회보장적 차원에서 지급하는 금원으로 보아야 하므로, 사업시행자의 세입자에 대한 주거이전비 지급의무를 규정하고 있는 공익사업법 시행규칙 제54조 제2항은 당사자의 합의 또는 사업시행자의 재량에 의하여 그 적용을 배제할 수 없는 강행규정이라고 보아야 할 것이다.

7. 대법원 2011. 9. 29. 선고 2009두10963 판결【영업권보상】

구 공익사업을 위한 토지 등의 취득 및 보상에 관한 법률(2007. 10. 17. 법률 제8665호로 개정되기 전의 것, 이하 '구 공익사업법'이라 한다) 제77조 제1항은 "영업을 폐지하거나 휴업함에 따른 영업손실에 대하여는 영업이익과 시설의 이전비용 등을 참작하여 보상하여야 한다."고 규정하고, 같은 조 제4항은 "제1항 내지 제3항의 규정에 의한 보상액의 구체적인 산정 및 평가방법과 보상기준은 건설교통부령으로 정한다."라고 규정하고 있으며, 이에 따라 구 공익사업을 위한 토지 등의 취득 및 보상에 관한 법률 시행규칙(2007. 4. 12. 건설교통부령 제556호로 개정되기 전의 것)은 영업손실의 보상대상인 영업(제45조), 영업의 폐지에 대한 손실의 평가(제46조), 영업의 휴업 등에 대한 손실의 평가(제47조)에 관하여 규정하고 있다.

위 규정들과 구 공익사업법 제26조, 제28조, 제30조, 제34조, 제50조, 제61조, 제83조 내지 제85조의 규정 내용 및 입법 취지 등을 종합하여 보면, 공익사업으로 인하여 영업을 폐지하거나 휴업하는 자가 사업시행자로부터 구 공익사업법 제77조 제1항에 따라 영업손실에 대한 보상을 받기 위해서는 구 공익사업법 제34조, 제50조 등에 규정된 재결절차를 거친 다음 그 재결에 대하여 불복이 있는 때에 비로소 구 공익사업법 제83조 내지 제85조에 따라 권리구제를 받을 수 있을 뿐, 이러한 재결절차를 거치지 않은 채 곧바로 사업시행자를 상대로 손실보상을 청구하는 것은 허용되지 않는다고 봄이 타당하다.

8. 대법원 2018. 7. 20. 선고 2015두4044 판결【토지수용보상금등증액】

토지보상법 제26조, 제28조, 제30조, 제34조, 제50조, 제61조, 제83조 내지 제85조의 규정 내용과 입법 취지 등을 종합하여 보면, 공익사업에 영업시설 일부가 편입됨으로 인하여 잔여 영업시설에 손실을 입은 자가 사업시행자로부터 토지보상법 시행규칙 제47조 제3항에 따라 잔여 영업시설의 손실에 대한 보상을 받기 위해서는, 토지보상법 제34조, 제50조 등에 규정된 재결절차를 거친 다음 그 재결에 대하여 불복이 있는 때에 비로소 토지보상법 제83조 내지 제85조에 따라 권리구제를 받을 수 있을 뿐이다. 이러한 재결절차를 거치지 않은 채 곧바로 사업시행자를 상대로 손실보상을 청구하는 것은 허용되지 않는다.

9. 대법원 2019. 3. 28. 선고 2015다49804 판결【부당이득금】

이주대책대상자와 공익사업의 시행자 사이에 체결된 택지에 관한 특별공급계약에서 구 공익사업을 위한 토지 등의 취득 및 보상에 관한 법률(2007. 10. 17. 법률 제8665호로 개정되기 전의 것, 이하 '구 토지보상법'이라 한다) 제78조 제4항에 규정된 생활기본시설 설치비용을 분양대금에 포함시킴으로써 이주대책대상자가 생활기본시설 설치비용까지 사업시행자에게 지급하게 되었다면, 특별공급계약 중 생활기본시설 설치비용을 분양대금에 포함시킨 부분은 강행법규인 구 토지보상법 제78조 제4항에 위배되어 무효이다.

Ⅳ 질문 및 토의과제

1. 생활보상의 법적 근거에 대하여 설명하라.

2. 세입자는 생활보상의 청구주체가 될 수 있는가?

3. 이주대책에 의하여 인정되는 정당한 보상의 범위에 관하여 설명하라.

Ⅴ 참고문헌

신준섭, 수용재결 전치주의의 적용범위와 예외 – 생활보상을 중심으로 –, 건설법연구 10, 2023. 9
김광수, 생활보상의 이론과 실제, 행정법연구 제24호, 2009. 8
윤수진, 생활보상 및 간접손실보상 개념의 재검토, 토지공법연구 제34집, 2006. 12
박평준, 현행법상의 생활보상에 관한 고찰, 공법연구 제27집 제3호, 1999. 6
최승원, 생활보상의 개념과 헌법적 근거, 공법연구 제26집 제3호, 1998. 6

Ⅵ 관련법령

공익사업을 위한 토지 등의 수용 및 보상에 관한 법률

제78조 (이주대책의 수립 등) ① 사업시행자는 공익사업의 시행으로 인하여 주거용 건축물을 제공함에 따라 생활의 근거를 상실하게 되는 자(이하 "이주대책대상자"라 한다)를 위하여 대통령령이 정하는 바에 따라 이주대책을 수립·실시하거나 이주정착금을 지급하여야 한다.

② 사업시행자가 제1항의 규정에 따라 이주대책을 수립하고자 하는 때에는 미리 관할 지방자치단체의 장과 협의하여야 한다.

③ 국가나 지방자치단체는 이주대책의 실시에 따른 주택지의 조성 및 주택의 건설에 대하여는 「주택도시기금법」에 의한 주택도시기금을 우선적으로 지원하여야 한다.

④ 이주대책의 내용에는 이주정착지(이주대책의 실시로 건설하는 주택단지를 포함한다)에 대한 도로·급수시설·배수시설 그 밖의 공공시설 등 통상적인 수준의 생활기본시설이 포함되어야 하며, 이에 필요한 비용은 사업시행자의 부담으로 한다. 다만, 행정청이 아닌 사업시행자가 이주대책을 수립·실시하는 경우에 지방자치단체는 비용의 일부를 보조할 수 있다.

제 6 편 행정쟁송법

제 1 장 행정소송의 한계
제 2 장 취소소송의 대상
제 3 장 취소소송의 원고적격
제 4 장 협의의 소의 이익
제 5 장 취소소송의 제기기간
제 6 장 피고적격
제 7 장 항고소송의 심리
제 8 장 행정소송의 집행정지
제 9 장 취소소송의 판결과 그 효력
제10장 무효등확인소송 및 부작위위법확인소송
제11장 당사자소송
제12장 행정심판
제13장 이의신청

제 1 장
행정소송의 한계

우리 행정소송법은 행정소송사항에 관하여 개괄주의를 채택하고 있다. 그러나, 행정소송도 실정법상의 한계가 있으므로 행정에 관한 모든 분쟁이 심사대상이 되는 것은 아니며, 법률적 쟁송이라고 하는 사법의 본질에서 오는 한계가 있다. 따라서 행정소송에 있어서도 구체적인 권리의무에 관한 분쟁을 다루기 때문에 일반적 · 추상적인 법적 상태에 관한 분쟁은 구체적 사건성이 없어 행정소송의 대상이 되지 아니한다.

아울러 행정소송은 일반적 공행정에 관한 법적 분쟁을 주된 대상으로 하고 있기 때문에, 일반적 공행정 작용과는 달리 고도의 정치성을 띤 국가지도적 작용에 속하는 통치행위는 법률을 해석 · 적용하여 분쟁을 해결하는 데 있어 법이론적 또는 법정책적 차원에서 한계가 있다. 그러나 우리 헌법상의 기본권적인 가치를 존중하여야 함은 통치행위라고 하여 예외가 아니다. 한편 사법심사의 권력분립적 한계로 논의되는 무명항고소송의 일종으로서의 의무이행소송을 인정할 것인가를 둘러싸고 학설의 대립이 있으나, 판례는 행정청의 부작위에 대한 의무이행소송은 현행법상 허용되지 않는다고 보고 있다.

6-1-1. 통치행위에 대한 사법심사 가능성

I 개요

일반적으로 통치행위란 단순한 법집행 작용이 아니라 국정의 기본방향을 설정하거나 국가적 이해와 관련되는 고도의 정치성을 띤 집행부의 행위로서 사법적 심사의 대상이 되기에 부적합한 성질의 국가작용으로 이해되고 있다. 이와 같은 사법심사의 배제를 전제로 하는 통치행위의 개념설정은 절차적 개념접근이라고 할 것이다. 국가권력을 입법·행정·사법으로 구분하는 삼권분립의 원칙상 통치행위의 체계적 지위가 문제될 수 있다. 통치행위의 개념은 사법심사의 배제를 전제로 하지 않고 실체적으로 이해하여 통치행위는 최고통치권자인 대통령의 국가지도작용으로 입법, 행정, 사법과 구분되는 제4의 국가작용이라고 정의할 수 있다. 즉, 일반 행정작용과 구별되는 통치행위라는 카테고리를 설정하되, 이와 같은 통치행위는 반드시 논리 필연적으로 사법심사가 배제되는 것은 아니라는 점을 기본전제로 한다.

그런데 통치권자인 대통령의 국가지도작용중 법률문제를 내포하지 않고 정치적 성격에 국한되는 정치문제라면 이를 사법심사에서 배제하는 것도 정당화될 수 있다. 이러한 관점에서 통치행위에 대한 사법적 통제는 고도의 정치적 성격을 띠는 대통령의 국가지도작용이 법률문제를 포함하고 있는 경우에 그 논의의 실익이 있다고 할 수 있다.

II 리딩케이스

1. 사건번호: 대법원 2004. 3. 26. 선고 2003도7878 판결【외국환거래법위반·남북교류협력에관한법률위반·특정경제범죄가중처벌등에관한법률위반(배임)】

2. 사실관계

피고인들은 공모하여, 남북한의 법인·단체가 공동으로 협력사업을 시행하고자 할 때에는 매 사업마다 통일부장관의 승인을 얻어야 함에도 불구하고, 통일부장관의 협력사업 승인을 얻지 아니하고, 2000. 5. 3. 09:00경 중국 베이징에서 현대아산이 북한의 아태위원회와 잠정합의안을 체결하고, 그 대가 명목으로 2000. 6. 9.경부터 2000. 6. 12.경까지 사이에 아태위원회가 지정하는 계좌로 합계 4억 5,000만 달러를 송금하여 협력사업을 시행하였다.

우리 정부와 북한 양측은 위와 같이 2000. 4. 8. 베이징시에서 최종 합의서를 교환한 후 귀국하여 2000. 4. 10. 서울과 평양에서 동시에 공동보도문을 통해 2000. 6. 12.부터 2000. 6. 14.까지 평양에서 김대중 대통령과 김정일 국방위원장 사이에 남북정상회담을 개최하기로 합의하였고, 2000. 6. 15 남북정상회담을 개최한 바 있다.

3. 판결요지

[1] 입헌적 법치주의국가의 기본원칙은 어떠한 국가행위나 국가작용도 헌법과 법률에 근거하여 그 테두리 안에서 합헌적·합법적으로 행하여질 것을 요구하며, 이러한 합헌성과 합법성의 판단은 본질적으로 사법의 권능에 속하는 것이고, 다만 국가행위 중에는 고도의 정치성을 띤 것이 있고, 그러한 고도의 정치행위에 대하여 정치적 책임을 지지 않는 법원이 정치의 합목적성이나 정당성을 도외시한 채 합법성의 심사를 감행함으로써 정책결정이 좌우되는 일은 결코 바람직한 일이 아니며, 법원이 정치문제에 개입되어 그 중립성과 독립성을 침해당할 위험성도 부인할 수 없으므로, 고도의 정치성을 띤 국가행위에 대하여는 이른바 통치행위라 하여 법원 스스로 사법심사권의 행사를 억제하여 그 심사대상에서 제외하는 영역이 있으나, 이와 같이 통치행위의 개념을 인정한다고 하더라도 과도한 사법심사의 자제가 기본권을 보장하고 법치주의 이념을 구현하여야 할 법원의 책무를 태만히 하거나 포기하는 것이 되지 않도록 그 인정을 지극히 신중하게 하여야 하며, 그 판단은 오로지 사법부만에 의하여 이루어져야 한다.

[2] 남북정상회담의 개최는 고도의 정치적 성격을 지니고 있는 행위라 할 것

이므로 특별한 사정이 없는 한 그 당부를 심판하는 것은 사법권의 내재적·본질적 한계를 넘어서는 것이 되어 적절하지 못하지만, 남북정상회담의 개최과정에서 재정경제부장관에게 신고하지 아니하거나 통일부장관의 협력사업 승인을 얻지 아니한 채 북한측에 사업권의 대가 명목으로 송금한 행위 자체는 헌법상 법치국가의 원리와 법 앞에 평등원칙 등에 비추어 볼 때 사법심사의 대상이 된다고 판단한 원심판결을 수긍한 사례.

4. 판례해설

이 사건 판결은 행정사건과 관련하여 내린 통치행위에 관한 판결이라기보다는 형사사건과 관련하여 내린 대법원의 판결로서, 통치행위가 적용되는 영역과 적용이 배제되는 영역을 분명히 하였다는 점에서 의미가 있다. 즉, 남북정상회담에 대하여는 통치행위로 보아 사법심사가 제한된다고 하더라도 남북정상회담의 개최과정에서 북한측에 사업권의 대가 명목으로 송금한 행위는 이를 통치행위에서 분리하여 사법심사의 대상이 된다고 판단하였다. 특히 이 사건 판결에서는 통치행위의 심사주체가 사법부가 되어야 한다는 것을 명백히 함과 아울러 "법원 스스로 사법심사권의 행사를 억제하여 그 심사대상에서 제외하는 영역이 있으나, 이와 같이 통치행위의 개념을 인정한다고 하더라도 과도한 사법심사의 자제가 기본권을 보장하고 법치주의 이념을 구현하여야 할 법원의 책무를 태만히 하거나 포기하는 것이 되지 않도록 그 인정을 지극히 신중하게 하여야 하며"라고 판시하여 고도의 정치적 행위에 대한 판단에 있어 사법부의 정책적 자제를 강조하면서도 법치주의의 관점에서 사법부의 역할 포기를 경계하고 있다.

이 사건 판결은 그동안 정치성이 강한 사건에 있어서 통치행위를 인정하여 손쉽게 사법심사의 포기로 이어지는 사법소극주의적 관점을 보여주던 종전의 판례의 태도에서 벗어나 적극적으로 사법통제의 가능성을 시사하고 있다는 점에서 바람직한 진전이라고 본다.

[관련판례 1]에서는 대통령의 긴급재정경제명령이 고도의 정치적 결단에 의한 행위로서 개념상 통치행위임을 인정하면서도 헌법소원의 심판대상이 되어 헌법재판소의 통제하에 놓이게 된다는 점을 밝힌 점에서 통치행위의 개념을 사

법심사의 배제가 논리필연적으로 전제되는 절차적 개념이라기보다는 이와는 다른 헌법적 통제를 가할 수 있는 실체적 개념으로 파악하여 통치행위의 개념을 상대화한 기념비적 의미를 지니는 헌법재판소의 결정이라고 할 것이다.

한편 [관련판례 2]에서는 대의기관인 대통령과 국회의 일반사병의 해외파견결정이 사법심사의 대상이 되지 않는다고 하면서도 정치적 작용을 사법적 기준만 가지고 판단할 수 없다고 보아 헌법재판소가 심판을 자제한 사건에 속한다. 헌법재판소의 결정이유에서는 일반사병 해외파견결정이 고도의 정치적 결단을 요하는 문제라고만 밝히고 있고 결정문의 어느 곳에도 통치행위라는 말은 언급되어 있지 않지만, 기본적으로 대의기관인 대통령과 국회의 고도의 정치적 결단에 속하는 정치문제는 가급적 존중되어야 한다고 밝히고 있어 통치행위를 인정한 것으로 보인다. 이에 대하여 헌법재판소가 사법소극주의로 회귀한 것이 아닌가 하는 비판이 제기될 수 있으나, 이와 같은 정치문제에 있어서는 법률을 해석·적용하여 해결하기에 적절하지 않고 대의기관의 정치적 판단에 따를 수밖에 없는 점을 감안할 필요가 있다.

[관련판례 3]에서 대법원이 제시하고 있는 사법심사가 배제되는 통치행위에 관하여, 원칙－예외－한계의 한 공식이 적용된다. 즉, ① 원칙: 모든 국가작용에 대해 원칙적 사법심사 가능, ② 예외: 사법심사가 배제되는 고도의 정치성을 띤 국가행위에 대하여 예외적으로 통치행위 인정, ③ 한계: 법원의 심사권 포기가 되지 않도록 통치행위의 인정에 신중할 것이라는 기준이 바로 그것이다.

그동안 통치행위의 사법적 통제를 둘러싸고 대법원은 다소 소극적 태도를, 헌법재판소는 적극적인 태도를 보이던 경향에서 대법원은 보다 적극적으로 헌법재판소는 다소 소극적으로 나아감으로써 통치행위의 인정과 관련하여 상호접근하는 경향을 보이고 있다고 할 것이다.

Ⅲ 관련판례

1. 헌재 1996. 2. 29. 93헌마186 결정 【긴급재정명령등위헌확인】

대통령의 긴급재정경제명령은 국가긴급권의 일종으로서 고도의 정치적 결단에 의하여 발동되는 행위이고 그 결단을 존중하여야 할 필요성이 있는 행위라는 의미에서 이른바 통치행위에 속한다고 할 수 있으나, 통치행위를 포함하여 모든 국가작용은 국민의 기본권적 가치를 실현하기 위한 수단이라는 한계를 반드시 지켜야 하는 것이고, 헌법재판소는 헌법의 수호와 국민의 기본권 보장을 사명으로 하는 국가기관이므로 비록 고도의 정치적 결단에 의하여 행해지는 국가작용이라고 할지라도 그것이 국민의 기본권침해와 직접 관련되는 경우에는 당연히 헌법재판소의 심판대상이 된다.

2. 헌재 2004. 4. 29. 2003헌마814 결정【일반사병이라크파병위헌확인】

[1] 외국에의 국군의 파견결정은 파견군인의 생명과 신체의 안전뿐만 아니라 국제사회에서의 우리나라의 지위와 역할, 동맹국과의 관계, 국가안보문제 등 궁극적으로 국민 내지 국익에 영향을 미치는 복잡하고도 중요한 문제로서 국내 및 국제정치관계 등 제반상황을 고려하여 미래를 예측하고 목표를 설정하는 등 고도의 정치적 결단이 요구되는 사안이다. 따라서 그와 같은 결정은 그 문제에 대해 정치적 책임을 질 수 있는 국민의 대의기관이 관계분야의 전문가들과 광범위하고 심도 있는 논의를 거쳐 신중히 결정하는 것이 바람직하며 우리 헌법도 그 권한을 국민으로부터 직접 선출되고 국민에게 직접 책임을 지는 대통령에게 부여하고 그 권한행사에 신중을 기하도록 하기 위해 국회로 하여금 파병에 대한 동의여부를 결정할 수 있도록 하고 있는바, 현행 헌법이 채택하고 있는 대의민주제 통치구조 하에서 대의기관인 대통령과 국회의 그와 같은 고도의 정치적 결단은 가급적 존중되어야 한다.

[2] 이 사건 파견결정이 헌법에 위반되는지의 여부 즉 국가안보에 보탬이 됨으로써 궁극적으로는 국민과 국익에 이로운 것이 될 것인지 여부 및 이른바 이라크전쟁이 국제규범에 어긋나는 침략전쟁인지 여부 등에 대한 판단은 대의기관인 대통령과 국회의 몫이고, 성질상 한정된 자료만을 가지고 있는 우리 재판소가 판단하는 것은 바람직하지 않다고 할 것이며, 우리 재판소의 판단이 대통령과 국회의 그것보다 더 옳다거나 정확하다고 단정짓기 어려움은 물론 재판결과에 대하여 국민들의 신뢰를 확보하기도 어렵다고 하지 않을 수 없다.

[3] 이 사건 파병결정은 대통령이 파병의 정당성뿐만 아니라 북한 핵 사태의 원만한 해결을 위한 동맹국과의 관계, 우리나라의 안보문제, 국·내외 정치관계 등 국익과 관련한 여러 가지 사정을 고려하여 파병부대의 성격과 규모, 파병기간을 국가안전보장회의의 자문을 거쳐 결정한 것으로, 그 후 국무회의 심의·의결을 거쳐 국회의 동의를 얻음으로써 헌법과 법률에 따른 절차적 정당성을 확보했음을 알 수 있다. 그렇다면 이 사건 파견결정은 그 성격상 국방 및 외교에 관련된 고도의 정치적 결단을 요하는 문제로서, 헌법과 법률이 정한 절차를 지켜 이루어진 것임이 명백하므로, 대통령과 국회의 판단은 존중되어야 하고 헌법재판소가 사법적 기준만으로 이를 심판하는 것은 자제되어야 한다. 이에 대하여는 설혹 사법적 심사의 회피로 자의적 결정이 방치될 수도 있다는 우려가 있을 수 있으나 그러한 대통령과 국회의 판단은 궁극적으로는 선거를 통해 국민에 의한 평가와 심판을 받게 될 것이다.

3. 대법원 2010. 12. 16. 선고 2010도5986 전원합의체 판결【대통령긴급조치위반·반공법위반】

입헌적 법치주의국가의 기본원칙은 어떠한 국가행위나 국가작용도 헌법과 법률에 근거하여 그 테두리 안에서 합헌적·합법적으로 행하여질 것을 요구하고, 이러한 합헌성과 합법성의 판단은 본질적으로 사법의 권능에 속한다. 다만 고도의 정치성을 띤 국가행위에 대하여는 이른바 통치행위라 하여 법원 스스로 사법심사권의 행사를 억제하여 그 심사대상에서 제외하는 영역이 있을 수 있으나, 이와 같이 통치행위의 개념을 인정하더라도 과도한 사법심사의 자제가 기본권을 보장하고 법치주의 이념을 구현하여야 할 법원의 책무를 태만히 하거나 포기하는 것이 되지 않도록 그 인정을 지극히 신중하게 하여야 한다.

Ⅳ 질문 및 토의과제

1. 사법심사의 배제를 전제로 하는 통치행위의 개념의 문제점은 무엇인가?

2. 대법원과 헌법재판소에서 통치행위를 인정하여 사법심사를 하지 않은 사례를 들고 이에 대하여 그 타당성을 검토하시오.

3. 대북송금과 남북정상회담을 분리하여 통치행위의 적용을 달리하는 이 사건 판결의 입장은 타당한가?

4. 통치행위를 이유로 사법심사가 미치지 않는다고 할지라도 국가배상청구소송의 경우에까지 사법심사가 미치지 않는다고 하는 것이 타당한가?

V 참고문헌

김선화, 통치행위의 인정여부와 판단기준 소고, 공법연구 제33집 제1호, 2004
김용섭, 통치행위, 행정소송(1), 한국사법행정학회, 2008
김용섭, 독립유공자 서훈취소의 법적쟁점, 행정판례연구 제22권 제2호, 2016
성낙인, 통치행위, 금랑 김철수교수화갑기념논문집(헌법재판의 이론과 실제), 1993
허 영, 대통령의 특별사면권, 고시계 1999. 10

6-1-2. 의무이행소송의 허용성

I 개요

의무이행소송이란 위법한 행정청의 거부처분 또는 부작위에 대하여 법원이 판결을 통하여 적극적으로 행정청에 대하여 의무이행을 명하는 소송을 말한다. 오늘날의 급부행정의 중요성에 비추어 국민의 일상생활이 국가의 개입에 크게 의존하고 있다. 그러나 급부행정영역에 있어서는 수익적 행정처분이 주로 논의되는데, 이는 기본적으로 당사자의 신청을 전제로 한다. 당사자의 신청에 대한 행정청의 소극적 행위로는 거부처분과 부작위를 들 수 있다. 현행 행정소송법에서는 행정청의 위법한 거부처분에 대하여는 취소소송을 제기할 수 있고, 위법한 부작위에 대하여는 부작위위법확인소송만을 규율하고 있을 뿐 보다 실효적인 권리구제수단이라고 할 수 있는 의무이행소송에 관하여는 현행 행정소송법에 명문의 규정을 두고 있지 않다.

판례는 일관되게 행정청의 부작위에 대하여 법원의 판결을 통하여 일정한 처분을 하도록 명하는 의무이행소송을 허용하는 것은 현행법 해석상 곤란하다는 입장이다. 반면에 학설은 권력분립원칙과 행정에 대한 1차적 판단권을 근거로 하여 이를 부정하는 견해와, 행정소송의 목적이 국민의 실효적 권리구제에 있다고 보고 행정소송법 제4조를 한정적 열거규정이 아니라 예시적인 규정으로 보는 관점에서 긍정하는 견해로 구분되며, 아울러 법정항고소송에 의해서는 실효성 있는 권익구제가 기대될 수 없는 경우에만 보충적으로 의무이행소송을 인정하자는 절충설도 있다. 생각건대, 의무이행소송의 허용여부는 입법정책의 문제이고, 현행법의 해석론으로는 한계가 있기 때문에, 급부행정영역에 있어서 국민의 권리구제의 실질화를 도모하기 위하여는 행정소송법을 개정하여 조속히 의무이행소송제도를 도입할 필요가 있다.

II 리딩케이스

1. 사건번호: 대법원 1989. 9. 12. 선고 87누868 판결【어업권말소등록무효확인등】

2. 사실관계

원고 갑(수산업협동조합 어촌계)은 자신의 어업권(면허번호 전남 양식 제3725호)을 포기한 바 없는데도 갑이 전혀 알지 못하는 동안에 전 어촌계장이 그 부근 해역에 대한 별도의 어장이용개발 승인신청을 위하여 맡겨놓은 인장을 담당직원이 임의로 사용하여 마치 갑이 어장을 포기한 것처럼 어업권 포기신고서를 작성 제출하였다. 그러자 피고 을(전라남도지사)이 이에 기하여 위 어업권의 소멸등록처분을 하였다.

갑은 위 어업권의 포기는 갑의 의사에 의한 포기가 아니므로 위 포기신고는 무효이고, 이를 원인으로 한 말소등록은 원인이 흠결한 무효의 처분이므로 마땅히 회복등록처분할 의무가 있는데도 이를 이행하지 아니하므로 소멸등록처분의 무효확인과 아울러 회복등록절차의 이행을 구한다고 주장하면서 행정소송을 제기하였다.

원심법원에서는 "어업권소멸등록의 회복등록절차이행의 청구는 행정청에 대하여 행정상의 처분의 이행(급부)을 구하는 것으로서 이와 같이 행정청의 부작위에 대하여 적극적으로 처분을 명하는 의무이행소송은 현행 행정소송법상으로는 허용되지 아니하고 수산업법 등에서도 이를 인정하는 특별한 규정을 찾아볼 수 없어 이는 행정소송의 대상이 될 수 없다"고 판시하였고, 이에 대하여 갑이 불복하여 상고를 하였으나, 대법원에서 상고기각이 된 사안이다.

3. 판결요지

행정심판법 제3조에 의하면 행정청의 위법 또는 부당한 거부처분이나 부작위에 대하여 의무이행 심판청구를 할 수 있으나, 행정소송법 제4조에서는 행정심판법상의 의무이행심판청구에 대응하여 부작위위법확인소송만을 규정하고 있으므로 행정청의 부작위에 대한 의무이행소송은 현행법상 허용되지 않는다.

4. 판례해설

이 사건 판결은 행정청의 부작위에 대한 의무이행소송을 제기하더라도 현행 행정소송법상 허용되지 않는다는 점을 밝히고 있다. 그 논거를 행정심판법 제3조에서 의무이행심판제도를 인정하고 있는데 반하여 행정소송법 제4조에서는 의무이행심판제도에 대응하는 제도로 부작위위법확인소송만 규정하고 있으므로 의무이행소송을 인정하기 어렵고, 따라서 명문의 규정이 없는 한 행정청의 부작위에 대한 의무이행소송은 현행법상 허용되지 않는다는 입장을 견지하고 있다.

이와 같이 확립된 판례의 태도에 비추어 볼 때, 원고 본인의 신청에 의한 것이 아닌 다른 원인에 의하여 피고 행정청의 어업권소멸등록이 이루어진 경우라 할지라도 어업권면허를 받은 당사자인 원고가 회복등록절차의 이행의 청구를 곧바로 하는 것은 우리 행정소송법상 허용되지 아니하므로 다른 구제수단을 강구할 필요가 있다.

향후 행정소송법이 개정되어 의무이행소송제도가 도입된다면, 행정청의 위법한 거부처분 또는 부작위에 대하여 법원의 판결로써 행정청으로 하여금 신청된 처분을 하도록 명하는 것이 가능하게 되어 국민의 권리구제에 크게 기여하게 된다.

[관련판례 1]에서는 행정청의 부작위에 대하여는 부작위위법확인소송만 인정될 뿐 작위의무의 이행이나 확인을 구하는 행정소송도 허용되지 않는다고 보고 있다. 그 이유를 이 사건 판결이유와 마찬가지로 행정소송법의 입법태도에 비추어 결론내리고 있다.

[관련판례 2]에서는 검사에게 압수물 환부를 이행하라는 청구는 행정청의 부작위에 대하여 일정한 처분을 하도록 명하는 것이어서 의무이행소송이 되어 허용될 수 없고, 검사가 피압수자의 압수물환부신청에 대하여 아무런 결정이나 통지를 하지 아니하고 있더라도 이는 민사소송으로 구하는 것은 몰라도 부작위위법확인소송의 대상이 되는 부작위가 될 수 없다고 보고 있다.

[관련판례 3]에서는 현행법상 행정청이 자기에게 부과된 처분 등 일정한 행정의무가 있음에도 불구하고 이를 이행하지 않는 경우에 행정소송법상 이행판결이나 적극적 형성판결이 허용되지 않는다는 점을 밝히고 있다. 이 판결에 비추어 보더라도 현행법상 의무이행소송이 허용되지 않는 점에는 변함이 없다.

III 관련판례

1. 대법원 1992. 11. 10. 선고 92누1629 판결【이주대책제외처분취소】

행정심판법 제4조 제3호가 의무이행심판청구를 인정하고 있고 항고소송의 제1심 관할법원이 행정청의 소재지를 관할하는 고등법원으로 되어 있다고 하더라도, 행정소송법상 행정청의 부작위에 대하여는 부작위위법확인소송만 인정되고 작위의무의 이행이나 확인을 구하는 행정소송은 허용될 수 없다.

2. 대법원 1995. 3. 10. 선고 94누14018 판결【부작위위법확인】

[1] 형사본안사건에서 무죄가 선고되어 확정되었다면 형사소송법 제332조 규정에 따라 검사가 압수물을 제출자나 소유자 기타 권리자에게 환부하여야 할 의무가 당연히 발생한 것이고, 권리자의 환부신청에 대한 검사의 환부결정 등 어떤 처분에 의하여 비로소 환부의무가 발생하는 것은 아니므로 압수가 해제된 것으로 간주된 압수물에 대하여 피압수자나 기타 권리자가 민사소송으로 그 반환을 구함은 별론으로 하고 검사가 피압수자의 압수물 환부신청에 대하여 아무런 결정이나 통지도 하지 아니하고 있다고 하더라도 그와 같은 부작위는 현행 행정소송법상의 부작위위법확인소송의 대상이 되지 아니한다.

[2] 검사에게 압수물 환부를 이행하라는 청구는 행정청의 부작위에 대하여 일정한 처분을 하도록 하는 의무이행소송으로 현행 행정소송법상 허용되지 아니한다.

3. 대법원 1997. 9. 30. 선고 97누3200 판결【공동어업권면허면적조정신청서반려처분취소】

현행 행정소송법상 행정청으로 하여금 일정한 행정처분을 하도록 명하는 이행판결을 구하는 소송이나 법원으로 하여금 행정청이 일정한 행정처분을 행한 것과 같은 효과가 있는 행정처분을 직접 행하도록 하는 형성판결을 구하는 소송은 허용되지 아니한다.

Ⅳ 질문 및 토의과제

1. 이 사건의 판결 사안에 있어서는 당사자는 어떤 구제수단을 강구할 수 있는가?
2. 현행법의 해석론으로 무명항고소송으로서의 의무이행소송이 가능하다는 논거와 반대논거를 제시하고 자신의 의견을 개진하시오.
3. 거부처분이나 부작위에 대한 현행법상 구제수단에 대하여 설명하시오.

4. 의무이행소송제도의 도입필요성 및 입법방향에 대하여 논평하시오.

V 참고문헌

김남진, 의무이행소송의 허용성과 요건 등, 고시연구 2005. 12
김철용, 예방적 부작위소송의 허용성, 사법행정 1990. 7
김향기, 무명항고소송의 가부, 행정판례연구 III, 1996
박정훈, 행정소송법 개혁의 과제, 법학 제45권 제3호, 2004. 9
홍준형, 행정소송법상 이행판결의 허용여부, 판례행정법, 두성사, 1999

제 2 장 취소소송의 대상

취소소송의 대상은 처분뿐만 아니라 행정심판의 재결이 이에 해당한다. 행정소송법 제2조 제1항 제2호에서는 처분과 행정심판의 재결을 합하여 "처분 등"으로 보고 있다. "처분 등"에 대하여 다투고자 할 경우에는 "처분 등"이 존재할 뿐만 아니라 "처분 등"이 위법하다는 것을 주장하여야 한다.

처분과 행정행위는 어떤 관계에 있는가와 관련하여 실체법적 개념인 행정행위와 쟁송법상의 개념인 처분을 구분하는 이원설이 통설과 판례의 입장이다. 이러한 입장에서는 처분이 대부분의 행정행위를 포함하고 있는 반면에 다른 행정작용도 포함할 수 있기 때문에 처분이 더 넓은 개념으로 이해되고 있다.

이와 같은 "처분 등"은 행정행위와 밀접한 관련이 있는데, 행정행위의 하자와 행정소송의 유형은 상호연관되어 있다. 위법하여 취소할 수 있는 행정행위의 경우에 취소소송의 대상이 되는데 반해, 행정행위가 성립되었으나 법규위반이 중대하고 객관적으로 일견 명백하여 무효인 경우에는 무효확인소송의 대상이 된다. 무효선언적 의미의 취소소송의 제기도 허용되나, 이 경우에는 취소소송의 제기요건을 갖출 필요가 있다.

판례의 기본적 입장에 의하면, 항고소송의 대상이 되는 행정처분은 행정청의 공법상의 행위로서 특정사항에 대하여 법규에 의한 권리의 설정 또는 의무의 부담을 명하거나 기타 법률상 효과를 발생하게 하는 등 국민의 권리·의무에 직접 관계가 있는 행위를 가리키는 것이고, 상대방 또는 기타 관계자들의 법률상 지위에 직접적인 법률적 변동을 일으키지 아니하는 행위 등은 항고소송의 대상이 되는 행정처분은 아니다(대법원 1967. 6. 27. 선고 67누44 판결). 아울러 판례에 의한 처분의 판단기준과 관련하여, 행정청의 어떤 행위를 행정처분으로 볼 것이냐의 문제는 추상적·일반적으로 결정할 수 없고, 구체적인 경우 행정처분은 행정청이 공권력의 주체로서 행하는 구체적 사실에 관한 법집행으로서 국민의 권리·의무에 직접 영향을 미치는 행위라는 점을 고려하고 행정처분이 그 주체, 내용, 형식, 절차에 있어서 어느 정도 성립 내지 효력요건을 충족하느냐에 따라 개별적으로 결정하여야 할 것이며, 행정청의 어떤 행위가 법적 근거도 없이 객관적으로 국민에게 불이익을 주는 행정처분과 같은 외형을 갖추고 있고, 그 행위의 상대방이 이를 행정처분으로 인식할 정도라면 그로 인하여 파생되는 국민의 불이익 내지 불안감을 제거시켜 주기 위한 구제수단이 필요한 점에 비추어 볼 때 행정청의 행위로 인하여 그 상대방이 입는 불이익 내지 불안이 있는지 여부도 그 당시에 있어서의 법치행정의 원리와 국민의 권리의식수준 등은 물론 행위에 관련한 당해 행정청의 태도도 고려하여 판단하여야 할 것이다(대법원 1989. 9. 12. 선고 88누8883 판결 등).

한편 행정심판의 재결은 좁은 의미인 행정심판법상의 재결에 그치지 않고 특별행정쟁송절차를 통한 결정도 이에 해당되므로 넓은 의미로 이해된다. 원처분주의가 적용되는 관계로 행정소송의 대상이 되는 행정심판의 재결은 재결자체의 고유한 위법이 있는 경우에 예외적으로 인정되며, 개별법률에서 재결주의를 명문화한 경우와 복효적 행정행위에 있어 인용재결로 인하여 최초의 침해를 받은 제3자가 있는 경우에도 재결을 대상으로 하여 항고소송을 제기할 수 있다.

6-2-1. 선후의 행정처분과 대상적격

I 개요

행정처분이 내려진 후에 후속적인 행정처분이 다시금 내려진 경우에 어느 것을 취소소송의 대상으로 삼아 다투어야 하는 것인지 매우 중요하다. 가령 1차

계고처분이 내려진 후에 제2차, 제3차의 계고처분은 대집행 기한의 연기통지로서 제1차 계고의 처분이 있음을 알리는 사실과 관념의 통지에 불과하여 이를 취소소송의 대상인 행정처분으로 볼 수 없다. 그런데 먼저 행정처분을 한 후에 감경적 내용의 행정처분으로 변경한 경우라면 원래의 당초처분이 감액된 채로 남아 있다고 보게 된다. 다만 이 경우에도 공정거래법상 자진신고에 따른 감면으로 과징금이 줄어든 경우에는 선행처분이 아닌 후행처분이 취소소송의 대상이 된다. 그 이유는 후행처분은 자진신고 감면까지 포함하여 처분 상대방이 실제로 납부하여야 할 최종적인 과징금액을 결정하는 종국적 처분이고, 선행처분은 이러한 종국적 처분을 예정하고 있는 일종의 잠정적 처분으로서 후행처분이 있을 경우 선행처분은 후행처분에 흡수되어 소멸하기 때문이다.

보다 복잡한 문제는 기존의 행정처분을 변경하는 내용의 행정처분이 뒤따르는 경우, 후속처분이 종전처분을 완전히 대체하는 것이거나 주요 부분을 실질적으로 변경하는 내용인 경우에는 특별한 사정이 없는 한 종전처분은 효력을 상실하고 후속처분만이 항고소송의 대상이 되지만, 후속처분의 내용이 종전처분의 유효를 전제로 내용 중 일부만을 추가·철회·변경하는 것이고 추가·철회·변경된 부분이 내용과 성질상 나머지 부분과 불가분적인 것이 아닌 경우에는, 후속처분에도 불구하고 종전처분이 여전히 항고소송의 대상이 된다.

II 리딩케이스

1. 사건번호: 대법원 2015. 11. 19. 선고 2015두295 전원합의체 판결【영업시간제한등처분취소】 – 대규모점포 영업정지사건

2. 사실관계

원고들은 동대문구, 성동구 내에서 구 유통산업발전법(2013. 1. 13. 법률 제11625호로 개정되기 전의 것) 제2조에서 정한 대규모점포 또는 준대규모점포를 운용하는 법인이고, 피고는 동대문구청장과 성동구청장이다. 피고들은 구 유통산업발전법 제12조의2 및 이에 근거한 해당 지방자치단체의 조례에 근거하여 원고들이 운영하는 대규모점포등에 대하여 공통적으로 영업이 제한되는 시간을 오전 0시부터 오전 8시까지로 정하고(이하 '영업시간 제한 부분'이라 한다) 매월 둘째 주와 넷째 주 일요일을 의무휴업일로 지정하는(이하 '의무휴업일 지정 부분'이라 한다) 내용의 처분을 한 사실, 위 처분의 취소를 구하는 소송이 이 사건 원심에 계속 중이던 시점에 위 피고들은 위 원고들을 상대로 영업시간 제한 부분의 시간을 '오전 0시부터 오전 10시'까지로 변경하되, 의무휴업일은 종전과 동일하게 유지하는 내용의 처분을 하였다.

3. 판결요지

[1] 기존의 행정처분을 변경하는 내용의 행정처분이 뒤따르는 경우, 후속처분이 종전처분을 완전히 대체하는 것이거나 주요 부분을 실질적으로 변경하는 내용인 경우에는 특별한 사정이 없는 한 종전처분은 효력을 상실하고 후속처분만이 항고소송의 대상이 되지만, 후속처분의 내용이 종전처분의 유효를 전제로 내용 중 일부만을 추가·철회·변경하는 것이고 추가·철회·변경된 부분이 내용과 성질상 나머지 부분과 불가분적인 것이 아닌 경우에는, 후속처분에도 불구하고 종전처분이 여전히 항고소송의 대상이 된다.

따라서 종전처분을 변경하는 내용의 후속처분이 있는 경우 법원으로서는, 후속처분의 내용이 종전처분 전체를 대체하거나 주요 부분을 실질적으로 변경하는 것인지, 후속처분에서 추가·철회·변경된 부분의 내용과 성질상 나머지 부분과 가분적인지 등을 살펴 항고소송의 대상이 되는 행정처분을 확정하여야 한다.

[2] **[다수의견]** 구 유통산업발전법(2013. 1. 23. 법률 제11626호로 개정되기 전의 것, 이하 같다) 제2조 제3호, 제3의2호, 제8조 제1항, 제12조의2 제1항, 제2항, 제3항, 구 유통산업발전법 시행령(2013. 4. 22. 대통령령 제24511호로 개정되기 전의 것, 이하 같다) 제3조 제1항 [별표 1], 제7조의2의 내용과 체계, 구 유통산업발전법의 입법 목적 등과 아울러, 구 유통산업발전법 제12조의2 제1항, 제2항, 제3항은 기존의 대규모점포의 등록된 유형 구분을 전제로 '대형마트로 등록된 대규모점포'를 일체로서 규제 대상으로 삼고자 하는 데 취지가 있는 점, 대규모

점포의 개설 등록은 이른바 '수리를 요하는 신고'로서 행정처분에 해당하고 등록은 구체적 유형 구분에 따라 이루어지므로, 등록의 효력은 대규모점포가 구체적으로 어떠한 유형에 속하는지에 관하여도 미치는 점, 따라서 대규모점포가 대형마트로 개설 등록되었다면 점포의 유형을 포함한 등록내용이 대규모점포를 개설하고자 하는 자의 신청 등에 따라 변경등록되지 않는 이상 대규모점포를 개설하고자 하는 자 등에 대한 구속력을 가지는 점 등에 비추어 보면, 구 유통산업발전법 제12조의2 제1항, 제2항, 제3항에 따라 영업시간 제한 등 규제 대상이 되는 대형마트에 해당하는지는, 일단 대형마트로 개설 등록되었다면 특별한 사정이 없는 한, 개설 등록된 형식에 따라 대규모점포를 일체로서 판단하여야 하고, 대규모점포를 구성하는 개별 점포의 실질이 대형마트의 요건에 부합하는지를 다시 살필 것은 아니다.

[대법관 김용덕, 대법관 김소영의 반대의견] 구 유통산업발전법 제2조 제2호, 제3호, 제12조의2 제1항, 제2항, 제3항, 구 유통산업발전법 시행령 제2조, 제3조 및 [별표 1]의 내용, 대형마트 매장의 구성 및 상품판매 장소와 용역제공 장소의 구분, 대형마트에 대한 영업시간 제한 등 규제의 목적, 영업의 자유에 대한 규제를 최소화할 필요성 등의 여러 사정들을 종합하면, 구 유통산업발전법 제12조의2 제1항, 제2항, 제3항에 따른 영업시간 제한 등 규제의 대상은 '대형마트로 등록된 대규모점포'의 매장 중 상품판매 장소이고, 용역제공 장소에 대하여는 실질이 상품판매 장소에 해당하는 경우 등과 같이 상품판매 장소와 마찬가지로 규제하여야 할 정당한 이유가 있는 경우가 아니라면, 원칙적으로 규제의 대상에 포함되지 아니한다.

[3] 구 유통산업발전법(2013. 1. 23. 법률 제11626호로 개정되기 전의 것, 이하 같다) 제8조 제1항, 제9조 제1항, 제12조 제1항의 내용 및 체계, 구 유통산업발전법 제12조의2 제1항, 제2항, 제3항에 따른 영업시간 제한 등 처분의 법적 성격, 구 유통산업발전법상 대규모점포 개설자에게 점포 일체를 유지·관리할 일반적인 권한을 부여한 취지 등에 비추어 보면, 영업시간 제한 등 처분의 대상인 대규모점포 중 개설자의 직영매장 이외에 개설자에게서 임차하여 운영하는 임대매장이 병존하는 경우에도, 전체 매장에 대하여 법령상 대규모점포 등의 유지·관리 책임을 지는 개설자만이 처분상대방이 되고, 임대매장의 임차인이 별

도로 처분상대방이 되는 것은 아니다.

[4] 헌법 제119조 제1항과 제2항의 상호관계, 구 유통산업발전법(2013. 1. 23. 법률 제11626호로 개정되기 전의 것, 이하 같다) 제12조의2 제1항, 제2항, 제3항에 따른 규제에 관련된 이익상황의 특수성 등에 비추어 보면, 구 유통산업발전법 제12조의2 제1항, 제2항, 제3항에 따른 행정청의 영업시간 제한 및 의무휴업일 지정 처분에 비례원칙 위반 등 재량권 일탈·남용의 위법이 있는지를 판단할 때에는, 행정청이 다양한 공익과 사익의 요소들을 고려하였는지, 나아가 행정청의 규제 여부 결정 및 규제 수단 선택에 있어서 규제를 통해 달성하려는 공익 증진의 실현 가능성과 규제에 따라 수반될 상대방 등의 불이익이 정당하고 객관적으로 비교·형량되었는지 등을 종합적으로 고려하여야 한다.

또한 시장의 지배와 경제력 남용의 방지 등을 위한 경제규제 행정 영역에서는, 규제 대상인 경쟁시장이 갖는 복잡다양성과 유동성으로 인해 사전에 경제분석 등을 거쳤다고 하여 장래의 규제 효과가 확실히 담보되기는 어렵고, 만약 규제의 시기가 늦춰져 시장구조가 일단 왜곡되면 원상회복이 어려울 뿐 아니라 그 과정에서 중소사업자들이 중대한 피해를 입을 우려가 있으므로, 장래의 불확실한 규제 효과에 대한 예측판단을 기초로 한 규제 입법 및 그에 따른 규제 행정이 이루어질 수밖에 없게 된다. 구 유통산업발전법 제12조의2 제1항, 제2항, 제3항도 영업시간 제한 및 의무휴업일 지정의 규제가 일반적·통상적 시장상황 아래에서는 공익 목적 달성에 유효적절한 수단이 될 수 있다는 정책적 판단에 따라 이루어진 규제 입법에 해당하고, 구 유통산업발전법 제12조의2 제1항, 제2항, 제3항은 행정청에게 사실상 매우 제한된 범위 내에서 규제 수단의 선택재량을 부여하고 있다. 따라서 행정청은 규제가 이루어지는 지역 시장상황의 특수성으로 인하여 구 유통산업발전법 제12조의2 제1항, 제2항, 제3항에 따른 규제가 전혀 실효성이 없다거나 불필요하다는 등의 특별한 사정이 없는 한, 대체로 유사한 내용의 규제에 이를 수밖에 없다. 이러한 여러 사정을 종합적으로 고려할 때, 행정청이 구 유통산업발전법 제12조의2 제1항, 제2항, 제3항에 따라 선택한 규제 수단의 실효성 등을 이유로 재량권 일탈·남용의 위법을 인정할 때에는 신중을 기하여야 한다.

4. 판례해설

기존의 행정처분을 변경하는 내용의 행정처분이 뒤따르는 경우, 후속처분이 종전처분을 완전히 대체하는 것이거나 그 주요 부분을 실질적으로 변경하는 내용인 경우에는 특별한 사정이 없는 한 종전처분은 그 효력을 상실하고 후속처분만이 항고소송의 대상이 되지만(대법원 2012. 10. 11. 선고 2010두12224 판결 등 참조), 후속처분의 내용이 종전처분의 유효를 전제로 그 내용 중 일부만을 추가ㆍ철회ㆍ변경하는 것이고 그 추가ㆍ철회ㆍ변경된 부분이 그 내용과 성질상 나머지 부분과 불가분적인 것이 아닌 경우에는, 후속처분에도 불구하고 종전처분이 여전히 항고소송의 대상이 된다고 보아야 한다.

이 사건 사안에서 뒤에 행하여진 처분은 종전처분 전체를 대체하거나 그 주요 부분을 실질적으로 변경하는 내용이 아니라, 의무휴업일 지정 부분을 그대로 유지한 채 영업시간 제한 부분만을 일부 변경하는 것으로서, 뒤에 행하여진 처분에 따라 추가된 영업시간 제한 부분은 그 성질상 종전처분과 가분적인 것으로 여겨진다. 따라서 뒤에 행하여진 처분으로 종전처분이 소멸하였다고 볼 수는 없고, 종전처분과 그 유효를 전제로 한 뒤에 행하여진 처분이 병존하면서 위 원고들에 대한 규제 내용을 형성한다고 할 것이다.

[관련판례 1]은 행정청이 영업정지 처분을 한 후에 그 처분을 영업자에게 유리하게 과징금 처분으로 변경하는 처분을 한 경우, 변경처분에 의하여 당초 처분은 소멸하는 것이 아니고 당초부터 유리하게 변경된 내용의 처분으로 존재하는 것이므로, 변경처분에 의하여 유리하게 변경된 내용의 행정제재가 위법하다 하여 그 취소를 구하는 경우 그 취소소송의 대상은 변경된 내용의 당초 처분이지 변경처분은 아니라고 보았다. 2017. 5. 3. 영업정지 3월의 처분이 내려진 후 2017. 7. 15. 과징금 200만원으로 감경된 경우, 취소소송의 청구취지는 "피고가 2017. 5. 3. 원고에 대하여 한 과징금 200만원을 취소한다. 소송비용은 피고의 부담으로 한다"라고 기재한다.

[관련판례 2]는 공정거래위원회가 부당한 공동행위를 행한 사업자로서 구 독점규제 및 공정거래에 관한 법률(2013. 7. 16. 법률 제11937호로 개정되기 전의 것) 제22조의2에서 정한 자진신고자나 조사협조자에 대하여 과징금 부과처분(이

하 '선행처분'이라 한다)을 한 뒤, 독점규제 및 공정거래에 관한 법률 시행령 제35조 제3항에 따라 다시 자진신고자 등에 대한 사건을 분리하여 자진신고 등을 이유로 한 과징금 감면처분(이하 '후행처분'이라 한다)을 하였다면, 후행처분은 자진신고 감면까지 포함하여 처분 상대방이 실제로 납부하여야 할 최종적인 과징금액을 결정하는 종국적 처분이고, 선행처분은 이러한 종국적 처분을 예정하고 있는 일종의 잠정적 처분으로서 후행처분이 있을 경우 선행처분은 후행처분에 흡수되어 소멸한다. 따라서 위와 같은 경우에 선행처분의 취소를 구하는 소는 이미 효력을 잃은 처분의 취소를 구하는 것으로 부적법하다.

[관련판례 3]은 공정거래위원회가 시정명령 및 과징금 부과와 감면 여부를 분리 심리하여 별개로 의결한 후 과징금 등 처분과 별도의 처분서로 감면기각처분을 하였다면, 원칙적으로 2개의 처분, 즉 과징금 등 처분과 감면기각처분이 각각 성립한 것이고, 처분의 상대방으로서는 각각의 처분에 대하여 함께 또는 별도로 불복할 수 있다. 따라서 과징금 등 처분과 동시에 감면기각처분의 취소를 구하는 소를 함께 제기했더라도, 특별한 사정이 없는 한 감면기각처분의 취소를 구할 소의 이익이 부정된다고 볼 수 없다고 판시한 바 있다.

III 관련판례

1. 대법원 2007. 4. 27. 선고 2004두9302 판결 【식품위생법위반과징금부과처분취소】

행정청이 식품위생법령에 따라 영업자에게 행정제재처분을 한 후 그 처분을 영업자에게 유리하게 변경하는 처분을 한 경우, 변경처분에 의하여 당초 처분은 소멸하는 것이 아니고 당초부터 유리하게 변경된 내용의 처분으로 존재하는 것이므로, 변경처분에 의하여 유리하게 변경된 내용의 행정제재가 위법하다 하여 그 취소를 구하는 경우 그 취소소송의 대상은 변경된 내용의 당초 처분이지 변경처분은 아니고, 제소기간의 준수 여부도 변경처분이 아닌 변경된 내용의 당초 처분을 기준으로 판단하여야 한다.

2. 대법원 2015. 2. 12. 선고 2013두987 판결【과징금납부명령등취소청구의소】

공정거래위원회가 부당한 공동행위를 행한 사업자로서 구 독점규제 및 공정거래에 관한 법률(2013. 7. 16. 법률 제11937호로 개정되기 전의 것) 제22조의2에서 정한 자진신고자나 조사협조자에 대하여 과징금 부과처분(이하 '선행처분'이라 한다)을 한 뒤, 독점규제 및 공정거래에 관한 법률 시행령 제35조 제3항에 따라 다시 자진신고자 등에 대한 사건을 분리하여 자진신고 등을 이유로 한 과징금 감면처분(이하 '후행처분'이라 한다)을 하였다면, 후행처분은 자진신고 감면까지 포함하여 처분 상대방이 실제로 납부하여야 할 최종적인 과징금액을 결정하는 종국적 처분이고, 선행처분은 이러한 종국적 처분을 예정하고 있는 일종의 잠정적 처분으로서 후행처분이 있을 경우 선행처분은 후행처분에 흡수되어 소멸한다. 따라서 위와 같은 경우에 선행처분의 취소를 구하는 소는 이미 효력을 잃은 처분의 취소를 구하는 것으로 부적법하다.

3. 대법원 2016. 12. 27. 선고 2016두43282 판결【과징금부과처분등취소】

구 독점규제 및 공정거래에 관한 법률(2016. 3. 29. 법률 제14137호로 개정되기 전의 것, 이하 '공정거래법'이라 한다) 제22조의2 제1항, 제3항, 구 독점규제 및 공정거래에 관한 법률 시행령(2016. 9. 29. 대통령령 제27529호로 개정되기 전의 것, 이하 '공정거래법 시행령'이라 한다) 제35조 제1항, 제3항, 제4항, 구 부당한 공동행위 자진신고자 등에 대한 시정조치 등 감면제도 운영고시(2015. 1. 2. 공정거래위원회 고시 제2014-19호로 개정되기 전의 것) 제12조 제1항의 취지와 공정거래위원회의 시정명령 및 과징금 부과처분(이하 통칭하여 '과징금 등 처분'이라 한다)과 자진신고 등에 따른 감면신청에 대한 감면기각처분은 근거조항이 엄격히 구분되고, 자진신고 감면인정 여부에 대한 결정은 공정거래법령이 정한 시정조치의 내용과 과징금산정 과정에 따른 과징금액이 결정된 이후, 자진신고 요건 충족 여부에 따라 결정되므로, 과징금 등 처분과 자진신고 감면요건이 구별되는 점, 이에 따라 공정거래위원회로서는 자진신고가 있는 사건에서 시정명령 및 과징금 부과의 요건과 자진신고 감면 요건 모두에 대하여 심리·의결할 의무를 부담하는 점, 감면기각처분은 자진신고 사업자의 감면신청에 대한 거부처분의 성격을 가지는 점 등을 종합하면, 공정거래위원회가 시정명령 및 과징금 부과와 감면 여부를 분리 심리하여 별개로 의결한 후 과징금 등 처분과 별도의 처분서로 감면기각처분을 하였다면, 원칙적으로 2개의 처분, 즉 과징금 등 처분과 감면기각처분이 각각 성립한 것이고, 처분의 상대방으로서는 각각의 처분에 대하여 함께 또는 별도로 불복할 수 있다. 따라서 과징금 등 처분과 동시에 감면기각처분의 취소를 구하는 소를 함께 제기했더라도, 특별한 사정이 없는 한 감면기각처분의 취소를 구할 소의 이익이 부정된다고 볼 수 없다.

Ⅳ 질문 및 토의과제

1. 거부처분이 수차례 있는 경우 어느 것을 소송의 대상으로 삼아야 하는가?
2. 영업정지처분이 내려진 후 행정심판에서 과징금으로 변경하는 내용의 재결이 내려진 경우 행정소송을 제기할 경우 무엇을 취소소송의 대상으로 삼아 다투어야 하는가?
3. 제1차 계고처분이 내려진 후에 다시금 동일한 내용으로 당사자에게 2차로 계고처분을 한 경우 취소소송의 대상은 무엇인가?
4. 대법원 2015. 11. 19. 선고 2015두295 전원합의체 판결의 다수의견과 반대의견의 차이점을 파악하고 이에 대하여 비판적으로 검토하시오.

Ⅴ 참고문헌

김남철, '잠정적 처분'의 법적 성질에 관한 검토(대상판례: 대판 2015. 2. 12. 2013두987 과징금납부명령등 취소), 행정법학 제10호, 2016

성중탁, 대형마트 영업제한의 법리적 쟁점과 개선방안, 행정판례연구 XXI-1, 2016

이상훈, 대형마트에 대한 영업시간 제한 및 의무휴업일 지정 처분의 위법 여

부, 대법원판례해설 제105호, 법원도서관, 2016
이현철, 영업시간 제한 및 의무휴업일 지정 규제의 대상이 되는 '대형마트로 등록된 대규모점포'의 요건에 관한 검토, 가천법학 제9권 제1호, 2016
장교식, 대형마트 영업규제조례에 관한 고찰, 법학연구 제48집, 2012

6-2-2. 교수재임용탈락통지의 처분성

I 개요

교수재임용탈락통지는 거부처분에 해당하는지 여부가 문제된다. 거부처분이란 국민이 행정청에 대하여 공권력을 행사하여 줄 것을 신청한 경우에 그 신청에 따르는 공권력행사를 거부하는 것을 내용으로 하는 소극적 행정처분이다. 이와 같은 거부처분은 신청이 이유 없다고 하여 신청된 내용의 행위를 하지 않을 뜻을 표시하는 경우는 물론 형식적 요건의 불비를 들어 그 신청을 각하하는 경우도 포함된다. 거부처분이 성립되기 위해서는 조리상 또는 법규상의 신청권이 있어야 한다. 판례는 국민의 적극적 행위신청에 대한 거부가 항고소송의 대상이 되는 행정처분에 해당되려면 "그 신청한 행위가 공권력의 행사 또는 이에 준하는 행정작용이어야 하고 그 거부행위가 신청인의 법률관계에 어떤 변동을 일으키는 것이어야 하며 그 국민에게 그 행위발동을 요구할 법규상 또는 조리상의 신청권이 있어야 한다"는 입장을 일관되게 취하고 있다.

그런데 거부처분의 처분성을 인정하기 위한 전제요건이 되는 신청권의 존부는 구체적 사건에서 신청인이 누구인가를 고려하지 않고 관계 법규의 해석에 의하여 일반 국민에게 그러한 신청권을 인정하고 있는가를 살펴 추상적으로 결정되는 것이고 신청인이 그 신청에 따른 단순한 응답을 받을 권리를 넘어서 신청의 인용이라는 만족적 결과를 얻을 권리를 의미하는 것은 아니라고 본다. 따라서 국민이 어떤 신청을 한 경우에 그 신청의 근거가 된 조항의 해석상 또는 조리상 행정행위에 대한 신청권을 인정하고 있다고 보여지면 그 거부행위는 항고소송의 대상이 되는 처분으로 보아야 할 것이다.

II 리딩케이스

1. 사건번호: 대법원 2004. 4. 22. 선고 2000두7735 전원합의체 판결【교수재임용거부처분취소】 – 김민수 교수사건

2. 사실관계

원고 갑은 서울대학교 미술대학 응용미술학과와 동 대학원을 졸업하고, 1991. 5.경 미국 뉴욕대 대학원에서 박사학위를 취득한 후, 1994. 9. 1. 서울대학교 미술대학 산업디자인학과 조교수로 임용되었다.

그런데 4년의 임용기간으로 서울대학교 미술대학에 조교수로 임용되었던 갑이 그 임용기간이 만료하게 되자, 서울대학교 본부 인사위원회는 갑의 임용기간이 만료할 무렵인 1998. 8. 29. '서울대학교 미술대학 인사위원회의 심의 결과 원고의 연구실적물이 재임용 심사기준에 미달되었다'는 것을 이유로 갑을 재임용 대상에서 제외하기로 결정하였고, 피고 을(서울대학교 총장)은 위 결정에 따라 갑에게 '1998. 8. 31.자로 갑의 임용기간이 만료되었다'는 취지의 통지를 하였다.

이에 갑은 위 결정 및 통지의 취소를 구하는 행정소송을 제기하여 행정법원에서는 갑의 청구를 인용하였으나, 원심법원은 종래의 대법원판결에 따라 처분성을 부인하고 갑의 청구를 각하하였다. 이에 불복하여 갑이 상고한 사안이다.

3. 판결요지

기간제로 임용되어 임용기간이 만료된 국·공립대학의 조교수는 교원으로서의 능력과 자질에 관하여 합리적인 기준에 의한 공정한 심사를 받아 위 기준에 부합되면 특별한 사정이 없는 한 재임용되리라는 기대를 가지고 재임용 여부에 관하여 합리적인 기준에 의한 공정한 심사를 요구할 법규상 또는 조리상 신청권을 가진다고 할 것이니, 임용권자가 임용기간이 만료된 조교수에 대하여 재임용을 거부하는 취지로 한 임용기간만료의 통지는 위와 같은 대학교원의 법률관계에 영향을 주는 것으로서 행정소송의 대상이 되는 처분에 해당한다.

4. 판례해설

이 사건 전원합의체 판결은 국립대교수 재임용탈락통지가 임기만료로 당연퇴직임을 알려주는 데 불과하여 행정소송의 대상인 처분에 해당하지 않는다는 종전의 판례를 변경하여 국립대교수의 재임용탈락통지를 거부처분으로 보고 행정소송의 대상임을 인정하여 교수의 재임용탈락통지에 대한 권리구제를 가능하게 하고 대학교원의 지위를 향상시킨 판결로 자리매김할 수 있다.

이 사건 전원합의체판결의 이유에서 "대학의 자율성과 학문의 자유, 교원지위법정주의에 관한 헌법규정과 그 정신에 비추어 학문 연구의 주체인 대학교원의 신분은 일정한 범위 내에서 보장되어야 할 필요가 있고 재임용제도의 현실적인 운용실태나 사회적 인식에 비추어 기간제로 임용되어 임용기간이 만료된 국공립대학의 조교수는 교원으로서의 능력과 자질에 관하여 합리적인 기준에 따라 심사를 받고 그 기준에 부합하는 한 특별한 사정이 없으면 재임용되리라는 기대를 가진다고 할 것인바 이러한 재임용기대는 법률상 이익에 해당하고 임용기간이 만료된 대학교원으로서는 재임용 여부에 대하여 합리적인 기준에 따른 공정한 심사를 구할 법률상 또는 조리상의 신청권을 가진다고 할 것이며 이러한 신청에 대한 행정청의 거부행위는 신청인의 권리나 법적 이익에 영향을 주는 것으로서 처분성이 인정된다"고 판시한 바 있다.

특히 이 사건 사안의 경우에는 임용기간만료자에 대한 기대권 인정 여부가 문제가 되는데, 기간제로 임용된 교수는 임용기간종료시에 법률상 보호가치가 있는 재임용기대를 가지므로 '자신을 재임용해 줄 것을 요구할 권리'는 없다고 하더라도 '재임용 여부에 대하여 합리적인 기준에 따른 공정한 심사를 구할 법률상 또는 조리상의 신청권'을 가지게 되고, 임용권자는 임용기간이 만료된 교수를 재임용하여야 할 의무는 없지만 재임용 여부에 대하여 합리적인 기준에 따른 공정한 심사를 할 의무가 있다고 볼 것이다.

[관련판례 1]은 종전의 판례로서 임용기간만료에 따른 재임용기대권은 인정

할 수 없다고 보면서, 교원을 재임용하지 않기로 하는 결정통지도 임기만료로 당연퇴직 되었음을 알려주는 데 불과하여, 항고소송으로 다툴 수 없다고 보았는데 이 사건 전원합의체 판결이 나오게 됨에 따라 대법원의 판례 변경이 이루어지게 되었다.

이 사건 판결 후에 선고된 [관련판례 2]는 관계 법령에 대학교원의 신규임용에 있어서의 심사단계나 심사방법 등에 관하여 아무런 규정을 두지 않았다고 하더라도, 대학 스스로 교원의 임용규정이나 신규채용업무시행지침 등을 제정하여 그에 따라 교원을 신규임용하여 온 경우, 임용지원자가 당해 대학의 교원임용규정 등에 정한 심사단계 중 중요한 대부분의 단계를 통과하여 다수의 임용지원자 중 유일한 면접심사 대상자로 선정되는 등으로 장차 나머지 일부의 심사단계를 거쳐 대학교원으로 임용될 것을 상당한 정도로 기대할 수 있는 지위에 이르렀다면, 그러한 임용지원자는 임용에 관한 법률상 이익을 가진 자로서 임용권자에 대하여 나머지 심사를 공정하게 진행하여 그 심사에서 통과하게 되면 대학교원으로 임용해 줄 것을 신청할 조리상의 권리가 있다고 판시하고 있다. 비록 법규상의 신청권이 없더라도 임용기대권을 매개로 하여 조리상의 신청권을 도출하였다는 점에서 이 사건 전원합의체 판결의 맥을 이어가고 있다고 할 것이다.

III 관련판례

1. 대법원 1997. 6. 27. 선고 96누4305 판결【교수재임용거부처분취소】

교육공무원법 제11조 제3항, 교육공무원임용령 제5조의2 제2항에 의하면 대학에 근무하는 조교수는 4년 이내의 기간을 정하여 임용하도록 규정하고 있을 뿐, 위 법률의 어디에도 임용권자에게 임용기간이 만료된 자를 재임용할 의무를 지우거나 재임용절차 및 요건 등에 관하여 아무런 근거규정을 둔 바 없으므로, 기간을 정하여 임용된 대학교원은 그 임용기간의 만료로 대학교원으로서의 신분관계는 당연히 종료되는 것이고, 그 임용기간의 만료에 따른 재임용의 기대권을 가진다고 할 수 없으며, 이와 같이 기간을 정하여 임용된 대학교원이 그 기간이 만료된 때에 만약 재임용계약을 체결하지 못하면 재임용거부결정 등 특별한 절차를 거치지 않아도 당연퇴직되는 것이므로 임용권자가 인사위원회의 심의결정에 따라 교원을 재임용하지 않기로 하는 결정을 하고서 이를 통지하였다고 하더라도 이는 교원에 대하여 임기만료로 당연퇴직됨을 확인하고 알려주는데 지나지 아니하고, 이로 인하여 어떠한 법률효과가 발생하는 것은 아니므로 이를 행정소송의 대상이 되는 행정처분이라고 할 수 없다.

2. 대법원 2004. 6. 11. 선고 2001두7053 판결【교원신규채용업무중단처분취소】

구 교육공무원법(1999. 1. 29. 법률 제5717호로 개정되기 전의 것) 및 구 교육공무원임용령(1999. 9. 30. 대통령령 16564호로 개정되기 전의 것) 등 관계 법령에 대학교원의 신규임용에 있어서의 심사단계나 심사방법 등에 관하여 아무런 규정을 두지 않았다고 하더라도, 대학 스스로 교원의 임용규정이나 신규채용업무 시행지침 등을 제정하여 그에 따라 교원을 신규임용하여 온 경우, 임용지원자가 당해 대학의 교원임용규정 등에 정한 심사단계 중 중요한 대부분의 단계를 통과하여 다수의 임용지원자 중 유일한 면접심사 대상자로 선정되는 등으로 장차 나머지 일부의 심사단계를 거쳐 대학교원으로 임용될 것을 상당한 정도로 기대할 수 있는 지위에 이르렀다면, 그러한 임용지원자는 임용에 관한 법률상 이익을 가진 자로서 임용권자에 대하여 나머지 심사를 공정하게 진행하여 그 심사에서 통과되면 대학교원으로 임용해 줄 것을 신청할 조리상의 권리가 있다고 보아야 할 것이고, 또한 유일한 면접심사 대상자로 선정된 임용지원자에 대한 교원신규채용업무를 중단하는 조치는 교원신규채용절차의 진행을 유보하였다가 다시 속개하기 위한 중간처분 또는 사무처리절차상 하나의 행위에 불과한 것이라고는 볼 수 없고, 유일한 면접심사 대상자로서 임용에 관한 법률상 이익을 가지는 임용지원자에 대한 신규임용을 사실상 거부하는 종국적인 조치에 해당하는 것이며, 임용지원자에게 직접 고지되지 않았다고 하더라도 임용지원자가 이를 알게 됨으로써 효력이 발생한 것으로 보아야 할 것이므로, 이는 임용지원자의 권리 내지 법률상 이익에 직접 관계되는 것으로서 항고소송의 대상이 되는 처분 등에 해당한다.

Ⅳ 질문 및 토의과제

1. 거부처분에 있어서 조리상·법규상 신청권을 처분의 성립요건으로 하는 것이 적절한 것인지 논평하시오.

2. 법규상의 신청권과 관련하여 행정처분의 근거가 행정규칙에 규정되어 있으나 그 처분이 상대방에게 권리의 설정 또는 의무의 부담을 명하거나 기타 법적인 효과를 발생하게 하는 등으로 그 상대방의 권리의무에 직접 영향을 미치는 행위일 경우에는 항고소송의 대상이 되는 행정처분에 해당될 수 있는지 설명하시오. (참고 판례 대법원 2004. 11. 26. 선고 2003두10251, 10268 판결)

3. 교원재임용의 탈락통지에 대하여는 행정소송을 제기하기 전에 어떤 권리구제절차를 밟아야 하는가?

4. 다음에 제시된 원심법원의 판결이유를 비판적으로 검토하시오.

"구 교육공무원법(1999. 1. 29. 법률 제5717호로 개정되기 전의 것으로 2001. 12. 31.까지 유효한 것) 제11조 제3항은 "대학에 근무하는 교원은 대통령령이 정하는 바에 의하여 기간을 정하여 임용할 수 있다"라고 규정하고, 그 위임을 받은 교육공무원임용령 제5조의2는 "부교수에 대하여는 6년 내지 10년의 범위 내에서 당해 대학의 장이 정하는 바에 따라 기간을 정하여 임용할 수 있다(제1항), 조교수는 4년 이내, 전임강사는 2년 이내의 기간을 정하여 임용한다(제2항)"라고 규정하고 있을 뿐 위 법령의 어디에도 임용권자에게 임용기간이 만료된 자를 재임용할 의무를 지우거나 재임용절차 및 요건 등에 관하여 아무런 근거규정을 둔 바 없으므로 기간을 정하여 임용된 대학교원의 신분관계는 임용기간의 만료로 당연히 종료되고, 기간을 정하여 임용된 대학교원이 임용기간의 만료에 따른 재임용의 기대권을 가진다고도 할 수 없다. 이와 같이 기간을 정하여 임용된 대학교원이 임용기간이 만료된 때에 재임용계약을 체결하지 못하면 재임용거부결정 등 특별한 절차를 거치지 않아도 당연퇴직되는 것이므로 임용권자가 인사위원회의 심의결정에 따라 교원을 재임용하지 않기로 하는 결정을 하고서 이를 통지하였다고 하더라도 이는 교원에 대하여 임기만료로 당연퇴직됨을 확인하고 알려주는 데 지나지 아니하고, 이로 인하여 어떠한 법률효과가 발생하는 것은 아니므로 이 사건 결정 및 통지를 행정소송의 대상이 되는 행정처분이라고 할 수 없다(대법원 1997. 6. 27. 선고 96누4305 판결 참조)."

Ⅴ 참고문헌

김지숙, 교수임용거부에 대한 사법심사의 가능성과 관련하여, 재판과 판례, 제16집, 대구판례연구회, 2007

이경운, 「교수재임용에 관한 대법원판례의 변경과 그 의의」, 행정판례연구X, 2005

이선희, 기간제로 임용된 국립대학교 교원에 대한 재임용 거부행위의 처분성, 대법원판례해설 제50호, 2004

Ⅵ 관련법령

교육공무원법

제11조의3 (계약제 임용등) ① 대학의 교원은 대통령령이 정하는 바에 의하여 근무기간·급여·근무조건, 업적 및 성과약정등 계약조건을 정하여 임용할 수 있다.

② 제1항의 규정에 의하여 임용된 교원의 임용권자는 당해 교원의 임용기간이 만료되는 때에는 임용기간 만료일 4월전까지 임용기간이 만료된다는 사실과 재임용 심의를 신청할 수 있음을 당해 교원에게 통지(문서에 의한 통지를 말한다. 이하 이 조에서 같다)하여야 한다.

③ 제2항의 규정에 의하여 통지를 받은 교원이 재임용을 받고자 하는 경우에는 통지를 받은 날부터 15일 이내에 재임용 심의를 임용권자에게 신청하여야 한다.

④ 제3항의 규정에 의한 재임용 심의를 신청받은 임용권자는 대학인사위원회의 재임용 심의를 거쳐 당해 교원에 대한 재임용 여부를 결정하고 그 사실을 임용기간 만료일 2월전까지 당해 교원에게 통지하여야 한다. 이 경우 당해 교원을 재임용하지 아니하기로 결정한 때에는 재임용하지 아니하겠다는 의사와

재임용 거부사유를 명시하여 통지하여야 한다.

⑤ 대학인사위원회가 제4항의 규정에 의하여 당해 교원에 대한 재임용 여부를 심의함에 있어서는 다음 각호의 사항에 관한 평가 등 객관적인 사유로서 학칙이 정하는 사유에 근거하여야 한다. 이 경우 심의과정에서 15일 이상의 기간을 정하여 당해 교원에게 지정된 기일에 대학인사위원회에 출석하여 의견을 진술하거나 서면에 의한 의견제출의 기회를 주어야 한다.

1. 학생교육에 관한 사항
2. 학문연구에 관한 사항
3. 학생지도에 관한 사항

⑥ 재임용이 거부된 교원이 재임용 거부처분에 대하여 불복하고자 하는 경우에는 그 처분이 있음을 안 날부터 30일 이내에 「교원지위향상을 위한 특별법」 제7조의 규정에 의한 교원소청심사위원회에 심사를 청구할 수 있다.

6-2-3. 고시의 처분성

I 개요

고시는 일반적·추상적 규율을 내용으로 할 경우 행정규칙의 일종으로 분류하지만, 상위법령의 위임을 받아 정한 경우로서 상위법령과 결합하여 그 대외적 효력이 인정되는 경우에는 그 고시는 법규명령으로서의 효력을 지닌다. 이와 더불어 고시의 법적 성질은 단순히 알리는 작용인 경우에는 사실행위의 성질을 지니며, 불특정 다수인에게 행정행위를 알리는 수단으로서 행정행위의 효력발생요건으로서의 의미를 지니는 경우도 있다.

그런데 고시가 구체적인 규율성을 지니는 경우, 즉 다시 말해서 다른 집행행위를 매개로 하지 않고 그 자체로서 직접 국민의 구체적인 권리를 제한하거나 의무를 부과하는 등 법률관계를 직접 규율하는 성격을 갖는 경우에는 항고소송의 대상이 되는 행정처분에 해당한다.

II 리딩케이스

1. 사건번호: 대법원 2006. 9. 22. 선고 2005두2506 판결 【보험약가인하처분취소】

2. 사실관계

원고 갑은 제약회사들이고, 피고 을은 보건복지부장관이다. 국민건강보험법, 동법시행령 및 국민건강보험요양급여의 기준에 관한 규칙(보건복지부령) 제8조 제2항의 규정의 위임을 받아 제정된 보건복지부 고시 "약제급여 · 비급여목록 및 급여상한금액표"에서 요양급여의 대상이 되는 약제와 그 약제에 대한 상한금액을 정하고 있다.

을은 2002. 6. 29. 위 고시 약제급여 · 비급여목록 및 급여상한금액표 중 [별표1] 일부본인부담약제급여목록및급여상한금액표를 보건복지부 고시 제2002-46호로 개정하면서 건강보험 요양급여대상 약제의 상한금액을 인하하였다. 그런데 위 [별표1]에는 갑이 생산하는 의약품이 기재되어 있어 갑이 이를 항고소송으로 다툰 사안이다.

3. 판결요지

[1] 어떠한 고시가 일반적 · 추상적 성격을 가질 때에는 법규명령 또는 행정규칙에 해당할 것이지만, 다른 집행행위의 매개 없이 그 자체로서 직접 국민의 구체적인 권리의무나 법률관계를 규율하는 성격을 가질 때에는 행정처분에 해당한다.

[2] 보건복지부 고시인 약제급여 · 비급여목록 및 급여상한금액표(보건복지부 고시 제2002-46호로 개정된 것)는 다른 집행행위의 매개 없이 그 자체로서 국민건강보험가입자, 국민건강보험공단, 요양기관 등의 법률관계를 직접 규율하는 성격을 가지므로 항고소송의 대상이 되는 행정처분에 해당한다고 한 사례.

4. 판례해설

이 사건 판결은 보건복지부 고시가 행정규칙의 형식이지만, 다른 집행행위의 매개없이 그 자체로서 직접 국민의 구체적인 권리의무나 법률관계를 규율하는 성격을 가지는 경우에는 처분성을 인정한다는 것을 명백히 하였다.

이 사건 사안에서는 해당 고시가 일반 추상적 규율인가 아니면 구체적인 법률관계에 직접영향을 미치는 경우에 해당하는가의 문제가 관건인데, 고시의 내용을 이루는 상한금액인하행위가 요양기관과 국민건강보험공단간의 구체적인 권리의무에 영향을 미치고, 실제로 상한금액 이상을 지급하고 약제를 구입하더라도 특정제약회사의 약제에 대한 금액은 상한금액 이상을 지급할 수 없게 되어 요양기관은 계약자유를 제약받게 되므로 특정 당사자의 구체적인 권리의무나 법적 지위에 직접 영향을 미치게 된다고 할 수 있어 처분성을 인정할 수 있다.

통상적으로 고시는 행정규칙에 속한다. 현행 행정소송법에서는 고시 등 행정규칙에 대한 직접적 규범통제장치를 마련하고 있지 않다. 법원은 처분의 근거가 된 행정입법에 대한 위헌·위법에 대한 심사를 할 수 있지만, 당사자는 이를 직접적인 대상으로 하여 소송을 제기할 수 없고, 아울러 법원은 규범 그 자체에 대한 추상적 규범통제가 허용되지 않는다. 통상 행정입법에 대한 위헌·위법성을 심사함에 있어서는 처분에 대한 심사를 하면서 선결문제로서 간접적인 방법으로 적법성 통제를 하는 데 그친다. 그런데 이 사건판결에서 보는 바와 같이 고시 그 자체가 처분적 성질을 지니는 경우에는 곧바로 항고소송의 대상이 되므로, 처분적 고시 자체를 항고소송의 대상으로 하여 다툴 수 있다는 데에 그 의미가 있다.

[관련판례 1] 및 [관련판례 2]에서도 이 사건 판결과 같은 취지의 판결이 내려졌다. 법규명령이나 행정규칙에서 구체적인 처분을 매개로 하지 않고, 즉 다른 집행행위의 매개없이 그 자체로서 직접적으로 국민의 권리의무에 변동을 가져오는 처분적인 고시 등에 있어서는 항고소송의 대상이 된다는 것을 명백히 하고 있다. 따라서 고시가 처분에 해당하는가 여부는 구체적인 규율내용을 토대로 판단되어야 한다. 고시가 일반·추상적 규율을 띠고 있을 경우에는 행정규

칙으로서의 성질을 지니고, 상위법령의 위임을 받아 제정되어 국민의 권리의무에 관한 사항을 규율할 경우라면 상위법령과 결합하여 법규명령으로서의 효력이 미치지만, 이와는 달리 고시가 개별 구체적인 규율로서 처분으로서의 성격을 띠는 경우에는 항고소송의 대상인 행정처분에 해당한다고 볼 것이다.

[관련판례 3]은 처분적 조례를 인정하고 있다. 조례도 주민의 권리의무에 관한 사항을 일반적 추상적으로 규율하기 때문에 일반적으로 자치규범으로서의 성질을 띠고 있고 조례의 제정 그 자체는 일반 추상적인 규범을 정립하는 입법작용의 성질을 지니고 있기 때문에 처분성이 인정되지 않는다. 그러나 두밀분교폐지조례의 경우에는 집행행위의 개입없이도 구체적인 권리의무와 법적지위에 직접 영향을 미치게 되므로 처분성을 인정하는데 무리가 없다고 할 것이다.

III 관련판례

1. 대법원 2006. 12. 21. 선고 2005두16161 판결【보험약가인하처분취소】

어떠한 고시가 일반적·추상적 성격을 가질 때에는 법규명령 또는 행정규칙에 해당할 것이지만, 다른 집행행위의 매개 없이 그 자체로서 직접 국민의 구체적인 권리의무나 법률관계를 규율하는 성격을 가질 때에는 행정처분에 해당한다고 할 것이다(대법원 2003. 10. 9. 자 2003무23 결정 참조). 위 법리와 관계 법령을 기록에 비추어 살펴보면, 이 사건 고시는 다른 집행행위의 매개 없이 그 자체로서 국민건강보험가입자, 국민건강보험공단, 요양기관 등의 법률관계를 직접 규율하는 성격을 가진다고 할 것이므로, 항고소송의 대상이 되는 행정처분에 해당한다고 할 것이다.

2. 대법원 2003. 10. 9. 자 2003무23 결정【집행정지】

[1] 어떠한 고시가 일반적·추상적 성격을 가질 때에는 법규명령 또는 행정규칙에 해당할 것이지만, 다른 집행행위의 매개 없이 그 자체로서 직접 국민의

구체적인 권리의무나 법률관계를 규율하는 성격을 가질 때에는 항고소송의 대상이 되는 행정처분에 해당한다.

[2] 향정신병 치료제의 요양급여 인정기준에 관한 보건복지부 고시가 다른 집행행위의 매개없이 그 자체로서 제약회사, 요양기관, 환자 및 국민건강보험공단 사이의 법률관계를 직접 규율한다는 이유로 항고소송이 대상이 되는 행정처분에 해당한다고 한 사례.

3. 대법원 1996. 9. 20. 선고 95누8003 판결【조례무효확인】

조례가 집행행위의 개입 없이도 그 자체로서 직접 국민의 구체적인 권리의무나 법적 이익에 영향을 미치는 등의 법률상 효과를 발생하는 경우 그 조례는 항고소송의 대상이 되는 행정처분에 해당하고, 이러한 조례에 대한 무효확인소송을 제기함에 있어서 행정소송법 제38조 제1항, 제13조에 의하여 피고적격이 있는 처분 등을 행한 행정청은, 행정주체인 지방자치단체 또는 지방자치단체의 내부적 의결기관으로서 지방자치단체의 의사를 외부에 표시한 권한이 없는 지방의회가 아니라, 구 지방자치법(1994. 3. 16. 법률 제4741호로 개정되기 전의 것) 제19조 제2항, 제92조에 의하여 지방자치단체의 집행기관으로서 조례로서의 효력을 발생시키는 공포권이 있는 지방자치단체의 장이다.

Ⅳ 질문 및 토의과제

1. 고시의 다양한 법적 성질에 대하여 구체적인 예를 들어 설명하시오.

2. 고시가 항고소송의 대상이 되는 행정처분이 되기 위한 조건은 무엇인가?

3. 고시 등에 국민의 권리의무에 관한 사항을 규율할 경우에 그 법적 효력은 어떻게 되는가?

4. 행정규제기본법 제4조 제2항 단서(다만, 법령이 전문적·기술적 사항이나 경미한 사항으로서 업무의 성질상 위임이 불가피한 사항에 관하여 구체적으로 범위를 정하여 위임한 경우에는 고시등으로 정할 수 있다)의 규정을 논평하시오.

Ⅴ 참고문헌

문상덕, 법령 위임으로 제재적 행정처분의 기준을 정한 행정입법의 법적 성격, 법학연구 64(1), 2023. 2

김중권, 조문형식을 띤 고시의 처분성 인정에 따른 문제점에 관한 소고, 저스티스 통권 제98호 2007. 6

박균성, 명령 · 규칙에 대한 항고소송, 사법 2호, 사법연구지원재단, 2007. 12

박평균, 고시가 항고소송의 대상이 되는 행정처분에 해당하기 위한 요건 등, 대법원판례해설, 64호, 2007

Ⅵ 관련법령

행정규제기본법

제4조 (규제 법정주의) ② 규제는 법률에 직접 규정하되, 규제의 세부적인 내용은 법률 또는 상위법령이 구체적으로 범위를 정하여 위임한 바에 따라 대통령령 · 총리령 · 부령 또는 조례 · 규칙으로 정할 수 있다. 다만, 법령이 전문적 · 기술적 사항이나 경미한 사항으로서 업무의 성질상 위임이 불가피한 사항에 관하여 구체적으로 범위를 정하여 위임한 경우에는 고시등으로 정할 수 있다.

제 3 장
취소소송의 원고적격

원고적격이란 처분의 당사자가 구체적 소송에 있어서 정당한 원고로서 소송을 수행하여 본안판결을 받기에 적합한 자격을 말한다. 취소소송의 대상이 되는 처분이 있다고 하여 누구나 소를 제기할 수 있는 것은 아니고 일정한 자격이 있는 자에 한하여 소를 제기할 수 있을 뿐이다. 원고적격의 구비여부는 법원의 직권조사사항으로 만약 원고적격이 없는 자가 취소소송을 제기할 경우에는 법원은 부적법 각하판결을 내리게 된다.

행정소송법은 제12조 전단에서 "취소소송은 처분 등의 취소를 구할 법률상 이익이 있는 자가 제기할 수 있다"고 규정하고 있다. 취소소송의 원고적격에 관하여는 제1설 권리회복향수설, 제2설 법률상보호이익설, 제3설 보호가치있는 이익구제설, 제4설 적법성 보장설 등 4개의 학설이 대표적으로 주장되어 왔다. 제2설인 법률상보호이익설이 통설이며 판례의 주류적인 입장이라고 할 수 있다. 여기에서의 법률상 이익의 개념문제는 행정법의 주요이론에 속하는 실체법상의 공권론과의 연관성 속에서 발전해왔다고 볼 수 있다. 공권론의 확대에 수반하여 종래의 반사적 이익에 속하는 것 중에서 법률상 이익이 있는 것으로 보아 원고적격을 인정하여 왔다. 그러나 공권은 행정소송법상의 원고적격과의 연결을 넘어서는 실체법적 개념이라고 할 것이다. 이러한 관점에서 법률상 이익 개념은 실체법상의 개념인 공권이 행정소송법과 관련되는 것이라고 보는 것이 타당하다. 개인적 공권은 시민적 관점에서 공법의 규정에 의하여 시민이 자신의 이익추구를 위하여 국가로부터 일정한 행위를 요구할 수 있는 법적인 힘을 말한다.

개인적 공권과 기본권과의 관계가 문제되지만, 원고적격에서의 논의는 개인적 공권의 인정에 있어서 곧바로 기본권을 적용하는 것이 아니라 먼저 공권의 2대 성립요건(행정청의 행위의무와 사익보호성)을 검토하고 나서 사익보호를 도모하는 근거법률 내지 관계법률이 없는 경우에 보충적으로 원고적격의 판정기준으로서 기본권을 원용하는 것이 바람직하다.

따라서 공권의 성립요건에 관한 논의에 있어 행정청의 행위의무와 사익보호라는 두가지 요건을 기본권에도 요구할 수는 없다. 다만 기본권은 그 성질에 따라 여러 가지로 구분이 가능하나 여기에서 말하는 기본권은 방어권으로서의 자유권적 기본권에 한하고 사회권적 기본권의 경우에는 국가의 재정형편 등 여러 가지 상황들을 종합적으로 감안하여 이를 구체화하는 법률이 선행된 경우에 비로소 원고적격을 논할 수 있다고 본다. 판례에 의하면 행정처분의 직접 상대방이 아닌 제3자라 하더라도 당해 행정처분으로 인하여 법률상 보호되는 이익을 침해당한 경우에는 그 처분의 취소나 무효확인을 구하는 행정소송을 제기하여 그 당부의 판단을 받을 자격이 있으며, 여기에서 말하는 법률상 보호되는 이익이란 당해 처분의 근거 법규 및 관련 법규에 의하여 보호되는 개별적·직접적·구체적 이익이 있는 경우를 말하고, 공익보호의 결과로 국민 일반이 공통적으로 가지는 일반적·간접적·추상적 이익이 생기는 경우에는 법률상 보호되는 이익이 있다고 할 수 없다는 입장을 견지하고 있다(대법원 2007. 12. 27. 선고 2005두9651 판결 등).

6-3-1. 경원자 소송과 원고적격

I 개요

경원자 소송이란 인·허가 처분 등 수익적 행정처분을 수인이 신청하여 경쟁관계에 놓인 경우에 일방 당사자에 대한 인·허가 처분 등 수익적 행정처분이 다른 상대방에 대하여는 인·허가가 부여되지 않는 경원관계에 있어 인·허가를 받지 못한 당사자가 자기의 법률상 이익이 침해되었다고 하여 행정청이 발한 처분을 다투는 소송을 말한다. 판례에 의하면 경원자관계에 있어서도 일방에 대한 출원이 타방에 대한 불허로 귀결될 수 있는 – 가령 도로점용허가와 같은 특허적 성질의 법률관계에 있어서 – 원고적격이 용이하게 인정되는데 반하여, 영업허가의 경우에는 제3자의 원고적격이 원칙적으로 인정되지 않고, 거리제한규정이나 지역별 업소개수제한규정이 있는 경우에 한하여 예외적으로 인정된다고 할 수 있다.

II 리딩케이스

1. 사건번호: 대법원 1992. 5. 8. 선고 91누13274 판결【엘피지충전소허가처분취소】

2. 사실관계

원고 갑은 1990. 3. 16. 사업소소재지를 전남 고흥군 내 일정장소로 하여 액화석유가스충전사업허가 신청을 하였는데, 피고보조참가인들은 공동으로 같은날 갑보다 15분 정도 늦게 같은 군내 인근 리를 사업소재지로 하여 위 허가 신청을 하였다. 그런데 피고 을(고흥군수)은 같은달 31. 갑의 신청에 대하여는 충전소설치예정지역의 주민들이 충전소설치를 반대하고 있으며 또한 그 설치예정지로부터 100미터 내에 있는 건물주의 동의를 얻도록 되어 있음에도 일부 건물주의 동의를 얻지 못하였다는 이유로 들어 반려처분하고, 피고보조참가인의 신청에 대하여는 신청대로 허가처분이 내려졌다. 그러자 갑이 이에 불복하여 행정소송을 제기한 사안이다.

3. 판결요지

행정소송법 제12조는 취소소송은 처분 등의 취소를 구할 법률상의 이익이 있는 자가 제기할 수 있다고 규정하고 있는바, 인·허가 등의 수익적 행정처분을 신청한 수인이 서로 경쟁관계에 있어서 일방에 대한 허가 등의 처분이 타방에 대한 불허가 등으로 귀결될 수밖에 없는 때(이른바 경원관계에 있는 경우로서 동일대상지역에 대한 공유수면매립면허나 도로점용허가 혹은 일정지역에 있어서의 영업허가 등에 관하여 거리제한규정이나 업소개수제한규정 등이 있는 경우를 그 예로 들 수 있다) 허가 등의 처분을 받지 못한 자는 비록 경원자에 대하여 이루어진 허가 등 처분의 상대방이 아니라 하더라도 당해 처분의 취소를 구할 당사자적격이 있다 할 것이고, 다만 구체적인 경우에 있어서 그 처분이 취소된다 하더라도 허가 등의 처분을 받지 못한 불이익이 회복된다고 볼 수 없을 때에는 당해 처분의 취소를 구할 정당한 이익이 없다고 할 것이다.

4. 판례해설

이 사건 판결은 경원자의 원고적격의 인정기준을 제시하고 있다. 그동안 취소소송의 원고적격의 인정범위와 관련하여 경쟁관계에 놓여 있는 경업자라든가 함께 인·허가를 신청한 경원자간의 소송에 있어서, 또한 환경소송등 이웃소송에 있어서 어느 범위에서 원고적격을 인정할 것인가의 문제가 주된 쟁점으로 대두되어 왔다. 그런데, 경원자는 일방이 인·허가를 신청하여 관할 행정청으로부터 인·허가 처분을 받게 되면 함께 인·허가를 신청한 다른 당사자가 인·허가처분을 받지 못하게 된 경우로서 서로 배타적 관계에 놓이게 되므로 원고적격을 인정할 것인가의 문제는 경업자의 관계보다 용이하다고 할 것이다. 이 사건 판결의 사례에서 보는 바와 같이 수익적 행정처분을 신청한 수인이 서로 경쟁관계에 있어서 일방에 대한 허가 등의 처분이 타방에 대한 불허가 등으로 귀결될 수밖에 없는 때에는 허가 등의 처분을 받지 못한 자는 비록 경원자에 대하여 이루어진 허가 등 처분의 상대방이 아니라 하더라도 당해 처분의 취소를 구할 당사자적격이 있다고 보는 것이 옳다. 다만, [관련판례 1]에서도 밝히고 있는 것처럼 그 허가 등의 처분을 받지 못한 자가 비법인 사단일 경우에는 그 구성원에 불과한 자는 경원자에 대하여 이루어진 처분에 의하여 법률상 직접적이고 구체적인 이익을 침해당하였다 할 수 없으므로 당해 처분의 취소를 구할 당사자적격이 없다고 보는 것이 타당할 것이다.

한편 [관련판례 2]에서는 경원자간의 원고적격의 범위와 관련하여서 경업자간의 관계에서 원고적격의 인정에 관한 기준을 제시하고 있다. 가령, 동일대상지역에 대한 공유수면매립면허나 도로점용허가와 같이 특허적 성질을 지니는 경우는 경원자의 원고적격이 쉽게 인정된다. 통상적인 허가영업을 공동으로 신청한 경우에는 특허의 경우와는 달리 허가를 받지 못한 경원자에게 원칙적으로 원고적격이 허용될 필요는 없다. 다만, 일정지역에 있어서의 영업허가 등에 관하여 거리제한규정이나 업소개수제한규정 등이 있는 경우에는 경원자 관계에서도 원고적격이 인정될 수 있다.

Ⅲ 관련판례

1. 대법원 1996. 6. 28. 선고 96누3630 판결【종합유선방송국허가대상법인선정처분취소】

[1] 행정처분의 직접 상대방이 아닌 제3자라도 당해 행정처분의 취소를 구할 법률상의 이익이 있는 경우에는 원고적격이 인정되고, 여기서 말하는 법률상의 이익은 당해 처분의 근거 법률 등에 의하여 보호되는 직접적이고 구체적인 이익이 있는 경우를 말하고, 간접적이거나 사실적, 경제적 이해관계를 가지는 데 불과한 경우는 여기에 포함되지 아니한다.

[2] 수익적 행정처분을 신청한 수인이 서로 경쟁관계에 있어서 일방에 대한 허가 등의 처분이 타방에 대한 불허가 등으로 귀결될 수밖에 없는 때에는 허가 등의 처분을 받지 못한 자는 비록 경원자(競願者)에 대하여 이루어진 허가 등 처분의 상대방이 아니라 하더라도 당해 처분의 취소를 구할 당사자적격이 있다 할 것이나, 그 허가 등의 처분을 받지 못한 자가 비법인 사단일 경우 그 구성원에 불과한 자는 경원자에 대하여 이루어진 처분에 의하여 법률상 직접적이고 구체적인 이익을 침해당하였다 할 수 없으므로 당해 처분의 취소를 구할 당사자적격이 없다.

2. 대법원 1999. 10. 12. 선고 99두6026 판결【자동차운송사업면허신청서반려처분의취소】

[1] 행정처분의 직접 상대방이 아닌 제3자라 하더라도 당해 행정처분으로 인하여 법률상 보호되는 이익을 침해당한 경우에는 취소소송을 제기하여 그 당부의 판단을 받을 자격이 있는 것이지만, 여기에서 말하는 법률상 보호되는 이익이란 당해 행정처분의 근거 법률에 의하여 보호되는 직접적이고 구체적인 이익을 말하고, 제3자가 당해 행정처분과 관련하여 간접적이거나 사실적·경제적인 이해관계를 가지는 데 불과한 경우는 여기에 포함되지 아니한다.

[2] 면허나 인·허가 등의 수익적 행정처분의 근거가 되는 법률이 해당 업자들 사이의 과당경쟁으로 인한 경영의 불합리를 방지하는 것도 그 목적으로 하고 있는 경우 다른 업자에 대한 면허나 인·허가 등의 수익적 행정처분에 대하여 미리 같은 종류의 면허나 인·허가 등의 수익적 행정처분을 받아 영업을 하고 있는 기존의 업자나, 면허나 인·허가 등의 수익적 행정처분을 신청한 수인이 서로 경쟁관계에 있어서 일방에 대한 면허나 인·허가 등의 행정처분이 타방에 대한 불면허·불인가·불허가 등으로 귀결될 수밖에 없는 경우[이른바 경원관계(競願關係)에 있는 경우로서 동일 대상지역에 대한 공유수면매립면허나 도로점용허가 혹은 일정지역에 있어서의 영업허가 등에 관하여 거리제한규정이나 업소개수제한규정 등이 있는 경우를 그 예로 들 수 있다]에 면허나 인·허가 등의 행정처분을 받지 못한 사람 등은 비록 경업자나 경원자에 대하여 이루어진 면허나 인·허가 등 행정처분의 상대방이 아니라 하더라도 당해 행정처분의 취소를 구할 당사자적격이 있다.

[3] 노선버스 한정면허 기준에 관한 구 자동차운수사업법시행규칙(1998. 8. 20. 건설교통부령 제147호 여객자동차운수사업법시행규칙으로 전문 개정되기 전의 것)의 규정상 기존의 농어촌버스운송사업계획변경신청을 인가하면 신규의 마을버스운송사업면허를 할 수 없게 되는 경우, 마을버스운송사업면허신청자에게 농어촌버스운송사업계획변경인가처분의 취소를 구할 당사자 적격이 있다고 한 사례.

Ⅳ 질문 및 토의과제

1. 원고적격에 관한 종래의 4가지 학설(권리회복향수설, 법률상보호이익설, 보호가치있는 이익구제설, 적법성보장설)을 논평하라.

2. 엘피지 충전소 허가가 경원자에게 부여된 경우에, 경원자에 부여된 엘피지 충전소 허가처분의 취소소송을 제기하지 않고, 자기의 엘피지충전소허가거부처분에 대하여 취소소송을 제기할 수 있는가?

3. 갑과 을이 공유수면매립면허 신청을 하였는데 갑의 신청을 받아들이고, 을의 신청은 거부한 경우 을은 어떠한 행정소송을 제기할 수 있는가?

Ⅴ 참고문헌

이원우, 원고적격 확대를 위한 방법론의 전환 − 독점적 지위의 배제를 구하는 소송을 중심으로 −, 행정법연구 66, 2021. 11
김남진, 배타적 경쟁자소송에 있어서의 법률문제, 인권과 정의, 205호, 1993. 9
서현석, 경원자의 원고적격, 대법원판례해설 17호

6-3-2. 경업자 소송과 원고적격

Ⅰ 개요

경업자소송은 이미 영업허가를 받아 영업을 하고 있는 기존업자가 경쟁업자에 대한 신규영업허가를 취소해달라고 청구하는 소송이다. 이는 경원자가 아직 영업을 하지 않은 상태에서 새로이 영업허가를 신청한 경우에 일방에게는 수익적 허가가 나오는 반면에 다른 일방에게는 불허가의 결과로 귀착되는 배타적 관계는 경원자 상호간의 경쟁자소송이라고 할 수 있는 경원자 소송과는 구별된다.

행정처분의 직접 상대방은 당해 처분의 취소소송을 제기하는 경우에는 원고적격이 인정된다. 따라서 원고적격의 문제는 처분의 직접 상대방이 아닌 제3자의 경우 어느 범위에서 원고적격이 인정되는가의 문제이다. 행정처분의 직접 상대방이 아닌 제3자라 하더라도 당해 행정처분으로 인하여 법률상 보호되는 이익을 침해당한 경우에는 그 처분의 취소나 무효확인을 구하는 행정소송을 제기할 원고적격이 있다. 경업자의 경우에는 기존의 영업자가 행정청으로부터 받은 영업이 허가영업인지 특허영업인지에 따라 원고적격의 인정여부가 달라지게 된다. 판례는 공유수면매립면허나 도로점용 허가의 경우처럼 특허적 성질을 지니는 영업인 경우에는 기존업자에 대하여 원고적격을 인정한다. 그에 반하여 허가영업의 경우에 경업자에게는 원칙적으로 원고적격이 인정하지 않으나, 비록 허가영업이지만 법령에서 거리제한규정을 둔 경우라거나 업자들 사이에 과당경쟁으로 인한 경영의 불합리의 방지를 목적으로 하는 경우는 기존의 허가영업자에게 원고적격을 인정한다.

II 리딩케이스

1. 사건번호: 대법원 2006. 7. 28. 선고 2004두6716 판결【분뇨등관련영업허가처분취소】

2. 사실관계

원고 갑 주식회사는 은평구에서 피고 을(서울특별시 은평구청장)로부터 분뇨등 관련영업허가를 받아 독점적으로 분뇨등 수집·운반 및 정화조 청소영업을 하고 있었는데, 을이 소외 1주식회사와 소외 2주식회사에 대하여 분뇨등 관련 영업허가처분을 하였다. 은평구 내에 분뇨등 관련영업허가를 가진 업체의 수가 3개로 늘어나게 되자, 을은 은평구 전역을 3개 책임구역으로 나누어 정화조 청소를 대행하기로 방침을 정하고 갑에게는 제2구역을 배정하였다.

갑은 과거 은평구 전역에서 단독으로 분뇨등 관련영업을 하던 기득권이 전혀 인정되지 않는데다가 수익성이 낮은 구역으로 판단되는 제2구역을 배정받은 데 불만을 품고 있다가 을과 정화조 청소대행계약을 맺은 후, 위 소외 회사들에 대한 각 처분은 취소되어야 한다고 주장하면서 행정소송을 제기하였다. 제1심에서는 소외 회사들에 대한 이사건 처분은 법령에서 정한 요건을 모두 갖춘 것으로 적법하다고 하여 갑의 청구를 기각하였다. 그러나, 원심법원에서는 기존업자인 갑의 이익이 사실상의 반사적 결과에 지나지 않는다고 하여 원고적격을 인정하지 아니하고 이 사건 소를 부적법하다고 하여 소각하 판결을 내렸다.

그 후 갑이 상고를 하자 대법원에서는 갑의 상고이유를 받아들여 법률상 이익은 인정된다고 판단하면서, 소외 회사들이 법적요건을 모두 구비하여 신청한 영업의 적정여부에 대한 을의 판단이 재량권을 일탈·남용한 것은 아니라고 하면서 불이익변경금지의 원칙상 청구를 기각하여야 마땅하지만 소를 각하한 원심판결을 그대로 유지하기로 한다고 하면서 상고를 기각한 사안이다.

3. 판결요지

[1] 행정처분의 직접 상대방이 아닌 제3자라 하더라도 당해 행정처분으로 인하여 법률상 보호되는 이익을 침해당한 경우에는 그 처분의 취소나 무효확인을 구하는 행정소송을 제기하여 그 당부의 판단을 받을 자격이 있으며, 여기에서 말하는 법률상 보호되는 이익은 당해 처분의 근거 법규 및 관련 법규에 의하여 보호되는 개별적·직접적·구체적 이익을 말한다.

[2] 일반적으로 면허나 인·허가 등의 수익적 행정처분의 근거가 되는 법률이 해당 업자들 사이의 과당경쟁으로 인한 경영의 불합리를 방지하는 것도 그 목적으로 하고 있는 경우, 다른 업자에 대한 면허나 인·허가 등의 수익적 행정처분에 대하여 이미 같은 종류의 면허나 인·허가 등의 수익적 행정처분을 받아 영업을 하고 있는 기존의 업자는 경업자에 대하여 이루어진 면허나 인·허가 등 행정처분의 상대방이 아니라 하더라도 당해 행정처분의 취소를 구할 원고적격이 있다.

[3] 구 오수·분뇨 및 축산폐수의 처리에 관한 법률(2002. 12. 26. 법률 제6827호로 개정되기 전의 것)과 같은 법 시행령(2003. 7. 25. 대통령령 제18065호로

개정되기 전의 것)상 업종을 분뇨와 축산폐수 수집·운반업 및 정화조청소업으로 하여 분뇨 등 관련 영업허가를 받아 영업을 하고 있는 기존 업자의 이익이 법률상 보호되는 이익이라고 보아, 기존 업자에게 경업자에 대한 영업허가처분의 취소를 구할 원고적격이 있다고 한 사례.

4. 판례해설

이 사건 판결은 경업자의 원고적격의 인정여부와 관련된다. 판례는 원고적격의 요건으로서 법률상 보호되는 이익이라 함은 당해 처분의 근거법규 및 관련 법규에 의하여 보호되는 개별적·직접적·구체적 이익이 있는 경우를 말하고, 공익보호의 결과로 일반국민이 일반적·간접적·추상적 이익과 같은 사실적·경제적 이해관계를 가지는 데 불과한 경우는 여기에 포함되지 아니한다고 보고 있다.

여기서 말하는 당해 처분의 근거법규 및 관련법규에 의하여 보호되는 법률상 이익이라 함은 당해 처분의 근거법규의 명문규정에 의하여 보호받는 법률상 이익, 당해 처분의 근거법규에 의하여 보호되지 아니하나 당해 처분의 행정목적을 달성하기 위한 일련의 단계적인 관련처분들의 근거법규에 의하여 명시적으로 보호받는 법률상 이익, 당해 처분의 근거법규 또는 관련법규에서 명시적으로 당해 이익을 보호하는 명문의 규정이 없더라도 근거법규 및 관련법규의 합리적 해석상 그 법규에서 행정청을 제약하는 이유가 순수한 공익의 보호만이 아닌 개별적·직접적·구체적 이익을 보호하는 취지가 포함되어 있다고 해석되는 경우까지를 말한다(대법원 2004. 8. 16. 선고 2003두2175 판결).

[관련판례 1]에서는 인·허가를 받은 제3자의 경우에는 일반적으로 면허나 인·허가 등의 수익적 행정처분의 근거가 되는 법률이 해당 업자들 사이의 과당경쟁으로 인한 경영의 불합리를 방지하는 것도 그 목적으로 하고 있는 경우나 거리제한 등이 있는 경우에 한하여 면허나 인·허가 등의 수익적 행정처분을 받아 영업을 하고 있는 기존의 업자는 경업자에 대하여 이루어진 면허나 인·허가등에 대하여 행정처분의 상대방이 아니라 하더라도 당해 행정처분의 취소를 구할 원고적격이 있다고 전제하고, 담배구내소매인과 담배일반소매인 간

에는 영업소 상호간의 거리제한이 없고 일반소매인의 입장에서는 구내소매인과의 과당경쟁으로 인한 경영의 불합리를 방지하기 위한 것으로 볼 수 없기 때문에 담배일반소매인으로 지정되어 영업하고 있는 기존업자가 신규로 담배구내소매인지정에 대하여 갖는 이익은 단순한 사실상의 반사적 이익에 불과하다고 보고 있다.

[관련판례 2]에서는 자동차운수사업면허의 법적 성질이 특허라고 볼 수 있는 바, 이와 같이 특허를 받은 기존업자는 경업자에 대한 면허취소소송을 제기할 경우에 일반적으로 원고적격이 인정된다.

[관련판례 3]에서는 종합유선방송전송망사업자가 당초에는 무선국개설허가를 받았으나 유효기간의 만료 등으로 허가의 효력이 상실된 경우 원고의 적격이 부인된다고 보면서, 아울러 원고적격은 소송요건의 하나이므로 사실심 변론종결시는 물론 상고심에서도 존속하여야 하고 이를 흠결하면 부적법한 소가 된다는 점을 밝히고 있다는 점에서 의미가 있다.

Ⅲ 관련판례

1. 대법원 2008. 4. 10. 선고 2008두402 판결【담배소매인지정처분취소】

[1] 행정처분의 직접 상대방이 아닌 제3자라 하더라도 당해 행정처분으로 인하여 법률상 보호되는 이익을 침해당한 경우에는 그 처분의 취소나 무효확인을 구하는 행정소송을 제기하여 그 당부의 판단을 받을 자격이 있다 할 것이며, 여기에서 말하는 법률상 보호되는 이익이라 함은 당해 처분의 근거 법규 및 관련 법규에 의하여 보호되는 개별적·직접적·구체적 이익이 있는 경우를 말하고, 일반적으로 면허나 인·허가 등의 수익적 행정처분의 근거가 되는 법률이 해당 업자들 사이의 과당경쟁으로 인한 경영의 불합리를 방지하는 것도 그 목적으로 하고 있는 경우, 다른 업자에 대한 면허나 인·허가 등의 수익적 행정처분에 대하여 미리 같은 종류의 면허나 인·허가 등의 수익적 행정처분을 받아 영업을 하고 있는 기존의 업자는 경업자에 대하여 이루어진 면허나 인·허가 등 행정처분의 상대방이 아니라 하더라도 당해 행정처분의 취소를 구할 원고적격이

있다(대법원 2006. 7. 28. 선고 2004두6716 판결 등 참조).

[2] 한편 구내소매인과 일반소매인 사이에서는 구내소매인의 영업소와 일반소매인의 영업소 간에 거리제한을 두지 아니할 뿐 아니라 건축물 또는 시설물의 구조·상주인원 및 이용인원 등을 고려하여 동일 시설물 내 2개소 이상의 장소에 구내소매인을 지정할 수 있으며, 이 경우 일반소매인이 지정된 장소가 구내소매인 지정대상이 된 때에는 동일 건축물 또는 시설물 안에 지정된 일반소매인은 구내소매인으로 보고, 구내소매인이 지정된 건축물 등에는 일반소매인을 지정할 수 없으며, 구내소매인은 담배진열장 및 담배소매점 표시판을 건물 또는 시설물의 외부에 설치하여서는 아니 된다고 규정하는 등 일반소매인의 입장에서 구내소매인과의 과당경쟁으로 인한 경영의 불합리를 방지하는 것을 그 목적으로 할 수 있다고 보기 어려우므로, 일반소매인으로 지정되어 영업을 하고 있는 기존업자의 신규 구내소매인에 대한 이익은 법률상 보호되는 이익이 아니라 단순한 사실상의 반사적 이익이라고 해석함이 상당하므로, 기존 일반소매인은 신규 구내소매인 지정처분의 취소를 구할 원고적격이 없다.

2. 대법원 1974. 4. 9. 선고 73누173 판결【행정처분취소】

자동차 운수사업법 6조 1호에 의한 자동차운송사업의 면허에 대하여 당해 노선에 관한 기존업자는 노선연장인가처분의 취소를 구할 법률상의 이익이 있다.

3. 대법원 2007. 4. 12. 선고 2004두7924 판결【위성궤도망신청처분등취소】

[1] 행정처분의 직접 상대방이 아닌 제3자라 하더라도 당해 행정처분으로 인하여 법률상 보호되는 이익을 침해당한 경우에는 그 처분의 취소나 무효확인을 구하는 행정소송을 제기하여 그 당부의 판단을 받을 자격 즉 원고적격이 있고, 여기에서 말하는 법률상 보호되는 이익은 당해 처분의 근거 법규 및 관련 법규에 의하여 보호되는 개별적·직접적·구체적 이익을 말하며, 원고적격은 소송요건의 하나이므로 사실심 변론종결시는 물론 상고심에서도 존속하여야 하고 이를 흠결하면 부적법한 소가 된다.

[2] 종합유선방송 전송선로시설 제공역무를 사업내용으로 하는 전송망사업자로 지정받은 자가 특정주파수대역을 이용한 무선국개설허가를 받은 뒤 유효기간만료 등으로 그 허가의 효력을 상실한 경우, 위 전송망사업자는 위 주파수대역에 대하여 법률상 보호되는 이익을 가지고 있지 않다고 한 사례.

Ⅳ 질문 및 토의과제

1. 행정처분의 직접 상대방이 아닌 제3자가 그 처분의 취소나 무효확인을 구하는 행정소송을 제기하여 그 당부의 판단을 받을 자격은 어떤 경우에 인정될 수 있는가?
2. 원고적격은 사실심 변론종결시까지만 구비하면 족한가 아니면 상고심에서도 원고적격을 구비하여야 하는가?
3. 경업자의 원고적격의 인정과 관련하여 특허의 경우와 허가의 경우 그 차이점은 어디에 있는가?
4. 경업자소송과 경원자소송의 차이점을 설명하시오.

Ⅴ 참고문헌

류광해, 담배소매인지정과 원고적격, 경상대 법학연구 제21호, 2013
박강희, 구 오수·분뇨 및 축산폐수의 처리에 관한 법률과 같은법 시행령상 업종을 분뇨와 축산폐수 수집·운반업 및 정화조 청소업으로 하여 분뇨등 관련 영업허가를 받아 영업을 하고 있는 기존업자의 이익의 법률상 보호, 대법원판례해설 제54호, 2007
성백현, 행정소송에 있어서 제3자의 소의 이익, 대법원판례해설 1997년 상반기, 1997
진광엽, 항고소송에 있어서 처분의 상대방이 아닌 자의 원고적격 - 경업자 및 경원자의 경우를 중심으로, 행정법연구 창간호, 1996

6-3-3. 환경행정소송과 원고적격

I 개요

오늘날 환경에 대한 국민적 관심의 고조현상과 더불어 환경분쟁이 지속적으로 늘어가고 있다. 환경행정상 법률관계는 기본적으로 행정청, 사업자, 인근주민의 삼각관계로 설명하기도 한다. 행정청이 사업자에 대하여 내려진 인·허가처분에 의하여 인근주민의 환경상의 이익이 침해되는 경우에 이를 사업자와 인근주민간의 사법상의 분쟁으로 해결하는 데 한계가 있다. 오히려 행정청의 처분에 대한 항고소송의 제기를 통하여 환경침해를 막는 것이 보다 효과적인 권리구제수단이 될 수 있다. 따라서 사업자에 대한 환경침해적 내용의 행정청의 인·허가에 대해 인근주민이 행정소송을 제기할 수 있을 것인가의 문제가 핵심적인 논의과제가 된다.

환경행정소송에서의 원고적격도 기본적으로 일반적인 원고적격과 다르지 않다. 따라서 환경소송에서의 원고적격이란 환경분쟁에 있어서 행정청에 대하여 구체적인 행정소송의 제기를 전제로 하여 원고로서 소송을 수행하여 본안판결을 받을 수 있는 자격을 말한다. 환경행정소송에 있어서 원고적격은 환경보호객체인 도롱뇽이나 수목에게는 인정되지 않는다. 행정소송법 제12조 전문에서 "취소소송은 처분등의 취소를 구할 법률상 이익이 있는 자가 제기할 수 있다"고 규정하고 있어 사람을 전제로 하고 있다. 법인이나 자연인이 이에 해당되어 당사자적격이 있으나, 민사소송법 제52조의 규정이 준용되어 법인격 없는 사단이나 재단은 대표자 또는 관리인이 있으면 그 사단이나 재단의 이름으로 당사자가 될 수 있다.

행정소송법 제12조 전단에서 말하는 "법률상 이익"의 해석과 관련하여 종전의 통설과 판례는 처분의 근거법률 내지 관계 법률에서 공익뿐만 아니라 개인의 이익도 보호하고 있는 경우에 한하여 원고적격이 인정되는 것으로 보았다. 이러한 관점에서 환경영향평가관련법령도 근거법령으로 볼 여지가 있으나, 직접적으로 환경권을 근거로 하여 원고적격을 인정할 것인지에 대하여는 논란이 있다.

II 리딩케이스

1. 사건번호: 대법원 2006. 3. 16. 선고 2006두330 전원합의체 판결【정부조치계획취소등】 – 새만금사건

2. 사실관계

새만금간척종합개발사업(이하 '새만금사업'이라 한다)은 피고 을(농림수산부장관)이 새만금사업 추진계획수립(1988. 2. 1. 농림수산부 조성27245－142호)하고 관련 부처간 협의를 통해 의견을 수렴하였으며, 농림수산부에서는 1986. 6.경부터 1989. 8.경까지 사이에 새만금사업의 시행으로 인한 환경영향평가를 실시하였으며 환경청에 보완된 환경영향평가서를 제출하고 관련법령에 따른 소정의 협의(1991. 6. 8)를 마쳤다. 을은 새만금사업 기본계획을 확정(1989. 11. 6.)하고 시행계획을 수립하여 고시(1991. 8. 19)하였다. 아울러 을은 새만금사업과 관련하여 공유수면매립면허처분을 하고 이를 1991. 10. 17. 고시하였다. 또한 을은 사업시행자의 지위에서 새만금사업 시행인가처분을 하고 이를 1991. 11. 13.고시하였다.

원고 갑은 2001. 3. 21. 새만금사업에 대한 사업목적, 환경영향평가, 경제성 분석 등에 있어서 감사원 특별감사에서 지적된 문제점을 근거로 공유수면매립법(1999. 2. 8. 법률 제5911호로 전문 개정된 것, 이하 같다) 제32조, 농어촌정비법 제98조 제1항 소정의 취소사유가 발생하였음을 들어 을에게 이 사건 공유수면매립면허 및 시행인가처분을 취소하여 줄 것을 신청하였다.

이에 대하여 을은 2001. 5. 24. 구체적인 사유를 들어 갑의 위 취소신청에 대하여 거부하는 회신을 하였다. 이에 따라 갑은 을이 1991. 10. 17.에 한 공유수면매립면허처분 및 1991. 11. 13.에 한 새만금사업 시행인가처분이 각각 무효임을 확인하고 이와 선택적으로 공유수면매립면허 및 새만금사업 시행인가처분 취소신청 거부처분을 취소하는 소송을 제기한 사안이다.

3. 판결요지

[1] 행정처분의 직접 상대방이 아닌 제3자라 하더라도 당해 행정처분으로 인하여 법률상 보호되는 이익을 침해당한 경우에는 그 처분의 무효확인을 구하는 행정소송을 제기하여 그 당부의 판단을 받을 자격이 있다 할 것이며, 여기에서 말하는 법률상 보호되는 이익이라 함은 당해 처분의 근거 법규 및 관련 법규에 의하여 보호되는 개별적·직접적·구체적 이익이 있는 경우를 말하고, 공익보호의 결과로 국민 일반이 공통적으로 가지는 일반적·간접적·추상적 이익이 생기는 경우에는 법률상 보호되는 이익이 있다고 할 수 없다.

[2] 공유수면매립면허처분과 농지개량사업 시행인가처분의 근거 법규 또는 관련 법규가 되는 구 공유수면매립법(1997. 4. 10. 법률 제5337호로 개정되기 전의 것), 구 농촌근대화촉진법(1994. 12. 22. 법률 제4823호로 개정되기 전의 것), 구 환경보전법(1990. 8. 1. 법률 제4257호로 폐지), 구 환경보전법 시행령(1991. 2. 2. 대통령령 제13303호로 폐지), 구 환경정책기본법(1993. 6. 11. 법률 제4567호로 개정되기 전의 것), 구 환경정책기본법 시행령(1992. 8. 22. 대통령령 제13715호로 개정되기 전의 것)의 각 관련 규정의 취지는, 공유수면매립과 농지개량사업시행으로 인하여 직접적이고 중대한 환경피해를 입으리라고 예상되는 환경영향평가 대상지역 안의 주민들이 전과 비교하여 수인한도를 넘는 환경침해를 받지 아니하고 쾌적한 환경에서 생활할 수 있는 개별적 이익까지도 이를 보호하려는 데에 있다고 할 것이므로, 위 주민들이 공유수면매립면허처분 등과 관련하여 갖고 있는 위와 같은 환경상의 이익은 주민 개개인에 대하여 개별적으로 보호되는 직접적·구체적 이익으로서 그들에 대하여는 특단의 사정이 없는 한 환경상의 이익에 대한 침해 또는 침해우려가 있는 것으로 사실상 추정되어 공유수면매립면허처분 등의 무효확인을 구할 원고적격이 인정된다. 한편, 환경영향평가 대상지역 밖의 주민이라 할지라도 공유수면매립면허처분 등으로 인하여 그 처분 전과 비교하여 수인한도를 넘는 환경피해를 받거나 받을 우려가 있는 경우에는, 공유수면매립면허처분 등으로 인하여 환경상 이익에 대한 침해 또는 침해우려가 있다는 것을 입증함으로써 그 처분 등의 무효확인을 구할 원고적격을 인정받을 수 있다.

[3] 헌법 제35조 제1항에서 정하고 있는 환경권에 관한 규정만으로는 그 권리의 주체 · 대상 · 내용 · 행사방법 등이 구체적으로 정립되어 있다고 볼 수 없고, 환경정책기본법 제6조도 그 규정 내용 등에 비추어 국민에게 구체적인 권리를 부여한 것으로 볼 수 없다는 이유로, 환경영향평가 대상지역 밖에 거주하는 주민에게 헌법상의 환경권 또는 환경정책기본법에 근거하여 공유수면매립면허처분과 농지개량사업 시행인가처분의 무효확인을 구할 원고적격이 없다고 한 사례.

4. 판례해설

이 사건 전원합의체 판결은 새만금사건으로 널리 알려져 있다. 이 사건 전원합의체판결에서도 기본적으로 원고적격의 요건으로서의 법률상 이익의 개념은 처분의 근거법규 및 관련법규에 의하여 보호되는 개별적 · 직접적 · 구체적 이익이 있는 경우를 말하고, 공익보호의 결과로 일반국민이 일반적 · 간접적 · 추상적 이익과 같이 사실적 · 경제적 이해관계를 가지는데 불과한 경우는 여기에 포함되지 아니한다고 보는 점에서 기존의 판례의 입장과 같다. 또한 법률상 이익의 침해의 의미와 관련하여서도 현실적인 침해만이 아닌 침해의 가능성이나 우려가 발생한 경우를 포함하는 개념으로 이해하고 있다. 이는 환경이 한 번 훼손되거나 이로 인한 침해가 발생하면 돌이킬 수 없거나 회복하는 데 엄청난 시간과 비용이 소요되는 특성상 당연한 귀결이라 생각된다.

그런데 환경영향평가 대상지역내의 주민이라면 특단의 사정이 없는 한 환경상의 이익침해 또는 이익침해의 우려가 있는 것으로 사실상 추정되지만, 환경영향평가대상지역 외의 주민은 종전의 판례에 의하면 원고적격이 인정되지 않았는데, 이 사건 전원합의체 판결에 의하여 "과학적으로 예측, 분석한 객관적 자료에 의하여 당해 사업의 시행으로 인하여 환경에 해로운 영향을 받거나 받을 우려가 있다는 사실을 입증함으로써 그 처분 등의 무효 확인을 구할 원고적격을 인정받을 수 있다"고 판시함으로써 환경영향평가대상지역을 판단하는 주체를 사업자가 아닌 법원으로 본 점과 환경영향평가대상지역 밖의 주민이 수인한도를 넘어 환경피해를 받은 것을 입증한 경우에는 항고소송에 있어서 원고적격이 인정될 수 있는 가능성을 열었다는 점에서 권리구제의 확대에 기여하였다고 할 것이다.

이 사건 전원합의체 판결이 원고적격의 인정근거 중 대상지역(환경영향평가대상지역) 밖에 있는 주민이라도 수인한도를 넘는 환경피해를 받거나 받을 우려가 있는 경우에 그 입증만 하면 법률상 이익을 인정할 수 있다고 보는 것은 원고적격의 문제를 입증책임의 전환의 문제로 해결하는 오류를 범하고 있다는 비판론이 있기는 하지만, 이는 대안적 제시가 없는 형식논리적 측면에서의 지적이라 할 것이다.

이 사건 전원합의체 판결에서는 환경권을 실체법상 청구권의 근거규정으로 보고 있지 않는 전제에서, "헌법 제35조 제1항에서 정하고 있는 환경권에 관한 규정만으로는 그 권리의 주체·대상·내용·행사방법 등이 구체적으로 정립되어 있다고 볼 수 없고, 환경정책기본법 제6조도 그 규정 내용 등에 비추어 국민에게 구체적인 권리를 부여한 것으로 볼 수 없으므로, 위 원고들에게 헌법상의 환경권 또는 환경정책기본법 제6조에 기하여 이 사건 각 처분을 다툴 원고적격이 있다고 할 수 없다"고 판시하고 있다. 따라서 개별법령에 법적 근거를 두고 있지 않는 한 직접 헌법상의 환경권 조항을 근거로 하여 원고적격을 인정하기는 곤란하다고 할 것이다. 그러나 환경행정소송의 특수성에 비추어 환경피해를 입거나 입을 우려가 있는 인근주민들에게까지 원고적격을 확장할 필요가 있는 바, 환경영향평가대상지역인가 아닌가라는 형식적 기준을 넘어서서 본안판단의 기회를 보장한다는 점에서 헌법상의 환경권을 적극적으로 고려하여 원고적격을 인정하는 방향으로 나아가는 것이 바람직하다고 할 것이다.

[관련판례 1]에서는 경업자 소송이나 경원자소송과는 달리 생활환경의 분쟁이면서 이웃소송으로서의 의미를 지니는데, 상수원보호구역변경처분의 취소를 구하는 원고적격은 수도법으로부터 도출될 수 없다고 보면서도, 공설화장장설치와 관련하여서는 도시계획법과 매장및묘지등에 관한법률 및 같은법 시행령이 근거법률이 된다고 보아 공설화장장 주변의 인근주민에게 원고적격을 인정하였다.

[관련판례 2]는 공장설립승인처분과 관련하여 이사건 전원합의체 판결이 나온 후에 같은 연장선상에서 내려진 판결로서 환경상 침해를 받으리라는 영향권의 안인가 밖인가를 기준으로 영향권안의 주민은 환경상 이익에 대한 침해 또

는 침해우려가 있는 것으로 사실상 추정되어 법률상 보호되는 이익이 인정되는 데 반하여, 영향권 밖의 주민의 경우에는 수인한도를 넘는 환경피해를 받거나 받을 우려가 있다는 자신의 환경상 이익에 대한 침해 또는 침해우려를 증명하여야만 법률상 보호되는 이익으로 인정되어 원고적격이 인정된다고 보았다.

Ⅲ 관련판례

1. 대법원 1995. 9. 26. 선고 94누14544 판결【상수원보호구역변경처분등취소】

[1] 행정처분의 직접 상대방이 아닌 제3자라도 당해 행정처분의 취소를 구할 법률상의 이익이 있는 경우에는 원고적격이 인정되는데, 여기서 말하는 법률상의 이익은 당해 처분의 근거 법률에 의하여 보호되는 직접적이고 구체적인 이익이 있는 경우를 말하고, 다만 공익보호의 결과로 국민 일반이 공통적으로 가지는 추상적, 평균적, 일반적인 이익과 같이 간접적이나 사실적, 경제적, 이해관계를 가지는데 불과한 경우는 여기에 포함되지 않는다.

[2] 상수원보호구역 설정의 근거가 되는 수도법 제5조 제1항 및 동 시행령 제7조 제1항이 보호하고자 하는 것은 상수원의 확보와 수질보전일 뿐이고, 그 상수원에서 급수를 받고 있는 지역주민들이 가지는 상수원의 오염을 막아 양질의 급수를 받을 이익은 직접적이고 구체적으로는 보호하고 있지 않음이 명백하여 위 지역주민들이 가지는 이익은 상수원의 확보와 수질보호라는 공공의 이익이 달성됨에 따라 반사적으로 얻게 되는 이익에 불과하므로 지역주민들에 불과한 원고들에게는 위 상수원보호구역변경처분의 취소를 구할 법률상의 이익이 없다.

[3] 도시계획법 제12조 제3항의 위임에 따라 제정된 도시계획시설기준에관한규칙 제125조 제1항이 화장장의 구조 및 설치에 관하여는 매장및묘지등에관한법률이 정하는 바에 의한다고 규정하고 있어, 도시계획의 내용이 화장장의 설치에 관한 것일 때에는 도시계획법 제12조뿐만 아니라 매장및묘지등에관한법률 및 같은법시행령 역시 그 근거 법률이 된다고 보아야 할 것이므로, 같은법시행

령 제4조 제2호가 공설화장장은 20호 이상의 인가가 밀집한 지역, 학교 또는 공중이 수시 집합하는 시설 또는 장소로부터 1,000m 이상 떨어진 곳에 설치하도록 제한을 가하고, 같은법시행령 제9조가 국민보건상 위해를 끼칠 우려가 있는 지역, 도시계획법 제17조의 규정에 의한 주거지역, 상업지역, 공업지역 및 녹지지역 안의 풍치지구 등에의 공설화장장 설치를 금지함에 의하여 보호되는 부근 주민들의 이익은 위 도시계획결정처분의 근거 법률에 의하여 보호되는 법률상 이익이다.

2. 대법원 2006. 12. 22. 선고 2006두14001 판결【공장설립승인처분취소】

[1] 행정처분의 직접 상대방이 아닌 제3자라 하더라도 당해 행정처분으로 인하여 법률상 보호되는 이익을 침해당한 경우에는 그 처분의 취소나 무효확인을 구하는 행정소송을 제기하여 그 당부의 판단을 받을 자격이 있다 할 것이며, 여기에서 말하는 법률상 보호되는 이익이라 함은 당해 처분의 근거 법규 및 관련 법규에 의하여 보호되는 개별적·직접적·구체적 이익이 있는 경우를 말하고, 공익보호의 결과로 국민 일반이 공통적으로 가지는 일반적·간접적·추상적 이익이 생기는 경우에는 법률상 보호되는 이익이 있다고 할 수 없다.

[2] 행정처분의 직접 상대방이 아닌 자로서 그 처분에 의하여 자신의 환경상 이익이 침해받거나 침해받을 우려가 있다는 이유로 취소소송을 제기하는 제3자는, 자신의 환경상 이익이 그 처분의 근거 법규 또는 관련 법규에 의하여 개별적·직접적·구체적으로 보호되는 이익, 즉 법률상 보호되는 이익임을 입증하여야 원고적격이 인정되고, 다만 그 행정처분의 근거 법규 또는 관련 법규에 그 처분으로써 이루어지는 행위 등 사업으로 인하여 환경상 침해를 받으리라고 예상되는 영향권의 범위가 구체적으로 규정되어 있는 경우에는, 그 영향권 내의 주민들에 대하여는 당해 처분으로 인하여 직접적이고 중대한 환경피해를 입으리라고 예상할 수 있고, 이와 같은 환경상의 이익은 주민 개개인에 대하여 개별적으로 보호되는 직접적·구체적 이익으로서 그들에 대하여는 특단의 사정이 없는 한 환경상 이익에 대한 침해 또는 침해 우려가 있는 것으로 사실상 추정

되어 법률상 보호되는 이익으로 인정됨으로써 원고적격이 인정되며, 그 영향권 밖의 주민들은 당해 처분으로 인하여 그 처분 전과 비교하여 수인한도를 넘는 환경피해를 받거나 받을 우려가 있다는 자신의 환경상 이익에 대한 침해 또는 침해 우려가 있음을 증명하여야만 법률상 보호되는 이익으로 인정되어 원고적격이 인정된다.

[3] 환경정책기본법령상 사전환경성검토협의 대상지역 내에 포함될 개연성이 충분하다고 보이는 주민들에게 그 협의대상에 해당하는 창업사업계획승인처분과 공장설립승인처분의 취소를 구할 원고적격이 인정된다고 한 사례.

Ⅳ 질문 및 토의과제

1. 원고적격과 관련하여 새만금사건에 관한 전원합의체 판결이 갖는 의미는 무엇인가?

2. 헌법 제35조 제1항의 환경권에 근거하여 원고적격을 인정할 수 있는지 여부에 대하여 논평하시오.

3. 환경영향평가대상지역 밖에서 인근주민의 제3자 원고적격과 관련하여 수인한도를 넘는 환경피해를 받거나 받을 우려가 있다는 것을 입증한 경우에 원고적격을 인정하는 대법원판례의 입장에 대하여 평가하시오.

4. 환경영향평가대상지역안의 주민인지 여부에 관한 원고적격의 판단과 관련하여 환경영향평가대상지역은 사업자가 설정한 지역을 기준으로 정하는 것이 타당한가?

Ⅴ 참고문헌

김용섭, 환경행정소송의 원고적격에 관한 논의, 환경법연구 제34권 제3호, 2012

김치중, 상수원보호구역변경 및 도시계획시설(화장장)결정처분의 취소를 구하는 소송에 있어서의 부근주민의 원고적격, 대법원판례해설 제24호

윤영훈, 새만금판결에 대한 간단한 고찰, 대전지방변호사회지, 통권 제4호,

2006

이영진, 지역주민들이 공설화장장 설치결정처분의 취소를 구할 수 있는 원고 적격을 가지는지 여부, 판례월보 307호, 1995

임영호, 환경관계법상 원고적격, 환경법, 사법연수원 2008

정남철, 환경소송과 인인보호, 환경법연구 제28권 1호, 2006

하종대, 새만금판결과 행정법상 몇가지 쟁점, 재판과 판례, 대구판례연구회, 15집, 2007

제 4 장
협의의 소의 이익

행정소송법 제12조에서 "취소소송은 처분등의 취소를 구할 법률상 이익이 있는 자가 제기할 수 있다. 처분등의 효과가 기간의 경과, 처분등의 집행 그밖의 사유로 인하여 소멸된 뒤에도 그 처분등의 취소로 인하여 회복되는 법률상 이익이 있는 자의 경우에는 또한 같다"라고 규정하고 있다. 행정소송법 제12조의 제명이 비록 원고적격으로 되어 있으나, 동조 전문은 원고적격, 후문은 협의의 소의 이익을 규정한 것으로 이해하는 것이 통설적 입장이다.

주지하는 바와 같이 행정소송에 있어서도 민사소송에 있어서와 마찬가지로 분쟁을 소송에 의해 해결할 현실적 필요성 또는 권리보호의 필요가 있을 때에 한하여 소제기가 허용된다. 이와 같이 행정소송에서 본안판결을 구할 필요성을 협의의 소의 이익이라고 한다. 만약에 취소소송을 제기하여 처분이 취소되더라도 현실적으로 법률상 이익의 회복이 이루어지지 않는 상황이라면 취소소송을 제기할 의미 내지 필요성이 없을 것이다. 따라서 처분을 취소하여도 원상회복이 사실상 불가능한 경우라거나 행정심판에서 전부 인용재결이 내려진 경우와 같이 권리보호의 필요성이 없는 경우에는 협의의 소의 이익이 없게 된다.

협의의 소의 이익도 취소소송의 소송요건의 하나로 법원의 직권조사사항이다. 따라서 법원은 당사자의 이의가 없더라도 직권으로 이를 조사하여 협의의 소의 이익이 흠결되었다는 것이 밝혀지면 소의 부적법각하 판결을 내려야 한다. 이와 같은 이유는 행정소송제도의 남용의 금지와 이를 통한 법원의 업무 경감과 불필요한 소송에 대응하여야 하는 행정청의 부담을 경감하기 위한 것이다.

6-4-1. 제재기간의 경과와 협의의 소의 이익

I 개요

협의의 소의 이익이란 권리보호의 이익 내지 권리보호의 필요성을 말한다. 취소소송의 목적이 위법한 처분의 효력을 배제하는 데 주안점이 놓여있다면 제재기간의 경과에 의하여 처분이 실효된 경우에는 실효된 처분에 대한 취소소송은 부적법하여 각하될 수밖에 없다. 그러나 실효된 후에도 그 처분의 취소를 구함으로써 회복할 수 있는 법률상 이익이 있는 한 당해 처분의 효력을 배제할 수 있는가와 무관하게 소의 이익이 허용된다고 보아야 할 것이다. 이것이 행정소송법 제12조 후문의 입법취지라고 할 것이다. 주로 문제가 되는 사례는 행정상 제재처분을 한 경우 취소소송을 제기하기 전이나 소송 진행중에 제재기간이 경과한 경우이다. 영업허가를 받은 자가 관련 법규정을 위반하여 관할 처분청으로부터 3개월의 영업정지처분이 내려진 경우 그 처분이 위법하더라도 소송을 제기하기 전이나 소송심리중에 그 기간이 이미 경과한 경우에는 원칙적으로 협의의 소의 이익이 없어 취소소송을 제기할 수 없다. 가령 자격정지처분의 취소청구에 있어서 그 정지기간이 경과한 경우에는 그 처분으로 인하여 명예·신용 등의 인격적 이익이 침해되었다는 것만으로는 취소소송이 허용되지 않는다. 이러한 문제를 사전에 극복하기 위해서는 취소심판이나 취소소송을 제기함과 동시에 집행정지신청을 하여 그 처분의 효력의 집행을 정지하는 것이 필요하다.

그러나 제재처분의 전력이 장래에 불이익하게 취급되는 가중요건으로 법령에 규정된 경우에는 비록 그 제재적 처분등의 효력기간이 경과한 후에 소를 제기하더라도 당사자에게는 그 처분의 취소로 인하여 회복되는 법률상 이익이 있는 것으로 보아 협의의 소의 이익을 인정할 것인가 문제가 제기된다. 종전의 판례는 제재적 처분기준을 규정한 법령의 규정형식이 대통령령인가 아니면 부령인가에 따라 협의의 소의 이익을 달리 취급하였으나 대법원 전원합의체 판결의 등장에 따라 부령형식의 제재적 처분기준의 법적 성질은 행정명령의 성질을 지니는 것으로 보면서도 부령에서 가중적 제재처분의 기준을 정한 경우라면 비록 당초의 제재처분의 기간이 도과하였다고 할지라도 취소를 구할 법률상 이익이 있는 것으로 보아 협의의 소의 이익을 인정하였다.

II 리딩케이스

1. 사건번호: 대법원 2006. 6. 22. 선고 2003두1684 전원합의체 판결【영업정지처분취소】

2. 사실관계

원고 갑은 철도, 항만, 공항 등의 설계와 감리를 수행하는 토목 분야의 설계・감리 전문업체이자, 환경영향평가 대행업자이다. 갑은 피고 을(경인지방환경청장)으로부터 환경영향평가서를 부실하게 작성하였다는 이유로 1월의 환경영향평가대행업무정지처분을 받아, 위 처분의 취소를 구하는 행정소송을 제기하고서는 위 업무정지처분기간중 환경영향평가대행계약을 신규로 체결하고 그 대행업무를 계속하고 있다가 위 항소심 재판계속 중 1월의 기간이 모두 경과하였다.

원심법원은 "이 사건 처분은 위 영업정지기간이 모두 도과됨으로써 그 효력을 상실하였다 할 것이고, 따라서, 위 영업정지처분이 외형상 잔존함으로 인하여 갑에게 어떠한 법률상 이익의 침해가 있다고 볼만한 별다른 사정이 엿보이지 않는 이 사건에서 이 사건 소는 당심 계속중 그 소의 이익이 소멸되어 부적법하게 되었다 할 것이다"라고 판시하면서 소 각하판결을 내렸다. 이에 갑이 불복하여 상고하였는바, 대법원에서 원심판결을 파기하고 이를 원심법원에 환송한 사안이다.

3. 판결요지

[1] 제재적 행정처분이 그 처분에서 정한 제재기간의 경과로 인하여 그 효과가 소멸되었으나, 부령인 시행규칙 또는 지방자치단체의 규칙(이하 이들을 '규칙'이라고 한다)의 형식으로 정한 처분기준에서 제재적 행정처분(이하 '선행처분'이라고 한다)을 받은 것을 가중사유나 전제요건으로 삼아 장래의 제재적 행정처분

(이하 '후행처분'이라고 한다)을 하도록 정하고 있는 경우, 제재적 행정처분의 가중사유나 전제요건에 관한 규정이 법령이 아니라 규칙의 형식으로 되어 있다고 하더라도, 그러한 규칙이 법령에 근거를 두고 있는 이상 그 법적 성질이 대외적·일반적 구속력을 갖는 법규명령인지 여부와는 상관없이, 관할 행정청이나 담당공무원은 이를 준수할 의무가 있으므로 이들이 그 규칙에 정해진 바에 따라 행정작용을 할 것이 당연히 예견되고, 그 결과 행정작용의 상대방인 국민으로서는 그 규칙의 영향을 받을 수밖에 없다. 따라서 그러한 규칙이 정한 바에 따라 선행처분을 받은 상대방이 그 처분의 존재로 인하여 장래에 받을 불이익, 즉 후행처분의 위험은 구체적이고 현실적인 것이므로, 상대방에게는 선행처분의 취소소송을 통하여 그 불이익을 제거할 필요가 있다. 또한, 나중에 후행처분에 대한 취소소송에서 선행처분의 사실관계나 위법 등을 다툴 수 있는 여지가 남아 있다고 하더라도, 이러한 사정은 후행처분이 이루어지기 전에 이를 방지하기 위하여 직접 선행처분의 위법을 다투는 취소소송을 제기할 필요성을 부정할 이유가 되지 못한다. 그러한 쟁송방법을 막는 것은 여러 가지 불합리한 결과를 초래하여 권리구제의 실효성을 저해할 수 있기 때문이다. 오히려 앞서 본 바와 같이 행정청으로서는 선행처분이 적법함을 전제로 후행처분을 할 것이 당연히 예견되므로, 이러한 선행처분으로 인한 불이익을 선행처분 자체에 대한 소송에서 사전에 제거할 수 있도록 해 주는 것이 상대방의 법률상 지위에 대한 불안을 해소하는 데 가장 유효적절한 수단이 된다고 할 것이고, 또한 그 소송을 통하여 선행처분의 사실관계 및 위법 여부가 조속히 확정됨으로써 이와 관련된 장래의 행정작용의 적법성을 보장함과 동시에 국민생활의 안정을 도모할 수 있다. 이상의 여러 사정과 아울러, 국민의 재판청구권을 보장한 헌법 제27조 제1항의 취지와 행정처분으로 인한 권익침해를 효과적으로 구제하려는 행정소송법의 목적 등에 비추어 행정처분의 존재로 인하여 국민의 권익이 실제로 침해되고 있는 경우는 물론이고 권익침해의 구체적·현실적 위험이 있는 경우에도 이를 구제하는 소송이 허용되어야 한다는 요청을 고려하면, 규칙이 정한 바에 따라 선행처분을 가중사유 또는 전제요건으로 하는 후행처분을 받을 우려가 현실적으로 존재하는 경우에는, 선행처분을 받은 상대방은 비록 그 처분에서 정한 제재기간이 경과하였다 하더라도 그 처분의 취소소송을 통하여 그러한 불이익을 제거할

권리보호의 필요성이 충분히 인정된다고 할 것이므로, 선행처분의 취소를 구할 법률상 이익이 있다고 보아야 한다.

[2] 환경영향평가대행업무 정지처분을 받은 환경영향평가대행업자가 업무정지처분기간 중 환경영향평가대행계약을 신규로 체결하고 그 대행업무를 한 사안에서, '환경 · 교통 · 재해 등에 관한 영향평가법 시행규칙' 제10조 [별표 2] 2. 개별기준 (11)에서 환경영향평가대행업자가 업무정지처분기간 중 신규계약에 의하여 환경영향평가대행업무를 한 경우 1차 위반시 업무정지 6월을, 2차 위반시 등록취소를 각 명하는 것으로 규정하고 있으므로, 업무정지처분기간 경과 후에도 위 시행규칙의 규정에 따른 후행처분을 받지 않기 위하여 위 업무정지처분의 취소를 구할 법률상 이익이 있다고 한 사례.

4. 판례해설

이 사건 전원합의체 판결은 가중적 제재처분의 기준이 부령에 규정되어 있는 경우에 선행적 제재처분을 받아 그 제재기간이 경과하였을 경우에 협의의 소의 이익을 인정할 수 있는가의 문제와 관련된다. 종전의 판례는 제제기간의 경과와 관련하여 가중적 제재사유가 법률 또는 대통령령에 규정되어 있는 경우와 부령에 규정된 경우를 나누어 그 법적 성질 여부를 따져서 법률과 대통령에 규정되어 법규성이 인정되는 경우에는 그 기간이 경과되었다고 할지라도 취소소송을 제기할 법률상 이익이 인정되는 반면에, 부령 등에 규정되어 행정명령의 성질을 지니는 경우에는 나중에 가중적 제재처분을 받게 되더라도 협의의 소의 이익이 부정되는 것으로 보았다. 다시 말하여, 종래 가중요건이 법률이나 대통령령에 규정된 경우에는 소의 이익을 인정하였으나, 가중요건이 부령형식으로 규정된 경우에는 이를 행정명령의 성질을 지니는 것으로 보아 구속력이 없고 가중적인 제재처분을 받을 불이익이 직접적 구체적 현실적인 것은 아니라고 보아 협의의 소의 이익을 부인하여 왔던 것이다.

그러나 이 사건 전원합의체판결의 등장으로 인해 종래의 입장을 변경하여 제재적 처분기준의 법적 성질이 법규명령에 해당하는지 여부와 관계없이 처분이 부령형식으로 규정되어 그 법적 성질이 행정명령에 해당하는 경우라도 담당 공무원은 이를 준수해야 할 의무가 있으므로 그 처분의 존재로 인하여 장래에 받을 불이익이 구체적이며 현실적이라고 보아 법률상 이익을 인정하였다. 결국 공동부령인 환경・교통・재해 등에 관한 영향평가법 시행규칙 제10조 [별표 2]에서 제재적 처분기준을 두고 있는 바, 공동부령형식의 제재적 처분기준으로 영업정지 등 제재처분을 받은 사실을 후행처분의 가중사유나 전제요건으로 삼고 있는 경우 비록 영업정지기간 등이 이미 지났더라도 영업정지처분 등에 대해 취소소송을 제기할 수 있다고 보아 종래의 대법원판례의 입장을 변경하여 협의의 소의 이익을 부령의 형식으로 규정된 경우에도 취소소송을 제기할 법률상 이익이 있다는 점을 밝혔다.

[관련판례 1]은 이 사건 전원합의체 판결 이후에 나온 판결로서 이 사건 전원합의체 판결과 같은 취지에서 내려진 판결이다. [관련판례 2]에서는 여기서 나아가 동일한 소송 당사자 사이에서 동일한 사유로 위법한 처분이 반복될 위험성이 있어 행정처분의 위법성 확인 내지 불분명한 법률문제에 대한 해명이 필요하다고 판단되는 경우, 그리고 선행처분과 후행처분이 단계적인 일련의 절차로 연속하여 행하여져 후행처분이 선행처분의 적법함을 전제로 이루어짐에 따라 선행처분의 하자가 후행처분에 승계된다고 볼 수 있어 이미 소를 제기하여 다투고 있는 선행처분의 위법성을 확인하여 줄 필요가 있는 경우 등에는 비록 취소대상 행정처분이 기간의 경과 등으로 그 효과가 소멸된 때라고 할지라도 협의의 소의 이익이 인정되는 것으로 보았다.

한편 [관련판례 3]은 종전의 판례로서 규정형식상 부령인 시행규칙 또는 지방자치단체의 규칙으로 정한 행정처분의 기준은 행정처분 등에 관한 사무처리기준과 처분절차 등 행정청 내의 사무처리준칙을 규정한 것에 불과하므로 행정조직 내부에 있어서의 행정명령의 성격을 지닐 뿐 대외적으로 국민이나 법원을 구속하는 힘이 없다고 전제한 다음, 행정처분에 효력기간이 정하여져 있는 경우, 그 처분의 효력 또는 집행이 정지된 바 없다면 위 기간의 경과로 그 행정처분의 효력은 상실되므로 그 기간 경과 후에는 그 처분이 외형상 잔존함으로 인하여 어떠한 법률상 이익이 침해되고 있다고 볼 만한 별다른 사정이 없는 한 그 처분의 취소를 구할 법률상의 이익이 없고, 행정명령에 불과한 각종 규칙상의 행정처분 기준에 관한 규정에서 위반 횟수에 따라 가중처분하게 되어 있다

하여 법률상의 이익이 있는 것으로 볼 수는 없다고 판시하였는 바, 이는 지나치게 협의의 소의 이익을 좁힌 것이라는 학계와 실무계의 비판이 있어 왔다.

이 사건 전원합의체 판결은 결국 부령에서 규정한 제재적 처분기준의 법규성을 정면으로 인정하는데 소극적임에도, 국민의 권익구제차원에서 부령 등에 규정된 제재적 처분기준의 대외적 구속력 여부 즉 법규성의 인정과는 무관하게 협의의 소의 이익을 인정함으로써 진일보한 판결이라고 할 수 있다.

[관련판례 4]는 제재처분의 기간이 경과한 경우와 달리 경원자 관계에서 출원자가 인허가를 받지 못하고 제3자가 인허가를 받게 되는 경우에 제3자를 상대로 취소소송을 제기하는 경우가 아니라 자신에게 내린 거부처분을 다투는 경우에 협의의 소의 이익이 인정될 수 있는가의 문제가 야기된다. 이 판결에서 행정청은 취소판결의 기속력에 따라 판결에서 확인된 위법사유를 배제한 상태에서 취소판결의 원고와 경원자의 각 신청에 관하여 처분요건으로서의 구비여부와 우열을 다시 심사할 의무가 있으며, 재심사의 결과 경원자에 대한 수익적 처분이 직권취소되고 취소판결의 원고에게 수익적 처분이 이루어질 가능성을 완전히 배제할 수 없어, 경원관계에서 탈락한 상대방이 자신에 대한 거부처분의 취소를 구할 소의 이익이 있다고 보았다.

[관련판례 5]는 소송 계속 중 처분청이 다툼의 대상이 되는 행정처분을 직권으로 취소하면 그 처분은 효력을 상실하여 더 이상 존재하지 않는 것이므로, 원칙적으로 소의 이익이 소멸하여 부적법하다고 보아야 한다. 다만 예외적으로 ① 완전한 원상회복이 이루어지지 않아 무효확인 또는 취소로써 회복할 수 있는 다른 권리나 이익이 남아 있거나 또는 ② 동일한 소송 당사자 사이에서 그 행정처분과 동일한 사유로 위법한 처분이 반복될 위험성이 있어 행정처분의 위법성 확인 내지 불분명한 법률문제에 대한 해명이 필요한 경우 처분의 취소를 구할 소의 이익을 인정할 수 있다고 판시하였다.

[관련판례 6]은 개발제한구역 안에서의 공장설립을 승인한 처분이 위법하다는 이유로 쟁송취소되었으나 그 승인처분에 기초한 공장건축허가처분이 잔존하는 경우에는 인근 주민들에게 공장건축허가처분의 취소를 구할 법률상 이익이 있다고 보았다.

Ⅲ 관련판례

1. 대법원 2007. 1. 11. 선고 2006두13312 판결【징벌집행처분취소】

제재적 행정처분이 그 처분에서 정한 제재기간의 경과로 인하여 그 효과가 소멸되었으나, 부령인 시행규칙의 형식으로 정한 처분기준에서 제재적 행정처분(이하 '선행처분'이라고 한다)을 받은 것을 가중사유나 전제요건으로 삼아 장래의 제재적 행정처분(이하 '후행처분'이라고 한다)을 하도록 정하고 있는 경우, 그 규칙이 정한 바에 따라 선행처분을 가중사유 또는 전제요건으로 하는 후행처분을 받을 우려가 현실적으로 존재하는 때에는, 선행처분을 받은 상대방은 비록 그 처분에서 정한 제재기간이 경과하였다 하더라도 그 처분의 취소소송을 통하여 그러한 불이익을 제거할 권리보호의 필요성이 충분히 인정된다고 할 것이므로, 선행처분의 취소를 구할 법률상 이익이 있다고 보아야 할 것이다(대법원 2006. 6. 22. 선고 2003두1684 판결 참조).

2. 대법원 2007. 7. 19. 선고 2006두19297 전원합의체 판결【임원취임승인취소처분】

제소 당시에는 권리보호의 이익을 갖추었는데 제소 후 취소 대상 행정처분이 기간의 경과 등으로 그 효과가 소멸한 때, 동일한 소송 당사자 사이에서 동일한 사유로 위법한 처분이 반복될 위험성이 있어 행정처분의 위법성 확인 내지 불분명한 법률문제에 대한 해명이 필요하다고 판단되는 경우, 그리고 선행처분과 후행처분이 단계적인 일련의 절차로 연속하여 행하여져 후행처분이 선행처분의 적법함을 전제로 이루어짐에 따라 선행처분의 하자가 후행처분에 승계된다고 볼 수 있어 이미 소를 제기하여 다투고 있는 선행처분의 위법성을 확인하여 줄 필요가 있는 경우 등에는 행정의 적법성 확보와 그에 대한 사법통제, 국민의 권리구제의 확대 등의 측면에서 여전히 그 처분의 취소를 구할 법률상 이익이 있다.

3. 대법원 1995. 10. 17. 선고 94누14148 전원합의체 판결【자동차운행정지가처분취소등】

[1] 규정형식상 부령인 시행규칙 또는 지방자치단체의 규칙으로 정한 행정처분의 기준은 행정처분 등에 관한 사무처리기준과 처분절차 등 행정청 내의 사무처리준칙을 규정한 것에 불과하므로 행정조직 내부에 있어서의 행정명령의 성격을 지닐 뿐 대외적으로 국민이나 법원을 구속하는 힘이 없고, 그 처분이 위 규칙에 위배되는 것이라 하더라도 위법의 문제는 생기지 아니하고, 또 위 규칙에서 정한 기준에 적합하다 하여 바로 그 처분이 적법한 것이라고도 할 수 없으며, 그 처분의 적법 여부는 위 규칙에 적합한지의 여부에 따라 판단할 것이 아니고 관계 법령의 규정 및 그 취지에 적합한 것인지 여부에 따라 개별적·구체적으로 판단하여야 한다.

[2] [다수의견] 행정처분에 효력기간이 정하여져 있는 경우, 그 처분의 효력 또는 집행이 정지된 바 없다면 위 기간의 경과로 그 행정처분의 효력은 상실되므로 그 기간 경과 후에는 그 처분이 외형상 잔존함으로 인하여 어떠한 법률상 이익이 침해되고 있다고 볼 만한 별다른 사정이 없는 한 그 처분의 취소를 구할 법률상의 이익이 없고, 행정명령에 불과한 각종 규칙상의 행정처분 기준에 관한 규정에서 위반 횟수에 따라 가중처분하게 되어 있다 하여 법률상의 이익이 있는 것으로 볼 수는 없다.

[반대의견] 과거에 제재적 행정처분을 받은 전력이 장래 동종의 행정처분을 받게 될 경우에 정상관계의 한 요소로 참작되는 것에 불과하다면 그 장래 받게 될 행정처분에 미치는 영향의 유무 및 정도가 명확하다고 할 수는 없으므로 이는 단순한 사실상의 불이익을 받는 것에 불과할 뿐 이를 법률상의 불이익이라고 할 수는 없으나, 제재적 행정처분을 받은 전력이 장래 동종의 처분을 받을 경우에 가중요건으로 법령에 규정된 것은 아니더라도 부령인 시행규칙 또는 지방자치단체의 규칙 등으로 되어 있어 그러한 규칙의 규정에 따라 실제로 가중된 제재처분을 받은 경우는 물론 그 가중요건의 존재로 인하여 장래 가중된 제재처분을 받을 위험이 있는 경우 선행의 제재처분을 받은 당사자가 그 처분의 존재로 인하여 받았거나 장래에 받을 불이익은 직접적이고 구체적이며 현실적

인 것으로서 결코 간접적이거나 사실적인 것이라고 할 수는 없으므로 그 처분을 당한 국민에게는 그 처분의 취소소송을 통하여 불이익을 제거할 현실적 필요성이 존재한다. 또한, 행정소송법 제12조 후문이 규정하는 "처분의 취소로 인하여 회복되는 법률상 이익"의 유무는 원래 항고소송의 목적·기능을 어떻게 이해하며 국민의 권익신장을 위하여 어느 범위에서 재판청구권의 행사를 허용할 것인가의 문제와 관련된 것으로서 이를 위 조항에 대한 일의적·문리적·형식적 해석에 의하여 판별할 수는 없고, 구체적인 사안별로 관계 법령의 규정 및 그 취지를 살펴서 현실적으로 권리보호의 실익이 있느냐를 기준으로 판단되어야 할 것인바, 제재기간이 정하여져 있는 제재적 행정처분에 있어서는 그 처분의 전력을 내용으로 한 가중요건이 규칙으로 규정되어 있는 경우에도 제재기간이 지난 후에 그 처분의 취소를 구할 실질적 이익이 있다.

4. 대법원 2015. 10. 29. 선고 2013두27517 판결【주유소운영사업자불선정처분취소】

인가·허가 등 수익적 행정처분을 신청한 여러 사람이 서로 경원관계에 있어서 한 사람에 대한 허가 등 처분이 다른 사람에 대한 불허가 등으로 귀결될 수밖에 없을 때 허가 등 처분을 받지 못한 사람은 신청에 대한 거부처분의 직접 상대방으로서 원칙적으로 자신에 대한 거부처분의 취소를 구할 원고적격이 있고, 취소판결이 확정되는 경우 판결의 직접적인 효과로 경원자에 대한 허가 등 처분이 취소되거나 효력이 소멸되는 것은 아니더라도 행정청은 취소판결의 기속력에 따라 판결에서 확인된 위법사유를 배제한 상태에서 취소판결의 원고와 경원자의 각 신청에 관하여 처분요건의 구비 여부와 우열을 다시 심사하여야 할 의무가 있으며, 재심사 결과 경원자에 대한 수익적 처분이 직권취소되고 취소판결의 원고에게 수익적 처분이 이루어질 가능성을 완전히 배제할 수는 없으므로, 특별한 사정이 없는 한 경원관계에서 허가 등 처분을 받지 못한 사람은 자신에 대한 거부처분의 취소를 구할 소의 이익이 있다.

5. 대법원 2020. 4. 9. 선고 2019두49953 판결【도선사업면허변경처분 취소】

[1] 행정처분을 다툴 소의 이익은 개별·구체적 사정을 고려하여 판단하여야 한다. 행정처분의 무효확인 또는 취소를 구하는 소가 제소 당시에는 소의 이익이 있어 적법하였더라도, 소송 계속 중 처분청이 다툼의 대상이 되는 행정처분을 직권으로 취소하면 그 처분은 효력을 상실하여 더 이상 존재하지 않는 것이므로, 존재하지 않는 처분을 대상으로 한 항고소송은 원칙적으로 소의 이익이 소멸하여 부적법하다고 보아야 한다.

다만 처분청의 직권취소에도 완전한 원상회복이 이루어지지 않아 무효확인 또는 취소로써 회복할 수 있는 다른 권리나 이익이 남아 있거나 또는 동일한 소송 당사자 사이에서 그 행정처분과 동일한 사유로 위법한 처분이 반복될 위험성이 있어 행정처분의 위법성 확인 내지 불분명한 법률문제에 대한 해명이 필요한 경우 행정의 적법성 확보와 그에 대한 사법통제, 국민의 권리구제의 확대 등의 측면에서 예외적으로 그 처분의 취소를 구할 소의 이익을 인정할 수 있다.

[2] 선행처분의 주요 부분을 실질적으로 변경하는 내용으로 후행처분을 한 경우에 선행처분은 특별한 사정이 없는 한 효력을 상실하지만, 후행처분이 선행처분의 내용 중 일부만을 소폭 변경하는 정도에 불과한 경우에는 선행처분은 소멸하는 것이 아니라 후행처분에 의하여 변경되지 아니한 범위 내에서는 그대로 존속한다.

[3] 일반적으로 면허나 인허가 등의 수익적 행정처분의 근거가 되는 법률이 해당 업자들 사이의 과당경쟁으로 인한 경영의 불합리를 방지하는 것도 목적으로 하고 있는 경우, 다른 업자에 대한 면허나 인허가 등의 수익적 행정처분에 대하여 미리 같은 종류의 면허나 인허가 등의 수익적 행정처분을 받아 영업을 하고 있는 기존의 업자는 경업자에 대하여 이루어진 면허나 인허가 등 행정처분의 상대방이 아니라고 하더라도 당해 행정처분의 무효확인 또는 취소를 구할 이익이 있다. 그러나 경업자에 대한 행정처분이 경업자에게 불리한 내용이라면 그와 경쟁관계에 있는 기존의 업자에게는 특별한 사정이 없는 한 유리할 것이

므로 기존의 업자가 그 행정처분의 무효확인 또는 취소를 구할 이익은 없다고 보아야 한다.

[4] 어떤 행정처분을 위법하다고 판단하여 취소하는 판결이 확정되면 행정청은 취소판결의 기속력에 따라 그 판결에서 확인된 위법사유를 배제한 상태에서 다시 처분을 하거나 그 밖에 위법한 결과를 제거하는 조치를 할 의무가 있다.

6. 대법원 2018. 7. 12. 선고 2015두3485 판결【개발제한구역행위(건축)허가취소】

[1] 행정처분의 직접 상대방이 아닌 자로서 처분에 의하여 자신의 환경상 이익을 침해받거나 침해받을 우려가 있다는 이유로 취소소송을 제기하는 제3자는, 자신의 환경상 이익이 처분의 근거 법규 또는 관련 법규에 의하여 개별적·직접적·구체적으로 보호되는 이익, 즉 법률상 보호되는 이익임을 증명하여야 원고적격이 인정된다.

[2] 행정소송법 제12조 후문은 '처분 등의 효과가 기간의 경과, 처분 등의 집행 그 밖의 사유로 인하여 소멸된 뒤에도 그 처분 등의 취소로 인하여 회복되는 법률상 이익이 있는 자의 경우에는' 취소소송을 제기할 수 있다고 규정하여, 이미 효과가 소멸된 행정처분에 대해서도 권리보호의 필요성이 인정되는 경우에는 취소소송의 제기를 허용하고 있다. 구체적인 사안에서 권리보호의 필요성 유무를 판단할 때에는 국민의 재판청구권을 보장한 헌법 제27조 제1항의 취지와 행정처분으로 인한 권익침해를 효과적으로 구제하려는 행정소송법의 목적 등에 비추어 행정처분의 존재로 인하여 국민의 권익이 실제로 침해되고 있는 경우는 물론이고 권익침해의 구체적·현실적 위험이 있는 경우에도 이를 구제하는 소송이 허용되어야 한다는 요청을 고려하여야 한다. 따라서 처분이 유효하게 존속하는 경우에는 특별한 사정이 없는 한 그 처분의 존재로 인하여 실제로 침해되고 있거나 침해될 수 있는 현실적인 위험을 제거하기 위해 취소소송을 제기할 권리보호의 필요성이 인정된다고 보아야 한다.

[3] 구 산업집적활성화 및 공장설립에 관한 법률(2009. 2. 6. 법률 제9426호로 개정되기 전의 것) 제13조 제1항, 제13조의2 제1항 제16호, 제14조, 제50조, 제

13조의5 제4호의 규정을 종합하면, 공장설립승인처분이 있고 난 뒤에 또는 그와 동시에 공장건축허가처분을 하는 것이 허용되므로, 공장설립승인처분이 취소된 경우에는 그 승인처분을 기초로 한 공장건축허가처분 역시 취소되어야 하고, 공장설립승인처분에 근거하여 토지의 형질변경이 이루어진 경우에는 원상회복을 해야 함이 원칙이다. 따라서 개발제한구역 안에서의 공장설립을 승인한 처분이 위법하다는 이유로 쟁송취소되었다고 하더라도 그 승인처분에 기초한 공장건축허가처분이 잔존하는 이상, 공장설립승인처분이 취소되었다는 사정만으로 인근 주민들의 환경상 이익이 침해되는 상태나 침해될 위험이 종료되었다거나 이를 시정할 수 있는 단계가 지나버렸다고 단정할 수는 없고, 인근 주민들은 여전히 공장건축허가처분의 취소를 구할 법률상 이익이 있다고 보아야 한다.

Ⅳ 질문 및 토의과제

1. 행정소송법 제12조 전문에서 규정하고 있는 법률상 이익의 개념과 동조 후문에서 규정하고 있는 법률상이익의 개념은 동일한 개념인가?

2. 대통령령에 규정된 제재적 처분기준과 부령에 규정된 제재적 처분기준의 법적 성질을 달리하는 대법원의 태도에 대하여 논평하시오.

3. 행정소송법 제12조 후문의 "법률상 이익"에 해당하는지 여부를 논함에 있어, 가중적 제재처분의 근거인 제재적 처분기준의 법적 성질을 기준으로 판단하는 것이 적절한지에 대하여 논평하시오.

4. 대집행계고처분 취소소송의 계속중에 그 대상 건물의 철거대집행이 완료된 경우에 대집행계고처분의 취소를 구할 소의 이익이 있는가?

5. 경원자가 경원관계에서 탈락된 경우 행정청을 상대로 자신에게 내려진 거부처분에 대한 취소소송을 제기한 경우 협의의 소의 이익이 인정되는가?

6, 경원자 관계에서 탈락하여 거부처분을 받은 상대방은 취소소송을 제기하더라도 제3자에게 이미 수익적 결정이 내려졌기 때문에 협의의 소의 이익을 인정할 수 없다는 논리를 내세울 경우 이에 대하여 반박 논리을 제시하시오.

7. 처분청의 직권취소에도 완전한 원상회복이 이루어지지 않아 그 처분의 취소를 구한 경우에 위법한 처분이 반복될 위험성이 있어 행정처분의 위법성 확인 내지 불분명한 법률문제에 대한 해명이 필요한 경우에 그 처분을 구할 소의 이익을 인정할 수 있는가?

V 참고문헌

권은민, 효과가 소멸된 행정처분에 대한 취소소송, 법조, 통권 507호

성금석, 업무정지처분이 정지기간의 경과등으로 실효된 경우 그 처분취소소송의 소의 이익, 판례연구 19집, 2008. 2

이성호, 효력기간이 있는 제재적 처분취소소송의 소의 이익과 집행정지, 행정재판실무연구 Ⅱ, 재판자료 제114집, 법원도서관, 2008

이은상, 경원자관계에서 거부처분을 다투는 소송형태와 소의 이익, 행정판례연구 21－2, 2016. 12

이준명, 제재적 행정처분의 법적성질 및 제재기간의 경과에 따른 소의 이익 문제, 대전지방변호사회지 제4호, 2007. 1

임영호, 행정소송에서의 소의 이익, 행정소송(I), 한국사법행정학회, 2008

정하중, 행정소송법 제12조 후단의 법률상 의미, 법률신문, 2008. 10. 9

제 5 장
취소소송의 제기기간

행정행위는 사법상의 법률행위와 달리 불가쟁력이 있어, 취소할 수 있는 행정행위는 일정한 기간 내에 제소하지 않으면 더 이상 다툴 수 없게 된다. 행정법관계의 조속한 안정필요성과 재판받을 권리의 보장이라는 양자의 조화의 관점에서 취소소송에 관한 제기기간을 행정소송법 제20조에서 명문화하고 있다.

우선 행정심판을 거치지 않은 경우에는 행정소송법 제20조 제1항 1문에 따라서 취소소송은 처분등이 있음을 안날로부터 90일이내에 제기하여야 한다. '처분 등이 있음을 안 날'이란 통지 · 공고 기타의 방법에 의해서 당해 처분이 있었다는 사실을 현실적으로 안 날을 의미하며, 구체적으로 그 행정처분의 위법여부를 판단한 날을 가리키는 것은 아니다. 행정소송법 제20조 제2항에서는 "취소소송은 처분 등이 있은 날부터 1년 (제1항 단서의 경우는 재결이 있은 날부터 1년)을 경과하면 이를 제기하지 못한다. 다만 정당한 사유가 있는 때에는 그러하지 아니하다"고 규정하고 있다. 여기에서 '처분 등이 있은 날' 이란 처분 등이 통지에 의하여 외부에 표시되고 그 효력이 발생한 날을 말한다.

행정심판을 거친 경우에는 행정소송법 제20조 제1항 단서에 의해서 동법 제18조 1항 단서에 규정된 경우와 그 밖에 행정심판청구를 할 수 있는 경우 또는 행정청이 행정심판청구를 할 수 있다고 잘못 알린 경우에 행정심판 청구가 있은 때의 제소기간은 역시 90일이며, 그 기간은 재결서의 정본을 송달받은 날부터 기산한다. 취소소송과는 달리 무효등확인소송의 경우에는 소의 제기기간의 제한이 없다.

제소기간이란 처분의 상대방 등이 소송을 제기할 수 있는 시간적 간격을 말한다. 행정소송법 제20조 제1항에서 처분 등이 있음을 안 날부터 90일 이내에 제기하여야 한다고 되어 있는바, 위 기간은 불변기간으로 이를 도과한 경우에는 부적법 각하판결이 내려진다. 이와 같은 취소소송의 제기기간은 개별법률에 별도의 규정이 있는 경우에는 그에 따른다. 다만 별도의 규정이 없는 경우에 일반법인 행정소송법이 적용된다. 당사자가 취소소송에 있어서 제소기간을 준수하였는가의 여부는 취소소송의 소송제기요건으로서 법원의 직권조사사항에 속한다.

6-5-1. 고시와 공고의 경우 취소소송의 제소기간

I 개요

행정행위의 통지는 행정청이 처분의 관계당사자에게 행정행위의 존재 및 그 내용을 인식할 수 있도록 직무상 알리는 행위로서 그 자체가 행정행위는 아니고 행정행위의 효력발생요건이라고 할 수 있다.

행정행위의 통지는 개별통지를 원칙으로 한다. 다만, 처분의 상대방이 불특정다수인이어서 개별적으로 통지하는 것이 불가능 하거나 곤란한 때도 있지만, 이와는 달리 처분의 상대방이 특정되어 있으나 주소를 알 수 없어서 통지를 할 수 없는 때도 있다. 판례는 개별적 통지의 경우와 불특정다수인에게 알리는 고시나 공고의 경우에 제소기간의 기산시기와 관련하여 달리 취급하고 있다.

II 리딩케이스

1. 사건번호: 대법원 2007. 6. 14. 선고 2004두619 판결【청소년유해매체물결정및고시처분무효확인】

2. 사실관계

원고 갑은 1997. 6. 6.부터 동성애 관련 사이트를 운영하여 왔는데 이 사이트는 국내에서 최초로 개설된 게이웹사이트로 동성애자 생활의 가이드와 동성애자들의 삶을 공유한다는 취지를 표방하고 있다. 그런데, 피고 을(정보통신윤리위원회)은 2000. 8. 25. 전문위원회 회의를 열어 위 사이트에 대하여 청소년 유해매체물로 심의 결정하였고, 피고 병(청소년보호위원회)은 을의 요청에 따라 2000. 9. 20. 청소년보호위원회 고시 제2000－31호로 결정사유를 "음란", 효력발생일을 "2000. 9. 27"로 하여 위 사이트가 청소년 유해매체물에 해당한다는 내용의 고시를 하였다.

이에 갑은 을의 2000. 8. 25. 자 청소년 유해매체물 결정과 병의 2000. 9. 27. 자 고시에 대하여 주위적으로 무효확인과 예비적으로 취소소송을 구하는 이 사건 소송을 2002. 1. 10. 제기하였다. 원심법원은 갑의 을과 병에 대한 각 예비적 청구부분의 소를 모두 각하하였고, 이에 대하여 갑이 상고하였으나 대법원에서 상고를 기각한 사안이다.

3. 판결요지

[1] 구 청소년보호법(2001. 5. 24. 법률 제6479호로 개정되기 전의 것)에 따른 청소년유해매체물 결정 및 고시처분은 당해 유해매체물의 소유자 등 특정인만을 대상으로 한 행정처분이 아니라 일반 불특정 다수인을 상대방으로 하여 일률적으로 표시의무, 포장의무, 청소년에 대한 판매·대여 등의 금지의무 등 각종 의무를 발생시키는 행정처분으로서, 정보통신윤리위원회가 특정 인터넷 웹사이트를 청소년유해매체물로 결정하고 청소년보호위원회가 효력발생시기를 명시하여 고시함으로써 그 명시된 시점에 효력이 발생하였다고 봄이 상당하고, 정보통신윤리위원회와 청소년보호위원회가 위 처분이 있었음을 위 웹사이트 운영자에게 제대로 통지하지 아니하였다고 하여 그 효력 자체가 발생하지 아니한 것으로 볼 수는 없다.

[2] 통상 고시 또는 공고에 의하여 행정처분을 하는 경우에는 그 처분의 상대방이 불특정 다수인이고 그 처분의 효력이 불특정 다수인에게 일률적으로 적

용되는 것이므로, 그 행정처분에 이해관계를 갖는 자가 고시 또는 공고가 있었다는 사실을 현실적으로 알았는지 여부에 관계없이 고시가 효력을 발생하는 날 행정처분이 있음을 알았다고 보아야 한다.

[3] 인터넷 웹사이트에 대하여 구 청소년보호법에 따른 청소년유해매체물 결정 및 고시처분을 한 사안에서, 위 결정은 이해관계인이 고시가 있었음을 알았는지 여부에 관계없이 관보에 고시됨으로써 효력이 발생하고, 그가 위 결정을 통지받지 못하였다는 것이 제소기간을 준수하지 못한 것에 대한 정당한 사유가 될 수 없다고 한 사례.

4. 판례해설

이 사건 판결은 인터넷웹사이트에 대하여 구 청소년보호법에 따른 청소년유해매체물 결정과 고시를 한 사안에서 고시 또는 공고에 의하여 행정처분을 하는 경우에는 그 처분의 상대방이 불특정 다수인이고, 그 처분의 효력이 불특정 다수인에게 일률적으로 적용되는 것이므로, 그 행정처분에 이해관계를 갖는 자가 고시 또는 공고가 있었다는 사실을 현실적으로 알았는지 여부에 관계없이 고시가 효력을 발생하는 날 행정처분이 있음을 알았다고 보아야 한다고 판시하여 기존의 대법원의 주류적 태도와 궤를 같이 한다. 그러나 이는 개별통지의 원칙에 반하고 고시 · 공고에 의하는 경우에 처분이 있은 날을 '처분이 있음을 안 날'로 의제하기 위해서는 법률에 명문의 규정이 있어야 가능하다고 볼 것이다.

처분의 효력을 이해관계인 전원에게 일률적으로 미치게 할 필요성이 있다고 하여 반드시 고시 또는 공고가 효력을 발생하는 날에 모든 이해관계인이 현실적으로 그 고시나 공고에 의한 처분이 있음을 알았다고 의제하는 것은 무리가 있다. 또한 개별적으로 고시나 공고가 이루어지는 처분에 있어서는 그 날을 처분이 있은 날로 보는 반면에, 불특정다수인을 상대로 한 고시 · 공고에 의한 행정처분의 경우에는 그 인식가능성이 개별적인 통지에 비해서 현저히 떨어짐에도 불구하고 고시 · 공고가 있은 날에 처분이 있음을 안 것으로 '의제'함으로서 개별적 통지와 고시 · 공고에 의한 처분간의 제소기간의 기산에 있어 불균형을 초래한다.

행정소송법상의 취소소송의 제소기간에 대한 법조문 구조를 살펴보면 주관적 제소기간인 처분 등이 있음을 '안 날'과 객관적 제소기간인 처분 등이 '있은 날'을 구분해서 규정하고 있다. 행정업무의 운영 및 혁신에 관한 규정 제6조 제2항의 규정에 의하면 "문서는 수신자에게 도달(전자문서의 경우는 수신자가 관리하거나 지정한 전자적 시스템 등에 입력되는 것을 말한다)됨으로써 효력을 발생한다." 같은 조 제3항에서 "제2항에도 불구하고 공고문서는 그 문서에서 효력발생시기를 구체적으로 밝히고 있지 않으면 그 고시 또는 공고 등이 있은 날부터 5일이 경과한 때에 효력이 발생한다"고 규정하고 있다.

[관련판례 1]에서는 이 사건 판결에서와 마찬가지로 고시·공고에 의한 처분이 있은 날을 곧 처분이 있음을 안 날로 의제함으로써 '처분이 있은 날'의 객관적 제소기간의 의미를 무색하게 만드는 결과를 초래하였다. 따라서 불특정 다수인에 대한 처분의 고시·공고의 경우에도 이해관계인이 처분 등이 있음을 현실적으로 안 날이 아님에도 고시·공고가 있은 날을 처분이 있음을 안날로 보기보다는 처분 등이 객관적으로 '있은 날'을 기산점으로 하여 제소기간을 적용하는 것이 타당하다고 할 것이다.

[관련판례 2]는 행정심판청구기간과 관련되지만, 복효적 행정행위의 경우 제3자는 통상적으로 처분이 있은 날을 잘 알지 못하기 때문에 설사 처분이 있은 날로부터 180일의 기간이 도과하였다고 할지라도 기간을 준수하지 못한데 정당한 이유가 있는 것으로 보아 행정심판을 제기하여 다툴 수 있도록 한 것으로 특별히 문제된 것이 없다.

[관련판례 3]은 개별토지가격결정의 경우에는 행정편의상 일단의 각 개별토지에 대한 가격을 일괄하여 게시판에 공고하는 것일 뿐 그 처분의 효력은 각각의 토지 또는 각각의 소유자에 대하여 각별로 효력을 발생하는 것이라는 전제하에 개별토지가격결정의 공고는 공고일에 그 효력을 발생하나, 처분의 상대방인 토지소유자 및 이해관계인이 공고일에 개별토지가격결정처분이 있음을 알았다고 의제할 수는 없다고 보고 있다.

[관련판례 4]는 비록 공고의 형태이긴 하지만 특정인에 대한 처분으로서 송달받을 자의 주소 등을 통상의 방법으로 확인할 수 없거나 송달이 불가능한 경우에 게시판·관보·공보 또는 일간신문 등에 공고하도록 한 방식에 따른 것으

로, 특정한 당사자에 대한 공고에 있어 그 효력이 발생한 날에 그 처분이 있음을 알았다고 볼 수 없고, 상대방이 당해 처분이 있었다는 사실을 현실적으로 안 날에 처분이 있음을 알았다고 보았다는 점에서 제소기간에 관한 기본적인 원칙에 입각한 판결이라고 할 것이다.

그러나 이 사건 판결에서처럼 고시·공고 등에 의하여 효력이 발생하도록 하는 불특정 다수인에게 발하게 되는 처분은 당사자에게 송달할 수 없거나 아니면 개별법령에서 다수의 이해관계인이 있어 제3자에게도 알릴 필요가 있는 경우가 대부분이다. 따라서 고시·공고에 의한 불특정 다수인에 대한 고시·공고에 있어서 제소기간은 행정처분을 당사자나 이해관계인이 실제로 알았는가 그렇지 않았는가를 불문하고 일률적으로 고시·공고 등의 효력이 발생한 때에 이를 알았다고 의제하는 것은 당사자의 권리구제기간을 박탈하는 결과가 되어 조속히 시정되어야 한다고 본다.

Ⅲ 관련판례

1. 대법원 1995. 8. 22. 선고 94누5694 전원합의체 판결【관리처분계획인가처분취소】

통상 고시 또는 공고에 의하여 행정처분을 하는 경우에는 그 처분의 상대방이 불특정 다수인이고, 그 처분의 효력이 불특정 다수인에게 일률적으로 똑같이 적용됨으로 인하여 고시일 또는 공고일에 그 행정처분이 있음을 알았던 것으로 의제하여 행정심판 청구기간을 기산하는 것이므로, 관리처분계획에 이해관계를 갖는 자는 고시가 있었다는 사실을 현실적으로 알았는지 여부에 관계없이 고시가 효력을 발생하는 날인 고시가 있은 후 5일이 경과한 날에 관리처분계획인가 처분이 있음을 알았다고 보아야 하고, 따라서 관리처분계획인가 처분에 대한 행정심판은 그날로부터 60일 이내에 제기하여야 한다.

2. 대법원 1991. 5. 28. 선고 90누1359 판결【시외버스운송사업계획변경인가처분취소】

[1] 행정처분의 상대방이 아닌 제3자가 이해관계인으로서 행정심판을 청구하는 경우에 그가 행정심판법 제18조 제3항 본문의 청구기간 내에 심판청구를 제기하지 아니하였다 하더라도 그 심판청구기간 내에 심판청구가 가능하였다는 특별한 사정이 없는 한 동 조항 단서에서 규정하고 있는 기간을 지키지 못한 정당한 사유가 있는 때에 해당한다고 보아 심판청구기간의 제한을 받지 아니한다고 할 것이다.

[2] 갑 운수회사에 대한 노선여객자동차운송사업의 사업계획변경인가처분의 이해관계 있는 제3자인 을 운수회사가 처분일부터 행정심판법 제18조 제3항 본문 소정의 180일을 경과하여 행정심판을 제기하였지만, 을 운수회사는 갑 운수회사의 대외홍보로 비로소 처분사실을 알았다고 하여 위 심판청구기간을 지키지 못한 데에 정당한 사유가 있다고 본 사례.

3. 대법원 1993. 12. 24. 선고 92누17204 판결【개별토지가격결정처분취소】

개별토지가격결정에 있어서는 그 처분의 고지방법에 있어 개별토지가격합동조사지침(국무총리훈령 제248호)의 규정에 의하여 행정편의상 일단의 각 개별토지에 대한 가격결정을 일괄하여 읍·면·동의 게시판에 공고하는 것일 뿐 그 처분의 효력은 각각의 토지 또는 각각의 소유자에 대하여 각별로 효력을 발생하는 것이므로 개별토지가격결정의 공고는 공고일로부터 그 효력을 발생하지만 처분 상대방인 토지소유자 및 이해관계인이 공고일에 개별토지가격결정처분이 있음을 알았다고까지 의제할 수는 없어 결국 개별토지가격결정에 대한 재조사 또는 행정심판의 청구기간은 처분 상대방이 실제로 처분이 있음을 안 날로부터 기산하여야 할 것이나, 시장, 군수 또는 구청장이 개별토지가격결정을 처분 상대방에 대하여 별도의 고지절차를 취하지 않는 이상 토지소유자 및 이해관계인이 위 처분이 있음을 알았다고 볼 경우는 그리 흔치 않을 것이므로, 특별히 위 처분을 알았다고 볼만한 사정이 없는 한 개별토지가격결정에 대한 재조사청구 또는 행정심판청구는 행정심판법 제18조 제3항 소정의 처분이 있은 날로부터 180일 이내에 이를 제기하면 된다.

4. 대법원 2006. 4. 28. 선고 2005두14851 판결【주민등록직권말소처분무효확인】

행정소송법 제20조 제1항 소정의 제소기간 기산점인 '처분이 있음을 안 날'이라 함은 당사자가 통지, 공고 기타의 방법에 의하여 당해 처분이 있었다는 사실을 현실적으로 안 날을 의미하는바, 특정인에 대한 행정처분을 주소불명 등의 이유로 송달할 수 없어 관보·공보·게시판·일간신문 등에 공고한 경우에는, 공고가 효력을 발생하는 날에 상대방이 그 행정처분이 있음을 알았다고 볼 수는 없고, 상대방이 당해 처분이 있었다는 사실을 현실적으로 안 날에 그 처분이 있음을 알았다고 보아야 한다.

Ⅳ 질문 및 토의과제

1. 행정처분을 하면서 고지하지 않은 경우 취소심판의 제기기간은 어떻게 되는가?
2. 취소심판과 취소소송의 경우 각각 처분 등이 있음을 안 날과 처분 등이 있은 날은 어떤 차이가 있는가?
3. 아파트 경비원이 처분서를 수령하였으나 본인이 부재중이어서 전달이 안 되고 4일 후에 귀가한 본인에게 전달된 경우에는 언제 처분이 있음을 알았다고 할 수 있는가?
4. 고시나 공고에 의하여 행정처분을 하는 경우에 처분이 있음을 안 날을 현실적으로 안 날로 보아야 할지 아니면 고시나 공고의 효력발생일로 보는 것이 타당한지 이와 관련된 판례의 입장의 타당성을 검토하시오.

Ⅴ 참고문헌

김용섭, 행정행위의 효력발생요건으로서의 통지, 행정법연구 제5호, 1999
김학세, 행정쟁송의 제기기간 등에 관한 논의와 최근의 동향, 변호사 33집,

서울지방변호사회, 2003
박평균, 특정인에 대한 행정처분을 주소불명 등의 이유로 송달할 수 없어 관보 등에 공고한 경우, 상대방이 그 처분이 있음을 안 날(현실적으로 안 날), 대법원판례해설 제61호, 2006. 12
최계영, 고시 · 공고에 의한 처분의 제소기간, 법학논총, 2007. 8
황영목, 행정소송법 제20조제2항의 해석, 대법원판례해설 제16호, 1991. 6

Ⅵ 관련법령

행정절차법

제14조 (송달) ④ 다음 각호의 어느 하나에 해당하는 경우에는 송달받을 자가 알기 쉽도록 관보, 공보, 게시판, 일간신문 중 하나 이상에 공고하고 인터넷에도 공고하여야 한다.

1. 송달받을 자의 주소등을 통상의 방법으로 확인할 수 없는 경우
2. 송달이 불가능한 경우

제15조 (송달의 효력발생) ③ 제14조제4항의 경우에는 다른 법령등에 특별한 규정이 있는 경우를 제외하고는 공고일부터 14일이 지난 때에 그 효력이 발생한다. 다만, 긴급히 시행하여야 할 특별한 사유가 있어 효력발생 시기를 달리 정하여 공고한 경우에는 그에 따른다.

행정업무의 운영 및 혁신에 관한 규정

제6조 (문서의 성립 및 효력 발생) ① 문서는 결재권자가 해당 문서에 서명(전자이미지서명, 전자문자서명 및 행정전자서명을 포함한다. 이하 같다)의 방식으로 결재함으로써 성립한다.

② 문서는 수신자에게 도달(전자문서의 경우는 수신자가 관리하거나 지정한 전자적 시스템 등에 입력되는 것을 말한다)됨으로써 효력을 발생한다.

③ 제2항에도 불구하고 공고문서는 그 문서에서 효력발생 시기를 구체적으로 밝히고 있지 않으면 그 고시 또는 공고 등이 있은 날부터 5일이 경과한 때에 효력이 발생한다.

제 6 장
피고적격

행정소송법 제13조의 규정에 의하면 "취소소송은 다른 법률에 특별한 규정이 없는 한 그 처분등을 행한 행정청을 피고로 한다"고 규정하고 있다. 아울러 같은 법 제2조 제2항에서 "이 법을 적용함에 있어 행정청에는 법령에 의하여 행정권한의 위임 또는 위탁을 받은 행정기관, 공공단체 및 그 기관 또는 사인이 포함된다"고 규정하고 있다.

취소소송의 피고는 국가 또는 지방자치단체가 아니라 처분을 행한 행정청이 피고가 되는 것이 원칙이다. 처분등에 관계한 행정청의 권한이 승계된 경우에는 이를 승계한 행정청이 피고가 되며, 권한의 위임이 있는 경우에는 수임청이 피고가 된다. 당사자 소송에 있어서는 권리의무의 주체인 국가, 공공단체 등이 권리주체로서 피고가 되는데 반하여 항고소송에 있어서는 처분행정청이 권리의무 주체가 아님에도 소송기술적 요청과 당사자의 권익구제의 편의를 위하여 피고적격을 갖게 된다.

처분청이 공정거래위원회나 중앙토지수용위원회 같은 합의제 행정청인 경우에는 당해 위원회의 위원장이 피고가 되는 것이 아니라 합의제 행정청이 피고가 되는 것이 원칙이다. 그러나 노동위원회법은 중앙노동위원회의 처분에 대한 소는 중앙노동위원회 위원장을 피고로 하여 제기하도록 되어 있기 때문에 중앙노동위원회가 피고적격을 갖는 것은 아니다. 한편 지방의회는 원칙적으로 의결기관이므로 피고가 될 수 없으나, 예외적으로 지방의회 의원에 대한 징계의결 등에 대하여는 지방의회가 항고소송의 피고가 된다.

다른 법률에 피고적격에 관한 별도의 규정이 있는 경우에는 그에 따른다. 처분이 있고 난 뒤에 그 권한이 다른 행정청에 승계된 경우에는 이를 승계한 행정청이 피고가 되며, 처분이나 재결을 한 행정청이 없게 된 때에는 그 처분이나 재결에 관한 사무가 귀속되는 국가 또는 공공단체가 피고가 된다.

6-6-1. 행정권한의 대리와 피고적격

I 개요

행정권한의 위임 또는 위탁이 행하여진 경우에는 그 위임 또는 위탁을 받은 자가 피고적격이 있다. 이에 반하여 내부위임이나 대리의 경우에는 처분권한이 내부수임청이나 대리관청으로 이전하는 것이 아니므로 내부위임을 한 행정청과 원행정청이 피고가 된다. 권한의 위임은 위임행정청이 권한의 일부를 수임행정청에 이전하여 수임행정청이 자신의 이름으로 그 권한을 행사하는데 반하여 내부위임은 하급행정청이 상급행정청의 권한을 이전받지 아니한 채 위임행정청의 이름으로 사실상 행사하는 것을 말한다.

아울러 행정권한의 대리는 피대리관청의 권한을 대리 행사할 수 있을 뿐 권한이 대리관청에 이전되는 것은 아니다. 따라서 내부위임이나 대리권을 수여받은 데 불과한 경우에는 항고소송은 자신의 이름으로 대외적인 명의를 사용할 수 없으므로 내부위임을 한 상급행정청이나 피대리관청이 피고가 된다. 다만, 자신의 명의로 처분 등을 할 권한이 없는 내부위임을 받거나 대리행정청은 권한없이 자신의 명의로 행한 처분에 대하여는 실제로 자신의 명의를 사용한 행정청이므로 항고소송에 있어서 피고가 됨이 원칙이다.

II 리딩케이스

1. 사건번호: 대법원 2006. 2. 23. 자 2005부4 결정【산재보험료부과처분취소】

2. 사실관계

특별항고인 을(근로복지공단)은 그 산하에 지역본부와 지사 등을 설치하고 있고, 내부규정인 권한위임규정 제6조에 의하여 이사장의 권한 중 일부를 소속기관에서 처리할 수 있도록 위임규정을 두고 있다. 그런데 을의 이사장은 위 위임규정에 근거하여 그 산하 지역본부장과 지사장에게 보험급여의 결정 및 지급 보험료 부과 및 징수 등에 관한 대리권을 부여하였고, 이와 같이 보험료의 부과 등에 관한 대리권을 수여받은 지역본부장이 대리의 취지를 명시적으로 표시하지 않고서 산재보험료 부과처분을 하였다. 그러나 그러한 관행이 약 10년간 계속되어 왔고, 실무상 을을 피고로 하여 산재보험료 부과처분에 대한 항고소송을 제기하여 온 점 등에 비추어 지역본부장은 물론 그 상대방 등도 근로복지공단과 지역본부장의 대리관계를 알고 받아들였다.

원고 갑이 을을 상대로 이 사건 처분의 소를 제기하였는데, 원심법원이 행정소송법 제14조에 의하여 갑의 신청에 따라 이 사건 피고를 "근로복지공단 서울지역본부장"으로 경정할 것을 허가한 것에 대하여 을이 특별항고를 한 사안인데, 피고경정결정을 인용한 원심결정이 단순히 위법하다는 것만으로는 특별항고의 사유가 되지 않는다고 보아 대법원에서 이를 기각한 사안이다.

3. 결정요지

[1] 대리권을 수여받은 데 불과하여 그 자신의 명의로는 행정처분을 할 권한이 없는 행정청의 경우 대리관계를 밝힘이 없이 그 자신의 명의로 행정처분을 하였다면 그에 대하여는 처분명의자인 당해 행정청이 항고소송의 피고가 되어야 하는 것이 원칙이지만, 비록 대리관계를 명시적으로 밝히지는 아니하였다 하더라도 처분명의자가 피대리 행정청 산하의 행정기관으로서 실제로 피대리 행

정청으로부터 대리권한을 수여받아 피대리 행정청을 대리한다는 의사로 행정처분을 하였고 처분명의자는 물론 그 상대방도 그 행정처분이 피대리 행정청을 대리하여 한 것임을 알고서 이를 받아들인 예외적인 경우에는 피대리 행정청이 피고가 되어야 한다.

[2] 근로복지공단의 이사장으로부터 보험료의 부과 등에 관한 대리권을 수여받은 지역본부장이 대리의 취지를 명시적으로 표시하지 않고서 산재보험료 부과처분을 한 경우, 그러한 관행이 약 10년간 계속되어 왔고, 실무상 근로복지공단을 상대로 산재보험료 부과처분에 대한 항고소송을 제기하여 온 점 등에 비추어 지역본부장은 물론 그 상대방 등도 근로복지공단과 지역본부장의 대리관계를 알고 받아들였다는 이유로, 위 부과처분에 대한 항고소송의 피고적격이 근로복지공단에 있다고 한 사례.

4. 판례해설

이 사건 결정은 대리권을 수여하였으나 대리관계를 밝히지 않은 경우의 피고적격이 누구에게 있는가의 문제와 관련된다. 이 사건 결정요지에서 적절히 밝히고 있는 바와 같이 처분명의자는 물론 그 상대방도 그 행정처분이 피대리행정청을 대리하여 한 것임을 알고서 이를 받아들인 예외적인 경우에는 피대리행정청이 피고가 되어야 할 것이다. 피고적격이 누구에게 있는가와 관련하여 권한위임이 된 경우라면 수임청의 명의로 처분을 하게 되므로 피고가 수임청이 되는 것이 일반적이다. 그런데 내부위임의 경우에는 수임기관이 위임청의 명의로 처분을 발하였다면 피고는 위임청이 될 것이다.

[관련판례 1]에서는 내부위임의 경우에 수임관청이 위임관청의 명의로 권한을 행사한 이상 항고소송의 피고는 위임관청으로 보아야 한다고 밝힌 것으로 이는 타당한 결론이라고 할 것이다. 문제는 내부위임을 하였음에도 수임관청이 자신의 명의로 대외적으로 권한을 행사한 경우에는 앞서 살펴본 바와 같이 수임관청이 피고가 된다고 보는 것이 적절하다.

여기에서 문제는 내부위임에 있어 수임기관이 위임청의 명의로 처분을 발한 것이 아니라 자신의 명의로 처분을 발한 경우와 업무대행의 경우 대행기관이 자신의 명의로 처분을 한 경우에 누구를 피고로 해야 할지 논란이 야기된다. 일반적으로 취소소송과 같은 항고소송에 있어서는 원칙적으로 소송의 대상인 행정처분 등을 외부적으로 그의 명의로 행한 행정청을 피고로 하여야 하는 것으로서 그 행정처분을 하게 된 연유가 상급행정청이나 타 행정청의 지시나 통보에 의한 것이라 하여 그 결론이 달라지는 것은 아니다.

이 점은 [관련판례 2]와 [관련판례 3]에서 보는 바와 같이 확립된 판례의 태도라고 할 수 있다. 따라서 실제로 그 명의로 행정처분을 한 수임관청을 피고로 하는 것이 적절할 것이다. 다만, 이 사건 결정에서와 같이 비록 대리관계를 명시적으로 밝히지는 아니하였다 하더라도 처분명의자가 피대리 행정청 산하의 행정기관으로서 실제로 피대리 행정청으로부터 대리권한을 수여받아 피대리 행정청을 대리한다는 의사로 행정처분을 하였고 처분명의자는 물론 그 상대방도 그 행정처분이 피대리 행정청을 대리하여 한 것임을 알고서 이를 받아들인 경우에는 예외적으로 피대리 행정청이 피고가 되어야 한다.

[관련판례 4]의 사안에서는 비록 당초 근로복지공단이 자신의 명의로 지방자치단체에 고용보험료 부과처분을 하였으나, 근로복지공단이 지방자치단체에 대하여 고용보험료를 부과·고지하는 처분을 한 후, 국민건강보험공단이 위 법 제4조에 따라 종전 근로복지공단이 수행하던 보험료의 고지 및 수납 등의 업무를 수행하게 되었고, 위 법 부칙 제5조가 '위 법 시행 전에 종전의 규정에 따른 근로복지공단의 행위는 국민건강보험공단의 행위로 본다'고 규정하고 있는 제반 상황을 고려하면 위 처분의 무효확인 및 취소소송의 피고는 근로복지공단이 되는 것이라기보다는 국민건강보험공단을 피고로 보는 것이 합당하다고 할 것이다.

Ⅲ 관련판례

1. 대법원 1991. 10. 8. 선고 91누520 판결【파면처분등무효확인】

[1] 행정관청이 특정한 권한을 법률에 따라 다른 행정관청에 이관한 경우와 달리 내부적인 사무처리의 편의를 도모하기 위하여 그의 보조기관 또는 하급행

정관청으로 하여금 그의 권한을 사실상 행하도록 하는 내부위임의 경우에는 수임관청이 그 위임된 바에 따라 위임관청의 이름으로 권한을 행사하였다면 그 처분청은 위임관청이므로 그 처분의 취소나 무효확인을 구하는 소송의 피고는 위임관청으로 삼아야 한다.

[2] 구청장이 서울특별시장의 이름으로 한 직위해제 및 파면의 처분청은 서울특별시장이므로 구청장을 피고로 한 소를 각하한 원심의 판단이 정당하다고 한 사례.

2. 대법원 1995. 12. 22. 선고 95누14688 판결【농지조성비등부과처분취소】

행정처분의 취소 또는 무효확인을 구하는 행정소송은 다른 법률에 특별한 규정이 없는 한 소송의 대상인 행정처분 등을 외부적으로 그의 명의로 행한 행정청을 피고로 하여야 하는 것으로서 그 행정처분을 하게 된 연유가 상급행정청이나 타행정청의 지시나 통보에 의한 것이라 하여 다르지 않다고 할 것이며, 권한의 위임이나 위탁을 받아 수임행정청이 정당한 권한에 기하여 그 명의로 한 처분에 대하여는 말할 것도 없고, 내부위임이나 대리권을 수여받은 데 불과하여 원행정청 명의나 대리관계를 밝히지 아니하고는 그의 명의로 처분 등을 할 권한이 없는 행정청이 권한 없이 그의 명의로 한 처분에 대하여도 처분명의자인 행정청이 피고가 되어야 할 것이다.

3. 대법원 1994. 6. 14. 선고 94누1197 판결【농지조성비등부과처분취소】

[1] 항고소송은 원칙적으로 소송의 대상인 행정처분 등을 외부적으로 그의 명의로 행한 행정청을 피고로 하여야 하는 것으로서, 그 행정처분을 하게 된 연유가 상급행정청이나 타행정청의 지시나 통보에 의한 것이라 하여 다르지 않으며, 권한의 위임이나 위탁을 받아 수임행정청이 정당한 권한에 기하여 수임행정청 명의로 한 처분에 대하여는 말할 것도 없고, 내부위임이나 대리권을 수여받은 데 불과하여 원행정청 명의나 대리관계를 밝히지 아니하고는 그의 명의로 처분 등을 할 권한이 없는 행정청이 권한 없이 그의 명의로 한 처분에 대하여

도 처분명의자인 행정청이 피고가 되어야 한다.

[2] 농지조성비 및 전용부담금 고지처분이 농지의보전및이용에관한법률시행규칙 제8조의3 제1항, 별지 제5호의4 서식에 의하여 된 것으로 인정되는바, 위 별지 제5호의4 서식에 의하면 그 납입고지권자 명의가 농어촌진흥공사로 되어 있고 달리 대리관계 등이 표시되어 있지 아니하므로 그 처분을 외부적으로 한 행정청은 농어촌진흥공사라 보아야 하고, 농어촌진흥공사에게 정당한 권한이 있는지 여부를 불문하고 위 처분의 취소를 구하는 항소소송의 피고는 농어촌진흥공사가 되어야 한다.

4. 대법원 2013. 2. 28. 선고 2012두22904 판결 【고용보험료부과처분무효확인및취소】

[1] 항고소송은 원칙적으로 소송의 대상인 행정처분 등을 외부적으로 그의 명의로 행한 행정청을 피고로 하여야 하는 것으로서, 그 행정처분을 하게 된 연유가 상급행정청이나 타행정청의 지시나 통보에 의한 것이라 하여 다르지 않고, 권한의 위임이나 위탁을 받아 수임행정청이 자신의 명의로 한 처분에 관하여도 마찬가지이다. 그리고 위와 같은 지시나 통보, 권한의 위임이나 위탁은 행정기관 내부의 문제일 뿐 국민의 권리의무에 직접 영향을 미치는 것이 아니어서 항고소송의 대상이 되는 행정처분에 해당하지 않는다.

[2] 근로복지공단이 갑 지방자치단체에 고용보험료 부과처분을 하자, 갑 지방자치단체가 구 고용보험 및 산업재해보상보험의 보험료징수 등에 관한 법률(2010. 1. 27. 법률 제9989호로 개정되어 2011. 1. 1.부터 시행된 것) 제4조 등에 따라 국민건강보험공단을 상대로 위 처분의 무효확인 및 취소를 구한 사안에서, 근로복지공단이 갑 지방자치단체에 대하여 고용보험료를 부과·고지하는 처분을 한 후, 국민건강보험공단이 위 법 제4조에 따라 종전 근로복지공단이 수행하던 보험료의 고지 및 수납 등의 업무를 수행하게 되었고, 위 법 부칙 제5조가 '위 법 시행 전에 종전의 규정에 따른 근로복지공단의 행위는 국민건강보험공단의 행위로 본다'고 규정하고 있어, 갑 지방자치단체에 대한 근로복지공단의 고용보험료 부과처분에 관계되는 권한 중 적어도 보험료의 고지에 관한 업무는

국민건강보험공단이 그 명의로 고용노동부장관의 위탁을 받아서 한 것으로 보아야 하므로, 위 처분의 무효확인 및 취소 소송의 피고는 국민건강보험공단이 되어야 함에도, 이와 달리 위 처분의 주체는 여전히 근로복지공단이라고 본 원심판결에 고용보험료 부과고지권자와 항고소송의 피고적격에 관한 법리를 오해한 위법이 있다고 한 사례.

Ⅳ 질문 및 토의과제

1. 취소소송의 피고를 국가나 지방자치단체가 아닌 행정청으로 하는 이유를 설명하시오.
2. 항고소송과 당사자소송에 있어 피고적격의 차이를 설명하시오.
3. 공정거래위원회, 중앙토지수용위원회, 방송통신위원회, 공직자윤리위원회, 국무총리행정심판위원회, 중앙노동위원회, 중앙해양안전심판원 등 합의제 행정기관의 경우 피고는 누구로 하여야 하는가?
4. 행정심판위원회에서 원처분에 비하여 감액적인 내용의 수정재결이 내려진 경우 취소소송의 대상은 무엇이고 피고는 누구로 하여 행정소송을 제기하여야 하는가?

Ⅴ 참고문헌

서원우, 원처분주의와 피고적격, 행정판례연구 Ⅱ, 1996

이영범, 내부위임의 경우 수임청의 처분에 대한 행정소송의 피고적격, 대법원 판례해설 제1호, 1987

6-6-2. 대통령과 피고적격

I 개요

대통령에게 피고적격을 인정한 경우는 판례에서 두 가지 사례가 있다. 하나는 한국방송공사사장 해임무효와 관련된 사건에서 대통령이 명시적으로 피고로 등장한 바 있고, 독립유공자 서훈취소가 헌법 제80조의 영전수여권에서 유래된 것이지만 통치행위로 구성하지 않고 행정처분으로서 대통령의 피고적격을 인정하였다는 점은 평가할 만하다.

독립유공자 서훈취소처분의 피고적격의 논거와 관련하여, 첫째로, 헌법에 의해 서훈은 대통령의 권한이고, 서훈취소 역시 명문의 규정은 없지만 대통령의 권한으로 보는 것이 타당하다. 대통령은 서훈이나 서훈취소의 경우 국무회의를 거쳐 관계국무위원의 부서를 한 후 전자결재로 처분을 발할 수 있으며, 서훈취소에 관하여 별도로 다른 기관의 권한으로 하지 않는 한 이는 대통령의 권한에 속한다.

둘째로, 대통령도 행정조직법상 행정청에 해당한다. 한국방송공사 사장 해임사건에서 대통령을 처분청으로 보았다.

셋째로, 대통령은 처분의 상대방에 직접하여야 하는 것은 아니므로 전자결재로 충분하고 통지절차를 거치면 효력이 발생한다. 이상과 같은 이유로 대통령을 처분청으로 보아야 하기 때문에 피고적격이 인정된다고 할 것이다.

넷째로, 서훈취소의 통보는 단순한 사실상의 통보이므로 항고소송의 대상인 처분에 해당되지 않기 때문에 이 사건에서는 대통령의 서훈취소행위가 처분에 해당되고, 따라서 피고적격은 대통령만 인정되는 이유이다.

II 리딩케이스

1. 사건번호: 대법원 2014. 9. 26. 선고 2013두2518 판결【독립유공자 서훈취소결정무효확인등】

2. 사실관계

원고들의 직계존속인 망인은 1899년경부터 1908년경까지 언론인으로서 애국계몽운동을 펼친 독립운동 공적이 있다는 사유로 1962년 건국훈장 독립장을 수여받았다. 국가보훈처장은 2010. 11. 19. 행정안전부장관에게, 망인이 1913년부터 1918년까지 매일신보의 객원기자로서 일제의 식민지정책을 미화·장려하는 글을 다수 게재하는 등의 친일행적이 있음이 확인되어 상훈법 제8조 제1항 제1호 '서훈공적이 거짓임이 판명된 경우'에 해당한다는 이유로 위 건국훈장 독립장의 서훈취소에 관한 의안 제출을 요청하였다.

위와 같은 요청에 따라 행정안전부장관은 국무회의에 서훈취소 안건을 상정하였고, 그 안건은 2011. 4. 5. 국무회의의 의결을 거쳤으며, 대통령은 2011. 4. 6. 망인에 대한 서훈취소 안건의 전자문서에 결재함으로써 서훈취소를 결정하였고, 국무총리 및 행정안전부장관이 부서하였다. 이에 상훈사무를 관장하는 행정안전부장관은 "독립유공자 서훈취소요청 건이 국무회의 의결 및 대통령 재가로 서훈취소 대상자가 붙임과 같이 확정되었음을 알려드리오니, 상훈법 제8조 제1항에 따라 훈장과 이와 관련하여 수여한 물건을 모두 환수조치하여 주시기 바랍니다"라는 취지의 서훈취소결정 통보를 국가보훈처장에게 하였다. 이에 따라 국가보훈처장은 2011. 4. 19. 원고에게 "2011년 4월 5일 국무회의의 서훈취소 의결을 거쳐 4월 6일 장지연 선생의 독립유공자 서훈이 취소결정되었음을 알려드립니다. 아울러 기존에 전수된 건국훈장 애국장 및 훈장증의 반환을 요청하오며, 우리 처 직원이 귀 댁을 방문할 예정이오니 방문 가능한 일시를 알려주시면 감사하겠습니다"라는 등의 내용을 통보하였다.

3. 판결요지

국무회의에서 건국훈장 독립장이 수여된 망인에 대한 서훈취소를 의결하고 대통령이 결재함으로써 서훈취소가 결정된 후 국가보훈처장이 망인의 유족 갑에게 '독립유공자 서훈취소결정 통보'를 하자 갑이 국가보훈처장을 상대로 서훈취소결정의 무효 확인 등의 소를 제기한 사안에서, 갑이 서훈취소 처분을 행한 행정청(대통령)이 아니라 국가보훈처장을 상대로 제기한 위 소는 피고를 잘못 지정한 경우에 해당하므로, 법원으로서는 석명권을 행사하여 정당한 피고로 경정하게 하여 소송을 진행해야 함에도 국가보훈처장이 서훈취소 처분을 한 것을 전제로 처분의 적법 여부를 판단한 원심판결에 법리오해 등의 잘못이 있다고 한 사례.

4. 판례해설

이 사건 통보서에 이 사건 서훈취소의 처분주체 또는 처분명의인이 대통령으로 명시되어 있지 아니하였더라도 그 기재의 전반적인 취지, 헌법상 서훈의 수여 및 취소 권한에 관한 일반적 인식 등에 기초하여 이 사건 통보는 대통령이 국무회의를 거쳐 망인에 대한 이 사건 서훈을 취소하였음을 대외적으로 표시한 것이라고 볼 수 있다. 그 표시 방법은 2011. 8. 4. 개정된 상훈법 제8조의2에 따라 관보에 게재하는 방법이 시행되기 전에 이루어진 것으로서 처분권자의 의사에 따른 상당한 방법에 해당하는 것으로 보인다. 이로써 대통령이 행한 이 사건 서훈취소 처분은 객관적으로 성립하여 효력이 발생하게 되었다고 할 것이다.

한편, 국가보훈처장이 행한 이 사건 통보행위 자체는 유족으로서 상훈법에 따라 훈장 등을 보관하고 있는 원고들에 대하여 그 반환 요구의 전제로서 대통령의 서훈취소결정이 있었음을 알리는 것에 불과하므로, 이로써 국가보훈처장이 그 명의로 서훈취소의 처분을 하였다고 볼 것은 아니다.

나아가 이 사건 서훈취소 처분의 통지가 처분권한자인 대통령이 아니라 그 보좌기관인 국가보훈처장에 의하여 이루어졌다고 하더라도, 그 처분이 대통령의 인식과 의사에 기초하여 이루어졌고, 앞서 보았듯이 그 통지로 이 사건 서훈취소 처분의 주체(대통령)와 내용을 알 수 있으므로, 이 사건 서훈취소 처분의 외부적 표시의 방법으로서 위 통지의 주체나 형식에 어떤 하자가 있다고 보기도 어렵다.

원고들은 이 사건 소로써 국가보훈처장을 상대로 서훈취소의 통지행위 자체의 취소를 구하는 것이 아니라 그 통지의 내용인 망인에 대한 서훈취소결정 자체의 취소를 구하고 있으므로, 결국 그 처분을 행한 행정청(대통령)이 아니라 그 처분이 있음을 알린 기관에 불과한 국가보훈처장을 상대로 제기한 이 사건 소는 피고를 잘못 지정한 경우에 해당한다. 이처럼 원고가 피고를 잘못 지정한 때에는 법원은 원고의 신청에 의하여 결정으로서 피고의 경정을 허가할 수 있는 것이므로(행정소송법 제14조), 원고가 피고를 잘못 지정한 것으로 보이는 경우 법원으로서는 마땅히 석명권을 행사하여 원고로 하여금 정당한 피고로 경정하게 하여 소송을 진행하게 하여야 한다(대법원 2006. 11. 9. 선고 2006다23503 판결 등 참조).

그럼에도 원심은 이 사건 통지의 의미나 법적 성격을 잘못 이해하여 국가보훈처장이 이 사건 서훈취소 처분을 한 것으로 파악한 뒤, 이를 전제로 그 처분의 적법 여부를 판단하였으니, 이러한 원심의 판단에는 서훈취소 처분의 법적 성격 및 관련 행정행위의 해석에 관한 법리와 피고적격에 관한 법리 등을 오해하여 필요한 심리를 다하지 아니한 잘못이 있다고 할 것이다.

[관련판례 1]에서는 방송법에 사장은 이사회의 제청으로 대통령이 임명한다라고만 되어 있고, 한국방송공사 사장에 대한 해임에 관하여는 명시적인 규정을 두고 있지 않더라도 방송법에서 '임면' 대신 '임명'이라는 용어를 사용한 입법취지가 대통령의 해임권을 배제하기 위한 것으로 보기 어려운 점 등 방송법의 입법 경과와 연혁, 다른 법률과의 관계, 입법 형식 등을 종합하면, 대통령에게 한국방송공사 사장의 해임권한이 있다고 보았다. 이러한 맥락에서 해임된 한국방송공사 사장이 이에 불복하여 항고소송을 제기한 사안에서 피고를 대통령으로 본 것이다.

[관련판례 2]에서는 폐쇄명령을 한 처분청과 폐쇄명령처분에 관한 사무처리를 대행하면서 이를 통지한 자가 다른 경우에 처분청이 피고가 되고, 통지한 자는 피고가 되지 않는다고 보았다.

Ⅲ 관련판례

1. 대법원 2012. 2. 23. 선고 2011두5001 판결【해임처분무효】

한국방송공사의 설치·운영에 관한 사항을 정하고 있는 방송법은 제50조 제2항에서 "사장은 이사회의 제청으로 대통령이 임명한다."고 규정하고 있는데, 한국방송공사 사장에 대한 해임에 관하여는 명시적 규정을 두고 있지 않다. 그러나 감사원은 한국방송공사에 대한 외부감사를 실시하고(방송법 제63조 제3항), 임용권자 또는 임용제청권자에게 임원 등의 해임을 요구할 수 있는데(감사원법 제32조 제9항) 이는 대통령에게 한국방송공사 사장 해임권한이 있음을 전제로 한 것으로 볼 수 있는 점, 방송법 제정으로 폐지된 구 한국방송공사법(2000. 1. 12. 법률 제6139호 방송법 부칙 제2조 제3호로 폐지) 제15조 제1항은 대통령이 한국방송공사 사장을 '임면'하도록 규정되어 있었고, 방송법 제정으로 대통령의 해임권을 제한하기 위해 '임명'이라는 용어를 사용하였다면 해임 제한에 관한 규정을 따로 두어 이를 명확히 할 수 있었을 텐데도 방송법에 한국방송공사 사장의 해임 제한 등 신분보장에 관한 규정이 없는 점 등에 비추어, 방송법에서 '임면' 대신 '임명'이라는 용어를 사용한 입법 취지가 대통령의 해임권을 배제하기 위한 것으로 보기 어려운 점 등 방송법의 입법 경과와 연혁, 다른 법률과의 관계, 입법 형식 등을 종합하면, 한국방송공사 사장의 임명권자인 대통령에게 해임권한도 있다고 보는 것이 타당하다.

2. 대법원 1990. 4. 27. 선고 90누233 판결【사업장폐쇄명령처분취소】

피고인 인천직할시 북구청장이 인천직할시장으로부터 환경보전법상의 위법시설에 대한 폐쇄 등 명령권한의 사무처리에 관한 내부위임을 받아, 원고들이 공동으로 경영하는 공장에서 같은법 제15조의 규정에 의한 허가를 받지 아니하고 배출시설을 설치하여 조업하고 있는 것을 적발하고, 인천직할시장 명의의 폐쇄명령서를 발부받아 "환경보전법 위반사업장 고발 및 폐쇄명령"이란 제목으로 위 폐쇄명령서를 첨부하여 위 무허가배출시설에 대한 폐쇄명령통지를 하였다면 위 폐쇄명령처분을 한 행정청은 어디까지나 인천직할시장이고, 피고는 인천직할시장의 위 폐쇄명령처분에 관한 사무처리를 대행하면서 이를 통지하였음에 지나지 않으며, 위 폐쇄명령서나 그 통지서가 정부공문서규정이 정하는 문서양식에 맞지 않는다는 이유만으로 피고를 처분청으로 볼 수는 없으므로, 피고를 위 폐쇄명령처분을 한 행정청으로 보고 제기한 이 사건 소는 피고적격이 없는 자를 상대로 한 것이어서 부적법하다.

Ⅳ 질문 및 토의과제

1. 대통령이 항고소송의 피고가 된 사례를 들어 그 타당성에 대하여 설명하시오.
2. 독립유공자 서훈취소권이 대통령에 있음에도 권한의 위임없이 국가보훈처장이 서훈취소를 한 경우라면 국가보훈처장을 상대로 항고소송을 제기할 수 없는가?
3. 당사자가 피고를 잘못 지정한 경우 법원은 어떠한 조치를 취하여야 하는가?

Ⅴ 참고문헌

김용섭, 독립유공자 서훈취소의 법적쟁점, 행정판례연구 XXI－2, 2016
정영철, 행정조직법과 행정소송법상 행정청으로서의 대통령의 지위, 홍익법학 제16권 제3호, 2015

제 7 장
항고소송의 심리

항고소송은 소가 제기되면 법원의 심리절차를 거치게 된다. 항고소송의 심리에 있어서는 당사자가 제기한 소에 대하여 판결을 하기 위하여 그 기초가 될 소송자료인 사실자료와 증거자료를 확보하는 것이 관건이다.

항고소송의 심리는 요건심리와 본안심리로 나누는 것이 일반적이다. 요건심리는 제기된 항고소송이 소송요건을 갖추었는지 여부를 심리하는 것으로 만일 소송요건의 하나라도 결여된 경우에는 법원은 부적법한 소로서 각하판결을 내리게 된다.

소송요건은 본안전 요건이라고도 하는 바, 법원이 그 구비여부를 직권으로 조사하여야 하기 때문에 당사자가 그 흠결을 주장하는 경우에 이를 본안전 항변이라고 부르지만 이는 법원의 직권조사를 촉구하는 의미를 갖는 데 불과하다. 아울러 본안심리는 본안전 요건인 소송요건을 구비한 경우에 행해지는 심리절차로서 원고의 청구가 이유있는지, 다시 말하여 처분 등이 위법한지에 대하여만 심리한다. 본안심리의 결과 원고의 청구가 이유가 있으면 원고승소판결이 내려지고, 원고의 청구가 이유 없을 때, 다시말하여 처분이 위법하지 아니한 경우에는 원고패소판결인 기각판결이 내려진다. 그러나 경우에 따라 공익적 이유로 사정판결이 내려지기도 한다.

우선 입증책임과 관련하여, 판례는 행정처분이 재량행위인 경우 재량권을 일탈・남용하여 위법하다는 점은 행정처분의 위법성을 다투는 원고에게 증명책임이 있다는 입장을 일관되게 유지해 왔다(대법원 1987. 12. 8. 선고 87누861 판결 등). 또한 행정처분의 근거 법령에 불확정개념이 사용된 경우에도 재량권 일탈·남용을 주장하는 원고로 하여금 증명책임을 부담하도록 하고 있다(대법원 2020. 2. 6. 선고 2019두43474 판결). 다만, 대법원은 행정청의 고도의 전문적이고 기술적인 사항에 관한 판단을 신뢰할 수 없게 하는 특별한 사정, 즉 '사실인정에 중대한 오류가 있거나 판단이 객관적으로 불합리하거나 부당하다는 등의 사정'이 존재하지 않는다는 점에 관한 증명책임을 피고 행정청이 부담한다고 한 것은 입증책임을 전환하지 않은 상태에서 양측의 입장을 절충한 판결이라고 할 것이다.

다음으로 처분사유의 추가·변경과 관련하여, 대법원은 기본사실관계의 동일성 여부를 중심으로 그 허용여부를 판정하고 있으며, 이러한 법리는 행정심판에도 적용되는 것으로 보고 있다.

6-7-1. 항고소송에 있어서의 입증책임

I 개요

입증책임이란 소송상 증명을 요하는 사실의 존부가 불명확한 경우에 소송당사자의 일방이 부담하는 패소위험 또는 불이익을 말한다. 법원은 주장사실에 대한 입증여부를 통하여 판결을 내려야 하는데, 소송심리의 최종단계에 이르러서도 여전히 어떤 사실의 존부가 확정되지 않은 경우에 누구의 불이익으로 사실을 인정할 것인가의 문제가 입증책임의 문제이다.

행정소송법 제8조 제2항에서 "행정소송에 관하여 이 법에 특별한 규정이 없는 사항에 대하여는 법원조직법과 민사소송법 및 민사집행법의 규정을 준용한다"고 규정하면서, 행정소송법 제26조에서 직권심리에 관한 규정을 두어 "법원은 필요하다고 인정할 때에는 직권으로 증거조사를 할 수 있고, 당사자가 주장하지 아니한 사실에 대하여도 판단할 수 있다"고 하여, 증거조사에 관하여 민사소송과는 일정한 거리를 유지하고 있다.

행정소송에서의 입증책임에 관하여 원고부담설(적법성 추정설)과 피고부담설(적법성 담보설), 법률요건분류설 등으로 구별되지만, 입증책임의 문제도 민사소송을 준용한다는 점에 착안하여 민사소송에서의 입증책임의 법리를 행정소송에서도 적용 내지 준용한다고 하는 관점에서 법률요건분류설이 통설과 판례의 입장이다.

법률요건분류설은 민사소송의 입증책임의 법리에 기초한 권리근거규정·권리장애규정에 대응하는 권한행사규정의 요건사실의 존재는 그 권한행사의 필요 또는 적법성을 주장하는 자가 입증책임을 부담하므로 적극적 처분에 대하여는 그 처분을 한 행정청이, 거부처분에 대하여는 원고가 각각 입증책임을 부담한다. 이에 반하여, 권한 불행사규정(권리장애규정)의 요건사실의 존재는 처분권한의 불행사나 상실을 주장하는 자가 입증책임을 부담하므로, 적극적 처분에 대하여는 원고가 이를 부담하는 데 반해, 거부처분에 대하여는 피고가 입증책임을 부담한다고 할 수 있다. 법률요건분류설에 의하면 국민연금이나 각종 사회보장급부청구에 대하여 행정청이 거부하여 그 거부처분의 위법을 이유로 취소소송을 제기한 경우에는 거부사유가 원래 급부요건을 갖추지 못하였음을 이유로 하는 경우에는 원고가 수급권의 존재를 입증하여야 하며, 급부청구권 발생의 장애사유가 있거나 발생한 급부청구권이 소멸하였음을 이유로 하는 경우에는 처분청인 피고에게 입증책임이 있다고 보아야 할 것이다.

II 리딩케이스

1. 사건번호: 대법원 1987. 12. 8. 선고 87누861 판결【공유수면점용료 부과처분】

2. 사실관계

원고 갑은 비영리 공익법인인 한국전력공사로서 피고 을 (부산지방해운항만청장)로부터 공유수면 27,484평방미터에 관하여 갑의 산하 부산화력발전소의 발전사업을 위한 취수구 호안 및 방사제 설치를 목적으로 하는 공유 수면점용 및 공작물 설치 허가를 받아 소정의 점용료를 납부하고 이를 점용하면서 매년 그 기간연장 허가를 받아오던 중 점용기간 연장허가를 신청하였다. 이에 을은 점용기간 연장허가를 하면서 공유수면관리법 제7조 제1항, 제2항, 같은법 시행령 제12조, 같은법 시행규칙 제3조 제1항 별표 제1호의 점용료 징수기준에 따라 갑이 납부하여야 할 위 기간중의 점용료를 금74,371,000원으로 산출하여 이를 갑에게 부과고지 하였다.

갑은 이 사건 청구원인으로 공유수면관리법 제7조 제1항 단서, 제2항, 같은법 시행령 제12조, 같은법 시행규칙 제3조 제2항에 의하여 갑의 이 사건 공유수면 점용료를 위 산출액의 2분의 1까지 감액하여야 할 것인데도 그러지 아니하고 위 산출액 전액을 부과고지 하였으니 위 산출액의 2분의 1을 초과하는 부분은 위법한 처분이거나 그렇지 않다고 하더라도 재량권의 한계를 넘은 처분으로서 취소되어야 한다고 주장하였다.

이에 원심법원은 "공유수면관리법 제7조 제1항 단서와 같은법 시행규칙 제3조 제2항의 규정에 의하면 공익을 목적으로 하는 비영리사업을 위하여 공유수면을 점용 또는 사용하는 경우에는 그 점용료 또는 사용료를 2분의 1까지 감면할 수 있도록 되어 있고 갑의 이 사건 공유수면에 대한 점용이 공익을 목적으로 하는 비영리사업을 위한 것으로 인정되기는 하나, 공유수면관리법 제7조 제1항 단서의 규정은 임의적 감면규정에 불과하고 공익을 목적으로 하는 비영리사업을 위한 점용에 대하여는 그 점용료를 반드시 감면하도록 한 필요적 감면규정이 아니므로 을이 갑의 이 사건공유수면점용료를 2분의 1까지 감액함이 없이 전액부과하였다 하여 그 부과처분이 위법한 것으로 볼 수 없다"고 판시하여 갑의 청구를 기각하였고, 갑은 이에 불복하여 대법원에 상고하였으나, 상고기각 판결을 받은 사안이다.

3. 판결요지

자유재량에 의한 행정처분이 그 재량권의 한계를 벗어난 것이어서 위법하다는 점은 그 행정처분의 효력을 다투는 자가 이를 주장·입증하여야 하고 처분청이 그 재량권의 행사가 정당한 것이었다는 점까지 주장·입증할 필요는 없다.

4. 판례해설

이 사건 판결은 입증책임의 부담과 관련하여 재량행위에 있어서 재량권의 한계를 벗어난 경우에 재량권의 한계는 이를 주장하는 원고가 입증하여야 한다는 것을 명확히 하였다. 입증책임의 부담과 관련하여 행정행위를 기속행위와 재량행위로 구분하는 것이 선행될 필요가 있다. 판례는 재량행위와 기속행위의 구별과 관련하여 어느 행정행위가 기속행위인지 나아가 재량행위라고 할지라도 기속재량행위인지 또는 자유재량에 속하는 것인지 여부는 이를 일률적으로 규정지을 수는 없는 것이고, 당해 처분의 근거가 된 규정의 형식이나 체제 또는 문언에 따라 개별적으로 판단하여야 한다고 하면서, "행정행위가 재량행위인지 여부는 당해 행위의 근거가 된 법규의 체제·형식과 그 문언, 당해 행위가 속하는 행정 분야의 주된 목적과 특성, 당해 행위 자체의 개별적 성질과 유형 등을 모두 고려하여 판단하여야 한다"고 보고 있다. 여기에서 기속재량행위는 법이 예정하고 있는 객관적인 준칙에 따라 재량을 행사하도록 한 경우를 의미하고, 자유재량행위는 행정청의 자유로운 판단에 맡겨 있는 광범위한 행정청의 판단의 자유를 의미한다. 재량권 행사가 일탈 남용이 있는 경우에는 위법하게 되므로 법원은 이를 취소할 수 있는 바, 재량권 행사의 일탈 남용에 대하여 누가 입증책임을 지는 것인가를 결정하는 것이 중요하다. 통설인 법률요건분류설에 의하면 재량처분의 근거규정은 원칙적 규정이고, 그 자유재량의 한계를 지우는 위법사유는 예외적 사유로서 권리장애사유에 해당한다고 보아 재량처분이 그 재량권을 일탈·남용하여 위법하다는 것을 주장하는 자가 입증하여야 한다고 보았다. 이 사건 판결도 같은 맥락에서 판시하면서 처분청이 그 재량권의 행사가 정당한 것이었다는 것까지 주장·입증할 필요는 없다고 보았다.

[관련판례 1]은 처분의 적법성에 대한 입증책임은 처분청인 피고가 부담한다는 것을 명백히 한 판결이고, [관련판례 2]도 이와 동일하게 국민의 권리와 자유를 제한하고 국민에게 의무를 부과하는 불이익한 행정처분에 있어서는 처분의 적법성에 관하여 원칙적으로 피고 행정청에게 주장·입증책임이 있다는 것을 밝힌 것이다. [관련판례 3]은 기본적으로 피고에게 처분의 적법성에 대한 입증책임을 부과하면서도 피고가 주장하는 당해 처분의 적법성이 합리적으로 수

긍할 수 있는 일응의 입증이 있는 경우에는 그 처분은 정당하다 할 것이며 이와 상반되는 주장과 입증은 그 상대방인 원고에게 그 책임이 돌아간다고 보았다. [관련판례 4]는 국민에게 일정한 이득과 권리를 취득하게 한 종전 행정처분을 취소할 수 있는 경우 및 취소해야 할 필요성에 대한 증명책임의 소재는 행정청에 있다고 보았으며, 이러한 관점에서 초등학교 서무책임자로 근무하던 중 갑자기 쓰러져 '좌측 대뇌출혈에 의한 우측 편마비' 진단을 받은 甲에 대하여 지방보훈지청장이 공상공무원으로 국가유공자에 해당한다는 결정을 하였는데, 감사원의 감사결과를 통보받은 보훈심사위원회가 재심의를 통하여 '甲이 근무시간 이전에 운동하던 중 쓰러진 것으로 판단된다'는 취지로 의결함에 따라 다시 공상공무원 비해당결정을 한 사안에서, 위 상이가 공무로 인한 것으로 볼 수 없다고 본 원심판결에 행정처분 취소사유의 증명책임에 관한 법리를 오해한 위법이 있다고 본 것이다.

한편 [관련판례 5]는 행정청의 고도의 전문적이고 기술적인 사항에 관한 판단을 신뢰할 수 없게 하는 특별한 사정, 즉 '사실인정에 중대한 오류가 있거나 판단이 객관적으로 불합리하거나 부당하다는 등의 사정'이 존재하지 않는다는 점에 관한 증명책임을 행정청이 부담하도록 하고 있다. 이와 같이 이 판결은 오염도검사 결과를 신뢰할 수 있다는 사실 또는 사정을 행정청이 증명하도록 하였다. 이는 행정청의 판단이 고도의 전문적이고 기술적인 사항에 관한 것이라고 하더라도, 그 판단이 존중받기 위한 전제가 되는 사실 또는 사정을 행정청 스스로 증명하여야 한다는 점에서 진일보한 판결이라고 할 것이다.

Ⅲ 관련판례

1. 대법원 1983. 9. 13. 선고 83누288 판결【건축허가신청서반려처분취소】

행정처분이 위법함을 내세워 그 취소를 구하는 항고소송에 있어서 그 처분의 적법성에 대한 주장입증책임은 처분청인 피고에게 있다.

2. 대법원 2007. 1. 12. 선고 2006두12937 판결【과징금부과처분취소】

행정처분의 취소를 구하는 항고소송에서는 당해 처분의 적법을 주장하는 처분청인 피고에게 그 적법 여부에 대한 입증책임이 있으므로(대법원 1984. 7. 24. 선고 84누124 판결 등 참조), 구 화물자동차운수사업법(2005. 12. 7. 법률 제7711호로 개정되기 전의 것) 제10조 제5항 위반을 이유로 한 과징금부과처분의 취소를 구하는 소송에서는 화물운송사업자의 다른 화물운송사업자에의 운송위탁 또는 대행 의뢰가 '수수료 기타 대가'를 받고 이루어진 것이라는 사실을 처분청이 입증하여야 한다.

3. 대법원 1984. 7. 24. 선고 84누124 판결【법인세부과처분취소】

[1] 민사소송법의 규정이 준용되는 행정소송에 있어서 입증책임은 원칙적으로 민사소송의 일반원칙에 따라 당사자간에 분배되고 항고소송의 경우에는 그 특성에 따라 당해 처분의 적법을 주장하는 피고에게 그 적법사유에 대한 입증책임이 있다 할 것인바 피고가 주장하는 당해 처분의 적법성이 합리적으로 수긍할 수 있는 일응의 입증이 있는 경우에는 그 처분은 정당하다 할 것이며 이와 상반되는 주장과 입증은 그 상대방인 원고에게 그 책임이 돌아간다고 할 것이다.

[2] 주주가지급금계정, 받을어음계정, 대여금계정, 미결산금계정에 계상된 금액에 대하여 세무조사당시 근거와 증빙을 제시하지 못하였고 부사장이 사채이자를 변태기장한 것이라는 확인서까지 제출한 사실이 입증된 이상 그와 반대되는 부과처분의 위법사유는 원고에게 입증책임이 있다.

4. 대법원 2012. 3. 29. 선고 2011두23375 판결【공상공무원비해당자결정취소】

[1] 일정한 행정처분으로 국민이 일정한 이익과 권리를 취득하였을 경우에 종전 행정처분을 취소하는 행정처분은 이미 취득한 국민의 기존 이익과 권리를 박탈하는 별개의 행정처분으로 취소될 행정처분에 하자 또는 취소해야 할 공공

의 필요가 있어야 하고, 나아가 행정처분에 하자 등이 있다고 하더라도 취소해야 할 공익상 필요와 취소로 당사자가 입게 될 기득권과 신뢰보호 및 법률생활 안정의 침해 등 불이익을 비교·교량한 후 공익상 필요가 당사자가 입을 불이익을 정당화할 만큼 강한 경우에 한하여 취소할 수 있는 것이며, 하자나 취소해야 할 필요성에 관한 증명책임은 기존 이익과 권리를 침해하는 처분을 한 행정청에 있다.

[2] 초등학교 서무책임자로 근무하던 중 갑자기 쓰러져 '좌측 대뇌출혈에 의한 우측 편마비' 진단을 받은 甲에 대하여 지방보훈지청장이 공상공무원으로 국가유공자에 해당한다는 결정을 하였는데, 감사원의 감사결과를 통보받은 보훈심사위원회가 재심의를 통하여 '甲이 근무시간 전에 운동하던 중 쓰러진 것으로 판단된다'는 취지로 의결함에 따라 다시 공상공무원 비해당결정을 한 사안에서, 여러 사실관계에 비추어 보면 운동장 평탄화 작업 중에 졸도하였다는 취지로 작성한 교육장의 상병경위서 내용을 甲이 부인하는 사정만으로 곧바로 甲의 상이가 공무로 인한 것이 아니라고 단정할 수는 없다는 이유로, 이와 달리 본 원심판결에 행정처분 취소사유의 증명책임에 관한 법리를 오해한 위법이 있다고 한 사례.

5. 대법원 2022. 9. 16. 선고 2021두58912 판결 【조업정지처분취소】

[1] 행정청이 관계 법령이 정하는 바에 따라 고도의 전문적이고 기술적인 사항에 관하여 전문적인 판단을 하였다면, 판단의 기초가 된 사실인정에 중대한 오류가 있거나 판단이 객관적으로 불합리하거나 부당하다는 등의 특별한 사정이 없는 한 존중되어야 한다. 환경오염물질의 배출허용기준이 법령에 정량적으로 규정되어 있는 경우 행정청이 채취한 시료를 전문연구기관에 의뢰하여 배출허용기준을 초과한다는 검사결과를 회신받아 제재처분을 한 경우, 이 역시 고도의 전문적이고 기술적인 사항에 관한 판단으로서 그 전제가 되는 실험결과의 신빙성을 의심할 만한 사정이 없는 한 존중되어야 함은 물론이다.

[2] 수질오염물질을 측정하는 경우 시료채취의 방법, 오염물질 측정의 방법 등을 정한 구 수질오염공정시험기준(2019. 12. 24. 국립환경과학원고시 제2019－63

호로 개정되기 전의 것)은 형식 및 내용에 비추어 행정기관 내부의 사무처리준칙에 불과하므로 일반 국민이나 법원을 구속하는 대외적 구속력은 없다. 따라서 시료채취의 방법 등이 위 고시에서 정한 절차에 위반된다고 하여 그러한 사정만으로 곧바로 그에 기초하여 내려진 행정처분이 위법하다고 볼 수는 없고, 관계 법령의 규정 내용과 취지 등에 비추어 절차상 하자가 채취된 시료를 객관적인 자료로 활용할 수 없을 정도로 중대한지에 따라 판단되어야 한다. 다만 이때에도 시료의 채취와 보존, 검사방법의 적법성 또는 적절성이 담보되어 시료를 객관적인 자료로 활용할 수 있고 그에 따른 실험결과를 믿을 수 있다는 사정은 행정청이 증명책임을 부담하는 것이 원칙이다.

Ⅳ 질문 및 토의과제

1. 재량처분이 재량권을 일탈 · 남용함으로써 위법하다고 다투어지는 경우 입증책임은 누구에게 있는가?
2. 행정청의 고도의 전문적이고 기술적인 사항에 관한 판단을 신뢰할 수 없게 하는 특별한 사정, 즉 '사실인정에 중대한 오류가 있거나 판단이 객관적으로 불합리하거나 부당하다는 등의 사정'이 존재하지 않는다는 점에 관한 증명책임은 누가 부담하는가?
3. 소송요건은 행정소송에서 직권조사사항이지만 그 존부가 불명일 때에는 이에 대한 입증책임은 누구에게 있는가?
4. 처분의 절차적 적법성의 입증책임은 누구에게 있는가?
5. 입증책임과 주장책임의 차이점을 설명하시오.

Ⅴ 참고문헌

구욱서, 행정소송에서의 입증책임, 저스티스 34권 3호, 한국법학원, 2001
권오봉, 행정소송에 있어서의 주장 · 입증책임, 재판자료 제67집, 법원행정처,

1995
허상수, 항고소송의 심리, 재판자료 제67집, 법원행정처, 1995
이승훈, [한국행정법학회 행정판례평석] ⑤ 행정청의 고도의 전문적·기술적 인 판단의 신뢰성에 관한 증명책임, 법률신문 2023. 7. 2

Ⅵ 관련법령

구 공유수면관리법시행규칙

제3조 (점용료등) ② 법 제7조제1항 단서의 경우에는 제1항의 규정에 의한 산출액의 2분의 1까지 그 요금을 감액할 수 있다.

6-7-2. 처분사유의 추가 · 변경

Ⅰ 개요

처분사유의 추가·변경은 처분의 적법성 여부가 다투어지는 항고소송에서 처분청이 처분당시에 제시하였던 처분의 근거 및 이유와 다른 사유를 들어 처분의 적법성을 주장할 수 있는가의 문제이다. 처분사유의 추가·변경을 허용할 것인가를 둘러싸고, 학설은 긍정설, 부정설, 제한적 긍정설이 대립되고 있다. 판례는 일관되게 행정처분의 상대방의 방어권을 보장함으로써 실질적 법치주의를 구현하고 행정처분의 상대방인 국민에 대한 신뢰를 보호하려는 견지에서 원칙적으로 처분사유의 추가·변경은 허용되지 아니하며 당초의 처분사유와 기본적 사실관계의 동일성이 인정되는 한도 내에서만 이를 추가·변경할 수 있다고 보고 있다. 여기서 말하는 기본적 사실관계의 동일성의 유무는 처분사유를 법률적으로 평가하기 이전의 구체적인 사실에 착안하여 그 기초가 되는 사회적 사실관계가 기본적인 점에서 동일한지 여부에 따라 결정된다. 따라서 취소소송에 있어서 기본적 사실관계와 동일성이 전혀 없는 별개의 사실을 들어 처분사유로 주장하는 것은 허용되지 않는다. 판례는 기본적 사실관계의 동일성의 유무를 가지고 처분사유의 추가·변경의 허용여부를 결정하고 있다. 취소소송에 있어서 처분사유의 추가·변경은 사실심변론종결시까지만 원칙적으로 허용된다.

그러나 판례에 의하면 처분의 근거법령만을 변경하는 것은 새로운 처분사유의 추가라고 볼 수 없으므로 처분 후에 새로이 변경된 법령을 적용하여 처분의 적법여부를 판단하여도 무방하다고 보고 있다.

II 리딩케이스

1. 사건번호: 대법원 1999. 3. 9. 선고 98두18565 판결【부정당업자제재처분취소】

2. 사실관계

원고 갑은 1997. 4. 1. 피고 을(서울특별시 관악구청장)이 발주한 관악로지하보도설치공사를 수주하여 위 공사를 시공하던 중, 갑의 당시 대표이사가 같은 달 24. 을 산하 재무과 계약담당 주임에게 기성금의 조속한 지급 등 각종 편의를 제공하여 달라면서 금 30,000,000원을 뇌물로 공여한 혐의로 같은 해 9. 25. 서울지방법원에서 벌금 10,000,000원을 선고받고 형이 확정되었다.

그런데, 을이 1997. 12. 30. 위 대표이사의 위 뇌물공여를 이유로 하여, 계약의 수행 중 뇌물수수 등이 있는 경우를 계약의 해지사유로 규정하고 있는 공사계약일반조건 제44조 제1항 제5호에 의하여, 갑에게 위 공사계약의 해지를 통보하고, 연대보증인인 건설회사로 하여금 나머지 공사를 시공하게 함에 따라 갑은 부득이 위 공사를 이행하지 못하였다.

한편 을은 갑에 대하여 이와는 별도로 1998. 5. 20. 갑이 을로부터 관악로지하보도설치공사를 도급받고서도 정당한 이유 없이 그 계약을 이행하지 아니하였다는 사유로 지방재정법 제63조에 따라 국가를 당사자로 하는 계약에 관한 법률 제27조 제1항, 같은법시행령 제76조 제1항 제6호를 준용하여 갑에게

1998. 5. 21.부터 같은 해 11. 20.까지 6월간 입찰참가자격을 제한하는 내용의 이 사건 부정당업자제재처분을 내렸다.

그런데 항고소송에서 같은법 시행령 제76조 제1항 10호 소정의 "계약의 이행과 관련하여 관계공무원에게 뇌물을 준 것"이라는 처분사유를 추가하였다. 이에 대하여 원심법원은 새로운 처분사유는 을이 당초 이 사건 처분의 근거로 삼은 위 구체적 사실과는 그 기초가 되는 사회적 사실관계의 기본적인 관점에서 다르다고 보아 처분사유를 새롭게 주장할 수 없다고 하여 을에 대하여 패소판결을 내리자, 을이 상고하였으나 원심법원의 판단이 정당하다고 보아 대법원에서 상고기각판결을 내린 사안이다.

3. 판결요지

[1] 행정처분의 취소를 구하는 항고소송에 있어서는 실질적 법치주의와 행정처분의 상대방인 국민에 대한 신뢰보호라는 견지에서 처분청은 당초처분의 근거로 삼은 사유와 기본적 사실관계가 동일성이 있다고 인정되는 한도 내에서만 다른 사유를 추가하거나 변경할 수 있을 뿐, 기본적 사실관계와 동일성이 인정되지 않는 별개의 사실을 들어 처분사유로 주장함은 허용되지 아니하고, 여기서 기본적 사실관계의 동일성 유무는 처분사유를 법률적으로 평가하기 이전의 구체적인 사실에 착안하여 그 기초가 되는 사회적 사실관계가 기본적인 점에서 동일한지 여부에 따라 결정된다.

[2] 입찰참가자격을 제한시킨 당초의 처분 사유인 정당한 이유 없이 계약을 이행하지 않은 사실과 항고소송에서 새로 주장한 계약의 이행과 관련하여 관계공무원에게 뇌물을 준 사실은 기본적 사실관계의 동일성이 없다고 한 사례.

4. 판례해설

이 사건 판결에서는 기본적 사실관계의 동일성을 척도로 하여, 입찰참가자격을 제한시킨 당초의 처분 사유인 정당한 이유 없이 계약을 이행하지 않은 사실과 항고소송에서 새로 주장한 계약의 이행과 관련하여 관계 공무원에게 뇌물을 준 사실은 기본적 사실관계의 동일성이 없다고 보았다. 취소소송에서 처분의 상대방에게 처분당시에 제시하였던 사유가 아닌 다른 사유를 들어 행정청이 처분의 적법성을 주장할 수 있도록 할 것인가의 문제에 있어서 원고의 방어권 내지 절차적 권리보장의 측면과 분쟁의 일회적 해결이라는 관점을 아울러 고려에 넣어야 한다. 입찰참가자격의 제한과 같은 제재처분의 경우에는 원고의 방어권 보장의 필요성이 부각되어 처분사유의 추가 · 변경이 제약되는데 반하여 거부처분에 있어서는 분쟁의 일회적 해결이라는 측면이 부각되어 처분사유의 추가 · 변경이 보다 넓게 인정된다.

처분사유를 추가 · 변경하는 것이 허용된다고 할지라도 기본적으로 행정청이 처분사유를 추가 · 변경하는 것은 사실심 변론종결시까지 허용된다. 그러나 항고소송에 있어서는 실질적 법치주의와 행정처분의 상대방인 국민에 대한 신뢰보호라는 견지에서 처분청은 당초의 처분의 근거로 삼은 사유와 기본적 사실관계와 동일성이 있는 범위 내에서 다른 사유를 추가하거나 변경할 수 있을 뿐이다. 따라서 기본적 사실관계와 동일성이 인정되지 않는 별개의 사실을 들어 처분사유로 주장하는 것은 허용되지 않는다.

이 사건 판결과 [관련판례 1] 및 [관련판례 2]에서 보는 바와 같이 기본적 사실관계의 동일성유무는 처분사유를 법률적으로 평가하기 이전의 구체적인 사실에 착안하여 그 기초가 되는 사회적 사실관계가 기본적인 점에서 동일한지 여부에 따라 결정되는 것으로 이해하고 있다. 이와 같이 대법원은 기본적 사실관계의 동일성 여부를 처분사유의 추가 · 변경의 허용한계로 삼고 있다.

[관련판례 3]의 경우에는 근거법령의 추가의 경우로서 처분사유의 추가 · 변경에 해당하지 않는다고 보고 있다. 이와 같은 경우에는 처분청이 처분당시에 적시한 구체적 사실에 대하여 처분후에 추가 · 변경한 법령을 적용하여 그 처분의 적법여부를 판단하여도 무방하다고 보고 있다. 그러나, 처분사유에는 처분의 원인된 사실뿐만 아니라 법적 근거도 포함되고 행정절차법도 이를 전제로 처분의 사전통지나 처분의 이유제시의 대상에 법적 근거를 포함시키고 있는 점에 비추어볼 때, 모든 경우의 법적 근거의 변경을 처분사유의 변경에 해당하지 않는다고 보는 것은 타당하지 않다. 근거법령의 변경이라고 할지라도 기본적 사실관계는 그대로 두고 법령적용의 착오를 바로 잡거나 미흡한 부분을 보완하는 경우라면 몰라도, 기본적 사실관계에 대한 평가를 완전히 달리하는 새로운 근거

법령을 추가적으로 적용하는 것은 처분사유의 추가 · 변경으로 보아 허용되지 않는다고 보는 것이 바람직하다.

[관련판례 4]는 경제개혁연대와 소속 연구원 갑이 금융위원회위원장 등에게 금융위원회의 론스타에 대한 외환은행 발행주식의 동일인 주식보유한도 초과보유 승인과 론스타의 외환은행 발행주식 초과보유에 대한 반기별 적격성 심사와 관련된 정보 등의 공개를 청구하였으나, 금융위원회위원장 등이 현재 대법원에 재판 진행 중인 사안이 포함되어 있다는 이유로 공공기관의 정보공개에 관한 법률 제9조 제1항 제4호에 따라 공개를 거부한 사안에서, 금융위원회위원장 등이 위 정보가 대법원 재판과 별개 사건인 서울중앙지방법원에 진행 중인 재판에 관련된 정보에도 해당한다며 처분사유를 추가로 주장하는 것은 당초의 처분사유와 기본적 사실관계가 동일하다고 할 수 없는 사유를 추가하는 것이어서 허용될 수 없다고 본 원심판단을 정당하다고 한 사례이다.

[관련판례 5]는 도로법 제94조에 의한 변상금 부과처분을 하였다가 구 국유재산법 제51조와 그 시행령 등, 구 공유재산 및 물품관리법 제81조와 그 시행령 등으로 변경하여 주장한 것은 양 법률의 입법취지가 다르고 변상금 징수목적 등이 달라 동일성이 없는 별개의 처분을 하는 것과 다름이 없어 허용될 수 없다는 취지로 적절히 판시한 것이다.

[관련판례 6]은 구청장이 '위 토지가 건축법상 도로에 해당하여 건축을 허용할 수 없다'는 사유로 건축신고수리 거부처분을 하자 갑이 취소소송을 제기한 사안에서 '위 토지가 인근 주민들의 통행에 제공된 사실상의 도로인데, 주택을 건축하여 주민들의 통행을 막는 것은 사회공동체와 인근 주민들의 이익에 반하므로 갑의 주택 건축을 허용할 수 없다'는 주장을 추가한 것은 기본적 사실관계의 동일성이 있다고 보아 이와 달리 본 원심판단에 법리오해의 잘못이 있다고 본 사례이다.

[관련판례 7]과 [관련판례 8]을 종합하면, 행정심판에 있어서 처분사유의 추가 · 변경의 법리가 적용될 것인가의 문제로서, 행정처분의 취소를 구하는 항고소송에서 처분청은 당초 처분의 근거로 삼은 사유와 기본적 사실관계가 동일성이 있다고 인정되는 한도 내에서만 다른 사유를 추가 또는 변경할 수 있고, 이러한 법리는 행정심판 단계에서도 그대로 적용되는 것이 판례의 태도이다. 다

만, 행정심판으로 보기 어려운 행정기관 자신의 내부 시정절차나 간이한 불복절차에서는 당초 처분의 근거로 삼은 사유와 기본적 사실관계의 동일성이 인정되지 않는 사유라고 하더라도 이를 처분의 적법성과 합목적성을 뒷받침하는 처분사유로 추가·변경할 수 있다.

Ⅲ 관련판례

1. 대법원 2004. 11. 26. 선고 2004두4482 판결【산림형질변경불허가처분취소】

[1] 행정처분의 취소를 구하는 항고소송에 있어서는 실질적 법치주의와 행정처분의 상대방인 국민에 대한 신뢰보호라는 견지에서 처분청은 당초 처분의 근거로 삼은 사유와 기본적 사실관계에 있어서 동일성이 있다고 인정되지 않는 별개의 사실을 들어 처분사유로 주장함은 허용되지 아니하나, 당초 처분의 근거로 삼은 사유와 기본적 사실관계에 있어서 동일성이 있다고 인정되는 한도 내에서는 다른 사유를 추가하거나 변경할 수 있고, 여기서 기본적 사실관계의 동일성 유무는 처분사유를 법률적으로 평가하기 이전의 구체적인 사실에 착안하여 그 기초가 되는 사회적 사실관계가 기본적인 점에서 동일한지 여부에 따라 결정된다.

[2] 주택신축을 위한 산림형질변경허가신청에 대하여 행정청이 거부처분을 하면서 당초 거부처분의 근거로 삼은 준농림지역에서의 행위제한이라는 사유와 나중에 거부처분의 근거로 추가한 자연경관 및 생태계의 교란, 국토 및 자연의 유지와 환경보전 등 중대한 공익상의 필요라는 사유는 기본적 사실관계에 있어서 동일성이 인정된다고 한 사례.

2. 대법원 2006. 10. 13. 선고 2005두10446 판결【건축허가신청반려처분취소】

행정처분의 취소를 구하는 항고소송에 있어서는 실질적 법치주의와 행정처분의 상대방인 국민에 대한 신뢰보호라는 견지에서 처분청은 당초 처분의 근거로 삼은 사유와 기본적 사실관계에 있어서 동일성이 있다고 인정되지 않는 별개의 사실을 들어 처분사유로 주장함은 허용되지 아니하나, 당초 처분의 근거로 삼은 사유와 기본적 사실관계에 있어서 동일성이 있다고 인정되는 한도 내에서는 다른 사유를 추가하거나 변경할 수 있고, 여기서 기본적 사실관계의 동일성 유무는 처분사유를 법률적으로 평가하기 이전의 구체적인 사실에 착안하여 그 기초가 되는 사회적 사실관계가 기본적인 점에서 동일한지 여부에 따라 결정된다(대법원 2001. 9. 28. 선고 2000두8684 판결; 2004. 11. 26. 선고 2004두4482 판결 등 참조).

3. 대법원 2007. 2. 8. 선고 2006두4899 판결【행정정보공개청구거부처분취소】

행정처분의 취소를 구하는 항고소송에 있어 처분청은 당초 처분의 근거로 삼은 사유와 기본적 사실관계가 동일성이 있다고 인정되는 한도 내에서는 다른 사유를 추가하거나 변경할 수도 있으나 기본적 사실관계가 동일하다는 것은 처분사유를 법률적으로 평가하기 이전의 구체적인 사실에 착안하여 그 기초인 사회적 사실관계가 기본적인 점에서 동일한 것을 말하며, 처분청이 처분 당시에 적시한 구체적 사실을 변경하지 아니하는 범위 내에서 단지 그 처분의 근거법령만을 추가·변경하거나 당초의 처분사유를 구체적으로 표시하는 것에 불과한 경우에는 새로운 처분사유를 추가하거나 변경하는 것이라고 볼 수 없다(대법원 1989. 7. 25. 선고 88누11926 판결; 1998. 4. 24. 선고 96두13286 판결; 2004. 11. 26. 선고 2004두4482 판결 등 참조).

4. 대법원 2011. 11. 24. 선고 2009두19021 판결【정보공개거부처분취소】

[1] 행정처분의 취소를 구하는 항고소송에서 처분청은 당초 처분의 근거로 삼은 사유와 기본적 사실관계가 동일성이 있다고 인정되는 한도 내에서만 다른 사유를 추가 또는 변경할 수 있고, 이러한 기본적 사실관계의 동일성 유무는 처분사유를 법률적으로 평가하기 이전의 구체적 사실에 착안하여 그 기초인 사회

적 사실관계가 기본적인 점에서 동일한지에 따라 결정되므로, 추가 또는 변경된 사유가 처분 당시에 이미 존재하고 있었다거나 당사자가 그 사실을 알고 있었다고 하여 당초의 처분사유와 동일성이 있다고 할 수 없다.

[2] 경제개혁연대와 소속 연구원 갑이 금융위원회위원장 등에게 금융위원회의 론스타에 대한 외환은행 발행주식의 동일인 주식보유한도 초과보유 승인과 론스타의 외환은행 발행주식 초과보유에 대한 반기별 적격성 심사와 관련된 정보 등의 공개를 청구하였으나, 금융위원회위원장 등이 현재 대법원에 재판 진행 중인 사안이 포함되어 있다는 이유로 공공기관의 정보공개에 관한 법률(이하 '정보공개법'이라 한다) 제9조 제1항 제4호에 따라 공개를 거부한 사안에서, 금융위원회위원장 등이 당초 거부처분사유로 위 정보가 대법원 2007두11412호로 진행 중인 재판에 관련된 정보였다는 취지를 명기하였다면 이와 전혀 별개 사건인 서울중앙지방법원 2006고합1352, 1295, 1351호로 진행 중인 재판에 관련된 정보에도 해당한다며 처분사유를 추가로 주장하는 것은 당초의 처분사유와 기본적 사실관계가 동일하다고 할 수 없는 사유를 추가하는 것이어서 허용될 수 없다고 본 원심판단을 정당하다고 한 사례.

5. 대법원 2011. 5. 26. 선고 2010두28106 판결【변상금부과처분취소】

[1] 행정처분이 적법한지는 특별한 사정이 없는 한 처분 당시 사유를 기준으로 판단하면 되고, 처분청이 처분 당시 적시한 구체적 사실을 변경하지 아니하는 범위 내에서 단지 처분의 근거 법령만을 추가·변경하는 것은 새로운 처분사유의 추가라고 볼 수 없으므로 이와 같은 경우에는 처분청이 처분 당시 적시한 구체적 사실에 대하여 처분 후 추가·변경한 법령을 적용하여 처분의 적법 여부를 판단하여도 무방하다. 그러나 처분의 근거 법령을 변경하는 것이 종전 처분과 동일성을 인정할 수 없는 별개의 처분을 하는 것과 다름 없는 경우에는 허용될 수 없다.

[2] 행정청이 점용허가를 받지 않고 도로를 점용한 사람에 대하여 도로법 제94조에 의한 변상금 부과처분을 하였다가 처분에 대한 취소소송이 제기된 후 해당 도로가 도로법의 적용을 받는 도로에 해당하지 않을 경우를 대비하여 처분의 근거 법령

을 도로의 소유자가 국가인 부분은 구 국유재산법(2009. 1. 30. 법률 제9401호로 전부 개정되기 전의 것, 이하 같다) 제51조와 그 시행령 등으로, 소유자가 서울특별시 종로구인 부분은 구 공유재산 및 물품관리법(2010. 2. 4. 법률 제10006호로 개정되기 전의 것, 이하 같다) 제81조와 그 시행령 등으로 변경하여 주장한 사안에서, 도로법과 구 국유재산법령 및 구 공유재산 및 물품관리법령의 해당 규정은 별개 법령에 규정되어 입법 취지가 다르고, 해당 규정내용을 비교하여 보면 변상금의 징수목적, 산정 기준금액, 징수 재량 유무, 징수절차 등이 서로 달라 위와 같이 근거 법령을 변경하는 것은 종전 도로법 제94조에 의한 변상금 부과처분과 동일성을 인정할 수 없는 별개의 처분을 하는 것과 다름 없어 허용될 수 없으므로, 이와 달리 판단한 원심판결에 법리를 오해한 위법이 있다고 한 사례.

6. 대법원 2019. 10. 31. 선고 2017두74320 판결【건축신고반려처분취소】

갑이 '사실상의 도로'로서 인근 주민들의 통행로로 이용되고 있는 토지를 매수한 다음 2층 규모의 주택을 신축하겠다는 내용의 건축신고서를 제출하였으나, 구청장이 '위 토지가 건축법상 도로에 해당하여 건축을 허용할 수 없다'는 사유로 건축신고수리 거부처분을 하자 갑이 처분의 취소를 구하는 소송을 제기하였는데, 1심법원이 위 토지가 건축법상 도로에 해당하지 않는다는 이유로 갑의 청구를 인용하는 판결을 선고하자 구청장이 항소하여 '위 토지가 인근 주민들의 통행에 제공된 사실상의 도로인데, 주택을 건축하여 주민들의 통행을 막는 것은 사회공동체와 인근 주민들의 이익에 반하므로 갑의 주택 건축을 허용할 수 없다'는 주장을 추가한 사안에서, 구청장이 원심에서 추가한 처분사유는 당초 처분사유와 기본적 사실관계가 동일하고, 정당하여 결과적으로 위 처분이 적법한 것으로 볼 여지가 있다고 한 사례.

7. 대법원 2012. 9. 13. 선고 2012두3859 판결【장해급여부지급결정처분취소】

[1] 산업재해보상보험법 규정의 내용, 형식 및 취지 등에 비추어 보면, 산업

재해보상보험법상 심사청구에 관한 절차는 보험급여 등에 관한 처분을 한 근로복지공단으로 하여금 스스로의 심사를 통하여 당해 처분의 적법성과 합목적성을 확보하도록 하는 근로복지공단 내부의 시정절차에 해당한다고 보아야 한다. 따라서 처분청이 스스로 당해 처분의 적법성과 합목적성을 확보하고자 행하는 자신의 내부 시정절차에서는 당초 처분의 근거로 삼은 사유와 기본적 사실관계의 동일성이 인정되지 않는 사유라고 하더라도 이를 처분의 적법성과 합목적성을 뒷받침하는 처분사유로 추가·변경할 수 있다고 보는 것이 타당하다.

[2] 근로복지공단이 '우측 감각신경성 난청'으로 장해보상청구를 한 근로자 갑에 대하여 소멸시효 완성을 이유로 장해보상급여부지급결정을 하였다가, 갑이 불복하여 심사청구를 하자 갑의 상병이 업무상 재해인 소음성 난청으로 보기 어렵다는 처분사유를 추가하여 심사청구를 기각한 사안에서, 근로복지공단이 산업재해보상보험법상 심사청구에 대한 자신의 심리·결정 절차에서 추가한 사유인 '갑의 상병과 업무 사이의 상당인과관계 부존재'는 당초 처분의 근거로 삼은 사유인 '소멸시효 완성'과 기본적 사실관계의 동일성이 인정되는지와 상관없이 처분의 적법성의 근거가 되는 것으로서 취소소송에서 처음부터 판단대상이 되는 처분사유에 해당한다는 이유로, 갑의 상병과 업무 사이의 상당인과관계 부존재를 처분사유 중 하나로 본 원심판단을 정당하다고 한 사례.

8. 대법원 2014. 5. 16. 선고 2013두26118 판결【기타(시장정비사업추진계획)】

행정처분의 취소를 구하는 항고소송에서 처분청은 당초 처분의 근거로 삼은 사유와 기본적 사실관계가 동일성이 있다고 인정되는 한도 내에서만 다른 사유를 추가 또는 변경할 수 있고, 이러한 기본적 사실관계의 동일성 유무는 처분사유를 법률적으로 평가하기 이전의 구체적 사실에 착안하여 그 기초인 사회적 사실관계가 기본적인 점에서 동일한지에 따라 결정되므로, 추가 또는 변경된 사유가 처분 당시에 이미 존재하고 있었다거나 당사자가 그 사실을 알고 있었다고 하여 당초의 처분사유와 동일성이 있다고 할 수 없다. 그리고 이러한 법리는 행정심판 단계에서도 그대로 적용된다.

Ⅳ 질문 및 토의과제

1. 처분의 기초사실을 변경하지 않으면서 단지 그 처분의 근거법령만을 추가·변경하는 경우에도 처분사유의 추가·변경에 해당하는가?

2. 대법원판례에서 확립된 "기본적 사실관계의 동일성"의 의미를 설명하시오.

3. 처분사유의 추가·변경을 넓게 인정하는 경우와 좁게 인정하는 경우 어떤 차이가 있는가?

4. 처분사유의 추가·변경과 소송물과 어떤 관련성이 있는지 설명하시오.

5. 행정심판의 경우에도 행정소송에서의 처분사유의 추가·변경의 법리가 적용되는지 설명하시오.

Ⅴ 참고문헌

김광수, 처분사유의 추가·변경, 고시연구 2002. 3
김태우, 취소소송에 있어서 처분사유의 추가·변경, 특별법연구 제5권, 1997
박해식, 비공개대상정보간의 처분사유의 추가·변경, 대법원판례해설 47호, 2004
석호철 "기속력의 범위로서의 처분사유의 동일," 행정판례연구 Ⅴ, 2000

제 8 장
행정소송의 집행정지

위법한 행정처분을 통하여 권익이 침해되었다고 주장하여 취소소송을 제기하여도 판결이 확정되기까지에 오랜 시간이 걸리므로 원고가 승소한다고 할지라도 이미 회복할 수 없는 손해가 발생할 경우에는 미리 집행정지 신청을 하여 판결이 확정되기까지 잠정적으로 원고의 권리를 보전할 필요가 있다. 특히 제재기간이 경과한 후에는 협의의 소의 이익이 인정되지 않는 경우에는 취소소송의 제기와 더불어 집행정지제도를 활용하는 것이 권리구제에 크게 도움을 준다. 행정소송법은 공익상의 요청으로 인해 민사집행법에서의 가처분의 경우보다 요건을 보다 강화하여 집행정지규정을 두고 있다.

그런데 행정소송의 제기에 의하여 원칙적으로 집행정지가 된다고 입법할 것인지는 각국의 입법정책의 문제이다. 우리 행정소송법은 집행부정지를 원칙으로 하면서 일정한 요건을 갖춘 경우에 당사자의 신청 또는 직권에 의하여 집행정지를 결정할 수 있도록 되어 있다. 이와 관련하여 당사자가 행정소송법과 행정심판법에 따라 각각의 집행정지를 동시에 신청한 경우에 행정법원이나 행정심판위원회의 한 곳으로부터 먼저 집행정지를 인용하는 결정을 받게 되더라도 이러한 이유만으로 다른 기관에서 집행정지를 각하할 것은 아니다. 왜냐하면 행정심판과 행정소송은 서로 별개의 권리구제제도이며 집행정지의 종기인 재결시나 판결 선고시가 서로 다르기 때문이다.

행정소송법 제23조 제2항에서 집행정지의 요건을 구비한 경우에는 신청 또는 직권에 의하여 처분 등의 효력이나 그 집행 또는 절차의 속행의 전부 또는 일부를 정지할 수 있다고 규정하고 있다. 따라서 넓은 의미의 집행정지는 효력정지, 집행정지, 절차의 속행정지로 구분된다. 먼저 효력정지는 처분의 효력이 발생하지 않도록 하는 것을 말하며, 별도의 집행행위가 필요없이 행정청의 결정으로 완성되는 처분, 가령 공무원에 대한 징계처분이나 영업취소처분 등이 이에 해당한다. 다음으로, 집행정지란 처분의 효력은 존속시키되 그 집행력을 박탈하여 그 내용을 실현하는 행위를 금지하는 것으로 행정강제의 경우에 주로 활용된다. 철거명령에 대하여 집행정지를 할 경우에 대집행절차가 진행되지 않게 된다. 절차의 속행정지란 다단계 행정결정에 있어서 처분이 유효함을 전제로 법률관계가 진전될 경우에 그 기초가 되는 선행처분의 효력을 박탈하여 그 후속절차의 속행이나 법률관계의 진전을 막는 것을 말한다. 대집행의 절차단계나 국세징수절차에 있어서 주로 활용된다.

그런데 거부처분의 경우에는 거부처분의 효력의 집행정지결정이 있으면 거부처분이 없었던 상태로 되돌아 가서 신청은 그대로 유효하겠지만, 그렇다고 행정청에게 신청에 따르는 처분을 하여야 할 의무가 생기지 않으므로 거부처분에 대하여는 집행정지결정을 구할 이익이 없다고 보고 있다는 것이 판례의 주류적인 입장이다.

현행 행정심판법이나 행정소송법에서 집행정지 결정의 종기에 관해 별도의 규정을 두고 있지 않다. 행정법원의 일반적 실무 관행은 "본안판결 선고시까지"로 하고 있다. 법원은 개별적인 사건을 고려하여 "본안판결 확정시까지" 또는 "본안판결 선고일부터 1월까지" 등으로 신축적으로 재량에 따라 집행정지결정을 내리고 있다. 대법원 판례에 의하면 행정소송법 제23조에 따른 집행정지결정의 효력은 결정 주문에서 정한 종기까지 존속하고, 그 종기가 도래하면 당연히 소멸한다고 보았다. 따라서 효력기간이 정해져 있는 제재적 행정처분에 대한 취소소송에서 법원이 본안소송의 판결 선고 시까지 집행정지결정을 하면, 처분에서 정해 둔 효력기간(집행정지결정 당시 이미 일부 집행되었다면 그 나머지 기간)은 판결 선고 시까지 진행하지 않다가 판결이 선고되면 그때 집행정지결정의 효력이 소멸함과 동시에 처분의 효력이 당연히 부활하여 처분에서 정한 효력기간이 다시 진행하게 된다.

6-8-1. 집행정지의 요건

I 개요

집행정지의 성립요건을 살펴보기 전에 우선 집행정지가 허용되는 행정소송은 취소소송과 무효확인소송이 제기되는 경우에만 가능하다. 항고소송중 부작위위법확인소송의 경우에는 행정소송법 제38조 제2항에서 이를 준용하고 있지 않기 때문에 허용되지 않는다. 집행정지의 성립요건은 적극적 요건과 소극적 요건으로 구분가능하다. 먼저 적극적 요건으로는 첫째로, 적법한 본안소송이 계속되어야 한다. 민사소송을 제기함에 있어서 본안소송을 제기하기 전에도 할 수 있는 가처분과는 구별된다. 둘째로, 집행정지대상인 처분 등이 존재하여야 한다. 따라서, 부작위위법확인소송의 경우에는 집행정지를 하더라도 법적으로 보전될 것이 없으므로 집행정지조항이 준용되지 않는다. 셋째로, 회복하기 어려운 손해예방의 필요가 있어야 한다. 이 요건은 사회통념상 금전으로 보상할 수 없는 성질의 손해(가령, 강제출국조치, 퇴거강제처분, 영업정지처분 등 주로 비재산적 처분)는 물론 재산적 손해(과세처분, 과징금부과처분, 부담금부과처분, 변상금부과처분으로 인한 손해 등) 중에서도 금전보상으로는 사회관념상 행정처분을 받은 당사자가 참고 견딜 수 없거나 또는 참고 견디기가 현저히 곤란한 경우의 유형·무형의 손해 등을 의미한다. 넷째로, 긴급한 필요가 존재하여야 한다. 이것은 시간적으로 절박하여 판결을 기다릴 만한 여유가 없는 경우를 말한다. 판례는 손해가 회복하기 어려운 경우에는 이를 예방하기 위한 긴급한 필요가 있는 것으로 보고 있다. 셋째 요건과 넷째 요건은 처분의 성질과 태양 및 내용, 처분상대방이 입는 손해의 성질·내용 및 정도, 원상회복·금전배상의 방법 및 난이 등은 물론 본안청구의 승소가능성의 정도 등을 종합적으로 고려하여 구체적·개별적으로 판단하여야 한다.

다음으로, 소극적 요건인 공공복리에 중대한 영향을 미칠 우려가 없을 것을 요한다. 그 판단 여부는 개별적·구체적으로 관계 공익·사익을 비교·형량하여 상대적으로 판단해야 할 것이되, 이러한 집행정지의 소극적 요건에 대한 입증책임은 처분청에 있다. 집행정지의 적극적 요건은 신청인이 입증하여야 하고, 이에 반하여 소극적 요건은 피신청인인 행정청에서 입증할 필요가 있다.

II 리딩케이스

1. 사건번호: 대법원 2001. 10. 10. 자 2001무29 결정 【효력정지】

2. 사실관계

피신청인 을(공정거래위원회)은 신청인 갑의 군납유류입찰담합행위가 독점규제 및 공정거래에 관한 법률 제19조 제1항 제1호 소정의 부당한 공동행위에 해당한다고 보아 2001. 2. 28. 갑에 대하여 금 258억 1,300만원의 과징금납부명령을 발하였다.

갑이 제출한 소명자료에 의하면, 갑은 주거래 은행과 부채비율을 806.6%까지 감축하기로 하는 내용의 재무구조개선약정을 체결하였는데, 그 부채비율은 99,538%에 달하고 있었다. 이를 감축하지 못할 경우에는 주거래은행으로부터 신규여신 중단 등 일련의 제재조치를 받기로 약정한 사실, 갑의 국내외 사업여건이 크게 악화되어 2000년 회계연도에서만 2,643억 가량의 당기순손실을 내어 부채비율을 2001. 9. 30.까지 목표치 내로 줄이지 못하면 곧바로 제재조치를 취하겠다고 통고하는 등 갑의 사업여건이나 자금사정의 악화에 대하여 소명하고 있다. 그러나, 원심법원은 갑이 제출한 소명자료에 의하더라도 이 사건 처분의 효력이나 집행으로 인하여 갑에게 회복하기 어려운 손해가 발생할 우려가 있고 이를 예방하기 위하여 그 효력이나 집행을 정지할 긴급한 필요가 인정되지 아니한다는 이유로 갑의 이 사건 신청을 기각하였다. 그러자 갑이 불복하여 재항고하였고, 대법원에서 원심결정을 파기하고 사건을 원심법원에 환송한 사안이다.

3. 결정요지

사업여건의 악화 및 막대한 부채비율로 인하여 외부자금의 신규차입이 사실상 중단된 상황에서 285억원 규모의 과징금을 납부하기 위하여 무리하게 외부 자금을 신규차입하게 되면 주거래은행과의 재무구조개선약정을 지키지 못하게 되어 사업자가 중대한 경영상의 위기를 맞게 될 것으로 보이는 경우, 그 과징금 납부명령의 처분으로 인한 손해는 효력정지 내지 집행정지의 적극적 요건인 '회복하기 어려운 손해'에 해당한다고 한 사례.

4. 판례해설

이 사건 결정에 있어서는 과징금의 액수가 과다하고 이를 이행하기 현실적으로 곤란한 점, 주거래은행으로 부터의 재무구조개선약정 불이행으로 인한 신규여신 중단 등 제재가능성, 사업여건의 악화와 부채비율의 급증, 자금사정의 악화로 인한 사업축소, 제재처분의 통지 등을 통해 사업자가 중대한 경영상의 위기를 맞았다는 것을 소명하였다고 보아 집행정지의 적극적 요건인 "회복하기 어려운 손해" 해당한다고 판단하였다. 이는 금전으로 배상할 수 있음에도 그 규모가 크고 중대한 경영상의 위기를 맞게 되는 등 과도한 과징금납부명령의 처분으로 인한 손해는 '회복하기 어려운 손해'에 해당한다고 보아 집행정지신청을 받아들이지 아니한 원심결정을 파기하고 사건을 원심법원에 환송한 의미있는 결정에 속한다.

집행정지의 적극적 요건으로서의 "회복하기 어려운 손해"의 의미와 관련하여 우리 대법원은 그동안 금전으로 배상할 수 있는 경우에는 원칙적으로 회복하기 어려운 손해로 보지 아니하였고, 다만, 원상회복이 불능하거나 곤란한 손해 또는 금전배상의 수인 또는 허용이 불능 또는 곤란한 유형이나 무형의 손해에 한정하는 입장을 견지해 왔다. 다시 말하여 대법원의 기본적 입장은 비재산적 처분의 경우에는 '회복하기 어려운 손해' 요건을 당연 충족하는 것으로 보는 반면, 과세처분이나 과징금부과처분 등 재산적 처분의 경우에는 이 요건을 충족시킬 수 없다고 보아 왔다. 다만, 과세처분과는 달리 과징금부과처분의 경우에 일부 판결에서 과징금납부명령으로 인한 손해가 기업운용자금 수급계획의 차질 등에 상당한 손해를 입힐 것으로 예상되면 그러한 손해는 사회관념상 회복하기 어려운 손해에 해당한다고 보는 등 신축적으로 인정해 온 것도 사실이다. 다만 이

점은 신청인측에서 주장·소명할 필요가 있음은 물론이다.

이 사건 결정은 공정거래법상 과도한 과징금납부명령이 사업자의 자금사정이나 경영전반에 미치는 파급효과가 클 경우에도 금전으로 보상할 수 없는 손해로서 이는 금전보상이 불능인 경우 내지는 금전보상으로는 사회관념상 행정처분을 받은 당사자가 참고 견딜 수 없거나 또는 참고 견디기가 곤란한 경우의 유형, 무형의 손해로 보아, 경영상의 위기를 이유로 과징금에 대하여 이와 같은 이유로 집행정지를 인정하였다는 점에서 그 의미가 있다.

[관련판례 1]도 이 사건 결정과 같은 맥락에서 그 경제적 손실이나 기업 이미지 및 신용의 훼손으로 인하여 사업자의 자금사정이나 경영 전반에 미치는 파급효과가 매우 중대하여 사업 자체를 계속할 수 없거나 중대한 경영상의 위기를 맞게 될 것으로 보이는 등의 사정이 존재하는 경우에는 집행정지를 허용하고 있는 점에 주목할 필요가 있다.

법이론적으로 볼 때 집행정지제도는 권리구제의 실질화와 포괄적인 권리구제를 위해 인정되는 것이라 할 것이다. 따라서 당사자의 권익구제를 위하여 법원의 적극적인 인정태도가 필요하다고 할 것이다.

[관련판례 2]와 같이 '회복하기 어려운 손해'의 판단을 처분의 성질과 태양 및 내용, 처분상대방이 입는 손해의 성질·내용 및 정도, 원상회복·금전배상의 방법 및 난이 등은 물론 본안 청구의 승소가능성의 정도 등을 종합적으로 고려하여 구체적·개별적으로 판단하여야 한다는 판시태도는 일견 타당하면서도, 이와 같은 추상적 기준의 제시는 법원에게 광범위한 재량을 부여하는 결과가 되므로 구체적인 기준제시가 요망된다고 할 것이다. 결국 '회복하기 어려운 손해'의 인정 여부는 집행부정지원칙을 채택하고 있는 현행 법제도의 관점에서 볼 때 본안의 이유없음이 명백하지 않은 이상 적극적으로 집행정지를 인정하는 방향으로 해석하는 것이 바람직하다. 문제는 행정소송법이 명문으로 규정하고 있지 아니하고 있기 때문에 본안청구의 이유가 있어야 하는 것이 집행정지의 요건인지가 다투어진다. 집행정지제도는 신청인이 본안소송에서 승소판결을 받을 때까지 잠정적으로 그 지위를 보호함과 동시에 후에 받을 승소판결을 퇴색하지 않도록 하는 데 의미가 있는 것이다. 따라서 본안의 승소가능성의 관점은 집행정지에 있어 중요한 요소라고 할 것이다.

[관련판례 3]에서는 신청인의 본안 청구가 이유 없음이 명백하지 않아야 한다는 것도 효력정지나 집행정지의 요건에 포함시켜야 한다고 보고 있다.

[관련판례 4]는 집행정지는 행정처분의 집행부정지원칙의 예외로서 인정되는 것이고 또 본안에서 원고가 승소할 수 있는 가능성을 전제로 한 권리보호수단이라는 점에 비추어 보면 집행정지사건 자체에 의하여도 신청인의 본안청구가 적법한 것이어야 한다는 것을 집행정지의 요건에 포함시켜야 할 것이라고 판시하고 있다.

이와 같이 [관련판례 3]에서는 기본적으로 본안청구가 이유 없음이 명백하지 않은 경우를 집행정지의 요건에 포함시켜야 한다고 보고 있는가 하면, [관련판례 4]에서는 본안에서의 승소가능성을 전제로 하여 본안청구가 적법한 것을 집행정지의 요건에 포함시켜야 할 것이라고 하고 있어 일견 서로 다른 것을 말하고 있는 것처럼 보이지만 기본적으로 집행정지의 요건에 원고의 승소가능성을 포함시켜야 한다는 점에서 접점을 찾고 있다고 할 것이다.

[관련판례 5]는 전원합의체 결정으로 행정소송법 제23조 제2항의 효력정지 요건인 '회복하기 어려운 손해'의 의미 및 '처분 등이나 그 집행 또는 절차의 속행으로 인하여 생길 회복하기 어려운 손해를 예방하기 위하여 긴급한 필요'가 있는지의 판단 기준과 관련하여 새로운 기준을 설정한 것이다. 즉, 국토해양부 등에서 발표한 '4대강 살리기 마스터플랜'에 따른 '한강 살리기 사업' 구간 인근에 거주하는 주민들이 각 공구별 사업실시계획승인처분에 대한 효력정지를 신청한 사안에서, 토지 소유권 수용 등으로 인한 손해는 행정소송법 제23조 제2항의 효력정지 요건인 금전으로 보상할 수 없거나 사회관념상 금전보상으로는 참고 견디기 어렵거나 현저히 곤란한 경우의 유·무형 손해에 해당하지 않는다고 본 원심판단을 수긍하였으며, 다수의견은 행정소송법 제23조 제2항에서 정한 요건을 결여하였다는 이유로 효력정지 신청을 기각한 결정에 대하여, 행정처분 자체의 적법 여부를 가지고 불복사유로 삼을 수 없다고 보고 있다.

Ⅲ 관련판례

1. 대법원 2003. 4. 25. 자 2003무2 결정 【집행정지】

[1] 행정소송법 제23조 제2항에 정하고 있는 행정처분 등의 집행정지 요건인 '회복하기 어려운 손해'라 함은 특별한 사정이 없는 한 금전으로 보상할 수 없는 손해로서 이는 금전보상이 불능인 경우 내지는 금전보상으로는 사회관념상 행정처분을 받은 당사자가 참고 견딜 수 없거나 또는 참고 견디기가 곤란한 경우의 유형, 무형의 손해를 일컫는다.

[2] 당사자가 행정처분 등이나 그 집행 또는 절차의 속행으로 인하여 재산상의 손해를 입거나 기업 이미지 및 신용이 훼손당하였다고 주장하는 경우에 그 손해가 금전으로 보상할 수 없어 '회복하기 어려운 손해'에 해당한다고 하기 위해서는, 그 경제적 손실이나 기업 이미지 및 신용의 훼손으로 인하여 사업자의 자금사정이나 경영 전반에 미치는 파급효과가 매우 중대하여 사업 자체를 계속할 수 없거나 중대한 경영상의 위기를 맞게 될 것으로 보이는 등의 사정이 존재하여야 한다.

2. 대법원 2004. 5. 17. 자 2004무6 결정 【집행정지】

[1] 행정처분의 효력정지나 집행정지제도는 신청인이 본안 소송에서 승소판결을 받을 때까지 그 지위를 보호함과 동시에 후에 받을 승소판결을 무의미하게 하는 것을 방지하려는 것이어서 본안 소송에서 처분의 취소가능성이 없음에도 처분의 효력이나 집행의 정지를 인정한다는 것은 제도의 취지에 반하므로 효력정지나 집행정지사건 자체에 의하여도 신청인의 본안 청구가 이유 없음이 명백하지 않아야 한다는 것도 효력정지나 집행정지의 요건에 포함시켜야 한다 (대법원 1999. 11. 26. 자 99부3 결정; 1992. 6. 8. 자 92두14 결정 등 참조).

[2] 행정소송법 제23조 제2항에서 정하고 있는 집행정지 요건인 '회복하기 어려운 손해'라 함은 특별한 사정이 없는 한 금전으로 보상할 수 없는 손해로서 이는 금전보상이 불능인 경우 내지는 금전보상으로는 사회관념상 행정처분을

받은 당사자가 참고 견딜 수 없거나 또는 참고 견디기가 현저히 곤란한 경우의 유형, 무형의 손해를 일컫는다할 것이고(대법원 1986. 3. 21. 자 86두5 결정; 2003. 4. 25. 자 2003무2 결정 등 참조), '처분등이나 그 집행 또는 절차의 속행으로 인하여 생길 회복하기 어려운 손해를 예방하기 위하여 긴급한 필요'가 있는지 여부는 처분의 성질과 태양 및 내용, 처분상대방이 입는 손해의 성질·내용 및 정도, 원상회복·금전배상의 방법 및 난이 등은 물론 본안 청구의 승소가능성의 정도 등을 종합적으로 고려하여 구체적·개별적으로 판단하여야 하며, 한편, 같은 조 제3항에서 규정하고 있는 집행정지의 장애사유로서의 '공공복리에 중대한 영향을 미칠 우려'라 함은 일반적·추상적인 공익에 대한 침해의 가능성이 아니라 당해 처분의 집행과 관련된 구체적·개별적인 공익에 중대한 해를 입힐 개연성을 말하는 것으로서 이러한 집행정지의 소극적 요건에 대한 주장·소명책임은 행정청에게 있다(대법원 2004. 5. 12. 자 2003무41 결정 참조).

3. 대법원 2008. 5. 6. 자 2007무147 결정 【집행정지】

[1] 행정소송법 제23조 제2항에서 정하고 있는 집행정지 요건인 '회복하기 어려운 손해'라 함은 특별한 사정이 없는 한 금전으로 보상할 수 없는 손해로서 이는 금전보상이 불능인 경우 내지는 금전보상으로는 사회관념상 행정처분을 받은 당사자가 참고 견딜 수 없거나 또는 참고 견디기가 현저히 곤란한 경우의 유·무형의 손해를 일컫는다 할 것이고, '처분 등이나 그 집행 또는 절차의 속행으로 인하여 생길 회복하기 어려운 손해를 예방하기 위하여 긴급한 필요'가 있는지 여부는 처분의 성질과 태양 및 내용, 처분상대방이 입는 손해의 성질·내용 및 정도, 원상회복·금전배상의 방법 및 난이 등은 물론, 본안청구의 승소가능성의 정도 등을 종합적으로 고려하여 구체적·개별적으로 판단하여야 한다(대법원 2004. 5. 12. 자 2003무41 결정; 2004. 5. 17. 자 2004무6 결정 등 참조).

[2] 행정처분의 효력정지나 집행정지제도는 신청인이 본안 소송에서 승소판결을 받을 때까지 그 지위를 보호함과 동시에 후에 받을 승소판결을 무의미하게 하는 것을 방지하려는 것이어서 본안 소송에서 처분의 취소가능성이 없음에도 처분의 효력이나 집행의 정지를 인정한다는 것은 제도의 취지에 반하므로

효력정지나 집행정지사건 자체에 의하여도 신청인의 본안 청구가 이유 없음이 명백하지 않아야 한다는 것도 효력정지나 집행정지의 요건에 포함시켜야 한다 (대법원 2004. 5. 17. 자 2004무6 결정; 2007. 7. 13. 자 2005무85 결정 등 참조).

4. 대법원 1995. 2. 28. 자 94두36 결정 【부정당업자제재처분효력정지】

행정처분의 효력정지나 집행정지를 구하는 신청사건에 있어서는 행정처분 자체의 적법 여부는 궁극적으로 본안재판에서 심리를 거쳐 판단할 성질의 것이므로 원칙적으로 판단할 것이 아니고, 그 행정처분의 효력이나 집행을 정지할 것인가에 관한 행정소송법 제23조 제2항 소정의 요건의 존부만이 판단의 대상이 된다고 할 것이지만, 나아가 집행정지는 행정처분의 집행부정지원칙의 예외로서 인정되는 것이고 또 본안에서 원고가 승소할 수 있는 가능성을 전제로 한 권리보호수단이라는 점에 비추어 보면 집행정지사건 자체에 의하여도 신청인의 본안청구가 적법한 것이어야 한다는 것을 집행정지의 요건에 포함시켜야 할 것이다.

5. 대법원 2011. 4. 21. 자 2010무111 전원합의체 결정 【집행정지】

[1] 행정소송법 제23조 제2항에서 정하고 있는 효력정지 요건인 '회복하기 어려운 손해'란, 특별한 사정이 없는 한 금전으로 보상할 수 없는 손해로서 금전보상이 불가능한 경우 내지는 금전보상으로는 사회관념상 행정처분을 받은 당사자가 참고 견딜 수 없거나 참고 견디기가 현저히 곤란한 경우의 유형, 무형의 손해를 일컫는다. 그리고 '처분 등이나 그 집행 또는 절차의 속행으로 인하여 생길 회복하기 어려운 손해를 예방하기 위하여 긴급한 필요'가 있는지는 처분의 성질과 태양 및 내용, 처분상대방이 입는 손해의 성질·내용 및 정도, 원상회복·금전배상의 방법 및 난이 등은 물론 본안청구의 승소가능성 정도 등을 종합적으로 고려하여 구체적·개별적으로 판단하여야 한다.

[2] 국토해양부 등에서 발표한 '4대강 살리기 마스터플랜'에 따른 '한강 살리기 사업' 구간 인근에 거주하는 주민들이 각 공구별 사업실시계획승인처분에 대한 효력정지를 신청한 사안에서, 위 사업구간에 편입되는 팔당지역 농지 대부분

이 국가 소유의 하천부지이고, 유기농업에 종사하는 주민들 대부분은 국가로부터 하천점용허가를 받아 경작을 해온 점, 위 점용허가의 부관에 따라 허가를 한 행정청은 공익상 또는 법령이 정하는 것에 따르거나 하천정비사업을 시행하는 경우 허가변경 · 취소 등을 할 수 있는 점 등에 비추어, 주민들 중 환경영향평가대상지역 및 근접 지역에 거주하거나 소유권 기타 권리를 가지고 있는 사람들이 위 사업으로 인하여 토지 소유권 기타 권리를 수용당하고 이로 인하여 정착지를 떠나 타지로 이주를 해야 하며 더 이상 농사를 지을 수 없게 되고 팔당지역의 유기농업이 사실상 해체될 위기에 처하게 된다고 하더라도, 그러한 손해는 행정소송법 제23조 제2항에서 정하고 있는 효력정지 요건인 금전으로 보상할 수 없거나 사회관념상 금전보상으로는 참고 견디기 어렵거나 현저히 곤란한 경우의 유 · 무형 손해에 해당하지 않는다고 본 원심판단을 수긍한 사례.

[3] [다수의견] 행정처분의 효력정지나 집행정지를 구하는 신청사건에서는 행정처분 자체의 적법 여부를 판단할 것이 아니고 행정처분의 효력이나 집행 등을 정지시킬 필요가 있는지 여부, 즉 행정소송법 제23조 제2항에서 정한 요건의 존부만이 판단대상이 된다. 나아가 '처분 등이나 그 집행 또는 절차의 속행으로 인한 손해발생의 우려' 등 적극적 요건에 관한 주장 · 소명 책임은 원칙적으로 신청인 측에 있으며, 이러한 요건을 결여하였다는 이유로 효력정지 신청을 기각한 결정에 대하여 행정처분 자체의 적법 여부를 가지고 불복사유로 삼을 수 없다.

[대법관 박시환, 대법관 김지형, 대법관 이홍훈, 대법관 전수안의 반대의견] 행정소송법 제8조 제2항에 따라 행정소송에도 준용되는 민사소송법 제442조는 "항고법원 · 고등법원 또는 항소법원의 결정 및 명령에 대하여는 재판에 영향을 미친 헌법 · 법률 · 명령 또는 규칙의 위반을 이유로 드는 때에만 재항고할 수 있다."고 규정하고 있다. 재항고인들이 효력정지 요건의 해석에 관한 원심결정의 법리오해 위법을 반복하여 지적하면서, 특히 여러 가지 측면에서 특수성을 띠고 있는 환경문제가 포함된 이 사건의 규모와 성격, 직 · 간접적 파급효과 등을 고려할 때 효력정지 요건 충족 여부와 관련하여 '회복하기 어려운 손해' 및 '긴급한 필요'의 의미를 종전과 다르게 해석하여야 한다거나 그렇지 않다고 하더라도 소명책임과 관련된 소명의 정도를 완화하여야 한다는 취지의 주장을 하고 있는

데, 이는 법리오해 주장으로서 적법한 재항고 이유이다. 그렇다면 대법원으로서는 재항고 이유의 당부에 관하여 나아가 판단함이 마땅하다.

Ⅳ 질문 및 토의과제

1. 집행정지의 요건에 대하여 설명하시오.

2. 본안에서 승소가능성이 없는 경우에도 집행정지가 허용되는가?

3. '회복할 수 없는 손해'의 의미와 관련하여 금전으로 보상할 수 없는 손해의 경우에는 '회복할 수 없는 손해'에 해당되는 데 큰 어려움이 없다. 판례상 금전으로 보상할 수 있는 경우에도 '회복할 수 없는 손해'에 해당한다고 보아 집행정지가 허용되는지 설명하시오.

4. 집행정지결정 중 효력정지, 집행정지, 절차의 속행정지에 대하여 각각 설명하시오.

Ⅴ 참고문헌

박해식, 회복하기 어려운 손해의 의미와 본안의 승소가능성, 대법원판례해설 제50호, 2004

윤 준, 공정거래법상의 과징금납부명령이 당해 사업자의 자금사정이나 경영 전반에 미치는 파급효과가 중대한 경우, 그로 인한 사업자의 손해가 효력정지의 적극적 요건인 '회복하기 어려운 손해'에 해당하는지 여부, 대법원판례해설 제38호, 2002

이선희, 집행정지요건으로서 회복하기 어려운 손해를 예방하기 위한 긴급한 필요와 공공복리에 중대한 영향을 미칠 우려, 대법원판례해설 제52호, 2005

6-8-2. 거부처분에 대한 집행정지

I 개요

거부처분에 대한 집행정지가 가능한지 여부가 논의되는 바, 원칙적으로 행정소송법상의 집행정지는 종전의 상태, 즉 원상을 회복하여 유지시키는 소극적인 것이므로 적극적인 조치로 활용될 수 없다고 본다. 다시 말하여 수익적 행정처분에 대한 거부처분이 있더라도 거부처분 자체는 국민의 권리의무에 구체적 변동을 가져오는 것은 아니고 집행정지는 신청 전의 상태를 그대로 지속시키는 것에 지나지 않는 것이며, 거부처분에 대하여 설령 집행정지가 행하여진다고 하더라도 그것에 의하여 거부처분이 행하여지지 아니한 상태가 회복될 뿐이며 당해 신청이 허가된 것과 동일한 상태가 실현되거나 행정청이 신청에 따르는 처분을 하여야 할 의무를 부담하는 것이 아니라고 보아, 거부처분의 신청인에게 집행정지 신청의 이익이 없다는 것이 통설과 판례의 주류적 입장이다.

그러나, 거부처분의 집행정지에 의하여 거부처분이 행하여지지 아니한 상태로 복귀됨에 따라 신청인에게 어떠한 법적 이익이 있다고 인정되는 경우가 있을 수 있고, 그러한 경우에는 예외적으로 집행정지신청의 이익이 있다고 할 것이다. 그러한 사례로는 연장허가신청에 대한 거부처분이 있을 때까지 권리가 존속한다고 법에 특별한 규정이 있는 경우, 인·허가 등에 붙여진 기간이 갱신기간 내지 존속기간이라고 볼 수 있는 경우, 국가시험 제1차시험 불합격처분 또는 응시자격이 없다는 것을 이유로 한 원서반려처분, 외국인의 체류연장신청거부 등의 경우를 들 수 있다. 이와 같은 경우에 집행정지가 허용된다면 당사자의 임시적 권익구제에 크게 도움이 된다.

II 리딩케이스

1. 사건번호: 대법원 1992. 2. 13. 자 91두47 결정【투전기업소갱신허가불허처분효력정지】

2. 사실관계

신청인 갑은 투전기업소허가를 받아 운영중 그 유효기간의 만료에 따라, 허가갱신신청을 피신청인 을(서울특별시장)에게 하였는데, 이를 거부하는 내용의 투전기업소갱신허가불허처분을 받자, 그 처분의 효력을 본안판결선고시까지 정지한다는 내용의 처분효력정지신청을 하였다.

이에 원심법원은 사해행위규제법 제7조의 규정에 의하면 이 사건 투전기업소불허처분은 종전의 허가처분을 전제로 하여 그 유효기간을 연장해 주거나 이를 거부하는 행정처분이라기보다는 종전의 허가처분과는 별도의 새로운 행정처분이라고 봄이 상당하다고 하면서, 이 사건 불허처분의 집행정지로서는 갑이 입게 될 손해를 피하는데 아무런 보탬이 되지 않는다고 할 것이어서 이 사건 신청은 부적법하다고 하면서 신청을 각하하였다.

이에 대하여 갑이 불복하여 재항고하자, 대법원에서 원심의 판단이 정당하다고 보아 이를 기각한 사안이다.

3. 결정요지

[1] 신청에 대한 거부처분의 효력을 정지하더라도 거부처분이 없었던 것과 같은 상태 즉 거부처분이 있기 전의 신청시의 상태로 되돌아가는 데에 불과하고 행정청에게 신청에 따른 처분을 하여야 할 의무가 생기는 것이 아니므로, 거부처분의 효력정지는 그 거부처분으로 인하여 신청인에게 생길 손해를 방지하는 데에 아무런 소용이 없어 그 효력정지를 구할 이익이 없다.

[2] 투전기업소허가갱신신청을 거부한 불허처분의 효력을 정지하더라도 이로 인하여 신청인에게 허가의 효력이 회복되거나 또는 행정청에게 허가를 갱신할 의무가 생기는 것은 아니므로 불허처분의 효력정지로서는 신청인이 입게 될 손

해를 피하는 데에 아무런 보탬이 되지 아니하여 그 불허처분의 효력정지를 구할 이익이 없다는 이유로 그 신청을 각하한 사례.

4. 판례해설

이 사건 결정은 거부처분에 대한 집행정지가 허용되지 않는다고 본 결정이다. 이 사건 결정에서 거부처분의 집행정지는 비록 그 효력을 정지하여도 신청인의 법적 지위가 거부처분이 없는 상태 즉 신청시로 돌아가는 것에 그치기 때문에 신청할 법적 이익이 없다고 보아 신청을 각하하는 것이 타당하다고 보고 있다.

그런데, 이 사건 결정의 사안의 경우에서 보는 바와 같이 기득적 지위를 확보하고 있고, 법령에서 유효기간을 두고 있는 경우에는 유효기간 만료전에 집행정지 결정이 내려진다면 신청인의 법적 지위가 보장될 수 있을 것이다. 본안에서 승소가능성이 있다면, 거부처분이기 때문에 신청을 각하할 것이 아니라 이를 받아들이는 것도 가능하다고 할 것이다.

[관련판례 1]에서는 기본적으로 일반적인 수익적 신청을 거부하는 통상적인 거부처분의 경우에는 신청에 대한 거부처분의 효력을 정지하더라도 신청에 따른 의무가 생기지 않으므로 효력정지를 구할 이익이 허용되지 않는다고 보았다.

[관련판례 2]에서는 이 사건 결정과 같은 맥락에서 허가갱신신청을 거부한 불허처분의 효력을 정지하더라도 허가의 효력이 회복되거나 행정청에게 허가를 갱신할 의무가 생기는 것이 아니라고 보고 있다. 그러나, 갱신기간은 이를 특별한 사정이 없는 한 존속기간으로 이해하여야 하기 때문에 집행정지의 요건을 갖춘 경우에 이를 인정하는 것이 오히려 바람직한 측면이 있다. 이러한 경우에 허가의 유효기간 만료 전이나 이후에 당사자가 갱신허가를 신청한 경우에는 관할 관청에서 특별한 사정이 없는 한 존속하도록 할 필요가 있고, 유효기간이 경과하였다고 할지라도 당연히 효력이 상실된다고 해석하기보다는 허가가 갱신될 가능성이 높기 때문에 잠정적으로 종전과 마찬가지로 영업행위를 할 수 있다고 보는 것이 입법취지에 부합한다고 할 것이다. 따라서 이러한 경우에는 비록 투전기업소갱신불허가처분이라고 하는 거부처분이 행해졌다 하더라도 상대방이

이에 불복하는 경우에는 불허가처분의 취소소송과 함께 그 효력정지신청을 하여 집행정지에 의하여 잠정적으로 허가된 행위를 할 수 있도록 하는 것이 당사자의 권리구제에 합치된다고 할 것이다. 단순 거부처분과는 달리 이와 같은 사안의 경우에는 집행정지 신청의 이익을 인정하는 것이 바람직하기 때문이다. 아울러 각종 국가시험이나 자격증 시험, 대학입시 등의 경우에 불합격 처분에 대하여 민사집행법상의 가처분제도가 준용되지 않기 때문에 집행정지를 적극적으로 인정할 필요가 있다. 하급법원인 서울행정법원결정중에는 한약사 국가시험에서 응시자격미달로 원서가 반려된 사건에서 반려처분의 효력을 정지하여 국가시험의 응시기회를 부여한 경우가 있을 뿐만 아니라 제1차전형과 제2차전형으로 구분하여 실시되는 국립대학교 입학전형에서 제1차전형 불합격처분의 효력을 정지하여 제2차전형에 응시하도록 한 것은 긍정적으로 평가될 수 있다.

III 관련판례

1. 대법원 1995. 6. 21. 자 95두26 결정【점검필증교부거부처분효력정지】

신청에 대한 거부처분의 효력을 정지하더라도 거부처분이 없었던 것과 같은 상태, 즉 거부처분이 있기 전의 신청시의 상태로 되돌아가는 데에 불과하고 행정청에게 신청에 따른 처분을 하여야 할 의무가 생기는 것이 아니므로, 거부처분의 효력정지는 그 거부처분으로 인하여 신청인에게 생길 손해를 방지하는 데 아무런 보탬이 되지 아니하여 그 효력정지를 구할 이익이 없다.

2. 대법원 1993. 2. 10. 자 92두72 결정【투전기업소갱신허가불허처분효력정지】

사행행위등규제법 제7조 제2항의 규정에 의하면 사행행위영업허가의 효력은 유효기간 만료 후에도 재허가신청에 대한 불허가처분을 받을 때까지 당초 허가의 효력이 지속된다고 볼 수 없으므로 허가갱신신청을 거부한 불허처분의 효력을 정지하더라도 이로 인하여 유효기간이 만료된 허가의 효력이 회복되거나 행정청에게 허가를 갱신할 의무가 생기는 것도 아니라 할 것이니 투전기업소갱신 허가불허처분의 효력을 정지하더라도 불허처분으로 입게 될 손해를 방지하는 데에 아무런 소용이 없고 따라서 불허처분의 효력정지를 구하는 신청은 이익이 없어 부적법하다.

Ⅳ 질문 및 토의과제

1. 집행정지가 적용되는 행정소송의 종류에는 어떤 것이 있는지 설명하시오?
2. 거부처분에 대한 집행정지는 이론적으로 어떤 경우에 허용될 수 있는가?
3. 행정소송법 제8조 제2항에서 "행정소송법에 관하여 이 법에 특별한 규정이 없는 사항에 대하여는 법원조직법과 민사소송법 및 민사집행법의 규정을 준용한다"고 규정하고 있는데, 행정소송에서 민사집행법상의 가처분제도를 준용할 수 있는가?
4. 행정소송에 있어 가처분제도가 도입될 필요가 있는지에 대하여 논평하시오.

Ⅴ 참고문헌

김용찬, 집행정지, 행정소송(I), 한국사법행정학회, 2008
백윤기, 불합격처분에 대한 효력정지결정에 대한 고찰, 행정판례연구 제8집, 2003
서태환, 행정소송에서 있어서의 집행정지요건, 사법연수원논문집 제5집, 2008

6-8-3. 집행정지 결정의 종기

Ⅰ 개요

집행부정지 원칙을 채택할 것인가 집행정지원칙을 채택할 것인가는 입법정책의 문제로, 우리 행정소송법 제30조와 행정심판법 제23조에서 채택하는 집행부정지의 원칙은 남소를 억제하여 행정의 원활한 집행과 행정목적 달성을 위한 현 상태(status quo)의 존속을 도모하려는 것이다. 영업정지 처분을 받고 원고가 승소한 경우 법원에서 직권으로 집행정지결정을 하지 않으면 판결선고일에 영업정지처분의 효력이 되살아나 그 다음날부터 영업을 중단해야 하는 문제가 있다. 이 사건 판결과 같이 판결선고시 종기의 도래로 곧바로 종전 처분의 효력이 다시 진행한다면 판결문이 뒤늦게 송달되어 처분청이 판결선고일에 그 내용을 제대로 알 수 없어 곧바로 집행으로 나아가기 곤란한 문제가 있다. 학계 일각에서 법원의 실무관행인 집행정지 결정의 종기를 '판결선고시까지'로 하는 문제점을 지적하고 '판결확정시까지'로 행정소송법을 개정할 필요가 있다는 주목할 만한 입장이 개진된 바 있고 제20대 국회 오제세의원 대표발의 행정소송법 일부개정법률안이 발의되었으나 회기말로 폐기된 바 있다.

그러나 이러한 행정심판법의 법문을 확장하는 대법원의 해석은 당사자의 권익을 고려하는 측면이 있으나, 재결서의 정본이 청구인에게 송달된 시점을 행정청이 정확히 알기 어려워 처분 효력의 재개시점이 불명확하여 행정처분의 원활한 집행을 통한 공익실현에 지장이 초래될 수 있다. 따라서 입법론으로 행정소송의 경우 판결 선고후 30일까지로, 행정심판의 경우 재결 후 30일까지로 연장하는 것이 합리적이고 바람직하다.

II 리딩케이스

1. 사건번호: 대법원 2022. 2. 11. 선고 2021두40720 판결【위반차량 운행정지취소등】

2. 사실관계

가. 원고는 「화물자동차 운수사업법」에서 정한 화물자동차 운송사업을 영위하는 주식회사이다. 피고는 지방자치단체의 장인 군수이다. 피고는 2015. 6. 8. 원고에 대하여 각 화물자동차를 불법증차하였다는 이유로 구 「화물자동차 운수

사업법」(2021. 7. 27. 법률 제18355호로 개정되기 전의 것) 제19조 제1항 제2호에 따라 60일(2015. 7. 13.부터 2015. 9. 10.까지)의 운행정지 처분을 하고, 각 화물자동차를 불법증차하고도 거짓이나 부정한 방법으로 유가보조금을 지급받았다는 이유로 같은 법률 제44조의2 제1항 제5호에 따라 6개월(2015. 7. 13.부터 2016. 1. 13.까지)의 유가보조금 지급정지 처분을 하였다.

나. 원고는 이에 불복하여 관할 행정심판위원회에 행정심판을 청구하였다. 행정심판위원회는 2015. 7. 13. 위 각 처분의 집행을 행정심판 청구 사건의 재결이 있을 때까지 정지하는 내용의 이 사건 집행정지결정을 하였다가 2015. 8. 31. 유가보조금 지급정지 처분의 취소 청구는 기각하고, 위 운행정지 기간은 30일로 감경하는 이 사건 재결을 하였다(이하 위 유가보조금 지급정지 처분과 위와 같이 감경되고 남은 운행정지 처분을 합하여 '선행처분'이라 한다). 원고는 선행처분에 대하여 법원에 별도로 취소소송을 제기하지 않았다.

다. 피고는 2015. 9. 22. 선행처분의 집행을 피고와 A 주식회사 사이의 이와 유사한 사건의 관할 행정법원 2015구합1245 판결시까지 유예한다는 내용의 이 사건 유예 통지서를 작성하여 원고에게 발송하였다. 관할 행정법원은 2016. 1. 13. 위 사건에 관하여 판결을 선고하였다. 피고는 2020. 3. 5. 원고에게 선행처분과 동일한 사유로 각 화물자동차에 관하여 30일(2020. 3. 6.부터 2020. 4. 4.까지)의 운행정지, 6개월의 유가보조금 지급정지를 하겠다고 통보하였다(이하 '이 사건 통보'라 한다).

라. 원심은 이 사건 통보가 원고에게 선행처분과 별도로 새로운 의무를 부과하는 것이 아니어서 원고에게 그 취소를 구할 이익이 없다는 이유로 이 부분 소를 각하하였다. 대법원은 이러한 원심 판단에는 효력기간이 정해져 있는 제재적 행정처분에 대한 집행정지 결정의 효력과 행정처분의 해석, 이중처분 등에 관한 법리를 오해하여 판결에 영향을 미친 잘못이 있다고 보아 원고의 청구를 각하한 부분은 파기하여 원심법원에 환송하고, 나머지는 상고를 기각한 것이다.

3. 결정요지

[1] 행정소송법 제23조에 따른 집행정지결정의 효력은 결정 주문에서 정한

종기까지 존속하고, 그 종기가 도래하면 당연히 소멸한다. 따라서 효력기간이 정해져 있는 제재적 행정처분에 대한 취소소송에서 법원이 본안소송의 판결 선고 시까지 집행정지결정을 하면, 처분에서 정해 둔 효력기간(집행정지결정 당시 이미 일부 집행되었다면 그 나머지 기간)은 판결 선고 시까지 진행하지 않다가 판결이 선고되면 그때 집행정지결정의 효력이 소멸함과 동시에 처분의 효력이 당연히 부활하여 처분에서 정한 효력기간이 다시 진행한다. 이는 처분에서 효력기간의 시기(始期)와 종기(終期)를 정해 두었는데, 그 시기와 종기가 집행정지기간 중에 모두 경과한 경우에도 특별한 사정이 없는 한 마찬가지이다. 이러한 법리는 행정심판위원회가 행정심판법 제30조에 따라 집행정지결정을 한 경우에도 그대로 적용된다. 행정심판위원회가 행정심판 청구 사건의 재결이 있을 때까지 처분의 집행을 정지한다고 결정한 경우에는, 재결서 정본이 청구인에게 송달된 때 재결의 효력이 발생하므로(행정심판법 제48조 제2항, 제1항 참조) 그때 집행정지결정의 효력이 소멸함과 동시에 처분의 효력이 부활한다.

[2] 효력기간이 정해져 있는 제재적 행정처분의 효력이 발생한 이후에도 행정청은 특별한 사정이 없는 한 상대방에 대한 별도의 처분으로써 효력기간의 시기와 종기를 다시 정할 수 있다. 이는 당초의 제재적 행정처분이 유효함을 전제로 그 구체적인 집행시기만을 변경하는 후속 변경처분이다. 이러한 후속 변경처분도 특별한 규정이 없는 한 의사표시에 관한 일반법리에 따라 상대방에게 고지되어야 효력이 발생한다. 위와 같은 후속 변경처분서에 효력기간의 시기와 종기를 다시 특정하는 대신 당초 제재적 행정처분의 집행을 특정 소송사건의 판결 시까지 유예한다고 기재되어 있다면, 처분의 효력기간은 원칙적으로 그 사건의 판결 선고 시까지 진행이 정지되었다가 판결이 선고되면 다시 진행된다. 다만 이러한 후속 변경처분 권한은 특별한 사정이 없는 한 당초의 제재적 행정처분의 효력이 유지되는 동안에만 인정된다. 당초의 제재적 행정처분에서 정한 효력기간이 경과하면 그로써 처분의 집행은 종료되어 처분의 효력이 소멸하는 것이므로(행정소송법 제12조 후문 참조), 그 후 동일한 사유로 다시 제재적 행정처분을 하는 것은 위법한 이중처분에 해당한다.

4. 판례해설

이 사건 판결은 집행정지를 둘러싸고 다양한 행정법적 쟁점이 포함되어 있는 의미 있는 판결에 속한다. 먼저 이 사건 판결은 효력기간이 정해져 있는 제재적 행정처분에 대한 취소소송에서 일반적 실무관행대로 법원이 본안소송의 판결선고 시까지 집행정지결정을 한 경우, 처분에서 정해 둔 효력기간은 판결 선고 시까지 진행하지 않다가 선고된 때에 당연히 부활하여 다시 진행하게 된다. 이러한 법리는 행정심판위원회가 행정심판법 제30조에 따라 집행정지결정을 한 경우에도 그대로 적용된다고 보고 있다.

이 사건 판결에서는 효력기간이 정해져 있는 제재적 행정처분의 효력이 발생한 이후 행정청이 상대방에 대한 별도의 처분으로 효력기간의 시기와 종기를 다시 정할 수 있다고 하면서 당초의 제재적 행정처분에서 정한 효력기간이 경과하면 그로써 처분의 집행은 종료되어 처분의 효력이 소멸하는 것이므로(행정소송법 제12조 후문 참조), 그 후 동일한 사유로 다시 제재적 행정처분을 하는 것은 위법한 이중처분에 해당한다고 판시하였다. 그러나 대법원에서 거부처분에 있어서 판결의 기속력에 반하는 동일한 내용의 재처분을 무효로 보듯이 위법한 이중처분이라고 판시할 것이 아니라 무효인 이중처분에 해당한다고 명확하게 판시하였어야 한다.

한편 집행정지의 종기가 도래한 후 행정청이 변경처분으로 집행정지의 결정과 같은 효과를 갖는 처분을 하는 것을 허용할 것인지 여부와 관련하여, 이 사건 판결은 효력기간이 정해져 있는 제재적 행정처분의 효력이 발생한 이후 행정청이 상대방에 대한 별도의 처분으로 효력기간의 시기와 종기를 다시 정할 수 있다고 보았다. [관련판례 1]과 [관련판례 2]는 동일한 판시내용으로 대상판결과 같은 맥락에서 내려진 판결이다.

Ⅲ 관련판례

1. 대법원 1999. 2. 23. 선고 98두14471 판결【영업정지처분취소】

행정소송법 제23조에 의한 집행정지결정의 효력은 결정주문에서 정한 시기까지 존속하며 그 시기의 도래와 동시에 효력이 당연히 소멸하는 것이므로, 일정기간 동안 영업을 정지할 것을 명한 행정청의 영업정지처분에 대하여 법원이 집행정지결정을 하면서 주문에서 당해 법원에 계속중인 본안소송의 판결선고시까지 처분의 효력을 정지한다고 선언하였을 경우에는 처분에서 정한 영업정지기간의 진행은 그 때까지 저지되는 것이고 본안소송의 판결선고에 의하여 당해 정지결정의 효력은 소멸하고 이와 동시에 당초의 영업정지처분의 효력이 당연히 부활되어 처분에서 정하였던 정지기간(정지결정 당시 이미 일부 진행되었다면 나머지 기간)은 이 때부터 다시 진행한다.

2. 대법원 1993. 8. 24. 선고 92누18054 판결【무도유흥접객업영업정지처분취소】

행정소송법 제23조에 의한 집행정지결정의 효력은 결정주문에서 정한 시기까지 존속하며 그 시기의 도래와 동시에 효력이 당연히 소멸하는 것이므로, 일정기간 동안 영업을 정지할 것을 명한 행정청의 영업정지처분에 대하여 법원이 집행정지결정을 하면서 주문에서 당해 법원에 계속중인 본안소송의 판결선고시까지 처분의 효력을 정지한다고 선언하였을 경우에는 처분에서 정한 영업정지기간의 진행은 그때까지 저지되는 것이고 본안소송의 판결선고에 의하여 당해 정지결정의 효력은 소멸하고 이와 동시에 당초의 영업정지처분의 효력이 당연히 부활되어 처분에서 정하였던 정지기간(정지결정 당시 이미 일부 집행되었다면 나머지 기간)은 이때부터 다시 진행한다.

Ⅳ 질문 및 토의과제

1. 집행정지 결정의 종기가 도래하면 당초 정지되었던 행정처분의 효력은 언제 발생하는가?

2. 집행정지 결정의 종기를 판결선고시로 할 경우 어떤 문제가 야기될 수 있나?

3. 집행정지의 종기를 판결선고시로 할 경우와 판결확정시를 할 경우의 장단점을 비교하시오.

4. 집행정지의 종기가 도래된 후에 새로이 정지된 처분을 새로운 기간을 정해서 정지기간 동안 다시 발령하는 것은 허용되는가?

Ⅴ 참고문헌

김용섭, "행정쟁송에서 집행정지 결정의 종기를 둘러싼 법적 쟁점", 법률신문 2023. 2. 16. 자, 11면

류광해, "행정처분 집행정지 결정의 종기에 대한 검토"「인권과 정의」 통권 제446호, 2014

국민권익위원회 행정심판위원회, 「행정심판법의 이론과 실무」, 2022

제 9 장
취소소송의 판결과 그 효력

취소소송의 판결은 법원이 원고의 소송의 제기를 전제로 하여 구체적인 행정법적 분쟁을 해결하기 위하여 소송절차에 따라 내리는 결정을 말한다. 판결의 선고만으로 소송이 종료되는 것이 아니라 판결이 확정되어야 소송이 종료된다.

행정소송의 판결에는 소송요건이 결여된 경우에 내리는 각하판결, 소송요건은 구비되었으나 본안심리결과 원고의 청구를 배척하는 기각판결, 소송요건이 구비되었으나 원고의 청구가 이유있다고 하여 전부 또는 일부를 받아들이는 인용판결로 구분이 가능하다.

행정소송법 제28조에서 사정판결에 관한 규정을 두고 있다. 사정판결이란 원고의 청구가 이유있다고 인정하는 경우에도 처분 등을 취소하는 것이 현저히 공공복리에 적합하지 않다고 인정하는 경우에는 법원이 원고의 청구를 기각할 수 있는 특수한 판결의 일종이다. 사정판결이 내려질 경우에는 그 판결의 주문에서 처분 등이 위법함을 명시하게 되며, 이로써 처분의 위법성에는 기판력이 미치고 소송비용도 피고가 부담하게 된다. 사정판결이란 처분 등이 위법한 경우 법원에서 취소판결을 내려 소급하여 그 효력을 없애는 것이 법치주의에 합치되지만, 당초의 처분에 기초하여 형성된 다수인의 이해관계를 존중할 필요성이 있고, 대형국책 사업 등과 같이 공공사업이 상당히 진척된 경우에는 기존의 법률관계를 뒤집는 것이 공공복리에 어긋나기 때문에 이와 같은 경우에 위법하다고 할지라도 원고의 손을 들어주지 않고, 정책적 공익적 이유에서 원고의 청구를 기각하는 판결이 바로 그것이다. 사정판결은 취소소송에서만 인정되고, 무효확인소송이나 부작위 위법확인소송에 있어서는 인정되지 않는다. 사정판결의 경우에는 법원은 그 판결의 주문에서 그 처분이 위법함을 명시하여야 한다. 이와 같이 사정판결은 원고의 청구가 이유있음에도 공익상의 요청에 의하여 청구를 기각하는 판결이므로 소송비용은 패소한 원고가 부담하지 않고, 승소자인 피고의 부담이 된다.

취소소송의 판결의 효력으로는 크게 기판력, 형성력, 기속력을 들 수 있다, 먼저 기판력이란 확정된 종국판결에 인정되는 효력으로 뒤에 동일한 사항이 문제가 되었을 때에는 당사자는 이에 반하여 되풀이하여 소송을 제기하여 다툴 수 없으며, 법원도 확정판결을 존중하여 이에 저촉되는 모순된 판단을 할 수 없는 효력을 말한다. 다음으로 형성력이란 처분이나 재결을 취소하는 취지의 판결이 확정되면 그 처분이나 재결의 효력은 처분청의 취소 등의 별도의 행위를 기다릴 필요 없이 당연히 처분당시로 돌아가 효력이 소멸되고, 이로써 그 처분이나 재결에 기하여 형성된 기존의 법률관계 또는 법률상태에 변동을 가져오는 효력을 말한다. 형성력은 소급효를 지니게 되어 취소판결이 확정되면 처분당시부터 효력이 없던 것으로 되며, 형성력은 당사자뿐만 아니라 제3자에 대하여도 주장할 수 있기 때문에 행정소송법은 제3자를 위한 보호제도로서 제3자의 소송참가와 재심제도를 마련하고 있다.

끝으로 기속력은 소송당사자와 관계행정청이 그 내용에 따라 행동할 실체법적인 구속력이 생겨, 가령 취소소송에서 인용판결이 확정되면 행정청은 동일한 사실관계 아래서 동일한 내용으로 반복하여 처분을 할 수 없게 되며, 거부처분 취소판결이나 부작위위법확인판결이 확정되면 판결의 취지에 따라 원래의 신청에 대한 처분을 하여야 할 적극적인 처분의무가 발생하게 된다.

6-9-1. 일부취소판결의 허용성

Ⅰ 개요

취소소송의 판결은 소송요건의 결여를 이유로 하는 각하판결, 본안심리의 결과 청구가 이유가 없다고 내리는 기각판결, 그리고 원고의 청구가 이유가 있다고 판단되어 내리는 인용판결로 구분가능하다. 여기에서 인용판결의 경우에도 전부취소판결과 일부취소판결로 나누어지는 바, 일부취소판결이 허용되는지 여부에 관하여 행정소송법 제4조 제1호에서 규정하고 있는 "변경"이 소극적 변경에 그치는지 아니면 적극적 변경이 가능한지의 문제와 관련되는데 판례와 통설은 적극적 변경은 어렵고, 일부취소를 의미하는 소극적 변경만 가능한 것으로 보고 있다. 행정소송법 제4조 제1호에 의하여 기본적으로 일부취소판결이 가능하다고 할 지라도 구체적 법률관계에 따라 그 허용성이 논의될 수 있는 바, 기본적으로 일부취소의 대상이 되는 처분이 가분적이어야 하며, 과징금부과처분과 같은 재량영역에 있어서는 일부취소판결이 허용되지 않고 전부취소판결을 내려야 하는 것으로 보고 있다.

II 리딩케이스

1. 사건번호: 대법원 1998. 4. 10. 선고 98두2270 판결【과징금부과처분취소】

2. 사실관계

원고 갑은 개인택시운송사업면허를 얻어 서울에서 개인택시를 운전하는 자이다. 그런데 피고 을(서울특별시노원구청장)은 갑에 대하여 차고지를 확보하여 이를 신고하라고 지시하였음에도 이를 이행하지 않았다. 을이 자동차운수사업법시행령 제3조 제1항 [별표1]의 제5호를 적용하여 갑에 대하여 금 1,000,000원의 과징금을 부과하는 처분을 하자, 이에 대하여 갑은 금 1,000,000원의 과징금부과처분을 취소한다는 청구취지로 원심법원에 과징금부과처분취소소송을 제기하였다.

이에 대하여 원심법원은 갑이 차고지 없이 개인택시운송사업을 한 것은 위 시행령 제3조 제1항 [별표1]의 5호 마목에 해당하므로 과징금의 액수는 100,000원으로 정하는 것이 상당하다고 할 것이고, 따라서 이 사건 처분중 금

100,000원을 초과하는 부분은 재량권을 일탈 남용한 것으로 위법하다고 판시하면서, "피고가 원고에게 1996. 12. 9. 한 과징금 금 1,000,000원의 부과처분 중 금 100,000원을 넘는 부분을 취소한다"는 주문으로 일부취소판결을 내렸다. 이에 대하여 갑이 상고하자, 대법원은 원심법원이 과징금의 일부분만을 취소한 조치가 과징금부과처분취소에 관한 법리를 오해하여 판결에 영향을 미친 위법을 저질렀다고 하여, 원심판결을 파기하고 사건을 다시 심리판단하게 하기 위하여 원심법원에 환송한 사안이다.

3. 판결요지

자동차운수사업면허조건 등을 위반한 사업자에 대하여 행정청이 행정제재수단으로 사업 정지를 명할 것인지, 과징금을 부과할 것인지, 과징금을 부과키로 한다면 그 금액은 얼마로 할 것인지에 관하여 재량권이 부여되었다 할 것이므로 과징금부과처분이 법이 정한 한도액을 초과하여 위법할 경우 법원으로서는 그 전부를 취소할 수밖에 없고, 그 한도액을 초과한 부분이나 법원이 적정하다고 인정되는 부분을 초과한 부분만을 취소할 수 없다(금 1,000,000원을 부과한 당해 처분 중 금 100,000원을 초과하는 부분은 재량권 일탈·남용으로 위법하다며 그 일부분만을 취소한 원심판결을 파기한 사례).

4. 판례해설

이 사건판결은 일부취소판결의 허용성과 관련된다. 가령 과징금부과처분이 상한액을 초과하여 잘못 부과된 경우에 재량권이 있는 행정청의 의사를 무시하고 법원에서 일부취소판결을 내릴 수 있는가 논란이 있는데, 이에 대하여 판례는 조세부과처분이나 개발부담금부과처분의 경우에는 납세자가 취소를 구하는 부과처분 중 정당한 세액을 초과하는 위법의 부과부분이 있는 경우에는 일부취소판결이 가능하다고 보면서도 과징금의 경우에는 전부취소를 하여야 한다고 보고 있다. 왜냐하면 개발부담금부과처분 등에 있어서는 기속행위에 해당되면 어차피 전부취소판결이 내려지더라도 행정청은 동일한 액을 부과하여야 하기 때문이다.

그러나 이 사건 판결에서 보는 바와 같이 과징금 부과처분의 경우에는 재량행위이기 때문에 재량권의 범위 내에서 어느 범위가 적정한 것인지는 행정청이 결정하는 것이 합목적적이고 법원이 그 범위를 정하는 것은 사법심사의 범위를 벗어나는 것이라는 전제에 있다. 아울러 일부취소판결의 가능성은 일부취소의 요건을 구비하는 것과 밀접한 관련이 있는 바, 일부 취소되는 부분의 분리가능성(가분성, 특정성), 잔존부분의 독자적 처분성이 있어야 하는데 금전급부청구의 경우에는 가분적이어서 일부취소가능성은 인정된다고 할 것이다. 다만, 처분이 과징금의 부과처분과 같은 재량행위인가 아니면 과세처분과 같은 기속행위인가의 여부에 따라 일부취소판결의 허용성이 논의되지만, 이와 더불어 법원이 만일 당사자가 제출한 자료를 토대로 금액산정을 하여 채권채무관계를 확정하는 경우라면 초과되는 금액에 한정하여서만 일부취소판결을 허용하는 것이 분쟁의 조기 해결의 필요성에 비추어 바람직하다고 할 것이다.

[관련판례 1] 및 [관련판례 2]에서와 같이 과징금 부과처분과 시정조치등취소처분의 경우에는 재량행위에 해당하므로, 권력분립의 원칙과 행정의 1차적 처분권 보장 차원에서 일부취소를 부인하고 전부취소하고 있다. 그러나 조세부과처분이나 개발부담금부과처분과 같은 기속행위의 경우에는 기본적으로 정당한 세액을 산출하여 그 금액이 넘는 부분만 취소한다. [관련판례 3]은 양도소득세 부과처분에 있어서 정당한 세액산출이 가능한 경우에는 일부취소가 가능하고 전부취소할 필요가 없다는 점을 명백히 하고 있다. [관련판례 4]에서 보는 바와 같이 개발부담금부과처분에 있어서 당사자가 제출한 자료에 의하여 적법하게 부과될 금액을 법원에서 산출할 수 없는 경우에는 일부취소는 허용되지 않고, 전부취소판결을 내려야 할 것이지만, 그렇지 않은 경우에는 그 정당한 금액을 초과하는 부분만 취소하여야 한다. [관련판례 5]에서는 여러 개의 상이에 대한 국가유공자요건비해당처분에 대한 취소소송에서 그 중 일부 상이가 국가유공자요건이 인정되는 상이에 해당하고 나머지 상이는 해당하지 않는 경우, 그 비해당처분 전부를 취소해야 하는 것은 아니고 국가유공자요건이 인정되는 상이에 대한 부분만을 취소할 수 있다고 판시하여 일부취소를 허용하였다.

[관련판례 6]에서는 제1종 대형, 제1종 보통 자동차운전면허를 가지고 있는 甲이 배기량 400cc의 오토바이를 절취하였다는 이유로 지방경찰청장이 甲의 제

1종 대형, 제1종 보통 자동차운전면허를 모두 취소한 사안에서, 위 오토바이를 훔쳤다는 사유만으로 제1종 대형면허나 보통면허를 취소할 수 없다고 본 원심 판단을 정당하다고 판시하였는 바, 국민의 권익구제적 관점이나 종전의 대법원 판례의 법리에 비추어 볼 때 바람직한 결론이라고 본다. 대법원 판례는 그동안 복수운전면허취소처분 등 가분적 행위에 대하여 별개로 취급하여 일부취소의 법리를 발전시켜 왔다. 가령 운전면허에 있어서도 원칙론으로는 한 사람이 여러 종류의 자동차운전면허를 취득한 경우 이를 취소 또는 정지할 때 서로 별개의 것으로 취급해야 하는 것으로 파악하면서도 취소사유가 다른 면허와 공통된 것이거나 운전면허를 받은 사람에 관한 것일 경우, 여러 면허를 전부 취소할 수 있는 것으로 보아 왔다. [관련판례 7]에서는 공정거래위원회가 위반행위에 대한 과징금을 부과하면서 여러 개의 위반행위에 대하여 외형상 하나의 과징금 납부명령을 하였으나 여러 개의 위반행위 중 일부 위반행위에 대한 과징금 부과만 위법하고 소송상 그 일부 위반행위를 기초로 한 과징금액을 산정할 수 있는 자료가 있는 경우, 그 일부 위반행위에 대한 과징금액에 해당하는 부분만 취소할 수 있다고 보아, 재량행위에 있어 언제나 전부취소판결을 할 것이 아니라 일부취소판결이 허용되는 예외적인 경우를 인정하였다는 점에서 의미가 있다.

III 관련판례

1. 대법원 1993. 7. 27. 선고 93누1077 판결【과징금부과처분취소】

자동차운수사업 면허조건 등에 위반한 사업자에 대하여 행정청이 행정제재수단으로서 사업정지를 명할 것인지, 과징금을 부과할 것인지, 과징금을 부과키로 하였다면 그 금액은 얼마로 할 것인지 등에 관하여 재량권이 부여되어 있다 할 것이고, 과징금 최고한도액 5,000,000원의 부과처분만으로는 적절치 않다고 여길 경우 사업정지쪽을 택할 수도 있다 할 것이므로 과징금 부과처분이 법이 정한 한도액을 초과하여 위법할 경우 법원으로서는 그 전부를 취소할 수밖에 없고, 그 한도액을 초과한 부분이나 법원이 적정하다고 인정되는 부분을 초과한 부분만을 취소할 수는 없다.

2. 대법원 2007. 10. 26. 선고 2005두3172 판결【시정조치등취소】

처분을 할 것인지 여부와 처분의 정도에 관하여 재량이 인정되는 과징금 납부명령에 대하여 그 명령이 재량권을 일탈하였을 경우 법원으로서는 재량권의 일탈 여부만 판단할 수 있을 뿐이지 재량권의 범위 내에서 어느 정도가 적정한 것인지에 관하여 판단할 수 없으므로 그 전부를 취소할 수밖에 없고, 법원이 적정하다고 인정되는 부분을 초과한 부분만 취소할 수는 없는 것이며(대법원 1998. 4. 10. 선고 98두2270 판결 참조), 또한 수개의 위반행위에 대하여 하나의 과징금 납부명령을 하였으나 수개의 위반행위 중 일부의 위반행위만이 위법하지만, 소송상 그 일부의 위반행위를 기초로 한 과징금액을 산정할 수 있는 자료가 없는 경우에는 하나의 과징금 납부명령 전부를 취소할 수밖에 없다(대법원 2004. 10. 14. 선고 2003두2881 판결 참조).

3. 대법원 2000. 6. 13. 선고 98두5811 판결【양도소득세부과처분취소】

과세처분취소소송의 처분의 적법 여부는 과세액이 정당한 세액을 초과하느냐의 여부에 따라 판단되는 것으로서 당사자는 사실심 변론종결시까지 객관적인 조세채무액을 뒷받침하는 주장과 자료를 제출할 수 있고 이러한 자료에 의하여 적법하게 부과될 정당한 세액이 산출되는 때에는 그 정당한 세액을 초과하는 부분만 취소하여야 할 것이고 전부를 취소할 것이 아니다.

4. 대법원 2004. 7. 22. 선고 2002두868 판결【개발부담금부과처분취소】

개발부담금부과처분 취소소송에 있어 당사자가 제출한 자료에 의하여 적법하게 부과될 정당한 부과금액이 산출할 수 없을 경우에는 부과처분 전부를 취소할 수밖에 없으나, 그렇지 않은 경우에는 그 정당한 금액을 초과하는 부분만 취소하여야 한다.

5. 대법원 2012. 3. 29. 선고 2011두9263 판결【국가유공자요건비해당처분취소】

국가유공자 등 예우 및 지원에 관한 법률 제4조 제1항 제6호등 관련 법령의 내용, 형식 및 입법취지를 비롯하여 국가유공자등록신청 당시 신청인이 여러 개의 상이를 주장함으로써 국가유공자요건의 관련 사실을 확인하는 과정에서 여러 개의 상이가 문제 되는 경우 각각의 상이 별로 국가유공자요건에 해당하는지 여부에 대한 심사가 이루어지는 점, 이에 따라 법의 적용대상자로 될 상이를 입은 것이 아닌 사람 또는 국가유공자요건이 인정되지 않은 상이에 대하여는 상이등급의 판정을 위한 신체검사를 실시하지 아니하는 점, 나아가 여러 개의 상이를 주장하면서 국가유공자등록신청을 한 신청인의 의사는 단지 국가유공자로 등록되는 데 그치는 것이 아니라 교육훈련 또는 직무수행 중 입은 각각의 상이의 정도와 그 상이등급에 상응하는 국가유공자로 등록해 줄 것을 구하는 것이라고 봄이 타당한 점, 외형상 하나의 행정처분이라 하더라도 가분성이 있거나 그 처분대상의 일부가 특정될 수 있다면 그 일부만의 취소도 가능하고 그 일부의 취소는 당해 취소부분에 관하여 효력이 생긴다고 할 것인 점 등을 종합하면, 여러 개의 상이에 대한 국가유공자요건비해당처분에 대한 취소소송에서 그 중 일부 상이가 국가유공자요건이 인정되는 상이에 해당하더라도 나머지 상이에 대하여 위 요건이 인정되지 아니하는 경우에는 국가유공자요건비해당처분 중 위 요건이 인정되는 상이에 대한 부분만을 취소하여야 할 것이고, 그 비해당처분 전부를 취소할 수는 없다고 할 것이다.

6. 대법원 2012. 5. 24. 선고 2012두1891 판결【자동차운전면허취소처분취소】

[1] 한 사람이 여러 종류의 자동차운전면허를 취득하는 경우뿐 아니라 이를 취소 또는 정지하는 경우에도 서로 별개의 것으로 취급하는 것이 원칙이고, 다만 취소사유가 특정 면허에 관한 것이 아니고 다른 면허와 공통된 것이거나 운전면허를 받은 사람에 관한 것일 경우에는 여러 면허를 전부 취소할 수도 있다.

[2] 제1종 대형, 제1종 보통 자동차운전면허를 가지고 있는 甲이 배기량

400cc의 오토바이를 절취하였다는 이유로 지방경찰청장이 도로교통법 제93조 제1항 제12호에 따라 甲의 제1종 대형, 제1종 보통 자동차운전면허를 모두 취소한 사안에서, 도로교통법 제93조 제1항 제12호, 도로교통법 시행규칙 제91조 제1항[별표 28] 규정에 따르면 그 취소 사유가 훔치거나 빼앗은 해당 자동차 등을 운전할 수 있는 특정 면허에 관한 것이며, 제2종 소형면허 이외의 다른 운전면허를 가지고는 위 오토바이를 운전할 수 없어 취소 사유가 다른 면허와 공통된 것도 아니므로, 甲이 위 오토바이를 훔친 것은 제1종 대형면허나 보통면허와는 아무런 관련이 없어 위 오토바이를 훔쳤다는 사유만으로 제1종 대형면허나 보통면허를 취소할 수 없다고 본 원심판단을 정당하다고 한 사례.

7. 대법원 2019. 1. 31. 선고 2013두14726 판결【시정조치등취소청구】

공정거래위원회가 위반행위에 대한 과징금을 부과하면서 여러 개의 위반행위에 대하여 외형상 하나의 과징금 납부명령을 하였으나 여러 개의 위반행위 중 일부의 위반행위에 대한 과징금 부과만이 위법하고 소송상 그 일부의 위반행위를 기초로 한 과징금액을 산정할 수 있는 자료가 있는 경우에는, 하나의 과징금 납부명령일지라도 그 일부의 위반행위에 대한 과징금액에 해당하는 부분만을 취소하여야 한다.

Ⅳ 질문 및 토의과제

1. 법원이 심리한 결과 청구의 일부에만 위법이 있는 경우 그 일부취소판결을 내릴 수 있는가 아니면 전부취소판결을 내려야 하는가?

2. 법원에서 영업취소를 영업정지 6월로 변경하는 판결이 가능한지와 영업정지 6월의 처분을 3월로 변경하는 내용의 판결이 가능한지 여부와, 행정심판위원회에서 영업취소를 영업정지 6월로 변경하는 재결이 가능한지를 각각 검토하시오.

3. 일부취소판결을 하기 위한 요건을 설명하시오.

4. 행정소송사건에서 일부취소판결이 허용되는 경우와 허용되지 않는 경우를 사례를 들어 설

병하시오.

Ⅴ 참고문헌

김용섭, 행정법상 일부취소, 행정법연구 23호, 2009. 4
김용섭, 보조금교부결정취소를 둘러싼 법적 문제, Jurist 408호, 2004. 9
박정훈, 행정소송법개정의 주요쟁점, 공법연구 31집 3호, 2003
행정재판실무편람－자료집－, 일부취소와 재량권의 일탈 또는 남용, 서울행정법원, 2001

6-9-2. 거부처분취소판결의 효력과 간접강제

Ⅰ 개요

행정소송법 제30조에서 취소판결의 기속력에 관한 규정을 두고 있는 바, 동조 제1항에서 "처분등을 취소하는 확정판결은 그 사건에 관하여 당사자인 행정청과 그 밖의 관계행정청을 기속한다"고 규정하고 있어 기속력의 주관적 범위에 관하여 명문의 규정을 두고 있다. 동조 제2항에서 "판결에 의하여 취소되는 처분이 당사자의 신청을 거부하는 것을 내용으로 하는 경우에는 그 처분을 행한 행정청은 판결의 취지에 따라 다시 이전의 신청에 대한 처분을 하여야 한다"고 규정하고 있어 이 규정이 바로 거부처분취소판결의 기속력에 관한 규정으로, 재처분의무와 관련한 기속력의 내용을 규정한 것으로 이해되고 있다. 동조 제3항에서 "제2항의 규정은 신청에 따른 처분이 절차의 위법을 이유로 취소되는 경우에 준용한다"고 규정하고 있어 일견 절차상 위법과 실체상 위법을 이유로 취소되는 경우를 동일하게 취급하는 것을 전제로 하는 규정처럼 보이나, 이 규정이 실체법상 위법과 다른 절차상의 위법을 이유로 취소되는 경우에 기속력의 정도를 달리 취급하는 것을 방해하는 것은 아니다.

아울러 행정소송법 제34조에서는 거부처분취소판결의 간접강제제도를 명문화하고 있다. 즉 행정청이 판결에 의하여 취소되는 처분이 당사자의 신청을 거부하는 것을 내용으로 하는 경우에는 그 처분을 행한 행정청은 판결의 취지에 따라 다시 이전의 신청에 대한 처분을 하여야 하는데 처분을 하지 않은 경우에는 제1심 수소법원은 당사자의 신청에 의하여 결정으로써 상당한 기간을 정하고 행정청이 그 기간 내에 이행하지 아니하는 때에는 그 지연기간에 따라 일정한 배상을 할 것을 명하거나 즉시 손해배상을 할 것을 명할 수 있는 제도를 말한다.

II 리딩케이스

1. 사건번호: 대법원 1998. 1. 7. 자 97두22 결정【간접강제】

2. 사실관계

신청인 갑은 1995. 9. 14. 경 피신청인 을(장성군수)에게 준농림지역인 토지상에 숙박시설 용도의 건축물을 신축하고자 건축허가 신청을 하였다. 을은 같은 달 21일 갑의 건축 허가 상 토지가 숙박시설을 건축할 시에 마을 전체의 경관, 조망 및 주민정서를 해친다는 등의 이유로 신청을 거부하는 처분(제1차거부처분)을 하였다. 이에 갑은 을을 상대로 하여 광주고등법원에 건축불허가처분의 취소를 구하는 소송을 제기하였다. 이에 대하여 위 법원은 1996. 5. 16 위 불허가처분의 사유는 그 당시 시행 중이던 건축법, 국토이용관리법, 도시계획법 등 관계법규에서 정하는 어떠한 건축제한 사유에도 해당하지 아니한다는 이유를 들어 을의 건축허가신청에 대한 불허가처분은 위법하다고 판단하여 을의 불허가처분을 취소하는 판결을 선고하였고, 위 판결은 같은해 6. 13. 확정되었다.

이에 대하여 을은 국토이용관리법시행령이 을의 불허가처분 후인 1995. 10. 19. 개정되면서 준 농림지역 안에서의 행위제한에 관하여 지방자치단체의 조례로써 일정 지역에서 숙박업을 영위하기 위한 시설의 설치를 제한할 수 있도록 새로이 규정되었는데, 그 부칙에서 위 시행령은 공포일인 1995. 10. 19.부터 시행한다고 규정하고 있을 뿐 위 규정의 변경에 따른 경과조치는 두지 아니하였으며, 을의 해당 군에서는 1996년 2월 16일 위 시행령 개정에 따라 '준농림지역안에서의행위제한에관한조례'를 제정하고 같은 날 이를 공포하였다. 광주고등법원의 판결이 확정된 후인 1996. 7. 16. 갑의 건축허가신청에 대하여 사건 토지가 '준농림지역안에서의행위제한에관한조례' 제 4조 제 1항 제 6호에서 정한 '취락의 중심이나 기존 주택의 조망권 및 일조권과 주민정서를 침해할 수 있는 지역' 및 같은 조 제2항 제 1호 소정의 '고속도, 국도, 철로 변에 위치한 500m 이내의 가시권 지역으로서 숙박업소 등의 설치로 인하여 주변의 환경, 풍치, 미관 등이 크게 손상될 우려가 있는 구역'에 해당하여 숙박업소의 시설행위가 불가능하다는 이유로 다시 건축불허가처분(제2차거부처분)을 하고 이를 갑에게 통지하였다.

그러자 갑은 1997. 1. 15. 위 확정판결의 취지에 따른 집행을 위해 을에 대하여 간접강제신청을 하였고, 원심법원인 광주고등법원은 처분 후에 개정된 신법령에서 정한 사유를 들어 갑의 이 사건 건축허가신청을 거부하는 처분을 하였으므로 이는 행정소송법 제30조 제2항에 의하여 확정판결의 취지에 따라 이전의 신청에 대한 처분을 한 경우에 해당한다고 보고, 위 조항의 규정에 의한 처분을 하지 아니한 때를 요건으로 하는 행정소송법 제34조는 적용될 수 없어서 이를 적용될 수 있음을 전제로 하여 을에 대하여 간접강제를 위한 손해배상을 구하는 이 사건 신청은 이유없다고 판단하였다. 이에 갑이 불복하여 재항고하였으나, 대법원은 재항고를 기각하고 원심법원의 판단이 옳다고 한 사안이다.

3. 결정요지

[1] 행정소송법 제30조 제2항의 규정에 의하면 행정청의 거부처분을 취소하는 판결이 확정된 때에는 그 처분을 행한 행정청이 판결의 취지에 따라 이전의 신청에 대하여 재처분할 의무가 있으나, 이때 확정판결의 당사자인 처분 행정청은 그 확정판결에서 적시된 위법사유를 보완하여 새로운 처분을 할 수 있다.

[2] 행정처분의 적법 여부는 그 행정처분이 행하여 진 때의 법령과 사실을 기준으로 하여 판단하는 것이므로 거부처분 후에 법령이 개정 · 시행된 경우에

는 개정된 법령 및 허가기준을 새로운 사유로 들어 다시 이전의 신청에 대한 거부처분을 할 수 있으며 그러한 처분도 행정소송법 제30조 제2항에 규정된 재처분에 해당된다.

[3] 건축불허가처분을 취소하는 판결이 확정된 후 국토이용관리법시행령이 준농림지역 안에서의 행위제한에 관하여 지방자치단체의 조례로써 일정 지역에서 숙박업을 영위하기 위한 시설의 설치를 제한할 수 있도록 개정된 경우, 당해 지방자치 단체장이 위 처분 후에 개정된 신법령에서 정한 사유를 들어 새로운 거부처분을 한 것이 행정소송법 제30조 제2항 소정의 확정판결의 취지에 따라 이전의 신청에 대한 처분을 한 경우에 해당한다.

4. 판례해설

이 사건 결정은 건축불허가처분을 취소하는 판결이 확정된 후 국토이용관리법시행령이 준농림지역 안에서의 행위제한에 관하여 지방자치단체의 조례로써 일정 지역에서 숙박업을 영위하기 위한 시설의 설치를 제한할 수 있도록 개정된 경우, 당해 지방자치 단체장이 위 처분 후에 개정된 신법령에서 정한 사유를 들어 한 새로운 거부처분이 적법한 재처분인지 여부가 문제된 사안이다. 거부처분취소판결은 비록 확정되었다 할지라도 거부처분만 없어지고 당사자가 신청한 것은 그대로 존속하고 있으므로 행정청의 새로운 조치가 없는 한 어떠한 만족을 얻을 수 없다. 이러한 경우에 행정청이 소극적으로 나올 경우에는 속수무책이므로 행정청에 일정한 행위의무를 부과해야 할 필요가 있다. 그러나 현행법상 의무이행소송이 마련되어있지 않으므로 대신 간접강제제도를 통하여 행정청을 간접적으로 강제할 수밖에 없는 것이다.

그런데 이 사건 결정뿐만 아니라 [관련판례 2] 와 [관련판례 4]를 보더라도, 행정소송법 제30조 제2항의 규정에 의하면 행정청의 거부처분을 취소하는 판결이 확정된 때에는 그 처분을 행한 행정청이 판결의 취지에 따라 이전의 신청에 대하여 재처분할 의무가 있으나, 이때 확정판결의 당사자인 처분 행정청은 그 확정판결에서 적시된 위법사유를 보완하여 새로운 처분을 할 수 있고, 행정처분의 적법 여부는 그 행정처분이 행하여진 때의 법령과 사실을 기준으로 하여 판단하는 것이므로 거부처분 후에 법령이 개정·시행된 경우에는 개정된 법령 및 허가기준을 새로운 사유로 들어 다시 이전의 신청에 대한 거부처분을 할 수 있으며 그러한 처분도 행정소송법 제30조 제2항에 규정된 재처분에 해당되고, 행정소송법 제34조에서 말하는 처분을 하지 아니하는 때에 해당하지 아니하므로, 간접강제를 신청할 수 없게 된다고 보고 있다.

이 사건 결정과 관련하여 그동안의 기속력의 범위에 관한 종래 대법원 판결 및 결정의 의미를 보다 분명히 하면서 거부처분 후에 법령이 개정·시행된 경우 개정된 법령 및 허가기준에 따라 이전의 신청에 대한 거부처분을 하는 것은 취소판결의 기속력에 저촉되지 않는다고 보면서 긍정적인 평가를 내리는 일부 견해가 있기도 하지만, 이러한 재처분은 실질적 법치주의 내지 신뢰보호의 원칙에 반하여 위법하다고 할 것임에도 대법원이 이를 인정하여 행정청의 사후적인 보완을 광범위하게 정당화하게 해주어 국민의 권익구제에 미흡한 결정이라고 할 것이다.

결국 행정청이 거부처분 후에 법령이 개정 및 시행되어 새로운 법령에 기초하여 내려진 재처분은 새로운 처분이므로 처분당시의 법령에 의하여 위법여부가 판단되어야 한다면 행정청에게 일방적으로 유리한 결정이 되며, 당사자가 그동안 비용과 노력을 들여 위법한 거부처분에 대하여 취소소송에서 승소하고도 행정청이 간단히 이를 무색하게 할 수 있다. 이러한 관점에서 [관련판례 1]은 비록 거부처분에 대한 취소의 확정판결이 있은 후 재처분을 하였다고 할지라도 그것이 종전 거부처분에 대한 취소의 확정판결의 기속력에 반하여 당연무효로 보아 간접강제신청에 필요한 요건을 갖춘 것으로 보고 있다. [관련판례 3]의 경우에도 취소소송에서 소송의 대상이 된 거부처분을 실체법상의 위법사유에 기하여 취소하는 판결이 확정된 경우에는 당해 거부처분을 한 행정청은 원칙적으로 신청을 인용하는 처분을 하여야 하고, 사실심 변론종결 이전의 사유를 내세워 다시 거부처분을 하는 것은 확정판결의 기속력에 저촉되어 허용되지 아니한다고 판시하였다. 이는 전향적인 해석을 통해서 의무이행소송을 인정하고 있지 아니하는 현행법제상의 권리구제의 공백을 적극적으로 메꾸어 나간다는 점에서 뿐만 아니라 행정통제의 관점에서도 바람직한 방향의 판시태도라고 할 것이다.

Ⅲ 관련판례

1. 대법원 2002. 12. 11. 자 2002무22 결정 【간접강제】

[1] 거부처분에 대한 취소의 확정판결이 있음에도 행정청이 아무런 재처분을 하지 아니하거나, 재처분을 하였다 하더라도 그것이 종전 거부처분에 대한 취소의 확정판결의 기속력에 반하는 등으로 당연무효라면 이는 아무런 재처분을 하지 아니한 때와 마찬가지라 할 것이므로 이러한 경우에는 행정소송법 제30조 제2항, 제34조 제1항 등에 의한 간접강제신청에 필요한 요건을 갖춘 것으로 보아야 한다.

[2] 주택건설사업 승인신청 거부처분의 취소를 명하는 판결이 확정되었음에도 행정청이 그에 따른 재처분을 하지 않은 채 위 취소소송 계속중에 도시계획법령이 개정되었다는 이유를 들어 다시 거부처분을 한 사안에서, 개정된 도시계획법령에 그 시행 당시 이미 개발행위허가를 신청중인 경우에는 종전 규정에 따른다는 경과규정을 두고 있으므로 위 사업승인신청에 대하여는 종전 규정에 따른 재처분을 하여야 함에도 불구하고 개정 법령을 적용하여 새로운 거부처분을 한 것은 확정된 종전 거부처분 취소판결의 기속력에 저촉되어 당연무효라고 한 사례.

2. 대법원 2005. 1. 14. 선고 2003두13045 판결 【종합유선방송사업승인거부처분취소등】

[1] 행정소송법 제30조 제2항의 규정에 의하면 행정청의 거부처분을 취소하는 판결이 확정된 경우에는 그 처분을 행한 행정청이 판결의 취지에 따라 이전의 신청에 대하여 재처분할 의무가 있다고 할 것이나, 그 취소사유가 행정처분의 절차, 방법의 위법으로 인한 것이라면 그 처분 행정청은 그 확정판결의 취지에 따라 그 위법사유를 보완하여 다시 종전의 신청에 대한 거부처분을 할 수 있고, 그러한 처분도 위 조항에 규정된 재처분에 해당한다.

[2] 방송위원회가 중계유선방송사업자에게 한 종합유선방송사업 승인거부처

분이 심사의 기준시점을 경원자와 달리하여 평가한 것이 위법이라는 사유로 취소하는 확정판결의 취지에 따라 재처분 무렵을 기준으로 재심사한 결과에 따라 이루어진 재승인거부처분도 행정소송법 제30조 제2항에 규정된 재처분에 해당한다고 한 사례.

3. 대법원 2001. 3. 23. 선고 99두5238 판결【손실보상재결처분취소】

행정소송법 제30조 제1항에 의하여 인정되는 취소소송에서 처분 등을 취소하는 확정판결의 기속력은 주로 판결의 실효성 확보를 위하여 인정되는 효력으로서 판결의 주문뿐만 아니라 그 전제가 되는 처분 등의 구체적 위법사유에 관한 이유 중의 판단에 대하여도 인정되고, 같은 조 제2항의 규정상 특히 거부처분에 대한 취소판결이 확정된 경우에는 그 처분을 행한 행정청은 판결의 취지에 따라 다시 처분을 하여야 할 의무를 부담하게 되므로, 취소소송에서 소송의 대상이 된 거부처분을 실체법상의 위법사유에 기하여 취소하는 판결이 확정된 경우에는 당해 거부처분을 한 행정청은 원칙적으로 신청을 인용하는 처분을 하여야 하고, 사실심 변론종결 이전의 사유를 내세워 다시 거부처분을 하는 것은 확정판결의 기속력에 저촉되어 허용되지 아니한다.

4. 대법원 2002. 7. 23. 선고 2000두6237 판결【종합소득세부과처분취소】

[1] 과세처분을 취소하는 확정판결의 기판력은 확정판결에 나온 위법사유에 대하여만 미치므로 과세처분권자가 확정판결에 나온 위법사유를 보완하여 한 새로운 과세처분은 확정판결에 의하여 취소된 종전의 과세처분과는 별개의 처분으로서 확정판결의 기판력에 저촉되지 아니한다.

[2] 과세대상 소득이 부동산임대소득이 아니라 이자소득이라는 이유로 종합소득세 등 부과처분이 확정판결에 의하여 전부 취소된 후 과세관청이 그 소득을 이자소득으로 보고 종전처분의 부과세액을 한도로 하여 다시 종합소득세 등 부과처분을 한 경우, 그 처분은 종전처분에 대한 확정판결에서 나온 위법사유를 보완하여 한 새로운 과세처분으로서 종전처분과 그 과세원인을 달리하여 확정

판결의 기속력 내지 기판력에 어긋나지 아니한다고 한 사례.

Ⅳ 질문 및 토의과제

1. 취소판결의 기속력과 기판력은 어떻게 구별되는가?
2. 기속력의 주관적 범위, 객관적 범위와 시간적 범위에 대하여 설명하시오.
3. 거부처분취소판결의 기속력의 내용으로서 재처분의무를 설명하고, 재처분의무를 충족하였다고 보기 어려운 경우를 예를 들어보시오.
4. 당초 처분 또는 변론종결 이후 발생한 새로운 사유를 내세워 재처분을 하면 언제나 기속력에 저촉되지 않아 간접강제를 신청할 수 없는지에 대하여 검토하시오.

Ⅴ 참고문헌

김용섭, 취소판결의 기속력, 법조, 2002. 10
김의환, 거부처분취소확정판결의 기속력과 간접강제의 요건, 경기법조 제11호, 2004
박균성, 거부처분취소판결의 기속력과 간접강제, 행정판례연구 IX, 2004
석호철, 기속력의 범위로서의 처분사유의 동일, 행정판례연구 V, 2000
성백현, 취소판결의 기속력, 대법원판례해설 제30호, 1998

제 10 장
무효등확인소송 및 부작위위법확인소송

법정항고소송은 취소소송, 무효등확인소송, 부작위위법확인소송이며, 이에 관하여는 행정소송법에서 명문의 규정을 두고 있다. 취소소송에 대하여는 앞에서 다루었고, 여기서는 무효등확인소송과 부작위위법확인소송에 관하여 살펴보기로 한다. 무효등확인소송이란 행정소송법 제4조 제2호에서 밝히고 있듯이 행정청의 처분 등의 효력 유무 또는 존재 여부를 확인하는 소송을 말한다.

처분이 무효인 경우에는 공정력이 인정되지 않기 때문에 취소소송을 제기하여 공정력을 배제할 필요성이 크지 않지만, 비록 무효인 처분이라도 외형상 행정처분이 존재하고 그 처분의 외관이 있어 성질상 유효한 것으로 오인될 가능성이 있어 무효확인소송의 제기를 통하여 그 효력이 없음을 확인받아 법적 불안을 해소할 필요성이 있다.

취소소송은 처분의 효력을 소멸시키거나 변경시키는 형성소송의 성질을 지니는 데 반하여 무효등확인소송은 처분 등의 효력유무 또는 존재여부를 확인하는 확인소송의 성질을 띤다. 그러나 현행 행정소송법이 무효등확인소송을 항고소송의 일종으로 규정하고 있고, 무효등확인판결의 효력은 취소판결과 마찬가지로 제3자에게도 미치기 때문에 무효등확인소송은 형성소송이 가미된 확인소송이라고 보는 것이 적절하다.

한편, 행정소송법 제4조 제3호에 규정된 부작위위법확인소송은 행정청의 부작위가 위법하다는 것을 확인하는 소송을 의미한다. 여기서 말하는 부작위는 행정소송법 제2조 제1항 제2호에서 규정하고 있는 바와 같이 행정청이 당사자의 신청에 대하여 상당한 기간 내에 일정한 처분을 하여야 할 법률상 의무가 있음에도 불구하고 이를 하지 아니하는 것을 말한다. 이와 같은 부작위위법확인소송은 기본적으로 그 부작위가 위법하다는 것을 확인함으로써 행정청의 응답을 신속하게 하여 부작위 내지 무응답이라고 하는 소극적인 위법상태를 제거하는 것을 목적으로 하는 소송이다. 따라서 정보공개의 거부간주의 경우라든가 반려처분, 불합격처분등과 같이 당사자의 신청에 대한 어떠한 형태의 소극적인 의사표시로 나타나는 경우에는 부작위라고 볼 수 없으므로 거부처분에 대하여 취소소송을 제기하여야 하는 것이고, 이와 같이 행정청의 소극적 의사표시가 있는 경우에는 거부처분에 해당하기 때문에 행정청이 아무런 의사표시 없이 방치하고 있는 부작위를 전제로 한 부작위위법확인소송을 제기할 수는 없다.

6-10-1. 무효확인소송의 보충성 요부

I 개요

무효확인소송의 보충성의 문제는 행정소송법 제35조의 해석론과 밀접한 관련이 있다. 무효확인소송의 보충성의 문제는 무효확인소송에 있어서 법률상 이익 외에 확인의 이익이 별도로 요구되는지의 문제로서 무효확인소송의 경우보다 직접적이고 유효적절한 구제수단이 있다면 무효확인소송이 허용되지 않는다는 것을 의미한다. 따라서 무효확인소송의 보충성을 인정한다면 종래의 판례와 같이 무효확인소송이 민사소송의 확인의 소에서 요구되는 원고의 법적 지위의 불안이나 위험을 제거하기 위하여 가장 유효적절한 수단이어야 하며, 무효확인소송이 발본색원적 구제수단이 아닌 경우에는 확인의 이익이 부정된다고 보게 된다. 통설은 무효확인소송이 전형적인 확인소송이 아니라 항고소송의 일종인 점을 감안하고, 행정소송이 공익을 추구하는 행정작용에 대한 통제수단이라는 점과 민사소송과 구별되어야 한다는 점에서 보충성이 요구되지 않는 것으로 이해하였다.

II 리딩케이스

1. 사건번호: 대법원 2008. 3. 20. 선고 2007두6342 전원합의체 판결 【하수도원인자부담금부과처분취소】

2. 사실관계

원고 갑은 1998. 5. 16. 소외 한국토지공사로부터 수원시 영통구 영통동 소재 일정면적의 토지를 매수하여, 2003. 6. 21. 피고 을(수원시장)로부터 이 사건 토지 위에 건축면적 137.40㎡, 건축연면적 674.79㎡의 지상 6층 근린생활시설에 대한 건축허가를 받아 건물을 신축하였다.

그런데, 을은 위 건축허가 당시 "하수종말처리구역 내에서 오수처리시설을 설치하지 않는 건축물은 완공 이전까지 하수도시설원인자부담금을 납부하고 사용승인 신청시 그 납부영수증 사본을 제출하셔야 합니다"라는 허가조건을 부가하였고, 갑이 이 사건 건물에 대한 사용승인을 신청하였다. 2004. 5. 13. 갑에게 하수도원인자부담금 14,932,620원을 납부하라는 납입고지서를 발부하자, 갑은 주위적으로 위 원인자부담금 부과처분의 취소를 구함과 아울러 예비적으로 위 원인자부담금 부과처분의 무효확인을 구하는 소송을 제1심 법원에 제기하였다.

제1심법원은 갑의 주위적 청구를 각하하고 예비적 청구를 인용하는 판결을 선고하였다. 그러자 을만이 항소하였는데, 원심법원은 이미 하수도 원인자 부담금의 부과사유가 소멸하여 그 납무의무를 지지 않는 자에 대하여 그 이행을 명한 것으로서, 그 하자가 중대할 뿐만 아니라 객관적으로 명백하므로 당연무효이고, 을이 이 사건 처분의 적법성을 주장하면서 다투고 있는 이상 확인의 이익도 있다고 하면서 항소를 기각하였다. 을이 이에 불복하고 상고하였으나 대법원은 전원합의체 판결로 종전의 견해를 변경하여 상고를 기각한 사안이다.

3. 판결요지

행정소송은 행정청의 위법한 처분 등을 취소·변경하거나 그 효력 유무 또는 존재 여부를 확인함으로써 국민의 권리 또는 이익의 침해를 구제하고 공법상의 권리관계 또는 법 적용에 관한 다툼을 적정하게 해결함을 목적으로 하므로, 대등한 주체 사이의 사법상 생활관계에 관한 분쟁을 심판대상으로 하는 민사소송과는 목적, 취지 및 기능 등을 달리한다. 또한 행정소송법 제4조에서는 무효확인소송을 항고소송의 일종으로 규정하고 있고, 행정소송법 제38조 제1항에서는 처분 등을 취소하는 확정판결의 기속력 및 행정청의 재처분 의무에 관한 행정소송법 제30조를 무효확인소송에도 준용하고 있으므로 무효확인판결 자체만으로도 실효성을 확보할 수 있다. 그리고 무효확인소송의 보충성을 규정하고 있는 외국의 일부 입법례와는 달리 우리나라 행정소송법에는 명문의 규정이 없어 이로 인한 명시적 제한이 존재하지 않는다. 이와 같은 사정을 비롯하여 행정에 대한 사법통제, 권익구제의 확대와 같은 행정소송의 기능 등을 종합하여 보면, 행정처분의 근거 법률에 의하여 보호되는 직접적이고 구체적인 이익이 있는 경우에는 행정소송법 제35조에 규정된 '무효확인을 구할 법률상 이익'이 있다고 보아야 하고, 이와 별도로 무효확인소송의 보충성이 요구되는 것은 아니므로 행정처분의 무효를 전제로 한 이행소송 등과 같은 직접적인 구제수단이 있는지 여부를 따질 필요가 없다고 해석함이 상당하다.

4. 판례해설

이 사건 전원합의체 판결은 무효확인소송에 있어서의 보충성을 요구하지 않음으로서 무효확인소송이 민사소송에서의 확인소송과 성질을 달리하고 있음을 단적으로 보여주고 있다. 항고소송에 속하는 행정처분에 관한 무효확인소송을 제기하려면 행정소송법 제35조에 규정된 '무효확인을 구할 법률상 이익'이 있어야 한다. 통설과 판례에 의하면 취소소송에서의 법률상 이익과 마찬가지로 당해 처분의 근거 법률에 의하여 보호되는 직접적이고 구체적인 이익이 있는 경우를 말하고 간접적이거나 사실적, 경제적 이해관계를 가지는 데 불과한 경우는 여기에 해당되지 아니한다. 이 사건 전원합의체판결은 행정처분의 근거 법률에 의하여 보호되는 직접적이고 구체적인 이익이 있는 경우에는 행정소송법 제35조에 규정된 '무효확인을 구할 법률상 이익'이 있다고 보아야 하고, 무효확인소송의 보충성이 요구되는 것이 아니라고 보았다.

여기서 말하는 무효확인소송의 보충성이란 직접적으로 행정처분의 무효를 전제로 한 금전급부청구소송을 제기할 수 있는 경우에는 무효확인소송의 소의 이익을 인정하지 아니하고, 다른 구제수단에 의하여 분쟁이 해결되지 않는 경우에 한하여 무효확인소송이 허용되는 것을 말한다. 그동안 대법원 판례의 태도는 무효인 행정처분의 경우에는 제소기간의 제한은 없지만, 만약에 그 처분의 집행이 종료된 경우에는 보다 실효적인 구제수단인 부당이득반환청구의 소 등을 제기하여 분쟁을 해결하여야 하며, 곧바로 행정처분에 대하여 무효확인을 구하는 것은 종국적인 분쟁 해결을 위한 필요하고도 적절한 수단이라고 할 수 없다고 보아 무효확인을 구할 소의 이익이 없다고 보아왔다.

그러나 행정소송은 행정청의 위법한 처분 등을 취소·변경하거나 그 효력 유무 또는 존재 여부를 확인함으로써 국민의 권리 또는 이익의 침해를 구제하고, 공법상의 권리관계 또는 법 적용에 관한 다툼을 적정하게 해결함을 목적으로 하는 것이므로, 대등한 주체 사이의 사법상 생활관계에 관한 분쟁을 심판대상으로 하는 민사소송과는 그 목적, 취지 및 기능 등을 달리한다. 또한 행정소송법 제4조에서는 무효확인소송을 항고소송의 일종으로 규정하고 있고, 행정소송법 제38조 제1항에서는 처분 등을 취소하는 확정판결의 기속력 및 행정청의 재처분 의무에 관한 행정소송법 제30조를 무효확인소송에도 준용하고 있으므로 무효확인판결 자체만으로도 실효성을 확보할 수 있다. 그리고 무효확인소송의 보충성을 규정하고 있는 외국의 일부 입법례와는 달리 우리나라 행정소송법에는 명문의 규정이 없어 이로 인한 명시적 제한이 존재하지 않는다는 점도 고려해 볼 때 적절한 판결이라고 할 것이다.

[관련판례 1]에서는 이 사건 전원합의체 판결과 같은 연장선상에서 내린 판결로서, 행정처분의 근거 법률에 의하여 보호되는 직접적이고 구체적인 이익이 있는 경우에는 행정소송법 제35조에 규정된 '무효확인을 구할 법률상 이익'이 있다고 보아야 하고, 이와 별도로 무효확인소송의 보충성이 요구되는 것은 아니므로 행정처분의 무효를 전제로 한 이행소송 등과 같은 직접적인 구제수단이

있는지 여부를 따질 필요가 없다고 보았다.

[관련판례 2]에서 보는 바와 같이 종래의 대법원은, 행정소송법 제35조에 규정된 '무효확인을 구할 법률상 이익', 즉 무효확인소송의 확인의 이익이 인정되려면, 판결로써 분쟁이 있는 법률관계의 유·무효를 확정하는 것이 원고의 권리 또는 법률상의 지위에 관한 불안·위험을 제거하는 데 필요하고도 적절한 경우라야 한다고 제한적으로 해석하였다. 다시 말하여 분쟁해결에 직접적이고도 유효적절한 수단이 아닌 경우에는 확인의 이익이 없는 것으로 보았다.

그러나, 행정에 대한 사법통제, 권익구제의 확대와 같은 행정소송의 기능 등을 종합하여 보면, 행정처분의 근거 법률에 의하여 보호되는 직접적이고 구체적인 이익이 있는 경우에는 행정소송법 제35조에 규정된 '무효확인을 구할 법률상 이익'이 있다고 보아야 하고, 이와 별도로 무효확인소송의 보충성이 요구되는 것은 아니므로 행정처분의 무효를 전제로 한 이행소송 등과 같은 직접적인 구제수단이 있는지 여부를 따질 필요가 없다고 해석함이 상당하다. 이 사건 판결은 전원합의체판결로 종래의 견해를 뒤엎고 일단 행정처분의 근거법률에 의하여 보호되는 직접적이고 구체적인 이익이 있는 경우에는 행정소송법 제35조에 규정된 '무효확인을 구할 법률상 이익'이 있다고 보아 보충성이 요구되지 않는다고 판시하였는바 행정소송의 독자성의 관점에서 진일보한 매우 의미 있는 기념비적 판결이라고 할 것이다.

Ⅲ 관련판례

1. 대법원 2008. 6. 12. 선고 2008두3685 판결【압류처분등무효확인】

항고소송인 행정처분에 관한 무효확인소송을 제기하려면 행정소송법 제35조에 규정된 '무효확인을 구할 법률상 이익'이 있어야 하는바, 그 법률상 이익은 당해 처분의 근거 법률에 의하여 보호되는 직접적이고 구체적인 이익이 있는 경우를 말하고 간접적이거나 사실적, 경제적 이해관계를 가지는 데 불과한 경우는 여기에 해당되지 아니하지만, 한편 행정처분의 근거 법률에 의하여 보호되는 직접적이고 구체적인 이익이 있는 경우에는 행정소송법 제35조에 규정된 '무효확인을 구할 법률상 이익'이 있다고 보아야 하고, 이와 별도로 무효확인소송의 보충성이 요구되는 것은 아니므로 행정처분의 무효를 전제로 한 이행소송 등과 같은 직접적인 구제수단이 있는지 여부를 따질 필요가 없다(대법원 2008. 3. 20. 선고 2007두6342 전원합의체 판결 참조).

2. 대법원 2006. 5. 12. 선고 2004두14717 판결【체납처분에의한공매처분취소】

행정처분에 대한 무효확인의 소에 있어서 확인의 이익은 그 대상인 법률관계에 관하여 당사자 사이에 분쟁이 있고, 그로 인하여 원고의 권리 또는 법률상의 지위에 불안·위험이 있어 판결로써 그 법률관계의 존부를 확정하는 것이 위 불안·위험을 제거하는 데 필요하고도 적절한 경우에 인정되는 것이므로, 과세처분과 압류 및 공매처분이 무효라 하더라도 직접 민사소송으로 체납처분에 의하여 충당된 세액에 대하여 부당이득으로 반환을 구하거나 공매처분에 의하여 제3자 앞으로 경료된 소유권이전등기에 대하여 말소를 구할 수 있는 경우에는 위 과세처분과 압류 및 공매처분에 대하여 소송으로 무효확인을 구하는 것은 분쟁해결에 직접적이고 유효·적절한 방법이라 할 수 없어 소의 이익이 없다고 할 것이고, 이러한 법리는 행정처분에 대한 무효선언을 구하는 의미에서 처분취소를 구하는 소에서도 마찬가지라 할 것이다.

Ⅳ 질문 및 토의과제

1. 이 사건 전원합의체 판결의 이유를 보면, 무효확인소송에 있어서 처분의 근거 법률에 의하여 보호되는 직접적이고 구체적인 이익을 가지고 있다면, 행정소송법 제35조에 규정된 '무효확인을 구할 법률상 이익'을 가지는 자에 해당한다고 보고 있는데, 이에 대하여 논평하시오.

2. 취소소송의 경우에는 공정력을 배제할 필요가 있지만 행정처분이 부존재하거나 무효의 경우에는 공정력이 인정되지 않으므로 소송을 제기하여 무효등을 확인할 필요는 없고 무효등을 전제로 하여 현재의 법률관계에 관한 민사소송이나 공법상 당사자 소송을 제기하면 된

다. 그럼에도 불구하고 곧바로 무효등확인소송을 제기할 경우에 어떠한 실익이 인정될 수 있는가?

3. 무효확인소송과 취소소송의 관계에 대하여 설명하시오.

4. 이 사건 전원합의체 판결의 대법관 이홍훈의 보충의견에 대하여 논평하시오.

[대법관 이홍훈의 보충의견] 무효확인소송의 보충성 인정의 문제는 행정소송법 제35조에 규정된 '무효확인을 구할 법률상 이익'의 해석론에 관한 것으로서 행정소송의 특수성, 무효확인소송의 법적 성질 및 무효확인판결의 실효성, 외국의 입법례, 무효확인소송의 남소 가능성 및 권익구제 강화 등의 측면에서 볼 때, 무효확인소송의 보충성을 요구하지 않는 것이 행정소송의 목적을 달성할 수 있고 소송경제 등의 측면에서도 타당하며 항고소송에서 소의 이익을 확대하고 있는 대법원 판례의 경향에도 부합한다.

V 참고문헌

경 건, 무효확인소송의 소익, 행정소송법 제35조 '무효확인을 구할 법률상 이익'의 의미, 행정법연구 제21호, 2008. 8

김창석, 과세처분무효확인소송에 있어서의 확인의 이익, 재판자료 제115집, 2008

이상규, 행정처분무효확인소송의 성질과 소익, 판례연구 제4집, 서울지방변호사회, 1991

이준호, 건축물사용승인처분에 대한 무효확인의 소에 있어서 소의 이익, 대법원판례해설 제38호, 2002

임영호, 행정소송에서의 소의 이익, 행정소송(I), 2008

최송화, 무효등확인소송에서의 소의 이익, 법치행정과 공익, 2002

6-10-2. 부작위 위법확인소송에 있어서의 부작위

I 개요

부작위위법확인소송은 행정소송법 제4조 제3호에서 규정하고 있는 바와 같이, 행정청의 부작위가 위법하다는 것을 확인하는 소송을 말한다.

부작위위법확인소송을 인정하는 취지는 당사자의 신청에 대하여 행정청이 일정한 적극 또는 소극적인 처분을 하여야 할 법률상 응답의무가 있음에도 불구하고 아무런 응답조차 하지 아니하는 경우에 부작위가 위법하다는 것을 확인함으로써 행정청의 적극 또는 소극적 처분을 신속하게 하여 소극적인 위법상태를 제거하는 것을 목적으로 하는 데 있다. 부작위위법확인소송은 확인소송이지만, 행정소송법 제38조 제2항에 의하여, 부작위위법확인소송의 인용판결에 대하여는 기속력이 부여되므로 행정청이 판결의 취지에 따라 다시 이전의 신청에 대한 처분을 하지 아니하는 경우에는 지연기간에 따라 일정한 배상을 명하거나 즉시 손해배상을 할 것을 명할 수 있는 행정소송법 제34조의 간접강제제도가 준용된다.

부작위위법확인소송의 대상인 부작위가 성립하기 위해서는 첫째로, 당사자의 법규상·조리상 신청권에 의한 신청이 있어야 한다. 당사자는 행정청에 대하여 어떠한 행정행위를 하여 줄 것을 요구할 수 있는 법규상 또는 조리상 권리를 갖고 있어야 한다. 둘째로, 행정청에 대한 처분의 신청이 있어야 한다. 신청인의 신청내용이 처분을 요구하는 것이어야 하고, 비권력적 사실행위나 행정지도, 행정계약 등의 경우에는 해당이 없다. 셋째로, 신청 후 상당한 기간이 경과되었어야 한다. 법규에 처분기간이 정해진 경우 법정기간이다. 법규에 처분기간이 정해져 있지 아니한 경우에는 당해 신청사건을 처리하는 데 소요된다고 인정되는 기간이다. 복잡한 사건은 처리하는 데 소요되는 기간이 길 것이지만, 요즘에는 데이터베이스의 구축 및 통신망의 발달로 그 기간이 단축되는 경향이 있다. 또한 당사자의 입장을 고려하여 그 기간을 단기로 하여야 할 것이다. 넷째로, 처분이 부존재하여야 한다. 당사자의 신청에 대하여 처분이 존재한다면 비록 무효라고 할지라도 부작위위법확인소송의 대상이 될 수 없으며 정보공개의 간주 거부의 경우처럼 거부처분이 의제되는 경우에는 부작위위법확인소송의 대상이 될 수 없다.

II 리딩케이스

1. 사건번호: 대법원 2000. 2. 25. 선고 99두11455 판결 【부작위위법확인】

2. 사실관계

원고 갑은 국회의원으로서 국회 통일외교통상위원회 소속 한나라당 간사 및 한나라당 외교통상위원장으로 활동하고 있으면서 피고 을(외교통상부장관)에 대하여 을이 미합중국주재 대사인 이홍구가 외무공무원법상 정년이 도과되어 그 직을 계속 보유하게 하여서는 아니 된다는 갑의 요구에 대하여 대통령과 을이 아무런 조치를 취하지 아니하자, 을을 상대로 부작위위법확인소송을 청구하였다. 제1심 법원은 이 사건 소가 부적법하다고 판시하였고, 갑이 이에 불복하여 항소하자 원심법원은 항소를 기각하였다. 그러자 갑이 상고하였으나, 대법원은 부작위의 성립에 필요한 법규상·조리상 권리가 인정되지 않는다고 보아 상고를 기각한 사안이다.

3. 판결요지

행정소송법 제4조 제3호가 정하는 부작위위법확인의 소는 행정청이 당사자의 법규상 또는 조리상의 권리에 기한 신청에 대하여 상당한 기간 내에 신청을 인용하는 적극적 처분 또는 각하하거나 기각하는 등의 소극적 처분을 하여야 할 법률상 응답의무가 있음에도 불구하고 이를 하지 아니하는 경우 그 부작위가 위법하다는 것을 확인함으로써 행정청의 응답을 신속하게 하여 부작위 또는 무응답이라고 하는 소극적 위법상태를 제거하는 것을 목적으로 하는 제도이고, 이러한 소송은 처분의 신청을 한 자로서 부작위가 위법하다는 확인을 구할 법률상의 이익이 있는 자만이 제기할 수 있는 것이므로, 당사자가 행정청에 대하여 어떠한 행정처분을 하여 줄 것을 요청할 수 있는 법규상 또는 조리상의 권리를 갖고 있지 아니하거나 부작위의 위법확인을 구할 법률상의 이익이 없는 경우에는 항고소송의 대상이 되는 위법한 부작위가 있다고 볼 수 없거나 원고적격이 없어 그 부작위위법확인의 소는 부적법하다.

4. 판례해설

이 사건 판결은 부작위위법확인소송의 대상이 되는 부작위의 성립요건의 하나인 법규상·조리상 신청권의 문제와 밀접하게 관련되어 있다. 다시 말하여 이 사건에서 문제되는 것은 국회의원이 대통령 및 외교통상부장관의 특임공관장에 대한 인사권 행사 등과 관련하여 그 임면과정이나 지위 변경 등에 관한 요구를 할 수 있는 법규상 또는 조리상 신청권을 갖고 있는지 여부이다.

먼저 원고는 통일외교통상위원회 소속 국회의원으로서 외무공무원법 제2조 제1항 제2호에서 규정한 특임공관장으로 임용되어 현재 미합중국 주재 대사로 재직하다 1998. 6. 30. 정년 64세에 도달하여 정년 퇴직한 이홍구에 대하여 대통령과 피고 외교통상부장관에게 그 직을 계속보유하게 하여서는 아니 된다는 요청을 하였는데 아무런 조치를 취하지 않아 부작위위법확인소송을 제기한 사안이다. 이에 대한 판결이유를 보면, 외무공무원의 정년 등을 규정한 외무공무원법상 일반 국민이나 국회의원 등이 외무공무원의 임면권자에 대하여 특임공관장의 임면과정이나 지위 변경 등에 관하여 어떠한 신청을 할 수 있다는 규정이 없을 뿐 아니라, 나아가 국회의원은 헌법이 부여한 권한에 따라 국정감사조사권(헌법 제61조), 국무위원 등의 국회출석요구권질문권(헌법 제62조), 국무위원 등의 해임건의권(헌법 제63조) 등의 다양한 권한행사를 통하여 행정부의 위법 부당한 행위를 통제할 수 있고, 또한 국회법상 원고가 속한 국회통일외교통상위원회는 외무공무원의 인사에 관한 사항 등 외교통상부 소관에 속하는 의안과 청원의 심사 등의 직무를 행하도록 규정되어 있기는 하나(국회법 제36조, 제37조 제5호), 이러한 규정들에 의하여 국회의원이 국무위원인 피고에 대하여 정치적인 책임을 물을 수 있음은 별론으로 하고 국회의원 개개인에게 특임공관장의 인사사항에 관한 구체적인 신청권을 부여한 것이라고 할 수는 없다고 보고 있다.

따라서 결국 원고에게는 대통령 및 피고의 특임공관장에 대한 인사권 행사 등과 관련하여 위와 같은 요구를 할 수 있는 법규상 신청권이 있다고 할 수 없고, 그 밖에 조리상으로도 그와 같은 신청권이 있다고 보이지 아니하므로 이 사건 판결이유에서 밝힌 위와 같은 결론은 매우 타당하다.

[관련판례 1]은 이 사건 판결과 같은 맥락에서 내려진 판결이지만, 이 사건 판결에서와 마찬가지로 법규상 ·조리상 신청권이라는 표현과는 달리, 법규상·조리상 권리라는 표현을 사용하고 있는 점이 특징이다. 아울러 [관련판례 2]는 부작위위법확인소송 형태로의 소송의 제기가 아니라 예방적 부작위청구소송에 관한 사항으로 현행법상 허용되지 않는 것을 밝히고 있다. 행정소송법을 개정하여 의무이행소송과 더불어 예방적부작위청구소송을 명문화할 필요가 있다. [관련판례 3]은 부작위위법확인소송의 제소기간과 관련하여 부작위상태가 계속되는 한 제소기간의 제한이 없어 언제든지 부작위위법확인소송을 제기할 수 있지만, 의무이행심판 등 행정심판의 절차를 거친 경우에는 행정소송법 제20조의 규정에 의한 제소기간 내에 부작위위법확인소송을 제기하여야 한다는 점을 밝히고 있다.

Ⅲ 관련판례

1. 대법원 2007. 10. 26. 선고 2005두7853 판결【어장시설물등철거명령취소】

부작위위법확인소송은 처분의 신청을 한 자로서 부작위의 위법의 확인을 구할 법률상 이익이 있는 자만이 제기할 수 있는 것으로서(행정소송법 제36조) 당사자가 행정청에 대하여 어떤 행정행위를 하여 줄 것을 신청하지 아니하였거나 당사자가 그러한 행정행위를 하여 줄 것을 요구할 수 있는 법규상 또는 조리상의 권리를 가지고 있지 아니하는 등의 경우에는 원고적격이 없거나 항고소송의 대상인 위법한 부작위가 있다고 할 수 없어 그 부작위위법확인의 소는 부적법하다고 할 것이다(대법원 1993. 4. 23. 선고 92누17099 판결; 1999. 12. 7. 선고 97누17568 판결 등 참조).

2. 대법원 1987. 3. 24. 선고 86누182 판결【건축허가처분취소】

건축건물의 준공처분을 하여서는 아니 된다는 내용의 부작위를 구하는 청구는 행정소송에서 허용되지 아니하는 것이므로 부적법하다.

3. 대법원 2009. 7. 23. 선고 2008두10560 판결【부작위위법확인의 소】

부작위위법확인의 소는 부작위 상태가 계속되는 한 그 위법의 확인을 구할 이익이 있다고 보아야 하므로 원칙적으로 제소기간의 제한을 받지 않는다, 그러나 행정소송법 제38조 제2항이 제소기간을 규정한 같은 법 제20조를 부작위위법확인소송에 준용하고 있는 점에 비추어 보면, 행정심판 등 전심절차를 거친 경우에는 행정소송법 제20조가 정한 제소기간내에 부작위위법확인의 소를 제기하여야 한다.

Ⅳ 질문 및 토의과제

1. 부작위위법확인소송의 대상이 되는 부작위의 요건을 구체적으로 검토하시오.

2. 부작위에 대한 행정쟁송법상의 권리구제에 대하여 설명하시오.

3. 부작위위법확인소송에 있어서의 위법판단의 기준시는 어떻게 되는가?

4. 부작위위법확인소송을 제기하려면 반드시 의무이행심판을 제기하여야 하는가?

Ⅴ 참고문헌

김성수, 행정법판례평론－사례・해설, 홍문사, 2006

홍준형, 부작위위법확인소송의 제도적 취지와 적법요건, 판례행정법, 두성사, 1999

행정재판실무편람(Ⅲ)－자료집, 재결신청에 대한 부작위가 부작위위법확인소송의 대상이 되는지 여부, 2002

제 11 장 당사자소송

당사자소송이란 행정청의 처분 등을 원인으로 하는 법률관계에 관한 소송, 그 밖에 공법상의 법률관계에 관한 소송으로서 그 법률관계의 한 쪽 당사자를 피고로 하는 소송을 말한다(행정소송법 제3조 제2호). 당사자소송도 법률관계의 한쪽 당사자를 상대로 하는 소송이라는 점에서 민사소송과 유사하다.

당사자소송은 항고소송과 대비되는 주관소송으로 권익의 침해를 전제로 하지 않고 제기하는 민중소송이나 기관소송과 같은 객관소송과는 구별된다. 항고소송과 당사자소송과의 구별이 문제되는데, 실무의 기본입장은 처분성을 기준으로 하여 처분에 해당하면 항고소송을 제기하고, 당사자소송은 처분성이 결여된 경우에 공법관계를 다투기 위하여 마련된 보충적 소송으로 이해한다. 당사자소송에 속하는 예로서는 공법상 신분이나 지위의 확인에 관한 소송, 공법상 계약에 관한 소송, 각종 사회보장 급부청구 등 공법상의 금전지급청구소송, 처분 등으로 형성된 법률관계를 다투는 소송 등과 같이 대등당사자간의 공법상의 권리관계에 관한 분쟁의 해결을 도모하는 실질적 당사자소송이 있다.

아울러 공익사업을 위한 토지 등의 취득 및 보상에 관한 법률 제85조 제2항의 보상금 증감에 관한 소송이나 전기통신기본법 제40조의 2 제5항 및 제6항의 규정에 의한 금액의 증감에 관한 소송, 당사자계특허소송이 형식적 당사자소송의 예에 해당된다. 가령 토지수용과 관련하여 손실보상금의 증감을 다투는 소송과 같이 실질적으로는 행정청의 처분 등을 다투는 것이나, 형식적으로는 처분등의 효력은 다투지 않고 처분 등으로 형성된 법률관계를 다투기 위해 관련 법률관계의 한쪽 당사자를 피고로 하여 제기하는 것이 바로 여기에 해당된다.

아울러, 당사자소송은 주관적 소송으로서 행정소송법의 규정이 적용되므로 공법원리가 지배하게 되어 관할, 관련사건의 병합, 소변경의 허용, 피고경정, 행정심판기록의 제출명령, 직권심리, 판결의 기속력의 인정 등 민사소송절차와는 다른 행정소송상의 여러 가지 절차적 특례가 인정되어 보다 효과적인 권리구제가 가능하다. 그럼에도 불구하고 그동안의 당사자소송이 실무에서 활용되어 오지 못하였으나, 석탄산업법상 재해위로금의 지급에 관한 소송, 광주민주화운동관련자보상등에 관한 법률에서 보상금 지급 등과 관련하여 행정소송실무상 당사자소송의 형태로 활용되어 왔다.

6-11-1. 민주화운동보상금의 지급에 관한 소송

I 개요

각종 특별보상법이 보상금의 지급과 관련하여 보상금의 지급을 어떤 유형의 소송을 제기하여 권리구제를 받을 것인지가 논란이 된다. 종전의 판례에 의하면 광주민주화운동관련자보상등에 관한 법률에 의하여 광주민주화운동관련자보상심의위원회의 결정을 거치는 것은 보상금지급에 관한 소송을 제기하기 위한 전치요건에 불과하므로 위 위원회의 결정이 취소소송의 대상이 되는 행정처분이라고 할 수 없다고 하여 당사자소송으로 보았다. 아울러 판례는 석탄산업법상의 재해위로금의 지급에 관하여도 위 법률상의 재해위로금의 지급청구권은 지급요건이 충족되면 당연히 발생하고 금액도 확정되는 것이라고 보아 당사자소송에 의하여야 하는 것으로 보았다.

그러나, 민주화운동보상금의 지급에 관한 대법원 2008. 4. 17. 선고 2005두16815 전원합의체 판결이 나와 항고소송으로 가닥을 잡은 이래 각종 특별보상법상의 보상분쟁과 관련하여 종전의 당사자소송을 활용하던 방식에서 항고소송으로의 방향전환이 모색되고 있는 점을 주목할 필요가 있다.

II 리딩케이스

1. 사건번호: 대법원 2008. 4. 17. 선고 2005두16815 전원합의체 판결 【민주화운동관련자불인정처분취소】

2. 사실관계

원고 갑의 남편인 소외 망인은 서울대학교 재학중에 권위주의 정권에 항거하여 교련반대시위를 주동하고 민청학련사건과 관계된 불온유인물을 소지하였다는 등의 이유로 수배를 받아오다가 1972년경 수사기관에 체포되었다. 당시 수사기관은 망인을 간첩으로 조작하려는 의도하에 자백을 받아내기 위하여 집단으로 구타하는 등 망인에게 고문을 가하여 망인의 앞니와 어금니 등 치아 4개가 부러졌다. 그 후 망인은 친구들조차 망인을 알아보지 못할 정도로 체중이 감소하였을 뿐 아니라 길을 걷거나 얘기를 하는 도중에도 갑자기 사지가 뒤틀리고 입이 벌어지며 턱이 아래로 빠지는 등 안면근육의 경련과 전신마비 증세가 발생하여 제대로 걷지 못하고 길에서 쓰러지곤 하다가 1993. 10. 8. 사망하였기 때문에 갑이 피고 을(민주화운동관련자 명예회복 및 보상심의위원회)에 대하여 보상금지급을 신청하였다. 그런데 망인의 치아상실 부분만 민주화 운동과 관련하여 입은 상이로 인정하고, 안면근육의 경련과 전신마비증세에 대하여는 을이 갑의 신청을 기각하는 결정을 하였다.

이에 대하여 갑이 취소소송의 형식으로 을의 결정을 취소하는 소송을 제기하였고, 행정법원에서는 위 소송이 당사자소송에 해당하므로 피고를 대한민국으로 하여야 한다는 을의 본안전 항변을 배척하고 갑의 청구를 인용하는 판결이 내려졌다. 원심법원에서도 같은 취지에서 을의 항소를 기각하자, 을이 상고하였고 이에 대하여 대법원은 전원합의체 판결로 상고를 기각한 사안이다.

3. 판결요지

[1] '민주화운동관련자명예회복및보상등에관한법률' 제2조 제1호, 제2호 본문, 제4조, 제10조, 제11조, 제13조 규정들의 취지와 내용에 비추어 보면, 같은 법

제2조 제2호 각 목은 민주화운동과 관련한 피해 유형을 추상적으로 규정한 것에 불과하여 제2조 제1호에서 정의하고 있는 민주화운동의 내용을 함께 고려하더라도 그 규정들만으로는 바로 법상의 보상금 등의 지급 대상자가 확정된다고 볼 수 없고, '민주화운동관련자명예회복및보상 심의위원회'에서 심의·결정을 받아야만 비로소 보상금 등의 지급 대상자로 확정될 수 있다. 따라서 그와 같은 심의위원회의 결정은 국민의 권리의무에 직접 영향을 미치는 행정처분에 해당하므로, 관련자 등으로서 보상금 등을 지급받고자 하는 신청에 대하여 심의위원회가 관련자 해당 요건의 전부 또는 일부를 인정하지 아니하여 보상금 등의 지급을 기각하는 결정을 한 경우에는 신청인은 심의위원회를 상대로 그 결정의 취소를 구하는 소송을 제기하여 보상금 등의 지급대상자가 될 수 있다.

[2] '민주화운동관련자명예회복및보상등에관한법률' 제17조는 보상금 등의 지급에 관한 소송의 형태를 규정하고 있지 않지만, 위 규정 전단에서 말하는 보상금 등의 지급에 관한 소송은 '민주화운동관련자명예회복및보상 심의위원회'의 보상금 등의 지급신청에 관하여 전부 또는 일부를 기각하는 결정에 대한 불복을 구하는 소송이므로 취소소송을 의미한다고 보아야 하며, 후단에서 보상금 등의 지급신청을 한 날부터 90일을 경과한 때에는 그 결정을 거치지 않고 위 소송을 제기할 수 있도록 한 것은 관련자 등에 대한 신속한 권리구제를 위하여 위 기간 내에 보상금 등의 지급 여부 등에 대한 결정을 받지 못한 때에는 지급거부 결정이 있는 것으로 보아 곧바로 법원에 심의위원회를 상대로 그에 대한 취소소송을 제기할 수 있다고 규정한 취지라고 해석될 뿐, 위 규정이 보상금 등의 지급에 관한 처분의 취소소송을 제한하거나 또는 심의위원회에 의하여 관련자 등으로 결정되지 아니한 신청인에게 국가를 상대로 보상금 등의 지급을 구하는 이행소송을 직접 제기할 수 있도록 허용하는 취지라고 풀이할 수는 없다.

[대법관 김황식, 김지형, 이홍훈의 반대의견] '민주화운동관련자명예회복및보상등에관한법률' 제17조의 규정은 입법자가 결정전치주의에 관하여 특별한 의미를 부여하고 있는 것으로, 심의위원회의 결정과 같은 사전심사를 거치거나 사전심사를 위한 일정한 기간이 지난 후에는 곧바로 당사자소송의 형태로 권리구제를 받을 수 있도록 하려는 데 그 진정한 뜻이 있는 것이다. 또한, 소송경제나 분쟁의 신속한 해결을 도모한다는 측면에서도 당사자소송에 의하는 것이 국민의 권

익침해 해소에 가장 유효하고 적절한 수단이다. 따라서 보상금 등의 지급신청을 한 사람이 심의위원회의 보상금 등의 지급에 관한 결정을 다투고자 하는 경우에는 곧바로 보상금 등의 지급을 구하는 소송을 제기하여야 하고, 관련자 등이 갖게 되는 보상금 등에 관한 권리는 위 법이 특별히 인정하고 있는 공법상 권리이므로 그 보상금 등의 지급에 관한 소송은 행정소송법 제3조 제2호에 정한 국가를 상대로 하는 당사자소송에 의하여야 한다.

4. 판례해설

이 사건 전원합의체 판결은 종전에 특별보상법상의 금전지급청구소송을 당사자소송 형태로 다투도록 하던 입장을 변경하여 보상심의위원회의 결정을 처분으로 보아 항고소송으로 다투어야 한다는 점을 명백히 하였다.

당사자소송은 공법상의 법률관계에 관한 소송으로 시심적 쟁송에 속한다. 그런데 항고소송은 처분 등이나 부작위를 전제로 하여 이에 대하여 불복을 구하는 소송이다. 이 사건 전원합의체 판결은 민주화운동관련자 명예회복 및 보상심의위원회의 결정의 처분성을 인정하여 항고소송을 인정할 것인가 아니면 종전의 특별보상법에 있어서 당사자소송으로 다루었던 방식으로 접근할 것인지 즉, 소송형태를 어떻게 할지의 근본적인 문제와 연결되어 있다. 이 사건 전원합의체 판결에서는 민주화운동관련자 명예회복 및 보상 심의위원회의 보상금 지급대상자에 대한 결정이 행정처분에 해당한다고 보아 이를 당사자소송이 아닌 항고소송을 제기하여 다툴 수 있다고 보았다. 이와 같은 연장선상에서 구 특수임무수행자 보상에 관한 법률상의 보상금의 지급에 관하여도 [관련판례 1]에서 보는 바와 같이 특수임무수행자보상심의위원회의 의결을 거치지 않고 직접 보상금을 청구하는 소송을 국가에게 제기한 경우에는 부적법하다고 보았으며, 아울러 위원회의 결정을 행정처분으로 보아 이를 항고소송에 의하여 다투는 방식으로 해결할 것을 암시하고 있다.

한편 [관련판례 2]은 개정 하천법 부칙 제2조와 특별조치법 제2조, 제6조의 각 규정들을 종합하면, 위 규정들에 의한 손실보상청구권은 1984. 12. 31. 전에 토지가 하천구역으로 된 경우에는 당연히 발생되는 것이지, 관리청의 보상금지급결정에 의하여 비로소 발생하는 것은 아니므로, 위 규정들에 의한 손실보상금의 지급을 구하거나 손실보상청구권의 확인을 구하는 소송은 민사소송이 아닌 행정소송법 제3조 제2호 소정의 공법상의 법률관계에 관한 소송인 실질적 당사자소송에 속한다고 보았다. 종전의 판례인 [관련판례 3]에서는 손실보상청구권이 공권에 해당하는가와 관련하여 그 권리의 발생원인이 처분이 아니라 법률의 규정이기 때문에 공법상의 권리라고 보았다. 그러나 손실보상청구의 경우 권리의 발생원인이 행정처분이건 법률의 규정이건 공법상 법률관계에 해당한다고 보이며, 비록 행정처분을 거치지 않고 법률에 의하여 수용하는 경우에도 입법적 수용에 해당하므로 손실보상청구권을 사권으로 보는 것은 무리한 해석이라고 본다.

문제는 당사자소송인가 항고소송인가의 구별에 있어서 손실보상청구권이 관리청의 보상금지급결정에 의해 비로소 발생되는 경우라면 항고소송의 형태가 되겠으나, 법률의 규정에 근거하는 손실보상청구권은 1984. 12. 31. 전에 토지가 하천구역으로 된 경우에는 당연히 발생하는 것으로 보아 손실보상금의 지급을 구하는 이행소송이나 손실보상청구권의 확인을 구하는 확인소송 모두 행정소송법 제3조 제2호에서 규정하는 당사자소송에 해당한다고 보고 있는 것이다.

Ⅲ 관련판례

1. 대법원 2008. 12. 11. 선고 2008두6554 판결【보상금지급청구기각결정처분취소】

특수임무와 관련하여 국가를 위하여 특별한 희생을 한 특수임무수행자와 그 유족에 대하여 필요한 보상을 함으로써 특수임무수행자와 그 유족의 생활안정을 도모하고 국민화합에 이바지함을 목적으로 제정된 구 특수임무수행자보상에 관한 법률(2006. 9. 22. 법률 제7978호로 개정되기 전) 및 구 시행령(2007. 5. 2. 대통령령 제20041호로 개정되기 전의 것)의 각 규정취지와 내용에 비추어 보면, 같은 법 제2조, 같은 법시행령 제2조, 제3조, 제4조 등의 규정들만으로는 바로 법상의 보상금 등의 지급대상자가 확정된다고 볼 수 없고, 특수임무수행자보상심의위원회의 심의·의결을 거쳐 특수임무수행자로 인정되어야만 비로소 보상금 등의 지급대상자로 확정될 수 있다. 따라서 그와 같은 위원회의 결정은 행정소송법 제2조 제1항 제1호에 규정된 처분에 해당하므로, 특수임무수행자 및 그 유족으로서 보상금 등을 지급받고자 하는 자의 신청에 대하여 위원회가 특수임무수행자에 해당하지 않는다는 이유로 이를 기각하는 결정을 한 경우, 신청인은 위원회를 상대로 그 결정의 취소를 구하는 소송을 제기하여 보상금 등의 지급대상자가 될 수 있다. 이와 달리 신청인이 국가를 상대로 직접 보상금 등의 지급을 구하는 소는 부적법하다.

2. 대법원 2006. 5. 18. 선고 2004다6207 전원합의체 판결【보상청구권확인】

[1] 법률 제3782호 하천법 중 개정법률(이하 '개정 하천법'이라 한다)은 그 부칙 제2조 제1항에서 개정 하천법의 시행일인 1984. 12. 31. 전에 유수지에 해당되어 하천구역으로 된 토지 및 구 하천법(1971. 1. 19. 법률 제2292호로 전문개정된 것)의 시행으로 국유로 된 제외지 안의 토지에 대하여는 관리청이 그 손실을 보상하도록 규정하였고, '법률 제3782호 하천법 중 개정법률 부칙 제2조의 규정에 의한 보상청구권의 소멸시효가 만료된 하천구역 편입토지 보상에 관한 특별조치법' 제2조는 개정 하천법 부칙 제2조 제1항에 해당하는 토지로서 개정 하천법 부칙 제2조 제2항에서 규정하고 있는 소멸시효의 만료로 보상청구권이 소멸되어 보상을 받지 못한 토지에 대하여는 시·도지사가 그 손실을 보상하도록 규정하고 있는바, 위 각 규정들에 의한 손실보상청구권은 모두 종전의 하천법 규정 자체에 의하여 하천구역으로 편입되어 국유로 되었으나 그에 대한 보상규정이 없었거나 보상청구권이 시효로 소멸되어 보상을 받지 못한 토지들에 대하여, 국가가 반성적 고려와 국민의 권리구제 차원에서 그 손실을 보상하기 위하여 규정한 것으로서, 그 법적 성질은 하천법 본칙(본칙)이 원래부터 규정하고 있던 하천구역에의 편입에 의한 손실보상청구권과 하등 다를 바가 없는 것이어서 공법상의 권리임이 분명하므로 그에 관한 쟁송도 행정소송절차에 의하여야 한다.

[2] 하천법 부칙(1984. 12. 31.) 제2조와 '법률 제3782호 하천법 중 개정법률 부칙 제2조의 규정에 의한 보상청구권의 소멸시효가 만료된 하천구역 편입토지 보상에 관한 특별조치법' 제2조, 제6조의 각 규정들을 종합하면, 위 규정들에 의한 손실보상청구권은 1984. 12. 31. 전에 토지가 하천구역으로 된 경우에는 당연히 발생되는 것이지, 관리청의 보상금지급결정에 의하여 비로소 발생하는 것은 아니므로, 위 규정들에 의한 손실보상금의 지급을 구하거나 손실보상청구권의 확인을 구하는 소송은 행정소송법 제3조 제2호 소정의 당사자소송에 의하여야 한다.

3. 대법원 2006. 11. 9. 선고 2006다23503 판결 【소유권확인】

하천구역 편입토지 보상에 관한 특별조치법(2002. 12. 11. 법률 제6772호로 개정된 것, 이하 '개정 특조법'이라 한다)에서는 제2조 각 호에 해당하는 경우 중 법률 제3782호 하천법 중 개정법률(이하 '개정 하천법'이라 한다) 부칙 제2조의 규정에 의한 소멸시효의 만료 등으로 보상청구권이 소멸되어 보상을 받지 못한 토지에 대하여 시 · 도지사가 그 손실을 보상하도록 규정하고 있는바, 위 손실보상청구권의 법적 성질은 공법상의 권리임이 분명하므로 그에 관한 쟁송은 민사소송이 아닌 행정소송절차에 의하여야 할 것이고, 위 손실보상청구권은 개정 특조법 제2조 소정의 토지가 하천구역으로 된 경우에 당연히 발생되는 것이지, 관리청의 보상금지급결정에 의하여 비로소 발생하는 것이 아니므로, 위 손실보상금의 지급을 구하거나 손실보상청구권의 확인을 구하는 소송은 행정소송법 제3조 제2호 소정의 당사자소송에 의하여야 할 것이다(대법원 2006. 5. 18. 선고 2004다6207 전원합의체 판결 등 참조).

Ⅳ 질문 및 토의과제

1. 실질적 당사자소송과 형식적 당사자소송을 비교하시오.
2. 특별법상의 금전보상청구에 관하여 당사자소송과 항고소송의 제기가 논란이 될 경우에 어느 소송을 제기하는 것이 당사자에게 유리한가?

3. 당사자소송과 민사소송의 구별 실익은 어디에 있는가?

4. 실질적으로는 행정청의 처분 등을 다투는 것이나, 형식적으로는 처분 등의 효력을 다투지 않고, 처분청을 피고로 하지도 않고, 그 대신 처분 등으로 인해 형성된 법률관계만을 다투기 위해 관련 법률관계의 일방당사자를 피고로 하여 제기하는 소송의 예를 들어보시오.

V 참고문헌

김동석, 민주화운동관련자명예회복 및 보상등에 관한 법률에 기한 행정소송에 있어서의 몇가지 문제, 인권과 정의 307호, 2002

배병호, 개정하천법부칙 제2조등에 의한 손실보상청구와 당사자소송, 행정판례연구 XII, 박영사, 2007

안철상, 당사자소송, 행정소송(I), 한국사법행정학회, 2008

이현수, 민주화보상법상 금전적 구제의 법적성격, 공법연구 제34집 제1호, 2005

정욱도, 각종 특별보상법상의 보상분쟁에 관한 소송형태 – 항고소송과 당사자소송의 선택, 행정재판실무연구, 법원도서관, 2008

조해현, 민주화운동관련자명예회복 및 보상등에 관한 법률에 기한 행정소송의 형태, 행정판례연구XI, 박영사, 2006

하명호, 1984. 12. 31.전에 하천구역으로 편입된 토지에 대한 손실보상청구의 소송형태, 특별법연구 8권, 박영사, 2006

제 12 장 행정심판

행정심판이란 행정청의 위법 또는 부당한 처분 또는 부작위에 대하여 국민의 청구를 전제로 하여 행정심판위원회를 통하여 권리구제를 강구하는 행정쟁송절차를 말한다. 이처럼 행정심판은 행정청 스스로가 처분청이 내린 결정의 적법성 또는 타당성의 관점에서 자기통제를 하면서 권리구제를 실현하는 공행정 작용이라고 할 수 있다.

행정심판을 통한 권리구제는 위법한 처분뿐만 아니라 재량행위와 관련한 부당한 처분에 대하여도 가능하므로 심리의 범위가 확대되어 권리구제가 확대되는 장점이 있다.

나아가 행정심판에서는 처분의 적극적 변경이 허용되므로, 행정소송에서는 인정되지 않는 적극적 이행의무를 명하는 의무이행심판이 허용된다. 행정심판에 있어서는 비용이 거의 들지 않는데다가 신속한 결정이 이루어져서 행정소송의 제기에 앞서 또는 행정소송의 제기와 더불어 행정심판청구를 하는 것이 유리하다. 엄밀히 말하여 행정심판은 사법절차는 아니지만 헌법 제107조 제3항에서 "재판의 전심절차로서 행정심판을 할 수 있다. 행정심판의 절차는 법률로 정하되, 사법절차가 준용되어야 한다"라고 규정하고 있어 행정심판이 준사법절차이자 행정소송의 전심절차라고 할 것이다. 행정심판이 행정심판에 관한 일반법으로서 기능하고 있다.

행정심판은 취소심판, 무효등확인심판, 의무이행심판의 3가지로 분류된다. 먼저 취소심판은 행정청의 위법 또는 부당한 처분의 취소 또는 변경에 관한 심판을 의미하고, 무효등확인심판은 행정청의 처분의 효력유무 또는 존재여부에 대한 확인을 하는 심판을 말하고, 의무이행심판은 행정청의 위법 또는 부당한 거부처분이나 부작위에 대하여 일정한 처분을 하도록 하는 심판을 말한다. 행정소송에서 의무화 소송이 인정되고 있지 않는 반면에 행정심판에서 당사자의 법규상 조리상 신청권에 터잡은 신청에 대하여 행정청이 소극적 대응을 하여 거부하거나 부작위가 있을 경우에는 적극적 이행을 명하는 의무이행심판이 인정된다. 이처럼 수익적 행정활동에 대한 처분 행정청의 소극적 대응과 관련하여 행정소송 못지 않은 실효적인 권익구제장치로서 행정심판의 특징을 엿볼 수 있다.

6-12-1. 행정심판의 재결에 대한 항고소송

I 개요

행정심판의 재결이란 처분에 대한 불복을 전제로 행해지는 행정심판의 청구에 대한 재결·결정 기타의 판단행위를 말한다. 행정심판법 제2조 제3호에서 재결에 관한 실정법상 용어규정을 두고 있다. 즉 "재결이란 행정심판의 청구에 대하여 제6조에 따른 행정심판위원회가 행하는 판단을 말한다"고 규정하고 있다.

이러한 행정심판에 의한 전형적인 재결과는 달리 처분으로서의 성질을 지니는 재결이 있다. 이는 행정법관계의 형성 또는 존부에 관하여 다툼이 있는 경우에 당사자의 신청에 의하여 권한 있는 행정기관이 이를 유권적으로 심리·판정하는 것을 말한다. 이러한 의미에서의 재결은 당사자 쟁송의 결과로서의 판단작용이라고 할 수 있다.

재결의 개념을 행정심판의 재결과 처분으로서의 재결을 포함하여 넓은 의미로 파악할 수도 있겠으나, 그 성질상의 차이와 법적 효과면의 차이로 인하여 양자를 구분할 필요성이 있다. 그 구분 실익은 복심적 쟁송인가 아니면 시심적 쟁송인가, 재결의 실체법적 효력외에 절차법적 효력을 인정할 것인가, 특히 여기서 문제가 되는 취소소송의 대상이 되는가 하는 문제와 관련된다.

행정심판의 재결이 취소소송의 대상이 되는 경우는 다음 3가지의 경우이다. 첫째로, 본래 원처분주의로 인하여 취소소송의 대상은 원처분이나 예외적으로 재결 그 자체의 고유한 위법이 있는 경우에 그 재결이 독립하여 취소소송의 대상이 될 수 있다. 둘째로, 복효적 행정행위에 있어 제3자의 행정심판의 청구에 따라 형성적 내용의 인용재결이 내려진 경우에 이로 인해 최초로 법익침해를 받은 당초처분의 상대방은 인용재결 그 자체를 대상으로 하여 독립하여 취소소송을 제기할 수 있다. 셋째로, 노동위원회의 처분에 대한 재심판정(처분)이라든가 감사원의 변상판정에 대한 재심의 판정의 경우와 같이 법률에서 재결주의를 명문화 한 경우에는 재결 그 자체가 취소소송의 대상이 된다.

II 리딩케이스

1. 사건번호: 대법원 1998. 4. 24. 선고 97누17131 판결【의약품제조품목허가취소처분취소】

2. 사실관계

피고 을(보건복지부장관)이 1996. 3. 21. 원고 갑에 대하여 의약품 제조품목허가를 내주자, 이미 을로부터 의약품제조허가를 받아 24년간 의약품을 독점적으로 생산 판매하여 온 소외 회사가 의약품제조품목허가처분취소 심판을 제기하여 국무총리행정심판위원회에서 심리의결에 따라 재결청인 을이 1997. 1. 23 자로 소외 회사에 한 의약품제조품목허가 처분을 취소한다는 내용의 재결을 하였다.

이에 따라 1997. 1. 23. 자로 의약품제조품목허가처분의 취소를 명하는 내용의 행정처분서를 갑에게 보내자 갑은 1997. 1. 23. 자 행정처분의 취소를 구하는 소송을 제기하였고, 원심법원은 이 사건 처분이 위법하다고 판시하여 갑의 청구를 인용하였다. 이에 대하여 을과 을의 보조참가인인 소외회사가 상고하자, 대법원은 을이 한 형성재결과 처분성이 결여된 취소처분 중 어느 쪽을 당해 소의 대상으로 삼은 것인지가 불분명한 경우이므로, 갑에게 석명을 구하여 갑이 그 취소를 구하는 을의 행위가 어느 것인지를 확정한 후 심리를 하였어야 할 것인데도 이와 같은 조치를 취하지 아니한 원심판결에는 석명권을 불행사한 위법이 있다는 판시 이유를 들어 원심판결을 파기하고 사건을 원심법원에 환송한 사안이다.

3. 판결요지

[1] 행정심판법 제32조 제3항에 의하면 재결청은 취소심판의 청구가 이유 있다고 인정할 때에는 처분을 취소·변경하거나 처분청에게 취소·변경할 것을 명한다고 규정하고 있으므로, 행정심판 재결의 내용이 처분청에게 처분의 취소를 명하는 것이 아니라 재결청이 스스로 처분을 취소하는 것일 때에는 그 재결의 형성력에 의하여 당해 처분은 별도의 행정처분을 기다릴 것 없이 당연히 취소되어 소멸되는 것이다.

[2] 당해 의약품제조품목허가처분취소재결은 보건복지부장관이 재결청의 지위에서 스스로 제약회사에 대한 위 의약품제조품목허가처분을 취소한 이른바 형성재결임이 명백하므로, 위 회사에 대한 의약품제조품목허가처분은 당해 취소재결에 의하여 당연히 취소·소멸되었고, 그 이후에 다시 위 허가처분을 취소한 당해 처분은 당해 취소재결의 당사자가 아니어서 그 재결이 있었음을 모르고 있는 위 회사에게 위 허가처분이 취소·소멸되었음을 확인하여 알려주는 의미의 사실 또는 관념의 통지에 불과할 뿐 위 허가처분을 취소·소멸시키는 새로운 형성적 행위가 아니므로 항고소송의 대상이 되는 처분이라고 할 수 없다.

[3] 당해 사안에서와 같이 원처분의 상대방이 아닌 제3자가 행정심판을 청구하여 재결청이 원처분을 취소하는 형성재결을 한 경우에 그 원처분의 상대방은 그 재결에 대하여 항고소송을 제기할 수밖에 없고, 이 경우 재결은 원처분과 내용을 달리 하는 것이어서 재결의 취소를 구하는 것은 원처분에 없는 재결 고유의 위법을 주장하는 것이 된다.

4. 판례해설

이 사건 판결은 복효적 행정행위와 관련한 인용재결에 대한 취소소송과 관련되는 바, 복효적 행정행위에 있어서 일방이 제기한 행정심판에서의 인용재결로 인하여 새로이 권익이 침해된 경우에는 인용재결의 취소를 구하는 것이 곧바로 재결에 고유한 하자를 주장하는 것이 된다. 아울러 원처분의 상대방이 아닌 제3자가 행정심판을 청구하여 재결청이 원처분을 취소하는 형성재결을 한 경우에 원처분의 상대방은 그 인용재결이 처분이 되므로 재결만이 취소소송의 대상이 된다고 할 것이다. 이러한 경우에는 재결자체의 고유한 하자의 문제로 접근가능하지만, 복효적 행정행위에 있어서 인용재결로 최초로 침해를 받은 경우의 관점에서 접근하는 것이 바람직한 측면이 있다.

이 사건 판결은 형성재결이 있은 후에 처분청이 상대방에게 알리는 행위는 확인적 의미의 사실의 통지 내지 관념의 통지로서 파악하면서 처분이 아니라고 보고 있다. 그 결론에 있어서는 견해를 같이하면서도 그 이유를 새로운 형성적 행위가 아니고 확인적 의미의 사실 또는 관념의 통지로 보고 있다. 직접적으로 재결의 효과로서 처분의 취소·변경 등의 효력이 곧바로 발생하는 형성재결이 처분이 되는 것이며, 그와 같은 형성재결에 대한 반복적인 언급에 해당하는 사항은 어떠한 법적인 규율을 내포하고 있지 아니하므로 취소소송의 대상이 되는 행정행위 내지 처분이 아니라고 할 것이다.

[관련판례 1]은 '재결자체의 고유한 위법'의 의미를 재결자체의 주체, 절차, 형식 또는 내용상의 위법이 있는 경우를 의미하는 것을 명백히 하고 있다.

[관련판례 2]에서는 이 사건 판결과 맥을 같이 하고 있는 바, 복효적 행정행위에 있어서 인용재결로 인하여 최초로 침해를 받게 되는 경우에는 인용재결이 원처분과 다른 것으로 재결 자체의 내용상의 하자에 속한다는 것을 밝히고 있다. 이 점은 앞서 언급한 바와 같이 내용상의 하자로 보기보다는 복효적 행정행위의 경우에 재결이 처분성을 지니는 데서 비롯되는 독자적인 범주로 보아 항고소송의 대상이 되는 것으로 보는 것이 타당할 것이다.

또한 [관련판례 3]에서 보는 바와 같이 그 인용재결청인 문화체육부장관 스스로가 직접 당해 사업계획승인처분을 취소하는 형성적 재결을 한 경우에는 그 재결 외에 그에 따른 행정청의 별도의 처분이 있지 않기 때문에 재결 자체를 쟁송의 대상으로 할 수밖에 없다고 보아서 형성적 행정행위에 있어서의 소송의 대상과 "인용재결의 취소를 구하는 당해 소송은 그 인용재결의 당부를 그 심판대상으로 하고 있고, 그 점을 가리기 위하여는 행정심판청구인들의 심판청구원인 사유에 대한 재결청의 판단에 관하여도 그 당부를 심리・판단하여야 할 것이다"고 하여 이러한 인용재결의 취소를 구하는 소송에서의 심리・판단범위를 확정하고 있다.

[관련판례 4]에서는 행정청이 식품위생법령에 따라 영업자에게 행정제재처분을 한 후 행정심판을 거치거나 사후적으로 당초 처분을 영업자에게 유리하게 변경하는 처분을 한 경우, 취소소송의 대상 및 제소기간 판단 기준이 되는 처분은 당초처분으로 보았으며, 제소기간의 준수여부도 변경처분이 아닌 변경된 내용의 당초 처분을 기준으로 판단해야 한다고 보았다.

III 관련판례

1. 대법원 2001. 7. 27. 선고 99두2970 판결【용화집단시설지구기본설계변경승인처분취소】

행정소송법 제19조에 의하면 행정심판에 대한 재결에 대하여도 그 재결 자체에 고유한 위법이 있음을 이유로 하는 경우에는 항고소송을 제기하여 그 취소를 구할 수 있고, 여기에서 말하는 '재결 자체에 고유한 위법'이란 그 재결자체에 주체, 절차, 형식 또는 내용상의 위법이 있는 경우를 의미하는데, 행정심판청구가 부적법하지 않음에도 각하한 재결은 심판청구인의 실체심리를 받을 권리를 박탈한 것으로서 원처분에 없는 고유한 하자가 있는 경우에 해당하고, 따라서 위 재결은 취소소송의 대상이 된다.

2. 대법원 2001. 5. 29. 선고 99두10292 판결【재결취소】

[1] 구 체육시설의설치・이용에관한법률(1994. 1. 7. 법률 제4719호로 전문 개정되어 1999. 1. 18. 법률 제5636호로 개정되기 전의 것) 제16조, 제34조, 같은법시행령(1994. 6. 17. 대통령령 제14284호로 전문 개정되어 2000. 1. 28. 대통령령 제16701호로 개정되기 전의 것) 제16조의 규정을 종합하여 볼 때, 등록체육시설업

에 대한 사업계획의 승인을 얻은 자는 규정된 기한 내에 사업시설의 착공계획서를 제출하고 그 수리 여부에 상관없이 설치공사에 착수하면 되는 것이지, 착공계획서가 수리되어야만 비로소 공사에 착수할 수 있다거나 그 밖에 착공계획서 제출 및 수리로 인하여 사업계획의 승인을 얻은 자에게 어떠한 권리를 설정하거나 의무를 부담케 하는 법률효과가 발생하는 것이 아니므로 행정청이 사업계획의 승인을 얻은 자의 착공계획서를 수리하고 이를 통보한 행위는 그 착공계획서 제출사실을 확인하는 행정행위에 불과하고 그를 항고소송이나 행정심판의 대상이 되는 행정처분으로 볼 수 없다.

[2] 이른바 복효적 행정행위, 특히 제3자효를 수반하는 행정행위에 대한 행정심판청구에 있어서 그 청구를 인용하는 내용의 재결로 인하여 비로소 권리이익을 침해받게 되는 자는 그 인용재결에 대하여 다툴 필요가 있고, 그 인용재결은 원처분과 내용을 달리하는 것이므로 그 인용재결의 취소를 구하는 것은 원처분에는 없는 재결에 고유한 하자를 주장하는 셈이어서 당연히 항고소송의 대상이 된다.

[3] 행정청이 골프장 사업계획승인을 얻은 자의 사업시설 착공계획서를 수리한 것에 대하여 인근 주민들이 그 수리처분의 취소를 구하는 행정심판을 청구하자 재결청이 그 청구를 인용하여 수리처분을 취소하는 형성적 재결을 한 경우, 그 수리처분 취소 심판청구는 행정심판의 대상이 되지 아니하여 부적법 각하하여야 함에도 위 재결은 그 청구를 인용하여 수리처분을 취소하였으므로 재결 자체에 고유한 하자가 있다고 본 사례.

3. 대법원 1997. 12. 23. 선고 96누10911 판결【체육시설사업계획승인취소처분취소】

[1] 이른바 복효적 행정행위, 특히 제3자효를 수반하는 행정행위에 대한 행정심판청구에 있어서 그 청구를 인용하는 내용의 재결로 인하여 비로소 권리이익을 침해받게 되는 자는 그 인용재결에 대하여 다툴 필요가 있고, 그 인용재결은 원처분과 내용을 달리하는 것이므로 그 인용재결의 취소를 구하는 것은 원처분에는 없는 재결에 고유한 하자를 주장하는 셈이어서 당연히 항고소송의 대

상이 된다.

[2] 당해 재결과 같이 그 인용재결청인 문화체육부장관 스스로가 직접 당해 사업계획승인처분을 취소하는 형성적 재결을 한 경우에는 그 재결 외에 그에 따른 행정청의 별도의 처분이 있지 않기 때문에 재결 자체를 쟁송의 대상으로 할 수밖에 없다고 본 사례.

[3] 인용재결의 취소를 구하는 당해 소송은 그 인용재결의 당부를 그 심판대상으로 하고 있고, 그 점을 가리기 위하여는 행정심판청구인들의 심판청구원인 사유에 대한 재결청의 판단에 관하여도 그 당부를 심리·판단하여야 할 것이므로, 원심으로서는 재결청이 원처분의 취소 근거로 내세운 판단사유의 당부뿐만 아니라 재결청이 심판청구인의 심판청구원인 사유를 배척한 판단 부분이 정당한가도 심리·판단하여야 한다.

4. 대법원 2007. 4. 27. 선고 2004두9302 판결【식품위생법위반과징금부과처분취소】

행정청이 식품위생법령에 따라 영업자에게 행정제재처분을 한 후 그 처분을 영업자에게 유리하게 변경하는 처분을 한 경우, 변경처분에 의하여 당초 처분은 소멸하는 것이 아니고 당초부터 유리하게 변경된 내용의 처분으로 존재하는 것이므로, 변경처분에 의하여 유리하게 변경된 내용의 행정제재가 위법하다 하여 그 취소를 구하는 경우 그 취소소송의 대상은 변경된 내용의 당초 처분이지 변경처분은 아니고, 제소기간의 준수 여부도 변경처분이 아닌 변경된 내용의 당초 처분을 기준으로 판단하여야 한다.

Ⅳ 질문 및 토의과제

1. 원처분주의와 재결주의에 대하여 설명하시오.

2. 행정심판의 재결이 취소소송의 대상이 되는 경우는 어떤 경우인가?

3. 재결자체에 고유한 위법이 없음에도 재결취소소송을 제기한 경우에 법원은 어떤 판결을

내려야 하는가?

4. 처분취소소송과 재결취소소송을 관련청구 병합할 수 있는가?

V 참고문헌

김용섭, 행정심판의 재결에 대한 취소소송, 법조 458권 1호, 1999

김향기, 재결의 내용에 대한 취소소송, 행정판례연구 X, 2005

이일세, 행정심판의 재결에 대한 행정소송 – 원처분주의를 중심으로, 강원법학 제44권, 2015. 2

정종식, 제3자효를 수반하는 행정행위에 대한 행정심판청구를 인용하는 재결에 대한 항고소송의 허부, 21세기 사법의 전개: 송민 최종영 대법원장 재임기념, 2005

한양석, 행정소송법 제19조 소정의 '재결 자체의 고유한 위법'의 의미 및 적법한 행정심판청구를 각하한 재결은 재결 자체에 고유한 위법이 있는 경우에 해당하는지 여부(적극),대법원판례해설 38호, 2002

6-12-2. 재결의 기속력의 범위

I 개요

재결의 기속력은 행정심판법 제37조 제1항에서 규율하고 있는 바와 같이 행정심판의 재결이 피청구인인 행정청과 그 밖의 관계행정청을 구속하는 힘을 말한다. 인용재결이 있으면 피청구인인 행정청은 재결의 내용을 실현할 의무가 있다. 이와 같은 재결의 기속력을 인정하는 이유는 재결이 내려진 경우에도 행정청이 재결의 취지에 반하는 행동을 하거나 거부처분 등에 대하여 아무런 조치를 취하지 않게 되면 재결은 무의미하게 되므로 재결에 따라 행동할 것을 피청구인인 행정청과 그 밖의 관계행정청에 의무지우는 것이라고 할 것이다.

재결은 비록 그것이 옳은 결론이 아니라고 할지라도 처분청을 기속한다. 통설 및 판례는 재결이 내려지면 처분청을 기속하기 때문에 처분청은 재결의 취지에 따른 처분의무가 있고, 설사 잘못된 재결이라고 할지라도 재결에 따라 처분청은 취소를 하여야 한다. 만약에 재결의 취지에 따른 취소처분이 위법한 경우에 원고 적격있는 제3자가 이를 항고소송으로 다툴 수 있는 것으로 보고 있다.

재결의 기속력은 인용재결에만 인정된다는 것이 통설의 입장이다. 즉, 기각재결의 경우에는 처분청을 기속하지 않기 때문에 처분청은 재결과 무관하게 직권으로 당해 처분을 취소·변경할 수 있는 것으로 보고 있다. 그와 같이 보는 이유는 기각재결이나 각하재결의 경우에는 원처분을 유지할 의무를 지는 것이 아니라 청구인의 심판청구를 배척하는 데 불과하다고 보기 때문이다.

기속력의 내용으로는 소극적으로 재결의 내용에 저촉되는 행위를 할 수 없기 때문에 처분의 반복이 금지된다. 수익적 행정행위의 신청거부나 부작위의 경우에는 인용재결에 따라 적극적으로 처분하여야 할 의무를 진다.

II 리딩케이스

1. 사건번호: 대법원 2005. 12. 9. 선고 2003두7705 판결【주택건설사업계획승인신청서반려처분취소】

2. 사실관계

원고 갑은 1996. 7. 16. 이 사건 아파트 단지에 아파트 1개동 256세대를 건설하기 위하여 피고 을(군산시장)에게 주택건설사업계획승인 신청을 하였으나, 을은 1999. 7. 21. 이 아파트 단지는 도시자연공원주변에 위치하여 사업시행시 공원주변의 환경, 풍치, 미관 등이 손상될 우려가 있다는 이유로 주택건설사업계획승인신청서 반려처분(1차거부처분)을 하였다. 갑은 이에 불복하여 재결청에 반려처분의 취소를 구하는 행정심판을 제기하였는데 재결청은 을의 반려처분이 재량권을 남용한 것이고, 공익보다 사익이 보호되어야 한다는 이유로 위 반려처분을 취소하라는 내용의 재결을 하였다.

위 재결에 따라 갑이 주택건설사업계획승인 촉구민원을 제기하자 을이 재결 내용을 받아 들여 관계법령에 적합한지 협의하는 등 사업계획을 재검토한 후 서류보완 등을 요구하고 신청서상의 중대한 하자가 있다는 이유로 보정을 요구하였다. 갑이 일부보완요구사항을 이행하지 않자 을이 2002. 2. 10. 위 승인신청서를 반려하는 처분(이 사건 처분)을 하였다.

갑이 제1심에서 이 사건 처분의 취소소송을 제기하여 승소하였으나, 원심법원에서는 대체진입로 보완요구에 대하여 구체적인 사업계획을 제시하지 않은 채, 을에게 진입도로부지사용에 대한 승낙을 요청하고 있어 이 사건 주택건설사업계획승인 신청은 벌써 관계법령이 정하고 있는 제한에 위배되었다고 보았으며, 아울러 주택건설사업계획승인은 재량행위에 속하고 이러한 승인을 받으려는 주택건설사업계획이 관계법령이 정하는 제한에 배치되는 경우뿐만 아니라 그러한 제한사유가 없는 경우에도 공익상 필요가 있으면 처분권자는 그 승인신청에 반려를 하거나 불허가결정을 할 수 있다고 판시하면서 제1심판결을 취소하고, 갑의 청구를 기각하였다. 이에 갑이 상고하였으나 대법원에서 상고를 기각한 사안이다.

3. 판결요지

[1] 재결의 기속력은 재결의 주문 및 그 전제가 된 요건사실의 인정과 판단, 즉 처분 등의 구체적 위법사유에 관한 판단에만 미친다고 할 것이고, 종전 처분이 재결에 의하여 취소되었다 하더라도 종전 처분시와는 다른 사유를 들어서 처분을 하는 것은 기속력에 저촉되지 않는다고 할 것이며, 여기에서 동일 사유인지 다른 사유인지는 종전 처분에 관하여 위법한 것으로 재결에서 판단된 사유와 기본적 사실관계에 있어 동일성이 인정되는 사유인지 여부에 따라 판단되어야 한다.

[2] 새로운 처분의 처분사유와 종전 처분에 관하여 위법한 것으로 재결에서 판단된 사유가 기본적 사실관계에 있어 동일성이 없으므로 새로운 처분이 종전 처분에 대한 재결의 기속력에 저촉되지 않는다고 한 사례.

4. 판례해설

이 사건 판결은 거부처분의 재결의 기속력의 내용으로서 재처분의 의무를 다한 것이라고 볼 것인가의 문제와 관련된다. 거부처분이 재결에 의하여 취소되면 당해 처분은 없어지게 되고, 거부처분이 있기 전의 상태로 돌아가 원래의 신청은 유지되지만 이로써 원고가 신청한 내용대로 처분이 내려져야 하는 것은 아니다. 그렇다고 하여 새로운 사유에 의한 재처분을 무한정 허용하게 된다면 행정청은 새로운 사유를 인위적으로 만들어 내어 다시금 거부처분을 하게 되므로 취소재결이 있는 경우에 행정청이 재처분의무를 다한 것으로 볼 것인가가 문제된다. 특히 이 사건 판결은 종전 처분이 재결에 의하여 취소되었다 하더라도 종전 처분시와는 다른 사유를 들어서 처분을 하는 것은 기속력에 저촉되지 않는다고 전제하고, 여기에서 동일 사유인지 다른 사유인지는 종전 처분에 관하여 위법한 것으로 재결에서 판단된 사유와 기본적 사실관계에 있어 동일성이 인정되는 사유인지 여부에 따라 판단되어야 한다고 보고 있다.

재결의 내용은 소극적 효력과 적극적 효력이 있는 바 소극적 효력은 처분의 취소변경재결이 있으면 처분청 등 관계행정청은 재결에 저촉되는 행위를 할 수 없는 바, 이를 반복금지효라고 한다. 따라서 동일한 사실관계에서 동일한 당사자에 대하여 동일한 내용의 처분을 반복하여서는 안 된다. 적극적 효력은 거부처분에 대한 재처분의무라고 할 것이다. 이와 관련하여 종전처분시 재결에서 판단한 사유와는 기본적 사실관계의 동일성이 인정되는 사유를 들어서 재처분을 하는 것은 재결의 기속력에 반하지만, 기본적 사실관계의 동일성이 인정되지 아니하는 다른 사유를 들어서 처분을 하는 것은 기속력에 저촉되지 않는다고 할 것이다. 행정청이 거부처분에 대한 취소재결이 있음에도 새로운 요구사항을 들고 나와 보완요구를 하고 이를 충족하지 못하였다고 하여 다시금 거부처분을 내리는 것은 재처분의무를 충족한 것으로 보기 어렵다고 할 것이다.

재결의 기속력은 당해 처분에 관하여 재결주문 및 그 전제가 된 요건사실의 인정과 판단에 대하여 처분청을 기속한다. 여기서 동일한 내용의 처분인가를 판별함에 있어 기본적 사실관계의 동일성을 들고 있다. 이 점은 취소판결의 기속력과 동일하다.

[관련판례 1]에서는 당해 처분에 관하여 위법한 것으로 재결에서 판단된 사유와 기본적 사실관계에 있어 동일성이 인정되는 사유를 내세워 다시 동일한 내용의 처분을 하는 것은 허용되지 않는다고 보았다.

[관련판례 2]는 당해 처분청은 재결의 취지에 반하지 아니하는 한, 즉 "당초 처분과 동일한 사정 아래에서 동일한 내용의 처분을 반복하는 것이 아닌 이상"으로 밝히고 있을 뿐 기본적 사실관계의 동일성을 언명하고 있지 않다.

[관련판례 3]도 기본적 사실관계에 관한 언급이 없다는 점에서 [관련판례 2]와 맥락을 같이 한다.

[관련판례 4]는 재결의 기속력이 발생한 후 소관 행정청이 허가신청을 수리하고도 정당한 이유 없이 처리를 늦추어 그 사이에 법령 및 허가기준이 변경된 것이 아닌 한 변경된 법령 및 허가기준에 따라서 한 불허가처분은 위법하다고 할 수 없다고 본 것으로 피고 행정청의 귀책사유가 없는 한 처리를 늦추어 변경된 법령 및 허가기준에 따라 불허가 처분을 한 것도 위법하지 않다고 보고 있다.

[관련판례 5]는 사립학교 교원에 대한 징계에 대한 교원소청심사위원회 결정은 국·공립학교 교원에 대한 징계처분과는 달리 그 결정 자체가 원행정처분이 된다. 아울러 소청심사위원회의 결정에 대한 행정소송이 제기된 경우 판결 이유에서 위원회의 결정과 달리 판단한 부분에 대하여는 소청심사위원회의 결정의 기속력을 인정하기가 곤란하다. 따라서 대법원이 이와 관련하여 징계처분을 받은 사립학교 교원의 소청심사청구에 대하여 교원소청심사위원회가 징계사유 자체가 인정되지 않는다는 이유로 징계처분을 취소하는 결정을 하고, 그에 대하여 학교법인 등이 제기한 행정소송 절차에서 심리한 결과 징계사유 중 일부 사유는 인정된다고 판단되는 경우, 법원으로서는 소청심사위원회의 결정을 취소하여야 한다고 판시하고 있는 바, 이는 적절한 판시태도라고 할 것이다.

Ⅲ 관련판례

1. 대법원 2003. 4. 25. 선고 2002두3201 판결 【건축불허가처분취소】

행정심판법 제37조가 정하고 있는 재결은 당해 처분에 관하여 재결주문 및 그 전제가 된 요건사실의 인정과 판단에 대하여 처분청을 기속하므로, 당해 처분에 관하여 위법한 것으로 재결에서 판단된 사유와 기본적 사실관계에 있어 동일성이 인정되는 사유를 내세워 다시 동일한 내용의 처분을 하는 것은 허용되지 않는다.

2. 대법원 1997. 2. 25. 선고 96누14784,14791 판결 【택지초과소유부담금부과처분취소】

택지초과소유부담금 부과처분을 취소하는 재결이 있는 경우 당해 처분청은 재결의 취지에 반하지 아니하는 한, 즉 당초 처분과 동일한 사정 아래에서 동일한 내용의 처분을 반복하는 것이 아닌 이상, 그 재결에 적시된 위법사유를 시정·보완하여 정당한 부담금을 산출한 다음 새로이 부담금을 부과할 수 있는 것이고, 이러한 새로운 부과처분은 재결의 기속력에 저촉되지 아니한다.

3. 대법원 2001. 9. 14. 선고 99두3324 판결 【법인세등부과처분취소】

부과처분을 취소하는 재결이 있는 경우 당해 처분청은 재결의 취지에 반하지 아니하는 한, 그 재결에 적시된 위법사유를 시정·보완하여 정당한 조세를 산출한 다음 새로이 이를 부과할 수 있는 것이고, 이러한 새로운 부과처분은 재결의 기속력에 저촉되지 아니한다.

4. 대법원 2005. 7. 29. 선고 2003두3550 판결 【개발행위불허가처분취소】

행정행위는 처분 당시에 시행중인 법령과 허가기준에 의하여 하는 것이 원칙이고, 인·허가신청 후 처분 전에 관계 법령이 개정 시행된 경우 신법령 부칙에 그 시행 전에 이미 허가신청이 있는 때에는 종전의 규정에 의한다는 취지의 경과규정을 두지 아니한 이상 당연히 허가신청 당시의 법령에 의하여 허가 여부를 판단하여야 하는 것은 아니며, 소관 행정청이 허가신청을 수리하고도 정당한 이유 없이 처리를 늦추어 그 사이에 법령 및 허가기준이 변경된 것이 아닌 한 변경된 법령 및 허가기준에 따라서 한 불허가처분은 위법하다고 할 수 없다.

5. 대법원 2013. 7. 25. 선고 2012두12297 판결【해임처분취소결정취소】

교원소청심사위원회(이하 '위원회'라 한다)의 결정은 처분청에 대하여 기속력을 가지고 이는 그 결정의 주문에 포함된 사항뿐 아니라 그 전제가 된 요건사실의 인정과 판단, 즉 처분 등의 구체적 위법사유에 관한 판단에까지 미친다. 따라서 위원회가 사립학교 교원의 소청심사청구를 인용하여 징계처분을 취소한 데 대하여 행정소송이 제기되지 아니하거나 그에 대하여 학교법인 등이 제기한 행정소송에서 법원이 위원회 결정의 취소를 구하는 청구를 기각하여 위원회 결정이 그대로 확정되면, 위원회 결정의 주문과 그 전제가 되는 이유에 관한 판단만이 학교법인 등 처분청을 기속하게 되고, 설령 판결 이유에서 위원회의 결정과 달리 판단된 부분이 있더라도 이는 기속력을 가질 수 없다. 그러므로 사립학교 교원이 어떠한 징계처분을 받아 위원회에 소청심사청구를 하였고, 이에 대하여 위원회가 그 징계사유 자체가 인정되지 않는다는 이유로 징계양정의 당부에 대해서는 나아가 판단하지 않은 채 징계처분을 취소하는 결정을 한 경우, 그에 대하여 학교법인 등이 제기한 행정소송 절차에서 심리한 결과 징계사유 중 일부 사유는 인정된다고 판단이 되면 법원으로서는 위원회의 결정을 취소하여야 한다. 이는 설령 인정된 징계사유를 기준으로 볼 때 당초의 징계양정이 과중한 것이어서 그 징계처분을 취소한 위원회 결정이 결론에 있어서는 타당하다고 하더라도 마찬가지이다. 위와 같이 행정소송에 있어 확정판결의 기속력은 처분 등을 취소하는 경우에 그 피고인 행정청에 대해서만 미치는 것이므로, 법원이 위원회 결정의 결론이 타당하다고 하여 학교법인 등의 청구를 기각하게 되면 결국 행정소송의 대상이 된 위원회 결정이 유효한 것으로 확정되어 학교법인 등도 이에 기속되므로, 위원회 결정의 잘못은 바로잡을 길이 없게 되고 학교법인 등도 해당 교원에 대한 적절한 재징계를 할 수 없게 되기 때문이다.

Ⅳ 질문 및 토의과제

1. 재결의 기속력은 기각재결이나 각하재결에도 미치는가?

2. 행정심판의 재결의 기속력의 내용에 대하여 설명하시오.

3. 재결에 따른 재처분이 지연되던 도중에 법령이 개정되어 변경된 허가기준에 따른 거부처분을 한 경우 새로운 거부처분은 적법한가?

4. 재결의 기속력의 주관적, 객관적, 시간적 범위에 대하여 검토하시오.

Ⅴ 참고문헌

김병기, 재결의 기속력과 처분재결(상), 고시연구 2002. 10

김용섭, 재결의 기속력의 주관적 범위를 둘러싼 논의, 인권과 정의 제34호, 2006

김재호, 행정재판의 임의절차화와 인용재결의 행정청에 대한 기속력, 고시연구, 1998. 4

오문기, 정보공개거부처분과 관련된 처분사유의 추가 · 변경, 재판과 판례 제16집

임영호, 재결에 따른 재처분이 지연되던 도중 변경된 허가기준에 따른 거부처분의 적법여부, 대법원판례해설 58호, 2006

제 13 장
이의신청

이의신청은 간이한 볼복절차이거나 특별행정심판의 양자 중의 하나이고, 특수한 경우 행정절차의 일종으로 이해할 수 있다. 일반적으로 이의신청이란 위법 또는 부당한 행정작용에 대하여 처분의 상대방이 처분청에 대하여 제기하는 간이한 불복절차를 의미하고, 특별행정심판의 성질이 있는 것은 여기에서 제외한다. 이의신청이 특별행정심판의 일종인 경우에는 이를 거친 후에 행정심판을 다시 제기할 수 없다. 그러나 간이한 불복절차이거나 행정절차의 일종인 경우에는 행정심판을 제기하는 것이 허용된다. 행정기본법 제36조는 행정처분을 대상으로 하여 처분청에 불복하는 간이한 불복절차인 이의신청 절차의 원칙적인 사항을 정한 일반법이다. 그러나, 행정기본법 제36조의 시행 이전부터 개별 법률에서 다양한 형태의 이의신청에 관한 규정을 두고 있다.

최근의 대법원 판례는 이의신청의 기각에 대하여 새로운 거부처분으로 보았다. 이는 국민의 권익을 신장하기 위하여 형식적 법해석을 넘어 실질적으로 이의신청을 파악하고 이를 간이한 불복절차가 아니라 이의신청도 하나의 행정절차의 특례의 일종으로 파악한 것으로 볼 여지가 있다. 이처럼 이의신청의 기각결정은 당초 처분에 대한 행정심판의 청구기간의 기산점으로 파악하지 않고, 새롭게 이의신청의 기각결정의 송달일을 그 기간의 기산일로 파악하였다는 점에서 당사자의 권익구제를 도모한 획기적인 판결로 평가될 수 있다.

6-12-1. 이의신청 기각의 거부처분에 해당여부

I 개요

이의신청의 기각이 간이한 불복절차의 기각으로 파악되면 행정쟁송의 청구기간이나 제소기간이 원래의 처분을 발한 시점부터 기산해야 한다. 이에 반해 이의신청의 기각을 거부처분으로 보게 되면 행정쟁송의 제기에 있어 청구기간이나 제소기간의 산정에 있어 당사자인 국민에게 유리한 측면이 있다. 이 사건의 핵심 쟁점은 2차 결정이 1차 결정과 별도로 행정심판 및 취소소송의 대상이 되는 '처분'에 해당하는지 여부이다. 먼저 원심은, ① 원고의 이의신청은 당초의 신청과 별개의 새로운 신청으로 보기 어렵고, ② 원고가 1차 결정에 대하여 이의신청을 할 당시에 1차 결정에 대하여 행정심판이나 취소소송을 제기할 수 있었으며, ③ 2차 결정은 1차 결정의 내용을 그대로 유지한다는 취지로서 이는 원고의 권리·의무에 어떠한 새로운 변동을 초래하지 아니할 뿐만 아니라, ④ 이 사건에 신뢰보호의 원칙이 적용된다고 볼 수도 없다는 등의 이유로, 2차 결정을 1차 결정과 별도로 행정쟁송의 대상이 되는 처분으로 볼 수 없다고 판단하였다.

II 리딩케이스

1. 사건번호: 대법원 2021. 1. 14. 선고 2020두50324 판결【이주대책대상자제외처분취소】

2. 사실관계

피고 한국토지주택공사(이하 '피고 공사'라고 한다)는 2006. 10. 27. 택지개발예정지구 지정 공람공고가 이루어진 인천검단지구 택지개발사업(이하 '이 사건 사업'이라고 한다)의 사업시행자이고, 원고는 피고 공사에 이 사건 사업에 관한 이주대책 대상자 선정 신청을 한 사람이다.

이 사건 사업지구 내의 이 사건 주택에 관하여, 2009. 11. 6. 원고의 동생인 소외인 명의의 소유권보존등기 및 증여를 원인으로 하는 원고 명의의 소유권이전등기가 순차로 이루어졌다.

피고 공사는 2016. 12.경 이 사건 사업의 이주대책을 수립하여 공고하였는데(이하 '이 사건 공고'라고 한다), 여기에서는 이주자택지(단독주택용지)의 공급대상자 요건에 관하여 '택지개발예정지구 지정 공람공고일(2006. 10. 27.) 1년 이전부터 보상계약체결일 또는 수용 재결일까지 계속하여 사업지구 내 가옥을 소유하고 계속 거주한 자로 피고 공사로부터 그 가옥에 대한 보상을 받고 이 사건 사업 시행으로 인하여 이주하는 자(1989. 1. 25. 이후 무허가 건물소유자 및 법인, 단체는 제외)'라고 정하였다.

원고는 이 사건 공고에 따라 2017. 3. 29. 피고 공사에 이주자택지 공급대상자 선정 신청을 하였다. 이때 원고는 신청서에 '자신이 1970년대에 이 사건 주택을 건축하여 소유권을 취득하였으므로 이주자택지 수급 자격에 해당한다.'는 내용을 기재하고 건축물대장, 이웃 주민들의 확인서, 전력 개통사용자 확인, 수도개설 사용, 등기사항증명서, 소외인이 작성한 양도양수확인서 등의 증빙자료를 첨부하여 제출하였다.

피고 공사는 2017. 7. 28. 원고에게 '기준일 이후 주택 취득'이라는 이유로 원고를 이주대책 대상에서 제외하는 결정을 통보하였는데(이하 '1차 결정'이라고 한다), 그 통보서에는 "부적격 결정에 이의가 있으신 경우 본 통지문을 받으신 날로부터 30일 이내에 안내드린 바 있는 이 사건 공고에 의한 대상자 선정 요건을 충족할 수 있는 증빙자료와 함께 우리 공사에 서면으로 이의신청을 하실 수 있으며, 또한 90일 이내에 행정심판 또는 행정소송을 제기하실 수 있음을 알려드립니다"라는 안내문구가 기재되어 있다.

이에 원고는 2017. 8. 25. 피고 공사에 이의신청을 하였다. 이때 원고는 이의신청서에 '자신이 1970년대에 이 사건 주택을 신축하여 소유권을 취득하였고, 다만 동네 이장의 착오로 건축물대장에 건축주가 소외인으로 등재되었다.'는 내용을 기재하고 수용사실확인서, 1972년도 사진, 2010년 당시 지장물 조사사진, 소외인 명의의 사실확인서, 마을주민확인서 등의 증빙자료를 추가로 첨부하여 제출하였다.

피고 공사는 2017. 12. 6. 원고에게 “부동산 공부에 등재되었던 소유자를 배제하고 사실판단에 기하여 과거 소유자를 인정할 수 없음”이라는 이유로 원고의 이의신청을 받아들이지 않고 여전히 원고를 이주대책 대상에서 제외한다는 결정을 통보하였다(이하 ‘2차 결정’이라고 한다). 한편 2차 결정의 통보서에는 “우리 공사의 이의신청 불수용처분에 대하여 다시 이의가 있으신 경우 행정소송법에 따라 본 처분통보를 받은 날로부터 90일 이내에 행정심판 또는 행정소송을 제기할 수 있음을 알려드리니 참고하시기 바랍니다”라는 안내문구가 기재되어 있다.

원고는 2018. 3. 5. 피고 중앙행정심판위원회(이하 ‘피고 위원회’라고 한다)에 2차 결정의 취소를 구하는 행정심판을 청구하였는데, 피고 위원회는 2018. 10. 17. 2차 결정이 처분에 해당하지 않는다는 이유로 원고의 행정심판 청구를 각하하는 재결을 하였고(이하 ‘이 사건 재결’이라고 한다), 그 재결서가 2018. 10. 31. 원고에게 송달되었다.

3. 판결요지

[1] 항고소송의 대상인 ‘처분’이란 “행정청이 행하는 구체적 사실에 관한 법 집행으로서의 공권력의 행사 또는 그 거부와 그 밖에 이에 준하는 행정작용”(행정소송법 제2조 제1항 제1호)을 말한다. 행정청의 행위가 항고소송의 대상이 될 수 있는지는 추상적·일반적으로 결정할 수 없고, 구체적인 경우에 관련 법령의 내용과 취지, 그 행위의 주체·내용·형식·절차, 그 행위와 상대방 등 이해관계인이 입는 불이익 사이의 실질적 견련성, 법치행정의 원리와 그 행위에 관련된 행정청이나 이해관계인의 태도 등을 고려하여 개별적으로 결정하여야 한다. 행정청의 행위가 ‘처분’에 해당하는지 불분명한 경우에는 그에 대한 불복방법 선택에 중대한 이해관계를 가지는 상대방의 인식가능성과 예측가능성을 중요하게 고려하여 규범적으로 판단하여야 한다.

[2] 수익적 행정처분을 구하는 신청에 대한 거부처분은 당사자의 신청에 대하여 관할 행정청이 이를 거절하는 의사를 대외적으로 명백히 표시함으로써 성

립된다. 거부처분이 있은 후 당사자가 다시 신청을 한 경우에는 신청의 제목 여하에 불구하고 그 내용이 새로운 신청을 하는 취지라면 관할 행정청이 이를 다시 거절하는 것은 새로운 거부처분이라고 보아야 한다. 관계 법령이나 행정청이 사전에 공표한 처분기준에 신청 기간을 제한하는 특별한 규정이 없는 이상 재신청을 불허할 법적 근거가 없으며, 설령 신청기간을 제한하는 특별한 규정이 있더라도 재신청이 신청기간을 도과하였는지는 본안에서 재신청에 대한 거부처분이 적법한가를 판단하는 단계에서 고려할 요소이지, 소송요건 심사단계에서 고려할 요소가 아니다.

4. 판례해설

이 사건 판결은 다음과 같은 2가지 이유로 2차 결정은 1차 결정과 별도로 행정쟁송의 대상이 되는 '처분'으로 봄이 타당하고 보고 있다,

첫째로, 수익적 행정처분을 구하는 신청에 대한 거부처분은 당사자의 신청에 대하여 관할 행정청이 이를 거절하는 의사를 대외적으로 명백히 표시함으로써 성립된다. 거부처분이 있은 후 당사자가 다시 신청을 한 경우에는 신청의 제목 여하에 불구하고 그 내용이 새로운 신청을 하는 취지라면 관할 행정청이 이를 다시 거절하는 것은 새로운 거부처분이라고 보아야 한다(대법원 2019. 4. 3. 선고 2017두52764 판결 등 참조). 관계 법령이나 행정청이 사전에 공표한 처분기준에 신청기간을 제한하는 특별한 규정이 없는 이상 재신청을 불허할 법적 근거가 없으며, 설령 신청기간을 제한하는 특별한 규정이 있다 하더라도 재신청이 신청기간을 도과하였는지 여부는 본안에서 재신청에 대한 거부처분이 적법한가를 판단하는 단계에서 고려할 요소이지, 소송요건 심사단계에서 고려할 요소가 아니다.

둘째로, 행정절차법 제26조는 행정청이 처분을 할 때에는 당사자에게 그 처분에 관하여 행정심판 및 행정소송을 제기할 수 있는지 여부, 그 밖에 불복을 할 수 있는지 여부, 청구절차 및 청구기간, 그 밖에 필요한 사항을 알려야 한다고 규정하고 있다. 이 사건에서 피고 공사가 원고에게 2차 결정을 통보하면서 '2차 결정에 대하여 이의가 있는 경우 2차 결정 통보일부터 90일 이내에 행정

심판이나 취소소송을 제기할 수 있다'는 취지의 불복방법 안내를 하였던 점을 보면, 피고 공사 스스로도 2차 결정이 행정절차법과 행정소송법이 적용되는 처분에 해당한다고 인식하고 있었음을 알 수 있고, 그 상대방인 원고로서도 2차 결정이 행정쟁송의 대상인 처분이라고 인식하였을 수밖에 없다고 보인다. 이와 같이 불복방법을 안내한 피고 공사가 이 사건 소가 제기되자 '처분성'이 인정되지 않는다고 본안전항변을 하는 것은 신의성실원칙(행정절차법 제4조)에도 어긋난다(대법원 2020. 4. 9. 선고 2019두61137 판결 참조).

[관련판례 1]은 전형적인 간이한 불복절차를 규율하고 있어, 쟁송제기기간을 당초 처분시로부터 기산한다고 보았다. 이러한 판결의 결론이 당사자의 권익구제에 미흡하여 행정기본법을 제정하여 제소기간을 이의신청의 기각결정을 받은 날을 기준으로 하고 있다.

[관련판례 2]는 이의신청을 간이한 불복구제수단으로 파악하지 않고 수익적 행정처분을 구하는 신청에 대한 거부처분이 있은 후 당사자가 새로운 신청을 하는 취지로 한 이의신청을 행정청이 이를 다시 기각한 경우, 이를 실질에 착목하여 새로운 거부처분으로 본 이 사건 판결의 연장선상에서 내린 합리적인 결론이라고 볼 것이다. 이 사건 판결에서는 이의신청을 거친 2차통지를 다음과 같은 3가지 논거를 제시하면서 처분으로 보았다. ① 조정금에 대한 이의신청 절차가 법률상 절차로 변경되었으므로 그에 관한 절차적 권리는 법률상 권리로 볼 수 있는 점, ② 乙이 이의신청을 하기 전에는 조정금 산정결과 및 수령을 통지한 1차 통지만 존재하였고 乙은 신청 자체를 한 적이 없으므로 乙의 이의신청은 새로운 신청으로 볼 수 있는 점, ③ 2차 통지서의 문언상 종전 통지와 별도로 심의·의결하였다는 내용이 명백하고, 단순히 이의신청을 받아들이지 않는다는 내용에 그치는 것이 아니라 조정금에 대하여 다시 재산정, 심의·의결절차를 거친 결과, 그 조정금이 종전 금액과 동일하게 산정되었다는 내용을 알리는 것이므로, 2차 통지는 1차 통지와 별도로 행정쟁송의 대상이 되는 처분으로 보는 것이 타당하다는 점이다. 어떤 처분이 수익적 행정처분을 구하는 신청에 대한 거부처분이 아니더라도 해당 처분에 대한 이의신청의 내용이 새로운 신청을 하는 취지로 볼 수 있는 경우, 그 이의신청에 대한 결정의 통보를 새로운 처분으로 볼 수 있다고 보았다.

III 관련판례

1. 대법원 2012. 11. 15. 선고 2010두8676 판결【주택건설사업승인불허가처분취소등】

[1] 행정소송법 제18조 내지 제20조, 행정심판법 제3조 제1항, 제4조 제1항, 민원사무처리에 관한 법률(이하 '민원사무처리법'이라 한다) 제18조, 같은 법 시행령 제29조 등의 규정들과 그 취지를 종합하여 보면, 민원사무처리법에서 정한 민원 이의신청의 대상인 거부처분에 대하여는 민원 이의신청과 상관없이 행정심판 또는 행정소송을 제기할 수 있으며, 또한 민원 이의신청은 민원사무처리에 관하여 인정된 기본사항의 하나로 처분청으로 하여금 다시 거부처분에 대하여 심사하도록 한 절차로서 행정심판법에서 정한 행정심판과는 성질을 달리하고 또한 사안의 전문성과 특수성을 살리기 위하여 특별한 필요에 따라 둔 행정심판에 대한 특별 또는 특례 절차라 할 수도 없어 행정소송법에서 정한 행정심판을 거친 경우의 제소기간의 특례가 적용된다고 할 수도 없으므로, 민원 이의신청에 대한 결과를 통지받은 날부터 취소소송의 제소기간이 기산된다고 할 수 없다. 그리고 이와 같이 민원 이의신청 절차와는 별도로 그 대상이 된 거부처분에 대하여 행정심판 또는 행정소송을 제기할 수 있도록 보장하고 있는 이상, 민원 이의신청 절차에 의하여 국민의 권익 보호가 소홀하게 된다거나 헌법 제27조에서 정한 재판청구권이 침해된다고 볼 수도 없다.

[2] 민원사무처리에 관한 법률(이하 '민원사무처리법'이라 한다) 제18조 제1항에서 정한 거부처분에 대한 이의신청(이하 '민원 이의신청'이라 한다)은 행정청의 위법 또는 부당한 처분이나 부작위로 침해된 국민의 권리 또는 이익을 구제함을 목적으로 하여 행정청과 별도의 행정심판기관에 대하여 불복할 수 있도록 한 절차인 행정심판과는 달리, 민원사무처리법에 의하여 민원사무처리를 거부한 처분청이 민원인의 신청 사항을 다시 심사하여 잘못이 있는 경우 스스로 시정하도록 한 절차이다. 이에 따라, 민원 이의신청을 받아들이는 경우에는 이의신청 대상인 거부처분을 취소하지 않고 바로 최초의 신청을 받아들이는 새로운 처분을 하여야 하지만, 이의신청을 받아들이지 않는 경우에는 다시 거부처분을 하지

않고 그 결과를 통지함에 그칠 뿐이다. 따라서 이의신청을 받아들이지 않는 취지의 기각 결정 내지는 그 취지의 통지는, 종전의 거부처분을 유지함을 전제로 한 것에 불과하고 또한 거부처분에 대한 행정심판이나 행정소송의 제기에도 영향을 주지 못하므로, 결국 민원 이의신청인의 권리·의무에 새로운 변동을 가져오는 공권력의 행사나 이에 준하는 행정작용이라고 할 수 없어, 독자적인 항고소송의 대상이 된다고 볼 수 없다고 봄이 타당하다.

2. 대법원 2022. 3. 17. 선고 2021두53894 판결【지적재조사사업조정금이의신청기각처분취소청구의소】

[1] 항고소송의 대상인 '처분'이란 "행정청이 행하는 구체적 사실에 관한 법집행으로서의 공권력의 행사 또는 그 거부와 그 밖에 이에 준하는 행정작용"(행정소송법 제2조 제1항 제1호)을 말한다. 행정청의 행위가 항고소송의 대상이 될 수 있는지는 추상적·일반적으로 결정할 수 없고, 구체적인 경우에 관련 법령의 내용과 취지, 그 행위의 주체·내용·형식·절차, 그 행위와 상대방 등 이해관계인이 입는 불이익 사이의 실질적 견련성, 법치행정의 원리와 그 행위에 관련된 행정청이나 이해관계인의 태도 등을 고려하여 개별적으로 결정하여야 한다. 행정청의 행위가 '처분'에 해당하는지가 불분명한 경우에는 그에 대한 불복방법 선택에 중대한 이해관계를 가지는 상대방의 인식가능성과 예측가능성을 중요하게 고려하여 규범적으로 판단하여야 한다.

[2] 수익적 행정처분을 구하는 신청에 대한 거부처분이 있은 후 당사자가 다시 신청을 한 경우에는 신청의 제목 여하에 불구하고 그 내용이 새로운 신청을 하는 취지라면 관할 행정청이 이를 다시 거절하는 것은 새로운 거부처분이라고 보아야 한다. 나아가 어떠한 처분이 수익적 행정처분을 구하는 신청에 대한 거부처분이 아니라고 하더라도, 해당 처분에 대한 이의신청의 내용이 새로운 신청을 하는 취지로 볼 수 있는 경우에는, 그 이의신청에 대한 결정의 통보를 새로운 처분으로 볼 수 있다.

[3] 갑 시장이 을 소유 토지의 경계확정으로 지적공부상 면적이 감소되었다는 이유로 지적재조사위원회의 의결을 거쳐 을에게 조정금 수령을 통지하자(1차

통지), 을이 구체적인 이의신청 사유와 소명자료를 첨부하여 이의를 신청하였으나, 갑 시장이 지적재조사위원회의 재산정 심의·의결을 거쳐 종전과 동일한 액수의 조정금 수령을 통지한(2차 통지) 사안에서, 구 지적재조사에 관한 특별법(2020. 4. 7. 법률 제17219호로 개정되기 전의 것) 제21조의2가 신설되면서 조정금에 대한 이의신청 절차가 법률상 절차로 변경되었으므로 그에 관한 절차적 권리는 법률상 권리로 볼 수 있는 점, 을이 이의신청을 하기 전에는 조정금 산정 결과 및 수령을 통지한 1차 통지만 존재하였고 을은 신청 자체를 한 적이 없으므로 을의 이의신청은 새로운 신청으로 볼 수 있는 점, 2차 통지서의 문언상 종전 통지와 별도로 심의·의결하였다는 내용이 명백하고, 단순히 이의신청을 받아들이지 않는다는 내용에 그치는 것이 아니라 조정금에 대하여 다시 재산정, 심의·의결절차를 거친 결과, 그 조정금이 종전 금액과 동일하게 산정되었다는 내용을 알리는 것이므로, 2차 통지를 새로운 처분으로 볼 수 있는 점 등을 종합하면, 2차 통지는 1차 통지와 별도로 행정쟁송의 대상이 되는 처분으로 보는 것이 타당함에도 2차통지의 처분성을 부정한 원심판단에 법리오해의 잘못이 있다고 한 사례.

Ⅳ 질문 및 토의과제

1. 이의신청의 유형을 어떻게 분류할 수 있고, 특별행정심판의 일종으로서의 이의신청의 예를 제시하시오.

2. 이의신청에 관한 다양한 판례의 태도와 행정기본법상의 이의신청제도의 의미에 대하여 평가하시오.

3. 이의신청의 기각이 거부처분이 되려면 판례는 어떤 상황을 전제로 하는가?

4. 간이한 불복절차인 이의신청과 특별행정심판과의 구분을 어떻게 하는 것이 바람직한가?

V 참고문헌

김용섭, 개별법상 이의신청제도의 현황분석과 입법적 개선과제－이의신청 등과 행정심판과의 관계정립을 중심으로－, 행정법연구 제42호, 2015

김중권, 이의신청기각결정의 법적 성질 문제－대법원 2022. 3. 17. 선고 2021두53894 판결, 법률신문 2022. 11. 17.

백옥선, 행정기본법(안)의 이의신청 조항에 대한 검토 및 향후 법적 과제, 법제연구 제59호, 2020

박현정, [한국행정법학회 행정판례평석] 이의신청에 대한 거부와 항고소송의 대상적격, 법률신문, 2023. 4. 26.

이정민, 행정기본법에 대한 몇가지 실무상 문제점, 사법 제58호, 사법발전재단, 2021

VI 관련법령

행정기본법

제36조 (처분에 대한 이의신청) ① 행정청의 처분(「행정심판법」 제3조에 따라 같은 법에 따른 행정심판의 대상이 되는 처분을 말한다. 이하 이 조에서 같다)에 이의가 있는 당사자는 처분을 받은 날부터 30일 이내에 해당 행정청에 이의신청을 할 수 있다.

② <생략>

③ 제1항에 따라 이의신청을 한 경우에도 그 이의신청과 관계없이 「행정심판법」에 따른 행정심판 또는 「행정소송법」에 따른 행정소송을 제기할 수 있다.

④ 이의신청에 대한 결과를 통지받은 후 행정심판 또는 행정소송을 제기하려는 자는 그 결과를 통지받은 날(제2항에 따른 통지기간 내에 결과를 통지받지 못한 경우에는 같은 항에 따른 통지기간이 만료되는 날의 다음 날을 말한다)부터 90일 이내에 행정심판 또는 행정소송을 제기할 수 있다.

⑤－⑦ <생략>

제 7 편

개별행정법

제 1 장
행정조직법

헌법은 행정조직법정주의를 취하고 있는바, 원칙적으로 법률에 의해야 하고 행정입법의 형식에 의한 행정조직은 예외에 그치도록 하고 있다. 행정조직은 행정기관을 통해 행정사무가 집행되는바, 행정기관은 소정의 행정사무에 관하여 행정주체의 의사를 결정·표시하는 기관을 의미한다. 행정기관에는 행정에 관한 국가 의사의 결정·표시 권한을 가진 행정관청(합의제 행정관청을 포함)과 그 결정·표시 권한이 없는 보조기관·보좌기관·부속기관·자문기관 등이 있다. 행정관청의 권한은 그 대리 및 위임을 통해 업무의 효율성을 기하고 있다. 행정관청 상호간에는 상하간에 감시·인가·훈령 등을 통한 권한의 감독이, 대등간에 협의·위탁 등을 통한 협력이 이루어진다. 행정조직법은 국가행정조직법을 중심으로 논의되지만, 자치행정조직법과 공무원법, 공물·공기업법 등을 포함하는 광의의 개념으로 이해되기도 한다.

7-1-1. 행정관청의 권한, 권한의 대리 및 위임

Ⅰ 개요

행정조직은 행정관청을 통해 그 권한의 행사가 이루어진다. 행정관청의 권한이란 행정관청이 법령상 유효하게 국가의사를 결정·표시할 수 있는 범위를 말한다. 그런데 행정관청의 권한은 항상 직접 행사되는 것이 아니며, 법령상 권한의 대리 또는 위임을 통해 행사되는 경우가 많다. 권한의 대리는 수권대리와 법정대리로, 후자는 다시 협의의 법정대리와 지정대리로 구분된다. 그 밖에 서리(署理)가 문제된다. 권한의 위임은 위임관청의 하급행정청 또는 보조기관에 하는 것이 보통이나, 위임관청의 직접적인 지휘·감독하에 있지 아니하는 행정청이나 사인에 대해서도 할 수 있다. 법률의 근거 없이 권한을 위임한 경우에는 그에 의거한 수임관청의 행위는 무권한에 의한 행위가 되어 무효가 되기 때문에, 위임된 권한의 재위임이 현행법상 허용되는지, 기관위임사무를 조례로 재위임할 수 있는지, 처분권한의 근거 조례가 무효인 경우에 그 근거규정에 기하여 한 행정처분이 당연무효인지 등의 문제는 현실적으로 난제에 해당한다. 본 사례는 지방자치제의 도입 이후 행정현실에서 발생할 수 있는 중요한 쟁점을 내포하고 있다.

II 리딩케이스

1. 사건번호: 대법원 1995. 7. 11. 선고 94누4615 전원합의체 판결【건설업영업정지처분무효확인】 – 난지도휀스설치공사사건

2. 사실관계

피고 을(서울특별시 영등포구청장)은 1993. 7. 9. 서울특별시 난지도관리사업소가 발주하는 난지도 주변 휀스설치공사에 관하여 원고 갑이 1992. 12. 8. 조달청과 공사도급계약을 체결하고도 이를 소외 ○○휀스실업주식회사에 일괄 하도급주었다는 이유로 구건설업법 제22조, 제50조제2항제3호, 동법시행령 제32조에 따라 갑에 대하여 1993. 7. 7.－11. 6.간의 4개월 영업정지처분을 하였다. 동법상 그 처분권한자인 건설부장관(현 국토교통부장관)은 동법 제57조에 따라 위 처분권한을 서울특별시장 등에게 위임하였고, 서울특별시장은 1989. 2. 18. 행정권한의위임및위탁에관한규정('권한위임규정')(대통령령) 제4조를 근거로 건설부장관의 재위임 승인을 받고 1990. 10. 8. 서울특별시행정권한위임조례('서울시

위임조례')가 정하는 바에 따라 이를 을등 구청장에게 재위임하여 을이 이 사건 처분을 하였다. 갑은 위 처분에 대하여 소송을 제기하였는바, 원심은 갑의 청구를 인용하였고, 그에 대하여 을은 대법원에 상고하였다.(결과: 파기환송)

3. 판결요지

[1] 구건설업법 제57조 제1항, 동법시행령 제53조 제1항 제1호에 의하면 건설부장관의 권한에 속하는 동법 제50조 제2항 제3호 소정의 영업정지 등 처분권한은 서울특별시장 · 직할시장(현 광역시장) 또는 도지사에게 위임되었을 뿐 시 · 도지사가 이를 구청장 · 시장 · 군수에게 재위임할 수 있는 근거규정은 없으나, 정부조직법 제5조 제1항과 이에 기한 권한위임규정 제4조에 재위임에 관한 일반적인 근거규정이 있으므로 시 · 도지사는 그 재위임에 관한 일반적인 규정에 따라 위임받은 위 처분권한을 구청장 등에게 재위임할 수 있다.

[2] 위 영업정지 등 처분에 관한 사무는 국가사무로서 지방자치단체장에게 위임된 이른바 기관위임사무에 해당하므로 시 · 도지사가 지방자치단체의 조례에 의하여 이를 구청장 등에게 재위임할 수는 없고 권한위임규정 제4조에 의하여 위임기관의 장의 승인을 얻은 후 지방자치단체장이 제정한 규칙이 정하는 바에 따라 재위임하는 것만이 가능하다.

[3] 조례제정권의 범위를 벗어나 국가사무를 대상으로 한 무효인 서울시위임조례의 규정에 근거하여 구청장이 건설업영업정지처분을 한 경우, 그 처분은 결과적으로 적법한 위임 없이 권한 없는 자에 의하여 행하여진 것과 마찬가지가 되어 그 하자가 중대하나, 지방자치단체의 사무에 관한 조례와 규칙은 조례가 보다 상위규범이라고 할 수 있고, 또한 헌법 제107조 제2항의 '규칙'에는 지방자치단체의 조례와 규칙이 모두 포함되는 등 이른바 규칙의 개념이 경우에 따라 상이하게 해석되는 점 등에 비추어 보면 위 처분의 위임 과정의 하자가 객관적으로 명백한 것이라고 할 수 없으므로 이로 인한 하자는 결국 당연무효사유는 아니라고 봄이 상당하다.

4. 판례해설

행정관청의 권한의 위임은 행정관청의 법령상 권한의 일부를 보통 그 하급관청에 이전하여 수임기관의 권한으로 행사하도록 하는 것을 말한다. 따라서 권한이 위임되면 그 권한은 위임의 범위 안에서 실질적으로 수임기관의 권한으로 이관되며, 수임기관은 자기의 권한과 같이 자기의 명의와 책임으로 수임된 권한을 행사한다. 그러나 그 권한은 법적으로는 여전히 위임관청의 것으로 유보되어 있다. 행정관청의 권한의 위임은 법령으로 정하여진 권한분배의 실질적인 변경을 뜻하기 때문에 법적 근거를 요하는바, 정부조직법 제5조는 행정관청의 권한의 위임에 관한 일반적 원칙을 정하고 있고, 이에 근거한 중앙행정기관의 권한위임에 관하여는 권한위임규정에서, 국가행정사무의 지방자치단체장에 대한 위임은 지방자치법 제102조(현행 제115조)에, 지방자치단체장의 권한위임은 동법 제104조(현행 제117조)에서 정하고 있다. 따라서 법률의 근거 없이 권한을 위임한 경우에는 그에 의거한 하급관청의 행위는 무권한에 의한 행위가 되어 무효가 된다. 행정관청의 권한의 위임은 행정관청의 권한의 일부에 대해서만 가능하고, 재위임은 특히 필요한 때 법령이 정하는 바에 의하여 허용된다. 권한의 위임은 위임의 해제, 근거법령의 소멸에 의하여 종료되고, 종기부 또는 해제조건부 위임의 경우는 종기의 도래 또는 해제조건의 성취로도 종료된다.

본 사례에서는, 먼저 개별 법률에서 위임에 관한 규정만을 두고 있는 경우에 그 규정을 근거로 위임을 하는 외에 재위임까지 할 수 있는지 여부(이 사건의 경우 구건설업법 제50조 제2항 제3호 소정의 영업정지 등 처분권한을 위임받은 시·도지사가 이를 구청장 등에게 재위임할 수 있는지 여부)가 문제된다. 판례는 개별 법령이 아닌, 정부조직법 제5조 제1항과 일반적 권한위임규정을 재위임의 근거로 하였지만, 이러한 판례태도에 대하여는 개별법령상의 위임·재위임 근거규정이 무의미해진다는 점에서 비판이 있다. 또한 재위임이 가능하다고 보는 경우에 이른바 기관위임사무를 지방자치단체의 조례에 의하여 재위임할 수 있는지 여부가 문제된다. 판례·다수설은 법령으로 허용된 이른바 위임조례가 아닌 한, 기관위임사무는 자치규칙으로 정할 수밖에 없어 이를 위법으로 보고 있으나, 소수설은 이 경우에도 주민의 의사를 반영하면서도 모법에 부합하는 경우에는 적법한 조례라고 본다. 뿐만 아니라 기관위임사무와 단체위임사무 및 자치사무의 구분기준이 명확하지 않은 상황에서 이를 단정적으로 판단하는 것도 무리라는 비판이 있다. 마지막으로 기관위임사무를 조례로 정한 경우에 그에 기한 행정처분이 당연무효인지 여부가 문제된다. 판례・다수설은 무효・취소의 구별기준으로 중대・명백설을 취하고 있는바, 소수설은 명백성 입증의 난해성・형식논리성으로 인해 명백성보충요건설이 타당하다고 주장한다. 이러한 논쟁은 이미 본 판례에서도 다수의견과 반대의견으로 대립된 바 있다(그에 대하여는 행정행위의 무효・취소 부분 참조). 한편 판례는 규칙의 개념이 다양하게 해석될 수 있다는 것을 하나의 논거로 하였으나, 규칙의 법적 지위에 대한 헌법 및 행정법상의 이론적 상황을 충분히 파악하지 못한 것이라는 비판이 있다.

Ⅲ 관련판례

1. 대법원 2000. 2. 8. 선고 97누3767 판결【과징금부과처분취소】

구 자동차운수사업법 제69조 제1항은 "교통부장관은 이 법에서 규정하는 그 권한의 일부를 대통령령이 정하는 바에 의하여 도지사 또는 소속기관의 장에게 위임할 수 있다."고, 제2항은 "도지사는 제1항의 규정에 의하여 교통부장관으로부터 위임받은 권한의 일부를 교통부장관의 승인을 얻어 시장・군수 또는 구청장에게 재위임할 수 있다"고 각 규정하고 있으므로, 서울특별시장은 교통부장관의 승인을 얻은 후 규칙이 정하는 바에 따라 재위임하는 것이 가능하고, 서울특별시행정권한위임규칙(규칙 제2657호) [별표] 제17호 (나)목에 의하면 동법에 의한 과징금의 부과・징수 권한이 서울특별시장으로부터 구청장에게 재위임되어 있으므로 구청장은 과징금을 부과할 적법한 권한이 있는 자다.

2. 대법원 1995. 7. 11. 선고 94누4615 전원합의체 판결【건설업영업정지처분무효확인】

[판결요지 3의 반대의견] 구청장의 건설업영업정지처분은 그 상대방으로 하

여금 적극적으로 어떠한 행위를 할 수 있도록 금지를 해제하거나 권능을 부여하는 것이 아니라 소극적으로 허가된 행위를 할 수 없도록 금지 내지 정지함에 그치고 있어 그 처분의 존재를 신뢰하는 제3자의 보호나 행정법 질서에 대한 공공의 신뢰를 고려할 필요가 크지 않다는 점, 처분권한의 위임에 관한 조례가 무효이어서 결국 처분청에게 권한이 없다는 것은 극히 중대한 하자에 해당하는 것으로 보아야 할 것이라는 점, 그리고 다수의견에 의하면 위 영업정지처분과 유사하게 규칙으로 정하여야 할 것을 조례로 정하였거나 상위규범에 위반하여 무효인 법령에 기하여 행정처분이 행하여진 경우에 그 처분이 무효로 판단될 가능성은 거의 없게 되는데, 지방자치의 전면적인 실시와 행정권한의 하향분산화 추세에 따라 앞으로 위와 같은 성격의 하자를 가지는 행정처분이 늘어날 것으로 예상되는 상황에서 이에 대한 법원의 태도를 엄정하게 유지함으로써 행정의 법 적합성과 국민의 권리구제 실현을 도모하여야 할 현실적인 필요성도 적지 않다는 점 등을 종합적으로 고려할 때, 위 영업정지처분은 그 처분의 성질이나 하자의 중대성에 비추어 그 하자가 외관상 명백하지 않더라도 당연무효라고 보아야 한다.

[판결요지 4의 다수의견] 하자 있는 행정처분이 당연무효가 되기 위하여는 그 하자가 법규의 중요한 부분을 위반한 중대한 것으로서 객관적으로 명백한 것이어야 하며 하자가 중대하고 명백한 것인지 여부를 판별함에 있어서는 그 법규의 목적, 의미, 기능 등을 목적론적으로 고찰함과 동시에 구체적 사안 자체의 특수성에 관하여도 합리적으로 고찰함을 요한다.

[판결요지 4의 반대의견] 행정행위의 무효사유를 판단하는 기준으로서의 명백성은 행정처분의 법적 안정성 확보를 통하여 행정의 원활한 수행을 도모하는 한편 그 행정처분을 유효한 것으로 믿은 제3자나 공공의 신뢰를 보호하여야 할 필요가 있는 경우에 보충적으로 요구되는 것으로서, 그와 같은 필요가 없거나 하자가 워낙 중대하여 그와 같은 필요에 비하여 처분 상대방의 권익을 구제하고 위법한 결과를 시정할 필요가 훨씬 더 큰 경우라면 그 하자가 명백하지 않더라도 그와 같이 중대한 하자를 가진 행정처분은 당연무효라고 보아야 한다.

3. 대법원 2006. 2. 23. 자 2005부4 결정【산재보험료부과처분취소】

[1] 행정소송법 제14조에 의한 피고경정은 사실심 변론종결에 이르기까지 허용되는 것으로 해석하여야 할 것이고, 굳이 제1심 단계에서만 허용되는 것으로 해석할 근거는 없다.

[2] 대리권을 수여받은 데 불과하여 그 자신의 명의로는 행정처분을 할 권한이 없는 행정청의 경우 대리관계를 밝힘이 없이 그 자신의 명의로 행정처분을 하였다면 그에 대하여는 처분명의자인 당해 행정청이 항고소송의 피고가 되어야 하는 것이 원칙이지만, 비록 대리관계를 명시적으로 밝히지는 아니하였다 하더라도 처분명의자가 피대리 행정청 산하의 행정기관으로서 실제로 피대리 행정청으로부터 대리권한을 수여받아 피대리 행정청을 대리한다는 의사로 행정처분을 하였고 처분명의자는 물론 그 상대방도 그 행정처분이 피대리 행정청을 대리하여 한 것임을 알고서 이를 받아들인 예외적인 경우에는 피대리 행정청이 피고가 되어야 한다.

[3] 근로복지공단의 이사장으로부터 보험료의 부과 등에 관한 대리권을 수여받은 지역본부장이 대리의 취지를 명시적으로 표시하지 않고서 산재보험료 부과처분을 한 경우, 그러한 관행이 약 10년간 계속되어 왔고, 실무상 근로복지공단을 상대로 산재보험료 부과처분에 대한 항고소송을 제기하여 온 점 등에 비추어 지역본부장은 물론 그 상대방 등도 근로복지공단과 지역본부장의 대리관계를 알고 받아들였다는 이유로, 위 부과처분에 대한 항고소송의 피고적격이 근로복지공단에 있다고 한 사례.

[4] 행정소송에서 피고경정신청이 이유 있다 하여 인용한 결정에 대하여는 종전 피고는 항고제기의 방법으로 불복신청할 수 없고, 행정소송법 제8조 제2항에 의하여 준용되는 민사소송법 제449조 소정의 특별항고가 허용될 뿐이다.

4. 대법원 2010. 9. 9. 선고 2009두22744 판결【여객자동차운송사업계획변경인가처분취소】

[1] 여객자동차 운수사업법 제78조 제1항은 제75조 제1항에 따라 국토해양부장관으로부터 여객자동차운송사업의 사업계획변경 등에 관한 권한을 위임받

은 시장·도지사는 그 사업계획변경 등이 둘 이상의 시·도에 걸칠 경우 국토해양부령으로 정하는 바에 따라 관계 시장·도지사와 협의하여야 한다고 규정하고 있다. 이는 둘 이상의 시·도에 걸치는 노선과 관련된 사업계획변경의 경우에는 그로 인하여, 관계 시장·도지사로부터 면허를 받은 기존의 여객운송사업자와 경업관계를 초래하는 경우가 많고 관계 시·도의 수송수요와 수송력공급 사이에 불균형을 초래하거나 관계 시·도 내의 교통흐름과 이용자의 편의에 영향을 미치게 되거나 관계 시·도 사이에 이해관계의 충돌이 생겨 그로 인하여 이해관계인 사이에 법적 분쟁이 발생할 우려가 많기 때문에, 관계 법령에서 시장·도지사들 사이의 사전협의를 요구함으로써, 여객자동차 운수사업에 관한 질서를 확립하고 여객의 원활한 운송과 여객자동차 운수사업의 종합적인 발달을 도모하여 공공복리를 증진하려는 법의 목적을 달성하기 위한 것이고, 이러한 취지는 운수사업법 제75조 제2항에 따라 시장·도지사로부터 여객자동차운송사업의 사업계획변경 등을 재위임받은 시장·군수 또는 구청장이 둘 이상의 시·군·구에 걸친 사업계획변경 등을 하는 경우에도 마찬가지로 적용되어야 한다.

[2] 구 여객자동차 운수사업법 시행규칙(2008. 11. 6. 국토해양부령 제66호로 전부 개정되기 전의 것) 제5조 제3항, 제1항 제1호 (다)목, (라)목에 의하면, 다른 시·도 구역 안에서의 운행계통의 단축 등으로 인한 운행경로의 변경에 관한 사업계획변경과 그 통보를 받은 관계 시장·도지사가 사업계획변경 전과 같은 운행계통을 유지할 필요가 있다고 인정하여 다른 노선 여객자동차운송사업자로 하여금 단축된 운행계통을 운행하게 하는 등 교통대책을 수립·시행하여 그 대책에 따른 사업계획변경을 하는 경우에는 관계 시장·도지사와의 협의를 하지 않아도 된다고 규정하고 있다. 따라서 위 교통대책에 따른 사업계획변경은 위 운행계통의 단축 등에 상응하는 범위 내에서만 허용되어야 하고 그 범위를 넘어서 새로운 경업관계를 초래하는 내용까지 허용될 수는 없다.

5. 대법원 2022. 9. 7. 선고 2020두40327 판결【악취배출시설설치신고반려처분등취소의소】

[1] 대도시의 장 등 관할 행정청은 악취배출시설 설치·운영신고의 수리 여

부를 심사할 권한이 있다고 보는 것이 타당하다.

① 악취방지법 제8조의2 제1항에 따르면, 악취관리지역 이외의 지역에 설치된 악취배출시설이 신고대상으로 지정·고시되기 위해서는 해당 악취배출시설과 관련하여 악취 관련 민원이 1년 이상 지속되고 복합악취나 지정악취물이 3회 이상 배출허용기준을 초과하는 경우이어야 한다. 즉, 신고대상 악취배출시설로 지정·고시되었다는 것은 이미 생활환경에 피해가 발생하였다는 것을 의미한다. 이 경우 신고대상으로 지정·고시된 악취배출시설의 운영자가 제출하는 악취방지계획이 적정한지를 사전에 검토할 필요성이 크다.

② 악취방지법 제8조의2 제1항, 제2항, 제3항에 따르면, 신고대상 악취배출시설로 지정·고시되면 해당 악취배출시설을 운영하는 자는 환경부령이 정하는 바에 따라 대도시의 장 등에게 신고를 해야 하는데, 그때 악취방지계획도 함께 수립·제출해야 한다. 악취방지법 제8조의2 제2항의 위임에 따른 악취방지법 시행규칙 제9조 제1항에 의하면, 악취배출시설의 설치·운영신고를 하려는 자는 사업장 배치도, 악취배출시설의 설치명세서 및 공정도, 악취물질의 종류, 농도 및 발생량을 예측한 명세서, 악취방지계획서, 악취방지시설의 연간 유지·관리계획서 등을 첨부한 [별지 제2호 서식]의 악취배출시설 설치·운영신고서를 제출해야 하는데, 같은 시행규칙 제11조 제1항 [별표 4]에 따르면, 악취방지계획에는 악취를 제거할 수 있는 가장 적절한 조치를 포함해야 하고, [별지 제2호 서식]에서는 악취배출시설 설치·운영신고가 '신고서 작성 → 접수 → 검토 → 결재 → 확인증 발급'의 절차를 거쳐 처리된다고 밝히고 있다. 따라서 악취방지법령에 따라 악취배출시설 설치·운영신고를 받은 관할 행정청은 신고서와 함께 제출된 악취방지계획상의 악취방지조치가 적절한지를 검토할 권한을 갖고 있다.

③ 또 다른 신고대상 악취배출시설 지정권자인 시·도지사의 권한의 위임에 관하여 규정한 악취방지법 제24조 제2항의 위임에 따른 악취방지법 시행령 제9조 제3항은 "시·도지사는 법 제24조 제2항에 따라 다음 각호의 권한을 시장·군수·구청장에게 위임한다."라고 규정하면서, 제1호에서 '법 제8조 제1항에 따른 악취배출시설의 설치신고·변경신고의 수리', 제4호에서 '법 제8조의2 제2항에 따른 악취배출시설의 운영·변경신고의 수리'를 각각 들고 있는데, 이는 악취배출시설 설치·운영신고를 받은 관할 행정청에 신고의 수리 여부를 심사할

권한이 있음을 전제로 한 것이다.

[2] 대기환경보전법에 따른 대기오염물질배출시설 설치허가를 받았다고 하더라도 악취배출시설 설치·운영신고가 수리되어 그 효력이 발생한다고 볼 수 없다.

① 인허가의제 제도는 관련 인허가 행정청의 권한을 제한하거나 박탈하는 효과를 가진다는 점에서 법률 또는 법률의 위임에 따른 법규명령의 근거가 있어야 한다. 그런데 대기환경보전법령에서는 대기오염물질배출시설 설치허가를 받으면 악취배출시설 설치·운영신고가 수리된 것으로 의제하는 규정을 두고 있지 않다. 나아가 악취방지법은 제24조에서 권한의 위임에 관하여 규정하고 있는데, 대도시의 장의 권한에 관하여는 아무런 규정을 두고 있지 않고, 악취방지법 제8조의2 제2항은 신고할 사항과 방법에 관하여만 환경부령으로 정하도록 위임하였을 뿐 대도시의 장이 부여받은 악취배출시설 설치·운영신고의 수리 여부를 심사할 권한까지 환경부령으로 제한할 수 있도록 위임하고 있지는 않다.

② 대기오염물질배출시설 설치허가로 악취배출시설 설치·운영신고가 수리된 것으로 의제하면, 신고대상 악취배출시설 지정권자와 신고의 수리 여부 심사권한자가 분리되는 상황이 발생하게 된다. 이는 인구 50만 이상의 대도시의 장에게 악취관리지역 지정 및 해제, 악취관리지역 이외의 지역에서의 신고대상 악취배출시설의 지정 등의 권한을 부여함으로써 지역여건에 맞는 악취관리가 이루어지도록 한 악취방지법의 입법 취지에도 반한다.

③ 악취방지법 시행규칙 제9조 제2항, 제3항은 대도시의 장에게 악취배출시설 설치·운영신고에 관하여 수리 여부를 심사할 권한이 있음을 전제로 해석되어야 한다. 즉, 시·도지사로부터 대기오염물질배출시설 설치허가 사실을 통보받은 대도시의 장은 악취배출시설 설치·운영신고로써 적합한지를 심사하여 악취배출시설 설치·운영신고 확인증을 발급해야 하는 것이다.

[3] 환경정책기본법 제1조, 제3조, 제6조의2, 제8조 제1항, 제2항, 제12조 제1항, 제2항과 악취방지법 제6조, 제7조 제2항, 제8조 제1항, 제2항, 제8조의2 제1항, 제2항, 악취방지법 시행규칙 제11조 제1항 [별표 4]의 입법 취지, 내용과 체계에 비추어 보면, 행정청은 사람의 건강이나 생활환경에 미치는 영향을 두루 검토하여 악취방지계획의 적정 여부를 판단할 수 있고, 이에 관해서는 행정청의 광범위한 재량권이 인정된다. 따라서 법원이 악취방지계획의 적정 여부

판단과 관련한 행정청의 재량권 일탈·남용 여부를 심사할 때에는 해당 지역 주민들의 생활환경 등 구체적 지역 상황, 상반되는 이익을 가진 이해관계자들 사이의 권익 균형과 환경권의 보호에 관한 각종 규정의 입법 취지 등을 종합하여 신중하게 판단해야 한다. 그리고 행정청의 재량적 판단은 그 내용이 현저히 합리적이지 않다거나 상반되는 이익이나 가치를 대비해 볼 때 형평이나 비례의 원칙에 뚜렷하게 배치되는 등의 사정이 없는 한 폭넓게 존중될 필요가 있다.

Ⅳ 질문 및 토의과제

1. 기관위임사무에 대하여 조례 제정이 가능한가?
2. 정부조직법 제6조제1항과 이에 기한 행정권한의위임및위탁에관한규정 제4조의 재위임에 관한 일반적인 근거규정의 효력은?
3. 무효인 행정행위와 취소할 수 있는 행정행위의 구별기준을 설명하라.
4. 헌법 제107조제2항의 "규칙"에 자치법규(조례·규칙)가 포함되는지 여부를 검토하라.
5. 국무총리서리(署理)는 헌법과 법률에 부합하는가?
6. 해외공관은 외무부장관으로부터 어떤 내용의 감독을 받는지, 그리고 그에 대한 복종의 한계를 설명하라.[1975년 외무고시]
7. 훈령에 위반한 하급관청의 처분도 적법한가?[제30회 행정고시]

Ⅴ 참고문헌

김성태, 무효인 조례에 근거한 권한없는 행정청의 행정행위의 효력, 행정법연구 창간호(1997. 상반기)

신봉기, 법률 근거규정 없는 조례안에 기한 허가취소와 권리구제, 고시계(2003. 7)

오진환, 조례의 무효와 그 조례에 근거한 행정처분의 당연무효 여부: 지방자

치단체의 사무와 조례제정권, 특별법연구 제5권(1997. 6)
홍준형, 위법한 조례에 의한 처분의 효력, 판례행정법(1999. 1)

Ⅵ 관련법령

건설업법

제57조 (권한의 위임 · 위탁) ① 이 법의 규정에 의한 건설부장관의 권한은 그 일부를 대통령령이 정하는 바에 의하여 시 · 도지사 또는 지방국토관리청장에게 위임할 수 있다.

건설업법시행령

제53조 (권한의 위임) ① 건설부장관은 법 제57조제1항의 규정에 의하여 다음의 권한을 시 · 도지사에게 위임한다.

1. …법 제50조…의 규정에 의한 건설부장관의 권한중 전문건설업에 관한 권한

정부조직법

제6조 (권한의 위임 또는 위탁) ① 행정기관은 법령으로 정하는 바에 따라 그 소관사무의 일부를 보조기관 또는 하급행정기관에 위임하거나 다른 행정기관 · 지방자치단체 또는 그 기관에 위탁 또는 위임할 수 있다. 이 경우 위임 또는 위탁을 받은 기관은 특히 필요한 때에는 법령이 정하는 바에 따라 위임 또는 위탁 받은 사무의 일부를 보조기관 또는 하급행정기관에 재위임할 수 있다.

행정권한의위임및위탁에관한규정

제4조 (재위임) 서울특별시장 · 직할시장 또는 도지사(서울특별시 · 직할시 · 도교육위원회의 교육감을 포함한다)는 행정의 능률향상과 주민의 편의를 위하여 필요하다고 인정할 때에는 수임사무의 일부를 그 위임기관의 장의 승인을 얻어 규칙이 정하는 바에 따라 구청장 · 시장 · 군수(교육구청장 · 교육장을 포함한다) 기타 소속기관의 장에게 다시 위임할 수 있다.

제 2 장
지방자치법

지방자치제도는 현대 입헌민주국가의 통치원리인 권력분립 및 통제·법치주의·기본권보장 등의 제 원리를 주민의 직접적인 관심과 참여속에 구현시킬 수 있어 바로 자율과 책임을 중시하는 자유민주주의 이념에 부합되는 것이므로, 국민(주민)의 자치의식과 참여의식만 제고된다면 권력분립원리의 지방에서의 실현을 가져다 줄 수 있을 뿐 아니라(지방분권) 지방의 개성 및 특성과 다양성을 국가전체의 발전으로 승화시킬 수 있고, 나아가 헌법상 보장되고 있는 선거권·공무담임권(피선거권) 등 국민의 기본권의 신장에도 크게 기여할 수 있는 제도라 할 것이다. 이와 같이 "지방자치제도는 민주정치의 요체이며 현대의 다원적 복합사회가 요구하는 정치적 다원주의를 실현시키기 위한 제도적 장치"로서… 국민주권주의와 자유민주주의 이념구현에 크게 이바지할 수 있는 것이다(헌재 1991. 3. 11. 91헌마21). 지방자치법은 자치행정의 의의를 시작으로 하여 지방자치단체의 종류 및 구성요소, 주민의 권리, 지방자치단체의 기관·사무·권능, 국가의 관여 등이 중요하게 다루어진다.

7-2-1. 주민의 권리

Ⅰ 개요

지방자치단체는 자치권을 가진 지역단체이기 때문에 일정한 구역과 그 구역 내의 주민으로 구성된다. 따라서 지방자치단체의 구성요소는 구역·주민·자치권이 된다. 주민은 지방자치단체의 인적 구성요소로서, 지방자치단체의 구역 내에 주소가 있는 자이면 누구나 그 자치단체의 주민이 된다. 그 지역 내에 주소를 가지면 그 사실에 의하여 당연히 주민이 되는 것이고, 이를 위하여 본인의 다른 적극적 의사는 물론 그밖의 어떤 행정행위나 등록 등 공증행위를 요하지 않는다. 주민의 권리는 주민투표권의 근거규정의 신설(1994. 3. 16)을 시작으로 점진적으로 확대되어 왔다. 현행 지방자치법상 주민은 공공시설이용권·행정의 혜택을 받을 권리·주민투표권(제18조)·조례제정개폐청구권(제19조)·주민감사청구권(제21조)·주민소송권(제22조)·주민소환권 및 주민소환투표청구권(제25조)·선거권과 피선거권·청원권·행정쟁송권·손해배상 및 손실보상청구권 등의 권리를 가진다(소청권은 채택되지 않고 있다). 이 중에 특히 지방자치법에 상세한 규정을 두지 않고 별도의 법률로써 정하고 있는 것은 주민투표법, 주민 조례발안에 관한 법률, 주민소환에 관한 법률 등이 있다.

Ⅱ 리딩케이스 ……… [광주공직자소환조례사건]

1. 사건번호: 대법원 2004. 10. 28. 선고 2004추89 판결【광주광역시공직자소환에관한조례안재의결무효확인】

2. 사실관계

피고 을(광주광역시의회)이 2004. 4. 29. 광주광역시공직자소환에관한조례안을 의결하여 원고 갑(광주광역시장)에게 이송하자, 갑은 행정자치부장관의 재의요구

지시에 따라 5. 18. 이 사건 조례안이 법령에 위반된다는 이유로 을에게 재의를 요구하였으나, 을이 7. 1. 이 사건 조례안을 원안대로 재의결함으로써 이 사건 조례안이 확정되어 7. 8. 공포되었다. 조례안의 주요내용은, 조례에 의한 소환대상은 광주광역시장과 광주광역시의회의원으로 하고(제1조, 제2조 제1항), 광주광역시의 20세 이상의 주민은 소환대상자의 위법·부당한 행위, 직권남용, 직무유기 등을 이유로 소환을 요구할 수 있으며(제2조 제2항), 소환을 원하는 주민은 소환요구서를 광주광역시 선거관리위원회에 제출하되, 시장의 경우에는 선거인 총수의 10분의 1 이상의 연서를 150일 이내에, 시의원의 경우에는 당해 선거구의 선거인 총수의 5분의 1 이상의 연서를 90일 이내에 각 제출하여야 하고(제3조, 제4조), 선거관리위원회는 소환요구를 수리한 날부터 60일 후 80일 이내에 소환투표를 실시하여야 하며, 후임자 선출을 위한 보궐선거는 공직선거법의 규정에 의하고(제5조), 소환투표의 개표 결과 투표자의 과반수가 소환에 찬성한 경우에 소환이 결정되며, 소환투표의 대상인 공직자는 즉시 그 직에서 해임되고, 소환이 결정된 때에는 보궐선거의 다수득표자가 그 직을 승계하며(제6조), 선거관리위원회는 소환요구서의 접수, 소환요구를 위한 서명, 소환선거의 준비 및 실시 등에 관한 사무를 담당하고, 이 조례에 규정되지 아니한 시행에 필요한 사항을 정하며(제9조), 이 조례는 공포한 날부터 시행한다(부칙)는 것 등이다. 갑은 동 조례안이 위법이라며 대법원에 소를 제기하였다.(결과: 인용)

3. 판결요지

[1] 헌법 제118조 제2항은 '지방의회의 조직·권한·의원선거와 지방자치단체의 장의 선임방법 기타 지방자치단체의 조직과 운영에 관한 사항은 법률로 정한다'고 규정하고 있고, 이에 따라 구지방자치법은 제5장 제2절(제31조 내지 제34조의2), 제9절(제69조 내지 제73조), 제11절(제78조 내지 제81조), 제6장 제1절(제85조 내지 제100조)에서 지방의회의원과 지방자치단체의 장의 조직(선출방법), 지위, 임기, 권한, 의무, 징계, 자격상실에 관하여 규정하고 있는바, 이 사건 조례안에서 규정하고 있는 지방의회의원과 지방자치단체의 장의 소환이나 그 소환투표를 통한 자격박탈 등은 위에서 말하는 '지방자치단체의 조직에 관한 사

항'에 포함되는 것이므로, 이러한 사항은 원칙적으로 법률로써 정하여야 하되, 법률의 구체적인 위임이 있는 경우에 한하여 조례로써 이를 정할 수 있는 것이다. 그러나 현행 지방자치법이나 다른 법령에서 주민소환제도를 조례로써 정할 수 있도록 위임한 근거를 찾아볼 수 없고, 다만, 2004. 1. 16. 법률 제7060호로 제정되어 같은 날부터 시행되고 있는 지방분권특별법 제14조 제1항은 '국가 및 지방자치단체는 주민참여를 활성화하기 위하여 주민투표제도·주민소환제도·주민소송제도의 도입방안을 강구하는 등 주민 직접참여제도를 강화하여야 한다'고 규정하고 있으나, '주민소환제도 등의 도입방안을 강구하는 등'이라고 표현하고 있을 뿐인 위 특별법 조항에 의하여 주민소환제도를 조례로써 정할 수 있는 위임근거가 마련되었다고 볼 수도 없다.

[2] 지방자치법에 의하면, 지방의회의원은 임기만료·사직·지방의회의 해산·제명·자격심사·퇴직에 의하여, 지방자치단체의 장은 임기만료·사임·퇴직에 의하여 각 그 신분을 상실할 뿐인데, 이 사건 조례안은 지방자치법이 규정하고 있지 않은 새로운 신분상실의 방법을 창설적으로 마련하고 있으므로, 이 점에서 이 사건 조례안은 지방자치법에 위반된다.

[3] 선거관리위원회법 제3조 제1항은 '선거관리위원회는 법령이 정하는 바에 의하여 다음 각호의 사무를 행한다'고 규정하면서, '1. 국가 및 지방자치단체의 선거에 관한 사무, 2. 국민투표에 관한 사무, 3. 정당에 관한 사무, 4. 제1호에 규정된 선거 이외에 법령의 규정에 따라 이 법에 의한 선거관리위원회가 관리하는 공공단체의 선거에 관한 사무, 5. 기타 법령으로 정하는 사무'를 열거하고 있는바, 위 제5호에서 말하는 '기타 법령'에 조례가 포함된다고 볼 수는 없으므로, 이 사건 조례안은 선거관리위원회법에 의하여 선거관리위원회의 직무에 속할 수 없는 사항을 조례로써 그 직무에 추가하였다는 점에서 선거관리위원회법에도 위반된다.

4. 판례해설

지방자치법은 1994년 주민투표권의 근거규정을 신설한 이래 주민투표법(2004)·주민소환법(2007)의 제정에 이르기까지 주민의 권리를 점진적으로 확대해왔다. 특히 주민소환법은 그 제정에 이르기까지 많은 시행착오를 겪었는바, 광주광역시의 주민소환조례안도 법률의 제정에 기여한 점이 적지 않다. 이 사건은 2004년 광주광역시의회가 위법·부당한 행위나 직권남용 등을 행한 공직자를 소환(recall)하기 위해 공직자소환조례안을 제정함에 따른 것으로, 그 제정권한의 존부가 문제되었다. 이와 관련하여 법원은 먼저, 헌법 제117조 제1항은 "지방자치단체는 주민의 복리에 관한 사무를 처리하고 재산을 관리하며, 법령의 범위 안에서 자치에 관한 규정을 제정할 수 있다"고 규정하고, 지방자치법 제17조(현행 제28조 제1항) 본문은 "지방자치단체는 법령의 범위 안에서 그 사무에 관하여 조례를 제정할 수 있다"고 규정하는바, 여기서 말하는 '법령의 범위 안에서'란 '법령에 위반되지 않는 범위 내에서'를 가리키므로 지방자치단체가 제정한 조례가 법령에 위반되는 경우에는 효력이 없다는 점을 다시 한번 확인하면서(대법원 2004. 10. 28. 선고 2004추102 판결), 주민소환조례가 위법이라고 판시하였다.

그런데 공직자에 대한 주민소환을 '지방자치단체의 조직'에 관한 사항이라고 단언한 판례의 태도가 타당한지는 의문이 있고, 따라서 주민소환조례의 제정에서도 법률의 구체적인 위임이 있어야 한다는 판결요지 [1]의 판시태도도 문제가 있다는 비판이 있다. 즉, 국가법령과 달리 조례의 경우에는 포괄적 위임근거로 족하다고 할 수 있는바(대법원 1991. 8. 27. 선고 90누6613 판결), 그렇다면 지방분권특별법(2004) 제14조 제1항에서 "주민소환제도 등의 도입방안을 강구"토록 입법의지를 강력히 밝힌 것이 포괄적 위임근거가 된다고 볼 수도 있기 때문에,[1] 전혀 이에 대한 구체적 논거도 없이 단순히 이 부분을 위임근거 없다는 이유만으로 배척한 것은 문제가 있다는 비판이 있다. 또한 포괄적 위임 근거의 존재를 긍정한다면 판결요지 [2]와 [3]의 해석은 타당성이 약해지게 되므로 그에 대한 재평가가 필요하게 된다. 한편 현행 주민소환법은 소환사유를 법정하지 않는 등의 이유로 소환대상자의 공무담임권·평등권 및 재판청구권을 침해한다는 주장이 있는바, 그에 대한 검토가 요구된다.

---

1) 주민소환법이 2007년 5월부터 시행되었고, 지방분권촉진에관한특별법(2008) 제14조 제1항은 "주민소환제도를 보완"하라는 내용으로 개정되었다.

Ⅲ 관련판례

1. 대법원 2004. 10. 28. 선고 2004추102 판결【전라남도공직자소환에 관한조례안재의결무효확인】

…지방의원과 지방자치단체의 장의 소환이나 그 소환투표를 통한 자격박탈은 위에서 말하는 '지방자치단체의 조직에 관한 사항'에 포함되는 것으로 보아야 하므로, 이러한 사항에 관하여는 원칙적으로는 법률로써 정하되, 법률의 구체적인 위임이 있는 경우에 한하여 조례로써 이를 정할 수 있을 뿐이지, 법률의 구체적인 위임도 없이 곧바로 조례로써 이를 정할 수는 없다고 보아야 한다. 또한 이 사건 조례안에서 규정하고 있는 공직자 소환이 법 제9조 제2항에서 예시하고 있는 지방자치단체의 사무에 속하지 않음은 법문상 명백하고, 다만 지방분권특별법 제14조 제1항(의)… 규정에 터잡아 조례로써 주민소환제도를 규정할 수 있다고 볼 수는 없고, 그 밖에 이러한 사항을 지방자치단체의 사무로 규정하고 있는 다른 법령의 규정도 찾아볼 수 없다.…

2. 대법원 2002. 4. 26. 선고 2002추23 판결【조례안재의결무효확인】

[1] 지방자치법 제15조 본문은 "지방자치단체는 법령의 범위 안에서 그 사무에 관하여 조례를 제정할 수 있다."고 규정하는바, 여기서 말하는 '법령의 범위 안에서'란 '법령에 위반되지 않는 범위 내에서'를 가리키므로 지방자치단체가 제정한 조례가 법령에 위반되는 경우에는 효력이 없다.

[2] 지방자치법 제13조의2의 규정에 의하면, 지방자치단체의 장은 어떠한 사항이나 모두 주민투표에 붙일 수 있는 것은 아니고, 지방자치단체의 폐치·분합 또는 주민에게 과도한 부담을 주거나 중대한 영향을 미치는 지방자치단체의 주요 결정사항 등에 한하여 주민투표를 붙일 수 있도록 하여 그 대상을 한정하고 있음을 알 수 있는바, 위 규정의 취지는 지방자치단체의 장이 권한을 가지고 결정할 수 있는 사항에 대하여 주민투표에 붙여 주민의 의사를 물어 행정에 반영하려는 데에 있다.

[3] 미군부대이전은 지방자치단체의 장의 권한에 의하여 결정할 수 있는 사항이 아님이 명백하므로 지방자치법 제13조의2 소정의 주민투표의 대상이 될 수 없다고 한 사례.

[4] 지방자치법은 지방의회와 지방자치단체의 장에게 독자적 권한을 부여하고 상호 견제와 균형을 이루도록 하고 있으므로, 법률에 특별한 규정이 없는 한 조례로써 견제의 범위를 넘어서 고유권한을 침해하는 규정을 둘 수 없다 할 것인바, 위 지방자치법 제13조의2 제1항에 의하면, 주민투표의 대상이 되는 사항이라 하더라도 주민투표의 시행 여부는 지방자치단체의 장의 임의적 재량에 맡겨져 있음이 분명하므로, 지방자치단체의 장의 재량으로서 투표실시 여부를 결정할 수 있도록 한 법규정에 반하여 지방의회가 조례로 정한 특정한 사항에 관하여는 일정한 기간 내에 반드시 투표를 실시하도록 규정한 조례안은 지방자치단체의 장의 고유권한을 침해하는 규정이다.

3. 대법원 2011. 12. 22. 선고 2009두14309 판결【손해배상청구】

[1] 구 지방자치법(2007. 5. 11. 법률 제8423호로 전부 개정되기 전의 것, 이하 '구 지방자치법'이라 한다) 제13조의4 제1항, 제13조의5 제1항, 제2항 제4호, 구 지방재정법(2006. 10. 4. 법률 제8050호로 개정되기 전의 것) 제67조 제1항, 제69조, 제70조의 내용, 형식 및 취지 등을 종합해 보면, 구 지방자치법 제13조의5 제1항에 규정된 주민소송의 대상으로서 '공금의 지출에 관한 사항'이란 지출원인행위 즉, 지방자치단체의 지출원인이 되는 계약 그 밖의 행위로서 당해 행위에 의하여 지방자치단체가 지출의무를 부담하는 예산집행의 최초 행위와 그에 따른 지급명령 및 지출 등에 한정되고, 특별한 사정이 없는 한 이러한 지출원인행위 등에 선행하여 그러한 지출원인행위를 수반하게 하는 당해 지방자치단체의 장 및 직원, 지방의회 의원의 결정 등과 같은 행위는 포함되지 않는다고 보아야 한다.

[2] 구 지방자치법(2007. 5. 11. 법률 제8423호로 전부 개정되기 전의 것) 제13조의5 제1항에 규정된 주민소송의 대상인 '공금의 지출에 관한 사항'에는 지출원인행위에 선행하는 당해 지방자치단체의 장 및 직원, 지방의회 의원의 결정

등과 같은 행위가 포함되지 않으므로 선행행위에 위법사유가 존재하더라도 이는 주민소송의 대상이 되지 않는다. 그러나 지출원인행위 등을 하는 행정기관이 선행행위의 행정기관과 동일하거나 선행행위에 대한 취소 · 정지권을 갖는 경우 지출원인행위 등을 하는 행정기관은 지방자치단체에 직접적으로 지출의무를 부담하게 하는 지출원인행위 단계에서 선행행위의 타당성 또는 재정상 합리성을 다시 심사할 의무가 있는 점, 이러한 심사를 통하여 선행행위가 현저하게 합리성을 결하고 있다는 것을 확인하여 이를 시정할 수 있었음에도 그에 따른 지출원인행위 등을 그대로 진행하는 것은 부당한 공금 지출이 되어 지방재정의 건전하고 적정한 운용에 반하는 점, 지출원인행위 자체에 고유한 위법이 있는 경우뿐만 아니라 선행행위에 간과할 수 없는 하자가 존재하고 있음에도 이에 따른 지출원인행위 등 단계에서 심사 및 시정의무를 소홀히 한 경우에도 당해 지출원인행위를 위법하다고 보아야 하는 점 등에 비추어 보면, 선행행위가 현저하게 합리성을 결하여 그 때문에 지방재정의 적정성 확보라는 관점에서 지나칠 수 없는 하자가 존재하는 경우에는 지출원인행위 단계에서 선행행위를 심사하여 이를 시정해야 할 회계관계 법규상 의무가 있다고 보아야 한다. 따라서 이러한 하자를 간과하여 그대로 지출원인행위 및 그에 따른 지급명령 · 지출 등 행위에 나아간 경우에는 그러한 지출원인행위 등 자체가 회계관계 법규에 반하여 위법하다고 보아야 하고, 이러한 위법사유가 존재하는지를 판단할 때에는 선행행위와 지출원인행위의 관계, 지출원인행위 당시 선행행위가 위법하여 직권으로 취소하여야 할 사정이 있었는지 여부, 지출원인행위 등을 한 당해 지방자치단체의 장 및 직원 등이 선행행위의 위법성을 명백히 인식하였거나 이를 인식할 만한 충분한 객관적인 사정이 존재하여 선행행위를 시정할 수 있었는지 등을 종합적으로 고려해야 한다.

[3] 시장 갑이 도시개발에 따른 교통난을 해소하기 위해 도로확장공사계획을 수립하고, 건설회사와 공사도급계약을 체결하여 공정을 마무리하였으나 해당 도로가 군용항공기지법 제8조에 반하여 비행안전구역에 개설되었다는 이유로 개통이 취소되자, 주민 을 등이 갑을 비롯한 시청 소속 공무원들이 도로 개설 사업을 강행함으로써 예산을 낭비하였다며 구 지방자치법(2007. 5. 11. 법률 제8423호로 전부 개정되기 전의 것, 이하 '구 지방자치법'이라 한다) 제13조의4에 따른

주민감사청구를 한 후 시장을 상대로 구 지방자치법 제13조의5 제2항 제4호에 따라 갑에게 손해배상청구를 할 것을 요구하는 소송을 제기한 사안에서, 선행행위인 도로확장계획 등에 일부 위법사유가 존재하더라도 현저하게 합리성을 결하여 지출원인행위인 공사도급계약 체결에 지나칠 수 없는 하자가 있다고 보기 어렵고, 공사도급계약 체결 단계에서 선행행위를 다시 심사하여 이를 시정해야 할 회계관계 법규상 의무를 위반하여 그대로 지출원인행위 등으로 나아간 경우에 해당한다고 보기 어렵다는 이유로, 을 등의 청구를 배척한 원심의 결론을 정당하다고 한 사례.

4. 대법원 2014. 2. 27. 선고 2011두7489 판결【주민소송(부당이득반환)】

[1] 구 지방자치법(2009. 4. 1. 법률 제9577호로 개정되기 전의 것) 제33조 제1항, 제2항, 제3항, 구 지방자치법 시행령(2008. 10. 8. 대통령령 제21075호로 개정되기 전의 것, 이하 '시행령'이라 한다) 제34조 제1항, 제2항의 규정 형식과 내용 및 지방의회의원에게 지급할 의정활동비, 여비, 월정수당(이하 '의정활동비 등'이라 한다)의 지급기준을 조례로 정하기에 앞서 결정 범위를 미리 제시하기 위하여 해당 지방자치단체의 의정비심의위원회(이하 '심의회'라 한다)를 독립성을 갖춘 별도의 심의·의결기구로 마련한 취지 등을 고려하면, 시행령 제34조 제1항에서 심의회의 위원을 선정할 때 학계 등으로부터 추천을 받도록 규정한 취지는 심의회 구성의 다양성과 객관성을 확보하기 위한 데 있다고 할 것이므로, 심의위원 선정절차가 위 규정에 엄격히 부합하지 아니하더라도 심의회의 구성에 관한 위와 같은 입법 취지를 실질적으로 훼손하였다고 평가할 정도에 이르지 아니하는 한 해당 심의회의 의결이 위법하다거나 이를 기초로 한 의정활동비 등에 관한 조례가 위법하다고 판단할 수는 없다.

[2] 구 지방자치법(2009. 4. 1. 법률 제9577호로 개정되기 전의 것) 제33조, 구 지방자치법 시행령(2008. 10. 8. 대통령령 제21075호로 개정되기 전의 것) 제33조 제1항, 제34조 제5항, 제6항이 지방의회의원에게 지급할 의정활동비, 여비, 월정수당(이하 '의정활동비 등'이라 한다)의 지급기준을 조례로 정하도록 하면서 해당 지방자치단체의 의정비심의위원회(이하 '심의회'라 한다)가 결정한 금액(이하

'의정활동비 등의 상한액'이라 한다) 이내로 제한하고, 아울러 심의회의 구성, '의정활동비 등의 상한액' 결정 절차나 범위 등을 따로 규정한 취지는, 지방자치단체로 하여금 의정활동비 등의 지급기준을 해당 지방자치단체의 재정능력 등 구체적인 실정에 맞게 자율적으로 결정하되, 그 과정에서 심의회가 주민의 의견수렴절차를 거쳐 법령이 규정한 기준에 따라 결정한 '의정활동비 등의 상한액' 이내에서 정하도록 제한을 가함으로써 의정활동비 등의 지급기준의 적정성과 투명성을 도모하고자 하는 것이다.

[3] 구 지방자치법(2009. 4. 1. 법률 제9577호로 개정되기 전의 것) 제33조 제1항, 제2항, 구 지방자치법 시행령(2008. 10. 8. 대통령령 제21075호로 개정되기 전의 것) 제33조 제1항 제1호, 제2호, 제3호는 지방의회의원에게 지급하는 비용으로서 조례로 정하는 의정활동비, 여비, 월정수당(이하 '의정활동비 등'이라 한다)의 지급기준의 객관성과 적정성을 확보하기 위하여 의정활동비 등을 해당 지방자치단체의 의정비심의위원회(이하 '심의회'라 한다)가 결정한 금액(이하 '의정활동비 등의 상한액'이라 한다) 이내로 제한하는 한편, 심의회가 '의정활동비 등의 상한액'을 결정할 때 따라야 할 기준과 절차를 제시하면서, 월정수당에 관하여는 의정활동비나 여비와 달리 그 금액이나 산정방법에 대한 구체적이고 실질적인 기준을 정하지 아니한 채 지역주민의 소득수준 등 일정한 고려사항을 예시적으로 열거하고 있을 뿐이다.

따라서 심의회가 관계 법령에서 정한 절차에 의하여 구성되고 자율적으로 '의정활동비 등의 상한액'을 결정한 경우에는 결정 과정에서 주민들의 정서나 여론조사 결과에 일부 부합하지 아니한 부분이 있다고 하더라도 법령에서 심의회의 의결을 반영하는 절차를 둔 입법 취지를 달성할 수 없을 정도로 형식적인 절차를 거친 것에 불과하여 실질적으로 절차를 거치지 아니한 것과 다름없다고 볼 정도에 이르지 아니한다면, 심의회가 행한 '의정활동비 등의 상한액' 결정이 위법하다고 볼 수는 없다.

5. 대법원 2020. 6. 25. 선고 2018두67251 판결【손해배상】

[1] 지방자치법 제16조 제1항에서 규정한 '해당 사무의 처리가 법령에 위반

되거나 공익을 현저히 해친다고 인정되면'이란 감사기관이 감사를 실시한 결과 피감기관에 대하여 시정요구 등의 조치를 하기 위한 요건 및 주민소송에서 법원이 본안에서 청구를 인용하기 위한 요건일 뿐이고, 주민들이 주민감사를 청구하거나 주민소송을 제기하는 단계에서는 '해당 사무의 처리가 법령에 반하거나 공익을 현저히 해친다고 인정될 가능성'을 주장하는 것으로 족하며, '해당 사무의 처리가 법령에 반하거나 공익을 현저히 해친다고 인정될 것'이 주민감사청구 또는 주민소송의 적법요건이라고 볼 수는 없다. 왜냐하면 '해당 사무의 처리가 법령에 위반되거나 공익을 현저히 해친다고 인정되는지 여부'는 감사기관이나 주민소송의 법원이 구체적인 사실관계를 조사·심리해 보아야지 비로소 판단할 수 있는 사항이기 때문이다. 만약 이를 주민감사청구의 적법요건이라고 볼 경우 본안의 문제가 본안 전(전) 단계에서 먼저 다루어지게 되는 모순이 발생할 뿐만 아니라, 주민감사를 청구하는 주민들로 하여금 주민감사청구의 적법요건으로서 '해당 사무의 처리가 법령에 위반되거나 공익을 현저히 해친다고 인정될 것'을 증명할 것까지 요구하는 불합리한 결과가 야기될 수 있다.

[2] 지방자치법 제17조 제1항은 주민감사를 청구한 주민에 한하여 주민소송을 제기할 수 있도록 하여 '주민감사청구 전치'를 주민소송의 소송요건으로 규정하고 있으므로, 주민감사청구 전치 요건을 충족하였는지 여부는 주민소송의 수소법원이 직권으로 조사하여 판단하여야 한다. 주민소송이 주민감사청구 전치 요건을 충족하였다고 하려면 주민감사청구가 지방자치법 제16조에서 정한 적법요건을 모두 갖추고, 나아가 지방자치법 제17조 제1항 각호에서 정한 사유에도 해당하여야 한다. 지방자치법 제17조 제1항 제2호에 정한 '감사결과'에는 감사기관이 주민감사청구를 수리하여 일정한 조사를 거친 후 주민감사청구사항의 실체에 관하여 본안판단을 하는 내용의 결정을 하는 경우뿐만 아니라, 감사기관이 주민감사청구가 부적법하다고 오인하여 위법한 각하결정을 하는 경우까지 포함한다. 주민감사청구가 지방자치법에서 정한 적법요건을 모두 갖추었음에도, 감사기관이 해당 주민감사청구가 부적법하다고 오인하여 더 나아가 구체적인 조사·판단을 하지 않은 채 각하하는 결정을 한 경우에는, 감사청구한 주민은 위법한 각하결정 자체를 별도의 항고소송으로 다툴 필요 없이, 지방자치법이 규정한 다음 단계의 권리구제절차인 주민소송을 제기할 수 있다고 보아야 한다.

Ⅳ 질문 및 토의과제

1. 주민소환청구에 있어 주민소환사유의 법정 여부의 당부를 설명하라.
2. 지방분권특별법 제14조 제1항(주민소환제도…의 도입방안을 강구) 및 지방분권촉진에관한 특별법 제14조 제1항(주민소환제도…를 보완)은 주민소환조례 도입의 위임근거가 될 수 있는지 여부를 논평하라.
3. 단체자치와 주민자치를 설명하라.
4. 국민의 권리와 주민의 권리를 설명하고, 주민투표권이 헌법상의 참정권에 해당하는지를 검토하라.
5. 주민소송을 설명하고, 1인소송권의 당부를 설명하라.
6. 지방자치단체가 제기하는 객관적 소송을 설명하라.
7. A시에 사는 주민 갑 등은 시장 乙이 재선을 위한 사전선거운동에 업무추진비를 위법하게 지출하였다고 주장하고 있다. 이 경우 주민 갑 등이 시장 乙의 위법행위에 대하여 취할 수 있는 지방자치법상의 수단에 대해서 설명하시오.[제50회 행정고시(2006)]

Ⅴ 참고문헌

함인선, 주민소송에서의 이른바 3호소송의 법적 문제에 관한 일고찰, 지방자치법연구 22권 1호(2022)

이관행, 현행 주민소환제도의 운용에 대한 평가와 개선 과제, 지방자치법연구, 2020

신봉기, 주민소환법의 위헌 여부, 공법학연구 제9권 제3호(2008. 8)

신봉기, 지방자치에 있어서 직접민주제 방식의 도입 – 특히 주민소환제와 관련하여 –, 공법연구 제33집 제1호(2004. 11)

이기우, 지방자치제도와 주민소환제도에 관한 공법적 접근, 공법학연구 제7권 제2호

최봉석, 독일의 법제와 판례로 본 주민소환제의 요건과 절차, 안암법학 제14 호(2002. 4)

Ⅵ 관련법령

지방분권특별법

제14조 (주민참여의 확대) ① 국가 및 지방자치단체는 주민참여를 활성화하기 위하여 주민투표제도 · 주민소환제도 · 주민소송제도의 도입방안을 강구하는 등 주민직접참여제도를 강화하여야 한다.

지방분권촉진에관한특별법

제14조 (주민참여의 확대) ① 국가 및 지방자치단체는 주민참여를 활성화하기 위하여 주민투표제도 · 주민소환제도 · 주민소송제도 · 주민발의제도를 보완하는 등 주민직접참여제도를 강화하여야 한다.

7-2-2. 지방자치단체의 기관: 지방의회와 단체장

Ⅰ 개요

지방자치단체의 기관은 그 권한의 보편성의 여하에 따라 보통기관과 특별기관으로 구분된다. 지방자치단체의 보통기관은 지방자치단체의 의사를 결정하는 의결기관(지방의회)과 결정된 의사를 집행하는 집행기관(지방자치단체의 장)의 2종이 있다. 특별기관은 선거위원회 · 인사위원회 · 지방공무원소청심사위원회가 있으며, 이는 지방자치단체의 특정한 사무에 관하여 권한을 가진다. 지방자치법은 의결기관으로서의 의회의 권한과 집행기관으로서의 단체장의 권한을 분리하여 배분하는 한편, 의회는 행정사무감사와 조사권 등에 의하여 단체장의 사무집행을 감시 · 통제할 수 있게 하고 단체장은 의회의 의결에 대한 재의요구권 등으로 의회의 의결권행사에 제동을 가할 수 있게 함으로써 상호 견제와 균형을 유지하도록 하고 있다(대법원 1992. 7. 28. 선고 92추31 판결).

II 리딩케이스

1. 사건번호: 대법원 1996. 5. 14. 선고 96추15 판결【공유재산관리조례중개정조례안재의결무효확인】 – 공유재산관리조례사건

2. 사실관계

피고 을(청주시의회)은 1995. 11. 21. 제152회 임시회 제2차 본회의에서 공유재산관리조례중개정조례안을 의결한 후 11. 22. 이를 원고 갑(청주시장)에게 이송하였고, 갑은 12. 12. 을에게 재의를 요구하였으나 을은 12. 27. 제153회 정기회 제9차 본회의에서 종전과 같은 의결을 하여 그 의결사항은 확정되었다. 개정조례안은 종전의 청주시공유재산관리조례 제7조 제1항이 “법 제78조의 규정에 의한 공유재산심의회에서 심의할 사항은 시정조정위원회에서 대행한다”라고 규정한 것을 삭제하고 제9장을 제10장으로 하고, 새로이 [제9장 공유재산심의회]를 신설하여 그 제61조 제1항, 제2항에서 “지방재정법 제78조의 규정에 의한 청주시공유재산심의회는 12명의 위원으로 구성하며 위원은 시의원 9명, 관계 공무원 3명으로 한다. 제1항의 관계 공무원은 시장이 임명하고 시의원은 의장의 추천을 받아 시장이 위촉한다”는 내용을 신설하는 외에 위원의 임기(제62조), 심의회의 기능(제63조), 회의운영(제64조) 등에 관한 사항을 규정하고 있다. 갑은 동 조례안이 무효라며 대법원에 소를 제기하였다.(결과: 인용)

3. 판결요지

[1] 지방재정법에서 공유재산심의회의 구성과 운영에 관하여 당해 지방자치단체의 조례로 정하도록 위임한 취지는 공유재산심의회의 구성과 운영에 있어서 각 지방자치단체의 특수성을 고려하여 그 실정에 맞게 조직하도록 한 것이고, 따라서 당해 지방자치단체의 공유재산심의회의 구성, 즉 공유재산심의회 위원의 정수 및 그 위원의 구성비를 어떻게 정할 것인지는 당해 지방의회가 조례로써 정할 입법재량에 관한 문제로서 조례제정권의 범위 내라고 할 것인바, 지

방의회가 개정조례안에서 “시 공유재산심의회는 12명의 위원으로 구성하며 위원은 시의원 9명, 관계 공무원 3명으로 한다”고 규정한 것은, 시 공유재산심의회 위원 12명 중 9명을 시의원으로 구성하도록 함으로써 시의회의 참여비율이 상대적으로 높은 것은 틀림없으나, 이는 지방의회의 입법재량에 속하는 문제로서 이것만 가지고는 개정 조례안이 상호견제와 균형의 원칙에 입각한 집행기관과 의결기관과의 권한분리 및 배분의 범위를 유월한 위법이 있다고는 할 수 없다.

[2] 공유재산심의회 위원 중 9명을 시의원으로 구성하고 그 위원이 될 시의원을 의장이 추천하여 시장이 위촉하도록 한 것은 사실상 인사권을 공동 행사하자는 것으로서, 공유재산심의회가 시장의 자문에 응하여 또는 자발적으로 시장의 의사결정에 참고가 될 의견을 제공하는 것에 불과하고 시장이 그 의견에 기속되는 것은 아니라고 하더라도, 공유재산심의회의 활동은 지방자치단체의 집행사무에 속하고, 그에 대한 책임은 궁극적으로 집행기관의 장이 지게 되는 것임에 비추어 볼 때, 공유재산심의회 위원이 될 시의원 9명을 의장이 추천하게 하는 것은 집행기관의 인사권에 사전에 적극적으로 개입하는 것으로서 특별한 사정이 없는 한 허용될 수 없다.

[3] 개정 조례안은 일부가 위법한 경우에는 개정 조례안에 대한 재의결은 전부 효력이 부인되어야 한다.

4. 판례해설

지방의회는 지방자치단체의 의결기관, 즉 당해 자치단체의 최고의사결정기관이며 헌법기관이다. 그러므로 지방의회는 자치단체의 의사를 의결할 뿐이고 그 집행에는 관여하지 못한다. 지방의회는 의원으로 구성되는 의회제의결기관이며, 선거일 현재 20세 이상인 국민으로서 선거일 공고일 현재 당해 지방자치단체의 관할구역 안에 주민등록이 된 주민의 직접 · 비밀 · 보통선거에 의하여 선출된 의원으로 구성된다. 지방의회는 지방의회의 의장 · 부의장이 법령을 위반하거나 정당한 이유없이 직무를 수행하지 아니한 때에는 재적의원 4분의 1이상의 발의와 재적의원 과반수의 찬성으로 그 불신임을 의결할 수 있다. 불신임의결이 있는 때에는 의장 또는 부의장은 그 직에서 해임된다. 지방의회의 의장에 대하여 지방의회가 불신임의결을 하는 경우, 의장은 그 의결의 취소를 다투는 행정소송을 제기할 수 있다. 지방의회의 중요한 권한으로는 의결권 · 행정사무감사 및 조사권, 출석 · 답변 및 서류제출요구권, 선거권 · 자율권(내부조직권, 개회 · 휴회 · 폐회 및 회기결정권, 의장 · 부의장 불신임권, 의원경찰권) · 징계권 · 의원의 자격심사권 · 청원의 수리 및 처리권 등이 있다. 지방의회의 의결권과 집행기관에 대한 행정감사 및 조사권은 의결기관인 지방의회 자체의 권한이고 의회를 구성하는 의원 개개인의 권한이 아니다(대법원 2001. 12. 11. 선고 2001추64 판결). 또한 지방의원은 '지방의원 개인의 자격'에서 집행기관의 사무집행에 간섭할 권한이 없다(대법원 1992. 7. 28. 선고 92추31 판결).

지방자치단체의 집행기관은 일반사무집행기관과 교육 등 집행기관으로 구분되며, 전자는 지방자치단체의 장(특별시장 · 광역시장 · 도지사 · 시장 · 군수 · 자치구청장), 그의 소속기관과 하급행정기관(읍장 · 면장 · 이장) 및 이들의 보조기관이 있으며, 후자는 교육장(특별시 · 광역시 · 도 및 시 · 군 · 자치구의 경우)과 그의 보조기관이 있다. 지방자치단체의 장은 당해 지방자치단체의 집행기관의 지위와 국가의 지방행정기관의 지위를 지니고 있다. 지방자치단체의 장은 주민의 보통 · 평등 · 직접 · 비밀선거에 의하여 선출한다. 지방자치단체의 장의 임기는 4년으로 하며, 단체장의 계속 재임은 3기에 한한다. 지방자치단체의 장은 자치단체를 통할 · 대표하고, 자치단체의 집행기관으로서 교육 · 체육 · 예술사무를 제외한 당해 자치단체의 고유사무와 법령에 의하여 자치단체에 위임된 단체위임사무 및 기관위임사무 등을 집행하는 권한을 가진다(통할대표권, 사무의 관리집행권, 하급행정청과 자치단체에 대한 감독권, 직원에 대한 임용권과 지휘 · 감독권, 기관과 시설의 설치권, 규칙제정권, 재의요구권, 선결처분권 등).

이 사건에서 판례는 위원회의 위원 참여비율은 지방의회의 입법재량의 문제라면서도, 집행기관의 권한에 속하는 위원추천이라는 인사권에까지 사전에 관여하는 것은 월권으로 위법이라는 입장이다. 즉, 판례는, 지방자치법은 지방의회와 지방자치단체의 장에게 독자적 권한을 부여하고 상호견제와 균형을 이루도록 하고 있으므로 법률에 특별한 규정이 없는 한 조례로써 견제의 범위를 넘어서 고유권한을 침해하는 규정을 할 수 없고, 일방의 고유권한을 타방이 행사하게 하는 내용의 조례는 지방자치법에 위배된다고 하면서, "지방의회가 집행기관의 인사권에 관하여 소극적, 사후적으로 개입하는 것은 그것이 견제의 범위 안에 드는 경우에는 허용되나, 집행기관의 인사권을 독자적으로 행사하거나 동등한 지위에서 합의하여 행사할 수 없고, 사전에 적극적으로 개입하는 것도 원칙적으로 허용되지 아니한다. 따라서 지방의회 의장과 의원 개인의 지위 및 권한에 비추어 볼 때 집행기관의 인사권에 의장 개인의 자격으로는 관여할 수 있는 권한이 없고, 조례로서 이를 허용할 수도 없다"는 입장이다. 이에 따르면 판례는 지방의회의 개입유형을 집행기관의 인사권을 독자적으로 행사하는 경우, 집행기관과 동등한 지위에서 합의해서 행사하는 경우, 사전에 적극적으로 개입하는 경우, 소극적·사후적으로 개입하는 경우 등 네 가지로 구분하면서, 그 마지막의 경우에만 법적으로 허용되는 "견제의 범위안에서" 그 개입이 정당화된다고 보고 있다.

그런데 자문위원회인 동 위원회의 12명 위원 중 9인을 시의원으로 구성한 것 자체의 정당성 여부에 대하여는 판시에서 이를 긍정적으로 판단하고 있어 이를 논외로 하더라도, 동 위원회에 참여하게 될 시의원의 선정방법으로 의장 추천방식, 자·타천 위원 후보자 선출방식, 구슬선정방식 등 중에서 가장 합당한 방식의 선택 여부를 고려할 때, 현실적으로 의장 추천방식이 타당성이 결여된 것으로 보기에는 의문이 있을 수 있는바, 이에 대한 판례의 태도는 형식논리적이라는 비판이 있다.

한편 동 위원회는 자문위원회로서의 성격상 당연히 단체장이 임명·위촉하는 것을 방해하지 않으므로 이 사건 개정조례안에서 문제된 제61조 제2항 부분은 동 조례안의 핵심적 사항이라고 할 수 없다. 따라서 위원의 임명·위촉 규정 부분만 무효로 하더라도 조례안의 효력에 전혀 영향을 주지 아니한다. 그럼에도 불구하고 판례는, 지방의회가 재의결한 내용 전부가 아니라 일부만이 위법한 경우에도 대법원은 의결 전부의 효력을 부인할 수밖에 없다는 입장(대법원 1992. 7. 28. 선고 92추31 판결)을 견지하고 있다. 이러한 조례안의 "일부무효는 전부무효"의 법리는 문제가 되고 있다.

Ⅲ 관련판례

1. 대법원 1992. 6. 23. 선고 92추17 판결【행정정보공개조례(안)재의결취소등】

지방자치법 제19조 제3항, 제98조 제1항, 제99조 제1항의 규정에 의한 재의요구와 동법 제159조 제1항의 규정에 의한 재의요구는 그 요건과 대상 등을 달리 규정하고 있어 서로 별개의 것으로 보아야 할 것이므로 동법 제159조 제1항의 규정에 의한 재의요구에 대하여는 다른 조항에 규정된 재의요구기간을 적용하거나 준용할 수는 없다 할 것이나 동법 제159조 제3항이 대법원에 제소하였을 때에는 의결의 효력이 정지된다고 규정하고 있음에 비추어 동조 제1항에 의한 재의요구는 언제라도 할 수 있는 것이 아니라 의결이 재의요구를 할 수 없는 상태로 확정될 때까지로 제한된다고 할 것이다.

2. 대법원 1992. 7. 28. 선고 92추31 판결【지방의회조례안의결취소】

[1] 지방자치법은 의결기관으로서의 의회의 권한과 집행기관으로서의 단체장의 권한을 분리하여 배분하는 한편, 의회는 행정사무감사와 조사권 등에 의하여 단체장의 사무집행을 감시 통제할 수 있게 하고 단체장은 의회의 의결에 대한 재의요구권 등으로 의회의 의결권행사에 제동을 가할 수 있게 함으로써 상호견제와 균형을 유지하도록 하고 있는 것인바, 위와 같은 의회의 의결권과 집행기관에 대한 행정감사 및 조사권은 의결기관인 의회 자체의 권한이고 의회를 구성하는 의원 개개인의 권한이 아닌바, 의원은 의회의 본회의 및 위원회의 의결과 안건의 심사 처리에 있어서 발의권, 질문권, 토론권 및 표결권을 가지며 의회가 행하는 지방자치단체사무에 대한 행정감사 및 조사에서 직접 감사 및 조사를 담당하여 시행하는 권능이 있으나, 이는 의회의 구성원으로서 의회의 권한행사를 담당하는 권능이지 의원 개인의 자격으로 가지는 권능이 아니므로 의원은 의회의 본회의 및 위원회의 활동과 아무런 관련 없이 의원 개인의 자격에서 집행기관의 사무집행에 간섭할 권한이 없으며, 이러한 권한은 법이 규정하는

의회의 권한 밖의 일로서 집행기관과의 권한한계를 침해하는 것이어서 허용될 수 없다.

[2] 광주직할시서구동정자문위원회조례 중 개정조례안 중 동정자치위원회를 구성하는 위원의 위촉과 해촉에 관한 권한을 동장에게 부여하면서 그 위촉과 해촉에 있어서 당해 지역 구의원과 협의하도록 한 규정은 지방자치단체의 하부 집행기관인 동장에게 인사와 관련된 사무권한의 행사에 있어서 당해 지역 구의원과 협의하도록 의무를 부과하는 한편 구의원에게는 협의의 권능을 부여한 것이나, 이는 구의회의 본회의 또는 위원회의 활동과 관련 없이 구의원 개인에게 하부집행기관의 사무집행에 관여하도록 함으로써 하부집행기관의 권능을 제약한 것에 다름 아니므로, 이러한 규정은 법이 정한 의결기관과 집행기관 사이의 권한분리 및 배분의 취지에 위반되는 위법한 규정이라고 볼 수밖에 없다. 또한 위 조례안 중 동정자치위원회의 자문·심의사항을 동장 외에 당해 지역 구의원도 심의를 요구할 수 있도록 한 규정은 구의원에게 하부집행기관인 동장의 사무집행에 관여하는 권능을 부여하고 이로써 동장의 권한행사를 제약하는 것이라고는 보기 어려울 것이므로 위 규정이 법이 규정한 의결기관과 집행기관 사이의 권한배분과 상호견제 및 균형의 원칙에 반한다고 할 수 없다.

3. 대법원 2001. 12. 11. 선고 2001추64 판결【지방의회조례안의결취소】

승인권·동의권 등의 권한도 역시 (지방의회) 의원 개인에게 속하는 것이 아니다.

4. 대법원 1992. 7. 28. 선고 92추31 판결【지방의회조례안의결취소】

의결의 일부에 대한 효력배제는 결과적으로 전체적인 의결의 내용을 변경하는 것에 다름 아니어서 의결기관인 지방의회의 고유권한을 침해하는 것이 될 뿐 아니라, 그 일부만의 효력배제는 자칫 전체적인 의결내용을 지방의회의 당초의 의도와는 다른 내용으로 변질시킬 우려가 있으며, 또 재의요구가 있는 때에는 재의요구에서 지적한 이의사항이 의결의 일부에 관한 것이라고 하여도 의결 전체가 실효되고 재의결만이 의결로서 효력을 발생하는 것이어서 의결의 일부에 대한 재의요구나 수정재의 요구가 허용되지 않는 점에 비추어 보아도 재의결의 내용 전부가 아니라 그 일부만이 위법한 경우에도 대법원은 의결 전부의 효력을 부인할 수밖에 없다.

5. 대법원 2012. 11. 29. 선고 2011추87 판결【조례안재의결무효확인】

[1] 지방자치법은 지방자치단체의 의사를 내부적으로 결정하는 최고의결기관으로 지방의회를, 외부에 대하여 지방자치단체의 대표로서 지방자치단체의 의사를 표명하고 그 사무를 통할하는 집행기관으로 단체장을 독립한 기관으로 두고, 의회와 단체장에게 독자적인 권한을 부여하여 상호 견제와 균형을 이루도록 하고 있으므로, 법률에 특별한 규정이 없는 한 조례로써 견제의 범위를 넘어서 상대방의 고유권한을 침해하는 규정을 제정할 수 없다. 지방의회는 조례의 제정 및 개폐, 예산의 심의·확정, 결산의 승인, 기타 지방자치법 제39조 제1항에 규정된 사항에 대한 의결권을 가지는 외에 지방자치법 제41조 등의 규정에 의하여 지방자치단체사무에 관한 행정사무 감사권 및 조사권 등을 가지므로, 이처럼 법령에 의하여 주어진 권한의 범위 내에서 집행기관을 견제할 수 있는 것이지 법령에 규정이 없는 새로운 견제장치를 만드는 것은 집행기관의 고유권한을 침해하는 것이 되어 허용할 수 없다.

[2] 지방자치단체는 그 소관 사무의 일부를 독립하여 수행할 필요가 있을 때 합의제 행정기관을 설치할 수 있고(지방자치법 제116조 제1항), 합의제 행정기관의 설치·운영에 관하여 필요한 사항은 조례로 정할 수 있다(지방자치법 제116조 제2항). 이와 같이 지방자치법에서 합의제 행정기관의 설치·운영에 관하여 필요한 사항을 조례로 정하도록 위임한 취지는 각 지방자치단체의 특수성을 고려하여 그 실정에 맞게 합의제 행정기관을 조직하도록 한 것이어서, 해당 지방자치단체가 합의제 행정기관의 일종인 민간위탁적격자심사위원회의 공평한 구성 및 운영에 대한 적절한 통제를 위하여 민간위탁적격자심사위원회 위원의 정수 및 위원의 구성비를 어떻게 정할 것인지는 해당 지방의회가 조례로써 정할 수 있는 입법재량에 속하는 문제로서 조례제정권의 범위 내라고 보는 것이 타당하다.

6. 대법원 2013. 9. 27. 선고 2012추169 판결【조례안재의결무효확인의소】

[1] 상위법령에서 지방자치단체장에게 기관구성원 임명·위촉권한을 부여하면서도 임명·위촉권의 행사에 지방의회의 동의를 받도록 하는 등의 견제나 제약을 규정하고 있거나 그러한 제약을 조례 등에서 할 수 있다고 규정하고 있지 않는 한 당해 법령에 의한 임명·위촉권은 지방자치단체의 장에게 전속적으로 부여된 것이라고 보아야 한다. 따라서 하위법규인 조례로는 지방자치단체장의 임명·위촉권을 제약할 수 없고, 지방의회의 지방자치단체 사무에 대한 비판, 감시, 통제를 위한 행정사무감사 및 조사권 행사의 일환으로 위와 같은 제약을 규정하는 조례를 제정할 수도 없다.

[2] 지방공기업법에 따라 설립한 공사·공단의 사장 또는 이사장 후보자에 대한 인사청문위원회 및 공청절차를 신설하는 내용의 광주광역시 조례안에 대하여 안전행정부장관이 재의를 요구하였으나 광주광역시의회가 원안대로 재의결한 사안에서, 조례로 광주광역시의회의원이 위원의 과반수를 이루는 인사검증위원회가 사장 등 후보자에 관한 공청회를 거쳐 장단점을 경과보고서에 기재하고, 임원추천위원회 위원장이 지방자치단체장에게 후보를 추천하면서 위 경과보고서를 첨부하도록 하는 것은 지방자치단체장의 임명권 행사에 대하여 상위법령에서 허용하지 않는 견제나 제약을 가한 것이라는 이유로, 위 조례안은 구 지방공기업법(2013. 3. 23. 법률 제11690호로 개정되기 전의 것) 제58조 제2항, 지방자치법 제22조에 위배된다고 한 사례.

7. 대법원 2014. 2. 13. 선고 2013추67 판결【조례안재의결무효확인】

예산낭비 사례 등을 공개하도록 하고 예산성과금의 지급 한도를 제한하는 내용의 '서울특별시 서초구 예산절감 및 낭비사례 공개에 관한 조례안'에 대하여 구청장이 지방자치법에 위배된다는 이유 등으로 재의를 요구하였으나 구의회가 원안대로 재의결한 사안에서, 위 조례안 제2조 제3호에서 정한 예산낭비에 관한 정의가 불명확하다거나 예산낭비의 해당성 여부가 전적으로 지방의회의 추상적 가치판단에 따라 정해진다고 보기 어렵고, 예산낭비사례 공개 부분 조례안은 관계 법령에서 부여한 지방자치단체의 예산집행 등에 관한 지방의회의 감시 통제권의 일환으로 예산낭비사례를 공개하라는 것에 불과하여 지방자치법 제22조에서 정하고 있는 법령의 범위 내의 규정이므로 지방자치단체장의 예산집행 등에 관한 권한을 본질적으로 침해한다고 할 수 없으며, 지방의회는 지방자체단체 예산의 수입과 집행에 대하여 폭넓은 견제 권한을 가지는 점 등에 비추어 예산성과금 지급 부분 조례안이 비록 지방재정법령에서 정한 공무원에 대한 지출절약에 따른 예산성과금의 상한액을 제한하였다고 하여 지방재정법령에 위배된다거나 지방자치단체장의 예산성과금 지급에 관한 권한을 본질적으로 침해하였다고 볼 수 없다고 한 사례.

8. 대법원 2021. 9. 16. 선고 2020추5138 판결【조례안재의결무효확인】

[1] 지방자치법 제22조 본문, 제113조, 지방자치법 시행령 제75조, 지방교육자치에 관한 법률 제18조 제1항, 제32조, 지방교육행정기관의 행정기구와 정원기준 등에 관한 규정 제3조 제1항 제2호, 제3호, 제25조 제1항, 제2항의 규정 내용을 종합하면, 시·도교육청의 직속기관을 포함한 지방교육행정기관의 행정기구(이하 '기구'라 한다)의 설치는 기본적으로 법령의 범위 안에서 조례로써 결정할 사항이다. 교육감은 시·도의 교육·학예에 관한 사무를 집행하는 데 필요한 때에는 법령 또는 조례가 정하는 바에 따라 기구를 직접 설치할 권한과 이를 위한 조례안의 제안권을 가지며, 설치된 기구 전반에 대하여 조직편성권을 가질 뿐이다. 지방의회는 교육감의 지방교육행정기구 설치권한과 조직편성권을 견제하기 위하여 조례로써 직접 교육행정기관을 설치·폐지하거나 교육감이 조례안으로써 제안한 기구의 축소, 통폐합, 정원 감축의 권한을 가진다. 지방자치법상 지방자치단체의 집행기관과 지방의회는 서로 분립되어 각기 그 고유 권한을 행사하되 상호 견제의 범위 내에서 상대방의 권한 행사에 대한 관여가 허용된다. 지방의회는 집행기관의 고유 권한에 속하는 사항의 행사에 관하여 사전에 적극적으로 개입하는 것은 허용되지 않으나, 견제의 범위 내에서 소극적·사후적으로 개입하는 것은 허용된다.

[2] 전라북도의회가 의결한 '전라북도교육청 행정기구 설치 조례 일부 개정조

례안'에 대하여 전라북도 교육감이 재의를 요구하였으나 전라북도의회가 위 조례 개정안을 원안대로 재의결함으로써 확정한 사안에서, 위 조례 개정안은 직속기관들이 전라북도교육청 소속임을 분명하게 하기 위하여 해당 직속기관의 명칭에 '교육청'을 추가하거나 지역 명칭을 일부 변경하는 것에 불과한데, 관계 법령의 규정 내용에 따르면, 직속기관의 명칭을 결정하는 것이 교육감의 고유 권한에 해당한다고 볼 만한 근거가 없는 반면, 지방의회가 '이미 설치된 교육청의 직속기관'의 명칭을 변경하는 것은 사후적·소극적 개입에 해당하므로, 위 조례 개정안이 자치사무에 관하여 법령의 범위 안에서 조례를 제정할 수 있는 '지방의회의 포괄적인 조례 제정 권한'의 한계를 벗어난 것이라고 보기는 어렵다는 이유로, 위 조례 개정안이 교육감의 지방교육행정기관 조직편성권을 부당하게 침해한다고 볼 수 없다고 한 사례.

Ⅳ 질문 및 토의과제

1. 동정자치위원회를 구성하는 위원의 위촉과 해촉에 관한 권한을 동장에게 부여하면서 그 위촉과 해촉에 있어서 당해 지역 구의원과 협의하도록 한 조례는 적법한가?

2. 지방자치법 제159조(현행 제192조)의 소송에서 심판대상은 지방자치단체가 재의요구시에 이의사항으로 지적하여 재의결에서 심의 대상이 된 것에 국한하는가?[대법원 1992. 7. 28. 선고 92추31 판결]

3. 지방의회가 조례로써 법령에 규정이 없는 새로운 견제장치를 만들어 집행기관을 견제하는 것은 허용되는가?

4. 지방자치단체장의 지방의회 의결에 대한 재의요구권에 관하여 설명하라.

5. 기관소송의 대상을 설명하고, 조례에 있어 '일부무효는 전부무효'의 법리를 평가하라.

6. 지방자치단체장의 선결처분에 관하여 기술하시오.[제48회 행정고시]

Ⅴ 참고문헌

김의환, 지방의회가 집행기관에 대하여 관련자의 문책까지 요구할 수 있도록 한 조례안의 효력, 대법원판례해설 제47호

신봉기, 내용상 일부무효인 조례안의 효력, 법률신문 제2634호(1997. 9)

임영호, 제주도 주요업무 자체평가에 관한 조례안에 대한 재의결의 효력, 대법원판례해설 제69호(2008 상반기)(2008. 1)

Ⅵ 관련법령

구 지방재정법

제78조 (공유재산심의회) ① 공유재산의 취득·관리 및 처분에 관한 지방자치단체의 장의 자문에 응하게 하기 위하여 각 지방자치단체에 공유재산심의회를 둔다.

② 제1항의 공유재산심의회의 구성과 운영에 관하여는 당해 지방자치단체의 조례로 정한다.

7-2-3. 지방자치단체의 사무

Ⅰ 개요

지방자치법은 자치단체의 사무의 범위에 관하여 "지방자치단체는 관할 구역의 자치사무와 법령에 따라 지방자치단체에 속하는 사무를 처리한다."(제13조 제1항)라고 규정하여 자치사무와 (단체)위임사무를 인정하고 있다. 위임사무에는 단체위임사무와 기관위임사무가 있다. 자치사무는 지방자치단체의 고유사무로서, 그 지방자치단체의 존립의 목적에 속하는 사무를 말한다. 단체위임사무란

지방자치법 제9조(현행 제13조)에 규정된 "법령에 의하여 그 단체에 소속된 사무"를 말한다. 즉, 지방자치단체가 법령에 의하여 국가 또는 다른 자치단체로부터 위임받아 행하는 사무를 말한다. 국가 또는 상급지방자치단체가 지방자치단체에 대하여 그 사무를 위임하려면 반드시 법률 또는 법률의 위임을 받은 명령에 근거가 있어야 한다(대법원 1973. 10. 23. 선고 73다1212 판결). 시・군의 도세징수사무(지방세법 제53조 제1항), 호적 및 주민등록관리사무 등이 이에 해당된다고 할 것이나, 대법원은 호적사무를 자치사무에 해당하는 것이라고 판시하였다(대법원 1995. 3. 28. 선고 94다45654 판결). 그런데 헌법재판소의 호주제 위헌결정 취지에 따라 2008년 1월 시행된 "가족관계의 등록 등에 관한 법률"은 그동안 호적사무가 자치사무로 인정됨으로써 지방자치단체에 재정적인 부담을 과중하게 떠안겨왔다는 이유로 이를 대법원이 관장하도록 하는 즉 국가사무로 전환하는 내용을 담고 있다. 이로써 장기간의 지루한 법해석논쟁을 입법으로 해결하게 되었다. 기관위임사무란 국가 또는 다른 지방자치단체 또는 그 기관이 자치단체의 장에게 위임하여 자치단체가 처리하게 되는 사무를 말한다. 지방자치법은 제102조(현행 제115조) 및 제103조(현행 제116조)에서 기관위임사무를 인정하고 있다. 국가위임사무로서의 병사・대통령 및 국회의원선거・경찰・지적・통계・경제시책에 관한 사무와 각종의 인・허가사무 등은 기관위임사무에 해당된다.

II 리딩케이스

1. 사건번호: 대법원 1992. 6. 23. 선고 92추17 판결【행정정보공개조례(안)재의결취소등】 – 청주시정보공개조례사건

2. 사실관계

피고 을(청주시의회)은 1991. 11. 25. 청주시행정정보공개조례안을 의결한 후 같은 달 28. 갑(청주시장)에게 이송하였고, 갑은 같은 해 12. 13. 지방자치법 제19조 제3항에 따른 재의요구를 하였으며, 한편 충청북도지사의 지방자치법 제

159조의 규정에 의한 재의요구지시에 따라 갑은 12. 24. 을에게 다시 재의요구를 하였는데 을이 12. 26. 위 재의요구에 대하여 원의결대로 수정 없이 재의결하였다. 정보공개조례안은 행정정보를 집행기관에서의 직무상 작성 또는 취득한 문서, 그림, 도면, 필름, 녹음테이프, 녹화테이프, 컴퓨터에 입력된 자료 등을 관리, 보유하고 있는 것으로 정의하고(제2조 제1호), 집행기관은 적극적으로 공개대상 정보에 대하여 공개할 의무가 있음을 선언하고(제3조), 집행기관은 법령상 공개가 금지되었거나, 개인의 사생활을 침해할 우려가 있거나, 행정집행과정에 관련되었거나, 집행기관이 공익 등의 이유로 공개 않는 것이 명백하다고 판단되는 등의 정보를 제외한 모든 정보는 특별한 사유가 없는 한 이를 공개하여야 한다고 규정하고(제5조), 집행기관의 자문에 응하고 이의신청을 심의의결하기 위하여 행정정보공개심의위원회를 두되(제12조 제1항), 위원회는 집행기관의 공무원 3인과 시의회의원 3인 및 학계 등 전문성을 가진 3인 등 시장이 위촉한 9인 이내의 위원으로 구성하며(제13조 제1항), 청구인은 집행기관으로부터 정보공개 거부결정서를 받았을 때에는 통보를 받은 날부터 30일 이내에 이의신청을 할 수 있고(제11조 제1항) 집행기관은 이의신청을 받은 날로부터 10일 이내에 위원회에 회부하고 위원회는 접수일로부터 20일 이내에 공개여부를 결정하여 그 결과를 청구인에게 통보하도록(제11조 제2항) 규정하고 있다. 갑은 동 조례안이 위법이라며 대법원에 이 사건 소를 제기하였다.(결과: 기각)

3. 판결요지

[1] 행정정보공개조례안이 국가위임사무가 아닌 자치사무 등에 관한 정보만을 공개대상으로 하고 있다고 풀이되는 이상 반드시 전국적으로 통일된 기준에 따르게 할 것이 아니라 지방자치단체가 각 지역의 특성을 고려하여 자기고유사무와 관련된 행정정보의 공개사무에 관하여 독자적으로 규율할 수 있다. 행정정보공개조례안이 그 행정정보의 정의규정인 제2조 제1호의 '집행기관이 직무상 작성 또는 취득한 문서 등'이라 함이 집행기관(괄호생략)이 지방행정기관으로서의 지위가 아니라 지방자치단체의 집행기관으로서의 지위에서 동법 제9조에 규정된 자치사무 및 단체위임사무에 관하여 작성 또는 취득한 문서 등만을 가리

키는 것으로 풀이되고 국가사무에 관하여 작성 또는 취득한 문서까지 포함되는 것으로는 보여지지 아니하므로 조례제정권의 범위를 일탈하지 아니하였다.

[2] 행정정보공개조례안이 인정하고 있는 이의신청은 행정심판법에 의한 행정심판을 청구하기 위한 전치조건으로서 규정된 것이 아니라 청구인으로 하여금 위 이의신청과 행정심판을 동시에 또는 선택적으로 청구할 수 있도록 권리구제의 방법을 추가한 것이어서 행정심판을 제기할 권리를 박탈하거나 그러한 권리의 행사를 지연시키는 것이라고 볼 수 없으므로 집행기관의 처분에 대하여 청구인에게 불리한 특례를 규정하였다고 할 수 없다.

4. 판례해설

헌법 제117조 제1항과 지방자치법 제15조(현행 제28조)에 의하면 지방자치단체는 법령의 범위 안에서 그 사무에 관하여 자치조례를 제정할 수 있으나, 이때 '사무'란 지방자치법 제9조(현행 제13조) 제1항에서 말하는 지방자치단체의 자치사무와 법령에 의하여 지방자치단체에 속하게 된 단체위임사무를 가리키므로 지방자치단체가 자치조례를 제정할 수 있는 것은 원칙적으로 이러한 자치사무와 단체위임사무에 한한다. 따라서 국가사무로서 지방자치단체의 장에 위임된 이른바 기관위임사무에 관한 사항은 조례제정의 범위 밖에 속한다. 그러나 현실적으로 기관위임사무와 단체위임사무는 쉽게 그 사무귀속을 판단하기 어려운 경우가 많아 지방자치법에서는 일정한 사무처리기본원칙을 정하고 있다.

이 사건에 있어서 판례는 먼저, 정보공개조례안이 개별적 위임을 요하는 것인지와 관련하여, 지방자치단체는 그 내용이 주민의 권리의 제한 또는 의무의 부과에 관한 사항이거나 벌칙에 관한 사항이 아닌 한 법률의 위임이 없더라도 조례를 제정할 수 있다 할 것인데 정보공개조례안은 행정에 대한 주민의 알 권리의 실현을 그 근본내용으로 하면서도 이로 인한 개인의 권익침해 가능성을 배제하고 있으므로 이를 들어 주민의 권리를 제한하거나 의무를 부과하는 조례라고는 단정할 수 없고 따라서 그 제정에 있어서 반드시 법률의 개별적 위임이 따로 필요한 것은 아니라는 입장이다. 이는 정보공개 영역의 조례제정권의 범위를 비교적 넓게 인정한 것으로 긍정적으로 평가된다. 또한, 판례는 판결요지

[1]과 같이 공개대상 문서의 범위를 확정한 후, 정보공개의무의 성질을 기속행위로 판단하였다. 즉, 사무관리규정 제33조 제2항에 의한 행정기관의 정보공개 허가 여부는 기밀에 관한 사항 등 특별한 사유가 없는 한 반드시 정보공개청구에 응하여야하는 기속행위로서 행정기관에 대하여 정보공개에 관한 재량권을 부여하고 있다고 해석할 수는 없다. 행정정보공개조례안이 다른 법령에서 공개할 수 없도록 규정되어 있는 정보 등을 제외한 일정한 행정정보의 공개의무를 규정하고 있어 사무관리규정 제33조 제2항에 위배되지 않는다는 것이다. 법리적으로 타당한 해석으로 보이지만, 논의의 여지는 있다고 판단된다.

한편 이 판례는 합의제 행정기관의 설치요건 및 위원회 참여 지방의원의 지위를 밝히고 있어 주목을 끈다. 즉, 먼저, 합의제 행정기관을 설치함에 있어서는 지방자치법시행령 제41조(현행 제77조)의 규정에 따라 내무부장관의 승인을 받아야 한다 하더라도[1] 위 규정은 국가의 지방자치단체의 행정조직을 통제하기 위한 내부절차규정에 불과할 뿐 지방의회의 의결권을 제한하는 규정으로 보여지지는 아니하므로 합의제 행정기관의 설치에 관한 내무부장관의 승인은 조례의 시행단계에서 취하여져야 할 절차로서 그 승인 여부가 합의제 행정기관의 설치를 규정한 조례안의결의효력을 좌우하는 전제조건으로 되는 것은 아니라는 것이다. 또한, 지방의회의원이 그 의원의 자격이라기보다 지방자치단체의 전체 주민의 대표자라는 지위에서 주민의 권리신장과 공익을 위하여 행정정보공개조례안의 행정정보공개심의위원회에 집행기관의 공무원 및 전문가 등과 동수의 비율로 참여하는 것이 반드시 법령에 위배된다고 볼 수 없다는 것이다.

---

1) 그러나 지금은 승인 없이 설치할 수 있다.
현행 지방자치법시행령 제77조(합의제행정기관의 설치) 지방자치단체는 다음 각 호의 어느 하나에 해당하는 경우에는 법 제129조에 따라 합의제행정기관을 설치할 수 있다.
1. 고도의 전문지식이나 기술이 필요한 경우
2. 중립적이고 공정한 집행이 필요한 경우
3. 주민 의사의 반영과 이해관계의 조정이 필요한 경우

Ⅲ 관련판례

1. 대법원 1995. 3. 28. 선고 94다45654 판결【손해배상(기)】

호적법 및 지방자치법의 제규정에 비추어 보면, 호적사무는 국가의 사무로서 국가의 기관위임에 의하여 수행되는 사무가 아니고 지방자치법 제9조가 정하는 지방자치단체의 사무라 할 것이고, 단지 일반행정사무와는 달리 사법적 성질이 강하여 법원의 감독을 받게 하는 데 지나지 아니한다.

2. 대법원 1995. 11. 14. 선고 94누13572 판결【토지수용무효확인】

도시재개발법에 의한 사업시행변경인가, 관리처분계획인가 및 각 고시에 관한 사무는 국가사무로서 지방자치단체의 장에게 위임된 이른바 기관위임사무에 해당하므로, 시·도지사가 지방자치단체의 조례에 의하여 이를 구청장 등에게 재위임할 수는 없고, 정부조직법 제5조 제1항 및 이에 기한 행정권한의위임및위탁에관한규정 제4조에 의하여 위임기관의 장의 승인을 얻은 후 지방자치단체의 장이 제정한 규칙이 정하는 바에 따라 재위임하는 것만이 가능하다.(같은 입장: 대법원 1995. 8. 22. 선고 94누5694 판결)

3. 대법원 2013. 4. 11. 선고 2011두12153 판결【결식아동급식지원전자카드공급및위탁운영사업자선정취소】

구 지방자치법(2009. 12. 29. 법률 제9847호로 개정되기 전의 것. 이하 같다) 제22조, 제9조에 의하면, 지방자치단체가 조례를 제정할 수 있는 사항은 지방자치단체의 고유사무인 자치사무와 개별 법령에 의하여 지방자치단체에 위임된 단체위임사무에 한하고, 국가사무가 지방자치단체의 장에게 위임되거나 상위 지방자치단체의 사무가 하위 지방자치단체의 장에게 위임된 기관위임사무에 관한 사항은 원칙적으로 조례의 제정범위에 속하지 않는다. 그리고 법령상 지방자치단체의 장이 처리하도록 규정하고 있는 사무가 자치사무인지 기관위임사무에 해당하는지를 판단함에는 그에 관한 법령의 규정 형식과 취지를 우선 고려하여야 할 것이지만, 그 밖에도 그 사무의 성질이 전국적으로 통일적인 처리가 요구되는 사무인지 여부나 그에 관한 경비부담과 최종적인 책임귀속의 주체 등도 아울러 고려하여 판단하여야 한다(대법원 1999. 9. 17. 선고 99추30 판결; 2008. 1. 17. 선고 2007다59295 판결 등 참조).

원심은 그 채택 증거를 종합하여 판시와 같은 사실을 인정한 다음, ① 아동급식사업은 원래 보건복지부가 아동복지법에 따라 국책사업으로 시행하여 오다가 2005년부터 지방자치단체에 이양된 인천광역시의 고유사무인 점, ② 아동급식사업을 위한 사업경비는 인천광역시가 국가로부터 분권교부세를 교부받아 충당하게 되어 있어 인천광역시 서구청의 자체 예산으로 아동급식사업이 시행되는 것은 아닌 점, ③ '결식아동 급식지원 전자카드 도입운영계획'은 전자카드 운영사업자를 선정하여 기존의 종이 급식권을 전자카드로 교체하고 2009. 7. 1.부터 결식아동으로 하여금 전자카드를 사용하도록 하는 것을 주요 내용으로 삼고 있는데, 이는 구 지방자치법에서 시·도의 사무로 규정한 '시·도 단위로 동일한 기준에 따라 처리되어야 할 성질의 사무' 또는 '지역적 특성을 살리면서 시·도 단위로 통일성을 유지할 필요가 있는 사무'에 해당한다고 보이는 점, ④ 인천광역시장이 '결식아동 급식지원 전자카드 도입운영계획'을 수립하여 관할 군·구에 통보하면서 실행계획을 수립하여 결과를 제출할 것을 요구한 것에 비추어 인천광역시장이 이 사건 사업의 시행과 관련하여 지시·감독권을 가진 것으로 보이는 점 등 판시와 같은 사정을 근거로 '결식아동 급식지원 전자카드 도입 사무'는 인천광역시장으로부터 피고에게 위임된 기관위임사무라고 보아야 한다고 판단하였다.

나아가 원심은, 기관위임사무인 '결식아동 급식지원 전자카드 도입 사무'에 관한 사항을 조례로 정하도록 위임하고 있는 법령이 없으므로 '인천광역시 서구 사무의 민간위탁 촉진 및 관리 조례'(이하 '이 사건 민간위탁조례'라 한다)를 가지고 이 사건 사업에 따른 위탁업체 선정사무를 규율할 수는 없고, 따라서 피고는 인천광역시장의 지시에 따라 이 사건 사업에 따른 위탁업체 선정 사무를 처리하면 적법할 것인데, 판시와 같이 피고가 이 사건 사업에 따른 위탁업체를 선정함에 있어 아동급식위원회의 심의를 거친 것은 인천광역시장의 행정지시에 따른 것이므로 이는 정당하고, 거기에 절차상 위법이 없다고 판단하였다.

앞서 본 법리와 기록에 비추어 살펴보면 원심의 위와 같은 판단은 모두 정당하고, …

4. 대법원 2017. 12. 5. 선고 2016추5162 판결【조례안재의결무효확인】

[1] 지방의회에 의하여 재의결된 사항이 법령에 위반된다고 판단되면 주무부장관이 지방자치단체의 장에게 대법원에 제소를 지시하거나 직접 제소할 수 있다(지방자치법 제172조(현행 제192조) 제4항). 다만 재의결된 사항이 둘 이상의 부처와 관련되거나 주무부장관이 불분명하면 행정안전부장관이 재의요구 또는 제소를 지시하거나 직접 제소와 집행정지결정을 신청할 수 있다(지방자치법 제172조(현행 제192조) 제8항). 이는 주무부처가 중복되거나 주무부장관이 불분명한 경우에 행정안전부장관이 소송상의 필요에 따라 재량으로 주무부장관의 권한을 대신 행사할 수 있다는 것일 뿐이고, 언제나 주무부장관의 권한행사를 배제하고 오로지 행정안전부장관만이 그러한 권한을 전속적으로 행사하도록 하려는 취지가 아니다.

[2] 지방자치단체는 주민의 복리에 관한 사무를 처리하고 재산을 관리하며, 법령의 범위 안에서 자치에 관한 규정을 제정할 수 있다(헌법 제117조 제1항). 지방자치법 제22조(현행 제28조), 제9조(현행 제13조)에 따르면, 지방자치단체가 조례를 제정할 수 있는 사항은 지방자치단체의 고유사무인 자치사무와 개별 법령에 따라 지방자치단체에 위임된 단체위임사무에 한정된다. 국가사무가 지방자치단체의 장에게 위임되거나 상위 지방자치단체의 사무가 하위 지방자치단체의 장에게 위임된 기관위임사무에 관한 사항은 원칙적으로 조례의 제정범위에 속하지 않는다. 법령상 지방자치단체의 장이 처리하도록 규정하고 있는 사무가 자치사무인지 기관위임사무인지를 판단할 때 그에 관한 법령의 규정 형식과 취지를 우선 고려하여야 하지만, 그 밖에도 사무의 성질이 전국적으로 통일적인 처리가 요구되는 사무인지 여부나 그에 관한 경비부담과 최종적인 책임귀속의 주체 등도 아울러 고려하여야 한다.

[3] 지방자치법 제22조(현행 제28조), 행정규제기본법 제4조 제3항에 따르면 지방자치단체가 조례를 제정할 때 내용이 주민의 권리 제한 또는 의무 부과에

관한 사항이나 벌칙인 경우에는 법률의 위임이 있어야 한다. 법률의 위임 없이 주민의 권리를 제한하거나 의무를 부과하는 사항을 정한 조례는 효력이 없다. 그러나 법률에서 조례에 위임하는 방식에 관해서는 법률상 제한이 없다. 조례의 제정권자인 지방의회는 선거를 통해서 지역적인 민주적 정당성을 지니고 있는 주민의 대표기관이다. 헌법 제117조 제1항은 지방자치단체에 포괄적인 자치권을 보장하고 있다. 따라서 조례에 대한 법률의 위임은 법규명령에 대한 법률의 위임과 같이 반드시 구체적으로 범위를 정하여 할 필요가 없다. 법률이 주민의 권리의무에 관한 사항에 관하여 구체적으로 범위를 정하지 않은 채 조례로 정하도록 포괄적으로 위임한 경우에도 지방자치단체는 법령에 위반되지 않는 범위 내에서 주민의 권리의무에 관한 사항을 조례로 제정할 수 있다.

[4] 조례안 일부가 법령에 위반되어 위법한 경우에 의결 일부에 대한 효력을 배제하는 것은 결과적으로 전체적인 의결 내용을 변경하는 것으로 의결기관인 지방의회의 고유권한을 침해하는 것이 된다. 뿐만 아니라 일부만의 효력 배제는 자칫 전체적인 의결 내용을 지방의회의 당초 의도와는 다른 내용으로 변질시킬 우려가 있다. 또한 재의요구가 있는 때에는 재의요구에서 지적한 이의사항이 의결 일부에 관한 것이더라도 의결 전체가 실효되고 재의결만이 새로운 의결로서 효력이 생긴다. 따라서 의결 일부에 대한 재의요구나 수정 재의요구는 허용되지 않는다. 이러한 점들을 종합하면, 재의결 내용 전부가 아니라 일부만 위법한 경우에도 대법원은 의결 전부의 효력을 부인하여야 한다.

[5] 교육부장관이 전자파 취약계층의 보호를 위해 경기도 내 유치원 및 초등학교 등을 전자파 안심지대로 지정하고 그곳에서는 누구든지 기지국을 설치할 수 없도록 하는 내용의 '경기도교육청 전자파 취약계층보호 조례안'에 대하여 법령에 반한다는 이유로 재의결을 요구하였으나 경기도의회가 원안대로 재의결한 사안에서, 위 조례안 중 지방자치단체의 공유재산이 아니고 초·중등교육법의 적용대상도 아닌 '사립유치원과 개인이 소유하거나 관리하는 복합 건물'에 관한 부분은 기지국 설치와 관련하여 기지국 설치자가 가지는 영업의 자유와 그 상대방이 가지는 계약의 자유를 제한할 수 있도록 조례에 위임하는 법령 규정이 존재하지 않으므로, 사립유치원과 복합 건물에 관하여 법률의 위임 없이 주민의 권리 제한에 관한 사항을 규정하다는 이유로 효력을 인정할 수 없다고

한 사례.

Ⅳ 질문 및 토의과제

1. 정보공개청구권은 헌법상의 기본권인가, 이를 긍정한다면 그 근거가 되는 기본권은 무엇인가?

2. 호적사무는 자치사무인가 아니면 단체위임사무 또는 기관위임사무인가?

3. 법령상 단체장이 처리하도록 규정하고 있는 사무가 자치사무 또는 기관위임사무에 해당하는지 여부의 판단 방법은 무엇인가?[대법원 2003. 4. 22. 선고 2002두10483 판결]

4. 지방자치단체의 사무의 구별실익은 무엇인가?

5. 법률의 위임이 없더라도 조례를 제정할 수 있는 경우를 설명하라.

Ⅴ 참고문헌

김남진, 정보공개조례안의 위법성여부, 사법행정 제33권 제12호(1992. 12), 한국사법행정학회

백윤기, 행정정보공개조례(안) 재의결 취소 등, 국민과 사법, 윤관 대법원장 퇴임기념논문집(1999. 1), 박영사

신봉기, 교통안전시설 설치·관리 사무의 법적 성질, 지방자치법연구 제7권 4호(2007), 한국지방자치법학회

홍준형, 행정정보공개조례의 적법 여부, 판례행정법(1999. 1), 두성사

Ⅵ 관련법령

사무관리규정

제33조 (문서의 열람 및 복사) ① 행정기관은 다른 행정기관이 그 업무를 수행하기 위하여 당해 행정기관에서 보존하고 있는 문서의 열람 또는 복사를 요청하

는 때에는 특별한 사유가 있는 경우를 제외하고는 이에 응하여야 한다.
② 행정기관은 행정기관이 아닌 자가 당해 행정기관에서 보존하고 있는 문서의 열람 또는 복사를 요청하는 때에는 특별한 사유가 있는 경우를 제외하고는 이를 허가할 수 있다. 다만, 비밀 또는 대외비로 분류된 문서의 경우에는 그러하지 아니하며, 외교문서의 경우에는 외무부령이 정하는 바에 따라 이를 허가할 수 있다.

7-2-4. 자치입법권: 조례제정권의 범위와 한계

I 개요

헌법 제117조 제1항은 "지방자치단체는…법령의 범위 안에서 자치에 관한 규정을 제정할 수 있다"고 규정하여 지방자치단체의 자치입법권을 보장하고 있다. 이에 의거하여 지방자치법은 자치법규로서 조례(제28조)와 규칙(제29조)을 인정하고, 지방교육자치에관한법률은 교육규칙(제25조 제1항)을 인정하고 있다. 조례와 규칙이 법규명령인지 여부에 대하여 다툼이 있으나, 대법원은 법규명령의 인정가능성을 긍정하고 있다(대법원 1996. 7. 11. 선고 94누4615 판결). 지방자치단체가 조례를 제정할 수 있는 사항은 자치사무와 단체위임사무에 한하고, 기관위임사무는 조례제정 범위 밖에 속한다는 것이 일반적이다(대법원 1992. 7. 28. 선고 92추31 판결). 그러나 단체위임사무와 기관위임사무는 그 구별이 어려울 뿐 아니라 지방의회의 관여나 재정부담 및 책임에 있어 현저한 차이가 있음으로 인해 양자의 구별을 긍정하는 현행 사무구분제도는 많은 비판을 받고 있다.

현행법제상 조례제정권의 한계와 관련하여 특히 법률우위 및 법률유보의 문제가 있다. 법률우위의 문제에 있어, "법령의 범위 안에서" 조례제정권이 인정되므로(헌법 제117조 제1항, 지방자치법 제28조) 법령위반의 조례는 무효이다. 법률유보의 문제에 있어, 동법 제22조 단서의 위헌 여부가 핵심인바, 위헌설과 합헌설로 견해가 대립되고 있고, 판례는 합헌설의 입장이다(대법원 1995. 5. 12. 선고 94추28 판결; 헌재 1995. 4. 20, 95헌마264, 279).

II 리딩케이스

1. 사건번호: 대법원 2006. 10. 12. 선고 2006추38 판결 【지방의회조례안재의결무효확인청구】 – 세자녀양육비지원조례사건

2. 사실관계

피고 을(정선군의회)이 2006. 4. 25. 정선군세자녀이상세대양육비등지원에관한 조례안을 의결하여 원고 갑(정선군수)에게 이송하였고, 갑은 5. 15. 이 사건 조례안이 법령의 한계를 일탈하였다는 등의 이유로 을에게 재의요구하였으나, 을은 6. 13. 이 사건 조례안을 원안대로 재의결함으로써 이 사건 조례안이 확정되었다. 이 사건 조례안은 저출산문제의 국가적·사회적 심각성을 십분 감안하여 정선군민의 출산을 적극 장려하고 인구정책을 보다 전향적으로 실효성 있게 추진코자 하며 세 자녀 이상의 세대 중 세 번째 이후 자녀에게 양육비 등을 지원할 수 있도록 하기 위하여 제정된 것으로서(제1조), 재원은 당해연도 예산 사정 등을 감안하여 군비로 확보하고(제3조), 지원기준일 현재 군 관내에 주민등록을 마치고 실제 거주하고 있는 세대에 한하여 지원하며, 지원대상은 이 조례 시행일 이후 군 관내에서 출생한 자에 한하되 셋째 이후의 출생 자녀 모두로 하고(제4조), 지원액은 매년 지원대상 자녀 1명당 300만원 범위 안에서 예산사정, 물가상승률, 출산실태, 인구증감률, 기타 군민의 평균적인 양육비 등을 참작하여 운영위원회 심의를 거쳐 군수가 최종적으로 결정하며, 매 분기 말에 금융기관 계좌를 통해 현금으로 지급함을 원칙으로 하고(제11조), 지원기간은 12세까지로 하되 친권자 또는 지원대상자가 군 관내를 벗어난 지역으로 전출할 때에는 지원대상자격을 상실하며(제12조), 자격상실자가 친권자와 함께 다시 거주할 목적으로 군 관내에 주민등록 전입신고를 하고 실태조사 결과 거주할 목적임이 확인될 경우 다시 지원대상 자격회복신청을 할 수 있도록 하는 것(제13조)을 주요 내용으로 하고 있다. 갑은 동 조례안이 위법이라며 대법원에 이 사건 소를 제기하였다.(결과: 기각)

3. 판결요지

[1] 지방자치법 제15조(현행 제22조)에 의하면 지방자치단체는 그 내용이 주민의 권리의 제한 또는 의무의 부과에 관한 사항이거나 벌칙에 관한 사항이 아닌 한 법률의 위임이 없더라도 그의 사무에 관하여 조례를 제정할 수 있는바, 지방자치단체의 세 자녀 이상 세대 양육비 등 지원에 관한 조례안은 저출산 문제의 국가적·사회적 심각성을 십분 감안하여 향후 지방자치단체의 출산을 적극 장려토록 하여 인구정책을 보다 전향적으로 실효성 있게 추진하고자 세 자녀 이상 세대 중 세 번째 이후 자녀에게 양육비 등을 지원할 수 있도록 하는 것으로서, 위와 같은 사무는 지방자치단체 고유의 자치사무 중 주민의 복지증진에 관한 사무를 규정한 지방자치법 제9조 제2항 제2호 (라)목에서 예시하고 있는 아동·청소년 및 부녀의 보호와 복지증진에 해당되는 사무이고, 또한 위 조례안에는 주민의 편의 및 복리증진에 관한 내용을 담고 있어 그 제정에 있어서 반드시 법률의 개별적 위임이 따로 필요한 것은 아니다.

[2] 지방자치단체는 법령에 위반되지 아니하는 범위 내에서 그 사무에 관하여 조례를 제정할 수 있는 것이고, 조례가 규율하는 특정사항에 관하여 그것을 규율하는 국가의 법령이 이미 존재하는 경우에도 조례가 법령과 별도의 목적에 기하여 규율함을 의도하는 것으로서 그 적용에 의하여 법령의 규정이 의도하는 목적과 효과를 전혀 저해하는 바가 없는 때, 또는 양자가 동일한 목적에서 출발한 것이라고 할지라도 국가의 법령이 반드시 그 규정에 의하여 전국에 걸쳐 일률적으로 동일한 내용을 규율하려는 취지가 아니고 각 지방자치단체가 그 지방의 실정에 맞게 별도로 규율하는 것을 용인하는 취지라고 해석되는 때에는 그 조례가 국가의 법령에 위반되는 것은 아니다. 군민의 출산을 적극 장려하기 위하여 세 자녀 이상의 세대 중 세 번째 이후 자녀에게 양육비 등을 지원할 수 있도록 하는 내용의 '정선군세자녀이상세대양육비등지원에관한조례안'은 법령에 위반되지 않는다.

4. 판례해설

조례는 지방자치단체가 법령의 범위 안에서 그 권한에 속하는 사무에 관하여 지방의회의 의결로써 제정하는 법이다. 지방자치법은 제22조(현행 제28조)에서 "지방자치단체는 법령의 범위 안에서 자치에 관한 규정을 제정할 수 있다. 다만, 주민의 권리제한 또는 의무부과에 관한 사항이나 벌칙을 정할 때에는 법률의 위임이 있어야 한다"고 규정하고 있다. 여기서 말하는 '법령의 범위 안에서'란 '법령에 위반되지 않는 범위 내에서'를 가리키므로 지방자치단체가 제정한 조례가 법령에 위반되는 경우에는 효력이 없다(대법원 2002. 4. 26. 선고 2002추23 판결). 조례의 규정사항은 법령이 특히 조례로서 정할 것을 규정하고 있는 경우(필요적 조례규정사항)와 법령에 규정이 없더라도 국가의 전권에 속하지 아니하는 사무에 관하여 지방자치단체의 재량에 의하여 정할 수 있는 경우(임의적 조례규정사항)로 구분되고 있다. 조례의 규정사항은 ① 법령 및 상급자치단체의 조례나 규칙에 위반할 수 없으며, ② 법률의 위임이 없이는 주민의 권리제한 또는 의무부과에 관한 사항이나 벌칙을 규정할 수 없으며, ③ 시 · 군 및 자치구의 조례에서는 어떠한 경우에도 형벌을 규정하지 못하는 등의 한계가 있다. 조례로 벌칙을 정함에 있어서는 법률의 위임이 있어야 하며, 일정한 범위에서 조례로 벌칙(지방자치법상의 조례위반에 대한 과태료)을 정할 수 있다.

법률유보의 문제에 있어, 곧 법 제22조(현행 제28조 제1항) 단서의 위헌 여부의 문제라 할 것인바, 이에 대하여는 견해가 대립된다. 위헌설은 헌법 제117조 제1항 · 법 제22조(현행 제28조 제1항)의 "법령의 범위 안에서"의 의미를 "법령에 위반되지 아니하는 한 법령위임 없이 조례제정이 가능한 것"으로 해석하고, 조례제정권을 제한하는 법 제22조(현행 제28조 제1항) 단서는 헌법 제117조 제1항을 침해하는 것으로 위헌으로 본다(박윤흔 · 서원우). 합헌설은 법 제22조(현행 제28조 제1항) 단서는 법률유보원칙(헌법 제37조 제2항)과의 관계에서 구체화되는 헌법 제117조 제1항의 내용을 확인함에 그치는 것으로서, 일정한도의 포괄적 위임을 허용하므로 합헌으로 본다(홍정선 · 김동희). 판례는 합헌설의 입장이다(대법원 1995. 5. 12. 선고 94추28 판결; 헌재 1995. 4. 20, 95헌마264, 279).

이 사건의 경우, 판결요지 [1]은 세 자녀 이상 세대 양육비 등 지원 사무는 자치사무이자 법령의 개별적 위임을 요하지 않는 사무로 판단한 것은 타당하다고 판단된다. 다만, 조례제정권의 범위가 법원의 판례에 의해 좌우되는 것은 근본적인 문제로 지적된다. 한편, 판결요지 [2]는 일본에서 발전된 이른바 법률선점론을 받아들인 것이라는 점에서 의미가 있다. 법률선점론은 국가가 법률로 규제한 영역에 대하여 조례가 다시 법률과 동일한 규율대상에 대하여 동일한 법률목적으로 규제하는 것은 조례가 법률이 이미 선점한 영역을 침해하는 것이 되므로 법률에서 특별한 위임이 없는 경우에는 이를 허용하지 아니한다는 이론이다. 넓은 의미에서 법률선점론은 법률우위원칙을 배경으로 하므로 근거법률이 공백이거나 또는 근거법률이 이미 존재하되 그 내용이나 대상 등을 추가 내지 초과하는 경우를 포함한다. 이는 추가조례 및 초과조례를 중심으로 논의된다. 추가조례는 법률과 조례의 규제목적 · 취지는 기본적으로 동일하지만 조례의 대상이 법률의 규제대상보다도 넓은 경우 즉 횡적으로 돌출되어 있는 경우를 의미하고, 초과조례는 국가의 법령이 일정한 기준을 정하고 규제하고 있는 경우에 국가의 법령과 동일 목적으로 국가의 법령보다도 엄격한 내용의 규제를 하는 조례를 의미한다. 전통적인 법률선점론에 의하면 초과조례는 위법이 될 수 있겠으나, 초과조례라 하더라도 다양한 유형과 기준에 따라 판단되어야 할 것이므로 이를 항상 위법이라고 할 수는 없을 것이다. 일본에서는 규제한도법률 · 최저기준법률구별론(다수설), 법률내쇼날미니멈론, 필요공해시책금지법률위헌론 등이 있다. 우리나라 판례에서도 각 그 사례를 찾을 수 있는바, 차고지확보조례(대법원 1997. 4. 25. 선고 96추251 판결)는 추가조례에, 공설납골당설치조례(대법원 1995. 12. 22. 선고 95추32 판결)와 자활보호대상자생계비지원조례(대법원 1997. 4. 25. 선고 96추244 판결)는 초과조례에 해당한다. 이 사건도 법적으로 허용되는 초과조례의 일종이라고 할 것이다.

Ⅲ 관련판례

1. 대법원 1992. 7. 28. 선고 92추31 판결【지방의회조례안의결취소】

광주직할시서구주택건설사업계획입지심의회운영조례안이 규정하는 주택건설촉진법 제33조의 규정에 의한 사업계획승인은 건설부장관 소관의 국가사무로서 단체장에게 위임된 이른바 기관위임사무이고 지방자치단체에 위임된 단체위임사무가 아님이 명백하므로, 위 조례안은 조례로 제정할 수 없는 사항을 규정한 것이어서 조례제정범위에 관한 지방자치법의 규정에 위반되어 위법하다.

2. 대법원 2001. 11. 27. 선고 2001추57 판결【조례안재의결무효확인청구】

지방자치단체가 그 자치사무에 관하여 조례로 제정할 수 있다고 하더라도 ㉠ 상위 법령에 위배할 수는 없고, ㉡ 특별한 규정이 없는 한 지방자치법이 규정하고 있는 지방자치단체의 집행기관과 지방의회의 고유권한에 관하여는 조례로 이를 침해할 수 없고, ㉢ 나아가 지방의회가 지방자치단체장의 고유권한이 아닌 사항에 대하여도 그 사무집행에 관한 집행권을 본질적으로 침해하는 것은 지방자치법의 관련 규정에 위반되어 허용될 수 없다.

3. 대법원 2013. 4. 11. 선고 2012추22 판결【조례안재의결무효확인】

[1] 수업료, 입학금 그 자체에 관한 사무는 교육・학예에 관한 사무로서 지방자치단체 중 특별시・광역시・도의 사무에 해당하나, 수업료, 입학금의 지원에 관한 사무는 학생 자녀를 둔 주민의 수업료, 입학금 등에 관한 부담을 경감시킴으로써 청소년에 대한 기본적인 교육여건을 형성함과 동시에 청소년이 평등하게 교육을 받을 수 있도록 하는 것이므로, 이와 같은 사무는 지방자치단체 고유의 자치사무인 지방자치법 제9조 제2항 제2호에서 정한 주민의 복지증진에 관한 사무 중 주민복지에 관한 사업[(가)목] 및 노인・아동・심신장애인・청소년 및 부녀의 보호와 복지증진[(라)목]에 해당되는 사무이다.

[2] 헌법 제117조 제1항과 지방자치법 제22조에 의하면 지방자치단체는 법령의 범위 안에서 그 사무에 관하여 조례를 제정할 수 있고, 지방자치법은 의결기관으로서의 지방의회와 집행기관으로서의 지방자치단체장에게 독자적 권한을 부여하는 한편, 지방의회는 행정사무감사와 조사권 등에 의하여 지방자치단체장의 사무집행을 감시 통제할 수 있게 하고 지방자치단체장은 지방의회의 의결에 대한 재의요구권 등으로 의회의 의결권행사에 제동을 가할 수 있게 함으로써 상호 견제와 균형을 유지하도록 하고 있으므로, 지방의회는 자치사무에 관하여 법률에 특별한 규정이 없는 한 조례로써 위와 같은 지방자치단체장의 고유권한을 침해하지 않는 범위 내에서 조례를 제정할 수 있다고 할 것이다.

[3] 화천군의회가 의결한 '화천군 관내 고등학교 학생 교육비 지원 조례안'에 대하여 화천군수가 도의 자치사무에 관한 것이라는 등의 이유로 재의를 요구하였으나 군의회가 조례안을 재의결하여 확정한 사안에서, 수업료, 입학금의 지원에 관한 사무는 지방자치단체 고유의 자치사무인 지방자치법 제9조 제2항 제2호에서 정한 주민의 복지증진에 관한 사무에 속하고, 이러한 사무의 성격을 고려하여 농어업인 삶의 질 향상 및 농어촌지역 개발촉진에 관한 특별법 제23조는 지방자치단체에 수업료 등에 대한 경비 지원에 관한 권한을 부여하고 있고, 위 조례안 제4조는 군수에게 교육비 지원 대상 선정에 일정한 재량권을 부여하고 있는 등 관계 법률과 조례안의 규정 내용 및 위 조례안에 따른 교육비 지원 사무에 들 비용이 화천군 예산에서 차지하는 비율 등을 고려할 때, 위 조례안 제6조 제3항이 교육비 지원대상에 해당하는 경우에는 군수로 하여금 교육비를 지급하도록 규정하였다는 이유만으로 집행기관인 지방자치단체장 고유의 재량권을 침해하였다거나 예산배분의 우선순위 결정에 관한 지방자치단체장의 권한을 본질적으로 침해하여 위법하다고 볼 수 없다고 한 사례.

4. 대법원 2013. 9. 27. 선고 2011추94 판결【조례안재의결무효확인】

가. 원고는, 이 사건 개정조례안은 관광진흥법 제54조 제1항에 의하여 동법 시행령에서 규정하도록 한 사항과 다른 내용을 규정함으로써 법령에 위배된다고 주장한다.

나. 지방자치법 제22조 본문은 "지방자치단체는 법령의 범위 안에서 그 사무에 관하여 조례를 제정할 수 있다"고 규정한다. 여기서 '법령의 범위 안에서'라 함은 '법령에 위배되지 아니하는 범위 내에서'를 말하고, 지방자치단체가 제정한 조례가 법령에 위배되는 경우에는 효력이 없다(대법원 2009. 4. 9. 선고 2007추103 판결 등 참조). 나아가 조례가 법령에 위배되는지는 법령과 조례의 각각의 규정 취지, 규정의 목적과 내용 및 효과 등을 비교하여 양자 사이에 모순·저촉이 있는지에 따라서 개별적·구체적으로 결정하여야 한다(대법원 2004. 4. 23. 선고 2002추16 판결 참조).

다. 관광진흥법 제54조(조성계획의 수립) 제1항은 "관광지 등을 관할하는 시장·군수·구청장은 조성계획을 작성하여 시·도지사의 승인을 받아야 한다. 이를 변경(대통령령으로 정하는 경미한 사항의 변경은 제외한다)하려는 경우에도 또한 같다"라고 규정하고 있다. 한편 관광진흥법에 관한 특례를 규정한 특별법 제171조는 문화체육관광부 장관의 권한을 도지사의 권한으로 하거나 관광진흥법에서 대통령령 또는 문화체육관광부령으로 정하도록 한 사항 중 일부를 도조례로 정할 수 있다고 하면서 거기에 위 관광진흥법 제54조는 포함하지 않고 있다.

이처럼 관광진흥법 제54조 제1항이 조성계획을 변경할 때에는 시·도지사의 승인을 받을 필요가 없는 '경미한 사항'을 대통령령으로 정하도록 규정하고 있고, 그에 따라 동법 시행령 제47조 제1항에서 '경미한 사항'을 제1호부터 제3호까지 열거하고 있으므로, 도조례안으로 관광진흥법 시행령에서 정하는 바와 달리 정하는 것은 허용되지 않는다고 보아야 한다. 그럼에도 이 사건 개정조례안 제77조의2 제1항 제4호가 관광진흥법 제54조 제1항에서 규정한 '경미한 사항'에 관하여 동법 시행령 제47조 제1항에 없는 내용을 규정하여 결과적으로 위 조항과 다르게 규정한 것은 상위 법령의 범위를 벗어난 것이다.

라. 이에 대하여 피고는, 특별법 제229조 제9항은 단서에서 개발사업 변경에 관한 경미한 사항에 관하여 조례로 정할 수 있도록 규정하고, 특별법 제230조 제1항은 제229조에 따라 개발사업에 관한 시행승인을 받은 경우 조성계획의 승인이 의제된다고 규정하므로, 결국 조성계획 변경에 관한 경미한 사항도 조례로 정할 수 있다고 주장한다. 살피건대, 특별법 제230조는 개발사업의 승인에 따라

조성계획의 승인이 의제되는 효력을 정한 것일 뿐이지 그로 인하여 특별법 제229조 제9항 단서에 따른 조례 제정 권한에 기하여 피고에게 관광진흥법 제54조 제1항에서 정한 조성계획의 경미한 사항을 규정할 권한까지 부여하는 취지는 아니므로, 위 주장은 받아들일 수 없다. 그렇다면 이 사건 개정조례안 제77조의2 제1항 제4호는 관광진흥법 제54조 제1항, 동법 시행령 제47조 제1항, 지방자치법 제22조(현행 제28조 제1항) 본문에 위배된다고 할 것이다.

5. 대법원 2022. 4. 28. 선고 2021추5036 판결 【조례안재의결무효확인】

시장이 납품도매업차량에 대한 주정차위반 행정처분이 발생한 경우 자동유예될 수 있도록 구청장 등과 적극 협의하도록 하는 내용 등의 '부산광역시 납품도매업 지원에 관한 조례안'에 대하여 부산광역시장이 시의회에 재의를 요구하였으나 시의회가 원안대로 재의결함으로써 조례안을 확정한 사안에서, 위 조례안은 기관위임사무인 주정차 위반행위에 대한 과태료 부과처분에 관한 사항을 법령의 위임 없이 조례로 정한 경우에 해당하므로 조례제정권의 한계를 벗어난 것으로서 위법하다고 한 사례.

Ⅳ 질문 및 토의과제

1. 지방자치단체의 자치사무에 대한 조례제정권의 한계를 설명하라.
2. 위임에 있어 조례와 위임명령의 차이를 설명하라.[대법원 1991. 8. 27. 선고 90누6613 판결]
3. 초과조례를 설명하고, 조례에 의한 차고지확보제도(대법원 1997. 4. 25. 선고 96추251 판결)를 예로 들어 이를 검토하라.
4. 조례의 내용이 법령과 다른 경우, 그 조례는 위법한가?
5. 지방자치법 제22조(현행 제28조 제1항) 단서의 위헌여부에 관하여 논하라.
6. 위임조례를 설명하라.[대법원 1999. 9. 17. 선고 99추30 판결]

V 참고문헌

신봉기, 자치입법권의 범위와 실효성확보방안, 지방자치법연구 제1권 제2호, 2001

임영호, 양육비를 지원할 수 있도록 하는 내용의 정선군 조례안의 효력, 대법원판례해설 제64호(2006 하반기)(2007. 7), 법원도서관

조해현, 지방자치단체의 자치사무와 단체위임사무에 관한 자치조례의 제정한계, 대법원판례해설, 통권 제35호, 법원도서관

VI 관련법령

저출산 · 고령사회기본법

제10조 (경제적 부담의 경감) 국가 및 지방자치단체는 자녀의 임신 · 출산 · 양육 및 교육에 소요되는 경제적 부담을 경감하기 위하여 필요한 시책을 강구하여야 한다.

지방자치법

(구)제22조 (조례) 지방자치단체는 법령의 범위 안에서 그 사무에 관하여 조례를 제정할 수 있다. 다만, 주민의 권리 제한 또는 의무 부과에 관한 사항이나 벌칙을 정할 때에는 법률의 위임이 있어야 한다.

현행 제28조 (조례) ① 지방자치단체는 법령의 범위에서 그 사무에 관하여 조례를 제정할 수 있다. 다만, 주민의 권리 제한 또는 의무 부과에 관한 사항이나 벌칙을 정할 때에는 법률의 위임이 있어야 한다.

② 법령에서 조례로 정하도록 위임한 사항은 그 법령의 하위 법령에서 그 위임의 내용과 범위를 제한하거나 직접 규정할 수 없다.

7-2-5. 자치입법권: 일부무효는 전부무효의 법리

I 개요

우리 지방자치법 제107조(현행 제120조) 제3항은 "지방자치단체의 장은 제2항에 따라 '재의결된 사항'이 법령에 위반된다고 인정되면 대법원에 소를 제기할 수 있다"고 규정하고 있는바, 이러한 기관소송에 있어 그 소의 대상에 대한 판례와 학설의 태도가 상이하여 많은 논란이 빚어져 왔다. 그동안 기관소송 판례도 많이 축적되었고, 관련 판례도 대단히 다양함으로 인해 기존의 판례 입장을 그대로 유지하기 힘든 상황에 이른 것도 사실이다. 즉, 판례가 법문을 넘어선 과잉억제적 해석을 한다거나, 일본의 법조 및 판례를 잘못 수용한 것이라거나, 우리 지방자치제가 성년을 넘긴 지 오래임에도 여전히 유년기의 자치권을 부여하고 있다는 등의 비판을 받고 있고, 그로 인해 자치입법권이나 지방의회의 의결자치권의 위축을 초래하고 지방자치의 발전을 저해한다는 우려가 팽배해 있다. 지방자치에 대한 소극적 시각 외에, 자치입법권이나 의결자치권을 침해하는 사법부의 중요한 태도 중 하나는 이른바 '일부무효는 전부무효'라는 판례의 태도이다. 조례안·예산안 등 지방의회의 재의결 사항 중 일부가 무효라고 판단되면, 유효의 사항이 다수 있음에도 불구하고 당해 조례안·예산안 등을 전부무효라고 판시하는 것이 그것이다. 이러한 판례의 태도는 지방자치단체의 자치권에 대한 사법부의 후견적 지위를 적극적으로 유지하겠다는 것에 다름 아니다. 그동안 기관소송에 있어 소의 대상에 관한 비판은 꾸준히 제기되었고, 이제 판례에 오류가 있다면, 다시 말해서 판례 스스로 자기모순적 결과가 나올 정도에 이르렀다면, 그리고 지방자치단체의 자치입법 역량이 제고됐다고 판단한다면, 그동안의 소극적 판례 태도의 변경도 적극 고려할 필요가 있다. 여기에서는 '일부무효는 전부무효'의 법리를 채택한 판례와 그 법리 채택의 한계 즉, 위 법리 채택으로 인해 자기모순적 결론에 이르게 됨으로써 위 법리 변경의 필요성이 요구된다는 사실을 확인할 필요가 있다.

II 리딩케이스

1. 사건번호: 대법원 2013. 1. 16. 선고 2012추84 판결【예산안재의결무효확인의소】 및 대법원 2001. 11. 27. 선고 2001추57 판결【조례안재의결무효확인청구】 – 도시가스사건 및 부산시예산안사건

2. 사실관계

(1) 제1판례: 대법원 2001. 11. 27. 선고 2001추57 판결

피고(인천광역시의회)가 2001. 5. 28. '도시가스공급안정에관한조례안'(이하 '이 사건 조례안'이라고 한다)을 의결하였고, 이를 이송받은 원고(인천광역시장)가 상급 관청인 행정자치부장관의 지시에 의하여 2001. 6. 15. 이 사건 조례안의 제4조 제2항, 제6조 제1항, 제2항이 도시가스사업법, 지방자치법 등 상위 법령에 위반된다는 사유로 재의를 요구하자, 피고가 2001. 7. 9. 제92회 제5차 본회의에서 당초 원안과 동일하게 재의결을 하였다. 이 사건 조례안은 그 제1조에서 도시가스 공급시설 및 사용시설(이하 '가스공급시설'이라 한다)의 안정적·균형적 보급과 설치를 촉진하고 일반도시가스사업자(이하 '가스사업자'라 한다)와 사용자(사용요구자를 포함한다) 간의 이해를 조정함으로써 공공의 안전을 도모함을 목적으로 한다고 규정한 다음, ① 제4조는 제1항에서 "가스사업자는 도시가스사업법 제18조의3 제2항 단서 규정에 따라 공급계획에 의한 가스공급시설의 공사를 할 수 없는 경우에는 가능한 한 당해 연도 6월 이전에 시장에게 그 승인을 요청하여야 한다"고, 제2항에서 "시장은 제1항의 규정에 의하여 승인하는 경우 승인하고자 하는 일정 규모 이상의 가스공급시설을 추가 설치할 수 있도록 가스공급계획을 변경하여야 한다. 다만, 가스공급계획을 변경할 때에는 가스공급시설의 설치를 요구하는 다수 주민의 민원 지역을 우선적으로 고려하여야 한다"라고 각 규정하고 있으며, ② 제6조는 제1항에서 "시장은 법 제18조의3의 규정에 의한 가스공급시설 공사계획을 수립하고자 할 때에는 시의회 소관 상임위원회에 보고하여야 한다"고, 제2항에서 "시장은 법 제20조의 규정에 따른 도시가스의 요금 및 기타 공급조건에 관한 공급규정을 승인하거나 변경하고자 할 때에는 위 공급규정이 법 제20조 제2항 각 호의 기준에 적합한지 여부에 대하여 시의회에 보고하고 의견을 청취하여야 한다"고 각 규정하고 있다.

(2) 제2판례: 대법원 2013. 1. 16. 선고 2012추84 판결

피고(부산광역시의회)는 2011. 12. 15. 상임(특별)위원회 행정업무보조 기간제 근로자(이하 '이 사건 근로자'라고 한다) 42명에 대한 보수 예산안 611,015,000원 [=555,948,000원(인부임) + 55,067,000원(비인부임)](이하 '이 사건 예산안'이라고 한다)을 포함한 2012년도 부산광역시 예산안을 의결하였다. 원고(행정자치부장관)는 2011. 12. 30. 부산광역시장에게 이 사건 예산안 의결에 대하여 재의요구를 지시하였고, 이에 부산광역시장은 2012. 1. 3. 피고에게 이 사건 예산안에 대하여 재의를 요구하였다. 피고는 2012. 3. 5. 이 사건 예산안을 재의결하여 이를 확정하였다. 판례는 '이 사건 예산안'을 "2012년도 부산광역시 예산안"이 아닌, "이 사건 근로자 32명에 대한 보수 예산안 부분"으로 한정하고 있다. 그러나 판례가 말한 '이 사건 예산안'은 위 전체 예산안의 일부이다. 한편, 이 사건 근로자들은 ① 행정사무감사, 조례제정 검토 등 각종 상임위원회 활동 지원 및 보조, ② 상임위원회 의정활동을 위한 각종 자료수집 및 분석, ③ 기타 세미나, 워크숍, 현장 확인 등 각종 행사 보조 등의 업무를 담당하도록 되어 있다.

3. 판결요지

(1) 제1판례: 대법원 2001. 11. 27. 선고 2001추57 판결

[1] 시장으로 하여금 가스사업자에 대하여 가스공급계획에 의한 가스공급시설의 미설치 승인시 일정 규모 이상의 가스공급시설을 추가 설치할 수 있도록 가스공급계획을 변경하도록 하고, 가스공급시설 설치지역의 우선 순위도 민원을 제기한 지역의 주민의 수만으로 결정하도록 규정한 지방자치단체의 조례안 제4조 제2항은 시장의 집행권을 본질적으로 침해하는 것으로 법령에 위배된다. 나머지 부분인 동 조례안 제6조 제1항 및 제2항은 모두 적법하다.

[2] 조례안의 일부 조항이 법령에 위반되어 위법한 경우에는 그 조례안에 대한 재의결은 그 전체의 효력을 부인할 수밖에 없는바, 이 사건 조례안 제4조

제2항이 법령에 위반되어 위법한 이상 제6조 제1항, 제2항 등 나머지 조항이 법령에 위반되지 아니하다고 하더라도, 이 사건 조례안에 대한 재의결의 효력 배제를 구하는 원고의 이 사건 청구는 결국 이유 있다 할 것이다.

(2) 제2판례: 대법원 2013. 1. 16. 선고 2012추84 판결

[1] 지방재정법 제36조 제1항은 "지방자치단체는 법령 및 조례로 정하는 범위에서 합리적인 기준에 따라 그 경비를 산정하여 예산에 계상하여야 한다."고 규정하고 있다. 여기서 '법령 및 조례로 정하는 범위에서'란 예산안이 예산편성기준 등에 관하여 직접 규율하는 법령이나 조례에 반해서는 안 될 뿐만 아니라 당해 세출예산의 집행목적이 법령이나 조례에 반해서도 안 된다는 것을 의미한다고 보는 것이 타당하므로, 지방의회가 의결한 예산의 집행목적이 법령이나 조례에 반하는 경우 당해 예산안 의결은 효력이 없다.

[2] 부산광역시의회가 '상임(특별)위원회 행정업무보조 기간제근로자 42명에 대한 보수 예산안'을 포함한 2012년도 광역시 예산안을 재의결하여 확정한 사안에서, 위 근로자의 담당 업무, 채용규모 등을 종합해 보면, 지방의회에서 위 근로자를 두어 의정활동을 지원하는 것은 실질적으로 유급보좌인력을 두는 것과 마찬가지여서 개별 지방의회에서 정할 사항이 아니라 국회의 법률로 규정하여야 할 입법사항에 해당하는데, 지방자치법이나 다른 법령에 위 근로자를 지방의회에 둘 수 있는 법적 근거가 없으므로, 위 예산안 중 '상임(특별)위원회 운영 기간제근로자 등 보수' 부분은 법령 및 조례로 정하는 범위에서 지방자치단체의 경비를 산정하여 예산에 계상하도록 한 지방재정법 제36조 제1항의 규정에 반하고, 이에 관하여 한 재의결은 효력이 없다.

4. 판례해설

(1) 쟁점

본고의 쟁점은 다음과 같다. 다만, 이 케이스에서는 각 조례안 및 예산안의 재의결의 효력 문제에 국한하므로 제1판례 및 제2판례의 조례안 및 예산안 그 자체의 내용에 대한 위법·부당 여부에 대하여는 논외로 한다.

첫째, 제1판례와 관련하여, 이 사건 조례안의 개정 내용은 동 조례안 제4조 제2항, 제6조 제1항, 제2항이고, 대법원은 그중 제4조 제2항이 무효라고 판단하면서, 조례안의 일부 조항이 무효인 경우 그 조례안 「재의결」이 무효이고, 따라서 결과적으로 그 조례안 전부를 무효로 판시하였다. 이 사건에서 판례는 조례안의 경우 '일부무효는 전부무효의 법리'를 적용하였는바, 그것이 타당한지 여부가 쟁점이다.

둘째, 제2판례와 관련하여, 판례는 이 사건 소송의 대상을 "이 사건 근로자 42명에 대한 보수 예산안 6억여원"으로 한정한 후 이 부분을 '이 사건 예산안'으로 하여 판시하고 있으나, 이 사건의 경위를 보면, 피고가 의결 및 재의결한 것은 "이 부분"이 아닌, "2012년도 부산광역시 예산안"이다. 대법원은 "위 한정된 '이 사건 예산안'"이 무효라고 판단하면서, 그 예산안 「재의결」을 무효라고 판시하였다. 그런데 이 사건에서 판례는 "임의로" 실제로 피고에 의해 의결 및 재의결된 전체 예산안의 일부를 '이 사건 예산안'으로 한정함으로써, 이제까지 판례가 일관되게 견지해왔던 "일부무효는 전부무효의 법리"의 적용을 처음부터 배제하는 묘(妙)를 쓰고 있는바, 그것이 타당한지 여부가 쟁점이다.

(2) 지방자치법 제107조(현행 제120조) 제3항 및 제172조(현행 제192조) 제3항 등의 내용

지방자치법 제107조(현행 제120조) 제3항은 지방자치단체의 장과 지방의회 간의 분쟁에 관한 기관소송의 기본형태에 해당한다. 즉, 동법 제107조(현행 제120조)의 소송은 지방자치단체의 장이 지방의회의 의결이 법령위반이라고 판단하는 경우 그 지방의회의 확정된 의결사항(재의결로써 확정된 의결사항)에 대하여 제기하는 소송을 말한다. 동조 제3항에 의하면 단체장은 대법원에 기관소송을 제기하여야 한다. 그런데 지방자치법 제39조(현행 제47조) 제1항에서는 필요적 의결사항 내지 법정의결사항을 규정하고 있는바, 동 조항에 의하면 지방의회는 다음의 사항을 의결한다. 즉 "1. 조례의 제정 및 개폐, 2. 예산의 심의·확정, 3. 결산의 승인, 4. 법령에 규정된 것을 제외한 사용료·수수료·분담금·지방세 또는 가입금의 부과와 징수, 5. 기본재산 또는 적립금의 관리 및 처분, 6. 중요재산의 취득·처분, 7. 공공시설의 설치·관리 및 처분, 8. 법령과 조례에 규정된 것을 제외한 예산외 의무부담이나 권리의 포기, 9. 청원의 수리와 처리, 10. 기타 법령에 의하여 그 권한에 속하는 사항" 등이 그것이다. 그 밖에 지방자치단체는 조례가 정하는 바에 의하여 지방의회에서 의결되어야 할 사항을 따로 정할 수 있다(동법 제39조(현행 제47조) 제2항, 조례에 의한 의결사항). 지방의회의 의결사항을 정한 지방자치법 제39조(현행 제47조) 제1항 가운데 제1호 내지 제3호의 조례안·예산안·결산 등은 법규의 성격을 가지고, 제4호 및 제9호의 사용료 등 부과·징수와 청원수리 등은 처분성을 띤다고 할 수 있을 것이며, 나머지 제5호 내지 제8호는 원칙적으로 사법상의 행위에 해당되는 것으로 보아야 할 것이다.

지방자치법 제172조(현행 제192조)는 분쟁 당사자가 단체장과 지방의회 외에 상급청(주무부장관, 시·도지사)이 관여하는 3각(三角) 구도라는 점 외에는 동법 제107조(현행 제120조)와 구조적으로 유사하고, 동조에서 정하고 있는 소의 대상에 관련된 문언도 '재의결된 사항'으로 동일하다(제172조(현행 제192조) 제3항, 제4항, 제8항). 따라서 기관소송의 기본형태인 제107조(현행 제120조) 제3항을 중심으로 살펴본다.

(3) 소의 대상 – '재의결된 사항'

지방자치법 제107조(현행 제120조) 제1항 내지 제3항의 규정은 비교적 문제가 없이 명백한 것 같으나 자세히 살펴보면 논리적으로 모순되는 중요한 몇 가지 점을 발견할 수 있다. 동 조항에 의하면, '지방의회의 의결'의 위법·부당성을 다투어 재의요구를 하고(제1항), 지방의회의 '재의결'로써 위 '의결사항'은 확정되며(제2항), '재의결된 사항'의 위법성을 다투어 기관소송을 제기할 수 있다(제3항). 이에 따르면 기관소송은 지방의회의 '의결'을 그 대상으로 하는 것으로 보이나 '재의결' 또는 확정된 '재의결된 사항'도 대상이 될 수 있다고 할 것이다. 그런데 기관소송의 대상을 예외없이 제1항에서 정한 최초의 지방의회의 '의결'로 하는 것이 가장 명쾌하기는 하나, 제2항에 의하면 '재의결'로써 비로소 확정되고 앞의 '의결'은 '재의결'에 흡수되기 때문에 '재의결'을 대상으로 하는 것도 가능하다. 그렇지만 '재의결'은 단순한 절차상의 행위에 불과하고 실질적으로 다툼의 대상이 되어야 할 것은 그보다는 '재의결'로써 '확정'된 '의결사항' 즉 '재의결된 사항'을 대상으로 하여야 한다는 주장도 가능하다.

그런데 제1항의 '의결'은 제2항의 '재의결'로써 비로소 확정됨으로 인하여 소의 대상으로 하기에는 어려움이 있다. 그리고 제2항의 '재의결'은 그로써 비로소 '의결사항'이 확정되기 때문에 제3항의 문언 – "…제2항의 규정에 의하여 '재의결된 사항'이 법령에 위반된다고 판단되는 때에는… 대법원에 소를 제기할 수 있다" – 에 비추어 볼 때 '재의결'보다는 확정된 '재의결된 사항'을 대상으로 하는 것이 논리적 및 문리적으로 보다 타당한 것으로 보인다. 또한 여기서 '재의결된 사항'은 곧 동법 제39조(현행 제47조) 제1항(및 제2항)의 의결사항을 뜻하는 것이므로 단순히 '재의결'을 대상으로 하는 것보다 조례안·예산안 등과 같은 동법 제39조(현행 제47조) 제1항 각호의 '재의결된 사항'이 보다 구체적이라는 측면에서도 '재의결된 사항'을 대상으로 하는 것이 타당할 것이다. 그러나 여전히 판례는 '재의결'을 대상으로 하고 있기 때문에 많은 복잡한 문제를 야기하고 있는바, 개선이 필요할 것이다.

(4) 재의결을 무효대상으로 한다면, 재의결의 일부무효는 가능한지 여부

1) 제·개정된 '조례안'의 내용상 일부위법이 있는 경우 그 "재의결 전부"를 무효로 해야 하는가의 문제이다. 재의결의 '가분리성'을 인정하여야 한다는 견해가 있으므로 이러한 입장에서 제시되는 결론부터 말한다면, 이 경우 재의결의 일부무효도 가능하여야 한다는 것이다. 그렇지만 재의결의 무효가 조례안 전부를 무효화시킴에 반하여, 재의결의 일부무효는 실질적으로 조례안의 일부무효를 인정한다는 점에서 동일한 의미로 이해될 수 있고 또 보다 문언상 명백하고 법적용상 타당성이 있는 법해석을 무시하고 논리적 모순이 있는 재의결의 일부무효를 주장하는 것은 이해하기 어렵다. 재의결의 일부무효, 더 정확하게는 "조례안의 일부무효"를 허용하게 되면 궁극적으로 판결주문도 달라져야 한다.

2) 그러나 대법원은 개정조례안이 일부위법인 경우에도 당해 개정조례안에 대한 재의결이 전부무효임을 명백히 하고 있다. 그것이 타당하다는 주장도 있으나, 이러한 태도는 그 자체로서 많은 모순을 안고 있다. 즉 전부무효의 타당논거로 제시하고 있는 것은, ① 의결일부만의 효력배제는 지방의회의 고유권한을 침해하여 당초 의도한 것과 다른 형태의 조례나 의결이 될 가능성도 배제할 수

없을 뿐 아니라, ② 지방자치법상 조례안의 일부재의요구를 금지하고 있고, 또 ③ 재의결 전부를 무효판결하더라도 의결무효사유에 대한 법원의 심리대상은 단체장이 재의요구시 이의사항으로 지적하여 재의결에서 심의의 대상이 된 것에 국한한다는 것이다. 그러나 ① 재의결된 조례안에서 위법인 일부를 제거하더라도 그 자체로서 조례안이 존속할 가치가 있는 경우에는 오히려 Zero base에서 새로이 제정을 시도하게 하는 것보다는 재입법부담을 경감시켜 주고 또 그것이 지방의회의 고유권한을 오히려 존중하는 것이라는 점에서 타당하다고 할 수 없고, ② 조례제정절차상 일부재의요구를 금하는 지방자치법 제26조(현행 제32조) 제3항 제2문은 이 쟁점과 전혀 관계없는 것이라 할 것이므로 비교대상이 아닐 뿐 아니라, ③ 재의결 전부의 무효판결시 문제된 조항 부분에 한정하여 심리대상으로 한다는 것은 '재의결'을 소의 대상으로 하고 이와 함께 그 효력을 '전부무효'로 하여야 한다는 대법원의 태도에 비추어 볼 때 선뜻 납득하기 어렵다. 그 외에 ④ 조례안의 일부위법시 이를 전부무효로 해야 한다는 법적 근거도 찾을 수 없다. 내용상 일부무효나 일부변경을 명시적으로 금지하지 않음에도 불구하고 전부무효만 허용된다고 보는 것은 적법한 법해석이라고 볼 수 없다.

3) 그렇다면 무효인 부분이 조례의 "본질적 부분"에 해당되지 아니하여 전체 조례의 존립을 해치지 않는 경우 그리고 그 무효부분을 제하고 남은 부분으로써도 시급한 조례제정의 목적과 필요성을 충족시키는 등 의회·행정·주민에 있어서 "공익상 요청"되는 경우에는 이를 존치시키는 것이 민주주의원리에 보다 합당하고 법리적으로도 타당한 것이다. 본 대상판결의 경우가 이에 해당한다. 또한 예컨대 몇 가지 신규책정한 예산안 중 일부 위법한 예산안이 있다는 이유로 기타의 시급한 부분을 모두 포함한 전체 예산안을 무효로 판시하는 경우 초래될 지자체 재정운영과 집행상의 혼란을 생각한다면 그 타당성을 수긍할 수 있을 것이다(이는 지방재정법 제45조(지자법 제130조(현행 제145조))의 추경예산편성이나 동법 제46조(지자법 제131조(현행 제146조))의 예산불성립시의 예산집행사항에도 해당되지 않고, 동법 제43조(지자법 제129조(현행 제144조))의 예비비로 집행하는 데도 한계가 있기 때문이다). 결국 대법원의 태도는 스스로 논리모순을 인정하면서도 종래의 판시태도를 합리화시켜 이를 견지코자 하는 고육지책의 결

과라고밖에 할 수가 없다. 따라서 재의결된 사항인 조례안 등의 일부위법 또는 일부무효확인을 인정하는 것이 타당하다고 할 것이다. 행정입법인 조례안의 일부무효는 헌법 제107조(현행 제120조) 제2항에 의하여 가능하다. 이 문제는 궁극적으로 주문표시의 변경을 통하여 해결될 수 있다고 본다.

4) 보다 구체적으로 살펴본다면, 재의결을 소의 대상으로 해야 한다든지 또는 재의결을 전부무효판결만 해야 한다는 등에 관한 법적 근거도 없고 논리적 근거와 타당성도 희박하다면 결국 당해 조례안(예산안)을 어떻게 할 것인지는 그 내용을 기준으로 다음과 같이 판단함이 합리적이라는 결론에 이른다: ① 조례안의 제정에 기울인 노력과 당해 사무에 대한 현실적인 시급한 조례제정 필요성 및 재의결무효로써 전면재입법에 따른 비효율성을 제거할 수 있다는 점 등을 고려하여 판단하여야 한다. ② 따라서 유효하다고 판단한 부분은 그 조례의 체계·내용·절차 등 규범적 요건을 비교적 갖추고 있는 경우에는 그것만으로도 조례안을 유효화시키는 것이 타당할 것이다. 그로써 재의결(조례안 전체부분에 해당)을 무효선언함으로써 유효선언이 필요한 부분까지도 무효화시키게 되는 것을 방지할 수 있게 된다. ③ 이는 결국 '조례안'을 소의 대상으로 하고 또 조례안의 '일부'를 무효로 할 수도 있다는 점에서 타당하고 실제상으로도 보다 긍정적이라 할 수 있다. 조례안의 일부를 소의 대상으로 하는 것도 가능하여야 한다. 이는 조례안만이 아닌 예산안 등도 같은 논리에 입각하여 실효성을 확보할 수 있게 한다. ④ 이 경우 그 주문은 당해 조례안이 전부위법인 경우에는 "조례안은 무효"로 하고, 그 일부위법인 경우에는 "조례안 제00조는 무효"로 한다. 이는 예산안의 경우에도 당해 예산안이 전부위법인 경우에는 "예산안은 무효"로 하고, 그 일부위법인 경우에는 "예산안 중 '… 부분'은 무효"로 그 주문을 구성한다.

(5) 내용상 일부 위법인 조례안 및 예산안 「재의결」의 효력

1) 제1판례: 내용상 일부 위법인 「조례안」 재의결의 효력

판례의 입장인 '일부무효는 전부무효의 법리'를 긍정한다는 전제하에 볼 때, 이 사건 제1판례는 동 조례안 제4조 제2항이 위법이므로 위 법리에 따라 조례안 전부를 무효화시키는 의미의 "조례안에 대한 재의결은 그 효력이 없다"는 주문을 취하고 있다. 그러나 이 사건 조례안의 경우 원고의 주장이 이유 있어 위법이라고 판시한 일부조항(제4조 제2항)을 제외한 나머지의 조문이 조례로서의 존속가치가 있는 것인지가 의문이다. 곧 원고주장에 따라 위법으로 판단된 일부조항이 당해 조례를 무의미하게 만들 정도로 본질적 내용인가의 문제이다. 살피건대, 조례안 제4조 제2항이 시장의 집행권을 본질적으로 침해하여 상위법령에 위반된다는 법원의 입장은 일응 긍정되지만, 그것이 이 사건 개정조례안 전체를 무효화할 정도로 본질적인 것인가는 의문이다. 즉, 조례안 제4조 제2항을 제거하더라도 조례안 제6조 제1항 및 제2항은 적법하고, 이는 가스공급시설 공사계획 수립시 시의회 소관 상임위원회에 보고하거나 도시가스의 요금 및 기타 공급조건에 관한 공급규정 승인 또는 변경시 모법의 기준에 적합한지 여부를 시의회에 보고하고 의견청취하도록 하는 것으로서 (무효로 판단된) 조례안 제4조 제2항과는 내용적으로 전혀 직접적인 관련성이 없고, 그 자체로서 조례로서의 존속가치가 있다. 따라서 이 사건 조례안 중 무효 판단된 조례안 제4조 제2항 부분만 무효로 선언해도 될 사안임에도 종래의 판례 입장에 따라 이 사건 조례안의 전부무효를 초래하는 「재의결」의 무효를 선언한 것은 타당하지 않다고 할 것이다.

2) 제2판례: 내용상 일부 위법인 「예산안」 재의결의 효력

이 사건 제2판례는 기관소송의 대상인 '재의결된 사항'을 조례안에 한정하여 '재의결' 무효를 일관되게 채택해왔던 기존의 법원의 입장의 한계를 노출한 것으로 보인다. 이 사건의 경위를 보면, 지방의회에서 의결 및 재의결된 이 사건 예산안은 "2012년도 부산광역시 예산안"임이 명백하다. 그러나 법원은 다양한 항목 및 세목 등으로 짜여진 2012년도 부산광역시 전체 예산안 중 '특정 항목'의 위법을 이유로 위 재의결된 예산안을 기존의 입장인 '일부무효는 전부무효의 법리'에 따라 총체적으로 무효가 되도록 하는 것에 심각한 부담을 느끼지 않을 수 없었을 것이다. 그에 따라 묘수(妙手)를 짜낸 것이 곧 이 사건 소송의 대상 자체를 처음부터 "이 사건 근로자 42명에 대한 보수 예산안 6억여원"으로 한정하는 것이었다. 또한 그것은 법률사항인 '실질적 유급보좌관제의 도입'에 따른 '예산의 집행을 목적으로 하는 것'이므로 이를 위반한 이 사건 예산안의 의결을

무효라고 한 것이다. 살피건대, 조례를 통한 '유급보좌관제의 도입'이나 예산을 통한 '실질적 유급보좌관제의 도입 및 시행'의 적부 내지 당부는 본고에서는 논외로 하고 볼 때, 이 사건 제2판례는 지방자치법 제172조 제4항의 제소지시에 따른 단체장의 제소로서 기관소송에 해당하고, '재의결된 사항'으로서 당연히 "2012년도 부산광역시 예산안" 그 자체를 소의 대상으로 함이 타당한 것이었다. 만약 그렇게 보아 전체 예산안 즉 "2012 부산광역시 예산안"을 소의 대상으로 하게 되면 법원으로서는 전체 예산안의 재의결을 무효로 하든지 아니면 그 재의결을 유효로 하는 방법밖에 없게 된다. 추정컨대, 전자의 경우에는 부산광역시 예산집행의 혼란에 대한 부담이 너무나 커서 선택할 수 없었고, 후자의 경우에는 법령에 반하여 실질적인 유급보좌관제를 허용하는 결과는 피해야 했기에 그 또한 선택하기 어려운 상황이었다. 그 결과, 전체 예산안 중 '특정 항목'인 "이 사건 근로자 42명에 대한 보수 예산안 6억여원"을 '이 사건 예산안'으로 한정함으로써 교묘히 넘어갈 수 있었던 것으로 보인다. 그러나 백번 양보하여 이를 수용하더라도 대법원은 다음의 사항에 대한 답변을 하여야 한다. 즉, 이것이 조례안의 문제가 아닌 예산안의 문제여서 그렇다고 할 것인지, 그렇다면 소의 대상을 논함에 있어 조례안과 예산안의 차이를 어디에서 찾아야 할 것인지, 그리고 종래 대법원이 견지해 온 "'일부무효는 전부무효의 법리'의 포기"라고 할 것인지, 아니면 이를 포기하지 않고 사안별로 - 필요에 따라 자의적으로 – 적절히 제1판례나 제2판례의 유형을 선택할 것인지, 만약 그렇다면 동일한 법조문을 놓고 대상에 따른 해석을 달리하는 어떠한 논거도 없이 그 선택을 허용하는 법적 근거는 무엇인지 등에 대한 의문이 그것이다. 위 물음에 대한 답변을 설득력 있게 하지 못한다면, 대법원은 이제 그동안 금과옥조처럼 여겼던 '일부무효는 전부무효의 법리'를 포기해야만 할 것이다.

III 관련판례

1. 대법원 1994. 4. 26. 선고 93추175 판결【전라북도행정불만처리조례안무효확인】

[1] 지방의회가 집행기관의 인사권에 관하여 소극적 사후적으로 개입하는것은 그것이 견제의 범위 안에 드는 경우에는 허용되나, 집행기관의 인사권을 독자적으로 행사하거나 동등한 지위에서 합의하여 행사할 수는 없으며, 사전에 적극적으로 개입하는 것도 원칙적으로 허용되지 아니하므로 조례안에 규정된 행정불만처리조정위원회 위원의 위촉, 해촉에 지방의회의 동의를 받도록 한 것은 사후에 소극적으로 개입하는 것으로서 지방의회의 집행기관에 대한 견제권의 범위에 드는 적법한 규정이라고 보아야 될 것이나, 그 일부를 지방의회 의장이 위촉하도록 한 것은 지방의회가 집행기관의 인사권에 사전에 적극적으로 개입하는 것으로서 지방자치법이 정한 의결기관과 집행기관 사이의 권한분리 및 배분의 취지에 배치되는 위법한 규정이며, 또 집행기관의 인사권에 의장 개인의 자격으로는 관여할 수 있는 권한이 없고 조례로써 이를 허용할 수도 없으며, 따라서 의장 개인이 위원의 일부를 위촉하도록 한 조례안의 규정은 그 점에서도 위법하다.

[2] 정부조직법 제3조, 행정기관의조직과정원에관한통칙 제18조, 지방자치법 제112조, 지방교육자치에관한법률 제25조, 제26조, 제27조 등의 규정을 종합하면, 교육감은 도의 교육, 학예에 관한 사무를 고유적으로 분장하게 하기 위하여 설치한 특별지방행정기관인 집행기관으로서 교육, 학예에 관한 도의 사무 및 국가에서 위임한 교육, 학예에 관한 행정사무를 독자적으로 관장하도록 하고 있으므로, 지방자치단체의 일반 집행기관인 도지사가 위와 같은 교육감의 고유업무에 대한 행정불만처리사무까지 관장하도록 한 것은 위 법률 등에 규정된 교육감의 고유권한을 침해하는 것으로서 위법하다.

[3] 조례안의 일부가 위법한 경우에는 조례안에 대한 재의결은 전부 효력이 부인되어야 한다.

2. 대법원 2004. 7. 22. 선고 2003추51 판결【재의결무효확인】

[1] 헌법 제117조 제1항은 “지방자치단체는 주민의 복리에 관한 사무를 처리하고 재산을 관리하며, 법령의 범위 안에서 자치에 관한 규정을 제정할 수 있다.”고 규정하고, 지방자치법 제15조 본문은 “지방자치단체는 법령의 범위 안에서 그 사무에 관하여 조례를 제정할 수 있다.”고 규정하는바, 여기서 말하는 ‘법령의 범위 안에서’란 ‘법령에 위반되지 않는 범위 내에서’를 가리키므로 지방자치단체가 제정한 조례가 법령에 위반되는 경우에는 효력이 없다.

[2] 지방의회의원에 대한 회기수당의 지급요건으로서의 ‘회기’는 정례회 및 임시회의 회기만을 의미하는 것이라고 해석함이 상당하므로, 행정사무조사특별위원회가 지방자치법 제53조의 규정에 의하여 폐회 중에도 본회의의 의결이 있거나 의장이 필요하다고 인정할 때, 재적위원 3분의 1 이상의 요구 또는 지방자치단체의 장의 요구가 있는 때에 한하여 개회할 수 있고, 같은 법 제36조의 규정에 의하여 본회의 의결로 활동기간을 부여받는 것이라 하더라도 그러한 사유만으로 ‘비회기 중의 회의 등 활동’을 정례회 및 임시회의 ‘회기 중의 활동’에 준하는 것이라거나 ‘회기 중의 활동’이라고 의제할 수는 없는바, 행정사무조사특별위원회가 비회기 중에 회의 등 활동할 경우 그 활동에 참석한 위원에게 참석일수에 따라 수당을 지급할 수 있도록 한 조례안은 헌법 제117조, 지방자치법 제15조, 제32조 제1항 제3호의 규정에 위반되어 위법하고 이와 같은 경우에는 이 조례안에 대한 재의결은 전부 효력이 부인되어야 한다.

3. 대법원 2016. 12. 29. 선고 2013추36 판결【조례안재의결무효확인】

[1] 교원의 지위에 관한 사항은 법률로 정하여 전국적으로 통일적인 규율이 필요하고 또 국가가 이를 위하여 상당한 경비를 부담하고 있으므로, 이에 관한 사무는 국가사무로 보아야 한다.

[2] 이 사건 조례안 제10조가 교원인사에 관한 사항을 심의하기 위하여 공립학교에 교원인사자문위원회를 두도록 하고 그 심의사항에 관하여 규정한 것은 국가사무에 관하여 법령의 위임 없이 조례로 정한 것으로 조례제정권의 한계를 벗어나 위법하다. 이 사건 조례안 제10조가 위법하여 효력이 없는 이상 이 사

건 조례안에 대한 재의결은 전부 효력이 부인되어야 한다.

4. 대법원 2017. 12. 13. 선고 2014추644 판결【조례안재의결무효확인】

[1] 상위 법령에서 지방자치단체의 장에게 기관구성원 임명·위촉권한을 부여하면서도 임명·위촉권의 행사에 대한 지방의회의 동의를 받도록 하는 등의 견제나 제약을 규정하고 있거나 그러한 제약을 조례 등에서 할 수 있다고 규정하고 있지 아니하는 한, 당해 법령에 의한 임명·위촉권은 지방자치단체의 장에게 전속적으로 부여된 것이라고 보아야 한다. 따라서 하위 법규인 조례로써는 지방자치단체장의 임명·위촉권을 제약할 수 없고, 지방의회의 지방자치단체 사무에 대한 비판, 감시, 통제를 위한 행정사무감사 및 조사권 행사의 일환으로 위와 같은 제약을 규정하는 조례를 제정할 수도 없다.

[2] 지방자치법 제22조(현행 제28조) 단서, 행정규제기본법 제4조 제3항에 따르면 지방자치단체가 조례를 제정할 때 내용이 주민의 권리제한 또는 의무부과에 관한 사항이거나 벌칙인 경우에는 법률의 위임이 있어야 하므로, 법률의 위임 없이 주민의 권리제한 또는 의무부과에 관한 사항을 정한 조례는 효력이 없다.

[3] 전라북도지사가 도지사 임명 출연기관장 등에 대한 도의회의 인사검증을 내용으로 하는 '전라북도 출연기관 등의 장에 대한 인사검증 조례안'에 대하여 상위 법령에 반하여 자신의 인사권한 행사를 침해한다는 이유를 들어 재의결을 요구하였으나 전라북도의회가 원안대로 재의결한 사안에서, 위 조례안 중 인사검증에 관한 조례 규정에 따른 출연기관 등의 장에 대한 도의회의 인사검증은 상위 법령의 근거 없이 조례로써 도지사의 임명·위촉권을 제약하는 것이므로 허용되지 않고, 자료제출에 관한 조례 규정은 법률의 위임 없이 주민의 의무부과에 관한 사항을 조례로 규정한 것이므로 지방자치법 제22조(현행 제28조) 단서에 위반되어 허용되지 않으며, 이와 같은 것이 허용되지 않는 이상 개인정보 제출에 관한 조례 규정은 개인정보 보호법 제15조 제1항 제3호, 지방자치법 제40조(현행 제48조) 제1항 및 제41조 제4항의 허용범위를 벗어난다는 이유로, 위 조례안 중 인사검증, 자료제출, 개인정보제출에 관한 조례 규정이 위법하여 조례안에 대한 재의결은 전부의 효력이 부정된다고 한 사례.

Ⅳ 질문 및 토의과제

1. 지방자치법 제107조(현행 제120조) 제3항은 "지방자치단체의 장은 제2항에 따라 재의결된 사항이 법령에 위반된다고 인정되면 대법원에 소를 제기할 수 있다"고 규정하고 있는바, '재의결된 사항'에는 어떠한 것이 이에 해당하는지 설명해 보라.

2. 판례는 조례안의 일부가 위법한 경우에도 이를 다투는 기관소송의 대상을 '조례안의 재의결'이 전부무효라고 판시하고 있다. 그러나 지방자치법은 '재의결된 사항'의 위법으로 규정되어 있어 판례의 태도와 조화되지 못하고 있다. 판례에 의하면 조례안의 재의결된 사항 중 일부 조항이나 문구가 무효인 경우에 이 부분을 무효로 판시할 수 없고 재의결을 무효로 함으로써 당해 조례안 전부가 무효가 되는 결과를 가져오게 한다. 그 타당성 여부를 검토해 보라.

3. 특히 제2판례인 부산시예산안사건의 경우 부산광역시의회가 재의결한 것은 판례가 한정한 '근로자 32명에 대한 보수 예산안'을 포함한 부산광역시예산안 전체이다. 판례가 '이 사건 예산안'으로 확정하여 이에 대한 재의결이 무효라고 판시한 것이 타당한지 여부를 검토해 보라.

4. 국회의원의 경우에는 보좌관 · 비서관 · 비서 · 기사 등 보좌인력을 법적으로 규정하여 각종 지원을 하고 있음에도 광역 및 기초 지방자치단체의 지방의원의 경우에는 이에 관한 근거 규정이 없다는 이유로 입법보좌관이나 인턴조차도 허용하지 않고 있는바, 이에 대한 법리적인 검토를 해 보라.

Ⅴ 참고문헌

백윤기, 권한쟁의심판과 기관소송, 헌법재판과 헌법(상), 1996, 사법연수원

신봉기, 내용상 일부 위법한 경우 조례안 또는 예산안에 대한 재의결의 효력, 입법&정책, 제14호(2016. 6.), 서울시의회

신봉기, 기관소송 주문의 형식, 행정판례연구, 제4집, 1999

Ⅵ 관련법령

지방자치법

현행 제120조 (지방의회의 의결에 대한 재의 요구와 제소) ① 지방자치단체의 장은 지방의회의 의결이 월권이거나 법령에 위반되거나 공익을 현저히 해친다고 인정되면 그 의결사항을 이송받은 날부터 20일 이내에 이유를 붙여 재의를 요구할 수 있다.

② 제1항의 요구에 대하여 재의한 결과 재적의원 과반수의 출석과 출석의원 3분의 2 이상의 찬성으로 전과 같은 의결을 하면 그 의결사항은 확정된다.

③ 지방자치단체의 장은 제2항에 따라 재의결된 사항이 법령에 위반된다고 인정되면 대법원에 소(訴)를 제기할 수 있다. 이 경우에는 제192조제4항을 준용한다.

현행 제188조 (위법 · 부당한 명령이나 처분의 시정) ① 지방자치단체의 사무에 관한 지방자치단체의 장(제103조제2항에 따른 사무의 경우에는 지방의회의 의장을 말한다. 이하 이 조에서 같다)의 명령이나 처분이 법령에 위반되거나 현저히 부당하여 공익을 해친다고 인정되면 시 · 도에 대해서는 주무부장관이, 시 · 군 및 자치구에 대해서는 시 · 도지사가 기간을 정하여 서면으로 시정할 것을 명하고, 그 기간에 이행하지 아니하면 이를 취소하거나 정지할 수 있다.

② 주무부장관은 지방자치단체의 사무에 관한 시장 · 군수 및 자치구의 구청장의 명령이나 처분이 법령에 위반되거나 현저히 부당하여 공익을 해침에도 불구하고 시 · 도지사가 제1항에 따른 시정명령을 하지 아니하면 시 · 도지사에게 기간을 정하여 시정명령을 하도록 명할 수 있다.

③ 주무부장관은 시 · 도지사가 제2항에 따른 기간에 시정명령을 하지 아니하면 제2항에 따른 기간이 지난 날부터 7일 이내에 직접 시장 · 군수 및 자치구의 구청장에게 기간을 정하여 서면으로 시정할 것을 명하고, 그 기간에 이행하지 아니하면 주무부장관이 시장 · 군수 및 자치구의 구청장의 명령이나 처분을 취소하거나 정지할 수 있다.

④ 주무부장관은 시 · 도지사가 시장 · 군수 및 자치구의 구청장에게 제1항에 따라 시정명령을 하였으나 이를 이행하지 아니한 데 따른 취소 · 정지를 하지

아니하는 경우에는 시·도지사에게 기간을 정하여 시장·군수 및 자치구의 구청장의 명령이나 처분을 취소하거나 정지할 것을 명하고, 그 기간에 이행하지 아니하면 주무부장관이 이를 직접 취소하거나 정지할 수 있다.

⑤ 제1항부터 제4항까지의 규정에 따른 자치사무에 관한 명령이나 처분에 대한 주무부장관 또는 시·도지사의 시정명령, 취소 또는 정지는 법령을 위반한 것에 한정한다.

⑥ 지방자치단체의 장은 제1항, 제3항 또는 제4항에 따른 자치사무에 관한 명령이나 처분의 취소 또는 정지에 대하여 이의가 있으면 그 취소처분 또는 정지처분을 통보받은 날부터 15일 이내에 대법원에 소를 제기할 수 있다.

현행 제189조 (지방자치단체의 장에 대한 직무이행명령) ① 지방자치단체의 장이 법령에 따라 그 의무에 속하는 국가위임사무나 시·도위임사무의 관리와 집행을 명백히 게을리하고 있다고 인정되면 시·도에 대해서는 주무부장관이, 시·군 및 자치구에 대해서는 시·도지사가 기간을 정하여 서면으로 이행할 사항을 명령할 수 있다.

② 주무부장관이나 시·도지사는 해당 지방자치단체의 장이 제1항의 기간에 이행명령을 이행하지 아니하면 그 지방자치단체의 비용부담으로 대집행 또는 행정상·재정상 필요한 조치(이하 이 조에서 "대집행등"이라 한다)를 할 수 있다. 이 경우 행정대집행에 관하여는 「행정대집행법」을 준용한다.

③ 주무부장관은 시장·군수 및 자치구의 구청장이 법령에 따라 그 의무에 속하는 국가위임사무의 관리와 집행을 명백히 게을리하고 있다고 인정됨에도 불구하고 시·도지사가 제1항에 따른 이행명령을 하지 아니하는 경우 시·도지사에게 기간을 정하여 이행명령을 하도록 명할 수 있다.

④ 주무부장관은 시·도지사가 제3항에 따른 기간에 이행명령을 하지 아니하면 제3항에 따른 기간이 지난 날부터 7일 이내에 직접 시장·군수 및 자치구의 구청장에게 기간을 정하여 이행명령을 하고, 그 기간에 이행하지 아니하면 주무부장관이 직접 대집행등을 할 수 있다.

⑤ 주무부장관은 시·도지사가 시장·군수 및 자치구의 구청장에게 제1항에 따라 이행명령을 하였으나 이를 이행하지 아니한 데 따른 대집행등을 하지 아니하는 경우에는 시·도지사에게 기간을 정하여 대집행등을 하도록 명하고, 그 기간에 대집행등을 하지 아니하면 주무부장관이 직접 대집행등을 할 수 있다.

⑥ 지방자치단체의 장은 제1항 또는 제4항에 따른 이행명령에 이의가 있으면 이행명령서를 접수한 날부터 15일 이내에 대법원에 소를 제기할 수 있다. 이 경우 지방자치단체의 장은 이행명령의 집행을 정지하게 하는 집행정지결정을 신청할 수 있다.

현행 제192조 (지방의회 의결의 재의와 제소) ① 지방의회의 의결이 법령에 위반되거나 공익을 현저히 해친다고 판단되면 시·도에 대해서는 주무부장관이, 시·군 및 자치구에 대해서는 시·도지사가 해당 지방자치단체의 장에게 재의를 요구하게 할 수 있고, 재의 요구 지시를 받은 지방자치단체의 장은 의결사항을 이송받은 날부터 20일 이내에 지방의회에 이유를 붙여 재의를 요구하여야 한다.

② 시·군 및 자치구의회의 의결이 법령에 위반된다고 판단됨에도 불구하고 시·도지사가 제1항에 따라 재의를 요구하게 하지 아니한 경우 주무부장관이 직접 시장·군수 및 자치구의 구청장에게 재의를 요구하게 할 수 있고, 재의 요구 지시를 받은 시장·군수 및 자치구의 구청장은 의결사항을 이송받은 날부터 20일 이내에 지방의회에 이유를 붙여 재의를 요구하여야 한다.

③ 제1항 또는 제2항의 요구에 대하여 재의한 결과 재적의원 과반수의 출석과 출석의원 3분의 2 이상의 찬성으로 전과 같은 의결을 하면 그 의결사항은 확정된다.

④ 지방자치단체의 장은 제3항에 따라 재의결된 사항이 법령에 위반된다고 판단되면 재의결된 날부터 20일 이내에 대법원에 소를 제기할 수 있다. 이 경우 필요하다고 인정되면 그 의결의 집행을 정지하게 하는 집행정지결정을 신청할 수 있다.

⑤ 주무부장관이나 시·도지사는 재의결된 사항이 법령에 위반된다고 판단됨에도 불구하고 해당 지방자치단체의 장이 소를 제기하지 아니하면 시·도에 대해서는 주무부장관이, 시·군 및 자치구에 대해서는 시·도지사(제2항에 따라 주무부장관이 직접 재의 요구 지시를 한 경우에는 주무부장관을 말한다. 이하 이 조에서 같다)가 그 지방자치단체의 장에게 제소를 지시하거나 직접 제소 및 집행정지결정을 신청할 수 있다.

⑥ 제5항에 따른 제소의 지시는 제4항의 기간이 지난 날부터 7일 이내에 하고, 해당 지방자치단체의 장은 제소 지시를 받은 날부터 7일 이내에 제소하여

야 한다.

⑦ 주무부장관이나 시·도지사는 제6항의 기간이 지난 날부터 7일 이내에 제5항에 따른 직접 제소 및 집행정지결정을 신청할 수 있다.

⑧ 제1항 또는 제2항에 따라 지방의회의 의결이 법령에 위반된다고 판단되어 주무부장관이나 시·도지사로부터 재의 요구 지시를 받은 해당 지방자치단체의 장이 재의를 요구하지 아니하는 경우(법령에 위반되는 지방의회의 의결사항이 조례안인 경우로서 재의 요구 지시를 받기 전에 그 조례안을 공포한 경우를 포함한다)에는 주무부장관이나 시·도지사는 제1항 또는 제2항에 따른 기간이 지난 날부터 7일 이내에 대법원에 직접 제소 및 집행정지 결정을 신청할 수 있다.

⑨ 제1항 또는 제2항에 따른 지방의회의 의결이나 제3항에 따라 재의결된 사항이 둘 이상의 부처와 관련되거나 주무부장관이 불분명하면 행정안전부장관이 재의 요구 또는 제소를 지시하거나 직접 제소 및 집행정지 결정을 신청할 수 있다.

7-2-6. 지방자치단체에 대한 국가의 관여

I 개요

국가는 지방자치단체가 처리하는 국가사무와 위임사무에 대하여 권력적 감독을 행할 수 있으나, 이는 종래와 같은 일반적·후견적 감독을 의미하는 것은 아니며, 구체적인 법률을 근거로 한 합법성의 감독과 합목적성의 감독을 말한다. 자치사무에 대한 감독은 합법성의 감독에 한하며, 단체위임사무에 대한 감독은 합법성의 감독과 합목적성의 감독을 포함한다. 그러나 지방자치단체의 장이 기관위임사무를 처리하는 경우에 있어서는 국가는 일반적 감독권을 가진다.

지방자치단체에 대한 국가의 관여는 주로 국가감독의 방법이 될 것인바, 국가감독의 종류로는 입법기관, 행정기관 및 사법기관에 의한 감독이 있다. 먼저 입법기관에 의한 감독은 헌법 제61조에서 규정한 국정조사권을 행사함으로써 지방자치단체를 감독할 수 있다. 또한 행정기관에 의한 감독과 관련하여, 지방자치단체에 대한 행정적 감독을 행하는 국가기관은 대통령 · 국무총리 · 행정각부장관 · 기타 중앙행정기관의 장 · 상급지방자치단체의 장 · 감사원 등이다. 현행법상 구체적인 행정적 감독방법으로는 조언 · 권고 · 지도권, 취소 · 정지권, 사무회계검사 · 직무감찰권, 보고, 승인, 명령 · 지정, 징계처분 등 요구권이 있다. 행정적 감독이 국가감독의 가장 원칙적인 방법이다. 사법기관에 의한 감독은 소송의 제기를 전제로 하여 그에 관한 공정한 판결을 통하여 행하는 간접적인 법규감독을 의미한다. 현행 법제는 지방자치단체의 위법한 처분에 대한 항고소송, 자치단체에 대한 공법상의 권리기관에 관한 소송, 기타 자치단체가 당사자가 되는 소송을 사법기관인 법원의 관할로 하고 있다. 그 밖에도 지방자치법은 민중소송의 하나로서 선거소송 · 기관소송 등을 인정하고 있다.

II 리딩케이스

1. 사건번호: 대법원 2007. 3. 22. 선고 2005추62 전원합의체 판결【승진임용직권취소처분취소청구】 – 울산전공노사건

2. 사실관계

(1) 이른바 전국공무원노동조합(이하 '전공노'라 한다)은 2004. 10.경 당시 국회에 계류중에 있던 '공무원노동조합설립및운영에관한법률(안)'에 노동3권 중 단체행동권이 포함되어 있지 않다는 이유로 11. 15. 총파업할 것을 예고하였다. 이에 행정자치부는 10. 25. '공무원노조 파업시 지방행정의 안정화 대책'을 마련하고, 며칠 간격으로 시 · 도지사 및 시장 · 군수 · 구청장 앞으로 공무원단체 불법집단행동에 대한 엄정 대처 요구 서한 발송, 시 · 도 자치행정국장들에게 소속 공무원에 대한 복무관리 철저 당부 등을 하였다. 그에 따라 피고 을(울산광역시장)은 관할 구 · 군 부단체장들과 전공노파업 대비 대책회의를 개최하였고, 정부가 발표한 대국민 담화문 750부를 각급 관공서 등에 게시하였다. 또한 피고는 전공노의 총파업 투쟁 결의에 참여하는 위법자에 대한 징계처리 공문과

행정자치부의 '전공노 파업참가자에 대한 징계업무처리지침'과 집단행위와 관련한 무단결근 등 직장이탈행위자에 대한 즉시 징계 계획을 관할 구·군에 시달하였고, 이어 집단행위 관련 연가 등 불허가를 지시하였다.

(2) 그러나 전공노는 11. 15. 총파업을 강행하였다가 11. 17. 총파업을 자진철회하였다(당시 전국에서 파업에 참가한 공무원은 총 2,520명으로 파악되었고, 그 중 울산광역시 소속 공무원은 동구 312명, 북구 213명 등 총 1,152명이었다). 울산광역시 북구청에 근무하는 이 사건 공무원들(7급 공무원 3명, 9급 공무원 3명)도 위 파업에 참가하였다. 이에 피고 을은 전공노의 총파업에 참여하여 복귀명령에 응하지 아니한 직원(중징계 대상)에 대하여 직위해제 조치하고 조속한 시일 내에 징계의결을 요구하라고 관할 구·군에 지시하였는데, 원고 갑(울산광역시 북구청장)이 이에 응하지 아니하자 다시 징계의결요구를 할 것을 촉구하였다. 그러나 갑은 징계의결요구를 하지 않았고, 전원 중징계 의결요구를 내용으로 하는 실무자들의 기안도 결재하지 않은 채 방치하였다. 이에 을은 갑에게 조속한 징계처리 이행을 재촉구하였으나, 갑이 이에 응하지 아니하자, 당시 울산광역시 북구청장이었던 이○범을 직무유기죄로 고발하였다.

(3) 갑은 2005. 2. 3. 위 전공노의 파업에 참가한 이 사건 공무원들을 각 6급 및 8급 공무원으로 승진임용발령하였다. 그러자 을은 3. 2. 갑에게 이 사건 승진처분을 취소하도록 지시하였고, 이어 1개월 간격으로 2회에 걸쳐 재차 지시를 하였으나, 갑은 이 지시에 따르지 않았다. 이에 을은 6. 7. ① 이 사건 공무원들의 행위는 지방공무원법 제58조의 집단행위금지의무 위반, 제49조의 복종의무 위반, 제50조의 직장이탈금지의무 위반 등의 사유에 해당하므로 지방공무원법 제69조, 지방공무원 징계 및 소청규정 제2조에 의하여 징계의결 요구되어야 함에도 갑이 이를 이행하지 않은 채 오히려 징계의결요구 대상자들을 승진임용발령한 것은 갑의 재량권의 범위를 일탈하였고, ② 관계 법령을 위반하여 징계의결 요구를 하지 않음으로써 지방공무원임용령 제34조의 승진임용 제한요건이 발생되지 않게 하여 승진임용한 것은 위법을 기초로 한 무효행위에 해당한다는 이유로 지방자치법 제157조(현행 제188조) 제1항에 의하여 이 사건 승진처분을 취소하였다. 이에 갑은 행정법원에 승진임용직권취소처분취소청구의 소를 제기하였다.(결과: 기각)

3. 판결요지

[1] 지방자치법 제157조(현행 제188조) 제1항 전문은 "지방자치단체의 사무에 관한 그 장의 명령이나 처분이 법령에 위반되거나 현저히 부당하여 공익을 해한다고 인정될 때에는 시·도에 대하여는 주무부장관이, 시·군 및 자치구에 대하여는 시·도지사가 기간을 정하여 서면으로 시정을 명하고 그 기간 내에 이행하지 아니할 때에는 이를 취소하거나 정지할 수 있다"고 규정하고 있고, 동조항 후문은 "이 경우 자치사무에 관한 명령이나 처분에 있어서는 법령에 위반하는 것에 한한다"고 규정하고 있는바, 동법 제157조(현행 제188조) 제1항 전문 및 후문에서 규정하고 있는 '지방자치단체의 사무에 관한 그 장의 명령이나 처분이 법령에 위반되는 경우'라 함은 '명령이나 처분이 현저히 부당하여 공익을 해하는 경우, 즉 합목적성을 현저히 결하는 경우'와 대비되는 개념으로, 시·군·구의 장의 사무의 집행이 명시적인 법령의 규정을 구체적으로 위반한 경우뿐만 아니라 그러한 사무의 집행이 재량권을 일탈·남용하여 위법하게 되는 경우를 포함한다고 할 것이므로, 시·군·구의 장의 자치사무의 일종인 당해 지방자치단체 소속 공무원에 대한 승진처분이 재량권을 일탈·남용하여 위법하게 된 경우 시·도지사는 지방자치법 제157조(현행 제188조) 제1항 후문에 따라 그에 대한 시정명령이나 취소 또는 정지를 할 수 있다.

[2] 지방공무원법에서 정한 공무원의 집단행위금지의무 등에 위반하여 전국공무원노동조합의 불법 총파업에 참가한 지방자치단체 소속 공무원들의 행위는 임용권자의 징계의결요구 의무가 인정될 정도의 징계사유에 해당함이 명백하므로, 임용권자인 하급 지방자치단체장으로서는 위 공무원들에 대하여 지체 없이 관할 인사위원회에 징계의결의 요구를 하여야 함에도 불구하고 상급 지방자치단체장의 여러 차례에 걸친 징계의결요구 지시를 이행하지 않고 오히려 그들을 승진임용시키기에 이른 경우, 하급 지방자치단체장의 위 승진처분은 법률이 임용권자에게 부여한 승진임용에 관한 재량권의 범위를 현저하게 일탈한 것으로서 위법한 처분이라 할 것이다. 따라서 상급 지방자치단체장이 하급 지방자치단체장에게 기간을 정하여 그 시정을 명하였음에도 이를 이행하지 아니하자 동법

제157조(현행 제188조) 제1항에 따라 위 승진처분을 취소한 것은 직법하고, 그 취소권 행사에 재량권 일탈·남용의 위법이 있다고 할 수 없다.

4. 판례해설

(1) 판례의 의의

판결요지 [1]은 종래 판례의 입장(대법원 1998. 7. 10. 선고 97추67 판결)을 확인한 것이라 할 수 있지만, 이러한 해석은 적어도 문리해석상으로는 타당성이 약하다는 비판이 있다. 이러한 비판적 견해는 아래 (2)와 (3)에서 그대로 드러나 있다. 또한 종래 판례는 공무원법위반으로 구속기소된 자의 승진임용을 광역단체장이 승진임용취소한 사건인바, 판결요지 [2]의 이 사건 전공노 파업참가 공무원들의 위법행위가 형사법상의 위반이 아닌, 행정법상의 징계사유 정도에 그치는 것임에도 이를 동일하게 판단한 것은 문제가 있다는 지적이 있다.

(2) 지방자치법 제157조(현행 제188조) 제1항 후문의 '법령위반'의 의미

다수의견은 현저한 공익위해는 재량권 일탈·남용이므로 곧 위법이라고 보고 있는바, 그에 대하여는 다음의 비판이 있다.

1) 재량권 일탈·남용이 곧 위법이라는 다수의견이 잘못이라는 입장

헌법이 보장하는 지방자치제도의 본질상 재량판단의 영역에서는 국가나 상급 지방자치단체가 하급 지방자치단체의 자치사무 처리에 개입하는 것을 엄격히 금지하여야 할 필요성이 있으므로, 지방자치법 제157조(현행 제188조) 제1항 후문은 지방자치제도의 본질적 내용이 침해되지 않도록 헌법합치적으로 조화롭게 해석하여야 하는바, 일반적으로 '법령위반'의 개념에 '재량권의 일탈·남용'도 포함된다고 보고 있기는 하나, 지방자치법 제157조(현행 제188조) 제1항에서 정한 취소권의 행사요건은 위임사무에 관하여는 '법령에 위반되거나 현저히 부당하여 공익을 해한다고 인정될 때', 자치사무에 관하여는 '법령에 위반하는 때'라고 규정되어 있어, 여기에서의 '법령위반'이라는 문구는 '현저히 부당하여 공익을 해한다고 인정될 때'와 대비적으로 쓰이고 있고, 재량권의 한계 위반 여부를 판단할 때에 통상적으로는 '현저히 부당하여 공익을 해하는' 경우를 바로 '재량권이 일탈 · 남용된 경우'로 보는 견해가 일반적이므로, 위 법조항에서 '현저히 부당하여 공익을 해하는 경우'와 대비되어 규정된 '법령에 위반하는 때'의 개념 속에는 일반적인 '법령위반'의 개념과는 다르게 '재량권의 일탈 · 남용'은 포함되지 않는 것으로 해석하여야 한다. 가사 이론적으로는 합목적성과 합법성의 심사가 명확히 구분된다고 하더라도 '현저히 부당하여 공익을 해한다는 것'과 '재량권의 한계를 일탈하였다는 것'을 실무적으로 구별하기 매우 어렵다는 점까지 보태어 보면, 지방자치법 제157조 제1항 후문의 '법령위반'에 '재량권의 일탈 · 남용'이 포함된다고 보는 다수의견의 해석은 잘못된 것이다(판결요지[1]에 대한 5인의 반대의견의 입장임).

2) 재량권 일탈 · 남용외 일반법원칙 위배가 있어야 위법이라는 입장

행정청이 재량권을 행사함에 함에 있어서는 재량권의 한계를 벗어나지 않는 행위를 할 것이 요청되고, 행정청이 행정행위를 함에 있어 재량권의 한계를 벗어나 일탈 · 남용한 경우에는 법이 정한 한계를 벗어나지는 않는 범위 내에서 재량을 그르쳐 단순히 부당함에 그치는 경우와는 달리 그 행정행위는 위법한 행위로서 사법심사의 대상이 된다. 지방자치법 제157조(현행 제188조) 제1항 전문도 이러한 점을 염두에 두고 '명령이나 처분이 법령에 위반되거나 현저히 부당하여 공익을 해한다고 인정될 때'라고 하여 위법한 경우와 위법은 아니지만 공익을 해함으로써 단순히 부당한 경우를 나누어 규정하고 있다. 그러므로 반대의견이 지적하는 것처럼 자치사무의 집행이 '현저히 부당하여 공익을 해하는 경우'를 곧바로 재량권의 일탈 · 남용이 있는 것으로 볼 수는 없고, 이것이 재량권 일탈 · 남용이 되기 위해서는 현저히 부당하여 공익을 해하는 것에서 나아가 법의 규정뿐만 아니라 일반조리, 평등의 원칙, 비례의 원칙, 신뢰보호의 원칙 등 법 원칙의 위배 여부까지 고려하여야 한다. 이처럼 '현저히 부당하여 공익을 해하는 경우'와 '재량권의 일탈 · 남용이 있어 위법한 경우'가 명백하게 구분되는 이상 지방자치법 제157조 제1항의 법령위반에 재량권의 일탈 · 남용으로 인한 재량권 행사의 위법을 제외할 이유가 없다(다수의견에 대한 2인의 보충의견의 입장임).

3) 다수의견이 타당하다는 보충입장

지방자치단체장이 소속 정당의 정책이나 정강에 따라 시정을 펴는 것은 당연하고 이는 선거에 의해 그를 선출한 지역 주민의 바람이기도 하겠으나, 그의 권한은 반드시 법률이 허용한 범위 안에서 행사되어야 하고, 이를 핑계로 법률의 테두리를 넘어서는 것까지 용납될 수는 없으므로, 법률이 지방자치단체장에게 일정한 재량을 부여하고 있는 경우에도 자신의 정책이나 정강을 편다는 미명으로 재량권을 일탈하거나 남용하여서는 아니되는 것은 당연하다. 일반적으로 재량권의 일탈·남용은 위법, 즉 '법령위반'에 해당하고, 그것이 지방자치단체의 자치사무에 관한 것이라고 해서 다를 바가 없어 위법하기는 마찬가지이기 때문이다. 지방자치단체장이 위법한 권한 행위에 나아가는 경우에는 국가나 상급 지방자치단체가 직접 감독권을 발휘하여 이를 시정하게 하는 것이 가장 효과적인 수단임은 두말할 나위가 없고, 이는 국법질서를 유지할 책임이 있는 국가 등의 당연한 의무이기도 하거니와, 사안에 따라서는 국가 등이 직접 개입하지 아니하면 그 시정이 어려운 경우도 있는바, 지방자치법 제157조(현행 제188조)는 국가 등이 바로 이러한 기능을 하도록 하기 위해 마련한 규정이므로 그 제1항 후문의 '법령위반'에서 재량권의 일탈·남용을 제외하여야 할 아무런 이유가 없다(다수의견에 대한 1인의 보충의견의 입장임). 다만, 이 입장은 동 조항 본문과 단서를 달리 규정하고 있는 이유를 설명하지 못하는 한계가 있다.

4) 반대의견이 타당하다는 보충입장

지방자치법 제157조(현행 제188조)는 위법·부당한 행정처분에 대한 국민의 권리구제를 위하여 그 대상적격의 범위를 규정하는 것이 아니고, 국가나 상급 지방자치단체가 지방자치단체의 자치사무에 대한 지도·지원이란 한도 내에서 시정조치를 할 수 있는 통제 관여범위에 관한 규정인바, 그 통제의 범위에 관하여는 헌법과 지방자치법이 보장하고 있는 자치권의 확보를 위하여 제한적으로 해석하여야 하므로, 그 '법령위반'의 개념은 일반적인 '위법'의 개념과는 달리 좁은 의미에서의 형식적인 '법령의 위반'으로 풀이하여야 한다. 뿐만 아니라 위 조문의 문리해석상 위 법조문이 '법령위반'과 별개로 '현저히 공익을 해한다'고 규정하고 있는 의미는 단순한 부당행위는 국가나 상급 지방자치단체의 통제의 범위대상에서 아예 제외하고 '재량권의 일탈·남용' 등 현저한 부당행위의 경우에 한정하여 통제하려는 취지로 보아야 한다(반대의견에 대한 1인의 보충의견임).

(3) 북구청장(원고)의 승진처분의 위법 여부

다수의견은 북구청장의 승진처분이 재량권의 범위를 현저히 일탈한 것으로서 위법이라고 보고 있는바, 그에 대하여는 다음의 비판이 있다.

1) 승진처분의 위법 여부는 전공노 불법총파업 참가만으로 판단할 사항이 아니라는 입장

승진처분은 한 공무원의 일순간의 과오만이 아니라 근속기간이나 경력, 근무성적, 상훈 등을 두루 살펴서 행하여지는 것으로서 임용권자의 판단과 재량이 전적으로 존중되어야 하는바, 하급 지방자치단체장이 전국공무원노동조합의 불법 총파업에 참가한 소속 공무원들에 대하여 징계의결 요구를 하지 아니하고 오히려 그들을 승진임용시킨 경우에 있어서, 당시 위 공무원들에 대한 징계의결 요구 중에 있었던 것도 아니고 장차 그들이 어느 정도의 징계를 받을지 아니면 징계를 받지 않을지 알 수 없는 상황이었음에도 불구하고, 위 공무원들의 공적 등 다른 어떠한 사정도 고려함이 없이 단지 그 임용권자인 하급 지방자치단체장이 그들에 대한 징계의결요구를 하였어야 하나 하지 않았다는 이유 하나만으로 위 승진처분이 지방자치법 제157조(현행 제188조) 제1항에 따라 상급 지방자치단체장에 의하여 취소되어야 할 정도로 재량권을 일탈·남용한 것이라고 단정할 수는 없는 것이다. 또한 자치사무에 대한 국가 또는 상급 지방자치단체장의 취소권의 행사는 지방자치단체의 자율적인 책임 수행을 제한하지 않는 범위 내에서 취소권 행사의 구체적 결과가 자치사무 수행에 관한 지방자치단체의 결정권을 크게 위축시키거나 무의미하게 하지 않는 방향으로 이루어져야 하고, 이를 넘어선 경우 그 취소권의 행사가 오히려 재량권의 일탈·남용에 해당하게 되는바, 상급 지방자치단체장이 위 조항에 따라 하급 지방자치단체장의 위 승진임용처분을 취소함에 있어, 위 공무원의 비위 정도가 겨우 불문경고를 받을 만큼 경미하였다는 사정이나 그들에게 승진임용을 저해하는 사유 외에 승진임용을 수긍하게 하는 공무원 개인의 근무성적과 같은 구체적인 인적 사정 등을 모

두 감안하더라도 위 승진처분이 재량권을 일탈·남용한 것이라고 볼 수밖에 없다는 점에 관하여 충분히 숙고하고 판단한 끝에 이에 대한 취소권을 행사하게 된 것이라고는 보이지 않고, 오히려 위 불법 총파업에 참가한 다른 공무원들과의 전국적인 징계의 형평성이나 공직사회 또는 일반 국민들에게 미치는 영향 등 정책적 목적에서 이를 행사한 것임을 숨길 수 없기 때문에, 그러한 취소권 행사는 재량권을 일탈하거나 남용한 것으로서 위법하다(판결요지[2]에 대한 5인의 반대의견임).

2) 전공노 불법총파업 참가행위는 그 자체로서 징계사항이고, 징계의무가 이행되었다면 승진불가능했음에도 이를 승진임용한 것은 위법이라는 입장

하급 지방자치단체장이 징계사유가 있는 소속 공무원들에 대하여 징계의결을 요구하지 않은 채 행한 승진처분이나 지방자치법 제157조(현행 제188조) 제1항에 따라 위 승진처분을 취소하는 상급 지방자치단체장의 처분이 재량권을 일탈·남용하였는지 여부를 판단함에 있어서는, 위 공무원들에 대한 사후의 징계결과 불문경고에 그쳤다는 사정 하나만을 참작하여서는 아니 되고, 징계사유인 행위에 이르게 된 경위와 과정, 그에 의하여 침해되는 법익의 성격과 그 정도, 위 행위가 국가·지방 행정조직·국민에게 끼치는 영향, 행위자의 직위 및 수행직무의 내용, 평소의 소행과 직무성적, 승진처분 당시 징계사유에 해당함이 명백하였는지 여부 등 여러 사정을 건전한 사회통념에 따라 종합적으로 판단하여 결정하여야 하는바, 다수의견은 이러한 사정들을 종합적으로 고려하여 하급 지방자치단체장의 승진처분이 재량권을 현저하게 일탈·남용한 것이라고 본 것이다. 더욱이 전국공무원노동조합의 불법 총파업에 참가한 소속 공무원들의 행위는 그 임용권자에게 징계의결요구 의무가 인정될 정도의 징계사유에 해당함이 명백하였으므로 임용권자인 하급 지방자치단체장이 그 의무를 이행하였더라면 지방공무원임용령 제34조 제1항 제1호의 제한규정으로 인해 위 공무원들의 승진임용이 원천적으로 불가능한 것이었는데, 하급 지방자치단체장이 징계절차상의 의무를 이행하지 아니한 채 오히려 위 공무원들을 승진시킴으로써 위 제한규정을 잠탈하는 결과를 초래하였다는 점에서도 그 재량권 일탈·남용의 정도가 매우 심하다고 보지 않을 수 없다(다수의견에 대한 2인의 보충의견임).

Ⅲ 관련판례

1. 대법원 1998. 7. 10. 선고 97추67 판결【승진임용취소처분취소】

기초자치단체장의 산하 내무과장에 대한 승진임용 당시 위 내무과장은 지방공무원법위반 등으로 구속기소된 바 있는데, 그 사안의 내용에 비추어 보면, 이는 지방공무원법 제69조 제1항 소정의 징계사유에 해당된다고 볼 수 있고, 따라서 위 자치단체장으로서는 위 내무과장에 대하여 지체 없이 징계의결의 요구를 할 의무가 있다고 할 것이며, 나아가 직위해제를 할 필요성도 매우 높은 경우라고 보아야 할 것이다. 그럼에도 불구하고 위 자치단체장은 위 내무과장에 대하여 징계의결요구나 직위해제처분을 하지 않았을 뿐만 아니라, 오히려 지방서기관으로 그를 승진임용시켰는바, 이는 법률이 임용권자에게 부여한 승진임용에 관한 재량권의 범위를 일탈한 것으로서 현저히 부당하여 공익을 해하는 위법한 처분이다. 이 경우, 광역자치단체장이 지방자치법 제157조 제1항 소정의 기간을 정하여 기초자치단체장의 위와 같은 위법한 승진임용의 시정을 명하고 기초자치단체장이 그 기간 내에 이를 이행하지 아니하자 그 승진임용을 취소한 것은 적법하다.

2. 대법원 2013. 6. 27. 선고 2009추206 판결【직무이행명령취소】

[1] 지방교육자치에 관한 법률 제3조, 지방자치법 제170조 제1항에 따르면, 교육부장관이 교육감에 대하여 할 수 있는 직무이행명령의 대상사무는 '국가위임사무의 관리와 집행'이다. 그 규정의 문언과 함께 직무이행명령 제도의 취지, 즉 교육감이나 지방자치단체의 장 등, 기관에 위임된 국가사무의 통일적 실현을 강제하고자 하는 점 등을 고려하면, 여기서 국가위임사무란 교육감 등에 위임된 국가사무, 즉 기관위임 국가사무를 뜻한다고 보는 것이 타당하다.

[2] 교육공무원 징계사무의 성격, 그 권한의 위임에 관한 교육공무원법령의 규정 형식과 내용 등에 비추어 보면, 국가공무원인 교사에 대한 징계는 국가사무이고, 그 일부인 징계의결요구 역시 국가사무에 해당한다고 보는 것이 타당하

다. 따라서 교육감이 담당 교육청 소속 국가공무원인 교사에 대하여 하는 징계 의결요구 사무는 국가위임사무라고 보아야 한다.

[3] 사립학교 교원의 복무나 징계 등은 국·공립학교 교원과 같이 전국적으로 통일하여 규율되어야 한다. 이를 고려할 때, 구 사립학교법(2012. 1. 26. 법률 제11216호로 개정되기 전의 것) 제54조 제3항이 사립 초등·중·고등학교 교사의 징계에 관하여 규정한 교육감의 징계요구 권한은 위 사립학교 교사의 자질과 복무태도 등을 국·공립학교 교사와 같이 일정 수준 이상 유지하기 위한 것으로서 국·공립학교 교사에 대한 징계와 균형 있게 처리되어야 할 국가사무로서 시·도 교육감에 위임된 사무라고 보아야 한다.

[4] 직무이행명령 및 이에 대한 이의소송 제도의 취지는 국가위임사무의 관리·집행에서 주무부장관과 해당 지방자치단체의 장 사이의 지위와 권한, 상호관계 등을 고려하여, 지방자치단체의 장이 해당 국가위임사무에 관한 사실관계의 인식이나 법령의 해석·적용에서 주무부장관과 견해를 달리하여 해당 사무의 관리·집행을 하지 아니할 때, 주무부장관에게는 그 사무집행의 실효성을 확보하기 위하여 지방자치단체의 장에 대한 직무이행명령과 그 불이행에 따른 후속 조치를 할 권한을 부여하는 한편, 해당 지방자치단체의 장에게는 직무이행명령에 대한 이의의 소를 제기할 수 있도록 함으로써, 국가위임사무의 관리·집행에 관한 두 기관 사이의 분쟁을 대법원의 재판을 통하여 합리적으로 해결함으로써 그 사무집행의 적법성과 실효성을 보장하려는 데 있다. 따라서 직무이행명령의 요건 중 '법령의 규정에 따라 지방자치단체의 장에게 특정 국가위임사무를 관리·집행할 의무가 있는지' 여부의 판단대상은 문언대로 그 법령상 의무의 존부이지, 지방자치단체의 장이 그 사무의 관리·집행을 하지 아니한 데 합리적 이유가 있는지 여부가 아니다. 그 법령상 의무의 존부는 원칙적으로 직무이행명령 당시의 사실관계에 관련 법령을 해석·적용하여 판단하되, 직무이행명령 이후의 정황도 고려할 수 있다.

[5] 공무원인 교원이 집단으로 행한 의사표현행위가 국가공무원법이나 공직선거법 등 개별 법률에서 공무원에 대하여 금지하는 특정의 정치적 활동에 해당하는 경우나, 특정 정당이나 정치세력에 대한 지지 또는 반대의사를 직접적으로 표현하는 등 정치적 편향성 또는 당파성을 명백히 드러내는 행위 등과 같이

공무원인 교원의 정치적 중립성을 침해할 만한 직접적인 위험을 가져올 정도에 이르렀다고 볼 수 있는 경우에, 그 행위는 공무원인 교원으로서의 본분을 벗어나 공익에 반하는 행위로서 공무원으로서의 직무에 관한 기강을 저해하거나 공무의 본질을 해치는 것이어서 직무전념의무를 해태한 것이라 할 것이므로, 국가공무원법 제66조 제1항이 금지하는 '공무 외의 일을 위한 집단행위'에 해당한다고 보는 것이 타당하다. 그리고 사립학교 교원의 복무에 관하여 국·공립학교의 교원에 관한 규정이 준용되고[구 사립학교법(2012. 1. 26. 법률 제11216호로 개정되기 전의 것, 이하 같다) 제55조], 사립학교 교원이 직무상의 의무에 위반한 경우 등은 징계사유에 해당하므로(구 사립학교법 제61조 제1항), 사립학교 교원이 국가공무원법 제66조 제1항이 금지하는 '공무 외의 일을 위한 집단행위'에 참여한 때에는 징계사유에 해당한다.

[6] 지방자치법 제170조 제1항에 따르면, 주무부장관은 지방자치단체의 장이 그 의무에 속하는 국가위임사무의 관리와 집행을 명백히 게을리하고 있다고 인정되면 해당 지방자치단체의 장에게 이행할 사항을 명할 수 있다. 여기서 '국가위임사무의 관리와 집행을 명백히 게을리하고 있다'는 요건은 국가위임사무를 관리·집행할 의무가 성립함을 전제로 하는데, 지방자치단체의 장은 그 의무에 속한 국가위임사무를 이행하는 것이 원칙이므로, 지방자치단체의 장이 특별한 사정이 없이 그 의무를 이행하지 아니한 때에는 이를 충족한다고 해석하여야 한다. 여기서 특별한 사정이란, 국가위임사무를 관리·집행할 수 없는 법령상 장애사유 또는 지방자치단체의 재정상 능력이나 여건의 미비, 인력의 부족 등 사실상의 장애사유를 뜻한다고 보아야 하고, 지방자치단체의 장이 특정 국가위임사무를 관리·집행할 의무가 있는지 여부에 관하여 주무부장관과 다른 견해를 취하여 이를 이행하고 있지 아니한 사정은 이에 해당한다고 볼 것이 아니다. 왜냐하면, 직무이행명령에 대한 이의소송은 그와 같은 견해의 대립을 전제로 지방자치단체의 장에게 제소권을 부여하여 성립하는 것이므로, 그 소송의 본안판단에서 그 사정은 더는 고려할 필요가 없기 때문이다.

3. 대법원 2014. 2. 27. 선고 2012추183 판결【시정명령및직권취소처분취소청구】

[1] 지방교육자치에 관한 법률 제3조에 의하여 준용되는 지방자치법 제169조 제2항은 자치사무에 관한 명령이나 처분의 취소 또는 정지에 대하여서만 소를 제기할 수 있다고 규정하고, 주무부장관이 지방자치법 제169조 제1항에 따라 시·도에 대하여 행한 시정명령에 관하여도 대법원에 소를 제기할 수 있다는 규정을 두고 있지 않으므로, 이러한 시정명령의 취소를 구하는 소송은 허용되지 않는다고 보아야 한다(대법원 2011. 1. 27. 선고 2010추42 판결 참조). 따라서 학교생활기록부에 학교폭력 가해학생 조치사항의 기록을 보류하라는 원고의 2012. 8. 9.자 지시가 법령에 위배된다는 이유로 피고가 2012. 8. 23. 지방자치법 제169조 제1항에 따라 행한 시정명령에 대하여 취소를 구하는 원고의 이 부분 소는 앞에서 본 법리에 비추어 허용되지 않는 것이어서 부적법하다.

[2] 이 사건 소 중 직권취소처분 취소청구 부분의 적법 여부

가. 지방자치법 제169조 제2항에 규정된 소를 제기할 수 있는 대상은 자치사무에 관한 명령이나 처분의 취소 또는 정지에 한정되므로, 먼저 교육감의 학교생활기록부 작성에 관한 지도·감독 사무가 자치사무인지 국가사무로서 교육감에게 위임된 기관위임사무인지에 관하여 본다.

1) 법령상 지방자치단체의 장이 처리하도록 하고 있는 사무가 자치사무인지 아니면 기관위임사무인지를 판단하기 위하여는 그에 관한 법령의 규정 형식과 취지를 우선 고려하여야 하지만, 그 밖에 그 사무의 성질이 전국적으로 통일적인 처리가 요구되는 사무인지, 그에 관한 경비부담과 최종적인 책임귀속의 주체가 누구인지 등도 함께 고려하여야 한다(대법원 2003. 4. 22. 선고 2002두10483 판결; 2013. 5. 23. 선고 2011추56 판결 등 참조).

2) 교육기본법은 제17조에서 "국가와 지방자치단체는 학교와 사회교육시설을 지도·감독한다."라고만 규정하여 학교에 대한 지도·감독 사무 중 국가의 사무와 지방자치단체의 사무 사이에 명확한 구별기준을 제시하고 있지 아니하다. 그리고 교육기본법 제9조 제4항에 따라 제정된 초·중등교육법은 제6조에서 국립학교는 교육부장관(2013. 3. 23. 정부조직법 개정에 따라 교육과학기술부장관이 교

육부장관으로 변경되었다)의 지도·감독을 받으며, 공립·사립학교는 교육감의 지도·감독을 받는다고 규정하여 교육감에게 공립·사립학교에 대한 지도·감독의 권한을 부여하고 있다.

3) 초·중등교육법 제25조에 의하면, 학교의 장은 학생의 학업성취도와 인성 등을 종합적으로 관찰·평가하여 학생지도 및 상급학교의 학생 선발에 활용할 수 있는 인적사항, 학적사항, 출결상황, 자격증 및 인증 취득상황, 교과학습 발달상황, 행동특성 및 종합의견, 그 밖에 교육목적에 필요한 범위에서 교육부령으로 정하는 사항 등의 자료를 교육부령으로 정하는 기준에 따라 작성·관리하여야 하고(제1항), 학교의 장은 이러한 자료를 교육정보시스템으로 작성·관리하여야 하며(제2항), 학교의 장은 소속 학교의 학생이 전출하면 이러한 자료를 그 학생이 전입한 학교의 장에게 넘겨주어야 한다(제3항). 또한 초·중등교육법 제47조 제2항과 그 시행령 제82조에 의하면, 고등학교 전기 및 후기학교의 입학전형에 중학교의 학교생활기록부 기록이 반영되고, 고등교육법 제34조 제2항과 그 시행령 제35조에 의하면, 대학의 장은 입학자를 선발하기 위하여 고등학교 학교생활기록부의 기록을 입학전형자료로 활용할 수 있다.

이러한 학교생활기록에 관한 초·중등교육법, 고등교육법 및 그 각 시행령의 규정 내용에 의하면, 어느 학생이 시·도를 달리하여 또는 국립학교와 공립·사립학교를 달리하여 전출하는 경우에 학교생활기록의 체계적·통일적인 관리가 필요하고, 중학생이 다른 시·도 지역에 소재한 고등학교에 진학하는 경우에도 학교생활기록은 고등학교의 입학전형에 반영되며, 고등학생의 학교생활기록은 피고의 지도·감독을 받는 대학교의 입학전형자료로 활용되므로, 학교의 장이 행하는 학교생활기록의 작성에 관한 사무는 국민 전체의 이익을 위하여 통일적으로 처리되어야 할 성격의 사무라고 할 것이다.

4) 따라서 전국적으로 통일적 처리를 요하는 학교생활기록의 작성에 관한 사무에 대한 감독관청의 지도·감독 사무도 국민 전체의 이익을 위하여 통일적으로 처리되어야 할 성격의 사무라고 보아야 하므로, 공립·사립학교의 장이 행하는 학교생활기록부 작성에 관한 교육감의 지도·감독 사무는 국가사무로서 교육감에 위임된 사무라고 해석함이 타당하다. 그리고 교육감의 공립·사립학교에 대한 지도·감독 권한을 규정하고 있는 초·중등교육법 제6조는 전국에서

통일적으로 처리 할 필요가 없는 사항에 대한 지도·감독 사무가 자치사무로서 교육감의 권한에 속한다고 확인하는 한편, 전국에서 통일적 처리가 필요한 사항에 대한 지도·감독 사무인 국가사무는 교육감이 국가의 위임을 받아 처리한다는 점을 규정하였다고 볼 것이다. 또한 지방자치법 제9조 제2항 제5호 (가)목이 '초등학교·중학교·고등학교의 지도'를 지방자치단체의 사무인 '교육·체육·문화·예술의 진흥에 관한 사무' 중 하나로 예시하고 있다고 하여 달리 보기 어렵다.

나. 그렇다면 이 사건 직권취소처분은 기관위임사무에 관하여 행하여진 것이라 할 것이어서, 자치사무에 관한 명령이나 처분을 취소 또는 정지하는 것에 해당하지 아니하므로, 지방자치법 제169조 제2항에 규정된 소를 제기할 수 있는 대상에 해당하지 아니한다. 따라서 이 부분 소도 부적법하다.

4. 대법원 2015. 9. 10. 선고 2013추524 판결【직무이행명령(2013.4.18.)취소】

[1] 교육공무원 징계령 제17조 제1항이 징계처분권자가 징계위원회로부터 징계의결서를 받은 경우에는 받은 날로부터 15일 이내에 집행하여야 한다고 규정하고 있는 점, 교육공무원의 징계에 관한 사항을 징계위원회의 의결사항으로 규정한 것은 임용권자의 자의적인 징계운영을 견제하여 교육공무원의 권익을 보호함과 아울러 징계의 공정성을 담보할 수 있도록 절차의 합리성과 공정한 징계운영을 도모하기 위한 데 입법 취지가 있는 점, 징계의결서를 통보받은 징계처분권자는 국가공무원법 제82조 제2항에 의하여 징계의결이 가볍다고 인정하는 경우에 한하여서만 심사 또는 재심사를 청구할 수 있는 점 등 교육공무원의 징계에 관한 관련 규정을 종합하여 보면, 교육기관·교육행정기관·지방자치단체 또는 교육연구기관의 장이 징계위원회에서 징계의결서를 통보받은 경우에는 징계의결을 집행할 수 없는 법률상·사실상의 장애가 있는 등 특별한 사정이 없는 이상 법정 시한 내에 이를 집행할 의무가 있다.

[2] 구 교육공무원법 제51조 제1항의 규정 내용과 입법 취지 등을 종합하여 보면, 교육부장관은 교육감의 신청이 있어야만 교육장 및 시·도 교육청에 근

무하는 국장 이상인 장학관 등에 대하여 징계의결을 요구할 수 있고, 이러한 교육감의 신청 없이 교육부장관이 한 징계의결요구는 효력이 없다. 그리고 지방교육자치에 관한 법률 제3조, 지방자치법 제170조(현행 제189조) 제2항에 따르면, 교육부장관은 교육감이 직무이행명령을 이행하지 아니하면 지방자치단체의 비용부담으로 대집행하거나 행정상·재정상 필요한 조치를 할 수 있지만, 교육감의 징계의결요구신청은 의사의 진술에 해당하고 이러한 의사의 진술을 명하는 직무이행명령을 이행하지 않았다고 하여 법령의 근거 없이 의사의 진술이 있는 것으로 의제할 수는 없는 점을 고려할 때, 교육부장관이 할 수 있는 행정상 필요한 조치에 교육감의 징계의결요구신청 없이 곧바로 징계의결요구를 하는 것이 포함된다고 볼 수 없다.

5. 대법원 2017. 3. 30. 선고 2016추5087 판결【직권취소처분취소청구의소】

[1] 행정소송법상 항고소송은 행정청이 행하는 구체적 사실에 관한 법집행으로서의 공권력의 행사 또는 거부와 그 밖에 이에 준하는 행정작용을 대상으로 하여 위법상태를 배제함으로써 국민의 권익을 구제함을 목적으로 하는 것과 달리, 지방자치법 제169조(현행 제188조) 제1항은 지방자치단체의 자치행정 사무처리가 법령 및 공익의 범위 내에서 행해지도록 감독하기 위한 규정이므로 적용대상을 항고소송의 대상이 되는 행정처분으로 제한할 이유가 없다.

[2] 지방의회의원에 대하여 유급 보좌 인력을 두는 것은 지방의회의원의 신분·지위 및 처우에 관한 현행 법령상의 제도에 중대한 변경을 초래하는 것으로서 국회의 법률로 규정하여야 할 입법사항이다.

[3] 지방자치단체 인사위원회위원장이 시간선택제임기제공무원 40명을 '정책지원요원'으로 임용하여 지방의회 사무처에 소속시킨 후 상임위원회별 입법지원요원(입법조사관)에 대한 업무지원 업무를 담당하도록 한다는 내용의 채용공고를 하자, 행정자치부장관이 위 채용공고가 법령에 위반된다며 지방자치단체장에게 채용공고를 취소하라는 내용의 시정명령을 하였으나 이에 응하지 않자 채용공고를 직권으로 취소한 사안에서, 위 공무원의 담당업무, 채용규모, 전문위원

을 비롯한 다른 사무직원들과의 업무 관계와 채용공고의 경위 등을 종합하면, 지방의회에 위 공무원을 두어 의정활동을 지원하게 하는 것은 지방의회의원에 대하여 전문위원이 아닌 유급 보좌 인력을 두는 것과 마찬가지로 보아야 하므로, 위 공무원의 임용은 개별 지방의회에서 정할 사항이 아니라 국회의 법률로써 규정하여야 할 입법사항에 해당하는데, 지방자치법은 물론 다른 법령에서도 위 공무원을 지방의회에 둘 수 있는 법적 근거를 찾을 수 없으므로, 위 공무원의 임용을 위한 채용공고는 위법하고, 이에 대한 직권취소처분이 적법하다고 한 사례.

Ⅳ 질문 및 토의과제

1. 국가와 지방자치단체와의 관계[제5회 행정고시]
2. 울산광역시장은 징계의결요구에 불응했다는 이유로 울산광역시북구청장을 직무유기죄로 고발하는 것은 허용되는가?
3. 지방자치법 제157조(현행 제188조) 제1항의 '법령위반'의 해석에 대하여 이를 논평하라.
4. 단체장의 기관위임사무의 처리에 대하여 주무부장관이 취소소송을 제기할 수 있는가?
5. 기관소송과 권한쟁의심판을 구별하라.
6. 대법원은 다음 각 사건의 조례를 유효 판단하였는바, 유・무효의 판단기준을 평가하라.
   (1) 대법원 1996. 11. 29. 선고 96추84 판결(인천광역시남동구학교급식시설지원에관한조례안)
   (2) 대법원 1997. 4. 25. 선고 96추244 판결(광주광역시동구저소득주민생계보호지원조례안)
   (3) 대법원 1998. 9. 8. 선고 98추26 판결(횡성군제증명수수료징수조례안)
   (4) 대법원 2000. 11. 24. 선고 2000추29 판결(단양군공유재산관리조례중개정조례안)

Ⅴ 참고문헌

김광수, 자치사무에 대한 국가등 감독권의 범위와 한계, 행정판례연구 제13집(2008. 6)

신봉기, 권한쟁송법 개정시론, 헌법논총 제6집(1995), 헌법재판소
이희정, 지방자치단체 상호간의 분쟁조정기능강화를 위한 법제정비방향, 지방자치법연구 제5권제1호(2005. 6)
임영호, 지방자치단체의 자치사무에 대한 감독권 행사의 요건, 사법 창간호(2007. 9), 사법연구지원재단

Ⅵ 관련법령

지방공무원징계및소청규정

제2조 (징계의결의 요구) ① 법 제7조제1항의 규정에 의한 임용권자는 소속공무원(자치구가 아닌 구의 구청장과 지방자치단체의 장이 필요하다고 인정하여 설치한 위원회를 둔 소속기관의 장의 경우는 6급이하공무원)이 법 제69조 제1항 각호의 1에 해당하는 사유가 있다고 인정될 때에는 지체없이 당해 징계사건을 관할하는 위원회에 징계의결을 요구하여야 한다.

지방공무원임용령

제34조 (승진임용의 제한) ① 공무원이 다음 각호의 1에 해당하는 경우에는 승진임용될 수 없다.

1. 징계의결요구 · 징계처분 · 직위해제 · 휴직 또는 시보임용기간 중에 있는 경우

제 3 장
공무원법

공무원은 과거와 같은 전제군주의 신복으로서 백성 앞에 군림하는 특권계급이 아니라, 전체국민에 대한 봉사자이며 국민에 대하여 책임을 지는 수임자이다. 또한 정치의 지도 아래 전문적 · 기술적인 행정을 담당하는 전문가적 기관인이다. 공무원은 일반국민으로서의 지위와 국가기관의 구성원으로서의 지위라는 이중적 지위를 가진다. 일반국민의 지위에서의 공무원은 기본권을 가진다. 국가기관의 구성원으로서의 공무원은 일반사인이 갖지 않는 권리나 의무 및 책임을 진다. 국가와 공무원간의 관계는 특별행정법관계이지만 기본적으로는 법에 의해 규율되는 법률관계, 즉 권리 · 의무관계이다. 우리나라 현행 헌법하에서의 공무원제도는 민주적 공무원제도와 직업공무원제도를 그 특징으로 하고 있다. 우리나라의 직업공무원제도는 특히 성적제를 채택하고 있다. 공무원에는 국가의 공무원과 지방자치단체의 공무원은 물론 국회의원 · 지방의회의원 기타 입법부 · 행정부 · 사법부의 모든 구성원이 포함된다. 행정법상 주로 논의되는 공무원법상의 공무원은 국가공무원법 · 지방공무원법의 적용을 받는 국가 또는 지방자치단체의 각종 공무원을 말한다. 공무원의 법적 지위에 대하여는 특별권력관계설, 공법상 근무계약관계설, 고용계약관계설 등으로 견해가 나누어지는바, 특별권력관계설이 종래의 통설적 입장이다. 공무원의 종류로는 국가공무원 · 지방공무원, 정공무원 · 준공무원, 경력직공무원(일반직공무원 · 특정직공무원 · 기능직공무원) · 특수경력직공무원(정무직공무원 · 별정직공무원 · 계약직공무원 · 고용직공무원) 등으로 구분되며, 국가공무원법의 규정은 제5장(보수) 및 제7장(복무)의 규정을 제외하고 이 법 기타 법률에 특별한 규정이 없는 한 특수경력직공무원에게 적용하지 아니한다. 공무원법에서는 주로 공무원관계의 발생·변경·소멸, 인사의 공정성을 위한 중앙인사위원회, 공무원의 권리·의무·책임 등이 중요하게 다루어진다.

7-3-1. 공무원관계의 발생·변경·소멸: 직위해제

I 개요

임용이라는 용어는 공무원관계를 발생·변경·소멸시키는 신규채용·승진임용·승급·전직·전보·강임·휴직·직위해제·복권·면직 등의 모든 행위를 총괄하는 의미로 사용되며, 국가공무원법은 임용을 이러한 광의의 임용으로 이해하고 있다. 협의의 임용은 공무원관계를 발생·변경시키는 행위(신규채용·승진임용·승급·전보·강임 등)를 말하며, 또한 최협의의 임용은 공무원관계를 새로이 발생시키는 원인행위인 임명행위만을 의미한다.

임명은 국가 또는 자치단체가 특정 자연인과의 사이에 특별행정법관계(공법상 근무관계)를 설정하는 행위이며, 특정인에게 공무원의 신분을 부여하는 신분설정행위인 까닭에 공법상의 형성행위이다. 공무원관계의 변경이란 공무원으로서의 신분은 그대로 유지하면서 직위·급수·직렬 등 공무원관계의 내용을 일시적 또는 영구적으로 변경하는 것을 말한다. 공무원관계의 변경의 태양으로는 승진·강임·전직·전보·복직·휴직·직위해제·정직·감봉 등이 있다. 공무원관계는 공무원으로서의 신분을 상실함으로써 소멸된다. 공무원관계의 소멸원인으로는 당연퇴직의 경우와 면직의 경우가 있다.

II 리딩케이스

1. 사건번호: 대법원 2003. 10. 10. 선고 2003두5945 판결【직위해제처분취소】 – 백초주사건(주류판매철도공무원 직위해제사건)

2. 사실관계

피고 을(철도청 부산철도차량정비창장)은 원고 갑(철도차량의 중수선업무를 담당하는 공무원)이 2000. 4.1 8. 무단결근으로 인하여 경고처분을 받고 4. 20. 광주차량사무소로 전출되었다가 7. 14. 행정자치부 소청심사위원회에서 철도청장 표장 등을 감안하여 복귀된 자이면서도 2001 .1. 19. 동료직원의 승용차로 주류(백초주)를 정비창 내로 반입하여 그 중 3병을 객차과 직원에게 판매하여 근무기강을 해이하게 함으로써 구 국가공무원법 제56조, 제57조, 제64조 및 국가공무원복무규정 제3조를 위반하였음을 이유로 갑에 대하여 국가공무원법 제73조의2 제1항 제2호에 의하여 직위해제처분을 하였다. 또한 을은 갑에 대하여 2. 1.자로 국가공무원법 제73조의2 제1항 제2호에 의거하여 직위를 해제하였다가 4. 16. 갑이 징계의결 요구되자 같은 날짜로 국가공무원법 제73조의2 제1항 제3호에 의거하여 새로이 직위해제처분을 하였다. 갑은 위 처분에 대하여 소송을 제기하였는바, 원심은 갑의 청구를 기각하였고, 그에 대하여 대법원에 상고하였다.(결과: 파기환송)

3. 판결요지

[1] 철도차량의 중수선업무를 담당하는 공무원이 정비창 내에서 직원에게 주류를 판매한 행위는 구 국가공무원법상의 징계사유에 해당함은 별문제로 하고 직위해제사유에 해당한다고는 볼 수 없다.

[2] 행정청이 공무원에 대하여 새로운 직위해제사유에 기한 직위해제처분을 한 경우 그 이전에 한 직위해제처분은 이를 묵시적으로 철회하였다고 봄이 상당하므로, 그 이전 처분의 취소를 구하는 부분은 존재하지 않는 행정처분을 대상으로 한 것으로서 그 소의 이익이 없어 부적법하다.

4. 판례해설

공무원관계는 임용으로 발생하고, 휴직·승진 등의 변경을 거쳐 퇴직에 의한 소멸의 과정을 거친다. 임명행위의 법적 성질에 관하여는 공법상(행정)계약설·절대적 단독행위설·동의를 전제로 하는 단독행위설·쌍방적 행정행위설 등이 대립되고 있는바, 공무원의 임명행위에 있어서 상대방이 행하는 동의의 법적 성질을 임명행위를 유효하게 성립시키기 위한 절대적 요건으로 이해하는 쌍방적 행정행위설이 통설의 입장이며, 그에 따르면 상대방의 동의없이 국가가 공무원을 임명한 행위는 당연무효가 된다. 이 입장에 의하면 상대방의 동의는 임명행위의 필요적 요건이며, 동의를 결여한 임명행위는 무효가 된다. 판례도 같은 입장이다(대법원 1962. 11. 15. 선고 62누165 판결).

휴직은 공무원으로서의 신분을 보유하면서 직무담임을 일시적으로 해제하는 행위를 말한다(국가공무원법 제73조 제1항). 현행법은 직권휴직과 의원휴직을 인정하고 있으며, 그 기간 동안의 휴직보수 기타 휴직의 효력 등은 아래에서 보듯이 휴직의 사유에 따라 다르다. 직권휴직이든 의원휴직이든 공무원에 대한 제재적 성격을 갖지 않는다는 점에서 직위해제와 차이가 있다. 직위의 해제는 공무원의 신분관계는 그대로 존속시키면서 그 직위만을 부여하지 아니하는 처분을 말한다. 직위해제기간 중에는 직무를 수행할 권한이 없으며, 그 처분의 효력은 의사표시가 상대방에게 도달됨으로써 발생하게 된다. 임용권자는 ① 직무수행능력이 부족하거나 근무성적이 극히 나쁜 자 ② 파면·해임 또는 정직에 해당하는 징계의결이 요구 중인 자 ③ 형사사건으로 기소된 자(약식명령이 청구된 자는 제외)에 대하여 직위를 부여하지 아니할 수 있다. 특히 직위해제는 그 사유에 해당하는 경우 당해 공무원이 장래에 있어서 계속 직무를 담당하게 될 경우 예상되는 업무상의 장애 등을 예방하기 위하여 일시적으로 당해 공무원에게 직위를 부여하지 아니함으로써 직무에 종사하지 못하도록 하는 잠정적인 조치로서의 보직의 해제를 의미하므로 과거의 공무원의 비위행위에 대하여 기업질서 유지를 목적으로 행하여지는 징벌적 제재로서의 징계와는 그 성질이 다르다(대법원 2003. 10. 10. 선고 2003두5945 판결). 직위를 부여하지 아니한 경우에, 그 사유가 소멸된 때에는 임용권자는 지체없이 직위를 부여하여야 한다. 임용권자는 위 ①의 사유에 의하여 직위해제된 자에 대하여 3월이내의 기간 대기를 명한다.

당연퇴직은 임용권자의 처분에 의해서가 아니고 일정한 법정사유의 발생으로 법률상 당연히 공무원관계가 소멸되는 경우를 말한다. 당연퇴직의 경우에 임용권자는 당해 공무원관계를 소멸시키기 위한 별도의 행정처분을 할 필요가 없는 것이고, 또한 정년의 도달 등에 따른 임용권자의 당연퇴직 발령은 행정소송의 대상이 되지도 않는다(대법원 1992. 1. 21. 선고 91누2687 판결). 면직은 일정한 법정사유의 발생으로 법률상 당연히 공무원관계가 소멸되는 것이 아니라, 공무원 본인이나 임용권자의 의사에 의하여 공무원관계의 소멸이 행하여지는 것을 말한다. 공무원 본인의 의사표시에 기초하여 임용권자가 이를 수리함으로써 공무원관계가 소멸하는 것을 의원면직이라 하고, 임용권자의 일방적 의사에 의하여 공무원관계를 소멸시키는 것을 일방적 면직이라 한다. 일방적 면직은 다시 징계면직과 직권면직으로 구분된다. 면직처분과 그 선행의 직위해제처분과의 관계에 대하여 신분상 불이익을 초래한다는 점에서는 같으나 선행행위로 인하여 후행행위에 영향을 받지 않는다는 것이 판례의 입장이다(대법원 1984. 9. 11. 선고 84누191 판결; 1983. 10. 25. 선고 83누340 판결).

이 사안에서 판례는 원고의 주류판매행위가 징계사유에는 해당하지만 직위해제사유는 아니라고 보고 있는바, 원고의 이러한 행위가 향후에도 반복되어 본직에 소홀할 수 있다는 이유로 직위해제도 가능한 것으로 보인다. 그러나 이 판례는 공무원법상 징계와 직위해제의 사유 나아가 직권면직사유가 많은 부분에서 유사하므로 판례가 각 사유에 대한 한계를 설정한 것이라는 점에서 의미가 있다. 또한 선행 직위해제처분 이후에 후행 직위해제처분이 있는 경우 선행 처분에 대한 불복 당시의 주장사실에 대한 소의 이익을 명확히 한 것은 의미가 있다.

Ⅲ 관련판례

1. 대법원 1992. 1. 21. 선고 91누2687 판결 【퇴직처분무효확인등】

지방공무원법 제65조의2 제1항 제3호에 의하면 "형사사건으로 기소된 자에 대하여는 직위를 부여하여서는 아니된다"고 규정되어 있어서, 임용권자는 공무원이 형사사건으로 기소되면 그 사건의 유무죄에 관계없이 일단 당연히 그 직위를 해제하여야 한다고 할 것이고, 직위해제처분은 법률상 직위를 부여하지 아니하는 것으로서 처분 당시 사실상의 보직 유무에 의하여 영향을 받는 것이 아니다.

2. 헌재 1994. 7. 29. 93헌가3 · 7 결정 【사립학교법 제58조의2제1항 단서 및 제3호 위헌제청】

사립학교 교원에 대하여 "약식명령이 청구된 경우를 제외하고" 형사사건으로 기소된 경우 일률적으로 직위해제하도록 규정한 사립학교법 제58조의 2 제1항 단서 부분은 헌법에 위반된다. 왜냐하면 "사립학교 교원에 대하여 공소가 제기된 경우 벌금형이나 무죄판결이 선고될 가능성이 있음에도 불구하고 '공소가 제기되었다는 이유'만으로 당해 교원에 대하여 아무런 '청문의 기회'를 부여하지 아니한 채 무조건 직위해제"하도록 한 위 규정은, 헌법 제37조 제2항의 비례원칙에 위반하며 헌법 제15조의 직업선택의 자유를 침해하고, 헌법 제27조 제4항의 무죄추정의 원칙에 반하여 기소사실만으로 유죄인 것을 전제로 하여 불이익한 처분을 하는 것이기 때문이다.

3. 대법원 1968. 2. 6. 선고 67누148 판결 【면직처분취소】

직위해제처분은 상대방 있는 의사표시에 의하여 행하여지는 처분이므로 그 의사표시가 상대방에게 '도달'되어야만 그 효력이 생긴다.

4. 대법원 1983. 10. 25. 선고 83누340 판결【직권면직처분취소】

직권면직처분과 이보다 앞서 행하여진 직위해제처분은 그 목적을 달리한 별개의 독립된 것이라 할 것이므로, 본건 직권면직처분이 직위해제처분을 사유로 하였다 하더라도 일사부재리원칙에 위배되지 않는다.

5. 대법원 2011. 3. 24. 선고 2009다27605 판결【당연면직무효확인등】

국가 또는 지방자치단체가 수행하던 특정 사업을 법률에 의하여 새로 설립되는 공사에 이관하는 경우에 있어서, 인적 조직에 신분상의 변동이 있고 물적 조직도 그것을 규율하는 법률 등에 차이가 있는 점에 비추어 볼 때 입법정책적 판단에 의하여 새로 설립되는 공사에 승계되는 권리·의무의 범위를 정할 수 있다(대법원 2005. 3. 25. 선고 2003다39644 판결 참조). 그런데 「철도산업발전기본법」 제21조 제3항은 "국가는 철도운영 관련사업을 효율적으로 경영하기 위하여 철도청 및 고속철도건설공단의 관련조직을 전환하여 특별법에 의하여 한국철도공사(이하 '철도공사'라 한다)를 설립한다."고 규정하고, 같은 법 제25조 제1항은 "철도공사 및 철도시설공단은 철도청 직원 중 공무원 신분을 계속 유지하는 자를 제외한 철도청 직원 및 고속철도건설공단 직원의 고용을 포괄하여 승계한다."고 규정하고 있다. 이에 따라 구 「한국철도공사법」(2003. 12. 31. 법률 제7052호로 제정된 것, 이하 같다) 부칙 제7조 제1항, 제2항, 제4항은 철도청장은 소속 공무원 중 철도공사의 직원으로 신분이 전환될 자를 확정하여 철도공사가 직원을 임용할 수 있도록 조치하여야 하고, 철도공사 설립 당시 공무원 신분을 계속 유지하는 자와 한국철도시설공단 직원으로 임용된 자를 제외한 철도청 직원은 철도공사의 직원으로 임용하며, 철도공사의 직원으로 임용된 때에는 공무원 신분에서 퇴직한 것으로 본다고 규정하고 있다 .

위 각 규정의 문언 및 입법 취지에 비추어, 구 「한국철도공사법」 부칙 제7조 제1항, 제2항, 제4항에 의하여 철도공사 설립 당시 철도청 소속 공무원의 신분에서 퇴직하여 철도공사의 직원으로 임용된 자의 종전 근로관계는 철도공사에 당연히 승계된다고 보아야 하고, 다만 이 경우 승계되는 근로관계는 구 「한국철도공사법」의 시행일인 2005. 1. 1. 현재 철도청 공무원의 신분을 갖고 있는 자와의 근로관계만을 의미하고 그 시점에서 이미 철도청 공무원의 신분을 상실한 자로서 사실상 근무해 온 자의 근로관계까지 승계하는 것은 아니다.

한편 구 「국가공무원법」(2002. 12. 18. 법률 제6788호로 개정되기 전의 것, 이하 같다) 제69조는 “공무원이 제33조 각 호의 1에 해당할 때에는 당연히 퇴직한다.”고 규정하고, 같은 법 제33조 제1항 제4호는 결격사유 중의 하나로 ‘금고 이상의 형을 받고 그 집행유예의 기간이 완료된 날로부터 2년을 경과하지 아니한 자’를 들고 있다. 구 「국가공무원법」 제69조에서 규정하고 있는 당연퇴직제도는 같은 법 제33조 제1항 각 호에 규정되어 있는 결격사유가 발생하는 것 자체에 의하여 임용권자의 의사표시 없이 결격사유에 해당하게 된 시점에 당연히 그 공무원으로서의 신분을 상실하게 하는 것이고, 당연퇴직의 효력이 생긴 후에 당연퇴직사유가 소멸한다는 것은 있을 수 없으므로, 국가공무원이 금고 이상의 형의 집행유예를 받은 경우에는 그 이후 「형법」 제65조에 따라 형의 선고의 효력을 잃게 되었다 하더라도 이미 발생한 당연퇴직의 효력에는 영향이 없다(대법원 2002. 7. 26. 선고 2001두205 판결 등 참조).

6. 대법원 2013. 1. 16. 선고 2011두30687 판결【직권면직처분취소】

1. 구 행정절차법(2012. 10. 22. 법률 제11498호로 개정되기 전의 것, 이하 같다) 제21조 제1항, 제4항, 제22조에 의하면, 행정청이 당사자에게 의무를 과하거나 권익을 제한하는 처분을 하는 경우에는 미리 처분하고자 하는 원인이 되는 사실과 처분의 내용 및 법적 근거, 이에 대하여 의견을 제출할 수 있다는 뜻과 의견을 제출하지 아니하는 경우의 처리방법 등의 사항을 당사자 등에게 통지하여야 하고, 다른 법령 등에서 필수적으로 청문을 실시하거나 공청회를 개최하도록 규정하고 있지 아니한 경우에도 당사자 등에게 의견제출의 기회를 주어야 하되, ‘당해 처분의 성질상 의견청취가 현저히 곤란하거나 명백히 불필요하다고 인정될 만한 상당한 이유가 있는 경우’ 등에는 처분의 사전통지나 의견청취를 아니 할 수 있도록 규정하고 있다. 따라서 행정청이 침해적 행정처분을 하면서 당사자에게 위와 같은 사전통지를 하거나 의견제출의 기회를 주지 아니하였다면, 사전통지를 하지 않거나 의견제출의 기회를 주지 아니하여도 되는 예외적인

경우에 해당하지 아니하는 한, 그 처분은 위법하여 취소를 면할 수 없다(대법원 2004. 5. 28. 선고 2004두1254 판결 등 참조).

그리고 구 행정절차법 제3조 제2항은 “이 법은 다음 각 호의 1에 해당하는 사항에 대하여는 적용하지 아니한다.”고 규정하면서, 그 제9호에서 ‘병역법에 의한 징집·소집, 외국인의 출입국·난민인정·귀화, 공무원 인사관계 법령에 의한 징계 기타 처분 또는 이해조정을 목적으로 법령에 의한 알선·조정·중재·재정 기타 처분 등 당해 행정작용의 성질상 행정절차를 거치기 곤란하거나 불필요하다고 인정되는 사항과 행정절차에 준하는 절차를 거친 사항으로서 대통령령으로 정하는 사항’을 행정절차법의 적용이 제외되는 경우로 규정하고 있고, 그 위임에 기한 구 행정절차법 시행령(2011. 12. 21. 대통령령 제23383호로 개정되기 전의 것) 제2조는 “법 제3조 제2항 제9호에서 ‘대통령령으로 정하는 사항’이라 함은 다음 각 호의 1에 해당하는 사항을 말한다.”라고 규정하면서 그 제3호에서 ‘공무원 인사관계 법령에 의한 징계 기타 처분에 관한 사항’을 규정하고 있다. 이와 같은 행정절차법령 규정들의 내용을 행정의 공정성, 투명성 및 신뢰성을 확보하고 국민의 권익을 보호함을 목적으로 하는 행정절차법의 입법목적에 비추어 보면, 공무원 인사관계 법령에 의한 처분에 관한 사항이라 하더라도 그 전부에 대하여 행정절차법의 적용이 배제되는 것이 아니라, 성질상 행정절차를 거치기 곤란하거나 불필요하다고 인정되는 처분이나 행정절차에 준하는 절차를 거치도록 하고 있는 처분의 경우에만 행정절차법의 적용이 배제되는 것으로 보아야 하고(대법원 2007. 9. 21. 선고 2006두20631 판결 등 참조), 이러한 법리는 ‘공무원 인사관계 법령에 의한 처분’에 해당하는 별정직 공무원에 대한 직권면직 처분의 경우에도 마찬가지로 적용된다고 할 것이다.

… 한편 국가공무원법(이하 ‘법’이라 한다) 제73조의3 제1항에 규정한 직위해제는 일반적으로 공무원이 직무수행능력이 부족하거나 근무성적이 극히 불량한 경우, 공무원에 대한 징계절차가 진행 중인 경우, 공무원이 형사사건으로 기소된 경우 등에 있어서 당해 공무원이 장래에 있어서 계속 직무를 담당하게 될 경우 예상되는 업무상의 장애, 공무집행 및 행정의 공정성과 그에 대한 국민의 신뢰저해 등을 예방하기 위하여 일시적인 인사조치로서 당해 공무원에게 직위를 부여하지 아니함으로써 직무에 종사하지 못하도록 하는 잠정적이고 가처분

적인 성격을 가진 조치이다. 따라서 그 성격상 과거공무원의 비위행위에 대한 공직질서 유지를 목적으로 행하여지는 징벌적 제재로서의 징계 등에서 요구되는 것과 같은 동일한 절차적 보장을 요구할 수는 없는바(대법원 2003. 10. 10. 선고 2003두5945 판결, 대법원 2013. 5. 9. 선고 2012다64833 판결, 헌법재판소 2006. 5. 25. 선고 2004헌바12 전원재판부 결정 등 참조), 직위해제에 관한 법 제73조의3 제1항 제2호 및 제3항은 임용권자는 직무수행 능력이 부족하거나 근무성적이 극히 나쁜 자에게 직위해제 처분을 할 수 있고, 직위해제된 자에게는 3개월의 범위에서 대기를 명한다고 규정하면서, 법 제75조 및 제76조 제1항에서 공무원에 대하여 직위해제를 할 때에는 그 처분권자 또는 처분제청권자는 처분사유를 적은 설명서를 교부하도록 하고, 처분사유 설명서를 받은 공무원이 그 처분에 불복할 때에는 그 설명서를 받은 날부터 30일 이내에 소청심사청구를 할 수 있도록 함으로써 임용권자가 직위해제처분을 행함에 있어서 구체적이고도 명확한 사실의 적시가 요구되는 처분사유 설명서를 반드시 교부하도록 하여 해당 공무원에게 방어의 준비 및 불복의 기회를 보장하고 임용권자의 판단에 신중함과 합리성을 담보하게 하고 있고, 직위해제처분을 받은 공무원은 사후적으로 소청이나 행정소송을 통하여 충분한 의견진술 및 자료제출의 기회를 보장하고 있다. 그리고 위와 같이 대기명령을 받은 자가 그 기간에 능력 또는 근무성적의 향상을 기대하기 어렵다고 인정되면 법 제70조 제1항 제5호에 의해 직권면직 처분을 받을 수 있지만 이 경우에는 같은 조 제2항 단서에 의하여 징계위원회의 동의를 받도록 하고 있어 절차적 보장이 강화되어 있다. 그렇다면 국가공무원법상 직위해제처분은 구 행정절차법 제3조 제2항 제9호, 동법 시행령 제2조 제3호에 의하여 당해 행정작용의 성질상 행정절차를 거치기 곤란하거나 불필요하다고 인정되는 사항 또는 행정절차에 준하는 절차를 거친 사항에 해당하므로, 처분의 사전통지 및 의견청취 등에 관한 행정절차법의 규정이 별도로 적용되지 아니한다고 봄이 상당하다.

7. 대법원 2022. 10. 14. 선고 2022두45623 판결【공무원보수지급】

[1] 국가공무원법 제73조의3 제1항에서 정한 직위해제는 당해 공무원이 장래

에 계속 직무를 담당하게 될 경우 예상되는 업무상의 장애 등을 예방하기 위하여 일시적으로 당해 공무원에게 직위를 부여하지 아니함으로써 직무에 종사하지 못하도록 하는 잠정적인 조치로서, 임용권자가 일방적으로 보직을 박탈시키는 것을 의미한다. 이러한 직위해제는 공무원의 비위행위에 대한 징벌적 제재인 징계와 법적 성질이 다르지만, 해당 공무원에게 보수·승진·승급 등 다양한 측면에서 직간접적으로 불리한 효력을 발생시키는 침익적 처분이라는 점에서 그것이 부당하게 장기화될 경우에는 결과적으로 해임과 유사한 수준의 불이익을 초래할 가능성까지 내재되어 있으므로, 직위해제의 요건 및 효력 상실·소멸시점 등은 문언에 따라 엄격하게 해석해야 하고, 특히 헌법 제7조 제2항 및 국가공무원법 제68조에 따른 공무원에 대한 신분보장의 관점은 물론 헌법상 비례원칙에 비추어 보더라도 직위해제처분의 대상자에게 불리한 방향으로 유추·확장해석을 해서는 안 된다.

[2] 국가공무원법 제73조의3 제1항 제3호는 파면·해임·강등 또는 정직에 해당하는 징계의결(이하 '중징계의결'이라 한다)이 요구 중인 자에 대하여 직위해제처분을 할 수 있음을 규정하였는바, 이는 중징계의결 요구를 받은 공무원이 계속 직위를 보유하고 직무를 수행한다면 공무집행의 공정성과 그에 대한 국민의 신뢰를 저해할 구체적인 위험이 생길 우려가 있으므로 이를 사전에 방지하고자 하는 데 목적이 있다. 이러한 직위해제제도의 목적 및 취지는 물론 이로 인한 불이익의 정도와 침익적 처분의 성질에 비추어 보면, 단순히 '중징계의결 요구'가 있었다는 형식적 이유만으로 직위해제처분을 하는 것이 정당화될 수는 없고, 직위해제처분의 대상자가 중징계처분을 받을 고도의 개연성이 인정되는 경우임을 전제로 하여, 대상자의 직위·보직·업무의 성격상 그가 계속 직무를 수행함으로 인하여 공정한 공무집행에 구체적인 위험을 초래하는지 여부 등에 관한 제반 사정을 면밀히 고려하여 그 요건의 충족 여부 등을 판단해야 한다.

[3] 국가공무원법 제73조의3 제2항은 직위해제처분을 한 경우에도 그 사유가 소멸되면 지체 없이 직위를 부여하여야 함을 명시하였다. 이는 같은 조 제1항 제3호의 요건 중 하나인 '중징계의결이 요구 중인 자'의 의미 및 '중징계의결 요구'의 종기에 관한 해석과 관계된다. 국가공무원법은 '징계의결 요구(제78조), 징계의결(제82조 제1항), 징계의결 통보(공무원 징계령 제18조), 징계처분(제78조 및

공무원 징계령 제19조) 또는 심사·재심사 청구(제82조 제2항 및 공무원 징계령 제24조)' 등 징계절차와 그 각 단계를 명확히 구분하여 규정하였고, '재징계의결 요구(제78조의3)'는 징계처분이 무효·취소된 경우에 한하는 것으로 명시함으로써 '심사·재심사 청구'가 이에 포함되지 않는다는 점 역시 문언상 분명하다. 이러한 관련 규정의 문언 내용·체계에 비추어 보면, '중징계의결이 요구 중인 자'는 국가공무원법 제82조 제1항 및 공무원 징계령 제12조에 따른 징계의결이 이루어질 때까지로 한정된다고 보는 것이 타당하다.

8. 대법원 2019. 11. 14. 선고 2015두52531 판결【해고무효확인】

국가공무원법 제2조 제2항 제2호, 교육공무원법 제2조 제1항 제1호, 제3항, 제8조, 제26조 제1항, 제34조 제2항, 교육공무원임용령 제5조의2 제4항에 의하면, 일정한 자격을 갖추고 소정의 절차에 따라 대학의 장에 의하여 임용된 조교는 법정된 근무기간 동안 신분이 보장되는 교육공무원법상의 교육공무원 내지 국가공무원법상의 특정직공무원 지위가 부여되고, 근무관계는 사법상의 근로계약관계가 아닌 공법상 근무관계에 해당한다. 이와 같이 교육공무원 내지 특정직공무원의 신분을 부여받는 조교는 1년으로 법정된 근무기간이 만료하면 바로 지위를 상실하게 될 뿐만 아니라, 위 기간 만료 후에 다시 종전 지위를 취득하기 위해서는 임용주체의 의사결정에 기한 임명행위로써 공무원의 신분을 새롭게 부여받을 것을 요한다. 또한 조교에 대한 보수 등의 근무조건에 관하여는 교육공무원법 내지 국가공무원법과 그 위임에 따라 제정된 개별 법령이 적용됨으로써, 공무원인 조교의 근무관계에 관하여도 공무원의 '근무조건 법정주의'에 따라 기본적으로 법령에 의해 권리의무의 내용이 정해지고 있다. 이러한 사정들을 고려하면, 교육공무원 내지 특정직공무원의 신분보장을 받는 대신 근무기간이 1년으로 법정된 조교에 대하여는, '기간의 정함이 있는 근로계약을 체결한 근로자'에 대한 불합리한 차별을 시정하고 근로조건 보호를 강화함으로써 노동시장의 건전한 발전에 이바지하기 위한 목적에서 도입된 기간제 및 단시간근로자 보호 등에 관한 법률(이하 '기간제법'이라 한다)이 그대로 적용된다고 볼 수 없다. 특히 기간제법 제4조 제1항, 제2항은 사용자가 기간제근로자를 사용할 수 있는 기간의 허용가능한 범위를 정함과 동시에 일정 요건하에 기간의 정함이 없는 근로계약을 체결한 근로자로 간주하는 규정으로서, 이를 국가와 공무원신분인 조교 간의 근무관계에 곧바로 적용하는 것은 임용주체의 임명행위에 의해 설정되는 공법상 근무관계의 성질은 물론, 조교의 근무기간이 1년으로 법정된 취지 등에도 반하는 것이어서 허용될 수 없다고 봄이 타당하다. 이는 국가 또는 지방자치단체의 기관에 대하여도 기간제법을 적용하도록 기간제법 제3조 제3항이 규정하고 있다거나, 공무원도 임금을 목적으로 근로를 제공하는 근로기준법상의 근로자라고 하여 달리 볼 것은 아니다.

Ⅳ 질문 및 토의과제

1. 공무원임용의 법적 성격[1982년 외무고시]

2. 직위해제처분의 법적 성질을 설명하라.

3. 선행의 직위해제와 후행의 직권면직과의 관계를 설명하라.

4. 공무원관계의 소멸사유를 설명하고 공무원의 신분상 불이익처분에 대한 권익구제를 논하시오.[제41회 사법시험]

Ⅴ 참고문헌

임천영, 군인사법상의 보직해임, 법조 제53권 제3호(통권 제570호)(2004. 3), 법조협회

Ⅵ 관련법령

국가공무원복무규정

제3조 (근무기강의 확립) 공무원은 법령과 직무상 명령을 준수하여 근무기강을 확

립하고 질서를 존중하여야 한다.

7-3-2. 공무원의 권리와 의무: 퇴직급여청구권

I 개요

공무원의 권리는 사법상의 권리와 다를 바 없으나, 국가 또는 지방자치단체에 대하여 가지는 개인적 공권이라는 점에서 특성이 인정된다. 공무원의 권리는 신분상의 권리와 재산상의 권리로 나누어 볼 수 있다. 신분상의 권리로는 신분·직위보유권, 직무집행권, 제복착용권, 직명사용권, 행정쟁송권, 인사상담·고충심사청구권 등이 있다. 재산상의 권리로는 보수청구권, 연금청구권(연금권), 실비변상청구권 등이 있다. 대법원은 고충심사결정이 행정쟁송 대상인 행정처분에 해당되지 않는다고 판시한 바 있다(대법원 1987. 12. 8. 선고 87누657·658 판결). 보수청구권에 있어서 보수는 봉급과 기타 각종 수당을 합산한 액을 말한다. 보수의 기본이 되는 '봉급'의 성질에 대하여는 생활자금설과 반대급부설로 견해가 대립되고 있으나, 국가공무원법 제46조는 근무에 대한 대가 및 국가·지방자치단체가 지급하는 최저생활의 보장을 위한 금품을 의미하는 것으로 해석되고 있다(절충설). 보수청구권의 성질은 공법상의 권리라 할 것이나, 판례는 민사소송사항에 해당되는 것으로 보고 있다. 연금청구권(연금권)에 있어서 연금의 성질에 대하여는 봉급연불설·사회보장설·은혜설·보험금성질설 등이 주장되고 있으나, 복합적 성질을 갖는 것으로 봄이 타당하다. 대법원 및 헌법재판소의 판례도 같은 입장이다.

공무원의 의무는 그 분류방법이 다양하나 대체로 선서의무, 성실의무, 직무상의무[법령준수의무, 복종의무, 직무전념의무(직장이탈금지의무·영리업무및겸직금지의무·영예제한·정치운동금지·집단행동금지), 친절·공정의무, 비밀엄수의무, 품위유지의무 및 청렴의무]로 구분된다(김동희).

II 리딩케이스

1. 사건번호: 대법원 2002. 7. 26. 선고 2001두205 판결【퇴직급여지급처분취소】 – 퇴직금청구사건

2. 사실관계

원고 갑은 1962. 12. 22. 경상남도 지방공무원으로 임용되어 근무하다가 1980. 7. 14. 의원면직되었는데, 위 재직기간 중이던 1965. 11. 10. 부산지방법원으로부터 수뢰죄로 징역 4월의 형의 선고유예판결을 선고받아 동 판결이 12. 23. 그대로 확정된 사실이 있다. 갑은 그 후 1989. 8. 9. 부산직할시(현행 부산광역시) 지방공무원으로 신규임용되어 부산 남구청 등에서 근무하다가 1998. 12. 31. 정년퇴직하였는데, 정년퇴직 당시 갑의 호봉은 5급 30호봉에 해당하였다. 그런데 피고 을(공무원연금관리공단)은 1999. 3. 31. 갑에 대한 퇴직급여를 지급함에 있어, 위 유죄판결 확정 이후부터 1980. 7. 14.까지의 재직기간을 갑의 재직기간 합산에서 제외하고, 그에 따라 재획정된 5급 17호봉을 기준으로 한 보수월액을 기초로 하여 산정한 퇴직일시금 및 퇴직수당 금 5,000만원을 갑에게 지급하는 이 사건 퇴직급여지급처분을 하였다. 갑은 위 처분에 대하여 취소소송을 제기하여 원심에서 승소판결을 받았으나 항소심에서는 원심판결취소 및 청구기각 판결이 선고되었고, 그에 대하여 대법원에 상고하였다.(결과: 기각)

3. 판결요지

[1] 공무원연금법에 의한 퇴직금은 적법한 공무원으로서의 신분을 취득하여 근무하다가 퇴직하는 경우에 지급되는 것이므로, 당연퇴직사유에 해당되어 공무원으로서의 신분을 상실한 자가 그 이후 사실상 공무원으로 계속 근무하여 왔다고 하더라도 당연퇴직 후의 사실상의 근무기간은 공무원연금법상의 재직기간에 합산될 수 없다.

[2] 지방공무원보수규정 제17조 제1항, 제2항에 의하면, 지방공무원의 호봉획정이 잘못된 때에는 현재의 호봉획정시행권자가 그 잘못된 호봉 발령일자로

소급하여 호봉을 정정하도록 규정하고 있으므로, 신규임용되는 공무원의 호봉을 획정함에 있어 그 기초가 된 종전의 공무원 경력 중에 당연퇴직사유 발생 이후 사실상 공무원으로서 근무한 기간이 포함되어 있음에도 이를 배제하지 아니한 채 그 전부를 경력으로 인정하여 호봉을 획정하였으나 나중에 이러한 사실이 밝혀졌다면 당연퇴직사유 발생 이후 사실상 공무원으로서 근무한 기간은 적법한 공무원 경력으로 인정될 수 없으므로 호봉획정시행권자로서는 이 부분을 배제하고 발령일자를 기준으로 소급하여 호봉을 정정할 수 있다.

4. 판례해설

퇴직급여 청구에 있어서 가장 많이 문제 되는 것은 퇴직연금 대상자로 퇴직하였으나 피고 기관에 의해 퇴직일시금으로 결정되는 경우이다(물론 연금 또는 일시금 대상자의 재직기간 합산이 문제되기도 한다). 구 지방공무원법 제61조는 “공무원이 제31조 각호의 1에 해당할 때에는 당연히 퇴직한다”고 규정하고, 동법 제31조 제5호는 결격사유 중의 하나로 ‘형의 선고유예를 받은 경우에 그 선고유예기간 중에 있는 자’를 들고 있는바, 동법 제61조에서 규정하고 있는 당연퇴직제도는 동법 제31조 각 호에 규정되어 있는 결격사유가 발생하는 것 자체에 의하여 임용권자의 의사표시 없이 결격사유에 해당하게 된 시점에 당연히 그 공무원으로서의 신분을 상실하게 하는 것이고, 당연퇴직의 효력이 생긴 후에 당연퇴직사유가 소멸한다는 것은 있을 수 없으므로, 지방공무원이 형의 선고유예를 받은 경우에는 그 이후 형법 제60조에 따라 면소된 것으로 간주되었다 하더라도 이미 발생한 당연퇴직의 효력에는 영향이 없다는 것이 판례의 입장이다(대법원 2002. 7. 26. 선고 2001두205 판결).

이 사안의 경우, 위 입장에 의하면, 피고가 원고의 퇴직급여를 산정함에 있어 원고의 ‘종전 재직기간’ 중 선고유예의 형이 확정되어 당연퇴직사유에 해당된 이후부터 1980. 7. 14.까지의 재직기간은 원고가 적법한 공무원으로서의 신분을 갖고 있었다고 할 수 없다는 이유로 재직기간합산에서 제외한 것이 적법하다고 판단한 것은 그 타당성이 긍정된다. 그런데 이 사건 원고의 당연퇴직(정년퇴직) 사례와 달리, 의원면직 형식의 퇴직인 경우에는 연금 대상인지 여부는 개인적으로 퇴직 여부 결정의 중요한 판단자료가 될 뿐 아니라 퇴직금 청구단계에서 연금대상자에서 제외하는 결정은 장기간 공무원으로 성실히 복무한 자에게 너무 가혹한 면이 있다는 점에서 재직기간은 법원의 판단에 있어 신중하게 판단할 문제이다. 따라서 적어도 공무원의 경우에 개별공무원의 퇴직사유 존부의 문제는 신뢰보호의 관점에서 최대한 재직중에 확인되어야 한다는 주장도 타당성이 없지가 않다. 국가배상에 있어 배상청구권의 요건을 확대하는 '사실상 공무원'의 이론은 행정의 상대방의 실질적 권리구제의 차원에서 긍정되는 것이지만, 자의적이건 타의적이건 퇴직을 전제로 청구하는 퇴직연금의 경우에는 이미 공무원의 지위가 아닌, 사인의 지위와 유사하다는 점도 고려되어야 한다. 그러나 판례·이론은 연금·퇴직급여 등에 있어서는 공무원으로서의 적법한 요건을 강하게 요구하고 있음이 현실이다. 이러한 점에서 이 사건 원고는 당해 사건이 비록 각하되었지만, 기본권 침해를 이유로 헌법재판소에 헌법소원심판까지 청구한 바 있다(헌재 2004. 2. 24. 2004헌마115).

Ⅲ 관련판례

1. 대법원 1987. 12. 8. 선고 87누657·658 판결【해임처분취소, 고충심사결정취소】

고충심사결정 자체에 의하여는 어떠한 법률관계의 변동이나 이익의 침해가 직접적으로 생기는 것은 아니므로 고충심사의 결정은 행정상의 쟁송의 대상이 되는 행정처분이라고 할 수 없다.

2. 대법원 1969. 9. 20. 선고 65다2506 판결【국회의원세비】

국회의원이 재직중 국가로부터 받게 될 세비, 차마비, 체류비, 보수금 등을 의원직을 그만 둔 후에 국고에 대하여 청구하는 법률관계는 국고에 대한 '사법상의 금전채권'을 청구하는 경우로서 민법 제163조 제1호의 '급료채권'에 해당하고, (구)예산회계법 제71조 제1항은 "금전의 급부를 목적으로 하는 국가에 대한 권리로서 시효에 관하여 타법률에 규정이 없는 것은 5년간 행사하지 아니할 때에 시효로 인하여 소멸한다"고 규정하고 있으므로, 국가에 대한 금전채권일지라도 시효에 관하여 타법률에 있는 5년보다 짧은 시효규정 즉 민법 제163조의 '3년 규정'을 적용할 것이고 위 예산회계법의 법조를 적용할 것이 아니다.

3. 헌재 1999. 9. 16. 97헌바28 결정 【공무원연금법 제23조제2항 등 위헌소원】

연금제도는 대표적인 사회보장제도이며, 군인연금제도와 공무원연금제도는 군인 또는 공무원이 퇴직하거나 사망한 때에 본인 및 그 유족의 생활안정과 복리향상에 기여하기 위한 사회보험으로서, '연금법상의 급여'는 본인들이 기여금을 납부한다는 점에서 '후불임금'의 성격도 가미되어 있고, 아울러 '공로보상 또는 은혜적 급여'의 성격도 함께 가지고 있기는 하나, 기본적으로는 '사회보장적 급여'로서의 성격을 가진다.

4. 헌재 1999. 4. 29. 97헌마333 결정 【공무원연금법 제3조제2항 위헌확인】

공무원연금법상의 퇴직급여, 유족급여 등 각종 급여를 받을 권리, 즉 '연금수급권'에는 사회적 기본권의 하나인 사회보장수급권의 성격과 재산권의 성격이 불가분적으로 혼재되어 있으므로, 입법자로서는 연금수급권의 구체적 내용을 정함에 있어 반드시 민법상 상속의 법리와 순위에 따라야 하는 것이 아니라 공무원연금제도의 목적 달성에 알맞도록 독자적으로 규율할 수 있고 여기에 필요한 정책판단·결정에 관하여는 입법자에게 상당한 정도로 형성의 자유가 인정된다.

5. 대법원 2011. 5. 26. 선고 2011두242 판결 【퇴직금부지급처분취소】

소멸시효는 객관적으로 권리가 발생하여 그 권리를 행사할 수 있는 때로부터 진행하고 그 권리를 행사할 수 없는 동안은 진행하지 않는바, 여기서 권리를 행사할 수 없다고 함은 그 권리행사에 법률상의 장애사유, 예컨대 기간의 미도래나 조건 불성취 등이 있는 경우를 말하고, 권리의 존재나 권리행사의 가능성을 사실상 알지 못하였고 알지 못함에 과실이 없다고 하여도 이러한 사유는 법률상 장애사유에 해당하지 않는다고 할 것이므로(대법원 1984. 12. 26. 선고 84누572 전원합의체 판결; 1992. 3. 31. 선고 91다32053 전원합의체 판결 각 참조), 공무원이 형의 선고를 받아 당연퇴직할 당시 발생한 공무원연금법상의 퇴직급여 지급청구권은 당연퇴직 시로부터 그 소멸시효가 진행한다고 보아야 한다(대법원 1998. 12. 23. 선고 98두16118 판결 참조).

한편 채무자의 소멸시효에 기한 항변권의 행사도 우리 민법의 대원칙인 신의성실의 원칙과 권리남용금지의 원칙의 지배를 받는 것이어서, 채무자가 시효 완성 전에 채권자의 권리행사나 시효 중단을 불가능 또는 현저히 곤란하게 하였거나, 그러한 조치가 불필요하다고 믿게 하는 행동을 하였거나, 객관적으로 채권자가 권리를 행사할 수 없는 장애사유가 있었거나, 또는 일단 시효 완성 후에 채무자가 시효를 원용하지 아니할 것 같은 태도를 보여 권리자로 하여금 그와 같이 신뢰하게 하였거나, 채권자 보호의 필요성이 크고, 같은 조건의 다른 채권자가 채무의 변제를 수령하는 등의 사정이 있어 채무이행의 거절을 인정함이 현저히 부당하거나 불공평하게 되는 등의 특별한 사정이 있는 경우에는 채무자가 소멸시효의 완성을 주장하는 것이 신의성실의 원칙에 반하여 권리남용으로서 허용될 수 없으나, 위와 같은 일반적 원칙을 적용하여 법이 두고 있는 구체적인 제도의 운용을 배제하는 것은 법해석에 있어 또 하나의 대원칙인 법적 안정성을 해할 위험이 있으므로 그 적용에 신중을 기하여야 한다(대법원 2005. 5. 13. 선고 2004다71881 판결; 2010. 3. 11. 선고 2009다86147 판결 등 참조).

…

가. 먼저 원고의 공무원연금법상의 퇴직급여 지급청구권은 앞서 본 법리에 비추어 원고의 당연퇴직 시인 1999. 11. 5.부터 그 소멸시효가 진행한다고 보아야 한다,

나. 다음으로 원심이 위와 같이 피고의 소멸시효 주장을 권리남용으로 판단한 근거로 든 사정들은, ① 원고는 위 형사판결의 확정으로써 당연퇴직한 것이고 그 후에 행하여진 불문경고 처분은 당연무효이며, 원고가 소속 기관장으로부터 불문경고 처분만을 받고 계속 근무하였다고 하여 묵시의 재임용이 이루어졌다거나 당연퇴직 사유의 하자가 치유된 것으로 볼 수 없고, 위와 같은 사유로 공무원으로서의 적법한 신분을 갖지 아니한 원고에 대하여 퇴직급여의 지급을

거부한 것이 부당하거나 위법하다고 볼 수 없는 점, ② 피고가 원고에게 퇴직금 개산액을 통보하거나 피고의 인터넷사이트에서 예상퇴직금을 확인할 수 있도록 한 것은 원고가 공무원으로서의 적법한 신분을 가지고 있음을 전제로 한 것에 불과하고, 이로써 원고의 퇴직급여 지급청구권이 확정적으로 발생하거나 금액이 확정되는 것도 아닌 점, ③ 원고와 특례법의 적용을 받는 다른 당연퇴직 공무원 사이에 다른 결과가 발생하는 것은 특례법이 한시법의 형태로 제정되었고, 원고도 특례법의 적용 대상이었으나 원고가 법령 규정을 통하여 쉽게 알 수 있는 당연퇴직사유의 범위 등을 제대로 파악하지 못함으로써 스스로 당연퇴직사유에 해당함을 알지 못하여 구제받지 못한 것에 불과하며, 다른 당연퇴직 공무원이 특례법에 의하여 수령하는 퇴직보상금을 퇴직급여 지급청구권의 변제수령이라고 보기 어렵고, 원고로서는 당연퇴직 이후의 근로에 대해서는 근로기준법상의 퇴직금 상당 금액을 부당이득으로서 반환 청구할 수 있는 점 등에 비추어 피고의 채무이행의 거절을 인정함이 현저히 부당하거나 불공평하게 되는 등의 특별한 사정에 해당한다고 보기 어렵다.

6. 대법원 2014. 4. 24. 선고 2013두26552 판결【급여제한및환수처분취소】

[1] 행정처분은 근거 법령이 개정된 경우에도 경과규정에서 달리 정함이 없는 한 처분 당시 시행되는 법령과 그에 정한 기준에 의하는 것이 원칙이다. 개정 법령이 기존의 사실 또는 법률관계를 적용대상으로 하면서 국민의 재산권과 관련하여 종전보다 불리한 법률효과를 규정하고 있는 경우에도 그러한 사실 또는 법률관계가 개정 법령이 시행되기 이전에 이미 완성 또는 종결된 것이 아니라면 개정 법령을 적용하는 것이 헌법상 금지되는 소급입법에 의한 재산권 침해라고 할 수는 없다. 다만 개정 전 법령의 존속에 대한 국민의 신뢰가 개정 법령의 적용에 관한 공익상의 요구보다 더 보호가치가 있다고 인정되는 경우에 그러한 국민의 신뢰를 보호하기 위하여 적용이 제한될 수 있는 여지가 있을 따름이다.

법령불소급의 원칙은 법령의 효력발생 전에 완성된 요건 사실에 대하여 당해 법령을 적용할 수 없다는 의미일 뿐, 계속 중인 사실이나 그 이후에 발생한 요건 사실에 대한 법령적용까지를 제한하는 것은 아니다.

[2] 공무원연금법에 의한 퇴직연금수급권은 기초가 되는 퇴직이라는 급여의 사유가 발생함으로써 성립하지만, 내용은 급부의무자의 일회성 이행행위에 의하여 만족되는 것이 아니고 일정기간 계속적으로 이행기가 도래하는 계속적 급부를 목적으로 하는 것이다.

[3] 공무원연금공단이 공무원으로 재직하다가 명예퇴직한 후 재직 중의 범죄사실로 징역형의 집행유예를 선고받고 확정된 갑에게 헌법재판소의 헌법불합치 결정에 따라 개정된 공무원연금법(이하 '신법'이라 한다) 시행 직후 퇴직연금 급여제한처분을 하였고, 위 처분에 대한 취소소송 계속 중 다시 헌법재판소가 신법의 시행일 및 경과조치에 관한 부칙 규정에 대하여 위헌결정을 한 사안에서, 위 처분은 퇴직연금수급권의 기초가 되는 급여의 사유가 이미 발생한 후에 그 퇴직연금수급권을 대상으로 하지만, 이미 발생하여 이행기에 도달한 퇴직연금수급권의 내용을 변경함이 없이 장래 이행기가 도래하는 퇴직연금수급권의 내용만을 변경하는 것에 불과하여, 이미 완성 또는 종료된 과거 사실 또는 법률관계에 새로운 법률을 소급적으로 적용하여 과거를 법적으로 새로이 평가하는 것이 아니므로 소급입법에 의한 재산권 침해가 될 수 없고, 위 헌법불합치 결정에 따라 개선입법이 이루어질 것을 충분히 예상할 수 있으므로 개선입법 후 비로소 이행기가 도래하는 퇴직연금수급권에 대해서까지 급여제한처분이 없으리라는 신뢰가 합리적이고 정당한 것이라고 보기 어려워 갑의 신뢰보호를 위하여 신법의 적용을 제한할 여지가 없음에도, 신법 시행 전에 지급사유가 발생한 퇴직연금수급권에 관해서는 신법 시행 이후에 이행기가 도래하는 부분의 급여에 대하여도 지급을 제한할 수 없다고 보아 위 처분이 위법하다고 본 원심판결에 법리오해의 위법이 있다고 한 사례.

7. 대법원 2018. 2. 28. 선고 2017두64606 판결【퇴직금환수처분취소소송】

[1] 공무원이 국가를 상대로 실질이 보수에 해당하는 금원의 지급을 구하려

면 공무원의 '근무조건 법정주의'에 따라 국가공무원법령 등 공무원의 보수에 관한 법률에 그 지급근거가 되는 명시적 규정이 존재하여야 하고, 나아가 해당 보수 항목이 국가예산에도 계상되어 있어야만 한다.

[2] 공무원연금공단이 공익법무관으로 재직하다가 퇴직한 갑 등에 대하여 퇴직일시금 산정기준이 되는 기준소득월액에 공무원보수 관계 법령 등에 근거가 없는 특정업무경비가 포함되어 퇴직급여가 과다하게 산정 · 지급되었다는 이유로 퇴직급여 중 과오지급액을 환수하기로 하는 내용을 결정 · 통지한 사안에서, 갑 등에게 지급된 특정업무경비는 보수에 해당한다고 볼 수 없을 뿐만 아니라, 실비변상적 성질의 급여로서 비과세소득에 해당하므로, 구 공무원연금법(2015. 6. 22. 법률 제13387호로 개정되기 전의 것)상 퇴직일시금 산정기준이 되는 기준소득월액에 포함된다고 볼 수 없다고 한 사례.

8. 대법원 2023. 5. 18. 선고 2022두69100 판결【연금급여과오지급에 따른환수결정취소】

공무원연금법 제45조 제1항, 부칙(2018. 3. 20.) 제4조 제1항 전단, 공무원연금법 시행령 제45조 제2항의 문언과 체계에 비추어 보면, 공무원연금법 시행령 제45조 제2항에서 정한 '지급사유가 발생한 날'이란 '분할연금의 수급권자가 실제로 분할연금의 지급청구를 한 날'을 의미하는 것이 아니고, 공무원연금법 제45조 제1항 각호에서 정한 분할연금의 수급요건을 모두 갖춘 날을 의미한다고 보는 것이 타당하다.

Ⅳ 질문 및 토의과제

1. 임용 결격자가 공무원으로 임용되어 사실상 근무하여 온 경우, 공무원연금법 소정의 퇴직급여 등을 청구할 수 있는가?[대법원 2003. 5. 16. 선고 2001다61012 판결]

2. 공무원의 연금수급권의 법적 성질을 설명하라.

3. 국회의원 세비에 대한 청구권의 소멸시효와 국가에 대한 일반적인 금전채권의 소멸시효는

동일한가?

4. 고충심사결정에 대하여 행정소송을 제기할 수 있는가?

5. 공무원의 법령준수와 해석[1993년 외무고시]

6. 공무원의 복종의무의 한계[1979년 외무고시, 제25회 사법시험]

V 참고문헌

박해식, 일반사건에 대한 위헌결정의 소급효, 대법원판례해설 제58호(2005 하반기) (2006. 7), 법원도서관

VI 관련법령

지방공무원보수규정

제17조 (호봉의 정정) ① 호봉의 획정 또는 승급이 잘못된 때에는 그 잘못된 호봉발령일자로 소급하여 호봉을 정정한다.

② 제1항의 규정에 의한 호봉의 정정은 당해 공무원의 현재의 호봉획정 및 승급시행권자가 행하며, 필요한 경우에는 종전의 호봉획정 및 승급시행권자에게 호봉정정을 위하여 필요한 사항을 확인할 수 있다.

7-3-3. 공무원의 징계책임

I 개요

공무원의 책임에는 행정상의 책임으로서 징계책임과 국가에 대한 변상책임뿐만 아니라 형사상의 책임 및 민사상의 배상책임이 포함된다. 먼저 행정법상의 징계책임과 관련하여, 징계란 공무원의 의무위반에 대하여 국가가 특별행정법관

계로서의 공무원관계의 질서를 유지하기 위하여 과하는 제재로서의 처벌(징계벌)을 말하며 이 처벌을 받을 공무원의 지위를 징계책임이라 한다. 징계의 종류로는 파면・해임・강등・정직・감봉・견책의 6종이 있으며(현행 국가공무원법 제79조), 그 내용에 따라 배제징계와 교정징계로 나눌 수 있다. 이러한 징계 종류의 선택에 있어서는 비례원칙을 준수하여야 한다. 국가에 대한 변상책임이란 공무원이 그 의무를 위반함으로써 국가 또는 지방자치단체에 대하여 재산상의 손해를 발생하게 한 경우에 사용자인 국가나 지방자치단체에 대하여 국가배상법 또는 회계관계직원등의책임에관한법률이 정하는 바에 의하여 부담하는 손해배상책임을 말한다. 또한 공무원의 형사책임이란 공무원의 의무위반행위가 일반사회법익을 침해한 경우에, 국가에 의하여 과하여지는 제재를 받을 지위를 말한다. 그리고 공무원이 직무상의 불법행위로 타인에게 재산상의 손해를 가한 경우에 공무원이 피해자에 대하여 직접 배상책임을 지느냐에 대하여는 학설이 대립된다.

II 리딩케이스

1. 사건번호: 대법원 2001. 8. 24. 선고 2000두7704 판결【면직처분취소】 – 검사면직처분사건(이른바 심재륜사건)

2. 사실관계

대구고등검찰청 검사장으로 근무하던 원고 갑(심재륜)은 "이○기와의 대질신문을 위하여 1999. 1. 28. 오후에 대검찰청에 출석하라"는 검찰총장의 직무상의 명령을 전달받고도 정당한 이유 없이 출석을 거부하였다. 갑은 1999. 1. 27. 오후 근무지를 떠남에 있어 미리 검찰총장에게 그 사유를 보고하여 승인을 얻지 아니하고, 스스로 자신의 출장신청을 승인한 다음, 바로 근무지를 떠났다. 갑은 1999. 1. 27. 18:00경 대검찰청 기자실에서 '국민 앞에 사죄하며'라는 제목의 기자회견문을 발표, 그 내용 중에는, 검찰의 정치적 중립, 국민이 여망하는 법조인의 자세 및 이에 부응하지 못한 갑의 과거행적에 대한 반성 등의 부분과 함께, "일부 검찰수뇌부는 검찰조직과 후배검사들을 담보로 권력에 영합하여 개인의 영달을 추구하여 왔다," "이 사건 수사는 심리적 공황상태에 있는 이○기의 일방적 진술에 의하여 '마녀사냥식'으로 진행되고 있다," "이 사건 수사의 목적이 검찰수뇌부가 특정인을 선별하여 제거하기 위한 데에 있고, 이를 위해 검찰수뇌부가 이○기와 야합하여 소위 '빅딜'을 하고 있다는 소문도 있다"는 등의 내용이 있었다. 이에 피고 을(법무부장관)은 갑을 면직처분하였고, 갑은 위 처분에 대하여 취소소송을 제기하였다. 이에 대하여 원심은 갑의 청구를 인용하였고, 그에 대하여 을은 대법원에 상고하였다.(결과: 기각)

3. 판결요지

[1] 검찰청법 제11조의 위임에 기한 검찰근무규칙 제13조 제1항은, 검찰청의 장이 출장 등의 사유로 근무지를 떠날 때에는 미리 바로 윗 검찰청의 장 및 검찰총장의 승인을 얻어야 한다고 규정하고 있는바, 이는 검찰조직 내부에서 검찰청의 장의 근무수칙을 정한 이른바 행정규칙으로서 검찰청의 장에 대하여 일반적인 구속력을 가지므로, 그 위반행위는 직무상의 의무위반으로 검사징계법 제2조 제2호의 징계사유에 해당한다.

[2] 이른바 '심재륜 사건'에서의 기자회견문 발표행위가, 그 자체로 국민들로 하여금 검찰 전체의 공정성 · 정치적 중립성 · 신중성 등을 의심케 하여 검찰에 대한 국민의 신뢰를 실추시킬 우려가 있어 검사로서의 체면이나 위신을 손상시키는 행위로서 징계사유에 해당한다.

[3] 이른바 '심재륜 사건'에서의 면직처분이, 징계면직된 검사가 그 징계사유인 비행에 이르게 된 동기와 경위, 그 비행의 내용과 그로 인한 검찰조직과 국민에게 끼친 영향의 정도, 그 검사의 직위와 그 동안의 행적 및 근무성적, 징계처분으로 인한 불이익의 정도 등 제반 사정에 비추어, 비례의 원칙에 위반된 재량권 남용으로서 위법하다.

4. 판례해설

배제징계란 당해 공무원을 그 신분을 박탈하여 공무원관계에서 배제하는 징계를 말하며(파면과 해임), 교정징계란 장래의 의무위반을 방지하기 위하여 당해 공무원의 신분적 이익의 일부를 일시적으로 박탈하는 징계를 말한다(강등 · 정직 · 감봉 · 견책).[2] 공무원법에서는 징계기관 · 징계절차 · 징계처분에 대한 불복 등을 규정하고 있다. 행정소송을 제기함에 있어서는 소청심사결정 전치주의가 적용된다.

이 사안에 있어 중요한 쟁점은 원고의 기자회견문 발표행위가 징계대상인지 여부 및 이를 긍정하더라도 징계의 정도가 면직처분에 이를 정도로 과중한 것인지 여부이다. 특히 후자의 문제는 재량권의 일탈 · 남용의 문제이다. 각 쟁점을 구분하여 살펴본다.

(1) 적법한 직무상 명령의 유효요건

상급자가 하급자에게 발하는 직무상의 명령이 유효하게 성립하기 위하여는 상급자가 하급자의 직무범위 내에 속하는 사항에 대하여 발하는 명령이어야 하는 것인바, 검찰총장이 검사에 대한 비리혐의를 내사하는 과정에서 해당 검사에게 참고인과 대질신문을 받도록 담당부서에 출석할 것을 지시한 경우, 검찰총장의 위 출석명령은 "검찰총장은 대검찰청의 사무를 맡아 처리하고 검찰사무를 통할하며 검찰청의 공무원을 지휘 · 감독한다"고 규정한 검찰청법 제12조 제2항을 근거로 하고 있으나, 위 규정은 검찰총장이 직무상의 명령을 발할 수 있는 일반적인 근거규정에 불과하고, 구체적으로 그러한 직무상의 명령이 유효하게 성립하기 위해서는 하급자인 그 검사의 직무범위 내에 속하는 사항을 대상으로 하여야 할 것인데, 그 검사가 대질신문을 받기 위하여 대검찰청에 출석하는 행위는 검찰청법 제4조 제1항에서 규정하고 있는 검사의 고유한 직무인 검찰사무에 속하지 아니할 뿐만 아니라, 또한 그 검사가 소속 검찰청의 구성원으로서 맡아 처리하는 이른바 검찰행정사무에 속한다고 볼 수도 없는 것이고, 따라서 위 출석명령은 그 검사의 직무범위 내에 속하지 아니하는 사항을 대상으로 한 것

2) 그 제한을 보면, 파면은 5년간 공무원임용금지, 퇴직금 · 퇴직수당 감액, 해임은 3년간 공무원임용금지, 강등은 1계급 아래로 직급 내림, 신분보유, 3개월간 직무종사금지, 보수전액삭감(강등은 계급을 구분하지 아니하는 공무원과 임기제공무원에 비적용), 정직은 1~3월, 보수의 2/3 감액, 18개월간 승급제한, 감봉은 1~3월, 보수의 1/3감액, 12개월간 승급제한, 견책은 6개월간 승급제한을 받는다.

이므로 그 검사에게 복종의무를 발생시키는 직무상의 명령이라고 볼 수는 없다.

(2) 기자회견문 발표행위

검사가 외부에 자신의 상사를 비판하는 의견을 발표하는 행위는 그것이 비록 검찰조직의 개선과 발전에 도움이 되고, 궁극적으로 검찰권 행사의 적정화에 기여하는 면이 있다고 할지라도, 국민들에게는 그 내용의 진위나 당부와는 상관없이 그 자체로 검찰 내부의 갈등으로 비춰져, 검찰에 대한 국민의 신뢰를 실추시키는 요인으로 작용할 수 있는 것이고, 특히 그 발표 내용 중에 진위에 의심이 가는 부분이 있거나 그 표현이 개인적인 감정에 휩쓸려 지나치게 단정적이고 과장된 부분이 있는 경우에는 그 자체로 국민들로 하여금 검사 본인은 물론 검찰조직 전체의 공정성·정치적 중립성·신중성 등에 대하여 의문을 갖게 하여 검찰에 대한 국민의 신뢰를 실추시킬 위험성이 더욱 크다고 할 것이므로, 그러한 발표행위는 검사로서의 체면이나 위신을 손상시키는 행위로서 징계사유에 해당한다. 그렇지만 이 사건 당시의 정치·사회적 여건을 고려할 때 징계사유에 해당하더라도 징계종류의 선택에 따라 타당성의 정도는 달라질 수 있을 것이다.

(3) 면직처분의 재량권 남용 여부

징계사유에 해당하는 행위가 있더라도, 징계권자가 그에 대하여 징계처분을 할 것인지, 징계처분을 하면 어떠한 종류의 징계를 할 것인지는 징계권자의 재량에 맡겨져 있다고 할 것이나, 그 재량권의 행사가 징계권을 부여한 목적에 반하거나, 징계사유로 삼은 비행의 정도에 비하여 균형을 잃은 과중한 징계처분을 선택함으로써 비례의 원칙에 위반하거나 또는 합리적인 사유 없이 같은 정도의 비행에 대하여 일반적으로 적용하여 온 기준과 어긋나게 공평을 잃은 징계처분을 선택함으로써 평등의 원칙에 위반한 경우에는, 그 징계처분은 재량권의 한계를 벗어난 것으로서 위법하고, 징계처분에 있어 재량권의 행사가 비례의 원칙을 위반하였는지 여부는, 징계사유로 인정된 비행의 내용과 정도, 그 경위 내지 동기, 그 비행이 당해 행정조직 및 국민에게 끼치는 영향의 정도, 행위자의 직위 및 수행직무의 내용, 평소의 소행과 직무성적, 징계처분으로 인한 불이익의 정도 등 여러 사정을 건전한 사회통념에 따라 종합적으로 판단하여 결정하여야 한다는 것이 판례의 태도이다. 이에 따라 이 사건 원고에 대한 면직처분이 비례원칙에 반하여 위법이라고 판시하였는바, 타당한 결론으로 판단된다.

III 관련판례

1. 대법원 2001. 8. 24. 선고 2000두7704 판결 【면직처분취소】

검사징계법 제2조 제3호에서 '직무의 내외를 막론하고 검사로서의 체면이나 위신을 손상하는 행위를 하였을 때'를 검사에 대한 징계사유의 하나로 규정하고 있는 취지는, 검사로서의 체면이나 위신을 손상하는 행위가 검사 본인은 물론 검찰 전체에 대한 국민의 신뢰를 실추시킬 우려가 있는 점을 고려하여, 검사로 하여금 직무와 관련된 부분은 물론 사적인 언행에 있어서도 신중을 기하도록 함으로써, 국민들로부터 신뢰를 받도록 하자는 데 있다고 할 것이므로, 어떠한 행위가 검사로서의 체면이나 위신을 손상하는 행위에 해당하는지는 앞서 본 규정 취지를 고려하여 구체적인 상황에 따라 건전한 사회통념에 의하여 판단하여야 한다.

2. 대법원 1991. 11. 12. 선고 91누2700 판결 【경고처분취소】

공무원이 소속장관으로부터 받은 "직상급자와 다투고 폭언하는 행위 등에 대하여 엄중 경고하니 차후 이러한 사례가 없도록 각별히 유념하기 바람"이라는 내용의 서면에 의한 경고는, 공무원의 신분에 영향을 미치는 국가공무원법상의 징계의 종류에 해당하지 아니하고, 근무충실에 관한 권고행위 내지 지도행위로서 그 때문에 공무원으로서의 신분에 불이익을 초래하는 법률상의 효과가 발생하는 것도 아니므로, 경고가 국가공무원법상의 징계처분이나 행정소송의 대상이 되는 행정처분이라 할 수 없어 그 취소를 구할 법률상의 이익이 없다.

3. 대법원 1967. 5. 2. 선고 67누24 판결 【파면처분취소】

징계의 종류의 선택은 그 징계사유와 징계의 내용과의 사이에 비례원칙이 유지되도록 하여야 한다.

4. 대법원 1971. 3. 13. 선고 71누14 판결【파면처분취소】

사직서를 제출하였어도 아직 수리되기 전에 귀가하여 직장을 무단이탈한 경우는 징계사유가 된다.

5. 대법원 1993. 5. 25. 선고 92누8699 판결【해임, 파면처분취소】

징계혐의자에 대한 출석통지는 징계혐의자로 하여금 자기에게 이익되는 사실을 진술하거나 증거자료를 제출할 수 있는 기회를 부여하는 데에 목적이 있으므로, 징계위원회가 진술의 기회를 부여하였음에도 징계혐의자가 진술권을 포기하거나 출석통지서의 수령을 거부하여 진술권을 포기한 것으로 간주되는 경우, 징계위원회는 차후 그 징계혐의자에 대하여 징계위원회 출석통지를 할 필요 없이 '서면심사'만으로 징계의결을 할 수 있다.

6. 대법원 2014. 4. 10. 선고 2013도229 판결【직무유기】

1. 가. 구 교육공무원법(2011. 9. 30. 법률 제11066호로 개정되기 전의 것, 이하 '교육공무원법'이라고 한다) 제51조 제1항 전문은 교육기관·교육행정기관·지방자치단체 또는 교육연구기관의 장(이하 '교육기관 등의 장'이라고 한다)은 그 소속 교육공무원이 국가공무원법 제78조 제1항 각호의 1 및 지방공무원법 제69조 제1항 각호의 1의 징계사유에 해당한다고 인정하는 때에는 지체없이 당해 징계사건을 관할하는 징계위원회에 그 징계의결을 요구하여야 한다고 규정하고 있다. 그리고 교육공무원 징계령은 제16조 본문에서 징계위원회가 징계의결을 한 때에는 지체없이 징계의결서의 정본을 첨부하여 징계의결요구자에게 통고하여야 한다고 규정하고 있고, 제17조 제1항에서 징계처분권자는 징계의결서를 받은 날로부터 15일 이내에 이를 집행하여야 한다고 규정하고 있다. 한편 국가공무원법 제82조 제2항 전문은 징계의결 등을 요구한 기관의 장은 징계위원회의 의결이 가볍다고 인정하면 그 처분을 하기 전에 직근 상급기관에 설치된 징계위원회에 심사나 재심사를 청구할 수 있다고 규정하고 있다.

위와 같이 교육공무원 징계령 제17조 제1항이 징계처분권자가 징계위원회로부터 징계의결서를 받은 경우에는 그 받은 날로부터 15일 이내에 집행하여야 한다고 규정하고 있는 점, 교육공무원의 징계에 관한 사항을 징계위원회의 의결사항으로 규정한 것은 임용권자의 자의적인 징계운영을 견제하여 교육공무원의 권익을 보호함과 아울러 징계의 공정성을 담보할 수 있도록 절차의 합리성과 공정한 징계운영을 도모하기 위한 데에 입법 취지가 있는 점(대법원 2013. 6. 27. 선고 2011도797 판결 참조), 징계의결서를 통보받은 징계처분권자는 국가공무원법 제82조 제2항에 의하여 해당 징계의결이 가볍다고 인정하는 경우에 한하여서만 심사 또는 재심사를 청구할 수 있는 점 등 교육공무원의 징계에 관한 관련 규정을 종합하여 보면, 교육기관 등의 장이 징계위원회로부터 징계의결서를 통보받은 경우에는 해당 징계의결을 집행할 수 없는 법률상·사실상의 장애가 있는 등 특별한 사정이 없는 이상 법정 시한 내에 이를 집행할 의무가 있다고 할 것이다.

나. 한편 형법 제122조에서 정하는 직무유기죄에서 '직무를 유기한 때'란 공무원이 법령, 내규 등에 의한 추상적 성실의무를 태만히 하는 일체의 경우에 성립하는 것이 아니라 직장의 무단이탈, 직무의 의식적인 포기 등과 같이 국가의 기능을 저해하고 국민에게 피해를 야기시킬 가능성이 있는 경우를 가리킨다. 그리하여 일단 직무집행의 의사로 자신의 직무를 수행한 경우에는 그 직무집행의 내용이 위법한 것으로 평가된다는 점만으로 직무유기죄의 성립을 인정할 것은 아니고, 공무원이 태만·분망 또는 착각 등으로 인하여 직무를 성실히 수행하지 아니한 경우나 형식적으로 또는 소홀히 직무를 수행한 탓으로 적절한 직무수행에 이르지 못한 것에 불과한 경우에도 직무유기죄는 성립하지 아니한다(대법원 2013. 4. 26. 선고 2012도15257 판결 등 참조).

다. 따라서 교육기관 등의 장이 징계의결을 집행하지 못할 법률상·사실상의 장애가 없는데도 징계의결서를 통보받은 날로부터 법정 시한이 지나도록 그 집행을 유보하는 모든 경우에 직무유기죄가 성립하는 것은 아니고, 그러한 유보가 직무에 관한 의식적인 방임이나 포기에 해당한다고 볼 수 있는 경우에 한하여 직무유기죄가 성립한다고 보아야 한다.

2. 원심은, 시국선언에 참여한 교사들에 대한 형사재판의 진행 경과 및 시국

선언 참여행위의 정당성 여부에 관한 찬반양론이 대립하였던 점, 전임 전라북도 교육감 공소외인이 재직 당시 위 교사들에 대한 이 사건 징계의결의 집행 유보를 선언하였던 점, 이후 피고인이 이 사건 징계의결의 집행을 유보하게 된 경위와 위 교사들에 대한 형사사건의 대법원판결이 있던 당일 징계의결을 집행한 점, 이 사건 징계의결의 집행 유보로 학생들의 학습권이 침해되었다고 볼 만한 자료가 없는 점 등의 사정을 들어, 피고인이 이 사건 징계의결의 집행을 유보한 행위를 직무의 의식적인 방임이나 포기로 볼 수 없다고 판단하여 피고인에 대하여 무죄를 선고한 제1심판결을 그대로 유지하였다.

7. 대법원 2019. 12. 24. 선고 2019두48684 판결【해임처분취소】

[1] 헌법 제31조 제4항은 교육의 자주성·전문성 등은 법률이 정하는 바에 의하여 보장된다고 규정하고 있다. 교원직무의 전문성은 다른 전문직인 의사·변호사 또는 성직자와 마찬가지로 사회적 역할을 수행함에 있어 고도의 자율성과 사회적 책임성을 가져야 한다는 사회적·윤리적 특성이 있으므로, 교원은 직무수행에 높은 수준의 직업윤리의식을 갖추어야 한다. 헌법 제31조 제6항은 교원의 지위에 관한 기본적인 사항은 법률로 정한다고 규정하고 있다. 이처럼 교원의 보수 및 근무조건 등을 포함하는 '교원의 지위'에 관한 기본적인 사항을 법률로 정하도록 한 것은, 같은 조 제1항이 정하는 국민의 교육을 받을 기본적 권리를 보다 효과적으로 보장하기 위한 것이다. 또한, 교육공무원의 신분인 교원에게도 적용되는 국가공무원법 제63조는 "공무원은 직무의 내외를 불문하고 그 품위가 손상되는 행위를 하여서는 아니 된다."라고 규정하고 있다. 교원은 항상 사표가 될 품성과 자질의 향상에 힘쓰며 학문의 연찬과 교육의 원리와 방법을 탐구, 연마하여 학생의 교육에 전심전력하여야 하는 점을 고려할 때 교원에게는 일반 직업인보다 더 높은 도덕성이 요구됨은 물론이고, 교원의 품위손상행위는 본인은 물론 교원사회 전체에 대한 국민의 신뢰를 실추시킬 우려가 있다는 점에서 보다 엄격한 품위유지의무가 요구된다. 여기서 '품위'란 국민에 대한 교육자로서의 직책을 맡아 수행해 나가기에 손색이 없는 인품을 말한다. 이와 같은 국가공무원법 제63조의 규정 내용과 함께 교원에게 보다 엄격한 품위

유지의무의 준수가 요구되는 점 등을 종합하면, 교원이 부담하는 품위유지의무란 교원이 직무의 내외를 불문하고 교육자로서의 직책을 맡아 수행해 나가기에 손색이 없도록 본인은 물론 교원사회 전체에 대한 국민의 신뢰를 실추시킬 우려가 있는 행위를 하지 않아야 할 의무라고 해석할 수 있다. 구체적으로 어떠한 행위가 품위손상행위에 해당하는가는 수범자인 평균적인 교원을 기준으로 구체적 상황에 따라 건전한 사회통념에 의하여 판단하여야 한다.

[2] 교육공무원의 성폭력 비위행위에 대하여 강화된 내용으로 도입된 구 교육공무원 징계양정 등에 관한 규칙(2019. 3. 18. 교육부령 제178호로 개정되기 전의 것, 이하 '구 징계양정 규칙'이라 한다) 제2조 제1항 [별표]의 징계양정 기준은, 교원에게 고도의 직업윤리의식 내지 도덕성이 요구될 뿐만 아니라 직무의 내외를 불문하고 가중된 품위유지의무를 부담하여야 한다는 점, 특히 교원이 성폭력의 비위행위를 저지를 경우 이는 품위유지의무를 중대하게 위반한 것으로서 본인은 물론 교원사회 전체에 대한 국민의 신뢰를 실추시킬 우려가 크므로 해당 교원이 비위행위에 상응하는 불이익을 받지 아니하고 교육자로서의 직책을 그대로 수행하도록 하는 것은 적절하지 않다는 점, 강화된 징계양정 기준이 도입될 당시의 사회적 상황 및 성폭력범죄 행위에 대한 일반 국민의 법감정 등 여러 가지 요소들을 종합적으로 고려하였을 때, 비례의 원칙에 어긋나거나 합리성을 갖추지 못하였다고 단정할 수 없다. 특히 구 징계양정 규칙 제4조 제2항 제4호 (가)목은 성폭력범죄의 처벌 등에 관한 특례법 제2조에 따른 성폭력범죄 행위로 징계의 대상이 된 경우에는 징계를 감경할 수 없다고 규정하고 있는데, 적어도 '고의가 있는 경우'에 관하여는 앞서 본 바와 같은 맥락에서 객관적 합리성을 결여하였다고 보기 어렵고, 이에 따라 위 규정은 구 징계양정 규칙 제2조 제1항 [별표]와 더불어 징계양정 기준으로 작용하게 된다. 따라서 징계권자가 구 징계양정 규칙 제2조 제1항 [별표]에 따른 징계양정 기준을 적용하여 한 처분에 대하여 사회통념상 현저하게 타당성을 잃어 징계권자에게 맡겨진 재량권을 남용하였다고 섣불리 판단하여서는 아니 된다.

Ⅳ 질문 및 토의과제

1. 공무원에 대한 징계처분에 있어서 재량권 남용에 대한 판단기준은 무엇인가?[대법원 1999. 3. 9. 선고 98두18145 판결]

2. 징계처분을 함에 있어 처분사유설명서를 교부하지 않은 경우에 그 처분은 유효한가?[대법원 1970. 1. 27. 선고 68누10 판결; 대법원 1991. 12. 24. 선고 90누1007 판결]

3. 출석통지 없이 징계위원회가 한 징계의결은 적법한가?[대법원 1987. 7. 21. 선고 86누623 판결]

4. 공무원에 대하여 직위해제처분 후 감봉처분을 하는 경우 일사부재리원칙에 위반되는가?

5. 공무원관계의 소멸사유를 설명하고 공무원의 신분상 불이익처분에 대한 권익구제를 논하시오.[제41회 사법시험]

Ⅴ 참고문헌

김향기, 공무원법상의 징계처분과 그 불복방법, 현대공법이론의 제문제(석종현교수화갑기념논문집)(2003. 10)

Ⅵ 관련법령

검찰근무 규칙

제13조 (검찰청의 장의 출장 등) ① 검찰청의 장이 국내출장으로 근무지를 떠날 때에는 미리 바로 윗 검찰청의 장에게 보고하여야 한다.

② 검찰청의 장(지청의 장을 제외한다)이 휴가, 국외출장 또는 공무외 국외여행으로 근무지를 떠날 때에는 미리 검찰총장 및 바로 윗 검찰청의 장의 승인을 얻어야 한다.

제 4 장
경찰행정법

경찰권은 사회공공의 안녕질서를 유지하기 위하여 국민의 재산·신체에 대하여 일방적으로 명령하고 강제하는 전형적인 권력작용이다. 협의의 질서행정으로서 보안경찰에 해당하는 작용을 의미한다. 경찰의 종류로는 행정경찰·사법경찰, 보안경찰·협의의 행정경찰, 예방경찰·진압경찰, 보통경찰·비상경찰, 국가경찰·자치경찰 등이 있다. 현재 소방권을 제외하고는 국가경찰로 일원화되어 있어 경찰조직은 중앙집권적인 국가행정조직에 해당한다. 경찰조직도 행정조직 일반의 경우와 마찬가지로 민주성·능률성 및 그 정치적 중립성의 확보가 요청된다. 경찰조직은 협의의 질서행정 즉 보안경찰사무를 주된 관장사무로 하는 보통경찰기관과 비상사태의 발생으로 군대의 힘에 의해서 공안을 관장하는 비상경찰기관이 있다. 보통경찰기관은 그의 기능에 따라 경찰관청·경찰의결기관·경찰집행기관으로 나눌 수 있다. 비상경찰기관으로는 계엄사령관·위수사령관이 있다. 경찰행정법에서는 주로 경찰권의 근거와 한계 등이 중요하게 다루어진다.

7-4-1. 경찰권발동의 근거: 공공의 안녕과 질서(일반조항)

I 개요

경찰권은 전형적인 권력작용이기 때문에 원칙적으로 국회가 제정한 법률에 따라서만 발동될 수 있다. 따라서 경찰권도 행정작용에 일반적으로 적용되는 법치행정의 원칙에 합치되게 행사되어야 한다. 경찰권의 근거인 법률에는 조직법은 물론 작용법도 포함한다. 즉, 경찰권의 발동은 경찰조직법에 의하여 무한정으로 행하여질 수는 없으며 경찰관직무집행법이나 식품위생법 등 개별 작용법적 근거가 있어야 한다. 작용법에 의한 수권의 경우에는 경찰작용의 내용적 절차를 기속할 수 있게 규율하여야 하는 것이 원칙이다. 그러나 현행 경찰법과 경찰관직무집행법은 경찰작용의 다양성을 고려하여 각 그 임무 내지 직무범위를 일반조항을 통하여 대단히 포괄적으로 규율하고 있는 것이 특징이다.

II 리딩케이스

1. 사건번호: 대법원 1986. 1. 28. 선고 85도2448 판결등【특수공무집행방해, 상해, 특수강도등】 - 청원경찰관 직무방해사건

2. 사실관계

경상남도 양산군 도시과 단속계 요원으로 근무하고 있는 청원경찰관인 공소외 김○성 및 이○주가 1984. 12. 29 경상남도 양산군 장안면에 있는 피고인의 집에서 피고인의 형 공소외인이 허가 없이 창고를 주택으로 개축하는 것을 단속하였고, 피고인은 이를 폭력으로 방해하였다. 이에 위 청원경찰관들의 단속행위는 정당한 공무집행에 속하고 이를 폭력으로 방해한 피고인의 행위를 청원경찰법 제3조 및 경찰관직무집행법 제2조에 따라 공무집행방해죄로 기소하였다. 원심은 이를 공무집행방해죄로 인정하였고, 이 사건 원고(피고인) 갑은 원심의 위 조치에 대하여 대법원에 상고하였다.(결과: 기각)

3. 판결요지

청원경찰법 제3조, 경찰관직무집행법 제2조 규정에 비추어 보면 군 도시과 단속계 요원으로 근무하고 있는 청원경찰관이 허가 없이 창고를 주택으로 개축하는 것을 단속하는 것은 그의 정당한 공무집행에 속한다고 할 것이므로 이를 폭력으로 방해하는 소위는 공무집행방해죄에 해당된다.

4. 판례해설

경찰은 '위험방지'(Gefahrenabwehr)라고 하는 특수한 임무, 즉 그의 성질상 요건과 효과를 구체적으로 정하기가 불가능한 임무를 수행하고 있는 점에서 일반조항(Generalklausel)을 통하여 '포괄적 수권'을 허용하는 것이 보통이다. 이러한 포괄적 수권은 개괄적 수권조항에 근거하여 행하여진다. 개괄조항에 의하여 경찰권의 조리상의 한계에 관한 문제가 발생한다. 개괄적 수권조항의 인정 여부에 대하여는 견해의 대립이 있으나, 명문의 개별적 수권규정이 없는 경우에 보충적으로 인정된다고 보는 것이 학설・판례의 태도라고 할 수 있다. 경찰관직무집행법 제2조 제5호(현행 제7호)의 "그 밖에 공공의 안녕과 질서유지"는 개괄적 수권조항의 한 예이다.

여기서 공공의 안녕(안전, öffentliche Sicherheit)은 국가의 존립과 그의 공공시설 및 개인의 생명・신체・재산・명예에 대하여 아무런 장해(Störung)도 없는 상태를, 공공의 질서(öffentliche Ordnung)는 그 준수가 개인의 정상적인 공동생활에 있어서 불가결한 요건임과 동시에 당시의 일반적인 사회관 및 윤리관에 의하여 뒷받침될 수 있는 규범의 총체를 의미하는 것으로 이해된다. 그러나 그 개념 범위가 너무 넓다는 비판이 있다. 이러한 이유로 경찰관직무집행법 제2조에 경찰권 발동요건의 하나로 "공공의 안녕과 질서에 대한 구체적 위험이 있을 때"를 포함시키자는 견해가 제시되기도 한다.

본 사안에서는 청원경찰의 단속권한의 근거 유무와 공무집행방해죄 성립의 근거 가부가 논의된다. 전자의 경우 판례는 청원경찰의 단속행위의 근거를 청원경찰법 제3조에 따른 경찰관직무집행법 제2조의 직무규정에 두고 있고 특히 내용상 그 직무 중 "기타 공공의 안녕과 질서유지"에 해당한다고 볼 수 있으므로 개괄적 수권조항을 긍정하는 것으로 판단된다. 이를 긍정할 때 청원경찰의 정당한 공무집행을 폭력으로 방해한 행위는 그 자체로써 형사법상의 공무집행방해가 성립된다.

그런데 위 판례의 입장은 최근 2008. 2. 29. 청원경찰법의 개정으로 그 입장을 그대로 유지할 것인지 여부에 의문이 있다. 동법 제3조는 종래에는 "청원경찰은 청원주와 배치된 기관, 시설 또는 사업장등의 구역을 관할하는 경찰서장의 감독을 받아 그 경비구역 내에 한하여 경찰관직무집행법에 의한 직무를 행한다"고 규정한 반면, 개정법에서는 "…그 경비구역안에 한하여 경비목적을 위하여 필요한 범위 안에서 경찰관직무집행법에 의한 경찰관의 직무를 행한다"고 하였다. 여기서 개정법상의 "경비목적을 위하여 필요한 범위 안에서"는 경찰의 직무수행의 한계를 설정할 뿐 아니라 특히 '경비'가 도난 · 재난 · 침략 등을 염려하여 사고가 나지 않도록 미리 살피고 지키는 일이라는 사전적 의미를 감안할 때 직무의 범위는 대단히 축소될 가능성이 있기 때문이다.

III 관련판례

1. 대법원 1993. 5. 27. 선고 92도3402 판결 【도로교통법위반】

[1] 구 도로교통법 제107조의2 제2호의 음주측정불응죄는 경찰관으로부터 술에 취한 상태에 있다고 의심받을 상당한 이유가 있는 사람이 도로교통법 제41조 제2항의 규정에 의한 경찰공무원의 측정에 응하지 아니한 경우에 성립하고, 법 제41조 제2항에서 규정하는 경찰관의 음주측정은 위 조항과 법 제1조의 취지에 비추어 볼 때 음주운전을 제지하지 아니하고 방치할 경우에 초래될 도로교통의 안전에 대한 침해 또는 위험을 미리 방지하기 위한 필요성 즉 "교통안전과 위험방지의 필요성"이 있을 때에 한하여 음주운전의 혐의가 있는 운전자에 대하여 요구할 수 있는 예방적인 행정행위일 뿐 그 조항에 의하여 경찰관에게 이미 발생한 도로교통상의 범죄행위에 대한 수사를 위한 음주측정 권한이 부여된 것이라고는 볼 수 없으므로, 이러한 범죄수사를 위한 경찰관의 음주측정 요구에 불응한 경우에는 다른 증거에 의하여 음주운전죄로 처벌할 수 있음은 별

론으로 하고 법 제107조의2 제2호 소정의 음주측정불응죄는 성립하지 아니한다.

[2] 위 [1]의 "교통안전과 위험방지의 필요성"이란 당해 운전자의 운전으로 인하여 발생될 구체적인 위험성을 뜻하는 것이고, 그와 같은 필요성은 음주측정을 요구받았을 당시에 존재하여야 하므로, 운전자가 운전을 종료하여 더 이상 자동차를 음주한 상태로 운전하지 아니할 것임이 명백한 경우에는 비록 음주운전의 직후에 있었다는 점에서 도로교통법상 음주운전죄의 현행범에 해당된다 하더라도 운전으로 인한 교통안전과 위험방지의 필요성은 소멸되었다고 할 수 밖에 없다.

2. 인천지방법원 2008. 5. 15. 선고 2007구합5725 판결: 항소 【수입통관보류처분취소】

관세법은 제234조 제1호에서 수출 또는 수입할 수 없는 물품의 하나로 '헌법질서를 문란하게 하거나 공공의 안녕 또는 풍속을 해치는 서적·간행물·도화·영화·음반·비디오물·조각물 기타 이에 준하는 물품'을 규정한 다음, 제237조에서 세관장은 동법 규정에 의한 의무사항을 위반하거나 국민보건 등을 해칠 우려가 있는 경우 당해 물품의 통관을 보류할 수 있다고 규정하고 있는바, 관세법 제234조 제1호가 규정하는 '풍속을 해치는'이라고 함은 특별한 사정이 없는 한, 성풍속을 해치는 '음란성'을 의미하는 것으로 해석함이 상당하고, 수출·입금지물품으로서 '풍속을 해치는 물품 내지 음란물'에 해당하는지의 여부는 당해 물품의 용도나 기능만으로 일률적으로 판단할 것은 아니고, 우리 사회일반의 건전한 통념과 가치질서, 헌법상 보장되고 있는 개인의 기본권에 미칠 영향 등을 고려하여 개별적·구체적으로 판단하여야 할 것이다.

… 국민 개개인이 이 사건 물품과 같은 성기구를 사용할 것인지 여부는 어디까지나 개인의 성적 자유에 속하는 문제이고, 그 용도 및 기능이 여성용 자위기구라는 이유만으로 수입통관을 보류하는 것은 그 물품의 잠재적 소비자인 국민 개개인의 성적 자기결정권에 대한 지나친 간섭으로 보일 뿐만 아니라, 이 사건 물품이 음란물에 해당한다거나 우리 사회의 건전한 가치질서에 대한 중대한 위협이 된다고 볼 뚜렷한 사정도 찾아볼 수 없는 이상, 이로 인하여 야기될 수

있는 보건위생상의 문제나 청소년에 대한 노출 문제에 관하여는 별도의 입법조치나 기존법령의 엄정한 집행을 통해 해결하는 것은 별론으로 하고, 이 사건 물품의 용도 및 기능이 여성용 자위기구라는 이유만으로 그 수입 자체를 금지하는 것은 더 이상 설득력이 없는 것으로 판단된다. 따라서 이 사건 물품이 관세법 제234조 제1호 소정의 '풍속을 해치는 물품'에 해당한다는 이유로 수입통관을 보류한 이 사건 처분은 위법하다.

3. 대법원 2016. 4. 15. 선고 2013다20427 판결【손해배상(기)】

경찰은 범죄의 예방, 진압 및 수사와 함께 국민의 생명, 신체 및 재산의 보호 기타 공공의 안녕과 질서유지를 직무로 하고 있고, 직무의 원활한 수행을 위하여 경찰관 직무집행법, 형사소송법 등 관계 법령에 의하여 여러 가지 권한이 부여되어 있으므로, 구체적인 직무를 수행하는 경찰관으로서는 제반 상황에 대응하여 자신에게 부여된 여러 가지 권한을 적절하게 행사하여 필요한 조치를 할 수 있고, 그러한 권한은 일반적으로 경찰관의 전문적 판단에 기한 합리적인 재량에 위임되어 있으나, 경찰관에게 권한을 부여한 취지와 목적에 비추어 볼 때 구체적인 사정에 따라 경찰관이 권한을 행사하여 필요한 조치를 하지 아니하는 것이 현저하게 불합리하다고 인정되는 경우에는 권한의 불행사는 직무상 의무를 위반한 것이 되어 위법하게 된다.

4. 대법원 2018. 12. 13. 선고 2016도19417 판결【특수공무집행방해】

[1] 경찰관 직무집행법은 경찰관이 국민의 자유와 권리를 보호하고 사회공공의 질서를 유지하기 위하여 직무 수행에 필요한 사항을 정하면서 경찰관의 직권은 직무 수행에 필요한 최소한도에서 행사되어야 한다고 정하고 있다(제1조). 경찰관 직무집행법 제2조는 경찰관 직무의 범위로 국민의 생명・신체・재산의 보호(제1호), 범죄의 예방・진압・수사(제2호), 범죄피해자 보호(제2호의2), 공공의 안녕과 질서 유지(제7호)를 포함하고 있다. 경찰관 직무집행법 제6조는 "경찰관은 범죄행위가 목전에 행하여지려고 하고 있다고 인정될 때에는 이를 예방하기 위하여 관계인에게 필요한 경고를 하고, 그 행위로 인하여 사람의 생명・

신체에 위해를 끼치거나 재산에 중대한 손해를 끼칠 우려가 있어 긴급한 경우에는 그 행위를 제지할 수 있다."라고 정하고 있다. 위 조항 중 경찰관의 제지에 관한 부분은 범죄 예방을 위한 경찰 행정상 즉시강제, 즉 눈앞의 급박한 경찰상 장해를 제거할 필요가 있고 의무를 명할 시간적 여유가 없거나 의무를 명하는 방법으로는 그 목적을 달성하기 어려운 상황에서 의무불이행을 전제로 하지 않고 경찰이 직접 실력을 행사하여 경찰상 필요한 상태를 실현하는 권력적 사실행위에 관한 근거조항이다. 경찰관 직무집행법 제6조에 따른 경찰관의 제지 조치가 적법한 직무집행으로 평가되기 위해서는, 형사처벌의 대상이 되는 행위가 눈앞에서 막 이루어지려고 하는 것이 객관적으로 인정될 수 있는 상황이고, 그 행위를 당장 제지하지 않으면 곧 인명·신체에 위해를 미치거나 재산에 중대한 손해를 끼칠 우려가 있는 상황이어서, 직접 제지하는 방법 외에는 위와 같은 결과를 막을 수 없는 절박한 사태이어야 한다. 다만 경찰관의 제지 조치가 적법한지는 제지 조치 당시의 구체적 상황을 기초로 판단하여야 하고 사후적으로 순수한 객관적 기준에서 판단할 것은 아니다.

[2] 주거지에서 음악 소리를 크게 내거나 큰 소리로 떠들어 이웃을 시끄럽게 하는 행위는 경범죄 처벌법 제3조 제1항 제21호에서 경범죄로 정한 '인근소란 등'에 해당한다. 경찰관은 경찰관 직무집행법에 따라 경범죄에 해당하는 행위를 예방·진압·수사하고, 필요한 경우 제지할 수 있다.

[3] 피고인은 평소 집에서 심한 고성과 욕설, 시끄러운 음악 소리 등으로 이웃 주민들로부터 수회에 걸쳐 112신고가 있어 왔던 사람인데, 피고인의 집이 소란스럽다는 112신고를 받고 출동한 경찰관 갑, 을이 인터폰으로 문을 열어달라고 하였으나 욕설을 하였고, 경찰관들이 피고인을 만나기 위해 전기차단기를 내리자 화가 나 식칼(전체 길이 약 37cm, 칼날 길이 약 24cm)을 들고 나와 욕설을 하면서 경찰관들을 향해 찌를 듯이 협박함으로써 갑, 을의 112신고 업무 처리에 관한 직무집행을 방해하였다고 하여 특수공무집행방해로 기소된 사안에서, 피고인이 자정에 가까운 한밤중에 음악을 크게 켜놓거나 소리를 지른 것은 경범죄 처벌법 제3조 제1항 제21호에서 금지하는 인근소란행위에 해당하고, 그로 인하여 인근 주민들이 잠을 이루지 못하게 될 수 있으며, 갑과 을이 112신고를 받고 출동하여 눈앞에서 벌어지고 있는 범죄행위를 막고 주민들의 피해를 예방

하기 위해 피고인을 만나려 하였으나 피고인은 문조차 열어주지 않고 소란행위를 멈추지 않았던 상황이라면 피고인의 행위를 제지하고 수사하는 것은 경찰관의 직무상 권한이자 의무라고 볼 수 있으므로, 위와 같은 상황에서 갑과 을이 피고인의 집으로 통하는 전기를 일시적으로 차단한 것은 피고인을 집 밖으로 나오도록 유도한 것으로서, 피고인의 범죄행위를 진압·예방하고 수사하기 위해 필요하고도 적절한 조치로 보이고, 경찰관 직무집행법 제1조의 목적에 맞게 제2조의 직무 범위 내에서 제6조에서 정한 즉시강제의 요건을 충족한 적법한 직무집행으로 볼 여지가 있다는 이유로, 이와 달리 보아 공소사실을 무죄로 판단한 원심판결에 필요한 심리를 다하지 않은 채 논리와 경험의 법칙에 반하여 자유심증주의의 한계를 벗어나거나 경찰관 직무집행법의 해석과 적용, 공무집행의 적법성 등에 관한 법리를 오해한 잘못이 있다고 한 사례.

5. 대법원 2022. 11. 30. 선고 2016다26662 판결 등 【손해배상(기)】

[1] 구 경찰관 직무집행법(2014. 5. 20. 법률 제12600호로 개정되기 전의 것, 이하 '구 경찰관 직무집행법'이라 한다) 제1조 제2항은 "이 법에 규정된 경찰관의 직권은 그 직무수행에 필요한 최소한도 내에서 행사되어야 하며 이를 남용하여서는 아니 된다."라고 규정하여 경찰비례의 원칙을 명시적으로 선언하고 있다. 이는 경찰행정 영역에서의 헌법상 과잉금지원칙을 표현한 것으로서, 공공의 안녕과 질서유지라는 공익목적과 이를 실현하기 위하여 개인의 권리나 재산을 침해하는 수단 사이에는 합리적인 비례관계가 있어야 한다는 의미를 갖는다. 경찰관이 구체적 상황에 비추어 인적·물적 능력의 범위 내에서 적절한 조치라는 판단에 따라 범죄의 진압 및 수사에 관한 직무를 수행한 경우에는 그러한 직무수행이 객관적 정당성을 상실하여 현저하게 불합리한 것으로 인정되지 않는 한 이를 위법하다고 할 수는 없다. 한편 불법적인 농성 진압의 경우 진압의 필요성, 농성의 태양 및 장소의 상황 등에서 예측되는 피해 발생의 구체적 위험성의 내용 등에 비추어 볼 때 농성 진압을 계속 수행할 것인지 여부 및 그 방법 등이 현저히 합리성을 결하여 위법하다고 평가할 수 있는 때에 그 직무집행이 법령을 위반한 것이라고 할 수 있다. 구 경찰관 직무집행법 제10조 제3항은 "경

찰장비를 임의로 개조하거나 임의의 장비를 부착하여 통상의 용법과 달리 사용함으로써 타인의 생명 · 신체에 위해를 주어서는 아니 된다."라고 정하고, 구 경찰장비의 사용기준 등에 관한 규정(2014. 11. 19. 대통령령 제25733호로 개정되기 전의 것) 제3조는 "경찰장비는 통상의 용법에 따라 필요한 최소한의 범위 안에서 사용하여야 한다."라고 정하고 있는바, 위 조항에서 말하는 경찰장비는 '인명 또는 신체에 위해를 가할 수 있는 경찰장비(이하 '위해성 경찰장비'라 한다)'를 뜻한다(위 규정 제2조 참조). 위 규정들은 경찰비례의 원칙에 따라 경찰관의 직무수행 중 경찰장비의 사용 여부, 용도, 방법 및 범위에 관하여 재량의 한계를 정한 것이라 할 수 있고, 특히 위해성 경찰장비는 그 사용의 위험성과 기본권 보호 필요성에 비추어 볼 때 본래의 사용방법에 따라 지정된 용도로 사용되어야 하며 다른 용도나 방법으로 사용하기 위해서는 반드시 법령에 근거가 있어야 한다.

위와 같은 경찰관의 직무수행 및 경찰장비의 사용과 관련한 재량의 범위 및 한계를 고려해 보면, 불법적인 농성을 진압하는 방법 및 그 과정에서 어떤 경찰장비를 사용할 것인지는 구체적 상황과 예측되는 피해 발생의 구체적 위험성의 내용 등에 비추어 경찰관이 재량의 범위 내에서 정할 수 있다. 그러나 그 직무수행 중 특정한 경찰장비를 필요한 최소한의 범위를 넘어 관계 법령에서 정한 통상의 용법과 달리 사용함으로써 타인의 생명 · 신체에 위해를 가하였다면, 불법적인 농성의 진압을 위하여 그러한 방법으로라도 해당 경찰장비를 사용할 필요가 있고 그로 인하여 발생할 우려가 있는 타인의 생명 · 신체에 대한 위해의 정도가 통상적으로 예견되는 범위 내에 있다는 등의 특별한 사정이 없는 한 그 직무수행은 위법하다고 보아야 한다. 나아가 경찰관이 농성 진압의 과정에서 경찰장비를 위법하게 사용함으로써 그 직무수행이 적법한 범위를 벗어난 것으로 볼 수밖에 없다면, 상대방이 그로 인한 생명 · 신체에 대한 위해를 면하기 위하여 직접적으로 대항하는 과정에서 경찰장비를 손상시켰더라도 이는 위법한 공무집행으로 인한 신체에 대한 현재의 부당한 침해에서 벗어나기 위한 행위로서 정당방위에 해당한다.

[2] 산업별 노조인 갑 노동조합의 지부가 조합원들을 각 거점에 배치하고 새총, 볼트, 화염병 등을 소지한 채 공장 점거파업을 계속하자 경찰이 점거파업을 진압하기 위하여 헬기에서 조합원들이 있던 공장 옥상을 향하여 다량의 최루액

을 살포하거나 공장 옥상으로부터 30~100m 고도로 제자리 비행을 하여 조합원들을 헬기 하강풍에 노출되게 하였고, 그 과정에서 헬기가 새총으로 발사된 볼트 등의 이물질에 맞아 손상된 사안에서, 구 경찰항공 운영규칙 제18조와 경찰장비의 사용 여부, 용도, 방법 및 범위에 관한 구 경찰관 직무집행법 및 구 경찰장비의 사용기준 등에 관한 규정(이하 '구 경찰장비사용규정'이라 한다)의 내용을 종합해 보면, 의도적으로 헬기를 낮은 고도에서 제자리 비행하여 옥외에서 농성 중인 사람을 상대로 직접 하강풍에 노출시키는 것은 경찰장비를 통상의 용법과 달리 사용함으로써 타인의 생명·신체에 위해를 주는 행위라고 볼 수 있으며, 또한 위해성 경찰장비인 최루제는 관련 법령에서 정한 발사 장치를 통해 사용되어야 하고, 구 경찰관 직무집행법 및 구 경찰장비사용규정은 최루제를 헬기를 이용하여 공중에서 살포할 수 있다는 규정을 두고 있지 않으므로, 헬기를 위와 같은 방법으로 사용하여 불법적인 농성을 진압하는 것은 경찰장비를 위법하게 사용함으로써 적법한 직무수행의 범위를 벗어났다고 볼 여지가 있는데도, 갑 노동조합 등에 대하여 헬기의 손상에 관한 손해배상책임이 성립한다고 본 원심판단에 심리미진 등의 잘못이 있다고 한 사례.

[3] 불법행위로 인한 손해배상사건에서 피해자에게 손해의 발생이나 확대에 관하여 과실이 있거나 가해자의 책임을 제한할 사유가 있는 경우에는 배상책임의 범위를 정함에 있어서 당연히 이를 참작하여야 하고, 나아가 책임제한의 비율을 정할 때에는 손해의 공평 부담이라는 제도의 취지에 비추어 손해 발생과 관련된 모든 상황이 충분히 고려되어야 하며, 책임제한에 관한 사실인정이나 비율을 정하는 것이 사실심의 전권사항이라고 하더라도 형평의 원칙에 비추어 현저히 불합리하여서는 안 된다.

[4] 불법행위로 인한 손해배상책임을 지우려면 위법한 행위와 원고가 입은 손해 사이에 상당인과관계가 있어야 하고, 상당인과관계의 유무는 결과 발생의 개연성, 위법행위의 태양 및 피침해이익의 성질 등을 종합적으로 고려하여 판단하여야 한다. 한편 민법 제763조에 따라 불법행위로 인한 손해배상에 준용되는 민법 제393조 제1항은 "채무불이행으로 인한 손해배상은 통상의 손해를 그 한도로 한다."라고 정하고, 제2항은 "특별한 사정으로 인한 손해는 채무자가 이를 알았거나 알 수 있었을 때에 한하여 배상의 책임이 있다."라고 정하고 있다. 제

1항의 통상손해는 특별한 사정이 없는 한 그 종류의 채무불이행이 있으면 사회일반의 거래관념 또는 사회일반의 경험칙에 비추어 통상 발생하는 것으로 생각되는 범위의 손해를 말하고, 제2항의 특별한 사정으로 인한 손해는 당사자들의 개별적, 구체적 사정에 따른 손해를 말한다.

[5] 일반적으로 영업용 물건이 손괴된 경우 수리를 위하여 필요한 기간 동안 그 물건에 의한 영업을 할 수 없었던 경우에는 영업을 계속하였더라면 얻을 수 있었던 수익상실은 통상손해에 해당한다. 그러나 위법한 가해행위로 인하여 영업용 물건이 손괴되었더라도 위법행위의 태양, 물건이 사용 및 손괴된 경위 등에 비추어 볼 때 가해자가 그것이 영업용 물건으로서 이를 손괴함으로써 그 물건을 이용하여 얻을 수 있었던 영업수익이 상실될 수 있다는 사정을 통상적으로 예견할 수 없었다면 그러한 경우까지도 위 손해가 통상손해에 해당한다고 보기는 어렵다.

[6] 산업별 노조인 갑 노동조합의 지부가 조합원들을 각 거점에 배치하고 새총, 볼트, 화염병 등을 소지한 채 공장 점거파업을 계속하자 국가가 을 주식회사로부터 기중기를 임차하여 점거파업 진압 현장에 투입하였고, 진압작전 수행 중 기중기가 손상될 경우 이를 수리하고 운휴보상을 하기로 한다는 내용의 약정을 하였는데, 위 기중기는 경찰병력을 옥상으로 이동시키는 것뿐만 아니라 장애물 제거, 조합원들에 대한 위협 및 화력소모를 위한 목적으로 사용되었고, 그 과정에서 조합원들이 이에 대항하여 새총으로 볼트를 발사하거나 화염병을 투척하는 등으로 인하여 기중기가 손상된 사안에서, 국가가 진압작전 과정에서 조합원들의 기중기에 대한 공격을 적극적으로 유도하였다고 볼 여지가 있고 그러한 대항행위로 인하여 기중기가 손상될 수 있음을 충분히 예상할 수 있었다고 볼 수 있으므로, 진압작전 중 기중기가 손상되는 것은 국가 스스로가 감수한 위험이라고 할 수 있고, 또한 기중기를 위와 같이 용법을 벗어난 방법으로 사용하였다면 그 손상에 관한 국가의 책임도 적지 않다고 볼 수 있는데도, 원심이 기중기 손상으로 인한 수리비 상당액의 배상에 관한 갑 노동조합 등의 책임을 80%로 제한한 것은 형평의 원칙에 비추어 현저히 불합리하고, 한편 시위진압을 위한 공권력의 행사는 국가작용이고, 시위에 참여하는 사람들로서는 시위진압에 사용되는 장비가 외관상 영업용 물건임이 명확하지 않는 한 통상적으로 국가가

보유하는 장비가 시위진압에 사용될 것으로 예견한다고 볼 수 있는데, 갑 노동조합 등으로서는 국가가 시위진압이라는 공권력을 행사하는 과정에서 사용한 기중기가 민간업체로부터 임차한 것이고, 기중기를 이용한 위와 같은 진압행위에 대항하여 이를 손상시킨 경우에 그 기중기가 영업용 물건에 해당하여 기중기 소유자인 민간업체가 이를 영업에 이용하여 얻을 수 있었던 수익을 상실하게 되는 손해가 발생하고 그러한 손해를 자신들이 부담하게 될 것을 예견하였으리라고 인정하기는 어려운데도, 기중기 손상으로 인한 휴업손해 상당의 손해가 통상손해에 해당한다거나 갑 노동조합 등이 그러한 손해의 발생을 예견할 수 있다고 보아 갑 노동조합 등이 위 손해를 배상하여야 한다고 본 원심판단에 법리오해의 잘못이 있다고 한 사례.

Ⅳ 질문 및 토의과제

1. 경찰관직무집행법 제2조 제7호의 "그 밖에 공공의 안녕과 질서유지"의 의미를 설명하라.
2. 우리 현행법상 경찰권 발동의 근거로서의 일반조항(이른바 개괄조항)이 허용되는지 및 그 인정근거를 어디에서 찾을 수 있는가?
3. 이른바 개괄조항에 근거하여 경찰권이 발동되기 위해서 필요한 요건은 무엇인가?

Ⅴ 참고문헌

김남진, 경찰권발동의 개괄적 수권조항, 법률신문 제1798호(1988. 11), 법률신문사

서정욱, 경찰권의 근거와 관련한 개괄적 수권조항, 영남법학 제11권 제2호(2005. 12), 영남대학교 출판부

이기춘, 경찰관직무집행법 제5조 제1항과 독일경찰질서법상 개괄적 수권조항 간의 비교(1), Jurist 제393호(2003. 6), 청림

Ⅵ 관련법령

경찰관직무집행법

구법 제2조 (경찰관의 직무범위) 경찰관은 범죄의 예방·진압 및 수사, 경비·요인경호 및 대간첩작전수행, 치안정보의 수집·작성 및 배포, 교통의 단속과 위해의 방지, 기타 공공의 안녕과 질서유지 등을 그 직무로 한다.

현행법 제2조 (직무의 범위) 경찰관은 다음 각 호의 직무를 수행한다.

1. 국민의 생명·신체 및 재산의 보호
2. 범죄의 예방·진압 및 수사

2의2. 범죄피해자 보호

3. 경비, 주요 인사(人士) 경호 및 대간첩·대테러 작전 수행
4. 공공안녕에 대한 위험의 예방과 대응을 위한 정보의 수집·작성 및 배포
5. 교통 단속과 교통 위해(危害)의 방지
6. 외국 정부기관 및 국제기구와의 국제협력
7. 그 밖에 공공의 안녕과 질서 유지

경찰법(현행: 국가경찰과 자치경찰의 조직 및 운영에 관한 법률)

구법 제3조 (경찰의 임무) ① 국민의 생명·신체 및 재산의 보호 ② 범죄의 예방·진압 및 수사 ③ 치안정보의 수집 ④ 교통의 단속 ⑤ 기타 공공의 안녕과 질서유지

현행법 제3조 (경찰의 임무) 경찰의 임무는 다음 각 호와 같다.

1. 국민의 생명·신체 및 재산의 보호
2. 범죄의 예방·진압 및 수사
3. 범죄피해자 보호
4. 경비·요인경호 및 대간첩·대테러 작전 수행
5. 공공안녕에 대한 위험의 예방과 대응을 위한 정보의 수집·작성 및 배포
6. 교통의 단속과 위해의 방지
7. 외국 정부기관 및 국제기구와의 국제협력
8. 그 밖에 공공의 안녕과 질서유지

구 청원경찰법

제3조 (청원경찰의 직무) 청원경찰은 청원주와 배치된 기관, 시설 또는 사업장등의 구역을 관할하는 경찰서장의 감독을 받아 그 경비구역 내에 한하여 경찰관직무집행법에 의한 직무를 행한다.

청원경찰법(2008. 2. 29)

제3조 (청원경찰의 직무) 청원경찰은 제4조 제2항의 규정에 의하여 청원경찰의 배치결정을 받은 자(이하 "청원주"라 한다)와 배치된 기관·시설 또는 사업장등의 구역을 관할하는 경찰서장의 감독을 받아 그 경비구역안에 한하여 경비목적을 위하여 필요한 범위 안에서 경찰관직무집행법에 의한 경찰관의 직무를 행한다.

7-4-2. 경찰권발동의 한계: 경찰비례의 원칙

I 개요

경찰권의 한계란 경찰권이 유효하게 발동될 수 있는 법상의 한계를 의미하며, 이는 법규상의 한계와 조리상의 한계의 경우로 구분할 수 있다. 경찰권의 발동은 법치행정의 원칙에 따라 반드시 법률에 근거하여야 하며, 또한 법규에 의하여 허용된 한도 안에서 행해져야 한다. 이 점에서 경찰권 발동의 근거인 경찰법규는 다른 한편으로 경찰권의 한계에 해당한다. 그런데 경찰법규는 일반적으로 경찰권발동의 요건을 불확정개념으로 규정하고 있기 때문에 그 요건이 충족된 경우에도 경찰권의 행사와 관련해서는 행정편의적으로 적용할 가능성이 적지 않다. 따라서 조리상의 한계는 경찰권발동에 대한 제2단계적 제약으로서 법규상의 한계를 보충하는 기능을 하게 되므로 실제에 있어서는 대단히 중요한 기준이 된다. 경찰권발동을 제약하는 조리상의 한계 내지 재량한계로는 경찰소극목적의 원칙, 경찰공공의 원칙(사생활불가침·사주소불가침·민사관계불간섭), 경찰비례의 원칙(적합성·필요성·상당성), 경찰책임의 원칙(행위책임·상태책임·혼합책임), 경찰평등의 원칙 등이 있다. 경찰권의 발동에서 재량한계 내지 조리상의 한계를 벗어나는 경우 그것은 곧 위법이 된다.

II 리딩케이스

1. 사건번호: 대법원 1999. 6. 22. 선고 98다61470 판결【손해배상(기)】 – 교통신호위반도주자 발포사망사건

2. 사실관계

소외 A가 1996. 11. 21. 07:05경 소외 B 등과 함께, B가 운전하는 소나타승용차를 타고 인천 남부경찰서 정문 앞길을 진행하던 중 교통신호를 위반하자 교통경찰관 X가 신호위반 범칙금납부고지서를 발부하기 위하여 정지명령을 하였으나, B는 이를 무시한 채 위 승용차를 운전하여 도주하기 시작하였다. X가 운전하는 순찰차가 비상등을 켜고 위 승용차를 추격하였으나 위 승용차는 수차례 신호를 위반하고, 중앙선을 침범하면서 도주를 계속하였고, 이때 그 부근에서 순찰근무 중이던 인천경찰서 소속 경찰관 Y가 X로부터 지원요청을 받고 그들도 또한 위 승용차를 함께 추격하였다. 위 승용차는 약 3.5km 정도를 도주하다가 도림삼거리 부근에서 차량 정체로 정차하고 있던 다른 승용차를 들이받아 더 이상 진행할 수 없게 되자, A와 B가 차에서 뛰어내려 도로 옆에 있는 약 2m 높이의 야산진입로를 뛰어올라 인근 야산 배밭으로 도주하기 시작하였고, Y는 계속하여 추격하였다. A와 B가 약 30m 가량을 함께 도주하다가 각기 다른 방향으로 갈라지자, Y는 A를 맡아 약 150m를 추격하였고, Y가 정복에 무전기 · 권총 등 각종 장비를 지니고 있었기 때문에 A과의 거리가 점점 멀어져 추격이 힘들게 되자 "거기 서, 서지 않으면 총을 쏘겠다"고 수차례 경고하고 하늘을 향하여 공포탄 2발을 발사하였고, 그럼에도 불구하고 A가 약 25m 거리를 두고 계속 도주하자 07:45경 "서지 않으면 실탄을 쏘겠다"고 경고한 후, A의 좌측 대퇴부를 향하여 38구경 리볼버 권총을 격발하여, A가 좌측 대퇴부에 관통상을 입고 쓰러졌다(이무렵 다른 쪽으로 도주하던 B도 체포되었다). X와 Y는 A

와 B를 경찰차에 태우고, 인천 소재 길병원으로 후송하였으나 A는 다음날 08:40경 좌측 대퇴부 관통상, 대퇴동맥파열로 인한 저혈량성 쇼크, 무산소성 뇌손상, 범발성 혈관 내 혈액응고장애로 사망하였다. 망 A의 배우자인 원고 갑은 Y가 실탄을 발사한 행위는 경찰관직무집행법 제11조에 정하여진 총기사용의 허용 범위를 벗어난 위법행위로서 위법이므로 피고 을(대한민국)을 상대로 국가배상을 주장하였는바, 원심은 이를 인용하였고, 을은 대법원에 상고하였다.(결과: 기각)

3. 판결요지

[1] 경찰관직무집행법 제11조의 규정에 비추어 보면 경찰관은 범인의 체포, 도주의 방지, 자기 또는 타인의 생명, 신체에 대한 방호, 공무집행에 대한 항거의 억제를 위하여 상당한 이유가 있을 때에는 필요한 한도 내에서 무기를 사용할 수 있으나, 형법이 정하는 정당방위와 긴급피난에 해당할 때 또는 체포, 도주의 방지나 항거의 억제를 위하여 다른 수단이 없다고 인정되는 상당한 이유가 있는 때에 한하여 필요한 한도 내에서만 무기를 사용하여 사람에게 위해를 가할 수 있음이 명백하다.

[2] 경찰관이 신호위반을 이유로 한 정지명령에 불응하고 도주하던 차량에 탑승한 동승자를 추격하던 중 몸에 지닌 각종 장비 때문에 거리가 점점 멀어져 추격이 힘들게 되자 수차례에 걸쳐 경고하고 공포탄을 발사했음에도 불구하고 계속 도주하자 실탄을 발사하여 사망케 한 경우, 위 사망자가 아무런 흉기를 휴대하지 아니한 상태에서 경찰관을 공격하거나 위협하는 등 거칠게 항거하지 않고 단지 계속하여 도주하였다면 그러한 상황은 형법에 규정된 정당방위나 긴급피난의 요건에 해당한다고 보기 어렵고, 위 사망자가 경찰관의 정지명령에 응하지 아니하고 계속 도주하였다는 사실만으로 경찰관직무집행법 제11조에서 규정하는 범죄를 범하였거나 범하였다고 의심할 충분한 이유가 있다고 보기도 어려우며, 동료 경찰관이 총기를 사용하지 않고도 함께 도주하던 다른 일행을 계속 추격하여 체포한 점에 비추어 볼 때, 경찰관이 추격에 불필요한 장비를 일단 놓아둔 채 계속 추격을 하거나 공포탄을 다시 발사하는 방법으로 충분히 위 사망

자를 제압할 여지가 있었다고 보이므로, 경찰관이 그러한 방법을 택하지 아니하고 실탄을 발사한 행위는 경찰관직무집행법 제11조에 정해진 총기 사용의 허용범위를 벗어난 위법행위에 해당한다.

4. 판례해설

경찰권의 발동은 사회공공질서의 유지를 위하여 묵과할 수 없는 위해 또는 위해발생의 위험을 제거하기 위하여 필요한 경우에 그 목적을 달성하기 위하여 필요한 최소한의 범위내에 국한되어야 한다는 것이 「경찰비례의 원칙」이다. 경찰권의 발동조건 및 발동정도에 있어서 비례원칙의 확보를 요한다. 경찰권발동의 한계에는 경찰비례의 원칙외에 다음의 것들이 있다.: ① 경찰행정의 목적은 공공의 안녕과 질서의 유지에 있는 것이므로, 법령에 특별한 규정이 없는 한 경찰권은 소극적인 사회질서의 유지를 위하여서만 발동되는 데 그치며, 적극적으로 공공복리의 증진을 위하여서는 발동이 허용되지 아니한다는 「경찰소극목적의 원칙」, ② 경찰권은 사회공공의 안녕질서(공적 안전과 공적 질서)를 유지하기 위하여서만 발동될 수 있는 것이며, 사회공공의 안녕질서에 직접 관계되지 아니하는 생활관계(사생활 · 사주소 · 민사관계)는 경찰권발동의 대상이 되지 아니한다는 「경찰공공의 원칙」. 특히 이를 사생활자유의 원칙이라고도 하는바, 다음의 것을 그 세부내용으로 한다.: 사생활불가침원칙(그러나 미성년자의 끽연 · 음주의 금지 등 제한이 인정된다) · 사주소불가침원칙(사주소는 직접 공중과 접촉되지 않는 장소를 뜻한다. 그러나 공중의 눈에 뜨이는 장소에서의 과도한 신체노출행위의 금지 등에 대하여는 제한이 인정된다) · 민사관계불간섭원칙(그러나 운동경기장 요금을 정상 입장료를 초과하여 전매하는 자를 단속하는 등의 경우에는 예외적으로 제한이 인정된다). ③ 사회공공의 안녕질서에 대한 장해가 발생하거나 발생할 우려(즉 경찰위반상태)가 있는 경우, 경찰권은 원칙적으로 그 경찰위반상태에 대하여 책임이 있는 자(즉 경찰책임자)에 대하여만 발동될 수 있다는 「경찰책임의 원칙」. 경찰책임은 응보적 제재를 통한 간접적 사회방위를 목적으로 하는 형사책임과 달리, 책임있는 개인도 사회의 한 구성원으로 파악하면서 그에 의해 발생한 장해의 직접적 제거를 강제하는 것이 특징이다. 여기서 경찰책임자는 위험을 야기한 자와 위험을 실현시킨 자(장해자 · 교란자 · Störer)뿐 아니라 위험과 무관한 제3자도 이에 해당할 수 있다. 경찰책임의 유형에는 행위책임 · 상태책임 · 혼합책임이 있으며, 책임이 배제되는 예외가 인정된다. ④ 경찰권을 행사함에 있어서는 모든 국민에 대하여 성별 · 종교 · 인종 · 사회적 신분 등을 이유로 하는 불합리한 차별을 하여서는 안 된다는 「경찰평등의 원칙」.

이 사안은 전형적인 경찰비례원칙의 사건인바, 여기서는 당초 신호위반으로 야기된 도주와 정지명령 · 추격 및 진압간의 관계, 도주운전자인 B의 행위와 탑승자인 A의 행위의 위법성의 정도, 탑승자인 A의 야산 도주와 발포행위의 관계, A에 대한 발포와 후송 후 익일 사망간의 인과관계 등이 논의되어야 한다. 또한 경찰권 발동에 있어서 특히 고려할 사항은 '재량권의 0으로의 수축'의 문제인바, 이는 무기사용에 있어서는 더욱 고도의 수준에서 검토되어야 할 고려사항이다. 이 사안에서 A에 대한 Y의 총기사용이 더 이상 다른 방법이 없을 정도로 유일한 해결방법이었는지 및 그러한 범죄행위였는지 등이 쟁점이 된다.

Ⅲ 관련판례

1. 대법원 1993. 7. 27. 선고 93다9163 판결【손해배상(기)】

경찰관은 "범인의 체포, 도주의 방지, 자기 또는 타인의 생명 · 신체에 대한 방호, 공무집행에 대한 항거의 억제를 위하여 상당한 이유가 있을 때"에는 필요한 한도 내에서 무기를 사용할 수 있으나, "형법 소정의 정당방위와 긴급피난에 해당할 때 또는 체포 · 도주의 방지나 항거의 억제를 위하여 다른 수단이 없다고 인정되는 상당한 이유가 있을 때"에 한하여 필요한 한도 내에서만 무기를 사용하여 사람에게 위해를 가할 수 있음이 경찰관직무집행법 제11조의 규정에 비추어 명백하다. 원심이 인정한 바와 같은 사정이라면, 위 함○길은 원고 이○영이 체포를 면탈하기 위하여 항거하며 도주할 당시 그 항거의 내용, 정도 등에 비추어 "소지하던 가스총과 경찰봉을 사용하거나 다시 한번 공포를 발사하여 위 원고를 제압할 여지"가 있었다고 보인다. 그러므로 위 함영길이 "그러한 방법을 택하지 않고 도망가는 원고 이○영의 다리를 향하여 권총을 발사한 행위"는 경찰관직무집행법 제11조 소정의 '총기사용의 허용범위'를 벗어난 위법 행위라 아니할 수 없다.

2. 대법원 1992. 4. 28. 선고 92도220 판결【공무집행방해, 폭력행위등처벌에관한법률위반】

도로교통법 제41조 제2항에 의하여 경찰공무원이 운전자에 대하여 음주여부나 주취정도를 측정함에 있어서는 그 측정방법이나 측정회수에 있어서 합리적인 필요한 한도에 그쳐야 하겠지만 그 한도 내에서는 어느 정도 재량이 있다고 하여야 할 것이다.

3. 대법원 2014. 3. 13. 선고 2012도14137 판결【집회및시위에관한법률】

[1] 집회 및 시위에 관한 법률(이하 '집시법'이라 한다) 제20조 제1항은 관할 경찰관서장은 다음 각 호의 어느 하나에 해당하는 집회 또는 시위에 대하여는 상당한 시간 이내에 자진 해산할 것을 요청하고 이에 따르지 아니하면 해산을 명할 수 있다고 규정하고, 제20조 제2항은 집회 또는 시위가 제1항에 따른 해산명령을 받았을 때에는 모든 참가자는 지체 없이 해산하여야 한다고 규정하는데, 관련 규정의 해석상 관할 경찰관서장이 위 해산명령을 할 때에는 해산사유가 집시법 제20조 제1항 각 호 중 어느 사유에 해당하는지 구체적으로 고지하여야 한다. 따라서 해산명령을 하면서 구체적인 해산사유를 고지하지 않았거나 정당하지 않은 사유를 고지하면서 해산명령을 한 경우에는, 그러한 해산명령에 따르지 않았다고 하더라도 집시법 제20조 제2항을 위반하였다고 할 수 없다.

[2] 집회 및 시위에 관한 법률에 따라 신고된 옥외집회 또는 시위와 실제 개최된 옥외집회 또는 시위 사이에 동일성이 인정되는지는, 신고된 목적, 일시, 장소, 주최자, 참가단체 및 참가인원과 시위방법 등과 실제 개최된 옥외집회 등의 그것을 서로 비교하여 전체적·종합적으로 판단하여야 하고, 옥외집회 또는 시위를 신고한 주최자가 그 주도 아래 행사를 진행하는 과정에서 신고한 목적·일시·장소·방법 등의 범위를 현저히 일탈하는 행위에 이르렀다고 하더라도 그것만으로 그 옥외집회 또는 시위가 신고 없이 개최된 것으로 볼 수는 없

고, 처음부터 옥외집회 또는 시위가 신고된 것과 다른 주최자나 참가단체 등의 주도 아래 신고된 것과는 다른 내용으로 진행되거나, 또는 처음에는 신고한 주최자가 주도하여 옥외집회 또는 시위를 진행하였지만 중간에 주최자나 참가단체 등이 교체되고 이들의 주도 아래 신고된 것과는 다른 내용의 옥외집회 또는 시위로 변경됨으로써 이미 이루어진 옥외집회 또는 시위의 신고는 명목상의 구실에 불과하게 된 것으로 볼 수 있는 정도에 이르러야 한다.

[3] 피고인이 시위에 참가하여 도로를 점거하고 행진하던 중, 위 시위가 미신고 시위라는 이유로 관할 경찰서장으로부터 해산명령을 받았음에도 이에 불응하였다고 하여 집회 및 시위에 관한 법률(이하 '집시법'이라 한다) 위반으로 기소된 사안에서, 피고인이 참가한 시위가 전국금속노동조합으로부터 신고된 것과는 다른 내용의 시위로 변경되었다고 볼 만한 자료가 없어 금지된 시위라거나 신고 없이 개최된 시위라고 보기 어려우므로, 미신고 시위임을 이유로 한 해산명령에 따르지 않은 행위가 집시법 위반죄에 해당하지 않는데도, 이와 달리 보아 유죄를 인정한 원심판결에 집시법상 시위의 동일성 및 해산명령불응에 관한 법리오해의 잘못이 있다고 한 사례.

4. 대법원 2014. 4. 10. 선고 2013도9171 판결【업무상횡령 · 식품위생법위반】

[1] 식품위생법(이하 '법'이라고 한다) 제94조 제1호, 제4조 제2호는 유독 · 유해물질이 들어 있거나 묻어 있는 것 또는 그러할 염려가 있는 식품, 식품첨가물 등을 판매한 경우에는 처벌하도록 규정하고 있고, 다만 같은 제2호 단서에 의하여 식품의약품안전처장이 인체의 건강을 해칠 우려가 없다고 인정하는 것은 판매 등 금지대상에서 제외하고 있으며, 식품위생법 시행규칙 제3조는 법 제4조 제2호 단서에 따라 판매 등이 허용되는 식품의 범위를 '법 제7조 제1항 · 제2항에 따른 식품 등의 제조 · 가공 등에 관한 기준 및 성분에 관한 규격에 적합한 것과 그 기준 및 규격이 정해지지 아니한 것으로서 식품의약품안전처장이 식품위생심의위원회의 심의를 거쳐 유해의 정도가 인체의 건강을 해칠 우려가 없다고 인정한 것'으로 한정하고 있으므로, 이에 해당하지 않는 것은 그 판매

등이 금지된다고 보아야 한다.

[2] 영업자에 의해 유독·유해물질이 들어 있는 식품이 시중에 판매되는 경우, 다수의 소비자들이 위험성을 미처 인식하지 못하고 섭취하게 됨으로써 사람의 생명과 신체에 대한 피해가 광범위하고 급속하게 발생할 우려가 있고, 일단 피해가 발생하면 사후적인 구제는 별 효과가 없는 경우가 대부분이다.

식품으로 인하여 생기는 위생상의 위해를 방지하고 식품영양의 질적 향상을 도모하며 식품에 관한 올바른 정보를 제공하여 국민보건의 증진에 이바지함을 목적으로 하여 제정된 식품위생법 제4조 제2호는 위해식품으로 인하여 생기는 위와 같은 피해의 특수성을 고려하여 유독·유해물질이 들어 있거나 묻어 있는 것 외에 그러할 염려가 있는 것에 대해서까지도 판매하는 등의 행위를 금지하고 있으므로, 실제로 유독·유해물질이 들어 있지 않거나 그로 인하여 사람의 건강을 해한 결과가 발생하지 아니하였더라도 그러한 염려가 있음만 인정된다면 식품위생법 제94조 제1호, 제4조 제2호에 의한 처벌대상이 된다.

5. 대법원 2021. 11. 18. 선고 2016도348 전원합의체 판결【준강제추행·성폭력범죄의처벌등에관한특례법위반(카메라등이용촬영)】

[1] 오늘날 개인 또는 기업의 업무는 컴퓨터나 서버, 저장매체가 탑재된 정보처리장치 없이 유지되기 어려운데, 전자정보가 저장된 각종 저장매체(이하 '정보저장매체'라 한다)는 대부분 대용량이어서 수사의 대상이 된 범죄혐의와 관련이 없는 개인의 일상생활이나 기업경영에 관한 정보가 광범위하게 포함되어 있다. 이러한 전자정보에 대한 수사기관의 압수·수색은 사생활의 비밀과 자유, 정보에 대한 자기결정권, 재산권 등을 침해할 우려가 크므로 포괄적으로 이루어져서는 안 되고, 비례의 원칙에 따라 수사의 목적상 필요한 최소한의 범위 내에서 이루어져야 한다. 수사기관의 전자정보에 대한 압수·수색은 원칙적으로 영장 발부의 사유로 된 범죄혐의사실과 관련된 부분만을 문서 출력물로 수집하거나 수사기관이 휴대한 정보저장매체에 해당 파일을 복제하는 방식으로 이루어져야 하고, 정보저장매체 자체를 직접 반출하거나 저장매체에 들어 있는 전자파일 전부를 하드카피나 이미징 등 형태(이하 '복제본'이라 한다)로 수사기관 사무

실 등 외부로 반출하는 방식으로 압수·수색하는 것은 현장의 사정이나 전자정보의 대량성으로 인하여 관련 정보 획득에 긴 시간이 소요되거나 전문 인력에 의한 기술적 조치가 필요한 경우 등 범위를 정하여 출력 또는 복제하는 방법이 불가능하거나 압수의 목적을 달성하기에 현저히 곤란하다고 인정되는 때에 한하여 예외적으로 허용될 수 있을 뿐이다. 위와 같은 법리는 정보저장매체에 해당하는 임의제출물의 압수(형사소송법 제218조)에도 마찬가지로 적용된다. 임의제출물의 압수는 압수물에 대한 수사기관의 점유 취득이 제출자의 의사에 따라 이루어진다는 점에서 차이가 있을 뿐 범죄혐의를 전제로 한 수사 목적이나 압수의 효력은 영장에 의한 경우와 동일하기 때문이다. 따라서 수사기관은 특정 범죄혐의와 관련하여 전자정보가 수록된 정보저장매체를 임의제출받아 그 안에 저장된 전자정보를 압수하는 경우 그 동기가 된 범죄혐의사실과 관련된 전자정보의 출력물 등을 임의제출받아 압수하는 것이 원칙이다. 다만 현장의 사정이나 전자정보의 대량성과 탐색의 어려움 등의 이유로 범위를 정하여 출력 또는 복제하는 방법이 불가능하거나 압수의 목적을 달성하기에 현저히 곤란하다고 인정되는 때에 한하여 예외적으로 정보저장매체 자체나 복제본을 임의제출받아 압수할 수 있다.

[2] 수사기관이 제출자의 의사를 쉽게 확인할 수 있음에도 이를 확인하지 않은 채 특정 범죄혐의사실과 관련된 전자정보와 그렇지 않은 전자정보가 혼재된 정보저장매체를 임의제출받은 경우, 그 정보저장매체에 저장된 전자정보 전부가 임의제출되어 압수된 것으로 취급할 수는 없다. 전자정보를 압수하고자 하는 수사기관이 정보저장매체와 거기에 저장된 전자정보를 임의제출의 방식으로 압수할 때, 제출자의 구체적인 제출 범위에 관한 의사를 제대로 확인하지 않는 등의 사유로 인해 임의제출자의 의사에 따른 전자정보 압수의 대상과 범위가 명확하지 않거나 이를 알 수 없는 경우에는 임의제출에 따른 압수의 동기가 된 범죄혐의사실과 관련되고 이를 증명할 수 있는 최소한의 가치가 있는 전자정보에 한하여 압수의 대상이 된다. 이때 범죄혐의사실과 관련된 전자정보에는 범죄혐의사실 그 자체 또는 그와 기본적 사실관계가 동일한 범행과 직접 관련되어 있는 것은 물론 범행 동기와 경위, 범행 수단과 방법, 범행 시간과 장소 등을 증명하기 위한 간접증거나 정황증거 등으로 사용될 수 있는 것도 포함될 수 있다.

다만 그 관련성은 임의제출에 따른 압수의 동기가 된 범죄혐의사실의 내용과 수사의 대상, 수사의 경위, 임의제출의 과정 등을 종합하여 구체적·개별적 연관관계가 있는 경우에만 인정되고, 범죄혐의사실과 단순히 동종 또는 유사 범행이라는 사유만으로 관련성이 있다고 할 것은 아니다.

범죄혐의사실과 관련된 전자정보인지를 판단할 때는 범죄혐의사실의 내용과 성격, 임의제출의 과정 등을 토대로 구체적·개별적 연관관계를 살펴볼 필요가 있다. 특히 카메라의 기능과 정보저장매체의 기능을 함께 갖춘 휴대전화인 스마트폰을 이용한 불법촬영 범죄와 같이 범죄의 속성상 해당 범행의 상습성이 의심되거나 성적 기호 내지 경향성의 발현에 따른 일련의 범행의 일환으로 이루어진 것으로 의심되고, 범행의 직접증거가 스마트폰 안에 이미지 파일이나 동영상 파일의 형태로 남아 있을 개연성이 있는 경우에는 그 안에 저장되어 있는 같은 유형의 전자정보에서 그와 관련한 유력한 간접증거나 정황증거가 발견될 가능성이 높다는 점에서 이러한 간접증거나 정황증거는 범죄혐의사실과 구체적·개별적 연관관계를 인정할 수 있다. 이처럼 범죄의 대상이 된 피해자의 인격권을 현저히 침해하는 성격의 전자정보를 담고 있는 불법촬영물은 범죄행위로 인해 생성된 것으로서 몰수의 대상이기도 하므로 임의제출된 휴대전화에서 해당 전자정보를 신속히 압수·수색하여 불법촬영물의 유통 가능성을 적시에 차단함으로써 피해자를 보호할 필요성이 크다. 나아가 이와 같은 경우에는 간접증거나 정황증거이면서 몰수의 대상이자 압수·수색의 대상인 전자정보의 유형이 이미지 파일 내지 동영상 파일 등으로 비교적 명확하게 특정되어 그와 무관한 사적 전자정보 전반의 압수·수색으로 이어질 가능성이 적어 상대적으로 폭넓게 관련성을 인정할 여지가 많다는 점에서도 그러하다.

피의자가 소유·관리하는 정보저장매체를 피의자 아닌 피해자 등 제3자가 임의제출하는 경우에는, 그 임의제출 및 그에 따른 수사기관의 압수가 적법하더라도 임의제출의 동기가 된 범죄혐의사실과 구체적·개별적 연관관계가 있는 전자정보에 한하여 압수의 대상이 되는 것으로 더욱 제한적으로 해석하여야 한다. 피의자 개인이 소유·관리하는 정보저장매체에는 그의 사생활의 비밀과 자유, 정보에 대한 자기결정권 등 인격적 법익에 관한 모든 것이 저장되어 있어 제한 없이 압수·수색이 허용될 경우 피의자의 인격적 법익이 현저히 침해될 우려가 있기 때문이다.

[3] 압수의 대상이 되는 전자정보와 그렇지 않은 전자정보가 혼재된 정보저장매체나 그 복제본을 임의제출받은 수사기관이 그 정보저장매체 등을 수사기관 사무실 등으로 옮겨 이를 탐색·복제·출력하는 경우, 그와 같은 일련의 과정에서 형사소송법 제219조, 제121조에서 규정하는 피압수·수색 당사자(이하 '피압수자'라 한다)나 그 변호인에게 참여의 기회를 보장하고 압수된 전자정보의 파일 명세가 특정된 압수목록을 작성·교부하여야 하며 범죄혐의사실과 무관한 전자정보의 임의적인 복제 등을 막기 위한 적절한 조치를 취하는 등 영장주의 원칙과 적법절차를 준수하여야 한다. 만약 그러한 조치가 취해지지 않았다면 피압수자 측이 참여하지 아니한다는 의사를 명시적으로 표시하였거나 임의제출의 취지와 경과 또는 그 절차 위반행위가 이루어진 과정의 성질과 내용 등에 비추어 피압수자 측에 절차 참여를 보장한 취지가 실질적으로 침해되었다고 볼 수 없을 정도에 해당한다는 등의 특별한 사정이 없는 이상 압수·수색이 적법하다고 평가할 수 없고, 비록 수사기관이 정보저장매체 또는 복제본에서 범죄혐의사실과 관련된 전자정보만을 복제·출력하였다 하더라도 달리 볼 것은 아니다. 나아가 피해자 등 제3자가 피의자의 소유·관리에 속하는 정보저장매체를 영장에 의하지 않고 임의제출한 경우에는 실질적 피압수자인 피의자가 수사기관으로 하여금 그 전자정보 전부를 무제한 탐색하는 데 동의한 것으로 보기 어려울 뿐만 아니라 피의자 스스로 임의제출한 경우 피의자의 참여권 등이 보장되어야 하는 것과 견주어 보더라도 특별한 사정이 없는 한 형사소송법 제219조, 제121조, 제129조에 따라 피의자에게 참여권을 보장하고 압수한 전자정보 목록을 교부하는 등 피의자의 절차적 권리를 보장하기 위한 적절한 조치가 이루어져야 한다.

[4] 임의제출된 정보저장매체에서 압수의 대상이 되는 전자정보의 범위를 초과하여 수사기관이 임의로 전자정보를 탐색·복제·출력하는 것은 원칙적으로 위법한 압수·수색에 해당하므로 허용될 수 없다. 만약 전자정보에 대한 압수·수색이 종료되기 전에 범죄혐의사실과 관련된 전자정보를 적법하게 탐색하는 과정에서 별도의 범죄혐의와 관련된 전자정보를 우연히 발견한 경우라면, 수사기관은 더 이상의 추가 탐색을 중단하고 법원으로부터 별도의 범죄혐의에 대

한 압수·수색영장을 발부받은 경우에 한하여 그러한 정보에 대하여도 적법하게 압수·수색을 할 수 있다. 따라서 임의제출된 정보저장매체에서 압수의 대상이 되는 전자정보의 범위를 넘어서는 전자정보에 대해 수사기관이 영장 없이 압수·수색하여 취득한 증거는 위법수집증거에 해당하고, 사후에 법원으로부터 영장이 발부되었다거나 피고인이나 변호인이 이를 증거로 함에 동의하였다고 하여 그 위법성이 치유되는 것도 아니다.

[5] 피고인이 2014. 12. 11. 피해자 갑을 상대로 저지른 성폭력범죄의 처벌 등에 관한 특례법 위반(카메라등이용촬영) 범행(이하 '2014년 범행'이라 한다)에 대하여 갑이 즉시 피해 사실을 경찰에 신고하면서 피고인의 집에서 가지고 나온 피고인 소유의 휴대전화 2대에 피고인이 촬영한 동영상과 사진이 저장되어 있다는 취지로 말하고 이를 범행의 증거물로 임의제출하였는데, 경찰이 이를 압수한 다음 그 안에 저장된 전자정보를 탐색하다가 갑을 촬영한 휴대전화가 아닌 다른 휴대전화에서 피고인이 2013. 12.경 피해자 을, 병을 상대로 저지른 같은 법 위반(카메라등이용촬영) 범행(이하 '2013년 범행'이라 한다)을 발견하고 그에 관한 동영상·사진 등을 영장 없이 복제한 CD를 증거로 제출한 사안에서, 갑은 경찰에 피고인의 휴대전화를 증거물로 제출할 당시 그 안에 수록된 전자정보의 제출 범위를 명확히 밝히지 않았고, 담당 경찰관들도 제출자로부터 그에 관한 확인절차를 거치지 않은 이상 휴대전화에 담긴 전자정보의 제출 범위에 관한 제출자의 의사가 명확하지 않거나 이를 알 수 없는 경우에 해당하므로, 휴대전화에 담긴 전자정보 중 임의제출을 통해 적법하게 압수된 범위는 임의제출 및 압수의 동기가 된 피고인의 2014년 범행 자체와 구체적·개별적 연관관계가 있는 전자정보로 제한적으로 해석하는 것이 타당하고, 이에 비추어 볼 때 범죄발생 시점 사이에 상당한 간격이 있고 피해자 및 범행에 이용한 휴대전화도 전혀 다른 피고인의 2013년 범행에 관한 동영상은 임의제출에 따른 압수의 동기가 된 범죄혐의사실(2014년 범행)과 구체적·개별적 연관관계 있는 전자정보로 보기 어려워 수사기관이 사전영장 없이 이를 취득한 이상 증거능력이 없고, 사후에 압수·수색영장을 받아 압수절차가 진행되었더라도 달리 볼 수 없다는 이유로, 피고인의 2013년 범행을 무죄로 판단한 원심의 결론이 정당하다고 한 사례.

Ⅳ 질문 및 토의과제

1. 경찰권의 한계를 설명하라.
2. 경찰비례의 원칙을 설명하되, 2009년 1월 중순에 발생한, 철거민 진압과정에서 다수의 사상자를 낸 바 있는 이른바 용산참사를 예로 들어 검토하라.
3. 경찰책임자가 사망하거나 또는 물건을 양도한 경우 이전에 부과되었던 경찰책임이 그 상속인이나 물건의 양수인에게 승계되는가?
4. 다수가 소량(단독으로는 경찰위반상태에 이르지 않는 경우)의 오수방출행위가 경찰위반상태를 야기하는 경우, 그 책임관계는 어떻게 되는가?
5. 제3자에 대한 경찰권발동에 관하여 설명하라.

Ⅴ 참고문헌

이상훈, 자치경찰제의 발전을 위한 입법적 개선 과제, 한국경찰학회보 24(2), 2022

이기춘, 깨어진 창이론(Broken－Window－Theory)과 무관용경찰활동(Zero－Tolerance－Policing)의 경찰법적 문제점에 관한 고찰, 토지공법연구 제34집(2006. 12), 한국토지공법학회

정 훈, 경찰상 위험개념의 법치국가적・기본권보장적 기능, 공법연구 제34집 2호(2005. 12), 한국공법학회

Ⅵ 관련법령

구 경찰관직무집행법

제11조 (무기의 사용) 경찰관은 범인의 체포・도주의 방지, 자기 또는 타인의 생명・신체에 대한 방호, 공무집행에 대한 항거의 억제를 위하여 필요하다고 인

정되는 상당한 이유가 있을 때에는 그 사태를 합리적으로 판단하여 필요한 한도 내에서 무기를 사용할 수 있다. 다만, 형법에 규정한 정당방위와 긴급피난에 해당하는 때 또는 다음 각호의 1에 해당하는 때를 제외하고는 사람에게 위해를 주어서는 아니된다.

1. 사형・무기 또는 장기 3년이상의 징역이나 금고에 해당하는 죄를 범하거나 범하였다고 의심할 만한 충분한 이유가 있는 자가 경찰관의 직무집행에 대하여 항거하거나 도주하려고 할 때 또는 제3자가 그를 도주시키려고 경찰관에게 항거할 때에 이를 방지 또는 체포하기 위하여 무기를 사용하지 아니하고는 다른 수단이 없다고 인정되는 상당한 이유가 있을 때
2. 구속영장과 압수・수색영장을 집행할 때에 본인이 경찰관의 직무집행에 대하여 항거하거나 도주하려고 할 때 또는 제3자가 그를 도주시키려고 경찰관에게 항거할 때 이를 방지 또는 체포하기 위하여 무기를 사용하지 아니하고는 다른 수단이 없다고 인정되는 상당한 이유가 있을 때
3. 범인 또는 소요행위자가 무기・흉기등 위험한 물건을 소지하고 경찰관으로부터 3회이상의 투기명령 또는 투항명령을 받고도 이에 불응하면서 계속 항거하여 이를 방지 또는 체포하기 위하여 무기를 사용하지 아니하고는 다른 수단이 없다고 인정되는 상당한 이유가 있을 때
4. 대간첩작전수행에 있어 무장간첩이 경찰관의 투항명령을 받고도 이에 불응하는 경우

현행 경찰관직무집행법

제10조의4 (무기의 사용) ① 경찰관은 범인의 체포, 범인의 도주 방지, 자신이나 다른 사람의 생명・신체의 방어 및 보호, 공무집행에 대한 항거의 제지를 위하여 필요하다고 인정되는 상당한 이유가 있을 때에는 그 사태를 합리적으로 판단하여 필요한 한도에서 무기를 사용할 수 있다. 다만, 다음 각 호의 어느 하나에 해당할 때를 제외하고는 사람에게 위해를 끼쳐서는 아니 된다.

1. 「형법」에 규정된 정당방위와 긴급피난에 해당할 때
2. 다음 각 목의 어느 하나에 해당하는 때에 그 행위를 방지하거나 그 행위자를 체포하기 위하여 무기를 사용하지 아니하고는 다른 수단이 없다고 인정되는 상당한 이유가 있을 때

   가. 사형・무기 또는 장기 3년 이상의 징역이나 금고에 해당하는 죄를

범하거나 범하였다고 의심할 만한 충분한 이유가 있는 사람이 경찰관의 직무집행에 항거하거나 도주하려고 할 때

나. 체포·구속영장과 압수·수색영장을 집행하는 과정에서 경찰관의 직무집행에 항거하거나 도주하려고 할 때

다. 제3자가 가목 또는 나목에 해당하는 사람을 도주시키려고 경찰관에게 항거할 때

라. 범인이나 소요를 일으킨 사람이 무기·흉기 등 위험한 물건을 지니고 경찰관으로부터 3회 이상 물건을 버리라는 명령이나 항복하라는 명령을 받고도 따르지 아니하면서 계속 항거할 때

3. 대간첩 작전 수행 과정에서 무장간첩이 항복하라는 경찰관의 명령을 받고도 따르지 아니할 때

② 제1항에서 "무기"란 사람의 생명이나 신체에 위해를 끼칠 수 있도록 제작된 권총·소총·도검 등을 말한다.

③ 대간첩·대테러 작전 등 국가안전에 관련되는 작전을 수행할 때에는 개인화기(個人火器) 외에 공용화기(共用火器)를 사용할 수 있다.

제 5 장
공물 및 공기업법

공물은 국가 등 행정주체가 행정활동을 위하여 공용(供用)하는 모든 물건 즉, 직접 행정목적에 공용되는 행정재산과 간접적으로 행정목적에 기여하는 재정재산을 말한다(광의의 공물). 이에 대하여 통설은 행정재산만을 공물로 이해한다(협의의 공물). 행정재산에는 공공용물과 공용물이 포함된다. 근거법률로 도로법·하천법·국유재산법 등이 있다. 공물법에서는 공물의 성립과 소멸, 법률적 특색, 공물관리와 공물경찰, 공물의 사용관계 등이 중요하게 논의된다.

공기업은 일반적으로 국가 또는 공공단체가 직접으로 사회공공의 이익을 위하여 수익적 활동으로서 경영하는 기업을 말한다(최협의의 개념). 이러한 공기업 개념도 다시 특허기업에 의한 사업을 포함하는지 여부에 따라 협의설과 광의설로 나누어진다. 근거법률로 공공기관의운영에관한법률·지방공기업법 등이 있다. 공기업법에서는 공기업의 조직·개설·운영·보호·이용관계 등에 있어서 공법적 특수성이 중요하게 논의된다. 공물 및 공기업을 포함한 급부행정법의 영역에서는 한 가지 내용의 급부에 급부의 가부결정(공법적 형식)과 급부결정의 구체적 이행(사법적 형식)으로 단계적 결정이 이루어지는 경우가 많다(급부행정법형식의 2단계설).

7-5-1. 공물의 성립과 소멸

I 개요

공물은 실정법상 다양한 법률적 특색을 가진다. 즉, 융통성의 제한(절대적 융통제한 · 상대적 융통제한 · 일부 융통제한 · 융통신고주의), 강제집행의 제한, 취득시효의 적용제한, 공용수용의 제한, 공물의 경계사정(확인적 행정행위; 도로 · 공원구역의 결정 · 고시, 하천구역의 지정), 공물의 설치 · 관리의 하자로 인한 손해배상, 공물에 관한 기타의 법률관계(상린관계, 공물등기), 공물의 관리 · 사용관계 등이 그것이다. 대법원도 이러한 법률적 특색을 긍정하고 있다. 공물의 법률적 특색은 공물의 관리와 공물경찰을 구분하게 한다. 공물은 일정한 요건을 충족하는 경우에 공물로서의 지위를 가지며 그 요건이 상실되는 경우에는 그 지위도 상실되는 것이 원칙이다. 그러나 공물 종류의 다양성으로 인해 이러한 원칙은 각 달리 적용되게 된다.

II 리딩케이스

1. 사건번호: 대법원 2000. 2. 25. 선고 99다54332 판결【소유권이전등기절차이행】 – 행정재산(도로)취득시효사건

2. 사실관계

원고들 갑은 피고 을(대한민국) 명의로 소유권보존등기가 되어 있는, 재개발구역으로 결정된 서울 용산구 용산동(지번생략) 일대의 토지인 이 사건 계쟁토지부분을 각 그들의 전 점유자의 점유기간을 포함하여 20년 동안 점유함으로써 그에 대한 취득시효가 완성되었다고 주장하는 자들이다. 그런데 을은 위 재개발구역에 국 · 공유지인 이 사건 계쟁토지가 포함되어 있고, 갑이 재개발사업의 공람공고절차의 진행과정에서 용산구청장에게 의견제출을 하거나 용산제2구역

주택개량재개발사업추진위원회가 그 시행구역내의 국·공유지 점유현황 측량을 실시하면서 위 국·공유지 점유사실을 이미 알고 있었을 것이고, 이 사건 계쟁 토지가 국유재산대장에 행정재산으로 등재되어 있다는 이유로 모두 국유재산법 제5조제2항 본문의 규정에 의하여 시효취득의 대상이 되지 아니하는 행정재산이라고 주장한다. 그러나 갑은 위 토지들이 모두 잡종재산에 불과하므로 동법 제5조 제2항 단서의 규정에 의하여 시효취득의 대상이 된다고 주장한다. 이에 대하여 원심법원은 갑의 청구를 인용하였고, 그에 대하여 을은 대법원에 상고하였다.(결과: 기각)

3. 판결요지

국유재산법상의 행정재산이란 국가가 소유하는 재산으로서 직접 공용, 공공용, 또는 기업용으로 사용하거나 사용하기로 결정한 재산을 말하는 것이고, 그 중 도로와 같은 인공적 공공용 재산은 법령에 의하여 지정되거나 행정처분으로써 공공용으로 사용하기로 결정한 경우, 또는 행정재산으로 실제로 사용하는 경우의 어느 하나에 해당하여야 비로소 행정재산이 되는 것인데, 특히 도로는 도로로서의 형태를 갖추고, 도로법에 따른 노선의 지정 또는 인정의 공고 및 도로구역 결정·고시를 한 때 또는 도시계획법 또는 도시재개발법 소정의 절차를 거쳐 도로를 설치하였을 때에 공공용물로서 공용개시행위가 있다고 할 것이므로, 토지의 지목이 도로이고 국유재산대장에 등재되어 있다는 사정만으로 바로 그 토지가 도로로서 행정재산에 해당한다고 할 수는 없다.

4. 판례해설

공물은 그 종류에 따라 그 성립요건에 차이가 있다. 「공공용물」의 성립에는 직접 일반공중의 사용에 제공될 수 있는 실체 즉, 형태적 요소와 그것을 일반공중의 사용에 제공하려는 행정주체의 의사표시 즉, 의사적 요소를 필요로 한다. 먼저 형태적 요소와 관련하여, 도로·공원 등과 같은 인공공물의 경우에는 인공에 의하여 공공용물의 형태적 요소를 갖추어야 하지만, 하천·호소 등과 같은 자연공물은 자연적 상태에 의하여 그대로 일반공중의 사용에 제공될 수 있는 실체를 갖추게 되므로 형태적 요소를 갖추기 위한 특별한 행위를 요하지 않는다. 또한 의사적 요소(공용개시, 공용지정, 공물의 설정)와 관련하여(공용개시행위는 행정행위로 보는 것이 우리나라의 통설이며 판례의 태도이다), 인공공물의 경우에는 공공용물의 형태적 요소와 의사적 요소를 갖춤으로써 성립하는 반면, 자연공물은 그 자연적 상태에 의하여 당연히 공물로서의 성질을 가지는 것이므로 형태적 요소만으로 충분하고 행정주체에 의한 특별한 공용개시행위를 필요로 하지 않는다(통설 · 판례). 「공용물」은 행정주체가 직접 자기의 사용에 제공하는 물건이기 때문에, 그 성립에는 특별한 의사표시를 요하지 않는다. 공용물은 일정한 물건이 공용에 제공할 수 있는 형태를 갖추고 사실상 공용목적을 위하여 사용됨으로써 성립하게 되는 것이므로 별도로 공용개시행위를 요하지 않는 것이다. 다만, 공용물로 성립하기 위하여서는 그 전제로서 공공용물의 공용개시행위의 경우와 마찬가지로 행정주체가 당해 물건 위에 정당한 권원을 가져야 한다. 「보존공물」은 형태적 요소외에 의사적 요소도 함께 존재함으로써 성립된다. 어떤 물건이 보존공물로 지정되면 그 물건은 공물로서 일정한 공법적 제한을 받기 때문에, 보존공물로 할만한 일정한 형태적 요소를 갖추는 외에 법령에 의하여 직접 또는 법령에 근거한 공용개시행위로서 그 물건을 보존공물로 지정하는 행위가 있어야 한다.

공물의 성립과 마찬가지로 공물로서의 성질을 상실하는 소멸의 경우에도 그 종류에 따라 소멸요건에 차이가 있다. 「공공용물」의 경우에 인공공물은 공용폐지(공물의 해제)로써 소멸되는 반면(도로노선의 폐지), 자연공물은 형태적 요소의 소멸로써 소멸된다. 「공용물」은 사실상의 사용폐지(용도폐지)로서 소멸하고 달리 특별한 공용폐지를 요하지 않는다. 「보존공물」은 형태적 요소의 소멸 및 보존공용지정해제라는 의사적 요소를 요한다(국보의 지정해제(보존공용지정의 해제), 보안림의 해제).

이 사건에 있어 사실관계의 핵심은 토지의 지목이 도로이고 국유재산대장에 등재되어 있다면 항상 행정재산이라고 보아야 할 것인가의 점이다. 이 판례는 판결요지와 같이 단순히 등재되어 있다는 사실만으로 곧바로 행정재산이라고 간주할 수 없음을 분명히 하였다는 것에 의미가 있다. 즉, 이 사건 계쟁토지부분은 잡종재산으로서 시효취득 대상이 되며, 비록 추진위원회가 조합원들에게 국·공유지 점유현황 측량을 위한 측량비 납부 안내장이나 통보문을 통지하였다거나, 주택재개발조합으로 전환된 후 동 조합이 용산구청장에게 재개발을 위한 대지확보 목적으로 이 사건 계쟁토지 일부에 대하여 국유재산매수신청을 하였다는 주장이 있으나, 판례는 측량비납부 안내장 등이 원고들의 불법점유를 긍정할 수 있는 근거로 삼을 수 없고, 조합의 국유재산매각신청은 취득시효가 완성된 후 그 점유자가 국가에게 단순히 국유재산매수신청을 하였다는 사정에 불과한 것이라는 이유로 이를 배척하였다.

한편 판례는 국유잡종재산 취득시효 적용규정을 위헌으로 판단한 헌법재판소 결정의 효력을 다음과 같이 확인한 것도 의미가 있다.: 헌법재판소의 위헌결정의 효력은 위헌제청을 한 당해 사건, 위헌결정이 있기 전에 이와 동종의 위헌여부에 관하여 헌법재판소에 위헌여부심판제청을 하였거나 법원에 위헌여부심판제청신청을 한 경우의 당해 사건과 따로 위헌제청신청은 하지 아니하였지만 당해 법률 또는 법률의 조항이 재판의 전제가 되어 법원에 계속 중인 사건뿐만 아니라 위헌결정 이후에 위와 같은 이유로 제소된 일반 사건에도 미친다(대법원 2000. 2. 25. 선고 99다54332 판결).

Ⅲ 관련판례

1. 헌재 1991. 5. 13. 89헌가97 결정【국유재산법 제5조제2항에 관한 위헌심판】

국유잡종재산은 사경제적 거래의 대상으로서 사적 자치의 원칙이 지배되고 있으므로 시효제도의 적용에 있어서도 동일하게 보아야 하고, "국유잡종재산에 대한 시효취득을 부인하는 동 규정(국유재산법 제5조 제2항)"은 합리적 근거없이 국가만을 우대하고 불평등한 규정으로서 헌법상의 평등의 원칙과 사유재산권 보장의 이념 및 과잉금지의 원칙에 반한다.

2. 대법원 1983. 6. 14. 선고 83다카181 판결【소유권이전등기】

행정목적을 위하여 공용되는 행정재산의 '공용폐지'가 되지 않는 한 사법상 거래의 대상이 될 수 없으므로 시효취득의 대상도 될 수 없다.

3. 대법원 1967. 11. 28. 선고 66다2238 판결【소유권이전등기】

국유 또는 공공단체의 소유재산으로서 그 각 행정목적을 위하여 공용되어 있는 부동산은 그 '공용이 폐지'되지 않는 한, 그것이 사인의 점유로 인한 소유권 취득의 대상이 될 수 없다.

4. 대법원 2006. 9. 28. 선고 2004두13639 판결【토지수용이의재결처분취소등】

도로법 제10조, 구 도로법 시행령(2002. 5. 6. 대통령령 제17601호로 개정되기 전의 것) 제10조의2는 구 도시계획법(2000. 1. 28. 법률 제6243호로 전문 개정되기 전의 것, 이하 같다)에 의한 도시계획사업으로 설치된 도로에 관하여 도로법 제79조를 준용하고 있고, 도로법 제79조는 도로법의 규정에 의하여 건설교통부장관 또는 기타의 행정청이 행한 처분이나 제한으로 인한 손실을 받은 자가 있을 때에는 국가나 지방자치단체는 그 손실을 보상하여야 한다고 규정하고 있는바, 도로의 공용개시행위로 인하여 공물로 성립한 사인 소유의 도로부지 등에 대하여 도로법 제5조에 의하여 사권의 행사가 제한됨으로써 그 소유자가 손실을 받았다고 하더라도 이와 같은 사권의 제한은 건설교통부장관 또는 기타의 행정청이 행한 것이 아니라 도로법이 도로의 공물로서의 특성을 유지하기 위하여 필요한 범위 내에서 제한을 가하는 것이므로, 이러한 경우 도로부지 등의 소유자는 국가나 지방자치단체를 상대로 하여 부당이득반환청구나 손해배상청구를 할 수 있음은 별론으로 하고 도로법 제79조에 의한 손실보상청구를 할 수는 없다고 할 것이다.

원심은, 이 사건 토지는 구 도시계획법상의 도시계획사업시행자인 피고 동두천시(이하 '피고 시'라 한다)의 시장이 도시계획사업으로 도로를 설치하기 위하여 소유권을 협의취득하여 도로부지로 편입시키고 도로공사를 완성하여 적법하게 공용개시행위가 이루어졌는데, 그 후 피고 시의 위 협의취득 전에 설정된 근저당권이 실행되어 원고가 그 경매절차에서 이 사건 토지를 낙찰받아 소유권을 취득함으로써 피고 시의 소유권취득은 무효로 되어 피고 시는 이 사건 토지를 법률상 권원 없이 도로로 점용하고 있는 결과가 되었는바, 이와 같은 경우에는 구 도시계획법이나 도로법에 의한 피고 시의 어떠한 처분이나 제한으로 인하여 원고가 손실을 입었다고는 할 수 없으므로, 원고가 피고 시에 대하여 이 사건 토지의 점용에 따른 사용료 상당의 부당이득반환청구를 할 수 있음은 별론으로 하고, 도로법 제79조에 의한 손실보상청구를 할 수 없다고 판단하였다.

5. 대법원 2009. 12. 10. 선고 2006다87538 판결【소유권이전등기】

[1] 공유수면으로서 자연공물인 바다의 일부가 매립에 의하여 토지로 변경된 경우에 다른 공물과 마찬가지로 공용폐지가 가능하다고 할 것이며, 이 경우 공용폐지의 의사표시는 명시적 의사표시뿐만 아니라 묵시적 의사표시도 무방하다.

[2] 공물의 공용폐지에 관하여 국가의 묵시적인 의사표시가 있다고 인정되려면 공물이 사실상 본래의 용도에 사용되고 있지 않다거나 행정주체가 점유를 상실하였다는 정도의 사정만으로는 부족하고, 주위의 사정을 종합하여 객관적으로 공용폐지 의사의 존재가 추단될 수 있어야 한다.

[3] 토지가 해면에 포락됨으로써 사권이 소멸하여 해면 아래의 지반이 되었다가 매립면허를 초과한 매립으로 새로 생성된 사안에서, 국가가 그 토지에 대하여 자연공물임을 전제로 한 아무런 조치를 취하지 않았다거나 새로 형성된 지형이 기재된 지적도에 그 토지를 포함시켜 지목을 답 또는 잡종지로 기재하고 토지대장상 지목을 답으로 변경하였다 하더라도, 그러한 사정만으로는 공용폐지에 관한 국가의 의사가 객관적으로 추단된다고 보기에 부족하다고 한 사례.

6. 대법원 1999. 4. 15. 선고 96다24897 전원합의체 판결【소유권이전등기말소등】

[다수의견] 구 도시계획법(1991. 12. 14. 법률 제4427호로 개정되기 전의 것) 제

83조 제2항은 "행정청이 아닌 시행자가 도시계획사업을 시행하여 새로이 설치한 공공시설은 그 시설을 관리할 국가 또는 지방자치단체에 무상으로 귀속되며, 도시계획사업의 시행으로 인하여 그 기능이 대체되어 용도가 폐지되는 국가 또는 지방자치단체의 재산은 국유재산법 및 지방재정법 등의 규정에 불구하고 그가 새로 설치한 공공시설의 설치비용에 상당하는 범위 안에서 그 시행자에게 이를 무상으로 양도할 수 있다."고 규정하고 있으므로, 도시계획사업의 시행으로 공공시설이 설치되면 그 사업완료(준공검사)와 동시에 당해 공공시설을 구성하는 토지와 시설물의 소유권이 그 시설을 관리할 국가 또는 지방자치단체에 직접 원시적으로 귀속된다.

[별개의견] 구 도시계획법(1991. 12. 14. 법률 제4427호로 개정되기 전의 것) 제83조 제2항은 '행정청이 아닌 시행자가 도시계획사업을 시행하여 새로이 설치한 공공시설은 그 시설을 관리할 국가 또는 지방자치단체에 무상으로 귀속된다.'고 규정하는 한편, 같은 법 제83조 제5항은 '제2항의 규정에 의하여 관리청에 귀속될 공공시설…에 관하여 …그 사업이 완료되어 준공검사를 필한 후에 그 시행자가 사업완료통지를 관리청에 함으로써 관리청에의 귀속이 된 것으로 본다.'고 규정하고 있는바, 이는 민법 제187조 소정의 '법률의 규정에 의한 물권변동'의 한 형태를 규정한 것으로 구 도시계획법 제83조 제2항은 그 물권변동의 법률요건을, 같은 법 제83조 제5항은 그 법률효과가 발생되는 시기를 각 규정한 것으로 보아야 할 것이므로, 구 도시계획법 제83조 제2항 및 제5항의 규정에 의한 물권변동에 있어서, 행정청이 아닌 시행자가 도시계획사업을 시행하여 준공검사를 마치는 것까지가 그 사업시행으로 인하여 새로이 설치된 공공시설이 국가 또는 지방자치단체에 무상으로 귀속하는 법률효과를 일으키는 법률요건에 해당하고(도시계획법 제83조 제7항이 준공검사서를 등기원인 증서로 규정하고 있는 것도 같은 취지이다.), 시행자의 사업완료통지는 이러한 법률요건에 의한 법률효과의 발생을 그 통지에 의존케 하는 것으로서, 그 사업이 완료된 시점에서 볼 때, 장래에 발생할 것이 사회통념상 확실하지만 그 시기가 확정되지 아니한 점에서 불확정기한에 유사한 성질을 가진 것이라고 할 것인데, 이른바 불확정기한은 그 기한사실이 발생한 때 뿐만 아니라 그 사실의 발생이 불가능하게 된 때에도, 기한은 반드시 도래한다는 법리에 따라, 그 기한이 도래한 것으로

보아야 하는 것이므로, 시행자가 사업완료통지를 행한 때는 물론, 그러한 통지의 실현이 사실상 불가능하게 된 때, 예를 들면 사업완료 후 당해 공공시설에 관하여 국가 또는 지방자치단체의 소유권취득과 양립할 수 없는 처분행위가 이루어져 소유권의 귀속의 효력을 발생시키는 사업완료통지를 더 이상 기대할 수 없게 된 때에도 시행자가 사업완료통지를 한 것으로 보아 그 소유권이 국가 또는 지방자치단체에 귀속하는 효력이 발생하는 것으로 해석하여야 한다.

[반대의견] 구 도시계획법(1991. 12. 14. 법률 제4427호로 개정되기 전의 것) 제83조 제1항 내지 제5항의 규정내용, 같은 법의 다른 조항 및 다른 실정법 조항을 종합하여 보면, 같은 법 제83조 제1항과 제2항은 공공시설의 귀속 주체 및 방법(유상이 아닌 무상)을, 제4항 후단과 제5항은 그 귀속시기를 각 규정한 것으로 해석함이 가장 평이하고 자연스러우며, 행정청이 아닌 시행자가 설치한 공공시설의 소유권이 국가 또는 지방자치단체에 귀속되는 시기는 같은 조 제5항의 사업완료 통지시라고 풀이함이 옳다.

Ⅳ 질문 및 토의과제

1. 도로가 행정재산이 되기 위한 요건을 설명하라.

2. 도로가 공물로서 성격을 취득하는 시점은 언제인가?

3. 공물의 형태적 요소가 멸실된 경우, 공물의 소멸을 위해 공용폐지의 명시적 의사표시를 요하는가?

4. 공물의 특성(법률적 특색) 또는 공법적 특색을 설명하라.[제1회·제14회 행정고시, 제4회 사법시험]

5. 공물관리와 공물경찰을 구별하라.[제9회 행정고시]

6. 다음의 각 사례를 검토하여 논의해 보라.
   (1) 토지가 포락되어 하천에 편입된 경우, 그 토지에 대한 소유권의 소멸 여부[대법원 1978. 2. 28. 선고 97다2321 판결]
   (2) 토지가 포락되거나 하천구역화하여 국유지로 되었다가 그 후 성토되는 등 사정변경이

생긴 경우, 그 토지에 대한 사권의 회복 여부[대법원 1984. 11. 27. 선고 84다카1072 판결]

(3) 국가 또는 지방자치단체가 권원 없이 도로부지를 도로로 사용하고 있는 경우에 도로법 제5조가 적용되는지 여부[대법원 1999. 11. 26. 선고 99다40807 판결]

(4) 공유수면에 매립공사를 시행하여 주변이 매립지로 바뀌었지만 그 중 일부가 원래의 수면형태로 남아 있는 경우, 그 부분의 성질[대법원 1992. 4. 28. 선고 91누4300 판결]

(5) 용도폐지 되지 않은 행정재산 매각처분의 효력[대법원 1965. 11. 23. 선고 65다1849 판결]

(6) 행정재산이 공용폐지되어 취득시효의 대상이 된다는 사실에 대한 입증책임[대법원 1994. 3. 22. 선고 93다56220 판결]

Ⅴ 참고문헌

박해식, 일반사건에 대한 위헌결정의 소급효, 대법원판례해설 제58호, 법원도서관

사봉관, 위헌결정의 효력발생시기, 헌법논총 제18집(2007. 12), 헌법재판소

장석조, 위헌 법률에 기초한 과세처분의 집행력, 사법논집 제34집, 법원도서관

Ⅵ 관련법령

구 국유재산법

제5조 (국유재산의 보호) ① 누구든지 국유재산을 정당한 사유없이 사용 또는 수익하지 못한다.

② 국유재산은 민법 제245조의 규정에 불구하고 시효취득의 대상이 되지 아니한다. 다만, 잡종재산의 경우는 그러하지 아니하다.

현행 국유재산법

제7조 (국유재산의 보호) ① 누구든지 이 법 또는 다른 법률에서 정하는 절차와 방법에 따르지 아니하고는 국유재산을 사용하거나 수익하지 못한다.

② 행정재산은 「민법」 제245조에도 불구하고 시효취득(時效取得)의 대상이 되지 아니한다.

7-5-2. 공물의 사용관계

I 개요

공물의 사용관계란 공물의 사용에 관하여 공물주체와 사용자와의 사이에 발생하는 법률관계를 말한다. 공물사용관계는 공용물과 공공용물에 따라 다른바, 전자는 직접 행정목적에 사용되는 공물이므로 일반공중의 사용은 그 지장이 없는 한도에서 이루어지는 반면, 후자는 그 자체가 일반공중의 이용에 제공되는 것을 목적으로 하는 공물이므로 특별한 경우를 제외하고는 그 사용이 자유롭다는 것에서 차이가 있다. 공물의 사용관계는 사용방법을 표준으로 하여 일반사용과 특별사용으로 구분된다. 특별사용은 일반사용의 범위를 넘어서 사용이 허용된 경우를 말한다. 특별사용은 다시 ① 허가사용 ② 특허사용 ③ 관습상의 사용 ④ 사법상의 사용 등으로 구분된다.

II 리딩케이스

1. 사건번호: 대법원 2007. 5. 31. 선고 2005두1329 판결 【도로점용허가거부처분취소등】 - 도로점용불허사건

2. 사실관계

원고 갑은 행주대교 남단 도로('이 사건 본선도로')의 바깥쪽 일부인 서울 강서구 개화동(지번 생략) 등 16필지 674㎡를 주유소 진・출입을 위한 가・감속차로 용도로 사용하고자 피고 을(서울특별시 강서구청장)에게 도로점용허가를 신청하였고, 이에 을은 아래의 사실을 확인한 후 이 사건 토지부분에 주유소

진·출입을 위한 가·감속차로를 설치하는 것이 부적합하다는 이유로 이 사건 도로점용허가신청을 반려하였다. 갑은 위 도로점용허가거부처분의 취소를 구하는 소송을 제기하였는바, 원심은 갑의 청구를 인용하였고, 그에 대하여 을은 대법원에 상고하였다.(결과: 파기환송)

을의 확인 사실은 다음과 같다.: ① 이 사건 토지부분을 포함한 이 사건 본선도로는 이 사건 처분 당시 편도 3차로에서 편도 6차로로 확장하는 공사가 진행 중이다가 원심 변론종결 당시에는 공사가 완공되었는데 그 중 6차로 상에는 지하철 9호선 전동차 진입선이 설치될 예정임. ② 위 전동차 진입선은 전동차량의 반입 또는 교체의 필요성 등이 있을 경우에 일시적으로 사용되는 것으로서 전동차량 등의 반입시에는 일반 차량이 운행할 수 없도록 진입선이 설치된 도로가 차단될 예정이나 그렇지 아니한 때에는 도로의 노견으로서 고장차량대피용도로 사용되거나 저속차량 주행용 도로로 사용될 예정임. ③ 이 사건 토지부분은 위 전동차 진입선이 설치되는 6차선의 바깥에 위치하여 이 사건 본선도로로 진입하기 위하여는 위 전동차 진입선을 반드시 거쳐야 함. ④ 이 사건 토지부분은 완만한 곡선구간의 중간 부분으로서 이 사건 토지부분에서 북쪽 방향으로 약 230m 전방에는 자동차전용도로인 행주대교 방면 도로와 올림픽대로 방면 도로의 분기점이 있는데, 이 사건 본선도로는 주행제한속도가 70㎞이고 올림픽대로 방향으로는 분기점 기준 27m 후방부터 올림픽대로 진입과 곡선주로로 인하여 주행제한속도가 40㎞로 감속되어 있음. ⑤ 이 사건 본선도로의 진행방법은 1, 2, 3차로의 경우에는 행주대교 방향으로 가는 차량이, 4, 5차로의 경우에는 올림픽대로 방향으로 가는 차량이 각 이용하도록 되어 있음. ⑥ 올림픽대로 방면으로 진행하기 위하여 이 사건 본선도로 중 4, 5차로를 이용하던 차량이 이 사건 본선도로 중 6차로 및 이 사건 토지부분을 가·감속차로로 하여 이 사건 주유소에 진입하였다가 올림픽대로 방면으로 본선진입하는 데 별다른 어려움은 없는 것으로 보이나, 행주대교 방면으로 진행하기 위하여 이 사건 본선도로 중 1, 2, 3차로를 이용하던 차량이 이 사건 주유소에서 주유를 하기 위하여 급차선 변경할 가능성 및 그로 인한 교통사고 발생의 위험성 증가를 배제할 수 없음. ⑦ 더욱이 이 사건 주유소에서 주유를 마친 차량이 행주대교 방면으로의 본선도로 진입을 시도할 경우 고속으로 달리고 있는 본선도로 주행차량과의 교통사고 발생의 위험성이 큰 것으로 보임.

3. 판결요지

도로법 제40조제1항에 의한 도로점용은 일반 공중의 교통에 사용되는 도로에 대하여 이러한 일반사용과는 별도로 도로의 특정부분을 유형적·고정적으로 특정한 목적을 위하여 사용하는 이른바 특별사용을 뜻하는 것이고, 이러한 도로점용의 허가는 특정인에게 일정한 내용의 공물사용권을 설정하는 설권행위로서 공물관리자가 신청인의 적격성, 사용목적 및 공익상의 영향 등을 참작하여 허가를 할 것인지의 여부를 결정하는 재량행위이다.

4. 판례해설

공물의 사용관계에 있어 먼저 「일반사용」의 경우를 보면, '공공용물'의 일반사용(자유사용·보통사용)은 일반공중이 허가나 특허 등을 별도로 받지 아니하고 공공용물을 자유로이 사용할 수 있는 것을 말한다. 이를 공공용물의 일반사용이라 한다. 도로의 통행, 공원의 산책, 하천에서의 수영 등이 이에 해당한다. 일반사용과 관련해서는 공공용물이 주된 논의의 대상이 되고 있다. 공공용물의 일반사용의 법적 성질에 대하여는 반사적 이익설, 공법상의 권리설, 보호이익설 등이 있다. 반사적 이익설이 통설이다. 이와 관련하여 특히 인접주민권(Anliegerrecht)이 쟁점이 된다. 공공용물의 일반사용은 그 본래의 목적 또는 질서의 범위 안에서 허용되는 것이다. 따라서 그 목적 또는 질서를 위하여 필요한 범위 또는 타인의 공동사용을 방해하지 않는 범위 안에서 공물관리자가 정한 공물규칙 또는 일반경찰행정권에 의한 제한이 행하여질 수 있다. 사용료를 납부하지 않음이 원칙이나, 예외적으로 이를 부과하더라도 공물의 일반사용의 성질에 배치되는 것이라고는 할 수 없다. '공용물'은 공공용물의 경우와 달리, 본래 행정주체 자신이 사용함을 목적으로 하는 것이고, 일반공중의 사용에 제공하는 것이 아니기 때문에 일반사용이 원칙적으로 인정되지 않는다. 다만, 공용물 본래의 목적을 방해하지 아니하는 한도 안에서 예외적으로 일반사용이 인정되는 경우가 있다(예컨대, 국·공립학교 교정의 자유통행).

다음 「허가사용」의 경우를 보면, '공공용물'의 허가사용은 공물의 사용이 일반사용의 범위를 넘어 타인의 공동사용을 방해하거나 공공의 안녕질서에 장해를 미칠 우려가 있는 경우에, 공물의 존립을 유지하고 그 사용관계에 따르는 안전을 확보하기 위하여 일반적으로 그러한 사용을 제한한 후 특정한 경우에 신청에 의하여 그 제한을 해제하여 사용을 허용하는 것을 말한다. 공공용물의 허가사용은 공물사용의 일반적인 금지를 해제하는 행위에 불과하다. 따라서 특별한 권리설정행위인 특허와 다르다. 공물사용의 허가는 공물관리권에 의한 허가사용과 공물경찰행정권에 의한 허가사용으로 구분할 수 있으나, 전자를 원칙으로 한다. 공공용물의 허가사용은 상대방에게 사실상의 이익을 부여하는 것이기 때문에, 상대방에게 사용료의 납부의무 등을 내용으로 하는 부담을 과하는 경우가 많다(도로통행료·하천사용료 등). 이러한 금전적 납부의무는 공물의 허가사용의 성질에 반하는 것은 아니다. '공용물'은 행정주체가 행정목적의 수행을 위하여 스스로 사용함을 직접 목적으로 하기 때문에 그에 대한 허가사용은 인정되지 않지만, 예외적으로 그 사용이 허가되는 경우도 있다(예컨대, 국·공립학교·관청의 구내 체육관의 사용 등). 공물의 허가사용관계는 ① 공물의 소멸 ② 사용자의 사용포기 ③ 허가된 시설·사업의 종료 ④ 종기의 도래, 또는 해제조건의 성취 ⑤ 허가의 취소 또는 철회 등의 사유가 있게 되면 종료된다.

「특허사용」의 경우를 보면, 공물주체가 그의 공물관리권에 의하여 일반인에게는 허용되지 않는 특별한 공법상의 사용권을 특정인에게 설정하여 주는 것을 공물사용권의 특허라 하며, 이러한 특허에 의한 공물사용을 특허사용이라 한다. 도로의 점용허가, 하천부지 또는 유수의 점용허가 등은 도로점용권 또는 하천점용권의 특허에 해당한다. 공물사용권의 특허의 성질에 대하여는 공법상계약설과 행정행위설로 나뉘나, 상대방의 신청이나 동의를 전제로 하는 쌍방적 행정행위로 보는 것이 통설이다.

그밖에 관습상의 공물사용(관습상의 특별사용)은 성문법이 갖추어지지 못한 하천·공유수면 등의 자연공물의 관리 및 사용관계의 영역에서는 공물상의 특허행위 없이 관습에 의하여 성립되는 경우를 말한다. 대법원은 관개용수리권·유수권·음용용수권·입어권 등을 관습상 사용권으로 인정한다. 그러나 정치망어업·양식어업에 대한 관행어업권은 인정되지 않는다. 또한 공물에 대하여 사법상의 사용관계가 성립될 수 있느냐에 관하여는 긍정설과 부정설이 대립되고 있다. 긍정설이 종래의 통설과 판례의 입장이다.

이 사건과 관련하여, 먼저 고정적으로 주유소 진·출입로로만 사용하겠다는 것이 아니므로 도로점용 허가사항이라고 할 수 없다는 주장이 있는바, 이는 도로점용의 의미를 얼마나 엄격하게 해석할 것인가의 문제에 해당한다. 이 사안에서는 도로점용의 의미를 너무 엄격하게 해석할 것은 아니라고 보이는바, 판례도 도로법 제40조에 규정된 도로의 점용이라 함은 반드시 독점적·배타적인 것이 아니라 사용목적에 따라서는 도로의 일반사용과 병존이 가능한 경우도 있고, 이러한 경우에는 도로 점용부분이 동시에 일반공중의 교통에 공용되고 있다고 하여 도로점용이 아니라고 할 수 없다는 입장이다(대법원 1993. 5. 11. 선고 92누13325 판결). 곧 이 사건 진·출입을 위한 가·감속차로 설치도 도로점용에 해당한다는 것이다. 따라서 예컨대 원고가 일반사용과 특별사용이 병존되는 도로상에 주유소 진·출입만을 위한 일정한 장애물을 설치하는 경우에는 도로점용료 상당의 부당이득금을 징수할 수 있게 된다.

그 밖에 이 사안에서는 피고의 허가신청 반려행위가 재량권의 일탈·남용에 해당하지 않는가에 의문이 있는바, 이는 피고의 확인사실에 대한 판단의 문제에 해당하므로 구체적인 논의가 필요하다. 또한 도로점용의 경우에는 부관을 붙일 수 있는지 여부가 논란이 된다.

III 관련판례

1. 대법원 1990. 2. 13. 선고 89다23022 판결【소유권확인】

하천의 점용허가권은 특허에 의한 공물사용권의 일종으로서 하천의 관리주체에 대하여 일정한 특별사용을 청구할 수 있는 채권에 지나지 아니하고 대물적 효력이 있는 물건이라 할 수 없다.

2. 대법원 1991. 10. 11. 선고 90누8688 판결【하천부지점용허가일부취소처분취소】

하천부지의 점유허가 여부는 관리청의 '자유재량'에 속하고, "재량행위에 있어서는 법령상의 근거가 없다고 하더라도 부관을 붙일 것인가의 여부는 당해 행정청의 재량에 속한다"고 할 것이다. 또한 같은 법 제25조 단서가 '하천의 오염방지에 필요한 부관을 붙이도록 규정'하고 있으므로, "하천부지 점유허가의 성질의 면으로 보나 법규정으로 보나 부관을 붙일 수 있음"은 명백하다.

3. 대법원 2001. 8. 24. 선고 2001두2485 판결【총사업비재산정통보처분취소등】

항만법 제17조 제1항은, 비관리청의 항만공사로 조성 또는 설치된 토지 및 항만시설은 준공과 동시에 국가 또는 지방자치단체에 귀속된다고 규정하고, 같은 조 제3항은, 비관리청은 그 귀속된 항만시설을 총사업비의 범위 안에서 대통령령이 정하는 바에 따라 무상사용할 수 있다고 규정하고 있는바, 비관리청이 행한 항만시설은 비관리청의 의사와 아무런 상관없이 항만법의 규정에 의하여 당연히 국가 또는 지방자치단체에 귀속하는 대신, 비관리청은 항만법에 의하여 총사업비의 범위 안에서 당해 항만시설에 대하여 무상사용권을 취득할 수 있으므로, 이에 따라 비관리청이 당해 항만시설을 무상사용하는 것은 일반인에게 허용되지 아니하는 특별한 사용으로서, 이른바 공물의 특허사용에 해당하고, 비관리청이 당해 항만시설을 무상사용할 수 있는 기간은 총사업비에 의하여 결정되므로, 관리청이 적법한 기준에 미달하게 총사업비를 산정하였다면, 그 금액과 적법한 기준에 의한 총사업비의 차액에 따른 기간만큼 무상사용기간이 단축되므로, 그 차액에 해당하는 기간에 관하여는 비관리청이 무상사용할 수 없게 된다는 법적 불안·위험이 현존한다고 보아야 하고, 따라서 이를 제거하기 위하여 국가를 상대로 공법상의 당사자소송으로 권리범위의 확인을 구할 필요나 이익이 있으며, 이러한 방법이 가장 유효·적절한 수단이라고 할 것이나, 관리청이 총사업비를 산정하여야만 비관리청이 당해 항만시설을 무상사용할 수 있는 것이 아니므로, 관리청이 적법한 기준에 미달하게 총사업비를 산정하여 통보하였다 하더라도 그 산정통보 자체를 항고소송으로 다툴 수는 없다.

4. 대법원 2006. 12. 22. 선고 2004다68311 판결【점포명도 · 임대차보증금반환】

[1] 공물의 인접주민은 다른 일반인보다 인접공물의 일반사용에 있어 특별한 이해관계를 가지는 경우가 있고, 그러한 의미에서 다른 사람에게 인정되지 아니하는 이른바 고양된 일반사용권이 보장될 수 있으며, 이러한 고양된 일반사용권이 침해된 경우 다른 개인과의 관계에서 민법상으로도 보호될 수 있으나, 그 권리도 공물의 일반사용의 범위 안에서 인정되는 것이므로, 특정인에게 어느 범위에서 이른바 고양된 일반사용권으로서의 권리가 인정될 수 있는지의 여부는 당해 공물의 목적과 효용, 일반사용관계, 고양된 일반사용권을 주장하는 사람의 법률상의 지위와 당해 공물의 사용관계의 인접성, 특수성 등을 종합적으로 고려하여 판단하여야 한다. 따라서 구체적으로 공물을 사용하지 않고 있는 이상 그 공물의 인접주민이라는 사정만으로는 공물에 대한 고양된 일반사용권이 인정될 수 없다.

[2] 재래시장 내 점포의 소유자가 점포 앞의 도로에 대하여 일반사용을 넘어 특별한 이해관계를 인정할 만한 사용을 하고 있었다는 사정을 인정할 수 없다는 이유로 위 소유자는 도로에 좌판을 설치 · 이용할 수 있는 권리가 없다고 본 사례.

5. 대법원 2011. 1. 13. 선고 2009다21058 판결【용수료】

[1] 댐이 완공되면 저수구역은 구 댐건설 및 주변지역지원 등에 관한 법률(2001. 12. 31. 법률 제6587호로 개정되기 전의 것, 이하 '댐법'이라 한다) 제12조, 구 하천법(2007. 4. 6. 법률 제8338호로 전부 개정되기 전의 것) 제2조에 따라 하천구역이 되고, 댐에서 방류되어 댐하류의 하천에 흐르는 물은 하천유수에 속하게 되는데, 하천유수를 본래의 공용목적에 따라 타인의 공동이용을 방해하지 않는 한도에서 자유로이 사용하는 것을 넘어서 일반인에게는 허용되지 않는 특별한 공물사용권을 설정받아 일정기간 배타적으로 사용하기 위해서는 하천법에

의해 하천점용허가를 받아야 한다. 그런데 취수 사용하고자 하는 하천유수가 댐법상 댐사용권이 설정된 물일 경우 허가신청자는 구 하천법 제34조의 규정에 따라 댐사용권자의 동의를 얻어야 하고, 구 하천법 제35조에 따라 그 손실을 보상하여야 하는데, 댐사용권자가 한국수자원공사인 경우에는 한국수자원공사법 제15조 제1항 등에 의하여 이용자와 한국수자원공사 사이에 용수계약의 체결이 강제되고 한국수자원공사법 제16조 제1항 및 댐법 제35조 제1항 등에 의하여 한국수자원공사는 이용자로부터 용수 사용료를 징수할 수 있게 된다. 이러한 용수계약은 하천점용허가라는 대물적 특허처분에 상응하여 체결된 것이므로, 각 취수장별 계약을 일괄하여 하나의 계약으로 파악하는 것은 각 용수계약 및 하천법상 하천점용허가의 본질에 어긋난다.

[2] 구 댐건설 및 주변지역지원 등에 관한 법률(2001. 12. 31. 법률 제6587호로 개정되기 전의 것) 제35조 제1항 단서 등에 의하면, 댐 건설 이전에 하천점용허가를 받아 사용하던 물량에 대해서는 사용료를 부과하지 않도록 하고 있는바, 취수지점별 취수량은 하천 수량 및 수질에 영향을 미치므로 하천관리청에서는 취수지점별로 하천점용허가를 하여 왔고, 댐용수계약이 하천점용허가와 밀접하게 연관되어 있다는 점을 보태어 보면, 용수료 부과 대상에서 제외되는 기득사용물량은 각 취수장별로 산정되어야 한다.

[3] 한국수자원공사가 공급하는 댐용수를 서울특별시가 암사 취수장에서 취수하고 요금은 취수한 물의 총량에서 기득물량을 공제한 잔여 물량에 단가를 곱하여 산출하는 방식으로 한국수자원공사와 서울특별시가 암사 취수장에 대한 용수계약을 체결한 후 다른 취수장들에 대하여는 자세한 계약 내용이 기재된 계약서를 사용하지 않고 용수계약을 체결한 사안에서, 선행 암사 취수장에 대한 용수계약이나 후행 각 취수장에 대한 용수계약 모두 개별 취수장에 관하여 체결된 것으로 보이고, 용수료 부과 대상에서 제외되는 기득사용물량은 각 취수장별로 산정되어야 한다고 해석할 여지도 충분함에도, 각 용수계약이 취수장별로 각각 별개로 이루어진 것이 아니라 전체가 하나의 계약이라고 보고, 용수료 산정 방법은 '취수장별 기득사용물량 공제방식'이 아니라 사용자별로 전체 취수장의 취수량을 합산한 물량에서 기득사용물량 총량을 공제한 것을 잔여 물량으로 인정한 후 이를 기준으로 용수 사용료를 산정하는 '사용자별 기득사용물량 총량

공제방식'에 의하여야 한다고 한 원심판결을 파기한 사례.

[4] 민법 제104조에 규정된 불공정한 법률행위는 객관적으로 급부와 반대급부 사이에 현저한 불균형이 존재하고, 주관적으로 그와 같이 균형을 잃은 거래가 피해 당사자의 궁박, 경솔 또는 무경험을 이용하여 이루어진 경우에 성립하는 것으로서, 약자적 지위에 있는 자의 궁박, 경솔 또는 무경험을 이용한 폭리행위를 규제하려는 데 그 목적이 있는바, 피해 당사자가 궁박, 경솔 또는 무경험의 상태에 있었다고 하더라도 그 상대방 당사자에게 위와 같은 피해 당사자측의 사정을 알면서 이를 이용하려는 의사, 즉 폭리행위의 악의가 없었다면 불공정 법률행위는 성립하지 않는다.

[5] 한국수자원공사와 서울특별시가 체결한 각 용수계약에서 '취수장별 기득사용물량 공제방식'에 따라 용수료를 산정하기로 정함으로써 '사용자별 기득사용물량 총량 공제방식'을 따르는 경우에 비해 용수료의 차이가 발생하더라도, 각 용수계약의 일부 내용에 불과한 공제방식에 따른 용수료의 차이만을 비교하여 급부와 반대급부 사이에 현저한 불균형 여부를 판단할 수 없고, 용수계약 체결 당시 서울특별시가 궁박한 상태에 있었다거나 서울수자원공사에게 폭리를 취하려는 의사가 있었다고 단정하기 어려움에도 불구하고, 위 용수계약 중 취수장별 공제방식에 의한 용수료 산정에 관한 약정 부분이 불공정한 법률행위로서 무효라고 한 원심판결을 파기한 사례.

6. 대법원 2019. 10. 17. 선고 2018두104 판결【도로점용허가처분무효확인등】

[1] 어떤 행정처분을 위법하다고 판단하여 취소하는 판결이 확정되면 행정청은 취소판결의 기속력에 따라 그 판결에서 확인된 위법사유를 배제한 상태에서 다시 처분을 하거나 그 밖에 위법한 결과를 제거하는 조치를 할 의무가 있다(행정소송법 제30조). 그리고 행정처분이 불복기간의 경과로 인하여 확정될 경우 그 확정력은, 처분으로 인하여 법률상 이익을 침해받은 자가 해당 처분이나 재결의 효력을 더 이상 다툴 수 없다는 의미일 뿐, 더 나아가 판결에 있어서와 같은 기판력이 인정되는 것은 아니어서 처분의 기초가 된 사실관계나 법률적

판단이 확정되고 당사자들이나 법원이 이에 기속되어 모순되는 주장이나 판단을 할 수 없게 되는 것은 아니다.

[2] 지방자치법 제16조, 제17조 제1항, 제2항 제2호, 제17항의 내용과 체계에다가 주민소송 제도의 입법 취지와 법적 성질 등을 종합하면, 주민소송에서 다툼의 대상이 된 처분의 위법성은 행정소송법상 항고소송에서와 마찬가지로 헌법, 법률, 그 하위의 법규명령, 법의 일반원칙 등 객관적 법질서를 구성하는 모든 법규범에 위반되는지 여부를 기준으로 판단하여야 하는 것이지, 해당 처분으로 지방자치단체의 재정에 손실이 발생하였는지만을 기준으로 판단할 것은 아니다.

[3] 구 공유재산 및 물품 관리법 제1조, 제2조, 도로법 제1조 등 관련 규정들의 내용과 체계에다가 두 법률의 입법 목적 등을 종합하면, 공유재산 및 물품 관리법은 공유재산 및 물품의 취득, 관리·처분에 대한 사항 일반을 규율하는 일반법의 성격을 지니는 반면, 도로법은 일반 공중의 교통에 제공되는 시설이라는 도로의 기능적 특성을 고려하여 그 소유관계를 불문하고 특수한 공법적 규율을 하는 법률로서 도로가 공유재산에 해당하는 경우 공유재산 및 물품 관리법보다 우선적으로 적용되는 특별법에 해당한다.

[4] 구 도로법 제38조, 구 도로법 시행령 제28조 제5항 각호, 그리고 도로점용허가의 대상이 되는 공작물 또는 시설의 구조기준을 정한 구 도로법 시행령 제28조 제1항 [별표 1의2]의 내용과 체계에다가 구 공유재산 및 물품 관리법(이하 '구 공유재산법'이라 한다)과 도로법의 관계 등을 종합하면, 도로법령은 구 공유재산법 제13조에 대한 특별 규정이므로, 도로의 점용에 관해서는 위 도로법령의 규정들이 우선적으로 적용되고 구 공유재산법 제13조는 적용되지 않는다.

[5] 갑 교회가 지구단위계획구역으로 지정되어 있던 토지 중 일부를 매수한 후 교회 건물을 신축하는 과정에서 을 구(舊) 소유 국지도로 지하에 지하주차장 진입 통로를 건설하고 지하공간에 건축되는 예배당 시설 부지의 일부로 사용할 목적으로 을 구청장에게 위 도로 지하 부분에 대한 도로점용허가를 신청하였고, 을 구청장이 위 도로 중 일부 도로 지하 부분을 2010. 4. 9.부터 2019. 12. 31.까지 갑 교회가 점용할 수 있도록 하는 내용의 도로점용허가처분을 하자, 갑 교회가 위 도로 지하 부분을 포함한 신축 교회 건물 지하에 예배당 등의 시설을

설치한 사안에서, 예배당, 성가대실, 방송실과 같은 지하구조물 설치를 통한 지하의 점유는 원상회복이 쉽지 않을 뿐 아니라 유지·관리·안전에 상당한 위험과 책임이 수반되고, 이러한 형태의 점용을 허가하여 줄 경우 향후 유사한 내용의 도로점용허가신청을 거부하기 어려워져 도로의 지하 부분이 무분별하게 사용되어 공중안전에 대한 위해가 발생할 우려가 있으며, 위 도로 지하 부분이 교회 건물의 일부로 사실상 영구적·전속적으로 사용되게 됨으로써 도로 주변의 상황 변화에 탄력적·능동적으로 대처할 수 없게 된다는 등의 사정을 들어, 위 도로점용허가가 비례·형평의 원칙을 위반하였다고 본 원심판단을 수긍한 사례.

[6] 수익적 행정처분에 대한 취소권 등의 행사는 기득권의 침해를 정당화할 만한 중대한 공익상의 필요 또는 제3자의 이익보호의 필요가 있는 때에 한하여 허용될 수 있다는 법리는, 처분청이 수익적 행정처분을 직권으로 취소·철회하는 경우에 적용되는 법리일 뿐 쟁송취소의 경우에는 적용되지 않는다.

[7] 법치국가 원리의 한 표현인 명확성원칙은 모든 기본권제한 입법에 대하여 요구되나, 명확성원칙을 산술적으로 엄격히 관철하도록 요구하는 것은 입법기술상 불가능하거나 현저히 곤란하므로 입법기술상 추상적인 일반조항과 불확정개념의 사용은 불가피하다. 따라서 법문언에 어느 정도의 모호함이 내포되어 있다고 하더라도 법관의 보충적인 가치판단을 통해서 법문언의 의미 내용을 확인할 수 있고 그러한 보충적 해석이 해석자의 개인적인 취향에 따라 좌우될 가능성이 없다면 명확성원칙에 반한다고 할 수 없다.

[8] 지방자치법 제17조 제1항 중 '재산의 취득·관리·처분에 관한 사항' 부분이 '재산의 취득·관리·처분'이라는 일반·추상적 용어를 사용하고 있더라도, '재산', '취득', '관리', '처분' 개념은 다수의 법률에서 널리 사용하는 용어이고, 특히 지방자치단체의 재산에 관한 사항을 규율하고 있는 지방자치법과 구 공유재산 및 물품 관리법 등 관련 법률의 조항들을 통해 의미를 파악하는 것이 가능하며, 어떤 '재산의 취득·관리·처분'에 관한 행위가 주민소송의 대상이 되는지는 결국 법원이 주민소송 제도의 입법 취지를 고려하여 구체적으로 심리하여 판단해야 할 영역이다. 나아가 대법원은 "도로 등 공물이나 공공용물을 특정 사인이 배타적으로 사용하도록 하는 점용허가가 도로 등의 본래 기능 및 목적과 무관하게 그 사용가치를 실현·활용하기 위한 것으로 평가되는 경우에는

주민소송의 대상이 되는 재산의 관리 · 처분에 해당한다고 보아야 한다."라고 판시하여 주민소송의 대상에 관하여 구체적인 판단 기준을 제시한 바 있다. 따라서 지방자치법 제17조 제1항 중 '재산의 취득 · 관리 · 처분에 관한 사항' 부분은 명확성원칙에 반하지 아니한다.

Ⅳ 질문 및 토의과제

1. 도로점용허가의 법적 성질을 설명하고, 이 사건에서 피고가 위 확인사실을 기초로 하여 행한 거부처분의 위법 · 부당성을 구체적으로 검토해 보라.
2. 공물의 허가사용과 특허사용을 비교하라.
3. 공물이용자의 법적 지위[제35회 행정고시]
4. 도로사용에 있어 인접주민의 법적 지위에 대하여 설명하시오.[제45회 사법시험]
5. 도로교통법에 의한 도로의 규제와 도로법에 의한 그것의 차이[제22회 사법시험]
6. 특정한 도로사용에 대한 법률상이익의 존부에 대하여 이용자의 유형을 다양하게 구분하여 논의해 보라.[대법원 1992. 9. 22. 선고 93다56220 판결]
7. 관행적 입어권을 설명하고, 유수권(관습상 하천용수권), 정치망어업, 양식어업 등을 예로 들어 그 성립 여부를 검토하라.

Ⅴ 참고문헌

홍정선, 도로점용허가거부처분취소 소송의 원고적격, 고시연구(2000. 7)
홍진영 · 김남진, 도로점용허가의 법적 성질, 도로의 일반사용과 특별사용, 고시연구(2005. 10)

Ⅵ 관련법령

구 도로법

제40조 (도로의 점용) ① 도로의 구역안에서 공작물·물건 기타의 시설을 신설·개축·변경 또는 제거하거나 기타의 목적으로 도로를 점용하고자 하는 자는 관리청의 허가를 받아야 한다.

② 제1항의 규정에 의하여 허가를 받을 수 있는 공작물·물건 기타의 시설의 종류와 도로의 점용허가에 관하여 필요한 사항은 대통령령으로 정한다.

현행 도로법

제61조 (도로의 점용 허가) ① 공작물·물건, 그 밖의 시설을 신설·개축·변경 또는 제거하거나 그 밖의 사유로 도로(도로구역을 포함한다. 이하 이 장에서 같다)를 점용하려는 자는 도로관리청의 허가를 받아야 한다. 허가받은 기간을 연장하거나 허가받은 사항을 변경(허가받은 사항 외에 도로 구조나 교통안전에 위험이 되는 물건을 새로 설치하는 행위를 포함한다)하려는 때에도 같다.

② 도로관리청은 승차한 상태로 상품의 구매가 가능한 시설 등 대통령령으로 정하는 시설의 설치를 위한 도로의 점용 허가를 할 때 해당 시설이 「도로교통법」 제12조 제1항에 따라 지정된 어린이 보호구역 안에 있는 경우에는 해당 어린이 보호구역 지정 대상 시설의 장 또는 대상 장소의 관리자와 협의하여야 한다. 이 경우 「도로교통법」 제12조 제1항 제1호·제2호 및 제4호에 따른 학교·유치원·어린이집의 장은 다음 각 호의 구분에 따라 해당 위원회의 의견을 들어야 한다. <신설 2023. 4. 18.>

1. 학교: 「초·중등교육법」 제31조에 따른 학교운영위원회
2. 유치원: 「유아교육법」 제19조의3에 따른 유치원운영위원회
3. 어린이집: 「영유아보육법」 제25조에 따른 어린이집운영위원회

③ 제1항에 따라 허가를 받아 도로를 점용할 수 있는 공작물·물건, 그 밖의 시설의 종류와 허가의 기준 등에 관하여 필요한 사항은 대통령령으로 정한다. <개정 2023. 4. 18.>

④ 도로관리청은 같은 도로(토지를 점용하는 경우로 한정하며, 입체적 도로구역을 포함한다)에 제1항에 따른 허가를 신청한 자가 둘 이상인 경우에는 일반경

쟁에 부치는 방식으로 도로의 점용 허가를 받을 자를 선정할 수 있다. <개정 2023. 4. 18.>

⑤ 제4항에 따라 일반경쟁에 부치는 방식으로 도로점용허가를 받을 자를 선정할 수 있는 경우의 기준, 도로의 점용 허가를 받을 자의 선정 절차 등에 관하여 필요한 사항은 대통령령으로 정한다.

구 국토의계획및이용에관한법률

제64조 (도시계획시설 부지에서의 개발행위) ① 특별시장 · 광역시장 · 시장 또는 군수는 도시계획시설의 설치 장소로 결정된 지상 · 수상 · 공중 · 수중 또는 지하는 그 도시계획시설이 아닌 건축물의 건축이나 공작물의 설치를 허가하여서는 아니 된다. 다만, 대통령령으로 정하는 경우에는 그러하지 아니하다.

현행 국토의계획및이용에관한법률

제64조 (도시 · 군계획시설 부지에서의 개발행위) ① 특별시장 · 광역시장 · 특별자치시장 · 특별자치도지사 · 시장 또는 군수는 도시 · 군계획시설의 설치 장소로 결정된 지상 · 수상 · 공중 · 수중 또는 지하는 그 도시 · 군계획시설이 아닌 건축물의 건축이나 공작물의 설치를 허가하여서는 아니 된다. 다만, 대통령령으로 정하는 경우에는 그러하지 아니하다.

7-5-3. 공기업의 이용관계

I 개요

공기업의 이용관계란 이용자가 공기업으로부터 일시적 또는 계속적으로 역무나 재화를 공급받고 설비를 이용하는 법률관계를 말한다(예컨대, 일시적 이용관계로는 대한석탄공사가 생산한 석탄의 매매, 철도의 승차이용, 공기업이 제조한 재화의 공급 등을, 계속적 이용관계로는 수도 · 가스의 공급, 학교 · 병원의 이용, 국민주택의 사용 등을 들 수 있다). 공기업의 이용관계는 일반적으로 사법관계로 보고 있지만, 실정법에서 그 이용관계가 공법관계임을 명시적으로 규정하고 있는 경우,

실정법상의 명문규정이 없을 경우에도 실정법구조 전체의 합리적 해석에 따라 공법적으로 특별한 취급을 할 필요가 있거나 성질상 사법관계로 취급될 수 없는 경우에는 공법관계로 보아야 한다.

공기업의 이용관계는 원칙적으로 경영주체와 이용자간의 자유로운 의사의 합치 즉, 사법상 계약(합의이용)에 의하여 성립하지만(예컨대, 철도이용, 국립병원에의 유료입원, 가입전화의 사용 등), 당사자의 의사 여하를 불문하고 법령에 의하여 직접 또는 간접으로 이용관계가 강제되는 경우(이용강제)에도 성립된다(예컨대, 수도이용관계, 우편 · 전기 · 도시가스 등 주민생활의 필수역무이용관계). 이용강제는 당사자에 대하여 기업주체의 이용제공의무 및 이용자에 대한 이용강제의무를 부과한다. 공기업이용관계의 내용은 일반적으로 당해 공기업에 관한 국가의 법령 또는 지방자치단체의 조례 · 규칙이나 공기업규칙(예컨대, 규정 · 정관 · 약관)에 의하여 획일적으로 정형화되는 것이 보통이다. 따라서 이용자는 정형화된 이용조건에 따라서만 공기업을 이용하고 이익을 받게 된다. 이용자의 권리에는 공기업이용권 외에 기타 부수적 권리로서 행정쟁송권 · 손해배상청구권과 평등급부청구권을 가진다. 공기업주체의 권리에는 이용조건설정권 · 이용허여(許與)권 · 이용대가징수권 · 이용관계의 해지 및 정지권을 가진다. 그 밖에 명령 및 징계권(제재권)을 포함시키기도 한다. 명령 · 징계권의 경우, 이를 공기업주체의 권리로 인정할 것인지 여부에 대하여는 긍정설과 부정설로 나뉜다. 공기업이용관계는 이용목적의 완료 · 임의탈퇴(이용관계에서 이용자의 임의탈퇴) · 이용배제(이용관계에서 공기업측의 일방적 배제) · 공기업폐지 등의 사유에 따라 종료된다.

II 리딩케이스

1. 사건번호: 대법원 2005. 6. 24. 선고 2003두6641 판결【통행료부과처분무효확인】 – 고속도로통행료사건

2. 사실관계

(1) 원고 갑 등은 성남시 분당구 거주 주민들인바, 2000. 2.경 그들 소유의

승용차를 각각 운전하여 성남시 분당구 소재 판교 톨게이트를 거쳐 양재~판교간의 경부고속국도 구간을 운행하고도 구 유료도로법('구법') 소정의 통행료를 납부하지 아니하였다.

(2) 피고 장관 을(건설교통부장관, 현 국토교통부장관)은 그동안 통행료를 징수하던 이 사건 구간에 대하여 1987. 10. 5.부터 통행료를 무료화할 것을 공고한 바 있으나, 피고 공사 정(한국도로공사)은 1992. 7. 18. 이 사건 구간을 1992. 7. 20. 00:00부터 다시 통행료 징수구간에 포함하는 내용의 고속국도 통행료 조정사항을 관보(건설부공고 제1992-87호) 및 일간신문에 공고한 후, 유료도로심의회의 '자문'을 거치지 아니하고 이 사건 구간을 다시 유료화하였다.

(3) 정은 을이 1980. 5. 9. 이 사건 구간을 포함한 전국 고속국도에 대한 통행료 징수를 통합하기로 함에 따라 전국의 고속국도에 대한 통행료 징수기간의 종기를 1988. 3.까지로 일률적으로 변경하였다가 그 징수기간을 2007. 11.까지로 순차 변경하였고, 그 변경사실은 그때마다 관보에 공고되었다.

(4) 을의 중부지역본부장은 갑 등에게 위 각 운행에 관하여 각 1,100원의 체납통행료를 소정의 기한까지 납부할 것을 통지하였다. 이에 갑 등은 을 및 정을 상대로 위 처분의 무효확인을 구하는 소송을 제기하였는바, 원심은 갑의 청구를 기각하였고, 그에 대하여 대법원에 상고하였다.(결과: 기각)

3. 판결요지

[1] 피고 공사는 국가로부터 유료도로 통행료 징수권이 포함된 유료도로관리권을 출자받아 이 사건 구간의 통행료 징수권을 행사할 권한을 적법하게 가지게 되었고, 이에 따라 피고 공사가 이 사건 처분을 한 것이지 피고 장관이 이 사건 처분을 하였다고 볼 수 없으므로 이 사건 소 중 피고 장관을 상대로 한 부분은 부적법하고, 한편 이 사건 처분의 통지서 명의자가 피고 공사가 아닌 피고 공사의 중부지역본부장으로 되어 있지만, 피고 공사의 중부지역본부장은 한국도로공사법 제11조에 의한 피고 공사의 대리인으로서 이 사건 처분은 피고 공사의 중부지역본부장이 피고 공사를 대리하여 적법하게 행한 것이다.

[2] 이 사건 구간에 대하여 피고 공사가 통행료를 다시 징수하는 것이 적법

한 것인지 여부는, … 이 사건 구간에 관하여 피고 장관의 위 통행료 무료화 공고 이후에 종전과 같이 다시 통행료를 징수하여야 할 중대한 사정변경이 생겼는지 여부에 달려 있다.… 이 사건 공고 이후에 1989. 9.경부터 약 3년에 걸쳐 이 사건 구간을 포함한 경부고속국도 양재~수원 간 4차선 도로가 8차선 도로로 확장됨으로써 도로시설이 크게 개선되어 당해 도로의 통행 또는 이용으로 인하여 통행자 또는 이용자가 받는 이익이 현저하게 증가하게 되었고, 이러한 확장공사에 소요된 막대한 투자비를 피고 공사가 회수하여야 할 필요성이 생긴 점 등을 고려하면, 이 사건 구간에 대하여 다시 통행료를 징수하여야 할 중대한 사정변경이 생겼다고 할 것이고, 당초 이 사건 구간이 유료도로였던 점에 비추어 보면 위와 같은 사정변경을 이유로 이 사건 구간에서 다시 통행료를 징수한다고 하더라도 이로 인해 이 사건 구간 이용자가 받게 될 불이익의 정도는, 위 사정변경을 이유로 이 사건 구간에서 통행료를 징수하여야 할 공익상의 필요성보다는 적으므로, 피고 공사가 이 사건 공고 이후에 발생한 위와 같은 중대한 사정변경 등을 이유로 하여 이 사건 구간을 통행 또는 이용하는 자에 대하여 종전과 같이 다시 통행료를 징수하기로 한 것은 도로관리청으로서의 적법한 재량권 행사의 범위에 속한다. 또한 피고 공사 등이 관계 행정청의 동의나 협의 등을 거치지 아니한 경우와는 달리 단순히 유료도로심의회의 '자문'을 거치지 아니하고 이 사건 구간을 다시 유료화하였다는 이유만으로는 이 사건 처분에 중대하고 명백한 하자가 있어 그것이 무효라고 할 수 없다.

4. 판례해설

공기업은 영조물과 구분되는바, 주체·목적·수단에 있어 공통되지만, 내용·계속성·이용관계 등에서 차이가 있다. 또한 공기업은 사기업과 구분되는바, 국가·공공단체 또는 정부투자기관·지방공사 등이 사회공공의 이익을 위하여 경영하는 사업이기 때문에 사기업에 비하여 그 공공적 성격이 강하게 나타난다.

이 사건은 분당 주민들의 경부고속도로 통행료 징수사건인바, 이 사건의 쟁점은 크게 정당한 통행료 징수처분 권한, 통행료 징수의 법적 근거, 통행료 무료화공고 후 재징수조치의 정당성 여부 및 재징수(유료화)조치 진행절차상 하자의 정도 등이다. 첫째, 정당한 통행료 징수권한 여부의 점은 판결요지[1]과 같이 그 권한이 본래 피고 공사에 속하나, 근거법률에 따라 피고 공사의 중부지역본부장이 대리한 것이라고 본 판시 태도는 타당하다.

둘째, 통행료 징수권의 법적 근거의 점과 관련하여 보면, 국가는 이 사건 구간이 포함되어 있는 경부고속도로를 비롯한 전국의 각종 고속도로에 관한 시설물과 그 관리권 등을 피고 공사에 출자한 사실을 알 수 있고, 유료도로법 제3조 제1항(유료도로의 통행료 징수권은 그 도로관리청에 있다. 현행 제4조 제1항) · 고속국도법 제5조(고속국도의 관리청은 피고 건설교통부장관으로 한다) · 한국도로공사법 제6조 제1항(국가는 유료도로관리권을 피고 공사에 출자할 수 있다) · 유료도로법 제2조 제3항(유료도로관리권이라 함은 유료도로를 유지 · 관리하고 유료도로를 통행하거나 이용하는 자로부터 통행료 또는 점용료 등을 징수하는 권리를 말한다. 현행 제10조 제1항) · 한국도로공사법 제11조(사장은 정관이 정하는 바에 의하여 직원중에서 공사의 업무에 관한 모든 재판상 또는 재판외의 행위를 할 수 있는 권한을 가진 대리인을 선임할 수 있다) 등을 종합적으로 해석할 때 그 징수권한의 법적 근거는 한국도로공사법 제11조가 된다(그런데 원심은 고속국도법 제6조 제1항 및 제2항을 근거로 보았다).

셋째, 통행료 재징수 문제는 종전의 피고 장관의 통행료 무료화 공고의 법적 의미부터 평가해야 할 것인바, 피고 장관이 그 동안 통행료를 징수하던 이 사건 구간에 대하여 이 사건 공고를 통하여 1987. 10. 5.부터 통행료를 무료화 할 것을 공고한 것은 앞으로는 이 사건 구간에 대한 통행료를 징수하지 않겠다는 도로관리청의 의사를 스스로 밝힌 것에 불과할 뿐, 위 공고로 인하여 유료도로로서의 요건을 충족하고 있었던 이 사건 구간의 도로에 유료도로로서의 요건을 상실하는 어떠한 질적인 변화가 발생하게 된 것이라고 할 수는 없다는 점에서, 당초 유료도로였다가 무료도로로 된 양재~판교 간 경부고속국도 구간을 8차선 도로로 확장한 후 위 구간에 대하여 종전과 같이 다시 통행료를 징수하기로 한 것이 판결요지 [2]와 같이 중대한 사정변경에 해당한다고 볼 것이므로, 이에 따른 통행료 재징수 조치를 피고 공사의 적법한 재량권 행사의 범위에 속하는 것이라고 판단한 것은 타당하다.

넷째, 통행료 재징수(유료화)조치 진행절차상 유료도로심의회의 자문을 거치지 아니한 것을 중대·명백한 하자로 보지 아니한 판시태도는 정당하다고 판단되는바, 이는 무효 및 취소의 법리에 비추어 검토할 필요가 있다.

III 관련판례

1. 대법원 1975. 10. 7. 선고 75다71 판결【손해배상】

철도편으로 탁송한 화물이 훼손된 경우에는 철도운송인이 피고에게 위 화물운송에 관하여 과실이 있다고 일응 추정되는 것이며, 운송인은 화물운송에 관하여 주의를 해태하지 아니하였음을 증명하지 아니하면 운송화물의 훼손으로 인한 손해배상책임을 면치 못한다.

2. 대법원 1969. 7. 29. 선고 69다832 판결【손해배상】

국영철도에 의한 여객운송중에 여객이 사망하였으면, 피해자는 나라를 상대로 상법 제148조에 의한 손해배상청구도 할 수 있다.

3. 대법원 1994. 3. 11. 선고 93다33296 판결【손해배상(자)】

이 사건 사고는 피고(서울특별시지하철공사)가 지하철과 같은 위험한 대중교통수단을 경영하면서 취객 등이 많아 사고발생의 위험이 높은 시간대에 여객의 실족 등을 감시·보호하는 안내원을 충분히 배치하지 아니한 과실에 기인하여 발생한 것이다.

4. 대법원 1988. 4. 12. 선고 88다2 판결【부당이득금반환】

한국전력공사의 전기공급규정은… 그 사무처리상의 편의를 위한 규정에 불과할 뿐 국민에 대하여 일반적 구속력을 갖는 법규로서의 효력은 없고, 단지 한국전력공사와 전기공급계약을 체결하거나 그 규정의 적용에 동의한 수용가에 대하여서만 효력이 미칠 뿐이다.

5. 대법원 2001. 10. 23. 선고 99다36280 판결【손해배상(기)】

[1] 일반적으로 국가 또는 지방자치단체가 권한을 행사할 때에는 국민에 대한 손해를 방지하여야 하고, 국민의 안전을 배려하여야 하며, 소속 공무원이 전적으로 또는 부수적으로라도 국민 개개인의 안전과 이익을 보호하기 위하여 법령에서 정한 직무상의 의무에 위반하여 국민에게 손해를 가하면 상당인과관계가 인정되는 범위 안에서 국가 또는 지방자치단체가 배상책임을 부담하는 것이지만, 공무원이 직무를 수행하면서 그 근거되는 법령의 규정에 따라 구체적으로 의무를 부여받았어도 그것이 국민의 이익과는 관계없이 순전히 행정기관 내부의 질서를 유지하기 위한 것이거나, 또는 국민의 이익과 관련된 것이라도 직접 국민 개개인의 이익을 위한 것이 아니라 전체적으로 공공 일반의 이익을 도모하기 위한 것이라면 그 의무에 위반하여 국민에게 손해를 가하여도 국가 또는 지방자치단체는 배상책임을 부담하지 아니한다.

[2] 상수원수의 수질을 환경기준에 따라 유지하도록 규정하고 있는 관련 법령의 취지・목적・내용과 그 법령에 따라 국가 또는 지방자치단체가 부담하는 의무의 성질 등을 고려할 때, 국가 등에게 일정한 기준에 따라 상수원수의 수질을 유지하여야 할 의무를 부과하고 있는 법령의 규정은 국민에게 양질의 수돗물이 공급되게 함으로써 국민 일반의 건강을 보호하여 공공 일반의 전체적인 이익을 도모하기 위한 것이지, 국민 개개인의 안전과 이익을 직접적으로 보호하기 위한 규정이 아니므로, 국민에게 공급된 수돗물의 상수원의 수질이 수질기준에 미달한 경우가 있고, 이로 말미암아 국민이 법령에 정하여진 수질기준에 미달한 상수원수로 생산된 수돗물을 마심으로써 건강상의 위해 발생에 대한 염려 등에 따른 정신적 고통을 받았다고 하더라도, 이러한 사정만으로는 국가 또는 지방자치단체가 국민에게 손해배상책임을 부담하지 아니한다. 또한 상수원수 2급에 미달하는 상수원수는 고도의 정수처리 후 사용하여야 한다는 환경정책기본법령상의 의무 역시 위에서 본 수질기준 유지의무와 같은 성질의 것이므로, 지방자치단체가 상수원수의 수질기준에 미달하는 하천수를 취수하거나 상수원수 3급 이하의 하천수를 취수하여 고도의 정수처리가 아닌 일반적 정수처리 후 수돗물을 생산・공급하였다고 하더라도, 그렇게 공급된 수돗물이 음용수 기준

에 적합하고 몸에 해로운 물질이 포함되어 있지 아니한 이상, 지방자치단체의 위와 같은 수돗물 생산·공급행위가 국민에 대한 불법행위가 되지 아니한다.

6. 대법원 2008. 3. 13. 선고 2007다29287 판결【손해배상(기)】

[1] 공작물인 도로의 설치·관리상의 하자는 도로의 위치 등 장소적인 조건, 도로의 구조, 교통량, 사고시에 있어서의 교통 사정 등 도로의 이용 상황과 그 본래의 이용 목적 등 여러 사정과 물적 결함의 위치, 형상 등을 종합적으로 고려하여 사회통념에 따라 구체적으로 판단하여야 한다.

[2] 강설에 대처하기 위하여 완벽한 방법으로 도로 자체에 융설 설비를 갖추는 것이 현대의 과학기술 수준이나 재정사정에 비추어 사실상 불가능하다고 하더라도, 최저 속도의 제한이 있는 고속도로의 경우에 있어서는 도로관리자가 도로의 구조, 기상예보 등을 고려하여 사전에 충분한 인적·물적 설비를 갖추어 강설시 신속한 제설작업을 하고 나아가 필요한 경우 제때에 교통통제 조치를 취함으로써 고속도로로서의 기본적인 기능을 유지하거나 신속히 회복할 수 있도록 하는 관리의무가 있다.

[3] 폭설로 차량 운전자 등이 고속도로에서 장시간 고립된 사안에서, 고속도로의 관리자가 고립구간의 교통정체를 충분히 예견할 수 있었음에도 교통제한 및 운행정지 등 필요한 조치를 충실히 이행하지 아니하였으므로 고속도로의 관리상 하자가 있다고 한 사례.

[4] 고속도로의 관리상 하자가 인정되는 이상 고속도로의 점유관리자는 그 하자가 불가항력에 의한 것이거나 손해의 방지에 필요한 주의를 해태하지 아니하였다는 점을 주장·입증하여야 비로소 그 책임을 면할 수 있다.

7. 대법원 2021. 2. 4. 선고 2019다297663 판결【소유권이전등기】

[1] 국가나 지방자치단체가 점유하는 토지에 대하여 취득시효의 완성을 주장하는 경우 그 토지의 취득절차에 관한 서류를 제출하지 못하고 있다 하더라도 그 점유의 경위와 용도, 국가 등이 점유를 개시한 후에 지적공부 등에 그 토지의 소유자로 등재된 자가 소유권을 행사하려고 노력하였는지 여부, 함께 분할된

다른 토지의 이용 또는 처분관계 등 여러 가지 사정을 감안할 때 국가 등이 점유 개시 당시 공공용 재산의 취득절차를 거쳐서 소유권을 적법하게 취득하였을 가능성을 배제할 수 없는 경우에는, 국가나 지방자치단체가 소유권 취득의 법률요건이 없이 그러한 사정을 잘 알면서 무단점유한 것이 증명되었다고 보기 어려우므로 자주점유의 추정은 깨어지지 않는다.

[2] 갑 은행의 자회사인 을 주식회사가 민자도로를 건설하여 운영하다가 그 중 진입도로의 관리 업무를 병 지방자치단체에 이관하여 그 무렵부터 병 지방자치단체가 위 진입도로에 편입한 토지들을 점유하고 있고, 그 후 갑 은행이 을 회사에 대한 자백간주 승소판결을 받아 위 토지들에 대한 소유권이전등기를 마쳤는데, 병 지방자치단체가 갑 은행을 상대로 위 토지들에 대한 점유취득시효 완성을 원인으로 소유권이전등기를 구한 사안에서, 비록 병 지방자치단체가 위 토지들을 을 회사로부터 기부채납받았다는 점에 관한 근거 서류를 제출하지 못하고 있더라도, 병 지방자치단체가 위 토지들을 점유할 당시 구체적인 내용은 다소 불분명하지만 을 회사가 병 지방자치단체에 위 토지들의 소유권을 양도하였을 가능성이 충분히 있으므로, 다른 특별한 사정이 없는 한 위 토지들에 대한 병 지방자치단체의 자주점유 추정이 번복된다고 보기 어려운데도, 위 토지들에 관한 병 지방자치단체의 자주점유 추정이 깨어졌다고 판단하여 점유취득시효 완성 주장을 배척한 원심판단에는 자주점유 추정과 번복에 관한 법리오해의 잘못이 있다고 한 사례.

Ⅳ 질문 및 토의과제

1. 고속도로 통행료의 징수주체는 누구인가?
2. 장관의 통행료 무료화 공고 이후에 종전과 같이 다시 통행료를 징수하는 경우, 그 정당성을 판단하는 기준은 무엇인가?
3. 유료도로의 성립요건으로서 중대한 사정변경에는 어떠한 것이 있는가?
4. 서울특별시와 수도이용자와의 수도이용관계에 관하여 설명하라.[제19회 사법시험]

5. 전화이용관계 및 철도이용관계의 법적 성질을 각 설명하라.

Ⅴ 참고문헌

임영호, 한국도로공사가 경부고속도로 중 양재－판교 구간에 대한 통행료를 징수할 권한이 있는지 여부, 대법원판례해설 제55호(2005. 12), 법원도서관

Ⅵ 관련법령

구 유료도로법

제10조 (통행료의 액 및 징수기간등의 공고) 도로관리청은 통행료를 징수하고자 할 때에는, 대통령령이 정하는 바에 의하여 통행료의 액·징수기간·징수방법 기타 필요한 사항을 관보 또는 공보에 공고하고, 도로상의 공중이 보기 쉬운 장소에 그 내용을 기재한 표식를 설치하여야 한다. 통행료의 액·징수기간·징수방법등을 변경하고자 할 때에도 또한 같다.

현행 유료도로법

제19조 (통행료 및 수납기간 등의 공고) 유료도로관리청 또는 유료도로관리권자는 통행료를 받으려는 경우 대통령령으로 정하는 바에 따라 미리 통행료, 그 수납기간 및 수납방법, 그 밖에 필요한 사항을 관보 또는 공보에 공고하고, 도로상의 일반인이 보기 쉬운 장소에 그 내용을 적은 표지(標識)를 설치하여야 한다. 통행료, 그 수납기간 및 수납방법 등을 변경하려는 경우에도 또한 같다.

구 고속국도법(2014.7.15. 도로교통법으로 통합되어 폐지됨)

제6조 (관리청의 업무대행) ① 건설교통부장관은 이 법과 도로법 기타 도로에 관한 법률에 규정된 고속국도에 관한 그의 권한의 일부를 대통령령이 정하는 바에 의하여 한국도로공사로 하여금 대행하게 할 수 있다.

② 한국도로공사는 전항의 규정에 의하여 고속국도에 관한 건설교통부장관의

권한을 대행하는 경우에 그 대행하는 범위내에서 이 법과 도로법 기타 도로에 관한 법률의 적용에 있어서는 당해 고속국도의 관리청으로 본다.

현행 도로교통법 (위 관련 규정 찾을 수 없음)

제 6 장
규제행정법

사회공공의 복리를 증진시키기 위하여 국토공간의 사회적 · 경제적 · 문화적 균형개발을 도모하여 국토이용의 효율화와 공간적 생활조건을 정비 · 개선함으로써 전체적인 생활공간을 합리적으로 개발 · 보전 · 정비하기 위한 규제적 행정작용을 생활공간규제행정이라고 한다(토지및지역정서행정법 · 지역개발행정법 · 국토개발정비행정법이라고도 한다). 생활공간규제행정은 장기성 · 계획성 · 종합성을 그 내용적 특성으로 한다. 생활공간규제행정은 보통 토지계획 · 토지제한 또는 토지개발의 방법에 의하지만, 그 성질상 행정계획이라는 수단을 매개로 함이 특징이다. 생활공간규제행정의 수단으로는 현재 존치되고 있는 공시지가제(표준공시지가 · 개별공시지가), 토지거래허가제[① 허가구역지정에 관한 구 국토이용관리법 제21조의3 제1항=합헌 ② 벌칙에 관한 동법 제31조의2=위헌선언불가결정(헌재 1989. 12. 22. 88헌가13)], 개발이익환수제도[개발부담금=현재 개발이익의 25/100(2000. 1.까지 50/100)] 외에, 이미 폐지된 토지거래계약신고제(신고구역의 지정에 관한 규정=1999. 1. 폐지), 택지소유상한제[택지초과소유부담금=위헌(헌재 1999. 4. 29. 94헌바37등)=1998. 9. 19. 폐지], 토지초과이득세제도[① 세율이 50/100인 부분=헌법불합치결정(헌재 1994. 7. 29. 92헌바49등), ② 나머지 조문들=합헌(헌재 1995. 7. 27. 93헌바1등)=1998. 12. 28. 폐지] 등이 있다.

7-6-1. 지가공시제도

I 개요

지가공시제란 부동산가격공시에관한법률(부동산공시법)상의 부동산가격공시제의 하나이다. 부동산가격공시제는 종래의 지가공시제와 주택가격공시제를 포함한다. 지가공시에 따른 공시지가는 표준지공시지가와 개별공시지가를 포함한다. 공시지가(표준지공시지가)란 부동산가격공시법에서 정한 절차에 따라 국토해양부장관(현행 국토교통부장관)이 조사·평가하여 공시한 표준지의 단위면적당 가격을 말한다. 개별공시지가는 시장·군수·구청장이 개발이익환수에관한법률에 의한 개발부담금의 부과 기타 다른 법령이 정하는 목적을 위한 지가산정에 사용하도록 하기 위하여 매년 표준지공시지가의 공시기준일 현재 관할구역안의 개별토지의 단위면적당 가격을 결정·고시하여 이를 관계 행정기관 등에 제공하는 것을 말한다. 공시지가는 과세나 보상의 기준이 되므로 그 결정이 많은 다툼의 대상이 되고 있다.

II 리딩케이스

1. 사건번호: 대법원 1997. 9. 26. 선고 96누7649 판결【토지초과이득세부과처분취소】 – 공시지가불복제도사건

2. 사실관계

원고들 갑은 1필지로 되어 있는 이 사건 개별토지에 대하여 각 3분의 1의 공유지분을 가진 자들인바, 갑에 대한 1990. 1. 1.부터 1992. 12. 31.까지의 정당한 토지초과이득세액을 계산함에 있어, 피고 을(안산세무서장)은 이 사건 토지의 초과이득을 원고들의 지분별로 나눈 다음 여기서 원고별로 각 1회씩의 기본공제를 하여 각자의 과세표준을 산정한 다음 이에 따라 세액을 산출하였다. 그에 따라 산정하면 이 사건 토지에 관한 원고별 지분에 상응하는 면적의 토지에 대한 각 토지초과이득 금 1억9,200만원에서 각 법 제11조의2 소정의 금 200만원씩의 기본공제를 한 각 금 1억9,000만원에 법 제12조에 의한 금 1,000만원 초과의 과세표준에 대한 세율을 적용하여 산정한 각 금 9,000만원으로 되어 이를 각 원고들에 대한 정당한 세액으로 판단하여 부과하였다. 갑은 위 토지초과이득세부과처분뿐 아니라 그 근거가 된 표준공시지가도 위법이라며 소송을 제기하였는바, 원심은 갑의 청구를 일부 인용하였고, 그에 대하여 을이 대법원에 상고하였다.(결과: 파기환송/상고기각)

3. 판결요지

[1] 개별토지가격에 대한 불복방법과는 달리 표준지의 공시지가에 대한 불복방법을 지가공시및토지의평가등에관한법률(현행 부동산공시법) 제8조(현행 제7조) 제1항 소정의 절차를 거쳐 처분청을 상대로 다툴 수 있을 뿐 그러한 절차를 밟지 아니한 채 조세소송에서 그 공시지가결정의 위법성을 다툴 수 없도록 제한하고 있는 것은 표준지의 공시지가와 개별토지가격은 그 목적 · 대상 · 결정기관 · 결정절차 · 금액 등 여러 가지 면에서 서로 다른 성질의 것이라는 점을 고려한 것이므로, 이러한 차이점에 근거하여 표준지의 공시지가에 대한 불복방법을 개별토지가격에 대한 불복방법과 달리 인정한다고 하여 그것이 헌법상 평등의 원칙, 재판권 보장의 원칙에 위반된다고 볼 수는 없다.

[2] 각종 개발사업 기타 사회경제적 요인으로 유휴토지의 지가가 상승함으로 인하여 그 소유자가 얻는 토지초과이득을 조세로 환수하고자 하는 토지초과이득세법의 규정취지와 법 제11조 제1항, 제11조의2 제1항의 규정 내용에 비추어 보면, 공유토지에 대한 토지초과이득세의 과세표준을 산정함에 있어서는 1필지의 토지에 대한 토지초과이득에서 법 제11조의2 소정의 기본공제를 1회만 할 수 있을 뿐 그 토지를 여러 사람이 공유하고 있다고 하여 공유자별로 1회씩 기본공제를 할 수 있는 것은 아니다.

4. 판례해설

표준지공시지가란 국토해양부장관(현행 국토교통부장관)이 토지이용상황이나 주변환경 기타 자연적·사회적 조건이 일반적으로 유사하다고 인정되는 일단의 토지 중에서 선정한 표준지에 대하여 매년 공시기준일 현재의 적정가격을 조사·평가하여 토지평가위원회의 심의를 거쳐 공시한 표준지의 단위면적당 가격을 말한다. 표준공시지가의 법적 성질에 관하여는 비구속적 행정계획설·행정규칙설·사실행위설·행정행위설 등으로 나뉘고 있다. 이에 대하여 판례는 지가공시법 제8조 제1항에 이의신청규정이 있다는 것 및 판례의 문언 자체가 처분성을 당연한 전제로 하고 있다는 것을 이유로 행정행위설을 채택하고 있다고 할 수 있다(대법원 1994. 3. 8. 선고 93누10828 판결 등). 표준공시지가에 대하여 불복하고자 하는 자는 지가공시법 제8조(현행 부동산공시법 제7조)에 따라 그 공시일로부터 30일이내에 서면으로 국토해양부장관(현행 국토교통부장관)에게 이의를 신청할 수 있으며, 국토해양부장관(현행 국토교통부장관)의 이의결정에 대하여 불복이 있는 때에는 공시지가결정의 취소를 구하는 행정소송을 제기할 수 있다. 이 경우 지가공시법 제8조(현행 부동산공시법 제7조)의 이의신청은 특별행정심판절차의 성질을 갖는다.

개별공시지가 중 표준지로 선정된 토지·개발부담금의 부과대상이 아닌 토지 기타 대통령령이 정하는 토지에 대하여는 개별공시지가를 결정·공시하지 아니할 수 있다. 이 경우 표준지로 선정된 토지에 대하여는 당해 토지의 공시지가를 개별공시지가로 본다. 개별공시지가의 법적 성질에 관하여는 행정규칙설(행정입법설·입법행위설)·행정행위설(물적 행정행위설을 포함)·사실행위설 등으로 나누어진다. 대법원은 행정행위설을 취하고 있다(대법원 1993. 1. 15. 선고 92누12407 판결 이래 일관됨). 개별공시지가에 대하여 불복하고자 하는 자는 지가공시법 제10조의3에 따라 그 결정·공시일로부터 30일이내에 시장·군수·구청장에게 이의를 신청할 수 있으며(특별행정심판절차에 해당), 그 결정에 불복이 있는 때에는 개별공시지가의 취소등을 구하는 행정소송을 제기할 수 있다.

개별공시지가의 결정·공시절차와 관련하여 보면, 시장·군수·구청장(시장등)은 개발부담금의 부과, 기타 법령상 목적을 위한 지가산정에 사용하도록 하기 위하여 시·군·구토지평가위원회의 심의를 거쳐 매년 개별공시지가를 결정·공시하고, 이를 관계행정기관 등에 제공하여야 한다. 시장등이 개별공시지가를 결정·공시하는 경우에 당해 토지와 유사한 이용가치를 지닌다고 인정되는 1 또는 2이상의 표준지의 공시지가를 기준으로 토지가격비준표를 사용하여 지가를 산정하되, 당해토지가격과 표준지공시지가가 균형을 유지하도록 하여야 한다. 시장등은 개별공시지가를 결정·공시하기 위하여 개별토지의 가격을 산정한 때에는 감정평가업자의 타당성검증을 받고, 토지소유자 기타 이해관계인의 의견을 들어야 한다. 국토해양부장관은 필요하다고 인정할 때에는 당해지역 표준지의 공시지가를 조사·평가한 감정평가업자나 대통령령이 정하는 우수 감정평가업자를 타당성검증 실시업자로 지정할 수 있다. 시장등이 개별공시지가를 결정·고시하고자 할 때에는 국토해양부장관의 확인을 받아야 하며, 국토해양부장관이 이를 확인하고자 할 때에는 중앙토지평가위원회의 심의를 거쳐야 한다. 국토해양부장관은 지가공시행정의 합리적 발전도모 및 적정한 지가형성을 위한 필요성이 있는 경우에는 개별공시지가의 결정·공시 등에 관하여 시장등을 지도·감독할 수 있다.

이 사건과 관련하여 보면, 표준공시지가와 개별공시지가의 차이점을 긍정하더라도, 현실적으로 일반 국민들의 경우에는 표준공시지가에 대한 이의신청을 놓치는 경우가 대부분인 점에서 판결요지 [1]은 비판을 받고 있다. 정작 자신의 개별 토지에 대하여 과세 또는 보상의 문제가 발생한 경우에 비로소 공시지가의 당부의 문제가 관심사가 되는 것이 보통이기 때문이다. 이미 이 시점에는 표준공시지가의 경우에는 30일의 이의신청 기간을 놓친 상황이고, 그에 대한 실질적 불복은 더 이상 어려운 것이 실제이다. 이는 곧 하자승계론에 따라 해결할 문제이나, 판례는 개별공시지가나 과세처분에 대한 불복단계에서는 표준공시지가를 다툴 수 없다는 입장이다. 판례는 다만 과세 단계에서 개별공시지가의 하자 승계를 긍정하고 있다. 판결요지 [2]의 내용은 그 타당성이 긍정된다.

Ⅲ 관련판례

1. 대법원 1993. 1. 15. 선고 92누12407 판결【개별토지가격결정처분취소등】

…토지초과이득세법, 택지소유상한에 관한법률, 개발이익환수에관한법률 및 각 그 시행령이 각 소정의 토지초과이득세, 택지초과소유부담금 또는 개발부담금을 산정함에 있어서 기초가 되는 각 토지의 가액을 "시장 · 군수 · 구청장이 지가공시법 및 그 시행령에 의하여 정하는 개별공시지가(개별토지가격결정)를 기준으로 하여 산정한 금액에 의하도록 규정"하고 있고, 시장 · 군수 · 구청장은 지가공시법 제10조 제1항 제6호, 동법시행령 제12조 제1 · 2호의 규정에 의하여 각개 토지의 지가를 산정할 의무가 있다고 할 것이므로, "시장 · 군수 · 구청장이 산정하여 한 개별토지가액의 결정"은 토지초과이득세, 택지초과소유부담금 또는 개별부담금 산정 등의 기준이 되어 국민의 권리 · 의무 내지 법률상 이익에 직접적으로 관계된다 할 것이다. 따라서 이는 행정소송법 제2조 제1항 제1호 소정의 "행정청이 행하는 구체적 사실에 관한 법집행행위로서의 공권력행사"이어서, 행정소송의 대상이 되는 행정처분으로 보아야 할 것이다.

2. 대법원 1995. 3. 28. 선고 94누12920 판결【개별공시지가결정처분취소】

'표준지로 선정된 토지의 공시지가'에 불복하기 위하여는 구 공시지가법 제8조 제1항 소정의 이의절차를 거쳐 처분청을 상대로 그 '공시지가결정의 취소를 구하는 행정소송'을 제기하여야 하는 것이고, 그러한 절차를 밟지 아니한 채 '개별토지가격결정의 효력을 다투는 소송'에서 그 개별토지가격산정의 기초가 된 '표준지공시지가의 위법성'을 다툴 수 없다.(동일판례: 대법원 1998. 3. 24. 선고 96누6851 판결)

3. 대법원 1997. 2. 28. 선고 96누10225 판결【토지초과이득세부과처분취소】

'표준지로 선정된 토지의 공시지가'에 불복하기 위하여는, 구 지가공시법 제8조 제1항 소정의 이의절차를 거쳐 처분청인 건설부장관을 상대로 그 '공시지가 결정의 취소를 구하는 행정소송'을 제기하여야 하는 것이지, 그러한 절차를 밟지 아니한 채 그 표준지에 대한 '조세부과 처분의 취소를 구하는 소송'에서 그 '공시지가의 위법성'을 다툴 수는 없다(유사판례: 대법원 1995. 11. 10. 선고 93누16468 판결; 1997. 4. 11. 선고 96누8895 판결). 표준지인 토지의 일부가 택지개발예정지구로 고시되고 그 잔여지가 유휴 토지에 해당된 경우, 토지초과이득세 정기과세기간 종료일 현재까지 그 잔여지가 표준지인 토지로부터 분할되지 아니한 채 그 일부로 되어 있는 이상 그 잔여지는 표준지의 일부라고 할 것이다. 그러므로 구 지가공시법 소정의 '공시지가에 대한 불복절차'를 밟지 아니한 채, "표준지공시지가를 기초로 잔여지에 대하여 한 토지초과이득세 부과처분의 취소를 구하는 소송"에서 표준지의 공시지가를 적용하는 것이 위법하다면서 그와 다른 평가액을 적용하여야 한다고 다툴 수 없다. 또한 실질과세의 원칙 등을 내세워 그 표준지의 공시지가가 아닌 공시지가 결정과정에서의 감정평가업자의 내부적 평가액을 적용하여 토지초과이득세의 과세표준을 산정할 수도 없다.

4. 대법원 1998. 2. 27. 선고 96누13972 판결【개별토지가격결정처분취소】

개별토지가격에 대하여 이의가 있는 토지소유자 및 이해관계인은, '개별토지가격합동조사지침에 기한 재조사청구'나 '행정심판법에 따른 행정심판청구' 중 하나만을 거쳐 곧바로 '행정소송'을 제기하는 것이 가능함은 물론, '재조사청구'를 하여 그 결과통지를 받은 후에 다시 행정심판법 제18조 제3항에 따른 '행정심판의 재결'을 거쳐 '행정소송'을 제기하는 것도 가능하다. 이 경우 재조사청구는 "토지소유자 등이 그 결정처분이 있었음을 안 때"에는 위 조사지침 제12조의2 제1항에 따라 안 날로부터 60일 이내에, "그 외의 경우"에는 정당한 사유가 없는 한 행정심판법 제18조 제3항에 따라 처분이 있은 날로부터 180일 이내에 관할 시장, 군수 또는 구청장에게 청구할 수 있다.

5. 대법원 2008. 8. 21. 선고 2007두13845 판결【토지보상금】

표준지공시지가결정은 이를 기초로 한 수용재결 등과는 별개의 독립된 처분으로서 서로 독립하여 별개의 법률효과를 목적으로 하지만, 표준지공시지가는 이를 인근 토지의 소유자나 기타 이해관계인에게 개별적으로 고지하도록 되어 있는 것이 아니어서 인근 토지의 소유자 등이 표준지공시지가결정 내용을 알고 있었다고 전제하기가 곤란할 뿐만 아니라, 결정된 표준지공시지가가 공시될 당시 보상금 산정의 기준이 되는 표준지의 인근 토지를 함께 공시하는 것이 아니어서 인근 토지 소유자는 보상금 산정의 기준이 되는 표준지가 어느 토지인지를 알 수 없으므로, 인근 토지 소유자가 표준지의 공시지가가 확정되기 전에 이를 다투는 것은 불가능하다. 더욱이 장차 어떠한 수용재결 등 구체적인 불이익이 현실적으로 나타나게 되었을 경우에 비로소 권리구제의 길을 찾는 것이 우리 국민의 권리의식임을 감안하여 볼 때, 인근 토지소유자 등으로 하여금 결정된 표준지공시지가를 기초로 하여 장차 토지보상 등이 이루어질 것에 대비하여 항상 토지의 가격을 주시하고 표준지공시지가결정이 잘못된 경우 정해진 시정절차를 통하여 이를 시정하도록 요구하는 것은 부당하게 높은 주의의무를 지우는 것이고, 위법한 표준지공시지가결정에 대하여 그 정해진 시정절차를 통하여 시정하도록 요구하지 않았다는 이유로 위법한 표준지공시지가를 기초로 한 수용재결 등 후행 행정처분에서 표준지공시지가결정의 위법을 주장할 수 없도록 하는 것은 수인한도를 넘는 불이익을 강요하는 것으로서 국민의 재산권과 재판받을 권리를 보장한 헌법의 이념에도 부합하는 것이 아니다. 따라서 표준지공시지가결정이 위법한 경우에는 그 자체를 행정소송의 대상이 되는 행정처분으로 보아 그 위법 여부를 다툴 수 있음은 물론, 수용보상금의 증액을 구하는 소송에서도 선행처분으로서 그 수용대상 토지 가격 산정의 기초가 된 비교표준지공시지가결정의 위법을 독립한 사유로 주장할 수 있다.

6. 대법원 2010. 7. 22. 선고 2010다13527 판결 【손해배상(기)】

[1] 개별공시지가는 개발부담금의 부과, 토지 관련 조세 부과 등 다른 법령이 정하는 목적을 위해 지가를 산정하는 경우에 그 산정 기준이 되는 관계로 납세자인 국민 등의 재산상 권리·의무에 직접적인 영향을 미치게 되므로, 개별공시지가 산정업무를 담당하는 공무원으로서는 당해 토지의 실제 이용상황 등 토지특성을 정확하게 조사하고 당해 토지와 토지이용상황이 유사한 비교표준지를 선정하여 그 특성을 비교하는 등 법령 및 '개별공시지가의 조사·산정지침'에서 정한 기준과 방법에 의하여 개별공시지가를 산정하고, 산정지가의 검증을 의뢰받은 감정평가업자나 시·군·구 부동산평가위원회로서는 위 산정지가 또는 검증지가가 위와 같은 기준과 방법에 의하여 제대로 산정된 것인지 여부를 검증, 심의함으로써 적정한 개별공시지가가 결정·공시되도록 조치할 직무상의 의무가 있고, 이러한 직무상 의무는 단순히 공공 일반의 이익을 위한 것이거나 행정기관 내부의 질서를 규율하기 위한 것이 아니고 전적으로 또는 부수적으로 국민 개개인의 재산권 보장을 목적으로 하여 규정된 것이라고 봄이 상당하다. 따라서 개별공시지가 산정업무 담당공무원 등이 그 직무상 의무에 위반하여 현저하게 불합리한 개별공시지가가 결정되도록 함으로써 국민 개개인의 재산권을 침해한 경우에는 그 손해에 대하여 상당인과관계 있는 범위 내에서 그 담당공무원 등이 소속된 지방자치단체가 배상책임을 지게 된다.

[2] 시장이 토지의 이용상황을 실제 이용되고 있는 '자연림'으로 하여 개별공시지가를 산정한 다음 감정평가법인에 검증을 의뢰하였는데, 감정평가법인이 그 토지의 이용상황을 '공업용'으로 잘못 정정하여 검증지가를 산정하고, 시 부동산평가위원회가 검증지가를 심의하면서 그 잘못을 발견하지 못함에 따라, 그 토지의 개별공시지가가 적정가격보다 훨씬 높은 가격으로 결정·공시된 사안에서, 이는 개별공시지가 산정업무 담당공무원 등이 개별공시지가의 산정 및 검증, 심의에 관한 직무상 의무를 위반한 것으로 불법행위에 해당한다고 한 사례.

[3] 개별공시지가는 그 산정 목적인 개발부담금의 부과, 토지 관련 조세 부과 등 다른 법령이 정하는 목적을 위해 지가를 산정하는 경우에 그 산정 기준이 되는 범위 내에서는 납세자인 국민 등의 재산상 권리·의무에 직접적인 영

향을 미칠 수 있지만, 이에 더 나아가 개별공시지가가 당해 토지의 거래 또는 담보제공을 받음에 있어 그 실제 거래가액 또는 담보가치를 보장한다거나 어떠한 구속력을 미친다고 할 수는 없다. 그럼에도 개개 토지에 관한 개별공시지가를 기준으로 거래하거나 담보제공을 받았다가 당해 토지의 실제 거래가액 또는 담보가치가 개별공시지가에 미치지 못함으로 인해 발생할 수 있는 손해에 대해서까지 그 개별공시지가를 결정·공시하는 지방자치단체에 손해배상책임을 부담시키게 된다면, 개개 거래당사자들 사이에 이루어지는 다양한 거래관계와 관련하여 발생한 손해에 대하여 무차별적으로 책임을 추궁당하게 되고, 그 거래관계를 둘러싼 분쟁에 끌려들어가 많은 노력과 비용을 지출하는 결과가 초래되게 된다. 이는 결과발생에 대한 예견가능성의 범위를 넘어서는 것임은 물론이고, 행정기관이 사용하는 지가를 일원화하여 일정한 행정목적을 위한 기준으로 삼음으로써 국토의 효율적인 이용과 국민경제의 발전에 기여하려는 구 부동산 가격공시 및 감정평가에 관한 법률(2008. 2. 29. 법률 제8852호로 개정되기 전의 것)의 목적과 기능, 그 보호법익의 보호범위를 넘어서는 것이다.

[4] 개별공시지가 산정업무 담당공무원 등이 잘못 산정·공시한 개별공시지가를 신뢰한 나머지 토지의 담보가치가 충분하다고 믿고 그 토지에 관하여 근저당권설정등기를 경료한 후 물품을 추가로 공급함으로써 손해를 입었음을 이유로 그 담당공무원이 속한 지방자치단체에 손해배상을 구한 사안에서, 그 담당공무원 등의 개별공시지가 산정에 관한 직무상 위반행위와 위 손해 사이에 상당인과관계가 있다고 보기 어렵다고 한 사례.

7. 대법원 2022. 5. 13. 선고 2018두50147 판결【재산세부과처분취소】

[1] 표준지로 선정된 토지의 표준지공시지가를 다투기 위해서는 처분청인 국토교통부장관에게 이의를 신청하거나 국토교통부장관을 상대로 공시지가결정의 취소를 구하는 행정심판이나 행정소송을 제기해야 한다. 그러한 절차를 밟지 않은 채 토지 등에 관한 재산세 등 부과처분의 취소를 구하는 소송에서 표준지공시지가결정의 위법성을 다투는 것은 원칙적으로 허용되지 않는다.

[2] 갑 주식회사가 강제경매절차에서 표준지로 선정된 토지를 대지권의 목적

으로 하는 집합건물 중 구분건물 일부를 취득하자, 관할 구청장이 재산세를 부과한 사안에서, 위 토지는 표준지로서 시가표준액은 표준지공시지가결정에 따라 그대로 정해지고, 위 건축물에 대한 시가표준액은 거래가격 등을 고려하여 정한 기준가격에 건축물의 구조, 용도, 위치와 잔존가치 등 여러 사정을 반영하여 정한 기준에 따라 결정되므로, 법원이 위 건축물에 대한 시가표준액 결정이 위법하다고 판단하기 위해서는 위 각 산정 요소의 적정 여부를 따져보아야 하는데, 이를 따져보지 않은 채 단지 위 건축물에 대한 시가표준액이 그 감정가액과 상당히 차이가 난다거나 위 건축물의 시가표준액을 결정할 때 위치지수로 반영되는 위 토지의 공시지가가 과도하게 높게 결정되었다는 등의 사정만으로 선불리 시가표준액 결정이 위법하다고 단정할 수 없으므로, 위 부동산에 대한 시가표준액이 감정가액과 상당히 차이가 난다는 등의 이유로 시가표준액 산정이 위법하다고 본 원심판결에 법리오해 등의 잘못이 있다.

Ⅳ 질문 및 토의과제

1. 표준지공시지가와 개별공시지가의 법적 성질에 대하여 설명하라.

2. 다음의 질문에 답하고 그 논거를 제시하라.
   (1) 개별토지가격결정의 효력을 다투는 소송에서 표준지의 공시지가를 다툴 수 있는가?
   (2) 과세처분취소송에서 표준지공시지가의 위법성을 다툴 수 있는가?
   (3) 과세처분취소송에서 개별공시지가의 위법성을 다툴 수 있는가?

3. 표준지공시지가와 개별공시지가의 불복제도를 각각 살펴보고, 그 위헌성을 검토하라.

Ⅴ 참고문헌

김남진, 개별지가결정의 법적성질, 법률신문 제2206호(1993. 4), 법률신문사
류지태, 공시지가의 법적 성질, 판례연구 제6집(1994. 6), 고려대학교 법학연구소

신봉기, 토지사건 판결에 대한 비판적 연구(I), 행정법연구 제2집, 행정법이론실무연구회
우창록, 위법한 토지가격결정에 대한 법률적 구제, 판례연구 제7집(1994. 1), 서울지방변호사회

Ⅵ 관련법령

구 지가공시법

제8조 (이의신청) ① 공시지가에 대하여 이의가 있는 자는 공시일로부터 60일 이내에 서면으로 건설부장관에게 이의를 신청할 수 있다.

현행 부동산공시법

제7조 (표준지공시지가에 대한 이의신청) ① 표준지공시지가에 이의가 있는 자는 그 공시일부터 30일 이내에 서면(전자문서를 포함한다. 이하 같다)으로 국토교통부장관에게 이의를 신청할 수 있다.

제11조 (개별공시지가에 대한 이의신청) ① 개별공시지가에 이의가 있는 자는 그 결정·공시일부터 30일 이내에 서면으로 시장·군수 또는 구청장에게 이의를 신청할 수 있다.

7-6-2. 개발이익환수제: 개발부담금

Ⅰ 개요

개발이익환수제는 토지로부터 발생되는 개발이익을 환수하여 이를 적정하게 배분함으로써 토지에 대한 투기를 방지하고 토지의 효율적인 이용을 촉진하여 국민경제의 건전한 발전을 도모하기 위한 제도이다. 개발이익이란 개발사업의 시행 또는 토지이용계획의 변경 기타 사회·경제적 요인에 의하여 정상지가상

승분을 초과하여 사업시행자 또는 토지소유자에게 귀속되는 토지가액의 증가분을 말한다. 여기서 토지소유자는 개발이익환수에관한법률(개발이익환수법) 제6조 제1항 단서가 정하는 일정한 자에 한한다. 개발이익의 환수는 토지초과이득세 등과 같은 과세적 방법과 개발부담금 등의 비과세적 방법에 의하여 이루어진다. 토지초과이득세는 개발사업 등에 의하여 토지소유자에게 발생한 개발이익을 환수하는 것인 반면, 개발부담금은 개발사업시행자로부터 부과·징수하는 것이다. 개발부담금이란 개발사업시행자에 귀속되는 개발이익 중에서 사회에 환원하는 금액, 즉 개발이익환수법에 의하여 국가가 그 사업시행자로부터 부과·징수하는 금액을 말한다. 개발부담금은 공시지가에 의하여 그 금액을 산정한다. 개발부담금의 산정기준이 되는 개발이익에는 그 부과개시시점의 지가가 중요한 핵심적 요소가 되므로 그에 대하여는 법령에서 규정할 것이 요구된다. 현재 개발부담금은 개발이익에 대한 부담률을 25%로 하고 있다.

II 리딩케이스

1. 사건번호: 대법원 2004. 7. 22. 선고 2002두11233 판결【개발부담금부과처분취소】 – 쓰레기매립장 개발부담금사건

2. 사실관계

(1) 원고 갑은 젖소사육장으로 사용하고 있는 분할전의 대전 대덕구 신대동(지번생략) 임야 196,066㎡('이 사건 종전토지')의 소유자인바, 대전광역시장은 1990년경 대전시 일원의 쓰레기를 처리할 폐기물처리시설 부지로 이 사건 종전토지의 일부 22,500㎡('이 사건 토지')를 제공해 주도록 요청하였고, 대전광역시가 폐기물매립장 조성과 관련하여 발생하는 일체의 제세공과금을 부담하기로 한 약정에 따라 갑은 그 부지를 제공하였다.

(2) 피고 을(대전광역시 대덕구청장)은 폐기물처리법의 규정에 따라 관내에서 발생하는 쓰레기의 처리를 위한 폐기물처리시설을 설치·운영하여야 할 책임이 있으나 스스로 폐기물처리시설을 설치·운영하지 못하고 폐기물관리법 제5조의

규정에 따라 대전광역시가 설치·운영하는 폐기물처리시설을 이용하여 쓰레기를 처리하고 있다. 을은 위 쓰레기매립장을 적극적으로 이용해 왔고, 그 이용과 관련한 사용료 등은 별도로 지급하지 않은 채 쓰레기 수거업체에 쓰레기 수거와 관련한 수수료만 지불해 왔다. 그 후 대전광역시가 쓰레기매립장을 폐쇄하고 대전 유성구 금고동에 새로이 쓰레기매립장을 조성하면서 관내 자치단체들로 하여금 쓰레기매립장 이용료 납부규정을 만들었고 을은 그 이후부터 수수료 외에 이용료를 별도로 납부해 오고 있다.

(3) 그런데 갑은 이 사건 토지를 쓰레기매립장 부지로 제공한 후 대전광역시가 그 토지의 지목변경 등의 절차도 적법하게 마칠 것이라고 믿었으나, 대전광역시는 쓰레기매립장 설치허가도 밟지 않았고 또 매립 완료 후 이 사건 토지가 포함된 이 사건 종전토지 중 일부만을 자연녹지지역에서 준공업지역으로 변경하였을 뿐 그 지목변경 절차도 취하지 않았다.

(4) 그 후 갑은 이 사건 토지에 쓰레기매립장 조성이 완료됨에 따라 경량철골조, 철골조의 자동차 관련 시설, 근린생활시설, 업무시설 등 지하 1층, 지상 2층의 건물 3,912㎡의 건물('이 사건 건물') 및 지상의 주차장 등(건물, 주차장을 합하여 '이 사건 시설')의 신축사업을 완료하고 지목변경신청을 함에 따라 마침내 공부상의 지목도 잡종지로 변경되었다. 을은 이 사건 토지에 이 사건 시설을 건축함으로써 발생하는 개발이익에 대하여 개발부담금을 부과하였다. 갑은 위 처분에 대하여 취소를 구하는 소송을 제기하였는바, 원심은 갑의 청구를 인용하였고, 그에 대하여 을은 대법원에 상고하였다.(결과: 파기환송)

3. 판결요지

[1] 구 지가공시및토지등의평가에관한법률(지가공시법(현행 부동산공시법)) 제10조의2, 동법시행령의 각 규정 등에 의하여, 행정청이 개발부담금산정 기초항목의 하나인 개발사업착수시점의 토지가격을 산정하여야 할 경우에 개별토지가격이 결정 공고된 토지에 대해서는 그 개별토지가격결정에 잘못이 있다거나 개별토지가격결정 당시의 토지현황이 현저히 변동되었다는 등의 특별한 사정이 없는 한 원칙적으로 개별토지가격에 의하여야 할 것이고 그와 다른 토지가격은

인정되지 않는다 할 것이며, 한편 개발부담금의 산정에 있어서 개시시점 지가의 기초가 되는 개별공시지가란 동법 제10조의2 제1항에 규정된 '개별 토지의 단위면적당 가격'으로서 1필의 토지 전체에 관한 단위면적당 가격을 의미하므로, 개시시점 지가의 기초가 되는 토지가액을 산정함에 있어서도 1필의 토지가 현실적으로 여러 용도로 나뉘어 이용되는 경우에는 그 중 주된 용도를 파악하여 이를 기초로 토지 전체의 가액을 산정하는 것이 원칙이고, 다만 1필의 토지가 둘 이상의 용도지역으로 구분지정되어 있거나 일부가 도시계획시설용지로 지정되어 있는 등의 예외적인 경우에는 그 면적별로 가중평균하는 방식에 의할 수 있는 것인데, 1필의 토지 중 일부는 도시계획시설용지로 지정되어 있어 개발사업에서 제외하고 나머지 부분만에 대하여 개발사업을 시행한 경우의 종료시점 지가를 산정함에 있어서도, 그 제외 부분과 사업시행 부분을 포함한 토지 전체의 지가를 가중평균의 방법으로 산정하여 이에 의한 단위면적당 가격에 사업시행 면적을 곱하여야 하는 것이지, 사업시행 부분의 토지가격만을 따로 산출하여 적용하여서는 안 된다.

[2] 개발사업을 시행할 당시에는 1필지의 일부였던 토지가 개발행위 도중에 분할되어 개발사업이 종료될 당시에는 별도의 1필지의 토지가 된 경우, 그 부과종료 시점의 지가를 분할된 이후의 1필지 토지만을 기준으로 산정하였다고 하더라도, 부과개시 시점의 지가는 분할되기 전의 1필지의 토지 중 개발사업이 시행된 부분의 토지가격만을 따로 산출하여 산정할 수는 없고, 개발사업에서 제외된 부분과 개발사업을 시행한 부분을 포함한 분할 전의 토지 전체의 지가를 기준으로 한 단위면적당 가격에 사업시행 면적을 곱하여 산정하는 것이 타당하다고 할 것이며, 자연녹지지역과 준공업지역이 섞여 있는 1필지의 토지인 이 사건 종전 토지와 그 중 준공업지역 부분에서 분할되어 나와 그 전체가 준공업지역인 이 사건 토지를 비교하여 개발부담금을 산정하였다는 사정만으로 이 사건 처분이 당연히 공평의 원칙에 반하는 것이라고 할 수는 없다.

[3] 개발부담금부과처분 취소소송에 있어 당사자가 제출한 자료에 의하여 적법하게 부과될 정당한 부과금액이 산출할 수 없을 경우에는 부과처분 전부를 취소할 수밖에 없으나, 그렇지 않은 경우에는 그 정당한 금액을 초과하는 부분만 취소하여야 한다.

4. 판례해설

개발부담금 제도의 도입 당시에는 그 부담율이 50%로 되어 있어 위헌성이 문제되었다. 이에 대하여 판례는 개발부담금은 개발이익에 대하여 부담율을 50%로 하여 일률적으로 부과되는 것이기는 하나, '일정 규모 이상의 개발사업'에 대해서만 개발부담금을 부과하도록 규정하고, 이어 '소득세법상 양도차익의 계산에 있어서 개발부담금을 필요경비로 공제하도록 규정'함으로써 개발부담금 납부의무자의 재산권보장과 개발이익환수법이 추구하는 목적달성과의 조화를 꾀하고 있음을 알 수 있으므로 개발부담금제도가 헌법 제23조나 제37조에 위반된다 할 수 없다는 입장이다(대법원 1995. 4. 25. 선고 93누13728 판결).

이 사건에 있어서 원고 갑은 먼저 자신의 이 사건 토지를 쓰레기매립장 부지로 제공한 것일 뿐인데도 개발부담금을 부과처분을 받은 것은 신의성실의 원칙에 반한다고 주장한다. 그런데 신의성실의 원칙은 법률관계의 당사자는 상대방의 이익을 배려하여 형평에 어긋나거나 신뢰를 저버리는 내용 또는 방법으로 권리를 행사하거나 의무를 이행하여서는 아니된다는 추상적 규범을 말하는 것으로서, 신의성실의 원칙에 위배된다는 이유로 그 권리의 행사를 부정하기 위하여는 상대방에게 신의를 주었다거나 객관적으로 보아 상대방이 그러한 신의를 가짐이 정당한 상태에 이르러야 하고, 이와 같은 상대방의 신의에 반하여 권리를 행사하는 것이 정의 관념에 비추어 용인될 수 없는 정도의 상태에 이르러야 하고, 일반 행정법률관계에서 관청의 행위에 대하여 신의칙이 적용되기 위해서는 합법성의 원칙을 희생하여서라도 처분의 상대방의 신뢰를 보호함이 정의의 관념에 부합하는 것으로 인정되는 특별한 사정이 있을 경우에 한하여 예외적으로 적용된다(대법원 2004. 7. 22. 선고 2002두11233 판결). 원심과 달리 대법원은, 갑이 대전광역시와 맺었던 약정과 매립장 조성 과정에서 대전광역시가 필요한 법적 절차를 불이행한 사정 등은 피고와 한 행위가 아닌 점, 이 사건 처분이 쓰레기매립장 조성공사로 인한 토지의 용도 및 지목 변경사업에 대하여 개발부담금을 부과하는 것이 아니라 이 사건 토지에 이 사건 건물을 포함한 이 사건 시설을 건축함으로써 발생하는 개발이익에 대하여 개발부담금을 부과하는 것인 점 등에서 볼 때, 을의 처분이 신의칙에 반하지 않는다는 입장이다.

개발부담금 부과를 위해서는 개발이익에 대한 정확한 산정이 요구되는바, 이를 위해서는 개발행위 이전의 개시시점지가와 부과시점의 종료시점지가가 확정되어야 한다. 특히 장기간의 경과로 인해 지가가 명확하지 않은 때에는 개별공시지가에 따르는 것이 일반적이다. 그렇지만 구체적인 지가산정에 있어서는 해석이 논란이 되는 경우가 많다. 판결요지와 같이 이 사건은 먼저 개발부담금 산정에 있어 개시시점지가의 기초가 되는 개별공시지가의 의미를 밝힌 후, 1필의 토지 중 도시계획시설용지로 지정된 부분을 제외한 부분에 대하여 개발사업이 시행된 경우에 그 종료시점지가의 산정방식 및 개발사업을 시행할 당시에는 1필지의 일부였던 토지가 개발행위 도중에 분할되어 개발사업이 종료될 당시에는 별도의 1필지의 토지가 된 경우에 부과 개시시점지가의 산정방식 등을 분명히 한 것으로 큰 의미가 있다. 다만, 아쉬운 것은 본 사안과 관련하여 일반 농지 등 토지소유자의 경우, 공익사업을 위해 부지를 제공한 때에는 그 후속절차를 행정이 알아서 처리해 줄 것으로 믿는 경우가 적지 않은바, 그로 인한 책임까지 갑에게 부담시킴이 타당한 것인지는 논란이 있다.

Ⅲ 관련판례

1. 헌재 1998. 6. 25. 95헌바35등 결정【개발이익환수에관한법률 제10조 제3항 단서 위헌소원】

개발부담금은 그 납부의무자로 하여금 국가 등에 대하여 금전급부의무를 부담하게 하는 것이어서 납부의무자의 재산권을 제약하는 면이 있고, 부과개시시점의 지가는 개발부담금의 산정기준인 '개발이익'의 존부와 범위를 결정하는 중요한 요소가 되는 것이다.

2. 대법원 1997. 4. 25. 선고 96누9324 판결【개발부담금부과처분취소】

개발이익환수법 제2조 및 제3조는 개발이익을 개발사업의 시행 또는 토지이용계획의 변경 기타 사회·경제적 요인에 의하여 정상지가상승분을 초과하여 개발사업시행자 또는 토지소유자에게 귀속되는 토지가액의 증가분이라고 정의한 다음, 개발부담금 부과대상 개발사업이 시행되는 지역에서 발생되는 개발이익은 이를 개발부담금으로 징수하고, 그 이외의 개발이익은 이를 토지초과이득세로 징수하도록 규정하고 있다. 그러므로 "부담금 부과대상 개발사업이 시행되는 토지에서 발생되는 개발이익"은 그것이 개발사업의 시행에 의하여 발생되는 것인지, 아니면 개발사업의 시행과 관계없이 토지이용계획의 변경 기타 사회·경제적 요인에 의하여 발생되는 것인지, 또는 위 두가지가 모두 포함된 것인지 여부를 가리지 아니하고, 모두 '개발부담금 부과대상이 되는 개발이익'이다.

3. 대법원 1998. 12. 8. 선고 97누6636 판결【개발부담금부과처분취소】

개발이익환수법 제14조, 제15조, 동법시행령 제13조 내지 제17조의2 등의 관련 규정과 개발부담금제도의 취지 등을 종합하여 보면, 개발이익환수법 제14조 제2항의 개발부담금 부과예정통지에 관한 규정은 행정청에 대한 직무상 훈시규정이다. 개발부담금은 개발이 종료된 시점을 기준으로 부과하는 것이므로, 부과종료시점을 기준으로 하여 개발부담금 부과처분이 있은 뒤 "사업시행자 등이 스스로 원상복구를 하는 등의 사정변경"이 있었다고 하여 위 부과처분이 무효가 되거나 위법하게 된다고 할 수 없다. 개발이익환수법 제10조 제1항과 동법 시행령 제8조의2 제1항, 제2항의 규정에 따르면, 부과종료시점지가는 "부과종료시점 당시의 부과대상 토지와 이용상황이 가장 유사한 표준지의 공시지가를 기준으로, 지가공시법 제10조 제2항의 규정에 의한 비교표에 의하여 산정한 가액"으로 하고, 개별공시지가를 결정하기 위한 표준지로는 "대상 토지의 이용상황이 가장 유사한 표준지 즉, 용도지역, 지목, 토지용도(실제용도), 주위환경, 위치, 기타 자연적 사회적 조건이 가장 유사한 인근지역 소재 표준지"를 선정하여야 한다.

4. 대법원 2013. 5. 9. 선고 2011두19789 판결【개발부담금부과처분취소】

개발이익환수에 관한 법률(이하 '법'이라 한다) 제9조 제3항 단서 제2호는 '납부의무자가 개발사업의 목적 용도로 사용을 시작하거나 타인에게 분양하는 등 처분하는 경우'라는 중요한 기본사항을 법률에서 확정하고 구체적인 사항만을 대통령령에 위임하고 있다. 또한, 법 제9조 제3항 본문은 개발부담금의 부과종료시점을 원칙적으로 개발사업의 목적을 달성한 때인 국가 또는 지방자치단체로부터 개발사업의 준공인가 등을 받은 날로 규정하고 있어서 법 제9조 제3항 단서 제2호의 위임에 따라 대통령령으로 정하는 부과종료시점은 개발사업의 목적을 달성하여 객관적으로 개발사업의 준공인가 등을 받은 날과 같이 볼 수 있는 날이 될 것이라는 예측이 가능하다. 따라서 법 제9조 제3항 단서 제2호는 포괄위임입법금지원칙에 위배되지 아니한다.

5. 대법원 2012. 1. 27. 선고 2010두23774 판결【개발부담금부과처분취소】

개발이익환수에 관한 법률(이하 '법'이라고만 한다) 제10조 제3항 제5호는 개별공시지가가 아닌 실제로 매입한 가액을 기준으로 개발부담금의 부과개시시점지가를 산정할 수 있는 경우로 "실제로 매입한 가액이 정상적인 거래가격이라고 객관적으로 인정되는 경우로서 대통령령이 정하는 경우"를 들고 있고, 그 '대통령령이 정하는 경우'에 관하여 구 개발이익환수에 관한 법률 시행령(2010. 9. 20. 대통령령 제22395호로 개정되기 전의 것, 이하 '시행령'이라고만 한다) 제11조 제5항 제1호는 "부과 개시 시점 이전에 매입한 경우(부과 개시 시점 이전에 매매계약을 체결하여 부과 개시 시점 이후에 그 계약에서 약정한 금액대로 매매대금의 지급이 이루어진 경우로서 국토해양부령으로 정하는 증명서류를 제출한 경우를 포함한다)로서 그 매입가격이 취득세 또는 등록세의 과세표준이 된 경우"를 들고 있다. 이러한 규정 내용 및 개발부담금 제도의 취지 등에 비추어 보면, 실제로 매입한 가액을 기준으로 개시시점지가를 산정하기 위해서는 부과개시시점 이전에 매입한 경우로서 그 매입가격이 취득세 또는 등록세의 과세표준이 될 뿐만 아니라 매입가격이 개발이익이 포함되지 아니한 정상적인 거래가격이라고 객관적으로 인정될 수 있어야 한다(대법원 2010. 7. 22. 선고 2009두4623 판결 참조).

6. 대법원 2021. 12. 30. 선고 2021두45534 판결【개발부담금부과처분취소】

개발이익 환수에 관한 법률 제6조 제1항 제3호는 개발사업 완료 전에 사업시행자의 지위가 승계된 경우 그 지위를 승계한 사람이 개발부담금을 납부할 의무가 있다고 정하고 있다. 이 조항은 개발사업이 승계된 경우 그 승계 시까지 발생한 개발이익과 승계 후에 발생한 개발이익을 가려내기가 쉽지 않다는 사정을 고려하여 마련된 규정으로서, 개발사업의 승계 당사자 사이에 개발이익과 개발부담금의 승계에 관한 약정이 가능함을 전제로 그러한 약정이 불가능하다는 등의 특별한 사정이 없는 한 사업시행자의 지위를 승계한 사람으로 하여금 개발부담금의 납부의무를 부담하도록 한 것이다.

Ⅳ 질문 및 토의과제

1. 개발이익환수제의 합헌성에 대하여 설명하라.
2. 개발사업과 직접 관련이 없는 경우에도 개발부담금 부과가 가능한지를 설명하라.
3. 폐기물처리법상 쓰레기매립장의 설치 및 운영 절차를 설명하라.

Ⅴ 참고문헌

성중탁, 부동산 개발이익환수제도의 주요 쟁점과 개선방안, 부동산법학 26(1), 2022

김경호, 행정청의 확약과 신뢰침해로 인한 손해배상, 판례연구 제17집(2006. 2), 부산판례연구회

Ⅵ 관련법령

구 개발이익환수법

제8조 (부과기준) 개발부담금의 부과기준은 부과종료시점의 부과대상토지의 가액(이하 "종료시점지가"라 한다)에서 다음 각호의 금액을 뺀 금액으로 한다.

1. 부과개시시점의 부과대상토지의 가액(이하 "개시시점지가"라 한다)
2. 부과기간 동안의 정상지가상승분
3. 제11조의 규정에 의한 개발비용

제10조 (지가의 산정) ① 제8조의 규정에 의한 종료시점지가는 부과종료시점 당시의 부과대상토지와 이용상황이 가장 유사한 표준지의 공시지가를 기준으로 지가공시및토지등의평가에관한법률 제10조제2항의 규정에 의한 비교표에 의하여 산정한 가액으로 한다. 다만, 그 가액이 다음 산식에 의하여 산정한 부과대상토지의 지가와 다른 경우에는 대통령령이 정하는 바에 따라 정산하여야 한다.

7-6-3. 토지거래규제: 토지거래허가

Ⅰ 개요

토지등의 거래계약허가제는 토지의 투기적인 거래나 급격한 지가상승을 억제하기 위하여 일정한 절차에 따라 지정된 규제구역 내의 토지 등의 거래에 허가권자의 허가를 받도록 하는 제도를 말한다. 토지거래허가제는 재산권의 처분권능을 제한하는 것이라는 점에서 사유재산제도의 본질적 내용을 침해하고 이는 곧 헌법상의 자유경제체제를 전면적으로 거부하는 것임을 이유로 위헌적인 제도라는 비판을 받은 바 있으나, 토지거래 그 자체를 전면적으로 금지하거나 모든 토지에 대하여 일반적 토지거래허가제를 적용하는 것이 아닌 범위 내에서는 위헌이 아니라는 것이 헌법재판소의 입장이다(5 : 4). 토지거래허가제에 있어서는 일반적으로 사법상의 거래계약 후 행정청의 허가를 득하지 못한 경우 그 계약의 효력이 문제되며, 근래에는 그 허가구역 축소에 따른 문제들이 적지 않게 발생하고 있다.

II 리딩케이스

1. 사건번호: 대법원 1999. 6. 17. 선고 98다40459 판결(전원합의체) 【소유권이전등기】 – 토지거래허가사건(유동적 무효사건)

2. 사실관계

(1) 원고 갑의 처인 망 A와 피고 을 사이의 1981. 6. 4.자 당초 교환계약에 기하여 경남 고성읍 성내리(지번생략) 대 202㎡('성내리 토지')에 관하여 을의 처 B 앞으로 경료한 소유권이전등기는 C가 A 및 B를 상대로 제기한 소유권이전등기말소 청구소송의 확정판결에 기하여 1988. 1. 21. 말소되었다. 위 확정판결에 대한 재심의 소에서 A 등과 C 사이에 1990. 6. 22. 성내리 토지에 관하여 말소된 B 명의의 소유권이전등기의 회복등기절차를 이행하기로 하는 내용의 화해가 성립되었다.

(2) 이에 따라 A를 대리한 갑과 을 사이에서도 1990. 7. 23. 갑이 을에게 합계 금 5,600만원을 지급하고, 성내리 토지에 관하여 B 명의의 소유권이전등기를 회복시켜 줌과 동시에 을은 당초 교환계약 당시 A에게 소유권을 이전하기로 하였던 경남 고성읍 신월리(지번생략) 임야 19,537㎡ 및 기타 17필지의 토지(위 임야와 토지를 합하여 '이 사건 토지')에 관하여 A에게 소유권이전등기절차를 이행하기로 하되, 그 중 신월리 임야 중 을의 선대묘역에 해당하는 부분과 을 및 B의 사후 묘역 80평은 이를 제외시키기로 하는 내용의 이 사건 교환계약을 다시 체결하였다. 그런데 이 사건 토지는 건설부장관(현 국토해양부장관)이 1988. 9. 7.자로 지정한 토지거래계약허가구역 내의 토지로서 1998. 4. 20.자로 그 허가구역지정이 해제되었다.

(3) A의 상속인들인 갑 등은 위 교환계약에 기하여 이 사건 토지 중 묘역을

제외한 나머지 부분에 관한 소유권이전등기절차의 이행을 구하는 청구를 제기하였다. 이에 대하여 원심법원은 갑의 청구를 인용하였고, 그에 대하여 을은 대법원에 상고하였다.(결과: 기각)

3. 판결요지

[1] 국토이용관리법('국토의계획및이용에관한법률'로 개정되었다가 다시 현재의 '부동산거래신고등에관한법률'(부동산거래신고법)로 개정됨)상 토지의 거래계약허가구역으로 지정된 구역 안의 토지에 관하여 관할 행정청의 허가를 받지 아니하고 체결한 토지거래계약은 처음부터 그 허가를 배제하거나 잠탈하는 내용의 계약일 경우에는 확정적 무효로서 유효화될 여지가 없으나, 이와 달리 허가받을 것을 전제로 한 거래계약일 경우에는 일단 허가를 받을 때까지는 법률상 미완성의 법률행위로서 거래계약의 채권적 효력도 전혀 발생하지 아니하지만, 일단 허가를 받으면 그 거래계약은 소급해서 유효로 되고 이와 달리 불허가가 된 때에는 무효로 확정되는 이른바 유동적 무효의 상태에 있다고 보아야 한다.

[2] 토지거래허가구역으로 지정된 토지에 관하여 건설교통부장관이 허가구역 지정을 해제하거나, 또는 허가구역 지정기간이 만료되었음에도 허가구역 재지정을 하지 아니한(이하 '허가구역 지정해제 등'이라고 한다) 취지는 당해 구역 안에서의 개별적인 토지거래에 관하여 더 이상 허가를 받지 않도록 하더라도 투기적 토지거래의 성행과 이로 인한 지가의 급격한 상승의 방지라는 토지거래허가제도가 달성하려고 하는 공공의 이익에 아무런 지장이 없게 되었고 허가의 필요성도 소멸되었으므로, 허가구역 안의 토지에 대한 거래계약에 대하여 허가를 받은 것과 마찬가지로 취급함으로써 사적자치에 대한 공법적인 규제를 해제하여 거래 당사자들이 당해 토지거래계약으로 달성하고자 한 사적자치를 실현할 수 있도록 함에 있다고 할 것이므로, 허가구역 지정기간 중에 허가구역 안의 토지에 대하여 토지거래허가를 받지 아니하고 토지거래계약을 체결한 후 허가구역 지정해제 등이 된 때에는 그 토지거래계약이 허가구역 지정이 해제되기 전에 확정적으로 무효로 된 경우를 제외하고는, 더 이상 관할 행정청으로부터 토지거래허가를 받을 필요가 없이 확정적으로 유효로 되어 거래 당사자는 그 계

약에 기하여 바로 토지의 소유권 등 권리의 이전 또는 설정에 관한 이행청구를 할 수 있고, 상대방도 반대급부의 청구를 할 수 있다고 보아야 할 것이지, 여전히 그 계약이 유동적 무효상태에 있다고 볼 것은 아니다.

[3] 유동적 무효의 상태에 있는 거래계약의 당사자는 상대방이 그 거래계약의 효력이 완성되도록 협력할 의무를 이행하지 아니하였음을 들어 일방적으로 유동적 무효의 상태에 있는 거래계약 자체를 해제할 수 없다.

4. 판례해설

토지거래계약의 허가 및 그 불복 절차를 보면, 허가구역 안에 있는 토지에 관한 소유권·지상권(그 취득을 목적으로 하는 권리 포함)을 이전·설정(대가를 받고 이전·설정하는 경우에 한함)하는 계약 또는 예약, 즉 토지거래계약을 체결하고자 하는 당사자는, 공동으로 대통령령이 정하는 바에 따라 시장·군수·구청장의 허가를 받아야 한다(허가사항의 변경 포함)(구 국토이용관리법 제21조의3 제1항, 현 부동산거래신고법 제11조 제1항). 경제·지가의 동향, 거래단위면적 등을 종합적으로 고려하여 대통령령이 정하는 용도별면적이하의 토지에 대한 거래계약에 대하여는 그 허가를 요하지 않는다. 허가를 받고자 하는 자는 그 허가신청서에 계약내용과 그 토지의 이용계획 등을 기재하여 시장·군수·구청장에게 제출하여야 한다. 시장·군수·구청장은 허가신청서를 받은 때에는 그 허가신청서를 받은 날부터 15일이내에 「허가 또는 불허가」의 처분을 하고, 그 신청인에게 허가증을 교부하거나 불허가 처분사유를 서면으로 통지하여야 한다. 다만, 선매협의절차가 진행중인 때에는 위의 기간 내에 그 사실을 신청인에게 통지하여야 한다. 허가신청서를 받은 날부터 15일의 기간 내에 허가증의 교부 또는 불허가처분사유의 통지가 없거나 선매협의사실의 통지가 없을 때에는, 당해 기간이 만료한 날의 다음날에 허가가 있는 것으로 본다. 이 경우 시장·군수·구청장은 지체없이 신청인에게 허가증을 교부하여야 한다. 거래계약의 허가를 받지 않고 체결한 거래계약은 그 효력을 발생하지 아니한다. 토지거래계약의 허가·불허가 처분에 대하여 이의가 있는 자는 그 처분을 받은 날부터 1월 내에 시장·군수 또는 구청장에게 이의를 신청할 수 있다.[1] 이의신청을 받은 시장·

군수 또는 구청장은 시 · 군 · 구 도시계획위원회의 심의를 거쳐 그 결과를 이의신청인에게 통보하여야 한다. 시장 · 군수 또는 구청장의 이의신청 결과 통보에 대하여 불복하고자 하는 경우에는 행정심판법 및 행정소송법에 의하여 행정심판 또는 행정소송을 제기할 수 있다.[2)]

이 사건의 경우에 있어 핵심사항은 사법상의 토지거래계약과 공법상의 토지거래계약허가의 사이의 법적 효력인바, 이는 판결요지와 같이 독일의 이론을 차용하여 이른바 유동적 무효(schwebende Nichtigkeit)의 법리를 채택하였다는 점이다. 그런데 유동적 무효 법리의 당부에 대한 논의는 별론으로 하고, 유동적 무효상태는 토지거래허가제도가 시행중인 경우에는 문제가 되지 않으나, 위 제도가 시행중에 무허가토지거래가 이루어졌으나 동 제도가 폐지 또는 허가구역이 해제된 경우에 이를 여전히 무허가행위로서 동 제도를 적용할 것인가가 문제된다. 이에 대하여 판결요지 [2]는 이 경우에는 더 이상 토지거래허가를 받을 필요가 없다는 입장인바, 이에 대하여는 무허가계약 당시의 시행법률의 적용을 받아야 한다는 비판이 있다. 즉, 국토이용관리법상의 토지거래허가제도가 폐지되지 않고 존치되어 있는 이상, 허가구역 지정기간 중에 허가구역 안의 토지에 관하여 체결된 거래계약은 허가구역 지정해제 등이 된 이후에도 여전히 허가를 받아야 유효로 된다고 해석하여야 토지의 투기적 거래의 규제가 가능하고 이를 목적으로 한 위 제도의 내용 및 취지와 합치되며, 법이론상으로도 무리가 없고, 다수의견에 따르면 허가구역 지정기간 경과 후에는 과거의 투기거래를 문제삼지 않고 이를 용인하는 결과가 되어, 자본을 건전한 투자와 소비로 유도하고 투기거래로 유입되는 것을 차단하여 건실한 경제발전을 도모하고 나아가 토지이

---

1) 구법에서는 서울특별시 · 광역시 · 도에 설치된 토지이용심사위원회에 이의신청을 하도록 하였다.

2) 행정쟁송과 관련하여 종래의 결정전치주의는 폐지되었다. 즉, 이제까지는 "토지이용심사위원회의 이의결정을 받은 후가 아니면 허가 · 불허가 처분의 취소 · 변경을 구하는 소송을 제기할 수 없다. 다만, 이의를 신청한 날로부터 2월이 경과되도록 처분이 없을 때에는 직접 소송을 제기할 수 있다"고 하여 결정전치주의를 채택하였으나, 신법에서는 이 조항을 삭제하였다. 따라서 시장 · 군수 또는 구청장의 이의신청 결과 통보에 대하여 불복하고자 하는 경우에는 행정심판법 및 행정소송법에 의하여 행정심판 또는 행정소송을 제기할 수 있다. 다만, 그 전제로서 시장 · 군수 또는 구청장의 이의신청 결과통보가 항고소송의 대상이 되는 행정처분에 해당되어야 할 것인바, 그에 대한 판례의 태도는 아직 알 수가 없다. 행정심판(결정)전치주의가 전반적으로 완화되고 있는 추세 및 종래 요구되었던 결정전치주의의 폐지 배경 등을 고려한다면 그 처분성을 인정함으로써 행정쟁송의 대상이 된다고 보아야 할 것이다.

용질서를 확립하려는 국가의 기본경제정책에도 배치된다는 것이다(대법원 1999. 6. 17. 선고 98다40459 판결. 위 판결요지 [2]의 반대의견임).

이 사건 판례에 뒤이어 대법원은 토지거래허가를 요하지 아니하는 경우 그 효력 유무를 다투는 소송의 적부와 관련하여, 토지거래허가구역 지정이 해제된 토지의 거래에 관하여는 법률상 토지거래 허가를 필요로 하지 아니한다고 할 것이어서, 토지거래허가의 효력 유무를 다투는 것은 소의 이익이 없게 되었다고 판시하였다(대법원 1999. 7. 9. 선고 97누11607 판결).

Ⅲ 관련판례

1. 헌재 1989. 12. 22. 88헌가13 결정【국토이용관리법 제21조의3 제1항, 제31조의2의 위헌심판】

국토이용관리법 제21조의3 제1항의 토지거래허가제는 사유재산제도의 부정이 아니라 그 제한의 한 형태이고 토지의 투기적 거래의 억제를 위하여 그 처분을 제한함은 부득이한 것이므로 재산권의 본질적인 침해가 아니며, 헌법상의 경제조항에도 위배되지 아니하고, 현재의 상황에서 이러한 제한수단의 선택이 헌법상의 비례원칙이나 과잉금지의 원칙에 위배된다고 할 수도 없다.

2. 대법원 1992. 1. 21. 선고 91도2912 판결【국토이용관리법위반】

국토이용관리법 제31조의2 소정의 벌칙 적용대상인 “허가없이 토지등의 거래계약을 체결하는 행위”라 함은, 위에서 본 “처음부터 허가를 배제하거나 잠탈하는 내용의 계약을 체결하는 행위”를 가리키고, “허가받을 것을 전제로 한 거래계약을 체결하는 것”은 여기에 해당하지 않는다.

3. 대법원 2011. 7. 21. 선고 2010두23644 전원합의체 판결【양도소득세부과처분취소】

[1] [다수의견] (가) 구 소득세법(2006. 12. 30. 법률 제8144호로 개정되기 전의

것, 이하 '구 소득세법'이라 한다) 제88조 제1항 본문은 "제4조 제1항 제3호 및 이 장에서 '양도'라 함은 자산에 대한 등기 또는 등록에 관계없이 매도, 교환, 법인에 대한 현물출자 등으로 인하여 그 자산이 유상으로 사실상 이전되는 것을 말한다."라고 규정하고 있을 뿐 자산이 유상으로 이전된 원인인 매매 · 교환 · 현물출자 등(이하 '매매 등'이라 한다) 계약이 법률상 유효할 것까지 요구하고 있지 않다. 한편 매매 등 계약이 처음부터 국토의 계획 및 이용에 관한 법률(이하 '국토계획법'이라 한다)에서 정한 토지거래허가를 배제하거나 잠탈할 목적으로 이루어진 경우와 같이, 위법 내지 탈법적인 것이어서 무효임에도 당사자 사이에서는 매매 등 계약이 유효한 것으로 취급되어 매도인 등이 매매 등 계약의 이행으로 매매대금 등을 수수하여 그대로 보유하고 있는 경우에는 종국적으로 경제적 이익이 매도인 등에게 귀속되고, 그럼에도 매매 등 계약이 법률상 무효라는 이유로 매도인 등이 그로 말미암아 얻은 양도차익에 대하여 양도소득세를 과세할 수 없다고 보는 것은 매도인 등으로 하여금 과세 없는 양도차익을 향유하게 하는 결과로 되어 조세정의와 형평에 심히 어긋난다.

(나) 국토계획법이 정한 토지거래허가구역 내 토지를 매도하고 대금을 수수하였으면서도 토지거래허가를 배제하거나 잠탈할 목적으로 매매가 아닌 증여가 이루어진 것처럼 가장하여 매수인 앞으로 증여를 원인으로 한 이전등기까지 마친 경우 또는 토지거래허가구역 내 토지를 매수하였으나 그에 따른 토지거래허가를 받지 않고 이전등기를 마치지도 않은 채 토지를 제3자에게 전매하여 매매대금을 수수하고서도 최초 매도인이 제3자에게 직접 매도한 것처럼 매매계약서를 작성하고 그에 따른 토지거래허가를 받아 이전등기까지 마친 경우, 이전등기가 말소되지 않은 채 남아 있고 매도인 또는 중간 매도인이 수수한 매매대금도 매수인 또는 제3자에게 반환하지 않은 채 그대로 보유하고 있는 때에는 예외적으로 매도인 등에게 자산의 양도로 인한 소득이 있다고 보아 양도소득세 과세대상이 된다고 보는 것이 타당하다.

[대법관 박시환, 대법관 김지형, 대법관 전수안, 대법관 차한성, 대법관 이인복, 대법관 이상훈의 반대의견] (가) 구 소득세법상 양도는 엄연히 권리이전의 원인행위가 유효하게 이루어진 것을 전제로 하는 것으로서 원인행위인 매매계약이 무효여서 매도인이 양도로 인한 소득을 보유할 적법한 권원이 없는 경우에는 자

산의 양도가 있다거나 자산의 양도로 인한 소득이 있다고 볼 수 없다. 따라서 위와 같은 한도 내에서는 사법(사법)상 양도 개념과 세법(세법)상 양도 개념은 별개로 구분될 수 없는 것이고, 이와 달리 구 소득세법상 양도를 원인인 계약의 유·무효와 관계없이 사실상 이전이라고만 해석하는 것은 사법상 양도 개념과 세법상 양도 개념의 통일적 해석에 장애가 되는 것이어서 받아들이기 어렵다.

(나) 토지거래허가구역 내 토지에 관한 매매계약이 처음부터 허가를 배제하거나 잠탈할 목적으로 이루어진 경우에는 확정적으로 무효이고, 이와 같이 매매계약이 무효인 이상 매매대금이 양도인에게 지급되었다고 하더라도 이것이 양도소득세 과세대상인 자산의 양도에 해당한다거나 매도인 등에게 자산의 양도로 인한 소득이 있었다고 할 수는 없다.

[2] 갑이 을과 토지거래허가구역 내 을 소유의 토지에 관하여 매매계약을 체결한 직후 병 등과 그 토지에 관한 전매계약을 체결한 다음 을과 병 등을 직접 당사자로 하는 토지거래허가를 받아 병 등 명의로 소유권이전등기를 마친 데 대하여, 과세관청이 토지 전매가 양도소득세 과세대상에 해당한다며 갑에게 양도소득세 등을 부과하는 처분을 한 사안에서, 위 매매계약과 전매계약은 국토의 계획 및 이용에 관한 법률에서 정한 토지거래허가를 배제하거나 잠탈하는 내용의 계약으로 모두 확정적으로 무효이지만, 을에서 최종매수인인 병 등 앞으로 소유권이전등기가 마쳐진 채 말소되지 않고 남아 있고 갑이 병 등에게서 받은 매매대금을 반환하지 않고 보유하고 있다면, 이는 위 토지를 사실상 이전함으로써 양도한 것이고 갑에게 자산의 양도로 인한 소득이 있으므로 예외적으로 양도소득세 과세대상된다는 이유로, 위 처분은 적법하다고 한 사례.

4. 대법원 2012. 2. 9. 선고 2011두10935 판결【이행강제금부과처분취소】

[1] 국토의 계획 및 이용에 관한 법률 제124조 제1항은 '토지거래계약허가를 받은 자는 대통령령으로 정하는 사유가 있는 경우 외에는 5년의 범위에서 대통령령으로 정하는 기간에 그 토지를 허가받은 목적대로 이용하여야 한다'고 규정하고 있는데, 여기에서 '그 토지를 허가받은 목적'이 무엇인지는 원칙적으로 토

지거래계약허가증의 기재에 의하여야 하고, 허가받은 목적대로 이용하고 있는지는 허가받은 목적, 토지거래허가 신청 시 국토의 계획 및 이용에 관한 법률 시행규칙 제21조 제1항에 따라 제출한 토지이용계획의 내용, 허가받은 토지의 이용현황, 토지이용계획과 토지이용현황이 차이가 있는 경우 그 정도와 사유 등을 종합적으로 고려하여 판단하여야 한다.

[2] 주식회사 갑 등이 '단독주택 신축 후 분양' 목적으로 토지거래계약허가를 받아 토지의 소유권을 취득한 후 일부 착공신고를 마치고도 공사를 예정대로 시행하지 않자 관할 구청장이 현장조사를 거쳐 갑 회사 등에 토지를 허가받은 목적대로 이용하라는 이행명령을 하고, 다시 현장조사를 한 결과 이용의무를 이행하지 않고 있다고 판단하여 이행강제금부과처분 사전예고 통지를 한 후 이행강제금을 부과한 사안에서, 갑 회사 등이 토지의 사업개시예정일(개발완료예정일)을 훨씬 경과한 날까지도 건축 및 토지형질변경 관련 설계와 인테리어 설계, 조경 및 오수작업으로 사각 맨홀 및 배수로 설치를 하였을 뿐이고, 공사진행의 정도는 토지 내에 단독주택을 건축할 부지 구획, 통행로 포장 및 주차장 콘크리트 공사를 일부 진행한 것에 불과하여 정작 단독주택 건축을 위한 기초공사는 아직 진행되지도 않은 상태였던 사실 등에 비추어, 갑 회사 등이 토지를 허가받은 목적대로 이용하지 않았다고 본 원심판단은 정당하다고 한 사례.

5. 대법원 2012. 2. 9. 자 2011아42 결정 【위헌법률심판제청】

위와 같은 토지거래계약허가를 받은 자에 대한 토지이용의무 및 그 불이행에 따른 이행강제금의 부과는 투기적 토지거래를 방지함으로써 지가상승을 억제하여 국민의 경제생활을 안정시키고 국토의 효율적인 이용을 도모하기 위하여 도입된 토지거래계약허가제도의 실효성을 확보하기 위한 것으로서 그 목적이 정당하고, 이를 통하여 토지거래계약의 실효성을 효과적으로 확보할 수 있으며, 그 토지이용의무 부과에 있어 광범위한 예외를 두고 있을 뿐 아니라 토지이용의무 기간과 이행강제금의 부과금액 및 횟수를 합리적으로 제한하고 있어 토지거래허가를 받은 자의 재산권을 필요 이상으로 과도하게 제한하고 있다고 볼 수 없는 반면, 이로 인하여 달성할 수 있는 공익은 매우 크다고 할 것이므로,

위 각 법률 규정에 의한 토지이용의무와 그 불이행에 따른 이행강제금의 부과가 재산권의 보장에 관한 헌법 제23조와 제37조 제2항의 과잉금지원칙 등에 위반된다고 할 수 없다.

나아가 국토계획법 제124조 제1항은 토지거래계약을 허가받은 자로 하여금 허가받은 목적대로 이용하도록 규정하면서 그 예외를 대통령령으로 규정하도록 하고 있을 뿐 토지거래계약을 허가받은 자에 대한 토지이용의무의 범위와 내용에 관하여 대통령령에 포괄적으로 위임하고 있는 것이 아니므로 위 규정이 헌법 제75조의 포괄위임금지의 원칙에 위반된다고 할 수도 없다.

6. 대법원 2019. 1. 31. 선고 2017다228618 판결【소유권말소등기】

[1] 채권자대위권을 행사하는 경우, 채권자가 채무자를 상대로 보전되는 청구권에 기한 이행청구의 소를 제기하여 승소판결을 선고받고 판결이 확정되었다면, 특별한 사정이 없는 한 그 청구권의 발생원인이 되는 사실관계가 제3채무자에 대한 관계에서도 증명되었다고 볼 수 있다. 그러나 그 청구권의 취득이, 채권자로 하여금 채무자를 대신하여 소송행위를 하게 하는 것을 주목적으로 이루어진 경우와 같이, 강행법규에 위반되어 무효라고 볼 수 있는 경우 등에는 위 확정판결에도 불구하고 채권자대위소송의 제3채무자에 대한 관계에서는 피보전권리가 존재하지 아니한다고 보아야 한다. 이는 위 확정판결 또는 그와 같은 효력이 있는 재판상 화해조서 등이 재심이나 준재심으로 취소되지 아니하여 채권자와 채무자 사이에서는 그 판결이나 화해가 무효라는 주장을 할 수 없는 경우라 하더라도 마찬가지이다.

[2] 구 국토의 계획 및 이용에 관한 법률(이하 '구 국토계획법'이라고 한다)에서 정한 토지거래계약 허가구역 내 토지에 관하여 허가를 배제하거나 잠탈하는 내용으로 매매계약이 체결된 경우에는, 강행법규인 구 국토계획법 제118조 제6항에 따라 계약은 체결된 때부터 확정적으로 무효이다. 계약체결 후 허가구역 지정이 해제되거나 허가구역 지정기간 만료 이후 재지정을 하지 아니한 경우라 하더라도 이미 확정적으로 무효로 된 계약이 유효로 되는 것이 아니다.

Ⅳ 질문 및 토의과제

1. 토지거래허가제의 위헌 여부를 검토하라.

2. 토지거래계약허가신청에 대한 불허가처분에 대한 구제수단은 무엇이 있는가?

3. 위 판결요지 [2]의 경우에 과거의 투기적 거래를 용인하는 것이라는 비판이 있는바, 그에 대한 정당화논거를 제시해보라.

4. 토지거래허가구역이 지정해제된 경우에 그 지정기간중에 체결된 거래계약의 효력을 설명하라.

Ⅴ 참고문헌

서희승/염철승, 부동산 개발이익환수제도의 주요 쟁점과 개선방안, 부동산법학 26(1), 2022

윤석찬, 유동적 무효와 계약의 효력, JURIST 제411호(2006년 제3호), 채권법(계약법), 청림출판

소재선, 유동적 무효와 계약해제의 가부, JURIST 제409호(2006년 제1호), 로스쿨(민법총칙), 청림출판

박승열, 국토이용관리법상 토지거래 허가구역의 지정해제와 지정기간중에 체결된 거래계약의 효력, 재판과 판례 제9집(2000. 12), 대구판례연구회

오창수, 토지거래허가구역 지정해제와 토지거래계약의 효력, 판례연구 제13집(2000. 1), 서울지방변호사회

김희동, 국토이용관리법상 토지거래 허가구역의 지정해제와 지정기간중에 체결된 거래계약의 효력, 대법원판례해설, 제32호(1999년 상반기)(1999. 10), 법원도서관

Ⅵ 관련법령

구 국토이용관리법

제31조의2 (벌칙) ① 제21조의3제1항의 규정에 위반하여 허가를 받지 아니하고 토지거래계약을 체결하거나 사위 기타 부정한 방법으로 토지거래계약허가를 받은 자는 2년 이하의 징역 또는 계약체결 당시의 당해 토지가격의 100분의 30에 상당하는 금액이하의 벌금에 처한다.

② 제1항의 규정에 의한 벌금산정을 위한 토지가격은 개별공시지가를 기준으로 산정한 가격으로 한다.

현행 부동산거래신고법

제26조 (벌칙) ② 제11조제1항에 따른 허가 또는 변경허가를 받지 아니하고 토지거래계약을 체결하거나, 속임수나 그 밖의 부정한 방법으로 토지거래계약 허가를 받은 자는 2년 이하의 징역 또는 계약 체결 당시의 개별공시지가에 따른 해당 토지가격의 100분의 30에 해당하는 금액 이하의 벌금에 처한다.

7-6-4. 용도지역 · 지구 · 구역제도-권리구제

Ⅰ 개요

일반적으로 특정한 공익사업 기타의 복리행정상의 목적을 위하여 또는 물건의 효용을 확보하기 위하여 개인의 재산권에 대하여 공법상의 제한(공용제한)이 가하여진다. 공용제한의 경우 가장 큰 쟁점은 손실보상의 문제인바, 헌법적 근거(제23조 제3항, 제122조 등) 외에 반드시 법률의 근거가 있어야 한다(예컨대, 국토의계획및이용에관한법률 · 도로법 · 하천법 등). 공용제한에 대한 손실보상 가운데 도시관리계획 등에 의한 계획제한의 경우가 가장 문제되나, 계획제한에 관하여 규율하고 있는 각종 계획법에서는 보상에 관한 규정을 두지 않고 있는 경우가 많다. 이와 같이 공용제한에 의한 재산권침해에 대하여 손실보상을 긍정하더라도 관계 법률에서 보상규정을 두지 않는 경우에 무엇을 근거로 보상청구권을 인정할 것인지가 문제가 된다.3) 국토계획법은 종래와 같이 지역·지구·구역제를 채택하고 있는바, 이러한 지역·지구·구역의 지정은 시가화를 촉진하기 위한 것과 시가화를 억제하기 위한 것으로 구분하기도 한다. 동 법률에서 규정하고 있는 지역·지구·구역의 종류는 다음과 같다: 용도지역[도시지역(주거지역·상업지역·공업지역·녹지지역), 관리지역(보전관리지역·생산관리지역·계획관리지역), 농림지역, 자연환경보전지역](동법 제36조), 용도지구[경관지구·고도지구·방화지구·방재지구·보호지구·취락지구·개발진흥지구·특정용도제한지구·복합용도지구 및 그밖에 대통령령이 정하는 지구](동법 제37조), 용도구역[개발제한구역·시가화조정구역·수산자원보호구역·입지규제최소구역]. 이러한 계획제한의 경우에는 특히 공익과 사익간의 정당한 이익형량이 요구되는바, 이를 위반하는 경우에는 형량하자에 해당하여 위법의 결과가 된다.

II 리딩케이스

1. 사건번호: 대법원 2005. 3. 10. 선고 2002두5474 판결【도시계획변경결정취소청구】 – 보전녹지지역변경사건

2. 사실관계

피고 을(경기도지사)이 이 사건 토지들을 포함한 성남시 분당구 동원동(지번생략) 일원 21필지에 대하여 용도지역을 자연녹지지역으로 결정한 후, 원고 갑은 이 사건 토지들의 소유권을 취득하였고, 이 사건 토지들 지상에 물류창고를 건축하기 위한 준비행위를 하였다. 이 후 이 사건 토지들에 대한 용도지역을 자연녹지지역에서 보전녹지지역으로 변경하는 내용의 이 사건 성남도시계획변경(재

3) 헌법재판소는 1998년 12월에 손실보상에 관한 규정 없이 개발제한구역제도를 정한 구 도시계획법 제21조에 대하여 헌법불합치 결정을 하였고, 1999년 10월에 장기간의 사업지연 따른 재산손실에 대하여 보상규정을 두지 아니한 동법 제4조를 헌법불합치라고 결정하였다. 한편 대법원은 준용하천구역에 적법하게 편입된 토지에의 사권행사 제한으로 인한 '손실보상'의 가능성을 긍정한 바 있다.

정비)결정('이 사건 결정')이 내려지자, 이에 갑은 행정청의 공적인 견해표명에 반하는 처분을 함으로써 그 견해표명을 신뢰한 개인의 이익이 침해되는 결과가 초래된 것이라고 주장하며, 다른 지역에 대한 규제가 완화되고 있음에도 위 동원동 21필지에 대하여서만 규제내용이 강화되는 방향의 도시계획이 결정되었다는 이유로 형평의 원칙에 위배된다고 주장하였다. 갑은 위 결정의 취소를 구하는 소송을 제기하였는바, 원심이 갑의 청구를 기각하자, 그에 대하여 대법원에 상고하였다.(결과: 기각)

3. 판결요지

[1] 행정청이 용도지역을 자연녹지지역으로 지정결정하였다가 그보다 규제가 엄한 보전녹지지역으로 지정결정하는 내용으로 도시계획을 변경한 경우, 행정청이 용도지역을 자연녹지지역으로 결정한 것만으로는 그 결정 후 그 토지의 소유권을 취득한 자에게 용도지역을 종래와 같이 자연녹지지역으로 유지하거나 보전녹지지역으로 변경하지 않겠다는 취지의 공적인 견해표명을 한 것이라고 볼 수 없고, 토지소유자가 당해 토지 지상에 물류창고를 건축하기 위한 준비행위를 하였더라도 그와 같은 사정만으로는 용도지역을 자연녹지지역에서 보전녹지지역으로 변경하는 내용의 도시계획변경결정이 행정청의 공적인 견해표명에 반하는 처분을 함으로써 그 견해표명을 신뢰한 개인의 이익이 침해되는 결과가 초래된 것이라고도 볼 수 없다.

[2] 도시계획변경결정 당시 도시계획법령에 의하면, 도시계획구역 안에서의 녹지지역은 보건위생 · 공해방지, 보안과 도시의 무질서한 확산을 방지하기 위하여 녹지의 보전이 필요한 때에 지정되고, 그 중 보전녹지지역은 도시의 자연환경 · 경관 · 수림 및 녹지를 보전할 필요가 있을 때에, 자연녹지지역은 녹지공간의 보전을 해하지 아니하는 범위 안에서 제한적 개발이 불가피할 때 각 지정되는 것으로서 위와 같은 용도지역지정행위나 용도지역변경행위는 전문적 · 기술적 판단에 기초하여 행하여지는 일종의 행정계획으로서 재량행위라 할 것이지만, 행정주체가 가지는 이와 같은 계획재량은 그 행정계획에 관련되는 자들의 이익을 공익과 사익 사이에서는 물론이고 공익 상호간과 사익 상호간에도 정당

하게 비교 · 교량하여야 하고 그 비교 · 교량은 비례의 원칙에 적합하도록 하여야 하는 것이므로, 만약 행정주체가 행정계획을 입안 · 결정함에 있어서 이익형량을 전혀 행하지 아니하였거나 이익형량의 고려대상에 마땅히 포함시켜야 할 중요한 사항을 누락한 경우 또는 이익형량을 하였으나 그것이 비례의 원칙에 어긋나게 된 경우에는 그 행정계획결정은 재량권을 일탈 · 남용한 것으로 위법하다.

4. 판례해설

공용제한은 당해 제한을 필요로 하는 공익상의 수요의 종류에 따라 계획제한 · 사업제한 · 공물제한 · 사용제한으로 나눌 수 있다. 특히 계획제한이란 행정계획법에서 규정하고 있는 행정목적의 달성을 위하여 재산권에 가하여지는 공용제한을 말한다. 여기서 계획제한의 기초가 되는 행정계획은 국민에 대하여 구속적인 법적 효과를 발생하게 되는 지역계획 또는 토지계획을 의미한다. 대표적인 구속적 지역계획으로는 도시관리계획을 들 수 있다. 도시 · 군관리계획은 특별시 · 광역시 · 특별자치시 · 특별자치도 · 시 또는 군의 개발 · 정비 및 보전을 위하여 수립하는 토지 이용, 교통, 환경, 경관, 안전, 산업, 정보통신, 보건, 복지, 안보, 문화 등에 관한 다음 각 목[4]의 계획을 말한다(국토계획법 제2조제4호). 도시관리계획의 입안권자는 특별시장 · 광역시장 · 시장 · 군수[5]이고, 그 결정권자는 시 · 도지사가 되며, 이때 시 · 도지사는 도시관리계획을 직접 결정할 수도 있고, 시장 · 군수의 신청에 의하여 이를 결정할 수도 있다.

국토는 토지의 이용실태 및 특성, 장래의 토지이용방향 등을 고려하여 도시지역 · 관리지역 · 농림지역 · 자연환경보전지역 등의 용도지역으로 구분한다(동법 제6조).[6] 도시지역은 다시 주거지역 · 상업지역 · 공업지역 · 녹지지역으로 구

---

4) 동법 제2조 제4호 각목: 가. 용도지역 · 용도지구의 지정 또는 변경에 관한 계획, 나. 개발제한구역, 도시자연공원구역, 시가화조정구역(市街化調整區域), 수산자원보호구역의 지정 또는 변경에 관한 계획, 다. 기반시설의 설치 · 정비 또는 개량에 관한 계획, 라. 도시개발사업이나 정비사업에 관한 계획, 마. 지구단위계획구역의 지정 또는 변경에 관한 계획과 지구단위계획, 바. 입지규제최소구역의 지정 또는 변경에 관한 계획과 입지규제최소구역계획.

5) 일정한 범위에서 구청장도 가능하다.

6) 구 국토이용관리법은 용도지역을 도시지역 · 준도시지역 · 농림지역 · 준농림지역 · 자연환경보전지역으로 구분하고 있었다. 신법은 구법의 준도시지역과 준농림지역을 관리지역으로 묶음으로

분되고(동법 제36조제1항), 녹지지역은 보전녹지지역 · 생산녹지지역 · 자연녹지지역으로 나누어진다(동법시행령 제30조 제4호).

이 사건에 있어 원고는 물류창고 건축 준비행위를 추진하던 중 자연녹지지역에서 보전녹지지역으로의 도시계획변경이 이루어짐으로써 건축이 불가능해진 것에 대하여 위 변경결정의 취소를 다투는 것인바, 판결요지 [1]과 같이 판례는 이를 신뢰보호의 문제로 해결하고자 하였으나, 타당한 접근방법으로 보기 어렵다. 신뢰보호의 문제로 보게 되면, 신뢰보호의 성립요건의 충족 여부가 검토되어야 할 것인바, 특히 공적인 견해표명의 경계를 넘기가 어렵기 때문이다. 오히려 이 문제는 판결요지 [2]와 같이, 형량명령(Abwägungsgebot) 내지 정당형량의 원칙의 적용문제로 접근할 문제라고 할 것이다. 최근 형량명령의 적용에 있어 우리 판례의 입장을 보면, 비례원칙과 형량명령의 이중적 요구, 형량하자의 세부원칙의 불충분한 적용 등 많은 점에서 아직 정비되어 있지 못하고 있다. 행정계획 영역에서 형량명령 및 형량하자론은 개인의 실질적 권익구제에 크게 기여할 수 있는 이론이라는 점에서 보다 깊은 연구가 필요한 상황이다.

Ⅲ 관련판례

1. 헌재 1999. 10. 21. 97헌바26 결정【도시계획법 제6조 위헌소원】

도시계획결정(학교시설용지의 지정) 이후에 장기간 사업시행이 지연됨에 따라 재산적 손실이 발생하였음에도 아무런 보상법률규정을 두지 아니한 도시계획법 제4조는 헌법에 위반된다. 이 사건의 경우에 있어서, 도시계획은 국가와 지방자치단체의 중요한 행정으로서 잠시도 중단되어서는 안 되기 때문에, 이 사건 법률조항을 입법개선시까지 잠정적으로 적용하는 것이 바람직하므로 헌법불합치 결정을 한다.

써 계획제한을 보다 효과적으로 하여 난개발을 예방하고자 한 것에 그 의의가 있다.

2. 대법원 1991. 11. 26. 선고 90누9971 판결【토지수용재결처분취소】

도시계획사업의 시행자는 늦어도 "고시된 도시 계획사업의 실시계획인가에서 정한 사업시행기간 내"에 사법상의 계약에 의하여 도시계획사업에 필요한 타인 소유의 토지를 양수하거나 수용재결의 신청을 하여야 한다. 그리고 그 사업시행기간 내에 이와 같은 취득절차가 선행되지 아니하면 그 도시계획사업의 실시계획인가는 실효되고, 그 후에 실효된 실시계획인가를 변경인가하여 그 시행기간을 연장하였다고 하여 실효된 실시계획의 인가가 효력을 회복하여 소급적으로 유효하게 될 수는 없다.

3. 대법원 2012. 1. 12. 선고 2010두5806 판결【완충녹지지정의해제신청거부처분의취소】

[1] 행정주체가 구체적인 행정계획을 입안·결정할 때에 가지는 비교적 광범위한 형성의 자유는 무제한적인 것이 아니라 행정계획에 관련되는 자들의 이익을 공익과 사익 사이에서는 물론이고 공익 상호 간과 사익 상호 간에도 정당하게 비교교량하여야 한다는 제한이 있는 것이므로, 행정주체가 행정계획을 입안·결정하면서 이익형량을 전혀 행하지 않거나 이익형량의 고려 대상에 마땅히 포함시켜야 할 사항을 빠뜨린 경우 또는 이익형량을 하였으나 정당성과 객관성이 결여된 경우에는 행정계획결정은 형량에 하자가 있어 위법하게 된다. 이러한 법리는 행정주체가 구 국토의 계획 및 이용에 관한 법률(2009. 2. 6. 법률 제9442호로 개정되기 전의 것) 제26조에 의한 주민의 도시관리계획 입안 제안을 받아들여 도시관리계획결정을 할 것인지를 결정할 때에도 마찬가지이고, 나아가 도시계획시설구역 내 토지 등을 소유하고 있는 주민이 장기간 집행되지 아니한 도시계획시설의 결정권자에게 도시계획시설의 변경을 신청하고, 결정권자가 이러한 신청을 받아들여 도시계획시설을 변경할 것인지를 결정하는 경우에도 동일하게 적용된다고 보아야 한다.

[2] 갑 등이 자신들의 토지를 도시계획시설인 완충녹지에서 해제하여 달라는 신청을 하였으나 관할 구청장이 이를 거부하는 처분을 한 사안에서, 위 토지를 완충녹지로 유지해야 할 공익상 필요성이 소멸되었다고 볼 수 있다는 이유로,

위 처분은 갑 등의 재산권 행사를 과도하게 제한한 것으로서 행정계획을 입안·결정하면서 이익형량을 전혀 하지 않았거나 이익형량의 정당성·객관성이 결여된 경우에 해당한다고 본 원심판단을 정당하다고 한 사례.

4. 대법원 2012. 1. 27. 선고 2010다85881 판결【계약금등반환】

이 사건 부동산 일대에 도시계획시설인 근린공원을 신설하기로 하는 도시관리계획 결정(변경)이 고시됨으로써 원고가 이 사건 부동산에서 주택개발사업을 하는 것이 사실상 곤란하게 되었는데, 이 사건 부동산에서 주택개발사업을 진행하는 것에 아무런 문제가 없을 것으로 생각하였던 원고로서는 그와 같은 동기의 착오가 없었더라면 이 사건 부동산을 매수하지 않았거나 이 사건 매매대금으로는 매매계약을 체결하지 않았을 것으로 보이므로, 원고의 이 사건 부동산 매수의 동기는 이 사건 매매계약 내용의 중요한 부분을 이루고 있다고 봄이 상당하나, 그 채택 증거에 의하여 인정되는 판시와 같은 사실 및 사정에 비추어 볼 때 원고가 착오에 빠진 것은 주택개발회사로서 부동산 매수에 있어 통상 요구되는 주의를 현저히 결여하였기 때문이라 할 것이므로, 착오를 원인으로 한 원고의 매매계약 취소 주장은 이유 없다고 판단하였다.

관련 법리와 기록에 나타난 제반 사정에 비추어 살펴보면 원심의 위와 같은 조치는 정당한 것으로 수긍할 수 있고, … 사정변경으로 인한 계약해제는 계약 성립 당시 당사자가 예견할 수 없었던 현저한 사정변경이 발생하였고 그러한 사정변경이 해제권을 취득하는 당사자에게 책임 없는 사유로 생긴 것으로서, 계약 내용대로 구속력을 인정한다면 신의칙에 현저히 반하는 결과가 생기는 경우에 계약준수 원칙의 예외로서 인정된다(대법원 2007. 3. 29. 선고 2004다31302 판결; 2011. 6. 24. 선고 2008다44368 판결 등 참조).

원심판결 이유와 기록에 의하면, 이 사건 매매계약 체결 당시 이 사건 부동산 일대의 용도지역이 도시지역 중 제1종 일반주거지역이었던 사실, 그런데 이 사건 매매계약이 체결된 후 청주시는 2008. 12. 26. 이 사건 부동산 일대에 도시계획시설인 근린공원을 신설하기로 하는 내용을 포함한 '2015년 청주도시관리계획 결정(변경)'을 고시한 사실을 알 수 있다.

위와 같은 사실관계를 앞서 본 법리에 비추어 살펴보면, 이 사건 매매계약 체결 후 위와 같은 도시관리계획 결정이 고시됨으로써 원고가 의도한 주택개발 사업이 사실상 곤란하게 되었다 하더라도, 토지매매계약 체결 후 관련 법령의 개정 등으로 인하여 새로운 건축상의 제한이 생기거나 기존의 건축상의 규제가 없어질 가능성은 항상 존재하는 것이고 그와 같은 위험은 통상적으로 거래상 매수인이 부담하는 것으로 보이며, 그 밖에 기록에 나타난 제반 사정에 비추어 볼 때 이러한 사정변경으로 인하여 이 사건 매매계약의 효력을 그대로 유지하는 것이 신의칙에 현저히 반한다고 볼 수 없다.

5. 대법원 2012. 12. 26. 선고 2012두19311 판결【공원조성계획변경결정취소】

구 국토의 계획 및 이용에 관한 법률(2011. 4. 14. 법률 제10599호로 개정되기 전의 것, 이하 '구 국토계획법'이라 한다) 제58조 제1항 제2호, 제64조 제1항, 구 국토의 계획 및 이용에 관한 법률 시행령(2012. 4. 10. 대통령령 제23718호로 개정되기 전의 것) 제61조 제1호는, 관할 관청은 도시관리계획의 내용에 어긋나지 아니한 범위 내에서 개발행위허가를 하여야 하고, 도시계획시설 부지에 그 도시계획시설이 아닌 건축물의 건축이나 공작물의 설치를 허가하여서는 아니 되나, 다만 도시계획시설 부지에 일정한 공간적 범위를 정하여 도시계획시설이 결정되어 있고, 그 도시계획시설의 설치·이용 및 장래의 확장 가능성에 지장이 없는 범위에서는 그 도시계획시설이 아닌 건축물의 건축이나 공작물의 설치를 허가할 수 있다고 규정하고 있다. 이러한 도시관리계획 관련 법령의 내용 및 취지 등에 비추어 보면, 도시계획시설의 설치에 관한 도시관리계획 대상 지역 내 토지의 소유자는 도시관리계획 변경결정에 따라 도시계획시설의 종류, 내용, 범위 등이 변경됨에 따라 토지의 개발 등 이용관계가 달라질 수 있으므로 도시관리계획 변경결정의 효력을 다툴 법률상 이익이 있다고 보아야 할 것이다.

6. 대법원 2022. 1. 27. 선고 2021두38536 판결【폐쇄명령처분취소】

구 대기환경보전법 제2조 제9호, 제23조 제1항, 제5항 제2호, 제38조, 대기환경보전법 시행령 제11조 제1항 제1호, 대기환경보전법 시행규칙 제4조 [별표 2], 부칙(2007. 12. 31.) 제5조, 국토의 계획 및 이용에 관한 법률 제76조 제1항, 구 국토의 계획 및 이용에 관한 법률 시행령 제71조 제1항 제18호 [별표 19] 제2호 (자)목 (1), 제19호 [별표 20] 제1호 (자)목 (1), 제93조 제5항 전문의 내용과 취지 등을 종합하면, 기존의 건축물이 2005. 12. 30. 대기환경보전법 시행규칙 제4조 [별표 2]의 개정으로 '특정대기유해물질이 기준 이상으로 발생되는 배출시설'에 해당하게 된 경우 부칙(2007. 12. 31.) 제5조 제1항에 따라 구 대기환경보전법 제23조에 따른 허가를 받지 않았다면, 같은 법 제38조 본문의 사용중지명령 요건에 해당한다. 그러나 해당 건축물이 위와 같이 '특정대기유해물질이 기준 이상으로 발생되는 배출시설'에 해당하게 됨으로써 국토의 계획 및 이용에 관한 법률상 용도지역 안에서 건축제한규정에 부적합하게 되었다고 해도, 기존 용도가 국토교통부령으로 정하는 바에 따라 확인되는 등 구 국토의 계획 및 이용에 관한 법률 시행령 제71조의 건축제한규정과 관련하여 기존 건축물에 대한 특례를 규정한 같은 시행령 제93조 제5항 전문에서 정한 요건에 해당한다면 특례규정에 따라 기존 용도로 계속 사용할 수 있다. 따라서 위 특례규정이 적용되는지 여부를 따져 보지 않은 채 위 건축제한규정에 위반된다고 단정하여 위 허가를 받는 것 자체가 불가능하다거나, 구 대기환경보전법 제38조 단서의 폐쇄명령 요건인 '그 설치장소가 다른 법률에 따라 그 배출시설의 설치가 금지된 경우'에 해당한다고 볼 것은 아니다. 설령 해당 건축물에 대하여 위 부칙규정에서 정한 기한 내 허가를 받지 않았다고 해도, 이러한 사정만으로 곧바로 위 허가기한이 지난 다음부터 위 특례규정의 적용이 배제된다고 볼 수도 없다.

Ⅳ 질문 및 토의과제

1. 도시계획변경결정에 있어 엄한 변경과 약한 변경에 있어서 요구되는 신뢰보호의 기준을 검토하고 그 이유를 논하라.

2. 도지사 A는 상업지역이던 X의 토지를 주거지역으로 변경하는 내용을 포함하는 도시계획변

경결정을 하였다. 이 결정으로 지가가 현저히 하락하여 재산상의 큰 피해를 입은 X가 취할 수 있는 구제수단은 무엇인가?

3. 도시계획변경결정에 있어서 형량명령과 비례원칙을 구분하라.

4. 공공필요에 의한 재산권제한의 법적 형태를 기술하고 그에 대한 보상 여부에 관하여 언급하라.[제20회 사법시험]

5. A광역시의 관할구역 내 B지역의 토지의 거래가격은 평당 200만원이다. 위 B지역에 500평의 토지를 소유하고 있는 갑은 건설회사와 매매를 위한 협의중에 건설교통부장관으로부터 권한을 위임받은 A광역시장은 도시계획법의 관계규정 등에 근거하여 B지역을 적법하게 개발제한구역으로 지정하였다. 개발제한구역의 지정으로 B지역 내의 토지의 거래가격은 급격하게 하락되었고, 매매도 이루어지지 않고 있다. 이 경우 토지소유자 갑은 재산상 손실의 보전을 청구할 수 있는가?[제14회 입법고시]

V 참고문헌

신봉기, 한국 행정판례에 있어서 형량하자론의 도입과 평가, 행정판례연구 제13집(2008)

임영호, 계획행정과 형량명령, 대법원판례해설 제64호(2006 하반기)(2007. 7), 법원도서관

정남철, 도시계획변경결정의 위법성판단 및 사법적 통제기준, 법률신문 제3460호(2006. 5)

VI 관련법령

국토의 계획 및 이용에 관한 법률 시행령

제30조 (용도지역의 세분) 국토해양부장관 또는 시·도지사는 법 제36조제2항의 규정에 의하여 도시관리계획결정으로 주거지역·상업지역·공업지역 및 녹지지역을 다음 각호와 같이 세분하여 지정할 수 있다.

1. 주거지역[전용주거지역(제1종전용주거지역·제2종전용주거지역), 일반주거

지역(제1종일반주거지역 · 제2종일반주거지역 · 제3종일반주거지역), 준주거지역]

2. 상업지역(중심상업지역 · 일반상업지역 · 근린상업지역 · 유통상업지역)
3. 공업지역(전용공업지역 · 일반공업지역 · 준공업지역)
4. 녹지지역
   가. 보전녹지지역: 도시의 자연환경 · 경관 · 산림 및 녹지공간을 보전할 필요가 있는 지역
   나. 생산녹지지역: 주로 농업적 생산을 위하여 개발을 유보할 필요가 있는 지역
   다. 자연녹지지역: 도시의 녹지공간의 확보, 도시확산의 방지, 장래 도시용지의 공급 등을 위하여 보전할 필요가 있는 지역으로서 불가피한 경우에 한하여 제한적인 개발이 허용되는 지역

제 7 장
공용부담법

공용부담은 특정한 공익사업 기타의 복리행정상의 목적을 위하여 또는 일정한 물건의 효용을 확보하기 위하여 개인에게 강제적으로 과하는 공법상의 경제적 부담을 의미한다. 공용부담은 헌법상 보장된 재산권에 대한 침해를 의미하며, 이는 사유재산제를 보장하는 근대입헌국가에 있어서는 그에 대한 예외적인 것이라 할 수 있다. 따라서 공용부담을 과함에 있어서는 반드시 법률에 근거가 있어야 한다. 헌법적 근거로는 헌법 제23조 제3항, 제122조를 들 수 있고, 법률적 근거로는 공익사업을위한토지등의취득및보상에관한법률을, 개별법으로 국토의계획및이용에관한법률 · 도시및주거환경정비법 · 도시개발법 · 도로법 · 하천법 등을 들 수 있다. 공용부담은 구체적 목적(도로부담 · 하천부담 · 철도부담 · 우편부담 · 생활공간규제행정상의 부담 등), 부담권리자(국가에 의한 부담, 공공단체에 의한 부담, 사인에 의한 부담), 발생원인(강제부담, 임의부담), 내용(인적 공용부담, 물적 공용부담 <사유재산권에 물권적 제한을 가하는 공용제한, 재산권 자체를 강제적으로 취득하는 공용수용, 재산권의 내용에 변환을 가져오는 공용환지 · 공용환권>) 등으로 구분된다. 특히 인적 공용부담이란 특정한 공익사업 기타의 복리행정상의 수요를 충족하기 위하여 또는 일정한 물건의 효용을 확보하기 위하여 특정인에게 작위 · 부작위 또는 급부의 의무를 부담시키는 것을 말한다. 인적 공용부담에 따라 개인이 지는 작위 · 부작위 또는 급부의무는 공법상의 의무이기 때문에, 그 의무의 불이행에 대하여는 행정상 강제집행이, 의무위반에 대하여는 행정벌이 과하여지는 것이 보통이다. 인적 공용부담의 종류는 부과방법(개별부담, 연합부담), 부과 근거(일반부담 · 특별부담 · 우발부담), 내용(부담금, 부역 · 현품, 노역 · 물품, 시설부담, 부작위부담)으로 나눌 수 있다.

7-7-1. 부담금

I 개요

부담금은 국가 또는 공공단체가 자신이 경영하는 공익사업과 특별한 이해관계가 있는 자에게 그 사업에 필요한 비용의 전부 또는 일부를 부담시키기 위하여 과하는 공법상의 금전급부의무를 말한다. 경비의 일부를 부담시키는 경우에는 특히 분담금이라고도 한다. 부담금은 그 사업의 종류에 따라 도로부담금 · 하천부담금 · 도시계획부담금 · 소방부담금 · 농지개량부담금 등으로 나누어진다. 부담금은 그 부담의무자의 성질에 따라 수익자부담금 · 원인자부담금 · 손상자부담금으로 나누어진다. 부담금의 부과권은 원칙적으로 사업주체가 가진다. 국영공비사업의 경우에는 경제주체인 공공단체가 부과권을 가지나, 부담금의 부과여부를 결정하는 권한은 사업주체인 국가에 속하는 것이 원칙이다. 부담금은 공법상의 금전지급의무이므로 부담의무자가 의무를 위반하거나 의무를 이행하지 않는 경우에는 제재를 과하거나 행정상의 강제징수절차에 의하여 강제집행한다. 부담금의 부과 · 징수에 관한 불복은 행정쟁송절차에 의한다. 부담금은 사업 자체의 경영에 소요되는 비용의 부담(수익자 · 원인자 · 손상자부담금)인 점에서, 사업에 관한 개개의 이용에 대한 대가(유료도로사용료 · 공공도서관이용료)로서의 성질을 가지는 사용료 · 수수료와 구별된다. 또한 부담금은 특정 공익사업의 경비충당을 목적으로 하는 점에서, 국가 · 지방자치단체의 일반 재정수입을 목적으로 하는 조세와 구별된다.

II 리딩케이스

1. 사건번호: 대법원 2001. 11. 27. 선고 2000두697 판결【압류처분무효확인등】 – 부실맨홀사건

2. 사실관계

원고 갑은 도로관리청인 피고 을(서울특별시 금천구청장)로부터 이 사건 맨홀정비공사를 수급받은 자인바, 이 사건 맨홀은 모두 도로의 지하에 묻힌 도시가스관·상하수도관·송유관·전기통신관 등의 교체·수선작업 등을 위하여 작업자가 드나드는 작업구로 도로 표면에 부착된 것으로, 특히 이 사건 맨홀정비공사의 내용은 맨홀의 높이와 그 주위 도로의 높이가 서로 일치하지 아니하거나 맨홀 주변의 파손으로 주위 도로와 제대로 부착되지 아니하여 파손된 부분이 있는 등 불량 맨홀에 대한 높이 조절과 주위 도로와의 접착작업, 도로 덧씌우기 공사를 함에 따라 기존 맨홀의 높이가 상대적으로 낮아지게 되면 이를 높이는 인상작업 등으로 도로의 유지관리를 위한 도로공사의 일환이다. 그런데 을은 갑이 맨홀정비공사를 시행하면서 맨홀인상작업 등에 쓰이는 제품을 폐합성수지 대신에 그보다 저가인 콘크리트링 등의 제품을 사용하고, 맨홀 주위의 채움재를 적정량보다 적게 사용하여 압축강도가 떨어지게 하였으며, 기타 부실한 시공을 함으로써 정비공사를 마친 맨홀에 침하·균열 등의 하자를 발생하게 한 것을 이유로, 갑에게 이 사건 맨홀정비공사에 따른 하자의 보수공사를 명하거나 그 하자보수공사에 갈음하는 비용을 받기 위하여 도로법 제31조, 제64조에 의하여 원인자에 대한 부담금을 부과하였다. 또한 을은 원인자부담금 부과처분에 의한 부과금 징수를 위하여 압류처분을 하고 그에 이어 압류등기를 하였다. 갑은 위 처분에 대하여 소송을 제기하였는바, 원심은 갑의 청구를 인용하였고, 그에 대하여 을은 대법원에 상고하였다.(결과: 기각)

3. 판결요지

[1] 도로법 제2조, 제3조, 제24조 제1항, 제31조, 제56조, 제64조 등 관련 규정의 취지를 종합하면, 도로관리청이 아닌 자의 타공사 또는 타행위로 인하여 도로의 신설 · 개축 및 수선에 관한 공사, 즉 도로공사가 필요하게 된 경우에는, 도로관리청이 그 원인자에게 그 도로공사의 이행을 명하는 것이 원칙이나 그것이 도로의 관리에 지장을 초래하는 경우에는 직접 도로공사를 시행하고 그 비용을 원인자에게 청구할 수 있다.

[2] 도로관리청으로부터 수급한 맨홀정비공사를 부실하게 시공함으로써 맨홀에 하자가 발생한 경우, 도로관리청은 수급자에게 맨홀공사 부실시공으로 인한 부당한 공사비 절감과 하자로 인한 손해 등에 대하여 하자담보책임 등을 따지는 것은 별론으로 하더라도, 그 하자의 보수공사나 그 하자보수공사에 갈음하는 비용 등은 도로법 제31조, 제64조에서 말하는 '타공사 또는 타행위로 인하여 필요하게 된 도로공사나 그 도로공사에 필요한 비용'에 해당한다고 할 수 없으므로, 도로관리청이 수급자에게 맨홀정비공사에 따른 하자의 보수공사를 명하거나, 그 하자보수공사에 갈음하는 비용을 받기 위하여 도로법 제31조, 제64조에 의하여 원인자에 대한 공사이행을 명하거나 부담금을 부과할 수는 없고, '서울특별시도로복구원인자부담금징수조례'는 도로법 제64조의 규정에 의한 도로공사의 원인자부담금의 징수에 관하여 필요한 사항을 정함을 목적으로 하는 것이므로(제1조), 도로관리청이 도로법 제64조에 의하여 원인자부담금을 부과할 수 없는 이상, 당연히 이 조례의 관련 규정을 근거로 원인자부담금을 부과 · 징수할 수도 없다.

[3] 도로관리청이 원인자부담금 부과처분에 의한 부과금 징수를 위하여 압류처분을 하고 그에 이어 압류등기를 한 경우, 이해관계인은 그 압류처분에 대한 항고소송 외에 그 압류등기의 말소청구소송을 제기할 수 있고, 그 경우 행정소송법 제38조, 제10조에서 말하는 본래의 항고소송은 원인자부담금 부과처분 또는 압류처분에 대한 항고소송을 모두 포함한다.

4. 판례해설

부담금은 특정한 공익사업 등과 특별한 이해관계가 있는 자에 대하여 부과되는 금전급부의무인 인적 공용부담이다. 부담금은 특별부담에 한하는 것이 원칙이라고 할 것인바, 이는 부담금이 대체적 조세로서 운용되는 것을 방지하기 위한 것이다. 강학상의 부담금과 법률상의 부담금의 개념이 동일하지는 않지만, 현행 부담금관리기본법은 부담금을 중앙행정기관의 장, 지방자치단체의 장, 행정권한을 위탁받은 공공단체 또는 법인의 장 등 법률에 의하여 금전적 부담의 부과권한을 부여받은 자(즉, 부과권자)가 분담금, 부과금, 기여금, 그 밖의 명칭에도 불구하고 재화 또는 용역의 제공과 관계없이 특정 공익사업과 관련하여 법률에서 정하는 바에 따라 부과하는 조세외의 금전지급의무로 정의하고 있다(제2조).

부담금관리기본법은 부담금의 설치목적을 달성하기 위하여 필요한 최소한의 범위안에서 공정성 및 투명성이 확보되도록 부담금이 부과되어야 하며, 특별한 사유가 없는 한 동일한 부과대상에 대하여 이중의 부담금이 부과될 수 없도록 하고 있다(제5조). 또한 동법의 별표에 규정된 법률의 규정에 의하지 아니하고는 부담금을 설치할 수 없다고 규정하여(제3조), 방만한 부담금의 신설을 방지하고 있다. 즉, 중앙행정기관의 장은 소관사무와 관련하여 부담금을 신설(부과대상 확대 및 부과요율 인상을 포함)하고자 하는 경우에는 해당 법률안을 입법예고하기 전에 기획재정부장관에게 부담금신설의 타당성에 관한 심사를 요청하도록 하고 있다. 기획재정부장관이 심사요청을 받은 경우에는 부담금의 신설이 다음과 같은 일정한 법정기준에 부합하는지를 부담금운용심의위원회로 하여금 심의하도록 하여야 한다.: ① 부담금을 신설 또는 변경할 명확한 목적이 있을 것, ② 부담금의 부과요건등이 구체적이고 명확하게 규정되어 있을 것, ③ 부담금의 재원조성의 필요성과 사용목적의 공정성 및 투명성을 각각 갖추었을 것, ④ 기존의 부담금과 중복되지 아니할 것, ⑤ 부담금의 부과가 조세보다 적절할 것, ⑥ 부담금의 존속기한이 목적을 달성하기 위하여 필요한 최소한의 기간으로 설정되어 있을 것(다만, 그 부담금을 계속 존속시켜야 할 명백한 사유가 있는 경우에는 제외)(제6조). 그러나 지방자치단체 등의 부담금 신설에 대한 통제가 미흡하고, 동법 별표상의 부담금의 수는 96호에 걸쳐 91개에 달하고 있어(2024년 2월 현재) 이는 부담금 신설의 억제가 아니라 오히려 부담금의 법적 근거를 정당하게 마련해 주는 것으로서 당초의 입법취지를 몰각하고 있는 것이라는 비판도 있다.

한편 부담금은 사업 자체에 특별한 이해관계를 가진 자를 대상으로 하는 점에서, 이용자를 대상으로 하는 사용료 · 수수료와 다르다. 또한 부담금은 당해 사업과 특별한 이해관계를 가진 자를 대상으로 하는 점에서, 일반국민을 대상으로 하는 조세와 다를 뿐 아니라, 부담금은 사업소운영비 · 사업과의 관계정도 등을 종합적으로 파악하여 이를 표준으로 하는 점에서, 조세법상의 공평부담의 원칙에 기한 담세력을 표준으로 하는 조세와 다르다. 그렇지만 조세와 부담금은 모두 금전급부의무라는 점 및 의무불이행시 행정상 강제징수가 가능하다는 점에서 동일하다.

특히 원인자부담금은 특정 공익사업 등을 필요로 하게 만든 원인을 부여한 자에게 부과되는 부담금을 말하는바, 그 부담금액은 원인을 부여한 자의 행위에 의하여 필요로 하게 된 금액을 초과할 수 없다고 할 것이다.

이 사건에서 판례는 원고 갑의 청구를 인용하였지만, 이는 갑의 맨홀공사가 적법한 것임을 긍정한 것이 아니라 도로법상의 '타공사 또는 타행위'에 해당하지 않음을 긍정함으로써 부담금의 근거가 없다는 이유로 을의 원인자부담금 부과처분이 무효임을 확인한 것이다. 따라서 판결요지 [2]와 같이 판례는 이 사건에서 원인자부담금이 아닌, 하자담보책임의 법리로 손해배상을 청구해야 할 사안이라고 판단한 것이다. 다만, 이 사건 맨홀공사가 '도로공사 이외의 공사 또는 행위'인지에 대하여 너무 엄격하게 판단한 것이 아닌가 하는 의문이 제기된다. 즉, 도로상의 맨홀은 실질적으로 도로공사라 할 것임에도 도로공사의 개념을 협의로 해석하여 형식논리로 판단한 잘못이 있다는 주장이 그것이다.

III 관련판례

1. 대법원 1989. 6. 13. 선고 88누8616 판결 【수익자부담금부과처분취소】

도로수익자 부담금의 경우 토지의 가액이 오로지 도로공사로 인하여 상승한 경우 그 상승치가 자연상승치의 2배를 초과할 때에 현저한 이익이 있는 것으로 보고 그 수익의 범위 내에서 당해 도로공사에 필요한 비용의 전부 또는 일부를 부담시키게 된다.

2. 대법원 1981. 1. 13. 선고 80누488 판결 【수익자부담금부과처분취소】

도시계획법 제65조제1항의 규정에 의하면 도시계획사업의 시행자는 그가 시행한 도시계획사업으로 인하여 현저한 이익을 받은 자에게 수익자부담금을 부담시킬 수 있게 되어 있는 바, 여기의 '도시계획사업으로 인하여 현저한 이익을 받는 자'에는 "도시계획사업시행공고 당시에 소유권이전등기를 경료한 당해 부동산의 법률상의 소유자"가 아니더라도 원고들과 같이 "도시계획사업에 따른 당해 공사로 인하여 이익을 받을 수 있는 승계인"도 포함되는 것으로 보는 것이, 도시계획사업으로 인하여 이익을 받는 수익자에게 수익자부담금을 부담시키는 도시계획법의 취지에 합당할 것이다.

3. 대법원 1978. 4. 25. 선고 77누105 판결 【도로수익자부담금부과처분취소】

수익자부담금을 산정함에 있어, 도로개축공사에 먼저 착공한 연후에 공고를 한 경우에는, 실지공사 착공일을 기준하여 토지가액을 산정하는 것이 조리에 합당하다 할 것이다.

4. 대법원 2012. 10. 11. 선고 2011두19369 판결 【추징금등부과처분취소】

「한강수계 상수원수질개선 및 주민지원 등에 관한 법률」은 제19조 제1항에서 수도사업자는 대통령령으로 정하는 공공수역으로부터 취수된 원수를 직접 또는 정수하여 공급받는 최종 수요자에게 물사용량에 비례한 부담금인 물이용부담금을 대통령으로 정하는 바에 따라 부과·징수하도록 규정하면서 물이용부담금의 부과 상대방인 '최종 수요자'의 범위에 관해서는 별도로 규정하고 있지 않다. 또한 급수시설의 소유자 또는 관리인에게 물이용부담금의 납부에 있어 연대책임을 지우는 규정도 없다. 이와 더불어 물이용부담금이 최종 수요자가 사용하는 물의 양에 따라 정하도록 되어 있는 점, 최종 수요자라는 표현이 가지는 일반적 의미 등에 비추어 볼 때, 물이용부담금의 부과 상대방인 최종 수요자는 원수를 직접 또는 정수하여 공급받아 실제 사용하는 자로 해석함이 상당하다.

5. 대법원 2014. 1. 29. 선고 2013다25927 판결【부당이득금반환 · 시설분담금】

[1] 부담금관리기본법의 제정 목적, 부담금관리 기본법 제3조의 조문 형식 및 개정 경과 등에 비추어 볼 때, 부담금관리 기본법은 법 제정 당시 시행되고 있던 부담금을 별표에 열거하여 정당화 근거를 마련하는 한편 시행 후 기본권 침해의 소지가 있는 부담금을 신설하는 경우 자의적인 부과를 견제하기 위하여 위 법률에 의하여 이를 규율하고자 한 것이나, 그러한 점만으로 부담금부과에 관한 명확한 법률 규정이 존재하더라도 법률 규정과는 별도로 반드시 부담금관리 기본법 별표에 부담금이 포함되어야만 부담금 부과가 유효하게 된다고 해석할 수는 없다.

[2] 집단에너지사업법 제18조 제1항의 공급시설 건설비용의 부담금에 관한 사항을 정하고 있는 갑 난방공사의 열공급규정의 효력이 문제 된 사안에서, 집단에너지사업법의 전반적인 체계와 취지 · 목적, 당해 위임조항의 내용, 관련 법규의 유기적 관계 등에 비추어 위임입법의 범위를 일탈한 것으로 볼 수는 없으며, 집단에너지사업법 제18조 제2항이 구체적으로 범위를 정하지 아니하고 공사비부담금의 산정기준 및 부과 · 징수방법에 관하여 필요한 사항을 대통령령으로 정하도록 함으로써 부담금관리 기본법 제4조에서 정한 바와 달리 위임되었다는 이유만으로 갑 난방공사의 열공급규정을 위임입법의 한계를 넘어선 것으로 무효라고 할 수는 없다고 한 사례.

[3] 갑 난방공사와 을 도시가스 주식회사가 병 주식회사에 부담시킨 공사비부담금과 시설부담금 등이 주택법 제23조, 도시개발법 제55조 등 강행규정에 위배되는지 문제 된 사안에서, 위 각 강행규정은 집단에너지공급시설이나 가스공급시설에 대한 설치의무를 지는 공급자가 설치비용을 부담한다는 것이고, 집

단에너지사업법 제18조 제1항과 도시가스사업법 제19조의2 제1항은 그와 같이 부담한 설치비용을 수익자부담금의 형태로 사용자에게 분담시키는 것으로서 집단에너지사업법 제18조 제1항 및 도시가스사업법 제19조의2 제1항은 위 각 강행규정과는 입법 취지와 규율대상이 다르고, 병 회사가 갑 난방공사와 을 도시가스에 지급한 공사비부담금과 시설부담금 등은 집단에너지사업법 제18조 제1항 및 도시가스사업법 제19조의2 제1항에 근거하여 부담시킨 것이므로 위 각 강행규정에 위배되지 않는다고 한 사례.

6. 대법원 2022. 12. 29. 선고 2020두49041 판결【기타부담금부과처분취소】

[1] 부담금의 부과요건과 징수절차를 법률로 규정하였더라도 그 규정 내용이 지나치게 추상적이고 불명확하면 부과관청의 자의적인 해석과 집행을 초래할 염려가 있으므로 법률 또는 그 위임에 따른 명령·규칙의 규정은 일의적이고 명확해야 하나, 법률규정은 일반성, 추상성을 가지는 것이어서 법관의 법 보충작용으로서의 해석을 통하여 그 의미가 구체화, 명확화될 수 있으므로, 부담금에 관한 규정이 관련 법령의 입법 취지와 전체적 체계 및 내용 등에 비추어 그 의미가 분명해질 수 있다면 이러한 경우에도 명확성을 결여했다고 할 수 없다.

[2] 구 학교용지 확보 등에 관한 특례법(이하 '구 학교용지법'이라 한다) 제5조 제1항의 문언에 더하여 구 학교용지법의 입법 목적과 체계 및 규정 취지에 비추어 볼 때 구 학교용지법 제5조 제1항 제5호에 따라 부담금 부과대상에서 제외되는 개발사업분은 사업구역 내에 실제 거주하였던 가구 수를 기준으로 산정해야 함을 충분히 알 수 있다. 비록 구 학교용지법과 그 위임을 받아 제정된 같은 법 시행령 등은 구체적인 가구 수 및 분양가격 등의 산정방법에 관하여 별도의 규정을 두고 있지 아니하나, 부과관청은 개발사업으로 인해 유발된 학교시설 확보의 필요성을 실질적으로 반영할 수 있는 합리적인 기준에 따라 가구 수의 증가분과 분양가격을 산정할 수 있다고 보는 것이 타당하다. 따라서 구 학교용지법 제5조 제1항 제5호, 제5조의2 제1항, 제2항 제1호에서 정한 학교용지부담금 부과요건과 산정기준이 부과관청에 자의적인 해석과 집행의 여지를 주

거나 수범자의 예견가능성을 해할 정도로 불명확하여 명확성의 원칙에 위배된다고 볼 수 없고, 이에 관한 법적 규율에 어떠한 공백이 있다고 보기 어렵다. 부담금관리 기본법 제4조는 침익적 행정행위에 해당하는 부담금부과의 근거 법률에 관하여 헌법상 요구되는 명확성의 원칙 내지 포괄위임금지의 원칙을 풀어서 규정한 것에 지나지 않는바, 앞에서 본 바와 같이 구 학교용지법 제5조 제1항 제5호 등이 명확성의 원칙 등에 위배되지 않는 이상 부담금관리 기본법 제4조에 저촉된다고도 할 수 없다.

[3] 구 학교용지법 제5조 제1항은 "시·도지사는 개발사업지역에서 단독주택을 건축하기 위한 토지를 개발하여 분양하거나 공동주택을 분양하는 자에게 부담금을 부과·징수할 수 있다."라고 규정하고 있어, 문언상 위 규정에 따른 학교용지부담금 부과는 재량행위로 해석된다. 또한 같은 조 제4항은 "시·도지사는 다음 각호의 어느 하나에 해당하는 경우에는 부담금을 면제할 수 있다. 다만 제1호·제3호 및 제4호의 경우에는 부담금을 면제하여야 한다."라고 규정하면서 제2호에서 '최근 3년 이상 취학 인구가 지속적으로 감소하여 학교 신설의 수요가 없는 지역에서 개발사업을 시행하는 경우'를 들고 있다. 이와 같이 위 규정 제1호, 제3호, 제4호에 따른 학교용지부담금 면제는 기속행위인 반면, 제2호에 따라 학교용지부담금을 면제할 것인지 여부를 결정하는 데에는 행정청의 재량이 인정된다. 학교용지부담금의 설치 근거가 되는 부담금관리 기본법 제5조 제1항은 '부담금은 설치목적을 달성하기 위하여 필요한 최소한의 범위 안에서 공정성 및 투명성이 확보되도록 부과되어야 한다.'고 규정하고 있다. 따라서 학교용지부담금의 부과 대상이 되는 개발사업에 대하여 구체적 사정에 따라 학교용지부담금을 부과하는 것이 부담금관리 기본법에서 정한 위와 같은 한계를 넘거나 비례·평등원칙 등에 위배된다고 볼 만한 특별한 사정이 있을 때에 한하여 재량권을 일탈·남용한 것으로서 위법하게 된다. 특히 학교시설 확보의 필요성은 그동안 누적된 수요가 기존 학교시설의 수용 한계를 초과하는 때에 비로소 발현되고, 교육환경에 대한 사회적 인식과 교육정책의 변화 등에 따라 같은 수의 학생을 수용하는 데에 종전보다 더 많은 학교시설이 필요한 경우도 있으며, 종래 취학 인구가 감소하던 지역이더라도 인구유입과 지역적 상황의 변화에 따라 향후 학교 신설의 수요가 발생할 가능성도 있다. 따라서 부담금 부과

당시를 기준으로 사업시행 지역의 취학 인구가 최근 3년 이상 지속적으로 감소하였다거나 개발사업으로 유발된 수요가 기존 학교시설로 충족될 수 있다는 사정만으로 곧바로 구 학교용지법 제5조 제4항 제2호에서 정한 면제사유에 해당한다고 할 수 없고, 인구유입과 지역적 상황의 변화 가능성 및 교육정책적 목적 등을 모두 고려하더라도 장래에 학교 신설의 수요가 없다는 것까지 인정되는 경우에 비로소 위와 같은 면제요건이 충족된다. 나아가 구 학교용지법 제5조 제4항 제2호에서 정한 면제사유에 해당하는 경우에도 학교용지부담금 부과처분이 위법하다고 보기 위해서는 부담금 부과를 통해 달성하려고 하는 공익과 그로써 처분상대방이 입게 되는 불이익의 내용과 정도를 비교형량하여 부담금을 면제하지 않은 것이 재량권의 일탈 · 남용에 해당한다고 볼 만한 사정이 인정되어야 한다.

Ⅳ 질문 및 토의과제

1. 도로상의 맨홀공사는 '도로공사 이외의 공사 또는 행위'(타공사 또는 타행위)인가?
2. 부담금과 사용료 · 수수료 및 조세의 차이를 구분하라.
3. 인적 공용부담의 위반 시에 과해지는 일반적인 제재수단은 무엇인가?
4. 도시계획사업시행공고 당시에 당해 부동산의 법률상 소유자가 아닌 승계인도 부담금의 부과대상이 될 수 있는가?

Ⅴ 참고문헌

김학세, 행정쟁송의 제기기간 등에 관한 논의와 최근의 동향, 변호사 제33집 (2003. 1), 서울지방변호사회

Ⅵ 관련법령

도로법

구법 제31조 (공사 원인자에 대한 공사시행 명령) 도로관리청은 도로공사 이외의 공사 또는 행위(이하 '타공사 또는 타행위'라 한다)로 인하여 도로공사가 필요하게 된 때에는 당해 타공사의 시행자 또는 타행위자로 하여금 그 공사를 하게 할 수 있다.

현행법 제35조 (공사 원인자 등에 대한 공사시행 명령 등) ① 도로관리청은 도로공사 외의 공사(이하 "타공사"라 한다) 또는 도로공사 외의 행위(이하 "타행위"라 한다)로 인하여 도로공사가 필요하게 되면 그 타공사의 시행자나 타행위를 한 자에게 그 도로공사를 시행하게 하거나 그 타공사의 시행자나 타행위를 한 자의 부담으로 직접 도로공사를 시행할 수 있다.

구법 제64조 (원인자부담금) 타공사 또는 타행위로 인하여 필요하게 된 도로공사의 비용은 타공사 또는 타행위의 비용을 부담하여야 할 자에게 그 전부 또는 일부를 부담하게 할 수 있다.

현행법 제91조 (원인자의 비용 부담 등) ① 도로관리청은 타공사나 타행위로 인하여 도로공사를 시행하게 된 경우 타공사나 타행위의 비용을 부담하여야 할 자에게 그 도로공사의 비용의 전부 또는 일부를 부담시킬 수 있다.

7-7-2. 공용수용: 사업인정

Ⅰ 개요

공용수용(공용징수)이라 함은 공익사업 기타 복리행정상의 목적을 위하여 타인의 특정한 재산권을 법률의 힘에 의하여 강제적으로 취득하는 것을 말한다. 공용수용의 개념에 대하여는 협의취득(協議取得)과 수용취득(收用取得)을 포함하는 광의설과 수용취득만을 의미하는 협의설로 구분된다. 최근 공익사업을위한토지등의취득및보상에관한법률(토지보상법)의 제정으로 광의설이 일반적이다. 공용수용의 근거로는 헌법적 근거로서 헌법 제23조 제3항(공공필요에 의한 재산권의 수용·사용 또는 제한 및 그에 대한 보상은 법률로써 하되 정당한 보상을 지급하여야 한다)과 법률적 근거로서 토지보상법 등 많은 개별법률이 있다.

공용수용은 대상에 따라 부동산수용·동산수용·무체재산수용으로, 절차에 따라 보통절차·약식절차로 구분된다. 보통절차가 일반적이다. 토지보상법상 공용수용절차(광의)는 공익사업의 준비 → 협의취득 → 수용취득(협의) 등의 절차로 진행된다. 공용수용절차는 크게 공용수용권이 직접 '법률'에 의하여 설정되는 경우와 공용수용권이 법률에 의거한 '행정행위'에 의하여 설정되는 경우로 구분된다. 이러한 수용절차는, 예외적인 약식절차를 제외하고는, 보통의 경우에는 복잡하고 장기적인 여러 개의 단계적인 행정절차를 거침으로써 비로소 수용의 효과가 발생된다(보통절차). 공용수용의 보통절차는 사업인정 → 토지·물건조서작성 → 협의 → 재결·화해의 단계로 진행되며, 가장 중요한 과정이 공용수용권을 설정하는 사업인정의 절차이다. 사업인정을 통해 사업시행자의 수용권이 설정되고, 그 고시일로부터 효력을 발생한다. 사업인정고시가 있은 후에는 형질변경 등이 제한될 뿐 아니라 건축등을 하고자 하는 때에는 시장등의 허가를 받아야 한다.

II 리딩케이스

1. 사건번호: 대법원 2005. 4. 29. 선고 2004두14670 판결【사업인정처분취소】 – 선하용지(線下用地)사건

2. 사실관계

원고 갑은 이 사건 철탑과 그 사이에 연결된 송전선의 아래에 일단의 토지를 소유하고 있는 자인바, 피고 을(건설교통부장관, 현 국토해양부장관)이 토지보상법 제4조 및 제20조에 의하여 참가인(한국전력공사)의 전기사업을 위한 공중사용(空

中使用)을 할 대상토지로 갑 소유의 그 판시 편입부분을 결정하는 내용의 사업인정처분을 함으로써 갑 소유 토지의 중심부 공중을 지나 설치되게 되었고 이로 인하여 갑이 선하용지 부분의 소유자로서 피해를 입었다고 주장한다. 또한 갑은 그 선하용지 부분에 2층의 공장건물 건축계획을 가지고 있었을 뿐만 아니라, 위 사업인정처분은 이미 실행된 공익사업의 유지를 위한 것으로 위법하고 재량권의 한계를 일탈하였다고 주장하면서 위 사업인정처분의 취소를 구하였다. 갑은 위 처분에 대하여 소송을 제기하였는바, 원심은 갑의 청구를 기각하였고, 그에 대하여 대법원에 상고하였다.(결과: 기각)

3. 판결요지

[1] 전기사업자가 전선로를 설치하기 위하여 다른 사람의 토지 위의 공중사용을 할 필요가 있을 때에는 전기사업법 제89조에 의할 수 있음은 물론 토지보상법의 규정에 의할 수도 있다고 할 것이고, 토지보상법 제3조, 제4조, 제19조, 제20조, 제71조 제2항의 각 규정을 종합하면, 전선로의 설치·유지를 위한 다른 사람의 토지 위의 공중의 사용권도 토지보상법의 규정에 의한 수용 또는 사용의 대상이 될 수 있으므로, 전기사업법 제89조의 규정에도 불구하고 토지보상법 소정의 규정에 의하여 공익사업인 전기사업의 일환으로서 전선로의 설치를 위하여 다른 사람의 토지 위의 공중의 사용을 대상으로 한 사업인정처분을 할 수 있다.

[2] 토지보상법 제20조는 공익사업의 수행을 위하여 필요한 때, 즉 공공의 필요가 있을 때 사업인정처분을 할 수 있다고 되어 있을 뿐 장래에 시행할 공익사업만을 대상으로 한정한다거나 이미 시행된 공익사업의 유지를 그 대상에서 제외하고 있지 않은 점, 당해 공익사업이 적법한 절차를 거치지 아니한 채 시행되었다 하여 그 시행된 공익사업의 결과를 원상회복한 후 다시 사업인정처분을 거쳐 같은 공익사업을 시행하도록 하는 것은 해당 토지 소유자에게 비슷한 영향을 미치면서도 사회적으로 불필요한 비용이 소요되고, 그 과정에서 당해 사업에 의하여 제공되었던 공익적 기능이 저해되는 사태를 초래하게 되어 사회·경제적인 측면에서 반드시 합리적이라고 할 수 없으며, 이미 시행된 공익

사업의 유지를 위한 사업인정처분의 허용 여부는 사업인정처분의 요건인 공공의 필요, 즉 공익사업의 시행으로 인한 공익과 재산권 보장에 의한 사익 사이의 이익형량을 통한 재량권의 한계문제로서 통제될 수 있는 점 등에 비추어 보면, 사업인정처분이 이미 실행된 공익사업의 유지를 위한 것이라는 이유만으로 당연히 위법하다고 할 수 없다.

[3] 토지 위의 공중의 사용에 관한 전기사업법 제89조는 토지보상법의 특례를 규정한 것으로서 그 사용에 관한 절차와 요건 및 사용의 허가권자가 토지보상법의 규정에 의한 그것과 다르고, 토지보상법의 규정에 의한 사업인정처분의 요건에 이미 설치된 송전선로가 전기사업법 제89조에서 규정하고 있는 '현재의 사용방법을 방해하지 아니하는 범위 안'이라는 요건까지 충족하여야 한다고 볼 아무런 법령상의 근거가 없으므로 전기사업법 제89조의 규정에 의한 '현재의 사용방법을 방해하지 아니하는 범위 안'이라는 요건은 토지보상법의 규정에 의한 토지 위의 공중의 사용에 대한 사업인정처분의 요건이 된다고 할 수 없다.

4. 판례해설

토지보상법은 사업인정에 관하여 비교적 다양한 규정을 두고 있는바, 그에 따르면, 사업시행자는 토지등을 수용 또는 사용하고자 하는 때에는 대통령령이 정하는 바에 따라 국토교통부장관의 사업인정을 받아야 한다(제20조 제1항). 보통절차의 첫 단계로서 이루어지는 사업인정은 당해 사업이 토지보상법 제4조 소정의 공익사업에 해당함을 인정하여, 사업시행자를 위하여 그 후의 일정한 절차를 거칠 것을 조건으로 하여 일정한 내용의 수용권을 설정하는 행위를 말한다. 토지보상법은 사업인정을 공익사업을 토지등을 수용 또는 사용할 사업으로 결정하는 것으로 정의하고 있다(제2조 제7호). 사업인정처분은 단순한 확인행위가 아니라 형성행위이므로, 당해 사업이 외형상 토지 등을 수용 또는 사용할 수 있는 사업에 해당된다 하더라도 행정주체로서는 그 사업이 공용수용을 할 만한 공익성이 있는지의 여부와 공익성이 있는 경우에도 그 사업의 내용과 방법에 대하여 사업인정처분에 관련된 자들의 이익을 공익과 사익 간에서는 물론, 공익 상호간 및 사익 상호간에도 정당하게 비교·교량하여야 하고, 그 비교·교량은 비례의 원칙에 적합하도록 하여야 한다.

사업인정의 절차를 보면, 국토교통부장관은 사업인정을 하고자 하는 때에는 관계 중앙행정기관의 장 및 시·도지사, 그리고 중앙토지수용위원회와 협의하여야 하며, 대통령령이 정하는 바에 따라 미리 사업인정에 이해관계가 있는 자의 의견을 들어야 한다(제21조). 국토교통부장관은 사업인정을 한 때에는 지체없이 그 뜻을 사업시행자, 토지소유자 및 관계인, 관계 시·도지사에게 통지하고 사업시행자의 성명 또는 명칭·사업의 종류·사업지역 및 수용 또는 사용할 토지의 세목을 관보에 고시하여야 한다. 사업인정의 사실을 통지받은 시·도지사는 관계 시장·군수 및 구청장에게 이를 통지하여야 한다. 사업인정은 고시한 날부터 그 효력을 발생한다(제22조). 사업시행자가 사업인정고시가 있은 날부터 1년 이내에 재결신청을 하지 아니한 때에는 사업인정고시가 있은 날부터 1년이 되는 날의 다음날에 사업인정은 그 효력을 상실한다. 사업시행자는 사업인정이 실효됨으로 인하여 토지소유자 또는 관계인이 입은 손실을 보상하여야 한다(제23조).

사업인정고시가 있은 후 사업의 전부 또는 일부를 폐지하거나 변경함으로 인하여 토지 등의 전부 또는 일부를 수용 또는 사용할 필요가 없게 된 때에는 사업시행자는 지체없이 사업지역을 관할하는 시·도지사에게 신고하고, 토지소유자 및 관계인에게 이를 통지하여야 한다. 시·도지사는 그 "신고가 있는 때"에는 사업의 전부 또는 일부의 폐지나 변경이 있는 것을 관보에 고시하여야 한다. 시·도지사는 "신고가 없는 경우"에도 사업시행자가 사업의 전부 또는 일부를 폐지하거나 변경함으로 인하여 토지를 수용 또는 사용할 필요가 없게 된 것을 안 때에는 미리 사업시행자의 의견을 들어 고시를 하여야 한다. 시·도지사는 고시를 한 때에는 지체없이 그 사실을 국토교통부장관에게 보고하여야 한다. 이러한 고시가 있은 날부터 그 고시된 내용에 따라 사업인정의 전부 또는 일부는 그 효력을 상실한다. 사업시행자는 사업의 전부 또는 일부를 폐지·변경함으로 인하여 토지소유자 또는 관계인이 입은 손실을 보상하여야 한다(제24조).

사업이 완료된 경우 사업시행자는 지체 없이 사업시행자의 성명이나 명칭, 사업의 종류, 사업지역, 사업인정고시일 및 취득한 토지의 세목을 사업지역을 관할하는 시·도지사에게 신고하여야 한다. 시·도지사는 신고를 받으면 사업시행자의 성명이나 명칭, 사업의 종류, 사업지역 및 사업인정고시일을 관보에 고시하여야 한다. 시·도지사는 위 신고가 없는 경우에도 사업이 완료된 것을 알았을 때에는 미리 사업시행자의 의견을 듣고 그에 따른 고시를 하여야 한다. 별표에 규정된 법률에 따라 제20조에 따른 사업인정이 있는 것으로 의제되는 사업이 해당 법률에서 정하는 바에 따라 해당 사업의 준공·완료·사용개시 등이 고시·공고된 경우에는 고시가 있는 것으로 본다(제24조의2).

사업인정고시가 있은 후에는 누구든지 고시된 토지에 대하여 사업에 지장을 초래할 우려가 있는 형질의 변경이나 수용목적물인 물건을 손괴 또는 수거하지 못한다. 또한 사업인정고시가 있은 후에는 고시된 토지에 건축물의 건축·대수선, 공작물의 설치 또는 물건의 부가(附加)·증치(增置)를 하고자 하는 자는 시장·군수 또는 구청장의 허가를 받아야 한다. 이 경우 시장·군수 또는 구청장은 미리 사업시행자의 의견을 들어야 한다. 이를 위반하여 건축물의 건축·대수선, 공작물의 설치 또는 물건의 부가·증치를 한 토지소유자 또는 관계인은 당해 건축물·공작물 또는 물건을 원상으로 회복하여야 하며 이에 관한 손실의 보상을 청구할 수 없다(제25조).

사업인정은 토지보상법상의 강제적 취득절차인 토지수용을 정당화하는 행위인 점에서 개인의 재산권 보호의 문제와 직접적인 대척점에 위치한다. 따라서 사업인정은 그 사업대상과 요건 등에 있어서 신중하여야 할 필요가 있다. 그러나 사업인정의 전제인 '공익사업'의 성격이 당초의 입법취지와 달리 너무 광범위하게 긍정되고 있어 비판이 제기되고 있다.

이 사건과 관련하여 특히 공중사용 대상으로 한 사업인정처분의 가능 여부, 사업인정처분을 할 수 있는 대상의 범위, 사업인정처분의 요건 등이 보다 구체적으로 검토되어야 할 필요가 있다.

Ⅲ 관련판례

1. 대법원 2000. 8. 22. 선고 98다60422 판결【소유권이전등기】

공특법에 기한 협의취득은 비록 법형식에 있어서는 사법상 매매계약의 형태를 취하고 있으나 ㉠ 공특법에 규정된 '공공사업'과 토지수용법에 규정된 '공익사업'은 그 내용과 범위가 동일하여 공특법에 의하여 협의취득될 수 있는 재산권은 바로 토지수용법에 의하여 수용될 수 있고 ㉡ 양 법률에 있어서의 손실보상에 관한 전체적인 원리와 기본정신이 동일한 기조 위에 서 있으며, ㉢ 공특법상의 협의취득의 과정에는 여러 가지 공법적 규제가 있는 점 등을 고려하면, 공특법의 배후에는 '토지수용법에 기한 강제취득 방법'이 사실상의 후속조치로 남아 있어 토지 등의 소유자로서는 "협의에 불응하면 바로 수용을 당하게 된다는 심리적 강박감"으로 인하여 실제로는 그 의사에 반하여 '협의'에 응하는 경우가 많기 때문에, 공특법은 실질적으로는 토지수용법과 비슷한 공법적 기능을 수행하고 있다 할 것이다. 그러므로 공특법에 기한 협의취득의 경우에도 공용수용의 경우처럼 ㉠ 공익적 필요성이 있고 ㉡ 법률에 의거하여야 하며 ㉢ 정당한 보상을 지급하여야 한다는 요건을 갖추어야 할 것이고, 위 요건이 갖추어지지 아니한 같은 특례법에 기한 협의취득은 효력이 발생하지 아니한다.

2. 대법원 2007. 1. 11. 선고 2004두8538 판결【토지수용이의재결처분취소】

[1] 위법한 행정처분의 취소를 구하는 소는 위법한 처분에 의하여 발생한 위법상태를 배제하여 원상으로 회복시키고 그 처분으로 침해되거나 방해받은 권리와 이익을 보호·구제하고자 하는 소송이므로, 비록 그 위법한 처분을 취소한다고 하더라도 원상회복이 불가능한 경우에는 그 취소를 구할 이익이 없다.

[2] 구 도시계획법(2002. 2. 4. 법률 제6655호 국토의 계획 및 이용에 관한 법률 부칙 제2조로 폐지) 제68조, 구 토지수용법(2002. 2. 4. 법률 제6656호 공익사업을 위한 토지 등의 취득 및 보상에 관한 법률 부칙 제2조로 폐지) 제17조 등 관계 규정을 종합하면, 도시계획시설사업의 시행자는 늦어도 인가·고시된 도시계획시설사업 실시계획에서 정한 사업시행기간 내에 사법상의 계약에 의하여 도시계획시설사업에 필요한 타인 소유의 토지를 양수하거나 수용재결의 신청을 하여야 하고, 도시계획시설사업의 시행자가 그 사업시행기간 내에 토지에 대한 수용재결 신청을 하였다면 그 신청은 사업시행기간이 경과하였다 하더라도 여전히

유효하므로, 토지수용위원회는 사업시행기간이 경과한 이후에도 위 신청에 따른 수용재결을 할 수 있다.

[3] 도시계획시설사업의 시행자가 도시계획시설사업의 실시계획에서 정한 사업시행기간 내에 토지에 대한 수용재결 신청을 하였다면, 그 신청을 기각하는 내용의 이의재결의 취소를 구하던 중 그 사업시행기간이 경과하였다 하더라도, 이의재결이 취소되면 도시계획시설사업 시행자의 신청에 따른 수용재결이 이루어질 수 있어 원상회복이 가능하므로 위 사업시행자로서는 이의재결의 취소를 구할 소의 이익이 있다.

[4] 구 토지수용법(2002. 2. 4. 법률 제6656호 공익사업을 위한 토지 등의 취득 및 보상에 관한 법률 부칙 제2조로 폐지)은 수용・사용의 일차 단계인 사업인정에 속하는 부분은 사업의 공익성 판단으로 사업인정기관에 일임하고 그 이후의 구체적인 수용・사용의 결정은 토지수용위원회에 맡기고 있는바, 이와 같은 토지수용절차의 2분화 및 사업인정의 성격과 토지수용위원회의 재결사항을 열거하고 있는 같은 법 제29조 제2항의 규정 내용에 비추어 볼 때, 토지수용위원회는 행정쟁송에 의하여 사업인정이 취소되지 않는 한 그 기능상 사업인정 자체를 무의미하게 하는, 즉 사업의 시행이 불가능하게 되는 것과 같은 재결을 행할 수는 없다.

3. 대법원 2011. 1. 27. 선고 2009두1051 판결 【토지수용재결처분취소】

[1] 사업인정이란 공익사업을 토지 등을 수용 또는 사용할 사업으로 결정하는 것으로서 공익사업의 시행자에게 그 후 일정한 절차를 거칠 것을 조건으로 일정한 내용의 수용권을 설정하여 주는 형성행위이므로, 해당 사업이 외형상 토지 등을 수용 또는 사용할 수 있는 사업에 해당한다고 하더라도 사업인정기관으로서는 그 사업이 공용수용을 할 만한 공익성이 있는지의 여부와 공익성이 있는 경우에도 그 사업의 내용과 방법에 관하여 사업인정에 관련된 자들의 이익을 공익과 사익 사이에서는 물론, 공익 상호간 및 사익 상호간에도 정당하게 비교・교량하여야 하고, 그 비교・교량은 비례의 원칙에 적합하도록 하여야 한다. 그뿐만 아니라 해당 공익사업을 수행하여 공익을 실현할 의사나 능력이 없

는 자에게 타인의 재산권을 공권력적 · 강제적으로 박탈할 수 있는 수용권을 설정하여 줄 수는 없으므로, 사업시행자에게 해당 공익사업을 수행할 의사와 능력이 있어야 한다는 것도 사업인정의 한 요건이라고 보아야 한다.

[2] 공용수용은 헌법상의 재산권 보장의 요청상 불가피한 최소한에 그쳐야 한다는 헌법 제23조의 근본취지에 비추어 볼 때, 사업시행자가 사업인정을 받은 후 그 사업이 공용수용을 할 만한 공익성을 상실하거나 사업인정에 관련된 자들의 이익이 현저히 비례의 원칙에 어긋나게 된 경우 또는 사업시행자가 해당 공익사업을 수행할 의사나 능력을 상실하였음에도 여전히 그 사업인정에 기하여 수용권을 행사하는 것은 수용권의 공익 목적에 반하는 수용권의 남용에 해당하여 허용되지 않는다.

4. 대법원 2019. 8. 29. 선고 2018두57865 판결【수용재결신청청구거부처분취소】

[1] 공익사업을 위한 토지 등의 취득 및 보상에 관한 법률(이하 '토지보상법'이라 한다) 제26조, 제28조, 제30조, 제34조, 제50조, 제61조, 제83조 내지 제85조의 규정 내용 및 입법 취지 등을 종합하면, 공익사업으로 농업의 손실을 입게 된 자가 사업시행자로부터 토지보상법 제77조 제2항에 따라 농업손실에 대한 보상을 받기 위해서는 토지보상법 제34조, 제50조 등에 규정된 재결절차를 거친 다음 그 재결에 대하여 불복이 있는 때에 비로소 토지보상법 제83조 내지 제85조에 따라 권리구제를 받을 수 있을 뿐, 이러한 재결절차를 거치지 않은 채 곧바로 사업시행자를 상대로 손실보상을 청구하는 것은 허용되지 않는다.

[2] 토지보상법 제28조, 제30조에 따르면, 편입토지 보상, 지장물 보상, 영업 · 농업 보상에 관해서는 사업시행자만이 재결을 신청할 수 있고 토지소유자와 관계인은 사업시행자에게 재결신청을 청구하도록 규정하고 있으므로, 토지소유자나 관계인의 재결신청 청구에도 사업시행자가 재결신청을 하지 않을 때 토지소유자나 관계인은 사업시행자를 상대로 거부처분 취소소송 또는 부작위 위법확인소송의 방법으로 다투어야 한다. 구체적인 사안에서 토지소유자나 관계인의 재결신청 청구가 적법하여 사업시행자가 재결신청을 할 의무가 있는지는 본

안에서 사업시행자의 거부처분이나 부작위가 적법한가를 판단하는 단계에서 고려할 요소이지, 소송요건 심사단계에서 고려할 요소가 아니다.

[3] 한국수자원공사법에 따르면, 한국수자원공사는 수자원을 종합적으로 개발·관리하여 생활용수 등의 공급을 원활하게 하고 수질을 개선함으로써 국민생활의 향상과 공공복리의 증진에 이바지함을 목적으로 설립된 공법인으로서(제1조, 제2조), 사업을 수행하기 위하여 필요한 경우에는 토지보상법 제3조에 따른 토지 등을 수용 또는 사용할 수 있고, 토지 등의 수용 또는 사용에 관하여 한국수자원공사법에 특별한 규정이 있는 경우 외에는 토지보상법을 적용한다(제24조 제1항, 제7항). 한국수자원공사법 제10조에 따른 실시계획의 승인·고시가 있으면 토지보상법 제20조 제1항 및 제22조에 따른 사업인정 및 사업인정의 고시가 있은 것으로 보고, 이 경우 재결신청은 토지보상법 제23조 제1항 및 제28조 제1항에도 불구하고 실시계획을 승인할 때 정한 사업의 시행기간 내에 하여야 한다(제24조 제2항). 위와 같은 관련 규정들의 내용과 체계, 입법 취지 등을 종합하면, 한국수자원공사가 한국수자원공사법에 따른 사업을 수행하기 위하여 토지 등을 수용 또는 사용하고자 하는 경우에 재결신청은 실시계획을 승인할 때 정한 사업의 시행기간 내에 하여야 하므로, 토지소유자나 관계인이 토지보상법 제30조에 의하여 한국수자원공사에 하는 재결신청의 청구도 위 사업시행기간 내에 하여야 한다.

Ⅳ 질문 및 토의과제

1. 토지수용법상 지방토지수용위원회의 수용재결에 대한 행정쟁송절차를 약술하시오.[제17회 입법고시]

2. 공익사업을위한토지등의취득및보상에관한법률상의 사업인정을 설명하고, 사업인정의 하자를 이유로 수용재결의 취소를 구할 수 있는지를 기술하시오.[제49회 행정고시]

3. 이 사건 판결요지 [2]를 평가해보라.

4. 사업인정처분을 함에 있어서 요구되는 이익형량은 계획법상의 형량명령과 동일한가?

5. 사업계획승인을 받기 전에도 협의수용이나 재결수용이 가능한가?[대법원 1983. 9. 27. 선고 83누324 판결]

6. 사업인정처분에 불가쟁력이 발생한 경우 수용재결단계에서 사업인정처분의 위법사유를 근거로 수용재결의 위법성을 다툴 수 있는가?

7. 사업인정의 고시 절차를 누락한 경우에 이를 이유로 제기된 수용재결처분취소 또는 무효확인의 소는 인용될 수 있을 것인지를 검토하라.[대법원 2000. 10. 13. 선고 2000두5142 판결]

V 참고문헌

김광수, 토지비축사업의 사업인정 방안, 토지공법연구 제41집(2008. 8)

이주원, 전기사업자의 전선로 설치를 위한 타인 토지 위의 공중사용, 대법원 판례해설 통권 제55호(2005년 상반기)(2005. 12), 법원도서관

VI 관련법령

전기사업법

제89조 (다른 사람의 토지위의 공중의 사용) ① 전기사업자는 그 사업을 수행하기 위하여 필요한 경우에는 현재의 사용방법을 방해하지 아니하는 범위 안에서 다른 사람의 토지위의 공중에 전선로를 설치할 수 있다. 이 경우 전기사업자는 미리 그 토지의 소유자 또는 점유자와 협의하여야 한다.

7-7-3. 환매권

I 개요

환매권이란 공용수용의 목적물이 공익사업의 폐지·변경으로 인하여 불필요

하게 되거나 또는 현실적으로 수용의 전제가 된 공익사업에 공용되지 아니한 경우에, 피수용자가 일정한 요건하에서 다시 매수하여 원소유권을 회복할 수 있는 권리를 말한다. 구 토지수용법 제71조, 구 공공용지의취득및손실보상에관한특례법(공특법) 제9조 및 현행 공익사업을위한토지등의취득및보상에관한법률(토지보상법) 제91조가 근거이다. 대법원은 환매의 성립에 있어서 사업시행자의 의사는 요구되지 않는 것으로 보고 있다. 환매권자는 협의취득일 또는 수용 당시의 당해 토지의 소유자 또는 그 포괄승계인이다. 지상권자 기타 소유자 아닌 권리자는 환매권이 없으며, 또한 이 권리는 제3자에게 양도할 수 없다. 환매의 목적물은 토지의 소유권이며, 그 밖의 권리나 물건은 환매의 대상이 되지 않는다. 환매권에 있어서는 공익사업을 위하여 보상부 매도를 한 원토지소유자가 당해 공익사업에 있어 자기의 토지가 불필요하거나 사용되지 않았어야 하는 요건을 충족시켜야 하는바, 이러한 불필요성 및 비이용성이 특히 중요한 쟁점이 된다.

II 리딩케이스

1. 사건번호: 대법원 1992. 11. 24. 선고 92다6501 판결【소유권이전등기】 - 논공공단환매대금사건】

2. 사실관계

(1) 원고 갑은 피고 을(한국토지개발공사)이 시행하는 경북 달성군 논공면 일대의 논공공업단지조성사업 대상 부지 일부의 토지소유자인바, 을이 위 사업을 시행하면서 이를 위한 토지의 취득을 소외 경상북도에 위임하고, 경상북도는 공특법의 절차에 따라 소유자인 갑과 손실보상에 관한 협의를 거쳐 1980. 3. 18. 갑에게 이 사건 토지의 보상금으로 805,000원을 지급하고, 3. 21. 위 토지에 관하여 그 날짜 매매를 원인으로 소유권이전등기를 마치고 다시 1983. 12. 2. 을 앞으로 소유권이전등기를 마쳤다.

(2) 그 후 을은 논공공업단지 조성사업을 시행하던 중 위 토지를 비롯한 부근 14필지의 토지가 위 사업에 불필요하게 되자 위 사업계획에서 제외하고서도

위 특례법이 정하는 데에 따라 원소유자들에게 환매할 수 있음을 통지하지 않은 채 1989. 10. 말경 경쟁입찰 방식에 의하여 일반인에게 위 사업에서 제외된 토지들을 매각하려고 하였으나 이를 알게 된 갑을 비롯한 원소유자들이 항의하고 환매를 요구함에 따라 을은 그 해 11.경 갑에게 이 사건 토지를 그때의 시가를 기준으로 7,497만원에 환매하도록 통지하였다.

(3) 이에 따라 갑은 먼저 11. 25. 위 지급받은 보상금의 상당액인 805,000원을 공탁하고 이 사건 소장송달로써 을에게 이 사건 토지에 관한 환매의 의사표시를 하고 환매가 성립되었음을 주장하였다. 갑은 이에 대하여 소송을 제기하였는바, 원심은 갑의 청구를 일부 인용하였고, 그에 대하여 을은 대법원에 상고하였다.(결과: 기각)

3. 판결요지

공특법 제9조에 규정된 환매는 동조 소정의 환매요건이 구비된 때에 환매권자가 환매기간 내에 수령한 보상금 상당액을 사업시행자에게 지급하고 일방적으로 매수의 의사표시를 함으로써 성립되는 것이고, 환매대상인 토지 등의 가격이 취득 당시에 비하여 현저히 변경되었을 때라도 위 특례법 제9조 제3항에 의하여 당사자간에 협의가 성립되거나 토지수용위원회의 재결로 금액이 확정되지 않는 한 환매권자는 수령한 보상금 상당액을 지급한 후 매수의 의사표시를 할 수 있고 그로써 환매가 성립한다.

4. 판례해설

환매권이란 공용수용의 목적물이 공익사업의 폐지·변경으로 인하여 불필요하게 되거나 또는 현실적으로 수용의 전제가 된 공익사업에 공용되지 아니한 경우에, 피수용자가 일정한 요건하에서 다시 매수하여 원소유권을 회복할 수 있는 권리를 말한다. 환매권을 인정하고 있는 입법취지는 "토지 등의 원소유자가 사업시행자로부터 토지 등의 대가로 정당한 손실보상을 받았다고 하더라도 원래 자신의 자발적인 의사에 따라서 그 토지 등의 소유권을 상실하는 것이 아니어서 그 토지 등을 더 이상 당해 공공사업에 이용할 필요가 없게 된 때에는 원소유자의 의사에 따라 그 토지 등의 소유권을 회복시켜 주는 것이 원소유자의 감정을 충족시키고 동시에 공평의 원칙에 부합한다는 데에 있는 것"이다(대법원 2001. 5. 29. 선고 2001다11567 판결).

환매권은 헌법상의 재산권 보장규정으로부터 도출되는 것으로서 헌법이 보장하는 재산권의 내용에 포함되는 권리이며, 피수용자가 손실보상을 받고 소유권의 박탈을 수인할 의무는 그 재산권의 목적물이 공공사업에 이용되는 것을 전제로 하기 때문에 위 헌법상 권리는 피수용자가 수용 당시 이미 정당한 손실보상을 받았다는 사실로 말미암아 부인되지 않는다(헌재 1994. 2. 24. 92헌가15내지17, 20내지24).

환매권은 수용자에 대한 보상청구권, 잔지수용청구권, 물건이전료청구권, 재결에 대한 쟁송권 등과 함께 피수용자인 "토지소유자 및 관계인"의 권리 중 하나이나, '토지소유자' 외에 환매권자가 될 수 있는 자는 모든 '관계인'이 아니라 "토지소유자의 포괄승계인"으로 제한된다. 즉, 환매권자는 협의취득일 또는 수용 당시의 당해 토지의 소유자 또는 그 포괄승계인이다(토지보상법 제91조 제1항). 환매권자는 ① 사업의 폐지·변경으로 취득한 토지의 전부 또는 일부가 필요 없게 된 경우에는 관계 법률에 따라 사업이 폐지·변경된 날 또는 사업의 폐지·변경(제24조) 고시가 있는 날, ② 그 밖의 사유로 취득한 토지의 전부 또는 일부가 필요 없게 된 경우에는 그 사업완료일부터 10년 이내에 그 토지에 대하여 받은 보상금에 상당하는 금액을 사업시행자에게 지급하고 그 토지를 환매할 수 있다. 따라서 지상권자 기타 소유자 아닌 권리자는 환매권이 없으며, 또한 이 권리는 제3자에게 양도할 수 없다.

환매권 행사기간과 관련한 중요한 요건으로 다음 두 가지를 들 수 있다. 즉, 환매권자는 첫째, "'당해 토지의 전부 또는 일부가 필요없게 된 경우'(불필요성)에는 위 ① 및 ②의 날부터 10년 이내"에 당해 토지를 환매할 수 있고(제91조 제1항), 둘째, "그 취득일부터 5년 이내에 '취득한 토지의 전부를 해당 사업에 이용하지 아니한 때'(비이용성)"에도 그 토지를 환매할 수 있다. 비이용성에 따른 환매권은 취득일부터 6년 이내에 이를 행사하여야 한다(동조 제2항).

환매권 행사기간은 공익사업의 변경이 있는 때 및 환매대상 토지가 생겼으나 그 환매권자를 알 수 없는 때에는 다음과 같은 제한을 받는다. 첫째, 국가·지방자치단체 또는 정부투자기관이 사업인정을 받아 공익사업에 필요한 토지를 협의취득 또는 수용한 후 당해 공익사업이 다른 공익사업으로 변경된 경우 환매권 행사기간은 관보에 당해 공익사업의 변경을 고시한 날부터 기산한다. 이 경우 국가·지방자치단체 또는 정부투자기관은 공익사업의 변경사실을 대통령령이 정하는 바에 따라 환매권자에게 통지하여야 한다(동조 제6항). 둘째, 사업시행자는 환매할 토지가 생긴 때에는 지체없이 이를 환매권자에게 통지하여야 하나, 사업시행자가 과실없이 환매권자를 알 수 없는 때에는 이를 공고하여야 하는바, 이 경우에 환매권자는 그 통지를 받은 날 또는 공고를 한 날부터 6월이 경과한 후에는 환매권을 행사하지 못한다(제92조).

환매권은 일종의 형성권으로서 그 존속기간은 제척기간으로 보아야 할 것이며, 위 환매권은 재판상이든 재판외이든 그 기간 내에 행사하면 이로써 매매의 효력이 생기고, 위 매매는 환매권자와 사업시행자간의 사법상의 매매에 해당한다고 할 것이다.

이 사건의 경우, 공익사업 목적으로 취득한 토지가 불필요성 요건에 충족됨에도 원토지소유자를 배제하고 매각을 추진하다가 환매권 주장으로 이어진 것으로 환매권 성립 여부 및 그 환매금액이 문제가 된다. 환매권 성립의 문제는 을도 이를 인정하여 더 이상 논란이 되지 않았으나, 을이 환매금액을 환매 당시 시가를 기준으로 7,497만원을 통지하자 갑이 1980년에 지급받은 보상금 상당액인 805,000원 이상을 지급할 수 없다고 주장하며 위 금액을 공탁하고 소송을 제기한 것이다. 이러한 경우 즉, 토지의 가격이 취득일 당시에 비하여 현저히 변동된 경우 현행 토지보상법은 사업시행자 및 환매권자는 환매금액에 대하여 서로 협의하되, 협의가 성립되지 아니한 때에는 그 금액의 증감을 법원에 청구할 수 있도록 하고 있다(제91조 제4항). 구 공특법도 같은 입장이다. 이때 환매금액은 원칙적으로 지급받은 보상금에 상당한 금액으로 함이 상당할 것이고, 여기서 수령한 '보상금 상당의 금액'이라 함은 "협의취득 당시 토지소유자가 사업시행자로부터 지급받은 보상금"을 의미하며 여기에 환매권행사 당시까지의 법정이자를 가산한 금액을 말하는 것은 아니라는 것이 판례의 입장이다(대법원 1994. 5. 24. 선고 93누17225 판결). 그런데 공용수용에 의한 취득 후 환매권 행사요건이 성립될 때까지는 장시간이 경과됨으로 인해 취득일 당시에 비하여 적정한 수준 이상의 현저한 토지가격이 변동이 있는 경우가 많으므로 이러한 경우에는 그 환매금액의 산정방법을 둘러싸고 또 다른 문제가 발생할 수 있다.

일반적인 환매의 경우에 있어서는, 환매기간 내에 환매의 요건이 발생하면 환매권자가 환매대금을 지급하고 일방적으로 환매의 의사표시를 함으로써 사업시행자의 의사 여하에 관계없이 그 환매가 성립하게 된다(대법원 1987. 4. 14. 선고 86다324 판결; 1992. 11. 24. 선고 92다6501 판결; 1995. 12. 26. 선고 94다14674 판결). 토지 등의 가격이 취득 당시에 비하여 현저히 변경되었을 때라도 당사자 사이에 금액에 대한 협의가 성립되었거나 법원에 의하여 그 금액이 결정되지 않는 한 그 가격이 현저히 등귀한 경우이거나 하락한 경우이거나를 묻지 않고 환매권을 행사하기 위하여서는 수령한 보상금 상당의 금액을 미리 지급함으로써 충분하다(대법원 1995. 12. 26. 선고 94다14674 판결; 1992. 11. 24. 선고 92다6501 판결). 따라서 사안의 성질상 적어도 이 사건의 경우에는 특별히 예외적인 경우에 해당하지 않는 것으로 보이나, 그에 대한 보다 깊이 있는 검토가 요구된다.

III 관련판례

1. 대법원 1987. 4. 14. 선고 86다324 판결 【소유권이전등기등】

공특법 제9조에 규정된 환매는, 동조 소정의 환매요건이 구비된 때에, 환매권자가 환매기간 내에 수령한 보상금 상당액을 사업시행자에게 지급하고 일방적으로 매수의 의사표시를 함으로써 성립되는 것이다. 또한 환매대상인 토지 등의 가격이 취득당시에 비하여 현저히 변경되었을 때라도, 위 특례법 제9조 제3항에 의하여 당사자간에 협의가 성립되거나 토지수용위원회의 재결로 금액이 확정되지 않는 한, 환매권자는 수령한 보상금 상당액을 지급한 후 매수의 의사표시를 할 수 있고 그로써 환매가 성립한다.(동일판례: 대법원 1992. 11. 24. 선고 92다6501 판결)

2. 대법원 1993. 9. 14. 선고 92다56810등 판결【소유권이전등기】

공특법 제9조 제2항 및 토지수용법 제71조 제2항에 의한 환매권의 경우는, 협의취득일로부터 6년 이내에 행사하여야 하는 것이며, 위 각 조항에 의한 환매권에 대하여 공특법 제9조 제1항 및 토지수용법 제71조 제1항에 의한 환매권과 달리, 제척기간을 짧게 규정하고 있다고 하여 위 규정들이 재산권보장에 관한 헌법규정에 위반되어 위헌이라고 할 수 없다.

3. 대법원 2000. 11. 28. 선고 99두3416 판결【환매대금이의재결처분취소】

공특법 제9조 제3항, 동법시행령 제7조 제1항, 제3항 및 토지수용법 제73조 내지 제75조의2의 각 규정에 의하면, 토지수용법 제75조의2 제2항에 의하여 사업시행자가 환매권자를 상대로 하는 소송은 공법상의 당사자소송으로 사업시행자로서는 환매가격이 환매대상토지의 취득 당시 지급한 보상금 상당액보다 증액 변경될 것을 전제로 하여 환매권자에게 그 환매가격과 위 보상금 상당액의 차액의 지급을 구할 수 있다. 환매권자의 환매대금 지급의무는 환매권 행사 당시에 이미 발생하는 것인데 환매대상토지의 취득 당시 지급한 보상금 상당액과 재결이나 행정소송 절차에서 환매가격으로 정하여진 금액과의 차액 역시 환매대상토지와 대가관계에 있는 것이므로 그 차액이 환매권 행사 당시 지급되지 아니한 이상 이에 대하여 지연손해금이 발생하는 것이고 현실적으로 구체적인 환매가격이 재결이나 행정소송 절차에 의하여 확정된다고 하여 달리 볼 것은 아니다.

4. 대법원 2010. 9. 30. 선고 2010다30782 판결【소유권이전등기】

[1] 환매권에 관하여 규정한 '공익사업을 위한 토지 등의 취득 및 보상에 관한 법률'(이하 '공익사업법'이라고 한다) 제91조 제1항에서 말하는 '당해 사업'이란 토지의 협의취득 또는 수용의 목적이 된 구체적인 특정의 공익사업으로서 공익사업법 제20조 제1항에 의한 사업인정을 받을 때 구체적으로 특정된 공익사업

을 말하고, '국토의 계획 및 이용에 관한 법률' 제88조, 제96조 제2항에 의해 도시계획시설사업에 관한 실시계획의 인가를 공익사업법 제20조 제1항의 사업인정으로 보게 되는 경우에는 그 실시계획의 인가를 받을 때 구체적으로 특정된 공익사업이 바로 공익사업법 제91조 제1항에 정한 협의취득 또는 수용의 목적이 된 당해 사업에 해당한다. 또 위 규정에 정한 당해 사업의 '폐지 · 변경'이란 당해 사업을 아예 그만두거나 다른 사업으로 바꾸는 것을 말하고, 취득한 토지의 전부 또는 일부가 '필요 없게 된 때'란 사업시행자가 취득한 토지의 전부 또는 일부가 그 취득 목적 사업을 위하여 사용할 필요 자체가 없어진 경우를 말하며, 협의취득 또는 수용된 토지가 필요 없게 되었는지 여부는 사업시행자의 주관적인 의사를 표준으로 할 것이 아니라 당해 사업의 목적과 내용, 협의취득의 경위와 범위, 당해 토지와 사업의 관계, 용도 등 제반 사정에 비추어 객관적 · 합리적으로 판단하여야 한다.

[2] '공익사업을 위한 토지 등의 취득 및 보상에 관한 법률' 제91조 제1항에서 환매권의 행사요건으로 정한 "당해 토지의 전부 또는 일부가 필요 없게 된 때로부터 1년 또는 그 취득일로부터 10년 이내에 그 토지를 환매할 수 있다"라는 규정의 의미는 취득일로부터 10년 이내에 그 토지가 필요 없게 된 경우에는 그때로부터 1년 이내에 환매권을 행사할 수 있으며, 또 필요 없게 된 때로부터 1년이 지났더라도 취득일로부터 10년이 지나지 않았다면 환매권자는 적법하게 환매권을 행사할 수 있다는 의미로 해석함이 옳다.

[3] 공익사업의 변환을 인정한 입법 취지 등에 비추어 볼 때, '공익사업을 위한 토지 등의 취득 및 보상에 관한 법률' 제91조 제6항은 사업인정을 받은 당해 공익사업의 폐지 · 변경으로 인하여 협의취득하거나 수용한 토지가 필요 없게 된 때라도 위 규정에 의하여 공익사업의 변환이 허용되는 다른 공익사업으로 변경되는 경우에는 당해 토지의 원소유자 또는 그 포괄승계인에게 환매권이 발생하지 않는다는 취지를 규정한 것이라고 보아야 하고, 위 조항에서 정한 "제1항 및 제2항의 규정에 의한 환매권 행사기간은 관보에 당해 공익사업의 변경을 고시한 날로부터 기산한다."는 의미는 새로 변경된 공익사업을 기준으로 다시 환매권 행사의 요건을 갖추지 못하는 한 환매권을 행사할 수 없고 환매권 행사 요건을 갖추어 제1항 및 제2항에 정한 환매권을 행사할 수 있는 경우에

그 환매권 행사기간은 당해 공익사업의 변경을 관보에 고시한 날로부터 기산한다는 의미로 해석해야 한다.

[4] '공익사업을 위한 토지 등의 취득 및 보상에 관한 법률' 제91조 제6항에 정한 공익사업의 변환은 같은 법 제20조 제1항의 규정에 의한 사업인정을 받은 공익사업이 일정한 범위 내의 공익성이 높은 다른 공익사업으로 변경된 경우에 한하여 환매권의 행사를 제한하는 것이므로, 적어도 새로운 공익사업에 관해서도 같은 법 제20조 제1항의 규정에 의해 사업인정을 받거나 또는 위 규정에 따른 사업인정을 받은 것으로 의제하는 다른 법률의 규정에 의해 사업인정을 받은 것으로 볼 수 있는 경우에만 공익사업의 변환에 의한 환매권 행사의 제한을 인정할 수 있다.

[5] 공익사업의 원활한 시행을 위한 무익한 절차의 반복 방지라는 '공익사업의 변환'을 인정한 입법 취지에 비추어 볼 때, 만약 사업시행자가 협의취득하거나 수용한 당해 토지를 제3자에게 처분해 버린 경우에는 어차피 변경된 사업시행자는 그 사업의 시행을 위하여 제3자로부터 토지를 재취득해야 하는 절차를 새로 거쳐야 하는 관계로 위와 같은 공익사업의 변환을 인정할 필요성도 없게 되므로, 공익사업의 변환을 인정하기 위해서는 적어도 변경된 사업의 사업시행자가 당해 토지를 소유하고 있어야 한다. 나아가 공익사업을 위해 협의취득하거나 수용한 토지가 제3자에게 처분된 경우에는 특별한 사정이 없는 한 그 토지는 당해 공익사업에는 필요 없게 된 것이라고 보아야 하고, 변경된 공익사업에 관해서도 마찬가지이므로, 그 토지가 변경된 사업의 사업시행자 아닌 제3자에게 처분된 경우에는 공익사업의 변환을 인정할 여지도 없다.

[6] 지방자치단체가 도시관리계획상 초등학교 건립사업을 위하여 학교용지를 협의취득하였으나 위 학교용지 인근에서 아파트 건설사업을 하던 주택건설사업시행자와 그 아파트 단지 내에 들어설 새 초등학교 부지와 위 학교용지를 교환하고 위 학교용지에 중학교를 건립하는 것으로 도시관리계획을 변경한 사안에서, 위 학교용지에 대한 협의취득의 목적이 된 당해 사업인 '초등학교 건립사업'의 폐지·변경으로 위 토지는 당해 사업에 필요 없게 되었고, 나아가 '중학교 건립사업'에 관하여 사업인정을 받지 않았을 뿐만 아니라 위 학교용지가 중학교 건립사업의 시행자 아닌 제3자에게 처분되었으므로 공익사업의 변환도 인정할

수 없다는 이유로 위 학교용지에 관한 환매권 행사를 인정한 사례.

5. 대법원 2011. 5. 13. 선고 2010다6567 판결【소유권이전등기】

환매권에 관하여 규정한 「공익사업을 위한 토지 등의 취득 및 보상에 관한 법률」(이하 '공익사업법'이라 한다) 제91조 제1항에서 말하는 '해당 사업'이란 토지의 협의취득 또는 수용의 목적이 된 구체적인 특정의 공익사업으로서 공익사업법 제20조 제1항에 의한 사업인정을 받을 때 구체적으로 특정된 공익사업을 말한다(대법원 2010. 9. 30. 선고 2010다30782 판결 등 참조). 또한 위 규정에서 정한 당해 사업의 '폐지 · 변경'이란 당해 사업을 아예 그만두거나 다른 사업으로 바꾸는 것을 말하며, 취득한 토지의 전부 또는 일부가 '필요 없게 된 때'란 사업시행자가 취득한 토지의 전부 또는 일부가 그 취득 목적 사업을 위하여 사용할 필요 자체가 없어진 경우를 말하고, 협의취득 또는 수용된 토지가 필요 없게 되었는지 여부는 사업시행자의 주관적인 의사를 표준으로 할 것이 아니라 당해 사업의 목적과 내용, 협의취득의 경위와 범위, 당해 토지와 사업의 관계, 용도 등 여러 사정에 비추어 객관적 · 합리적으로 판단하여야 한다(대법원 1997. 11. 11. 선고 97다36835 판결 등 참조).

… 원심은 위 인정 사실을 토대로 그 판시와 같은 사정에 비추어 이 사건 토지에 대한 협의취득의 목적이 되는 당해 사업은 '2001 세계도자기엑스포 행사를 위한 문화시설의 설치사업'이고, 이 사건 계쟁 토지는 2001 세계도자기엑스포 행사를 위한 임시주차장 등으로 사용되다가 2004. 3. 31. 농지로 원상복구된 이래 제3자에게 임대되어 영농체험 경작지 등으로 이용되기도 한 점, 현재도 밭, 구거, 주차장 부지로 이용되고 있는 점 등 여러 사정에 비추어 더 이상 이 사건 계쟁 토지에 대한 협의취득의 목적이 되는 해당 사업에 필요 없게 되었다고 판단하였다. 앞서 본 법리와 기록에 비추어, 원심의 위와 같은 사실인정과 판단은 정당한 것으로 수긍할 수 있다.

6. 대법원 2012. 8. 30. 선고 2011다74109 판결【소유권이전등기】

[1] 공익사업을 위한 토지 등의 취득 및 보상에 관한 법률 제91조에 의한 환

매는 환매기간 내에 환매의 요건이 발생하면 환매권자가 지급 받은 보상금에 상당한 금액을 사업시행자에게 미리 지급하고 일방적으로 의사표시를 함으로써 사업시행자의 의사와 관계없이 환매가 성립한다. 따라서 환매기간 내에 환매대금 상당을 지급하거나 공탁하지 아니한 경우에는 환매로 인한 소유권이전등기청구를 할 수 없다.

[2] 협의취득 또는 수용된 토지 중 일부가 필요 없게 되어 그 부분에 대한 환매권을 행사하는 경우와 같이 환매대상 토지 부분의 정확한 위치와 면적을 특정하기 어려운 특별한 사정이 있는 경우에는, 비록 환매기간 만료 전에 사업시행자에게 미리 지급하거나 공탁한 환매대금이 나중에 법원의 감정 등을 통하여 특정된 토지 부분에 대한 환매대금에 다소 미치지 못한다고 하더라도 그 환매대상인 토지 부분의 동일성이 인정된다면 환매기간 경과 후에도 추가로 부족한 환매대금을 지급하거나 공탁할 수 있다고 보아야 한다. 그리고 이러한 법리는 환매권자가 명백한 계산 착오 등으로 환매대금의 아주 적은 일부를 환매기간 만료 전에 지급하거나 공탁하지 못한 경우에도 적용된다고 봄이 신의칙상 타당하다.

[3] 환매권자가 미리 지급하거나 공탁한 환매대금이 환매권자가 환매를 청구한 토지 부분 전체에 대한 환매대금에는 부족하더라도 실제 환매대상이 될 수 있는 토지 부분의 대금으로는 충분한 경우에는 그 부분에 대한 환매대금은 미리 지급된 것으로 보아야지, 환매를 청구한 전체 토지와 대비하여 금액이 부족하다는 이유만으로 환매대상이 되는 부분에 대한 환매권의 행사마저 효력이 없다고 볼 것은 아니다.

[4] 합병 전 한국토지공사가 갑에게서 수용한 토지 중 일부가 사업에 이용할 필요가 없게 되었음을 이유로 갑이 환매기간 내에 최초 수용재결 금액을 기준으로 그 면적 비율에 상응하는 환매대금을 공탁한 후 환매를 요청하였고, 그 후 제1심법원의 감정 결과에 따라 환매대상 토지의 위치와 면적을 특정하여 증가한 토지 면적에 대한 환매대금을 추가로 공탁한 사안에서, 원심으로서는 갑이 이의재결 금액이 아닌 수용재결 금액만을 공탁한 이유가 무엇인지 등을 지적하여 갑에게 변론할 기회를 주었어야 하고, 갑이 환매 요청을 한 토지 중 일부에 대해서만 환매요건이 충족될 경우 공탁한 금액이 환매요건을 충족하는 일부에

대한 환매대금을 초과하는 이상 해당 부분에 대해서는 환매청구를 인용하여야 하므로 갑의 공탁금액이 전체 환매대금에 모자라더라도 토지 중 환매요건을 충족하는 부분이 있는지, 그에 대한 환매대금 이상이 공탁되어 있는지 등에 관하여 심리하였어야 함에도, 그와 같은 필요한 조치를 취하지 않은 채 갑이 공탁한 환매대금이 이의재결 금액을 기준으로 계산하면 부족하다는 점만을 이유로 갑의 청구를 배척한 원심판결에 법리오해 등의 위법이 있다고 한 사례.

7. 대법원 2019. 11. 14. 선고 2019다233072 판결【손해배상(기)】

2010. 4. 5. 법률 제10239호로 개정된 구 공익사업을 위한 토지 등의 취득 및 보상에 관한 법률은 환매권 행사가 제한되는 '공익사업 변환'에 관하여 제91조 제6항에 '공익사업 변환'의 대상으로, 제4조 제5호의 '국가·지방자치단체·정부투자기관·지방공기업 또는 국가나 지방자치단체가 지정한 자가 임대나 양도의 목적으로 시행하는 주택의 건설 또는 택지의 조성에 관한 사업'을 새로 포함시켰다. 그런데 도시 및 주거환경정비법상의 재개발조합에 의하여 시행되는 주택재개발사업은 구 공익사업을 위한 토지 등의 취득 및 보상에 관한 법률 제4조 제5호의 공익사업으로서 '지방자치단체가 지정한 자가 임대나 양도의 목적으로 시행하는 주택의 건설에 관한 사업'에 해당한다고 볼 수 있다. 원심은 그 판시와 같은 이유로, 이 사건 주택재개발정비사업은 구 토지보상법 제4조 제5호 소정의 공익사업에 해당하지 않으므로 이 사건 토지에 대한 협의취득의 목적인 공익사업이 종전의 도로개설사업에서 이 사건 주택재개발정비사업으로 변경된 것은 구 토지보상법 제91조 제6항 소정의 공익사업의 변환에 해당하지 않는다고 판단하였다. 그러나 … 앞서 본 법리에 의하면 이 사건 주택재개발정비사업은 구 토지보상법 제4조 제5호의 공익사업에 속하므로 이 사건 토지에 대한 협의취득의 목적인 공익사업이 종전의 도로개설사업에서 이 사건 주택재개발정비사업으로 변경된 것은 구 토지보상법 제91조 제6항이 정한 공익사업의 변환에 해당하고, 이에 따라 원고의 환매권 행사 역시 제한된다고 봄이 타당하다.

Ⅳ 질문 및 토의과제

1. 환매권을 인정하는 취지를 설명하라.
2. 토지보상법은 환매권의 성립요건(행사기간)을 두 가지로 달리 규정하고 있는바, 양쪽의 요건 모두에 해당하는 경우에 그 요건과 제척기간을 각각 적용하여야 하는지를 검토하라.
3. 토지수용 후 당초의 공익사업이 다른 공익사업으로 변경된 경우에 수용토지의 원소유자는 환매권을 행사할 수 있는가?
4. 토지가격이 취득일 당시에 비하여 현저히 변동된 경우, 그 환매금액의 산정기준에 대하여 설명하라.

Ⅴ 참고문헌

정태종, 공익사업의 변환과 환매권의 제한 대법원 판례 검토 – 대법원 2015. 8. 19. 선고 2014다201391 판결, 동북아법연구 11(2), 2017. 9

박기동, 공공용지의취득및손실보상에관한특례법 제9조제2항에 의한 환매권 행사의 요건, 대법원판례해설 제24호, 법원도서관

박평준, 토지보상법상의 환매권제도, 현대공법이론의 제문제, 천봉석종현박사화갑기념논문집

신봉기, 토지비축사업과 환매권 행사기간, 토지공법연구 제43집 제1호(2009. 2)

임호정, 토지보상법상 환매권에 대한 쟁점 논의, 토지보상법연구 제6집(2006. 2)

함인선, 공익사업을위한토지등의취득및보상에관한법률상의 환매제도에 관한 법적 검토, 토지공법연구 제24집(2004. 12)

제 8 장
환경행정법

환경행정법이란 건강하고 쾌적한 자연환경 및 생활환경을 확보하고 국민보건 향상을 도모하기 위하여 환경오염으로 인한 위해를 예방하고 적정한 생활환경을 보전하기 위하여 환경오염 내지 환경파괴행위를 규제하는 행정작용을 말한다. 환경오염규제행정이라고도 한다. 환경오염이란 국민의 건강에 위해를 미치거나 쾌적한 환경보전을 저해하는 대기오염·수질오염·소음·진동 또는 악취 등의 현상을 의미한다.

7-8-1. 환경보전

I 개요

환경행정법은 환경오염에 의한 위해를 예방하고 그로 인한 환경상의 오염 및 파괴행위의 규제를 통하여 환경보전을 목적으로 하는 것이다. 환경보전의 일반법원칙으로는 사전배려원칙, 존속보장원칙, 원인자책임원칙, 공동부담원칙, 협력원칙 등이 있다. 현행법제상 환경오염 규제수단으로는 환경정책의 기본이념과 환경기준의 설정, 자연환경보전 노력의무, 환경보전장기종합계획, 환경영향평가, 환경보전을 위한 조치(환경오염방지시설설치·관리, 배출규제, 유해화학물질관리, 특별종합대책의 수립, 영향권별환경관리) 등을 들 수 있다. 규제수단은 크게 배출규제와 소음 · 진동규제로 구분할 수 있는바, 배출규제로는 대기오염물질 배출규제(사업장 · 생활환경 · 자동차배출가스), 수질오염물질 배출규제(폐수 · 공공수역수질 · 특정호소수질)가 있고, 소음 · 진동규제로는 공장소음 · 진동의 배출시설에 대한 규제, 소음 · 진동규제지역 · 규제기준에 의한 규제로 구분하는 외에, 그 밖에 생활소음 규제 및 항공기소음 규제로 나눌 수 있다. 환경오염규제에 대한 구제로는 환경분쟁조정(알선 · 조정), 민사소송에 있어 공해소송법리 체계화의 요청(손해배상 · 방해배제 · 방해예방청구, 가처분 등), 행정쟁송에 있어 원고적격의 문제 외에, 시민소송(미국) · 단체소송(이타적 · 이기적 단체소송, 독일) 등의 인정 필요성이 주장되고 있다.

II 리딩케이스

1. 사건번호: 대법원 2007. 5. 10. 선고 2005두13315 판결【주택건설사업계획승인신청서반려처분취소】 – 비오톱맵(Biotop Map)사건

2. 사실관계

주택건설업체인 원고 갑의 이 사건 주택건설사업계획 승인신청에 대하여 피고 을(서울특별시 도봉구청장)은 서울특별시도시계획조례 및 그 시행규칙에 의하여 서울특별시가 도시계획시설 입지 심의 등 각종 도시계획 입안과 자연환경보전법에 따른 생태계 보전지역의 설정 및 관리의 기초자료로 활용할 목적으로 서울특별시 전역에 대한 생태현황을 조사하여 만든 도시생태현황도(비오톱 맵)를 근거자료 내지 참고자료로 하여 갑의 승인신청을 불허가처분 하였다. 갑의 이 사건 사업계획 승인신청이 관계 법령에 의한 건축기준 또는 개발행위 허가기준에 어긋나지는 않으나, 을은 1995년부터 이 사건 임야의 토지형질변경 등 개발행위 허가신청에 대하여 녹지보전 및 주변 환경과의 조화를 이유로 일관하여 이를 반려하여 왔다. 이에 갑은 그 사업계획 승인신청을 반려한 을의 처분이 재량권의 일탈 · 남용에 해당한다고 주장하면서 주택건설사업계획승인신청서반려처분취소를 청구하였다. 이에 대하여 원심은 갑의 청구를 기각하였고, 그에

대하여 대법원에 상고하였다.(결과: 기각)

3. 판결요지

[1] 구 주택건설촉진법(현 주택법) 제33조에 의한 주택건설사업계획의 승인은 상대방에게 권리나 이익을 부여하는 효과를 수반하는 이른바 수익적 행정처분으로서 법령에 행정처분의 요건에 관하여 일의적으로 규정되어 있지 아니한 이상 행정청의 재량행위에 속하므로, 이러한 승인을 받으려는 주택건설사업계획이 관계 법령이 정하는 제한에 배치되는 경우는 물론이고 그러한 제한사유가 없는 경우에도 공익상 필요가 있으면 처분권자는 그 승인신청에 대하여 불허가 결정을 할 수 있으며, 여기에서 말하는 '공익상 필요'에는 자연환경보전의 필요도 포함된다. 특히 산림의 훼손은 국토 및 자연의 유지와 수질 등 환경의 보전에 직접적으로 영향을 미치는 행위이므로, 법령이 규정하는 산림훼손 금지 또는 제한 지역에 해당하는 경우는 물론이고 금지 또는 제한 지역에 해당하지 않더라도 허가관청은 산림훼손허가신청 대상토지의 현상과 위치 및 주위의 상황 등을 고려하여 국토 및 자연의 유지와 환경의 보전 등 중대한 공익상 필요가 있다고 인정될 때에는 허가를 거부할 수 있고, 그 경우 법규에 명문의 근거가 없더라도 거부처분을 할 수 있다.

[2] 서울특별시 도시계획조례 및 그 시행규칙에 의하여 도시계획시설 입지심의 등 각종 도시계획 입안과 자연환경보전법에 따른 생태계 보전지역의 설정 및 관리의 기초자료로 활용할 목적으로 서울특별시 전역에 대한 생태 현황을 조사하여 만든 도시생태현황도(비오톱 맵)의 내용도 주택건설사업계획의 승인에 대한 불허가처분의 근거자료 내지 참고자료로 사용될 수 있다.

4. 판례해설

환경의 개념은 대단히 다의적인 것이어서 환경행정법의 개념도 쉽게 정의하기 어렵다. 학자에 따라 환경행정법을 별도로 설명하기도 하고 규제행정법이나 생활공간형성행정법 등의 일부로 설명하기도 한다. 환경행정법의 가장 기본법이라 할 수 있는 환경정책기본법은 "환경"을 자연환경과 생활환경으로 구분하면서, "자연환경"은 지하 · 지표(해양 포함) 및 지상의 모든 생물과 이들을 둘러싸고 있는 비생물적인 것을 포함한 자연의 상태(생태계 및 자연경관 포함)로, "생활환경"은 대기, 물, 폐기물, 소음 · 진동, 악취, 일조 등 사람의 일상생활과 관계되는 환경으로 정의한다. 또한 "환경오염"은 사업활동 기타 사람의 활동에 따라 발생되는 대기오염, 수질오염, 토양오염, 해양오염, 방사능오염, 소음 · 진동, 악취, 일조방해 등으로서 사람의 건강이나 환경에 피해를 주는 상태를 말하고, "환경훼손"은 야생동 · 식물의 남획 및 그 서식지의 파괴, 생태계질서의 교란, 자연경관의 훼손, 표토의 유실 등으로 인하여 자연환경의 본래적 기능에 중대한 손상을 주는 상태를 말한다. 환경행정은 환경보전을 위한 국가 · 지방자치단체 등 행정주체의 행정활동을 말하는바, "환경보전"은 환경오염 및 환경훼손으로부터 환경을 보호하고 오염되거나 훼손된 환경을 개선함과 동시에 쾌적한 환경의 상태를 유지 · 조성하기 위한 행위를 의미한다.

환경행정법은 복잡성 · 다양성, 자연과학과의 연계성, 사전예방성, 생활배려 · 이해조정, 국제성 등의 특징을 가진다. 우리 헌법은 이미 「1980년헌법」에서 환경권 조항을 신설하였고, 국가와 국민의 환경보전의무를 강조하고 있다. 외국입법례에서 쉽게 찾아보기 어려울 정도로 환경권을 기본권의 하나로 헌법에 규율하고 있는 것은 우리 헌법의 특징 중 하나라고 할 수 있다. 그런데 환경행정은 국민에게 있어서 본질적으로 중요한 사항이라고 할 것인바, 이에 대한 법률적 수권을 필요로 한다. 그러나 환경행정의 다양성과 기술성 등과 환경의 가변성에 비추어 환경입법은 대단히 경직적이라고밖에 할 수 없어 현실적으로 많은 어려움이 따른다. 법적 근거로는 환경정책기본법 외에, 자연환경보전법 · 토양환경보전법 · 대기환경보전법 등이 있다.

환경행정법의 기본원리로는 전통적으로 제시되었던 사전배려의 원칙(Vorsorge-prinzip), 원인자책임의 원칙(Verursacherprinzip), 협동의 원칙(Kooperationsprinzip) 외에, 존속보장의 원칙(Bestandsschutzprinzip)과 공동부담의 원칙(Gemeinlastprinzip) 등이 있다. 현행 환경정책기본법에서는 오염원인자책임을 원칙으로 하면서(제7조), 환경오염 등의 사전예방, 환경과 경제의 통합적 고려 등, 자원 등의 절약 및 순환적 사용 촉진 등을 적극 고려하도록 요구하고 있다.

또한 동법은 정부에 대하여 국민의 건강을 보호하고 쾌적한 환경을 조성하기 위하여 '환경기준'을 설정하여야 하며 환경여건의 변화에 따라 그 적정성이 유지되도록 할 것을 요구하고 있으며, 다만 특별시·광역시·도의 경우에는 지역환경의 특수성을 고려하여 필요하다고 인정하는 때에는 당해 시·도의 조례로 제1항의 규정에 의한 환경기준보다 확대·강화된 별도의 환경기준 즉 지역환경기준을 설정하는 것을 허용하고 있다(제10조). 그리고 국가 및 지방자치단체는 이러한 환경기준이 적절히 유지되도록 환경에 관련되는 법령의 제정과 행정계획의 수립 및 사업의 집행을 할 경우에 환경악화의 예방 및 그 요인의 제거, 환경오염지역의 원상회복, 새로운 과학기술의 사용으로 인한 환경위해의 예방, 환경오염방지를 위한 재원의 적정배분에 관한 사항을 고려하도록 요구하고 있다(제11조).

이 사건에 있어서 판례는 주택건설사업계획의 승인을 수익적 행정처분으로서 재량행위라고 보면서, 그 사업승인을 위해 자연환경보전의 필요성이라는 공익상 필요를 충족할 것을 요구하고 있는바, 그 타당성이 긍정된다. 이는 곧 법령상의 명시적 근거 없이도 이를 근거로 거부처분을 할 수 있다는 것을 의미한다. 그런데 문제는 비오톱맵의 내용을 근거로 사업승인신청에 대한 거부처분이 가능한가의 점인바, 오늘날 환경보전의 중요성을 고려할 때 이를 긍정함이 옳다고 본다. 그러나 이에 대하여 비오톱맵은 단순한 기초자료에 불과할 뿐 사업승인의 근거가 될 수는 없다는 반론도 있다. 한편 본 사례에 의하면 피고는 "녹지보전 및 주변환경과의 조화"에 문제 있다는 것을 이유로 계속적으로 반려해 왔는바, 그것이 판례가 밝힌 "중대한 공익상 필요"에 해당하는 수준인지 여부에는 의문이 있다. 뿐만 아니라 판결요지 [1]에서 밝힌 거부사유인 "공익상 필요"는 판단기준으로서 명확성이 부족한 불확정법개념이라는 비판도 있다.

Ⅲ 관련판례

1. 대법원 1996. 6. 11. 선고 95도3130 판결 【폐기물관리법위반】

구 폐기물관리법의 관계 규정을 종합하여 보면, '일정한 폐기물을 재활용(재활용을 목적으로 하는 수집, 운반 또는 처리를 포함한다)하고자 하는 자'는 동법 소정의 '신고'를 함으로써 충분하고, 따로 '일반폐기물 또는 특징폐기물의 처리업 허가'를 받아야 하는 것이 아니다. 다만, "폐기물을 무단투기하는 등의 방법으로 처리하는 등 이를 재활용이라고 볼 수 없는 경우에는, 동법에 따른 폐기물처리업허가를 받아야 한다."

2. 대법원 1996. 7. 12. 선고 95누11665 판결【공장설립신고수리거부처분취소】

지방자치단체로서는 "주민들이 쾌적한 환경에서 살 수 있도록 하여야 할 책무"가 있으며, 이 사건에 있어서와 같이 "그 관할구역에 공장을 설치하려는 자가 있는 경우에 이와 같이 '쾌적한 환경에서 생활할 권리'를 가지는 주민들에게 위해를 가할 우려가 있다"고 판단되면, 당연히 공업배치및공장설립에관한법률 제9조의 규정에 따라 '공장입지의 변경의 권고'를 할 수 있고, 이에 불응하는 자에게 공장입지의 변경 또는 공장설립계획의 조정을 명할 수 있다. 한편 "레미콘공장 설립을 하면 '환경에 현저한 위해를 가할 우려'가 있고 그러한 사정이 있음에도 불구하고 공장설립을 허가하는 것이 동법 제8조와 이 규정에 따른 통상산업부 고시에 위반된다면", 설사 관할 지방자치단체가 토지거래허가시에 이러한 사정을 간과하고 토지거래허가를 하였다고 하더라도, '쾌적한 환경에서 생활할 주민들의 권리'라는 '한 차원 높은 가치'를 보호하기 위한 조정명령을 신뢰보호의 원칙을 들어 위법하다고 할 수도 없다.

Ⅳ 질문 및 토의과제

1. 환경보전 등을 이유로 명문의 규정 없이 주택건설사업계획 승인신청에 대하여 불허가 처분이 가능한가?

2. 이미 허가처분을 해주었다가 환경훼손 등을 우려하는 주민과 시민단체들의 반대에 의해 허가처분을 취소할 수 있는가?

3. 주거지역 내의 공장건축허가처분으로 불이익을 받고 있는 제3거주자는 당해 행정처분의

취소를 소구할 법률상 자격이 있는가?

4. 각 시 · 도(특별시, 광역시, 도를 말함)는 조례로써 법령의 규정보다 확대 · 강화된 환경기준을 설정할 수 있는가? 그 이유는 무엇인가?

5. 환경행정법상 사전배려(사전대비), 원인자책임 및 협동의 원칙을 약술하시오.[제17회 입법고시]

Ⅴ 참고문헌

김광수, 환경보호를 위한 토지이용규제와 재산권, 환경법연구 제28집(2006. 8)

윤서성, 원인자부담원칙의 적용에 관한 고찰, 환경법연구 제10권, 1988

홍준형, 환경법, 2005

Ⅵ 관련법령

구 주택건설촉진법(현행 주택법 제15조 참조)

제33조 (사업계획의 승인 및 건축허가등) ① 대통령령으로 정하는 호수이상의 주택을 건설하거나 대통령령으로 정하는 면적이상의 대지를 조성하고자 하는 자는 사업계획을 작성하여 건설교통부장관의 승인을 얻어야 한다. 사업계획을 변경(건설교통부령이 정하는 경미한 사항의 변경을 제외한다)할 때에도 또한 같다.

② 제1항의 사업계획은 건강하고 문화적인 주거생활을 영위하는 데 적합하도록 작성되어야 하며 그 사업계획에는 부대시설 및 복리시설의 설치에 관한 계획이 포함되어야 한다.

7-8-2. 환경영향평가

I 개요

환경영향평가는 일정한 환경영향평가대상사업의 사업계획을 수립하려고 할 때에 그 사업의 시행이 환경에 미치는 영향을 미리 조사·예측·평가하여 해로운 환경영향을 피하거나 줄일 수 있는 환경보전방안을 강구하는 절차를 말한다(환경영향평가법 제2조 제1호). 환경영향평가대상사업은 도시의 개발사업, 산업입지 및 산업단지의 조성사업, 에너지·수자원 개발사업, 항만·도로·철도·공항의 건설사업, 하천의 이용 및 개발사업 등이다.[1] 환경영향평가의 절차는 크게 평가서의 작성 → 협의 → 협의내용의 이행으로 구분된다.

II 리딩케이스

1. 사건번호: 대법원 2006. 6. 30. 선고 2005두14363 판결【국방군사시설사업실시계획승인처분무효확인】 – 도창리사격장사건

2. 사실관계

(1) 국방부 산하 육군 X부대장(부대장을 '사업자', 부대를 '이 사건 부대')은 1997년경 육군의 훈련장 중·장기 종합발전계획에 따라 사단 자체적으로 사격장을 운용하기 위하여 강원 철원군 김화읍 청양리 지역에 위치한 기존의 박격포사격장을 확장하는 방안을 모색하였으나 인근 주민들의 민원 제기 등으로 인하여 이를 포기한 후 1998. 4.경 강원 철원군 김화읍 도창리(지번생략) 및 그 인근 부지에 박격포 사격장을 설치하기로 하는 "도창리 백골종합훈련장 피탄지

---

1) 그 밖에 동법 제4조 제1항 제2호는 그 대상사업이 아닌 것을 다음과 같이 정하고 있다.: 1. 「재난 및 안전관리기본법」 제37조에 따른 응급조치를 위한 사업, 2. 국방부장관이 군사상의 기밀을 보호하거나 군사작전을 긴급히 수행하기 위하여 필요하다고 인정하여 환경부장관과 협의한 사업, 3. 국가정보원장이 국가안보를 위하여 필요하다고 인정하여 환경부장관과 협의한 사업.

조성사업계획('이 사건 사업계획')"을 수립하였다. 그 무렵 사업자가 작성한 이 사건 사업계획에 의하면, 사업부지는 민간인통제선 북쪽에 위치하고 도창리 마을로부터 3.2㎞ 떨어져 있으며 그 면적이 903,384㎡이고, 사격장 내 삼림벌목 규모는 피탄지 3개소 8,513평, 방화선 구축 8,470평을 더하여 16,983평(56,142㎡)이며, 연간 50일 내외에 박격포탄 1,300발 이하로 사격하는 것으로 되어 있다.

(2) 그 후 사업자는 피고 을(국방부장관)에게 사업실시계획을 제출하였고, 이에 을은 1999. 12. 4. 국방·군사시설사업에관한법률 제4조에 따라 이 사건 사업계획에 대한 승인('이 사건 승인처분')을 한 후 국방부고시 제1999-55호로 이를 고시하였다. 이에 따라 사업자는 1999. 12.경부터 2000. 11.경까지 약 13억원의 예산으로 사업부지에 대한 협의 및 보상 절차를 마친 후 표적 및 방화지대 설치작업을 실시하여 2001. 8.경 설치공사를 완료하였다.

(3) 원고들인 갑 등은 이 사건 사업부지 인근인 도창리 마을에 거주하는 주민들로서, 이 사건 사업부지에 사격장이 설치되어 사격훈련이 실시될 경우 인근 식수원에 대한 수질오염 등 여러 가지 환경오염에 노출될 위험성이 크다는 등의 이유로 이 사건 사업계획에 반대하고 있다. 특히 갑 등은 이 사건 사업부지 중 보전임지인 817,184㎡ 부분의 전용에 관하여 관계법령상 산림청장과의 협의를 거쳐야 함에도 이를 거치지 않은 채 을이 이 사건 승인처분을 하였고, 이 사건 사업계획은 구 환경영향평가법상의 환경영향평가대상사업에 해당함에도 환경영향평가를 전혀 실시하지 않은 채 을이 이 사건 승인처분을 하였음을 이유로 승인처분의 무효를 주장하고 있다. 이에 대하여 원심은 갑등의 청구를 인용하였고, 그에 대하여 을은 대법원에 상고하였다.(결과: 기각)

3. 판결요지

[1] 구 환경영향평가법 제1조, 제3조, 제9조, 제16조, 제17조, 제27조 등의 규정 취지는 환경영향평가를 실시하여야 할 사업('대상사업')이 환경을 해치지 아니하는 방법으로 시행되도록 함으로써 당해 사업과 관련된 환경공익을 보호하려는 데 그치는 것이 아니라, 당해 사업으로 인하여 직접적이고 중대한 환경피해를 입으리라고 예상되는 환경영향평가대상지역 안의 주민들이 전과 비교하

여 수인한도를 넘는 환경침해를 받지 아니하고 쾌적한 환경에서 생활할 수 있는 개별적 이익까지도 보호하려는 데에 있는 것이다. 그런데 환경영향평가를 거쳐야 할 대상사업에 대하여 환경영향평가를 거치지 아니하였음에도 불구하고 승인 등 처분이 이루어진다면, 사전에 환경영향평가를 함에 있어 평가대상지역 주민들의 의견을 수렴하고 그 결과를 토대로 하여 환경부장관과의 협의내용을 사업계획에 미리 반영시키는 것 자체가 원천적으로 봉쇄되는바, 이렇게 되면 환경파괴를 미연에 방지하고 쾌적한 환경을 유지·조성하기 위하여 환경영향평가 제도를 둔 입법 취지를 달성할 수 없게 되는 결과를 초래할 뿐만 아니라 환경영향평가대상지역 안의 주민들의 직접적이고 개별적인 이익을 근본적으로 침해하게 되므로, 이러한 행정처분의 하자는 법규의 중요한 부분을 위반한 중대한 것이고 객관적으로도 명백한 것이라고 하지 않을 수 없어, 이와 같은 행정처분은 당연무효이다.

[2] 국방·군사시설사업에관한법률 및 구 산림법에서 보전임지를 다른 용도로 이용하기 위한 사업에 대하여 승인 등 처분을 하기 전에 미리 산림청장과 협의를 하라고 규정한 의미는 그의 자문을 구하라는 것이지 그 의견을 따라 처분을 하라는 의미는 아니라 할 것이므로, 이러한 협의를 거치지 아니하였다고 하더라도 이는 당해 승인처분을 취소할 수 있는 원인이 되는 하자 정도에 불과하고 그 승인처분이 당연무효가 되는 하자에 해당하는 것은 아니다.

4. 판례해설

환경영향평가법은 그 평가의 실시에 있어 준수되어야 할 기본원칙으로 다음의 것들을 규정하고 있다.: 경제적·기술적으로 실행할 수 있는 범위에서 환경영향평가대상사업의 시행에 따른 해로운 환경영향을 피하거나 줄일 수 있는 방안을 강구할 것, 환경보전방안은 과학적으로 조사·예측된 결과를 근거로 하여 이루어질 것, 환경영향평가대상사업에 대한 충분한 정보제공 등을 통하여 환경영향평가 과정에 주민 등의 참여가 원활히 이루어질 수 있도록 노력할 것(제6조).

동법은 환경영향평가절차를 구체적으로 규율하고 있다. 첫째, 평가서작성단계로서, 사업자는 환경영향평가대상사업을 시행하려는 때에는 지역주민의 의견수렴을 거쳐 환경영향평가평가서를 작성하여야 한다(제13조). 사업자는 승인기관의 장이나 환경부장관에게 평가서를 제출하기 전에 사업계획의 변경 등 사유가 있는 경우에는 평가서초안의 작성 및 의견수렴을 다시 하여야 한다(제15조).

둘째, 평가서협의단계로서, 승인등을 받아야 하는 사업자는 사업계획등에 대한 승인등을 받기 전에 승인기관의 장에게 평가서를 환경부장관에게 제출하고, 그 평가서에 대하여 협의를 요청하여야 하며, 환경부장관은 일정한 경우에는 평가서나 사업계획등을 보완하거나 조정할 것을 요청할 수 있다. 이 경우 환경부장관은 한국환경정책·평가연구원의 의견을 들어야 하고, 그 밖에 해양환경에 영향을 미치는 환경영향평가대상사업 중 일정한 사업의 경우에는 추가로 국토해양부장관의 의견을 들어야 한다(제16조, 제17조). 환경부장관은 그 협의내용을 승인기관장등에게 통보하여야 하고, 승인기관의 장은 이를 지체 없이 사업자에게 통보하여야 하며, 사업자는 협의내용에 따른 필요한 조치를 하여야 한다(제18조). 승인기관의 장은 협의내용의 반영 여부에 대하여 확인하고, 이를 승인하는 때에는 협의내용의 반영 여부 및 그 반영내용을 환경부장관에게 통보하여야 한다(제19조). 사업자나 승인기관의 장은 통보받은 협의내용에 대하여 이의가 있으면 환경부장관에게 이의를 신청할 수 있다. 이 경우 승인등을 받아야 하는 사업자는 승인기관의 장을 거쳐 이의신청을 하여야 한다(제20조).

셋째, 협의내용이행단계로서, 사업자는 환경영향평가대상사업을 시행하면서 사업계획등에 반영된 협의내용을 이행하여야 한다(제23조). 사업자는 환경영향평가대상사업의 착공 후에 발생될 수 있는 환경영향으로 인한 주변 환경의 피해를 방지하기 위하여 협의내용에 따른 사후환경영향조사대상 평가항목별로 환경영향을 조사(사후환경영향조사)하고, 그 결과를 승인기관의 장과 환경부장관에게 통보하여야 한다. 사업자는 사후환경영향조사 결과 해당 사업으로 인한 주변 환경의 피해를 방지하기 위하여 조치가 필요한 경우에는 지체 없이 이를 승인기관의 장과 환경부장관에게 통보하고 필요한 조치를 하여야 한다(제24조). 승인기관의 장 또는 환경부장관은 협의내용의 관리·감독(협의내용 이행여부 확인, 자료제출요구, 출입·조사, 이행조치명령 및 공사중지명령, 사업의 착공·준공·중지의 통보, 사전공사시행금지 및 공사중지명령, 환경영향에 대한 재평가 등)에 관한 권한을 가진다.

이 사건에 있어서 판결요지 [1]은 환경영향평가제도의 도입취지를 고려하여 그 실효성이 최대한 확보될 수 있도록 할 것을 전제로, 환경영향평가를 거치지 아니한 사업승인 등 처분의 하자를 중대·명백한 것으로 보아 이를 당연무효라고 판단하였다. 즉, 환경영향평가를 거쳐야 할 대상사업인 이 사건 국방·군사시설사업에 대하여 사업자가 주민의 생존에 직결되는 상수원문제 등에 대한 환경영향평가를 실시하지 않았음에도 불구하고 환경부장관과의 협의 없이 사업실시계획을 승인한 피고의 이 사건 처분은 당연무효라는 것이다. 그런데 국방부장관이 사업시행을 위하여 실시계획을 승인을 얻어야 하는 때에는 관계중앙행정기관의 장과 협의하도록 하고 있고(국방·군사시설사업에관한법률 제5조 제1항), 특히 보전임지의 전용에 있어서는 산림청장의 허가를 그리고 보전임지의 보전임지외의 용도로의 이용에 있어서는 산림청장과의 협의를 하도록 하고 있는바(산림법 제18조 제1항, 제3항), 이 사건은 산림청장과의 협의사항에 해당한다. 그런데 여기서 '협의'의 의미가 문제되는바, 판결요지 [2]는 이를 산림청장의 의견에 따르라는 것이 아니라 그의 '자문'을 받는 것으로 충분하다고 보고 있다. 이를 종합하면, 환경영향평가법 자체에 의하면 환경영향평가를 반드시 거쳐야 하나, 이 사건 개별법과 관련하여 보면 단순한 취소사유에 불과한 것이 된다. 그러나 우리 법제에 있어서는 이 사건과 같은 경우가 일반적이라는 것에 문제가 있다. 즉, 환경영향평가법과 이를 적용하는 개별법의 체계상 대부분의 사례가 이 사건과 같은 결론에 이르게 되어, 결과적으로 환경영향평가제도를 도입하면서도 실질적으로는 무시되는 상황이 벌어지게 되어 심각한 문제가 된다. 예컨대, 환경영향평가법에서 정한 환경영향평가 절차를 거쳤으나 그 환경영향평가의 내용이 부실한 경우, 그 부실로 인하여 환경영향평가 대상사업인 경부고속철도 서울차량기지정비창건설사업의 실시계획 승인처분이 위법하게 되는지 여부와 관련하여, 당연히 당해 승인 등 처분이 위법으로 되는 것은 아니라고 한 바 있다(대법원 2001. 6. 29. 선고 99두9902 판결). 입법적으로 개선이 요구된다고 할 것이다.

Ⅲ 관련판례

1. 대법원 2001. 6. 29. 선고 99두9902 판결【경부고속철도서울차량기지정비창건설사업실시계획승인처분취소】

구 환경영향평가법 제4조에서 환경영향평가를 실시하여야 할 사업을 정하고, 그 제16조 내지 제19조에서 대상사업에 대하여 반드시 환경영향평가를 거치도록 한 취지 등에 비추어 보면, 동법에서 정한 환경영향평가를 거쳐야 할 대상사업에 대하여 그러한 환경영향평가를 거치지 아니하였음에도 승인 등 처분을 하였다면 그 처분은 위법하다 할 것이나, 그러한 절차를 거쳤다면, 비록 그 환경영향평가의 내용이 다소 부실하다 하더라도, 그 부실의 정도가 환경영향평가제도를 둔 입법 취지를 달성할 수 없을 정도이어서 환경영향평가를 하지 아니한 것과 다를 바 없는 정도의 것이 아닌 이상 그 부실은 당해 승인 등 처분에 재량권 일탈·남용의 위법이 있는지 여부를 판단하는 하나의 요소로 됨에 그칠 뿐, 그 부실로 인하여 당연히 당해 승인 등 처분이 위법하게 되는 것이 아니다.(한국고속철도건설공단의 경부고속철도 서울차량기지 정비창 건설사업에 관한 환경영향평가 내용의 부실의 정도가 환경영향평가제도를 둔 입법 취지를 달성할 수 없을 정도이어서 환경영향평가를 하지 아니한 것과 다를 바 없는 정도의 것은 아니라는 이유로 위 사업의 실시계획의 승인처분이 위법하지 아니하다고 한 사례; 경부고속철도서울차량기지정비창건설사업실시계획승인처분취소)

2. 대법원 2006. 3. 16. 선고 2006두330 판결【정부조치계획취소등, 새만금사건】

[1] 공유수면매립면허처분과 농지개량사업 시행인가처분의 근거 법규 또는 관련 법규가 되는 구 공유수면매립법, 구 농촌근대화촉진법 등 각 관련 규정의 취지는, 공유수면매립과 농지개량사업시행으로 인하여 직접적이고 중대한 환경피해를 입으리라고 예상되는 환경영향평가 대상지역 안의 주민들이 전과 비교하여 수인한도를 넘는 환경침해를 받지 아니하고 쾌적한 환경에서 생활할 수 있는 개별적 이익까지도 이를 보호하려는 데에 있다고 할 것이므로, 위 주민들

이 공유수면매립면허처분 등과 관련하여 갖고 있는 위와 같은 환경상의 이익은 주민 개개인에 대하여 개별적으로 보호되는 직접적·구체적 이익으로서 그들에 대하여는 특단의 사정이 없는 한 환경상의 이익에 대한 침해 또는 침해우려가 있는 것으로 사실상 추정되어 공유수면매립면허처분 등의 무효확인을 구할 원고적격이 인정된다. 한편, 환경영향평가 대상지역 밖의 주민이라 할지라도 공유수면매립면허처분 등으로 인하여 그 처분 전과 비교하여 수인한도를 넘는 환경피해를 받거나 받을 우려가 있는 경우에는, 공유수면매립면허처분 등으로 인하여 환경상 이익에 대한 침해 또는 침해우려가 있다는 것을 입증함으로써 그 처분 등의 무효확인을 구할 원고적격을 인정받을 수 있다.

[2] 헌법 제35조 제1항에서 정하고 있는 환경권에 관한 규정만으로는 그 권리의 주체·대상·내용·행사방법 등이 구체적으로 정립되어 있다고 볼 수 없고, 환경정책기본법 제6조도 그 규정 내용 등에 비추어 국민에게 구체적인 권리를 부여한 것으로 볼 수 없으므로, 환경영향평가 대상지역 밖에 거주하는 주민은 헌법상의 환경권 또는 환경정책기본법에 근거하여 공유수면매립면허처분과 농지개량사업 시행인가처분의 무효확인을 구할 원고적격이 없다.

Ⅳ 질문 및 토의과제

1. 환경영향평가절차를 설명하고 절차상 미흡한 사항을 검토하라.
2. 법률에 환경영향평가를 거쳐야 함에도 거치지 않은 사업에 대하여 승인 등 처분이 있는 경우, 그 처분의 하자가 당연무효사유에 해당하는가?
3. 환경영향평가 절차를 거쳤으나 그 내용이 부실한 경우, 그 부실로 인하여 환경영향평가 대상사업에 대한 승인 등 처분이 위법하게 되는지를 밝히고 이를 설명하라.
4. 환경영향평가 대상지역 밖의 주민에게 면허처분 또는 사업인가처분의 무효확인을 구할 원고적격의 인정 여부 및 - 인정된다면 - 그 요건을 검토하라.
5. 이른바 새만금사건(대법원 2006. 3. 16. 선고 2006두330 판결)에서 환경영향평가에 대하여 보여준 대법원의 판시태도를 평가하라.

Ⅴ 참고문헌

박종원, 환경영향평가제도의 실효성 제고를 위한 해석론과 입법론 – 환경영향평가서의 거짓·부실 작성 문제를 중심으로 –, 환경법연구 45(2), 2023. 8

한귀현, 환경영향평가의 하자와 제3자의 권리보호, 법제연구 제35호(2008. 12), 한국법제연구원

채우석, 환경영향평가에 관한 법적 연구, 환경법연구 제27집 제4호, 2005

함태성, 환경영향평가제도에 대한 법원의 심사, 환경법연구 제24권 제1호, 2002

Ⅵ 관련법령

국방·군사시설사업에관한법률

제6조 (실시계획의 승인) ① 건축물의 건축, 공작물의 설치, 토지의 형질변경을 내용으로 하는 국방·군사시설사업의 사업시행자는 국방·군사시설사업 실시계획(이하 "실시계획"이라 한다)을 작성하여 국방부장관의 승인을 받아야 한다. 다만, 제7조제1항 각 호의 인가·허가 등이 필요하지 아니한 국방·군사시설사업에 대하여는 그러하지 아니하다.

② 사업시행자가 제1항 본문에 따라 승인받은 실시계획을 변경하거나 폐지하려는 경우에는 국방부장관의 승인을 받아야 한다. 다만, 대통령령으로 정하는 경미한 사항을 변경하려는 경우에는 그러하지 아니하다.

구 산림법

제18조 (보전임지의 전용) ① 보전임지를 전용하고자 하는 자는 농림부령이 정하는 바에 따라 그 용도를 정하여 산림청장의 허가를 받아야 한다. 다만, 대통령령이 정하는 경우에는 허가를 받지 아니하고 보전임지를 전용할 수 있다.

③ 관계행정기관의 장이 보전임지를 다른 법률의 규정에 의하여 보전임지외의 용도로 이용하기 위한 지역·지구·구역등으로 지정 또는 결정하거나 허가·인가등의 처분을 하고자 할 때에는 미리 산림청장과 협의하여야 한다.

④ 제1항 본문의 규정에 의한 허가 및 제3항의 규정에 의한 협의의 범위 및 기준에 관하여 필요한 사항은 대통령령으로 정한다.

주요 참고문헌

강구철, 강의 행정법, 1999, 형설출판사.

계희열, 헌법학(상), 2005, 박영사.

고영훈, 환경법, 2000, 법문사.

권영성, 헌법학원론, 2007, 법문사.

길준규, 행정법입문, 2011, 박영사

김남진, 행정법의 기본문제, 1994, 법문사.

김남진·김연태, 행정법 Ⅰ, 2011, 법문사.

______, 행정법 Ⅱ, 2011, 법문사.

김도창, 일반행정법론(상), 1993, 청운사.

______, 일반행정법론(하), 1993, 청운사.

김동희, 행정법 Ⅰ, 2011, 박영사.

______, 행정법 Ⅱ, 2011, 박영사.

______, 행정법연습, 2008, 박영사.

김성수, 개별행정법, 2004, 법문사

______, 일반행정법, 2008, 법문사.

김연태, 행정법사례연습, 2007, 홍문사.

김용섭, 행정판례평석, 2003, 한국사법행정학회.

김철수, 헌법학개론, 2007, 박영사.

김철용, 행정법, 2011, 박영사.

박균성, 행정법론(상), 2011, 박영사.

______, 행정법론(하), 2011, 박영사.

박송규, 사회복지법제론, 2003, 법문사.

박윤흔·정형근, 최신행정법강의(상), 2011, 박영사.

______, 최신행정법강의(하), 2011, 박영사.

박종국, 신행정법론, 2004, 법지사.

변재옥, 행정법강의, 1991, 박영사.

서원우, 현대행정법론(상), 1983, 박영사.

석종현, 일반행정법(상), 2005, 삼영사

______, 일반행정법(하), 2005, 삼영사.

성낙인, 헌법학, 2007, 법문사.

신봉기, 행정법개론, 2011, 삼영사.
______, 행정법의 주요판례, 2009, 대명출판사.
유상현, 행정법, 2002, 형설출판사.
유지태·박종수, 행정법신론, 2011, 박영사.
김민호, 최신행정법론, 2002, 법문사.
이기우·하승수, 지방자치법, 2007, 대명출판사.
이명구, 신행정법원론, 1997, 대명출판사.
이상규, 신행정법론(상), 1997, 법문사.
______, 신행정법론(하), 1994, 법문사.
______, 행정쟁송법, 2000, 법문사.
장태주, 행정법개론, 2009, 법문사.
정하중/김광수, 행정법개론, 2024, 법문사.
천병태·김명길, 행정구제법, 2006, 삼영사.
______, 행정법총론, 2005, 삼영사.
최정일, 행정법의 정석, 2009, 박영사
한견우, 현대행정법강의, 2008, 신영사.
허 영, 한국헌법론, 2007, 박영사.
홍성방, 헌법학(상)(중)(하), 2010, 박영사.
홍정선, 신지방자치법, 2009, 박영사.
______, 행정법원론(상), 2011, 박영사.
______, 행정법원론(하), 2011, 박영사.
______, 행정법특강, 2011, 박영사.
홍준형, 행정구제법, 2001, 한울아카데미.
______, 행정법총론, 2001, 한울아카데미.
______, 환경법, 2005, 박영사.

판례색인

【대 법 원】

【하 급 심】

[저자약력]

김용섭(金容燮)

독일 만하임(Mannheim)대학교 법과대학원 졸업(법학박사)
전북대학교 법학전문대학원 교수, 변호사(현)
법제처 행정심판담당관, 한국법제연구원 감사
변호사시험, 사법시험, 행정고시, 외무고시, 입법고시 위원
한국행정법학회 회장, 대한변호사협회 법제위원회 위원(현)

신봉기(辛奉起)

독일 뮌스터(Münster)대학교 법과대학원 졸업(법학박사)
경북대학교 법학전문대학원 교수(현)
국무총리행정심판위원회 및 법제처법령해석심의위원회 위원
변호사시험, 사법시험, 행정고시, 외무고시 위원
한국부패방지법학회 회장, 한국지방자치법학회 회장(전)

김광수(金光洙)

서울대학교 대학원 법학과 졸업(법학박사)
서강대학교 법학전문대학원 교수(현)
미국 UC 버클리 로스쿨 방문교수
변호사시험, 사법시험, 행정고시, 외무고시 위원
법제처 법령해석위원

이희정(李熙貞)

서울대학교 대학원 법학과 졸업(법학박사)
고려대학교 법학전문대학원 교수(현)
Georgetown Univ. LL.M
뉴욕 주 변호사 자격취득
국민권익위원회 비상임위원(현)

법학전문대학원
판례교재 행정법 [제5판]

2009년 8월 28일 초 판 발행
2011년 9월 5일 제2판 발행
2014년 9월 15일 제3판 발행
2018년 2월 25일 제4판 발행
2024년 8월 10일 제5판 1쇄 발행

공저자 김 용 섭 · 신 봉 기
김 광 수 · 이 희 정

발행인 배 효 선

발행처 도서출판 法 文 社
주 소 10881 경기도 파주시 회동길 37-29
등 록 1957년 12월 12일/제2-76호(윤)
전 화 (031)955-6500~6 FAX (031)955-6525
E-mail (영업) bms@bobmunsa.co.kr
(편집) edit66@bobmunsa.co.kr
홈페이지 http://www.bobmunsa.co.kr
조 판 법 문 사 전 산 실

정가 58,000원 ISBN 978-89-18-91535-7